# 中国燃气行业年鉴

## CHINA GAS INDUSTRY YEARBOOK

## 2015

中国城市燃气协会 主编

中国建筑工业出版社

图书在版编目（CIP）数据

中国燃气行业年鉴 2015/中国城市燃气协会主编.—北京：中国建筑工业出版社，2016.10
ISBN 978-7-112-19973-0

Ⅰ.①中… Ⅱ.①中… Ⅲ.①天燃气工业—中国—2015—年鉴 Ⅳ.①F426.22-54

中国版本图书馆CIP数据核字（2016）第241806号

责任编辑：郑淮兵　马　彦
责任校对：王宇枢　刘梦然

---

中国燃气行业年鉴　2015
中国城市燃气协会　主编
\*
中国建筑工业出版社出版、发行（北京西郊百万庄）
各地新华书店、建筑书店经销
北京京点图文设计有限公司制版
北京画中画印刷有限公司印刷
\*
开本：880×1230毫米　1/16　印张：49　插页：30　字数：1414千字
2016年12月第一版　2016年12月第一次印刷
定价：480.00元
ISBN 978-7-112-19973-0
（29424）

版权所有　翻印必究
如有印装质量问题，可寄本社退换
（邮政编码 100037）

# 编委会

| | | | |
|---|---|---|---|
| 主　　任：| 王天锡 | 中国城市燃气协会 | 理事长 |
| 执行主任：| 李雅兰 | 北京市燃气集团有限责任公司 | 董事长 |
| | 王　德 | 西安华通新能源股份有限公司 | 董事长 |
| 副 主 任：| 赵惠珍 | 住房和城乡建设部计划财务与外事司 | 副巡视员 |
| | 王以中 | 上海市城乡建设和交通管理委员会 | 巡视员 |
| | 黄　勇 | 中国燃气控股有限公司 | 执行总裁 |
| | 王者洪 | 上海燃气(集团)有限公司 | 董事长、党委书记 |
| | 李华清 | 重庆燃气集团有限责任公司 | 董事长、党委书记 |
| | 王传栋 | 华润燃气控股有限公司 | 董事局主席 |
| | 韩继深 | 新奥能源控股有限公司 | 总裁 |
| | 陈永坚 | 香港中华煤气有限公司 | 常务董事兼行政总裁 |
| | 赵永起 | 昆仑能源有限公司 | 执行董事、总经理 |
| | 李　真 | 深圳市燃气集团股份有限公司 | 董事长、党委书记 |
| | 郝晓晨 | 陕西燃气集团有限公司 | 董事长、党委书记 |
| | 焦　杨 | 北京市燃气集团有限责任公司 | 副总经理 |
| | 范叔沙 | 天信仪表集团有限公司 | 总裁 |
| | 迟国敬 | 中国城市燃气协会 | 秘书长 |
| 委　　员：| （排名不分先后） | | |
| | 赵林桂 | 广州燃气集团有限公司 | 执行董事、总经理 |
| | 贾朝茂 | 成都城市燃气有限责任公司 | 董事长 |
| | 汪志勇 | 武汉市燃气热力集团有限公司 | 董事长、党委副书记 |
| | 靳九让 | 西安秦华天然气有限公司 | 董事长 |
| | 洪　鸣 | 贵州燃气（集团）有限责任公司 | 董事长 |
| | 尹　祥 | 佛山市燃气集团股份有限公司 | 董事长、党委书记 |
| | 梁永祥 | 长春燃气股份有限公司 | 总经理 |
| | 李建国 | 长沙市燃气实业有限公司 | 党委书记、董事长 |
| | 黄文忠 | 成都凯能天然气有限责任公司 | 总经理 |
| | 林华俊 | 三亚长丰海洋天然气供气有限公司 | 董事长、总经理 |
| | 侯创业 | 中国石油天然气与管道分公司 | 副总经理 |

| | | |
|---|---|---|
| 费战波 | 新天科技股份有限公司 | 董事长 |
| 石义民 | 杭州先锋电子技术股份有限公司 | 董事长、总经理 |
| 金国平 | 江苏科信燃气设备有限公司 | 董事长 |
| 钟　海 | 贵州森瑞新材料股份有限公司 | 董事长 |
| 步国光 | 天津亚丽安报警设备有限公司 | 总经理 |
| 陈双河 | 江苏诚功阀门科技有限公司 | 总经理 |
| 郑　孚 | 辽宁思凯科技股份有限公司 | 总经理 |
| 赵　勇 | 成都千嘉科技有限公司 | 常务副总经理 |
| 孙新儿 | 浙江新大塑料管件有限公司 | 总经理 |
| 张永革 | 北京市燃气协会 | 秘书长 |
| 郑何康 | 上海市燃气行业协会 | 秘书长 |
| 曹永先 | 山东省燃气协会 | 秘书长 |
| 刘用韬 | 湖北省城市燃气协会 | 秘书长 |
| 王子娟 | 湖南省城市建设行业协会燃气分会 | 秘书长 |
| 王莉莉 | 浙江省燃气协会 | 秘书长 |
| 卢　捷 | 山西省城市燃气协会 | 秘书长 |
| 白宝谦 | 陕西省城市燃气热力协会 | 理事长 |
| 彭　虎 | 四川省燃气协会 | 理事长 |
| 李晓岚 | 云南省城市燃气协会 | 秘书长 |
| 广　宏 | 贵州省燃气协会 | 常务秘书长 |
| 傅江明 | 海南省燃气协会 | 秘书长 |
| 侯朝齐 | 吉林省城市燃气协会 | 秘书长 |
| 王振修 | 青海省燃气协会 | 秘书长 |

# 《中国燃气行业年鉴》编辑部

主　编：冯　颖、聂　松
副 主 编：马长城、李长缨
责任编辑：郭巧洪、赵　梅、孔祥娜、朱龙岩、贾敬水、徐和伟、祁　婕、崔静晔
版面设计：董振文

# 编辑说明

《中国燃气行业年鉴》由中国城市燃气协会《年鉴》编辑部编纂，是供国内外读者了解和研究中国燃气行业发展基本情况必备的综合性文献，是全面、系统地反映我国城镇燃气行业改革与发展进程的大型年刊。自2012年创刊以来，得到了住建部、各地方燃气协会和重点企业、专家学者的大力支持和积极参与。《中国燃气行业年鉴》是唯一得到全行业认可的权威年鉴，受到业内高度关注。具有重要的史料价值、实用价值、研究价值和收藏价值。

2015年版《中国燃气行业年鉴》适逢"十二五"收官之年，为更好地为政府决策服务，为行业健康发展服务，为会员单位提供市场信息服务，我们将截止到"十二五"终期的重要文献、研究报告汇集到本部年鉴中。经过编辑部一年多的选题、组稿、撰写、编辑、校对等工作，并经有关部门、单位和专家审核，终于与读者见面了。2015年版《中国燃气行业年鉴》系统、详实地刊载了2015年度我国燃气行业发展基本情况，展示了我国城镇燃气所取得的巨大成就，宣传了燃气企业在改革开放中的辉煌风采，是对国家有关决策部门具有一定参考价值的大型工具书。

2015年版《中国燃气行业年鉴》为总第4期，内容分9篇，包括综述、行业发展概况、地方燃气发展、统计数据、政策法规文件、专论、主要上市燃气企业基本情况、企业风采、大事记等，共141万字。《年鉴》中的企业风采篇以图文并茂的形式展示燃气行业内企业风采、企业家形象及企业在自主创新、打造名牌、现代管理等方面的重大成就。本刊出版后将赠送住建部、国家发改委、国家能源局等政府主管部门，国务院能源研究机构等相关部门。国内各燃气企事业单位、国内外大中型企业、各大院校、燃气研究设计院（所）均有订阅。

感谢各地方燃气协会、企业及广大特约编辑、撰稿人多年来对《中国燃气行业年鉴》编辑工作的大力支持和帮助，使《年鉴》工作得到顺利开展，希望各企业能再接再厉，助推《年鉴》工作继续更好、更全面地开展。也希望广大读者继续对本年鉴提出宝贵意见及建议，以便更好地完善我们的工作。编者的知识和专业水平有限，缺点和错误在所难免，欢迎各界读者和专家批评指正。

《中国燃气行业年鉴》编辑部

2015年9月

# Editorial Statement

The "*China Gas Industry Yearbook*" compiled by the China Gas Association's "*Yearbook*" editorial department is an essential and comprehensive publication for local and overseas readers to study and understand the development of China's gas industry, reflecting comprehensively and systematically the reform and development of China's urban gas industry. Since its first edition in 2012, the Ministry of Housing and Urban-Rural Development, local gas associations and key enterprises, and experts and scholars have strongly supported and actively participated in its publication. The *Yearbook* is the only definitive one well recognized in the whole industry. It is of great historical and practical significance and a valuable asset for research and collection.

Since the "*Yearbook*" is published in 2015 in tandem with the completion of 12th Five-Year Plan, we have collected important documents and research reports dated up to the end of the 12th Five-Year Plan in the "*Yearbook*" to serve the government better in decision-making, support the development of industry and provide market information to its members. After more than one year of topic selection, gathering of contributors, writing, editing and proofreading by editorial department, and reviewing by relevant departments, units and experts, the yearbook is now finally published. The 2015 "*Yearbook*" is systematically written in detail, covering the key information on China's gas industry development from 2005, demonstrating the great achievements of China's urban gas industry, and exhibiting the brilliant methods that the gas enterprises have adopted during the reformation and opening up of China. Hence, it is a great reference, summarizing and displaying the development of China's gas industry. It is also a valuable reference aiding the related departments of the state in decision-making.

The 2015 "*Yearbook*" is the fourth issue in nine parts, totaling 1414000 words. The chapter on the achievements of leading enterprises was written with some illustrations, describing the achievements of gas enterprises, the image of entrepreneurs and their great achievements in innovation, and the creation of famous brands, modern management and more. Once this edition is published, it will be presented to the Ministry of Housing and Urban-Rural Development, National Development and Reform Commission, National Energy Administration and other government departments, as well as the state council's energy research institutes and other related departments. The domestic gas enterprises and institutions, domestic and foreign large and medium-sized enterprises, universities, gas research and design institutes have already subscribed to this publication.

Editorial Department of the "*China Gas Industry Yearbook*"

Sept. 2015

# 目 录

## 第一篇 综述

中国城镇燃气行业发展综述 ... 002
全国城镇燃气发展"十二五"规划评估报告 ... 011
全国城镇燃气发展"十三五"规划研究报告 ... 020

## 第二篇 行业发展概况

城镇管道燃气发展现状和政策措施研究 ... 034
城市燃气行业供需、价格研究及应对措施分析 ... 050
城镇燃气安全现状、对策措施和监管体系研究 ... 080
我国城市居民燃气设施安全维护费用问题研究 ... 114
天然气分布式能源产业分析报告 ... 132
城镇燃气运营企业信息安全管理制度研究 ... 151
城镇燃气设施保护范围标准研究 ... 164
燃气事故统计分析制度研究 ... 178
中国LNG产业发展现状及前景预测 ... 191
船用LNG发展环境及业务探索 ... 200
中国煤层气产业的现状与未来 ... 204
生物天然气纳入燃气供应体系机制研究 ... 213
中国油气管网设施发展现状与前景 ... 222
燃气输配网络安全评估系统研究 ... 244

## 第三篇 地方燃气发展

北京市燃气行业发展综述 ... 272
上海市燃气行业发展综述 ... 276
山东省燃气行业发展综述 ... 286
湖北省燃气行业发展综述 ... 291
湖南省燃气行业发展综述 ... 293
浙江省燃气行业发展综述 ... 295

| | |
|---|---|
| 山西省燃气行业发展综述 | 300 |
| 陕西省燃气行业发展综述 | 303 |
| 四川省燃气行业发展综述 | 310 |
| 贵州省燃气行业发展综述 | 317 |
| 海南省燃气行业发展综述 | 328 |
| 吉林省燃气行业发展综述 | 330 |

## 第四篇　数据统计

| | |
|---|---|
| 2010年—2014年全国城市燃气情况 | 334 |
| 2010年—2014年全国县城燃气情况 | 334 |
| 2014年全国分省城市人工煤气数据统计 | 335 |
| 2014年全国分省城市天然气数据统计 | 336 |
| 2014年全国分省城市液化石油气数据统计 | 337 |
| 2014年全国分省县城人工煤气数据统计 | 339 |
| 2014年全国分省县城天然气数据统计 | 340 |
| 2014年全国分省县城液化石油气数据统计 | 341 |
| 2015年全国分省城市人工煤气数据统计 | 343 |
| 2015年全国分省城市天然气数据统计 | 344 |
| 2015年全国分省城市液化石油气数据统计 | 345 |
| 2015年全国分省县城人工煤气数据统计 | 347 |
| 2015年全国分省县城天然气数据统计 | 348 |
| 2015年全国分省县城液化石油气数据统计 | 349 |

## 第五篇　政策、法规、文件

| | |
|---|---|
| 中共中央国务院关于推进价格机制改革的若干意见 | 352 |
| 中共中央、国务院关于深化国有企业改革的指导意见 | 357 |
| 国务院关于国有企业发展混合所有制经济的意见 | 365 |
| 国务院关于实行市场准入负面清单制度的意见 | 371 |
| 国务院关于印发2015年推进简政放权放管结合转变政府职能工作方案的通知 | 381 |
| 国务院关于积极推进"互联网+"行动的指导意见 | 386 |
| 国务院办公厅关于推进城市地下综合管廊建设的指导意见 | 399 |
| 国务院关于大力发展电子商务加快培育经济新动力的意见 | 402 |
| 国家发展改革委关于理顺非居民用天然气价格的通知 | 409 |
| 国家发展改革委关于降低非居民用天然气门站价格并进一步推进价格市场化改革的通知 | 412 |
| 国家发展改革委关于切实加强需求侧管理确保民生用气的通知 | 414 |
| 国家安全生产监督管理总局令 | 415 |

油气罐区防火防爆十条规定 ... 416
国家发展改革委 国家能源局关于实行保证民生用气责任制的通知 ... 417
国家能源局关于推进简政放权放管结合优化服务的实施意见 ... 420
国家能源局关于推进新能源微电网示范项目建设的指导意见 ... 424
关于调整天然气加气站用地性质的建议复文摘要 ... 427
关于推进煤层气开采行业健康发展的提案复文摘要 ... 428
国土资源部关于做好矿业权设置方案审批或备案核准取消后相关工作的通知 ... 430
住房城乡建设部关于发布行业产品标准《燃气取暖器》的公告 ... 433
住房城乡建设部关于发布行业产品标准《燃气热水器及采暖炉用热交换器》的公告 ... 433
住房城乡建设部关于发布国家标准《输气管道工程设计规范》的公告 ... 434
住房城乡建设部关于发布行业产品标准《燃气燃烧器具实验室技术通则》的公告 ... 434
住房城乡建设部关于发布行业产品标准《超声波燃气表》的公告 ... 435
住房城乡建设部关于发布国家标准《城镇燃气规划规范》的公告 ... 435
住房城乡建设部关于发布国家标准《钢铁企业煤气储存和输配系统设计规范》的公告 ... 436
住房城乡建设部关于发布国家标准《转炉煤气净化及回收工程技术规范》的公告 ... 436
住房城乡建设部关于发布国家标准《液化天然气接收站工程设计规范》的公告 ... 437
住房城乡建设部关于发布国家标准《油气输送管道跨越工程施工规范》的公告 ... 437
住房城乡建设部关于发布国家标准《油田油气集输设计规范》的公告 ... 438
住房城乡建设部关于发布国家标准《液化石油气供应工程设计规范》的公告 ... 438
住房城乡建设部关于发布国家标准《气田集输设计规范》的公告 ... 439
关于国有企业功能界定与分类的指导意见 ... 440
企业所得税优惠政策事项办理办法 ... 443
能源行业加强大气污染防治工作方案 ... 446
能源发展战略行动计划（2014—2020年） ... 456
2016年能源工作指导意见 ... 464
各地鼓励锅炉煤改气政策 ... 470

# 第六篇 专论

中国燃气行业法律体系的现状、问题及完善建议 ... 476
城镇燃气分类和基本特性的研究与探讨 ... 482
国际天然气产业发展趋势研究报告 ... 498
深圳燃气引入市场营销的实践与探索 ... 508
天然气管网压力能利用技术发展趋势与展望 ... 516
能源互联网与燃气+互联网 ... 525
中国天然气电子商务市场发展现状与展望 ... 530
上海石油天然气交易中心的未来发展 ... 533
智慧燃气发展路线的思考 ... 536

LPG 行业"互联网+"时代的发展机遇与挑战 ... 540
物联网燃气表需重视的几点问题 ... 546
CJ/T 491-2016"燃气用具连接用橡胶复合软管"关键技术指标的研究确定 ... 550
燃气公共服务均等化在陕西的探索与实践 ... 556
从企业责任出发，应对可持续城市建设中的能源挑战 ... 560

# 第七篇　主要上市燃气企业基本情况

北京市燃气集团有限责任公司 ... 564
上海燃气（集团）有限公司 ... 564
重庆燃气集团股份有限公司 ... 564
新奥能源控股有限公司 ... 564
香港中华煤气有限公司 ... 564
华润燃气控股有限公司 ... 564
中国燃气控股有限公司 ... 565
昆仑能源有限公司 ... 565
陕西省天然气股份有限公司 ... 565
深圳市燃气集团股份有限公司 ... 565
长春燃气股份有限公司 ... 565
中裕燃气控股有限公司 ... 566
中国天伦燃气控股有限公司 ... 566

# 第八篇　企业风采

百年燃气　智创未来——上海燃气（集团）有限公司 ... 568
星星之火　可以燎原——华润燃气控股有限公司 ... 569
天然之气　厚德者兴——陕西燃气集团有限公司 ... 571
科技创新　开启活力之源——天信仪表集团有限公司 ... 573
立足秦华　走出西安　扬帆远航　共创辉煌——西安秦华天然气有限公司及旗下子公司 ... 575
以责任书写企业风采　用服务保障城市发展——武汉市燃气热力集团有限公司 ... 577
致力一流品质服务　共建卓越能源集团——贵州燃气集团股份有限公司 ... 579
正心聚气　承安共生——佛山市燃气集团股份有限公司 ... 580
广州清洁能源的开拓者和实践者——广州燃气集团有限公司 ... 582
科技无止境　未来更精彩——新天科技股份有限公司 ... 584
先锋电子　智慧连接生活——杭州先锋电子技术股份有限公司 ... 586
"智"造华夏精品　敦行燃气行业——江苏科信燃气设备有限公司 ... 588
做规模化与专业化的管道行业集成者——贵州森瑞新材料股份有限公司 ... 590
选择亚丽安　安全每一天——天津亚丽安报警设备有限公司 ... 592

诚者自成　功成不居——江苏诚功阀门科技有限公司..................593
以市场需求为动力　以科技创新求发展——辽宁思凯科技股份有限公司..................595
技术创新是龙头　产品质量是基石　客户服务是保障——成都千嘉科技有限公司..................597
管通天下　质领未来——浙江新大塑料管件有限公司..................599
蓄势发展　行业新星——西安华通新能源股份有限公司..................601
成为国内一流的清洁能源综合运营商——深圳市燃气集团股份有限公司..................603
成为国内最受尊重的燃气运营服务商——成都城市燃气有限责任公司..................605
用社会责任感经营企业　用人格魅力发展企业——成都凯能天然气有限责任公司..................607
和气致祥　服务民生——三亚长丰海洋天然气供气有限公司..................608
恪守企业使命　成就百姓品质生活——长春燃气股份有限公司..................609
用心做能源　和达致天下——长沙市燃气实业有限公司..................611
独辟蹊径觅蓝海　引领时代创新天——香港中华煤气..................613

## 第九篇　大事记

2014年8—12月燃气大事记..................616
2015年燃气大事记..................629

## 附　录

附录一　行业认证..................650
附录二　行业协会标准、规范..................708
附录三　行业发明专利汇编..................736

# Contents

## Chapter 1: Outline

Outline of China Town Gas Development..................................................................................002
Evaluation Report of National Urban Gas Development in "12th Five-Year Plan"..................011
Research Report of National Urban Gas Development in "13th Five-Year Plan"...................020

## Chapter 2: Development of the Industry

Study on Town Pipeline Gas Development and Policy Measures.......................................034
Study on Urban Gas Supply-Demand and Price, and Analysis of Countermeasure............050
Study on Town Gas Safety Situation, Countermeasures and Regulatory System...............080
Study on Safety and Maintenance Costs of Urban Residents' Gas Facilities in China........114
Natural Gas Distributed Energy Industry Analysis Report....................................................132
Study on Information Security Management System for Town Gas Operating Enterprises.................151
Study on Standards for Protection Scope of Town Gas Facilities........................................164
Study on Gas Accident Statistics Analysis System...............................................................178
China's LNG Industry Development Situation and Prospect Forecast.................................191
Marine LNG Development Environment and Business Exploration.....................................200
Present Situation and Future of China's Coal Bed Gas Industry..........................................204
Study on Including Biological Gas into Urban Gas Supply System......................................213
Present Situation and Prospect of China's Oil and Gas Pipeline Network Facilities............222
Safety on Evaluation System for Safety of Gas Transportation and Distribution Network....244

## Chapter 3: Regional Gas Industrial Development

Outline on Development of Beijing City Gas Industry...........................................................272
Outline on Development of Shanghai City Gas Industry.......................................................276
Outline on Development of Shandong Provincial Gas Industry............................................286
Outline on Development of Hubei Provincial Gas Industry...................................................291
Outline on Development of Hunan Provincial Gas Industry..................................................293
Outline on Development of Zhejiang Provincial Gas Industry...............................................295

Outline on Development of Shanxi Provincial Gas Industry ........................................................................... 300
Outline on Development of Shaanxi Provincial Gas Industry ......................................................................... 303
Outline on Development of Sichuan Provincial Gas Industry ......................................................................... 310
Outline on Development of Guizhou Provincial Gas Industry ........................................................................ 317
Outline on Development of Hainan Provincial Gas Industry .......................................................................... 328
Outline on Development of Jilin Provincial Gas Industry ............................................................................... 330

## Chapter 4: Data Statistics

National City Gas Statistics in 2010-2014 ..................................................................................................... 334
National County Gas Statistics in 2010-2014 ................................................................................................ 334
National Provincial Urban Artificial Coal Gas Data Statistics in 2014 ........................................................... 335
National Provincial Urban Natural Gas Data Statistics in 2014 ..................................................................... 336
National Provincial Urban LPG Data Statistics in 2014 ................................................................................. 337
National Provincial County Artificial Coal Gas Data Statistics in 2014 ......................................................... 339
National Provincial County Natural Gas Data Statistics in 2014 ................................................................... 340
National Provincial County LPG Data Statistics in 2014 ............................................................................... 341
National Provincial Urban Artificial Coal Gas Data Statistics in 2015 ........................................................... 343
National Provincial Urban Natural Gas Data Statistics in 2015 ..................................................................... 344
National Provincial Urban LPG Data Statistics in 2015 ................................................................................. 345
National Provincial County Artificial Coal Gas Data Statistics in 2015 ......................................................... 347
National Provincial County Natural Gas Data Statistics in 2015 ................................................................... 348
National Provincial County LPG Data Statistics in 2015 ............................................................................... 349

## Chapter 5: Policies, Regulations and Documents

The Opinions of the CPC Central Committee and the State Council on Promoting the Reform of the Pricing System ................................................................................................................................................ 352
The Guiding Opinions of the CPC Central Committee and the State Council on Deepening the Reform of the State-owned Enterprises ..................................................................................................................... 357
The Opinions of the State Council on the Development of Mixed-ownership Economy of the State-owned Enterprises .......................................................................................................................................... 365
The Opinions of the State Council on Carrying Out the System of the Negative List for Market Access .... 371
The Guiding Opinions of the State Council on Actively Promoting the "Internet plus" Activities ........... 381
The Guiding Opinions of the General Office of the State Council on Promoting the Urban Underground Utility Tunnel Construction ............................................................................................................................. 386
The Opinion of the State Council on Vigorously Developing the E-Commerce and Accelerating to Foster the New Economy Momentum. ........................................................................................................... 399

The Notice of the National Development and Reform Commission on Rationalizing the Non-Resident Natural Gas Price ..................................................................................................................................402

The Notice of the National Development and Reform Commission on Lowering the Non-Resident Natural Gas Price and Further Promoting the Market-oriented Price Reform ......................................409

The Notice of the National Development and Reform Commission on Effectively Strengthening the Demand Side Management to Ensure the Resident's Usage of Gas....................................................412

The Order of the State Administration of Production Safety Supervision and Management.................414

The Ten Provisions on Fire and Explosion Protection in Oil and Gas Tank Areas ................................415

The Notice of the National Development and Reform Commission and the National Energy Administration on Implementing and Ensuring the Responsibility System for Resident's Usage of Gas.....416

The Opinions for Implementation of the National Energy Administration on Promoting the Simplification of Administrative Procedures, Decentralization of Powers and Optimization of Public Services ..........417

The Guiding Opinions of the National Energy Administration on Promoting the Construction of New Energy Micro-Grid Demonstration Project.............................................................................................420

The Abstract of the Reply for Suggestions Regarding the Adjustment of the Land Nature of the Natural Gas Station..............................................................................................................................................424

The Abstract of the Reply for Proposal Regarding the Promotion of the Sound Development of the Coalbed Gas Extraction Industry.............................................................................................................427

The Notice of the Ministry of Land and Resources on Review and Approval of the Mineral Property Setting Program or Related Procedures after Cancellation of Filing and Approval..............................428

The Announcement of the Ministry of Housing and Urban-Rural Development on Releasing the Industry Standard "*Gas Heater*" ............................................................................................................430

The Announcement of the Ministry of Housing and Urban-Rural Development on Releasing the Industry Standard "*Heat Exchanger for Gas Water Heater and Gas Water Boiler*"............................433

The Announcement of the Ministry of Housing and Urban-Rural Development on Releasing the National Standard "*Code for Design of Gas Transportation Pipeline Projects*" ..................................433

The Announcement of the Ministry of Housing and Urban-Rural Development on Releasing the Industry Standard "*General Technical Rules for Laboratory of Gas Burning Appliances*"...................434

The Announcement of the Ministry of Housing and Urban-Rural Development on Releasing the Industry Standard "*Ultrasonic Gas Meter*"............................................................................................434

The Announcement of the Ministry of Housing and Urban-Rural Development on Releasing the National Standard "*Code for Urban Gas Planning*" ............................................................................435

The Announcement of the Ministry of Housing and Urban-Rural Development on Releasing the National Standard "*Code for Design of Coal Gas Storage, Transportation and Distribution System for Iron and Steel Enterprises*" .................................................................................................................435

The Announcement of the Ministry of Housing and Urban-Rural Development on Releasing the National Standard "*Technical Code for Converter Gas Purification and Recovery System Projects*"...436

The Announcement of the Ministry of Housing and Urban-Rural Development on Releasing the National Standard "*Code for Design of Liquefied Natural Gas Receiving Terminal Projects*" ............... 436

The Announcement of the Ministry of Housing and Urban-Rural Development on Releasing the National Standard "*Code for Construction of Oil and Gas Transportation Pipeline Aerial Crossing Projects*" ............................................................................................................................................................ 437

The Announcement of the Ministry of Housing and Urban-Rural Development on Releasing the National Standard "*Code for Design of Oil-gas Gathering and Transportation for Oilfield*" ................... 437

The Announcement of the Ministry of Housing and Urban-Rural Development on Releasing the National Standard "*Code for design of Liquefied Petroleum Gas (LPG) Supply Projects*" .................... 438

The Announcement of the Ministry of Housing and Urban-Rural Development on Releasing the National Standard "*Code for Design of Gas Gathering and Transportation System in Gas Field*" ........ 438

The Guiding Opinions on the Definition and Classification of Functions of the State-owned Enterprises .... 439

The Measures for Handling the Matters Concerning Preferential Enterprise Income Tax Policies ....... 440

The Proposal to Strengthen Air Pollution Prevention and Control Among the Energy Industry ............ 443

The Energy Development Strategy Action Plan (2014-2020) ............................................................... 446

The Guiding Opinions on Energy-related Work in 2016 ........................................................................ 456

Policy to Encourage to Change Coal Boiler to Gas Boiler All Over the Country ................................... 464

The Policy is Encouraged to Change the Coal-fired Boilers to Gas-fired Ones all Over the Country ... 470

## Chapter 6: Monograph

The Status, Problems and Suggestions of Improvement Regarding China Gas Industry Law System ....... 476

The Study and Exploration on the Classification and Basic Characteristics of Urban Gases ............... 482

The Practice and Exploration on the Introduction of Gas into Marketing in Shenzhen ......................... 498

The Trend and Outlook of the Utilization Technology of Pressure Energy in Natural Gas Pipeline Network ............................................................................................................................................................ 508

The Energy Internet and Gas + Internet ................................................................................................ 516

The Outline and Outlook for Development of China Natural Gas E-Commerce Market ....................... 525

The Future Development of Shanghai Petroleum and Natural Gas Trading Center ............................. 530

The Development Planning Route of Smart Gas ................................................................................... 533

The Study Report on the Development Trend of International Natural Gas Industry ............................ 536

The Opportunities for Development and Challenges of LPG Industry in "Internet +" Era ..................... 540

The Several Notable Problems on the Gas Meter for the Internet of Things ........................................ 546

The Study and Determination of Key Technical Indicators for CJT 491-2016 Rubber Composite Hoses for Connecting Gas Burning Appliance ..................................................................................... 550

The Exploration and Practice of Public Gas Service Equalization in Shaanxi ...................................... 556

Deal with the Energy Challenges in the Sustainable City Construction Starting from the Responsibility of the Enterprise ................................................................................................................................... 560

## Chapter 7: Basic Situation of Main Listed Gas Enterprises

Beijing Gas Group Co., Ltd.................................................................................................564

Shanghai Gas (Group) Co., Ltd.............................................................................................564

Chongqing Gas Group Co., Ltd............................................................................................564

ENN Energy Holdings Limited..............................................................................................564

Hong Kong and China Gas Company Limited (Towngas)................................................564

China Resources Gas Group Limited .................................................................................564

China Gas Holdings Limited.................................................................................................565

Kunlun Energy Company Limited........................................................................................565

SHAANXI Provincial Natural Gas Co., Ltd..........................................................................565

Shenzhen Gas Corporation Ltd...........................................................................................565

Changchun Gas Group..........................................................................................................565

Zhongyu Gas Group Limited ................................................................................................566

Tianlun Gas Group .................................................................................................................566

## Chapter 8: Enterprise Features

Shanghai Gas (Group) Co., Ltd.............................................................................................568

China Resources Gas Group Ltd. .......................................................................................569

Shanxi Gas Group Co., Ltd. ..................................................................................................571

Tancy Instrument Group Co., Ltd.........................................................................................573

Xi'an Qinhua Natural Gas Ltd. and its subsidiaries ..........................................................575

Wuhan Gas Thermal Power Group Co., Ltd.......................................................................577

Guizhou Gas Group Co., Ltd. ...............................................................................................579

Foshan Gas Group Co., Ltd. .................................................................................................580

Guangzhou Gas Group Co., Ltd...........................................................................................582

Henan Xintian Technology Co., Ltd. ....................................................................................584

Hangzhou Innover Technology Co., Ltd. ............................................................................586

Jiangsu Coshin Gas Equipment Co., Ltd............................................................................588

Guizhou Senrui New Material Co., Ltd. ..............................................................................590

Tianjin Yali'an Alarm Equipment Co., Ltd............................................................................592

Jiangsu Chenggong Valve Technology Co., Ltd ...............................................................593

Liaoning SC Technology Co., Ltd. .......................................................................................595

Chengdu Qianjia Technology Co., Ltd. ...............................................................................597

Zhejiang Xinda Plastic Pipe Co., Ltd. ..................................................................................599

Xi'an Huatong New Energy Co., Ltd. ...................................................................................601

Shenzhen Gas Co., Ltd. ........................................................................................................... 603
Chengdu Urban Gas Co., Ltd. ................................................................................................. 605
Chengdu Kaineng Natural Gas Co., Ltd. ................................................................................. 607
Changfeng Energy Inc. (Changfeng) ....................................................................................... 608
CC Gas ................................................................................................................................... 609
Changsha Gas Industry Co., Ltd ............................................................................................. 611
Hong Kong and China Gas Company Limited (Towngas) ....................................................... 613

# Chapter 9: Major Events

Major Gas Events, August – December, 2014 ........................................................................ 616
Major Gas Events, 2015 .......................................................................................................... 629

# Appendixes

Appendix 1  Industry Certification ............................................................................................ 650
Appendix 2  Standards and specifications of Industry Association ......................................... 708
Appendix 3  Summary of industry inventions and patents ....................................................... 736

# 彩色专页索引

四川森普管材股份有限公司 ...... 中彩1
西安华通新能源股份有限公司 ...... 中彩2、3
深圳市燃气集团股份有限公司 ...... 中彩4、5
陕西燃气集团有限公司 ...... 中彩6、7
天信仪表集团有限公司 ...... 中彩8、9
上海燃气(集团)有限公司 ...... 中彩10、11
华润燃气控股有限公司 ...... 中彩12、13
广州燃气集团有限公司 ...... 中彩14、15
成都城市燃气有限责任公司 ...... 中彩16、17
武汉市燃气热力集团有限公司 ...... 中彩18、19
西安秦华天然气有限公司 ...... 中彩20、21
贵州燃气(集团)有限责任公司 ...... 中彩22、23
佛山市燃气集团股份有限公司 ...... 中彩24、25
长春燃气股份有限公司 ...... 中彩26、27
长沙市燃气实业有限公司 ...... 中彩28、29
成都凯能天然气有限责任公司 ...... 中彩30、31
三亚长丰海洋天然气供气有限公司 ...... 中彩32、33
新天科技股份有限公司 ...... 中彩34、35
杭州先锋电子技术股份有限公司 ...... 中彩36、37
江苏科信燃气设备有限公司 ...... 中彩38、39
贵州森瑞新材料股份有限公司 ...... 中彩40、41
天津亚丽安报警设备有限公司 ...... 中彩42、43
江苏诚功阀门科技有限公司 ...... 中彩44、45
辽宁思凯科技股份有限公司 ...... 中彩46、47
成都千嘉科技有限公司 ...... 中彩48、49
浙江新大塑料管件有限公司 ...... 中彩50、51
康泰塑胶科技集团有限公司 ...... 中彩52、53

河北鑫星调压器有限公司 ................................................................................................... 中彩 54
北京埃德尔博珂工程技术有限公司 ................................................................................... 中彩 55
重庆市山城燃气设备有限公司 ........................................................................................... 中彩 56
上海信东仪器仪表有限公司 ............................................................................................... 中彩 57
港华投资有限公司 ....................................................................................................... 中彩 58、59
浙江苍南仪表集团有限公司 ............................................................................................... 中彩 60

中国燃气行业年鉴 2015
CHINA GAS INDUSTRY YEARBOOK

# 第一篇

## 综述

# 中国城镇燃气行业发展综述

## 一、城镇燃气行业概况

2015年是"十二五"收官之年,城镇燃气行业快速发展,燃气使用量、管网长度及用气人口等均呈现较快增长。全国城镇燃气(含县城)供应总量达到1262亿 $m^3$(折合成单位天然气),管网长度达到64万 km,用气人口达到5.6亿人,各类加气站达到4663座。

2015年,全国天然气供应量为1942亿 $m^3$,其中,城镇燃气天然气供应量为1142亿 $m^3$,占比58%。管网长度达到60.5万 km,用气人口达到3.3亿人,加气站达到4133座;全国液化石油气供应量达到1269万 t,管网长度达到11 077 km,用气人口达到2.1亿人,加气站达到530座;人工煤气供应量达到55.3亿 $m^3$,管网长度达到22 667 km,用气人口达到1377万人。

## 二、城镇燃气行业发展现状

### (一)城镇燃气用气拉动天然气需求增长

2015年,城镇燃气用气快速增长,成为拉动天然气需求增长的主要动力。2015年中国城镇燃气天然气消费量为1119亿 $m^3$,同比增长8.7%,较天然气消费总量增速高5个百分点。2015年,中国城镇燃气管网覆盖面积继续扩大,居民和商业用户数量稳定增加;受环保政策推动,重点地区采暖锅炉煤改气项目进一步推进。例如,北京市基本实现了城六区供热无煤化,全市燃气供热比例由50%提高到80%,天津和河北也加快推进煤改气进程,用气需求增加。

### (二)城市燃气保持快速增长,但增速有所放缓,多数城市燃气公司销量增速呈放缓趋势

2015年全年,新奥能源控股有限公司(简称新奥能源)天然气销量113.12亿 $m^3$,同比上升11.5%。香港中华煤气有限公司(简称中华煤气)全年天然气销量163亿 $m^3$,同比增长2%。华润全年天然气销量149.1亿 $m^3$,同比增长9%。北京市燃气集团有限责任公司(简称北京燃气)受新投产的高井、京西及高安屯热电厂运行用气需求增加影响,销量快速增长。全年北京燃气天然气销量132.09亿 $m^3$,同比增长38.3%。

### (三)天然气消费增速大幅放缓,达到历史低点

2015年以来,受国内经济增速放缓、气候温和、气价不具竞争力等因素影响,中国天然气需求延续低迷态势。1~11月表观消费量1720亿 $m^3$,同比增长3.5%;全年表观消费量1910亿 $m^3$,同比增长3.7%,比2014年同期下降6个百分点,占一次能源消费总量的5.9%。考虑库存因素,估计

全国天然气消费量 1 873 亿 $m^3$，同比增长 3.9%，远低于"十二五"规划提出的 2 300 亿 $m^3$ 目标。需求疲弱导致中国天然气供应能力严重过剩，中国天然气发展面临着价格、政策等多重挑战，亟需国家出台政策引导和鼓励发展。

### （四）东部发达地区增长较快，中西部地区增速趋缓

中国天然气利用范围继续扩大，根据国家统计局统计，2014 年城市燃气天然气用气人口达到 2.6 亿，2015 年用气人口达到 2.8 亿，城市气化率达到 38%，比 2014 年增加近 3 个百分点。2015 年，东部地区用气量保持较快增长。长三角地区天然气消费量 328 亿 $m^3$，同比增长 13%，占全国天然气消费总量的 17.2%，分地区用气占比最高，天然气发电回暖是用气增长的主要原因；东南沿海地区消费量 266 亿 $m^3$，同比增长 6.3%，占比 13.9%；中南地区消费量 198 亿 $m^3$，同比增长 5.7%，占比 10.4%；中西部地区小幅增长 4.0%；环渤海地区受北京、天津天然气消费量快速增加，河北天然气消费量大幅下降影响，估计地区消费量 295 亿 $m^3$，同比增长 3.3%，占全国消费总量的 15.4%；西南和东北地区小幅增长；西北地区天然气消费量受 LNG 工厂和化工用气减少的影响大幅下降 8.6%。

### （五）实现存量气和增量气价格并轨，多地政府调整终端用户价格

按照 2013 年确定的天然气价格改革"三步走"计划，2015 年 2 月，国家发展和改革委员会（简称国家发改委）发布《关于理顺非居民用天然气价格的通知》，规定自 4 月 1 日起非居民用增量气最高门站价格下调 0.44 元 /$m^3$，存量气最高门站价格上调 0.04 元 /$m^3$，存量气与增量气价格实现并轨；放开直供用户（化肥企业除外）用气门站价格，由供需双方协商定价。本次调价增量气价格平均降幅超过 15%，增量气用户成本明显下降，存量气升幅不足 2%，对天然气行业具有利好影响。但由于煤炭等替代能源价格走低，外部成本没有体现，天然气市场需求仍然低迷。11 月，国家发改委发布《关于降低非居民用天然气门站价格并进一步推进价格市场改革的通知》，规定自 11 月 20 日起非居民用气最高门站价格降低 0.7 元 /$m^3$，2016 年 11 月 20 日后允许在此基础上浮 20%，下浮不限。调整后的全国平均门站价格由 2.51 元 /$m^3$ 降至 2.09 元 /$m^3$，全国均价下调 16.7%，上海基准门站价由 2.88 元 /$m^3$ 下调至 2.18 元 /$m^3$，下调幅度达 24.3%。此次国家大幅下调非居民用气门站价格，一方面，下调后的价格与 2013 年之前的水平相当，将极大地刺激市场需求，促进天然气市场发展；另一方面，推动供需双方在上海石油天然气交易中心线上交易，为全面开放天然气市场创造条件。

### （六）政府积极推进石油天然气交易中心建设

2015 年 3 月，上海天然气石油交易中心在上海自贸区注册成立，7 月 1 日投入试运行。交易中心股东为新华社、中石油、中石化、中海油、申能（集团）有限公司（简称申能）、北京燃气、新奥能源、中国燃气控股有限公司（简称中燃）、港华燃气集团（简称港华）、中国华能集团公司（简称华能）十家单位，主要是管道天然气和 LNG 现货交易。交易中心试运行以来，中石油、中石化和中海油为主的中国企业积极挂牌交易，交易量稳步上升，7 月 1 日—12 月 31 日，交易管道气 41.5 亿 $m^3$，LNG 14 万 t（约 1.94 亿 $m^3$）。天然气交易中心的建设，有利于形成公允的天然气市场价格，将为全面放开天然气价格创造条件。未来在国家政策的引导下，石油天然气交易中心将加快发展步伐。国家发改委 2015 年 11 月发布的《降低非居民用天然气门站价格并进一步推进价格市场化改革的通知》中明确提出，要着力做好天然气公开交易工作。非居民用气应加快进入上海石油天然气交易中心，

由供需双方在价格政策允许的范围内公开交易形成具体价格,力争用 2～3 年时间全面实现非居民用气的公开透明交易。

### (七)交通用气领域发展缓慢

受油价大幅下跌,天然气相对汽柴油经济性明显减弱以及物流市场低迷等利空因素影响,交通用气发展缓慢。1～11 月天然气汽车产量 17.9 万辆,同比下降 27.8%。估计 2015 年天然气汽车保有量约 500 万辆,同比增长 4.3%,加气站超过 6 000 座;LNG 汽车保有量约 20 万辆。受基础设施建设、经济性制约等因素的影响,LNG 动力船应用进程相对缓慢,国内用于内河运输的 LNG 动力船保有量约 106 艘,主要航行于长江中下游地区,其中改造的船舶有 37 艘,新建船舶有 69 艘,但真正投入运营的仅有 30 艘左右。

### (八)深化油气全产业链改革,放松市场准入

随着中国经济进入新常态,能源供需相对宽松,为深化能源体制机制改革创造了相对有利的条件。2015 年以来,涉及油气上中下游各领域的改革加速推进,国家发改委、国家能源局牵头制定的《石油天然气体制改革总体方案》,已多次征求意见,即将出台。中国油气改革将围绕价格机制、矿权、管网、原油进出口权、政府职能和国有企业改革等多个方面展开,由集中于局部环节的"点式改革"转变为覆盖全产业链的"立体改革"。

#### 1. 油气价格形成机制改革进一步推进

价格形成机制改革是油气行业市场化改革的核心之一。按照 2014 年天然气价格改革提出的实现增量气与存量气价格并轨的要求,2015 年天然气价格机制取得新进展,经过两次调整,整体降低了非居民门站气价水平,实现了增量气与存量气的价格并轨。

#### 2. 油气上游放开,矿权改革启动

2015 年 7 月,经国务院同意,国土资源部在新疆 6 个油气勘查区块实行油气勘查开采招标试点工作,包括国有石油企业、地方能源公司、民营石油化工相关企业在内的 13 家企业参与竞标,标志着中国上游油气改革又迈出了重要的一步。

#### 3. 管网改革进入预热阶段

目前,国内油气管网主要由国有石油企业承建、运营,管道设计中油气田与终端用户的一对一关系导致没有剩余运力向第三方开放。管网政策广受社会关注,主要集中在 3 个方面:管道建设的公平参与、管道第三方公平准入和管道运营的监管。"十二五"以来,特别是"新 36 条"实施以来,管道建设的公平参与已部分得到解决,第三方公平准入和建立监管将是未来改革的重点。网运分开的改革方向已经明确,为适应即将出台的改革,中石油已开始内部管道业务的重组。2015 年 9 月,中石油发布公告称拟以 150 亿至 155 亿元人民币出售完成内部重组后的中亚管道公司 50% 的股权,转让新疆呼图壁等 6 座天然气储气库剩余天然气储量资产。12 月 25 日,中石油宣布已与各股权方签署股权转让协议,将以中石油管道为平台,对东部管道、管道联合及西北联合进行整合,旨在建立统一的管道资产管理运营及投融资平台,为未来中石油管道铺平上市的道路。管道资产重组可视为油气改革即将到来前进行的一次适应性预热。

#### 4. 国有企业改革顶层设计已经完成

2015 年 9 月 13 日,中共中央、国务院公布的《关于深化国有企业改革的指导意见》提出了国有

企业改革方案，旨在把国有企业打造成为独立的市场主体，提高市场竞争力和发展引领力。9月24日，国务院对外发布的《关于国有企业发展混合所有制经济的意见》提出，除对自然垄断环节的管网实行国有独资或绝对控股外，放开竞争性业务，允许非国有资本平等进入。12月29日，国务院国有资产监督管理委员会（简称国资委）、财政部、国家发改委联合发布《关于国有企业功能界定与分类的指导意见》，根据主营业务和核心业务范围，将国有企业界定为商业类和公益类。意见要求商业类国有企业按照市场决定资源配置的要求，加大公司制股份制改革力度，加快完善现代企业制度，成为充满生机活力的市场主体。

根据十八届三中全会提出的全面深化改革的总体方案和国有企业改革的预期，三大石油企业近年来已经在混改领域做出了尝试。随着国家对油气企业从"管人管事管资产"转变为"管资本"，油气企业按照"主辅分离、做强主业、产权明晰、完善配套"加快专业化重组，有条件的企业改制上市。按照上述思路，未来的改革方向可能是：三大油气企业的集团总部将改组为国有资本投资运营公司，由国务院授权经营，并继续保持对原上市公司的控股地位；三大油气企业的非油气核心业务进行专业化重组，并改制上市，成为相对独立的市场主体；剥离社会服务业务，实现社会化的有偿服务。

### （九）环保立法进程加速

2015年8月，《中华人民共和国大气污染防治法》正式发布。新法以改善大气环境质量为目标，强化地方政府的责任和监督，提出了坚持源头治理，并要求加大处罚力度。2011年以来，雾霾问题成为重要的民生问题，"十二五"期间，国家密集出台政策措施缓解大气污染，从2012年的空气质量标准上升到2013年国务院发布的"大气十条"，再到2015年的立法。新法的公布实施，标志着中国大气保护法制建设又迈进一大步，从过去以经济处罚为主转向以经济处罚、领导责任追究甚至刑事问责并重。政府执法更严、违法成本更高以及公众关注度日益增加等形势，将促进石油石化企业制定更有效的措施，完善环保生产制度体系，适应政府加强监管的新要求，保障企业生产安全清洁运行。

### （十）民营企业发展状况

2015年，国家相继出台了一系列政策措施，加快石油天然气体制向全产业链市场化方向改革，逐步推进上游业务放开、管网分离、原油进口权放开，鼓励民营资本进入符合产业政策、有利于转型升级的项目，使得民营燃气企业在天然气行业的全产业链发展稳步推进。在"一带一路"利好政策的助推下，民营资本通过各种方式拓展国际业务。在全国工商联公布的2015年民营企业500强中，已有19家民营企业进入到油气业务领域，实现营业收入4 613.38亿元，占500强民营企业业务总收入的3.14%。

#### 1. 政府进一步出台政策，对民营资本的引导支持更具体

近年来，国家陆续出台多项政策措施引导民营资本进入油气行业，各项政策由目标、方向走向具体化，为加快民营企业全面进入油气行业各领域提供了政策保障和支持。2015年国企牵手民企发展油气领域多方面合作的事例不断增加。继2014年中石化实施成品油销售领域混合所有制改革以来，2015年中石油新疆销售有限公司牵手广汇能源、光正集团两家民企开展了加气站合作，同时在勘探开发领域以新疆为试点地区引入地方国有资本及民营资本，这是中石油首次在油气销售领域和勘探开发领域引入民资。

#### 2. 民营企业借低油价时机加快海外石油业务收购与布局

2015年国际油气价格低迷，给民营企业海外并购带来机会。同时，中国推行"一带一路"国家

战略和油气体制改革,为民营企业加大海外投资力度提供了机遇。目前中国民营企业的天然气资产投资已分布到哈萨克斯坦、美国、刚果、俄罗斯、吉尔吉斯斯坦、加拿大等全球一些资源富集的国家和地区。2015年民营海外投资呈现出金额大、项目集中的特点。

### 3. 国家降低LNG进口门槛,民企积极建设LNG接收站

2014年,国家发改委发布了《天然气基础设施建设与运营管理办法》,鼓励、支持各类资本参与投资建设纳入统一规划的天然气基础设施,为引导民企参与LNG进口提供了政策支持。2014年12月,随着新奥集团6万t LNG船舶顺利停靠中石油江苏如东LNG接收站,新奥能源成为国内首家成功利用第三方接收站设施进口LNG的民营企业。随着LNG进口门槛的降低,2015年民企加大了LNG接收站的建设,目前中国首个民营接收站——东莞九丰LNG接收站成功运行,广汇能源、新奥能源、哈纳斯新能源集团(简称哈纳斯集团)等民营LNG接收站项目也在顺利进行。

## 三、"十三五"城镇燃气行业发展战略

### (一)确立高效、安全和可持续的战略

"高效",就是要实现燃气在勘探开发和生产、输送及利用各个环节的高效率,这是中国城镇燃气发展的基础所在。中国的燃气资源有限(特别是天然气资源),而且资源的品质不能同中东、中亚和俄罗斯等国家相比,甚至不能同美国的资源条件比,要把资源开采出来或者生产出来并具有经济性,必须提高生产开采和输送环节的效率。另外,在消费环节,由于资源还需要远距离进口,燃气价格不会太低,要使燃气有竞争力,必须提高燃气的利用效率,充分发挥燃气的高效、清洁特性。

"安全",就是实现燃气资源保障和生产运行两个层面的安全,这是城镇燃气行业发展的前提所在。对于政府而言,能源安全的重要性毋庸置疑,区域或者城市的能源安全必须立足自身,并且要有很强的调节手段,在此基础上全国配置资源,实现开放条件下多元化的燃气供应安全。在生产运行层面,由于各区域发展的不均衡和燃气供需差异大,必须加强全国的燃气管网互联互通,以及多层次的燃气储备来保障安全。另外,由于千家万户都在使用燃气,燃气户内安全也是燃气供应安全重要的组成部分。

"可持续"就是城镇燃气的发展要处理好与生态环境的关系,这是城镇燃气发展的目的所在。一是在城镇燃气业本身,在开采、生产、传输和使用中要注意环境保护以及资源供应的可持续性,燃气的发展要改善环境而不是恶化环境。二是在能源系统中,要有可持续发展的理念,要保护环境,把对环境污染的外部成本充分反映出来,扩大天然气的使用,减少人工煤气的使用,提高能源系统的效率,降低能源使用对环境的污染。

### (二)明确城镇燃气发展的战略目标和途径

未来5年,中国城镇燃气发展的战略目标是:以高效、安全、可持续发展燃气,各区域逐步将天然气变成为主导能源,人工煤气逐步退出市场,液化石油气向偏远地区延伸。力争2020年城镇燃气消费量增长至1 800亿~2 000亿$m^3$,其中,城镇燃气中天然气供应规模约1 600亿~1 900亿$m^3$;城镇液化石油气供应规模约1 175万~1 310万t或49亿~55亿$m^3$(折合天然气约为152亿~170亿$m^3$);城镇人工煤气约为28.5亿~63.5亿$m^3$(折合天然气约为12亿~26亿$m^3$),其他替代燃气

约 200 亿 m³。主要的途径包括：

1. 引导和培育天然气终端消费市场。要将天然气发展成为主力能源，必须多措并举扩大天然气消费。首先是加强环境监管，推进天然气替代分散用煤，包括城乡商业和居民采暖和炊事用煤，纺织、造纸等轻工业热力用煤等领域，这将对减少雾霾和改善环境起到至关重要的作用。其次是发展天然气燃料交通，重点是在公路客运和水路货运方面，通过加大基础设施建设，完善相关技术标准等方式，推进天然气对石油的替代。第三是在发电和重工业领域，依托能源市场化和绿色财税制度改革，将天然气节能减排、调峰备用等环境和经济效益外部化，提高天然气发电调峰、冷热电三联供、天然气化工等经济效益和竞争力。

2. 依靠科技创新提升行业技术水平。大力推进燃气生产开发、传输配送、转化利用等各环节的科技创新与新技术应用，通过技术革命提升燃气产业链各环节的技术效率和经济效率。首先是提早开展燃气生产和转化领域重大技术的战略布局，对生物质气、燃气制取氢气、燃气发动机、联合循环发电设备等进行重点攻关，加大资金和人才资源投入，激活技术创新的体制机制。二是探索成套技术体系和解决方案的研发和应用，关注装备系统集成化，成本节约化，环境友好和绿色化发展。力争到 2020 年，行业技术装备水平明显提升，在燃气轮机、LNG 液化等领域的技术自主化和国产化上实现重大突破；行业运行生产经营效率明显提升。到 2020 年，行业技术水平和生产运行效率达到国际先进水平，自主创新能力得到大幅提升。

3. 构建现代城镇燃气行业体系和政府监管体系。健康可持续的现代城镇燃气产业体系，需要充分发挥市场在资源配置中的决定性作用，同时更好地发挥政府的作用。在制度设计方面，应把握好当前能源体制改革契机，推进城镇燃气市场化改革，系统设计组织形式和运作模式，引入多元化资源和主体，营造规范、正当的竞争合作方式，努力形成高效、开放、有序的市场格局。在监管方面，要尽快开展城镇燃气市场监管的顶层设计与责任分工，以项目库为抓手，对市场准入、公平竞争、规划建设等进行监管。力争到 2020 年，我国城镇燃气行业多元市场竞争格局进一步优化，在市场准入和退出上取得突破，部分地区燃气基础设施建设采取混合所有制，主体多元、公平竞争、体系健全的市场体系得以形成，市场在资源配置中起到决定性作用。统一、独立、专业化的监管体系得以形成。行业活力和效率得到显著提升，产业的国际竞争力和影响力大幅提高。

## 四、"十三五"期间城镇燃气行业发展趋势

### （一）城镇燃气发展速度继续保持较快增长

2014 年，国务院发布《国家新型城镇化规划》（2014—2020 年），对涉及城镇燃气等的市政基础设施行业提出"建设安全高效便利的生活服务和市政公用设施网络体系，统筹电力、通信、给排水、供热、燃气等地下管网建设，加快推进城市清洁能源供应设施建设，完善燃气输配、储备和供应保障系统，大力发展热电联产，淘汰燃煤小锅炉统筹城乡基础设施建设，加快基础设施向农村延伸，强化城乡基础设施连接，加快公共服务向农村覆盖"。由此可知，城镇燃气将进一步持续稳定发展。首先，构建绿色低碳的新型城镇化，重要的内容就是为城镇居民提供更多的清洁能源，进而提升城镇居民生活质量；其次，新型城镇化要求提高市政基础设施建设能力，作为重要基础设施的城镇燃气管网，将向农村和边远地区延伸。随着我国城镇化进程的不断加快，城镇化水平越来越高，人民生

活水平不断改善，迫切需要采用清洁、高效、便利的优质燃料，各级政府对城镇燃气事业的支持力度将越来越大。天然气资源供应、管道及储备设施建设的发展进入新的发展阶段，将成为城镇燃气快速发展的重要支撑。

### （二）治理大气污染要求扩大天然气应用，并将进一步推进城镇燃气行业的发展

作为最清洁的化石能源，天然气已被视为实现治霾目标的最现实选择之一。2011年，国务院发布的"十二五"规划纲要中提出单位国内生产总值二氧化碳排放降低17%的目标，要求推进清洁能源多元化发展，促进天然气产量快速增长。2013年国务院制定并出台了《大气污染防治行动计划》，提出要增加天然气、煤制天然气、煤层气供应，对新增天然气应优先保障居民生活或用于替代燃煤，且鼓励发展天然气分布式能源等高效利用项目。由此说明，改善环境质量的要求驱动天然气消费进一步扩大。未来，城镇燃气行业中天然气的应用领域将进一步拓展，并将拓展领域主要集中在车用、船用、分布式能源等方面，呈现应用多样、节能增效和综合服务的特征。

### （三）发展趋于规模化和品牌化，精耕细作发展将成为主旋律

城镇燃气行业在经历了近10年跑马圈地式的快速发展后，发展速度趋于平缓，行业集中度渐高，城镇燃气企业逐渐由外延扩张为主向内生增长与外延拓展并举转变。首先，从主要城镇燃气企业业务发展形势看，用户发展数量和天然气销售量稳定增长，业务区域继续扩大。港华燃气、华润燃气、新奥燃气、中国燃气等全国性燃气企业销气量占据全国市场份额的50%以上。未来，城镇燃气企业的数量将出现下降，市场集中度将逐渐提高。除特大型城市外，燃气市场将由少数几家具备全国性扩张能力的公司主导。其次，各企业正在由以往单纯扩张向注重深耕细作转变。具体表现在：①对于已经获得的项目，燃气企业正在按部就班有序发展，加快设立维修服务网点、加气站，并加大基础设施投资和建设力度；②自2012年以来，部分大企业如北京燃气、中国燃气、新奥燃气、华润燃气等相继开展行业对标工作，从管理入手，向管理要效益，注重企业内部管理水平的提升，实施战略管控；③由于城镇燃气的区域性特点，未来燃气企业的经营模式将由之前的全国多点布局转变为由中心区域向周边扩展形成规模，由原来的"一城一域"的竞争向相互渗透和周边包围转变，守土扩疆的传统开发策略均面临挑战。燃气企业将通过区域合作、同行联盟、兼并重组、参股、股权并购、整体收购、资产转换等方式，以产业化为方向，或进行区域之间的相互渗透，或组建全国性或区域性企业集团，从而实现规模化经营。再者，城镇燃气行业的产品、服务和经营模式在很大程度上具有同质化特征，也将是催生企业并购产生的重要因素。企业之间的并购犹如市场再一次的大浪淘沙，通过行业的"优胜劣汰"使燃气行业健康发展。

### （四）创新驱动将推进行业向能效化、数据化和智能化方向发展

#### 1. 燃料电池将成为新的应用领域

2014年，我国汽车保有量已经达到1.5亿辆，年进口石油量超过3.1亿t，大城市污染的70%来自于汽车尾气排放。近几年，天然气汽车的使用在一定程度上缓解了大气污染，但随着大气环境治理的进一步深入，对减少汽车尾气排放提出了更高要求。为汽车寻找新的动力源，发展绿色汽车，已经成为能源产业和汽车工业的共同目标。

燃料电池具有利用广泛，使用清洁、高效等特点，被认为是21世纪最有前景的动力源。国内外

科学界和产业界经过多年的研究后均认为，在所有的燃料中，天然气制取氢的过程毫无污染物排放，以天然气作为原料制取燃料电池所需的氢能源是最佳选择。在通过天然气制取氢气发展燃料电池发展方面，日本做了大量工作并取得了一定成效。日本东京燃气公司联合其他汽车企业，已经于2015年发布第一辆商业化的燃料电池汽车。同时，日本政府还发布了燃料电池汽车发展计划，该计划主要以发展天然气制取氢气作为燃料电池的主要方式，到2015年东京燃气公司将在全国建立100座加氢站运营。未来，我国可利用天然气资源量将不断增加，终端应用拓展将更多地向交通领域延伸，天然气作为发展燃料电池氢能源的一次能源，具有氢制取技术路线多样化、经济竞争力强、能源利用效率高和环境效益好等诸多优势，这既是我国未来天然气终端使用的重要领域，也是汽车工业未来发展的重要方向之一。

### 2. 物联网技术将广泛应用于燃气管网系统

物联网在本质上是以智能终端为载体，将数据采集、监控、决策制定及流程优化的传感器网络，在城镇燃气行业应用物联网既可以综合 GIS、GPS、SCADA 系统，并有专业平台如 ERP、BI、云平台等提供支撑，集监测管网燃气泄漏，监控管网压力和密闭空间作业安全以及实施远程抄表等多功能的燃气管理系统，也可以通过这个系统进行管网运行及事故处理和其他决策。目前，国际上部分燃气企业如德国莱茵集团，通过建设物联网系统，已经基本实现了优化生产、储存和使用的目的，企业可以实时开展在线故障诊断，抄表费用大幅度减少、运营成本得到降低，并且还部分实现了燃气企业与用户间信息的双向流动及燃气资源的高效使用和调配。

### 3. 借助北斗定位系统，提升燃气供应安全可靠性

城镇燃气管网具有网状分布，中间节点较多的特征。随着城市的不断拓展，管线周边建筑繁多、人口稠密、环境复杂，管网安全运行的风险度不断增加。据统计，我国城镇燃气管道泄漏事故约80%是由于腐蚀和第三方破坏造成的。因此，城镇燃气企业通常采取施工管理、日常巡线、泄漏检测和防腐层检测等措施来保证管道安全运营。但是，传统的方法无论是在准确性、安全性和及时性方面都已经无法跟上管道建设的速度。城镇燃气行业需要借助更为科学、精确的技术手段来提升管网安全可靠性。高精度卫星定位技术，将承担起这一主要任务。北斗精确定位技术，可以为管道安全运营提供强有力的保障，为管道全生命周期数据的分析与利用和管道完整性数据中心提供丰富的数据基础。同时，燃气企业还能够以北斗精确定位技术为基础，开展智慧燃气建设。

### 4. 大数据应用将显著提升企业的管理水平

城镇燃气行业的特征之一就是其通过管道与用户建立了直接的联系，并通过每月的查表、巡检和维修、售气服务项目，与用户进行沟通。城镇燃气行业的用户几乎覆盖全部城市家庭，用户除了有燃气需求以外，还有大量的其他需求。发掘这些需求就要依靠燃气企业收集整合用户的各种数据，如用气量、消费习惯、家庭燃气器具情况等，通过收集这些历史数据，进行科学分析，形成更多的有效产品和服务建议。事实上，用户是愿意为此支付报酬的。可以预见的是，燃气企业除了提供用能指导外，还可以创建在线网站或网络中心，维护并管理第三方产品或服务的资料库，这些第三方产品或服务能够帮助消费者满足其能源需求。采用这类模式，不仅可以通过服务实现收益，还可以提高客户数量。企业将原本看似毫无价值的数据转换成可以变现的资源，并可以借此提升用户体验和企业与时俱进的形象，以此为起点，探索"微信抄表"、"微信服务"、"微信营销"等互联网服务手段。

### 5. 搭建面向企业交易和最终用户的电子商务平台，打造全行业增值服务新亮点

根据有关资料显示，2013年中国电子商务市场整体交易规模为8.1万亿元，较2012年增长

27.9%。2013年第一季度，北京市网络零售额达214.4亿元人民币，同比增长57.1%。占社会消费品零售额比重首次突破10%，达到10.7%，较2012年提高3个百分点。在互联网和电商飞速发展的大环境下，越来越多的企业和组织通过互联网提供产品和服务销售。特别是在近两年，移动互联网和移动电商的迅速崛起，正在创造新的市场机会。

国内外部分燃气企业已经开始建立统一的电子商务平台，依托该平台向企业和居民用户提供优质的终端产品和服务。并且把电商业务作为企业的创新增值业务，其目标是以燃气相关的产品和服务导入电商业务，并逐步在其基础上导入其他种类的产品和服务，实现电子商务业务的逐渐发展壮大。例如德国E.ON公司以B2B电商平台作为企业交易平台，经营面向燃气工程的建设材料以及燃气灶器具和燃气表的大客户采购。平台的客户主要是机构和企业客户，包括承接燃气工程项目的公司、开发商、燃气设施设备批发商、材料供应商等。该公司还以B2C电商平台面向最终用户（家庭和个人用户）销售商品和服务，包括燃气灶器具、燃气表及燃气报警器，以及其他燃气相关设备和材料，同时将有偿服务作为产品进行交易。

中国城市燃气协会

# 全国城镇燃气发展"十二五"规划评估报告

规划评估是规划实施管理的重要环节,是促进规划有效落实的重要手段。2015年为全国城镇燃气发展"十二五"规划实施的收官之年,为全面检查总体进展情况,客观评价实施成效,系统分析存在问题及原因,并对"十三五"发展提出建设性意见,依据《各级人民代表大会常务委员会监督法》《中华人民共和国国民经济和社会发展第十二个五年规划纲要》和《国务院关于实施〈中华人民共和国国民经济和社会发展第十二个五年规划纲要〉主要目标和任务工作分工的通知》(国发〔2011〕34号)的意见,按照国家有关要求,住房和城乡建设部高度重视全国城镇燃气发展"十二五"规划终期评估工作,成立了城镇燃气"十二五"规划终期评估工作组,制定了评估工作方案,并于2015年6月开始组织开展了全国城镇燃气发展"十二五"规划终期评估。

本报告对《全国城镇燃气发展"十二五"规划》(以下简称《规划》)提出的主要目标和重点任务的进展情况进行了评估,认真分析总结《规划》执行中存在的主要问题,并对"十三五"期间城镇燃气发展提出相关政策建议。

## 一、城镇燃气"十二五"发展概况

2012年6月住房和城乡建设部发布了《全国城镇燃气发展"十二五"规划》。《规划》实施以来,住房和城乡建设部紧紧依靠转方式、调结构、稳增长的目标,全面贯彻落实科学发展观,积极践行可持续发展思路,根据习近平总书记提出的能源革命指示精神,不断推进城镇燃气行业改革和管理,加强城镇燃气基础设施建设和安全保障工作,有效保障了《规划》目标和任务的实施。各地也相继出台了加快城镇燃气发展的意见,通过贯彻落实《城镇燃气管理条例》和认真实施《规划》相结合的方式,强化立法和执法职能,燃气经营许可制度得到较好的执行,城镇燃气事业发展取得显著成就。

截至2014年,城镇燃气供应规模达到1 254亿$m^3$,城镇燃气管网长度达到56.7万km。城市燃气普及率达到94.56%,用气人口数量达到5.36亿人,县城及小城镇的燃气普及率达到73.23%,城镇应急气源储气设施建设规模达到32亿$m^3$,完成约59 510 km老旧管网改造任务,安全事故率有所降低,燃气用具和设备的利用效率得到明显加强。2011—2014年累计消费天然气3 538亿$m^3$,约替代燃煤17.9亿t,节能减排效果显著。

到"十二五"末(2015年底),城镇燃气供气总量达到1 380亿$m^3$,其中,天然气供应量约1 150亿$m^3$,人工煤气供应量约60亿$m^3$,液化石油气供应量约1 290万t(按照热值折算为单位天然气,约合166亿$m^3$)。用气人口达到5.5亿以上,用气家庭数达到1.9亿户。城市燃气普及率达到95%,县城及小城镇的燃气普及率达到75%,城镇燃气管道总长度约62万km。

根据预测结果显示,到2015年末,规划指标中提出的城市燃气普及率、县城及小城镇的燃气普及率、城镇燃气管网规模、应急气源和设施建设、居民用气量、用气人口及用气家庭数和安全服务指标能够实现规划目标,占全部规划指标的60%;城镇燃气供应规模、工商业及服务企业用气量、交通运输用气量、分布式能源项目用气量及部分关键技术指标与规划目标仍有差距，占全部规划指标的40%。整体来看，《规划》提出的发展目标和任务总体进展良好，但离目标完成仍有一定差距。

## 二、指标及任务完成情况

### （一）指标完成情况

#### 1. 城镇燃气供应规模

截至2014年底，全国城镇燃气供气总量达到1 254亿$m^3$，较"十一五"末的836亿$m^3$增长了50%，达到"十二五"规划目标的70%。其中，各类气源的供应量为：

（1）天然气供应规模为1 057亿$m^3$，已完成规划目标的88%（规划目标约1 200亿$m^3$）；比"十一五"末的527亿$m^3$增加了100%，占供气总量的比重由"十一五"末的63%上升到84%；

（2）液化石油气供应规模为1 317万t（折合成等热值天然气约170亿$m^3$），已完成规划目标的73%（目标为1 800万t，按照热值折算为单位天然气，约合232亿$m^3$）；比"十一五"末的192亿$m^3$（1 485万t）略有下降；

（3）人工煤气供气总量为64亿$m^3$（折合成等热值天然气约26亿$m^3$），完成规划目标的21.3%（目标为约300亿$m^3$），比"十一五"末的117亿$m^3$下降了45.3%。

#### 2. 城镇燃气应用规模

到2014年底，城市的燃气普及率为94.56%，提前完成了94%的规划目标，小城镇发展速度较快，县城及小城镇的燃气普及率为73.23%。其中，各类用户应用规模为：

（1）用气人口达到5.36亿，比"十一五"末的4.53亿人增长了18.32%，达到"十二五"规划目标的85.7%；用气家庭数达到1.61亿户，比"十一五"末的1.38亿户增加了16.7%，达到"十二五"规划目标的80%；居民用气量达到340亿$m^3$，比"十一五"末的250亿$m^3$增长了36%，已超过"十二五"规划330亿$m^3$的目标；非居民用气的供气量由"十一五"末的586亿$m^3$增加到2014年的914亿$m^3$，增长幅度达56%；

（2）交通运输用气量达到125.9亿$m^3$，达到"十二五"规划目标的42%；

（3）工商业及服务企业、分布式用气量达到656.2亿$m^3$，达到"十二五"规划目标的71%；

（4）用于集中供热的用气量达到100.8亿$m^3$。

#### 3. 城镇燃气管网规模

截至2014年底，城镇燃气管道总长度达到57万km，达到"十二五"规划目标的95%。

#### 4. 应急气源和设施建设

除北京、上海之外，长沙、杭州、郑州、芜湖等一批大中城市的应急储备设施陆续建成，天然气应急气源储气设施建设规模达到32亿$m^3$，提前完成"十二五"规划目标。

### （二）任务完成情况

#### 1. 区域协调发展，燃气利用水平显著提升

"十二五"期间，各地区依据燃气发展规划，配合国家主干管网和区域性管网建设，加快区域城镇燃气设施建设，推进了偏远城市、中心城市周边地区管道燃气市场的开发，提升了城镇燃气利用规模。

2014年底，东部地区用气人口数达到 2.46 亿人，较"十一五"末增长 14%，燃气供气量 699 亿 $m^3$，较"十一五"末增长 43%。其中，天然气供气量 590 亿 $m^3$，占比超过 80%，较"十一五"末大幅提升。建设投运 1 380 座加气站，为城市公交、出租和物流运输等车辆提供 CNG、LPG 等清洁能源供应；山东、北京、江苏等省份已推动分布式能源项目建设，其中，江苏盐城亭湖医院项目、上海宁海园区商务中心等项目已陆续投入运行。江苏、浙江等省份已经实现了管道燃气覆盖全部县级以上城市，部分经济发达的乡镇已先行使用管道气。京津冀区域高污染、高耗能燃煤锅炉及相关设备的改造持续推进，有效地改善了大气环境，也进一步促进了区域燃气利用规模的提升。

西部地区用气人口达到 1.19 亿人，较"十一五"末增长 26%，燃气供气量 312 亿 $m^3$，较"十一五"末增长 59%。其中，天然气供气量 280 亿 $m^3$，占比 90%，较"十一五"末提升 6 个百分点。建设投运 1 449 座加气站，有效降低了汽车的污染物排放。广西、贵州、云南等地区借助西气东输二线和中缅线的建成通气，加快省内燃气管道建设，昆明、贵阳、南宁等城市陆续接通管道天然气。

中部地区用气人口达到 1.2 亿人，较"十一五"末增长 28%，燃气供气量 189 亿 $m^3$，较"十一五"末增长 62%，其中，天然气供气量 149 亿 $m^3$，占比 79%，较"十一五"末提升显著。长沙等城市陆续出台天然气分布式能源政策，鼓励分布式能源项目开发应用。

东北地区用气人口约 0.5 亿人，较"十一五"末略有增长，燃气供气量 54 亿 $m^3$，较"十一五"末增长 60%，其中，天然气供气量 37.5 亿 $m^3$，占比 70%，较"十一五"末略有提升。大庆、吉林等地区利用气田供应优势，合理利用大连 LNG 接收站的进口资源，同时结合俄气规划，有些城市已开展了前期准备工作。

**2. 供应渠道多元化，应急储备能力得到提高**

"十二五"期间，西气东输二线、陕京三线及中缅线的建成通气，促进了沿线省份区域管网建设速度加快，广东、广西、江西等省区也已正式进入管道天然气时代，南昌、南宁等大中城市陆续接通管道天然气，云南、贵州等地区的部分城市天然气管道建设也在加快实施，天然气用气区域进一步扩展到全国更多的地级和县级城市。截至 2014 年底，城市燃气管道长度累计达 57 万 km，其中广东、广西、江西、云南等新接通管道气的省区燃气管道长度合计超过 4.6 万 km，较"十一五"末实现翻番。北京、长沙、青岛等多个城市建成 LNG 应急储备站，提升企业的应急储备能力。借助沿海 LNG 接收站的建成及开放利用，新奥能源、北京燃气等大型城市燃气集团尝试进口 LNG 气源，补充气源供应，增强企业应急调峰能力。

**3. 用气结构逐步优化，节能减排效果明显**

各地结合国家节能减排和当地环境发展要求，大力拓展城镇燃气应用领域，重点促进天然气在分布式能源、煤改气工程和交通运输领域的应用，城镇燃气用气结构进一步优化。由于天然气应用水平和供应量的提升，2011—2014 年累计节能总量达到 17.9 亿 t 标煤，二氧化碳减排量达到 44.6 亿 t，节能减排效果明显。

居民用气方面，伴随城镇化速度加快，部分小城镇加快管道燃气应用速度，用气人口持续增加；随着居民生活水平提高，用气需求不断攀升；北方集中供热未覆盖地区及南方部分地区，居民壁挂炉发展较快。

工商业用气方面，为应对 PM2.5 新标准的实施，各地纷纷出台节能减排和环境保护政策，积极拓展燃气在工业锅炉、煤改气工程上的应用。但是，受天然气价格上涨影响，工商业用气增幅放缓。

车用气方面，截至 2014 年底，全国共建成燃气加气站超过 5 900 座。其中，CNG 加气站 3 503 座，较"十一五"末增加 2.3 倍，LNG 加气站约 2 000 座，较"十一五"末增长近 10 倍，液化石油气加气站 459 座，较"十一五"末增长 18%。

分布式能源方面，受气价上涨和电力并网问题的制约，我国天然气分布式能源项目进展缓慢。2014年，国家发改委首批确立的4个燃气分布式能源示范项目中，仅有华电泰州医药城项目于年初并网，中国石油科技创新基地能源中心项目、中海油天津研发产业基地等分布式能源示范项目仍处于建设阶段。2014年10月，国家发改委、住房和城乡建设部、国家能源局三部委联合印发《天然气分布式能源示范项目实施细则》，就天然气分布式能源示范项目的申报、评选、实施、验收、后评估以及激励政策等做了一系列规定，进一步推动天然气分布式能源项目的开发应用。

### 4. 液化石油气加快向城郊和农村地区延伸

随着天然气的快速发展和城镇化水平的提高，液化石油气市场消费重心逐渐由过去大中城市转向县城及以下乡镇，结合新农村建设工作，液化石油气主要替代对象为燃煤，县级以下城镇居民液化石油气消费市场得到进一步扩大。

例如，"十二五"期间，北京市开展液化石油气送气下乡工作，建设液化石油气换瓶站，完善农村地区液化石油气配送体系，积极向农村地区延伸，保障农村地区能源替代需求。北京市以门头沟区作为试点建设村级液化石油气服务设施，在斋堂镇、雁翅镇、清水镇建设9座换瓶站，同时配套完善储罐、钢瓶等相关设施，使1.9万户乡村居民使用上与城区居民同质同价、清洁高效的液化石油气。作为一项惠民工程，"送气下乡"采取财政补贴方式，在山区农户家庭推广使用平价液化石油气，并在全区山区农村地区推广。

### 5. 老旧管网改造速度加快，安全供气得到保障

自2012年10月《燃气系统运行安全评价标准》（GB/T 50811—2012）颁布实施以来，北京燃气、新奥能源、港华燃气、华润燃气等行业内主要燃气经营企业进一步完善安全管理体系，陆续开展了安全评价工作，进行风险源调查、基础资料收集和分析，全面评估安全风险。此外，"十二五"期间，各地还以老旧管网改造为抓手，加快老旧管网改造进度，共改造老旧管网5.95万km，大力消除燃气管网运行的各类风险，安全事故数量呈下降趋势，安全保障能力得到提升。

### 6. 行业标准进一步完善，用户服务水平得到提升

"十二五"期间制定和颁布了《城镇燃气报警控制系统技术规程》《燃气系统运行安全评价标准》、《燃气服务导则》等规范和标准以及住房和城乡建设部下发的《燃气经营许可管理办法》，涉及行业准入、用户服务、安全管理和人员培养等方面，这些配套政策和标准的推出进一步完善了《城镇燃气管理条例》实施细则，促进行业管理日益规范。例如，以《燃气服务导则》颁布为契机，各燃气经营企业纷纷制定服务标准，建立客户服务中心和热线呼叫中心，开展了第三方客户满意度调查等专项活动，不断提高客户满意度水平，极大地促进了城镇燃气行业整体服务水平的提升。同时，为了提高燃气设施产品的质量，减少终端事故发生，促进生产技术水平的提高和新产品的开发，住房和城乡建设部大力开展燃气产品认证工作，使燃气产品在实现标准化、提高稳定性和可追溯性等方面逐步趋于完善。目前，灶具连接用不锈钢金属软管认证工作已完成，参与企业严格执行认证规则，取得了扶优治劣净化市场的预期效果。下一步为激励行业服务管理创新，树立行业服务标杆，将开展服务认证工作，中国城市燃气协会已组织编写了《燃气企业服务认证标准》和审核员培训教材，为工作开展奠定了良好基础。行业正在开展PE管认证工作，其他产品认证工作也在积极开展前期准备工作。

### 7. 新技术推广应用步伐加快，行业科技发展水平取得进步

"十二五"以来，城镇燃气行业以关键技术突破为切入点，以新技术、新工艺、新产品研究为抓手，并相继启动了物联网技术研究、燃气设施关键产品认证制度等课题研究工作，编制了《推进燃

气行业技术进步的意见》，提出了燃气行业技术推广方向的意见。在长江、赣江、京杭运河等水系开展LNG燃料动力船舶改造的试点工作，船舶试航运行效果良好；液化石油气钢瓶智能角阀和物联网系统使液化石油气的销售和管理智能化、数字化，极大提高安全管理水平，已进入国家产品目录，并在11个省份推广应用；组织完成了"基于物联网技术建立燃气安全运行管理平台及其产业化"课题研究，并在成都燃气集团取得了应用成果。北斗卫星导航系统已被多数城镇燃气企业应用于燃气生产管理的管线泄漏检测、调压设备监测、巡检监测、储罐监测施工管理等各个环节，实现了精确监控和动态风险预判，从本质上改善了燃气运营信息化管理的能力和质量；绝大多数城镇燃气企业通过建立SCADA系统等信息化管理手段，以管网GIS系统、巡检GPS管理系统及检漏技术为支撑，构建了安全管理平台，提升了行业安全管理水平。

**8. 人才培养多样化，从业人员能力素质显著提升**

"十二五"以来，住房和城乡建设部结合城镇燃气事业发展需要，组织开展了《市政公用设施运行管理人员职业标准》编制工作，预计年内将正式公布实施；配合人力资源和社会保障部启动《国家职业分类大典》修订工作，对城镇燃气领域的职业分类进行了新增和修编；制定了《燃气经营企业从业人员专业培训考核管理办法》，编制了燃气经营企业从业人员专业培训考核大纲和教材，各地已经陆续组织实施，推进了行业技能培训迅速开展和员工素质的提高。

北京燃气、深圳燃气、港华燃气、华润燃气、新奥能源等大中型燃气集团一方面通过内部培训机构强化各类专业技术人员、技能人员的培训，组织开展职称认证和等级鉴定工作；另一方面通过校企合作，为城镇燃气事业发展注入新鲜血液，同时针对行业发展前沿技术及发展趋势，组织高级管理人员研讨、培训，不断提升燃气从业人员素质。

## 三、存在的主要问题

### （一）城乡统筹和区域发展仍不平衡

受气源供应和管网建设影响，城镇燃气的推广利用在城乡统筹和区域发展方面尚不平衡。东部区域受气源供应不足影响，整体增长速度较低；东北区域管网建设速度较慢，制约了本区域城镇燃气发展。同时，随着城镇化发展，县城和小城镇由于人口逐步集中、产业集聚和经济发展水平逐步提高，对市政基础设施需求不断加大，对市政公用产品的需求日益旺盛，但是，受投资大、回报率低等因素的制约，燃气基础设施向小城镇延伸不够，资金投入不足，设施建设速度慢、规模小，无法满足小城镇地区居民对燃气清洁能源的需求。

### （二）城镇燃气消费增速放缓，实际完成情况距离规划目标尚有差距

2014年以来，我国社会经济发展进入新常态，能源消费也进入换挡期。在经济下行的大背景下，多数用气行业都面临效益下滑、产能过剩等问题，从而对用能成本的波动更加敏感，导致用户煤改气、油改气的意愿大幅减弱；由于受国内经济结构优化和产业转型升级步伐加快，落后和过剩产能的大规模淘汰，失去了一批过去的"用气用户"，都对国内天然气需求的增长造成了影响。同时，随着国内天然气价格水平的不断上升，在油品质量升级和国际油价回落的背景下，天然气相对成品油的比价优势逐渐减弱，煤炭的价格也在不断下行，与天然气价差不断扩大，使得天然气在燃煤燃油替代领域不断丧失竞争力。尽

管中央政府以及地方政府为了应对雾霾，提出了很高的"以气代煤"的目标，但是仅依靠行政手段无法实现天然气需求的有效增长。2014年，我国天然气消费增速已经降低至9%左右，创十年来最低。

由于以上主要原因，截至2014年，全国城镇燃气消费总量达到1254亿 $m^3$，到2015年底仍将与"十二五"规划目标存在一定差距。

### （三）调峰、应急设施仍显不足

随着终端用户市场的快速开发，天然气在城镇燃气领域的利用规模持续扩大，下游城市燃气企业也逐步建设了大量储气设施，主要用于日调峰。但是，受下游用气特点、气候等因素影响，城市燃气季节调峰问题仍较为突出。目前多数城市的夏、冬季峰谷差一般都超过1∶3，而北京已经达到1∶13。随着我国治理雾霾的力度不断加大，预计今后峰谷差会进一步增加，季节调峰问题将更为突出。

截至2014年底，国内已经建成储气库18座，主要由中石油负责建设，分布在华北和中原地区以及新疆、江苏、重庆、辽河、大庆和大港等地，总设计工作气量159亿 $m^3$，储气能力30亿 $m^3$。2014年，国家首次明确了天然气销售企业的调峰责任，要求在2020年以前，拥有不低于其合同销售量10%的工作气量，以满足季节性调峰及供气安全。"十二五"期间在政策的推动下，城市燃气企业加快调峰储备设施建设，共建设了14个LNG调峰储备项目，设施能力达到2亿 $m^3$。上游储气能力与下游城镇燃气行业调峰储备能力合计32亿 $m^3$，约为我国2014年天然气消费量的1.7%，显然无法满足国内城镇燃气发展的需要。

### （四）部分关键技术研发和应用尚未实现突破

从目前城镇燃气领域技术研发和应用情况来看，在部分领域尚未形成突破，较"十二五"规划目标存在一定差距。关键技术研发方面，对于以燃料电池为代表的技术缺乏研究，鲜有企业开展燃料电池方面的研究。关键技术应用方面，液化石油气小型卧罐技术经过深入研究已经基本具备推广使用条件，却缺少明确的标准支撑，推广难度较大，影响这一成熟技术的应用；智能燃气表具技术已经较为成熟，在部分燃气企业中开始使用，但成本较高等因素制约了后续的推广使用；船用LNG加气业务仍然处在前期探索阶段，相关技术标准正在起草制定过程中。

### （五）液化石油气监管机制不健全，标准不完善

"十二五"期间，液化石油气市场的监管制度落实和监管措施执行不到位，行业标准不完善，液化石油气终端市场的非法经营现象仍较为严重，在城乡接合部及农村地区，来路不明的"黑气"充斥市场，导致重大安全用气事故频频发生。

依照《城镇燃气管理条例》规定，燃气经营企业应当具备"健全的经营方式"，并规定经营企业应当保证产品质量、为用户定期提供安全检查服务，禁止向非法经营者提供气源。但实际情况是，通过挂靠经营或者无证经营的个体经营者将其充装的瓶装气分销给用户的情况较为普遍，这种经营方式虽然省去了分销成本，但严重忽视了用户的用气安全，且短斤少两、掺假掺杂、过期钢瓶充装等违法行为较为严重。正是这些不规范的经营方式，造成在流通经营环节中无法追溯液化石油气产品与服务质量，一旦发生事故，事故责任往往归咎于用户使用不当，助长了市场恶性竞争与非法经营活动，导致各地用气安全事故居高不下。

"十二五"规划将小型储罐供气列入期间的一项发展技术，中国燃气、喜威液化气、上海液化气

等众多企业进行了大量技术研究和宣传推广，并制订了液化石油气小型储罐供气技术标准，但由于该标准未能成为行业正式标准，影响了相关示范工程项目的批准落实，对加快推进新型城镇化和新农村清洁能源供应，改变我国现有的液化石油气供应方式形成了阻碍。

### （六）不具备资质和条件的企业或个人进入燃气市场，扰乱城市燃气市场，造成不正当竞争，形成安全隐患

目前城镇管道燃气行业准入条件虽在《城镇燃气管理条例》中有明确规定，并且在规划中也对市场准入提出了要求，但由于没有实施细则，各地掌握不一，部分没有资质和缺乏运营经验的企业进入一些地方的燃气市场，他们缓建或不建燃气管网设施，造成当地燃气基础设施建设的滞后，无法满足当地经济发展和居民生活需要；且此类投资主体缺少管道燃气管理运营经验、安全意识和相应的技术能力，给社会公共安全埋下了极大的隐患。此外，随着LNG气源价格走低，部分天然气贸易商通过投资建设单点直供设施发展城市直供大用户，对城镇燃气企业正常供气产生影响，且存在没有经营资质及安全隐患高等问题。

### （七）安全管理仍存在薄弱环节

随着行业安全管理水平的不断提高，管道燃气事故数量逐年降低。但是违章占压燃气管线、第三方破坏、用户私自改装和使用不当等安全隐患问题仍然比较突出。瓶装液化石油气应用方面，部分企业经营方式不规范、产品质量不达标、安全服务不到位，用户安全意识薄弱，使用不合格燃气器具，在使用过程中忽视安全，不按照使用规程操作，造成多地发生多起液化石油气安全事故，事故造成的重大伤亡率呈逐年上升趋势，液化石油气安全事故突出已经成为城镇燃气行业当前面临的最主要的安全管理问题。

### （八）城镇燃气价格改革尚不到位，与可替代能源比价关系尚未理顺，影响城镇燃气行业发展

《天然气利用政策》中提出要优先发展公共服务、天然气汽车、可中断工业及分布式能源用户，而天然气净回值定价机制中折价系数偏高，过高的折价系数会使用户放弃使用优质清洁的天然气，不利于天然气的推广利用。

天然气价格体系不完善，居民用气价格偏低。管道燃气具有典型的规模经济效应，用气量越大，单位成本越低。因此，工商业供气成本要明显低于居民供气成本。我国长期以来把城市管道燃气视为一项社会民生福利，对居民用气实行低价政策，而用气成本较低的工业用户则要承担较高的气价。这种不合理的价格交叉补贴非但没有体现出公平负担的原则，反而增加了城市管道燃气企业成本压力，也不利于引导用户开展节能减排和优化燃料结构工作。

## 四、政策建议

### （一）各地应加强全国燃气发展规划与地方规划的衔接，做好规划分解落实工作

行业发展规划是以国家社会经济发展规划、能源发展规划为依据，指导全国城镇燃气行业发展

的纲领性文件，未来全国城镇燃气行业"十三五"规划的具体落实、执行需要由各个地方以国家规划为基础，结合地方城镇燃气事业发展现状和未来社会经济发展的需要综合制定。各地方要做好与国家规划的衔接，支撑国家规划落实。

### （二）结合各地区和城市的特征，采用不同种类的燃气，满足各地区和城市发展对燃气的需求

城镇燃气发展需要综合利用天然气、液化石油气、煤气及生物质燃气等多种燃气种类，利用管道、瓶组等方式实现对城市、郊区、小城镇及农村的燃气供应，满足不同居民群体的用气需求。发挥相对完善的城市燃气管网优势，加大城市内新、老居民用户的市场开发；结合城市发展规划，加快城市郊区燃气管网建设，陆续扩大城市燃气供气覆盖区域，提高天然气的普及利用；对短期内无燃气管网建设的区域，利用液化石油气瓶组方式供应燃气，提高燃气利用率；逐步改变农村现有的柴火、煤炭等低级、高污染的能源利用，加大液化石油气的推广应用，有条件的农村发挥生物质燃气技术的应用，满足农村居民对燃气的需求。

### （三）创新城镇燃气发展方式，提升燃气消费水平

"十三五"期间，城镇燃气行业的持续发展，需要改变传统的单纯依靠燃气管道开展燃气销售业务的发展方式，通过创新燃气发展方式，扩大燃气的应用范畴，提升燃气消费水平，从而让更多的用户使用燃气。要加大工业用户的燃气节能技术应用，运用分布式能源等综合解决方案，准确满足工商用户的多样化用能需求；开展家庭用能的智能化管理，提供家庭燃气服务解决方案，优化服务理念和水平；借助互联网技术，不断深入挖掘不同类别用户用能数据价值，分析用户的用气行为，为用户用能和节能提供有效预测与建议，既适应社会环境变化和用户用能需求变化，同时提升燃气综合能效利用水平，实现节能减排。

### （四）支持燃气技术研发和利用，进一步提高城镇燃气技术水平

"十三五"期间，要继续加大城镇燃气技术研发和利用，鼓励燃气企业加大技术研发投入，研发、应用新技术、新工艺、新产品。一方面，要注重燃气先进技术的研发应用，深化北斗系统与燃气输配的结合应用，大力发展燃气管网安全监测技术、施工抢修技术、防腐评估及检测技术、液化石油气钢瓶安全物联网技术等，提高燃气管网安全管理及运行水平；采用国际先进、成熟、符合主流发展方向的地理空间信息技术、海量数据管理技术、可视化技术、信息交换技术、模型模拟技术、安全访问控制技术等核心技术，促进物联网、云计算等前沿技术在城市燃气信息化建设工作中的应用；大力推动燃气管道系统和燃具使用的安全技术集成化、程序化。另一方面，加大燃气在车船等交通领域应用的改装、混烧等关键技术的研发，扩大燃气应用规模；总结已有分布式能源建设与运营经验，学习国外先进技术，实现燃气与可再生能源综合利用技术的创新与应用；借助互联网技术，对传统的燃气运营、安全、服务等进行创新发展，进一步提高城镇燃气事业的技术水平。

### （五）健全法律法规，规范行业进入和退出行为

"十二五"期间，《城镇燃气管理条例》及经营许可等实施细则的出台，进一步完善了城镇燃气行业的法律法规，但行业内出现的液化石油气安全事故、天然气终端市场不正当竞争等暴露了法律

法规不健全，标准不完善等问题。"十三五"规划要继续围绕强化行业安全监管、推进行业深化改革的主题，制定与城镇燃气管道安全、运输安全、液化石油气安全等相关的法规，针对行业出现的LNG快速发展等新趋势，进一步明确城镇燃气管道燃气经营许可要求，制定行业进入标准及退出标准，引导行业的健康发展，健全液化石油气市场准入制度、建立液化石油气产品与服务质量责任溯源监管体系，从源头上治理液化石油气行业无序发展和安全事故频发问题。

### （六）进一步加大老旧燃气管网改造力度

随着城镇管道燃气事业的快速发展，城镇燃气管网存在管道老化、燃气漏损高、安全隐患突出的问题，各燃气公司已经对前期投入时间较长、安全隐患突出的铸铁管道逐步进行改造。"十三五"期间，各地应结合燃气管网现状，梳理安全隐患多、超期服役的老旧管网，制定专项改造计划，设定专项改造资金，进一步加大老旧管网改造力度，改善燃气管网"跑、冒、滴、漏"现象，降低城镇燃气供销气差率，降低城镇燃气企业运营成本，保障城镇居民及工商业用户的用气安全。

### （七）重视城镇燃气安全，加大安全投入和安全宣传，进一步提升安全管理水平

"十三五"期间，城镇燃气企业要严格执行落实安全第一预防为主的方针，全面贯彻和落实《燃气系统安全运行评价标准》，进一步加大安全技术与管理的资金投入，定期开展用户设施安全检查，强化用户设施安全隐患治理，全面开展老旧管网改造，加强地下燃气管线安全防护，减少管道设施外力损坏、燃气管线占压事故，认真抓好燃气安全宣传教育，建立健全燃气主管部门、燃气经营企业及燃气用户共同参与的燃气安全宣传教育机制，重点规范液化石油气市场秩序，消除安全隐患，防止和减少安全事故，切实保障人民群众生命财产安全和社会和谐稳定。

### （八）推进城镇燃气价格改革，通过市场手段促进燃气利用规模的提高

结合国家天然气价格改革，进一步推进城镇燃气价格形成机制改革，形成科学的城镇燃气成本构成及分担机制，合理制定各类用户的燃气消费价格，使不同消费习惯、不同用气特点的用户能够公平、合理负担用气成本，提高城镇燃气与可替代能源的价格优势。逐步放开非居民、CNG车用等与可替代能源具有充分竞争特点的燃气销售价格，鼓励燃气企业通过价格杠杆反映市场供需变化，调节天然气供需矛盾，推行天然气季节性差价、峰谷差价和可中断差价等，引导用户合理消费，通过市场手段促进燃气利用规模的不断提升。

中燃协企业管理工作委员会

# 全国城镇燃气发展"十三五"规划研究报告

## 一、中国城镇燃气行业发展的趋势分析

自"十二五"以来,党中央和国务院相继提出发展新型城镇化、加快能源结构调整步伐和持续改善大气环境质量等要求,政策扶持力度加大,简政放权速度加快,出台了大量有利于经济发展的政策,有效地推动了油气行业的进一步改革,各种资本进入能源领域的渠道逐步拓宽。城镇居民等各类用户对天然气等清洁能源的旺盛需求,将持续推动天然气更大规模的使用,天然气全产业链改革的不断深化,将进一步给各类资本提供发展空间,天然气使用效率的不断提升,也将推动技术进步的步伐加快。

"十三五"期间是我国城镇燃气行业实现跨越式发展的重要转型期,机遇与挑战互存,压力与动力互促,发展与改革互动,我们必须在挑战中抓住机遇、在压力中寻找动力、在发展中着力改革,增强忧患意识、改革意识与创新意识,充分利用改革发展的良好时机,开创我国城镇燃气发展的创新之路。

### (一)城镇燃气继续保持较快增长

改革开放以来,我国城镇化率由 1978 年的 17.9% 提高到 2013 年的 51.3%,年均增长速度是改革开放前 30 年城镇化年均增长速度的 3 倍多,城镇燃气行业也获得了较快发展。党的"十八大"报告中明确提出,2020 年 GDP 总量比 2010 年翻一番,为实现这一目标,今后我国 GDP 仍将保持 6%~7% 左右的增速,在带动能源消费的持续增长的同时也将带动天然气需求的持续增长。2014 年,国务院发布《国家新型城镇化规划》(2014—2020 年),对涉及城镇燃气等的市政基础设施行业提出"建设安全高效便利的生活服务和市政公用设施网络体系,统筹电力、通信、给排水、供热、燃气等地下管网建设,加快推进城市清洁能源供应设施建设,完善燃气输配、储备和供应保障系统,大力发展热电联产,淘汰燃煤小锅炉","统筹城乡基础设施建设,加快基础设施向农村延伸,强化城乡基础设施连接,加快公共服务向农村覆盖"。由此可知,城镇燃气将进一步持续稳定发展。首先,构建绿色低碳的新型城镇化,重要的内容就是为城镇居民提供更多的清洁能源,进而提升城镇居民生活质量;其次,新型城镇化要求提高市政基础设施建设能力,作为重要基础设施的城镇燃气管网,将向农村等边远地区延伸。随着我国城镇化进程的不断加快,城镇化水平越来越高,人民生活水平不断改善,迫切需要采用清洁、高效、便利的优质燃料,各级政府对城镇燃气事业的支持力度将越来越大。天然气资源供应、管道及储备设施建设的发展进入新的发展阶段,将成为城镇燃气快速发展的重要支撑。

#### 1. 天然气基础设施建设速度加快

截至 2014 年末,我国已建成天然气干线、支干线管道超过 6.3 万 km,年输气能力达到 1 700 亿 $m^3$。预计到 2015 年末,全国天然气干线、支干线管道长度将达 10 万 km。除了主干管网的建设,我国将进一步加强区域管网建设,推进联络线和支线的建设,在完善长三角、环渤海、川渝地区管网的同时,

基本构建东北、珠三角、中南、南疆等区域管道的网络布局，进一步提高供气的安全性和灵活性。

未来，我国天然气管道建设将进入快车道。随着地区支线建设提速，管道气覆盖范围扩大，区域性管网建设力度加大，供气保障能力与灵活性会大幅提高，管道的网络化布局将进一步完善。

**2. 气源多元化，供气保障逐步得到加强**

总体上看，常规气仍是今后的开发重点，非常规气重要程度逐步提高。我国天然气发展未来5～10年仍以常规天然气为主，常规天然气仍处于快速发展时期。目前我国常规气储采比随着产量的快速增长虽有所下降，但与世界一些主要产气国相比，仍处在较高水平，未来几年天然气产量将持续保持快速增长，预计2015年和2020年全国常规天然气产量在1400亿和2200亿 $m^3$ 左右。

此外，非常规天然气开发力度加大。预计2015年我国煤层气产量（包括煤矿瓦斯抽采利用量和地面煤层开采利用）在100亿 $m^3$ 左右，页岩气产量规划目标为65亿 $m^3$ 左右。随着市场化进程的不断推进，将有越来越多的民营企业以多种形式进入勘探开发领域，非常规气开发力度进一步加大，供气规模将快速提升。

进口管道气逐步增加并趋于稳定。随着中缅管道输气量增加以及中亚C线投产，管道天然气进口量将趋于稳定。中俄东线天然气协议签署生效后，预计俄气将于2020年左右进入我国东北地区，届时中国年进口管道天然气量将达到700亿 $m^3$ 左右，将占到国内进口天然气总量的50%。

进口LNG稳步增加且呈现多元化供应。未来2～3年内，我国还将新增超过1500万t的年接收能力，年均增量超过500万t，预计到2015年末，已建成LNG接收站累计一期设计接收能力将达到4300万t以上。同时，随着接收站等基础设施的公平开放，现有上游企业、下游城市燃气企业、其他贸易商等多种主体可通过接收站实现LNG进口，LNG供应呈现多样化。

**3. 储气库建设速度加快，天然气储备体系将逐渐完善**

根据国家《天然气发展十二五规划》要求，未来5～10年间，我国仍将大力推进地下储气库的建设，并提出了"在长输管道沿线必须按照因地制宜、合理布局、明确重点、分步实施的原则配套建设储气调峰设施"的方针。重点布局京津冀、黑龙江、安徽、湖北、湖南、山西、河南、四川、陕西、甘肃、青海、宁夏、新疆等省（区）。重点储气库项目的工作气总能力为257亿 $m^3$，总投资高达811亿元。可以预见，到2020年左右，我国储气库总工作气能力将超过300亿 $m^3$，天然气储备总规模达到年消费量的10%左右，基本达到目前的世界平均水平。

## （二）治理大气污染要求扩大天然气应用，并将进一步推进城镇燃气行业的发展

作为最清洁的化石能源，天然气已被视为实现治霾目标的最现实选择之一。2011年，国务院发布的"十二五"规划纲要中提出单位国内生产总值二氧化碳排放降低17%的目标，要求推进清洁能源多元化发展，促进天然气产量快速增长。2013年国务院制定并出台了《大气污染防治行动计划》，提出要增加天然气、煤制天然气、煤层气供应，对新增天然气应优先保障居民生活或用于替代燃煤，且鼓励发展天然气分布式能源等高效利用项目。由此说明，改善环境质量的要求驱动天然气消费进一步扩大。未来，城镇燃气行业中天然气的应用领域将进一步拓展，并将拓展领域主要集中在车用、船用、分布式能源等方面，呈现应用多样、节能增效和综合服务的特征。

**1. 车用气市场仍将保持快速发展**

近十年我国天然气汽车数量呈爆发式增长，从2000年的不到1万辆增至2012年的近150万辆，其中LNG汽车约7万辆；加气站总数3858座，其中637座为LNG加气站；交通运输业天然气消费

量也从 8.8 亿 $m^3$ 增至 150 亿 $m^3$ 以上，按等热值计算相当于替代约 1300 万 t 成品油，占汽柴油消费总量的 5% 左右，已经成为最主要的、也是发展潜力最大的交通替代燃料。同时，我国已初步建立了完整的天然气汽车技术链和产业链，加气站设备、发动机和汽车配套零部件的国产化大幅降低了天然气汽车的投入，为天然气汽车的规模化发展提供了良好支撑。

天然气汽车高速发展的重要原因是天然气供应商、消费者和地方政府都能从中受益。对于天然气供应企业而言，车用 CNG 是国内分类零售限价中最高的一类，而 LNG 则实现了完全由市场定价，利润明显高于其他应用领域；对于车辆使用者而言，使用天然气的燃料成本低于成品油，增加的购置或改装费用也能够在较短时间收回，经济效益显著；对于地方政府而言，天然气汽车清洁环保、价格低廉，也是解决城市大气污染的重要途径之一。

根据国务院发展研究中心课题研究显示，2020 年我国天然气汽车数量将增至 300 多万辆，交通用气可以达到 400 亿 $m^3$；2030 年天然气汽车数量增至 460 多万辆，交通用气可以达到 700 亿 $m^3$。

### 2. 船舶用气（LNG）市场发展潜力巨大

"十二五"以来，国内新奥能源、港华燃气、中国燃气等燃气企业凭借其项目区位优势，在内河、湖泊等水域纷纷发展船舶用气市场。截至 2013 年，我国有 4 座 LNG 船舶加注站在建，分别位于长江流域的重庆、南京、武汉和芜湖，此外还有 10 座在规划中。已经完成"油改气"的船舶超过 180 艘，其中 22 艘已经获得国家海事局审批。首先，政府对船用气市场应用的政策支持力度较大，自 2011 年以来交通部陆续出台了《交通运输部关于推进水运行业应用液化天然气的指导意见》等 8 项鼓励政策，涉及设计标准、财政资金支持等多方面。其次，从用户需求方面来看，在内河航运发达地区，大部分船运企业具有较强的改装愿望。最后，从资源供应方面看，目前国内 LNG 产业发展迅猛，不仅常规气源丰富，非常规气源液化厂和海上天然气接收站也都有规划布局，火车和水路集装箱运输 LNG 也在研发当中，未来 LNG 的供应有保障；此外，在 1 至 2 年内涉及水运的省份将会出台船用加气站规划，内河、江海以及湖泊上会有大量的船用加注站投入使用，应用 LNG 做燃料的船舶也会有较大幅度的增长。

### 3. 分布式能源健康有序发展

"十二五"以来，天然气分布式能源得到了中央及地方政府的大力支持，政府通过财政扶持、补贴等优惠政策鼓励天然气分布式能源的投资建设。2013 年 7 月，国家发改委颁布了《分布式发电管理暂行办法》，该政策的出台初步解决了分布式发电项目长期以来面临的"并网难"问题，为我国天然气分布式能源的大规模发展奠定了基础。9 月出台的《大气污染防治行动计划》再次提出要优化天然气使用方式，鼓励发展天然气分布式能源等高效利用项目。2014 年 10 月，国家发改委、住房和城乡建设部、国家能源局三部委联合印发《天然气分布式能源示范项目实施细则》，《细则》提出要将更大自主权交给地方，并且鼓励探索特许经营。在当前国家力推大气污染防治、节能减排的大背景下，《细则》的发布再次表明中央政府积极支持天然气分布式能源，将有效提振产业的发展信心。

由于天然气分布式能源产出冷、热和电产品，但在我国利用天然气分布式能源发电一是受到价格和环境政策的影响和制约，目前的上网电价定价机制还没有完全体现社会效益、环保效益以及调峰效益，二是受天然气价格持续上涨的影响，燃料成本的上升降低了天然气分布式能源项目的经济性，使其与其他供能方式相比处于劣势。

未来，天然气分布式能源的主要发展方向，一是更多地参与电网调峰。分布式能源发电时所产生的余热用来供热或制冷，既是调峰电厂又是供热厂。它的调峰上网电价，可以低于单纯调峰电厂的电价，总的系统效率显著高于单纯调峰电厂。在夏季，除满足调峰要求外还可承担供冷负荷；在冬季，除满足调峰要求外，还可承担采暖负荷，形成冷热电三联供的电力调峰运行方式，具有更强的市场竞争力。二是在地方电网比较薄弱的地区，规划建设天然气分布式能源项目，可实现对大电网的有益补充。三是随着天然气供应能力的增强以及国家价格、环境政策的完善，天然气分布式能源将会加快发展。

### （三）天然气全产业链改革将发挥重要作用

天然气产业链大致分为气源（国内开采、国外进口）、长输管道、城市燃气等几个环节。城镇燃气位于天然气产业的下游，它的发展与整个天然气产业链紧密相连。目前我国城镇燃气环节已实施较大力度的改革，取得了较好的成效。但气源和长输管道在内的中上游改革步伐较慢，力度较小，阻碍天然气产业的整体改革进程。在天然气价格方面，近几年的改革也在逐渐"提速"，不难看出，以往的改革基本都是单项、独立的改革，聚焦于某一个"点"，但是，这种"点"式的单项改革模式显然已经不能适应目前行业发展的要求。首先点式改革分散力量，难以集中力量解决主要矛盾；其次点式改革只解决局部问题，无法解决产业链整体问题。因此，要进一步推动我国城镇燃气的发展，需要从天然气全产业链的角度深化改革，逐步从以往的"点式改革"过渡到"链式改革"模式。

从国外经验来看，20世纪80年代以前，世界各国普遍采取垂直一体化的管理方式，不仅对具有自然垄断特性的燃气管线输配送环节进行管理，也对具有竞争特性的生产和批发供应环节进行管理。这种体制使各国燃气公司承受了巨大的压力，也使燃气价格和消费处于畸形发展之中，结果造成企业长期亏损、财政负担不堪重负、冗员严重、服务效率和水平低下。在这些压力之下，各国纷纷启动城市燃气改革，既包括上游的开发环节，也包括管输环节和下游的城市供气环节，改革的最终目标是允许所有天然气用户，即使是最小规模用户都有权利自主选择供应商。实践证明，欧美发达国家的公用事业股权多元化和市场化改革取得了积极的效果。其主要经验是：

**1. 改革必须建立在完善的法律法规基础上**

尽管国情不同，改革起点也不一样，但各国普遍认识到，城市燃气行业是关系国计民生，同时又具有资源性和网络性特征的城市公用事业，必须对改革的复杂性有一个清醒的认识。特别是在业务分拆、资产重组和市场监管过程中，原有的利益格局必将被打破，而新的利益格局尚未形成，各种利益集团都会对改革决策者施加有利于自己的影响。因此，市场化改革不能急功近利，必须使改革建立在完善的法律法规基础之上。为此，各国在启动燃气业市场化改革之初，普遍重视立法工作。如英国在天然气行业改革和发展的各个关键时期，政府一旦确定阶段性发展目标，即着手制定并出台相应的法律法规，为此后改革发展和政府监管提供稳定的制度框架。另外，总体而言，各国推进市场化改革的出发点和落脚点基本都放在保障国家能源安全和维护广大消费者合法权益上，同时，以国家能源安全和公众利益作为判断改革是否成功的最终标准。

**2. 分阶段适时推进改革**

各国燃气行业市场化改革和发展大多经历了以下3个阶段。第一阶段，垄断专营和财政补贴阶段。这一阶段，为加速管网设施的建成和保证投资能够得到合理回报，各国政府通常赋予燃气企业垄断专营权，部分国家甚至采用国家垄断方式。企业的运营通常是纵向一体化的，政府则对整个产业实行严格管制。第二阶段，纵向拆分和开放管网阶段。随着管网设施的建成，垄断导致的低效率逐步显现，多数国家以竞争机制的引入为重点，一方面对纵向一体化企业进行拆分，或要求其向终端用户提供非捆绑式服务。另一方面开放管网系统，积极落实管网第三方准入，同时鼓励社会资本投资建设管道基础设施，形成竞争格局。第三阶段，完善燃气市场和监管体系阶段。随着天然气产业进一步发展，管输网络和地方配送系统进一步放开，燃气产业链各个环节都由独立企业进行运营，不再存在任何捆绑式服务。

### （四）发展趋于规模化和品牌化，精耕化发展将成为主旋律

城镇燃气行业在经历了近10年跑马圈地式的快速发展后，发展速度趋于平缓，行业集中度渐高，城镇燃气企业逐渐由外延扩张为主向内生增长与外延拓展并举转变。首先，从主要城镇燃气企业业务发展形势看，用户发展数量和天然气销售量稳定增长，业务区域继续扩大。港华燃气、华润燃气、新奥燃气、中国燃气等全国性燃气企业销气量占据全国市场份额的50%以上。未来，城镇燃气企业的数量将出现下降，市场集中度将逐渐提高。除特大型城市外，燃气市场将由少数几家具备全国性扩张能力的公司主导。其次，各企业正在由以往单纯扩张向注重深耕细作转变。具体表现在：①对于已经获得的项目，燃气企业正在按部就班有序发展，加快设立维修服务网点、加气站，并加大基础设施投资和建设力度；②自2012年以来，部分大企业如北京燃气、中国燃气、新奥燃气、华润燃气等相继开展行业对标工作，从管理入手，向管理要效益，注重企业内部管理水平的提升，实施战略管控；③由于城镇燃气的区域性特点，未来燃气企业的经营模式将由之前的全国多点布局转变为由中心区域向周边扩展形成规模，由原来的"一城一域"的竞争向相互渗透和周边包围转变，守土扩疆的传统开发策略均面临挑战。燃气企业将通过区域合作、同行联盟、兼并重组、参股、股权并购、整体收购、资产转换等方式，以产业化为方向，或进行区域之间的相互渗透，或组建全国性或区域性企业集团，从而实现规模化经营。再者，城镇燃气行业的产品、服务和经营模式在很大程度上具有同质化特征，也将是催生企业并购产生的重要因素。企业之间的并购犹如市场再一次的大浪淘沙，通过行业的"优胜劣汰"使燃气行业健康发展。

### （五）创新驱动将推进行业向能效化、数据化和智能化方向发展

#### 1. 可再生能源与天然气在终端市场的结合使用

可再生能源和天然气是互补的协作关系。天然气与可再生能源的结合应用主要体现在两个方面：

①在电网中，天然气和可再生能源已经在功能上相辅相成。由于风能和太阳能属于间歇性能源，在使用期间必须有后备电源来补偿风能和太阳能不足时的供能。总体来说，后备电源最好由天然气提供，因为天然气在调度上最具灵活性。燃气轮机能够根据不同的能源需求快速进行开关转换。

②天然气中含有甲烷，甲烷可从多种生物中提取，比如垃圾、废水、农业废料等。其转换技术已经非常成熟。例如法国燃气在2011年6月就尝试在法国北部诺德地区的塞克迪将生物甲烷注入天然气管网，这一举措为法国生物燃气的广泛应用奠定了基础。

#### 2. 燃料电池将成新的应用领域

2014年，我国汽车保有量已经达到1.5亿辆，年进口石油量超过3.1亿t，大城市污染的70%来自于汽车尾气排放。近几年，天然气汽车的使用在一定程度上缓解了大气污染，但随着大气环境治理的进一步深入，对减少汽车尾气排放提出了更高要求。为汽车寻找新的动力源，发展绿色汽车，已经成为能源产业和汽车工业的共同目标。

燃料电池具有利用广泛，使用清洁、高效等特点，被认为是21世纪最有前景的动力源。国内外科学界和产业界经过多年的研究后均认为，在所有的燃料中，天然气制取氢的过程毫无污染物排放，以天然气作为原料制取燃料电池所需的氢能源是最佳选择。在通过天然气制取氢气发展燃料电池发

展方面，日本做了大量工作并取得了一定成效。日本东京燃气公司联合其他汽车企业，已经于 2015 年发布第一辆商业化的燃料电池汽车。同时，日本政府还发布了燃料电池汽车发展计划，该计划主要以发展天然气制取氢气作为燃料电池的主要方式，到 2015 年东京燃气公司将在全国建立 100 座加氢站运营。未来，我国可利用天然气资源量将不断增加，终端应用拓展将更多地向交通领域延伸，天然气作为发展燃料电池氢能源的一次能源，具有氢制取技术路线多样化、经济竞争力强、能源利用效率高和环境效益好等诸多优势，这既是我国未来天然气终端使用的重要领域，也是汽车工业未来发展的重要方向之一。

### 3. 物联网技术将广泛应用于燃气管网系统

搭建物联网平台，将能有效解决这些问题。物联网在本质上是以智能终端为载体，将数据采集、监控、决策制定及流程优化的传感器网络，在城镇燃气行业应用物联网既可以综合 GIS、GPS、SCADA 系统，并有专业平台如 ERP、BI、云平台等提供支撑，集监测管网燃气泄漏，监控管网压力和密闭空间作业安全以及实施远程抄表等多功能的燃气管理系统，也可以通过这个系统进行管网运行及事故处理和其他决策。目前，国际上部分燃气企业如德国莱茵集团，通过建设物联网系统，已经基本实现了优化生产、储存和使用的目的，企业可以实时开展在线故障诊断，抄表费用大幅度减少、运营成本得到降低，并且还实现了部分燃气企业与用户间信息的双向流动及燃气资源的高效使用和调配。

### 4. 借助北斗定位系统，提升燃气供应安全可靠性

城镇燃气管网具有网状分布，中间节点较多的特征。随着城市的不断拓展，管线周边建筑繁多、人口稠密、环境复杂，管网安全运行的风险度不断增加。据统计，我国城镇燃气管道泄漏事故约 80% 是由于腐蚀和第三方破坏造成的。因此，城镇燃气企业通常采取施工管理、日常巡线、泄漏检测和防腐层检测等措施来保证管道安全运营。但是，传统的方法无论是在准确性、安全性和及时性方面都已经无法跟上管道建设的速度。城镇燃气行业需要借助更为科学、精确的技术手段来提升管网安全可靠性。高精度卫星定位技术，将承担起这一主要任务。北斗精确定位技术，可以为管道安全运营提供强有力的保障，为管道全生命周期数据的分析与利用和管道完整性数据中心提供丰富的数据基础。同时，燃气企业还能够以北斗精确定位技术为基础，开展智慧燃气建设。

### 5. 大数据应用将显著提升企业的管理水平

城镇燃气行业的特征之一就是其通过管道与用户建立了直接的联系，并通过每月的查表、巡检和维修、售气服务项目，与用户进行沟通。城镇燃气行业的用户几乎覆盖全部城市家庭，用户除了有燃气需求以外，还有大量的其他需求。发掘这些需求就要依靠燃气企业收集整合用户的各种数据，如用气量、消费习惯、家庭燃气器具情况等，通过收集这些历史数据，进行科学分析，形成更多的有效产品和服务建议。事实上，用户是愿意为此支付报酬的。可以预见的是，燃气企业除了提供用能指导外，还可以创建在线网站或网络中心，维护并管理第三方产品或服务的资料库，这些第三方产品或服务能够帮助消费者满足其能源需求。采用这类模式，不仅可以通过服务实现收益，还可以提高客户数量。企业将原本看似毫无价值的数据转换成可以变现的资源，并可以借此提升用户体验和企业与时俱进的形象，以此为起点，探索"微信抄表"、"微信服务"、"微信营销"等互联网服务手段。

大数据还可以用于行业更为关注的安全管理方面。燃气企业可以以相对低的成本采集并形成完备的用户数据，将用户的燃气器具品牌、年限、工况等基本情况纳入管理。如每次进门抄表、安检时，同时采集相关数据，经过一段时间的积累，即可形成基础数据，并根据用户的报修等历史记录，对

该用户用气情况有较为系统的了解。针对使用有安全隐患、临近甚至超过报废期的燃气器具的家庭，开展针对性的安全宣传，提醒其注意用气安全，敦促其及时更换。

大数据还可以为燃气企业产业链拓展带来机会。燃气企业可根据用户的网络足迹、位置信息（如关注装修论坛、出入建材市场等），判断其对燃气安装、燃气灶具等存在需求的可能性较大，从而对其开展针对性营销和服务（提供燃气安装服务、燃气器具销售服务等）。可以根据用户的居住条件（如别墅等高档社区）、用气设备（如地暖、壁挂炉等用气设备）等，甄别用户的支付能力和服务需求，针对这部分用户推出个性化的收费服务，提供家庭燃气服务解决方案，包括滚动式安检、设备维护保养、专人预约上门等。

**6. 搭建面向企业交易和最终用户的电子商务平台，打造全行业增值服务新亮点**

根据有关资料显示，2013年中国电子商务市场整体交易规模为8.1万亿元，较2012年增长27.9%。2013年第一季度，北京市网络零售额达214.4亿元人民币，同比增长57.1%。占社会消费品零售额比重首次突破10%，达到10.7%，较2012年提高3个百分点。在互联网和电商飞速发展的大环境下，越来越多的企业和组织通过互联网提供产品和服务销售。特别是在近两年，移动互联网和移动电商的迅速崛起，正在创造新的市场机会。

国内外部分燃气企业已经开始建立统一的电子商务平台，依托该平台向企业和居民用户提供优质的终端产品和服务。并且把电商业务作为企业的创新增值业务，其目标是以燃气相关的产品和服务导入电商业务，并逐步在其基础上导入其他种类的产品和服务，实现电子商务业务的逐渐发展壮大。例如德国E.ON公司以B2B电商平台作为企业交易平台，经营面向燃气工程的建设材料以及燃气灶器具和燃气表的大客户采购。平台的客户主要是机构和企业客户，包括承接燃气工程项目的公司、开发商、燃气设施设备批发商、材料供应商等。该公司还以B2C电商平台面向最终用户（家庭和个人用户），销售商品和服务，包括燃气灶器具、燃气表及燃气报警器，以及其他燃气相关设备和材料，同时将有偿服务作为产品进行交易。

## 二、"十三五"城镇燃气行业发展战略

### （一）确立高效、安全和可持续的战略

"高效"，就是要实现燃气在勘探开发和生产、输送及利用各个环节的高效率，这是中国城镇燃气发展的基础所在。因为，中国的燃气资源有限（特别是天然气资源），而且资源的品质不能同中东、中亚和俄罗斯等国家相比，甚至不能同美国的资源条件比，要把资源开采出来或者生产出来并具有经济性，必须提高生产开采和输送环节的效率。另外，在消费环节，由于资源还需要远距离进口，燃气价格不会太低，要使燃气有竞争力，必须提高燃气的利用效率，充分发挥燃气的高效、清洁特性。

"安全"，就是实现燃气资源保障和生产运行两个层面的安全，这是城镇燃气行业发展的前提所在。对于政府而言，能源安全的重要性毋庸置疑，区域或者城市的能源安全必须立足自身，并且要有很强的调节手段，在此基础上全国配置资源，实现开放条件下多元化的燃气供应安全。在生产运行层面，由于各区域发展的不均衡和燃气供需差异大，必须加强全国的燃气管网互联互通，以及多层次的燃气储备来保障安全。另外，由于千家万户都在使用燃气，燃气户内安全也是燃气供应安全重要的组成部分。

"可持续",就是城镇燃气的发展要处理好与生态环境的关系,这是城镇燃气发展的目的所在。一是在城镇燃气业本身,在开采、生产、传输和使用中要注意环境保护以及资源供应的可持续性,燃气的发展要改善环境而不是恶化环境。二是在能源系统中,要有可持续发展的理念,要保护环境,把对环境污染的外部成本充分反映出来,扩大天然气的使用,减少人工煤气的使用,提高能源系统的效率,降低能源使用对环境的污染。

## (二)明确城镇燃气发展的战略目标和途径

未来5年,中国城镇燃气发展的战略目标是:以高效、安全、可持续发展燃气,各区域逐步将天然气变成为主导能源,人工煤气逐步退出市场,液化石油气向偏远地区延伸。力争2020年城镇燃气消费量增长至1 800亿~2 000亿 $m^3$,其中,城镇燃气中天然气供应规模约1 600亿~1 900亿 $m^3$;城镇液化石油气供应规模约1 175万~1 310万 t 或49亿~55亿 $m^3$(折合天然气约为152亿~170亿 $m^3$);城镇人工煤气约为28.5亿~63.5亿 $m^3$(折合天然气约为12亿~26亿 $m^3$),其他替代燃气约200亿 $m^3$。主要的途径包括:

1. 引导和培育天然气终端消费市场。要将天然气发展成为主力能源,必须多措并举扩大天然气消费。首先是加强环境监管,推进天然气替代分散用煤,包括城乡商业和居民采暖和炊事用煤,纺织、造纸等轻工业热力用煤等领域,这将对减少雾霾和改善环境起到至关重要的作用。其次是发展天然气燃料交通,重点是在公路客运和水路货运方面,通过加大基础设施建设,完善相关技术标准等方式,推进天然气对石油的替代。第三是在发电和重工业领域,依托能源市场化和绿色财税制度改革,将天然气节能减排、调峰备用等环境和经济效益外部化,提高天然气发电调峰、冷热电三联供、天然气化工等经济效益和竞争力。

2. 依靠科技创新提升行业技术水平。大力推进燃气生产开发、传输配送、转化利用等各环节的科技创新与新技术应用,通过技术革命提升燃气产业链各环节的技术效率和经济效率。首先是提早开展燃气生产和转化领域重大技术的战略布局,对生物质气、燃气制取氢气、燃气发动机、联合循环发电设备等进行重点攻关,加大资金和人才资源投入,激活技术创新的体制机制。探索成套技术体系和解决方案的研发和应用,关注装备系统集成化,成本节约化,环境友好和绿色化发展。力争到2020年,行业技术装备水平明显提升,在燃气轮机、LNG液化等领域的技术自主化和国产化上实现重大突破;行业运行生产经营效率明显提升。到2020年,行业技术水平和生产运行效率达到国际先进水平,自主创新能力得到大幅提升。

3. 构建现代城镇燃气行业体系和政府监管体系。健康可持续的现代城镇燃气产业体系,需要充分发挥市场在资源配置中的决定性作用,同时更好地发挥政府的作用。在制度设计方面,应把握好当前能源体制改革契机,推进城镇燃气市场化改革,系统设计组织形式和运作模式,引入多元化资源和主体,营造规范、正当的竞争合作方式,努力形成高效、开放、有序的市场格局。在监管方面,要尽快开展城镇燃气市场监管的顶层设计与责任分工,以项目库为抓手,对市场准入、公平竞争、规划建设等进行监管。力争到2020年,我国城镇燃气行业多元市场竞争格局进一步优化,在市场准入和退出上取得突破,部分地区燃气基础设施建设采取混合所有制,主体多元、公平竞争、体系健全的市场体系得以形成,市场在资源配置中起到决定性作用。统一、独立、专业化的监管体系得以形成。行业活力和效率得到显著提升,产业的国际竞争力和影响力大幅提高。

## 三、城镇燃气行业发展政策建议

### （一）加大燃气规划的指导作用

行业发展规划是以国家社会经济发展规划、能源发展规划为依据，指导全国城镇燃气行业发展的纲领性文件，未来全国城镇燃气行业"十三五"规划的具体落实、执行需要由各个地方以国家规划为基础，结合地方城镇燃气事业发展现状和未来社会经济发展的需要综合制定。各地方要做好与国家规划的衔接，支撑国家规划落实。

### （二）统筹规划建设燃气基础设施

基础设施发展涉及各省区内管道、城市内 LNG 应急储备和调峰设施以及城市内的配气管道等多种设施，其中管网的建设是发展天然气市场的关键。随着基础设施的建设不断完善，互联互通的基础设施布局将成为保障各省区和城市天然气安全平稳运行的关键，未来随着新粤浙、西四线、西五线、中俄东西线、沿海接收站、地下储气库的建设，基础设施的有效互通意义重大，只有在规划阶段实行有效协调，形成一个完整的产业链，才能有效地达到基础设施的互联互通。

政府部门应对省区内和城市基础设施建设进行全面统筹，加强基础设施立项工程的监管和调控。应对规划项目中国家级基础设施涉及的企业进行考核，考核项目实施的进展和时间阶段内目标完成的程度，采取一定的奖罚通报措施；对规划中涉及省级基础设施的对省有关负责部门进行考核，其考核标准一致，省有关部门对规划中涉及本省的项目应积极落实相关工作，努力配合，并对省级以下负责单位采取相应的考核制度，推进基础设施建设的积极性，把工作做到实处。

### （三）满足各区域对燃气的需求

城镇燃气发展需要综合利用天然气、液化石油气、煤气及生物质燃气等多种燃气种类，利用管道、瓶组等方式实现对城市、郊区、小城镇及农村的燃气供应，满足不同的居民群体的用气需求。各地应发挥相对完善的城市燃气管网优势，加大城市内新、老居民用户的市场开发，结合城市发展规划，加快城市郊区燃气管网建设，陆续扩大城市燃气供气覆盖区域，提高天然气的普及利用；对短期内无燃气管网建设的区域，利用液化石油气瓶组方式供应燃气，提高燃气利用率；逐步改变农村现有的柴火、煤炭等低级、高污染的能源利用，加大液化石油气的推广应用，有条件的农村地区要发展生物质燃气技术的应用，满足农村居民对燃气的需求。

### （四）提高燃气利用效率

无论是从控制大气污染，还是提高能源效率的角度，替代分散使用的煤炭是天然气发展的优先领域，发展潜力很大。分散使用的煤炭能源利用效率低，污染物排放大，污染排放控制的成本高。中国的煤炭目前大体上一半用于集中发电，一半用于分散使用，在分散使用的煤炭中，一半是用于金属冶炼、烧制水泥等必须使用煤炭的领域，另一半是用于供热以及纺织、陶瓷、玻璃、造纸等可以替代的领域。从发达国家来看，OECD 国家煤炭用于发电的比例平均为 78%，美国则超过 90%，分散使用的煤炭很少。

替代分散使用的煤炭，有以下三条途径：一是对于北方中小城市的采暖用户以及集中在工业园区的部分工业用户，要通过发展燃煤热电联产来替代分散使用的燃煤锅炉。二是对于分散布局的工业用户以及对用热温度有很高要求的工业用户通过使用天然气或发展天然气热电联产替代燃煤满足其能源需求。三是对于城乡结合部和农村的分散采暖和烹饪用煤，除了用 LPG 和 LNG 来替代外，利用农村的废弃物发展生物质天然气也是一条可行的道路。

从政策的角度来看，一个是加强环境监管，提高分散使用煤炭的使用成本。如建立燃煤锅炉污染减排在线检测系统，实施监控废气排放系统。二是加大节能改造的力度，提高能源利用效率，如加强建筑节能改造，优化工业流程和用能方式，在使用优质高价能源的同时不给下游用户造成经济上过大的负担，政府可以在用能设施替换以及节能改造上给予财政支持。三是对于新增的锅炉，在东中部空气治理压力大的区域，可以考虑强制使用天然气，不再新上燃煤锅炉。

## （五）完善交通用气规划和技术标准

扩大交通用气可以替代石油，由于燃气（主要是天然气）的安全要优于石油，发展交通用气对保障国家能源安全有重要意义。天然气作为交通替代燃料，还具有清洁、高效、技术成熟和经济性的特征。天然气汽车排放一般均低于传统内燃汽车，CNG 的碳排放显著低于汽油车，LNG 与柴油车相比优势明显。从经济性上看，过去几年较大的油气差价和未征收消费税带来的经济性，推动了天然气汽车快速发展，尤其是城市 CNG 出租车和公交车领域。

交通是移动源用户，具有显著的网络外部性。如果说气电对煤电的替代是"点"的替代，天然气对油品的替代，则是网络化、系统性的替代，其规模化发展，不仅仅取决于某一环节或某一产业链的技术经济性，更依赖整体系统所具备的网络化效应。要求有足够多的加气站、维修点等服务设施进入网络，才能更好地满足客户的网络化移动需求，这个网络化过程，只依靠市场"无形的手"需要较长的周期，且有时市场还会失灵，政府应发挥其政策调控作用。建议如下：

1. 促进加注站基础设施建设。首先是制定全国尤其是重要货运通道、水运航道和重点区域的加注站网络规划，在提升交通工具用户预期的同时，防止各自为战、条块分割、重复建设、违规建设和不良竞争。其次，制定相应的税收减免政策，鼓励社会资本加大投资加注站，从而推动加注网络尽快达到引爆点，在达到引爆点后，可考虑逐步退出激励措施。另外，梳理完善滞后的管理规定，如修订基于油品制定的相关管理规定、简化燃气加注站审批流程、解禁 LNG 火车槽运等。

2. 尽早制定全产业链的行业标准，如燃料质量、热值计量、加注设施、燃气汽车零部件等，促进全产业链的标准化发展，以利于规模经济的实现。

3. 发挥政府引导作用和协会的协调作用。要发挥好政府采购的引导作用，对财政支出或补贴的市政、公交、政府等部门的交通工具，设定明确的天然气车的占比。另外，发挥行业协会的协调作用，天然气交通的网络化进程需要统筹协调。

## （六）促进天然气分布式能源合理发展

天然气分布式能源具有清洁、调峰能力强、能效高和占地面积少的优势，非常适合作为调峰发电和热电冷综合利用，可以说是电力系统中不可或缺的部分。在分布式发电领域，考虑到规模经济和资产利用率，优先发展顺序应为区域式、楼宇式和家庭式。提高天然气分布式竞争力的关键措施是：

1. 制定峰谷电价、峰谷气价。从电力系统的角度来看，天然气发电能够灵活启动，具有一定的调节功能，在可再生等间歇性能源比例提高的背景下，调峰的价值更加显著。从天然气系统来看，由于用电和用气峰谷时间有差异，比如说冬季用热多，用电相对较少；而夏季用电制冷多，而用热少，天然气发电可以降低天然气需求的峰谷差。利用低价气发高价电是天然气发电的竞争力所在。目前，天然气发电上网电价高于一般火电，在一定程度上反映调峰备用的价值，下一步可以制定峰谷电价进一步体现调峰的效益。在天然气方面，也要出台制定峰谷气价，以充分反映出气电的竞争力。

2. 核心设备国产化。对于核心设备，目前由于国外对燃气轮机设备、燃机程控等核心技术的垄断，长期以来导致设备投资成本高，长期维护检修等运维费用高。这一问题的改善，将有助于降低气电度电的固定成本。若能使单位投资下降15%，则可以使度电成本下降约0.014元/kWh。同时，通过国产化降低长期维护检修费用，若能使总修理费降低50%，还可以带来度电成本下降约0.01元/kWh。

## （七）加大燃气技术研发和应用力度

"十三五"期间，要继续加大城镇燃气技术研发和利用，鼓励燃气企业加大技术研发投入。一方面，要注重燃气先进技术的研发应用，深化北斗系统与燃气输配的结合应用，大力发展燃气管网安全监测技术、施工抢修技术、防腐评估及检测技术、液化石油气钢瓶安全物联网技术等，提高燃气管网安全管理及运行水平；采用国际先进的信息技术、海量数据管理技术、可视化技术、信息交换技术、模型模拟技术、安全访问控制技术等核心技术，促进物联网、云计算等前沿技术在城市燃气信息化建设工作中的应用；大力推动燃气管道系统和燃具使用的安全技术集成化、程序化。另一方面，加大燃气在车船等交通领域应用的改装、混烧等关键技术的研发，扩大燃气应用规模；总结已有分布式能源建设与运营经验，学习国外先进技术，实现燃气与可再生能源综合利用技术的创新与应用；借助互联网技术，对传统的燃气运营、安全、服务等进行创新发展，进一步提高城镇燃气事业的技术水平。

## （八）加快天然气储备设施建设

1. 明确天然气储气设施的建设目标。根据我国未来天然气消费规模、目前天然气储备调峰能力、地下储气库资源条件和LNG接收站建设进展，并借鉴国外天然气消费国的经验，应该形成一定规模天然气储备设施。2020年力争初步建成地下储气库和LNG储备相结合的储备调峰系统，其中地下储气库约300亿$m^3$，LNG储备50亿~100亿$m^3$，储气设施工作气量达到350亿~400亿$m^3$，占需求量的比重达到10%~11%，改变现有压减用户需求为主的调峰方式。同时，尽快建立我国天然气应急响应机制，完善专项应急预案，构建预警应急响应体系，保障重点地区的供气安全。

2. 加快天然气调峰应急储备设施建设。首先加快建设满足季节调峰需求的大型储气库和LNG储罐。在华北、东北、西北等季节用气峰谷差大、储气库库址资源相对充足的地区，建立以地下储气库为主，辅以LNG中小液化装置和LNG接收站储罐的季节调峰系统。在华中和西南等具备一定的地质条件且靠近油气产地的地区，利用枯竭油气藏建设地下储气库，同时利用上游气田，辅之以中小型液化装置调峰。在华东、华南等地下储气库建设条件较差的地区，应建立以LNG储罐为主，地下储气库和中小储罐为辅的调峰系统。其次重点建设满足日调峰小型调峰储气设施。在用气负荷中心城市，充分发挥城市燃气公司的作用，加快建设小型LNG储罐、CNG球罐及配套储气设施，解决重点城市的日调峰需求。另外，可以考虑新发现调节能力强的大型气田作为储气库，研究相关技术方案和政策激励措施。

3. 重视储气设施法律法规建设，明确天然气经营企业储备义务。完善国家相应的政策法规，从制度和体制上保障天然气储备有良好的外部政策环境，鼓励企业建设储备设施、开展储备运营模式创新机制研究。借鉴国外经验，制定我国的天然气储备管理条例或储备法，明确储备的组织和管理机构及其责任和义务。以国家法规的形式明确规定各级政府、上游企业和燃气企业在国家天然气储备体系中各自承担的责任和义务，实施分级储备管理制度。国家负责天然气战略储备；天然气上游企业承担季节调峰和应急储备的责任及义务，储备设施由其投资建设和运营；各省城市燃气企业承担日、小时调峰的责任和义务，所需调峰储气设施由其投资建设和运营。

### （九）规范行业健全法律法规

"十三五"规划要继续围绕强化行业安全监管、推进行业深化改革的主体主题，制定与城镇燃气管道安全、运输安全、液化石油气安全等相关的法规，针对行业出现的 LNG 快速发展等新趋势，进一步明确城镇燃气管道燃气经营许可要求，制定行业进入标准及退出标准，引导行业的健康发展，健全液化石油气市场准入制度、建立液化石油气产品与服务质量责任溯源监管体系，从源头上治理液化石油气行业无序发展和安全事故频发问题。

### （十）加大老旧燃气管网改造力度

"十三五"期间，城镇燃气企业要进一步加大安全技术与管理的资金投入，定期开展用户设施安全检查，强化用户设施安全隐患治理；各地应结合燃气管网现状，梳理安全隐患多、超期服役的老旧管网，制定专项改造计划，设定改造专项资金，进一步加大老旧管网改造力度，改善燃气管网"跑、冒、滴、漏"现象，降低城市城镇燃气供销气差率；加强地下燃气管线安全防护，减少管道设施外力损坏、燃气管线占压事故，认真抓好燃气安全宣传教育，建立健全燃气主管部门、燃气经营企业及燃气用户共同参与的燃气安全宣传教育机制，重点规范液化石油气市场秩序，消除安全隐患，防止和减少安全事故，切实保障人民群众生命财产安全和社会和谐稳定。

### （十一）推进城镇燃气价格改革

结合国家天然气价格改革，进一步推进城镇燃气价格形成机制改革，形成科学的城镇燃气成本构成及分担机制，合理制定各类用户的燃气消费价格，使不同消费习惯、不同用气特点的用户能够公平、合理负担用气成本，提高城镇燃气与可替代能源的价格优势。逐步放开非居民、CNG车用等燃气销售价格，鼓励燃气企业通过价格杠杆调节市场供需，推行天然气季节性差价、峰谷差价和可中断用户差价等，引导用户合理消费，通过市场手段促进燃气利用规模的不断提升。

### （十二）积极搭建电子商务平台

"十三五"期间，行业将进一步加快传统业务与互联网的融合，在将线下成熟业务移植到线上的基础上，借助互联网继续建立燃气物资材料采购平台，形成公平透明的交易平台，降低采购成本，提高采购效率。在国家提倡互联网＋的大背景下，构建消费端的燃气互联网，将推动城市燃气企业下游业务的延伸，并且会衍生出更多的增值服务。例如，在将燃气缴费、查表等传统线下业务移植到线上的同时，城市燃气企业还应逐步增加线上业务内容，尽可能多地提供涉及节能服务、能源解决等线上一揽子方案等的增值服务。并且通过网上电子交易增加用户数量，推动用户体验的开展，以燃气收费站、维修站和加气站等构成的"三站"为基础，构建完整的线上、线下销售网络。

## （十三）推动区域交易中心的建设

2015年，上海天然气交易中心正式建成。从中长期来看，可以在北京、四川、湖北、宁夏、新疆建设新的区域性交易中心，形成一个将上海作为国际价格中心和多个区域价格中心互为补充的交易中心体系，以充分把国内国际的供需关系连接起来。天然气交易中心的建设，应从现货交易起步，不断扩大交易量和交易的范围，然后再发展期货交易，不断增加市场深度。

## （十四）加强液化石油气行业管理

液化石油气作为城镇燃气的重要气源，在"十三五"期间要结合城镇燃气发展的要求，统筹考虑液化石油气发展的重点、规模、方式和市场结构，创建现代供应模式，加强行业自律，倡导产品与服务质量责任可追溯的经营方式。加强市场监督，建立市场质量责任溯源监管体系，规范市场行为，促进液化石油气行业集约化经营。进一步完善液化石油气产品质量、储运技术、从业资格等标准，提高液化石油气行业供应、服务、安全水平。

积极探索和研究液化石油气作为城镇燃气应急气源的方案，促进液化石油气行业持续、稳定、安全发展。

中燃协企业管理工作委员会

中国燃气行业年鉴 2015
CHINA GAS INDUSTRY YEARBOOK

第二篇

行业发展概况

# 城镇管道燃气发展现状和政策措施研究

## 第一章 城镇管道燃气行业发展现状

### 一、城镇管道燃气发展的基本情况

#### （一）供气规模

2015年，全国城镇燃气（含县城）供应总量达到1262亿$m^3$（折合成单位天然气）[①]，较"十一五"末的836亿$m^3$增长了50.9%。气源结构中，天然气的供应量增长迅速，2015年供应量达到1142亿$m^3$，占供气总量的比重由"十一五"末的63%增加到90%。液化石油气、人工煤气供气量分别为102亿$m^3$和18亿$m^3$，分别占总供气量的8%和2%，对比"十一五"末的23%和14%有明显下降[②]。显然，天然气已经成为我国城镇管道燃气最主要的气源。

#### （二）用气人口和管网建设

2015年，我国用气人口已达到5.6亿，用气家庭达到1.9亿户，其中使用天然气的人口超过3.3亿人，实现天然气入户的家庭达到1.2亿户。管网里程方面，管道总长度达到64万km，比"十一五"末的35.5万km增长80%。

#### （三）应用领域和普及率

城镇管道燃气的应用已经从主要供应居民生活向城市供暖、工商业、交通运输、燃气发电、分布式能源等多领域发展。2015年，我国居民燃气的年销售气量达到315亿$m^3$，占城镇管道燃气总供气量的26%。在供暖领域，天然气集中供热发展较快，2015年的销售气量已达到113亿$m^3$，占城镇管道燃气销售总量的9%。在非集中供暖地区，居民分户采暖需求趋旺，取暖用气量接近13亿$m^3$，很多家庭采用壁挂炉供暖方式解决了冬季采暖问题，人民生活水平得到进一步提高。在交通运输领域，汽车加气站发展速度较快，全国汽车加气站已达4663座，其中天然气加气站4133座，液化石油气加气站530座。燃气汽车领域的销售气量达到135亿$m^3$，占城镇管道燃气总销售气量的10.8%。燃气用于发电的气量达到310亿$m^3$。2015年我国城市的燃气普及率为95.3%，提前完成"十二五"规划94%的目标。由于小城镇发展速度较快，县城及小城镇管道燃气普及率达到70.91%，已远远超过65%的规划目标。

### 二、城镇管道燃气企业基本现状

随着市政公用行业改革的不断深入，各类资本积极参与燃气建设和运营，投资和经营主体逐步多元化，解决了行业发展资金不足的问题，燃气基础设施建设速度加快，燃气经营管理水平不断提高，国有企业改革继续深化，跨区域的市场竞争和整合逐步活跃，已经形成了以部分区域型国有企业、跨区域集团企业为主和众多中小民营企业为辅的多种所有制并存的市场格局。

本课题选取的管道燃气样本企业统计，共有燃气集团14家，所属燃气企业1 146家。其中，国有和国有控股企业占40.5%，民营企业占49.8%，外资企业占9.7%。

股权结构情况表　　　　　　　　　　　　　　　　　　　　　　　　　　　　表1

| 序号 | 企业名称 | 项目总数 | 独资/全资 | 控股（51%或以上） | 股比为（50%:50%） | 参股（49%或以下） |
|---|---|---|---|---|---|---|
| 1 | 中油金鸿 | 53 | 53 | — | — | — |
| 2 | 西安华通 | 21 | 18 | 3 | — | — |
| 3 | 华润燃气 | 202 | 87 | 90 | 5 | 20 |
| 4 | 中国燃气 | 237 | 217 | 14 | 0 | 6 |
| 5 | 港华燃气 | 119 | 35 | 56 | 13 | 15 |
| 6 | 新奥能源 | 122 | 44 | 67 | 2 | 9 |
| 7 | 昆仑燃气 | 188 | 17 | 161 | 1 | 9 |
| 8 | 北京燃气 | 36 | 12 | 16 | 0 | 8 |
| 9 | 深圳燃气 | 51 | 20 | 21 | 2 | 8 |
| 10 | 长春燃气 | 7 | 4 | 3 | 0 | 0 |
| 11 | 重庆燃气 | 15 | 0 | 10 | 0 | 5 |
| 12 | 中裕燃气 | 29 | | | | |
| 13 | 天伦燃气 | 41 | | | | |
| 14 | 滨海燃气 | 25 | | | | |

数据来源：中国城市燃气协会统计

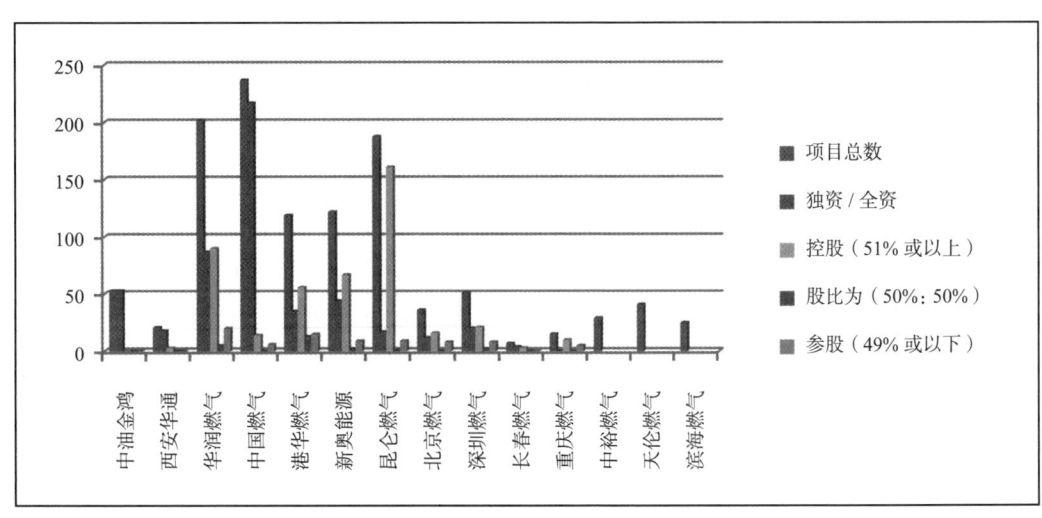

图1　城市管道燃气企业所有制分布情况

## 三、主要行政审批事项

### （一）燃气经营企业成立需办理的一般行政审批事项

发改委立项核准、外资安全审查、燃气经营许可证、营业执照、批准证书、组织机构代码证、税务登记证（国税、地税）、财政登记证、外汇登记证、开户许可证、房产证、土地证、特许经营权授予（签订特许经营协议），共计13项。

### （二）燃气经营从事不同业务需要办理的行政审批事项

**1. 铺设燃气管网或建设城市门站，需要办理以下事项**

道路管网建设规划、燃气门站注册登记手续、土地证、消防审核、地勘审查、管线安全验收手续、施工手续、安检注册等，共计8项。

**2. 经营加气站业务，需要办理以下事项**

加气站项目立项、建设工程规划许可证、国土部门土地使用、建设部门施工许可、消防部门消防审查、安监部门安评、加气站充装证等计7项。

**3. 经营燃气运输业务，需要办理以下事项**

危险品运输证、市区危险品车辆通行证、槽车年检、定期大检等计4项。

### （三）燃气工程建设过程中的行政审批事项

燃气经营生产场所建设的行政审批分为事前报建和建成验收2个环节。

**1. 报建审批环节**

规划选址意见书（规划局）、建设用地批准书（国土局）、《建设项目安全设计审查报告》（安全评价中介机构）、《建设项目环境影响评价报告》（环境影响评价中介机构）、环境评估报告批复（环保局）、行业主管部门同意建站批复（市政局）、建设项目立项备案核准证（发改委）、人防手续审批（人防部门）、《文物勘探报告》审批（文物局）、《建筑工程消防设计审核意见书》（消防支队）、《建设项目安全设计审查意见书》（市安监局）、《压力管道安装许可证》（市、省技术监督局）、《压力容器使用许可证》（市、省技术监督局）、国有土地使用证（国土局）、用地规划许可证（规划局）、建设工程规划许可证（规划局）、施工、监理单位招标（招标办）、建设工程质量、安全监督手续备案（质监、安监站）、建设工程施工许可证（住建局）等计19项。

**2. 验收审批环节**

防雷防静电检验报告（气象局）、建设工程消防验收意见书（消防支队）、建设工程规划验收认可（规划局）、环保验收合格证（环保局）、特种设备使用登记证（质量技术监督局）、压力管道使用许可证（质量技术监督局）、压力容器产品质量监督检验报告（质量技术监督局）、气瓶充装许可证（质量技术监督局）、《建设项目安全验收审查报告》（市、省安监局）、核发《危险化学品经营许可证》（市、省安监局）、办理《压力容器操作许可证》（省市技术监督局）等计11项。

### （四）行政审批过程中遇到的突出问题

**1. 行政审批部门繁多**

无论是企业落地成立还是燃气设施的工程建设，行政审批涉及工商、税务、发改、规划等众多部门，手续繁琐，人为增加企业经营成本。

**2. 各地行政审批级别和手续差异性大，规定不统一**

各地审批机关对审批政策把握的尺度存在一定程度的差异。同样的审批手续，有的地区需到县级行政机关办理即可，有的却需报送至省级相关单位。

**3. 部分手续办理时间过长**

环评、建设规划许可等手续办理时间均在1个月以上，由于各项手续环环相扣，上一环节审批直接影响后期手续的办理。

## 四、城镇管道燃气行业改革发展取得的成效

### （一）多元化投资显著提升燃气基础设施建设能力

在行业发展初期，多元化投资解决了计划经济时代管网设施建设资金不足的问题，极大地提升了城镇燃气管网基础设施建设的能力。随着城镇化的发展，燃气经营企业一方面不断投资新建管网，为新建城区和开发区、工业园区提供燃气基础设施。一方面还加大资金投入用于老旧管网改造，以保证燃气管网的安全运营。

### （二）现代公司治理模式提升了燃气经营企业管理水平

多元化发展推动国内燃气企业不断引进国际先进的经营理念和优秀的管理人才，并逐步建立了现代企业制度，完善了公司法人治理结构，按照公司法、证券法规范运营，建立了公司决策、关联交易管理、资产管理、投资管理、授权管理、信息披露等制度，企业在内部管理、风险控制、服务质量、技术创新和人才培养等方面得到了全面提升。

### （三）技术创新推动了燃气经营企业生产和运营效率的提高

我国城镇燃气的行业技术进步也取得了显著成绩。在引进国外先进技术的同时，众多燃气企业还注重消化吸收与自主创新相结合，纷纷成立自己的技术研究院或科技中心，通过加强自身的科研创新能力来加快新技术向市场的推广和转化，使得众多行业技术创新能够快速转化为生产力，推动了行业的进步，初步实现了燃气安全和管网运营调度智能化，有效保障了城镇管道燃气设施的安全运行，强化了企业风险管理的意识，完善了安全管理体系，提升了品牌化服务的水平，提高了企业和全行业的生产效率。

### （四）燃气应用领域不断拓展

近年来，城镇燃气新的应用领域不断涌现。随着燃气应用的不断深化和各行业对清洁能源的需求加大，城市供暖、工商业用气、燃气汽车、燃气船舶、燃气发电、分布式能源等领域的用气量呈

快速增长的态势，成为行业市场发展的新亮点。

### （五）培养并储备了一批燃气专业人才

目前城市管道燃气行业从业人员约为200万人，初步建立了依托大专院校和科研院所培养基础人才与根据行业主管部门要求和市场的需要积极开展职业教育相结合的人才培养和培训模式。很多大型集团建立了完善的内部培养体系，成立内部培训机构，针对员工进行专业的燃气岗位技术培训、管理能力培训，而与高等院校合作的MBA、EMBA、EDP等培养模式，则为企业培养了高端管理人才。多层次，多样化的人才培养体系为整个行业储备了一支懂管理、会经营的人才队伍。

## 第二章　城镇管道燃气行业需要研究解决的主要问题

### 一、关于燃气市场规范问题

#### （一）行业市场准入和退出机制有待进一步规范

市场化改革以来，各类资本纷纷进入城镇管道燃气行业，推动了城镇管道燃气行业的快速发展，但由于市场准入和退出机制尚不健全，导致行业鱼龙混杂，乱象频出，既影响行业的整体形象，也不利于行业的健康发展。

**1. 市场准入机制不规范**

首先，目前城镇管道燃气行业准入条件虽在《城镇燃气管理条例》中有明确规定，但由于没有实施细则，各地掌握不一，存在部分没有资质和运营经验的企业抢占地盘之后再高价倒卖的现象。此类企业并不是以长远发展经营为目标，因此不可能按时投入资金建设燃气管网设施，往往造成当地燃气基础设施建设的滞后，无法满足当地经济发展和居民生活需要；此类投资主体也往往缺少管道燃气管理运营经验、安全意识和相应的技术能力，给社会公共安全埋下了极大的隐患。

其次，燃气设施项目审批环节多、程序复杂，需要一年乃至更长时间才能完成审批流程。例如，仅车用加气站的建设就需要办理7项手续才能正式建设并投运。再者，一些审批项目虽然已经从"审批"改为"审核"，但在实际操作中没有变化，企业仍需面临众多的审核环节，办事流程没有实质上的简化，影响了社会资本参与管道燃气投资经营的积极性。

再次，在市场开放和市场主体公平竞争方面，既鼓励多种资本投资城镇燃气行业，又对外资进入50万以上人口城市设置限定条件，这显然既不符合我国目前城市发展的实际情况，又难以实现对各类资本的公平对待，有悖于我们利用好外资的初衷。

**2. 市场退出机制缺失**

"优胜劣汰"本是市场经济的关键要意，然而部分经营不善、安全事故频发的城镇管道燃气经营企业却不想退出或无法退出。目前，无论是企业主动退出，还是政府主管部门强制企业退出，普遍缺少有效退出机制。造成想退出的企业无法妥善处置与退出相关的资产和用户资料移交等诸多问题，而行业主管部门也缺乏对企业采取强制措施的相应机制和具体办法，这既给政府寻找符合条件企业增加了难度，也不利于已有用户的安全稳定供气。

## （二）特许经营制度有待完善，经营许可制度尚需推进落实

特许经营制度在管道燃气行业引入各类资本和推动市场开放的过程中，确实发挥了积极作用，并促进了行业发展。但在实际执行中也存在一些问题。

一是多头授权，无序管理，造成企业之间恶性竞争，城镇燃气基础设施重复建设。近几年，各地和各级政府比较注重以特许经营权授予的方式来选择和监管城市管道燃气企业。但有些地方政府却将一个城市划分为多个区域，分别授予不同的企业经营，造成一个城市内的燃气经营混乱、恶性竞争及基础设施重复建设等问题，甚至同一城市的燃气价格、服务都不相同。

二是各地授权和签约主体不统一，特许经营协议文本存在较大差异。根据《市政公用事业特许经营管理办法》第四条第三款规定："直辖市、市、县人民政府市政公用事业主管部门依据人民政府的授权（以下简称主管部门），负责本行政区域内的市政公用事业特许经营的具体实施。"由此可知授权主体是直辖市、市、县人民政府，其他机构都没有授予权限。但是，从各地的实际情况来看，签约主体既有市级政府，也有区县级政府，有授权地方发改部门签订的，也有授权地方建设部门签订的，也有园区管委会、乡镇政府等不符合要求的单位签订的；从条款内容看，有些地方在住建部提供的协议范本基础上，对资产处置等内容做了补充，有些地方则缺少相应的具体约定。

三是特许经营协议的执行缺乏公信力。在实际操作过程中，特许经营协议既不能有效保障燃气经营企业应有的权利和责任，也无法对各级地方政府形成真正的约束。同时少数小型企业"炒卖"特许经营权，不建设、不投资、待价而沽，扰乱市场，最终变相增加了终端消费者的使用成本。

四是经营许可制度尚需推进落实。《城镇燃气管理条例》明确提出了经营许可制度，明确了从事管道燃气经营企业的从业资质，为行业的规范科学发展提供了法律保障，但是，目前仍缺少具有实操性的经营许可实施细则，也未明确经营许可与特许经营制度的关系和衔接方式，在实际执行中存在较大的问题，不利于经营许可制度的落实和执行。

## （三）贯彻落实《城镇燃气管理条例》需进一步加大力度

《城镇燃气管理条例》的颁布，对于明确政府相关部门、燃气经营者、燃气用户等的责任，解决燃气行业中存在的突出问题，建立有利于燃气事业发展的体制、机制和环境，促进燃气事业的健康发展具有重大意义。但是，对于条例中涉及的相关管理机制和需要落实的要求尚未形成完善的实施细则，导致地方政府、燃气企业责任主体不明确，普遍感到操作困难，影响条例的贯彻执行。

## （四）燃气管理相关标准亟需补充

城镇燃气的快速发展，带动了新业务、新技术以及新设备的推广应用，但标准制定工作还没有跟上城镇燃气发展的需要，对于国外一些先进的技术、管理经验的利用还缺少标准支持，不利于行业的规范发展。如在国外，尤其是在发达国家，广泛使用的LPG小型卧罐技术，国内也做了很多研究，可是由于没有相应的标准作支撑，无法推广；而标准定制部门认为国内无工程实例，制定标准困难。

## 二、关于城镇管道燃气基础设施建设中存在的问题

### (一)储备、调峰、应急能力不足

我国城镇管道燃气的峰谷差问题是随季节变化而出现的客观事实,但由于储备、调峰和应急设施建设滞后,部分城市冬季供应紧张的情况仍有发生,应对突发事件的天然气应急保障手段尚不完善。

#### 1. 国家天然气战略储备机制尚未建立

我国天然气利用规模的快速提升,推动了天然气进口量增加;由于国内天然气资源相对短缺,天然气供应的对外依存度逐步提高,但是,我国尚未建立天然气战略储备机制,难以保障天然气燃气供应安全。

#### 2. 天然气调峰问题凸显

随着终端用户市场的快速开发,天然气利用规模稳步增长,下游城市燃气企业也逐步建设了大量储气设施,主要用于日调峰。但是,受下游用气特点、气候等因素影响,城市燃气季节调峰问题仍较为突出。目前多数城市的夏、冬季峰谷差一般都超过1:3,而北京已经达到1:13。随着我国治理雾霾的力度不断加大,预计今后峰谷差会进一步增加,季节调峰问题将更为突出。

#### 3. 下游应急能力仍显不足

近年来,下游城市燃气企业高度重视终端供气保障和应急储气设施建设,南京、长沙、杭州、郑州、苏州等多个城市相继投资建设了LNG储库等应急储气设施,提高了企业的应急保障能力,但是,从下游企业的整体水平来看,应急能力仍显不足。

### (二)燃气管网支线建设过多,增加供气成本

下游市场的快速发展,推动了我国天然气干线管网和省内支线管网的建设进度,为最大限度实现资源的综合调配,多个省份成立省级天然气公司,部分地级市也纷纷成立管网公司。成立省市天然气公司的本意是为了统筹全省或全市的天然气资源需求,实现与上游的统一协调,以保障区域内消费市场的气源供应。但在实际操作中,气源协调的作用并没有完全发挥出来,省市公司与上游气源单位、下游城镇燃气企业重复建设门站,人为增加中间输送环节,降低管道输送效率,重复加价,增加了下游企业的价格传导压力和终端用户的用气成本。同时,省级公司门站价格与上游保持同步调整,但下游城市燃气企业无法实现价格联动,价格调整滞后短则半年,长则2年~3年,给燃气企业造成巨大的财务负担。

### (三)有的城市管网多家建设,未实现互联互通且运营效率不高

目前,部分地方政府以市场竞争为由,在同一个城市区域引入多家燃气企业,形成了划片经营,彼此的管网无法互联互通,而每一家的管网又"吃不饱",管网运营效率差。这既增加了政府的管理成本,也不利于有限的城市地下管网资源的综合调配和资源优化配置。

### （四）政府专项资金投入方式及监管有待进一步完善

为了鼓励西部地区的市政基础设施建设，国家和地方政府仍会提供专项资金用于城镇燃气基础设施建设，但是目前对于资金的使用方式、拨付程序、使用对象等无明确规定，在实际操作中，政府对资金使用监督力度不够。

### （五）燃气工程建设管理水平不高，各环节尚不透明

城镇燃气的安全运行要求城镇燃气基础设施的工程质量必须符合质量规定，这是运行安全的基础，城镇燃气经营企业不能在一个工程质量存在众多隐患、缺陷的系统中向社会提供供气服务。在目前的燃气工程建设的设计、监理、施工和验收等环节，仍然存在一些管理不到位和质量不过关的情况，给以后的城市供气埋下了安全隐患。

### （六）老旧管网改造欠账较多

近年来，一些较早开展管道燃气业务的城市已经逐步进入了管网更新改造的高峰期，燃气企业也在逐年增加对老旧管网改造的投入。实施老旧管网改造主要是为了杜绝安全隐患、防止发生安全事故，提高燃气安全保障能力。由于安全支出成本逐年增加，对企业经营也产生较大压力。

## 三、关于城镇燃气安全问题

### （一）地面违章整改难，野蛮施工破坏性大

占压燃气管线，乱搭乱建构筑物；野蛮施工，未经燃气管理部门许可，随意开挖，致使燃气地下设施经常受到严重破坏的事故时有发生，给人民生命财产带来危害。由于第三方的野蛮施工，随意开挖造成的燃气事故是各个城市当前较为普遍存在的严重问题。

### （二）地下管线隐患难发现，管网底数不清晰

城市地下管线包含燃气、热力、供水、排水、电力、通信、广播电视、工业等管线及其附属设施，分别由城建、电力、广电、电讯等多个部门自行建设和管理。近年来，随着城市快速发展，地下管线建设规模不足、管理水平不高等问题凸显，管线泄漏爆炸等事件时有发生，且由于地下管线众多，在较为粗放的管理方式下，燃气企业很难摸清地下燃气管线的精确位置、数量、老旧程度等。

### （三）企业安全投入尚未完全纳入计价成本

随着城镇化的快速发展，城镇燃气管网规模不断扩大，用户数量快速增加，对燃气企业的安全投入提出了更高的要求，燃气企业为适应城市规模扩大和现代化发展的需要，不断加大在安全管理、技术及安全设施上的投入。

### （四）燃气安全宣传力度不够，用户安全用气意识不足

安全不仅仅是燃气企业的责任，与燃气用户也有着密切的关系。目前，政府和燃气企业对于燃

气安全使用的宣传仍显不足。一是用户安全意识不强，因操作不当、违章使用和私拆乱改等原因导致大量安全事故；二是燃气安全宣传不到位，造成违法违规现象较多，由于缺乏燃气安全使用和管道设施维护方面的知识宣传，建筑违章占压、第三方盲目施工导致管道破坏、偷盗管道燃气等违法违规行为较多，严重影响管道安全运营；三是政府主管部门和燃气经营企业仍较多采用宣传手册、宣传展板等传统方式，利用网络、媒体途径较少。

## 四、关于天然气价格形成和调整机制问题

由于我国天然气产业价格形成机制尚不完善，价格改革正在逐步推进。作为天然气价格体系重要组成部分的城镇管道燃气价格，仍存在价格传导不畅，交叉补贴严重等现象，严重制约着城镇管道燃气行业的健康发展。

### （一）用户定价存在交叉补贴

管道燃气具有典型的规模经济效应，用气量越大，单位成本越低。因此，工商业供气成本要明显低于居民供气成本。目前，世界各国都基本采用民用高价、工商业低价的定价原则。我国长期以来把城市管道燃气视为一项社会民生福利，对居民用气实行低价政策，而用气成本较低的工业用户则要承担较高的气价。这种不合理的价格交叉补贴非但没有体现出公平负担的原则，反而增加了城市管道燃气企业成本压力，也不利于引导用户开展节能减排和优化燃料结构工作。

### （二）价格联动不能有效落实执行

"十二五"以来，国家价格主管部门多次出台天然气价格调整文件，并且在文件中明确提出要求地方政府建立非居民天然气价格联动机制。目前，部分地方政府已初步建立起天然气价格联动机制，但在执行过程中，并未得到有效落实。地方政府往往顾忌CPI和民生维稳等问题，拖延下游联动，导致联动机制无法有效执行，给下游企业经营造成严重影响。

### （三）居民用气价格听证对价格有效传导形成掣肘

目前，《价格法》规定"制定关系群众切身利益的公用事业价格、公益性服务价格、自然垄断经营的商品价格等政府指导价、政府定价，应当建立听证会制度"，因此，居民用气价格在各地均执行听证制度。但是，由于居民用气价格的成本构成中，气源采购成本是由国家发改委确定，城镇管道燃气企业对于气源采购成本变化的传导既无法控制，还必须走听证程序，这无疑延缓了价格调整的传导时间，增加了燃气经营企业的经营负担。

### （四）现行城镇管道燃气价格成本构成缺乏前瞻性

目前，我国城镇管道燃气定价主要采取成本加成法，关键在于合理确定企业的各项成本，这包括了成本构成和成本额度。一方面，在成本构成上，普遍做法是仅考虑企业当期或历史发生过的成本项目，不考虑企业在后续经营中可能发生的成本，如设备的更新改造、安全措施、用户的安全运维、燃气表具的更换等成本项目未纳入定价成本构成范畴；另一方面，在成本额度上，通常是对燃气经营企业过去几年的经营成本进行监审，依据成本监审结果制定销售价格。这种方法既不能反映企业因

为规模的持续扩大所带来的单位成本摊薄，也无法体现用户数量增加带来的成本增加，显然不能科学合理地确定成本额度。

### （五）缺乏峰谷气价等激励调节政策

城镇管道燃气的终端需求具有明显的峰谷差、季节差等特点，但现行的销售价格没有体现出用气特征，价格制定简单，价格种类单一，价格的激励调节作用难以发挥出来。

目前，国内天然气储备设施建设领域尚未完全放开，天然气储备鲜有社会资本投资。究其原因，一是我国天然气定价中没有季节性价格，二是价格主管部门尚未明确储气成本能否体现在销售价格中，企业建设储气设施很难获取经济效益。

### （六）上下游价格监管力度不一

目前，我国天然气价格管理采用分段管理方式，上游天然气井口、出厂价格及管输费由国家发改委管理，下游城市门站后的天然气销售价格由各地发改委和物价部门管理。这种分段管理的方式造成城镇管道燃气企业的价格制定和调整受到地方物价部门的严格监管，但国家发改委对于天然气上游生产价格、中游管输价格的监管仍显不力。

### （七）能源价格变化影响天然气的推广利用

目前，我国一次能源消费结构中，仍然以煤炭、石油为主，天然气的推广利用仍然主要是对煤和油的替代。但是近期，煤炭价格大幅走低，成品油、燃料油等油品价格随着原油价格下跌而不断下调，相反，天然气价格机制改革推动了天然气价格不断上涨，相比较被替代能源，天然气已经不再具有明显的比价优势，天然气推广利用的难度加大。

## 第三章 我国城镇管道燃气行业发展的趋势

## 一、国民经济和社会发展目标要求城镇管道燃气继续保持较快增长

### （一）实现绿色、低碳和高质量的城镇化，要求加快城镇管道燃气基础设施发展

改革开放以来，我国城镇化率由1978年的17.9%提高到2013年的51.3%，年均增长速度是改革开放前30年城镇化年均增长速度的3倍多，城镇管道燃气也获得了较快发展。2014年，国务院发布《国家新型城镇化规划》（2014—2020年），对城镇管道燃气的发展提出了要求，首先，构建绿色低碳的新型城镇化，重要的内容就是为城镇居民提供更多的清洁能源，进而提升城镇居民生活质量；其次，新型城镇化要求提高市政基础设施建设能力，作为重要基础设施的城镇燃气管网，在今后的主要发展方向就是不断向农村等边远地区延伸。

### （二）实现节能减排和能源结构调整，要求城镇管道燃气企业加快发展，为城镇提供更多的天然气

节能减排是我国经济社会发展的重要目标，发展城镇燃气是实现这一目标的重要措施之一。根

据《能源发展战略行动计划（2014—2020年）》，到2020年我国天然气在一次能源消费中的占比将达到10%以上。天然气在能源结构中占比的提高，既有利于调整优化以煤炭为主的能源结构，也会进一步促进节能减排，并将推动城镇管道燃气行业的进一步发展，增加天然气气源供应，为用户提供更多的天然气，加快实现节能减排目标。根据相关数据资料显示，每使用1万 $m^3$ 天然气，可减少标煤消耗量12.7 t，减少二氧化碳排放量33 t。

## 二、我国天然气市场处于快速发展期，必将推动城镇管道燃气的快速发展

党的"十八大"报告中明确提出，2020年GDP总量比2010年翻一番，为实现这一目标，根据有关专家和机构预测，今后我国GDP仍将保持7%左右的增速，在带动能源消费的持续增长的同时也将带动天然气需求的持续旺盛。目前，我国天然气市场发展已经进入快速发展期，天然气资源供应、管道及储备设施建设的发展进入新的发展阶段，将成为城镇管道燃气快速发展的重要支撑。

### （一）天然气管道建设速度加快，管道设施运输能力增强，管道互联互通并趋于网络化

2015年年末，全国天然气干线、支干线管道长度将达10万km。除了主干管网的建设，我国将进一步加强区域管网建设，推进联络线和支线的建设，在完善长三角、环渤海、川渝地区管网的同时，基本构建东北、珠三角、中南、南疆等区域管道的网络布局，进一步提高供气的安全性和灵活性。

### （二）气源供应多样化，从单一气源供不应求到多气源供应充裕

总体上看，常规气仍是今后的开发重点，非常规气重要程度逐步提高。我国天然气发展未来5～10年仍以常规天然气为主，常规天然气仍处于快速发展时期。目前我国常规气储采比随着产量的快速增长虽有所下降，但与世界一些主要产气国相比，仍处在较高水平，未来几年天然气产量将保持持续快速增长，预计2015年和2020年全国常规天然气产量在1 400亿和2 200亿 $m^3$ 左右。

进口LNG稳步增加且呈现多元化供应。未来2年～3年内，我国还将新增超过1 500万 t的年接收能力，年均增量超过500万 t。

### （三）储气库建设速度加快，天然气储备体系将逐渐完善

根据国家《天然气发展"十二五"规划》要求，未来5年～10年间，我国仍将大力推进地下储气库的建设，并提出了"在长输管道沿线必须按照因地制宜、合理布局、明确重点、分步实施的原则配套建设储气调峰设施"的指导方针。重点布局京津冀、黑龙江、安徽、湖北、湖南、山西、河南、四川、陕西、甘肃、青海、宁夏、新疆等省（区）。重点储气库项目的工作气总能力为257亿 $m^3$，总投资高达811亿元。可以预见，到2020年左右，我国储气库总工作气能力将超过300亿 $m^3$，天然气储备总规模达到年消费量的10%左右，基本达到目前的世界平均水平。

## 三、作为治理大气环境污染的重要抓手，天然气应用范围将不断扩大，并将进一步推进城镇管道燃气的发展

作为最清洁的化石能源，天然气已被视为实现治霾目标的最现实选择之一。2011年，国务院发

布的"十二五"规划纲要中提出单位国内生产总值二氧化碳排放降低17%的目标，要求推进清洁能源多元化发展，促进天然气产量快速增长。2013年国务院制定并出台了《大气污染防治行动计划》，提出要增加天然气、煤制天然气、煤层气供应，对新增天然气应优先保障居民生活或用于替代燃煤，且鼓励发展天然气分布式能源等高效利用项目。以上文件内容说明改善环境质量的要求将驱动天然气消费进一步扩大。

### （一）车用气市场仍将保持快速发展

我国天然气汽车数量近10年呈爆发式增长，从2000年的不到1万辆增至2012年的近150万辆，其中LNG汽车约7万辆；加气站总数3 858座，其中637座为LNG加气站；交通运输业天然气消费量也从8.8亿 $m^3$ 增至150亿 $m^3$ 以上，按等热值计算相当于替代约1 300万t成品油，占汽柴油消费总量的5%左右，已经成为最主要的、也是发展潜力最大的交通替代燃料。同时，我国已初步建立了完整的天然气汽车技术链和产业链，加气站设备、发动机和汽车配套零部件的国产化大幅降低了天然气汽车的投入，为天然气汽车的规模化发展提供了良好支撑。

### （二）船舶用气（船用LNG）市场初见规模，发展潜力巨大

"十二五"以来，国内新奥能源、港华燃气、中国燃气等燃气企业凭借其项目区位优势，在内河、湖泊等水域纷纷发展船舶用气市场。截至2013年，我国有4座LNG船舶加注站在建，分别位于长江流域的重庆、南京、武汉和芜湖，此外还有10座在规划中。已经完成"油改气"的船舶超过180艘，其中22艘已经获得国家海事局审批。

首先，政府对船用气市场应用的政策支持力度较大，自2011年以来交通部陆续出台了《交通运输部关于推进水运行业应用液化天然气的指导意见》等8项鼓励政策，涉及设计标准、财政资金支持等多方面。其次，从用户需求方面来看，在内河航运发达地区，大部分船运企业具有较强的改装愿望。最后，从资源供应方面看，目前国内LNG产业发展迅猛，不仅常规气源丰富，非常规气源液化厂和海气接收站也都在大力布局，火车和水路集装箱运输LNG也在研发当中，未来LNG的供应有保障。

### （三）分布式能源健康有序发展

"十二五"以来，天然气分布式能源得到了中央及地方政府的大力支持，政府通过财政扶持、补贴等优惠政策鼓励天然气分布式能源的投资建设。2013年7月，国家发改委颁布了《分布式发电管理暂行办法》，该政策的出台解决了分布式发电项目长期以来面临的"并网难"问题，为我国天然气分布式能源的大规模发展奠定了基础。9月出台的《大气污染防治行动计划》再次提出要优化天然气使用方式，鼓励发展天然气分布式能源等高效利用项目。2014年10月，国家发改委、住房和城乡建设部、国家能源局三部委联合印发《天然气分布式能源示范项目实施细则》，《细则》提出要将更大自主权交给地方，并且鼓励探索特许经营。

## 四、开展天然气全产业链改革将成为主要改革思路，市场机制将发挥重要作用

天然气产业链大致分为气源（国内开采、国外进口）、长输管道、城市管网、居民消费几个环节。

城镇管道天然气属于天然气产业的下游，它的发展与整个天然气产业链紧密相连。目前我国城镇管道燃气环节已实施较大力度的改革，取得了较好的成效。但在气源和长输管道在内的中上游改革步伐较慢，力度较小。除下游市场化改革以外，在天然气价格方面，近几年的改革也在逐渐"提速"。但是，这种"点"式的单项改革模式显然已经不能适应目前行业发展的要求。一是点式改革分散力量，难以集中力量解决主要矛盾；二是点式改革只解决局部问题，无法解决产业链整体问题。因此，要进一步推动我国城镇管道燃气的发展，需要从天然气全产业链的角度深化改革，逐步从以往的"点式改革"过渡到"链式改革"模式。

### （一）以法律法规为保障，以国家能源安全和公众利益为出发点、落脚点和检验标准

尽管国情不同，改革起点也不一样，但各国普遍认识到，城市管道燃气行业是关系国计民生，同时又具有资源性和网络性特征的城市公用事业，必须对改革的复杂性有一个清醒的认识。特别是在业务分拆、资产重组和市场监管过程中，原有的利益格局必将被打破，而新的利益格局尚未形成，各种利益集团都会对改革决策者施加有利于自己的影响。

### （二）分阶段适时推进改革

各国燃气行业市场化改革和发展大多经历了以下3个阶段。第一阶段：垄断专营和财政补贴阶段。这一阶段，为加速管网设施的建成和保证投资能够得到合理回报，各国政府通常赋予燃气企业垄断专营权，部分国家甚至采用国家垄断方式。企业的运营通常是纵向一体化的，政府则对整个产业实行严格管制。第二阶段：纵向拆分和开放管网阶段。随着管网设施的建成，垄断导致的低效率逐步显现，多数国家以竞争机制的引入为重点，一方面对纵向一体化企业进行拆分，或要求其向终端用户提供非捆绑式服务。另一方面开放管网系统，采取"放水养鱼"的方式，形成竞争格局。第三阶段，完善燃气市场和监管体系阶段。随着天然气产业进一步发展，管输网络和地方配送系统进一步放开，燃气产业链各个环节都由独立企业进行运营，不再存在任何捆绑式服务。

## 五、城镇管道燃气发展趋于规模化和品牌化，兼并整合与区域内精耕细作将成为发展的主旋律

首先，从主要城镇管道燃气企业业务发展形势看，用户发展数量和天然气销售量稳定增长，业务区域继续扩大。港华燃气、华润燃气、新奥燃气、中国燃气等全国性燃气企业销气量占据全国市场份额的50%以上。

其次，各企业正在从以往单纯扩张向注重深耕细作转变。具体表现在，第一，对于已经获得的项目，燃气企业正在按部就班有序发展，加快设立维修服务网点、加气站，并加大基础设施投资和建设力度；第二，自2012年以来，部分大企业如北京燃气、中国燃气、新奥燃气、华润燃气等相继开展行业对标工作，从管理入手，向管理要效益，注重企业内部管理水平的提升，实施战略管控；第三，由于管道燃气的区域性特点，未来城镇管道燃气企业的经营模式将由之前的全国多点布局转变为由中心区域向周边扩展形成规模，由原来的一城一域的竞争向相互渗透和周边包围转变，守土扩疆的传统开发策略均面临挑战。

## 六、科技创新与技术进步双轮驱动，推动行业向多能源服务、数据化、智能化和电子商务化方向发展

### （一）可再生能源与天然气在终端市场的结合使用

可再生能源和天然气是互补的协作关系。天然气与可再生能源的结合应用主要体现在两个方面：

第一，在电网中，天然气和可再生能源已经在功能上相辅相成。由于风能和太阳能属于间歇性能源，在使用期间必须有后备电源来补偿风能和太阳能不足时的供能。

第二，天然气中含有甲烷，而甲烷本身就是可再生的，它能够被大量加工。甲烷能够从很多物质中提取出来，主要是生物天然气资源，比如生物质、垃圾、废水、农业废料等。很多生物甲烷的最佳原料是生活废物，转换技术已经非常成熟。

### （二）以天然气为原料制取氢气发展燃料电池成为天然气新的应用领域和发展方向

近几年，天然气汽车的使用在一定程度上缓解了大气污染，但汽车数量的不断增加和汽柴油消费量的剧增，使得减少汽车尾气排放和解决大气环境污染问题仍面临巨大挑战。为汽车寻找新的动力源，发展绿色汽车，已经成为能源产业和汽车工业的共同目标。

### （三）大数据应用会给燃气企业带来更多的商业机会，并将显著提升企业的管理水平

城镇燃气行业的特征之一就是其通过管道与用户建立了直接的联系，并通过每月的查表、巡检和维修、售气服务项目，与用户进行沟通。城镇燃气行业的用户几乎覆盖全部城市家庭，用户除了有燃气需求以外，还有大量的其他需求。发掘这些需求就要依靠燃气企业收集整合用户的各种数据。

### （四）搭建面向企业交易和最终用户的电子商务平台，打造全行业增值服务新亮点

在互联网和电商飞速发展的大环境下，越来越多的企业和组织通过互联网提供产品和服务销售。特别是在近2年，移动互联网和移动电商的迅速崛起，正在创造新的市场机会。

# 第四章 促进我国城市燃气行业健康发展的政策建议

身处改革大潮中的城镇管道燃气行业，在经历了近10年的发展后，目前又处于一个重要的战略机遇期。由于城镇管道燃气与天然气上游和中游环节互为关联，是互为依存，利益相关、共存共兴的产业链利益共同体，所以，城镇管道燃气行业的发展与天然气产业链的整体改革发展是不可分割的，城镇管道燃气行业的健康发展必须是建立在天然气产业上中游的进一步深化改革的基础之上。为此提出以下建议：

## 一、开放天然气上中游市场，实现资源市场多元竞争，以管网运输与竞争性环节分开为重点理顺上下游关系

### （一）进一步放开气源进口限制，实行气源多元化；

（二）出台优惠政策，鼓励各类资本投资建设城市燃气储气设施和 LNG 接收站，解决调峰难问题；

（三）尽快推进燃气管网与燃气上游生产、下游销售业务分离，严格落实"第三方准入"机制。

## 二、设立严格的城市管网运营准入标准，推动城市燃气管网互联互通工作

燃气主管部门除要加强并完善城市燃气管网的规划外，还应制定城市管网准入标准，防止企业过度进入引起的过度竞争，由燃气产业规制机构负责审查项目申请企业的经济、技术、环保能力，审查项目的建设地点及其可行性。

## 三、尽快出台《城镇燃气管理条例实施细则》，明确城镇管道燃气行业进入和退出等相关要求

《城镇燃气管理条例》自颁布实施以来，各地在实践过程中均取得了较好的效果，但存在问题也很多。为此，要尽快出台一套明晰的适应市场化要求的《条例》实施细则。

## 四、强化对省网公司的监管，发挥统筹协调作用

明确省网公司的经营范围，发挥省网公司的统筹协调作用，重点做好省级干网规划建设、城市支线管网建设及省内气源协调工作，避免与下游城镇燃气企业的恶性竞争。

## 五、完善城镇燃气行业标准体系，促进行业的规范化管理

国家燃气主管部门要结合城镇燃气行业发展现状及趋势，联合行业协会、科研院所和重点燃气企业，积极开展燃气技术、管理标准的制定，针对煤层气、页岩气等新兴气源、新技术新工艺的研发应用以及城市燃气企业的经营管理行为等，建立和完善标准体系。

## 六、提高行政审批办公效率

建议政府有关部门加强政府服务标准化管理，编制负面清单，除政府批准的行政审批服务事项外，严禁"两头受理"，"厅外流转"；减少需要进行专家评审的建设项目；推进联合审批工作，实行合署办公的一站式服务，加大建设项目申报材料的精简力度，提高行政审批办公效率。

## 七、推进城镇管道燃气价格改革

### （一）建立与消费者的有效沟通

政府应向消费者传递一个明确的信号——即价格改革的目的并不是涨价，而是建立合理的价格形成机制，通过更健全的机制更好地服务于大众，涨价只是手段而不是目的。同时，最为重要的是要切实实现目标，不能只见涨价，不见效果。

### （二）价格改革要与竞争、监管配合推进，系统发展

天然气的价格改革需要其他方面改革配合，所以政府在制定价格改革政策的过程中要充分考虑到其他方面改革的情况，进而制定一套系统性的改革战略，使各个改革子系统均能够得到有效的整合，以期最终完成整个行业的改革目标。

### （三）提高煤电排放治理的标准，建立价格补偿机制

天然气等清洁能源利用的正外部性应获得合理的价值补偿。建议对造成严重污染的燃煤发电，需要通过征收资源税或环境税，使燃煤或燃气的外部成本或收益内部化，让价格真正反映其价值。

## 八、坚持技术创新和管理创新，为城镇管道燃气加快发展提供动力

鼓励科技创新，积极开发、研制一批安全、节能、高效、环保的燃气新技术、新工艺、新产品。以关键技术突破和标准制定为切入点，积极培育天然气分布式能源、燃气船舶、智能燃气表、燃料电池等新的燃气应用领域。

## 九、加大安全管理力度，保障城镇供气安全

燃气安全管理应重在防患，建立严密的管理机制。要加大燃气事故隐患排查治理工作，有针对性地开展对管网占压、违章建筑等的专项治理活动，降低燃气安全事故风险。全面盘查地下管线的精确位置、数量、老旧程度，加快老旧管网改造进度。

## 十、积极搭建电子商务平台

发挥行业协会的协调作用和各燃气企业及相关行业的力量，积极搭建燃气行业电子商务平台，打造面向机构、企业的燃气工程材料、设备、灶具、计量表采购和面向最终用户的燃气产品及服务销售平台。

注：①本文中相关燃气发展统计数据是根据《中国城乡建设统计年鉴》中城市数据与县城数据相加得来。②本文中各类气源均按照热值折算为单位天然气，其中，天然气、人工煤气、液化石油气热值分别按 8 500kcal/m³、3 500kcal/m³、11 000kcal/kg（26 180kcal/m³）计算。

中国城市燃气协会

# 城市燃气行业供需、价格研究及应对措施分析

## 一、"十二五"期间城市燃气行业供需状况分析

### (一)城市燃气行业燃气供应量情况

**1. 2011年—2014年全国城市燃气天然气供应量**

截至2014年,全国天然气供应量达到1 846亿 $m^3$,其中,国内产量1 256亿 $m^3$,进口天然气590亿 $m^3$。根据住房城乡建设部统计年鉴及中国城市燃气协会调查数据显示,2014年,全国城市燃气天然气供应量达到1 057亿 $m^3$,其中,常规天然气1 025.5亿 $m^3$,煤层气20亿 $m^3$,页岩气7.3亿 $m^3$,煤制气4.2亿 $m^3$。

2011年—2014年,全国城市燃气天然气供应量逐年上升,从732亿 $m^3$ 上升到1 057亿 $m^3$,年均复合增速达到9%,但是,供应量增速呈现下降态势(图1)。

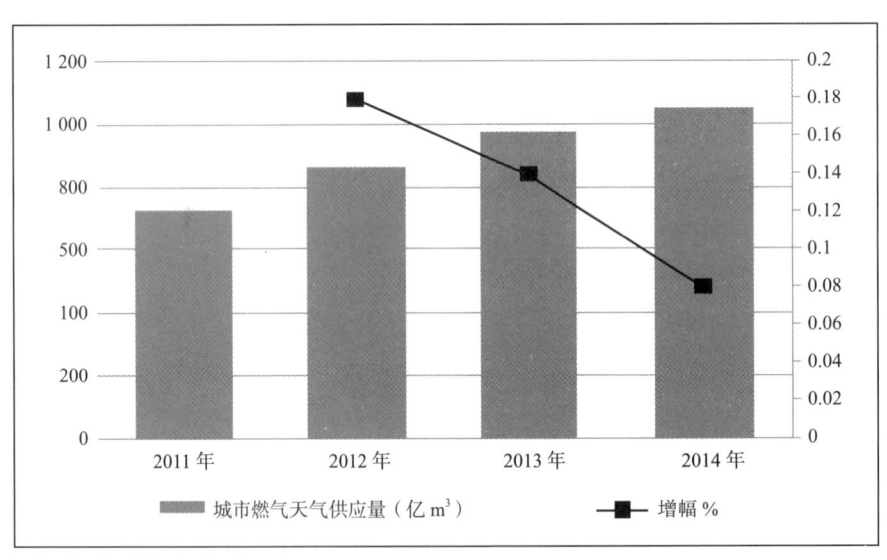

图1 城市燃气行业天然气供应情况

**2. 2011年—2014年全国人工煤气供应量**

根据住房城乡建设部统计年鉴数据显示,截至2014年,全国人工煤气供应量达到64亿 $m^3$。2011年—2014年,全国人工煤气供应量逐年下降,从94亿 $m^3$ 降至64亿 $m^3$,年均降幅达到10%(图2)。

**3. 2011年—2014年全国液化石油气供应量**

根据住房城乡建设部统计年鉴数据显示,截至2014年,全国液化石油气供应量达到1 317万t(折合成等热值天然气170亿 $m^3$)。2011年—2014年,全国液化石油气供应量逐年下降,从1 410万t

降至1 317万t，年均降幅达到2%（图3）。

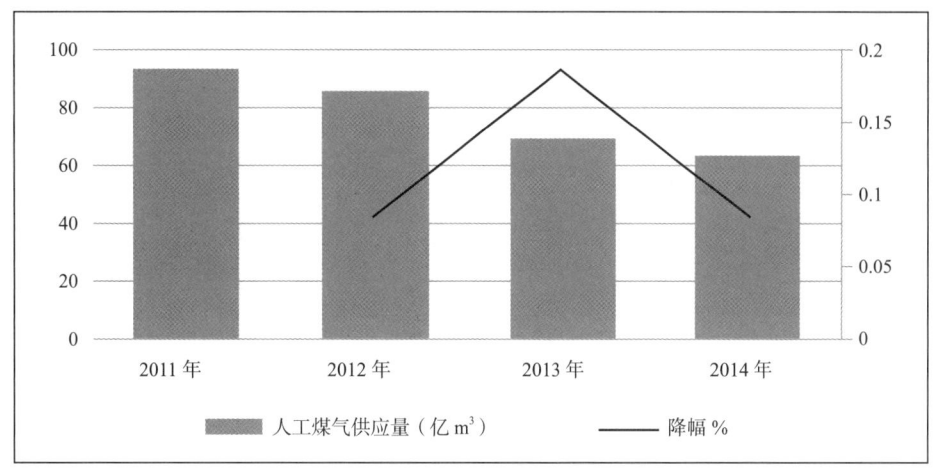

图2　城市燃气行业人工煤气供应量

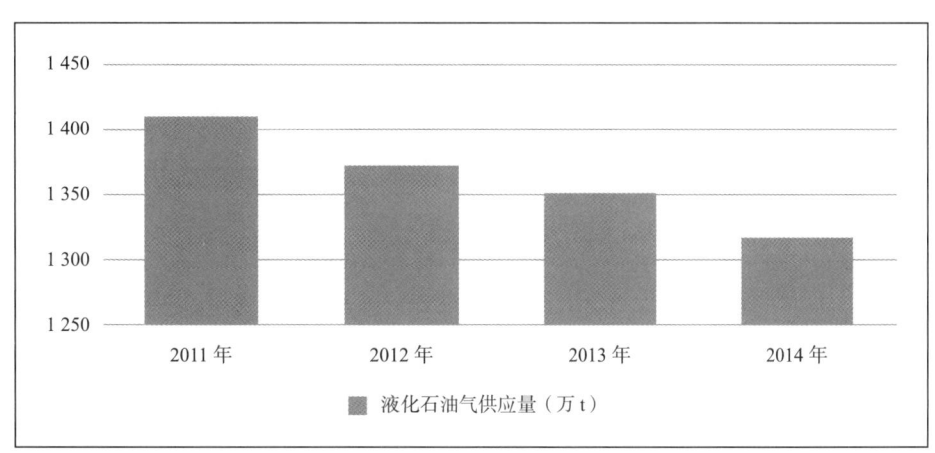

图3　城市燃气行业液化石油气供应情况

## （二）城市燃气行业燃气消费量情况

### 1. 2011年—2014年全国各省市、自治区、直辖市城市燃气天然气消费量

截至2014年，全国天然气消费量达到1 830亿$m^3$。根据住房城乡建设部统计年鉴数据显示，全国城市燃气天然气消费量达到1 027亿$m^3$，其中，常规天然气消费量996.7亿$m^3$，煤层气消费量19亿$m^3$，页岩气7.2$m^3$，煤制气4.1亿$m^3$。

2011年—2014年，全国城市燃气天然气消费量逐年上升，从713亿$m^3$上升到1 027亿$m^3$，年均复合增速达到9%，高于全国7%～8%的GDP增速和6%的能源消费增速。但是，消费量增速呈现下降态势（图4）。

（1）居民用气

2011年—2014年，全国居民用气消费量逐年上升，从153亿$m^3$上升到231亿$m^3$，年均复合增速达到11%。但是，消费量增速呈现下降态势（图5、表1）。

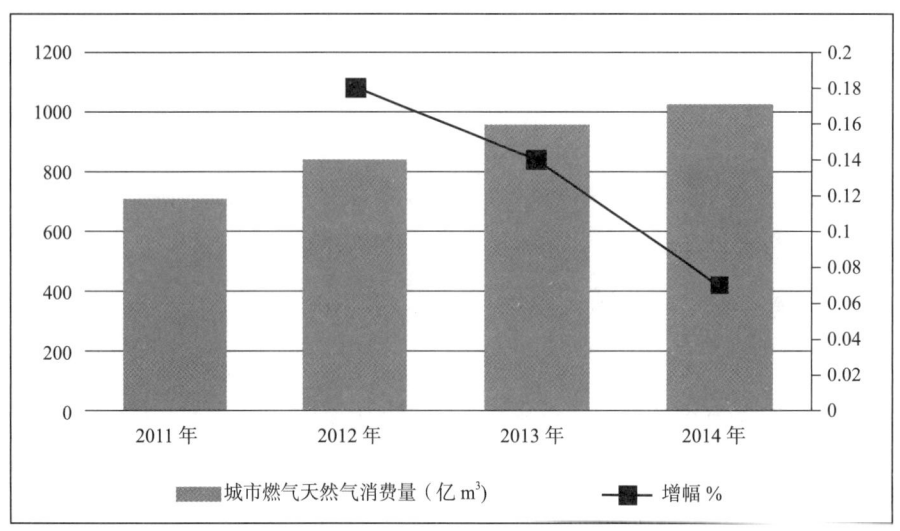

图4 城市燃气行业天然气消费量情况

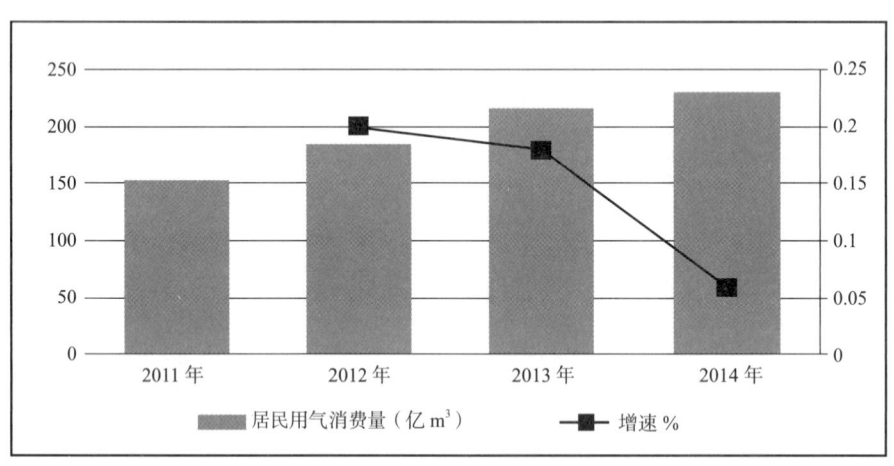

图5 居民用天然气量情况

2014年全国各省区市城市燃气行业居民用天然气情况　　表1

| 序号 | 省区市 | 居民用天然气（万 m³） | 序号 | 省区市 | 居民用天然气（万 m³） |
|---|---|---|---|---|---|
| 1 | 北京 | 126 503 | 10 | 江苏 | 158 039.68 |
| 2 | 天津 | 39 167.08 | 11 | 浙江 | 54 635.56 |
| 3 | 河北 | 87 460.62 | 12 | 安徽 | 84 781.34 |
| 4 | 山西 | 66 754.87 | 13 | 福建 | 11 023.4 |
| 5 | 内蒙古 | 23 713.02 | 14 | 江西 | 28 194.01 |
| 6 | 辽宁 | 44 135.86 | 15 | 山东 | 176 447.24 |
| 7 | 吉林 | 29 896.91 | 16 | 河南 | 110 770.51 |
| 8 | 黑龙江 | 28 625.47 | 17 | 湖北 | 76 083.01 |
| 9 | 上海 | 124 404.18 | 18 | 湖南 | 83 341.93 |

续表

| 序号 | 省区市 | 居民用天然气（万 m³） | 序号 | 省区市 | 居民用天然气（万 m³） |
|---|---|---|---|---|---|
| 19 | 广东 | 146 613.79 | 26 | 西藏 | 15.75 |
| 20 | 广西 | 13 098.55 | 27 | 陕西 | 116 558.32 |
| 21 | 海南 | 11 833.39 | 28 | 甘肃 | 32 585.65 |
| 22 | 重庆 | 136 214.31 | 29 | 青海 | 29 029.25 |
| 23 | 四川 | 302 984.7 | 30 | 宁夏 | 42 741.38 |
| 24 | 贵州 | 12 573.49 | 31 | 新疆 | 109 290.67 |
| 25 | 云南 | 2 213.46 | | | |

（2）采暖用气（集中供热）

2011—2014年（缺少2011年、2012年数据），全国采暖用气（集中供热）消费量逐年上升，2013年采暖用气量为46.7亿 m³，2014年采暖用气量为100.8亿 m³，用气量翻了一番，应该说，尽管消费占比不高，但是天然气用于采暖的消费增速较快。这一方面与国家转方式、调结构和天然气利用政策有关，另一方面，受节能减排和大气环境治理的双重压力，北方采暖地区都将燃煤替代作为重点工作开展，因此"煤改气"发展较快（表2）。

2014年全国各省区市城市燃气行业集中采暖用天然气情况　　表2

| 序号 | 省区市 | 集中供热用气量（万 m³） | 序号 | 省区市 | 集中供热用气量（万 m³） |
|---|---|---|---|---|---|
| 1 | 北京 | 344 419 | 17 | 湖北 | 335.74 |
| 2 | 天津 | 23 329.09 | 18 | 湖南 | 8 898.44 |
| 3 | 河北 | 18 155.97 | 19 | 广东 | 11 999.19 |
| 4 | 山西 | 6 691.27 | 20 | 广西 | 0 |
| 5 | 内蒙古 | 17 776.87 | 21 | 海南 | 0 |
| 6 | 辽宁 | 5 131.83 | 22 | 重庆 | 0 |
| 7 | 吉林 | 1 290.2 | 23 | 四川 | 2 955 |
| 8 | 黑龙江 | 5 544.51 | 24 | 贵州 | 50.77 |
| 9 | 上海 | 0 | 25 | 云南 | 0 |
| 10 | 江苏 | 32 | 26 | 西藏 | 0 |
| 11 | 浙江 | 4 422.93 | 27 | 陕西 | 85 768.52 |
| 12 | 安徽 | 1 736.47 | 28 | 甘肃 | 59 267.75 |
| 13 | 福建 | 13 741.07 | 29 | 青海 | 74 658.38 |
| 14 | 江西 | 0.19 | 30 | 宁夏 | 61 750 |
| 15 | 山东 | 20 048.4 | 31 | 新疆 | 232 606.87 |
| 16 | 河南 | 6 714.51 | | | |

（3）工业用气（含发电用气）

2011年—2014年，全国工业用气消费量逐年上升，从2011年的193亿 $m^3$ 增长至2014年的295.3亿 $m^3$，年均增幅达到11%，消费增速较快（表3）。

2014年全国各省区市城市燃气行业工业（含发电）用天然气情况　　　表3

| 序号 | 省区市 | 工业用气量（万 $m^3$） | 序号 | 省区市 | 工业用气量（万 $m^3$） |
|---|---|---|---|---|---|
| 1 | 北京 | 253 437 | 17 | 湖北 | 89 186 |
| 2 | 天津 | 101 299 | 18 | 湖南 | 59 079 |
| 3 | 河北 | 115 980 | 19 | 广东 | 81 898 |
| 4 | 山西 | 104 223 | 20 | 广西 | 0 |
| 5 | 内蒙古 | 44 325 | 21 | 海南 | 9277 |
| 6 | 辽宁 | 20 689 | 22 | 重庆 | 141 518 |
| 7 | 吉林 | 57 680 | 23 | 四川 | 244 553 |
| 8 | 黑龙江 | 18 745 | 24 | 贵州 | 1 |
| 9 | 上海 | 203 233 | 25 | 云南 | 0 |
| 10 | 江苏 | 396 840 | 26 | 西藏 | 0 |
| 11 | 浙江 | 293 867 | 27 | 陕西 | 5 970 |
| 12 | 安徽 | 73 619 | 28 | 甘肃 | 22 849 |
| 13 | 福建 | 178 823.5 | 29 | 青海 | 18 258 |
| 14 | 江西 | 30 156 | 30 | 宁夏 | 16 187 |
| 15 | 山东 | 193 705 | 31 | 新疆 | 48 409 |
| 16 | 河南 | 128 781 | | | |

（4）车用气（CNG、LNG）

2011年—2014年（缺少2011年、2012年数据），全国车用气消费量逐年上升，2013年车用气量为100亿 $m^3$（在城市燃气天然气消费中占比10.4%），2014年车用气量为117亿 $m^3$（在城市燃气天然气消费中占比11.4%），用气量增长17%。应该说，消费占比逐年升高，消费增速快速增长（表4）。

2014年全国各省区市城市燃气行业车用天然气情况　　　表4

| 序号 | 省区市 | 车用气量（万 $m^3$） | 序号 | 省区市 | 车用气量（万 $m^3$） |
|---|---|---|---|---|---|
| 1 | 北京 | 8 901 | 7 | 吉林 | 26 548.02 |
| 2 | 天津 | 13 750.3 | 8 | 黑龙江 | 30 924.95 |
| 3 | 河北 | 41 742.92 | 9 | 上海 | 6 721.2 |
| 4 | 山西 | 27 463.25 | 10 | 江苏 | 74 602.81 |
| 5 | 内蒙古 | 40 518.83 | 11 | 浙江 | 19 073.25 |
| 6 | 辽宁 | 15 413.3 | 12 | 安徽 | 49 407.68 |

续表

| 序号 | 省区市 | 车用气量（万 m³） | 序号 | 省区市 | 车用气量（万 m³） |
|---|---|---|---|---|---|
| 13 | 福建 | 19 167.98 | 23 | 四川 | 93 280.77 |
| 14 | 江西 | 4 644.27 | 24 | 贵州 | 5 421.66 |
| 15 | 山东 | 148 702.07 | 25 | 云南 | 1 328.88 |
| 16 | 河南 | 65 709.04 | 26 | 西藏 | 0 |
| 17 | 湖北 | 54 064.68 | 27 | 陕西 | 50 839.92 |
| 18 | 湖南 | 33 591.22 | 28 | 甘肃 | 34 314.01 |
| 19 | 广东 | 39 055.31 | 29 | 青海 | 31 187.99 |
| 20 | 广西 | 3 702.15 | 30 | 宁夏 | 34 107.16 |
| 21 | 海南 | 11 139.8 | 31 | 新疆 | 133 005.23 |
| 22 | 重庆 | 50 818.68 | | | |

**2. 2011 年—2014 年全国各省市、自治区、直辖市人工煤气消费量**

2011 年—2014 年，全国人工煤气消费量呈现逐年递减态势，从 2011 年的 89.9 亿 m³ 下降到 61.8 亿 m³，年均递减 10%。由于天然气的发展速度加快，且主要用于替代燃煤，因此，人工煤气使用量大幅减少（图 6）。目前，人工煤气主要用于居民和工商业用范畴。

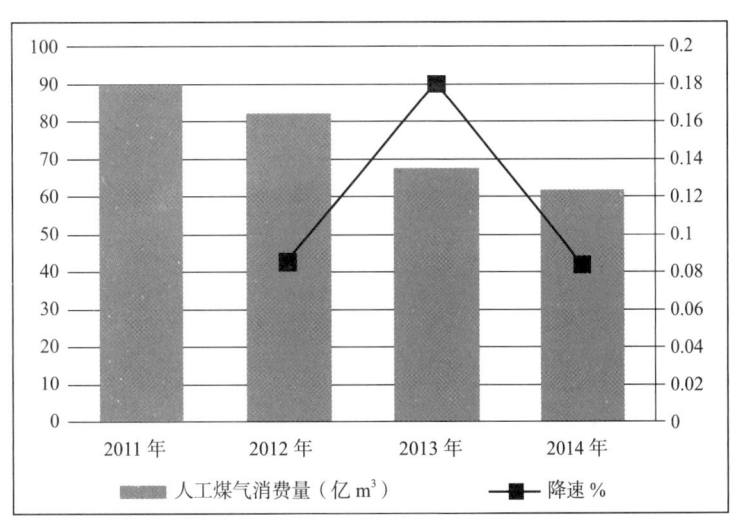

图 6　城市燃气行业人工煤气消费量情况

（1）居民用气（含集中供热）

目前，国内使用人工煤气用于居民炊事、集中供热的省区市仅有 21 个，主要分布在黄河以北地区。2014 年，居民用人工煤气消费量达到 16.7 亿 m³，较之 2011 年下降 8.3 亿 m³，降幅达到 10.7%（表 5）。

（2）工商业用气

除了居民用气以外，人工煤气多用在工商业领域，如商业服务和部分工业产品制造，主要分布在全国 20 个省区市。2014 年，工商业人工煤气消费量达到 45.1 亿 m³，较之 2011 年下降 19.8 亿 m³，降幅达到 9.5%（表 6）。

### 2014年全国部分省区市城市燃气行业居民用人工煤气情况　　表5

| 序号 | 省区市 | 居民用人工煤气（万 m³） | 序号 | 省区市 | 居民用人工煤气（万 m³） |
|---|---|---|---|---|---|
| 1 | 河北 | 16 501.39 | 12 | 山东 | 3 200 |
| 2 | 山西 | 10 106.65 | 13 | 河南 | 2 590 |
| 3 | 内蒙古 | 2 944 | 14 | 湖南 | 2 205.53 |
| 4 | 辽宁 | 40 841.45 | 15 | 广西 | 3 951.51 |
| 5 | 吉林 | 9 200.38 | 16 | 四川 | 7 131.83 |
| 6 | 黑龙江 | 3 751.7 | 17 | 贵州 | 8 461 |
| 7 | 上海 | 13 502.2 | 18 | 云南 | 18 211.15 |
| 8 | 江苏 | 470 | 19 | 甘肃 | 14 738.52 |
| 9 | 浙江 | 454 | 20 | 宁夏 | 67.68 |
| 10 | 福建 | 2 510 | 21 | 新疆 | 1 752 |
| 11 | 江西 | 4 366.38 | | | |

### 2014年全国部分省区市城市燃气行业工商业用人工煤气情况　　表6

| 序号 | 省区市 | 工商业用人工煤气（万 m³） | 序号 | 省区市 | 工商业用人工煤气（万 m³） |
|---|---|---|---|---|---|
| 1 | 河北 | 37 760.4 | 11 | 江西 | 25 648.57 |
| 2 | 山西 | 39 626.95 | 12 | 山东 | 58 030 |
| 3 | 内蒙古 | 46 | 13 | 河南 | 56 664 |
| 4 | 辽宁 | 17 919.37 | 14 | 湖南 | 363.35 |
| 5 | 吉林 | 888.4 | 15 | 广西 | 744.69 |
| 6 | 黑龙江 | 4 172.3 | 16 | 四川 | 159 078.45 |
| 7 | 上海 | 16 557 | 17 | 贵州 | 7 553 |
| 8 | 江苏 | 142 | 18 | 云南 | 18 891.77 |
| 9 | 浙江 | 24 | 19 | 甘肃 | 130 |
| 10 | 福建 | 457 | 20 | 宁夏 | 2.73 |

### 3. 2011—2014年全国各省市、自治区、直辖市液化石油气消费量

2011—2014年，全国液化石油气消费量呈现逐年递减态势，从2011年的1 397.2万t下降到1 312.5万t，降幅较小，年均递减1.5%。由于天然气的发展速度加快，液化石油气逐渐退出大中型城市的主城区，但由于液化石油气运输和使用的灵活性，使其在城市郊区县等地使用仍较普遍。目前，液化石油气主要用于居民、工商业和车用范畴。其中，居民用量占比54%，工商业用量占比37%，车用气量占比9%（表7～表9）。

### 2014年全国各省区市城市燃气行业居民用液化石油气情况　　表7

| 序号 | 省区市 | 居民用液化石油气（t） | 序号 | 省区市 | 居民用液化石油气（t） |
|---|---|---|---|---|---|
| 1 | 北京 | 234 779 | 3 | 河北 | 226 226.57 |
| 2 | 天津 | 43 911.5 | 4 | 山西 | 84 261.03 |

续表

| 序号 | 省区市 | 居民用液化石油气（t） | 序号 | 省区市 | 居民用液化石油气（t） |
|---|---|---|---|---|---|
| 5 | 内蒙古 | 102 697.34 | 19 | 广东 | 1 968 983.5 |
| 6 | 辽宁 | 256 257.9 | 20 | 广西 | 350 841.6 |
| 7 | 吉林 | 131 308.3 | 21 | 海南 | 92 117.56 |
| 8 | 黑龙江 | 164 488.8 | 22 | 重庆 | 57 146.4 |
| 9 | 上海 | 252 164.99 | 23 | 四川 | 135 256.62 |
| 10 | 江苏 | 489 250.79 | 24 | 贵州 | 106 174.69 |
| 11 | 浙江 | 622 266.4 | 25 | 云南 | 129 736.99 |
| 12 | 安徽 | 262 416.3 | 26 | 西藏 | 78 813.79 |
| 13 | 福建 | 275 862.8 | 27 | 陕西 | 60 866.98 |
| 14 | 江西 | 352 047.9 | 28 | 甘肃 | 73 689.76 |
| 15 | 山东 | 338 643 | 29 | 青海 | 8 081.49 |
| 16 | 河南 | 288 229.1 | 30 | 宁夏 | 19 371.42 |
| 17 | 湖北 | 231 953 | 31 | 新疆 | 73 215.52 |
| 18 | 湖南 | 552 385 | | | |

2014年全国各省区市城市燃气行业工商业用液化石油气情况　　　表8

| 序号 | 省区市 | 工商业用液化石油气（t） | 序号 | 省区市 | 工商业用液化石油气（t） |
|---|---|---|---|---|---|
| 1 | 北京 | 296 777 | 17 | 湖北 | 151 344 |
| 2 | 天津 | 23 144 | 18 | 湖南 | 63 763 |
| 3 | 河北 | 268 386 | 19 | 广东 | 1 483 812 |
| 4 | 山西 | 21 660 | 20 | 广西 | 55 230 |
| 5 | 内蒙古 | 4 991 | 21 | 海南 | 3 276 |
| 6 | 辽宁 | 234 605 | 22 | 重庆 | 64 751 |
| 7 | 吉林 | 66 285 | 23 | 四川 | 74 549 |
| 8 | 黑龙江 | 72 659 | 24 | 贵州 | 6 993 |
| 9 | 上海 | 117 035 | 25 | 云南 | 145 684 |
| 10 | 江苏 | 268 389 | 26 | 西藏 | 36 687 |
| 11 | 浙江 | 261 988 | 27 | 陕西 | 16 169 |
| 12 | 安徽 | 640 382 | 28 | 甘肃 | 7 672 |
| 13 | 福建 | 139 615 | 29 | 青海 | 530 |
| 14 | 江西 | 69 920 | 30 | 宁夏 | 11 616 |
| 15 | 山东 | 167 617 | 31 | 新疆 | 9 606 |
| 16 | 河南 | 38 552 | | | |

2014年全国部分省区市城市燃气行业车用液化石油气情况序号　　　　　表9

| 序号 | 省区市 | 车用液化石油气量（t） | 序号 | 省区市 | 车用液化石油气量（t） |
|---|---|---|---|---|---|
| 1 | 河北 | 3 807 | 13 | 湖南 | 7 080 |
| 2 | 内蒙古 | 3 803.84 | 14 | 广东 | 398 875.97 |
| 3 | 辽宁 | 38 046.1 | 15 | 海南 | 9 187 |
| 4 | 吉林 | 10 820.6 | 16 | 四川 | 3 237.1 |
| 5 | 黑龙江 | 22 815 | 17 | 贵州 | 1 |
| 6 | 上海 | 48 862.44 | 18 | 云南 | 2 835.93 |
| 7 | 江苏 | 11 787 | 19 | 西藏 | 9 371.45 |
| 8 | 浙江 | 6 080 | 20 | 陕西 | 145 |
| 9 | 福建 | 3 124.33 | 21 | 甘肃 | 159.52 |
| 10 | 山东 | 28 288.59 | 22 | 青海 | 20 |
| 11 | 河南 | 9 561 | 23 | 新疆 | 5 080 |
| 12 | 湖北 | 27 000 | | | |

## （三）城市燃气配送管网及储库、灌装站、运输车辆等情况分析

### 1. 城市燃气配送管网情况

截至2014年，全国城市燃气配送管网长度达到56.5万km，与"十一五"末的35.5万km相比，增加59%。其中，天然气管道长度52万km，人工煤气管道长度3.1万km，液化石油气管道长度1.4万km（表10～表12）。

2014年全国各省区市城市燃气行业天然气管道长度　　　　　表10

| 序号 | 省区市 | 供气管道长度（km） | 序号 | 省区市 | 供气管道长度（km） |
|---|---|---|---|---|---|
| 1 | 北京 | 26 097.46 | 17 | 湖北 | 24 361.14 |
| 2 | 天津 | 16 295.51 | 18 | 湖南 | 15 989.9 |
| 3 | 河北 | 18 283.21 | 19 | 广东 | 25 904.77 |
| 4 | 山西 | 11 453.91 | 20 | 广西 | 3 813.58 |
| 5 | 内蒙古 | 8 176.71 | 21 | 海南 | 2 441.14 |
| 6 | 辽宁 | 14 570.49 | 22 | 重庆 | 23 337.93 |
| 7 | 吉林 | 6 978.5 | 23 | 四川 | 49 672.81 |
| 8 | 黑龙江 | 7 711.02 | 24 | 贵州 | 1 400.34 |
| 9 | 上海 | 26 057.35 | 25 | 云南 | 2 010.43 |
| 10 | 江苏 | 60 662.7 | 26 | 西藏 | 1 350 |
| 11 | 浙江 | 28 795.33 | 27 | 陕西 | 14 623.54 |
| 12 | 安徽 | 23 560.58 | 28 | 甘肃 | 2 452.7 |
| 13 | 福建 | 8 295.69 | 29 | 青海 | 1 557.24 |
| 14 | 江西 | 10 792.24 | 30 | 宁夏 | 4 789.33 |
| 15 | 山东 | 49 666.53 | 31 | 新疆 | 15 142.24 |
| 16 | 河南 | 21 863.3 | | | |

2014年全国部分省区市城市燃气行业人工煤气管道长度　　表 11

| 序号 | 省区市 | 供气管道长度（km） | 序号 | 省区市 | 供气管道长度（km） |
|---|---|---|---|---|---|
| 1 | 河北 | 3 283.83 | 12 | 山东 | 397.3 |
| 2 | 山西 | 4 809.38 | 13 | 河南 | 573.1 |
| 3 | 内蒙古 | 507 | 14 | 湖南 | 439.56 |
| 4 | 辽宁 | 5 835.07 | 15 | 广西 | 463.38 |
| 5 | 吉林 | 1 881.22 | 16 | 四川 | 998.62 |
| 6 | 黑龙江 | 821.78 | 17 | 贵州 | 2 954.25 |
| 7 | 上海 | 2 109.08 | 18 | 云南 | 3 163.51 |
| 8 | 江苏 | 270 | 19 | 甘肃 | 428.68 |
| 9 | 浙江 | 112.21 | 20 | 宁夏 | 42 |
| 10 | 福建 | 321 | 21 | 新疆 | 71.3 |
| 11 | 江西 | 1 081.51 | | | |

2014年全国部分省区市城市燃气行业液化石油气管道长度　　表 12

| 序号 | 省区市 | 供气管道长度（km） | 序号 | 省区市 | 供气管道长度（km） |
|---|---|---|---|---|---|
| 1 | 北京 | 414 | 16 | 河南 | 18.25 |
| 2 | 天津 | 183.57 | 17 | 湖北 | 304.93 |
| 3 | 河北 | 406.63 | 18 | 湖南 | 19 |
| 4 | 山西 | 344.59 | 19 | 广东 | 2 470.94 |
| 5 | 内蒙古 | 10.81 | 20 | 广西 | 127.3 |
| 6 | 辽宁 | 709.16 | 21 | 海南 | 18.12 |
| 7 | 吉林 | 141.06 | 22 | 四川 | 362.67 |
| 8 | 黑龙江 | 29.87 | 23 | 贵州 | 129.39 |
| 9 | 上海 | 516.23 | 24 | 云南 | 287.59 |
| 10 | 江苏 | 743.73 | 25 | 西藏 | 249.6 |
| 11 | 浙江 | 3 937.66 | 26 | 陕西 | 4 |
| 12 | 安徽 | 330.16 | 27 | 甘肃 | 35 |
| 13 | 福建 | 531.96 | 28 | 宁夏 | 5.59 |
| 14 | 江西 | 172.25 | 29 | 新疆 | 82.22 |
| 15 | 山东 | 662.22 | | | |

## 2. LNG 储备设施情况

2014年，国家首次明确了天然气销售企业的调峰责任，要求在2020年前，拥有不低于其合同销售量10%的工作气量,以满足季节性调峰及供气安全,而城市燃气公司需承担日调峰责任。在政策的推动下,我国城市LNG储备能力建设继续推进(表13)。

全国城市燃气行业天然气储备建设能力情况　　表13

| 序号 | 项目名称 | 所在位置 | 所属公司 | 储气能力（万 $m^3$ LNG） | 项目状态 | 投产年份（年） |
|---|---|---|---|---|---|---|
| 1 | 福建石狮LNG储备站 | 福建石狮 | 泉州燃气 | 0.02 | 已建 | 2007 |
| 2 | 五号沟LNG储备站 | 上海 | 申能 | 10 | 已建 | 2008 |
| 3 | 西安秦华LNG应急调峰站 | 西安 | 西安秦华天然气公司 | 0.35 | 已建 | 2009 |
| 4 | 西部LNG应急气源站 | 杭州 | 杭州市燃气集团 | 0.495 | 已建 | 2011 |
| 5 | 江北液化天然气储备站 | 邵阳 |  | 0.6 | 已建 | 2011 |
| 6 | 次渠LNG储备站 | 北京 | 北京燃气 | 0.06 | 已建 | 2012 |
| 7 | 长沙新奥燃气星沙储配站 | 长沙 | 新奥燃气 | 2 | 已建 | 2012 |
| 8 | LNG(应急)储备气化站 | 常州 | 港华燃气 | 0.09 | 已建 | 2012 |
| 9 | 深南LNG储备库 | 海口 | 中海油 | 4 | 已建 | 2013 |
| 10 | 武汉LNG储备库 | 武汉 |  | 2 | 已建 | 2013 |
| 11 | 成都LNG应急调峰储备库一期 | 成都彭州市 | 成都城建 | 1 | 在建 | 2014 |
| 12 | 杨凌液化天然气(LNG)应急储备调峰项目 | 陕西杨凌示范区 | 陕西燃气集团 | 6 | 在建 | 2014 |
| 13 | 液化天然气(LNG)应急气源储备站 | 山东威海 | 港华燃气 | 0.09 | 在建 | 2014 |
| 14 | 东部LNG应急气源站 | 杭州 | 杭州市燃气集团 | 1 | 在建 | 2015 |
| 15 | 五号沟LNG储备二期扩建 | 上海 | 申能 | 20 | 在建 | 2016 |
| 16 | 深圳天然气储备与调峰库项目 | 广东深圳 | 深圳燃气集团 | 8 | 在建 | 2016 |
| 17 | 西安液化天然气(LNG)应急储备调峰项目 | 西安 | 陕西液化天然气投资发展有限公司 | 10 | 环评 | 待定 |
| 合计 |  |  |  | 65.705 |  |  |

### 3. 液化石油气物流情况

国内液化石油气物流主要通过公路、铁路、海运和集装箱罐运输4种方式,目前,国内有液化石油气运输船舶62艘,其中海运船舶43艘(18艘有国际运输资质),江河运输船舶19艘。公路运输车辆12 000台,其中,处于经常使用状态的约8 000台。集装箱罐约600台。"十二五"期间,我国液化石油气物流市场可以概述为:海运流通相对顺畅,陆路及铁路运输略显平淡,国内各地区资源整体流通量减少。液化石油气资源通过海运总量逐年递减,汽车运输仍以短途运输为主,铁路货运明显降低。首先,南方市场仍保持充足,且资源供应持续增加,对北方资源依赖程度继续下降。而伴随北方深加工市场的快速发展,北气资源南下分流呈现递减,同时因公路运费持续居高不下的限制,总体上看,北气南下逐步减少。其次,中石油、中石化统销力度继续增强,东北下海及西北局部火槽资源均转为内部调拨为主,尤其西北甘肃、宁夏地区火槽资源全部转为内供,新疆也进一步加大调拨力度,导致火槽外销十分有限。

## 二、"十三五"城市燃气行业供需状况预测

### （一）城市燃气行业燃气供应量预测

#### 1. 天然气供应量预测

（1）国内生产

近几年来，我国天然气储量与产量快速增长，天然气工业进入快车道。根据全国油气资源动态评价（2010）的结果显示，中国常规及低渗天然气地质资源量为 52 万亿 $m^3$；技术可采资源量为 32 万亿 $m^3$。陆域常规及低渗天然气资源主要分布在四川、鄂尔多斯、塔里木三大盆地。海域天然气资源主要分布在珠江口、琼东南和东海盆地。

通过对 42 个含煤盆地（群）121 个区带的系统评价得到，中国陆域埋深 2 000m 以浅煤层气地质资源量 36 万亿 $m^3$；埋深 1 500m 以浅技术可采资源量 11 万亿 $m^3$；主要分布在华北的沁水盆地、鄂尔多斯盆地，以及滇黔桂地区的滇东黔西地区。层位上主要来自石炭 - 二叠系和侏罗系。根据全国页岩气资源潜力调查评价及有利区优选结果，中国陆域埋深 4 500m 以浅的页岩气地质资源量 134 万亿 $m^3$，可采资源量 25 万亿 $m^3$；主要分布在四川盆地及周缘。根据目前天然气增加趋势，针对不同情形，对常规、非常规天然气产量预测如下：

1）2015 年产量预测

预计 2015 年常规天然气较 2014 年产量增加 120 亿 $m^3$，常规天然气产量达到 1 400 亿 $m^3$ 左右；页岩气产量实现规划目的，达到 65 亿 $m^3$；煤层气产量达到 45 亿 $m^3$。三者合计为 1 510 亿 $m^3$ 左右。

2）2020 年产量预测

依据近年来天然气产量年均增长 80 亿～100 亿 $m^3$ 的趋势，取常规天然气年均增产 80 亿 $m^3$ 预测，到 2020 年，常规天然气产量达到 1 800 亿 $m^3$；依据重庆、四川页岩气主产区页岩气产量规划目标预测，到 2020 年，页岩气产量为 400 亿 $m^3$；煤层气产量数据主要考虑地面抽采煤层气的增长趋势，到 2020 年在 100 亿 $m^3$ 左右。天然气产量合计为 2 300 亿 $m^3$（不包含煤制气）。

（2）国外进口

2007 年，中国变成了一个天然气进口国。在短短的 7～8 年中，到 2014 年，中国天然气对外依存度已经飙升到 32%，这一点需要引起重视。天然气未来的进口状况将会对中国市场供求形势产生显著影响。从国际天然气供应格局看，全球天然气资源相对充足，天然气将在全球未来能源格局中占据更大的份额，扮演更重要的角色，但国际油价下跌对未来天然气国际贸易市场格局带来很大变数。预计中国在今后几年的天然气进口会迅速增加，从 2013 年 530 亿 $m^3$，增长到 2020 年 1 670 亿 $m^3$ 左右，包括 LNG 700 亿 $m^3$ 和管道天然气 970 亿 $m^3$。到 2030 年进口天然气将进一步增长到 2 100 亿～2 400 亿 $m^3$，包括 LNG 约 750 亿 $m^3$ 和管道气 1 350 亿～1 650 亿 $m^3$。如果国内天然气，尤其是页岩气的产量通过技术、政策的突破得以实现大幅度增长的话，到 2030 年，中国天然气对外依存度可以控制在 40% 以下。

#### 2. 人工煤气供应量预测

"十三五"期间，随着国家节能减排和治理大气污染力度的持续加大，人工煤气将延续逐渐萎缩态势，退出更多城市。根据"十二五"期间人工煤气供应量情况分析，全国仅有 21 个省市自治区供

应人工煤气，人工煤气供应量呈现逐年降低的态势，预计到2020年，全国将有19～20个省市自治区供应人工煤气，人工煤气供应量将降至34亿 m³ 左右（表14）。

2020年全国部分省市自治区人工煤气供应量预测　　　　表14

| 序号 | 省市自治区 | 2020年供应量（万 m³） | 序号 | 省市自治区 | 2020年供应量（万 m³） |
|---|---|---|---|---|---|
| 1 | 河北 | 35 497.6 | 11 | 山东 | 34 957.9 |
| 2 | 山西 | 31 262.8 | 12 | 河南 | 33 550 |
| 3 | 内蒙古 | 1 975.7 | 13 | 湖南 | 1 561 |
| 4 | 辽宁 | 35 902.9 | 14 | 广西 | 2 675.2 |
| 5 | 吉林 | 7 240.7 | 15 | 四川 | 95 320.5 |
| 6 | 黑龙江 | 4 657.7 | 16 | 贵州 | 9 050.9 |
| 7 | 江苏 | 345.5 | 17 | 云南 | 22 986.5 |
| 8 | 浙江 | 269.8 | 18 | 甘肃 | 8 436.6 |
| 9 | 福建 | 1 680.4 | 19 | 宁夏 | 39.7 |
| 10 | 江西 | 17 498.2 | 20 | 新疆 | 1 106.1 |

### 3. 液化石油气供应量预测

作为天然气的重要辅助气源种类，"十三五"期间，液化石油气产业仍将保持稳定发展。供应来源方面，除了国内炼厂以外，中东和亚太地区的进口液化石油气仍将是主要来源。根据"十二五"期间液化石油气供应量情况分析，全国有31个省市自治区供应液化石油气，说明液化石油气的应用范围广泛，在城镇燃气气源种类中，液化石油气是天然气的一个重要补充。预计到2020年，全国仍将有31个省市自治区供应液化石油气，液化石油气供应量比"十二五"期间有所减少，将降至1 170万 t 左右（表15）。

2020年全国液化石油气供应量预测　　　　表15

| 序号 | 省市自治区 | 2020年供应量(t) | 序号 | 省市自治区 | 2020年供应量(t) |
|---|---|---|---|---|---|
| 1 | 北京 | 485 092.6 | 12 | 安徽 | 804 468.5 |
| 2 | 天津 | 59 544.1 | 13 | 福建 | 372 482.2 |
| 3 | 河北 | 271 023.1 | 14 | 江西 | 378 427.4 |
| 4 | 山西 | 94 688.7 | 15 | 山东 | 475 676.4 |
| 5 | 内蒙古 | 100 624.6 | 16 | 河南 | 301 345.6 |
| 6 | 辽宁 | 470 278.3 | 17 | 湖北 | 365 447.5 |
| 7 | 吉林 | 186 419.6 | 18 | 湖南 | 349 465.2 |
| 8 | 黑龙江 | 231 450.8 | 19 | 广东 | 3 423 821.6 |
| 9 | 上海 | 371 183.6 | 20 | 广西 | 363 177.5 |
| 10 | 江苏 | 685 825.2 | 21 | 海南 | 92 884.8 |
| 11 | 浙江 | 791 893.5 | 22 | 重庆 | 108 566.5 |

续表

| 序号 | 省市自治区 | 2020年供应量 (t) | 序号 | 省市自治区 | 2020年供应量 (t) |
|---|---|---|---|---|---|
| 23 | 四川 | 190 683.4 | 28 | 甘肃 | 73 829.3 |
| 24 | 贵州 | 100 915.4 | 29 | 青海 | 7 721.5 |
| 25 | 云南 | 247 762.7 | 30 | 宁夏 | 27 567.3 |
| 26 | 西藏 | 111 661.3 | 31 | 新疆 | 78 254.5 |
| 27 | 陕西 | 69 385.9 | | | |

## （二）城市燃气行业燃气需求量预测

### 1. 2020年人工煤气消费量预测

预计2020年，全国人工煤气消费总量为35亿 $m^3$（折合等热值天然气13亿 $m^3$）。其中，东部地区为7.1亿 $m^3$，占全国消费总量的20.3%；中部地区为8亿 $m^3$，占全国消费总量的22.9%；西部地区为15.5亿 $m^3$，占全国消费总量的44.2%；东北地区为4.4亿 $m^3$，占全国消费总量的12.6%（表16）。

2020年全国部分省市城市燃气行业人工煤气消费量预测　　　　表16

| 序号 | 省市自治区 | 2020年消费量（万 $m^3$） | 序号 | 省市自治区 | 2020年消费量（万 $m^3$） |
|---|---|---|---|---|---|
| 1 | 河北 | 32 456.6 | 11 | 山东 | 34 562.7 |
| 2 | 山西 | 28 073.3 | 12 | 河南 | 33 447.3 |
| 3 | 内蒙古 | 1 687.8 | 13 | 湖南 | 1 450.1 |
| 4 | 辽宁 | 33 167.8 | 14 | 广西 | 2 650.9 |
| 5 | 吉林 | 6 739.3 | 15 | 四川 | 94 521.3 |
| 6 | 黑龙江 | 4 472.9 | 16 | 贵州 | 9 039.5 |
| 7 | 江苏 | 269.8 | 17 | 云南 | 20 943.6 |
| 8 | 浙江 | 1 680.4 | 18 | 甘肃 | 8 353.4 |
| 9 | 福建 | 1 674.8 | 19 | 宁夏 | 39.7 |
| 10 | 江西 | 16 942.7 | 20 | 新疆 | 1 102.3 |

### 2. 2020年液化石油气消费量预测

预计2020年液化石油气消费总量为1 170万 t（折合等热值天然气约为151亿 $m^3$）。其中，东部地区为670万 t，占全国消费总量的57.3%；中部地区为295万 t，占全国消费总量的25.2%；西部地区为135万 t，占全国消费总量的11.5%；东北地区为70万 t，占全国消费总量的6%（表17）。

2020年全国各省市城市燃气行业液化石油气消费量预测　　　　表17

| 序号 | 省市自治区 | 2020年消费量（t） | 序号 | 省市自治区 | 2020年消费量（t） |
|---|---|---|---|---|---|
| 1 | 北京 | 472 006.5 | 4 | 山西 | 94 055.7 |
| 2 | 天津 | 59 544.1 | 5 | 内蒙古 | 99 002.2 |
| 3 | 河北 | 270 190.7 | 6 | 辽宁 | 469 656.8 |

续表

| 序号 | 省市自治区 | 2020年消费量（t） | 序号 | 省市自治区 | 2020年消费量（t） |
|---|---|---|---|---|---|
| 7 | 吉林 | 185 065.4 | 20 | 广西 | 360 579.9 |
| 8 | 黑龙江 | 230 840.7 | 21 | 海南 | 92 865 |
| 9 | 上海 | 371 227.1 | 22 | 重庆 | 108 241.4 |
| 10 | 江苏 | 683 228.4 | 23 | 四川 | 189 176.1 |
| 11 | 浙江 | 790 592.2 | 24 | 贵州 | 100 490.5 |
| 12 | 安徽 | 801 659.5 | 25 | 云南 | 247 111.7 |
| 13 | 福建 | 371 707 | 26 | 西藏 | 110 883.8 |
| 14 | 江西 | 374 695.5 | 27 | 陕西 | 68 406.4 |
| 15 | 山东 | 474 664.9 | 28 | 甘肃 | 73 276.6 |
| 16 | 河南 | 298 662.8 | 29 | 青海 | 7 665.2 |
| 17 | 湖北 | 364 332.7 | 30 | 宁夏 | 26 977.1 |
| 18 | 湖南 | 347 441.5 | 31 | 新疆 | 78 054.9 |
| 19 | 广东 | 3 420 174.8 | | | |

### 3. 2020年天然气消费量预测

我们采用按照人均天然气消费水平来测算各省市自治区天然气消费量水平。根据"十二五"期间各省市自治区人均天然气消费量和各省市自治区2020年的人口预测数据，计算得出到2020年的各省市自治区城市燃气行业天然气消费量。

预计2020年全国城市天然气消费量为1 750亿 $m^3$。其中，东部地区为897亿 $m^3$，占全国消费总量的51.3%；中部地区为257亿 $m^3$，占全国消费总量的14.7%；西部地区为519.2亿 $m^3$，占全国消费总量的29.6%；东北地区为76.8亿 $m^3$，占全国消费总量的4.4%（表18、表19）。

2020年全国部分省市自治区城市燃气行业天然气消费量预测（19个省市）　　表18

单位：万 $m^3$

| 省市自治区 | 2016年 | 2017年 | 2018年 | 2019年 | 2020年 |
|---|---|---|---|---|---|
| 北京 | 1 361 498 | 1 484 032 | 1 617 594 | 1 763 177 | 1 921 863 |
| 天津 | 397 990 | 445 748 | 499 237 | 559 145 | 626 242 |
| 河北 | 363 097 | 388 513 | 415 708 | 444 807 | 475 943 |
| 山西 | 229 063 | 233 644 | 238 316 | 243 082 | 247 943 |
| 辽宁 | 172 546 | 193 251 | 216 441 | 242 413 | 271 502 |
| 吉林 | 174 149 | 203 754 | 238 392 | 278 919 | 326 335 |
| 上海 | 752 132 | 789 738 | 829 224 | 870 685 | 914 219 |
| 江苏 | 1 011 710 | 1 082 529 | 1 158 306 | 1 239 387 | 1 326 144 |
| 福建 | 199 303 | 225 212 | 254 489 | 287 572 | 324 956 |
| 江西 | 123 053 | 146 433 | 174 255 | 207 363 | 246 762 |

续表

| 省市自治区 | 2016 年 | 2017 年 | 2018 年 | 2019 年 | 2020 年 |
|---|---|---|---|---|---|
| 山东 | 885 873 | 947 884 | 1 014 235 | 1 085 231 | 1 161 197 |
| 河南 | 435 096 | 478 605 | 526 465 | 579 111 | 637 022 |
| 湖北 | 394 584 | 426 150 | 460 242 | 497 061 | 536 825 |
| 湖南 | 301 976 | 329 153 | 358 776 | 391 065 | 426 260 |
| 广东 | 1 346 465 | 1 373 394 | 1 400 861 | 1 428 878 | 1 457 455 |
| 海南 | 49 050 | 53 955 | 59 350 | 65 285 | 71 813 |
| 贵州 | 74 919 | 106 385 | 151 066 | 214 514 | 304 609 |
| 青海 | 207 772 | 236 860 | 270 020 | 307 822 | 350 917 |
| 宁夏 | 312 647 | 343 911 | 378 302 | 416 132 | 457 745 |

**2020 年全国部分省市自治区城市燃气行业天然气分类别消费量预测**　　表 19

单位：万 $m^3$

| 省市自治区 | 居民 | 公服 | 采暖 | 工业 | 发电 | 车用 |
|---|---|---|---|---|---|---|
| 北京 | 258 000 | 64 000 | 627 000 | 65 000 | 875 000 | 32 000 |
| 天津 | 81 411 | 18 787 | 56 362 | 187 873 | 250 507 | 31 312 |
| 河北 | 138 023 | 57 113 | 90 429 | 123 745 | 0 | 66 632 |
| 山西 | 74 383 | 24 794 | 24 794 | 119 013 | 0 | 32 232 |
| 辽宁 | 92 311 | 13 575 | 21 720 | 111 316 | 0 | 32 580 |
| 吉林 | 84 847 | 9 790 | 55 477 | 101 164 | 0 | 75 057 |
| 上海 | 173 702 | 228 555 | 0 | 255 981 | 246 839 | 9 142 |
| 江苏 | 251 967 | 159 137 | 0 | 397 843 | 397 843 | 119 352 |
| 福建 | 25 886 | 61 741 | 29 246 | 139 731 | 25 886 | 42 244 |
| 江西 | 88 834 | 32 079 | 0 | 51 820 | 49 352 | 24 676 |
| 山东 | 278 687 | 69 672 | 34 836 | 383 195 | 162 568 | 232 239 |
| 河南 | 210 217 | 76 442 | 12 740 | 197 477 | 19 110 | 121 034 |
| 湖北 | 128 838 | 26 841 | 0 | 241 571 | 32 210 | 91 260 |
| 湖南 | 127 878 | 59 676 | 17 050 | 119 353 | 42 626 | 59 676 |
| 广东 | 160 320 | 174 895 | 0 | 539 258 | 539 258 | 43 723 |
| 海南 | 22 262 | 12 208 | 0 | 12 208 | 4 309 | 20 826 |
| 贵州 | 121 844 | 15 230 | 0 | 115 751 | 0 | 51 783 |
| 青海 | 70 183 | 14 037 | 175 459 | 17 546 | 0 | 73 692 |
| 宁夏 | 82 394 | 9 155 | 119 014 | 137 324 | 0 | 109 858 |

## (三) 部分省市自治区燃气消费量预测

### 1. 北京市

"十二五"期间,北京市采暖用气市场的发展除了受益于房地产的快速发展,还得益于北京市的环保政策,城六区63座大型燃煤锅炉房煤改气工程全面实施完成,基本实现无煤化。电厂用气市场的发展包括四大热电中心及未来科技城电厂的建成投产。但从市场分布来看,"十二五"期间的市场增长重点在城六区,郊区县的市场发展仍然有限,这种形势在"十三五"期间预计会发生转变。"十三五"期间,北京市的经济发展速度将放缓,天然气市场发展可能会受到影响。但是,我们认为"十三五"期间集团公司的天然气市场仍处于一个快速发展阶段,下面将对未来市场重点发展负荷和发展区域进行梳理。

1) 电厂用气负荷

四大热电中心虽已于2014年全部投产,但是机组发电及供热出力仍未满发,用气负荷仍有较大增长空间。西北热电中心(京西、高井)、东北热电中心(高安屯)2014年天然气用量仅9.2亿$m^3$,连同西南热电中心、东南热电中心共计使用天然气量24.5亿$m^3$。"十三五"期间,随着北京市电力及供热负荷需求的发展、华能三期工程完成建设,四大热电中心装机容量将达到5 321 MW,年用气负荷达到63.2亿$m^3$,相比2014年有38.7亿$m^3$的增长空间。此外,通州核心区、海淀北部能源中心正在建设过程中,装机容量480 MW,年用气负荷也将超过4.0亿$m^3$。

2) 郊区县燃煤锅炉煤改气工程

根据《北京市2013—2017年清洁空气行动计划》,各远郊区县政府实施燃煤总量控制。到2017年年底,房山、通州、顺义、昌平、大兴等区的燃煤总量比2012年减少35%;门头沟、平谷、怀柔、密云、延庆等区县的燃煤总量比2012年减少20%。积极开展燃煤锅炉清洁能源改造或协调引入外埠热源,逐步整合、消除区域内的分散燃煤锅炉。到2017年年底,基本淘汰远郊区县城镇地区的10蒸t及以下燃煤锅炉。鼓励推动已建成的燃煤集中供热中心实施清洁能源改造。此外,郊区县大型燃煤锅炉房的"煤改气"也是"十三五"时期的重点工作。根据统计,郊区县共计有大型燃煤锅炉房共计76座,装机容量为11 270蒸t,现状供热面积约1.15亿$m^2$。其中,新城内有19座,装机容量为5 510蒸t,现状供热面积约0.75亿$m^2$;各乡镇内有57座,装机容量为5 760蒸t,现状供热面积约0.40亿$m^2$。"十三五"期间,该部分燃煤锅炉房若全部实现煤改气,可增加天然气消费量8亿~9亿$m^3$;该部分燃煤锅炉房若一半实现煤改气,可增加天然气消费量4亿~4.5亿$m^3$。

3) 三联供及车用气负荷

相对于传统用能方式,三联供系统的优势在于能量的梯级利用,充分利用各品位能,提高利用效率,即"温位对口,梯级利用"。三联供系统发展缓慢的原因主要包括:a. 初投资高;b. 发电并网、上网问题未解决。根据调研情况,并结合典型案例分析结果,北京市可优先发展三联供系统的项目类型和建筑类型包括:a. 数据中心、10万$m^2$以上的综合商务区和产业园区;b. 培训类的学校和10万$m^2$以上的创意类办公建筑;c. 大于10万$m^2$综合商务区和产业园区;d. 入住率高的宾馆建筑。

随着三联供技术不断提升和设备成本不断降低、项目业主对三联供系统的认识逐步深入、发电并网(上网)问题逐步得到解决,三联供用能方式将受到社会各界的青睐。据相关统计数据显示,北京市PM2.5污染物的构成约有22%以上是机动车排放的,解决PM2.5污染问题必须重点治理汽车尾气排放。作为清洁能源，天然气替代汽、柴油车燃料减排效果较好，是汽车尾气治理的有效手段。然而，天然气汽车市场的健康发展需要相关政策的支持，如完善、简化加气站建站审批、验收程序，购买天然气汽车给予补贴，加气站建设过程给予税费减免优惠。北京市现状天然气汽车不足2万辆，但各类汽车保有量基数大，如社会车辆532万辆、公交车近3万辆，连同环卫车、邮政车、驾校车、货运车，总量预计达到600万辆。

4）新农村天然气市场

根据《北京城市总体规划（2004—2020年）》城乡协调发展的战略发展目标，今后北京市将逐渐打破城乡二元结构，有效引导城镇化健康发展，构筑城乡一体、统筹协调发展的格局。新农村建设是党中央在我国现代化进程关键时期明确的重大历史任务，是一项长期的、综合的、系统的工作任务。《北京市2013—2017年清洁空气行动计划》中提出：推进城乡接合部和农村地区"减煤换煤"，制定出台"减煤换煤、清洁空气"行动实施方案，按照城市化改造上楼一批、拆除违建减少一批、炊事气化解决一批、城市管网辐射一批、优质煤替代一批的思路和要求，分年度制定并实施行动方案，到2016年，基本实现农村地区炊事气化、无散用劣质煤，并大幅削减民用散煤使用量。

经市相关部门和市燃气集团研究，初步制定了《北京市农村地区2015—2017年"百村"通气工程规划方案》，提出了从2015年开始，利用3年时间打造"百村煤改气"工程，通过推广"市政管网气、CNG和LNG"3种用气方式，实现农村地区居民采暖、生活炊事煤改气。

根据新农村规划，北京市现状3 590个村庄将整合成1 906个行政村，总户数约584 174户。具备天然气供应条件（管道气和CNG）的村庄1 200个，LPG供应方式的村庄706个。若具备天然气供应条件的村庄全部气化，则市场容量将达到5.96亿$m^3$。

到"十三五"末，北京市天然气年需求量将达到190亿$m^3$。其中，居民用气量25.8亿$m^3$，公服用气量6.4亿$m^3$，采暖和空调用气量62.7亿$m^3$，工业用气量6.5亿$m^3$，发电（含分布式能源）用气量87.5亿$m^3$。车用气量3.2亿$m^3$。

2. 天津市

"十二五"是天津市燃气事业快速发展的时期，燃气建设累计投资75亿元，是"十一五"的3.75倍。各类燃气基础设施进一步升级，城市功能和承载力得到进一步提升。目前天津市燃气供应以天然气为主，液化石油气为辅，城市居民燃气气化率近100%。

到"十三五"末，天津市天然气年需求量将达到62.6亿$m^3$。其中，居民用气量8.1亿$m^3$，公服用气量1.8亿$m^3$，采暖和空调用气量5.6亿$m^3$，汽车用气量3.1亿$m^3$，工业用气量18.8亿$m^3$，发电（含分布式能源）用气量25亿$m^3$。

"十三五"末，天津市液化石油气年需求量为接近6万t，主要分布在外围区县，含居民用气量4万t，工商业用气量2万t。液化石油气气源依托天津本地大港、渤海油田和石油炼化厂等资源，完全能够满足未来用气需求。

3. 河北省

"十三五"期间，河北省将大力普及燃气，优先发展居民生活用气和公共服务设施等领域，提高新区、新城、中心镇等区域的普及率。对天然气管线已达到标准的城镇区域，对新建用户提供资源保障；对距离天然气管线较远但具有发展潜力的城镇区域，积极发展管道天然气；对天然气管网暂时覆盖不到的城镇及部分农村地区，积极发展压缩天然气。

工业用气方面，在确保城镇居民用气的基础上，稳定供应原来使用煤、油作为燃料的工业企业，优先保障用气后有利于提高产品质量、降低劳动强度、增加经济效益的企业，支持用于燃气调峰调度的企业，千方百计为大用户创造用气条件。

车用气方面，在石家庄、唐山、廊坊、保定4个新能源汽车示范城市，除电动汽车以外的公交车、出租车系统，力争全部采用天然气汽车；其他设区市和有条件的县（市），积极推广天然气汽车。积极支持有条件的地区开展液化天然气汽车试点工作，扩大天然气利用范围。

燃气发电和分布式能源建设方面，在资源条件较好的唐山、石家庄等地区，启动燃气电厂示范建设项目，满足电力和天然气调峰要求。在热能供应集中地区，推进热电冷联供等城镇分布式能源。

到"十三五"末，天然气年需求量将达到47.6亿$m^3$。其中，居民用气量13.8亿$m^3$，公服用气量5.7亿$m^3$，工业用气量12.4亿$m^3$，采暖和空调用气量9亿$m^3$，汽车用气量6.6亿$m^3$。

液化石油气年需求量达到27万t。其中，居民用气量20.1万t，工商业用气量为2.8万t，车用气量为3.3万t。人工煤气年需求量达到3.2亿$m^3$。其中，居民用气量0.4亿$m^3$，商业用气量0.2亿$m^3$，工业用气量2.6%。

### 4. 山西省

"十二五"期间，山西省燃气煤层气、天然气产业发展步伐加快，产业雏形基本确立，发展环境进一步优化，政策效应逐步显现；多样化气源格局形成，产业发展势头强劲；天然气利用方式进一步扩大，煤层气发展势头迅猛；全省输气主干网和市县输配管网逐步形成；全省城镇天然气和煤层气置换焦炉煤气和人工煤气步伐加快，随着国家级天然气输气主干网和省级煤层气"三纵十一横"输气管网的建设，以及煤层气及煤制气产业的发展，山西省气体能源结构不断优化，以煤层气、天然气为主要气源的供气格局已经基本形成。

到"十三五"末，山西省天然气消费量将达到24.8亿$m^3$，其中，居民用气量为7.4亿$m^3$，公服用气量为2.5亿$m^3$，工业用气量为11.9亿$m^3$，车用气量为3.2亿$m^3$，采暖用气量为2.5亿$m^3$。

全省液化石油气消费量将达到9.4万t，其中，居民用气量为6.9万t，工商业用气量为2.5万t，车用气量为0.05万t。全省人工煤气消费量将达到2.8亿$m^3$，其中，居民用气量0.8亿$m^3$，工商业用气量2亿$m^3$。

### 5. 辽宁省

到"十三五"末，辽宁省天然气消费量将达到27.2亿$m^3$，其中，居民用气量为9.2亿$m^3$，公服用气量为1.4亿$m^3$，工业用气量为11.2亿$m^3$，车用气量为3.3亿$m^3$，采暖用气量为2.2亿$m^3$。

"十三五"末，全省液化石油气用气量将达46.9万t，其中，居民用气量为41万t，工商业用气量为5.1万t，车用气量为0.8万t。人工煤气消费量将达到3.3亿$m^3$，其中，居民用气量为2.6亿$m^3$，工商业用气量为0.7亿$m^3$。

### 6. 吉林省

到"十三五"末，吉林省天然气消费量将达到32.6亿$m^3$，其中，居民用气量为8.5亿$m^3$，公服用气量为1亿$m^3$，工业用气量为10.1亿$m^3$，车用气量为7.5亿$m^3$，采暖用气量为5.5亿$m^3$。液化石油气用气量将达到18.5万t，其中，居民用气量为9.3万t，商业用气量为1.9万t，车用气量为7.3万t。人工煤气消费量将达到0.7亿$m^3$，其中，居民用气量为0.6亿$m^3$，工商业用气量为0.1亿$m^3$。

### 7. 上海市

"十三五"期间，上海市城市燃气发展主要聚焦于两大任务：（1）大力发展天然气，提前谋划，争取资源。适度超前规划建设接收、储备、输配设施。积极开发市场，高效利用，鼓励替代分散型燃煤和重油应用。基础设施联网和贸易机制创新相结合，推进跨区资源互补和供需平衡；（2）液化石油气稳定发展。保障液化石油气资源供应渠道，增加、完善政府和企业两级储备。结合管道气发展，合理布局配送和服务站点，提高服务质量和便捷化程度。

到"十三五"末，上海市天然气消费量将达到 91.4 亿 $m^3$，其中，居民用气量为 17.4 亿 $m^3$，工业用气量为 25.6 亿 $m^3$，发电用气量为 24.7 亿 $m^3$，公服用气量为 22.9 亿 $m^3$，车用气量为 1 亿 $m^3$。上海市液化石油气消费量将达到 37 万 t，其中，民用消费量为 22.6 万 t，工业消费量为 3.7 万 t，商业消费量为 10.7 万 t。

### 8. 江苏省

"十三五"末，江苏省天然气需求量将达到 132.6 亿 $m^3$ 左右，其中，居民用气量为 25.2 亿 $m^3$，公服用气量为 15.9 亿 $m^3$，工业用气量为 39.8 亿 $m^3$，发电用气量为 39.8 亿 $m^3$，车用气量为 4.2 亿 $m^3$。液化石油气需求量为 79.1 万 t 左右，其中，居民用气量为 51.8 万 t，工商业用气量为 17.3 万 t，车用气量为 10 万 t 左右。

### 9. 福建省

"十三五"期间，福建省将进一步加快建设海峡西岸经济区，原则不新增液化石油气储配站、灌瓶站，加快 LNG 管网和卫星站建设，满足城乡尽快普及使用天然气的需要，并逐步以支线管道替代 LNG 气化站，实现 LNG 气化站与管道供气方式滚动协调发展；在充分满足居民需要的基础上，重点拓展工业、汽车和公共服务用气；按照落实海西纲要及城镇群、能源规划的要求，适当超前建设；发挥清洁能源优势，引导和促进能源结构的优化。

"十三五"末，福建省天然气消费量将达到 32.5 亿 $m^3$，其中，居民用气量为 2.6 亿 $m^3$，工业用气量为 13.9 亿 $m^3$，公服用气量为 6.2 亿 $m^3$，采暖用气量为 2.9 亿 $m^3$，车用气量为 4.2 亿 $m^3$，发电用气量为 2.6 亿 $m^3$。

液化石油气消费量将达到 37.2 万 t，其中，居民用气量为 24.4 万 t，工商业用气量为 8.1 万 t，车用气量为 4.7 万 t。人工煤气消费量将达到 0.1 亿 $m^3$，主要用于居民领域。

### 10. 江西省

"十三五"末，江西省天然气消费量将达到 24.7 亿 $m^3$，其中，居民用气量为 8.9 亿 $m^3$，工业用气量为 5.2 亿 $m^3$，公服用气量为 3.2 亿 $m^3$，发电用气量为 4.9 亿 $m^3$，车用气量为 2.5 亿 $m^3$。

液化石油气消费量将达到 37.2 万 t，其中，居民用气量为 24.4 万 t，工商业用气量为 8.1 万 t，车用气量为 4.7 万 t。

### 11. 山东省

"十三五"期间，山东省天然气发展按照性质、区域、行业划分，遵循以下原则：（1）按性质，优先保民生、保公用事业（商业、采暖）、保公共交通；（2）按区域，优先保重点城市、保经济发达地区、保污染严重地区，有序实施"煤改气"、"油改气"；（3）按行业，重点扶持发展陶瓷、玻璃与制品、有色金属冶炼及制造等工业项目；鼓励发展建材、机电、冶金等可中断的用户，稳步推进天然气分布式能源。

液化石油气主要面向管道燃气辐射不到的乡镇和农村，补充城镇商业、工业和交通供气不足，参与城镇燃气应急调峰，作为备用气源。人工煤气主要包括焦炉煤气、高炉煤气，经净化达到国家城镇燃气质量标准后，主要用于周边工业、分布式能源及锅炉采暖用气。人工煤气应逐步退出民用，加工达到天然气标准可用于民用。

"十三五"末，山东省城市燃气行业天然气需求量将达到 116 亿 $m^3$ 左右，其中，居民用气量为 27.9 亿 $m^3$，公服用气量为 7 亿 $m^3$，采暖制冷用气量为 3.5 亿 $m^3$，工业用气量为 38.3 亿 $m^3$，发电用量为 16.3 亿 $m^3$，车用气量为 23.2 亿 $m^3$。人工煤气需求量为 3.5 亿 $m^3$，其中，居民用气量为 0.2 亿 $m^3$，公服（商业）用气量为 0.2 亿 $m^3$，工业用气量为 3.1 亿 $m^3$。液化石油气需求量为 47.5 万 t 左右，其中，居民用气量为 30.2 万 t，工业用气量为 5.9 万 t，公服（商业）用气量为 7.7 万 t，车用气量为 3.7 万 t。

### 12. 河南省

随着西气东输一线、二线、三线、四线工程，鄂尔多斯天然气外输工程、晋城煤层气外供工程、中海油进口 LNG 登陆等项目的规划建设，将有更多的优质气源供应河南，河南省城市燃气行业发展将会迎来新的机遇。根据河南省发改委相关规划资料，2015 年全省可利用的天然气资源量为 130 亿 $m^3$；应该说，今后一段时期内，河南省城市燃气的资源条件是相对充足的，从而使得大力发展河南省燃气利用事业，优化河南省城市燃料消费结构，改善河南省大气环境质量成为可能。

"十三五"末，河南省城市燃气行业天然气需求量将达到 63.7 亿 $m^3$ 左右，其中，居民用气量为 21 亿 $m^3$，公服用气量为 7.6 亿 $m^3$，采暖制冷用气量为 1.3 亿 $m^3$，工业用气量为 19.7 亿 $m^3$，发电用气量为 1.9 亿 $m^3$，车用气量为 12 亿 $m^3$。人工煤气需求量为 3.3 亿 $m^3$，全部用于工业。液化石油气需求量为 29.8 万 t 左右，其中，居民用气量为 24.6 万 t，工商业用气量为 4.4 万 t，车用气量为 0.8 万 t。

### 13. 湖北省

"十三五"末，湖北省城市燃气行业天然气需求量将达到 53.7 亿 $m^3$ 左右，其中，居民用气量为 12.9 亿 $m^3$，公服用气量为 2.7 亿 $m^3$，工业用气量为 24.2 亿 $m^3$，发电用气量为 3.2 亿 $m^3$，车用气量为 9.1 亿 $m^3$。液化石油气需求量为 36.4 万 t 左右，其中，居民用气量为 29.6 万 t，工商业用气量为 3.8 万 t，车用气量为 3 万 t。

### 14. 湖南省

"十三五"末，湖南省城市燃气行业天然气需求量将达到 42.6 亿 $m^3$ 左右，其中，居民用气量为 12.8 亿 $m^3$，公服用气量为 6 亿 $m^3$，采暖制冷用气量为 1.7 亿 $m^3$，工业用气量为 11.9 亿 $m^3$，发电用气量为 4.3 亿 $m^3$，车用气量为 6 亿 $m^3$。人工煤气需求量为 1450 万 $m^3$，其中，居民用气量为 899 万 $m^3$，工商业用气量为 551 万 $m^3$。液化石油气需求量为 34.7 万 t 左右，其中，居民用气量为 26.4 万 t，工商业用气量为 6.4 万 t，车用气量为 1.9 万 t。

### 15. 广东省

"十三五"末，广东省城市燃气行业天然气需求量将达到 145.7 亿 $m^3$ 左右，其中，居民用气量为 16 亿 $m^3$，公服用气量为 17.5 亿 $m^3$，工业用气量为 53.9 亿 $m^3$，发电用气量为 53.9 亿 $m^3$，车用气量为 4.4 亿 $m^3$。液化石油气消费量将达到 342 万 t 左右，其中，居民用气量为 282 万 t，工商业用气量为 51 万 t，车用气量为 9 万 t。

### 16. 海南省

海南省管道燃气设施基础较差，很多城市完全没有管道燃气设施。在南海周边气田相继投产供气后，全省确立了"化工先行"的发展战略，对保证全省天然气供需平衡作用巨大。随着新兴工业在海南的逐步兴起，未来精细化工、高科技港口制造加工业及工业燃料需求日益增加，城市燃气随着省级环岛管网的建设，不断由西部向东部延伸，城市燃气类用户在海口、三亚等地区快速增长，车用天然气也出现供不应求的局面。随着乐东气田投产供气和洋浦 LNG 项目的建设，在资源获得充足保障的情况下，海南省即将进入天然气快速发展阶段。

海南省天然气用气过于集中于化工和发电领域，城市民用所占份额偏少，从资源有效利用的角度，将资源合理地配置到城市燃气领域更能有效地体现天然气污染少、热值高的优点。从目前全国天然气产业的调整趋势看，在保证气源供应充足的前提下，大力发展城镇优先类用户的用气，是促进节能减排和倡导低碳经济的根本需求。

从用气结构看，全省化工类用气量占全省66%，电厂用户约占20%，化工类用户停气将对其生产产生巨大的影响；工业燃料用户也缺乏足够多的可中断供气工业用户。用户结构缺乏足够的弹性，对供气量变化的适应能力较差。由于用气大部分集中于对价格较为敏感的化工、发电用户，应对天然气价格变动的适应性较差。

海南省液化石油气气源主要有省内油气企业自产气、国内其他炼厂气以及国外进口气3种。自产气主要来自省内的中石化海南炼油化工有限公司与中石油福山花场油气处理中心。此外，还有少量来自国内炼厂及国外进口气进入海南市场。目前液化石油气在全省应用较为普及，供应方式以瓶装供气为主。

"十三五"末，海南省城镇燃气天然气消费量需求为7.2亿$m^3$，其中，居民用气量为2.2亿$m^3$，公服用气量为2.2亿$m^3$，工业用气量1.2亿$m^3$，车用气量为2.1亿$m^3$，发电用气量为0.4亿$m^3$。液化石油气消费量将达到10万t左右，主要用于居民领域。

### 17. 贵州省

"十三五"末，贵州省城镇燃气天然气消费量需求为30.5亿$m^3$，其中，居民用气量为12亿$m^3$，公服用气量为1.5亿$m^3$，工业用气量为11.6亿$m^3$，车用气量为5.2亿$m^3$。人工煤气消费量为0.9亿$m^3$。液化石油气消费量为10万t左右，其中，居民用气量为7万t，公服用气量为3万t。

### 18. 宁夏回族自治区

"十三五"末，宁夏回族自治区城镇燃气天然气消费量需求为45.7亿$m^3$，其中，居民用气量为8.2亿$m^3$，公服用气量为1亿$m^3$，工业用气量为13.7亿$m^3$，采暖用气量为11.9亿$m^3$，车用气量为11亿$m^3$。人工煤气消费量为39.7万$m^3$。液化石油气消费量为2.7万t，其中，居民用气量为2.2万t，工商业用气量为0.5万t。

### 19. 青海省

"十三五"期间，青海省要向改变能源结构、减少大气污染、改善环境的方面发展，加快城市天然气管网和设施的建设与改造，完善输配气系统，进一步提高天然气供应系统的能力和安全可靠性。在保障城市居民用气的基础上，合理发展商业用气户；高、精、尖工业和生产工艺必须使用燃气以及节能显著的工业企业用气。至2020年，建设长输管线764 km，中压管线330.7 km，全省各州地市的主要市镇均能使用清洁能源——天然气。除果洛州使用LNG作为气源外，其他地区均使用管道天然气。

"十三五"末，青海省城市燃气行业天然气消费量约为35.1亿$m^3$，其中，居民用气量为7亿$m^3$，公服用气量为1.4亿$m^3$，采暖用气量为17.5亿$m^3$，工业用气量为1.8亿$m^3$，车用气量为7.4亿$m^3$。液化石油气消费量将达到0.8万t，主要用于民用领域。

## 三、"十二五"期间燃气价格现状及"十三五"价格预测

### （一）"十二五"燃气价格现状

#### 1. 天然气价格及管理现状

当前，我国现行城市燃气天然气价格主要包括两部分：城市门站价格和地方管道配气费。

（1）上游批发价格管理方式

燃气上游批发价格即门站价格，也即由国产陆上或进口管道天然气的供应商与下游购买方（包

括省内天然气管道经营企业、城镇管道天然气经营企业、直供用户等）在天然气所有权交接点的价格。现行门站价格由天然气出厂（或首站）实际结算价格（含13%增值税）和管道运输价格组成。2010年国家发改委调整了居民用气门站价格（即上游批发价格），2013年7月10日又调整了非居民用气门站价格。上游市场定价机制采用市场净回值定价方法，即选取计价基准点和可替代能源品种，建立天然气与可替代能源价格挂钩调整的机制，而将天然气的销售价格与由市场竞争形成的可替代能源价格挂钩，其中可替代能源选择燃料油和液化石油气或液化天然气（等热值价格，其权重分别为60%和40%）。（非居民用）增量气的价格将直接挂钩已经完全市场的可替代能源——（燃料油和液化气）的价格，同时放开页岩气、煤层气、煤制气等非常规天然气出厂价格，实行市场调节。按广东、广西执行的试点模式，上海被选为中心市场作为计价基准点。其他省（市、区）的门站价格均以上海门站价为基础，综合考虑资源主体流向和管输费用及当地经济发展水平进行推算。以北京输来的新疆气为例，业内人士给出的计算公式为，$P_{北京燃气} = P_{上海燃气} - 上海到新疆管输费 + 新疆到北京管输费$。市场净回值法推算的具体定价公式是：

$$P_{燃气} = K \times \left( \alpha \times P_{燃料油} \times \frac{H_{燃气}}{H_{燃料油}} + \beta \times P_{LPG} \times \frac{H_{燃气}}{H_{LPG}} \right) \times (1+R)$$

式中：$P_{燃气}$——中心市场门站价格（含税），单位：元/m³；

$K$——折价系数，暂定0.85；

$\alpha$、$\beta$ 燃料油和液化石油气的权重，分别为60%和40%；

$P_{燃料油}$、$P_{LPG}$——计价周期内海关统计的进口燃料油和液化石油气的价格，单位：元/kg；

$H_{燃气}$、$H_{燃料油}$、$H_{LPG}$——燃气、燃料油、液化石油气的净热值（低位热值），分别取8 000kcal每m³，每kg10 000kcal和12 000kcal；

$R$——燃气增值税税率，目前为13%。

根据国家发改委2013年的调整公告，在此次定价调整过程中，还要区分存量气和增量气，其中增量气门站价格按照市场净回值法推算，增量气定价将不再按用途进行分类。原先分类定价的工商业、燃气发电、车用天然气价格在此次价格调整后，将不再分类，采用统一的门站价格。而存量气门站价仍是由政府调整定价。其中，居民用气价格不作调整，而居民用气量经供需双方确认后报当地和省级价格主管部门备案，作为安排天然气销售价格的参考和依据。其中门站价格的定价公式是：出厂结算价格（井口价）+管道运输费=城市门站价格。在此基础上倒扣管道运输费后回推确定天然气各环节价格，形成了动态可调整的上游价格机制。此次价格调整后，政府对天然气价格的管理将从出厂环节转移到门站，对门站价格实行政府指导价，并采用最高限价管理的方式。可以说，城市门站价格还属于政府指导价，即政府实行最高上限价格管理，供需双方可在国家规定的最高上限价格范围内协商确定具体价格。目前，现行确定的还只是省门站价格，而从省区门站价格到消费者还要经过省区网公司、市网公司、城市配气公司等好几个环节，而二级、三级门站价格的定价机制并未确定（图7）。

（2）下游零售价格管理方式

概括讲，地方管道配气费由省级政府价格主管部门制定。目前我国城市燃气价格还属于政府指导价。由于城市燃气的公用性质，且具有一定的地方垄断经营性质，城市燃气定价由地方价格主管部门决定，其定价公式是城市门站价格+地方管道配气费=终端用户价格。城市门站价格以下销售价格由省级价格主管部门结合当地实际确定，可以实行存量气、增量气单独作价，也可以实行存量气、增量气加权综合作价，具体实施方案要报国家发展改革委备案。

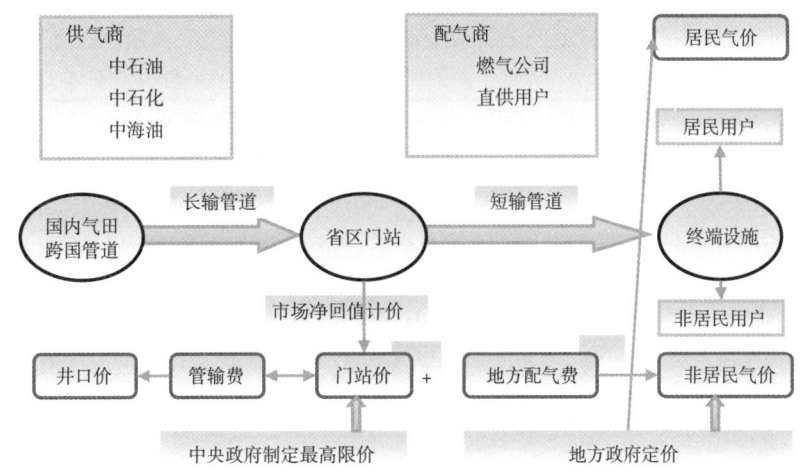

**图 7 我国燃气上下游产业定价体系**

资料来源：据国家发展改革委关于调整天然气价格的通知（发改价格 [2013]1246 号）整理绘制

（3）政府主导的成本加成定价机制

地方政府采用的定价方式往往是成本加成法，即"成本＋合理利润"。该机制是目前国内城市燃气企业对管道供气普遍采用的定价机制。考虑到各城市资源禀赋的差异性，燃气企业经营的成本也各有差异，再加上地方政府的民生考虑，城市燃气价格也往往不同。城市燃气企业涉及的成本种类贯穿了下游燃气配送的所有成本环节，包括制造、输配、销售等，地方政府负责审核燃气企业的实际提供成本，在充分权衡各方利益，考虑用户对燃气的不同用途和服务条件后，按照公平合理回报率的原则，确定公正的价格。完全成本加成定价法的定价公式是：

价格＝单位成本＋单位成本 × 合理利润率＝单位成本（1＋合理利润率）

该机制的特点是通过核实燃气企业一定时期内的燃气成本，给予适当合理的利润范围进行燃气定价，销售价格一旦决定，除特殊情况或政府认为有必要调整外，在相对较长的时期内不再调整。成本加成法的优点是，在行业垄断的情况下，政府便于监管供应企业行为，限制其获取过于高额垄断利润，可以较好地维护消费者利益。该机制的缺点是因信息不对称的存在，企业"合理"的收益难以确定；上下游成本联动不顺畅，容易对下游燃气企业的销售系统和服务系统造成损害；削弱了城市燃气企业的风险承受能力和可持续发展的动力，对生产者进行勘探开发投资和努力降低成本、提高效率缺乏有效的激励和约束；容易低估天然气的市场价值，造成资源浪费，刺激天然气需求盲目增长，加剧供求矛盾（表 20）。

**部分直辖市和省会城市天然气用气价格表** 表 20

单位：元 /m³

| 城市 | 居民气价 | 工业气价 | 公共服务 | 车用 |
|---|---|---|---|---|
| 北京 | 2.28 | 3.23 | 3.23 | 5.12 |
| 天津 | 2.40 | 3.25 | 3.25 | 4.20 |
| 石家庄 | 2.40 | 3.45 | 2.95 | 3.75 |

续表

| 城市 | 居民气价 | 工业气价 | 公共服务 | 车用 |
|---|---|---|---|---|
| 太原 | 2.26 | 3.80 | 3.60 | 4.45 |
| 呼和浩特 | 1.82 | 1.92 | 2.00 | 3.56 |
| 郑州 | 2.25 | 2.86 | 3.16 | 3.60 |
| 沈阳 | 3.30 | 3.90 | 3.90 | 4.70 |
| 哈尔滨 | 2.80 | 4.3 | 4.30 | 4.50 |
| 济南 | 2.70 | 4.14 | 3.61 | 4.71 |
| 上海 | 2.50 | 3.79 | 3.69 | 4.70 |
| 西宁 | 1.48 | 1.70 | 2.07 | 3.14 |
| 南京 | 2.20 | 3.39 | 2.95 | 4.60 |
| 杭州 | 2.40 | 4.84 | 3.50 | 4.00 |
| 合肥 | 2.33 | 3.60 | 3.60 | 3.98 |
| 海口 | 3.15 | 3.98 | 3.96 | 5.68 |
| 长沙 | 2.45 | 3.48 | 3.00 | 4.60 |
| 武汉 | 2.53 | 3.41 | 4.09 | 4.50 |
| 西安 | 1.98 | 2.30 | 2.30 | 3.55 |
| 银川 | 1.63 | 2.18 | 2.71 | 3.58 |
| 乌鲁木齐 | 1.37 | 2.11 | 2.11 | 4.07 |
| 兰州 | 1.70 | 1.99 | 2.57 | 3.10 |
| 成都 | 1.89 | 3.25 | 2.2 | 4.00 |
| 平均 | 2.26 | 3.73 | 3.13 | 4.19 |

#### 2. 液化石油气和人工煤气价格

液化石油气价格属于政府指导价范畴，国家发改委规定"液化气最高出厂价格按照与供军队等部门用90号汽油供应价格保持0.92：1的比价关系确定，供需双方可在不超过最高出厂价格的前提下协商确定具体价格"。各省区市对于液化气批发、零售等环节的价格也有具体规定。同时，国内液化气价格还受国际油价和国际液化石油气价格的影响。根据2014年数据统计，全国液化石油气进口平均价格达到5 712元/t，与从中东进口的液化石油气价格相差不大。从韩国进口的液化石油气价格最高，为7 305元/t，从澳大利亚进口的液化石油气价格最低，为5 526元/t。

人工煤气价格仍属于政府管制范畴，各地均采用成本加成方法确定人工煤气价格。由于煤炭成本较天然气、液化石油气等低，因此，人工煤气价格在城市燃气气源价格中最低。根据2014年数据统计，全国还有21个省区市使用人工煤气，人工煤气平均价格介于1.5～1.9元/$m^3$。

### （二）燃气价格与替代能源价格的关系

城镇居民：城镇居民使用的主要能源有天然气、煤气、液化石油气、电力和民用煤，煤的市场价格最低，但出于环境保护的考虑，国家现行的能源政策对煤炭的使用增加了部分附加条件，如脱硫、精洗和限制在城区内使用等。目前，我国城镇特别是大、中型城市居民基本已经不以煤作为日常生活燃料。因此，在城镇居民生活中，天然气的主要替代能源是液化石油气、煤气和电力。借助能源的等热值价格分析，可以了解城镇居民用户可承受的天然气价格。

**1. 居民生活用气的价格承受能力较高**

城镇居民生活使用天然气主要用于烹饪、热水、采暖等，用气指标受居民生活习惯、基础设施和价格影响较大。根据《城乡建设统计年鉴2012》测算，2012年全国人均年用气指标为73 $m^3$，气源充足、价格便宜、市场开发较早的川渝地区超过120 $m^3$，生活质量要求高的特大城市通常在70～80 $m^3$，其他城市一般在50～60 $m^3$。从居民可选择的能源种类分为电、瓶装液化气和天然气，因此城镇居民生活用天然气与液化气、电存在竞争替代关系，电由煤转化而来，城镇居民生活用天然气与煤有间接的替代关系。

（1）天然气替代液化气的价格承受能力

液化气属于石油炼制过程中的副产品，其价格与原油价格存在较大的相关性。在国际原油价格100美元/桶时，家庭小瓶装液化气价格为8.23元/kg，而国际原油价格60美元/桶时瓶装液化气价格为6.64元/kg。城镇居民生活用管道天然气与瓶装液化气的热效率都在60%左右，按有效热值成本相等的原则测算天然气替代液化气的价格承受能力，在国际原油价格100美元/桶时为5.62元/$m^3$，而国际原油价格60美元/桶时为4.54元/$m^3$。

| 国际原油价格（美元/bbl） | 液化气 | | | 有效热值成本（元/GJ） | 天然气 | | |
|---|---|---|---|---|---|---|---|
| | 价格（元/kg） | 热值（MJ/kg） | 热效率 | | 热效率 | 热值（MJ/$m^3$） | 可承受价格（元/$m^3$） |
| 100 | 8.23 | | | 273 | | | 5.62 |
| 80 | 7.44 | 50.25 | 60% | 246 | 60% | 34.34 | 5.08 |
| 60 | 6.64 | | | 220 | | | 4.54 |

（2）天然气替代电的价格承受能力

电也是一种清洁高效的家庭用能源，当天然气价格与电价相比缺乏竞争力，居民会转向使用电气设备，如燃气热水器改为电热水器。根据有关资料，居民家用燃气热水器的热效率为75%左右，而电热水器的热效率约为98%。按有效热值成本相等的原则测算天然气替代电的价格承受能力，现行居民生活用电价格0.40～0.60元/kWh，天然气替代电的价格承受能力为2.92～4.38元/$m^3$。

| 居民用电 | | | 有效热值成本（元/MJ） | 天然气 | | |
|---|---|---|---|---|---|---|
| 价格（元/kWh） | 热值（MJ/kWh） | 热效率 | | 热效率 | 热值（MJ/$m^3$） | 可承受价格（元/$m^3$） |
| 0.6 | | | 170 | | | 4.38 |
| 0.5 | 3.6 | 98% | 142 | 75% | 34.34 | 3.65 |
| 0.4 | | | 113 | | | 2.92 |

（3）城镇居民可支配收入对天然气的价格承受能力

与液化气相比，天然气具有便利性，不需要灌装、搬运，没有经常更换的麻烦，是一种生活质量的象征,因此使用天然气即使在成本上比液化气高,居民也会选择天然气,只要在收入水平可以承受的范围内。根据《价格法》,居民生活用天然气属于公共产品,纳入政府定价范围,需要听证程序,而政府定价的重要考量因素是城镇居民可支配收入水平。按居民平均用气量和低收入户可支配收入的 3% 作为居民燃料开支的上限测算,居民可接受的天然气价格为 5.7 元 /m³。

| 收入分组 | 人均可支配收入(元/a) | 居民燃料开支上限(元/a) | 居民平均用气量(m/a) | 天然气可承受价格(元/m³) |
|---|---|---|---|---|
| 高收入 | 56 389 | 1 692 | | 28.2 |
| 中等偏上 | 32 415 | 972 | | 16.2 |
| 中等 | 24 518 | 736 | 60 | 12.3 |
| 中等偏下 | 18 483 | 554 | | 9.2 |
| 低收入 | 11 434 | 343 | | 5.7 |

**2. 商业服务用气的价格承受能力也较强**

商业服务的天然气用户主要包括机场、政府机关、职工食堂、幼儿园、学校、宾馆、酒店、餐饮业、商场、写字楼等,单户用气量要远高于居民,用气方式主要为厨房和冷热空调,替代物为液化气和电。

(1)天然气替代液化气的价格承受能力

与居民生活用液化气不同,商业服务用户一般使用大瓶装液化气,其价格要低于居民生活用小瓶装液化气。按有效热值成本相等的原则测算天然气替代液化气的价格承受能力,在国际原油价格 100 美元 / 桶时为 5.35 元 /m³,而国际原油价格 60 美元 / 桶时为 4.31 元 /m³。

| 国际原油价格(美元/bbl) | 液化气 | | | 有效热值成本(元/GJ) | 天然气 | | | |
|---|---|---|---|---|---|---|---|---|
| | 价格(元/kg) | 热值(MJ/kg) | 热效率 | | 热效率 | 热值(MJ/m³) | 可承受价格(元/m³) | |
| 100 | 7.82 | | | 311 | | | 5.34 | |
| 80 | 7.06 | 50.25 | 50% | 281 | 60% | 34.34 | 4.82 | |
| 60 | 6.31 | | | 251 | | | 4.31 | |

(2)天然气替代电的价格承受能力

在商业服务机构用户中推广燃气式直燃空调机,天然气与电存在替代竞争关系。按有效热值成本相等的原则测算天然气替代液化气的价格承受能力,在国际原油价格 100 美元 / 桶时为 4.52 元 /m³,而国际原油价格 60 美元 / 桶时为 3.01 元 /m³。

| 商业用电 | | | | 有效热值成本 | 天然气 | | | |
|---|---|---|---|---|---|---|---|---|
| 价格(元/kWh) | 热值(MJ/kWh) | 转换效率 | 转换成本(元/GJ) | | 转换成本(元/GJ) | 转换效率 | 热值(MJ/m³) | 可承受价格(元/m³) |
| 0.6 | | | | 475 | | | | 4 |
| 0.5 | 3.6 | 95% | 300 | 446 | 320 | 75% | 34.34 | 3.25 |
| 0.4 | | | | 417 | | | | 2.5 |

### 3. 城市集中采暖用气的价格承受能力低

我国集中供热以北方地区为主，传统冬季采暖区域为东北三省、西北五省、华北五省及山东、河南，共 15 个省（区、市），以燃煤锅炉为主。根据环境政策要求实施煤改气工程，用天然气替代煤。按单位供热面积供暖成本相等的原则测算，当煤价格为 600 元/t 时天然气替代煤的价格承受能力为 1.75 元/$m^3$。

| 煤 | | | | 供热成本（元/$m^2$） | 天然气 | | | |
|---|---|---|---|---|---|---|---|---|
| 价格（元/t） | 热值（MJ/kg） | 耗量（kg/$m^2$） | 转换成本（元/$m^2$） | | 转换成本（元/$m^2$） | 耗量（$m^3/m^2$） | 热值（MJ/$m^3$） | 可承受价格（元/$m^3$） |
| 800 | 20.94 | 30 | 12 | 36 | 9 | 12 | 34.34 | 2.25 |
| 600 | | | | 30 | | | | 1.75 |
| 400 | | | | 24 | | | | 1.25 |

## （三）用户对燃气价格的敏感度分析

### 1. 居民及商业用户

天然气对居民及商业（主要为餐饮业）来说是一种生活必需品，天然气价格的变动对居民和商业天然气消费量影响较小，即居民及商业用户对天然气价格敏感性较低。

### 2. 工业用户

与天然气密切相关的行业，以天然气为燃料的行业，对天然气价格上涨敏感，它们承受天然气价格的能力也相对弱一些。根据市场调研，与天然气行业密切相关的行业有：玻璃及玻璃制品业，陶瓷制品业，非金属矿物制品业，电力及蒸汽热水生产，煤气生产和供应业，金属冶炼及压延加工业等。根据统计，以玻璃及玻璃制品业为例，燃料费用大约占生产成本的 35%，并且随着天然气价格的上升，比重也不断增加。

表 21 中的数据为天然气上涨 1%，引起相关行业产品价格上涨的幅度，结果表明，造纸业、建材业对天然气价格变动最为敏感，其次为玻璃及玻璃制品业、陶瓷制造业、金属冶炼及压延加工业。

相关行业对天然气价格变动的敏感度（%） 表 21

| 行业 | 2002 年 | 2007 年 | 2008 年 | 2009 年 | 2010 年 |
|---|---|---|---|---|---|
| 造纸业、建材业等 | 0.01 | 0.0139 | 0.019 | 0.0268 | 0.0401 |
| 玻璃及玻璃制品业 | 0.0089 | 0.0191 | 0.0233 | 0.0294 | 0.039 |
| 陶瓷制品业 | 0.0075 | 0.0168 | 0.0112 | 0.0156 | 0.0374 |
| 金属冶炼及压延加工业 | 0.0078 | 0.0084 | 0.012 | 0.0156 | 0.0229 |

### 3. 汽车用户

汽车用户对天然气价格承受能力最强，具有竞争力的天然气价格达到 6 元/$m^3$，对汽车用户来说，天然气对柴油、汽油是完全替代品，只要天然气价格小于 6 元/$m^3$，汽车用气的积极性就高于用油。考虑到目前汽车加气网络不完善等因素，一旦天然气价格超过 6 元/$m^3$，汽车用户的用油积极性将超过用气。

## 四、城市燃气行业应对供需、价格变化的措施和建议

### （一）结合各地区和城市的特征，采用不同种类的燃气，满足各地区和城市发展对燃气的需求

城镇燃气发展需要综合利用天然气、液化石油气、煤气及生物质燃气等多种燃气种类，利用管道、瓶组等方式实现对城市、郊区、小城镇及农村的燃气供应，满足不同的居民群体的用气需求。发挥相对完善的城市燃气管网优势，加大城市内新、老居民用户的市场开发；结合城市发展规划，加快城市郊区燃气管网建设，陆续扩大城市燃气供气覆盖区域，提高天然气的普及利用；对短期内无燃气管网建设的区域，利用液化石油气瓶组方式供应燃气，提高燃气利用率；逐步改变农村现有的柴火、煤炭等低级、高污染的能源利用，加大液化石油气的推广应用，有条件的农村发展生物质燃气技术的应用，满足农村居民对燃气的需求。

### （二）创新城镇燃气发展方式，提升燃气消费水平

"十三五"期间，城镇燃气行业的持续发展，需要改变传统的单纯依靠燃气管道开展燃气销售业务的发展方式，通过创新燃气发展方式，扩大燃气的应用范畴，提升燃气消费水平，从而让更多的用户使用燃气。要加大工业用户的燃气节能技术应用，运用分布式能源等综合解决方案，准确满足工商用户的多样化用能需求；开展家庭用能的智能化管理，提供家庭燃气服务解决方案，优化服务理念和水平；借助互联网技术，不断深入挖掘不同类别用户用能数据价值，分析用户的用气行为，为用户用能和节能提供有效预测与建议，既适应社会环境变化和用户用能需求变化，同时提升燃气综合能效利用水平，实现节能减排。通过创新燃气发展方式，扩大燃气的应用范畴，提升燃气消费水平，从而让更多的用户使用燃气。

### （三）支持燃气技术研发和利用，进一步提高城镇燃气技术水平

"十三五"期间，要继续加大城镇燃气技术研发和利用，鼓励燃气企业加大技术研发投入，研发、应用新技术、新工艺、新产品。一方面，要注重燃气先进技术的研发应用，深化北斗系统与燃气输配的结合应用，大力发展燃气管网安全监测技术、施工抢修技术、防腐评估及检测技术、液化石油气钢瓶安全物联网技术等，提高燃气管网安全管理及运行水平；采用国际先进、成熟、符合主流发展方向的地理空间信息技术、海量数据管理技术、可视化技术、信息交换技术、模型模拟技术、安全访问控制技术等核心技术，促进物联网、云计算等前沿技术在城市燃气信息化建设工作中的应用；大力推动燃气管道系统和燃具使用的安全技术集成化、程序化。另一方面，加大燃气在车船等交通领域应用的改装、混烧等关键技术的研发，扩大燃气应用规模；总结已有分布式能源建设与运营经验，学习国外先进技术，实现燃气与可再生能源综合利用技术的创新与应用；借助互联网技术，对传统的燃气运营、安全、服务等进行创新发展，进一步提高城镇燃气事业的技术水平。

### （四）健全法律法规，规范行业进入和退出行为

"十三五"规划要继续围绕强化行业安全监管、推进行业深化改革的主体主题，制定与城镇燃气

管道安全、运输安全、液化石油气安全等相关的法规，针对行业出现的LNG快速发展等新趋势，进一步明确城镇燃气管道燃气经营许可要求，制定行业进入标准及退出标准，引导行业的健康发展，健全液化石油气市场准入制度、建立液化石油气产品与服务质量责任溯源监管体系，从源头上治理液化石油气行业无序发展和安全事故频发问题。

### （五）进一步加大老旧燃气管网改造力度

"十三五"期间，各地应结合燃气管网现状，梳理安全隐患多、超期服役的老旧管网，制定专项改造计划，安排专项改造资金，进一步加大老旧管网改造力度，改善燃气管网"跑、冒、滴、漏"现象，降低城镇燃气供销气差率，降低城镇燃气企业运营成本，保障城镇居民及工商业用户的用气安全。

### （六）重视城镇燃气安全，加大安全投入和安全宣传，提升安全管理水平

"十三五"期间，城镇燃气企业要进一步加大安全技术与管理的资金投入，定期开展用户设施安全检查，强化用户设施安全隐患治理，全面开展老旧管网改造，加强地下燃气管线安全防护，减少管道设施外力损坏、燃气管线占压事故，认真抓好燃气安全宣传教育，建立健全燃气主管部门、燃气经营企业及燃气用户共同参与的燃气安全宣传教育机制，重点规范液化石油气市场秩序，消除安全隐患，防止和减少安全事故，切实保障人民群众生命财产安全和社会和谐稳定。

### （七）推进城镇燃气价格改革，通过市场手段促进燃气利用规模的提高

结合国家天然气价格改革，进一步推进城镇燃气价格形成机制改革，形成科学的城镇燃气成本构成及分担机制，合理制定各类用户的燃气消费价格，使不同消费习惯、不同用气特点的用户能够公平、合理负担用气成本，提高城镇燃气与可替代能源的价格优势。逐步放开非居民、CNG车用等与可替代能源具有充分竞争特点的燃气销售价格，鼓励燃气企业通过价格杠杆反映市场供需变化，调节天然气供需矛盾，推行天然气季节性差价、峰谷差价和可中断差价等，引导用户合理消费，通过市场手段促进燃气利用规模的不断提升。

### （八）积极搭建电子商务平台，形成行业新型业态

"十三五"期间，行业将进一步加快传统业务与互联网的融合，在部分企业已经将线下成熟业务移植到线上的基础上，借助互联网继续努力打造建立燃气物资材料采购平台，形成公平透明的交易平台，降低采购成本，提高采购效率。在国家提倡互联网＋的大背景下，构建消费端的燃气互联网，将有力地的推动城市燃气企业下游业务的不断延伸，并且衍生出更多的增值服务。例如，在将燃气缴费、查表等传统线下业务移植到线上的同时，城市燃气企业还应逐步增加线上业务内容，尽可能多地提供涉及节能服务、能源解决等线上一揽子方案等的增值服务。并且通过网上电子交易增加用户黏度，推动用户体验的开展，以燃气收费站、维修站和加气站等构成的"三站"为基础，构建完整的线上、线下销售网络。

# 城镇燃气安全现状、对策措施和监管体系研究

## 一、城镇燃气安全管理现状和面临的形势

### （一）城镇燃气安全管理现状

**1. 燃气企业安全管理现状的总体评价**

（1）建立了先进的安全管理体系

燃气企业均建立了现代企业管理制度，在先进的安全理念引导下建立了适合企业生产经营实际的安全管理体系。

（2）注重科技创新和安全投入

企业的城镇燃气工程建设质量管理规范，从设计、施工、监理、验收、试运行等环节加强燃气工程的安全管理，加大安全投入力度，重视日常安全生产工作，及时处置各类事故隐患，改善安全生产。

（3）重视员工综合素质

一部分城镇燃气经营企业高度重视员工安全培训教育，建立了较为完善的员工教育培训体系和考核体系，有一定规模的培训教育基地和相应的培训师队伍。

（4）重视燃气用户安全管理

企业建立了严格的用户安全检查制度，制定计划定期开展入户安全检查，积极推进户内安全隐患整治。

**2. 城镇燃气行业的安全责任不清晰**

（1）管道供气企业的安全管理责任

依据《城镇燃气管理条例》第十九条规定，城镇燃气经营企业对其供气范围内的建筑区划内业主专有部分以外的燃气设施，承担运行、维护、抢修和更新改造的责任，但未明确业主专有部分的燃气设施安全以及用户用气的安全责任划分。

（2）瓶装供气的安全管理责任界定

依据《特种设备安全法》和《城镇燃气管理条例》第十八条、第二十五条规定，供用户使用的钢瓶（即经营者管理的自有钢瓶）、服务人员和送气车辆必须是经营者管理，供气企业只能充装本企业自有钢瓶。但是，钢瓶的管理特别是销售环节的管理致使钢瓶成为用户自有自管，责任界定无法落实。

（3）燃气用户的安全责任

《城镇燃气管理条例》规定了用户的禁止行为，如不得擅自拆除管道设施、不得私自接通等，但对于用户使用过程中的安全责任不明确。

（4）在城镇燃气安全事故发生时的企业行为和责任要求

城镇燃气安全事故多发生在用户用气场所，现场一般损毁严重难以还原，事故原因相对复杂。

企业很难参与事故调查，发生燃气安全事故时政府部门往往从燃气企业方面调查追究事故责任，导致大多数事故由燃气企业承担连带责任，造成燃气企业对用户的用气安全承担无限责任。

**3. 用气场所符合安全用气条件的保证性**

城镇燃气安全事故60%以上是民用气用户，餐饮业用户的恶性事故近年有上升趋势。建筑内用气场所用气安全条件到底如何实现，选择使用城镇燃气作为建筑能源的建筑设计和制造商如何提供保证性，应由哪些责任方实施，并没有得到有效解决。

### （二）城镇燃气经营企业安全管理水平

**1. 技术装备水平**

（1）技术装备水平基本满足我国城镇燃气发展的需要。大型燃气企业的设施设备（包括管道气和瓶装气设施）基本与国际先进水平一致，其他企业的装备水平、技术水平、安装使用维护水平与大型企业有一定差距。

（2）城镇燃气工程项目建设管理和质量管理把控不严格，致使燃气设施安全程度较低。

**2. 城镇燃气经营企业安全管理制度**

（1）经过城镇燃气供应多年的实践和借鉴国际燃气的经验，特别是城镇燃气市场化改革，投资多元化更是使得管理理念得到交流和更新，促进了城镇燃气经营企业制度规章建设的科学化、系统化。

（2）城镇燃气事故应急处置水平亟待提高。目前，各企业均按照国家法律法规要求编制了事故应急预案，开展应急演练。但存在预案要素缺失、安全风险评估不到位、针对性与可操作性不强、预案之间和与政府预案的脱节、预案修订等管理不符合规定等情况，多数企业的应急预案演练走过场现象普遍。

（3）对规章制度与操作规程的可操作性不强，执行不到位。制度的技术性、科学性差，主要反映在未熟悉掌握相关法律法规、技术标准上。

**3. 安全（风险）管理体系**

（1）安全生产标准化建设缺乏政策支撑。由于适应标准等问题，目前依据《燃气系统运行安全评价标准》（GB/T 50811）评估燃气系统的运行状况。

（2）风险管理技术应用不够深入与广泛。城镇燃气企业一般将重大建设项目的安全评估（安全评价、风险评价）委托第三方机构完成，燃气经营企业的专业技术人员极少全程参加，导致多数安全评估（评价）脱离行业实际且流于形式，没有起到从源头预防安全事故发生的作用。

**4. 工程建设项目的安全管理水平**

（1）工程建设质量纳入工程质量监督管理的主要是一、二线城市，大型工程质量管理比较规范，主要设施的工程质量符合标准要求，运行基本平稳可靠。

（2）城镇燃气企业参与燃气工程建设质量监督不够。

（3）监理单位不严格履行施工质量监督责任，为后期运行带来隐患。

### （三）城镇燃气安全面临的形势

**1. 总体情况**

根据对"十家企业"近3年燃气安全事故的统计分析，发生燃气安全事故1 789起，造成74人死亡。其中，管网受外力破坏608起，占事故总数的34.0%；管网腐蚀穿孔341起，占事故总数的19.1%（腐蚀穿孔中约 30% 以上为低压和用户管道）；用户使用事故 840 起（室内户内事故 795 起，占事故总数的 94%），因此避免用户安全事故已是城镇燃气安全管理的重点和关键环节。

### 2. 燃气用户安全事故

从事故原因来看，使用技术不全有 147 起，连接管道问题有 273 起，占事故总数的 35.3%；共造成 18 人死亡，占死亡总人数的 26%。户内管漏气导致事故的有 19 起，占事故总数的 1.7%，造成 3 人死亡，占死亡总人数的 4.1%。

从事故严重性（人员死亡）来看，热水器问题（36 起）、未关灶具等操作不当（147 起）、管道断裂（192 起），分别造成 18 人、14 人、13 人死亡，共计 45 人死亡，占死亡总人数的 63%；事故原因及死人人数如表 1 所示。

不同事故原因及死亡人数表　　表 1

| 事故原因 | 起数 | 死亡人数 | 事故类别 | 起数 | 死亡人数 |
| --- | --- | --- | --- | --- | --- |
| 胶管问题 | 273 | 4 | 燃气火灾 | 198 | 3 |
| 灶具不合格 | 44 | 3 | 燃气爆燃 | 238 | 25 |
| 安全技术不全 | 147 | 14 | 燃气中毒 | 63 | 21 |
| 户内管漏气 | 19 | 3 | 窒息 | 12 | 22 |
| 私自接、改燃气管道 | 49 | 0 | 燃气泄漏 | 1 270 | 3 |
| 利用燃气杀人自杀 | 35 | 4 | 用户停气 | 8 | 0 |
| 管道断裂 | 192 | 13 | 合计 | 1 181 | 71 |
| 管网腐蚀穿孔 | 341 | 0 | | | |
| 热水器问题 | 36 | 18 | | | |
| 其他 | 45 | 12 | | | |
| 合计 | 1 181 | 71 | | | |

### 3. 城镇燃气安全事故思考和分析

（1）主要原因

1）城镇道路上的建设活动，造成燃气管道的第三方外力破坏；违章建筑占压城镇燃气设施；

2）城镇燃气建设工程设计、施工等质量问题造成的先天不足；

3）城镇燃气场站设施和不同区域的管道腐蚀控制不到位等造成泄漏；

4）城镇燃气企业员工违章作业、违章动火和技术技能素质缺陷等操作失误；

5）液化石油气的商业、中小型用气用户未建立健全安全管理制度，不遵照《燃气安全使用手册》使用燃气（对于单位用户属于生产安全事故）；

6）设施销售专营制度缺失，未按要求提供器具、容器等售后服务，管理不到位，对器具技术标准不熟悉导致安装、使用错误等。

（2）简要分析

燃气管道生产安全事故主要原因有：

1）外来破坏因素（第三方）：如外力撞击管道或调压箱（柜）、车辆碰撞管道或调压箱（柜）、公路下的管道受车辆重载碾压破坏；建筑物占压管道上部地域；管道被磨损；管架和管支不稳定；植物根系破坏管道；机器振动、气流脉动引起的管道振动；野蛮施工造成外力破坏；人为有意破坏等。

2）质量因素：结构设计不合理；管件与阀门的连接不紧密；管壁太薄；管道耐压不够；管道材料本身缺陷，加工不良；施工焊接、防腐质量低劣；阀门、法兰密封失效等。

3）工艺因素：如管道中介质流动时产生冲击与磨损；反复应力的作用；调压工艺装置失效；低温下管材冷脆断裂、老化变质；高压燃气窜入低压管道发生破裂；燃气含有的腐蚀性物质产生的内部腐蚀；外部环境锈蚀等。操作失误引起泄漏；超温、超压、超负荷传输；维护不周，不及时维修，超期服役。

4）安全附件缺失或失效：如安全阀、压力表等安全附件存在质量问题，没有定期检测，或出现故障失效，造成泄漏。

5）其他情况的损坏。地震、滑坡、崩塌、地面沉降等地质灾害导致损坏；暴雨等灾害天气引起的洪水、泥石流对管道或调压箱（柜）破坏；环境温度变化引发管道材质产生拉伸，造成管道破坏。

（3）重要燃气场站事故原因

重要燃气场站包括：城市门站（调压计量分输站），各类调压站、LNG储配站、LPG储配站、CNG母站和LNG、LPG、CNG加气站等。燃气场站集中了压力容器，调压计量工艺装置，压缩机，放散、排污系统，消防系统，发、配电系统，供热供水系统，燃气充装系统等设备设施。有人值守场站有一定数量的员工进行维护操作，生产运行过程中可能存在燃气泄漏、火灾爆炸、人员伤亡等风险。场站燃气生产事故主要原因包括：

1）质量因素：设备材料质量缺陷，达不到设计或国家标准规范要求，施工安装质量缺陷。

2）工艺因素：设备材料选型不当；工艺结构设计不合理，运行管理不到位、不规范等。

3）安全设施、附件缺失或失效：站控系统没有及时维护，导致无法有效监控场站运行状况；泄漏报警系统探头、报警信号传输线路失效；安全阀、压力表等安全附件未定期检测或出现故障失效。

4）外来因素破坏：地震、滑坡、崩塌、地面沉降等地质灾害导致设备设施损坏；台风、暴雨、雷电等灾害天气引起的洪水、泥石流造成的破坏；低温或高温环境引发设备材料物理性能失效或达不到工艺技术指标要求，从而造成设备材料失效等。

## （四）城镇燃气企业加强安全管理的对策

### 1. 加强源头管理，促进供气场所满足安全条件

在民用建筑工程中落实建筑燃气设施"三同时"制度，在消防审查、经营许可等环节加强商业用户安全用气条件审核，保证建筑设施满足安全使用燃气条件。

### 2. 建立职业资格认证体系，提高管理素质和全员安全素质

加强燃气企业管理层人员和从业人员安全教育培训，建立国家统一燃气从业人员职业资格认证制度，提高从业人员安全素质。

### 3. 研究并把握燃气行业安全生产规律

建立燃气事故定期统计分析制度，加强燃气行业安全生产规律的研究分析，把握燃气行业安全生产特点和规律。

### 4. 加强本质安全管理，提高工程质量

从燃气建设项目的规划、设计、施工、监理、验收等环节严格执行标准规范，严抓燃气工程质量管理，促进城镇燃气设施本质安全。

### 5. 加强立法与执法，有效遏制损坏燃气管道行为

强化地下管线综合管理，从建管程序和环节预防损坏管道燃气设施的行为，拆除违规占压燃气管道的建构筑物，加强燃气管道安全管理。

### 6. 开展管道完整性管理，提高管道安全运行水平

应用管道完整性管理理念，逐步构建燃气管道全生命周期的基于风险的运行管理模式，加强巡线、泄漏检测、外检测、内检测、腐蚀防护、地质灾害防治等管理，实行预防性维修，有效控制管道运行风险。

### 7. 形成多方参与机制，加大燃气安全宣传力度

建立政府牵头指导、企业负责落实、媒体积极支持以及学校、社区、公众等多方参与的燃气安全宣传机制，开展燃气安全进社区、进校园、进工厂等宣传活动，提高社会公众的燃气安全使用意识与能力。

## 二、城镇燃气安全行政监管体系

### （一）监管现状

城镇燃气监管主要有行业监管、专业监管、综合监督、执法监察等途径方式，包括燃气规划建设、生产运行、设施设备、经营使用、应急处置、事故处理、人员培训、执法处罚等方面的管理。

**1. 城镇燃气的规划建设管理**

（1）燃气发展规划编制实施

当前，燃气发展规划主要由燃气管理部门和发改部门组织进行两个方面的规划：一是燃气行业管理部门依据《城镇燃气管理条例》会同发改、能源、规划、国土等部门组织编制的燃气（包括城镇、乡村）发展规划；二是发改部门或者能源部门组织编制的天然气基础设施规划，一般由编制单位审批并组织实施。

这两个规划存在一定的冲突：一是燃气行业管理部门与发改、能源管理部门对于城镇燃气管理的边界界定不明确；二是天然气基础设施和城镇燃气设施存在较大的交集。

（2）燃气工程建设项目审批

燃气行业管理部门没有审批权限，只有规划选址前的专业审查。负责审批的部门主要有：发改立项、规划选址、用地许可、特种设备登记使用许可、危化品项目审查等；有的部门重收费轻监管，有的只审批不监管，不履行法定职责、违规越权等问题突出。

（3）特种设备监管

1）燃气特种设备界定。最新的《特种设备目录》将压力管道的压力由原来的1.6MPa以上修改为0.1MPa以上，导致大部分燃气管道和部分燃气场站设备设施纳入特种设备范围。

2）行政监管。质监部门依据《特种设备安全法》对符合特种设备要求的燃气工程以及设备设施的生产（包括设计、制造、安装、改造、修理）、经营、使用、检验、检测和特种设备安全进行监督管理，与燃气行业管理部门存在重大职责交叉，造成多头管理。

3）检验检测。按照《压力管道定期检验规则-公用管道》（TSGD7004-2010）的规定，运行压力超过0.1MPa的燃气管道应在投产后按照规定周期进行全面检验和合于使用评价，全面检验周期中压钢管不超过12年、中压PE管不超过15年、次高压不超过8年、高压不超过3年，检验机构应经国家质检总局核准，全面检验和合于使用评价计划报质检部门。据此，全部市政燃气管道和部分庭院

管道都要进行全面检验，要缴纳昂贵的检验费用给检测机构。可是，国家对 PE 燃气管道没有检验技术规范和手段；有些地方的质检部门要求对燃气场站的汇管、高压球阀进行全面检验，但在实际中无法把汇管与主管分开、无法把阀门拆下来或停产进行检验。此外，接受指定的机构进行强制性检测，缴纳 8～10 元/m 费用。对于燃气企业，一次需要几千万甚至近亿的天价费用，对消费者无疑要承担巨大的成本转移。

4）燃气钢瓶（气瓶）的监管

燃气钢瓶属于特种设备，流入社会的气瓶管理应以质监，工商部门为主。实际是钢瓶各个环节的管理职责不明确、监管不到位等乱象，是目前瓶装气事故多发的主要原因。

**2. 生产运行监管**

（1）燃气质量

1）行政监管。城镇燃气气源质量监督职责和责任如何划分。按照《产品质量法》、《消费者权益保护法》等法律规定，燃气质量需要多部门进行监管，生产环节的质量由质监部门监管，流通领域的燃气质量由工商部门监管，燃气管理部门负责对城镇燃气经营使用环节的燃气质量进行监督管理。由于燃气包括天然气、液化石油气、人工煤气及其他燃料气体，生产经营和使用单位越来越多，监管难度大，目前监管不到位的问题十分严重，如：二甲醚的生产经营使用。20 世纪 90 年代末，随着国际能源价格高涨，天然气资源等能源供应紧张，发改、质监、安监等部门，批准上马了一批二甲醚生产项目，主要用于替代液化石油气、燃油等能源（国际主要是替代燃油），一些二甲醚生产企业通过标准制定等措施，以低价强势进入燃气行业，部分地区试点和液化石油气掺混，后发现掺混后胶管腐蚀泄漏。国家禁止二甲醚掺混，但违规掺混二甲醚、制假造假现象在一些地方和领域仍然十分严重，各地公安、质监、燃气、工商等部门都在管理，但效果不明显。

按照现行法律法规和三定方案，质监部门监管生产领域的产品质量，液化石油气的生产实行质量免检，而城镇燃气经营企业的充装销售成了生产环节，受到处罚最多，如某地质监部门处罚二甲醚掺混到了不敢再下处罚单的程度，因为企业违法成本太低，以罚代管根本难以制止违法。工商部门监管市场流通燃气质量，也是针对燃气经营企业，造成一事多罚，质监罚了工商罚，燃气管理部门再罚，二甲醚违法超过额度，要送司法部门进行治安或者刑事处罚，令企业无所适从。国家标准对液化气产品质量有新的具体规定，谁去落实从源头批发、运输到零售气质的市场监督责任？管道供气和其他供气方式质量的监管大多是空白的。

2）燃气作为危化品管理的界定。燃气是否属于危化品监管的范畴，如何进行监管，也有一些亟待解决的矛盾和问题。天然气、液化石油气、人工煤气等燃气，都有国家标准，天然气、液化石油气、人工煤气的生产和进口不属于燃气管理部门的职责范畴。但现实情况却有较大出入，很多地方的人工煤气达不到标准要求，安监、质监、工商等部门按照危化品管理的要求，颁发了危化品经营许可证，企业由此开展经营和供气业务，达不到规定标准的人工煤气、天然气、液化石油气是否允许作为燃料使用，危化品等方面的法规界定不清，《城镇燃气管理条例》是禁止的，而如何把握和监管，需要国家有关部门明确职责划分。

3）气源供应和应急保障。按照《中华人民共和国石油天然气管道保护法》和现行管理体制，能源资源是国家掌控和调配的，以保证国家经济发展的可持续和安全稳定。但实际上，中石油、中石化、中海油三大公司控制天然气资源，发改、燃气管理部门编制的天然气基础设施规划、天然气资源利用规划和各级城镇燃气发展规划等，只能以"三桶油"的气源量为基础，三大公司成为天然气资源的调配者。由于天然气资源市场的垄断性，天然气供应保障和应急保障都有赖于三大公司，一旦上游在供应上出现问题，地方政府和燃气企业往往束手无策。

（2）燃气经营、危化品经营和气瓶充装许可

《城镇燃气管理条例》规定，燃气实行经营许可证制度，第十五条规定了燃气经营许可条件。但燃气经营许可证的条件和《特种设备安全监察条例》第四十九条规定的条件，对于液化石油气（LPG）、液化天然气（LNG）、压缩天然气（CNG）经营企业，其许可内容存在一定交集。同时，《危化品安全管理条例》第三十四条规定的危化品安全生产许可证和经营许可的条件，也包括人员、设施和制度3个方面的内容。《危化品安全管理条例》第九十八条，危险化学品容器属于特种设备的，其安全管理依照有关特种设备安全的法律、行政法规的规定执行。第九十七条规定，法律、行政法规另有规定的，依照其规定。法律、行政法规对燃气的安全管理另有规定的，依照其规定。实际管理过程中，一家企业往往要取得3个许可证。

（3）运行和服务监管

1）运行管理。城镇燃气设施运行管理主要由燃气企业承担，负责设施运行维护、风险评价、更新改造等。燃气、发改、安监等部门依据国家有关法规对燃气设施运行实施安全监管。如：燃气管理部门对燃气设施的保护、安全防护设施的设置、警示标示的设置及抢险救援等进行监督，有关部门依据国家法规对燃气设施进行监督管理。如：国家发改委《天然气基础设施建设与运营管理办法》第二十二条规定，县级以上地方人民政府天然气运行调节部门应当会同同级天然气主管部门、燃气管理部门，实施天然气运行调节和应急保障。再如：《城镇燃气管理条例》第十二条规定，县级以上人民政府应当建立健全燃气应急储备制度，组织编制燃气应急预案，采取综合措施提高燃气应急保障能力。但在燃气应急管理的工作中，往往将应急管理交给燃气主管部门，而气源归发改委部门，这就成了"有权的不做事，无权的做不了"。同样，安监部门、特种设备等部门都有依法监管的职责。

2）服务管理。一是针对燃气企业服务的管理。法律法规对燃气企业相关的服务事项、公开程序、收费标准等都做出了明确规定，国家和省级燃气管理部门也都会同质监部门制定发布了相关的服务标准。一些地方的燃气管理部门还制定了企业公开办事目录，公开了办事程序，明确了服务质量投诉处置等内容。目前来看，管道燃气企业对法定的服务事项做得比较到位，但液化石油气瓶装企业特别是小型瓶装企业服务不到位的问题较为突出。二是燃气器具及相关安全保护装置营销单位服务的服务监督。燃气管理部门对户内表后的燃气设施及燃气器具的服务管理手段不多，报警切断装置的安装维修一般由生产销售企业负责，政府监管主要是对燃气燃烧器具管理。燃气燃烧器具安装维修资质管理纳入建筑业施工企业资质序列，但由于各地监管力量不足，燃气燃烧器具生产销售单位众多，颁发资质涉及人员培训和日常监管难度大等突出问题，很多地方干脆不予监管。三是燃气报警器及切断装置没有监管。燃气报警器在日本等一些国家应用非常广泛，几乎每个家庭都安装一只以上可燃气体报警器。目前，国内部分省市推广使用报警切断装置。但国内家用燃气报警器普遍存在误报、不报、超期使用等安全问题。主要是国内传感器的生产工艺不高，稳定性、可靠性等方面尚存在不少问题。由于法定责任和监管措施缺失，导致监管缺位。四是软管成为燃气使用最薄弱的环节。据统计，户内燃气系统中大部分的安全问题出现在用户专用系统部分，即灶具、软管及使用的安全问题比较严重。我国第一代使用的橡胶软管，易老化、开裂，易被老鼠咬坏，第二代燃气软管是纤维增强塑料软管，耐老化、耐腐蚀、寿命长。但国内一些不良厂家产品加入一些填充料，导

致生产质量不合格，造成安全隐患。第三代产品为不锈钢波纹管，不锈钢燃气波纹管外部采用软质PVC材料包覆，包覆后形成防护套。该材料具有耐老化、耐紫外线老化及阻燃功能，解决了橡胶管易脱落、易老化、易被鼠咬、使用寿命短的缺陷，具有安装方便、连接可靠、耐腐蚀、不堵气、柔软性好、使用寿命长等特点。但不锈钢燃气波纹管价格较高，不适用台式灶。

3）检查监督。《城镇燃气管理条例》和地方法规对燃气安全检查监督都有明确的规定，对企业负责运行管理的设施的监督检查，往往采取燃气管理部门组织、专家参与等多方式、多批次的年度检查，对企业巡检维护、责任落实等进行督查落实，总体上，抓得比较紧。薄弱环节是户内设施的检查监督多数流于形式。当前户内设施器具的检查，一般由企业组织实施，每年进行一次检查。燃气管理部门的检查，应要求抽查到户。检查实施谁检查、谁负责、谁承担责任等制度。

### 3. 燃气使用管理

（1）燃气燃烧器具管理

1）产品销售市场管理。燃气燃烧器具管理是燃气安全使用的关键环节，国家对生产、销售、使用等都有具体和明确的规定。如：必须表示适配的气源种类，不得使用无熄火保护装置的燃烧器具，不得使用不符合质量的连接管道，特别是非金属软管（肇事主要原因）。现实情况却是：各种类型的贴牌生产，一条条燃气器具经营街，违规违法生产销售，各种假冒伪劣胶管，却无人问津。

2）安装维修管理。《中华人民共和国建筑法》和《燃气燃烧器具安装维修管理规定》、《建筑业企业资质管理规定》等法规规章，对燃气燃烧器具安装维修做出了燃气燃烧器具安装维修由具备资质的安装维修企业承担的规定。《城镇燃气管理条例》对燃气燃烧器具销售、安装维修和人员培训等做出了规定。

（2）单位燃气用户（包括餐饮业场所）用气的安全监管

作为应当重点监管的单位燃气用户包括工商业企业内部的燃气设施及安全监管属于监管空白，特别是餐饮业。餐饮企业内部的燃气事故多发，主要原因是行政监管空白，餐饮企业自身监管力度不足、责任不清。单位燃气用户特别是餐饮业的燃气安全使用条件管理权归属，专业监管、行业监管、综合监管和属地管理如何对接需要进一步明确。现在许多城镇把临街的居民住房变成餐饮业，这就涉及规划、卫生、消防、工商等部门对该项业务的许可，这些许可是否满足安全条件，建筑是否适合公众集散，建筑使用性质改变是否违法，燃气、液化气使用量改变、使用场所改变能否满足要求，储存位置、空间是否符合要求，餐饮加工场所的条件是否具备燃气使用要求等，相关部门应该履行相关的管理职责。山西寿阳县的悲惨事故是血的教训，分析事故的原因，全部要求供气的城镇燃气企业承担责任，显然是不公平的。

（3）事故处置和抢险救援

1）城镇燃气安全事故处理。燃气事故分生产安全事故和居民户内事故，其调查处理适用不同的法规和方式。前者的调查处理，适用《安全生产法》和《生产安全事故调查处理条例》有关规定。《安全生产法》第十四条规定，国家实行生产安全事故责任追究制度，依照本法和有关法律、法规的规定，追究生产安全事故责任人员的法律责任。《安全生产事故调查处理条例》对事故的性质、分级和调查处理机构、程序、责任等做出了明确规定。居民室内发生的燃气事故，属于民法调整的范畴，有的地方法规对调查处理的责任主体和程序做了一些规定，如：《山东省消防条例》第六十四条规定，公安机关消防机构在火灾调查中发现下列情形，除依法应当由县级以上人民政府负责调查的以外，依照法定处理权限，移送有关部门进行调查处理和事故统计，因燃气事故引发的火灾事故，移送燃气主管部门。多数地方对燃气管理部门的具体权限、程序、处置范围、效力等是不了解的。

2）事故应急救援。

城镇燃气应急管理有两个性质不同、责任不同的层次：一是气源突发事件管理。各级政府、企业都有预案，一旦出现停供、短供、断供等供气问题，政府要启动城镇燃气应急预案（《城镇燃气管理条例》第十二条规定），保证能源供应稳定。二是城镇燃气安全事故应急处置。指安全供气中发生的生产安全事故和社会安全事故，相关管理部门和城镇燃气经营企业启动城镇燃气安全事故应急预案（《城镇燃气管理条例》第三十九条规定）消除、控制、减少燃气事故危害和损失的行动。

天然气基础设施建设作为城市能源的安全保障，是政府职责，有关部门应依法实施管理。国家发改委《天然气基础设施建设与运营管理办法》（国家发改委令第8号）第十条规定，天然气基础设施发展规划应当包括天然气气源、供应方式及其规模，天然气消费现状、需求预测，天然气输送管道、储气设施等基础设施建设现状、发展目标、项目布局、用地、用海和用岛需求、码头布局与港口岸线利用、建设投资和保障措施等内容。第五条规定国家发展改革委、国家能源局负责全国的天然气基础设施建设和运营的管理工作。县级以上地方人民政府天然气主管部门负责本行政区域的天然气基础设施建设和运营的行业管理工作。实际上，天然气气源的保证是城镇燃气企业最为头疼的事情，发改部门、能源部门应当担负起气源保障、季节调峰和长输管道的监管，但目前气源保障管理无人过问，政府监管缺位，全交由企业自行调节。而政府最有效直接的监管就是价格监管。下游企业最关心的不是按照城镇燃气专项规划，完善自己的供气体系，保证持续稳定安全符合质量的供气，而是从工程立项开始，到每月不同价格的供气量，再到每年的气源量合同的落实，因此不得不为缓解不断出现的气源波动而与上游企业不停地"沟通交流"。无论国家还是省级层面，政府失去了对资源的控制调度，只承担了气源不足、中断等灾害性事故应急救援的全部责任。

**4. 执法监察**

当前，各级政府十分重视城市综合执法体制机制建设，很多市、县都建立了综合执法机构，由于燃气安全执法处罚缺乏法规支持，很少对这些机构如何实施城镇燃气行业的执法进行研究。而涉及城镇燃气行业（气质、器具、供气、服务、工程建设、违章违规行为、价格、合同、涉及刑事民事的行为）执法内容范围广泛，执法依据、执法程序、执法主体、执法手段均需进一步明确。一个部门能不能尽职本身就是尚待完善研究的课题。但由于缺乏法规支持（法定执法主体一般都是行业主管部门或者其他有关部门），以及综合执法的突击性和阶段性特点，不可能成为常态机制。因此对燃气执法的实施各地差距极大，一些地方管理部门的执法机构，缺少专业人员和执法人员，有的还缺少执法手段和权威性，执法流于形式或者根本无力执法，客观上造成管理和执法脱节。而一些地方燃气行业部门无执法权，存在违法无人追究的问题，日常管理检查活动中发现的违法违规行为，在交给执法部门或执法机构办理后，往往以各种理由拖延和失效。有专业执法队伍的城市往往因为管理下放，权力分解、部门利益等原因不愿意认真执法，由此形成城镇燃气市场管理与执法分割，大量违法行为无人追究，有的成为严重的安全隐患，甚至酿成事故。

## （二）城镇燃气的行政管理体系与相应内容

**1. 行政监管部门**

从国务院到地方各级人民政府，各级燃气管理部门机构设置并不统一，甚至同一个省、同一个市内，城镇燃气管理部门都不统一。全国由住房城乡建设部监管，省、自治区人民政府一般由省、自治区住房城乡建设厅管理，直辖市一般由城市管理委员会管理，如北京市为城市管理委员会，天津市为住建委，上海市为市政委，而重庆市城镇燃气的3种气源对应3个管理部门，天然气为发改委、液化石油气为经信委、人工煤气为住建委；市级管理部门较杂，设区的市（含计划单列市、副省级城市）、县市机构设置较为混乱，有的在政府城乡建设局，有的在城市管理局，还有的在其他有关部门，如武汉市为城管委，南京市为市政公用局，在下一级城镇，更加不一致。从行业管理体系看，法规对地方城镇燃气管理体制没有做统一要求，《城镇燃气管理条例》第五条规定，国务院建设主管部门负责全国的燃气管理工作。县级以上地方人民政府燃气管理部门负责本行政区域内的燃气管理工作。县级以上人民政府其他有关部门依照本条例和其他有关法律、法规的规定，在各自职责范围内负责有关燃气管理工作。这种管理系统不一致，使得政令不通畅，执行不顺畅。政策和管理要求落不到实处。如国务院安委会2013年3月对餐饮业使用燃气安全的专项整治活动，这本是针对餐饮业燃气事故频发现象极为具体的一件任务，但到了下面城镇，由于餐饮业安全管理的落实在相应的经营过程中的主要管理部门不清晰，具体问题应该谁来落实解决就成了相互推诿的排球，最终只有不了了之。紧接着连续发生的餐饮业较大事故即说明了其效果有限。

**2. 主要管理部门对城镇燃气的工作内容**

根据国务院职能三定方案，城镇燃气的有关管理部门管理范围为：

（1）发改部门，包括能源、物价等部门，承担城镇燃气资源管理，城镇燃气规划总体工程项目的规划立项核准或者备案，实施城镇燃气价格监管，天然气基础设施的运行管理。

（2）安监部门，承担城镇燃气安全的综合监督管理工作，监督考核并通报城镇燃气安全生产控制指标执行情况，监督事故查处和责任追究落实情况；负责燃气作为危化品管理的安全监督管理综合工作职责，如：液化石油气、液化天然气等的生产储存，一些地方安监部门，也对燃气工程建设的安全评价等事项进行直接监督管理。

（3）规划部门，主要承担城镇燃气发展规划的编制审查、燃气工程项目的规划选址等工作，燃气工程项目的选址意见书、建设工程规划许可证、建设用地规划许可证的许可发证、设施保护范围控制、规划落实和执行的监管等。

（4）消防部门，承担燃气工程建设项目的消防审查，包括建筑消防安全，燃气工程项目的消防安全（如防火间距）、消防设施的安全技术审查和燃气事故救援。

（5）质量技术监督部门，对特种设备，包括所有的燃气压力容器、压力在0.1 MPa以上的压力管道等设施设备的生产、安装和使用进行监督管理。

（6）水利（堤防、航道、防汛、港监）等部门，主要对涉及穿越水利工程（如河流、堤坝等）的管道工程和水上运输、气源海上进口进行审查批准。

（7）城管执法部门，按照政府授权，负责燃气违法行为的查处和处罚等工作。

（8）交通部门（公路、铁路等），负责对属于危化品的液化石油气、天然气等的道路和铁路运输许可证的许可监管等。

（9）经贸（商业）部门负责外资进入燃气设施建设投资的审核工作，商业网点特别是餐饮场所的燃气使用情况的监督管理。

（10）工商部门，主要承担燃气企业的工商登记注册和营业执照的发放，负责燃气质量、燃气器具销售市场的监管等工作。

（11）应急管理部门，负责燃气安全事故的应急处置和社会救援（见表2）。

城镇燃气管理部门的管理分工　　　　　　　　　　　　　　　　　表2

| 部门 | 相关内容 | 部门 | 相关内容 |
|---|---|---|---|
| 发改能源 | 工程核准备案、资源储备 | 安监 | 工程备案、生产事故、安全 |
| 物价 | 工程服务收费、气价 | 质监 | 工程容器、强检、气质 |
| 税务 | 税收 | 环保 | 工程建设、环境监测 |
| 公安消防 | 工程消防、事故 | 工商 | 注册企业、气质器具 |
| 规划 | 工程建设、建筑、安全 | 住建 | 许可经营、工程建设、安全 |
| 国土 | 工程建设 | 城管 | 工程建设 |
| 水利堤防 | 工程建设、运输 | 海关 | 设施设备、气源 |
| 交通路政 | 工程建设、运输 | 卫生 | 环境、人员 |
| 经贸 | 经营许可 | 人事 | 就业、职业资格鉴定 |

**【案例】深圳城镇燃气管理框架及职能**

1）燃气行业涉及能源、城市基础设施、环保、安全等领域；作为政府职能部门参与燃气行业管理的包括市发改委、市住建局、市规划国土委、市环保局、市安监局、市市场监管局（原技术监督局与工商局合并成立）、市消防局、市城管局等。

2）发改委主要负责燃气项目的立项、前期决策、咨询审查等，以及燃气重大建设项目的政府决策、投资策划及相关政策制定。规划国土委负责组织编制燃气场站、设施及管线的空间布局规划，燃气场站、设施及管线的规划审批。

3）1996年4月，市政府为加强深圳市燃气行业的监管，在住建局设立燃气管理处。定编5人。主要职能是贯彻燃气行业的有关方针，政策；参与制定燃气发展规划与计划并组织实施；全市燃气经营企业的资质审查；核发《深圳市燃气经营许可证》和《城市燃气企业资质证书》；燃气工程质量的监督管理；会同有关部门对燃气行业进行监督管理，查处违法违章行为等。

负责管道燃气特许经营的监督管理；组织或参与燃气场站、码头、输配设施建设项目的监督管理；负责燃气专项工程施工图审查；组织燃气器具安全使用宣传教育；编制和发布燃气行业的技术标准、规范及其推广应用工作；参与燃气价格及其他收费标准的制定和调整。

4）环保局负责燃气项目的环境保护及环境影响评价。安监局负责燃气项目的安全管理及安全评价。市场监管局负责燃气项目中压力容器、压力管道及配套设备的设计、施工及产品质量管理与监督。消防局负责燃气基础设施项目的消防审查与监督。交通局负责燃气特种车辆的管理。

5）燃气行业协会

深圳市燃气协会依照《深圳市行业协会暂行办法》，从运作机制上本着"自主设立，自我管理，自律运行，自我发展"的原则，按照"规范行业管理，保障安全供气"的要求，协助政府搞好天然气供应、瓶装气市场的综合整治，布局瓶装气供应网点、行业培训、技能鉴定、安全服务和燃气具管理等工作。

## （三）燃气管理部门的监管内容

### 1. 监管主要依据

《城镇燃气管理条例》第二条规定，城镇燃气发展规划与应急保障、燃气经营与服务、燃气使用、燃气设施保护、燃气安全事故预防与处理及相关管理活动。第四条规定，县级以上人民政府应当加强对燃气工作的领导，并将燃气工作纳入国民经济和社会发展规划。第五条规定，国务院建设主管部门负责全国的燃气管理工作。县级以上地方人民政府燃气管理部门负责本行政区域内的燃气管理工作。县级以上人民政府其他有关部门依照本条例和其他有关法律、法规的规定，在各自职责范围内负责有关燃气管理工作。第五十四条规定，农村的燃气管理参照本条例的规定执行。

燃气管理部门属于建设行业的主管部门，燃气安全管理主要法规有：《中华人民共和国建筑法》《中华人民共和国城乡规划法》和《城镇燃气管理条例》《建设工程质量管理条例》《建设工程安全生产管理条例》《勘察设计管理条例》和《建筑业企业资质管理规定》《房屋建筑工程和市政基础设施工程竣工验收备案管理暂行办法》等法律法规规章。

### 2. 燃气安全监管主要内容

（1）编制燃气发展规划并组织实施

《中华人民共和国城乡规划法》和《城镇燃气管理条例》对燃气发展规划的规划范围、内容和编制实施作出了明确规定，燃气发展规划属于城乡总体规划的专项规划范畴，省（直辖市、自治区）、设区的市、县燃气管理部门都要会同规划等有关部门组织编制燃气发展规划，报当地人民政府批准，由燃气管理部门组织实施。

（2）燃气工程建设监管

1）专业审查。燃气管理部门依据《城镇燃气管理条例》，在工程规划选址前对城镇燃气工程是否符合燃气专项规划进行专业审查。《城镇燃气管理条例》规定，对燃气发展规划范围内的燃气设施建设工程，城乡规划主管部门在依法核发选址意见书时，应当就燃气设施建设是否符合燃气发展规划征求燃气管理部门的意见；不需要核发选址意见书的，城乡规划主管部门在依法核发建设用地规划许可证或者乡村建设规划许可证时，应当就燃气设施建设是否符合燃气发展规划征求燃气管理部门的意见。

2）施工许可。建设主管部门依据《中华人民共和国建筑法》《建设工程质量管理条例》对符合建设条件的施工单位颁发施工许可证。

3）质量监督和工程施工安全监督。建设单位和施工单位依据《建设工程质量管理条例》到当地工程质量和施工安全监督机构办理监督手续。

4城镇燃气工程的竣工验收和备案。燃气设施建设工程竣工后，建设单位应当依法组织竣工验收，并自竣工验收合格之日起15日内，将竣工验收情况报燃气管理部门备案。建设部门承担燃气工程建设项目的勘察设计、施工监理、工程质量监督、施工许可、施工图审查监督管理等工作。

（3）燃气设施保护

依据《城镇燃气管理条例》第三十三条规定，燃气管理部门会同城乡规划等有关部门，按照国家有关标准和规定划定燃气设施保护范围，并向社会公布；落实燃气设施保护范围，保护设施，对损害燃气设施、管道占压及其他安全隐患进行及时的清理整顿，并依法处罚。

（4）行政执法

建设和燃气管理部门依法履行燃气安全执法监察，对各类违法违规建设工程和建设运行主体、城镇燃气经营活动中违反《城镇燃气管理条例》和其他法律法规的行为进行处罚。

## （四）社会化服务监督体系

### 1. 第三方机构提供安全管理服务

《中华人民共和国安全生产法》第十二条规定，依法设立的为安全生产提供技术服务的中介机构，依照法律、行政法规和执业准则，接受生产经营单位的委托为其安全生产工作提供技术服务。当前，社会第三方机构为管理部门提供服务，对城镇燃气行业实行的监督业务主要有：

（1）安全评价机构对燃气设施工程项目等的安全评价；

（2）环境影响评级机构出具的环境影响评价报告；

（3）工程咨询机构出具的的燃气工程可行性研究和结论；

（4）特种设备检验机构出具的检验报告和特种设备登记文件；

（5）特种设备的检测机构出具的质量检测合格文件；

（6）安评机构对燃气经营企业的安全生产条件评价（现状评价）；

（7）气象监测机构出具的防雷防静电合格性检测。

### 2. 行业自律管理

我国城镇燃气行业已形成以中国城市燃气协会和相对独立的省、市级协会的行业自律管理组织。在督促企业依法经营、推进行业规范标准的制定和实施、增进燃气安全体系的形成和有效运行、促进城镇燃气经营企业自律，自觉提高安全管理水平，并协助各级管理部门在落实《城镇燃气管理条例》的具体工作中发挥了重要作用。但各地协会发展不平衡，多数还只是发挥联络作用，为行政管理服务居多。

## （五）行政管理在安全管理方面存在的问题

### 1. 法规政策不完善

（1）法律、行政法规互相衔接不足，现有法规衔接性不够。现有的《城镇燃气管理条例》和《石油天然气管道保护法》及《危险化学品安全管理条例》等法规，在监管边界和监管措施上没有进行衔接统一，这是造成燃气行业监管体制不顺的主要原因。

如《城镇燃气管理条例》对门站的位置和概念没有界定清楚，也没有明确规定门站需要谁通过何种方式界定，造成各级燃气管理部门和有关部门相互扯皮推诿甚至管理越位、不到位等问题。同样的问题，《中华人民共和国石油天然气管道保护法》规定，天然气长输管道规划由国家能源局组织编制，征求地方政府的意见，纳入当地总体规划组织实施。管道建设运行单位依据国家天然气管道规划编制建设规划并组织实施，没有授权地方人民政府或者有关部门在天然气管道规划方面的职责和权利义务，更没有界定清楚天然气输送管道的监管范畴。而发改委《天然气基础设施规划建设运行管理办法》规定的监管内容，与《城镇燃气管理条例》规定的监管边界和内容有许多重复交叉，重复管理、多头管理势必造成管理责任不清、监管错位、缺位甚至越位等问题。

（2）地方法规没有和上位法规保持有效统一。由于《中华人民共和国石油天然气管道保护法》《城镇燃气管理条例》立法滞后，各地出台的地方法规较早，又没有及时调整和修改，甚至有些地方无视上位法律法规的存在，以红头文件替代法律规定，造成上位法规的内容、制度缺少有效的统一，无法协调一致地有力落实。

（3）法规体系不适应市场经济的要求。现代市场经济的实质是以法治为基础，企业为主体的市场经济。行业法律法规是针对一个行业的特点和发展状况，对行业的发展进行规范的普遍约束力。但我国燃气行业的法律体系不完整，现行的天然气法规也主要是由《中华人民共和国矿产资源法》《中华人民共和国石油天然气管道保护法》及其配套法规组成，到城镇燃气范围就戛然而止，城镇燃气管理依据主要是国务院条例、部门规章和地方性法规，内容并不完整。虽然现有的《中华人民共和国公司法》《中华人民共和国产品质量法》《中华人民共和国消费者权益保护法》《中华人民共和国价格法》《中华人民共和国安全生产法》《中华人民共和国特种设备安全法》和《危险化学品安全管理条例》等是城镇燃气法律体系的重要组成部分，但这些法律法规对于城镇燃气不具备具体执行性、针对性和系统性。法律之间缺乏有机的相互衔接，与市场运行不协调，政府、燃气经营企业、燃气用户各自及相互之间的职责、权利、义务不清晰；在现实城镇燃气安全管理实践中，往往将政策性文件作为管理依据，或者通过"个案处理"进行管理。在这种情况下，部门利益和企业利益难免被放大，法律实施难度提高。

### 2. 城镇燃气技术标准编制相对滞后

城镇燃气的技术、管理、工艺、设施、器具等标准基本符合国家标准化体系建设的要求，直接与城镇燃气有关的各类标准超过 430 件，新的标准还在编制中。特别是《城镇燃气管理条例》颁布实施后，作为配套和具体贯彻落实的技术管理规范先后出台，对城镇燃气安全运行、规范供气服务起到了重要的作用。城镇燃气标准建设过程中也存在着诸多问题，主要有：

（1）标准体系不完善。燃气标准体系包括气源生产、行业规划、工程建设、设施运行管理、事故抢修和相关产品、器具等，涉及的监管部门多，燃气行业主管部门很难统一制定所有的标准。与安全相关的产品标准管理没有纳入行业主管部门业务范畴，标准滞后、不全的问题较突出。如编制过程借鉴国外的标准并未全面分析了解条文内容和参数的来源和研究活动；编制过程和条文条件过多反映出参编企业利益而不是行业的状态和需求；过度强调国家级标准而不重视企业标准，不利于企业技术发展和产品质量创优创新。

（2）燃气行业参与标准编制的机制不健全。住建部门标准管理机构负责标准的编制修订等，其他有关部门也编制城镇燃气的相关标准涉及燃气内容。没有充分发挥协会技术优势和客观性作用，标准编制视野较窄，不能充分协调城镇燃气和其他行业特别是建筑、机械的关系，使得执行主体质疑标准的公信力、权威性和科学性。如《城镇燃气设计规范》明确规定暗厨房的技术规范，而《住宅建筑规范》强制规定厨房必须有外窗和自然采光。如气象部门编制城镇燃气防雷技术标准就没有考虑建筑防雷和建筑燃气设施的关系以及与其他设施关系等，而这些矛盾导致城镇燃气经营企业不知所措。不符合用气条件的安装使用，后果可以想象。

（3）标准中的城镇燃气和法规存在冲突。《城镇燃气管理条例》中的城镇燃气概念和《城镇燃气设计规范》中的概念存在歧义。城镇燃气实际上就是普遍意义的城乡生产生活作为燃料使用的燃气。《城镇燃气设计规范》是针对城镇使用的燃气，乡村燃气不在规范的范畴，不利于实施行业统一监管。

### 3. 监管权配置不当，缺乏独立监管机构

城镇燃气作为重要能源资源，监管对于实现供气安全和安全供气的稳定格局是完全必要的。但我国对城镇燃气行业进行行政管理的现有政府部门较多，管理职能分散在多个政府部门或机构，计划经济体制下部门分割的痕迹明显，协调难度大、监管成本高、监管效率低、监管错位多。如：同一政府部门内分别由规划、投资、价格等专项机构对城镇燃气行业进行管理，且部分部门之间的职权存在重复或者交叉。又如：天然气其产业上、中、下游一直以来都受到政府的严格管制，对天然气产业的监

管范围涵盖资源保护、行业准入、价格制定、进出口权利、投资审批、环境以及安全等多方面内容，涉及十余个政府部门，主体多元，交叉和空白同时存在，监管缺位、不到位和越位；管理具体主体不清，管理内容和责任的边界不清，法律与红头文件交织使得部门色彩太重，具体执行不清晰。这种管制在产业发展初期会起到积极作用，但随着我国城镇燃气行业的快速发展，已经不再适应发展的要求。

在这种职权分散、多头管理的管理体制下，出现行业监管不到位、程序不规范、监管权配置不当、政企不分、重审批轻监管等一系列问题。城镇燃气行业没有一个独立的政府监管机构，特别是对具有自然垄断性的天然气中游长输管网环节也没有设置相应的监管机构。政府独立监管机构的缺失在一定程度上加剧了我国天然气发展过程中产业链各环节的不协调。

### 4. 城镇燃气气源质量监督职责不明

按照《中华人民共和国产品质量法》《中华人民共和国消费者权益保护法》等法规规定，燃气质量需要多部门进行监管，生产环节的质量由质监部门监管、流通领域的燃气质量由工商部门进行监管，燃气管理部门负责对城镇燃气经营使用环节的燃气质量进行监督管理。由于燃气包括天然气、液化石油气、人工煤气及其他燃料气体，生产经营和使用单位越来越多，监管难度大，目前监管不到位的问题十分严重，如：二甲醚的生产经营使用。20世纪90年代末，随着国际能源价格高涨，天然气资源等能源供应紧张，发改、质监、安监等部门批准上马了一批二甲醚生产项目，主要用于替代液化石油气、燃油等能源，一些二甲醚生产企业通过标准制定等措施，逐步进入燃气行业，部分地区试点和液化石油气掺混，后发现掺混后胶管腐蚀泄漏，国家禁止二甲醚掺混，但违规掺混二甲醚、制假造假现象在一些地方和领域仍然很严重。各地公安、质监、燃气、工商等部门都在管理，但效果不明显。

### 5. 管道天然气输送和城镇燃气安全管理边界不清

主要是城镇燃气门站没有法定概念和位置，按照国外的惯例和有关规范标准，城镇燃气的天然气门站应该是长输管道的末站或者在末站后设的具有计量、加臭、分输、调压、净化功能的城镇燃气输配系统的首站。由于各地地方燃气发展规划编制滞后，加上天然气发展迅猛，门站位置由企业自己决定，造成监管部门监管缺失或者不到位，留下许多安全隐患。

### 6. 部门职责交叉和安全监管空白并存

按照《城镇燃气管理条例》，天然气门站以后的设施应该都界定为城镇燃气设施，包括储气设施、输配设施、液化设施、压缩设施等。但发改部门在天然气基础设施管理中，将门站后的储气设施、输配设施、液化设施、压缩设施等纳入基础设施管理；有的燃气储存设施列入危化品监管；特种设备的监管和燃气工程的监管存在交叉。同时，作为应当重点监管的单位燃气用户包括工商业企业内部的燃气设施及安全监管属于监管空白，特别是餐饮业，餐饮企业内部的燃气事故多发，主要原因是行政监管不到位，企业监管力度不足、责任不清。

### 7. 安全监管和执法处罚脱节

当前来看，各级政府十分重视城市综合执法体制机制建设，很多市、县都建立了综合执法机构。但由于燃气安全执法处罚缺乏法规支持，法定执法主体一般都是行业主管部门或者其他有关部门，加上执法业务生疏、执法人员少，客观上造成管理和执法脱节。对燃气执法的实施各地差距极大，一些地方的执法机构，缺少专业人员，执法流于形式或者根本无力执法，而一些地方燃气行业部门无执法权，大量违法行为无人追究，有的成为严重的安全隐患，甚至酿成事故。

### 8. 部门权力和责任不对等

主要是负责审批的部门，如立项、规划选址、用地许可、特种设备登记等，只审批不监管，对相关管理制度落实不够，有的重收费轻监管，有的不履行法定职责，有的违法违规审查审批，对城镇燃气项目审批随意性较大。如很多燃气项目，没有燃气主管部门的审查意见，已经取得规划选址、立项核准或者备案等。

### 9. 全社会燃气安全意识不强

《城镇燃气管理条例》第七条规定，县级以上人民政府有关部门应当建立健全燃气安全监督管理制度，宣传普及燃气法律、法规和安全知识，提高全民的燃气安全意识。有的地方法规规定，新闻媒体应当配合做好燃气安全宣传等工作。如：《山东省燃气管理条例》规定，教育、新闻媒体等有关部门应当协助开展燃气安全知识的宣传、普及工作。但这项工作开展得不尽人意，全社会燃气安全意识淡漠和由此引发的事故仍然值得高度关注。

### 10. 企业主体责任落实不够

一方面是有的企业存在短期行为，违法违规建设、人员培训不到位、抢险抢修设备力量不足、设施保护维护职责落实不到位，留下大量安全隐患。另一方面是管理部门不是督促、监督企业落实主体安全终身责任，而是越俎代庖。

## 三、城镇燃气安全监管的国际经验和启示

国际燃气监管体系的形成与效能也是随着燃气供应发展实践而逐步完善。以天然气产业为例，当前，世界天然气管网的网络化程度不断提高，美国、欧洲以及俄罗斯等天然气生产与消费大国的天然气行业基本上都已经形成管道网络化、供应多元化、地下储气库遍布全国的供气格局。例如到 2011 年，美国和加拿大等北美地区的天然气干线管道长度已经超过 53 万 km，其中洲际管线占到 70%；欧洲已经成为天然气管网密度最大的地区，各类天然气管网纵横交错，四通八达，其中天然气干线管道长度超过 15.6 万 km，各类配气管道的长度已经超过 119.5 万 km；俄罗斯作为世界天然气产量和储量最大的国家，其拥有规模最大的统一供气管网系统，该系统包括 500 多个气田、22.6 万 km 的输气干线、900 多座压气站以及 46 个地下储气库，向 15 000 多座城市和乡镇供气。同时，主要发达国家的各类天然气管网配套设施建设也比较完善。目前，全球 30 多个国家已建设了 630 多座地下储气库，库容超过 3 330 亿 $m^3$。其中美国的地下储气库数量最多，居世界第一，美国本土共拥有地下储气库 400 多座，库存量占美国全年天然气消费量的 1/3；其次是俄罗斯，地下储气库数量超过 46 座，存储能力超过 935 亿 $m^3$；欧洲的天然气配套设施建设也很发达，目前欧洲建有 18 座 LNG 接收站和各种类型的地下储气库 60 多个，且多数国家的天然气储备率都达到 15%～25%，这些储气库和 LNG 接收站与各类天然气干线、支干线相衔接，保障了欧洲地区天然气的供应安全和管网的平稳运行。

### （一）城镇燃气监管的国际经验

#### 1. 建立全面涵盖上、中、下游，监管环节清晰、责任清楚的燃气法律法规体系

国际上天然气市场较为成熟的国家普遍制定了适应本国国情的专门的天然气法律法规，并具体规定行政机关的职权范围、享有职权的内容、行使职权的程序以及不依法行使职权所承担的责任等内容。通过不断完善、公布燃气监管法令，对上游市场的开放、井口价实行市场定价、鼓励非常规天然气能源、中游管道商的准入、贸易与运输业务的分离、地下存储设施的开放和下游分销商监管等各个环节明确监管内容和监管职责。这些专门的天然气法律法规有助于保证政府和监管机构进行

天然气行业监管的合法性、公正性与有效性。

在国家大法和行业性法律法规的框架下，还建立了一套企业运营管理的实施细则。虽然各国制定这些细则的主体有所不同（政府部门、监管机构、行业协会制定，或企业起草、监管机构审批的情况并存），但是这些细则既涉及规范管道企业运营的"管网行为规范"，又包括约束管网用户行为、协调服务提供者与消费者关系的"管网通用条款"，以及与之配套的标准合同范本，为行业管理提供了具体可行的操作办法。例如：

（1）美国

美国对天然气行业的监管分为联邦和州两个层面。联邦对天然气监管的依据是宪法的贸易条款，州政府行使州内天然气业务的监管权；联邦政府监管跨州的天然气业务。美国联邦政府对天然气行业监管的总体趋势是通过减少监管来加强竞争，由竞争的力量来规范天然气市场的结构和运行。政府对天然气行业的监督重点在于，确保拥有垄断能力的市场参与者不会滥用其垄断能力或者阻碍天然气市场的有效运作。其立法监管的简历如下：

1）1938年颁布实施《天然气法》，为打破州法规区域管理形成的天然气贸易的壁垒，1954年修改该法，形成对上中下游的监管。

2）1978年国会通过《天然气政策法》，成立联邦能源管理委员会（FERC）来直接改革天然气的监管。

3）1985年1月，联邦能源管理委员会通过436号法令，开放了州际天然气运输业，解除对天然气价格的管制。其中，436号法令允许管道公司选择"公开接入状态"，成为"合同运输商"，向所有用户提供非歧视运输服务，不再做中间交易商。这从根本上改变了美国对跨州管网公司的监管机制。

4）1986年，联邦能源管理委员会解除了对老天然气井口气价管制。

5）1987年，美国国会撤销了1978年颁布的《电厂和工业燃料使用法案》。

6）1989年，公布从1993年1月1日执行《放开天然气井口价法案》，彻底解除了对天然气的价格管制，天然气井口价格放开，将完全由市场供求决定。

7）1992年，联邦能源管理委员会通过636号法令《能源政策法案》，要求州际管道公司将管道运输业务与其他各种服务（主要是销售）进行垂直分离。法案改进了计算运输费率的办法，规定采用指数法、服务成本法、协商法和市场定价法作为管道运价计算方法；引进运输能力开放计划，强迫现在的企业向竞争者开放管道输送能力；636号法令要求所有跨州管网公司必须开放其存储设施，即其在每一设施内的大部分的储存能力（除了管网运营商为了保持其输量和系统的平衡而必须维持的储存能力）必须在无歧视的基础上允许第三方租用；消费者可从任一生产者处购买天然气，生产者之间展开争夺用户竞争，可直接向终端用户和批发商卖气；管道公司必须公平地对所有市场参与者提供非歧视性管道运输服务，并根据运输成本收取网络接入费；开放进入的机制使得储存设施不仅可用于后备的存货或季节性供给的补充来源，还具有其他的功能，如市场的参与者和其他第三方可以在天然气价格变动时将天然气从存储设施中移入或移出从而进行套利交易。

8）2000年，联邦能源管理委员会通过了637号法令，进一步精简了保留的管道管理规定，同时处理了运输能力开放计划和无效率问题。

（2）欧洲

1990年6月，欧盟委员会发布《关于提高工业最终用户天然气和电力价格透明度的指令》，即90/296指令。要求欧盟各成员国必须建立多宗产业最终用户能源价格一年两次的报告制度，即燃气和电力供应企业在每年的1月和7月报告向工业最终用户销售天然气的价格信息，最终由欧洲的统计办公室统一公布天然气价格信息。提高天然气价格透明度。1991年5月，欧盟委员会发布《关于通过管网输送天然气的指令》，建立"过境制度"：欧盟境内的管道输气网络不管隶属于哪个国家哪个企业，只要有剩余运力，在第三方要求使用该管网系统进行公共运输的时候，并以支付运费为条件，则管网的所有者必须承担运输义务的制度。欧盟1997年2月达成的燃气指南（EU Gas Directive），其核心目标就是要求成员国传输网络和储存能力向第三方公平接入。

1998年6月，欧盟委员会颁布《内部天然气市场共同规则的指令》，即98/30/EC指令，颁布指令的主要目的就是开放各国天然气市场，天然气管网实行公开准入制度，要在发放基础设施建设和运行许可证以及供应最终用户方面保证透明和无歧视，使有资格的用户能够从他们选择的供应商那里直接购买天然气，确保最低财会标准等；2003年6月欧盟颁布新指令，要求各成员国在用户开放竞争、传输系统分立、城市配送系统分立、监管协调等方面加快燃气市场开放进程：2004年7月1日前要对非居民用户开放，实现传输系统分立；2007年7月1日前实现对所有用户开放，并实现配气系统分立。

（3）英国

英国的监管代表了欧洲的特色。

1982年修订《天然气法》，废除英国燃气公司的垄断权，开放天然气输送管网，允许大用户直接向供应商购气进入输配管网。

1986年修订《天然气法》，建立了特许权制度，明确了一系列天然气监管机构的权责，初步建立了天然气监管框架。

1995年公布《天然气法》第三次修改，正式确立了对天然气产业的产业组织和经营机制的重大改革，完善了天然气市场供应、运输和销售分离，运输独立经营并加强监管，供应和销售环节充分竞争的市场格局。

1996年英国政府颁布了"天然气管网准则"，该准则规定了管网使用者的权利与义务、管道公司的运行方式与保持管网系统平衡的手段等。

2007年英国能源与气候变化部制定了"燃料安全法规"。

2008年修改了能源法案，允许私人对离岸天然气供应进行投资。

2008年制定"输送网络规划法规"，对天然气管网、储存和LNG接收站的规划、投资和安全标准作了制定，2012年修订由监管机构进行审批（OFGEM，2012）。

2010年发布"国家天然气与电力应急计划"，规定了在应对主要市场参与者出现意外或者超过5万名客户受损的情形时，每个市场参与者保障供应的角色和职责。

（4）法国

《矿产法》第一篇第5项规定,在与最终消费者连接的上游部分对人员和设施的安全。1952年《可燃性气体输送管道设备的安全规定》及多项法令如1962年的第62-608号令关于燃气设施技术规范与安全的规定，1998年7月第98-546号令第50条燃气连接的法令。2004年3月19日第2004-251号法令，关于在燃气部门中的公共服务义务等。

（5）德国

如《德国能源法》，1974年的《高压燃气管道条例》，陆续制定危险品法规、联邦污染物保护法规、企业安全法规、劳动场所法规、燃气管网接入条例、燃气管网费用条例、激励监管条例、低压天然气接入条例等，以及反对限制竞争法、反托拉斯法等普遍适用的全国性经济法律法规。

（6）加拿大

1959年颁布《国家能源委员会法》，陆续制定了《能源管理法》《管道法》《石油天然气经营法案》《石油天然气操作法》等十几部法律和委员会制定的配套条例规章70多部，加上省级规定，基本完善燃气管理法律体系。

（7）新加坡

2001年新加坡政府制定了《燃气法》Cap.116A，明确天然气行业实施许可证制度，涉及上中下游城市燃气经营的各个环节，授权企业形成不同结构的市场，为天然气创建一个竞争性的市场框架。2008年，新加坡能源市场管理局制定天然气网络准则，该准则确立接入天然气管网的开放和无歧视的一般条款，明确天然气输运和零售业务领域安全、技术和经济的管制政策。

（8）韩国

《城市燃气事业法》《城市燃气事业法实施令》《城市燃气事业法实施规则》《燃气上终端气价联动实施方针》和稳定物价法案第4条（公共事业收费标准的决定）。

（9）日本

1954年颁布《天然气行业法》并多次修改，1995年的第1项修正案改革，开放了对年消费量达到或超过200万$m^3$的大用户的零售业务竞争；1999年的第2项修正案正式导入区域间竞争制度，决定城市燃气价格水平，通过对平均成本、价格进行回归分析，把全国244家普通城市燃气经营者按照经营形态、地域性、制造方式等特征，分成16个小组，而每个小组内部以独立于本区域市场的其他市场区域受管制垄断企业的生产成本为参考依据，制定本区域垄断厂商的价格水平，改革消费量下限降至100万$m^3$，此后降低至10万$m^3$，将日本经济产业省（Ministry of Economy, Trade and Industry，METI）和其他监管机构的行政干预最小化。法规的核心思想就是放松管制，放开市场，解除"制度疲劳"。2003年《能源政策基本法》规定政府依法制定燃气事业法施行令和部门施行规则技术标准。2004年《燃气事业法》制定必须遵守的性能要点，与燃气相关的法规20多项；同年，日本政府的经济、贸易和工业部门强制规定：天然气供应商允许第三方不受限制地进入他们的天然气系统。

（10）中国香港

1991年4月1日以第119号法律公告的形式颁布实施的香港法例51《气体安全条例》，作为香港法律的一部分，列入了香港中文法律第51章。《条例》共分7大部、38条，另附有关于气体安全的气体品质、气体供应、气体装置及使用、气体装置技工及气体工程承办商注册、气体供应公司注册、气体储气鼓检验等7个规例，该《条例》明确提出："为安全目的而管制气体的进口、生产、储存、运送、供应及使用；并对有关联及附带的事项作出规定。"制订《条例》的目的是为了安全，法规适用范围从气体进口到使用的整个生产供气链。1996年又作出修订，同时，颁布"避免对气体管道构成危险"的《工作守则》。

**2. 建立监管的条件和监管职能明确，独立于政府的专业化能源（燃气）监管机构**

具有独立行使统一燃气监督职能、严格科学的监管程序和健全的监管专业队伍是监管效能的保证。国际上对天然气输配业务的监管形成了两种特有的监管模式，以美国、加拿大为代表的规则式监管模式，以英国为典范的许可证式监管模式。这两种监管模式在行业规制和监管方式上有所不同，但各国在对天然气输配管网的监管方面都成立了独立于国家能源主管部门的能源监管机构，且该能源监管机构依法享有对天然气输配管网进行监管的权力，以完成具体的监管任务。进行监管的重点主要包括：市场参与者对管网的公平准入、管道企业的管输服务价格和服务质量等。在监管机构建设方面，欧盟采用了"先在各国成立监管机构，再建立欧盟统一监管体系"的步骤。欧盟能源监管机构的权限较大，除德国外，各国监管机构均独立于政府之外，直接对国家或联邦议会负责，以确保其运作程序和制度不受外来影响。这些监管机构不同于政府行业监管，其主要任务是通过对企业经营监管来促进市场自由竞争和效率，确保消费者权益。职能包括制定自然垄断业务的收费价格、服务质量标准以及生产效率，审核管网第三方准入以及纵向垄断企业拆分的经济技术条件，并处理用户投诉及纠纷。对于竞争性业务的商品价格及服务收费，如天然气销售价格、储气服务，则完全交由市场竞争定价，监管机构和政府无权干涉。在有所为有所不为的理念指导下，政府有效监管的有形之手与市场自由竞争的无形之手协调配合，相得益彰，欧洲天然气市场供应充足，价格稳定，效率不断提高。

依法行政，有的国家燃气监管部门由国会授权，较多国家监管结果直接在法院程序完成。独立能源监管机构有效地保证了本国政府能源政策的落实，其公开、公正、透明的执法原则也使其更加便于公众对天然气输配管网的监督。例如：

（1）美国

美国1938年成立联邦动力委员会，美国联邦政府1978年分别设立了能源主管部门和能源监管机构，实现政策制定和执行的分离。美国的能源主管部门是能源部主要负责能源发展规划、安全等大政方针和相关政策的研究。能源监管机构是联邦能源管理委员会（FERC），不受美国能源部的控制，而是具有独特的监管职能。主要成员由总统提名，5名委员，6个专业部门，1 200名专业人员。各州有公共事业委员会和加入49USC60105、60106的国家机构监督检查。美国联邦能源管理委员会的职能主要是监管管道输送公司的运营和费率，审批跨州天然气管道输送项目，天然气管输价格、管道服务业务开放等，还负责具体的监管政策的制定和执行。FERC在天然气输配管网的监管职能：负责依法审查国际和州际大中型管道建设及运营企业的经济、技术、环境保护能力，据此批准或驳回项目申请；负责审查管道建设地点的选择和审查监督放弃运营后的设施清除，以确保这些活动符合国家和公众利益；监督审查管网运输公司制定的运输服务质量、数量标准和服务费率，确保第三方公平获得管输服务，实现企业和消费者利益的有效平衡等。国家环境保护署（U.S. Environmental Protection Agency，EPA）的职责则是监管天然气输气管网和储气库建设的健康、安全、环保。

（2）加拿大

加拿大政府分别设立了能源主管部门和能源监管机构。自然资源部是加拿大的能源主管部门，主要职能是负责能源发展与环境、社会目标的协调，构建全面的能源监管体制框架，制定能源发展政策，协调联邦政府与各省政府的能源政策，保障国家能源安全等；加拿大的能源监管机构是自然资源部下属的独立运行的联邦能源委员会，按公开法律程序管理，通过听证会的管理决策是终裁。联邦能源委员会由9名委员组成，下设申请部、商品部、综合服务部、申请管理部和运行部等5个专业部门和280名各类专家组成监管队伍，负责加拿大联邦政府职责范围内的石油天然气、电力行业的监管，其具有类似于"高级法院"的独立行使职权的权力、独立的决策和行使监管的权力，负责具体的监管政策的制定和执行；对于所涉及的天然气方面的争端，联邦能源委员会具有独立作出最终发生效力裁判的权力，不受自然资源部的干预；在天然气输送管网方面的职能主要是在经济、技术、安全、财务、环境保护、健康等方面审批跨省和跨国输油管道的建设，并监管管道运行。国家和省级两级能源监管机构相对独立运行。

（3）英国

在英国，能源和气候变化部、工业与贸易国务大臣和OFGAS（燃气和电力市场办公室）主任（有燃气的房屋销售时）行使审批权，安全监管由对议会负责的健康安全委员会下属机构负责，健康安全执行局的4 000多名监管人员负责实施。燃气经济运行监管由1986年成立的天然气和电力监管局（为办公室的董事会（Ofgas））实施。2000年依据公用事业法案将天然气监管办公室（Ofgas）与1990年成立的电力监管办公室合并，设立了独立于政府的英国天然气电力市场监管办公室（Ofgem）。在法律上明确规定，Ofgem具有独立的地位，并有权对天然气输配管网的监管独立地作出决策而不受政府部门干预；并明确规定Ofgem的决策者不得在被监管企业投资，不得接受被监管企业的礼品或者招待，不得在监管服务结束后受聘于被监管企业等；Ofgem具有独立确定管输费率和监管运输服务的职能等。1986年《天然气法》对天然气产业的管理体制进行了详细规定：1）由工业与贸易部成立天然气供应委员会（DGSS），以工贸大臣为首，负责对天然气产业的管理，发放经营许可证（后移交给天然气监管办公室执行）；2）天然气监管办公室是监管天然气产业的核心机构，制定向普通用户销售燃气的价格，后变为审批天然气管输收费；执行市场准入政策，发放经营许可证；以及实行安全监管；3）公平与贸易局（OFT）负责监督BG的贸易政策，确保天然气贸易的公平；4）天然气消费者协会（GCC）负责向政府和监管部门反映消费者意见，保护消费者权益；5）垄断和兼并委员会（MMC）负责监督英国燃气公司的行为是否损害公共利益，对损害公共利益的行为进行处罚，必要时可向工贸大臣建议修改对英国燃气公司的授权。

对下游城镇燃气（零售市场），监管主要措施有4项：1）智能市场推广计划，即向终端用户推广使用智能电表帮助用户更高效地了解燃气公司的供气状况和自己的缴费状况；2）规范零售商行为；3）营销审查，监察燃气公司的营销内容和手段是否有违市场规则；4）价格管理，设定天然气零售价的上限。

（4）欧盟

在欧盟，欧盟要求成员国指定一个或多个主管机构作为天然气的监管当局，应当设立适当、高效的监管机制、控制机制和透明度机制。欧盟要求各成员国设立的监管机构必须与天然气行业完全没有任何相关利益，这样可以确保非歧视性的、有效的竞争和市场的高效运作。

（5）法国

负责天然气监管的机构是法国能源管理委员会（CRE）。能源管理委员会对国会负责，电力与燃气事务高级委员会以及相应的国家和省级的国家代表行使监管监察工作。能源管理委员会负责审核制定天然气网管运输各个环节税率的设立及调整，批准法国天然气输送网络经营商的年度投资计划，审核和批准天然气网管运输各个环节的价格，进而限定企业最高收入，批准和实行欧盟关于天然气产业的规则，确定企业审计周期以及执行分类审计原则，对企业的账目、成本和投资预期进行分析审核，对违反第三方准入和使用原则的企业进行处罚，可以要求所有天然气输送网络经营商提供查询的信息等。能源管理委员会每年对两大天然气网络运输商进行财务预算评估和财务审计，确定基础设施建设、运营及投资成本，设立投资激励规则和惩罚制度，通过收入弥补性账户对企业降低或增加的经营成本进行不超过目标预算3%的奖励或惩罚。

（6）德国

负责管理能源事务的政府主管部门为联邦经济与能源部（原名称为联邦经济与技术部）。联邦网络管理局和州网络管理局两级具体实施安全监督，对于相应的技术安全规定的实施和落实、实施时限有参与和审核的权力。燃气公司法人对是否正确执行技术规范负法律责任。德国政府依据法律法规，从宏观的角度规范行业参与各方的市场行为，防止和限制企业形成并滥用市场垄断地位，保障行业的健康有序发展。

德国经济与能源部对天然气产业法定的监管职责主要有：制定天然气长距离供热的法律法规；根据欧盟总体能源方针对能源法律法规进行调整；与联邦卡特尔局等反垄断机构合作限制企业滥用市场垄断地位，促进行业公平竞争；审批与非欧盟成员国签订的期限超过两年的能源进口合同和保障国家能源供应安全；通过行业协会等中介机构定期（尤其是在冬季用气高峰到来之前）与行业各参与方进行对话、沟通与协调，实现国家的经济与能源发展战略目标。除非出现市场失灵或突发性能源供应紧急状况，政府主管部门对于天然气产业参与者的具体商业经营活动一般既不施加任何行政干预，也不提供任何特殊的优惠政策和财政补贴。

德国行业协会在安全监管中的地位和作用是燃气安全监管的显著特点。德国政府和企业认为政府的监管介入将会制约企业经营自由，不利于行业发展，反对建立行业专门监管机构。

（7）日本

日本通产省和指定的第三方燃气设施考核检查机关，考核员参照公务员管理。由通产大臣任命三级保安监督员实施企业自主监督检查。JGA（日本燃气器具检测协会）负责JGA用户燃气检查员资格的管理。该资格共分3类，分别为屋内管及燃气具检查员资格、燃气具检查员资格、屋内管检查员资格。只有拥有足够从业经验、已接受培训并通过书面考试的人员才可获得该资格证书。该资格证书有效期为3年，持证者每3年须接受以历史事故和灾难为基础的培训，以延续其资格的有效性。对于旧燃气具，生产厂家负有检查义务。

（8）中国香港

香港机电工程署和任命的三级燃气督查实施监督检查。三级监督人员对不同的燃气企业的不同设施所在场所，有不同的进入权和检查处置权。作为香港燃气市场的监管机构——香港政府机电署标准事务处，代表政府对城市燃气、工业气体进行宏观管理。其指导思想是安全第一、少干预经营。香港燃气行业，包括燃气经营单位、燃气具制造和经营单位、燃气施工单位的注册登记、技术监督、认可资格以及技术、安全、规范标准的制定，均由香港政府机电署的气体安全事务处负责。在香港，只要能够获得政府特许经营许可证就可经营燃气业务，香港政府监管燃气仅限于安全监管及向香港市民提供安全服务。

（9）韩国

韩国产业通商资源部和属于下辖有资格的燃气安全会社实行安全"综合管理评价"监管制度。

**3. 针对燃气发展不同阶段和环节协调法律依据，实施有效监管**

政府对燃气监管的存在和监管模式有多种方式，产业发展之初需要政府给予必要的扶持和管理，部分自然垄断性行业需要政府监管防止其滥用垄断地位，上中下游产业链的形成、成熟、发展和运作市场机制，燃气运行安全的全部环节都与燃气不同阶段出现不同的特征和安全监管特质相关，需要针对发展的不同阶段和环节，及时制定、修订燃气法律法规和监管制度，实现对燃气市场的有效监管。最能反映这种变化的是燃气价格监管。价格监管是政府对市场失灵的补位和调节。保护居民的基本生活需求、照顾中低收入家庭，需要政府监管价格的制定和运行。价格监管的有效与否也直接影响城镇燃气安全管理投入的实施和效率，也影响城镇燃气经营企业适应燃气产业链的发展。注重燃气在能源结构转变中的地位和比重以及需求调控方面的监管强度，将政府监管延伸至安全、环保、可持续等诸多方面。

从上条罗列的国家燃气法律法规制定修订时间,可以看出依法依规有效监管需要考虑燃气市场的不同发展阶段。经历了从无管制到完全管制,到逐步放松管制的过程,纵向一体化垄断经营到供应、管输与销售分离,到供应和销售环节形成市场化充分竞争的过程。目前在法律法规监督下形成了充分竞争的市场机制。

需要针对燃气行业各环节的不同属性实施分类监管。由于燃气行业各环节的业务属性不尽相同,单一的价格监管无法适应燃气行业发展要求,因此很多国家都对不同环节的业务采用了分类监管的办法。

**4. 充分发挥协会和社会组织在城镇燃气安全监管的作用**

监管体系清楚,第三方参与和用户权利体现的是公正公平监管的基础。国际城镇燃气已经形成安全监管的成熟机制:通过特许经营权授予方式实行监督管理和安全服务质量要求,由独立于行政部门外的监管机构,第三方考核机构受政府委托进行考核监管,受企业委托咨询和改良企业管理技术水平。燃气协会通过参与法规制定、标准制定、科研技术服务和从业人员培训等方式开展行业自律管理,消费者协会得到监管方授权,代表用户对用气全过程进行协调工作。这样一个运行体系,使得城镇燃气企业的市场主体和安全责任主体作用得到充分实现。

充分发挥燃气协会的作用是欧洲燃气监管运行的有效模式。例如德国在安全监管中充分展示德国行业协会的自律和调节作用。通过政府规制与行业自我管理相结合的形式,对城镇燃气参与者的市场行为和技术资质加以规范。德国全国性天然气行业协会共有两家,一家是总部设在柏林的德国天然气与水经济协会(Bundesverband derGas-und Wasserwirtschaft,简称BGW),会员企业1 300家,其中650个成员公司为天然气生产、进口和输配气企业。协会的工作重点是参与政府、企业和消费者关系的沟通和协调,制定并达成管网准入、合同签订等行业经济规制性协议,以监督和规范企业的经营行为,保证公平竞争和市场效率。另一家是总部设在波恩的德国天然气与水联合会(DeutcheVereinigung des Gas und Wassere.V.),会员总数为12 000个,其中包括1 300家供气供水企业,1 500家相关设备制造企业,200家州、区级相关机构和科研院所,以及9 000多个个人会员。该协会的主要任务是制定水与天然气产业的安全、健康和环保等技术标准和条例,负责行业新技术研究与转让,技术监督检测和资质认证,职业技术培训以及行业内外部交流与协调。在政府指导和企业配合下,德国燃气行业协会有效地发挥了行业经济与技术监管的重要作用,为政府、企业与消费者利益的平衡,国家的能源供应安全,市场的有序运行和安全、健康、环保做出了不容忽视的贡献。

在加拿大,燃气用户协会代表用户与燃气经营者就价格、服务、质量、安装、提供相关信息和诉讼服务等,还有部分监督职能。

在日本,对于一般燃气具,日本燃气用具检验协会(Gas Appliances Inspection Association)制定了安装标准,还有由用户组织及相关行业专家组成的第三方机构,负责管理制订的燃气具安装认证制度,JGA可以提出有关认证制度方面的建议,并参加该机构的委员会。通过这种制度来确保向用户提供安全、方便的燃气具以及正确的安装,同时确保用户知晓正确的使用方法。

**5. 健全统一的城镇燃气标准体系和强化燃气企业建标贯标责任**

国际燃气行业的共同特征是以协会为主要标准编制单位,且具有权威性。企业按照国家法律法规和技术通则制定本企业严于国家和行业技术规范的细则或标准,通过强调企业标准的重要性强化城镇燃气经营企业的责任意识,来确保实现市场主体的安全责任。例如:

日本燃气协会编制技术实施细则，协会编制技术规程，燃气企业必须编制本企业保安规程报交通商产大臣；

德国自来水燃气协会编制技术标准；高一级的技术标准则是国家公法委员制定，企业不是必须遵照这些标准，但是必须形成自己的企业标准，且均高于通用的标准（如EWE燃气公司的压力验收标准，企业标准中允许压降为30 mbar，国家标准（G 469）中为50 mbar）。设施/设备的要求、所选用的材料等在DVGW的标准中作了规定。在室内燃气设施安装方面按照G600——《室内燃气设施安装技术规程》；

美国规格学会机械学会美国燃气协会编制技术标准；

英国燃气技术协会编制技术标准；安监当局编制行业技术标准不具有法律效力，可作为法律证据。燃气企业必须具有依据上述规定制定企业安全技术作业标准，否则不予许可。

中国香港机电工程署依据条例编制《工作守则：气体应用指南》

### 6. 以法律形式明确安全责任范围，推行安全技术措施，强化城镇燃气本质安全和监督管理

（1）政府监管法令中的责任界限和技术措施明确

欧盟、法国，强调建筑设计全面承担建筑协调的使命，用法令形式公布技术规定：1986年1月31日法令，公共配气管（立管）必须在管井内，51条规定管井应置于建筑的公共部分方便接近和检修之处；燃气计量表是配气管网的边界，配气管网属于城镇燃气经营企业的经营范围；建筑内禁止使用PE材料。2003年第2003—8号法令第17条就规定，含有天然气内部设施的住宅产品销售和供居住时，城市法第1643条要求关于掩饰缺陷的保证免除条款只有在关于销售的证明原始文件附属一份对此设施的检查凭证的情况下才可执行。为改善相关建筑内人员和内部天然气设施安全状况，1990年5月31日第90—449号令关于住宅法实施的法令第6-3条规定。

德国在《低压天然气接入条例》规定，对于房屋持有者，双方区分的界限在入楼或入户的切断阀门处。阀门原则上由燃气经营企业负责。

俄罗斯建筑法规1991《燃气供应》CHu.n2.04.08-87对厨房结构、大小、高度、通风孔有具体要求，建筑结构布局有规定，强调符合住宅房间的要求。

美国，联邦最低安全标准——对气体管输作规定就规定经营者的公民教育责任，其继续教育规划要使用户、公众、政府机构和从事与挖掘相关作业的人能辨别燃气管线的紧急情况，宣传必须全面，深入输气的所有区域，以及语言要求。

德国，《能源经济法》第六部分（能源供应的安全性和可靠性）第49条对能源设施的要求作出了规定，要求所运行的能源设施必须保证技术安全，遵守公认技术规定和标准，燃气行业要求遵守（DVGW）德国燃气与供水科技协会的技术标准和规定。联邦网络管理局对于相应的技术安全规定的实施和落实、实施时限有参与和审核的权力。第51条（1）中规定，联邦经济与能源部负责对与电网和燃气管网相连的供应安全进行监管，第51条（2）界定了其从规划到施工及供应能力、质量、网络安全到应急处理等监管范围。

日本，1997年，日本政府制定了日本安全保障标准，基于日本安全保障标准的要求，日本有关部门根据《燃气事业法工作技术标准》制定了省令，省令的第72条对家用燃气表的使用和安全标准作出了明确规定。根据省令要求必须在16 $m^3$/h以下（都市燃气）的消费者的家里安装微型燃气表（LP燃气，3 $m^3$/h以下）。泄漏检知装置和自动燃气切断装置适用于使用最大流量为160 $m^3$/h以下的燃气表。在多种使用失常情况下可实施自动切断燃气供给，从而从根本上杜绝燃气爆炸事故。

（2）严格城镇经营企业准入界限。

准入标准严格，严格执行退出机制，通过严格公平的监管机制和控制鼓励有序竞争、优质服务，从而实现城镇燃气企业的做大做强和体系完备，做到运行生产安全标准化。

如液化气瓶装气供应企业，英国35家，日本10家、韩国6家、中国香港特别行政区5家。

（3）行业、企业采用部分关键技术

1）不符合燃气使用安全的场所坚决不安装。特别是安装使用燃气设施的场所通风条件等是否符合使用燃气的建筑规范。

2）完善、有效的燃气安全宣传——特别是对中小学校开展燃气安全教育，多层次、多方面的社会宣传。

3）在法规层面对工程技术积极推行三新：

a. 修复—修理技术

防止旧燃气管道因腐蚀或破损而发生泄漏的一种非开挖方法，与更换新管道相比成本大为降低，管道完整性能够保持很长时间（40~50年）。主要包括翻转衬法与环氧树脂衬法两类，为适应不同类型、不同管径的燃气管道，在这两种方法的基础上有若干变体技术。

b. 柔性管法

由不锈钢波纹管外覆PVC层制成的燃气管，其防腐与抗震性能好，安装便捷，可以长距离敷设而无需任何接头。能有效防止燃气泄漏。

c. 智能燃气表

能通过内置微机监测燃气的各种预设的不正常用气情况，并自动切断燃气供应。如燃气用量异常加大、变小；连续使用时间超长；燃气压力下降、上升；大的异常运动（如地震）；泄漏、切断性能复核。基本能控制燃气泄漏等隐患。

4）燃气具相关的安全技术

a. 不完全燃烧保护装置

室内氧气浓度下降，或由于燃气具换热器翅片堵塞等原因，燃烧器产生不完全燃烧现象，采用不完全燃烧保护装置，可以在因不完全燃烧导致一氧化碳中毒现象发生以前切断燃气供应，有效预防此类事故的发生。该装置主要由利用温度传感器探测火焰变化，传感器直接监测一氧化碳的浓度方式。日本在防止不完全燃烧技术的开发及实施方面投入了很大的力量。目前超过98%的室内安装（室内进气与室内排放）型热水器都配有不完全燃烧保护装置。

b. 熄火保护装置

熄火保护装置是一种能够在出现点火故障、火焰吹熄及火焰吹脱等现象时，自动切断燃气供应、避免燃气泄漏的安全装置。

c. 防过热装置

与燃气燃烧器具有关的火灾多由烹饪油过热燃烧引起。配备防过热装置后，当燃气燃烧器具底部温度超过设定值（约250℃）时，燃气供应就会被切断。在日本，这已成为防止此类火灾的惯常做法。

d. 泄漏报警器

燃气泄漏报警器能够快速探测出燃气泄漏，在燃气浓度达到危险级别之前发出警报。并与智能燃气表联动自动切断燃气供应。

e. 燃气泄漏报警功能和不完全燃烧报警功能可被结合于同一报警器中，这种兼能报警器的安装越来越普遍。

## （二）国际燃气行业的可借鉴经验

**1. 完善行业监管法律法规的协调、联系，形成统一的行业政策规则**

在监管制度建设方面，以法律法规的构建为先导，通过统一的制度规则来积极有序地引导、推动改革和强化监管。要结合城镇燃气发展阶段和各个环节变迁，及时修订包括《城市燃气管理条例》等在内的法规，使之更符合城镇燃气市场的需要；协调、归并涉及城镇燃气监管相关方法律法规内容，形成健全、配套的城镇燃气法律法规体系，构建统一的职责明确、工作清晰、协调有力的监管体系，进一步完善燃气行业监管；全面清理燃气上、中、下游产业链的规章规则，废除、停止或修改不符合当前城镇燃气局面和发展事态的内容，促进产业链结构改革优化和城镇燃气行业健康有序发展；细化法律法规操作性，强化监管措施，采用更灵活、更到位的全方位监管机制，从法律法规层面具体落实城镇燃气用户、企业的安全使用责任，在指导用户安全意识和安全知识，公共安全宣传等方面的经济、技术责任，并在理顺和调整城市燃气价格机制中体现需要的费用项目，有助于安全监管的落实和城镇燃气价格监管体制的健全。

**2. 责任明确、统一的监管体系是实行效能监管、保障公平竞争的重要手段**

保障市场的合规正常运行，需要专门的监管机构，统一的监管规则。进一步厘清部门责任界限，明确工作协调关系，建立健全统一独立行使监督管理的监管机构和专业管理队伍；建立健全不受行政干预，独立行使监管的法律程序，保证对经营活动的监管到位。

**3. 理顺标准建标管理**

建立统一的城镇燃气第三方专家编制标准机制，充分发挥中国城市燃气协会在城镇燃气行业技术规范制定、执行中的协调和权威作用；强化城镇燃气企业建标、贯标的自觉性和能力，从根本上用规范化保证安全体系，安全工作必须标准化。

**4. 健全合理、开放的燃气价格体系、价格机制和监管体系**

合理的价格机制才能保证城镇燃气企业自觉实现城镇燃气设施本质安全的投入，落实城镇燃气企业终生安全责任；城镇燃气监管机构应具有价格监管职责，有利于促进市场公平竞争和保护燃气消费者利益。

我国天然气价格实行中央政府和地方政府分段管理，出厂价和管输价由国家发改委制定，城市配送服务费用由地方政府制定，政府对价格的管制越位与缺位并存，上下游价格传导不顺。由于我国天然气上游及中游产业链仍然是垂直一体化经营，目前是将管输费与天然气商品本身价格捆绑定价，政府其实管制了本该由市场定价的天然气价格，而本该由政府核定的管输成本却一直无法厘清；中央政府和地方政府对价格的分段管理又导致价格从上游到下游传导不"顺畅"，产业链条上中下游发展不协调，价格扭曲成为天然气产业健康发展的重要障碍。

**5. 通过法律规定明确燃气设施管理界限和燃气安全事故责任。强化和提高燃气用户保护自己生命安全的法律意识和自觉**

**6. 健全协调统一的上下游市场运行机制与监管机制**

实行上、中、下游分离独立，管住中间、放开两头的市场运行机制和反垄断运作，在输配管网经营行为、管道建设、市场准入等中游建设管理环节完善监管。健全适应天然气供应规律的管网设施，来保证（宏观）供气安全。

### 7. 安全技术管理措施方面

（1）使用城镇燃气作为能源的民用建筑本身要保证安装燃气设施场所和燃气使用场所满足燃气安全使用和储存的要求。靠城镇燃气经营企业后期的所谓安全管理是不可能减少城镇燃气安全事故的。

（2）按照城镇燃气企业和燃气用户管理和安全责任权限，统筹设计、布置、安装燃气设施。

（3）加强燃气器具市场质量监管，保证采用符合规定，具有综合安全装置和安全技术措施的器具。

## 四、加强我国燃气安全管理的主要对策措施建议

### （一）完善城镇燃气法规政策

#### 1. 适时调整修订有关法律法规

明确城镇燃气管理、安全监管、执法监察等的主管部门，强化法无授权不可为的权力约束机制，构成主体明确、职责清楚、程序规范、部门协调一致的城镇燃气监管法律法规体系。主要做好如下方面工作。

（1）修订《中华人民共和国石油天然气管道保护法》相关内容。建议第十一条第二款修改为："全国管道发展规划应当符合国家能源规划，并与土地利用总体规划、城乡规划以及矿产资源、环境保护、水利、铁路、公路、航道、港口、电信、燃气发展等规划相协调。"

（2）修订《中华人民共和国特种设备安全法》涉及特种设备名录的内容。将第二条第三款修改为：国家对特种设备实行目录管理。特种设备目录由国务院负责特种设备安全监督管理的部门会同有关部门制定，报国务院批准后执行。

（3）修订《城镇燃气管理条例》。对第53条（一），增加门站定义一款，本条例所称城市门站是指符合城镇燃气发展规划布局，与城镇实施贸易交割天然气的天然气输送管道分输站（阀室）或者天然气输送管道与城镇燃气管网首个连接的具备计量功能的场站等。

#### 2. 加快现有地方法规的修订

加快修订现有地方法规与《城镇燃气管理条例》等上位法存在不一致处，保证法律法规保持统一严肃性。

#### 3. 加强法律行政法规的衔接

修订或者取缔与现有法律、行政法规冲突的部门规章。国务院尽快依据有关法律法规，明确城镇燃气和天然气基础设施的关系，明确城市门站的概念和范围，规范天然气输送、城镇燃气的监管主体、监管职责和内容。

### （二）明确政府部门监管职能和责任

从当前的实际情况看，实现城镇燃气的安全监管，需要明确各方安全监管职责，建立部门分工明确、权责清晰、监管有力、依法行使职权的燃气安全监督管理体系。

#### 1. 明确安监、燃气管理部门的燃气安全监管内容

（1）明确燃气经营许可、危化品经营许可的管理边界。明确规范对危化品管理的概念、范畴、环节、内容。按照《危险化学品安全管理条例》，城镇燃气属于危化品监管的范畴，如：燃气的储存、运输等环节，《城镇燃气管理条例》规定得不具体。应当明确哪些环节属于危化品监管的范畴。属于危化

品法规管理的，燃气管理部门将不再监管，全部交由安监等部门监管并承担监管责任。将达不到规范要求的各类作为燃料经营使用的人工煤气、天然气等全部纳入危化品监管，由各级燃气管理部门负责工程建设和经营许可等。

（2）明晰燃气工程建设中压力管道容器涉及设施安全评价、安全监管、质量监管、施工许可等法定事项的监管内容和相关监管部门的各职责。属于特种设备的，由质监部门依据《中华人民共和国特种设备安全法》等有关规定管理，燃气管理部门不再列入管理事项，以质监部门的单项验收意见作为燃气经营许可证颁发的条件。属于燃气工程设施的安全评价，其评价工作的组织审查、结果应用等，由燃气管理部门依据《中华人民共和国安全生产法》《城镇燃气管理条例》及相关标准进行。

（3）明确城镇燃气经营活动中供气质量、燃气器具质量及相应服务质量的监管环节和内容。主要有如下两个方面：

一是明确工商业企业内部燃气设施运行的监管职责。按照"管行业必须管安全、管业务必须管安全、管生产经营必须管安全的原则"，科学划定工商企业单位内部的燃气设施运行使用管理的职责和责任。属于哪个行业的，其行业管理部门作为第一责任人，纳入行业安全生产目标考核。如：餐饮行业的监管部门属于商业部门，理应由商业部门进行燃气使用场所和使用条件的监管，燃气经营企业负责对供气用户的业务指导和安全用气的培训，燃气管理部门对燃气经营企业履行法定义务进行监督检查，对违法经营供气行为和不具备使用条件的场所的用气行为进行查处，质监部门对违法充装销售使用燃气钢瓶的行为进行查处，安监部门进行综合监管。

二是明确燃气质量、燃气器具质量及服务质量的监管。明确燃气质量管理职责，天然气、液化石油气生产环节的质量由质监部门负责管理，流通领域的管道燃气、液化石油气、液化天然气、压缩天然气的质量由燃气管理部门和工商管理部门依据有关法规监督管理。燃气器具及附件的生产由质监部门管理，流通销售环节由燃气管理部门、工商部门负责监管，燃气管理部门负责制定符合当地气源气质的燃气器具目录，负责燃气燃烧器具安全维修资质的审批和人员培训等，工商部门对违规销售、安装维修企业单位进行查处。

（4）完善管道天然气上下游分工监管体制。明确城镇燃气、天然气基础设施、长输天然气管道监管边界，明确城市门站的概念、范围，明确相应的监管主体及职责。赋予省级发改部门省内天然气长输管道规划职责，以省级管网分输站作为门站，科学划分天然气管网上、下游，上游企业负责全国管网、省级管网、地下储气库、LNG 接收码头、季节调峰设施等气源设施建设，纳入国家能源规划和天然气输送管道规划。省级管网门站后的管网统称为下游，纳入地方城镇燃气发展规划，负责对所有的用户服务和应急调峰。严格限定上下游关系，上游企业原则上不得介入下游市场，全面放开下游市场。适度放开上游市场，允许适度竞争。

（5）科学划分城镇燃气设施中特种设备监管的范畴、职责和责任。国务院批准公布的最新《特种设备名录》中涉及城镇燃气行业的液化石油气钢瓶、压缩天然气气瓶、液化天然气气瓶和压力管道的监管。燃气钢瓶作为特种设备管理已经不存在异议。但城镇燃气管道作为特种设备一直存在很大争议，焦点是有没有必要，如有必要采取什么方式、标准检验登记和收费等，建议如下：

一是将燃气管道全部作为特种设备监管。按照质量技术监督部门的《特种设备名录》，压力在 0.1 MPa 以上的燃气管道属于特种设备，而城镇燃气管道压力等级中压 A $0.2 < P \leq 0.4$，中压 B $0.005 < P \leq 0.2$，一部分属特种设备，另一部分不属于特种设备，属于特种设备的要到质监部门登记检验备案，其他的管道由企业自行管理或者其燃气部门管理。从目前的管理情况看，绝大部分中压燃气

管道都属于特种设备。鉴于此，按照《中华人民共和国特种设备安全法》，建议将城镇燃气管道及附属设备的安全监管全部划入质监部门统一管理，并明确应当承担的安全责任。

二是城镇燃气管道的监管不作为特种设备监管，纳入燃气行业管理和企业运行管理。城镇燃气管道在建设阶段，由燃气管理部门纳入管道工程的建设程序，依据法定程序组织建设和验收备案，城镇燃气管道工程运行维护及安全检验检测等，由企业聘请具备资格的检测机构或者企业自行检测维护，并承担法定责任。由政府规定的市场监管类型的检测应由政府承担费用。燃气管理部门负责监督检查并承担责任。

### 2. 建立权力、职责、责任对等的分工管理体制，明确各类监管主体的安全责任

发改（含能源、价格）、质监、安监、城乡规划、综合执法等部门都负有项目审查审批、气瓶充装许可、安全生产许可和违法行为查处的权力，应当建立权力、职责、责任对等的分工管理体制，加大对工程（设施设备）建设和运行过程的监管，取消或者弱化只审批不监管的权力事项，强化事前安全审查和事中事后监管职责措施、责任等。参照《危险化学品安全管理条例》等法规，强化燃气安全主管部门的工程项目审查和检查监督职责权力。如：该条例第七条规定，负有危险化学品安全监督管理职责的部门依法进行监督检查，可以采取下列措施：（一）进入危险化学品作业场所实施现场检查，向有关单位和人员了解情况，查阅、复制有关文件、资料；（二）发现危险化学品事故隐患，责令立即消除或者限期消除；（三）对不符合法律、行政法规、规章规定或者国家标准、行业标准要求的设施、设备、装置、器材、运输工具，责令立即停止使用；（四）经本部门主要负责人批准，查封违法生产、储存、使用、经营危险化学品的场所，扣押违法生产、储存、使用、经营、运输的危险化学品以及用于违法生产、使用、运输危险化学品的原材料、设备、运输工具；（五）监督管理职责的部门依法进行监督检查，监督检查人员不得少于2人，并应当出示执法证件；有关单位和个人对依法进行的监督检查应当予以配合，不得拒绝、阻碍。影响危险化学品安全的违法行为，当场予以纠正或者责令限期改正。第十二条第一款规定，新建、改建、扩建生产、储存危险化学品的建设项目（以下简称建设项目），应当由安全生产监督管理部门进行安全条件审查。

### 3. 健全完善燃气安全综合执法监察体制

应当将燃气安全执法监察列入政府安全责任目标考核体系，确定统一的执法监察部门。加强执法队伍建设，建立执法部门、行业主管部门、安全监督部门、公安部门参与的联合执法体制和工作机制，明确各部门执法内容、权限和目标，合理分工，强化执法目标责任制落实，加强人大监督，强化执法目标责任制落实，提升燃气安全保障能力。特别是将非法建设燃气设施储存燃气的行为处罚交由公安部门，依据《治安处罚法》的规定进行处罚。

## （三）落实企业安全主体责任和管理制度

燃气行业属于公用事业，燃气企业承担工程建设主体、设施运行主体的责任，同时还承担着居民安全用气培训指导、用气设施维护抢险职责，责任重大。建议从法律和制度层面，强化燃气企业安全管理制度，加强人员培训教育，强化责任落实，确保企业尽职尽责，保障安全。

### 1. 建设安全责任

（1）燃气工程建设单位履行法定建设单位责任和燃气工程基本建设程序。依法办理工程项目的安全审查、规划选址、立项备案、安全评价、施工许可、质量监督、验收备案等手续。

（2）燃气企业应向建设单位提供施工现场及毗邻区域内地下燃气管线资料，按照《城镇燃气管

理条例》规定履行管道保护责任。

**2. 经营安全责任**

（1）依法办理燃气经营许可证。遵守《中华人民共和国安全生产法》《城镇燃气管理条例》和其他有关安全生产的法律、法规，完善经营条件，加强安全生产管理，建立健全安全生产责任制，明确安全管理基本原则，制定安全生产规章制度和操作规程。

（2）健全完善企业安全生产组织构架。依法设立安全机构，充实安全管理力量，加强员工职业技能教育培训，保证资源合理配置，落实安全职责。

（3）燃气企业应逐步建立并实施"健康、安全与环境一体化的管理体系（SHE）"、"职业健康安全管理体系"、"安全生产标准化"等安全管理体系，并定期对体系运行的适宜性、充分性、有效性组织评审，实现持续改进，提高燃气企业安全管理的系统化、标准化、规范化。

（4）燃气企业应制定生产计划，落实各项措施，确保所辖区域内燃气产销平衡。特别是制定管道燃气气源应急保障性预案，确保燃气供应正常稳定。

**3. 设施维护安全责任**

（1）制定设施巡检维护规程并组织实施。燃气企业应按相关法律法规、标准、制度对输气管道及设施（包括储配站、调压站、计量站等设施）进行管理、巡视和维护保养，标准不全或者没有国家标准的，要制定企业标准，确保输气管道及设施保持其正常性能、发挥其特定功能，保证整个燃气管网的正常供气。

（2）燃气企业应按相关法律法规、标准制定输气设施的大、中小修及保养制度，并严格按要求实施。

（3）燃气企业可引进国际先进的燃气泄漏检测技术装备，提高燃气设施的运行管理质量，借鉴国外成功经验，逐步采用燃气用户安全技术管理手段。

**4. 应急处置安全责任**

（1）燃气企业应根据本企业设施和危险情况，组织制定本企业应急预案体系，并定期修订。

（2）燃气企业应按照应急预案要求，建立应急救援体系，加强应急救援队伍建设、配备装备，按需调整优化应急网点资源，定期开展应急演练活动。

（3）燃气企业应及时处置各类燃气报警信息，在规定时间内进行应急处置。

（4）燃气企业应建立健全应急抢险联动机制，依托公安、消防等社会救援力量，处理好专业处置和社会救援的关系。

**5. 安全用气宣传教育责任**

（1）普及燃气安全常识。燃气企业应开展用气安全管理工作，通过印制发放安全用气手册，利用各种渠道、媒介加强用气安全宣传。

（2）实施用气安全检查。燃气企业应做好所辖范围内用户安检工作，对于安全隐患应及时告知用户，并协助用户消除安全隐患。

## （四）积极推进安全管理科技进步

### 1. 建立完善城镇燃气行业标准体系

统一燃气技术标准管理。改变现行任何单位都可以立项编制城镇燃气技术标准的做法，建立健全行业管理部门、燃气协会参与标准制定的机制，涉及城镇燃气标准编制立项应归口到一个机构，明确授权中国城市燃气协会建立第三方专家制定、审定标准的体系，以保证标准的合理性、实用性、科学性和统一性。完善企业标准体系，加强对企业标准的审查验收备案，强化企业标准的地位，提高企业编制和履行企业标准的积极性。

**2. 积极推广使用安全、节能、环保的新技术、新工艺和新产品**

（1）推广应用燃气安全保护装置。重点选择应用主动监控、信息化、智能化的智能燃气表、自闭阀、家用燃气报警器等。如《切断型膜式燃气表》（CJ/T449-2014），具备燃气泄漏报警切断、过载流量报警切断、异常大流量报警切断、微小流量泄漏报警切断、持续使用时间过长报警切断、燃气压力过低报警切断等功能，可对户内燃气安全筑起一道新的防线。《管道燃气自闭阀》（CJ/T447—2014）是一种安装在户内低压燃气管道末端，经软管与燃具连接，具有超低压、超高压、失压3重保护功能。当管道内燃气压力低于或者高于设定压力，胶管断裂、脱落导致失压等情况发生时，能及时自动关闭，防止事故发生，故障排除后人工复位。可以有效地避免自然灾害引发的次生灾害。

（2）发展使用新型燃气软管技术。研究新型耐腐蚀、使用寿命长、安全保障好的燃气软管，修订当前不适宜的软管标准，组织力量进行科技攻关，借鉴国外经验，先从标准制定入手，强制淘汰不符合标准要求的软管，关停生产企业，由企业负责更换新软管的，纳入经营成本。

（3）推行物联网燃气表系统。实现在线监测、远程控制、安全防范、统计报表、智能收费等管理和服务功能，有效提升燃气管理公司的信息化管理水平，降低管理运营成本。

**3. 采用高科技手段实施燃气管线风险防控、排查和治理**

（1）在燃气管线上方铺设标识带，埋设电子标识，施工阶段全部预埋光缆，准确定位燃气管道，实现数字化跟踪定位和防第三方破坏等功能。加强巡线技术设施设备装备，合理安排巡线人员的巡查线路及范围，确保巡护到位，及时制止第三方施工的破坏活动。

（2）利用管道定位技术，可以对管线的走向和深度进行测量，提高巡线的准确性。利用手持式可燃气体探测仪，方便探测可燃燃气泄漏。利用乙烷分析仪快速分辨天然气和沼气，提高检测的准确性。

（3）加强防腐层的检测技术设备应用。利用国内外成熟的密间隔电位（CIPS）/直流电压梯度（DCVG）测量法、管中电流测量法PCM、皮尔逊法等，加强埋地金属管道防腐层检测。特别是DCVG检测技术，是目前国内外公认的先进的埋地金属管道防腐层检测技术，在管道完整性评价中得到了广泛的应用。

**4. 推动信息技术在燃气行业广泛应用**

信息技术可以实现对燃气管网、场站设备的实时监控，准确掌握设备的运行状态，科学合理地制定设备维护、维修计划，降低故障风险；借助信息系统进行管网工艺流程模拟，辅助应急处置预案的制定；优化生产调度与资源调配，细化生产管理，降低运营成本。

（1）建立完善SCADA系统。针对燃气生产管理实际需要，将工业自动化、计算机网络、视频监控等多项先进技术结合在一起，实时采集远端库站的工艺运行参数，实现对天然气管网和工艺设备运行情况自动、连续的监视和数据统计，为安全运行提供必要的辅助决策信息。同时，在调度室还建立GPS平台系统，在各类生产车辆上安装GPS定位装置和无线通信装置，使生产车辆与调度室之间形成双向、动态联接。实现了对各类车辆的监控和调度指挥。一些燃气公司在SCADA系统的基础上开发了管网仿真系统，用来评价实际系统中可能产生的不同运行条件，为运行决策提供可靠基础。燃气管网的建模工艺可提供不同条件下燃气管网工况变化的许多有价值的信息，是管网设计、调度运行和管理工程师最重要的决策工具之一，是提高燃气管网系统的设计能力、日常调度操作效率及运行安全的科学辅助手段。

（2）建立管网地理信息系统（GIS）。一些燃气公司建立管网地理信息系统，统一存储管网业务数据和风险管理数据，并形成数据采集、处理、存储、更新的标准规范。基于GIS系统的安全应急管理系统，能对燃气管线进行有效的管理，应对突发事故的发生，调度指挥抢修工作。开发管网地理信息相关应用，实现故障分析、爆管分析、影响区域分析，管线的占压、穿越，周边高危环境和重点单位的分析及展示，为公司安全生产和风险管控提供信息化支持。

（3）工业电视安全监视系统。工业电视安全监视系统用于各个站点的监控视频信息的采集、传输、处理，以及对突发事件和事故的决策支持和调度指挥。通过骨干网络整合接入现有视频监控系统的监控点，实现远程监控全局下各个站点的实时情况。建立监控中心平台，为各部门提供远程实时的视频监控、视频控制、视频管理、视频分析等功能，通过监控终端实时了解站点内各监控点的实时情况，及时掌握各地安全生产等现场资料，主要作用是实现对生产一线远程监控，能够随时、直观掌握现场情况，作为辅助决策的依据，大大提高了燃气公司科学决策水平和安全应急事故的快速响应能力，为科学高效地进行安全管理、生产提供可靠支持；提高燃气公司对各站点的监管力度，提高处理突发事件的效率。

### 5. 利用物联网技术，打造数字燃气

在现有信息化成果的基础上，完善网络覆盖，加快建立数字燃气体系，充分发挥信息化在资源配置优化和精细化管理中的战略推动作用。

"物联网"（Internet of Things）指的是将各种信息传感设备，如射频识别（RFID）装置、红外感应器等装置与互联网结合起来而形成的一个巨大网络，可以让所有的物品都与网络连接在一起，方便识别和管理，提高信息系统数据采集的效率和质量，降低人为干扰。与传统的SCADA系统相比，物联网系统在成本和灵活性方面存在巨大的优势，但在性能和可靠性方面还略有不足。物联网的技术体系包括感知层技术、网络层技术、应用层技术和决策层技术。

数字化系统贯穿燃气管道建设运营的全生命周期，系统功能包括：管道模型、可研管理、勘察管理、设计管理、数据采集、竣工资料、设备管理及系统管理，管理者可以通过网络查看不同比例管道及其沿线周边环境的直观信息，每根钢管都有完整的数据记录，可查看某一天、某一道工序环节的进度，甚至每道焊口的坐标值及埋深、焊工信息、无损检测影像等基本信息。这些数据都全过程地记录在"数字化管道"系统中，一旦出现问题，即可进行可逆性数据跟踪，查出源头。生产数据从管线、站库现场产生，通过SCADA系统采集，传递至生产指挥系统，并会同现场和燃气公司录入的生产运行和销售数据上传至生产管理和天然气销售数据库，各数据库为ERP数据库提供计划、生产、销售等经营管理数据，满足企业经营管理需求。

### 6. 建立燃气安全监控系统平台

（1）打造专业化、数字化、全方位燃气安全监控平台。目前，国内一些科研机构，已经开发成功的燃气安全集成监控系统，利用互联网技术，具备燃气设施重要参数适时传输、视频随时调度、运行工况全方位监控、事故处置自动控制等功能。各级政府、企业应当加大投入，建立健全政府、企业安全监控平台，随时调度、检查企业及其场站运行管理情况。

（2）实施地下管网数字化综合监管。结合智慧城市、数字化城市建设，政府及其有关部门组织实施城市内的燃气供热、供排水、电力（含电力通讯、路灯）、通信（含监控、广电）、铁路、工业管线等8大类地下管线及附属设施的空间地理、安全运营管理等属性信息的普查，建立城市地下管网地理信息系统平台。在"智慧城市"建设总体框架下，以云计算为基础，以管网数据中心为核心，

初步建成包括地下管网信息采集、监控、数据应用服务为一体的综合性地理信息管理系统平台,开展地下管网信息普查、数据整理录入、三维软件开发、信息中心建设等相关工作。地下管网信息系统平台建设完成后将实现地下管网信息由多家封闭管理变为开放式的只有一个"管家",各管线产权单位通用共享,一旦发生地下管网事故,相关产权单位可随时快速查准漏点派人抢修。以系统的爆管"把脉诊断"分析为例,当城市的给水、燃气等压力管道发生爆管泄漏时,通过系统的压力管道爆管分析,工作人员能够快速、准确地定位漏点,并对管线进行分析,及时找出相关的控制阀门,有效地控制灾情,缩短抢险救灾时间。地下管网地理信息系统平台为地下管网建设提供详实的相邻各管线的空间位置信息,起到辅助规划设计和拆迁开挖等工作。在平台上每个施工单位发布开挖信息,需要各相关单位统一会签,有效减少第三方破坏的发生。

### 7. 建立居民户内安全技术防范体系

居民户内燃气系统分别由燃气公司和居民管理,数量巨大,管理复杂,安全责任大。依靠单一的技术防范措施不能有效遏制户内燃气事故的发生。首先要民用建筑实现具有符合安全使用燃气的安全场所,在此基础上还应通过明确民用建筑建设单位的责任,研究多种安全技术防范措施,适应不同用户的安全管理需要。比如自闭阀可以消除软管泄漏、灶具使用不当等安全隐患,自闭阀和燃气报警器组合使用,可以消除自闭阀打开出现的燃气泄漏。智能燃气表和燃气报警器,可以检测表后系统的微漏,超大流量泄漏等。燃气具的熄火保护功能等这些安全技术措施可以有效降低户内燃气安全事故。但是这些安全技术设备在推广过程中遇到很大阻力,一方面是安全责任的划分问题,我国目前还没有要求安装家用燃气报警器等安全设备的强制性国家规定,报警器长时间使用也涉及传感器的定期校验问题,这些国家都没有规定,造成燃气公司推广安全设备积极性不高;二是安全产品的质量问题,一些燃气安全产品质量不高,不能起到安全保障作用;三是家庭用户的安全意识非常薄弱,没有意识到该类产品的重要性,把家用燃气报警器当做可有可无的产品,没有把它当作关键时刻拯救生命的利器。这些都需要政府、社会、燃气公司、居民共同行动,保证燃气安全。

### 8. 发展城镇燃气检测评价技术

(1) 目前国内外已经研究出很多专用于燃气管道的检测技术与检测仪器,主要有防腐层检漏、土壤参数检测、管材缺陷检测、杂散电流干扰检测4个检测方向。每个方向都有多种检测方法及相应的检测仪器,很多检测方法或相应的仪器由于本身局限性和干扰因素的存在,往往会影响检测结果的准确性,因而,用一种方法很难做到检测结果的准确无误,需要综合采用多种方法及仪器才能获得可靠的结果。根据不同的情况选择准确的检测方法和仪器是检测技术发展的关键。

(2) 目前国内外相关的评价软件较少,因而高效、准确的燃气管网完整性评价软件的开发也成为燃气管网完整性管理的重要部分。

## (五)明确提高燃气安全意识的落实责任、强化燃气安全宣传教育

### 1. 各级政府加大舆论媒体宣传力度

加大媒体宣传力度,明确各级宣传、广播电视部门应当担负的燃气安全宣传职责,广播电视、报刊杂志、网络传媒等新闻媒体,都要严格按照法定义务责任,加大燃气安全宣传力度,在全社会普及燃气安全常识。

### 2. 开展燃气安全教学教育

建议国家教育主管部门在中小学阶段,每学年安排1个课时,专门开展燃气安全使用常识及相

关法律法规教育，普及燃气安全法律、设施器具维护、燃气使用等知识，提高燃气安全保障能力。

**3. 完善燃气职业技能培训鉴定体系**

依据《安全生产法》和《城镇燃气管理条例》规定，建立针对燃气企业就业、在岗人员、单位燃气管理使用人员的业务技能培训，完善职业技能考核鉴定制度，坚持合规就业、持证上岗，提高企业员工素质和安全管理水平。

**4. 依法强化燃气企业对广大居民安全用气知识的培训指导**

## （六）加强、突出行业自律管理

进一步加强燃气协会等行业自律管理作用，赋予协会标准制定审查、企业安全生产标准化评估、安全风险评价、人员培训、企业条件核查等职责。能通过自律实现的事项，通过市场能解决的事项由协会负责协调，发挥协会在城镇燃气行业安全管理中的引导作用和推动企业履责中的督促作用。

中燃协安全管理工作委员会

# 我国城市居民燃气设施安全维护费用问题研究

本课题以居民用户燃气设施安全维护费用为对象,研究住宅小区建筑区划红线内供气设施(含小区内居民用户共有和居民户内专有设施)的安全维护费用分担机制问题(如图1所示),从产权归属、燃气服务性质、安全责任界定等方面入手,剖析供气设施安全维护费用分摊的理论基础,并借鉴国内外相关国家、地区,以及相关行业的典型做法,探索安全维护费用分摊机制,有效解决安全维护费用无着落、安全责任没落实、用户安全没保障的问题。

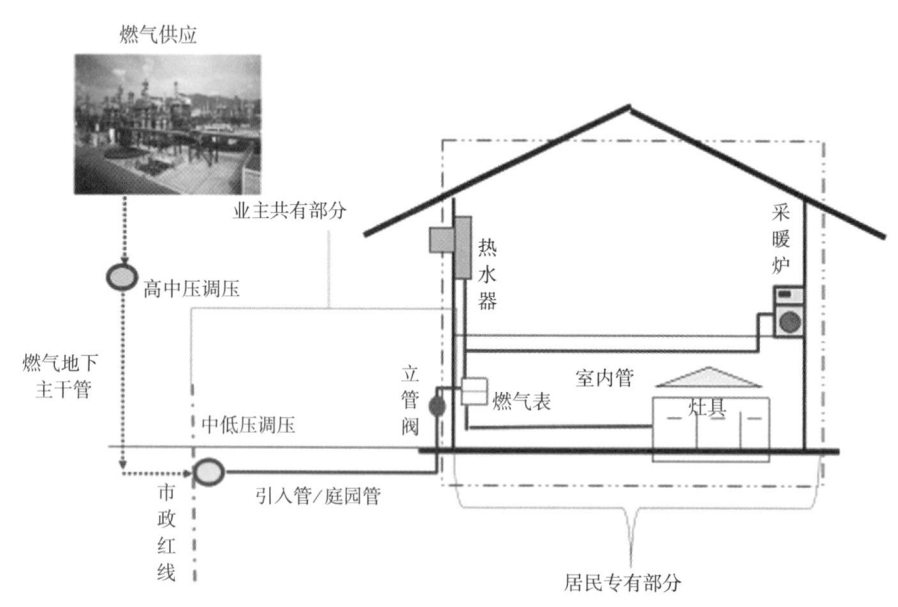

图1 建筑区划红线内燃气管道与设施示意图

## 一、我国城市居民燃气设施安全形势堪忧

随着国家经济建设高速发展和城市基础设施建设,城市燃气事业得到了飞速发展。城市燃气的消费量、城市用气人口及燃气普及率均有了很大的提高,受居民安全意识落后、日常安全维护工作尚不能常态化等多种因素影响,燃气事故数量也同步增多,对人民群众的生产生活安全造成一定的威胁。

### (一)燃气设施安全维护是保障居民生命财产安全的关键

#### 1. 燃气爆炸事故不可中断

燃气是一种易燃易爆、易流动,易扩散的气体。管道燃气是网络型,燃气是通过管道运输送到各个消费终端。一旦管道及设施出现泄漏,燃气与空气形成爆炸混合物,其浓度达到爆炸极限并遇热源或明火便有燃烧爆炸的危险。燃气爆炸瞬间发生,无法通过及时切断供气来解除事故或控制损失,故具有不可中断的特点。

#### 2. 燃气事故损失往往范围不可控

虽然正常使用天然气可以保证安全，但由于天然气的燃点低，引燃能量小，从而较易发生火灾。燃气设施一旦存在（或形成）隐患，加之燃气设施隐患隐蔽、火情难以控制、继生灾害大，若不及时反应、正确应对，很可能会扩大灾害波及范围，难以控制，随之带来的财产损失难以预估。

#### 3. 燃气事故具有复杂性

燃气事故易引发火灾和爆炸，过量天然气具有一定的中毒性，同时还伴随着机械伤害、腐蚀伤害、高温灼伤等，一旦爆发，将给救治伤员工作带来很大的困难。特别是在燃气管理不规范、日常维护不当的居民聚集区，管线错综复杂，燃气事故突然爆发，情形难以在较短时间内摸清，延误救治时机。

#### 4. 燃气事故易造成人员伤亡

由于燃气事故常常表现为爆炸或剧烈火灾，常伴有人员伤亡，既带来经济损失，也给相关家庭带来伤害。实践经验表明，管道燃气只要不泄漏、能及时发现并消除隐患，即可保证安全。因此，防止燃气安全事故、减轻事故损失的最有效做法便是抓源头，即抓好燃气设施，特别是居民户内燃气设施的日常安全维护工作，从源头上降低事故发生率。

### （二）近年我国燃气安全形势严峻

#### 1. 燃气用量大幅增加，带来燃气事故数量同步增加

燃气作为易燃、易爆性用品，其使用本身存在自然事故率。假定这一事故率不变，随着燃气用量的增加，燃气事故自然增长。根据公开网络数据和华润燃气安全管理部的数据，报道中的燃气事故和重大事故数量与燃气消耗量之间存在一定的正相关关系。2011年，报道中的燃气事故有261起。2012年，在可查询的7个月里，燃气事故达到234起。2013年，燃气事故为220起，虽有小幅回落，但2014年燃气事故又增至340余起。

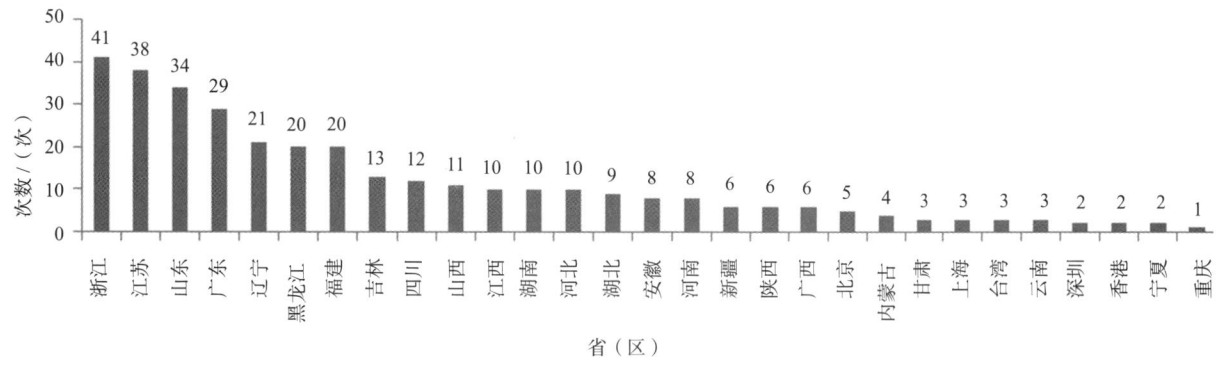

图2 2014年全国燃气事故发生次数各省分布图

数据来源：根据互联网公开数据整理

据不完全统计，2014年的340余起燃气爆炸事故，共造成673人受伤，114人死亡。其中，爆炸事故发生次数最多的是浙江省41次，占全国总量的12%。

### 2. 旧有燃气设施集中老化，事故风险增大

一方面，燃气用钢管设计寿命为30年，多数城市燃气中压燃气管网及早期投入运营的低压管网运行近20年左右时间，已接近或达到寿命终点（更换期），多数管网处于事故多发期。近几年，管网系统腐蚀穿孔事故频发，且呈上升趋势。城市燃气管网老化尤其是居民管网设施老化、缺乏必要的维护维修，已成为燃气输配的重要安全隐患。

另一方面，居民户内的燃气胶管老化、脱落、损坏等易引起事故。由于工作环境温度较高，长期工作的胶管极易老化、被烧焦、龟裂。老化龟裂造成的胶管或连接处漏气，或是在外力作用下胶管老化、变硬、松动、脱落形成的开放式泄漏都很危险，很容易发生安全事故。

### 3. 小区内各类地下管网设施管理混乱，加剧燃气事故风险

由于城市管理的条块分割，对地下管线缺乏规范管理，小区开发建设并没有对地下管网设施做出规划，客观上增加了燃气泄漏和发生燃气事故的风险。

## （三）居民户内人为因素是造成燃气事故高发的主因

### 1. 户内燃气管道遭受破坏或损坏是引发燃气事故的主要原因

从燃气设施设备安全角度看，燃气设备设施安全问题主要包括管道系统和户内胶管泄漏燃气引起事故。根据中国城市燃气协会安全管理工作委员会的燃气事故调查，管道类事故共1 141起，占事故总数的64%，其中管道受到外力破坏占到34%，而管道因腐蚀穿孔占到19%，管道突发断裂占到11%；胶管类事故共273起，占事故总数的15%，另因灶具不合格、操作不当和户内管漏气等因素共294起，占到事故总数的16%；热水器类事故共36起，占到事故总数的2%。

据不完全统计，2014年全国发生的340余起燃气爆炸事故中，有219起发生在民居，占事故总量的64%。

究其原因，燃气管道被外力破坏多是因擅自施工，引发管道燃气泄漏；而用户燃气胶管脱落，这既有可能是胶管安装不合格或不合规，也有可能是使用不当造成胶管与灶具连接处松动；热水器不安全易引发中毒事故的主要原因是用户热水器安装不规范或是热水器超期服役；有些燃气事故发生是因为用户私接、擅改、非法改装燃气管道所致；还有些燃气事故则是由于用户操作不当。

### 2. 户内燃气安全使用问题是造成燃气事故伤亡的主要原因

从造成事故死亡的情况来看，包括灶具不合格、未关燃具、操作不当和热水器未装烟道在内的人为问题是造成事故伤亡的主要原因。2014年燃气事故共造成74人，其中因上述人问题共造成死亡32人，占总伤亡人数的43%。

## （四）重事后赔付、轻事前安全维护模式不可持续

### 1. 重事后赔付、轻事前安全维护的观念严重阻碍燃气安全使用

由于燃气使用经历了早期用量小、用户少、政府提供的福利产品时期，到用量剧增、用户庞大、推向市场经营的阶段，居民用户对燃气是福利产品的观念还没有转变，认为户内燃气安全也应由燃气企业负责，从而忽视使用过程中的安全措施。同时，在燃气安全管理中，各方往往更为关注燃气事故爆发后的事故处理，关注受害家庭如何得到补偿和精神抚慰，而忽视事前的安全维护工作。事实上，作为特殊商品，燃气日常维护到位将大大提高其使用安全性，这就要求在燃气安全管理上必须转变相关主体的观念，重视日常安全维护。

### 2. 燃气企业独立承担共有部分的维修保养费用

根据《城镇燃气管理条例》规定，"管道燃气经营者对其供气范围内的市政燃气设施，建筑区划内业主专有部分以外的燃气设施，承担运行、维护、抢修和更新改造的责任"。也就是说，燃气企业负担着小区建筑区划内至居民户表前共有部分，即除居民用户专有部分以外全部供气设施的运行、管理和维护责任。但从产权来看，这部分供气设施应属居民用户共有。此外，居民户内燃气计量表具的更换费用目前也是由燃气公司承担的。

### 3. 燃气企业承担大部分事故爆发后的出资垫付或赔偿费用

在我国，为体现政府公共管理责任，一旦发生居民家庭燃气安全事故，造成人员伤亡和财产损失时，无论责任主要承担方是否是燃气企业，政府大多情况下都要求燃气企业先行出资垫付或赔偿，并对受损害的燃气管道与设施进行维修和更换，承担巨额维修和赔付费用。

### 4. 燃气企业负担的安全维护费用长期没有分摊

由于我国对燃气设施的安全维护费用分摊的规定一直处于模糊状态，不得已由燃气企业承担相应责任和费用。长此以往，企业负担的费用欠账日益增加，经营成本不断攀升，企业利润率明显下降，直接威胁企业生存和发展，也不利于发挥市场化的配置燃气资源、提高燃气利用效率的作用。

## （五）明确燃气设施安全维护费用分摊机制是保障燃气安全的必要前提

纵观发达国家和地区燃气安全维护经验，均采用责任分担、费用分摊的方式来弥补燃气供应企业的维护费用。在我国居民安全用气意识薄弱、企业经营管理费用日趋上升、燃气事故多发的条件下，明确安全维护费用分摊机制是保障燃气安全的前提。

# 二、我国城市居民燃气设施安全维护费用处理面临困境

## （一）城市居民燃气设施产权归属困境

### 1. 从使用对象看

在城市居民燃气设施两大组成部分中，"红线内至表前阀的燃气管道与设施"是多人共用，而"表前阀至燃具的燃气管道与设施"属于业主私人使用。

### 2. 从受益角度看

如果认为用户因使用燃气而受益，那么用户自然是城市居民燃气设施的受益方。从另一个角度看，燃气企业通过城市居民燃气设施来销售燃气、获得利润，因此燃气企业也是城市居民燃气设施的受益方。

### 3. 从投资角度看

成片开发的新建小区，由开发商负责投资建设商品房及其附属的共用设施、设备，其中包括居住小区内共用的和户内私用的燃气管道与设施。业主（居民）在购置商品房时其支付的房款或专项配套工程费中已经包含燃气管道与设施的建设费用，所以，城市居民燃气设施最终是由业主（居民）出资建设的，并不是由城市燃气企业投资的。如果按"谁投资、谁使用、谁受益"的原则，城市居民燃气设施的产权、使用权理应归业主（居民）。

### 4. 从法律角度看

对于城市居民燃气设施产权的归属问题，2007年10月1日起施行的《中华人民共和国物权法》

（以下简称《物权法》）在其"第六章：业主的建筑物区分所有权"中有明确的规定。

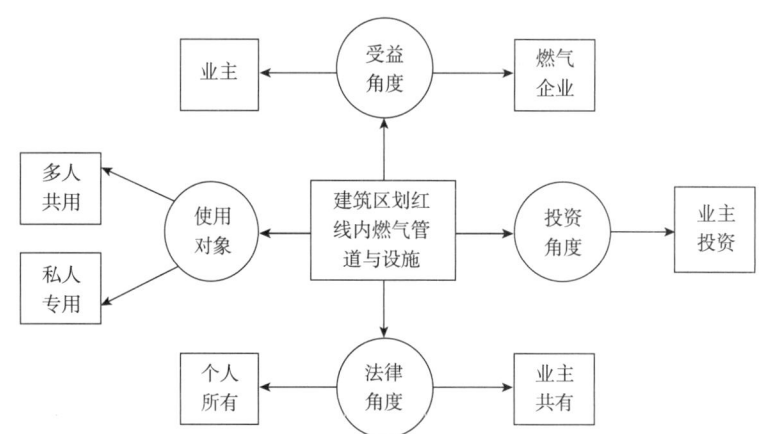

图3　建筑区划红线内燃气管道与设施的多维解读

正是由于城市居民燃气设施的众多特殊性，决定其目前面临以下4大难题：

**难题一：投资方与受益方不对称**

谁投资、谁受益是一条基本原则。目前，城市居民燃气设施基本上由用户投资，但正如前面分析的那样，受益的对象既包括用户也包括燃气企业。用户使用管道实现了消费，燃气企业也使用管道实现了销售。因此，从这个意义上说，燃气企业获得了正外部性。

**难题二：所有权、使用权与运行维护责任相脱离**

城市居民燃气设施的产权若归居民用户所有，既然是居民用户的财产，按照权责对等原则，那么其运行维护、抢险抢修责任自然也应由居民用户负责。但实际上都是燃气企业在担负这部分燃气管道与设施的运行维护、抢险抢修责任，这就导致了所有权与运行维护责任的脱离。另一方面，城市居民燃气设施实际上主要是由居民用户在使用，理应由居民用户承担运行维护责任，但现实却是两者相脱离。再者，若干年后，如果该部分燃气管道与设施需要更换，应该由产权所有方出资还是由运行维护方出资，这更成为一个不可避免的问题。

**难题三：产权归属与公共安全责任困境**

《物权法》将小区内共用设施的产权划归为业主共有。但是，小区燃气共用设施的维护关系到公共安全，简单地按照产权归属界定安全维护责任，既不符合法律基本精神，在实践中也很难行得通。维护公共利益和公共安全，是政府的职责所在，也是共用事业企业履行"普遍服务义务"的内容之一。然而，目前在居民小区内共用设施的安全维护方面，政府责任没有到位，企业也缺乏担责的法律和制度性规定。

**难题四：燃气计量装置更换费用承担不合理**

燃气表是燃气企业销售燃气的计量装置，燃气企业最关心准确与否。因此，一般情况下，燃气企业会出资，免费为用户更换燃气表，以避免日积月累长期损失。但按照现行规定，无论是居民用户还是燃气企业更换燃气表，更换后的燃气表产权归属都是居民用户，由此导致燃气计量装置更换费用承担不合理，并会衍生出另一个问题：燃气表10年到期后的更新投资资金来源应该由谁出。

| 表1 | | | | | 国内19家企业近年来居民家用燃气表更新投入费用（单位：万元） |
|---|---|---|---|---|---|
| 企业序号 | 2010年 | 2011年 | 2012年 | 2013年 | 2014年（1—10月） |
| 1 | 11.52 | 11.35 | 16.64 | 12.45 | 16.94 |
| 2 | 38.50 | 46.00 | 53.80 | 76.80 | 83.70 |
| 3 | 7.02 | 7.66 | 9.35 | 3.67 | 3.64 |
| 4 | 53.54 | 48.88 | 47.23 | 53.26 | 36.66 |
| 5 | 58.00 | 24.00 | 134.00 | 173.00 | 240.00 |
| 6 | 710.00 | 851.00 | 323.00 | 218.00 | 14.00 |
| 7 | 283.65 | 427.82 | 109.27 | 135.14 | 467.12 |
| 8 | 60.68 | 47.35 | 39.67 | 64.96 | 93.80 |
| 9 | 401.10 | 218.18 | 246.98 | 162.78 | 222.50 |
| 10 | 3.00 | 4.20 | 4.60 | 4.10 | 7.50 |
| 11 | 2.81 | 5.64 | 12.49 | 4.10 | 10.81 |
| 12 | 28.27 | 103.30 | 111.00 | 95.00 | 89.00 |
| 13 | 12.00 | 12.00 | 13.00 | 13.00 | 17.00 |
| 14 | 0.36 | 0.01 | 0 | 1.35 | 0.69 |
| 15 | 676.90 | 495.90 | 215.70 | 479.50 | 348.30 |
| 16 | 280.00 | 434.00 | 718.00 | 700.00 | 617.00 |
| 17 | 125.40 | 146.30 | 209.00 | 229.90 | 209.00 |
| 18 | 133.30 | 106.84 | 129.22 | 66.07 | 80.07 |
| 19 | 17.40 | 87.00 | 145.00 | 145.00 | 174.00 |
| 总计 | 2 903.45 | 3 077.43 | 2 537.95 | 2 638.08 | 2 731.73 |

数据来源：中国城市燃气协会安全管理工作委员会

上述4大难题中，"投资方与受益方不对称"是表面难题；"所有权、使用权与运行维护责任脱离"是本质难题；"产权归属与公共安全责任困境"是外在或制度难题；而"燃气计量装置更换费用承担不合理"是连带或附属的难题。

## （二）城市居民燃气设施维护的"普遍服务"属性困境

普遍服务（universal service）概念首先出现在美国电信业，所谓"普遍服务"，一般是指电信、电力、邮政、燃气、自来水等公用事业部门被政府要求对边远地区或农村等典型的高成本地区必须提供基本的服务，而且还不能收取与高成本相应的高价，此

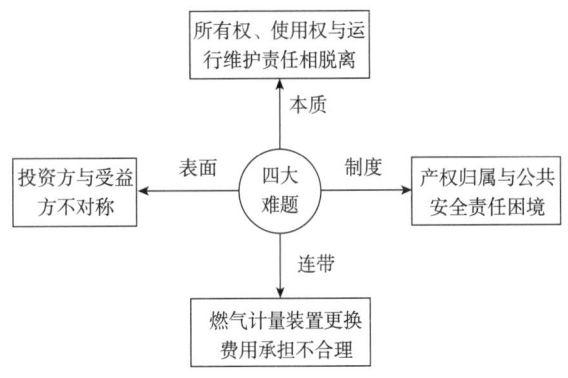

图4　建筑区划红线内燃气管道与设施的产权困境

数据来源：课题组整理

外还要保证提供产品或服务的质量，其中包含了3个要求：提供产品和服务；收取低价；保证质量。

### 1. 认知困境

将"普遍服务"完全等同于"公共服务"，从而导致将"城市燃气"当作一个福利品而不是商品，其商品的价值属性没有反映出来，价格没有反映价值，并将城市居民燃气设施维护当作一种公共产品，理所当然地由燃气企业提供。

### 2. 普遍服务提供责任划分困境

提供"普遍服务"的责任主体是政府，实施主体是企业，也就是说城市居民燃气设施维护是燃气企业替代政府或个人承担相应责任。在现代社会中，市场机制无法保证公用事业的普遍服务性质，需要政府对其产业进行微观干预和规制，从这个意义上说，政府是普遍服务的最后责任人。而在实践中，将城市居民燃气设施维护这种普遍服务一直作为一种社会责任赋予燃气企业，由燃气企业自身承担起提供普遍服务的义务，承担所产生的亏损，事实上形成"政府强制运营商承担普遍服务义务"的机制。

### 3. 市场化改革使普遍服务处于困境

燃气企业的市场化改革使得市场竞争主体必定要以一定的回报机制为前提，另一方面，涨价给贫困消费者带来沉重负担，这就形成了企业追求利润最大化与社会福利最大化的冲突。

## （三）城市居民燃气设施安全维护责任划定困境

既然城市居民燃气设施产权归业主（用户）所有，按照"谁拥有、谁使用、谁负责"的原则，城市居民燃气设施的运行维护、抢险抢修责任自然也应该责无旁贷由业主（居民）负责。无论是理论还是法律法规上，城市居民燃气设施安全维护责任不应由燃气企业独自完全承担，而应当由政府、业主（居民）单独或共同承担。现实情况却是，国内绝大多数城市燃气企业独自在担负这部分燃气管道与设施的运行维护、抢险抢修责任，这就导致城市居民燃气设施所有权界定与责任义务的划分出现脱离，权利与责任不对等，现实与法律不相符的困境。

## （四）城市居民燃气设施维护费用归集分摊困境

### 1. 共有部分维护费用分摊没有明确法律规定

《城镇燃气管理条例》第十九条规定："管道燃气经营者对其供气范围内的市政燃气设施、建筑区划内业主专有部分以外的燃气设施，承担运行、维护、抢修和更新改造的责任"。该条文只是强调建筑区划内业主（居民）共有部分燃气设施安全维护的责任由燃气企业承担，但没有说明承担该责任的费用究竟由谁分摊，容易让业主（居民）产生歧议，将共有部分燃气设施安全维护责任和费用全部推卸给燃气企业。另外，对于建筑区划内业主（居民）专有部分燃气设施安全维护的责任以及费用如何分摊，《释义》中有明确解释，"专有部分安全维护由有资质的企业负责，实行有偿服务。"

### 2. 没有在初装费或基础设施建设费中完全得到体现

20世纪80年代中期，为促进燃气管网建设，各地在发展燃气基础设施方面开始征收多种名目的初装费（建设费、集资费、开户费、增容费、设施费或接驳费）。收费带有明显的行政收费特征，但没有具体法律规定，各地执行标准不一样。20世纪90年代中期开始，对城市公共基础设施，政府向房产开发商统一代收基础设施建设费，但部分城市仍合法地保留了燃气初装费。计价格[1996]2922号、计价格[2001]585号分别出台了统征"大配套费"的政策，主旨是不再单设收费项目，但对已经批准的收费项目予以承认，并明确了其行政事业收费性质。现实中，无论是初装费还是基础设施建设费，很难完全体现城市居民燃气设施维护费用。

### 3. 没有列入住宅专项维修资金

1998年原建设部、财政部发布施行的《住宅共用部位共用设施设备维修基金管理办法》第三条规定将燃气线路（规章中的"煤气线路"）明确为小区内的共用设施设备，可启用维修基金来维护维修。但2008年2月1日起施行新的《住宅专项维修资金管理办法》，废除了之前的《住宅共用部位共用设施设备维修基金管理办法》。该办法第二条规定中，没有将城市居民燃气设施维护费用列入住宅专项维修资金范围内。另外，住宅专项维修资金的使用手续繁琐动用该资金实际操作难度很大。

### 4. 没有通过物业管理费用来弥补

2007年10月1日起施行的《物业管理条例》第二条规定："本条例所称物业管理，是指业主通过选聘物业服务企业，由业主和物业服务企业按照物业服务合同约定，对房屋及配套的设施设备和相关场地进行维修、养护、管理，维护物业管理区域内的环境卫生和相关秩序的活动。"第五十二条规定："供水、供电、供气、供热、通信、有线电视等单位，应当依法承担物业管理区域内相关管线和设施设备维修、养护的责任。"2004年1月1日起施行的《物业服务收费管理办法》第十一条规定："物业共用部位、共用设施设备的大修、中修和更新、改造费用，应当通过专项维修资金予以列支，不得计入物业服务支出或者物业服务成本。"可见，相关法律法规明确不将城市居民燃气设施日常维护费用列入物业管理费用的使用范围内。另外，还要特别提出的是，目前我国城市当中还存在许多老旧小区或单位集体住宅小区，还没有征收物业费。

### 5. 没有通过提取安全生产费用来抵消

2012年2月，为了建立企业安全生产投入长效机制，加强安全生产费用管理，保障企业安全生产资金投入，维护企业、职工以及社会公共利益，财政部、安监总局于2012年出台《企业安全生产费用提取和使用管理办法》（以下简称《办法》），要求相关高危企业遵照执行。

由于存在质疑，目前国内城市燃气企业对是否应执行《办法》、若执行应参照的企业类别等不能达成一致有效共识，也没有相关权威部门出台细则或解释予以明确，导致大部分企业无法预提安全生产费用，直接冲减城市居民燃气设施维护费用开支。

### 6. 没有通过燃气价格调整来实现

现行燃气价格制定方式不包含城市居民燃气设施维护费用，而且因城市燃气价格调整需要经过地方物价部门召开听证会才能通过，国内需要地方从社会稳定的角度出发，多次推迟甚至暂停城市燃气尤其是居民用燃气价格调整，致使燃气价格无法实现上下游及时联动，燃气企业独自承担上游天然气门站价调高所带来的生产经营压力，部分城市燃气企业甚至出现价格倒挂现象。

## （五）城市居民燃气设施维护费用日益增长与企业经营业绩困境

从目前我国城市燃气发展整体阶段来看，目前我国城市居民燃气设施维护费用日益增加：一是燃气设施更新改造投入不断增长；二是人力、建设、

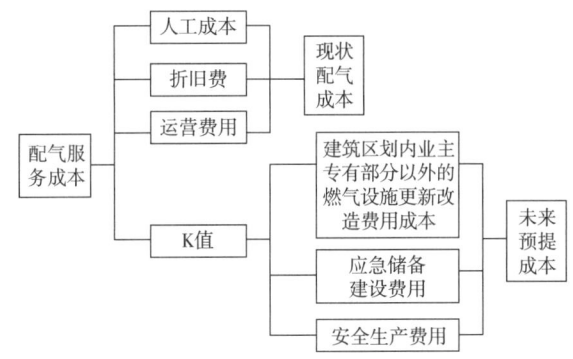

图5　城市燃气配气服务成本构成图
数据来源：中国城市燃气协会相关课题

维护材料成本上涨尤其是社会平均工资水平不断上涨。三是运行管理自动化水平的提升。科学技术的发展推动城市燃气生产运行管理向智能化、网络化、信息化、集成化的方向发展。四是安全宣传培训力度的增强。

本课题选取国内10家燃气企业进行调查汇总，发现这10家企业的安全维护总费用包括居民自有资产（入户）安检费用、居民自有资产（入户）维修费用、居民燃气表更换费用、人员费用（安检及维修项目管理人员）、车辆及机器设备费用（安检及维修项目）、居民用户安全宣传费用（印刷费、广告费等）、居民共有燃气设施安检、维修费用、上门维修服务费用、居民燃气表校检费用等在内，2010—2013年分别为9 474.05万元、9 842.22万元、10 823.02万元和12 407.12万元，2014年1—10月份为11 537.81万元，2011—2013年增幅分别为3.89%、9.97%、14.66%，可见，无论是总费用的绝对值还是增幅，都是逐步上涨的。

10家燃气企业安全维护成本测算（单位：万元）　　　　　　　　　　表2

| 序号 | 2010年 | 2011年 | 2012年 | 2013年 | 2014年（1—10月） |
|---|---|---|---|---|---|
| 1 | 811.80 | 822.90 | 809.48 | 775.10 | 824.80 |
| 2 | 171.03 | 290.48 | 501.00 | 643.80 | 623.94 |
| 3 | 2 713.41 | 2 800.75 | 2 691.89 | 3 017.30 | 2 782.81 |
| 4 | 1 170.29 | 1 258.87 | 1 405.10 | 1 428.81 | 1 303.39 |
| 5 | 65.84 | 80.55 | 99.61 | 114.63 | 166.16 |
| 6 | 323.16 | 374.50 | 454.17 | 508.48 | 536.07 |
| 7 | 640.00 | 442.40 | 810.00 | 941.00 | 589.00 |
| 8 | 40.40 | 56.54 | 56.56 | 56.56 | 55.26 |
| 9 | 3 057.72 | 3 207.93 | 3 343.21 | 4 197.54 | 3 953.38 |
| 10 | 480.40 | 507.30 | 652.00 | 723.90 | 703.00 |
| 总费用 | 9 474.05 | 9 842.22 | 10 823.02 | 12 407.12 | 11 537.81 |

数据来源：中国城市燃气协会安全管理工作委员会

随着国内企业安全维护费用，尤其是居民共有燃气设施安检、维修费用日益升高，再加上居民燃气表更换需求增加，燃气企业承担压力日益显现，急需采取措施构建合理的费用分摊机制，以促进燃气行业的可持续发展。

## 三、国内外燃气设施安全维护费用处理的典型做法

本部分主要通过案例分析国内、国外及相关公共事业在实际中如何处理设施安全维护费用，以期提供相关经验。

### （一）国外燃气设施安全维护费用处理典型做法

从欧美等国发展经验来看，多数国家将燃气设施维护费用计入气价，来实现费用分摊，有效保

障了燃气企业主动维护、更新燃气设施，确保燃气安全的积极性。

### 1. 美国燃气固定月租费和计量燃气费相结合的定价方式

美国对输气环节的定价监管比较严格，制定了透明的成本计算规则，对终端用户制定不同价格并建立优先供应级别。城市管道燃气公司或称地方配气公司向用户收费主要有两部分，即固定月租费和燃气计量费。其中，固定月租费对应于街区服务、气表更换和行政服务的费用，包括燃气设施的维护费用。

### 2. 法国将维护费用计入燃气销售价格的方式

法国是欧洲燃气消费大国。成本加成法是法国整个燃气产业链的定价基础，反映了上游开采、长输管网输送、城市管网配送和销售等4个阶段的成本。法国天然气价格制定曾经采取市场净回值法，以天然气的市场价值为基础，即以供给用户最便宜的替代燃料（与天然气存在替代竞争关系的能源，如石油、LNG、燃料油，清洁能源等）的市场价格为基准，从中扣除管网的运营成本和相关税费后推算出井口价格。即天然气井口价格 = 供给用户最便宜的替代燃料价格 - 输气成本 - 储气成本 - 税负。终端用户销售价格 = 天然气井口价格 +（管输费 + 配气费 + 储气费 + 服务费）+ 利润。其中的服务费就包括了燃气的安全维修服务，最终由居民用户支付。法国燃气企业还采取固定用户和双能源用户的分类方法。

### 3. 日本分类制定燃气维护费用的方式

日本的燃气行业实行地区性垄断经营模式，其天然气价格实行二部制定价机制，天然气终端售价分为基本价格和从量价格两部分。基本价格按照用户消费容量不超过某一数值时的固定收费标准，保证用户即时消费得到满足。从量价格是按照用户实际消费数量收取的价格。同时根据不同季节和时段分别实行季节差价和时段差价，主要目的是鼓励各类用户错峰用气，以减少需求总量波动幅度。日本天然气价格的形成程序为：城市燃气公司首先预测供应总成本，包括原料成本、劳动力成本、折旧和回报率，再根据其用途分摊功能性成本（包括原料成本、生产成本、供应成本和安全维护成本），最后根据用户类型和需求类型进行分类并制订燃气费用表。

### 4. 韩国向居民征收基本费用（含安检费等）的方式

韩国燃气资源匮乏，天然气产业属于完全垄断性产业，国营韩国燃气公司（KOGAS）在韩国商业、工业及能源部（MOCIE）和环境部（MOFE）管理下规划、经营和管理进口和运输所需的建设工作。

韩国燃气价格可分为批发价格和零售价格。批发价格由原料费和批发供气费用（利润）构成，原料费依据国际油价和汇率，每两个月直接变动一次，但是国际油价和汇率变化幅度 ±3% 内时，价格不变，其增减部分在下一变动标准月进行结转。批发供气费用（利润）1年调整1次，在中央政府部门中的企划裁定部长官协助下，经由产业通商资源部主持的天然气批发价格审议委员会审议后，通过产业通商资源部长官批准，方可调整。

日本和韩国均采用收取固定费用的"二部制"方式在气价中合理界定安全维护费用，通过每月固定收取"基本价格"，保障企业投资的正常回报，确保企业具有主动采取安全维护措施、提高燃气安全水平的积极性，比国内现行一次性收取初装费更合理且更可持续。

## （二）国内燃气设施安全维护费用处理典型做法

从国内来看，部分地区以收取燃气设施月维护费的方式解决费用分摊问题，通过个人缴纳费用购买维修服务的形式确保日常中天然气设施的安全，在减少企业的资金负担的同时也激励企业更加有动力去提供更好的维修服务，一定程度上能更好地防范事故的发生。主要以香港、陕西和四川彭山为例。

**1. 香港收取保养月费的做法**

香港自 1981 年 1 月起向住宅燃气用户收取保养月费。当时为每月港币 3 元，并于 20 世纪 80 及 90 年代有轻微的升幅。此收费于 1998 年 1 月修改为每月港币 9.5 元后，一直沿用至今。月保养费调整无需政府审批，但需提前 3 个月向政府提供有关更改的资料。

**2. 陕西省统一规定收取燃气设施月维修费**

2010 年，陕西物价局发布了《关于调整我省天然气价格的通知》（陕价发电 [2010]3 号，规定将燃气价格调整为居民类用气价格和非居民类用气价格。提出规范居民类用气价格，规定统一全省天然气维修费收费标准为每户每月 1 元。居民用户使用天然气的过程中，维修中除更换零部件按成本收取材料费外，不得再收取任何费用。

**3. 四川彭山批复同意在自愿原则基础上收取燃气设施月维护费用**

四川彭山物价局在 2003 年以《关于天然气公司收取管网维护、维费的批复》（彭价函 [2003]83 号），同意彭山县天然气公司向辖区内天然气用户收取庭院管网、立管维护材料、工时费每月 3 元，在每月缴纳气费时一并收取，并确定此项收费为经营性收费，需到相关部门办理收费许可相关手续。其后，在 2010 年再次以批复方式，同意天然气公司将每户每月的庭院管网维护维修费由原来的 3 元调整为 5 元，同时也明确此类收费为服务性收费，要坚持自愿性原则，并与用户签订服务合同，强调不得只收费不服务。

## 四、我国城市居民燃气设施安全维护费处理政策建议与备选方案

### （一）指导思想

全面贯彻党的十八大、十八届三中全会、四中全会精神，遵照《中共中央关于全面深化改革若干重大问题的决定》的总体要求，坚持社会主义市场经济改革方向，牢固树立市场观念、法治观念和群众观念，凡是能由市场形成价格的都交给市场，政府不进行不当干预，凡是依照法律法规实施的市场监管，政府都要依法依规严格执行。

加快推进天然气等资源性产品价格改革，最大力度地缩小政府定价范围，疏导燃气上下游价格矛盾，更大程度上实行公开透明的市场化定价。重点加快完善居民生活用气等价格制度，以合理的价格信号促进市场竞争，使燃气价格真正反映资源的稀缺程度，反映资源使用的环境成本及代际成本。

遵照法律责任和契约精神，合理核定产品与服务成本收益，确保权责利对等，尤其采用灵活的市场办法建立全成本的分担机制，同时遵照国务院决定的实施普遍性降费要求，在燃气供应与消费领域全面取消和暂停征收各类行政事业性收费和政府性基金项目，尽量使居民燃气设施安全维护费用转换为市场合约价格，既减少政府直接干预，不增加企业和居民负担，又符合市场化改革的取向。

健全科学合理的价格调控体系和公开透明的收费监管制度，正确处理好政府与市场、政府与社会的关系，处理好加强顶层设计与尊重群众意愿的关系，处理好增量改革与存量优化的关系，确保改革顺利有效推进和全社会和谐安康。

## （二）基本原则

### 1. 权责对等原则

居民燃气设施安全涉及居民、燃气企业、属地政府、房地产开发商等多个利益相关者。依照物权法的相关规定，安全维护权利和成本支出责任要按设施所有产权明晰归属，合法权利人依法对特定的物享有直接支配和排他的权利，包括所有权、用益物权和担保物权。业主对其建筑物专有部分享有占有、使用、收益和处分的权利，对建筑物专有部分以外的共有部分，享有权利，承担义务；不得以放弃权利不履行义务。遵照物权法规定，建筑物及其附属设施的费用分摊、收益分配等事项，有约定的，按照约定；没有约定或者约定不明确的，按照业主专有部分占建筑物总面积的比例确定，而对共有物的管理费用以及其他负担，有约定的，按照约定；没有约定或者约定不明确的，共有人按照其份额负担，共同共有人共同负担。政府和企业按照事权划分相应承担和分担支出责任，政府要求企业负责的安全维护事项，应纳入政府采购服务预算，承担相应支出责任。总之，要依法界定利益相关者责任，按权责利对等和自愿交易的原则实施合约安排，遵照现代契约精神，依法实施合约内容，不得只收费不服务，也不能只接受服务不付费。

### 2. 计费公平合理

无论燃气价格还是燃气设施安全维护费用，都应遵循市场充分竞争下的公平合理原则，公平合理的燃气价格应涵盖燃气企业供气的平均成本，即在实现"普遍服务"的情况下，尽可能降低交叉补贴，减少政策性亏损。倘若安全维护成本不能明确包含在燃气价格之内，那么安全维护费也必须找到相应输出渠道，以其他方式弥补由此带来的费用补偿缺口。

### 3. 适当政府监管

按照市场化取向自愿收取燃气设施安全维护费用，应适当接受政府监管。尽管燃气设施安全维护服务费用是出于双方自愿签订合约方式成立的，但仍属于经营服务性收费范畴，应当采用获得收费审批或收费备案等方式，依法受到当地政府监管部门的监督审查，确保任何一项收费的公平合理，杜绝乱收费或只收费不服务的行为，同时政府对不法行为应依法给予严厉惩罚。

### 4. 兼顾社会公益

在我国，居民燃气供应很长时期内被视为公共福利事业。实际上，燃气设施安全维护确实具有一定的公益性和正外部性。在现行燃气供应体制下，在深化燃气价格市场化改革的同时，应更大程度上发挥市场的作用，即收取安全维护费用必须尊重群众自愿，但不能忽视群众的公共利益。即燃气经营者要履行一定的社会责任，即考虑燃气设施安全的社会公益性和正外部性，因而政府和企业在收费定价时适当兼顾社会福利，对有些服务项目可免费提供的尽可能免费提供，对需要付费的项目也尽可能配合政府照顾低收入者。只有当燃气价格改革到位后，居民燃气设施安全维护费用完全纳入价格构成之中，才可做到随行就市、公平合理定价。

## （三）政策建议

### 1. 明确建筑区划红线内燃气管道与设施产权归属

建议在《物权法》和《城镇燃气管理条例》中进一步明确建筑区划红线内燃气管道与设施产权归居民所有。按照现有法律法规规定，只有建筑区划红线之外的场站、市政管网产权才归属城市燃气企业所有。

### 2. 按照产权归属划分各利益相关方安全维护责任

建议严格按照权责利对等的原则决定建筑区划红线内燃气管道与设施的安全维护责任。一是依法按燃气设施用益物权对应主体决定责任归属，在现有法律法规框架下，原则上居民燃气设施共有部分安全维护责任应由业主共同承担，居民燃气设施专有部分的安全维护责任应由业主个体承担，市政燃气管网安全维护责任则由燃气企业承担；二是倘若法律法规将居民燃气设施共有部分的产权调整归属燃气经营企业，那么燃气经营企业就应承担负责该部分设施的安全维护责任，并将安全维护成本纳入企业经营成本，在气价或其他方式的企业收入项目中予以反映；三是居民小区属地管辖政府应负责社区安全管理维护责任，对燃气设施供应安全负担监督检查和督促整改的责任，同时对燃气价格或费用制定时负有制定核准和反歧视、反垄断等监管执法的责任，此外还应对燃气安全事故赔偿发挥调解仲裁及最后兜底的责任；四是加快厘清第三方责任界限。按照购房合约规定，住宅开发商应负责建筑及其附属物建设质量保证的附带责任，而小区物业公司应负责小区公用设施的维护维修和老旧更换的直接责任，而居民自愿购买燃气保险的，保险公司应负担燃气事故赔偿的法律责任。

### 3. 明确界定居民燃气设施发生安全事故的赔付责任

建议按照责任归属界定建筑区划红线内的居民燃气设施发生安全事故的责任界定。依法根据燃气事故发生原因进行责任认定，因地制宜制定针对燃气事故的赔偿制度。除由保险公司负担部分保险理赔外，燃气企业、属地政府应依法依据事故责任认定，按照燃气公司与政府委托经营的协议要求，承担相应责任连带的赔偿补偿，同时在政府与燃气企业特许经营的合作协议中依法规定燃气企业和政府赔付金额的上限，除非在合约安排中做出另外明确说明，政府和企业均不承担无限赔付责任。

### 4. 按照权责利对等原则实施各项安全维护费用归集分担

建议在各利益相关者责任界限划清的基础上，依法严格按照权责利对等的原则实施安全维护费用的成本归集分担。建议在《城镇燃气管理条例》中将建筑区划内业主（居民）燃气设施共有部分安全维护费用分担机制按产权归属界定分担主体。在安全维护责任与费用支出明确的情况下，如果业主（居民）通过购买安全维护服务的方式将安全风险责任让渡转移到具有燃气经营资质的第三方，那么第三方应当承担相应安全维护的责任与义务，第三方既可以是燃气经营者，也可以是保险公司或物业管理者。

### 5. 理清居民燃气设施安全维护成本与居民燃气供应成本的结构性关系

建议一：燃气经营者在燃气供应结构中厘清燃气设施日常安全维护费用在其供应成本构成中分摊机制。

建议二：燃气经营者明确居民燃气老旧坏设施维修改造费用的资金来源，并将其纳入企业正常经营成本之中。

### 6. 阐明居民燃气设施安全维护费用与燃气供应价格之间的包含关系

在现行居民燃气价格仍由地方政府定价的情况下，建议政府价格主管部门考虑将居民燃气设施日常安全维护费用包含在燃气价格之内。如果安全维护费用已部分包含在燃气价格之内，居民燃气设施安全维护责任也就通过价格传导机制让渡给燃气经营者，此时燃气经营者可向政府提出调价需求使其价格全成本覆盖，由此燃气经营者应当承担起居民燃气设施安全维护的义务。如果居民燃气设施安全维护支出费用都不包含在燃气价格之内，那么政府应考虑在燃气定价时考虑将此部分费用纳入价格构成中，或者准许燃气经营者另外按照合约，强制性单独收费。

#### 7. 强化居民燃气设施安全维护的公共意识，提高燃气设施安全水平

一是建议燃气经营者应加强燃气设施安全使用意识宣传，并将该部分费用计入日常的经营成本中。二是建议政府积极引导公众关注身边的燃气设施安全，建立及时报警预防机制。三是建议媒体机构对燃气设施安全宣传给予优惠政策，担负部分燃气设施安全维护责任，对部分燃气设施安全宣传视作公益性广告对待。

### （四）方案建议

#### 1. 长效方案：将居民燃气安全维护费用纳入燃气价格之中

（1）方案内容

对于每年或定期例行的安全维护检查等经营性支出可以按每年的变动成本计入燃气变动价格构成中，而对一次性老旧改造更换则可以采用类似折旧的办法纳入燃气价格的固定费用中。也就是说，燃气价格需要采用二部制定价方法，即燃气价格＝基本费用＋可变费用。一种计费方法是可将居民燃气安全维护费用合并计入固定费用之中，这时基本费用要给出明细费用表，即包括哪些日常安全检查、老旧维修更换或改造更新等项目，其中要明确哪些不包含在内，即明确用户专有部分有偿服务的项目范围，如智能燃气表的更换是否应包含在内，还是向用户一次性另外收取，这都要在价格构成中明确公示；另一种计费方法是按每单位用气量收取燃气设施月维修费，如每立方米天然气收取一定金额的安全维护费，类似供水行业按每单位用水量收取污水处理费的方式。

（2）利益相关者

该方案的直接参与主体涉及两个方面，即政府和燃气企业，地方政府要放弃价格管制权限，而燃气企业要制定合理的价目表，并报政府备案，受政府监管；如政府要求继续实行价格听证会制度，居民用户也会直接参与价格谈判，是直接的利益相关者。

（3）实施前提条件

当燃气价格改革到位，居民燃气安全维护费用纳入燃气价格构成将会是最彻底的解决办法。从我国燃气发展现状看，改革气价结构比调整气价水平更为重要。如果对居民用气实施二部制定价，就能够解决现行燃气价格中如气价偏低和政府干预过多等诸多问题。

#### 2. 过渡方案一：单独设定安全维护合约，向用户收取

（1）方案内容

该方案是由燃气经营者和燃气用户单独设定安全维护合约，即由燃气经营者提供给业主（居民）安全维护服务"套餐"，遵照业主意愿和选择，每月固定收取适当的安全维护费用，并提供对应的服务内容。服务的价格可参照当地实际情况，在政府监管下制定一个公平合理的价格目表，按固定频率（如年、季、月）收取。

（2）利益相关者

该方案的主要参与者主要包括燃气企业和居民用户。其中，燃气企业提供安全维护服务套餐，而居民自愿选择是否接受这种服务。

（3）实施前提条件

该方案要获得认可，既要得到用户的认可，还需要得到政府的认可，政府要准许燃气企业向居民单独另行收取服务费用。

### 居民燃气设施专有部分安全维护维修服务内容    表3

| 设施名称 | 安全维护维修内容 | | 安全维护维修费用 | |
| --- | --- | --- | --- | --- |
| | 安检项目 | 维修项目 | 安检费用 | 维修费用 |
| 灶具、热水器（含壁挂采暖炉）（燃气具）* | 定期上门检查（12~24个月/次） | 1. 维修保养<br>2. 更换材料或部件 | 安检人工费可视情况收费或免费提供 | 更换燃气灶具、炉具的零部件材料费均按照燃气公司规定材料成本价目表另行一次性收取费用，拆卸或连接灶具、热水器的人工费也按燃气公司规定一次性收取 |
| | 无限次预约上门检查 | 1. 维修保养及向客户提供燃气安全指引<br>2. 24小时紧急抢修<br>3. 更换材料或部件<br>4. 24小时热线电话服务 | 安检人工费通常按自愿合约有偿付费 | |
| 户内管道 | 定期上门检查（12~24个月/次） | 1. 维修保养<br>2. 更换材料或部件 | 安检人工费可视情况收费或免费提供 | 更换户内燃气具连接的软管、不锈钢波纹管、维修或更换用户管道的材料费均另行一次性收取，材料价格按照燃气公司规定材料成本价目表收取 |
| | 无限次预约上门检查 | 1. 维护保养及向客户提供气体安全指引<br>2. 24小时紧急抢修<br>3. 维修更换材料<br>4. 24小时热线电话服务 | 安检人工费通常按自愿合约有偿付费 | |

注：* 灶具、热水器等产品若非燃气公司销售安装，其安全维修等通常由器具销售厂家负责，燃气公司不具有安全维护的责任和义务，除非另有合约安排的除外。

### 居民燃气设施共有部分安全维护维修服务内容    表4

| 设施名称 | 安全维护维修内容 | | 安全维护维修费用 | |
| --- | --- | --- | --- | --- |
| | 安检项目 | 维修项目 | 安检费用 | 维修费用 |
| 小区调压箱 | 调压箱定期校验检查 | 老小区旧调压箱维修更换 | 调压箱安检校验人工费应由小区业主共担，亦可纳入自愿合约收费项目，亦可以单独向用户一次性收取 | 小区公用调压箱的更新改造材料费和人工费应由小区用户业主共担，费用收取方式，适宜单独一次性收取，但在业主均同意情况下可以纳入自愿合约收取费用。 |
| 小区庭院管 | 庭院管定期检查 | 老小区庭院管维修更换 | 小区庭院管安检人工费应由小区业主共担，亦可纳入自愿合约收费项目，亦可以单独向用户一次性收取 | 小区公用庭院管的维修改造材料费和人工费应由小区用户业主共担，费用收取方式，适宜单独一次性收取，但在业主均同意情况下可以纳入自愿合约收取费用。 |
| 小区用户室外立管 | 定期上门检查（12~24个月/次） | 维修保养 更换材料或部件 | 安检人工费可视情况收费或免费提供 | 维修或更换用户室外立管通常按照燃气公司规定收取用户室外立管维修更换的材料费或人工费，该部分费用当由小区用户业主共担，费用收取方式既可以纳入自愿合约收取费用，也可以单独一次性收取。 |
| | 无限次预约上门检查 | 1. 维护保养及向客户提供燃气安全指引<br>2. 24小时紧急抢修<br>3. 更换材料或部件<br>4. 24小时热线服务 | 安检人工费通常按自愿合约有偿付费 | |
| 小区用户燃气表 | 居民燃气表定期校检、到期更换 | 老小区表出户改造、居民燃气表老旧更换 | 安检校验费、人工费、表具费可纳入自愿合约收费项目，亦可以单独向用户一次性收取 | 燃气表的更新改造材料费（含表具）和人工费应由小区用户业主承担，费用收取方式可以纳入自愿合约收取费用，或单独一次性收取。 |

资料来源：课题组整理

**3. 过渡方案二：将居民燃气安全维护费用纳入物业费征收**

（1）方案内容

该方案主要是将日常安检维修和老旧更新费用纳入物业管理费征收，费用虽由物业管理部门负责收取，但物业公司需要委托更专业化的燃气公司负责日常安检或维修养护，因而安全维护费用由物业公司定期向燃气公司支付，而业主燃气共用设施的大修、中修和更新改造费用，则由住宅专项维修资金予以列支。

（2）利益相关者

该方案直接涉及燃气公司、物业公司和居民用户3方，其中物业公司负责向居民收取物业费，而在委托燃气公司负责安全检查养护建筑区划红线内的燃气管道与设施。

（3）实施前提条件

该方案实施需要在《物业服务收费管理办法》和《物业管理条例》中明确提出将居民燃气设施的日常安全维护保养费用纳入物业费适用范围，同时明确建筑区划红线内燃气共用设施的更新改造费用通过专项维修资金给予列支，而不计入物业服务成本。

**4. 补充方案一：向居民征收纳入燃气设施安全维护保险费**

（1）方案内容

将日常安全维护费纳入燃气保险费，即由燃气经营者联合第三方保险公司向燃气用户提供燃气保险费，保险费按照保险产品定价公式确定保险费率，双方商定在保费定价时将建筑区划内燃气设施更新改造成本费用、应急储备建设及运行费用、安全生产费用等全部考虑在内，燃气公司和保险公司可设定一个双方可接受的收益分成方案，并由保险公司或燃气企业按照每月/季度/年度收取保险费（或代收取），采取自愿的方式投保，即居民燃气用户按自愿原则，向保险公司购买"居民燃气用户保险"，保障燃气安全事故发生后的赔付。

（2）利益相关者

该方案的参与者不仅包含燃气企业和居民用户，而且还涉及第三方——保险公司，而且发生事故后还涉及受害者及其家属等诸多利益相关者。

（3）实施前提条件

作为自愿合约，需要燃气公司和保险公司联合确定保险费率，同时保费价格确定受多个行业部门协调监管。

**5. 补充方案二：准许燃气企业提取一定比例的供应安全费用**

（1）方案内容

在允许燃气企业计提一定比例的燃气供应安全费用，其中可包括日常安全维护费用，计提的费用可在税前列支，日常安全维护费用、维修改造和老旧更换费用以及燃气事故赔偿费用均可支取该项费用。

（2）利益相关者

该方案涉及的直接参与者有2个：一个是政府，即政府要发文准许燃气企业计提一定的供应安全费用；另一个是燃气企业，即实际费用计提的操作者以及专项费用的使用者。居民尽管不参与方案之中，但是直接的受益者。

（3）实施前提条件

要求国家修订《企业安全生产费用提取和使用管理办法》，将供气企业纳入适用范围。

### 6. 补充方案三：强制收取居民燃气设施安全维护基金（或纳入住宅专项维修基金）

（1）方案内容

对建筑区划内居民燃气设施共有部分老旧改造和定期更换的支出费用，可采取强制性收取居民燃气设施安全维护基金的办法，收取安全维护基金可包含在房价之内（开发商以一定比例从房价中提取住房专项维修基金），或直接纳入居民燃气设施建设配套费用（又称开户费、报装费、接驳费等）中收取。新建居民燃气供气设施安全维护成本计入房价，新小区在通气之前，燃气公司向开发商按照"维护年限"一次性收取，并计入房价之内，待地方实施统一解决方案后，停止收取该项费用，并对已缴纳该项费用的居民用户，在维护年限内免费收取维护费用。

（2）利益相关者

该方案的直接参与者包括居民用户、燃气企业和开发商。其中居民用户可一次性在燃气设施安全建设费支出中支付这些设施的安全维护和维修更换的费用。通常，该项费用由开发商打包进入房价之内，因而燃气企业要与开发商协商该费用究竟是单独成立燃气安全维修基金还是纳入住宅专项维修基金内，或是从燃气公司一次性收取的建设配套费中提取。

（3）实施前提条件

对老旧小区，该方案需要解决住房维修基金中维修费用是否可用于日常安全维护费用支出，对新建小区该方案需要考虑是否设立单独的燃气供应安全专项维修基金。而燃气设施安全维护专项基金的设立需要国家给予支持。

6种方案优缺点比较　　　　　　　　　　　表5

| 方案 | 优点 | 缺点 | 适用情形 | 难度系数 |
|---|---|---|---|---|
| 纳入价格（长效方案） | ·成本收益对等<br>·弥补历史欠账<br>·细分客户类型<br>·反映可替代能源价格变化 | ·由价格监管转向输配监管难度大<br>·政府取消价格听证制度难度大<br>·用户认可接受要有一个过程 | 适用于燃气价格改革到位后燃气供应充足的城市 | ★★★★ |
| 合约收费（过渡方案一） | ·操作简单方便<br>·减少交叉补贴<br>·弥补政策亏损<br>·提高安全意识 | ·向用户征收困难<br>·政府不鼓励支持<br>·签订合约成本高<br>·增值服务定价难 | 适用现行定价机制下燃气设施安检费用难以交叉补贴城市 | ★★ |
| 纳入物业费（过渡方案二） | ·操作简便<br>·多方共赢 | ·调整物业管理制度<br>·老旧小区难收取，居民有抵制情绪<br>·物业与燃气公司间有交叉竞争<br>·只解决暂时问题 | 适用于物业管理水平较高的新建小区 | ★★★ |
| 纳入保险收费（补充方案一） | ·操作简单方便<br>·增强服务意识<br>·分担事故损失<br>·弥补成本缺口 | ·向用户征收困难<br>·保险公司积极性不高<br>·燃气意外事故责任难认定<br>·只解决部分问题 | 适用现行定价机制下居民安全意识淡薄的城市 | ★★★ |
| 提取供气安全费用（补充方案二） | ·操作简单<br>·提高效率<br>·居民不受影响 | ·损害政府利益<br>·计提费用率受制于政府<br>·协调多个安全部门<br>·只部分解决问题 | 适用于国家修订相关办法并将供气企业纳入适用范围 | ★★★★ |
| 纳入维修基金（补充方案三） | ·减少历史欠账<br>·保障维修到位<br>·降低事故概率 | ·强制性征收困难<br>·单独设立无依据<br>·要求政府代管而费用归集不及时、不到位<br>·老旧小区难收取 | 适用于现行价格机制下居民庭院管网更新改造费用缺失的城市 | ★★★★★ |

资料来源：课题组整理

## （五）结束语

从上述方案分析看，解决居民燃气设施安全维护费用支出的缺口问题，仍取决于我国推行燃气事业改革的深度和广度。如果城市燃气价格改革到位，比如实施了二部制定价或将居民燃气设施安全维护费用最终在配气费中体现，不管基本费用是从量征收还是从价征收抑或是固定数额征收，那么将日常安全维护费用纳入价格构成中的固定费用部分或从量计征都是最理想的长效方案。如城市燃气价格改革要采取单独就配气价格制定规定收益率的监管方法，则应在实施收益率监管前先建立和实施民燃气设施安全维护费用制度，保留成本监管的透明公正，避免维护费用补偿的缺口问题影响城市燃气企业正常运营，及因居民燃气设施安全问题影响社会对城市燃气价格改革的信心。在不同的居民燃气设施安全维护费用制度中，并在现行价格体制下，允许燃气企业与居民用户实行自愿合约方式安排安全维护费用将是行之有效且操作简便的最佳方案，既能解决日常安全维护成本缺口问题，又能增强居民用户燃气安全使用的主动性，也符合当前燃气事业改革的大方向。

中国城市燃气协会、中国国际经济交流中心

# 天然气分布式能源产业分析报告

## 前言

为总结行业发展现状，展望行业前景，并提出相关专业建议，中国城市燃气协会分布式能源专业委员会，特联合通用电气（GE）公司——全球领先分布式能源解决方案的提供者，共同发布天然气分布式能源产业分析报告。

中国的能源结构调整已悄然兴起，这一方面得益于为满足经济增长需求所建设的能源生产及传输网络的不断扩大，另一方面，日益严重的空气质量问题也亟待解决。调整我国能源结构，提高高效清洁的能源利用在我国能源供应体系中的比重，已经刻不容缓。这一变革也与全球环境下天然气时代的到来，分布式能源的兴起以及清洁能源技术的不断创新密不可分。

国务院近期提出到2020年，天然气占全国主要能耗的比重将由目前的5%上升到10%以上。可见，中国政府现已开始着手改变中国能源的未来，大力提倡更清洁、更可靠、更经济的能源利用，以确保中国的能源体系在不牺牲环境质量的前提下，同时支持经济的持续发展。

分布式能源是提高效率和减少对现有能源系统环境影响的最有效方法。推动其发展具有重要的现实和战略意义。同时，随着我国天然气供应日益增加，智能电网建设步伐加快，专业化能源服务公司方兴未艾，天然气分布式能源在我国大规模发展的条件也逐渐成熟。

就技术方案而言,天然气分布式能源项目主要采用热电联供（CHP）发电技术。其既可以满足商业、工业和公共设施等分布式能源项目的供热、供电及供冷需求，也可以应用新型燃气轮机联合循环技术取代老式低效的工业燃煤锅炉，这对中国重点关注能源效率和降低煤炭在能源中占比的能源改革至关重要。

中国天然气分布式能源正面临发展的最好契机。本报告通过深入分析天然气分布式能源发展面临的政策体制、技术发展、市场环境和运营等方面问题，提出针对行业发展的相关建议与前景展望：

1. 政策支持：建议深化能源体制改革，完善市场和价格体系，释放天然气分布式能源竞争力。
2. 鼓励探索，繁荣市场：允许不同模式的分布式能源项目发展。加快示范项目建设，逐步建立行业标准规范，促进市场繁荣。
3. 技术创新：让先进的能源技术为中国用户和市场创造价值，发挥技术＋本土化＋成本优势。
4. 构建能源互联体系：借助互联网＋、智能电网等新兴技术的发展，与整体能源体系、可再生能源互相渗透、互相融合。

让我们携手合作，共同开启天然气分布式能源的未来。

# 第一章　天然气分布式能源行业发展概述

## 一、全球分布式能源趋势

### （一）天然气时代到来

随着能源需求的不断增长，页岩油气开发取得进展，天然气管网在全球的不断扩大，天然气已经从区域性能源、边际燃料转变为全球能源版图的焦点，它不仅可以替代煤炭与石油，也可以与这些传统能源，以及风能和其他可再生能源形成有益互补。全球已步入我们常说的天然气时代。

今后 10 年，天然气的生产和消费预计将会持续增长。根据 GE 2013 年发布的《天然气时代》报告中的展望，全球天然气产量将从 2012 年的 3.5 万亿 $m^3$ 增长到 2025 年的 4.8 万亿 $m^3$，增长 35%。该增长主要源自陆上管道和海上液化天然气贸易的增加。而天然气分布式发电将成为这个新兴天然气时代的主要受益者。

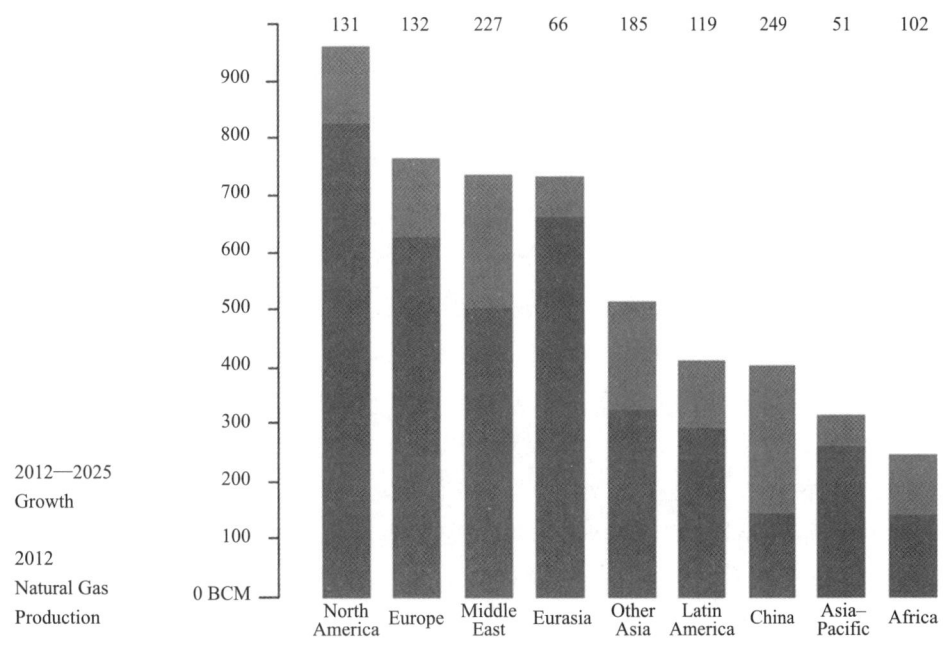

图 1　全球天然气产量上升

天然气时代的到来已推动中国天然气的产量和消耗量逐步增加。从供应的角度来说，国内天然气生产和进口的总量已从 2010 年的每季度不足 300 亿 $m^3$，增长至 2014 年第 4 季度的约 500 亿 $m^3$。得益于鄂尔多斯盆地致密气产量增加，中国 2014 年全年产量达 1 236 亿 $m^3$，比 2013 年增长了 8.8%。国家能源局宣布到 2020 年，页岩气的产量将提高到每年 300 亿 $m^3$。国内传统气源将成为确保我国天然气供应的基石。而接自中亚、缅甸、俄罗斯的管线，以及进口液化天然气，这 4 条战略走廊，也将发挥日益重要的作用，到 2020 年，每年的产量预计为 1 690 亿 $m^3$。

从需求的角度看，作为能源结构调整的一个重要部分，天然气在电力行业的应用在近几年得到大力推广。随着新增热电联产和调峰机组的增加,并网的天然气新增装机容量也在不断上升。2014年新增天然气发电装机容量超过了12GW,另有18GW还在建设中。总的来说,中国电力行业的天然气需求已从2010年的不足100亿 m³ 增至2014年的约250亿 m³,增长率超过150%。

### (二)分布式能源兴起

从全球范围来看,一股分散化潮流正在席卷全球并改变我们的生活、工作和娱乐方式。资源和人员组织正在从集中式系统向集成式网络迈进。这种趋势在整个社会和全球经济中盛行。电信、计算机、零售以及娱乐行业均已向分散化迈进。今天,我们的高等教育、医疗保健和能源也正处于分散化的初始阶段。分散化运动能实现前所未有的生产力并提高所有人的生活水平。

通过推动并使用"分布式能源"技术,电力系统正在经历分散化潮流。自从托马斯爱迪生于1882年建立第一座电厂以来,越来越多地使用分布式能源技术为使用地或附近提供电力和机械动力。爱迪生建造的珍珠街电站为周边客户带来的不只是电力,还有热能。采用分布式能源技术可以创建一个分散的能源系统,通过分布式发电机满足整个网络中的就地能源需求。

分布式能源技术组合包括柴油和燃气往复式发动机、燃气轮机、燃料电池、太阳能电池板和小型风机。虽然没有标准定义,我国业界普遍认为分布式能源,相对于传统的集中供能方式而言,是指将冷热电系统以小规模、模块化、分散式的方式布置在用户附近,可独立地输出冷、热、电能的系统。分布式能源灵活性高且适于许多应用领域,包括电力、机械能源和推进系统。分布式能源技术可独立工作或在集成式网络内一起工作,以满足大型和小型能源用户的需求。

推动更广泛分散化运动的相同力量也正在推动分布式能源的兴起。相比10年前,分布式能源技术使用更广泛,体积更小巧,效率更高且成本更低。与大型电厂相比较而言,它们的运营速度更快且风险更小。最终结果就是分布式能源投资和装机容量的增加,这种情况将在未来10年继续。2012年,分布式能源技术的投资达到1 500亿美元,包括在全球电气、电力、机械传动和推进应用领域的燃气轮机、往复式发动机和太阳能光伏产品。大约订购并安装了142 GW分布式能源容量。

到2020年,分布式能源将发挥更大作用。GE估计每年全球新增分布式能源装机容量将从2012年的142 GW增加到2020年的200 GW,增量达58 GW,表示平均年增长率达4.4%。在此期间,分布式能源技术的投资将从1 500亿美元增加到2 060亿美元。诚然,2012至2020年间,集中式发电装机容量也会增加。GE预计年均新增集中式发电装机容量将从2012年的218 GW增至2020年的272 GW。这表明年度平均增长率为2.8%。这样一来,全球分布式能源新增装机发电容量的年均增速比集中式发电的要高出60%。这样,分布式能源占全球新增发电装机容量的比例将会从2012年的39%上升到2020年的42%。

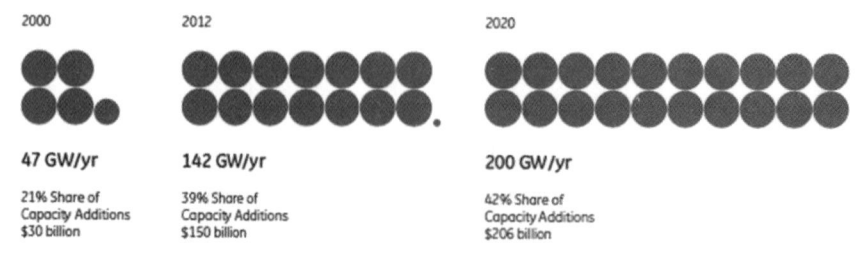

图2 分布式电力的增长

## 二、国外天然气分布式能源发展应用对中国的启示

天然气分布式能源是分布式能源的一个重要分支，在欧美等发达国家有较为广泛的应用。在各国的相关政策扶持下，天然气分布式能源拥有了广阔的发展空间。各国长期积累的政策经验值得我们多角度学习，也带给我们很多启示。

美国的电网政策有利于天然气分布式发电的发展。2001年，美国颁布了 IEEE—P 1547/D08《关于分布式发电与电力系统互联的标准草案》，允许分布式发电系统并网运行和向电网售电。在2003年年底，美国分布式发电容量约为234 GW，且每个分布式发电站的规模规定在600 MW以下，然而这些容量的81%是由小型和中型的往复式发电机给终端用户作为首要的备用供电，只有13%（30 GW）的分布式发电站连接到输电系统和配电系统中作为电网的可用发电容量。

近几年，受全球气候变化和国际温室气体减排的压力，美国政府更加支持以可再生能源为主的分布式发电，但由于可再生能源发电站的经济效益较差，在相当一段时间内，美国的分布式发电站仍以常规能源为主。

而在丹麦，世界上能源利用效率最高的国家，科学家认为天然气分布式能源可以节约28%的燃料，减少47%的$CO_2$，因而丹麦政府为天然气分布式能源制定了一系列行之有效的法律、政策和税制。1990年丹麦议会通过将1 MW（1.3 t/h）以上的燃煤燃油供热锅炉强制改造成天然气或垃圾热电厂的法令，规定热网工程费用可以获得政府30%的补贴。1990—1995年期间批准建设的1.5 GW ~ 2 GW的新建电厂全部为天然气分布式能源。政府给予工程利率2%，偿还期20年的优惠贷款。对使用天然气的热电厂给予30%无息贷款，并给予投产年内0.07克朗/kWh补贴。此后，丹麦新增的电力装机容量主要是安装在用户侧和小型区域化的分布式能源电站、可再生能源发电项目。丹麦《电力供应法》规定，电网公司必须优先购买热电联供生产的电量，而消费者有义务优先使用热电联供生产的电量。

国外天然气分布式能源发展对我国发展天然气分布式能源有如下启示：

1. 天然气分布式能源系统可作为备用电源，提高电网供电可靠性。国外一些国家和地区在发展集中式发电的同时，采用天然气分布式能源系统作为备用电源，一旦电网发生故障，可及时为用户供能。我国也应适度发展天然气分布式能源作为备用电源，与集中供电形成互补，提高我国电网供电可靠性。

2. 发展天然气分布式能源可提高能源安全。美国、欧洲等国分别采用不同种类的分布式发电形式，如：燃油、燃气、风电、光伏、燃料电池、生物质能发电等，一定程度上提高了这些国家的能源安全。我国应布局分散，因地制宜地发展天然气分布式能源，以保障我国供能安全。

3. 发展天然气分布式能源需以智能电网为依托。需要提高我国电网的坚强性、智能性，接纳天然气分布式能源剩余的电力。将当地消纳后多余的电量传输给缺电和急需用电的地区。因此，建设智能电网对发展我国天然气分布式能源有十分重要的意义。目前，我国也已经开展了智能电网建设工作。

## 三、天然气分布式能源在中国的发展历程

20世纪末，欧美发达国家发展了30多年的天然气分布式能源理念和技术被介绍到中国。在

2000年《关于发展热电联产的规定》和2004年《能源中长期发展规划纲要》相继出台之际,国内部分大中城市启动发展天然气分布式能源计划,并积极推进示范工程建设。自2008年年初我国南方雪灾造成大面积停电事故之后,政府与民众对当前集中式电力生产与供应模式进一步提出质疑与要求。加快能源结构调整,发展新的供能模式成为一项刻不容缓的任务。

2011年《关于发展天然气分布式能源的指导意见》出台后,天然气分布式能源行业更是受政策支持进入快速推进期,大批项目开展研究论证。但受市场供需形势影响,2013年7月及2014年9月非居民用天然气价格2次上调,使行业发展遇到很大困难。据能源局不完全统计,截止到2013年年底,天然气分布式能源总装机将近2 GW,占发电总装机不到1%,年用气量5亿 $m^3$ 左右,占天然气总消费量的0.3%。据专委会数据库不完全统计截至2014年年底,我国已建和在建天然气分布式能源项目(项目单机规模小于100 MW,且能源利用效率高于70%)装机容量已达3.79 GW。虽然距离《指导意见》中,到2020年装机规模达到50 GW的目标还有很大距离,但综合考虑我国能源安全发展战略、能源结构调整需要和低碳经济发展战略需要,结合天然气供应形势和天然气分布式能源装机需求,《指导意见》中的目标定位是科学合理的。

但随着2014年9月中央财经领导小组第六次会议中提出能源生产和消费革命战略,天然气分布式能源发展形势发生了很大变化,利好政策密集出台。2014年10月国家发改委等3部委联合印发特急文件《关于发展天然气分布式能源示范项目实施细则》,12月31日国家发展改革委印发《关于规范天然气发电上网电价管理有关问题的通知》。2015年3月《中共中央国务院关于进一步深化电力体制改革的若干意见》下发文件中列举当前7项重点任务中,提出了要"全面放开用户侧分布式电源市场,积极开展分布式电源项目的各类试点和示范"的要求。分布式能源发展面临着新的历史机遇。

## 四、天然气分布式能源与中国能源结构调整

过去15年间,中国大力发展能源生产和传输系统,以满足经济快速增长的需求。到目前为止,中国能源系统的增长主要还是以煤耗量的增加为基础。煤占中国消耗的总能源中的2/3。煤耗量的上升大部分转化成了日益升高的全球和地区空气污染排放水平。中国一些大城市空气污染水平的上升已成为人们主要关注的问题。

2013年9月,国务院发布《大气污染防治行动计划》(APPC)。该计划的目标是通过采取控制煤耗量、鼓励生产清洁能源、优质燃料,重点关注可再生能源和提高能源效率等措施来减少空气污染。要求京津冀、长三角、珠三角等地区在2017年前均降低煤耗量绝对水平。国务院最近提出到2020年,天然气占全国主要能耗10%以上的目标,目前的占比约为5%。

2014年11月12日,中美两国在北京共同发表《中美气候变化联合声明》,中国首次正式提出2030年左右中国碳排放有望达到峰值,并将于2030年将非化石能源在一次能源中的比重提升到20%。

目前,调整我国能源结构,提高高效清洁的能源利用方式在我国能源供应体系的比重已经刻不容缓。在这一形势下,推动天然气分布式能源发展具有重要的现实意义和战略意义。目前我国天然气供应日益增加,智能电网建设步伐加快,专业化能源服务公司方兴未艾,天然气分布式能源在我国已具有大规模发展的条件。

根据中国能源相对集中、与能源消费地域逆向分布的客观条件,集中式能源开发和跨区远距离

输送仍将是能源供应的主渠道。但天然气分布式能源作为集中式供能系统的有益补充，在我国能源供应系统中主要起到以下作用：

1. 提高能源利用效率、推进节能减排工作。重点在能源负荷中心建设区域型天然气分布式能源系统和楼宇型天然气分布式能源系统，鼓励发展天然气与太阳能、风能、水能等多种可再生能源互补利用模式。

2. 改善边远地区用电问题。天然气分布式能源以其先进的管理体系和高效、灵活、安全、可靠的供能模式，必将促进当地节能减排工作和能效经济的发展。

## 第二章 天然气分布式能源市场情况及技术解决方案

### 一、天然气分布式能源市场容量

我国天然气分布式能源的研究和发展始于20世纪90年代初。近年来，随着天然气在能源利用中比重的不断增加，天然气分布式能源在我国逐步发展。据专委会数据库不完全统计，截止到2014年底，我国已建和在建天然气分布式能源项目装机容量已达3.79 GW。其中已建成项目82个，在建项目22个，筹建项目53个。项目建设数量随时间变化趋势如图3所示。

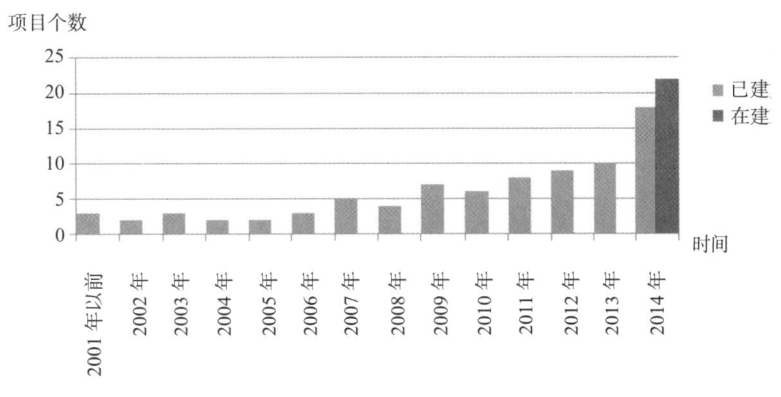

图3 项目建设时间趋势

可以看出，2011年以前，天然气分布式能源在国内的发展较为缓慢，存在技术经验不足、政策支持不到位和利益格局未理顺等多方面问题。自2011年开始，由于政策推动，天然气分布式能源得到了快速发展，建设项目数量有了大幅度提高，并呈快速增长态势。

已建和在建项目中，全国楼宇型项目装机规模分布情况见图4，全国区域型项目装机规模分布情况见图5。

从图4、图5可以看出，天然气分布式能源大体发展情况为：沿海城市（环渤海＋长三角＋珠三角）＞川渝地区＞华中地区＞东北地区。结合国内外经验对数据进行分析，可以得出如下结论：

1. 经济发达地区财政支持的可能性更大，地方政府有足够财力进行补贴；用户承受较高能源价格的能力更强；局部地区更可能出现缺电问题；

2. 从电力供需角度看，外购电需求旺盛且经济发达的地区发展分布式能源潜力较大，主要是从辽宁到广东的沿海地区，华中、华东、华北地区等；

3. 依靠非石油、煤炭资源开采而发展起来的城市发展天然气分布式能源的潜力更大：如广东、江浙要优于克拉玛依、大庆、山西；

4. 经济发展程度低的地区政府财政较为紧张，用户承受较高能源价格的能力较弱，电力供需萎靡，发展天然气分布式能源的潜力相对较小。

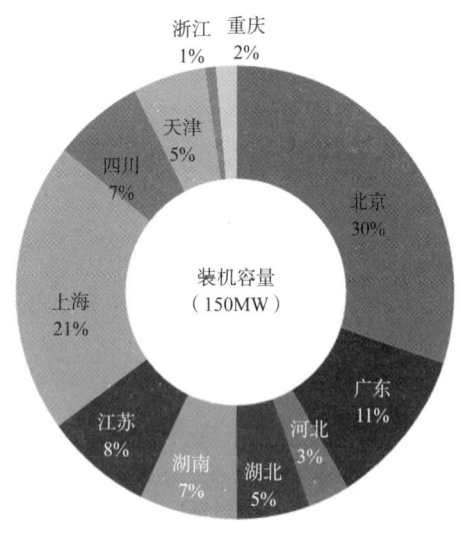

图4　全国重点地区楼宇型天然气分布式能源项目装机规模

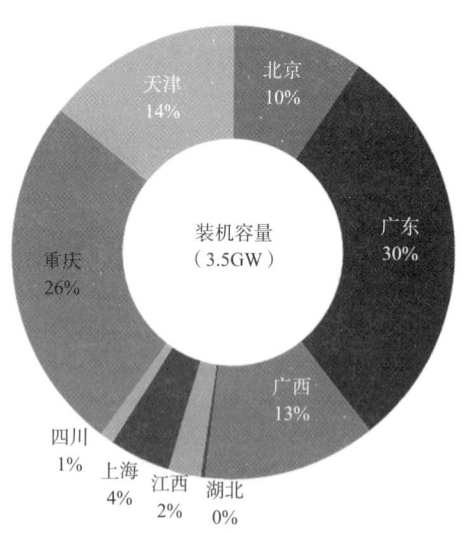

图5　全国重点地区区域型天然气分布式能源项目装机规模

## 二、重点市场发展类型和发展区域

根据项目统计结果和专委会三地负荷调研成果，分析总结未来天然气分布式能源行业重点发展类型、重点发展区域如下。

（一）重点发展类型：中国最具吸引力的天然气分布式能源应用包括各类工业设施、大型公建、商业综合体和数据中心。

在城市工业园区、新型小城镇聚集区、旅游集中服务区、生态园区等大型区域能源负荷中心，应大力推进区域天然气分布式能源项目建设，提高区域能源综合利用效率；在城市医院、宾馆、大型商场、影剧院、商务楼宇、大型车站等交通枢纽以及其他大型公共场所，因地制宜发展楼宇天然气分布式能源系统；在条件具备的地区，鼓励结合太阳能、风能、地热汞等可再生能源，创新发展多能源互补分布式能源项目。

（二）重点发展区域：天然气分布式能源项目在经济活动水平最高、空气污染水平高和耗煤量高的地区中具有最高潜力。按照这些衡量因素，由于京津冀、长三角、珠三角等经济活跃区全都要求在2017年前降低煤耗量的绝对水平，因此，这些地区发展天然气分布式能源的时机已成熟。同时，华北、华东、华南区域经济相对发达，对电价、热价承受能力较强，华东、华南区域的沿海特点与东北、西北、华中、西南区域对电、热价承受能力较弱，但可再生能源较丰富等不同发展条件，各地应结合自身资源特点，因地制宜发展多能源互补的分布式能源系统。

全国天然气分布式能源发展潜力分布表　　　　　　　　　　　　　　　　　　　表1

| 潜力大 | 北京、天津、河北、山东、江苏、上海、浙江、陕西、四川、重庆、湖南、广东 |
|---|---|
| 潜力中等 | 辽宁、内蒙古、河南、安徽、湖北、江西、福建、宁夏、青海、新疆 |
| 潜力小 | 黑龙江、吉林、山西、甘肃、贵州、广西、云南、海南、西藏 |

注：我国港、澳、台地区未列入统计。

# 三、主要技术解决方案

## （一）热电联供（CHP）

热电联供也叫 CHP，是指使用煤或天然气等单种能源同时生产电能和热能。CHP 是将诸如往复式发动机或燃气轮机等发电机与使用热废气加热水并产生蒸汽的热回收蒸汽发生器（HRSG）互相结合。CHP 系统也可以与吸收式冷冻器相连，后者利用过剩能源制成冷冻水，用于空气调节或制冷。这被称为冷热电联供系统（CCHP）或三联供。

有了 CHP 系统，就可以在现场高效地生产电能和热能，供当地使用。CHP 消除了一边购买电力，一边使用现场锅炉消耗燃料进行制热过程中产生的巨大浪费。由于避免了从发电点到设施的输送、传输和配送过程中出现的电力损耗，系统的节能效果得到了进一步增强。由于热能被用于预加热或产生蒸汽，CHP 系统的效率最高可达 95%，这与热电分开过程 50% 的效率形成了显著对比。从全球范围来看，火力发电厂的平均效率为 36%，CHP 则为 58%，二者对比明显。

中国现行的 CHP 容量主要以煤为主，与市政或工业区域供热（DH）系统相结合，或依赖一些向周边工业场地出售蒸汽的电厂。这些系统通常都依靠各种陈旧、低效的煤锅炉和加热回路来运行。在中国，区域供热锅炉的效率一般平均为 60% 至 65%，区域供热管道的热损耗预计为 25% 至 50%。这些 CHP 系统的能效优势十分有限。

在改革过程中，中国已开始以下进程，一方面是增添新的燃气 CHP，另一方面是利用先进的燃气轮机联合循环技术替代现有陈旧的燃煤锅炉。过去 3 年间，中国新增 22 GW 燃气发电装机容量，其中有 93% 已部署在各类 CHP 应用中以替代用于区域供热的燃煤锅炉。这包括珠海横琴燃气项目（I 期），北京高井燃气热电联产工程和华能天津临港燃机热电联产项目（I 期）。

## （二）分布式 CHP

可用于发电、为商业、工业或公共设施供热和供冷。其明显优势有：

1. 节省能源成本：高效 分布式 CHP 解决方案可实现高达 95% 的热能效。使用本地现有燃料资源，最大限度增加电力产出，可以减少能源成本并提高其可控性，从而降低每 MW 发电量的能源消耗。

2. 减少排放：集成的燃烧排放控制系统有助于商用楼宇满足严苛的全球法规，实现更小的碳足迹。在基荷运行期间，只需部分加电，甚至可在极热的气候条件下运行。

3. 灵活的电力资源：CHP 系统产出的电力资源可现场使用或根据地方需要，输送至电网。与此类似，产生的热能也可以按照具体要求进行管理，储备起来供以后使用或用于三联产，满足空调或制冷需求。

4. 供电可靠：CHP 解决方案意味着发电企业无须完全依赖电网即可可靠获得其全天候所需的供电。CHP 系统符合国际、国家和地方抗震及抵抗其他自然灾害的标准，这也为发电企业的能源安全提供了附加保护。

### （三）原动力技术

天然气分布式能源主要设备包括原动机部分、余热利用部分及电气部分等，其中原动机技术是天然气分布式能源发展的核心技术。目前，用于天然气分布式能源的原动力主要采用燃气轮机和燃气内燃机。此外，还有尚处于研发阶段中的燃料电池，由于其排气温度较高，比较适用于天然气分布式能源，是一种很有前途的未来动力。

燃气内燃机主要机械结构与一般内燃机几乎无异，仅将液体燃料系统改成气体燃料系统。燃气内燃机突出的优势是单位造价低、操作简单、发电效率高，发电效率依转速及马力不同一般在 35%~44%。这是一种传统的能源利用设备，可以搭配各种大小不同的单机容量，以多机组合、可渐进扩充发电容量满足电厂经济性投资弹性。热回收可视需求分别从不同系统获得。此外，其 $NO_x$ 排放仅约 40 ppm（at $O_2$ 15%），$CO_2$ 排量也是所有原动机中最低的。GE 公司的颜巴赫 Jenbacher 机组就是其中的典型代表。

燃气轮机是一种非常成熟的技术，发电用燃气轮机按照输出功率笼统地分为重型燃机、轻型燃机和微型燃机。轻型燃机多用于变负荷运行、邻近城区的小型调峰电站、移动式电站或分布式能源中心。轻型燃机在热效率以及启动时间和启停次数的方案上具有独特的优势，作为分布式能源站的用户，在考虑核心设备选型原则时，重点关注以热定电、昼夜启停、负荷变化多端等边界条件，以确保运行的可靠性、经济性。航改型燃气轮机属于轻型燃机，衍生自航空发动机，结构轻巧、外形尺寸小、能在基本和部分负荷下均保持高效稳定、可无损启停、维修快捷，机组可靠性、可用率、启动成功率高，是天然气分布式能源的发电系统的核心设备，是区域分布式能源的首选。同时，这类轻型燃机继承了航空发动机的高可靠性，可靠性高达 99.5%，并且，航改型燃机在故障诊断和维修时，可以直接借鉴航空机长期积累的大量数据和经验，因此，轻型燃机适合分布式能源系统对于燃气轮机的要求，并具有自己独特的优势。典型代表有 GE 公司的 LM2500、LM6000、LMS100。

### （四）余热回收技术

燃气冷热电三联供系统常用的余热利用设备有余热锅炉、热水/蒸汽型吸收式空调机组、烟气型吸收式空调机组、烟气热水型吸收式空调机组等。驱动热源可以是蒸汽、热水、直接燃烧燃料（燃气、燃油）产生的高温烟气或外部装置排放的余热烟气，相应地将机组称为蒸汽型、热水型、直燃型、烟气型等溴化锂吸收式制冷机。溴冷机的优势在于利用低品位热能，在各种形式的分布式能源系统中，都至少具有蒸汽、热水和高温烟气 3 种热能中的一种，在系统中配置溴化锂吸收式制冷机，可充分发挥其利用低品位能源的优势，有效提高系统的能源综合利用率，节约能源，提高系统经济性。

在中国，分布式 CHP 的吸引力主要在 2 个方面。首先，其有可能替代目前在很多工业设施中用于供热的低效工业锅炉。其次，燃气分布式 CHP 让我们有机会将煤炭替换成天然气。这在中国重点关注能源效率和降低煤炭在能源中占比的能源改革的背景下至关重要。

## 四、典型案例分析

中国最具吸引力的天然气分布式能源应用包括各类工业设施、大型公建、商业综合体和数据中心。

**案例一：工业园区天然气分布式能源项目开发**

背景需求：

为落实国家节能减排和清洁发展产业政策，依据中国华电集团公司在上海市的战略部署。华电上海分公司与莘庄工业区管委会就莘庄工业区实施燃气热电冷三联供改造，以先进的技术和设备替代老旧燃煤供热小锅炉，并收购原有热力管网产权，在关停原供热公司生产设施后，实施异地改造建设燃气热电冷三联供项目。

解决方案：

该项目是清洁基金 2014 年支持的一个狭义上的 PPP 项目，即公用基础设施特许经营项目。项目采用 GE 公司 LM 6000PF-sprint 航改型燃气轮机，一期建设 $2\times60$ MW 级燃气—蒸汽联合循环供热机组并预留扩建场地。项目投产后预计全年发电量 5.55 亿 kWh，发电气耗 0.149 $m^3$/kWh，年供热 $89.9\times10^4$ GJ，年供冷量 $26.89\times10^4$ GJ，供热/冷气耗 32.89 $m^3$/GJ。

项目成果：

每年可节约标煤约 9.794 万 t，减少二氧化碳排放约 24.42 万 t，减少二氧化硫排放约 2 350t，减少氮氧化物排放约 462 t。此项目还是"中美合作分布式能源示范项目"，具有一定总结示范价值。

**案例二：大型公建天然气分布式能源项目开发**

背景需求：

长沙黄花国际机场分布式能源站项目配合长沙黄花机场 T3 航站楼建设工程而投资建设，是湖南省第一个分布式能源项目，也是我国民航系统第一个采用 BOT 方式建设的能源供应项目，实现了分布式能源从项目开发到设计、建设、商业化运营的一体化服务模式。

解决方案：

分布式能源站主要为 15.4 万 $m^2$ 新建航站楼提供全年冷、热以及部分电力供应。能源站采用以燃气冷热电分布式能源技术为核心，结合常规直燃机、离心式电制冷机组、燃气锅炉、热泵及冰蓄冷（二期工程）等先进能源技术。设计总规模为 27 MW 制冷量、18 MW 制热量和 $2\times1$ 160 kW 发电量。能源站一期配备 $2\times1$ 160 kW 的燃气内燃发电机组、$2\times4$ 652 kW 的烟气热水型余热直燃机、$1\times4$ 652 kW 的燃气直燃机、$2\times4571$ kW 水冷离心式制冷机组、$1\times2.8$ MW 燃气热水锅炉。

项目成果：

发电机采用并网不上网的方式运行，供给能源站及黄花机场新航站楼。黄花机场分布式能源站实现了能源的梯级利用。与常规能源供应方式相比，一次能源节能率约 41%，年节约标煤 3 640 t，年二氧化碳减排量为 8 956 t。

**案例三：综合商业体天然气分布式能源项目开发**

背景需求：

作为全球 6 家乐园中首个采用 CHP 技术的上海迪士尼分布式能源站项目，位于上海国际旅游度假区，是上海首座按冷、热定电的原则规划，实现就近向国际度假区域内的娱乐设施、酒店、零售餐饮等提供冷媒水、采暖热水、生活热水及压缩空气动力的能源站项目。

解决方案：

2014年11月，这一中国最大的天然气发动机联系冷却、供热和发电厂的分布式能源站投入运行。新能源站拥有5台4.4 MW两级增压燃气机组，采用冷、热、电和压缩空气"四联供"方式提供环保优质清洁能源，能够充分实现能源的高效利用。一次能源利用率可达到80%以上，每年可节约标准煤2万t、减少二氧化碳排放量约6万t，这对于实现"绿色生态园区"的建设目标具有重大意义。此外，能源站发的电也能支持区域电网。

项目成果：

该项目建成后以最高能效、环保的方式为上海迪士尼乐园及周边开发区域配备低碳、环保的"动力心脏"，通过区域集中供能，不仅提高能源利用效率，有效地降低能源消耗，降低核心区内主题乐园、酒店及配套设施等建设及运营成本，而且对于改善当地电网的电源结构、保护地区生态环境、实现"低碳园区"目标具有重大意义。

**案例四：数据中心天然气分布式能源项目开发**

背景需求：

北京燃气中国石油科技创新基地（A-29地块）能源中心项目是中国建造的首个可满足工业数据中心现场供冷和供热需求的CHP能源站，作为国家能源局试点的4个项目之一。由北京燃气能源发展有限公司建设，装机容量达1.6万kW，投资2.1亿元左右，于2014年6月30日建成投运。

解决方案：

该项目占地6 000多$m^2$，主要设备有5台GE的颜巴赫Jenbacher CHP系统、5台烟气热水全补燃型溴化锂、2台燃气锅炉、5台冷却塔、若干循环泵、补水泵。利用温度对口，梯级利用的原理，当燃气进入发动机燃烧后，将高品位热量转化为电能，将排出的废气转化为热和冷。在5台GE 3.34 MW JMS620颜巴赫机组提供的强大动力下，该项目的总装机容量达到16.7 MW，富余的电力将并入地区电网。

项目成果：

这座热电联供发电站燃烧清洁的天然气，不仅带来显著的环保效益，其能源利用效率也远远高于单一提供电力供应的热电厂。中石油集团希望通过此类探索来扩大远程数据中心的网络，增强其业务操作和应急备份能力。同时项目也有力地支持了国家能源局相关的既定目标，即通过建造更多分布式能源设施来提高地区能源安全性和改善空气质量。

# 第三章 天然气分布式能源行业国内政策环境

## 一、国家现行政策情况

### 1.《关于发展天然气分布式能源的指导意见》（发改能源[2011]2196号）

2011年10月国家发改委、财政部、住建部、能源局联合发布《指导意见》。明确了天然气分布式能源的定义和特点。第一次将天然气分布式能源纳入国家规划。"十二五"初期启动一批天然气分布式能源示范项目，"十二五"期间建设1 000个左右天然气分布式能源项目，并拟建设10个左右各类典型特征的分布式能源示范区域。到2020年装机规模拟达到50 GW。《指导意见》制定了财税扶持等系列政策措施以保障任务和目标的实现。

#### 2.《大气污染防治行动计划》

2013年9月国务院发布《大气污染防治行动计划》。提出了奋斗目标及具体指标，并确定了10项具体措施来保障目标的实现。其中"加快调整能源结构，增加清洁能源供应"作为重要的一项措施，提出加快清洁能源替代利用。加大天然气供应。优化天然气使用方式，鼓励发展天然气分布式能源等高效利用项目，有序发展天然气调峰电站。

#### 3.《天然气分布式能源示范项目实施细则》（发改能源[2014]2382号）

2014年10月23日，国家发改委、住建部、能源局联合印发特急文件《天然气分布式能源示范项目实施细则》，就天然气分布式能源示范项目的申报、评选、实施、验收、后评估，以及激励政策等做了一系列比较全面的规定，旨在完善天然气分布式能源示范项目审核、申报等管理程序，推动天然气分布式能源快速、健康、有序发展。

#### 4.《国家发展改革委关于规范天然气发电上网电价管理有关问题的通知》（发改价格[2014]3009号）

2014年12月31日，国家发改委发布规范天然气发电上网电价管理有关问题的通知，鼓励天然气分布式能源与电力用户直接签订交易合同，自主协商确定电量和价格。对新投产天然气分布式发电机组在企业自发自用或直接交易有余，并由电网企业收购的电量，其上网电价原则上参照当地新投产天然气热电联供发电上网电价执行。

当天然气价格出现较大变化时，天然气发电上网电价应及时调整，但最高电价不得超过当地燃煤发电上网标杆电价或当地电网企业平均购电价格0.35元/kWh。

#### 5.《关于进一步深化电力体制改革的若干意见》（中发[2015]9号）

2015年3月15日中共中央、国务院下发《关于进一步深化电力体制改革的若干意见》，进一步加快推动电力行业市场化改革的步伐。

《意见》中提出推进电价改革、推进电力交易体制改革、建立相对独立的电力交易机构、向社会资本放开配售电业务等内容都与分布式能源行业息息相关。尤其在第六大条中将分布式能源单独列出，为天然气分布式能源创造了新的发展机遇。

## 二、地方支持政策情况

#### 1.《上海市天然气分布式供能系统和燃气空调发展专项扶持办法》（沪府办发[2013]14号）

上海市先后3次出台分布式供能系统和燃气空调发展专项扶持办法，设备投资补贴从700元/kW提高到1 000元/kW，建成后对年平均能源综合利用效率达到70%及以上且年利用小时在2 000h及以上的分布式供能项目再给予2 000元/kW的补贴。2013年至2015年上海市安排节能减排专项资金，对单机规模10 MW及以下的天然气分布式供能系统项目及应用燃气空调的项目进行扶持。办法明确要求符合技术规程的项目并网申报、审核和批准过程原则上不超过20个工作日。电网企业要加强配电网建设，将天然气分布式供能纳入区域电网规划范畴，支持发电上网。

#### 2.《长沙市促进天然气分布式能源产业发展实施暂行办法》（长政办发[2014]6号）

办法明确给予符合《长沙市天然气分布式能源中长发展规划（2012—2020）》的要求，总体设计合理，能源利用充分，系统配置科学的天然气分布式能源项目3 000元/kW的设备投资补贴，每个项目享受的补贴金额最高不超过5 000万元。并从"组织领导、机制完善、特许经营、投资补贴、税收减免、财政奖励"等方面提出了具体的可操作性措施。长沙市在政府投资项目中更加强调优先考虑天然气分布式能源。

**3.《青岛市加快清洁能源供热发展若干政策》(青政办发 [2014]24号)**

政策明确"对新建天然气分布式能源供热项目，按照1 000元/kW的标准给予设备投资补贴，年平均能源综合利用效率达到70%及以上的再给予1 000元/kW的补贴。每个项目享受的补贴金额最高不超过3 000万元。"对天然气分布式能源供热项目按核定天然气用量给予每平方米用气补贴1.32元。天然气分布式能源供热项目核定最高标准为每平方米用气量22$m^3$（按照一个年度供热的建筑面积）。支持符合条件的清洁能源供热项目发电并网，积极为接入电网提供便利条件，电网企业全额收购上网电量。采用清洁能源供热的区域优先进行既有建筑节能改造。

与国外经济发达地区和国家相比，我国虽然出台了有关天然气分布式能源发展的政策法规，但其中条款大多只是做了一些原则性的规定，配套的鼓励和补贴政策很少，可操作性不强，除少数地区外的大部分省份和地区还没有专门出台财税、金融和价格方面的优惠政策，难以推动其大规模产业发展。

在这整个过程中，采取由中央政府发布天然气分布式能源目标和指导，然后由各省级和地方政府确定实现这些目标的具体方式。很明显，接下来，更多与天然气分布式能源政策有关的工作，和推动天然气分布式能源部署的具体补贴和激励方式将由省级政府和地方政府来决定。

有些地方政府已跟着天然气分布式能源扶持政策一起行动了。紧随上海、长沙、青岛之后，北京市目前也草拟了一项补贴天然气分布式能源项目的政策。它们当前为一些规模小于500 kW的分布式能源项目免除了电力储备容量费。此外，天然气分布式能源项目还可享受每立方米0.2元的燃气价格折扣。一些利用率达到70%的天然气分布式能源项目可得到2 000元/kW补贴。

为了弥合经济差距，推动天然气分布式能源项目发展，其他重点区域的地方政府也需要推出类似的天然气分布式能源激励政策。

## 三、能源体制改革相关政策

《关于进一步深化电力体制改革的若干意见》开启了大规模能源体制改革的进程，改革将从根本上扫除分布式能源项目并网难等阻碍分布式能源发展的主要障碍。

《意见》赋予分布式能源公平的市场地位。充分肯定了分布式能源的必要性，要求"全面放开用户侧分布式能源市场，积极开展分布式能源项目各类试点和示范"，因地制宜投资建设可再生能源和燃气分布式能源项目，鼓励合同能源管理模式建设分布式电源。《意见》提出"开放电网公平接入，建立分布式电源发展新机制"；准确制定了积极发展分布式电源的基本模式："自发自用、余量上网、电网调节"保障了项目的经济性和安全性。

《意见》改变了电力交易模式。提出多途径培育市场主体，允许符合条件的高新产业园区或经济技术开发区，组建售电主体直接购电；鼓励社会资本投资成立售电主体，允许其从发电企业购买电量向用户销售；允许拥有分布式能源的用户或微网系统参与电力交易；鼓励供水、供气、供热等公共服务行业和节能服务公司从事售电业务；允许符合条件的发电企业投资和组建售电主体进入售电市场，从事售电业务。

大批区域分布式能源项目从并网上网改成就近销售，以往需要政府补贴上网电价改成对用户直接销售。区域分布式能源投资者可与开发区组成售电主体。合理配置的分布式供能系统，在实现节能减排的同时，可作为可中断可调节的负荷，为电力和天然气系统的调峰做出贡献。《意见》提出的"建立辅助服务分担共享的机制"也将有利于提高分布式供能项目的经济性。

# 第四章　面临的发展问题

目前，我国天然气分布式能源发展还存在不少问题，其中包括技术、经济、市场及运营管理等方面的障碍，比如用户认知度问题、设备国产化问题、并网问题、部分地区气源问题等。但核心仍是价格问题，可归纳为以下几方面。

## 一、政策体制

### （一）政策不具体，致使政策无法落实

目前，国家层面及地方政府均陆续出台了鼓励天然气分布式能源发展的支持政策，提出了发展目标及措施，但因没有具体的实施细则或相关利益关系没有理顺，如税收优惠政策、天然气价格折让、上网电价、电力直供等问题都无法落到实处。

### （二）由于国家政策没有强制执行标准，分布式能源战略风险、市场风险高

投资分布式能源项目的审批环节非常多，如环保、电网接入、规划、天然气、城市用水等，困难大、时间长、投资成本高。国家并没有对多大建筑面积的工业园区、城市综合体、医院、车站等做出必须使用天然气分布式能源的强制标准，致使一些非常适合建设分布式能源项目的业主为求稳妥，选择其他的能源供应方式而不愿合作投资建设分布式能源项目，从而使投资分布式能源的企业无法得到合理回报，积极性、主动性较差。

### （三）政策不配套，运营风险高

分布式能源利用效率若高于70%，必须是冷热电就近消纳，尽量减少供能过程中能量传输的损失，但由于分布式能源项目建设与用能设施建设同步，在规划设计阶段就已经介入，对用户能源需求无法准确判断，而且在目前环境下，燃气发电价格高位，电不能直供，冷热市场也需要一个培育期，因此项目投产开始几年运营风险高。如果没有国家政策支持，分布式能源项目单位将面临巨大的运营风险。

### （四）燃料价格的高位压缩天然气分布式能源的发展空间

分布式供能系统在能源梯级利用的基础上，改变了城市的用能结构，改善了城市天然气的供应特性，实现了天然气网的削峰填谷，但天然气分布式供能系统的运行成本受燃料价格的影响极大，例如广东地区某燃气电厂，燃料成本占经营成本的65%以上，因而属于昂贵能源。虽然国家已出台政策鼓励优先利用天然气、发展天然气分布式能源项目，但地方政府并未以此划分燃气价格类别并予以优惠，即便是一个热力匹配完好的冷热电三联供系统其经济性也并不一定好。所以稳定的价格机制也是影响分布式能源站发展的一个主要因素。

### （五）并网和上网难题亟待解决

与传统供电方式相比，分布式供能具有能源利用率高，负荷调节性能好等优点，但分布式能源项目的发电输送电模式与现行的《电力法》有相违背之处。目前已投或在建项目，面临的最大的阻碍仍然是电力"并网"问题。而已经建成运营的天然气分布式能源项目所发电量多是自发自用，不由电网公司统一调度，且电价一般是由项目公司与用户之间协商。

## 二、技术层面

天然气分布式能源系统所需要涉及的技术非常广泛，主要技术设备包括燃气轮机，余热锅炉，压缩式制冷，吸收式制冷，蓄冷、蓄热设备以及控制系统和设备。所有这些硬件设备当中，国外技术处于领先地位的主要是燃气轮机的制造、超低温的制冷系统和大面积的集中供冷系统的控制、微型燃机的离心压气机和旋转材料、风机的控制机构和风功率预测系统、光电的转换和逆变设备等方面。制造和服务本土化的需求是急需解决的问题。

## 三、市场环境

融资渠道不畅，投资以国内资本为主。自1985年以来，国家陆续颁布了一系列鼓励分布式能源发展的政策，分布式能源热电联供也成为基础产业，但其规模仍相对较小，投资相对较少。20世纪90年代初开始，大量外资公司进入此领域进行投资。但截止到2002年年底，改革开放以后进入我国的第一批外资电力独立开发商已基本退出中国电力市场，如美国电力公司、英国国家电力公司、法国阿尔斯通公司等。这些外商投资的项目中，包括了多家分布式能源热电联供企业。外商撤出的原因，一是电力改革过程中分布式能源热电领域尚缺乏清晰的规则和稳定的长期购电合同，外方对中国热电市场及其未来电价、电力市场等问题存有顾虑；二是外资投资热电的有关法律法规已经不能完全适应加入WTO之后的市场需求，在一些新项目中，很多投资商和热电企业双方没有选择成熟的热电投资咨询公司作为投资顾问，而双方又由于国别不同，对投融资过程和细节的认识差异较大，客观上影响了工作进展和效果。

环保收益未显性化。目前全社会已越来越多地认识到天然气分布式能源是节约能源、改善环境的有效措施，但直至目前社会未将节能环保收益定量化和显性化，天然气分布式能源发展尚未从环保方面受益。天然气分布式能源产品尚未进入真正的市场经济。天然气分布式能源所生产的产品——电、热和冷，尽管目前已认识到是商品，但未实行真正的市场定价，其出厂价格则由政府定价或政府指导价，所以当上游原料、人工成本上涨时，下游电价、热和冷价无法联动，势必会带来较大的矛盾。

## 四、企业运营

天然气分布式能源企业自身运营存在的制约因素主要体现在投资成本大，回收期限长，设备运行以及燃料成本过高等方面。

固定投资成本方面：设备成本较高。同时，由于本地化的工程师与高级技工比较稀缺，天然气分布式能源项目安装成本的变化范围也很大，特别是对一些不太成熟的技术，安装成本可占其设备成本的30%。

运行与维护成本方面：因为分布式能源是新技术，有管理和维护经验的当地工程师及高级技工较少，运行维护设备的人工成本不可小视，定期检查、替换、维修系统部件及易耗品价格也不菲。运行与维护成本相对较高，据调研，国内一个示范性项目每年的运行与维护成本达到2 200万元。

# 第五章 建议与展望

《关于进一步深化电力体制改革的若干意见》（以下简称《意见》）开启了大规模能源体制改革的进程，为我国全面进入能源互联网时代奠定了制度基础。分布式能源项目并网难，即使项目的能源利用率成倍高于电网供电，也不能以电网公司同样的售电价格向周边的用户售电，天然气价格居高不下，这些都是长期以来阻碍分布式能源发展的主要障碍。电力体制改革将从根本上扫除这些障碍，为在我国开创一个"能源互联网"的新时代奠定了基础。为了进一步优化能源互联生态体系，我们将从政策、市场及技术方面给予一些建议。

## 一、政策支持：深化能源体制改革，完善市场和价格体系，释放天然气分布式能源竞争力

电力体制改革进一步深化。将解决制约电力行业科学发展的突出矛盾和深层次问题，促进电力行业又好又快地发展，推动结构转型和产业升级。将通过改革，建立健全电力行业"有法可依、政企分开、主体规范、交易公平、价格合理、监管有效"的市场机制。

油气体制改革也已经启动。建议参照《中共中央国务院关于进一步深化电力体制改革的若干意见》中深化电力体制改革的路径进行油气体制改革，搭建管住中间、放开两端的体制架构。

旨在改变电网以独家买电卖电方式盈利，最终要以接受政府监管的输电服务为盈利模式的输配电价改革试点已经在深圳和内蒙古西部率先展开。重要的是要解决用户的用电选择权和无歧视开放电网。这必将为分布式能源与电网在售电市场上的冲突解套。

### （一）完善市场和价格体系

长期以来天然气分布式能源行业受到市场及价格体系不合理的影响，要进一步释放天然气分布式能源的比较优势，我们建议重点考虑以下方面：

1. 充分考虑天然气分布式能源具有削峰填谷的特点，对天然气分布式能源实行调峰气价、可中断气价、大用户气价、季节性气价等价格政策。加快天然气交易中心建设，加快建立与国际的LNG价格接轨的天然气现货和期货市场。

2. 要发挥天然气分布式能源的优势，赢取经济利益，必须加快电价改革步伐和力度，尽快实施尖峰电价、季节性电价、环保补偿电价等价格改革措施并完善竞价机制。

3. 形成及时、顺畅的价格联动机制（上下游联动、油气联动、气电联动、气热联动等）。

4. 进行资源税、环境税、碳税改革，真实反映天然气与煤炭的合理比价。

5. 逐步提高居民用气价格，实行阶梯定价。遵循国际市场规律，理顺工业、商业、居民生活用

气价格结构。

## （二）制定合理的财政、税收、金融等支持政策

目前，天然气分布式能源系统较传统方式初投资高，运行成本受电力上网价格、天然气价格制约较高，从国外经验来看，财政补贴、减免税收、低息贷款、贷款担保等均是鼓励发展天然气分布式能源的有效措施。建议能源主管部门在财政、税收、金融等方面给予天然气分布式能源项目支持。当前国家发展与改革委员会、国家能源局等能源主管部门发布行业宏观发展目标和指导政策。国家三部委联合发布《关于发展天然气分布式能源示范项目实施细则》，提出了在财政、税收、金融等方面支持的框架性要求。需要各省级和地方政府确定实现国家宏观目标的具体方式，建议各地尽快出台符合当地产业发展情况的详细的鼓励扶持政策。国家层面需要加强对文件落实情况的督促检查。

## （三）落实现有各项政策，严格执行相关法规

落实国家和各地已明确的相关所得税、增值税、营业税、税前列支等税收优惠政策；减少或取消对天然气分布式发电电价包含的各类基金、附加和费用等，降低分布式发电成本。依托《关于进一步深化电力体制改革的若干意见》，鼓励社会资本投入天然气分布式能源项目建设。

# 二、鼓励探索，繁荣市场：允许不同模式的分布式能源项目发展，加快示范项目建设，逐步建立行业标准规范，促进市场繁荣

## （一）鼓励探索多种模式

目前的分布式能源的商务模式尚处于探索阶段，主要有以下几种：

1. 业主投资及管理模式，由所属业主投资兴建，并由业主组织专业人员负责日常设备管理、运行及维护。此种模式能为业主节约能源成本。

2. 能源服务公司模式，由业主投资建设，项目建成后聘请或采用能源服务的方式，由能源服务公司负责设备的管理、运行和维护。此种模式能为业主节约能源成本的同时，还能减少运营成本。

3. 合同能源管理模式，由节能服务公司与客户签订节能服务合同，通过分布式能源来提供客户的能源，节能服务公司从客户节能改造后获得的节能效益中收回投资和取得利润。此种模式建设成本低，收益明显。

从上述3种模式的对比中可以看到，商务模式的多样化可以通过不断优化投资和运营2个环节来实现，同时专业化的能源服务公司将占据越来越重要的作用。所以建议：从投建阶段的主要投资模式角度，节能服务公司可采取由"独立投资"到"联合投资"再到"融资"的路径。随着业务量的增加，逐渐调整发展战略，从专业的分布式能源投资和运维公司逐渐变为规模较大的综合性能源服务公司。在运维阶段，可选择由"独立运维"到"联合运维"的方式，推进分布式能源业务的扩展。另一方面，2015年4月21日，国务院通过并发布了《基础设施和公用事业特许经营管理办法》，文件明确提出"能源、交通运输、水利、环境保护、市政工程等基础设施和公用事业领域的特许经营活动"。特许经营机制的建立，使得市场参与主体多元化，项目融资模式多样化，对保障分布式能源长期受益有重要意义。

## （二）逐步建立行业法律、标准规范

随着项目的增多以及行业的快速发展，相应的法律、标准规范将日趋完善，相较之前几年的情况，标准规范将更加细化，将涉及分布式能源设计、系统配置、发电集成、项目实施和运营等方方面面。

因此建议逐步完善，以工程实践为依托，避免一刀切。重点在以下方面：一是继续修改完善《电力法》，删改第二十五条"一个供电区内只设立一个供电营业机构"，解除对拥有分布式电源的用户或微网从事售电业务的阻碍；二是尽快出台分布式能源行业建设、验收和运行技术标准，并研究制定针对天然气分布式能源的电网接入、并网运行、热（冷）负荷预测等技术标准。

## 三、技术创新：让先进的能源技术为中国用户和市场创造价值，技术＋本土化＋成本优势

未来天然气分布式能源在电网连接、电网安全、供电质量、能量储备、燃料供应等技术实力将进一步提升。通过推进本土化，释放成本优势，能够有效地提升项目经济性，有助于行业健康发展。建议加强以下方面：

### （一）清洁化的技术解决方案

#### 1. 设备更加绿色清洁

通过对分布式能源主要设备的深化研发，项目系统的设备性能效率进一步提升，排放更加清洁。比如 GE-Fuel Cells 正在开发一项新的混合动力燃料电池技术，将固体氧化物燃料电池（SOFC）与颜巴赫 Jenbacher 燃气发电机结合在一起。该组合系统的电效率预计将高达 65%，CHP 效能则大于 90%。除了高效率外，该项技术最可喜的一点就是它净生成水，而非像绝大多数发电厂需耗费水来冷却。

#### 2. 技术与服务优化结合，提升客户体验

先进的技术与服务优化结合，能够较好地提升客户体验。比如 GE 的"绿色创想"（Ecomagination）计划，致力于发展各类绿色节能技术，减少自然资源耗费的同时，又能为客户带来经济利益。

### （二）创新性的本土化模式

技术装备本土化是我国发展分布式能源的核心。通过"生产本地化"优化组装和运输成本，提高产品交付灵活性；通过"销售本地化"倾听客户需求，高效决策，快速响应；通过"服务本地化"提供客制化服务和快速解决方案，确保设备更高可用性。

## 四、构建能源互联体系，开创能源未来：借助互联网＋，智能电网等新兴技术的发展，与整体能源体系，可再生能源互相渗透，互相融合，开启中国能源发展的未来

当前天然气分布式能源系统已经能够通过动力技术与余热利用技术的有机整合，构成了较好的综合利用。未来将在仔细考虑用户不同冷热电及环保性能具体需求的前提下，采用最佳的优化控制方式，使得每种需求都能得到满足。预计将借助能源互联网＋，以天然气分布式能源为核心，结合

可再生能源构建"小型化区域能源供应网络",形成多功能互补的智能电网(微电网)与智能冷、热气供应网络。可以合理预见,世界电力工业,将由传统的"大电厂、大机组、大电网、城市热网"组合的集中供能系统,向以大型发电为主、天然气分布式能源为补充的"多模式互补系统"转变。

能源互联网建设是一种链式上的变革。面对我国能源生产与消费逆向分布的格局,未来我国能源互联网的定位应该是大电网和微电网结合。各个区域、各种形式可再生能源都能够通过能源互联网柔性对接,从而进一步推动广域内电力资源的协调互补和优化配置。在这一过程中,需要我们逐步落实能源在线监测系统,在条件具备的地方开展天然气与光伏、风能、地热能等多能互补利用的工程示范,尽快使天然气分布式能源充分与可再生能源相互渗透,确保其供能稳定,带动可再生能源开发应用。

# 第六章 结论

天然气分布式能源的发展符合"节约、清洁、安全"的国家能源发展战略,也体现了能源结构调整、城市化与工业化、产业转型升级相结合的要求。部分地方政府已经制定天然气分布式能源发展规划和产业扶持政策,为其他地区政府提供可资借鉴的经验。加上自2014年6月份以来的国际及国内油价持续下跌带动国内天然气价格回落、电力体制和油气体制改革扫除天然气分布式能源发展主要障碍,天然气分布式能源迎来了新的发展期。

值此能源变革的重要关头,政府、企业、投资者、技术方案提供方等各方参与者应携手共进、搭建分布式能源的生态系统,共同发掘中国分布式能源的发展潜力,协力开启中国能源发展的未来。

中燃协分布式能源专业委员会、通用电气(GE)公司

# 城镇燃气运营企业信息安全管理制度研究

## 一、课题术语、研究范围与方法

本研究课题中的信息安全，涉及燃气运营企业经营活动中与国家安全及企业利益有关的各类信息，这些信息有可能会被不法甚至敌对分子通过盗取、冒用或破坏等手段，图谋达到破坏国家安全或损害燃气运营企业利益的目的。

网络安全和信息化是事关国家安全和国家发展、事关广大人民群众工作生活的重大战略问题，应以网络安全为要素，以信息保密为抓手，努力实施企业整体化信息安全管理体系建设，这也是一个伴随企业发展进程的持续、动态、永恒的主题。本报告将参考工业控制系统信息安全，公用事业领域宏观发展、改革形势及技术管理与投融资管理现状等一系列相关资料围绕城镇燃气运营企业信息安全管理制度研究这一主题，力图达到维护国家安全、维护企业利益的目标。

### （一）城镇燃气运营企业信息安全管理制度研究课题术语

#### 1. 燃气运营企业信息安全体系

是指由我国燃气运营企业构建的，覆盖传统信息安全管理领域与企业保密管理领域的完整的信息安全管理体系。该体系通过构造制度管理的整体化实践手段的集合，服务于我国燃气运营企业维护国家安全、维护企业利益的目标。

#### 2. 传统信息安全管理

是指为保护信息系统（包括硬件、软件、数据、人、物理环境及其基础设施），使之不受偶然或者恶意原因的破坏、更改、泄露，确保其连续可靠正常地运行，信息服务不中断，最终实现业务连续性的一系列管理措施。

#### 3. 工业控制系统

是指使用计算机技术，微电子技术，电气手段，使生产和制造过程更加自动化、效率化、精确化，并具有可控性及可视性的信息系统。本报告中所指城镇燃气行业工业控制系统，通常包括燃气管道数据采集与监控系统（SCADA）、地理信息系统（GIS）、阴极保护系统等生产运营类系统。

### （二）燃气运营企业信息化建设领域

根据对中国各地城镇燃气企业统计资料的分析，企业信息化建设主要涉及以下3条建设主线：

#### 1. 以管网监测监控系统为核心的燃气运营企业生产运营信息化建设主线

由管网地理信息系统基于城市电子地图，提供管网动态维护、输配调度管理、设备日常抢修、地图信息检索、图档管理的能力；由管网监测监控系统提供实时监测燃气管网的温度、压力、流量等信息的能力；由管网仿真与预测系统动态模拟管网运行工况，并通过将仿真软件计算结果与管网监控实际数据相比较，提供自动报警能力；由安防视频监控系统对重大危险源提供24小时视频监控能力；

由燃气管道防腐系统提供管体腐蚀损伤评价方法、外防腐层评价方法的能力。

**2. 以企业资源计划管理系统为核心的燃气运营企业经营管理信息化建设主线**

由企业资源计划管理提供包括总账会计、应收账款和应付账款、费用管理、资产处理、生产成本控制等业务在内的整体财务管控能力；提供包括组织、职位、职务管理，员工从入职、转正、调动到退休的人事异动管理，员工请休假管理，员工薪金发放、预算控制与薪资监控等业务在内的整体人力资源业务管控能力；提供包括原材料/固定资产/低值易耗品采购、采购订单更改/审批/收退货、部门领用、转储、调拨、仓库盘点等业务在内的整体供应链业务管控能力；提供包括销售订单维护、销售合同评审、货源组织、交付安排与执行等业务在内的整体销售业务管控能力。

围绕着企业资源计划管理系统（ERP系统），依托主数据管理、客户关系管理、计费管理等信息系统的建设，集成城镇燃气企业物流、资金流、信息流和工作流，可达到促进企业管理决策信息形成的目的。

**3. 以办公自动化与企业门户系统为核心的燃气运营企业协同办公信息化建设主线**

依托企业多级门户和办公自动化系统、电子流程审批系统的建设，建立城镇燃气运营企业内部统一沟通与协作机制，达成内部用户之间无时延、强交互的沟通通道，提供文本即时消息交流、视频与音频交流、共享白板与应用程序等能力；提供对企业各业务领域业务流程的线上电子化审核审批能力，并实现与周边信息系统进行数据交换；提供企业对内对外多样化信息展示与发布能力。

## （三）城镇燃气运营企业信息安全管理制度研究课题研究对象、范围与方法

分析上述3条建设主线，主线1主要立足于企业工业控制系统应用层面，主线2、主线3立足于企业传统信息系统应用层面。以下对于燃气运营企业信息安全管理所做的现状分析，也将以对工业控制系统应用层面、传统信息系统应用层面的风险分析为基础，并结合对企业保密管理工作风险的分析加以开展。

本课题提出与研究的企业信息安全概念，指以传统信息安全管理领域的相关知识、保密管理领域的相关知识为共同支撑，通过构造整体化的实践手段的集合，服务于我国燃气运营企业维护国家安全、维护企业利益的目标。

基于对现状的分析，本报告的后续研究内容包括，对燃气运营企业信息安全管理制度提出一系列编制性建议要点，供我国城镇燃气运营企业在建立企业自身信息安全管理制度的过程中参考使用。当然，作为具备很强指导性的参考性意见，这些意见可不设定为强制性要求。

本课题报告构建了适用于城镇燃气运营企业的整体化企业信息安全管理模型。该模型为我国各城镇燃气运营企业提供了一套完整、闭环的管理方法论，各城镇燃气运营企业可以根据企业规模、发展阶段、发展目标等实际特性，参考该模型进行裁剪运用，并提出本企业专用、适用的整体化信息安全方法论。

# 二、燃气运营企业信息安全风险分析

## （一）燃气运营企业保密管理工作风险分析

### 1. 燃气运营企业普遍尚未构建整体化的信息安全管理体系

我国城镇燃气运营企业虽然基于信息科学技术，已在传统信息安全管理领域开展了大量工作，

但既往相关工作的侧重点，仍主要集中于单一的信息技术专业领域。

众所周知，传统信息安全管理领域的工作要点虽然也强调技术与管理的有机结合，但相关管理主题通常不会完整覆盖企业保密管理工作。因此这种工作思路与我国当前成立以习近平总书记任组长的国家安全领导小组，力图落实国家保密法律法规的大环境要求尚存在差异。

对于城镇燃气运营企业而言，构建能够覆盖传统信息安全管理领域与企业保密管理领域的完整的企业信息安全管理体系，既有利于落实国家在保密管理方面的政策法规要求，又能借助科学技术，有效增强保密法规各项要求的落地力度。

### 2. 燃气运营企业保密管理措施陈旧，缺乏技术保障措施

我国城镇燃气运营企业既往在编制保密工作管理规定过程中，往往会出现制定时间早，但更新节奏慢的问题，因此，企业保密管理工作要求容易与新时期燃气行业发展的现状产生较大差异，比如：作为企业经营根本物质基础的燃气管网的工控系统，尚未见到保密管理制度性要求的报道。又如，对于企业上市、引进外资的社会大局势，如何在上述环节对应当保护的国家秘密加强管理，是一个重要课题。

而对于企业保密管理制度中提到的工作目标的落实，需要以体系化的技术措施或方案加以保障，但这方面的缺项往往又比较明显。

### 3. 燃气运营企业保密管理机构不健全，同时缺乏有效落地措施的保障

我国城镇燃气运营企业既往在编制保密工作管理规定过程中，一般会遵循提出一套本企业专用的管理机构的思路，但这种管理机构往往局限于企业高级管理者（有时最多涉及部分中层管理者）的层面，难以建立从顶至底的完整的保密管理组织架构，以有效分解与落实执行企业保密管理政策。

在建立保密管理制度的过程中，企业虽然通常会制定一系列规章制度，但往往又未能建立对管理制度的落实机制，特别是周期性的检查与追责措施，缺乏形成完整闭环的落地与保障措施。

## （二）燃气运营企业工业控制应用层面的信息安全风险分析

### 1. 燃气生产调度系统安全防护滞后，缺乏自身的安全性设计

我国工业控制自动化的发展，走的多是引进设备、消化吸收、二次开发、设备仿制和系统集成、逐步国产化替代的道路。总体而言，安全防护建设明显滞后于系统建设，安全防护能力较弱，缺乏自身安全性设计。在信息安全意识、策略、机制、法规标准方面都存在问题。

### 2. 燃气工业控制系统普遍存在脆弱性

（1）主要软硬件依赖进口，技术受制于人

我国燃气生产调度系统领域与IT领域类似，缺乏自主可控技术。在高端装备大部分领域中未能掌握核心关键技术，对外依存度偏高。

（2）广泛使用无线通信，存在安全隐患

我国燃气生产调度系统广泛采用专用无线电通信信道或借用公用无线通信网络进行组网。在没有严格保密机制的情况下，会将燃气生产调度系统的敏感作业信息和要害控制信息暴露在空中，使关键基础设施处于恶意监控之下。

（3）借用公共电信网络和互联网组网，增加了风险

近年来随着互联网的高速发展和移动通信的普及，我国燃气生产调度系统出现了借用公共网络组网的趋势，并将这些网络固有的脆弱性和潜在的威胁大规模带入工业控制系统。网络的脆弱性和

系统特有的脆弱性交织在一起，增加了燃气生产调度系统的潜在风险。

### 3. 燃气行业工业控制系统面临着现实和潜在的威胁

现实威胁是，人员素质有待提高，管理混乱。系统面临信息战攻击的潜在威胁。

### 4. 燃气行业工业控制系统安全防护体系尚未形成

（1）关键资产底数不清楚

我国燃气生产调度系统应用和部署存在多个条块分割的垂直体系，这些体系中哪些资产是国家重点信息安全保障的对象，其关联性如何需进一步调查清楚。

（2）漏洞与威胁情况不明

国家尚未建立燃气行业工业控制系统漏洞挖掘、脆弱性分析和威胁监控体系，以了解系统存在的漏洞、现实威胁以及潜在威胁的相关情况。

（3）燃气生产调度系统缺乏安全设计，难以实现本质安全

多数燃气生产调度系统在开发时，由于计算资源有限，在设计时只考虑到效率和实时等特性，并未将安全作为一个主要的指标考虑。在控制网络中运行的操作系统、实时数据库、应用程序等，安全防护技术措施十分薄弱，系统缺乏基础安全设计。

（4）燃气生产调度系统安全防护关键技术发展落后

应开发工业控制密码，保护燃气生产调度系统安全。我国普遍采用无线通信进行组网，工业控制密码在我国还是空白。

（5）燃气生产调度系统信息安全问题未引起全社会足够重视，也缺乏信息对抗意识。

### 5. 燃气生产调度系统信息安全风险的产生领域

经汇总，燃气生产调度系统信息安全主要风险的产生领域有：通信协议；操作系统；安全策略和管理流程；杀病毒软件、杀毒软件安装及升级更新；应用软件；工业控制系统中的异常行为或人为行为；系统控制终端、服务器、网络设备故障未及时发现而响应延迟。

## （三）燃气运营企业传统信息应用层面的信息安全风险分析

燃气运营企业传统信息应用层面的信息安全管理存在许多同质化的风险，这些风险都会成为保密管理工作的漏洞。根据风险领域的不同，可以列出如下环节的风险类型。

### 1. 信息安全方针政策环节

对企业传统信息安全方针缺乏有效支持。这或是因为企业成员遵守企业信息安全管理制度不得力，或是企业信息安全的方针与目标根本未加制定，从而导致信息安全方针贯彻不得力，并发生信息安全事件。

信息安全策略没有定期更新，也未在企业组织环境发生重大变化时进行更新，从而无法保障信息安全策略的适用性、充分性和有效性，导致信息安全事件发生。

### 2. 访问控制环节

未有效制定针对各类信息设施（如网络、服务器、操作系统、应用系统等）的访问控制策略和规范，或者因为访问控制执行不力，导致信息被泄密、篡改。特别是，对于企业信息化建设外包人员的访问控制往往缺乏有效的技术控制措施，无法对外包人员的访问行为做有效的监控和审计。

因为缺乏有效的口令管理系统功能设置，或未制定强制优质口令、首次登陆须改口令等管理策略，导致信息系统被非授权访问。

缺乏对特殊访问权限的有效管理，也就是，对具有特殊访问权限的账号未进行限制和监控，导致信息泄密或信息系统崩溃等风险。

3. 资产管理环节

缺乏明确的信息资产标记，没有根据信息分类机制建议合适的信息资产标记机制，容易造成信息损毁，或遭受信息泄密。

4. 通信安全环节

企业缺乏网络的有效隔离措施，导致敏感信息泄密。

5. 符合性环节

对具有个人隐私特征的数据保护不力，因未采取措施处置个人隐私数据，导致个人数据泄密。

## 三、燃气运营企业信息安全管理制度研究

### （一）燃气运营企业信息安全管理制度参考资料来源

1. 国家级保密管理法规

《中华人民共和国保守国家秘密法》《中华人民共和国反不正当竞争法》、国家保密局《涉及国家秘密的信息系统分级保护方案设计指南》、国家保密局与科学技术部《对外科技交流保密提醒制度》、国务院国资委保密委员会《中央企业商业秘密信息系统安全技术指引》、国家科学技术委员会与国家保密局《科学技术保密规定》《中华人民共和国专利法》及其《实施细则》、工信部《关于信息安全等级保护工作的实施意见》及《通信网络安全防护管理办法》。

2. 北京市级保密管理法规

北京市国家保密局《关于切实加强计算机信息系统、移动存储介质和办公自动化设备保密管理的通知》。

3. 国内某市燃气运营企业的企业保密管理制度

《保密工作规定》《计算机网络与信息安全保卫管理规定》《CPU卡表系统密钥卡片管理办法》。

4. 国内某高科技企业的企业保密管理制度

《保密工作总则》《商业秘密保护管理规定》《信息安全保护管理规定》《秘密载体保密管理规定》《保密信息密级确定管理规定》。

5. 国内其他行业的信息安全管理制度

《电力行业信息系统等级保护定级工作指导意见》《电力监控系统安全防护规定》《证券交易所上市公司内部控制指引》《证券期货经营机构信息技术治理工作指引（试行）》。

### （二）燃气运营企业涉密信息定义与分类

1. 企业涉密信息的定义

燃气运营企业可将企业工作信息区分为国家秘密、企业秘密与内部公开资料3大类型。

燃气运营企业的国家秘密（简称"国密"）：燃气运营企业内关系到国家安全和利益，依照法定程序确定，在一定时间内只限一定范围的人员知悉的事项。国密信息的分级，依法划分为绝密、机密、秘密3级。国密信息的密级确定，应当依法遵守定密权限的有关规定。

燃气运营企业的企业秘密（简称"企密"）：燃气运营企业内不为公众所知悉，能为企业带来经济利益、具有实用性并经企业采取保密措施的经营信息和技术信息。

除去企业国密、企密之外的所有工作信息称为燃气运营企业的内部公开资料。

### 2. 燃气运营企业涉密信息分类

通过对我国燃气运营企业在运营过程中所产生各类信息的归纳、分类与汇总，可以将下列21大类运营信息纳入涉密信息的范畴，以实施保密管理。

| 序号 | 涉密信息类型 | 可能的涉密类型 | |
|---|---|---|---|
| | | 国密 | 企密 |
| 1 | 城市基础设施总体规划涉及的燃气地下管线现状图、规划图等资料及图档管理系统，重要的城镇燃气工业控制系统 | ● | ● |
| 2 | 燃气用户基础信息 | ● | ● |
| 3 | 企业发展战略及规划 | | ● |
| 4 | 企业重大决策方案中的秘密事项 | | ● |
| 5 | 企业年度综合计划、综合经济分析资料 | | ● |
| 6 | 上级印发或企业产生的各类密级文件 | ● | ● |
| 7 | 内部掌握的项目合同、协议、意见书、可行性报告等相关文件资料 | | ● |
| 8 | 重要会议记录、纪要、决议 | | ● |
| 9 | 企业专项审计和离任审计相关资料 | | ● |
| 10 | 科研技术、科研成果、生产经营、营销策略、投融资、工程建设中的重要信息资料以及企业秘密 | | ● |
| 11 | 财务预决算报告及未对外公开发布的财务指标和相关报表、统计数据 | | ● |
| 12 | 未经宣布的人事任免事项及员工人事档案资料、薪酬收入情况 | | ● |
| 13 | 各类信访举报材料和对有关问题调查了解的情况 | | ● |
| 14 | 涉及投资企业中重要的信息资料及企业秘密 | | ● |
| 15 | 企业采购与生产信息 | | ● |
| 16 | 企业营销信息或敏感产品与销售信息 | | ● |
| 17 | 企业先进的管理方法 | | ● |
| 18 | 企业信息化建设项目相关涉密技术资料 | | ● |
| 19 | 各项重大活动保障预案 | | ● |
| 20 | 企业重大资产处置的相关文件资料 | | ● |
| 21 | 企业处理涉密信息所采取的安全保密措施 | | ● |

其中，第一、二、六等3大类涉密信息，既可能归入国密管理范畴，也可能归入企密管理范畴，企业应当根据其分类定义，实施相应管理措施。城镇燃气运营企业应提前向国家保密管理单位提出国密信息定密的权限申请并获取定密授权。燃气运营企业负责配合国家保密管理单位对上述涉密信息实施保密管理。

### 3. 燃气运营企业国家秘密信息分类

（1）第一类涉密信息

包括：城市基础设施总体规划涉及的燃气地下管线现状图、规划图等资料；城镇燃气地下管线图档管理系统；重要的城镇燃气工业控制系统（城镇燃气管线数据采集与监控系统、城镇燃气管线地理信息管理系统等）。

1）国密保密管理建议原则

①对城镇燃气管线测绘数据中的信息要素进行分类管理；

②将城镇燃气地下管线图档管理系统、重要的城镇燃气工业控制系统整体纳入国密管理范畴，对以其为数据源输出的测绘数据进行分类管理；

2）国密信息详细分类

①第一小类

a 特定行政级别（原则上包括中央级、省级、军区级）党政军领导人的住所及办公场所指定范围内的燃气管道运行控制机构（如闸井、调压站、数据采集本地站与中心站）的地理坐标位置、控制方式及其参数与配置信息；

b 专用于记录上述信息的操作、配置、管理类电子或纸质技术文档；

c 上述场所指定范围内的燃气管线的空间地理参数，专用于记录上述信息的操作、配置、管理类电子或纸质技术文档。

②第二小类

a 直辖市行政区域内或国家保密管理单位指定的城市行政区域内压力级别为高压 A，高压 B 的燃气管道的运行控制机构（如闸井、调压站、数据采集本地站与中心站）的地理坐标位置、控制方式及其参数与配置信息；

b 专用于记录这部分国密信息的操作、配置、管理类电子或纸质技术文档；

c 涉及这部分国密信息的操作、管理、配置类电子或纸质技术文档。

③第三小类

a 直辖市行政区域内或国家保密管理单位指定的城市行政区域内压力级别为高压 A/B、次高压 A/B，对当地燃气输配与供气安全具备全局性影响，指定位置的燃气管线的空间地理参数；

b 专用于记录上述信息的操作、配置、管理类电子或纸质技术文档；

c 涉及这部分国密信息的操作、管理、配置类电子或纸质技术文档。

④第四小类

a 位于国防、重点科研等工程区域城镇燃气管线运行控制机构（如闸井、调压站、数据采集本地站与中心站）的地理坐标位置、控制方式及其参数与配置信息，空间地理参数；

b 专用于记录这部分国密信息的操作、配置、管理类电子或纸质技术文档；

c 涉及这部分国密信息的操作、管理、配置类电子或纸质技术文档。

⑤第五小类

a 城镇燃气地理信息系统与依托其保存的城镇燃气管线测绘电子数据整体；

b 城镇燃气数据采集与监控系统与依托其保存的城镇燃气管线运行实时工况数据；

c 数据源为上述城镇燃气工业控制系统，输出的燃气管线相关资料，如：统计与分析报表、技术图纸的纸质及电子输出物，等。

（2）第二类涉密信息

城镇燃气重要用户的基础信息的信息要素。

1）国密保密管理建议原则

①对城镇燃气重要用户基础信息的信息要素进行分类管理；

②对以城镇燃气企业信息系统为数据源输出的重要用户数据进行分类管理；

③特定行政级别（原则上包括中央级、省级、军区级）党政军领导人等燃气用户在城镇燃气运营公司的信息系统中不宜做姓名与具体住址信息的对应显示。

2）国密信息详细分类

①特定行政级别（原则上包括中央级、省级、军区级）党政军领导人等燃气用户的具体住址信息；

②专用于记录这部分国密信息的操作、配置、管理类电子或纸质技术文档；

③涉及这部分国密信息的操作、管理、配置类电子或纸质技术文档。

（3）第三类涉密信息

上级印发或企业自身产生的各类密级公文（包括所有上行、下行、平行的公文）的所有信息要素，包括标题、内容、关键词、发文方、收文范围等。

1）国密保密管理建议原则

①对城镇燃气涉密公文的信息要素进行分类管理；

②对以城镇燃气企业信息系统为数据源输出的涉密公文信息行分类管理。

2）国密信息详细分类

党中央、中央政府、政府部委、上级党委、城镇燃气运营企业上级主管单位下发的包含国密的公文。

### （三）燃气运营企业信息安全管理制度体系

#### 1. 燃气运营企业信息安全管理制度体系的建设领域概述

燃气运营企业信息安全管理制度体系的建设可以涵盖燃气运营企业的多种所有制形式，包括：国有企业、外资企业、民营企业等。

建议从组织机构与职责定义、国密信息知悉范围、信息系统传统信息安全管理、工业控制系统管理、公文管理、信息介质管理、信息系统账户与密码保密管理、外资介入管理等不同侧面，对燃气运营企业信息安全实施有效管理。以下将基于这些领域，提出一系列燃气运营企业信息安全管理制度的编制建议。

国密信息管理应既能确保国家秘密安全，又能便于信息资源合理利用。权责明确、依据充分、程序规范、及时准确。燃气运营企业应配合国家保密机构的保密管理工作。

国密信息管理应遵循"精确定密、依法审查、依法规范、部门负责、预防为主、突出重点、便利工作、保障安全"的工作方针。遵循统一领导、分类管理的工作原则。

#### 2. 燃气运营企业信息安全管理工作组织机构与职责定义

（1）企业主要负责人是企业信息安全工作的第一责任人。企业应当建立健全网络与信息安全管理制度体系，成立工作领导机构，明确责任部门，设立专兼职岗位，定义岗位职责，明确人员分工和技能要求，建立健全信息安全责任制。

（2）燃气运营企业可建立包含信息安全管理领导机构、信息安全管理执行机构在内的2级专业管理机构，实施企业信息安全管理工作。

（3）出于提高可操作性、降低人员成本的考虑，信息安全管理的组织机构可以采用虚拟机构与兼职人员的配置方式。

（4）燃气运营企业信息安全管理领导机构可以企业的经营班子作为基本成员，由企业第一责任人任负责人。该机构负责贯彻国家有关法律、法规和规章，落实国家与上级单位保密机构与部门的工作要求，研究决定企业信息安全管理工作中的重大事项。

（5）燃气运营企业信息安全管理执行机构可设置正、副负责人各1名。该机构负责贯彻落实领导机构的工作要求，具体组织和管理企业信息安全工作，负责规划、落实、分解保密任务，研究决定企业信息安全重大事项。

（6）保密员负责落实执行机构的工作要求，组织开展本部门内的保密宣传教育、保密检查、保密技术防护和泄密事件查处等工作。

（7）信息安全管理执行机构的人员须持企业保密管理合格证上岗；政治审查合格，思想道德水平达标，其行为后果由其所在单位领导负连带责任；熟悉企业整体化信息安全管理理念与要求；具备燃气行业足够工作经验，满足本企业的相关技能要求；具备足够职业素养，责任心强、工作细致，满足本企业相关素养要求。

（8）企业涉密的工作人员须政治审查合格，思想道德水平达标；熟悉并能有效执行企业信息安全管理要求；具备足够职业素养，责任心强、工作细致，满足本企业的相关素养要求。

（9）燃气运营企业信息安全管理执行机构应对企业信息安全管理工作进行定期或不定期的检查与评比。

（10）燃气运营企业信息安全管理执行机构负责认定企业泄密事件的责任认定与处理。

（11）企业应明确各级人员的保密权利与义务、协议期限、违约责任等。

（12）企业与员工签订的劳动合同中包含保密条款；应与涉密人员签订保密协议，明确保密内容和范围、双方的权利与义务、协议期限、违约责任；应与涉及核心企密的人员签订竞争限制协议。

（13）必要情况下，企业可为涉密工作内容配备冗余人员。

### 3. 燃气运营企业国密信息知悉范围

（1）城镇燃气运营企业应提前向国家保密管理专业机构提出国密信息定密的权限申请并获取定密授权。

（2）城镇燃气运营企业对所产生的国家秘密事项，应当按照国家秘密及其密级的具体范围的规定确定密级，同时确定保密期限和知悉范围。

（3）燃气运营企业的保密信息应分类管理，明确知悉范围至具体岗位和人员。只有企业保密执行机构的工作人员才能接触国密信息。

（4）燃气运营企业为了在证券市场上市，在对外进行交流、合作或推广过程中，应遵循信息披露最小化原则，并设计出披露资料的提交审批流程。披露之前须经过国家保密管理专业机构审批，确认适于对外信息披露的范围。

（5）燃气运营企业需定义临时披露涉密信息的审批方式。

（6）燃气运营企业对外交流活动须定义保密内容提醒范围包括：科学技术发展战略、方针、政策、科技规划、计划；科技项目、课题及其经费预决策、实施方案、关键设备、资料、物品；科研成果及其用途；其他未尽事项。特别是对于国密，不得擅自对外作为交流材料。

（7）涉密人员出境参加对外交流活动，其所在机关、社会团体、企事业单位人事或外事部门在办理出境审批手续时，应当告知其涉密人员对外科技交流保密守则，要求其签署涉密人员对外科技交流保密义务承诺书，承诺履行保密义务。

（8）涉密人员在境内参加对外科技交流活动，应当事先向所在单位报告，并进行对外科技交流涉密人员登记。由所在单位提醒其遵守对外科技交流保密守则，并记录在案。

### 4. 燃气运营企业信息系统传统信息安全管理

（1）应通过管理机制和技术手段确保企业的信息系统与信息的安全，保障业务活动的连续性，保证重要信息的保密、完整及可用，确保信息内容符合法律法规的要求。

（2）应当按照国家有关信息系统安全等级保护制度和国密保护的要求，对企业网络与信息系统分等级进行安全保护、对企业信息实施分级管理，自主确定信息系统安全保护等级，自主进行保密防护。

（3）应当按照国家有关规定开展信息安全风险评估工作，建立健全信息安全风险评估的自评估和检查评估制度，完善信息安全风险管理机制，委托符合规定的测评机构进行风险评估，发现问题要及时进行整改。

（4）应当按照网络与信息安全通报制度的规定，建立健全本单位信息通报机制，开展信息安全通报工作。

（5）应当制定企业网络与信息安全应急预案，开展应急演练。

（6）应当按照国家有关规定，建立健全容灾备份制度，对关键系统和核心数据进行有效备份。

（7）应当建立信息化项目信息安全专项审查制度，重点审查信息安全保障方案和信息安全保障资金使用方案。

（8）应当建立网络与信息系统安全资金保障制度，重点保障信息安全等级保护、信息安全风险评估、网络信任体系建设、信息通报、网络与信息安全应急处置和信息安全事故调查等工作所需资金。

### 5. 燃气运营企业工业控制系统管理

（1）应制定并发布安全评估和授权方针策略、规程方针策略，并定期评审和更新。

（2）应授权具有评审资质的机构进行安全评估。

（3）应定期评审工业控制系统与外部的连接情况，以验证是否符合规定要求。

（4）应制定持续监控策略，并实施持续的监控计划。

（5）应授权企业指定工业控制系统或组件连接到内部信息系统。

（6）应对评估和监控产生的安全相关信息进行关联和分析，并根据分析结果，采取相应的响应措施。

（7）应制定并发布安全规划的策略，安全规划规程并定期评审和更新。

（8）应考虑与传统信息系统的关键差异，制订工业控制系统的安全规划。

（9）应在安全规划中明确定义工业控制系统的授权边界、与其他系统的关联关系、提供系统安全需求的概要描述及针对这些安全需求的安全控制等。

（10）应对系统安全规划的内容进行保护，防止泄露或未授权更改。

（11）应基于纵深防御的思想制订系统的信息安全架构，描述信息安全保护的需求、方法及有关外部服务的安全假设或依赖关系。

（12）应依据适用的法律、法规、规章、制度及相关标准，对信息和信息系统进行安全分类。

（13）应制订工业控制系统及相关信息系统的安全风险评估计划，明确风险评估的对象、内容及评估流程。

（14）应在系统上线前或系统维修期间对指定系统及相关应用程序进行脆弱性扫描分析，标识并报告可影响该系统或应用的新漏洞。

（15）应制定并发布系统服务及获取的方针、策略、规程，并进行评审和更新。

（16）应明确配置保护信息系统及相关服务所需的资源，形成相关文档并将其作为资本计划和投资管理过程的组成部分。

（17）应在信息系统的开发生命周期内实施全生命周期的安全管理，并将信息安全风险管理过程集成到信息系统的开发生命周期活动中。

（18）应在采购合同中，应明确描述工业控制系统的预期运行环境、开发环境及验收标准，并提出系统的安全功能、安全增强、安全保障及安全文档需求。

（19）应提供描述系统、组件或服务的管理员和用户文档，并基于风险管理策略要求对上述信息系统文档进行保护，分发到指定个人或角色。

（20）外部信息系统服务提供商应遵从企业信息安全策略要求和措施，并遵守相关的法律、法规、政策、制度、标准和指南。

（21）信息系统、系统组件或系统服务的开发人员应遵循软件工程的开发流程。

（22）应要求工业控制系统、系统组件或服务的开发人员提供系统设计规格说明书及安全体系架构。

（23）应制定信息安全大纲计划并获得管理层的批准。

（24）应确保信息安全大纲所需的资源包括在资金计划和投资请求中，对于例外情况应形成文件。

（25）应制定信息安全措施的执行情况的评价机制，并进行监视和报告。

**6. 燃气运营企业公文管理**

（1）文件制作应规范：应明确公文密级拟定、保密期限定义、发放范围、拟定发布方式、印制格式及编号、规定处理方法等要求。

（2）收发文应规范：应明确签收、启封、核对、代收、代拆、携带外出的要求。

（3）文件复制应规范：应明确复制人、复制过程、复制场所、可复制类别的要求。

（4）文件借阅清退应规范：应明确借阅审批、登记、签字、催阅、催办、催退、清点、注销手续的要求。

（5）会议文件发送应规范：应明确会议文件的制发的发文编号和发出登记的要求。明确发出签字、带回人员要求，明确涉密文件发出回收要求。

（6）文件传递应规范：应明确送阅文件登记、时限、阅读场所、阅读人、借阅过程的要求。

（7）文件保管应规范：应明确保密设施、密级差异性保管、检查、移交、归档的要求。

（8）文件销毁应规范：应对公文销毁过程、人员配置、销毁方式提出明确要求。

**7. 燃气运营企业涉密信息载体保密管理**

（1）燃气运营企业应指定其涉密信息载体的具体形式。

（2）应确定国密与企密信息载体管理的工作要求与责任归属。

（3）燃气运营企业应明确涉密信息载体制作、上交、借阅、传递、阅读、使用、复制、携带外出、携带出境、销毁等环节的工作要求、工作步骤、实施主体、报备要求。

（4）存放有国密文档的终端使用移动存储介质时应进行严格的授权访问控制，核心企密文档外发时，须审计文档内容。

（5）涉密信息载体的管理效果应与燃气运营企业的奖惩制度相结合。

### 8. 燃气运营企业信息系统账户与密码保密管理

（1）计算机账号管理原则遵循"最小特权"和"职责分离"的原则。

（2）应分类设置信息系统账户，包括特权账户、普通用户账户、安全审计账户。

（3）系统管理员在创建账户、变更账户以及撤销账户的过程中，都应详细记录过程，保留日志，以备审计查看。

（4）管理员为每个用户单独创建账号，严禁未授权使用他人账号。用户应妥善保管其账号，并确保其安全。

（5）对系统中存在的账户进行定期维护，以确保系统中不存在无用或匿名账户。

（6）定期检查用户账户的最后一次使用时间、最后一次更改时间，评估账户是否已失效并备案、注销或删除。

（7）所有雇员和外部用户访问信息和信息处理实施的访问权限，应在其任用、合同或协议终止时被撤销，或根据其变化而调整。

### 9. 燃气运营企业外资介入管理

（1）燃气运营外资所有制企业为保证企业战略目标的实现，在制定企业战略、管理经营活动风险的制度安排中，须明确对于企业国密管理环节的管理要求。

（2）燃气运营企业的关键岗位从业人员须具备中华人民共和国国籍，包括外资所有制企业或海外上市企业。

（3）燃气运营外资所有制企业的信息安全管理领导机构、信息安全管理执行机构的成员不能由外籍人士担任。企业在研究决定信息安全管理工作中的重大事项时，应在符合保密法律法规要求下，严格约束外资的表决权和控制权，让其只分享资本投资红利，而无权做有关信息安全管理的重大决定。

（4）海外上市燃气运营企业制定的信息安全管理制度应涵盖以下内容：信息处理部门与使用部门权责的划分；信息处理部门的功能及职责划分；系统开发及程序修改的保密控制；程序及资料的存取、数据处理的保密控制；档案、设备、信息的安全控制；在本所网站或公司网站上进行公开信息披露活动的保密控制。

（5）应制定外资介入风险管理方针，定义风险类型，确定风险分析方法、风险应对及风险跟踪和控制的策略。

（6）燃气运营企业海外上市之后，必须在严格执行国家保密法规的前提下实施信息披露。

## 四、课题研究综述

本课题研究报告，针对中国城镇燃气运营企业，通过提出信息安全管理制度的一系列编制性建议要点，形成了城镇燃气运营企业整体化企业信息安全管理模型。此模型将服务于中国城镇燃气运营企业的现代化经营管理与建设，以期达到维护国家安全、维护企业利益的目标。

以下是本次课题研究的若干成果要点：

1.燃气运营企业国密信息管理应遵循"精确定密、依法审查、依法规范、部门负责、预防为主、突出重点、便利工作、保障安全"的工作方针，遵循统一领导、分类管理的工作原则。可将企业工作信息区分为国家秘密、企业秘密与内部公开资料3大类型。国密信息的分级，依法划分为绝密、机密、秘密3级。

2. 以下3大类涉密信息建议划归国密范畴，并实施相应管理措施：城市基础设施总体规划涉及的燃气地下管线现状图、规划图等资料及图档管理系统，重要的城镇燃气工业控制系统；燃气用户基础信息；上级印发或企业产生的各类密级文件。

3. 企业主要负责人是企业信息安全工作的第一责任人，可建立包含信息安全管理领导机构、信息安全管理执行机构在内的两级专业管理机构，实施企业信息安全管理工作。

4. 城镇燃气运营企业应提前向国家保密管理专业机构提出国密信息定密的权限申请并获取定密授权，企业对所产生的国家秘密事项，应当按照国家秘密及其密级的具体范围的规定确定密级，同时确定保密期限和知悉范围。

5. 在对外进行交流、合作或推广过程中，应遵循信息披露最小化原则，并设计出披露资料的提交审批流程。

6. 应当按照国家有关信息系统安全等级保护制度和国密保护的要求，对企业网络与信息系统分等级进行安全保护、对企业信息实施分级管理。应制定企业信息安全应急预案。

7. 应考虑与传统信息系统的关键差异，制订工业控制系统的安全规划。明确定义工业控制系统的授权边界、与其他系统的关联关系、提供系统安全需求的概要描述及针对这些安全需求的安全控制等。

8. 燃气运营企业应明确涉密信息载体制作、上交、借阅、传递、阅读、使用、复制、携带外出、携带出境、销毁等环节的工作要求、工作步骤、实施主体、报备要求。存放有国密文档的终端使用移动存储介质时应进行严格的授权访问控制，核心企密文档外发时，须审计文档内容。

9. 计算机账号管理原则遵循"最小特权"和"职责分离"的原则，设置分类账户并定期维护。

10. 燃气运营企业的关键岗位从业人员须具备中华人民共和国国籍，包括外资所有制企业或海外上市企业。外资所有制企业的信息安全管理领导机构、信息安全管理执行机构的成员不能由外籍人士担任。企业在研究决定信息安全管理工作中的重大事项时，应在符合保密法律法规要求下，严格约束外籍人士的表决权和控制权。

中国城市燃气协会

# 城镇燃气设施保护范围标准研究

## 一、引言

在住建部城建司指导和中国城市燃气协会领导的直接领导及各地燃气企业和燃气管理部门帮助和配合下,课题组全体成员共同努力,对城镇燃气设施保护范围标准进行了研究,编制了《城镇燃气设施保护办法》,课题研究取得了一定的成果。

## 二、课题的提出及意义

### (一)保障城镇供气安全的要求

随着我国经济的快速发展,城市燃气普及率已达95%,燃气应用包括民用、商业、电厂、供暖、工业、汽车加气等领域,城镇燃气已成为保障民生和城镇正常秩序的重要基础设施,需要通过明确城镇燃气设施的保护范围来加强燃气设施保护,以有效防止第三方破坏、违章占压等对城镇燃气设施的损害。

### (二)城镇燃气安全供气的需要

燃气事故的主要原因是第三方破坏和违章占压,事故突发性强、破坏性大,还会引起周围建筑、车辆等失火,造成重大损失。确定燃气设施保护范围对明确责任、防止事故具有重要意义。

### (三)燃气法规完善的要求

《城镇燃气管理条例》对城镇燃气保护工作提出了要求,但是无具体燃气设施保护范围标准;部分地方已出台《城镇燃气设施保护办法》,但是各地存在差异且权威性不足,需要明确全国性的城镇燃气设施保护范围标准,并制定全国性的《城镇燃气设施保护办法》,以统筹指导全国城镇燃气设施保护工作。

## 三、课题研究的目标与内容

### (一)课题研究目标

通过本课题的研究,拟在改变当前城镇燃气设施保护工作标准不一致及权威性不足的问题,明确城镇燃气设施保护范围标准,为编制全国性的《城镇燃气设施保护办法》打下基础。

### (二)课题研究内容

通过前期对各地燃气企业和燃气管理部门城镇燃气设施保护范围标准的调查,了解各地城镇燃气设施保护范围的可行性及城镇燃气保护工作中遇到的问题和难点，研究全国性的城镇燃气设施保护范围标准。

## 四、课题研究的对象与方法

### （一）研究的对象

以城镇燃气室外管线、场站等保护范围为主要研究对象，其中主要以天然气长输管线和深圳、上海地方城镇燃气设施保护范围为参考，了解其在实际保护工作中的可行性。

### （二）研究方法

通过调查、访谈，并积极听取相关行业领域专家意见，了解各地城镇燃气设施保护范围的设置情况及在实际工作中遇到的问题，以更好地设置城镇燃气设施保护范围。

## 五、课题研究的依据

### （一）《城镇燃气管理条例》

《城镇燃气管理条例》对城镇燃气管理工作提出了要求，并明确了城镇燃气设施保护工作的相关标准和法律责任；城镇燃气设施保护范围标准是条例的具体细化，须依据本条例提出具体的保护范围。

### （二）各地城镇燃气设施保护办法

各地在实际城镇燃气设施保护工作中，制定了适合各地情况的城镇燃气设施保护办法，明确了城镇燃气设施的保护范围，给明确全国性的城镇燃气设施保护范围，并制定一份全国性的城镇燃气设施保护办法提供了参考依据。

## 六、成果分析

### （一）明确城镇燃气设施保护范围和控制范围

根据对各地城镇燃气设施保护范围调研情况，经过专家反复讨论，明确了城镇燃气设施保护范围和控制范围。

#### 1.城镇燃气设施保护范围

（1）城镇燃气站场的保护范围

城镇燃气场站的围墙或围栏（基础）周边 1.5 m 地域范围内区域。

（2）市政燃气设施的保护范围

1）城市次高压、中压、低压燃气管道设施两侧 0.7 m 以内的区域。

2）城市高压燃气管道设施两侧 5 m 以内的区域。

3）沿河、跨河、穿河、穿堤的燃气设施保护范围，由燃气管理部门、规划管理部门与各地河道、航道管理部门根据国家有关规定另行确定。

（3）其他城镇燃气设施的保护范围

1）建筑区划内业主专有部分以外的地下燃气设施保护范围参照市政燃气管网设施保护范围，建筑区划内业主专有部分以外的地上燃气设施以不影响燃气设施的运行、维护、抢修、更新改造所需范围作为其保护范围。

2）用户自有燃气设施保护范围由用户自行确定，但不得超过用户建筑规划区域范围和市政燃气管网设施规定的保护范围。

2.城镇燃气设施控制范围

（1）城镇燃气场站的控制范围

城镇燃气场站围墙或围栏 1.5～5 m 内区域。

（2）市政燃气设施的控制范围

1）城市次高压、中低压燃气管道设施两侧 0.7～5 m 内区域。

2）城市高压燃气设施两侧 5～50 m 内区域。

3）沿河、跨河、穿河、穿堤的燃气管道设施安全控制范围，由燃气管理部门与各地河道、航道管理部门根据国家有关规定另行确定。

3.其他城镇燃气设施的控制范围

（1）建筑区划内业主专有部分以外的地下燃气设施控制范围参照市政燃气管网设施控制范围。

（2）用户自有燃气设施控制范围由用户自行确定，但不得超过用户建筑规划区域范围和市政燃气管网设施规定的控制范围。

## （二）完成《城镇燃气设施保护办法》（建议稿）

通过对各地城镇燃气设施保护工作现状的调研，更好地为各地城镇燃气设施保护工作提供指导，依据《城镇燃气管理条例》，结合城镇燃气设施保护范围标准的研究工作，起草了《城镇燃气设施保护办法》（建议稿）。

# 城镇燃气设施保护办法
# （建议稿）

## 第一章　总则

**第一条【目的和依据】**　为加强城镇燃气设施安全管理，维护城市安全和社会公共安全，根据《城镇燃气管理条例》及其他相关法律、法规的规定，制定本办法。

**第二条【适用范围】**　本规定适用于中华人民共和国领域内城镇燃气设施的保护及管理，城镇燃气设施的保护包括防止外力损害、管道腐蚀、管道标志损坏及预防自然灾害对燃气设施造成的损害等。

本规定不适用于城市天然气门站前长输燃气设施及海洋内燃气设施的保护及管理。

**第三条【政府部门职责】**　国家住房和城乡建设部是全国城镇燃气设施保护工作主管部门，负责指导、协调、督促各地县级以上人民政府做好城镇燃气设施保护工作。

县级以上人民政府应加强对城镇燃气设施保护工作的组织领导，协调、督促有关部门依法履行城镇燃气设施保护工作。

县级以上人民政府燃气管理部门是城镇燃气设施保护的主管部门。负责指导、协调、督促城镇燃气经营者及城镇燃气设施产权单位（产权人）做好城镇燃气设施保护工作。

公安、消防、安监、发展改革、经贸信息、规划国土、交通、水务、城管、应急、城建、档案等有关政府部门、机构应当依照有关法律、法规以及本办法的要求，在各自职权范围内做好城镇燃气设施保护工作。

**第四条【社会职责】** 城镇燃气设施产权单位（产权人）是城镇燃气设施保护工作的责任主体，应遵守相关法律、法规、规章和技术标准，做好燃气设施保护工作。

城镇燃气经营者对其供气范围内的市政燃气设施、建筑区划内业主专有部分以外的燃气设施，承担运行、维护、抢修、更新改造责任。

城镇燃气经营者负责对居住区内小区业主共有燃气设施承担运行、管理责任。

商业、居民等燃气用户自有燃气设施的产权单位（产权人）应委托有资质的单位对燃气设施进行维护、修理、更新、拆除等工作。

道路、河道、桥梁、轨交、铁路、电力线路、建筑、电缆光缆、物业服务、市政管线、园林绿化等单位应遵守燃气设施保护的法律、法规、规章和技术标准，配合城镇燃气经营者做好燃气设施保护工作。

街道、社区、居委、物业等部门及单位应积极与城镇燃气经营者协调、沟通，配合做好燃气设施保护工作。

任何单位和个人都有维护城镇燃气设施安全、保护城镇燃气设施的义务，不得实施危害城镇燃气设施安全的行为。

燃气管理部门和城镇燃气经营者应向社会公众公布城镇燃气设施保护范围、燃气设施保护电话和举报方式，受理单位和个人对危害城镇燃气设施安全行为的举报。

对燃气设施的不安全状况和危害城镇燃气设施安全的行为，任何单位和个人有义务向人民政府燃气管理部门或其他管理部门、城镇燃气经营者投诉或者举报。燃气管理部门和城镇燃气经营者接到危害城镇燃气设施行为投诉或者举报后，应当及时组织调查处理，并将调查处理结果反馈实名投诉人或举报人。

**第五条【宣传教育】** 县级以上地方人民政府有关部门应健全燃气设施保护工作监管制度、宣传燃气设施保护工作，提高全民的燃气安全意识。

地方燃气管理部门应监督城镇燃气经营者落实城镇燃气设施保护宣传教育工作。

社区和物业服务等单位应配合地方燃气管理部门和城镇燃气经营者开展燃气设施保护知识的宣传教育。

**第六条【信息系统】** 各城市应建立健全城镇燃气设施信息系统，及时存储、动态更新燃气管道等设施信息；并与城镇信息管理实现统一数据标准、资源实时共享、信息动态更新。

新建或改建的城镇燃气管线工程应优先建立地理信息系统，工程信息的测量成果，实行城镇地下管网综合管理系统的信息动态更新。

## 第二章 规划和建设

**第七条【规划控制】** 县级以上人民政府燃气管理部门应会同有关部门，编制燃气发展规划，报本级人民政府批准后实施,并报上一级人民政府燃气管理部门备案。

县级以上人民政府规划部门应根据燃气设施保护要求,结合现有燃气设施现状和燃气发展规划等,编制本地区土地利用、城乡建设等规划,防止规划项目建设对城镇燃气设施造成影响。

**第八条【工程建设】** 县级以上人民政府工程建设管理部门应加强对建设工程的监管,督促建设单位、施工单位在工程建设之初,与相关燃气设施的城镇燃气经营者落实燃气设施保护方案。

建设单位、施工单位应当遵守法律、法规和规范有关建设工程质量管理的规定,依据燃气设施保护方案做好对城镇燃气设施的安全保护措施,防止建设施工过程中损坏城镇燃气设施。

## 第三章 城镇燃气设施运营安全

**第九条【城镇燃气经营者】** 城镇燃气经营者应做到:

(一)建立、健全燃气设施保护制度和岗位操作规程,对员工进行燃气设施保护知识培训,配备必要的人员、设施和设备,保障必要的经费投入。

(二)制定燃气安全事故应急处置预案并报相关部门备案,配备抢险救援人员、设备和物资,定期进行燃气突发事故应急救援演练。

(三)配合街道、社区等向居民和单位宣传燃气设施保护知识。

(四)定期进行燃气设施的巡查、检测、维护和维修及现状评价等,及时处置安全隐患,不能单独处置的应报告相关部门。

(五)建立健全城镇燃气设施运行、工况、维护和维抢修等基本情况的记录。运营记录应有保存时限规定,不得少于2年时间。

(六)对影响城镇燃气设施安全的建设工程施工,依据本办法和相关法规、规范,提出保护要求,对建设单位、施工单位相关人员进行燃气设保护培训,与施工方共同制定保护方案;并在施工过程中落实专业人员现场监控事宜。

(七)按照规定设置警示标志等,在醒目位置标明燃气设施保护联系电话。

(八)按照规定设置燃气设施防腐、绝缘、防雷、降压、隔离等保护装置,对燃气设施周边有影响安全的环境采取安全技术措施。

(九)法律、法规规定的其他要求。

**第十条【相关单位】** 道路、河道、桥梁、物业服务等单位在其管理服务区域内发现危害城镇燃气设施的行为,应当及时制止并立即通知相关管理部门或城镇燃气经营者。

道路、河道、桥梁、轨交、铁路、电力等单位在建设施工中应加强与城镇燃气经营者或城镇燃气设施产权单位(产权人)的联系,做好城镇燃气设施保护工作。

**第十一条【燃气设施保护范围】**

(一)城镇燃气站场的保护范围:

城镇燃气场站的围墙或围栏(基础)周边1.5 m地域范围内区域。

(二)市政燃气设施的保护范围

1. 城市次高压、中压、低压燃气管道设施两侧0.7 m以内的区域;

2. 城市高压燃气管道设施两侧5 m以内的区域;

3. 沿河、跨河、穿河、穿堤的燃气设施保护范围,由燃气管理部门,规划管理部门与各地河道、航道管理部门根据国家有关规定另行确定。

（三）其他城镇燃气设施的保护范围

1. 建筑区划内业主专有部分以外的地下燃气设施保护范围参照市政燃气管网设施保护范围，建筑区划内业主专有部分以外的及居住区地上燃气设施以不影响燃气设施的运行、维护、抢修、更新改造所需范围作为其保护范围；

2. 用户自有燃气设施保护范围由用户自行确定，但不得超过用户建筑规划区域范围和市政燃气管网设施规定的保护范围。

**第十二条【燃气设施控制范围】**

（一）城镇燃气场站的控制范围

城镇燃气场站围墙或围栏 1.5～5 m 内区域；

（二）市政燃气设施的控制范围为：

1. 城市次高压、中低压燃气管道设施两侧 0.7～5 m 内区域；

2. 城市高压燃气设施两侧 5～50 m 内区域；

3. 沿河、跨河、穿河、穿堤的燃气管道设施安全控制范围，由燃气管理部门与各地河道、航道管理部门根据国家有关规定另行确定。

（三）其他城镇燃气设施的控制范围

1. 建筑区划内业主专有部分以外的地下燃气设施控制范围参照市政燃气管网设施控制范围；

2. 用户自有燃气设施控制范围由用户自行确定，但不得超过用户建筑规划区域范围和市政燃气管网设施规定的控制范围。

**第十三条【禁止行为】** 任何单位和个人不得在燃气设施保护范围内从事下列危及燃气设施安全的行为：

（一）修筑与燃气设施无关的建筑物、构筑物或者其他设施。

（二）进行爆破、取土等作业或者动用明火。

（三）倾倒、排放腐蚀性物质。

（四）放置易燃易爆危险物品。

（五）从事采石、震动试验等容易造成地质沉降、扰动等行为。

（六）种植乔木、灌木、藤类、芦苇、竹子或者其他根系深达管道埋设部位可能损坏管道防腐层的深根植物。

（七）禁止下列危及燃气设施安全的活动。

1. 采用移动、切割、打孔、砸撬、拆卸等手段损坏城镇燃气设施；

2. 非紧急状态下擅自开启、关闭阀门等改变燃气设施运行状态的行为；

3. 在地面管道线路、架空管道线路和管桥上行走或者放置重物；

4. 占用、堵塞城镇燃气设施的交通消防通道。

（八）在沿河、跨河、穿河、穿堤的燃气施保护范围内，除在保障城镇燃气设施安全的条件下，为防洪或者通航而采取的疏浚作业外，不得抛锚、拖锚、淘沙、挖泥或者从事其他危及城镇燃气设施安全的作业。

（九）法律法规规定的其他危及城镇燃气设施安全的行为。

**第十四条【限制行为】** 有下列情形之一的，建设单位、施工单位应与城镇燃气经营者或城镇燃气设施产权单位（产权人）就安全保护方案协商一致后方可实施：

（一）在燃气设施的控制范围内，敷设管道及从事修路、打桩、绿化、破碎、挖掘、顶进、钻探等可能影响燃气设施安全活动的作业。

（二）在次高压及中低压燃气设施控制范围内从事爆破、采石、震动试验等容易造成地质沉降、扰动等作业。

（三）非开挖作业穿越燃气设施的或在燃气设施保护范围内设置非开挖施工工作井的。

城镇燃气经营者或城镇燃气设施产权单位（产权人）与相关单位就具体保护措施，协商不一致的，由当地燃气管理部门协调解决。

**第十五条【特殊保护措施】** 城镇燃气设施保护范围内易发生山体崩塌、滑坡、地面沉降、地下水咸化以及水土流失等地质灾害的，或者燃气设施易遭车辆碰撞和人畜破坏的，城镇燃气经营者或城镇燃气设施产权单位（产权人）应当对燃气设施采取特殊防护措施。

**第十六条【安全警示标志的保护】** 城镇燃气经营者或者城镇燃气设施产权单位（产权人）应按照有关法律、法规、规章和技术标准的要求，设置燃气设施安全警示标志；任何单位和个人禁止移动、覆盖、拆除、涂改或者损毁安全警示标志。

城镇燃气经营者或城镇燃气设施产权单位（产权人）发现燃气设施标志及安全警示标志等被移动、覆盖、拆除、涂改或者损毁的，应当及时采取措施予以恢复、修复或者重新设置。

## 第四章 工程建设中的地下城镇燃气管道保护

**第十七条【工程前期准备】** 凡涉及地下空间利用的建设项目，包括道路建设、地下管线建设、地质勘探、轨道交通建设、地下空间开发以及其他包括开挖、钻探、爆破采石、震动试验等作业，建设单位应当在作业前及时与政府规划等部门、城镇燃气经营者或城镇燃气设施产权单位（产权人）联系，取得作业影响范围内的燃气设施信息资料；政府规划等部门、城镇燃气经营者或城镇燃气设施产权单位（产权人）应当及时提供相关资料。

对按上述规定应与城镇燃气经营者进行协商作业的，建设单位、施工单位应与城镇燃气经营者或城镇燃气设施产权单位（产权人）进行协商并制定燃气设施保护方案；并根据城镇燃气经营者或城镇燃气设施产权单位（产权人）的要求，通过人工开挖或委托有资质的第三方进行物探等方式，核实燃气设施的具体位置情况等信息。

工程停工3个月以上、超过约定期限或施工方案发生变更的，应当重新到城镇燃气经营者或城镇燃气设施产权单位（产权人）处办理相关手续。

**第十八条【协商一致的处理】** 建设单位、施工单位与城镇燃气经营者或城镇燃气设施产权单位（产权人）就城镇燃气保护方案达成一致意见的，建设单位、施工单位应当按照保护方案的要求做好保护措施，城镇燃气经营者或城镇燃气设施产权单位（产权人）应当予以配合。

建设单位、施工单位应当在工程开工前3日将开工时间、施工范围书面通知城镇燃气经营者或城镇燃气设施产权单位（产权人）；城镇燃气经营者或城镇燃气设施产权单位（产权人）收到通知后应当指派专业技术人员进行现场监督和指导。

**第十九条【协商不一致的处理】** 建设单位、施工单位与城镇燃气经营者或城镇燃气设施产权单位（产权人）就城镇燃气保护方案产生争议的，建设单位、施工单位可向燃气管理部门提出申请，并根据燃气管理部门要求提供施工方案、城镇燃气设施保护方案及法律、法规规定的其他材料。

燃气管理部门接到申请后，对申报材料齐全的申请，应组织建设单位、施工单位与城镇燃气经营者或城镇燃气设施产权单位（产权人）进行协商；经协商仍未能达成一致的，应当组织专家进行评审，建设单位、施工单位和城镇燃气经营者或城镇燃气设施产权单位（产权人）应当执行专家评审意见。

建设单位、施工单位和城镇燃气经营者或城镇燃气设施产权单位（产权人）对专家意见有异议的，可以通过仲裁或司法途径予以解决。

第二十条【施工许可】 建设单位向相关建设主管部门或者交通、河道管理等部门申请办理施工许可或者工程监管手续时，凡涉及在城镇燃气设施保护和控制范围内施工的，应当提交经查询的施工范围及施工影响范围内燃气设施信息资料以及与城镇燃气经营者或城镇燃气设施产权单位（产权人）关于城镇燃气设施保护方案协商一致的相关资料。

未查询燃气设施信息资料或者未就城镇燃气设施保护方案与城镇燃气经营企业协商一致的，相关建设主管部门或者交通、水务等部门不予办理施工许可或者工程监管手续。

第二十一条【监理机构职责】 建设工程监理单位应当将施工现场燃气设施的保护工作作为施工安全监理的重要内容，督促施工单位履行其安全保护义务。

建设工程监理单位应当委派监理工程师对施工行为进行旁站监理，对违反城镇燃气保护措施的施工行为应当立即进行制止，制止无效的应当及时报告建设单位；建设单位也无法制止的，监理单位应当及时报告城镇燃气管理部门依法处理。

第二十二条【在建燃气设施工程与其他工程相遇】

城镇燃气设施工程需要通过正在建设的其他建设工程的，其他工程建设单位应当按照城镇燃气设施工程的需要，预留或者预建城镇燃气设施通道或者通过设施，燃气设施工程建设单位应当承担由此增加的费用。

城镇燃气设施工程与已建成的其他建设工程相遇，需要已建成的其他建设工程改建、搬迁或者增加防护设施的，城镇燃气设施建设单位应当与该工程的产权单位或者管理单位协商确定实施方案并承担由此增加的费用。

第二十三条【其他工程与燃气设施工程相遇】 经依法批准的其他建设工程，需要通过正在建设的城镇燃气设施工程的，城镇燃气设施工程建设单位应当按照该建设工程的需要，预留通道或者预建相关设施。其他工程建设单位应当承担由此增加的费用。

经依法批准的其他建设工程与已建成的城镇燃气设施相遇，需要已建成的城镇燃气设施改建、搬迁或者增加防护设施的，其他工程建设单位应当与城镇燃气经营者或城镇燃气设施产权单位（产权人）协商确定实施方案并承担由此增加的费用。

## 第五章　法律责任

第二十四条【罚则一】 任何单位和个人违法本办法相关规定，造成损失的，应当向燃气设施经营者或燃气设施产权单位（产权人）进行赔偿，赔偿费用主要包括燃气设施抢修所需材料、人工、机械、燃气损失等直接损失费及燃气经营者或城镇燃气产权单位（或产权人）由于无法正常使用燃气造成的损失等间接损失费。

第二十五条【罚则二】 城镇燃气设施运营企业违反本办法第九条，由燃气管理部门责令限期改正，处1万元以上10万元以下罚款。

第二十六条【罚则三】 相关单位或个人在地面管道线路、架空管道线路和管桥上行走或者放置重物的，由燃气管理部门责令改正；逾期不改正的，对单位可处 10 万元以下罚款；对个人可处 1 000 元以下罚款；造成损失的，依法承担赔偿责任；构成犯罪的，依法追究刑事责任。

**第二十七条【罚则四】** 建设单位、施工单位有下列行为之一的，由燃气管理部门责令整改，处 1 万元以上 10 万元以下罚款；造成损失的，依法承担赔偿责任；构成犯罪的，依法追究刑事责任：

（一）在燃气设施保护范围内未与燃气经营或城镇燃气设施产权单位（产权人）者就燃气设施保护协商一致，从事敷设管道、打桩、顶进、挖掘、钻探等可能影响燃气设施安全活动的；

（二）在次高压、中低压燃气设施保护范围外、控制范围内从事爆破作业未与燃气经营者或城镇燃气设施产权单位（产权人）就燃气设施保护协商一致的；

（三）非开挖作业穿越燃气设施作业未与城镇燃气经营者或城镇燃气设施产权单位（产权人）就燃气设施保护协商一致的；

（四）在城镇燃气设施控制范围内，敷设管道，从事打桩、挖掘、顶进、挖掘、钻探等作业，未及时与城镇燃气经营者或城镇燃气设施产权单位（产权人）进行协商的；

（五）建设单位、施工单位未按照与城镇燃气经营者或城镇燃气设施产权单位（产权人）协商一致的保护方案进行施工的，或者未按规定在开工前及时通知城镇燃气设施者或城镇燃气设施产权单位（产权人）的。

## 第六章 附 则

**第二十八条【城镇燃气设施含义】** 本规定所包含城镇燃气设施，是指人工煤气生产厂、燃气储配站、门站、气化站、混气站、加气站、灌装站、供应站、调压站、市政燃气管网及附属设施（水井、阀门、管道防腐设施等）的总称；包括市政燃气设施、建筑区划内业主专有部分以外的燃气设施、户内燃气设施等。

**第二十九条【其他说明】** 设计压力 4.0 MPa 以上城镇燃气设施的保护参照本规定执行。

本规定所称"以内、以下"均包含本数，"以外、以上"均不包含本数。

# 城镇燃气设施保护办法（建议稿）条款说明

## 前言

近年来，随着我国经济建设的快速发展，各地工程建设项目大量开工，由于施工不规范等原因，常造成燃气设施受损，引起火烧、爆炸等事故，给人民生命财产造成损失，造成一定的社会影响，因此，有必要制定专门的城镇燃气设施保护办法，加强对城镇燃气设施的保护，防止和减少各类燃气事故的发生。

《城镇燃气设施保护办法》是由中国城市燃气协会主编，参加单位包括港华燃气、华润燃气、昆仑燃气、天津燃气、北京燃气、上海燃气、深圳燃气、郑州燃气、新奥燃气等单位，编制过程中还充分听取吸收了部分地方燃气管理部门、南京燃气和重庆燃气等燃气企业及部分专家的意见，在此表示衷心地感谢！

## 第一章  总  则

**第一条**  本条款介绍了《城镇燃气设施保护办法》的目的和依据，近年来随着我国经济发展，城镇燃气设施遭受外力破坏造成燃气泄漏、火烧、中毒、爆炸等现象时有发生，因此，有必要制定专门的城镇燃气设施保护规定，对城镇燃气设施进行保护，防止和减少燃气事故的发生。

根据《城镇燃气管理条例》第二条"城镇燃气发展规划与应急保障、燃气经营与服务、燃气使用、燃气设施保护、燃气安全事故预防与处理及相关管理活动，适用本条例。"，因此《城镇燃气设施保护办法》是《城镇燃气管理条例》的具体细化，须符合《城镇燃气管理条例》的相关条款。

**第二条**  本条款对规定的保护范围进行了限定，明确燃气设施管理条例所界定的燃气设施为其保护范围。

**第三条**  本条款从3个层次明确了国家住建部、地方政府、相关部门的职责。住建部为国家层面燃气设施保护工作主管部门，县级以上人民政府为落实燃气设施保护工作的具体实施部门，地方燃气管理部门是地方燃气保护工作的主管部门，其他相关部门应在各自范围内做好燃气设施保护工作。

**第四条**  城镇燃气设施的产权单位（产权人）是燃气设施的保护主体，也需要其他社会企业、街道、社区、居委等通力协作，共同做好燃气设施保护工作。本条款明确了城镇燃气经营者、其他燃气产权单位（产权人）的职责，相关企业、街道、社区、居委等单位、部门具有配合做好燃气设施保护工作的职责；并对危害城镇燃气设施行为的举报受理、查处。

**第五条**  在燃气设施保护中，需要通过大力宣传，让社会各方、社区居民明白燃气设施保护工作的重要性。本条款明确了城镇燃气经营者、主管部门及社区物业等单位在燃气设施宣传保护方面的职责，指出各相关方应分工协作，在各自范围内做好燃气设施保护宣传工作。

**第六条**  燃气设施信息化在燃气设施的日常维护、及时发现可能的隐患、提高燃气设施运行安全等方面发挥着重要作用。《住房城乡建设部等部门关于开展城市地下管线普查工作的通知》（建城[2014]179号）明确指出"各城市要利用普查成果，建立地下管线综合管理信息系统，满足城市规划、建设、运行和应急等工作需要"。

## 第二章  规划和建设

**第七条**  各地城市规划中，对燃气设施的保护既有燃气规划时应做好的保护工作，也有其他规划时应做好的燃气设施保护工作。本条款根据《城镇燃气管理条例》对地方编制规划工作中对城镇燃气设施的保护提出了要求。《城镇燃气管理条例》第八条："县级以上地方人民政府燃气管理部门应当会同有关部门，依据国民经济和社会发展规划、土地利用总体规划、城乡规划、能源规划以及上一级燃气发展规划，组织编制本行政区域的燃气发展规划，报本级人民政府批准后组织实施，并报上一级人民政府燃气管理部门备案。"，对县级以上人民政府编制燃气规划进行了明确。同时，为防止其他规划对燃气设施造成影响，本条款明确了在进行其他规划中对燃气设施保护的要求。

**第八条**  为防止和减少工程建设及燃气安全设施缺乏或不能正常使用对燃气设施的影响，本条款对工程建设管理部门、工程建设单位提出了要求。

## 第三章  燃气设施运营安全

**第九条**  燃气企业在燃气设施保护工作中负有主体责任，本条款明确了城镇燃气设施运营企业的燃气设施保护工作职责，从规章制度建立、事故应急处置、燃气设施宣传、巡查、档案保管、保护措施设置等方面提出了要求。

**第十条** 本条款参考了《深圳市燃气管道安全保护管理办法》第二十二条"物业服务企业责任"，明确了相关单位在日常巡查及工程建设中的责任。

**第十一条** 本条款明确了城镇燃气设施的保护范围。

在场站的保护范围设置中，由于围墙的设置本身已考虑场站的主体设备安全间距要求，因此本条款主要考虑场站外道路等不受影响。

对于市政燃气管道设施及建筑区划业主专有设施外保护范围，《城镇燃气设施运行、维护和抢修安全技术规程（CJJ 51—2006）》中，对 3.2.3 条文解释中提出：安全保护范围的具体数值，各地燃气供应单位可参照《上海市燃气管道设施保护办法》（2005 年 3 月）中的规定执行，也可以根据需要自行确定；《上海市燃气管道设施保护办法》（2005 年 3 月）规定：燃气管道设施安全保护范围：低压、中压、次高压管道的管壁外缘两侧 0.7 m 范围内的区域；高压、超高压管道的管壁外缘两侧 6 m 范围内的区域；同时，参考《深圳市燃气管道安全保护管理办法》第二十三条中保护范围的确定"城市次高压燃气管道管壁及设施外缘两侧 2 m 以内的区域；城市高压管道、天然气长输管道管壁及设施外缘两侧 5 m 以内的区域。"的保护范围规定，提出了本规定的燃气设施保护范围。

对于建筑区划外地上燃气设施的保护范围，主要从运行维护的角度提出；对于自有燃气设施，由于用户燃气设施差异较大，因此仅明确不得超过市政燃气设施的保护范围。

**第十二条** 本条款明确了燃气设施控制范围。

在燃气场站控制范围中，考虑如果控制范围太大，不利于以后城镇燃气场站建设；太小，则不利于燃气场站保护，因此本条款提出了 5 m 的控制范围。

市政燃气管道设施的控制范围主要参考了深圳、上海等地方燃气设施保护办法。《城镇燃气设施运行、维护和抢修安全技术规程（CJJ 51—2006）》中，对 3.2.6 条文解释中提出"燃气管道设施安全控制范围的概念。对于安全控制范围具体数值的确定，提供 2 个可参考的依据，各地燃气供应单位可参照执行或根据具体情况自行确定。"。其中《上海市燃气管道设施保护办法》（2005 年 3 月）规定：燃气管道设施的安全控制范围：低压、中压、次高压管道的管壁外缘两侧 0.7 ~ 6 m 范围内的区域；高压、超高压管道的管壁外缘两侧 6 ~ 50 m 范围内的区域。本条款参照该规定制定了燃气设施控制范围。

**第十三条【禁止行为】** 本条款明确了单位和个人的禁止行为。主要参考了《城镇燃气管理条例》《石油天然气管道保护法》、部分地方"燃气管道设施保护办法"及部分专家意见。

《城镇燃气管理条例》第三十三条：在燃气设施保护范围内，禁止从事下列危及燃气设施安全的活动：（一）建设占压地下燃气管线的建筑物、构筑物或者其他设施；（二）进行爆破、取土等作业或者动用明火；（三）倾倒、排放腐蚀性物质；（四）放置易燃易爆危险物品或者种植深根植物；（五）其他危及燃气设施安全的活动。

《石油天然气管道保护法》第二十八条：禁止下列危害管道安全的行为：（一）擅自开启、关闭管道阀门；（二）采用移动、切割、打孔、砸撬、拆卸等手段损坏管道；（三）移动、毁损、涂改管道标志；（四）在埋地管道上方巡查便道上行驶重型车辆；（五）在地面管道线路、架空管道线路和管桥上行走或者放置重物。第三十条：管道线路中心线两侧各 5 m 地域范围内，禁止下列危害管道安全的行为：（一）种植乔木、灌木、藤类、芦苇、竹子或者其他根系深达管道埋设部位可能损坏管道防腐层的深根植物；（二）取土、采石、用火、堆放重物、排放腐蚀性物质、使用机械工具进行挖掘施工；（三）挖塘、修渠、修晒场、修建水产养殖场、建温室、建家畜棚圈、建房以及修建其他建筑物、构筑物。

《上海市燃气管道设施保护办法》第七条：在燃气管道设施的安全保护范围内，禁止下列行为：（一）建造建筑物或者构筑物；（二）堆放物品或者排放腐蚀性液体、气体。在燃气管道设施的安全保护范围和高压、超高压燃气管道设施的安全控制范围内，禁止爆破作业。在沿河、跨河、穿河、穿堤的燃气管道设施安全保护范围内，除在保障燃气管道设施安全的条件下，为防洪或者通航而采取的疏浚作业外，不得抛锚、拖锚、淘沙、挖泥或者从事其他危及燃气管道设施安全的作业。

**第十四条** 对一些作业行为采取一定的保护措施进行作业，可以防止对燃气设施造成损坏。本条款明确单位和个人需要与城镇燃气设施运营企业进行协商方可实施的行为。主要参考了《城镇燃气管理条例》、部分地方"燃气管道设施保护办法"及部分专家意见。

《城镇燃气管理条例》第三十四条：在燃气设施保护范围内，有关单位从事敷设管道、打桩、顶进、挖掘、钻探等可能影响燃气设施安全活动的，应当与燃气经营者共同制定燃气设施保护方案，并采取相应的安全保护措施。

《上海市燃气管道设施保护办法》第八条：有下列情形之一的，建设单位应当会同施工单位制定燃气管道设施保护方案，经与管道企业协商一致后，方可实施：（一）在燃气管道设施的安全保护范围内，敷设管道，从事打桩、挖掘、顶进作业；（二）在燃气管道设施的安全控制范围内，建造建筑物或者构筑物，从事打桩、挖掘、顶进作业；（三）在低压、中压、次高压燃气管道设施的安全控制范围内，进行爆破作业。建设单位与管道企业对前款规定的燃气管道设施保护方案产生争议的，由市建设交通委组织专家论证后协调解决。

**第十五条** 一些易发生自燃灾害的地方，须对燃气设施采取特殊保护措施。本条款参考《深圳燃气管道安全保护安全管理办法》，对自然灾害对燃气设施等损害提出了预防要求。《深圳燃气管道安全保护安全管理办法》第二十七条【特殊保护措施】：燃气管道安全保护范围内易发生山体崩塌、滑坡、地面沉降、地下水咸化以及水土流失等地质灾害的，或者燃气管道易遭车辆碰撞和人畜破坏的，城镇燃气设施经营者或燃气设施产权单位（产权人）应当对燃气设施采取特殊防护措施。

**第十六条** 警示标志可以对单位和个人的行为起到提醒和警示作用。本条款参考部分地方燃气管道保护办法，对城镇燃气设施经营者或城镇燃气设施产权单位（产权人）设置警示标志提出了要求。如《深圳燃气管道安全保护安全管理办法》第三十二条【安全警示标识】：燃气管道工程建设单位和管道燃气企业应当按照有关法律、法规、规章和技术标准的要求，设置燃气管道标识以及安全警示等标识。城镇燃气经营者或城镇燃气设施产权单位（产权人）发现警示标志被移动、覆盖、拆除、涂改或者损毁的，应当及时采取措施予以恢复、修复或者重新设置。

## 第四章 工程建设中的燃气管道保护

**第十七条** 本条款参考了部分地方燃气管道保护办法、地方燃气公司及专家意见，结合本规定第十六条，对工程建设前期工作提出了要求。如《深圳燃气管道安全保护安全管理办法》第三十三条【燃气管道查询】：凡涉及地下空间利用的建设项目，包括道路建设、地下管线建设、地质勘探、轨道交通建设、地下空间开发以及其他包括开挖、钻探、爆破的施工活动，建设单位应当在施工前取得施工范围及施工影响范围内的燃气管道现状资料。

**第十八条** 本条款参考了部分地方燃气管道保护办法、地方燃气公司及专家意见，强调了城镇燃气设施运营企业人员未到场或未同意，不得施工。如《深圳燃气管道安全保护安全管理办法》第三十六条【施工与管道安全】：在燃气管道安全控制范围内施工的，施工单位应当在开工3日前将开工时间、施工范围书面通知管道燃气企业。管道燃气企业收到通知后应当指派专业技术人员进行现场监督和指导。

第十九条　本条款参考了《深圳燃气管道安全保护安全管理办法》，对建设单位、施工单位与城镇燃气设施运营企业就燃气设施保护未达成一致的情况提出了处置办法。《深圳燃气管道安全保护安全管理办法》第三十四条【协议不成的处理】：在燃气管道安全控制范围内从事建设工程施工，未能按照本办法第二十六条规定签订安全保护协议的，施工单位可以向所在区主管部门提出申请，并提供下列材料：（一）符合管道安全和公共安全要求的施工作业方案；（二）事故应急预案；（三）具备燃气管道保护知识的施工作业人员的材料；（四）保障安全施工作业的设备、设施的材料；（五）法律、法规规定的其他材料。区主管部门接到申请后，应当对申报材料进行形式审查，并组织施工单位与管道燃气企业协商签订安全保护协议。经协商仍未能达成协议的，区主管部门应当组织专家进行安全评审，建设单位、施工单位和燃气企业三方应当根据评审结果签订安全保护协议。

第二十条　本条款参考《深圳燃气管道安全保护安全管理办法》，明确了建设单位、施工单位未到城镇燃气设施运营办理相关手续，不得办理施工许可的要求。《深圳燃气管道安全保护安全管理办法》第三十五条【施工许可与管道安全】：建设单位向主管部门或者交通、水务部门申请办理施工许可或者工程监管手续时，凡涉及在燃气管道安全控制范围内施工的，应当提交经查询的施工范围及施工影响范围内燃气管道现状资料以及与管道燃气企业签订的安全保护协议。未查询燃气管道现状资料或者未签订安全保护协议的，主管部门或者交通、水务部门不予办理施工许可或者工程监管手续。

第二十一条　本条款参考《深圳燃气管道安全保护安全管理办法》，对建设工程中监理单位的职责提出了要求。《深圳燃气管道安全保护安全管理办法》第三十八条【监理机构职责】：监理单位应当将施工现场燃气管道设施的安全保护工作作为施工安全监理的重要内容，督促施工单位履行其安全保护义务。监理单位应当委派监理工程师对施工行为进行旁站监理，对违反安全保护协议的施工行为应当立即进行制止，制止无效的应当及时报告建设单位；建设单位也无法制止的，监理单位应当及时报告燃气管道安全管理机构依法处理。

第二十二条　本条款参考《深圳燃气管道安全保护安全管理办法》，明确了燃气工程通过其他工程的处置办法。《深圳燃气管道安全保护安全管理办法》第三十九条【在建燃气管道工程与其他工程相遇】：燃气管道工程需要通过正在建设的其他建设工程的，其他工程建设单位应当按照燃气管道工程的需要，预留或者预建燃气管道通道或者通过设施，燃气管道工程建设单位应当承担由此增加的费用。燃气管道工程与已建成的其他建设工程相遇，需要已建成的其他建设工程改建、搬迁或者增加防护设施的，燃气管道工程建设单位应当与该工程的产权单位或者管理单位协商确定实施方案并承担由此增加的费用。

第二十三条　本条款参考了《深圳燃气管道安全保护安全管理办法》，明确了其他工程通过燃气工程的处置办法。《深圳燃气管道安全保护安全管理办法》第四十条【其他工程与燃气管道工程相遇】：经依法批准的其他建设工程，需要通过正在建设的燃气管道工程的，燃气管道工程建设单位应当按照该建设工程的需要，预留通道或者预建相关设施。其他工程建设单位应当承担由此增加的费用。经依法批准的其他建设工程与已建成的燃气管道相遇，需要已建成的燃气管道改建、搬迁或者增加防护设施的，其他工程建设单位应当与管道燃气企业协商确定实施方案并承担由此增加的费用。

## 第五章　法律责任

**第二十四条**　【罚则一】明确任何单位和个人损害燃气设施需向燃气经营者或燃气设施产权单位（产权人）进行赔偿，赔偿费用包括直接损失和间接损失。

**第二十五条**　【罚则二】参考《城镇燃气管理条例》第四十八条"违反本条例规定，燃气经营者未按照国家有关工程建设标准和安全生产管理的规定，设置燃气设施防腐、绝缘、防雷、降压、隔离等保护装置和安全警示标志的，或者未定期进行巡查、检测、维修和维护的，或者未采取措施及时消除燃气安全事故隐患的，由燃气管理部门责令限期改正，处1万元以上10万元以下罚款。"。

**第二十六条**　【罚则三】参考《城镇燃气管理条例》第四十九条"违反本条例规定，燃气用户及相关单位和个人有下列行为之一的，由燃气管理部门责令限期改正；逾期不改正的，对单位可以处10万元以下罚款，对个人可以处1000元以下罚款；造成损失的，依法承担赔偿责任；构成犯罪的，依法追究刑事责任：（一）擅自操作公用燃气阀门的；（二）将燃气管道作为负重支架或者接地引线的；（三）安装、使用不符合气源要求的燃气燃烧器具的；（四）擅自安装、改装、拆除户内燃气设施和燃气计量装置的；（五）在不具备安全条件的场所使用、储存燃气的；（六）改变燃气用途或者转供燃气的；（七）未设立售后服务站点或者未配备经考核合格的燃气燃烧器具安装、维修人员的；（八）燃气燃烧器具的安装、维修不符合国家有关标准的。盗用燃气的，依照有关治安管理处罚的法律规定进行处罚。"。

**第二十七条**　【罚则四】参考《城镇燃气管理条例》第五十二条"违反本条例规定，建设工程施工范围内有地下燃气管线等重要燃气设施，建设单位未会同施工单位与管道燃气经营者共同制定燃气设施保护方案，或者建设单位、施工单位未采取相应的安全保护措施的，由燃气管理部门责令改正，处1万元以上10万元以下罚款；造成损失的，依法承担赔偿责任；构成犯罪的，依法追究刑事责任。"

## 第六章　附　则

**第二十八条**　本条款参考《城镇燃气管理条例》对本规定所指城镇燃气设施进行了说明。《城镇燃气管理条例》第五十三条"本条例下列用语的含义：燃气设施，是指人工煤气生产厂、燃气储配站、门站、气化站、混气站、加气站、灌装站、供应站、调压站、市政燃气管网等的总称，包括市政燃气设施、建筑区划内业主专有部分以外的燃气设施以及户内燃气设施等。"

**第二十九条**　由于城镇燃气设施中，4.0 MPa以上的燃气设施较少，本条款参考了部分专家意见，指出设计压力为4.0 MPa以上的城镇燃气设施的保护参照本规定执行。

中燃协安全管理工作委员会

# 燃气事故统计分析制度研究

## 一、燃气事故统计现状

### （一）燃气事故统计现状

燃气安全事故的统计分析是一项非常重要的工作，在发达国家已开展多年，发达国家每年都能从事故统计中准确找出事故隐患确定工作重点，但在国内还是一项空白。中国城市燃气协会按照国务院令第 583 号《城镇燃气管理条例》关于"建立燃气事故统计分析制度，定期通报事故处理结果"的要求，受住建部城建司委托，制定编写了《城镇燃气事故统计管理规定》文件。

同时，中国城市燃气协会安全工作管理委员会编制了《城镇燃气安全事故统计分析制度》，并已试行，但全国各地燃气行业发展特点不同，地方法规存在差异，事故认定标准，统计项目不统一等因素，为最终的统计汇总和数据有效利用带来诸多不便。为提高数据的时效性、准确性和完整性，进一步推动全国城镇燃气安全管理水平和预防事故能力，有必要制定统一的燃气事故统计分析制度。

目前，在协会安全委委员单位内部试行报送安全事故统计表（详见表 1～表 3）：

填报单位（签章）　　燃气事故类别统计表　　年　月　日　　表 1

| 事故等级 事故类别 | 无伤亡事故 | | 一般事故 | | | | 较大及以上事故 | | | |
|---|---|---|---|---|---|---|---|---|---|---|
| | 起数 | 直接经济损失（万元） | 起数 | 死亡（人） | 重伤（人） | 直接经济损失（万元） | 起数 | 死亡（人） | 重伤（人） | 直接经济损失（万元） |
| 燃气火灾 | | | | | | | | | | |
| 燃气爆燃 | | | | | | | | | | |
| 燃气中毒 | | | | | | | | | | |
| 窒息 | | | | | | | | | | |
| 燃气泄漏 | | | | | | | | | | |
| 超压送气 | | | | | | | | | | |
| 燃气用户停气 | 1 000～4 999 户 | | | | | | | | | |
| | 5 000～9 999 户 | | | | | | | | | |
| | 1 万户以上 | | | | | | | | | |
| 合计 | | | | | | | | | | |

**燃气事故原因统计表**　　　　　　　　　　　　　　　　　　　　　　　　　　　　　　　　　　　表 2

填报单位（签章）　　　　　　　　　　　　　　　　　　　　　　年　月　日

| 事故原因 \ 事故等级 | 无伤亡事故 | | 一般事故 | | | | 较大及以上事故 | | | |
|---|---|---|---|---|---|---|---|---|---|---|
| | 起数 | 直接经济损失（万元） | 起数 | 死亡（人） | 重伤（人） | 直接经济损失（万元） | 起数 | 死亡（人） | 重伤（人） | 直接经济损失（万元） |
| 胶管过长 | | | | | | | | | | |
| 胶管断裂 | | | | | | | | | | |
| 胶管老化 | | | | | | | | | | |
| 胶管被动物咬破 | | | | | | | | | | |
| 胶管脱落 | | | | | | | | | | |
| 灶具不合格 | | | | | | | | | | |
| 未关灶具 | | | | | | | | | | |
| 操作不当 | | | | | | | | | | |
| 户内管漏气 | | | | | | | | | | |
| 煤气表漏气 | | | | | | | | | | |
| 私自接、改燃气管道 | | | | | | | | | | |
| 燃气杀人自杀 | | | | | | | | | | |
| 管网断裂 | | | | | | | | | | |
| 管网腐蚀穿孔 | | | | | | | | | | |
| 管网外力破坏 | | | | | | | | | | |
| 使用直排热水器 | | | | | | | | | | |
| 热水器未装烟道 | | | | | | | | | | |
| 其他 | | | | | | | | | | |
| 合计 | | | | | | | | | | |

**燃气事故基层报告表**　　　　　　　　　　　　　　　　　　　　　　　　　　　　　　　　　　　表 3

填报单位（签章）:　　　　　　　　　　　　　　　　　　　　　　年　月　日

| 单位名称 | | 企业经济类型 | |
|---|---|---|---|
| 单位地址 | | 员工人数 | |
| 企业代码 | | 邮政编码 | |
| 事故时间 | 年　月　日　时　分 | 事故类别 | |
| 事故地点 | | 燃气种类 | |
| 伤亡情况 | 死亡　人　重伤　人　轻伤　人 | 直接经济损失 | |
| 事故简要经过及原因 | | | |

## （二）调研情况

中燃协安全管理工作委员会主要针对国内燃气发展最具规模的3大城市的燃气事故统计现状进行了实地调研。考察了北京市燃气集团有限责任公司、北京市燃气行业协会、上海燃气（集团）有限公司、上海市燃气行业协会、深圳市燃气集团股份有限公司、深圳市燃气行业协会等单位，对燃气事故统计的情况如下。

### 1. 北京市燃气事故统计调研情况

报送流程：由各燃气相关经营单位将事故统计上报给所在地的区市政市容委，区市政市容委再报送市市政市容委（图1、图2，表4）。

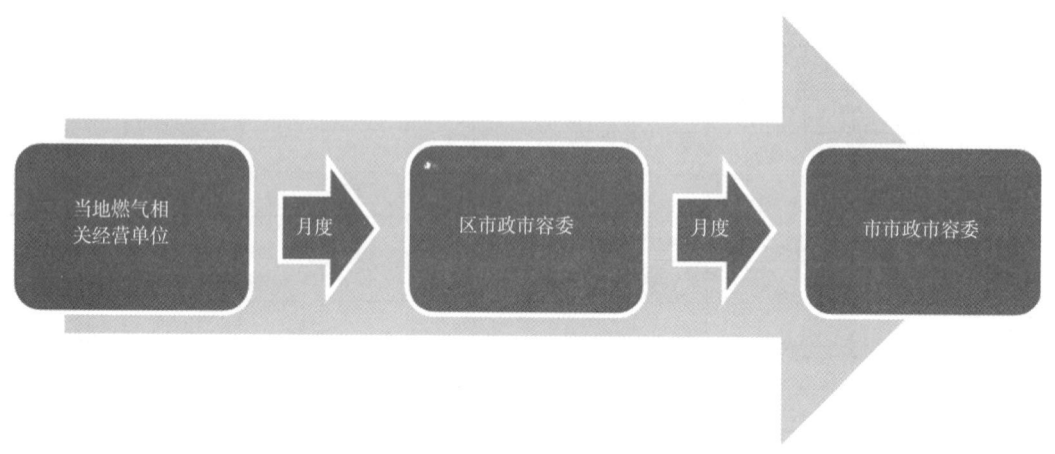

图1 北京市燃气事故报送流程

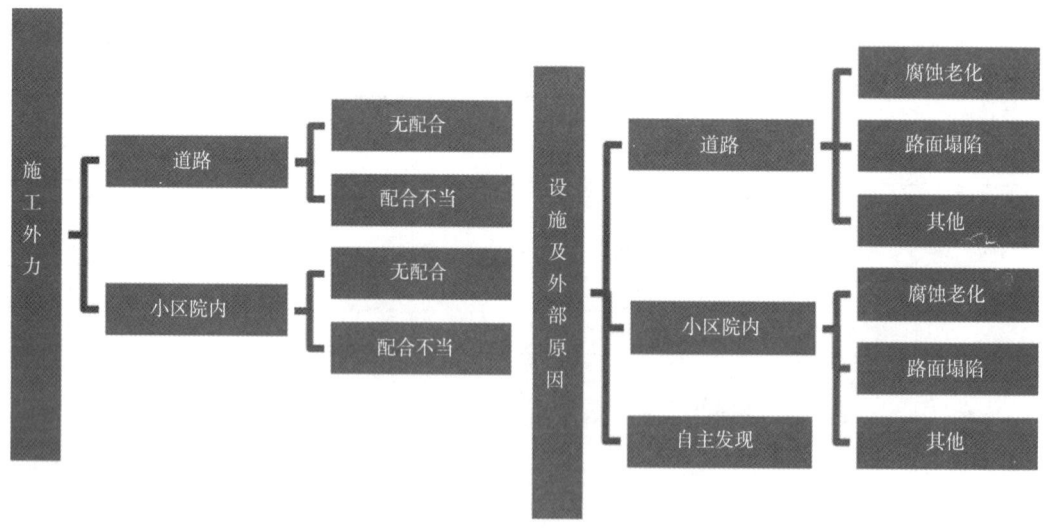

图2 北京市燃气事故报送内容

北京燃气报送北京市市政市容委燃气事故统计表　　　　　　　　　　　　　　　表 4

| | 施工外力 | | | | 设施及外部原因 | | | | | | 自主发现 |
| | 道路 | | 小区院内 | | 道路 | | | 小区院内 | | | |
| | 无配合 | 配合不当 | 无配合 | 配合不当 | 腐蚀老化 | 路面塌陷 | 其他 | 腐蚀老化 | 路面塌陷 | 其他 | |
|---|---|---|---|---|---|---|---|---|---|---|---|
| 东城 | | | | | | | | | | | |
| 西城 | | | | | | | | | | | |
| 朝阳 | | | | | | | | | | | |
| 海淀 | | | | | | | | | | | |
| 丰台 | | | | | | | | | | | |
| 石景山 | | | | | | | | | | | |
| 门头沟 | | | | | | | | | | | |
| 房山 | | | | | | | | | | | |
| 平谷 | | | | | | | | | | | |
| 顺义 | | | | | | | | | | | |
| 怀柔 | | | | | | | | | | | |
| 大兴 | | | | | | | | | | | |
| 昌平 | | | | | | | | | | | |
| 通州 | | | | | | | | | | | |
| 密云 | | | | | | | | | | | |
| 延庆 | | | | | | | | | | | |
| 总数 | | | | | | | | | | | |

**2. 上海市燃气事故统计调研情况**

报送流程：由各燃气相关经营单位将事故统计上报给市燃气管理处，市燃气管理处再将事故统计上报当地市住建委（图3、图4，表5～表7）。

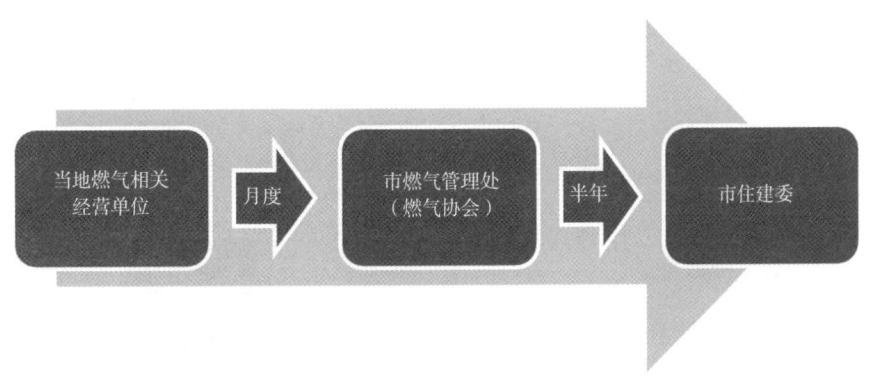

图 3　上海市燃气事故报送流程

事故类别：管道煤气中毒社会事故、液化石油气事故。

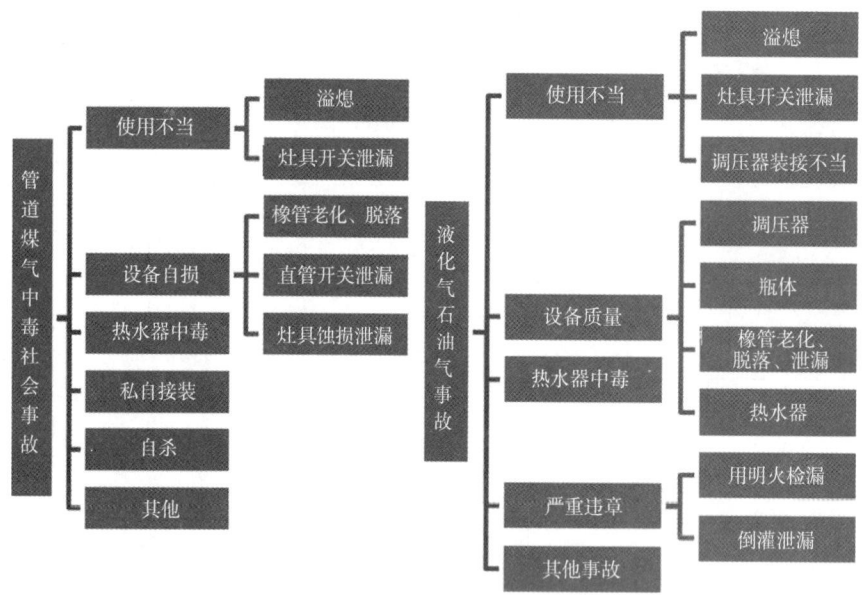

图4 上海市燃气事故报送内容

管道煤气中毒社会事故统计数字：事故数；中毒数；死亡数。

液化气事故统计数字：事故数；爆燃数；燃烧数；烧伤、中毒数；死亡数。

### 3. 深圳市燃气事故统计调研情况

报送流程：各燃气相关经营单位将事故统计上报给所属区、县级住建委，区、县级住建委审核后将统计数据上报给市燃气协会，市燃气协会最后上给市住建委。（图5、图6，表8、表9）

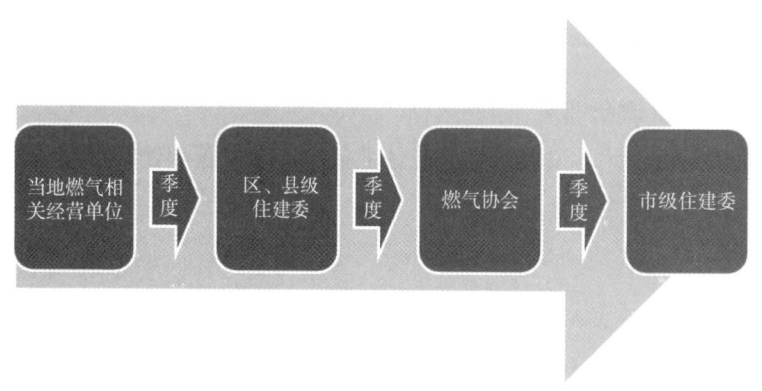

图5 深圳市燃气事故报送流程

事故类别：生产安全事故、用户用气事故。

生产安全事故统计数字：事故数；停气数；死亡数；重伤数；轻伤数；直接经济损失。

用户用气事故统计数字：事故数；停气数；死亡数；重伤数；轻伤数；直接经济损失。

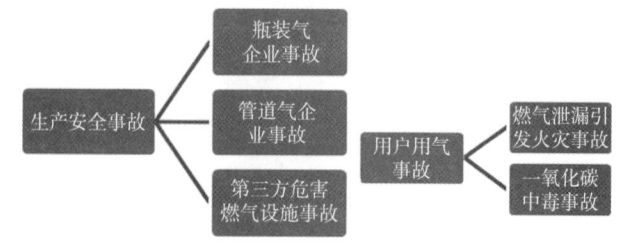

图6 深圳市燃气事故报送内容

上海市管道煤气中毒社会事故月统计表　　表5

| 项目 | | | 一月 | 二月 | 三月 | 四月 | 五月 | 六月 | 七月 | 八月 | 九月 | 十月 | 十一月 | 十二月 | 总计 |
|---|---|---|---|---|---|---|---|---|---|---|---|---|---|---|---|
| 事故总数 | | 起数 | 0 | 0 | 1 | 1 | 0 | 2 | 0 | | | | | | 4 |
| | | 其中:大众 | 0 | 0 | 0 | 0 | 0 | 1 | | | | | | | 1 |
| | | 市北 | 0 | 0 | 0 | 0 | 0 | 0 | 0 | | | | | | 0 |
| | | 浦东 | 0 | 0 | 1 | 0 | 0 | 0 | | | | | | | 1 |
| | | 社会 | 0 | 0 | 0 | 0 | 0 | 1 | | | | | | | 1 |
| | | 死亡 | 0 | 0 | 1 | 0 | 0 | 0 | | | | | | | 1 |
| | | 其中:大众 | 0 | 0 | 0 | 0 | 0 | | | | | | | | 0 |
| | | 市北 | 0 | 0 | 0 | 0 | 0 | 1 | 0 | | | | | | 1 |
| | | 浦东 | 0 | 0 | 1 | 0 | 0 | | | | | | | | 1 |
| | | 社会 | 0 | 0 | 0 | 0 | 0 | | | | | | | | 0 |
| | | 中毒,受伤 | 0 | 0 | 0 | 0 | 0 | 0 | | | | | | | 0 |
| | | 其中:大众 | 0 | 0 | 0 | 0 | 0 | | | | | | | | 0 |
| | | 市北 | 0 | 0 | 0 | 0 | 0 | 0 | | | | | | | 0 |
| | | 浦东 | 0 | 0 | 0 | 0 | 0 | | | | | | | | 0 |
| | | 社会 | 0 | 0 | 0 | 0 | 0 | | | | | | | | 0 |
| 事故分类 | 使用不当 | 溢熄 起数 | 0 | 0 | 0 | 0 | 0 | | | | | | | | 0 |
| | | 溢熄 死亡 | 0 | 0 | 0 | 0 | 0 | | | | | | | | 0 |
| | | 溢熄 中毒 | 0 | 0 | 0 | 0 | 0 | | | | | | | | 0 |
| | | 灶具开关泄漏 起数 | 0 | 0 | 0 | 0 | 0 | | | | | | | | 0 |
| | | 灶具开关泄漏 死亡 | 0 | 0 | 0 | 0 | 0 | | | | | | | | 0 |
| | | 灶具开关泄漏 中毒,受伤 | 0 | 0 | 0 | 0 | 0 | | | | | | | | 0 |
| | 设备自损 | 橡管老化脱落 起数 | 0 | 0 | 0 | 1 | 0 | 1 | | | | | | | 2 |
| | | 橡管老化脱落 死亡 | 0 | 0 | 0 | 0 | 0 | | | | | | | | 0 |
| | | 橡管老化脱落 中毒,受伤 | 0 | 0 | 0 | 0 | 0 | | | | | | | | 0 |
| | | 直管开关泄漏 起数 | 0 | 0 | 0 | 0 | 0 | 1 | | | | | | | 1 |
| | | 直管开关泄漏 死亡 | 0 | 0 | 0 | 0 | 0 | | | | | | | | 0 |
| | | 直管开关泄漏 中毒,受伤 | 0 | 0 | 0 | 0 | 0 | | | | | | | | 0 |
| | | 灶具蚀损泄漏 起数 | 0 | 0 | 0 | 0 | 0 | | | | | | | | 0 |
| | | 灶具蚀损泄漏 死亡 | 0 | 0 | 0 | 0 | 0 | | | | | | | | 0 |
| | | 灶具蚀损泄漏 中毒,受伤 | 0 | 0 | 0 | 0 | 0 | | | | | | | | 0 |
| | 热水器中毒 | 起数 | 0 | 0 | 1 | 0 | 0 | | | | | | | | 1 |
| | | 死亡 | 0 | 0 | 1 | 0 | 0 | | | | | | | | 1 |
| | | 中毒,受伤 | 0 | 0 | 0 | 0 | 0 | | | | | | | | 0 |
| | 私自接装 | 起数 | 0 | 0 | 0 | 0 | 0 | | | | | | | | 0 |
| | | 死亡 | 0 | 0 | 0 | 0 | 0 | | | | | | | | 0 |
| | | 中毒 | 0 | 0 | 0 | 0 | 0 | | | | | | | | 0 |
| | 自杀 | 起数 | 0 | 0 | 0 | 0 | 0 | | | | | | | | 0 |
| | | 死亡 | 0 | 0 | 0 | 0 | 0 | | | | | | | | 0 |
| | | 中毒 | 0 | 0 | 0 | 0 | 0 | | | | | | | | 0 |
| | 其他 | 起数 | 0 | 0 | 0 | 0 | 0 | 0 | | | | | | | 0 |
| | | 死亡 | 0 | 0 | 0 | 0 | 0 | 0 | | | | | | | 0 |
| | | 中毒,受伤 | 0 | 0 | 0 | 0 | 0 | 4 | | | | | | | 4 |
| 事故统计分析 | | | | | | | | | | | | | | | |

部分负责人：　　　　　填表人：　　　　　填表日期：　　年　月　日

## 上海市液化石油气事故月统计报表

表6

| 项目 | | | | 1月 | 2月 | 3月 | 4月 | 5月 | 6月 | 7月 | 8月 | 9月 | 10月 | 11月 | 12月 | 累计 |
|---|---|---|---|---|---|---|---|---|---|---|---|---|---|---|---|---|
| 事故分类 | 事故总数 | | 起数 | | | | | | | | | | | | | |
| | | | 爆燃 | | | | | | | | | | | | | |
| | | | 燃烧 | | | | | | | | | | | | | |
| | | | 烧伤、中毒 | | | | | | | | | | | | | |
| | | | 死亡 | | | | | | | | | | | | | |
| | 用户事故 | 使用不当 | 溢熄 | 起数 | | | | | | | | | | | | |
| | | | | 爆燃 | | | | | | | | | | | | |
| | | | | 燃烧 | | | | | | | | | | | | |
| | | | | 烧伤 | | | | | | | | | | | | |
| | | | | 死亡 | | | | | | | | | | | | |
| | | | 灶具开关泄漏 | 起数 | | | | | | | | | | | | |
| | | | | 爆燃 | | | | | | | | | | | | |
| | | | | 燃烧 | | | | | | | | | | | | |
| | | | | 烧伤 | | | | | | | | | | | | |
| | | | | 死亡 | | | | | | | | | | | | |
| | | | 调压器装接不当 | 起数 | | | | | | | | | | | | |
| | | | | 爆燃 | | | | | | | | | | | | |
| | | | | 燃烧 | | | | | | | | | | | | |
| | | | | 烧伤 | | | | | | | | | | | | |
| | | | | 死亡 | | | | | | | | | | | | |
| | | 设备质量 | 调压器 | 起数 | | | | | | | | | | | | |
| | | | | 爆燃 | | | | | | | | | | | | |
| | | | | 燃烧 | | | | | | | | | | | | |
| | | | | 烧伤 | | | | | | | | | | | | |
| | | | | 死亡 | | | | | | | | | | | | |
| | | | 瓶体 | 起数 | | | | | | | | | | | | |
| | | | | 爆燃 | | | | | | | | | | | | |
| | | | | 燃烧 | | | | | | | | | | | | |
| | | | | 烧伤 | | | | | | | | | | | | |
| | | | | 死亡 | | | | | | | | | | | | |
| | | | 橡皮管老化、脱落、泄漏 | 起数 | | | | | | | | | | | | |
| | | | | 爆燃 | | | | | | | | | | | | |
| | | | | 燃烧 | | | | | | | | | | | | |
| | | | | 受伤 | | | | | | | | | | | | |
| | | | | 死亡 | | | | | | | | | | | | |
| | | | 热水器 | 起数 | | | | | | | | | | | | |
| | | | | 燃烧 | | | | | | | | | | | | |
| | | | | 烧伤 | | | | | | | | | | | | |
| | | | | 中毒 | | | | | | | | | | | | |
| | | | | 死亡 | | | | | | | | | | | | |
| | | 严重违章 | 用明火检漏 | 起数 | | | | | | | | | | | | |
| | | | | 燃烧 | | | | | | | | | | | | |
| | | | | 烧伤 | | | | | | | | | | | | |
| | | | | 死亡 | | | | | | | | | | | | |
| | | | 倒灌泄漏 | 起数 | | | | | | | | | | | | |
| | | | | 爆燃 | | | | | | | | | | | | |
| | | | | 烧伤 | | | | | | | | | | | | |
| | | | | 死亡 | | | | | | | | | | | | |
| | 其他事故 | | | 起数 | | | | | | | | | | | | |
| | | | | 爆燃 | | | | | | | | | | | | |
| | | | | 烧伤 | | | | | | | | | | | | |
| | | | | 死亡 | | | | | | | | | | | | |

负责人：　　　　　　　填表人：　　　　　　　日期：　　年　　月　　日

**上海市燃气社会事故月统计表**　　　　　　　　　　　　　　　　　　　　　　　　　　　　　　表 7

| 项目＼月份 | 一月 | 二月 | 三月 | 四月 | 五月 | 六月 | 七月 | 八月 | 九月 | 十月 | 十一月 | 十二月 | 累计 | 去年同期 | 同期比% | 去年同期累计 | 累计比% |
|---|---|---|---|---|---|---|---|---|---|---|---|---|---|---|---|---|---|
| 事故起数 | | | | | | | | | | | | | | | | | |
| 死亡人数 | | | | | | | | | | | | | | | | | |
| 中毒、受伤人数 | | | | | | | | | | | | | | | | | |
| 其中死亡： | | | | | | | | | | | | | | | | | |
| 灶具使用不当 | | | | | | | | | | | | | | | | | |
| 热水器 | | | | | | | | | | | | | | | | | |
| 设备自损 | | | | | | | | | | | | | | | | | |
| 私接私装 | | | | | | | | | | | | | | | | | |
| 液化石油气 | | | | | | | | | | | | | | | | | |
| 其他 | | | | | | | | | | | | | | | | | |
| 备注 | | | | | | | | | | | | | | | | | |

上海市燃气管理处

**深圳市燃气事故统计表**　　　　　　　　　　　　　　　　　　　　　　表 8

燃气事故汇总（2013—2014 年）

| 招标名称 | | | 单位 | 2013 | 2014 | 增长率 |
|---|---|---|---|---|---|---|
| 一、事故数量 | | | 起 | | | |
| 其中： | 生产安全事故 | | 起 | | | |
| | 其中： | 瓶装气企业事故 | 起 | | | |
| | | 管道气企业事故 | 起 | | | |
| | | 第三方危害燃气设施事故 | 起 | | | |
| | 用户用气事故 | | 起 | | | |
| | 其中： | 燃气泄漏引发火灾事故 | 起 | | | |
| | | 一氧化碳中毒事故 | 起 | | | |
| 二、人员伤亡 | | | 人 | | | |
| 其中 | 死亡 | | 人 | | | |
| | 重伤 | | 人 | | | |
| | 轻伤 | | 人 | | | |
| 三、停气户数 | | | 户 | | | |
| 直接经济损失 | | | 元 | | | |

注：一氧化碳中毒事故为各企业、各区接报的中毒事故数。

4.2.2 燃气事故及人员伤亡情况（2014年）

深圳市燃气事故及人员伤亡情况统计表　　　　　表9

| 时间 | 事故类别 / 数量 | | 合计 | 燃气事故 | | | | | | |
|---|---|---|---|---|---|---|---|---|---|---|
| | | | | 生产安全事故 | | | | 用户用气事故 | | |
| | | | | 小计 | 瓶装气企业事故 | 管道气企业事故 | 第三方危害燃气设施事故 | 小计 | 燃气泄漏引发火灾事故 | 一氧化碳中毒事故 |
| 本年累计 | 事故起数（起） | | | | | | | | | |
| | 人员伤亡（人） | 死亡 | | | | | | | | |
| | | 重伤 | | | | | | | | |
| | | 轻伤 | | | | | | | | |
| 一季度 | 事故起数（起） | | | | | | | | | |
| | 人员伤亡（人） | 死亡 | | | | | | | | |
| | | 重伤 | | | | | | | | |
| | | 轻伤 | | | | | | | | |
| 二季度 | 事故起数（起） | | | | | | | | | |
| | 人员伤亡（人） | 死亡 | | | | | | | | |
| | | 重伤 | | | | | | | | |
| | | 轻伤 | | | | | | | | |
| 三季度 | 事故起数（起） | | | | | | | | | |
| | 人员伤亡（人） | 死亡 | | | | | | | | |
| | | 重伤 | | | | | | | | |
| | | 轻伤 | | | | | | | | |
| 四季度 | 事故起数（起） | | | | | | | | | |
| | 人员伤亡（人） | 死亡 | | | | | | | | |
| | | 重伤 | | | | | | | | |
| | | 轻伤 | | | | | | | | |

注：一氧化碳中毒事故为各企业、各区接报的中毒事故数。

## （三）调研结果分析

经调研，北京、上海、深圳3地燃气相关单位对于燃气事故统计的分类、内容、报送的周期、流程均有差异，但综合来讲可分为两大类：用户用气事故、企业生产事故。用户用气类型主要有2种：管道气用户、液化石油气用户。统计的数字主要包括：事故数；停气数；死亡数；重伤数；轻伤数；直接经济损失。

# 二、研究内容

## （一）燃气事故类别

城镇燃气主要有3种，天然气、人工煤气和液化石油气。天然气、人工煤气采用管道方式供气，而液化石油气则主要采用瓶装形式。通过调研借鉴，考虑到燃气管网的事故数据对于行业内事故经验的积累与预防同样具有重要意义，有必要进行系统的统计分析，最终将燃气事故的统计分为四大类型：燃气管网事故、燃气场站事故、管道燃气用户事故和液化石油气用户事故。

### （二）燃气事故的原因分类

为了确保数据采集过程中数据的准确度，以设定具有唯一性、代表性、明确性的事故原因选项为原则。对国内的燃气事故原因进行了归总，对事故发生主体进行了划分，针对四大类型的燃气事故的事故原因分别进行了二级分类，最终完成了事故原因分类工作。

**1. 燃气管网事故类**

腐蚀类：管道自然腐蚀泄漏；电化学腐蚀泄漏。

第三方类：外力损坏；地面下沉；地质灾害。

安装质量：管道焊缝开裂。

其他：其他。

**2. 燃气场站事故类**

设备类：阀门、管道、过滤器、流量计、调压器、储罐、锅炉、监控设备

其他类：其他

**3. 管道燃气用户事故类**

使用类：溢熄泄漏；灶具未关。

设备类：软管老化破损；软管脱落；软管动物咬噬；金属管道损坏；灶具蚀损泄露；私自接、改管道。

热水器类：热水器中毒。

其他类：自杀或他杀；其他。

**4. 液化石油气事故类**

使用类：溢熄泄漏；灶具未关；减压器连接不当。

设备类：软管老化破损；软管脱落；软管动物咬噬；灶具蚀损泄漏；瓶体蚀损泄漏。

热水器类：热水器中毒。

其他类：自杀或他杀；自杀。

### （三）燃气事故结果统计内容

事故起数：事故发生的数量。

人员伤亡：重伤标准按照《企业职工伤亡事故分类标准》GB 6441—86 执行（超过 105 工作日）。

燃气用户停气：指非计划停气的事故，停气户数是指停气时间 24 小时以上未能恢复供气的户数。

直接经济损失：因事故造成人身伤亡及善后处理支出的费用和毁坏财产的价值。

### （四）本规定适用范围

（1）根据《城镇燃气管理条例》第二条规定，"城市门站以外的天然气管道输送，燃气作为工业生产原料的使用，沼气、秸秆气的生产和使用，不适用本条例"，故该范围内发生的生产安全事故不适用本规定。

（2）本规定的事故统计范围仅就燃气事故的特殊性，对于没有纳入国家安监、消防部门统计范围的燃气事故或者没有明确归口、交叉统计的事故纳入本规定的统计范围。如：燃气管网发生泄漏又没

有引起火灾、爆炸的事故，未列入火灾事故的统计范围；再如：燃气居民用户事故未列入生产安全事故统计范围，但是对于生产经营企业（如餐饮）发生的火灾、爆炸事故均在安监、消防部门的统计范围。

### （五）报送方式与流程

考虑到燃气事故（季度）统计表的填报是由燃气经营企业进行的，而事故调查的主体一般是安监、消防等部门，事故原因项不宜设置过细，否则难以准确填报。

燃气经营企业在每季度后10日前填写数据统计表向县级政府燃气主管部门报送；县级政府燃气主管部门审核、汇总后于季度后20日前向省级政府燃气主管部门报送；省级政府燃气主管部门审核、汇总后于季度后30日前向国务院建设主管部门报送。

## 三、成果内容

依据国务院《生产安全事故报告和调查处理条例》（国务院令[2007]493号）、国家安监总局《生产安全事故统计报表制度》（安监总局2014年9月）、公安部《火灾统计管理规定》（公通字[1996]82号），同时参考了中燃协安全委2012年实施的《城镇燃气安全事故统计分析制度》。本规定建立了《燃气管网事故（季度）统计表》《管道燃气用户事故（季度）统计表》《液化石油气用户事故（季度）统计表》，同时借鉴了北京市、上海市和深圳市政府燃气主管部门燃气事故统计制度，将事故原因项的填报进行了合并、简化和归类。并征求了各方面的意见，多次修改后完成了《城镇燃气事故统计管理规定》（建议稿）的编写。

表10至表13为燃气事故（季度）统计表填报内容：

**燃气管网事故（季度）统计表**　　　　　　　　　　　　　　表10

年　　季度

表　号：
组织机构代码：　　　　　　　　　　　　　　　　　　　　　　制表机关：国家统计局
填报单位名称（盖章）：　　　　　　　　　　　　　　　　　　文　号：
管网总长度（km）：　　　　　　　　　　　　　　　　　　　　有效期至：20　年　月

| 事故分类 | 事故原因 | 事故起数 | 人员伤亡（人） | | | 直接经济损失（万元） |
|---|---|---|---|---|---|---|
| | | | 死亡 | 重伤 | 轻伤 | |
| 腐蚀类 | 管道自然腐蚀泄漏 | | | | | |
| | 电化学腐蚀泄漏 | | | | | |
| 第三方类 | 外力损坏 | | | | | |
| | 地面下沉 | | | | | |
| | 地质灾害 | | | | | |
| 安装质量 | 管道焊缝开裂 | | | | | |
| 其他 | | | | | | |

部门负责人：　　　　　　填表人：　　　　　　联系电话：　　　　　　填表日期：

注：1. 电化学腐蚀是指：受轨道交通、输电塔杂散电流影响导致的腐蚀。
　　2. 管道焊缝开裂是指：管材焊缝或热影响区开裂、管道施工对接焊缝或热影响区开裂。

## 燃气场站事故（季度）统计表　　　　　　　　　　　　　　　　　　　　　表 11

年　　季度

表　号：
组织机构代码：　　　　　　　　　　　　　　　　　　　　　　　　　　　　制表机关：国家统计局
填报单位名称（盖章）：　　　　　　　　　　　　　　　　　　　　　　　　文　号：
场站数量：　　　　　　　　　　　　　　　　　　　　　　　　　　　　　　有效期至：20　年　月

| 事故分类 | 事故原因 | 事故起数 | | | 人员伤亡（人） | | | 直接经济损失（万元） |
|---|---|---|---|---|---|---|---|---|
| | | 泄漏 | 火灾 | 爆炸 | 死亡 | 重伤 | 轻伤 | |
| 设备类 | 阀门 | | | | | | | |
| | 管道 | | | | | | | |
| | 过滤器 | | | | | | | |
| | 流量计 | | | | | | | |
| | 调压器 | | | | | | | |
| | 储罐 | | | | | | | |
| | 锅炉 | | | | | | | |
| | 监控设备 | | | | | | | |
| 其他 | | | | | | | | |

部门负责人：　　　　　　填表人：　　　　　　联系电话：　　　　　　填表日期：

## 管道燃气用户事故（季度）统计表　　　　　　　　　　　　　　　　　　　表 12

年　　季度

表　号：
组织机构代码：　　　　　　　　　　　　　　　　　　　　　　　　　　　　制表机关：国家统计局
填报单位名称（盖章）：　　　　　　　　　　　　　　　　　　　　　　　　文　号：
居民用户数（万户）：　　　　　　　　　　　　　　　　　　　　　　　　　有效期至：20　年　月

| 事故分类 | 事故原因 | 事故起数 | 人员伤亡（人） | | | 直接经济损失（万元） |
|---|---|---|---|---|---|---|
| | | | 死亡 | 重伤 | 轻伤 | |
| 使用类 | 溢熄泄漏 | | | | | |
| | 灶具未关 | | | | | |
| 设备类 | 软管老化破损 | | | | | |
| | 软管脱落 | | | | | |
| | 软管动物咬噬 | | | | | |
| | 金属管道损坏 | | | | | |
| | 灶具蚀损泄漏 | | | | | |
| | 私自接、改管道 | | | | | |
| 热水器类 | 热水器中毒 | | | | | |
| 其他类 | 自杀或他杀 | | | | | |
| | | | | | | |
| 用户停气 | 1000 户以下 | | | | | |
| | 1000-4999 户 | | | | | |
| | 5000-9999 户 | | | | | |
| | 1 万户以上 | | | | | |

部门负责人：　　　　　　填表人：　　　　　　联系电话：　　　　　　填表日期：

液化石油气用户事故（季度）统计表　　　　　　　　　　　表 13

年　季度

表　号：
组织机构代码：
填报单位名称（盖章）：
居民用户数（万户）：

制表机关：国家统计局
文　号：
有效期至：20　年　月

| 分类 | 事故原因 | 事故起数 | 人员伤亡（人） | | | 直接经济损失（万元） |
| --- | --- | --- | --- | --- | --- | --- |
| | | | 死亡 | 重伤 | 轻伤 | |
| 使用类 | 溢熄泄漏 | | | | | |
| | 灶具未关 | | | | | |
| | 减压器连接不当 | | | | | |
| 设备类 | 软管老化破损 | | | | | |
| | 软管脱落 | | | | | |
| | 软管动物咬噬 | | | | | |
| | 灶具蚀损泄漏 | | | | | |
| | 瓶体蚀损泄漏 | | | | | |
| 热水器类 | 热水器中毒 | | | | | |
| 其他类 | 自杀或他杀 | | | | | |
| | | | | | | |
| | | | | | | |

部门负责人：　　　　　填表人：　　　　　联系电话：　　　　　填表日期：

## 四、应用意义

《城镇燃气事故统计管理规定》的制定填补了国内燃气行业标准对于事故统计分析的空白，规范了国内燃气经营企业和燃气管理部门对于燃气事故数据统计的项目与报送流程，为保存珍贵的事故数据和经验提供了有效的手段和平台，切实提高了现有燃气统计数据的准确性、时效性和完整性。同时通过对于事故数据的统计分析，为找出当前企业乃至行业内工作存在的隐患、问题和原因，为下一步工作提供了有效指导和方向，最终实现降低安全事故率，提高预防事故能力，避免重特大事故发生的目的。

中燃协安全管理工作委员会

# 中国 LNG 产业发展现状及前景预测

## 一、中国 LNG 产业发展现状

### (一) 中国 LNG 上游供应环节分析

中国的 LNG 供应来源可以大致分为 2 类,一是国产 LNG 工厂生产后进行销售,二是 LNG 接收站接收海外资源后将其中一部分进行批发销售。

截至 2015 年,中国 LNG 工厂投产数目达到 148 座,总产能累计 8012 万 $m^3/d$(2 089 万 t/a),产能较 2014 年增长 23%。2015 年国产 LNG 工厂投产步伐明显放缓,常规管道气制 LNG 项目受制于气源成本居高,以观望为主;焦炉煤气等非常规气源制 LNG 项目占比相对提升。

中国已投产 LNG 接收站项目　　　　　　　　　　　　　表 1

单位:万 t/a,万 $m^3$

| LNG 项目 | 所属集团 | 投产时间 | 投产产能 |
| --- | --- | --- | --- |
| 广东大鹏 | 中海油 | 2006 年 6 月 | 680 |
| 福建莆田 | 中海油 | 2008 年 4 月 | 520 |
| 上海洋山 | 中海油 | 2009 年 10 月 | 300 |
| 江苏如东 | 中石油 | 2011 年 6 月 | 350 |
| 辽宁大连 | 中石油 | 2011 年 11 月 | 300 |
| 浙江宁波 | 中海油 | 2012 年 10 月 | 300 |
| 珠海金湾 | 中海油 | 2013 年 10 月 | 350 |
| 曹妃甸 | 中石油 | 2013 年 11 月 | 350 |
| 天津浮式码头 | 中海油 | 2013 年 11 月 | 220 |
| 海南洋浦 | 中海油 | 2014 年 9 月 | 300 |
| 青岛 | 中石化 | 2014 年 12 月 | 300 |

截至 2015 年,我国共运行 LNG 接收站 11 座,总接收能力达 3 970 万 t/a。其中中海油旗下产能为 2 670 万 t/a,中石油旗下产能为 1 000 万 t/a,中石化旗下 300 万 t/a。2015 年未有新投产 LNG 接收站。中石化第二座 LNG 接收站广西北海接收站于 2016 年 4 月正式投产运营。

2015 年,LNG 市场供应总量为 1 080 万 t,较 2014 年增长 37.56%。其中 LNG 工厂供应量 711 万 t,占比 66%,较 2014 年占比下降 10 个百分点;LNG 接收站槽车出货量 369 万 t。

由于上游 LNG 工厂产能增速过快,而近年由于天然气与替代能源相比经济性优势并不明显,

LNG产能过剩的格局显现，国内LNG工厂开工率一直维持在45%左右的低位；中国LNG接收站进口LNG后，约90%的进口量通过气化输入管网，供应周边管道气使用，只有约10%的量通过槽车对外运输，进入国内LNG市场参与竞争，这与LNG接收站作为天然气进口调峰的定位直接相关。

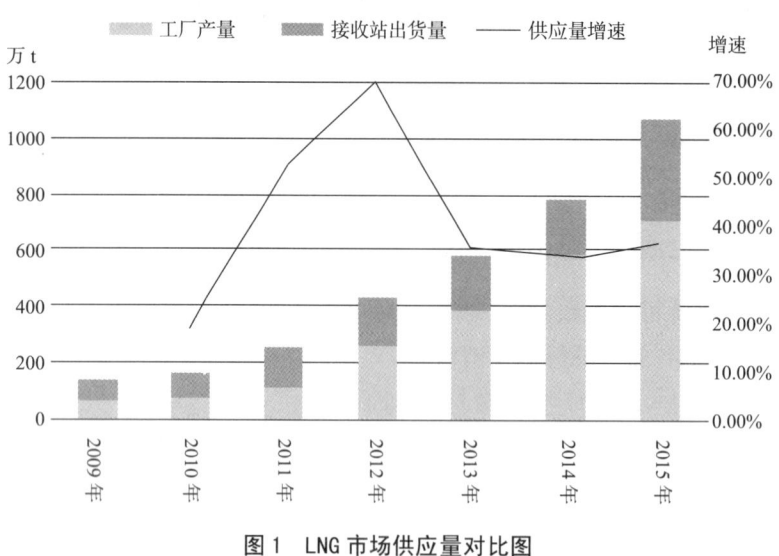

图1 LNG市场供应量对比图

## （二）中国LNG中游物贸环节分析

2013年开始，由于LNG市场逐步发展成熟，LNG物流商生存模式发生了转变。相较于产业发展初期的单纯承运业务，目前LNG物流商大部分涉足贸易市场，以贸易量带动车辆运转，物流商的盈利方向转为贸易获利。税收方面，LNG销售执行13%的增值税，物流运输执行11%的增值税。

### 1. LNG物流分析

截至2014年底，中国LNG运输槽车将达到7 000辆以上，同比增长34.6%。相较2010—2011年超过50%的增速，近两年中国LNG槽车增速明显放缓。主要原因有3个：一是LNG运输半径逐渐减少，运输能力相对提高；二是基数增大，自然放缓；三是运力无序扩张，物流企业盈利状况不乐观。

槽车保有量排名前10的公司共拥有槽车4 998辆，占据全国71.3%，LNG物流市场相较往年呈现更加集中的特点。

为了提高运输效率，2014年新上LNG槽车以53 m³–55.6 m³为主，主要为半挂温液体运输车。当前国内有超过10家专业生产LNG槽车的企业。

### 2. LNG采购、配送模式

目前，中国LNG采购、配送方式主要分为3类：

（1）用户整体采购模式：昆仑能源投资（山东）有限公司为山东省内LNG加气站的最大建设单位，其LNG资源采购系整体采购模式；但由于自身未配套物流车辆，资源多为工厂或贸易商配送。2013年，其资源采购多来自中石油系统内单位，因此在华油安塞检修期间，临时从江苏如东LNG接收站调液；2014年系统内采购量明显减少，采购转向哈纳斯、星星能源等单位。

（2）大型贸易物流商配送模式：恒通物流股份有限公司2011年采购100辆LNG物流车辆，随之开展 LNG 物流及贸易活动，随着业务发展成熟，其客户群体覆盖山东省内约 30%～40% 终端客户。至 2013 年，茌平县万和通运输有限公司、淄博盛世百川物流有限公司等公司崛起，对省内 LNG 终端客户实行配送贸易。目前随着中石化青岛码头的投产，借助于与中石化的合作，恒通物流股份有限公司客户群体覆盖继续加大。

（3）大型客户的月度采购：以山东晨鸣纸业、广东潮州港华为代表的大型的 LNG 工业用户，其资源采购采取月度采购模式。每月底选定采购商后，由采购商对其下月进行 LNG 整体供应。但由于 LNG 市场价格变动由最初的月度定价转为自由定价，目前完全执行月度采购的终端客户类型逐渐减少。

### （三）中国 LNG 下游消费环节分析

2015 年，LNG 市场供应总量为 1 080 万 t，在仅考虑 LNG 运输损耗情况下，测算 2015 年 LNG 市场消费量为 1 076 万 t。

2015 年，下游工业需求呈现阶段性爆发增长，在 LNG 消费中占比提升；下游车用市场增速放缓，在 LNG 消费中占比略有下降，而城市燃气需求几无增长，占比下降。

2015 年，LNG 加气站运营数量达到 2 260 座，LNG 汽车（含重车、客车、公交）保有量达到 19.73 万辆，2015 年车用 LNG 消费量达到 387.05 万 t；而 LNG 船用市场发展仍然较慢，预计 2015 年 LNG 船 106 艘，但实际运营数量较少，船用 LNG 消费量 3.5 万 t；LNG 车船用量占 LNG 消费总量的比例略有下降，为 36.30%。

2015 年，预计工业用 LNG 消费量将达到 443.97 万 t，占 LNG 消费量的比例为 41.26%。供应过剩以及进口气与国产气竞争加剧，位于长输管网末端的部分省份 LNG 相对于管道气价格优势显现，华北、华东、华南地区 LNG 工业市场开发积极性较高。

2015 年城市燃气用 LNG 资源量在 185.62 万 t，占比在 17.25% 附近。LNG 发电用量 55.86 万 t，占比 5.19%，主要分布在广东、浙江省。

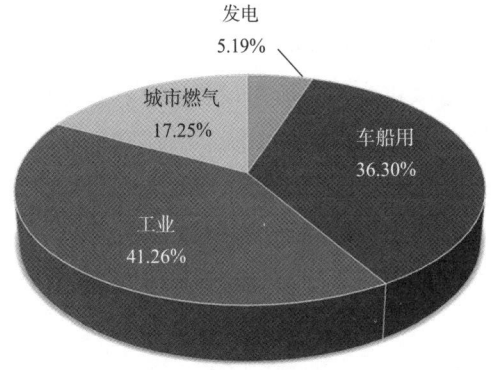

图 2　2015 年 LNG 下游消费结构对比图

近 3 年 LNG 下游市场消费量对比　　　　　　　　　　　　　　　　表 2

单位：万 t

|  | 城市燃气 | 燃气发电 | 车船用 | 工业燃料 |
|---|---|---|---|---|
| 2013 年 | 145.03 | 137.03 | 164.68 | 141.68 |
| 2014 年 | 164.85 | 47.1 | 298.3 | 274.75 |
| 2015 年 | 185.62 | 56.05 | 390.55 | 443.97 |

LNG 目前并没有被利用于化工领域，主要是由于化工领域的天然气需求量较大，LNG 难以保证供应的稳定性。而且目前国内对于天然气化工仍然保持相对谨慎的态度，天然气化工多属于禁止或限制发展的项目。

## （四）中国 LNG 设备制造环节分析

### 1. LNG 工厂及接收站设备

（1）LNG 工厂设备

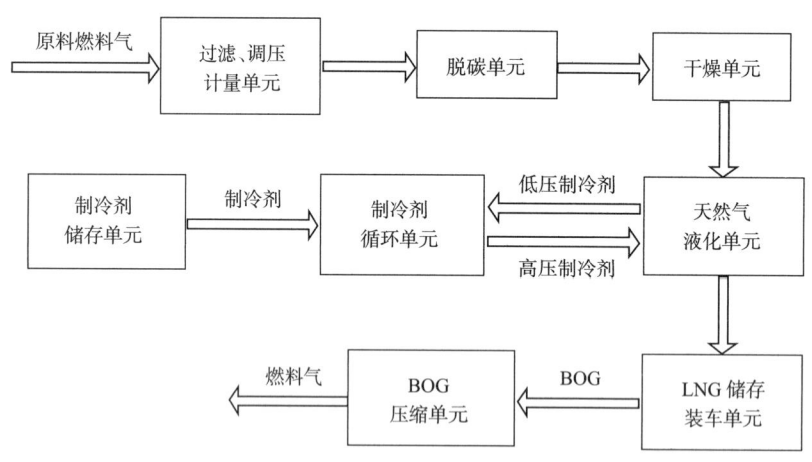

图 3 LNG 工厂主要工艺流程

我国 LNG 工厂的主要设备基本国产化，大型 LNG 液化装置打破垄断尚需时日。建设 LNG 工厂，以全液化为例，所需设备如下：①天然气预处理系统 1 套；②液化冷箱系统 1 套；③氮气压缩、双温增压膨胀制冷循环系统1套；④空气分离制氮装置1套；⑤自控系统(计算机控制系统及现场仪表)1套；⑥流程配套阀门 1 套；⑦低温储罐储存系统 1 套；⑧槽车 1 套。

其中压缩机、膨胀机、换热器（冷箱）是核心设备。在 LNG 工厂的投资费用中，工艺设备占 40% 以上，其中制冷压缩机组占 50%，换热器占 30%。经过近 10 年的发展，目前这些设备绝大部分可以国产替代，比如冷箱和膨胀机，四川、大连等皆可以生产，压缩机不管是透平还是往复式，国内都有生产。

近期建成的 LNG 工厂，很多进口设备已经被国产设备替代。如沈阳鼓风设计的 60 万 t/a 的 LNG 装置压缩机组打破了国外技术垄断，达到国际先进水平。但大型液化装置的关键设备仍然是由欧美的 CHART 和林德垄断，短期内打破这一局面较为艰难。国内的杰瑞和富瑞已开始生产小型的液化装备，进口替代还有很大空间。

（2）LNG 接收站设备

LNG 接收站主要工艺流程为：进口来的 LNG 卸入 LNG 储罐内，然后由低压泵泵出，经再冷凝器后，用高压泵加压输送至汽化器，汽化后进入长输管道。

以一个 300 万 t/a 的 LNG 接收站，配套建设 3 个 16 万 $m^3$ LNG 储罐为例，码头投资成本预计在 6 亿元左右，LNG 接收站工程投资预计在 45 亿元左右，长输管线投资在 21 亿元左右。LNG 接收站投资占比最高，主要是因为 LNG 储罐材料与相关设备 90% 为进口，导致项目建设成本居高不下。据了解，1 个 16 万 $m^3$ 的 LNG 储罐建设费用为 8.5 亿元，其中 9% Ni 钢板进口费用高达 1.46 亿元，占储罐建设费用的 17.18%。

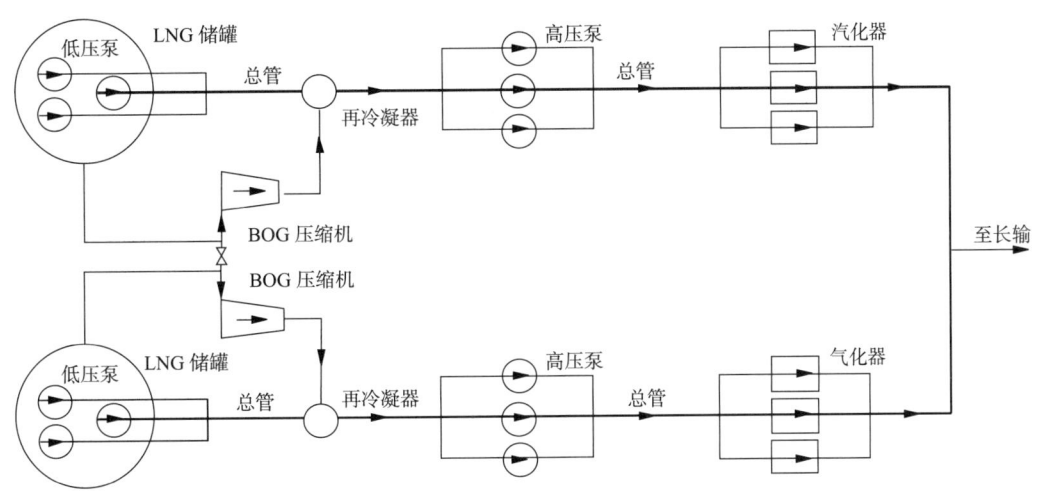

图 4　LNG 接收站主要工艺流程

LNG 接收站的主要设备有 LNG 泵（高压泵、低压泵）汽化器和 BOG 压缩机，目前仍依赖进口。汽化器主要有海水开架式汽化器（ORV）、浸没燃烧式汽化器（SCV）、中间介质汽化器（IFV）。LNG 接收站 BOG 压缩机主要有立式迷宫式往复压缩机和卧式活塞环式往复压缩机，进口价格在 2 000 万左右。

### 2. LNG 车辆船舶制造及改装设备

LNG 车辆以整车出厂为主，成本主要体现在车载瓶上。

不同 LNG 车载瓶规格及用途　　表3

| 规格用途 | 150 L | 175 L | 200 L | 275 L | 375 L | 450 L | 500 L |
|---|---|---|---|---|---|---|---|
| 轻型客车 | √ | √ | √ | √ | | | |
| 大型客车 | | | | | √ | √ | √ |
| LNG 重卡 | | | | | | √ | √ |
| 特种车辆 | | | | | | √ | √ |

目前，LNG 车载瓶的主要规格有以上几种，其中轻型客车产量较少，因此小容积气瓶需求量相比偏低，LNG 车载瓶主要生产规格以 450 L、500 L 为主，其中 450 L 气瓶有效容积在 92% 左右，按照 0.426 kg/L 的密度计算，可充装 450*0.92*0.426 ≈ 176 kgLNG，双气瓶约充装 350 ~ 400 kg，按照目前主流的 360 马力的 LNG 汽车发动机而言，可连续行驶 900 km 左右。

国内 LNG 车载瓶技术起源于圣达因，并在江苏张家港地区形成了第一个产业基地。目前由于准入门槛偏低，且行业没有统一的生产标准，国内 LNG 车载瓶生产企业层出不穷，竞争愈发激烈。据了解，目前全国 LNG 车载瓶生产企业有百家之多，主要的生产区域为山东半岛、鲁西南、江苏张家港地区、河北以及安徽等地。

### 3. LNG 加气站设备

LNG 加气站的主要工作流程可以划分为：卸车流程、储罐调压流程、加气流程、卸压流程。根据工作流程不同所需设备不同，LNG 加气站主要设备有：LNG 低温储罐、LNG 潜液泵、增压器、

EAG 气化器、加气机。

LNG 加气站主要有 3 类，分别为撬装式加气站、标准式加气站、移动撬装式加气站。其中撬装式加气站所有工艺设备都安装在一个橇块上，控制系统安装在一个集装箱内。移动式撬装站主要在暂时没有条件建站的情况下使用。

## 二、中国 LNG 产业前景预测

### （一）中国天然气市场政策导向

#### 1. 中国天然气利用政策

2012 年 12 月 1 日起，国家发改委修订后的《天然气利用政策》施行，政策将天然气用户分为优先类、允许类、限制类和禁止类 4 类。根据政策规定，居民用气、公共设施用气以及车船用气均被列入优先类用气名单。而包括陕、蒙、晋、皖等 13 个大型煤炭基地所在地区建设基荷燃气发电和天然气制甲醇都被列入禁止类。

天然气汽车（尤其是双燃料及液化天然气汽车），可中断的天然气工业项目及天然气制氢项目，天然气分布式能源项目，在内河、湖泊和沿海航运的以天然气（尤其是液化天然气）为燃料的运输船舶被列为优先类。

#### 2. 中国天然气发展规划

2014 年 11 月 19 日，国务院办公厅印发《能源发展战略行动计划（2014—2020 年）》，对"十三五"我国天然气发展进行了战略部署，提出了"消费双倍增"的目标规划。所谓 2020 年天然气"消费双倍增"包含 2 层意思：其一，2020 年天然气消费量要比 2015 年翻一番，2015 年天然气消费量在 2 000 亿 $m^3$ 左右，到 2020 年大概为 4 100 亿 $m^3$；其二，2020 年天然气在一次能源消费中的比重比 2015 年翻一番，2015 年天然气在一次能源消费中的比重大概在 6% ~ 6.5%，到 2020 年能够达到 12% 左右。

#### 3. 中国天然气政策预期

我国天然气价格调整的基本思路是，按照市场化取向，建立起反映市场供求和资源稀缺程度的与可替代能源价格挂钩的动态调整机制，逐步理顺与可替代能源比价关系。天然气价格改革的最终目标是完全放开气源价格，政府只监管具有自然垄断性质的管道运输价格和配气价格。

考虑目前国内 LNG 市场发展现状，首先是供需失衡导致产业利润下滑，甚至部分产业链倒挂经营；其次是上游管道天然气市场定价机制尚不完善，市场需要进一步发展，参考成品油的消费税推出轨迹，目前阶段推出产品消费税征收并不合理；再者国内面临较为巨大的环保压力，继续发展天然气等清洁能源具有紧迫性。考虑以上因素，短期内推出 LNG 消费税可能性不大，因为这会进一步削弱 LNG 的经济性。

以汽油价格为例，根据《消费税暂行条例释义》规定，成品油单位换算标准为：汽油 1t=1 388 L，按照最新的《财政部国家税务总局关于继续提高成品油消费税的通知》（财税 [2015]11 号）规定，将汽油的消费税单位税额由 1.4 元 /L，提高至 1.52 元 /L，合 2 109.76 元 /t，目前全国汽油出厂均价约在 7 000 元 /t 左右，汽油消费税占其价格的比例达到 30% 左右。

目前我国的成品油消费税是在出厂环节进行征收的，如果 LNG 出厂价需要含 30% 的消费税，以目前全国 4 000 元 /t 的价格水平，需要在此基础上提高至 5 200 元 /t，合 3.7 元 /$m^3$，这已经超过了历史上全国LNG工厂价的最高出厂价格。

## （二）中国LNG产业供需预测

### 1. 2016年—2020年LNG供应预测

LNG市场供需结构由2013年的供应紧张转为2014年年供应充足，但由于时滞，2014年在建LNG工厂，尤其是非常规气源项目进入投资高峰期，2015年—2017年LNG工厂投产速度仍然较快。数据显示，2010年至2015年LNG工厂产能年均增速为57%，此阶段为LNG工厂的高速发展期；预计2015年—2020年，中国LNG工厂产能平均增速为13%，2020年产能或将达到17 100万 $m^3$/d。

LNG接收站方面，2013年开始每年投产项目数量在2个以上，2010年至2015年平均增速为31%。预计2015—2020年LNG接收站产能平均增速为12%，2020年达到8 200万t以上。

### 2. 2015年—2020年LNG需求预测

（1）车船市场

2014年，作为主要增长点的LNG车用市场增速较前期有所放缓，尤其是下半年以来，国内成品油市场经历了史上首次11连跌的局面，LNG经济性优势明显下降。LNG车用市场如需恢复高速发展，则需要环保强制、补贴等政策支持。2015年开始，LNG车用市场前期发展较为迅速的省份将进行低效站整合，如山东、河北、山西等省；而相对发展较慢的省份发展速度将相对提高，地域差距开始缩小。

2015年以后中国LNG重卡增速以放缓为主，部分年份受到定价政策利好，或有新的增长。受到政策面利好，中国LNG客车近些年增长保持高速，2014年更是增速达到223.2%。当前全国各省市均有新上车辆淘汰黄标车，改上LNG车的规定，部分省份甚至规定，3年内淘汰掉非新能源客车，全部改为LNG车、新能源电动汽车。由于新能源电动汽车技术面仍有部分问题尚待解决，LNG车备受青睐。预计未来LNG客车将继续保持高速增长，2017年以后受到基数增大以及新能源电动汽车冲击的影响，增速将有所放缓。

伴随中国LNG汽车数量的不断增多，中国LNG车用市场将逐渐发展成为LNG下游第一大市场。2015—2020年，LNG车用市场增长量继续领先于其他消费领域，预计年均增速在20%左右，年消费量增长至1 042万t附近，市场占比上升至47%。

相比柴油，LNG相对船用燃料油的经济性略差，预计未来LNG在船用领域的推广缓于车用领域。预计2015年水上加气站保持略低于10%的增长率，2020年左右受到国家政策面带动，内河运输船舶改气情况可能得到改善，水上加气站投资有望活跃。

（2）城市燃气

随着管道气铺设的完善，LNG作为城市燃气类的需求比例下降；随着天然气调峰设施的建设完善，内陆地区LNG作为城市燃气调峰的需求有所下降，但沿海地区冬季调峰仍依靠LNG。预计2015年—2020年，LNG城市燃气需求年均增速在25%左右，年消费量增长至671万t，但市场占比下降至18%。

（3）工业燃烧

玻璃、陶瓷、切割气等工业用户为刚性需求，而山东、河北等地削减煤炭用量，在增加天然气需求量的同时，也一定程度上带动了LNG用量的提升，预计2015年—2020年，LNG工商业燃料需求增速在13%，年消费量增长至654万t，但市场占比下滑至30%。

### (4) 燃气发电

相对于其他领域,由于无价格优势,LNG 发电用量增速最低,预计 2015 年—2020 年发电用 LNG 需求增速在 11% 左右,年消费量缓慢增长至 109 万 t,市场占比增长至 6%。

主要省份 LNG 消费量预测　　　　　　　　　　　　　　　表 4

单位:万 t

| 省份 | 2014 年 | 2015 年 | 2020 年 |
| --- | --- | --- | --- |
| 广东 | 154 | 179 | 225 |
| 浙江 | 74 | 97 | 130 |
| 江苏 | 70 | 92 | 125 |
| 山东 | 68 | 102 | 121 |
| 福建 | 42 | 51 | 71 |
| 河北 | 43 | 68 | 80 |
| 新疆 | 33 | 37 | 50 |
| 河南 | 32 | 40 | 60 |
| 贵州 | 18 | 30 | 31 |
| 山西 | 16 | 19 | 30 |
| 占全国比例 | 67% | 66% | 41% |

从主要省份消费量来看,2015 年前 10 位消费大省 LNG 消费量总计达到 715 万 t,占全国消费量的比例为 66%。预计未来广东、浙江、江苏、山东的 LNG 消费量将继续增长,仍位于前 4 位。但随着非沿海省份 LNG 市场的发展,以上 10 个省份的 LNG 消费量占全国 LNG 消费量的比例预计将下降至 41%。

## 三、中国 LNG 产业价格预测

### (一)中国天然气定价机制

#### 1. LNG 气源的定价机制

对于 LNG 进口市场,2014 年 2 月,国家发改委出台《天然气基础设施建设与运营管理办法》指出,提高天然气基础设施利用效率,天然气基础设施在有剩余能力的情况下,油气管网设施运营企业应向第三方市场主体平等开放管网设施,按签订合同的先后次序向新增用户公平、无歧视地提供输送、储存、气化、液化和压缩等服务。

2011 年,国家放开 LNG 气源价格。对于直接使用气田、长输管网及代输气的 LNG 工厂,LNG 工厂气源价格为上下游协商制定。2013 年 7 月国家发展改革委调整天然气门站价格后,中石油要求对供应 LNG 工厂的气源价格按照增量气价格执行,导致国内 LNG 工厂成本压力大幅增加。在内蒙古、陕西等 LNG 工厂较为集中地区,地方政府对 LNG 工厂有部分保护政策,气源价格相对较低。

### 2. 非居民用气定价机制

2013年6月28日,国家发改委调整非居民用天然气价格,国家对天然气价格管理由出厂环节调整为门站环节,门站价格实行最高上限价格管理,供需双方可在国家规定的价格范围内协商确定具体价格。门站价格以下的销售价格,由地方价格主管部门管理。

2014年9月1日,非居民用存量气最高门站价格每千$m^3$提高400元;2015年4月1日,非居民用存量气最高门站价格每千$m^3$上涨40元,增量气最高门站价格每千$m^3$下调440元,存、增量气价格实现并轨。2015年11月20日,非居民用天然气门站价格统一下调0.7元/$m^3$,同时将最高门站价格管理方法改为基准门站价格管理方法。

### (二)2015年—2020年中国LNG产业价格预测

未来2年,预计国内LNG价格将处于震荡下跌趋势。随着价格下滑、国内天然气定价机制理顺以及国际油价可能的反弹,LNG经济性将逐渐恢复、提高,下游市场的需求面拓宽,预计2016年下半年或2017年价格将出现反弹。

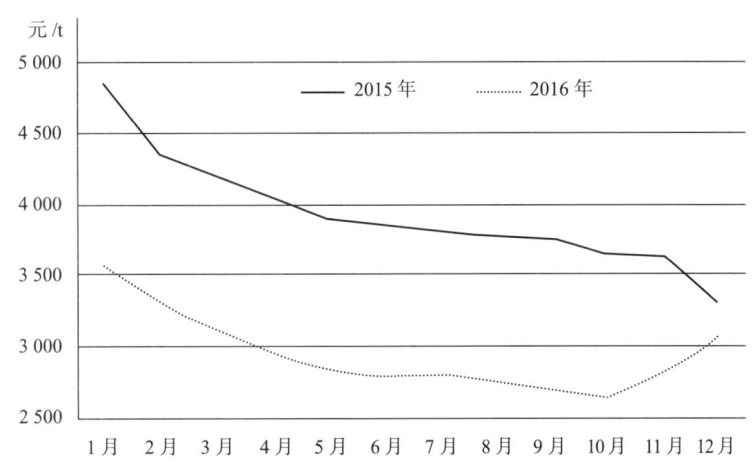

图5 2016年LNG价格走势预测图

2015年—2020年LNG价格预计有以下几个特点:

1. 由于需求高峰期一致,LNG工厂、接收站价格涨跌方向一致。LNG接收站实行月度定价,价格反应较慢,幅度相对较小。而工厂价格目前已经由月度定价转为随时调价,价格波动较快。

2. LNG工厂投产速度较快,但供应充足情况下,LNG工厂或出现调峰生产。部分LNG工厂淡季或有停工,而会选择在高峰期开工获利。若调峰生产的LNG工厂数量增加,或导致LNG价格上涨周期缩短。

3. LNG产能过剩的格局在短时间内难以改变,预计"十三五"期间LNG市场价格将处于低位运行的态势,难以出现反弹。

薛希法、刘振玮

# 船用 LNG 发展环境及业务探索

天然气作为一种清洁、低排放的高效能源，在交通运输、发电、化工等方面都有着对传统能源良好的替代性。加快和增加天然气的消费，已成为解决当前大气污染的有效途径之一。船舶使用液化天然气（LNG）作为燃料来替代船用燃料油，在环保、安全、经济性以及社会效益等方面均具有明显优势。发展 LNG 燃料动力船，对改善江河水质和沿岸城市空气质量具有积极作用。推广 LNG 在船舶上的应用，对优化我国交通领域能源结构，促进能源高效利用，实现节能减排目标具有重要的战略和现实意义。

## 一、船用 LNG 业务发展环境

### （一）环保因素

在环境污染严重的今天，全球都在密切关注着污染的治理情况。航运业作为污染物排放量相对较大的行业，出台了严格的污染物排放标准，以降低硫化物、氮化物和二氧化碳的排放。现全球以排放控制区（ECA）为首先限制的区域。目前的 ECA 区域包括波罗的海、北海、美国海岸、夏威夷和加勒比海，将要发展为 ECA 区域的地区有地中海、东京湾、墨西哥海岸、阿拉斯加海岸、加拿大、新加坡、中国香港、澳大利亚、黑海地区。ECA 开始从欧洲和美国向全球蔓延。

香港于 2015 年 7 月 1 日开始实施排污控制政策《空气污染管制（远洋船只）（停泊期间所用燃料）规例》，新规例生效后，任何远洋船只在香港停泊期间使用不合规格燃料，即属违法，一经定罪，有关船长和船东最高可判处罚款 20 万港元及监禁 6 个月。如有关船长和船东没有按《规例》要求记录或备存所需数据，也属违法，一经定罪，最高可判处罚款 5 万港元及监禁 3 个月。

2015 年 6 月 1 日，上海市实施《上海港船舶污染防治办法》，明确在上海港航行、停泊、作业的船舶应当使用符合国家和本市规定质量标准的燃油，鼓励本市船舶使用低硫燃油、清洁能源，中国沿海也在逐步出台相应排放控制政策。

要符合限排要求中硫化物和氮化物的排放标准，需降低硫化物和氮化物的排放，应对排放要求有 3 个方案，分别为使用低硫油、尾气清洁装置和 LNG。

然而面对越来越严苛的排放限制，LNG 突出的环保效益（降低硫化物和氮化物的效果最好）使其成为理想的替代能源选择。

### （二）政策因素

在环保因素之外，推动船用 LNG 发展最重要的政策因素是相关节能减排政策和补贴政策的出台。

在国际环保限排的大方向下，我国能源结构调整和环保诉求声音也越来越高，相关的政策、规范逐步出台，并将随着行业发展细化。

2015年8月27日,交通部颁布了《船舶与港口污染防治专项行动实施方案2015—2020》(以下简称《方案》),《方案》明确全面推进船舶与港口污染防治工作,积极推进绿色水路交通发展,《方案》将是2015—2020年相关行业的指导性文件。

### (三)经济因素

经济性和环保性是LNG快速发展的两大驱动因素,在具备环保性的情况下,需要关注的是LNG价格。

对于船舶燃料来说,LNG较轻质油具有20%～30%的价格优势。尽管目前油价不断下行,但长远看,LNG价格受益于LNG供应的不断充裕,仍将下跌,因此,油气价差依然存在,并将长期具备优势。

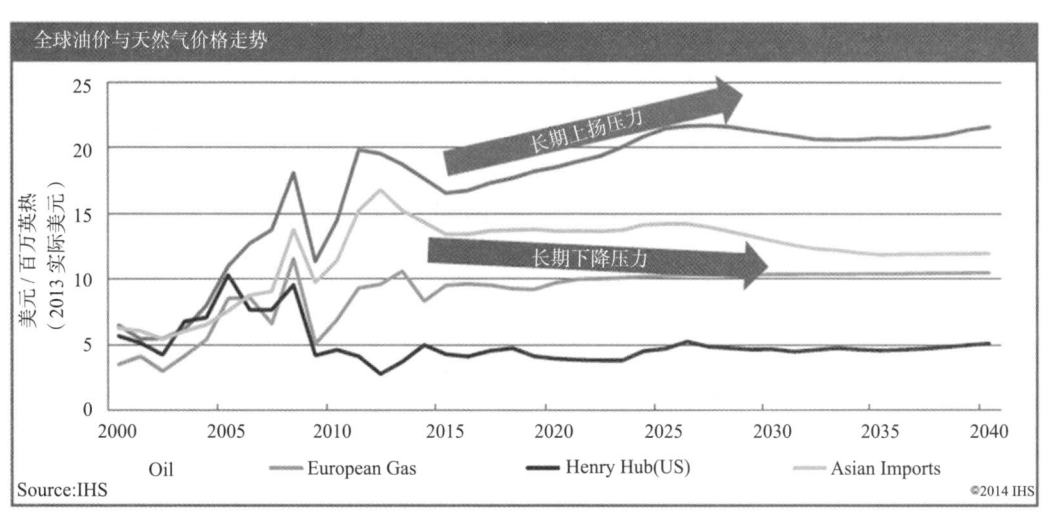

图1 船舶燃料发展趋势图

## 二、国内外船用LNG业务发展现状

### (一)国外船用LNG业务发展情况

图中Viking Grace是世界首艘LNG海洋加注船舶,其LNG加注便捷迅速,1个小时即可完成。

欧洲及北美地区处于ECA区域,LNG动力船舶发展迅速,欧洲有100多艘LNG船舶,订单中的有47艘。这其中主要是点对点的渡轮和滚装船。

除去LNG动力船舶外,欧美在LNG船舶应用领域也较为成熟。在LNG船舶应用领域中包括海上浮仓过驳、FSRU(浮式LNG储存再汽化装置,即带有气化装置的LNG船)、FLNG(浮式液化天

图2 世界首艘LNG海洋加注船舶

然气储存装置，即一种用于海上天然气田开发的浮式生产装置，通过系泊系统定位于海上，具有开采、处理、液化、储存和装卸天然气的功能，并通过与液化天然气（LNG）船搭配使用，实现海上天然气田的开采和天然气运输。

## （二）国内LNG业务发展情况

在LNG建站方面，国内LNG建站需求（非官方数据）如表1所示：

国内LNG建站需求　　　　　　　　　　　　　　　　　　　　　　　　表1

| 运河 | 40座 |
| --- | --- |
| 长江 | 70座 |
| 西江 | 20座 |
| 沿海 | 20座 |

全国的整体规划则从内到外，先内河后沿海再远洋，水科院也进行了"两纵两横两网十八线"的内河及沿海加注站的布局规划。在推广LNG业务布局的初步阶段是试点示范现行，然后再逐步全面推广。

全国主要水域LNG加注布局规划　　　　　　　　　　　　　　　　　　表2

| 总体布局 | 两纵两横两网十八线 |
| --- | --- |
| 两纵 | 京杭运河LNG加注站布局网　沿海水域LNG加注站布局网 |
| 两横 | 长江干线LNG加注站布局网　西江干线LNG加注站布局网 |
| 两网 | 长江三角洲水网LNG加注站布局网　珠江三角洲水网地区LNG加注站布局网 |
| 十八线 | 岷江、嘉陵江、乌江、湘江、沅江、汉江、汉江运河、赣江、信江、合裕线、淮河、沙颖河、石江、北盘江—红水河、柳江—黔江、黑龙江、松花江、闽江 |

在LNG燃料动力船方面，2010年8月3日，京杭大运河水域第一艘LNG-柴油混合动力船"苏宿货1260号" 3 000t级运沙船试航成功，江苏、湖北、安徽、重庆、广西、江西、福建等省市也已开展或即将进行船舶燃料油改气示范项目。在船舶改造方面，新奥作为最早开展船舶LNG应用的企业之一，近年来一直积极探索并布局船用LNG业务，先后在桂林、长江流域等地进行了双燃料轮船的改造和新建，包括货船改造、挖沙船改造、客船改造等，都取得了显著成效。

在LNG船舶加注方面，LNG船舶的加注方式有车对船、岸站对船、趸船对船、移动加注船对船、整体换罐、海上浮式装置对船。岸站对船适合于内河、湖泊和沿海落差小的区域，可满足大型加注和快速加注且固定的需求；新奥在西江的加注趸船已投入运营。

另外，船用LNG业务的发展需要规范，目前船舶LNG应用规范出台是以课题研究为基础，以课题来引领规范的出台，现在LNG燃料加注船规范已经在编制中。

## 三、船用 LNG 未来发展建议

### （一）加强技术研发，推动船用 LNG 技术创新

我国 LNG 动力船起步时间较短，内河 LNG 加注、接卸，船舶发动机、改造、ECU 等许多技术尚不完善，通过建设示范工程，对相关技术、设备、运行、管理进行总结，推动 LNG 设备材料及工艺的创新升级，实现集成及标准化产品研发生产。逐步实现关键设备国产化是推动船用 LNG 发展的关键。

### （二）加大政策支持力度，促进船用 LNG 行业发展

船用 LNG 产业发展与各地能源获得条件、技术经济基础、市场需求导向有很大关系。在产业发展起步阶段，国家政策的扶持对船用 LNG 行业发展具有积极促进作用，对国家试点示范项目和企业自主创新的船用 LNG 项目在流程审核、业务推进、应用推广等方面进行支持、保护，以鼓励为主；对于重点项目国家应投入资金支持新技术开发应用；实施强制性控制手段如严格尾气排放法规等；给予税收减免、价格政策调节以及必要的沟通性宣传等。

### （三）结合水域特点，建立商业模式

结合长江、珠江、运河、沿海以及区域性水域不同的航道水文、船舶种类、参与者性质、管理要求等特点，从业务实际需求出发，政府指导、多方参与，区域性整合资源，建立合理的商业模式。以示范工程为基础和引领，培育船用 LNG 技术研发、装备制造、服务管理等人才队伍，推动跨行业资源整合，最终实现市场化运作。

李树旺、王书森

# 中国煤层气产业的现状与未来

## 一、煤层气基本情况

### （一）基本概念

煤层气，俗称瓦斯，是煤的伴生矿产资源，主要成分是甲烷（>85%），其次为二氧化碳、氮气等，是以吸附在煤基质颗粒表面为主、部分游离于煤孔隙中或溶解于煤层水中的烃类气体，属于自生自储式的非常规天然气。当煤层气空气浓度达到5%~16%时，遇明火就会爆炸。在人类开发利用煤层气之前，煤矿瓦斯不是在矿井中夺去矿工生命，就是排放到空气中造成污染，但实际上煤层气是一种高质量的清洁气体燃料和上好的工业原料，煤层气热值为 34 590~38 930 kJ/m$^3$，与常规天然气基本相当，每立方米煤层气相当于1.13 kg汽油或1.21 kg标准煤。

煤炭源于陆生高等植物，其成煤作用由泥炭化和煤化作用2个阶段完成。泥炭化阶段，有机质在低温（<50℃）和近地表氧化环境中，由于细菌的作用，生成少量甲烷及二氧化碳，呈水溶状态或游离状态而散失。褐煤阶段属煤化作用的未变质阶段，地温在50℃左右，有机质热降解作用已经开始并且逐步加深，生物化学作用逐步减弱，主要生成甲烷及其他挥发物。烟煤阶段属煤化作用的低—中变质阶段，沉积物埋深达到1 000~4 500 m，地温达50~150℃，有机质经过热降解，有重烃、轻烃、甲烷及其他挥发物产出。煤化作用的后期是高变质阶段，一般将贫煤与无烟煤划在这一阶段，地温>150℃，埋深>4 500 m，热降解产物主要是甲烷。从褐煤、长焰煤、气煤、肥煤、焦煤、瘦煤、贫煤到无烟煤，每个阶段每t煤可以产生几十到数百m$^3$的气体，而今保留在煤系地层中的煤层气仅是其生成气量中极小的一部分。

### （二）国外煤层气产业发展

美国自20世纪70年代开始从事煤层气地面抽采，当时，美国每年进口天然气600亿~800亿m$^3$，70年代末期，由于受石油危机的影响，石油价格一度高涨，能源供需矛盾十分突出，1980年美国政府出台了《能源意外获利法》，对原油意外获利进行征税，用于建立能源信托基金，为非常规能源项目提供资金；美国政府还直接向地质调查局、天然气研究所等国家研究机构以及专业咨询机构、煤层气开发者提供资金，用于新技术的开发和实验推广；联邦政府和州政府通过颁布有关税收、矿区使用费、环境影响评价、钻井许可发放等法律、法规和管理办法来鼓励煤层气开发，最终使开发利用煤层气成为有利可图的自觉行为，达到市场引导行业发展的目的。从1983年到1995年的12年间，美国煤层气年产量从1.7亿m$^3$猛增至250亿m$^3$，2003年，已超过450亿m$^3$，2004年达500亿m$^3$，煤层气占天然气总量的8%~10%。2012年，美国共钻煤层气井8 000口以上，远景资源量21.2万亿m$^3$，动用可采储量2.5万亿m$^3$，年产气542亿m$^3$。最近几年美国煤层气产量稳定在600亿m$^3$左右。

美国是煤层气产业发展最早、最快、最成功的国家，进入21世纪，加拿大、澳大利亚等国随后相继取得突破。

2001年以前，加拿大仅有250口煤层气生产井，其中只有4口井产量达到2 000～3 000m³/d。在政府支持下，加拿大一些研究机构根据本国低变质煤为主的特点，开展了一系列的技术研究工作，多分支水平羽状井、连续油管压裂等技术取得了成功，降低了煤层气开采成本。仅2002—2003年，就增加1000口左右的煤层气生产井，煤层气年产量达到5.1亿m³，单井日产量也提升至3 000～7 000m³。到2004年，煤层气生产井已达2 900多口，年产量达到15.5亿m³。加拿大的煤层气资源集中在西部的沉积盆地，以艾伯塔省为主，该省2008年产量达到了73.4亿m³。

澳大利亚早在1976年就开始开采煤层气，主要在昆士兰的鲍恩盆地。1987—1988年已经用地面钻井方法在煤层中采出了煤层气。2000年以后用于煤层气开发研究和勘探的投资迅速增加，2000—2001年仅鲍恩盆地用于煤层气勘探的费用就达4 440万美元，Argyle-1井取得煤层气生产成功，日产气量超过2.8万m³。2009年，澳大利亚共有煤炭生产井5 200口，探明煤层气可采储量4 934亿m³，年产量为40亿m³。目前，澳大利亚的煤层气产量以矿井抽放为主，生产的煤层气主要供给建在井口的煤层气发电站。

### （三）中国煤层气产业发展

中国煤层气勘探开发经历了井下抽放、地面试验、勘探评价和规模开发4个发展阶段，2006年以后逐步进入了商业化开发，标志煤层气产业的形成。

一是井下瓦斯抽放阶段（1952—1989年），以降低煤矿瓦斯事故为目的，由抚顺矿务局向全国推广，井下抽放是唯一的开采方式。

二是现代排采技术引进阶段（1989—1995年），引进国外地面排水降压采气相关技术并试验应用，同时国家进行科技攻关专门课题研究，沈北、大城、柳林等地获得工业性气流，取得突破性进展。

三是资源评价阶段（1996—2005年），国务院批准成立了由原煤炭部、地质矿产部和石油部联合组建的中联煤层气有限责任公司，全面开展煤层气的勘探评价工作，对全国主要含煤盆地进行了资源评价。

四是商业开发阶段（2006年以后），随着国家扶持政策的出台，行业建设明显提速，开始出现资源竞争，探明储量区块增加，部分区块进入开发阶段，形成了由中石油、晋煤、中联等大公司主导，煤炭等多家企业参与的共同勘探开发的局面，鄂尔多斯盆地东缘和沁水盆地南部形成2个上千亿m³大气田。

## 二、中国煤层气资源现状

### （一）分布情况

据国土资源部煤层气资源评价结果，我国埋深2 000 m以浅煤层气地质资源量约36.8万亿m³，其中，华北地区、西北地区、南方地区和东北地区的煤层气地质资源量分别占全国资源总量的56.3%、28.1%、14.3%和1.3%。我国煤层气可采资源总量约10万亿m³，大于1 000亿m³的盆地（群）有15个，其中二连盆地、鄂尔多斯盆地、沁水盆地的可采资源量均在1万亿m³以上，准噶尔盆地可采资源量约为8 000亿m³。

煤层气资源分布不均，从地域、层域和深度上具有不同的分布规律。地域上，煤层平均含气量以南方区最高，其次中部和东部区，西部区最低；平均含气饱和度以东部区最高。层域上，我国中部区的石炭－二叠系、南方区的上二叠统和西北的中下侏罗统含气性较好，是我国最重要的含气层系。深度上，埋深 1 000 m 以浅、1 000 ~ 1 500 m 和 1 500 ~ 2 000 m 的煤层气地质资源量，分别占全国煤层气资源总量的 38.8%、28.8% 和 32.4%；煤层含气量与埋深的关系密切，甲烷浓度一般随埋深的增加而增大，达到一定深度后基本维持不变，在瓦斯风化带以下至埋深 1 000 m 的范围内，含气量随埋深的增加而增加，1 500 m 以深煤层含气量随埋深增加不明显。

### （二）资源特点

#### 1. 中国煤层气资源量大

中国 42 个主要含煤盆地埋深 2 000 m 以浅煤层气资源量为 36.8 万亿 $m^3$，1 500 m 以浅的可采煤层气资源量约为 10 万亿 $m^3$。

#### 2. 中国煤层气资源分布广泛

煤层气按煤级分为高煤阶煤层气、中煤阶煤层气和低煤阶煤层气，中国煤类齐全，从褐煤、长焰煤、气煤、肥煤，到焦煤、瘦煤、贫煤、无烟煤都有分布，使煤层气资源丰富多样，高中低煤阶各占 3 成左右，高煤阶煤层气资源主要分布在华北中部沁水盆地、滇东黔西和河南焦作一带，其他地方也有少量因岩浆岩热变质作用而形成的高煤阶煤层气；中煤阶煤层气分布较为分散，全国各地都有发育；低煤阶煤层气几乎都分布在中国西北和东北部地区，鄂尔多斯东北缘和云南新生代盆地也有少量分布。

#### 3. 中国煤层气地质条件复杂

相对于美国、澳大利亚等沉积盆地而言，中国含煤盆地沉积以来经历了印支、燕山、喜山等多次构造运动，对煤层气开发既有有利的一面，更有不利的一面，在中国开发煤层气需要更深入地进行地质研究。

## 三、中国煤层气勘探开发现状

### （一）2015 年全国煤层气勘探开发情况

2015 年，全国煤层气（煤矿瓦斯）抽采量 180 亿 $m^3$、利用量 86 亿 $m^3$，同比分别增长 5.5%、11.5%。其中，井下瓦斯抽采量 136 亿 $m^3$、利用量 48 亿 $m^3$，同比分别增长 2.3%、5.2%；地面煤层气产量 44 亿 $m^3$、利用量 38 亿 $m^3$，同比分别增长 17.0% 和 20.5%。

2015 年，全国煤层气勘查新增探明地质储量 26.34 亿 $m^3$，新增探明技术可采储量 13.17 亿 $m^3$。至 2015 年底，全国煤层气剩余技术可采储量 3 063.41 亿 $m^3$。

地面煤层气开发主要集中在沁水和鄂尔多斯 2 个盆地进行，其中沁水盆地完成产能 65 亿 $m^3$，年产量 30.7 亿 $m^3$，鄂尔多斯盆地完成产能 25 亿 $m^3$，年产量 9.9 亿 $m^3$。

从事地面煤层气开采的企业有中联、中石油、晋煤、中石化、河南煤层气以及亚美大陆、奥瑞安等外资合作企业。2015 年，中石油、晋煤、中联这 3 家企业地面抽采量占到全国煤层气地面抽采总量的 95% 以上。

# 第二篇 行业发展概况

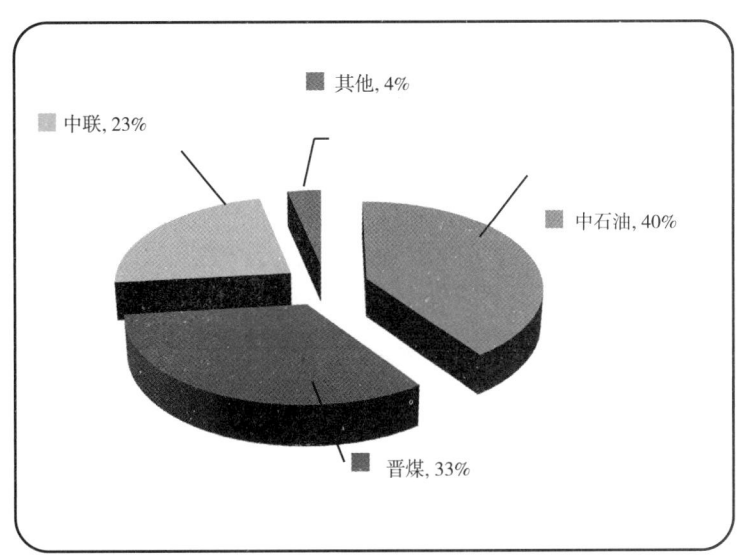

图 1　2015 年煤层气地面抽采量的市场份额

## （二）煤层气 2 个五年计划完成情况

2006 至 2015 年的 10 年间，我国煤层气开发迅猛发展，地面、井下煤层气抽采量同步增长，达到年产量 180 亿 $m^3$。

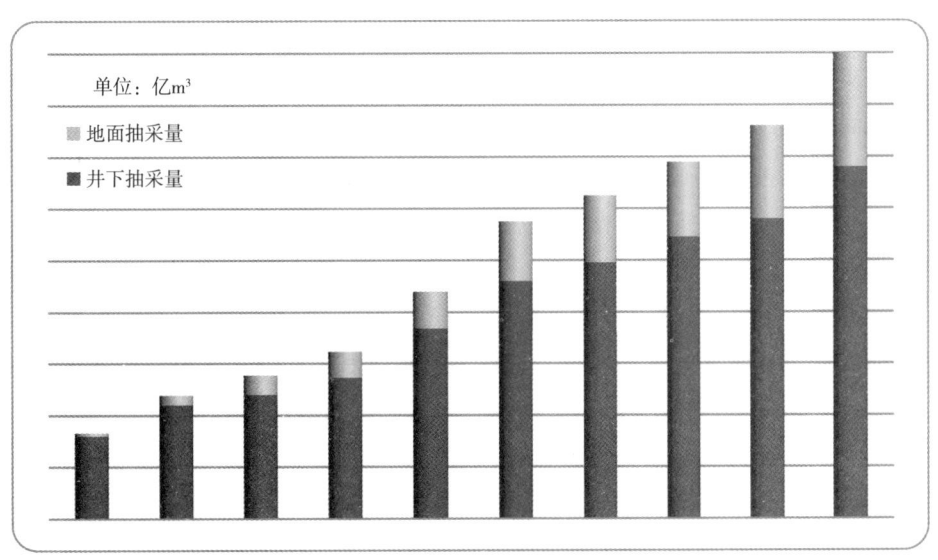

图 2　2006—2015 年煤层气产量

"十一五"期间，施工煤层气井 5 400 余口，形成地面产能 31 亿 $m^3$，累计产量 95 亿 $m^3$，新增煤层气探明地质储量 1 980 亿 $m^3$，煤层气总产量、地面产量、井下产量分别完成计划的 88%、29% 和 147%。

"十二五"期间，新增探明地质储量 3 504.89 亿 $m^3$，煤层气总产量、地面产量、井下产量分别完成计划的 60%、27.5% 和 97.1%。

煤层气 2 个五年计划完成情况　　　　　　　　　　　　　　　　　　　　　　　表 1

单位：亿 m³

| 指标 | "十一五"计划 | 2010 年完成 | "十二五"计划 | 2015 年完成 |
| --- | --- | --- | --- | --- |
| 总产量 | 100 | 88 | 300 | 180 |
| 其中：地面 | 50 | 14.5 | 160 | 44 |
| 井下 | 50 | 73.5 | 140 | 136 |
| 新增探明储量 | 3 000 | 1 980 | 10 000 | 3 505 |

煤层气产业发展动力不足导致 2 个五年计划落空，有多方面原因，其中，煤层气开发项目盈利性差是制约我国煤层气产业快速发展的最根本因素。

一是矿权重叠问题。截至 2015 年底，全国煤层气探矿权、采矿权的总面积不足 5 万 Km²，而这其中的许多区块煤炭矿权在煤炭企业手中，煤层气矿权又在央企或外国公司手中，尽管国家明确了"先采气，后采煤"的主张，但煤炭企业出于地面钻井压裂破坏煤层结构增加煤炭开采难度、为安全生产尽快降低煤层瓦斯含量等考虑，自行进行煤层气开发。据报道，壳牌公司退出石楼北区块煤层气合作开发与非法侵害煤层气矿权有着密切的联系。其次，常规油气区块占压大量煤层气资源，煤层气矿权范围狭小，也是影响煤层气大规模开发的因素之一。

二是地质条件不理想，抽采技术不完全成熟。我国虽然富煤，但各区块地质结构差异大。我国的煤层气资源主要赋存在石炭、二叠、侏罗系等含煤地层，这些含煤地层沉积之后，都曾经历多次大规模的构造运动改造，致使多数地区的煤层气储层呈低压力、低渗透、低饱和的特征，规模化开发难度较大，目前开采技术对于高煤阶相对成熟，但是低煤阶尚处于探索试验阶段。

三是政策扶持力度不足。煤层气开发初期投资大、开发周期长，通常，煤层气开发项目建设 1 亿 m³ 的产能，需要投资 4 亿～4.5 亿元，而建设同等产能规模的常规天然气项目，只需要 1 亿元或更少，按照地质条件最好的晋城地区测算，煤层气的开采成本在 0.9～1.3 元 / m³，这样估算下来，与晋城地区相比，其他地质条件差的区域即使有 0.3～0.4 元 / m³ 的财政补贴，煤层气开发也无利可图。

四是勘探开发投资融资难的问题。由于至今尚未出台煤层气开发利用投资融资政策，除境外企业外，煤层气开发企业全部利用企业自有资金或银行贷款投入，给本就盈利性差的项目雪上加霜。"十二五"期间煤层气投资严重不足，不仅是民营经济对煤层气投资不活跃，就连国家煤层气公司，也大幅削减了煤层气投资，外资企业纷纷撤出或暂缓煤层气投资，据报道，与中联、中石油有煤层气合作区块的美国远东公司由于筹资出现问题已宣布破产退出中国。投资不足导致钻井数逐年下降的局面，每年新钻煤层气井从最多的 4 000 多口，骤降至 2015 年的几百口，实际上已经陷入了从勘探到开发的严重停滞。

# 四、中国煤层气行业未来预测

## （一）国家再次加大扶持力度

继 2005—2007 年我国政府集中政策扶持煤层气开发之后，2013 年以来国家再次加大政策扶持力度。2013 年 3 月国家能源局出台《煤层气产业政策》，将煤层气列入国家产业政策发展序列和鼓励外商投资的产业、产品目录之中,在计划、财政、税收等方面赋予更多优惠政策;2015年2月国家能源局网站公布了《煤层气勘探开发行动计划》,从煤层气勘探开发的目标、产业布局到技术政策等进行了细化安排;2016年3月财政部下发《关于"十三五"期间煤层气(瓦斯)开发利用补贴标准的通知》,"十三五"期间,中央财政补贴标准从0.2元/$m^3$提高到0.3元/$m^3$。截至目前,煤层气开采有如下优惠政策:

### 1. 增值税

2007年2月《关于加快煤层气抽采有关税收问题政策的通知》规定:对于煤层气抽采企业的增值税(税率13%)实行先征后退的政策。

### 2. 企业所得税

国务院《关于实行企业所得税过渡优惠政策的通知》规定:中外合作开采煤层气的企业所得税(税率25%)继续实行二免三减半政策。

《关于加快煤层气抽采有关税收问题政策的通知》规定:对独立核算的煤层气抽采企业购进的煤层气专用设备,统一采取双倍余额递减法或年度总和法加速折旧。

### 3. 关税

2006年10月《关于煤层气勘探开发项目进口物资免征进口税收的规定》:从事煤层气勘探开发的单位,进口直接用于勘探开发的设备、仪器、零部件、专用工具,可免征进口关税和进口环节的增值税。

### 4. 资源税

《关于加快煤层气抽采有关税收问题政策的通知》规定:对地面抽采煤层气暂不征收资源税(税率2~15元/千$m^3$)。

### 5. 探矿权、采矿权使用费

2000年6月《探矿权采矿权使用费减免办法》规定:在许可证7年的有效期内,探矿权使用费(100~500元/$km^2$)、采矿权使用费(1 000元/$km^2$)第一年度免缴,第二至第三年度减缴50%,第四至第七年度减缴25%。

### 6. 矿区使用费

《中外合作开采陆上石油资源缴纳矿区使用费暂行规定》:年度煤层气产量不超过10亿$m^3$免征,年度煤层气产量10亿~25亿$m^3$缴纳1%矿区使用费,年度煤层气产量25亿~50亿$m^3$缴纳2%矿区使用费,年度煤层气产量超过50亿$m^3$缴纳3%矿区使用费。

### 7. 民用补贴

2007年4月《关于煤层气(瓦斯)开发利用补贴的实施意见》规定:中央按0.2元/$m^3$的煤层气(折纯)标准对煤层气开采企业进行补贴。2016年调整为:"十三五"期间,中央财政补贴标准从0.2元/$m^3$提高到0.3元/$m^3$。在此基础上,建议地方政府再给予适当补贴。

### 8. 发电补贴

2007年4月《关于利用煤层气(煤矿瓦斯)发电工作实施意见的通知》规定:煤层气电厂不参与市场竞价,不承担电网调峰任务,上网电价参照生物质发电项目的上网电价,补贴电价标准为0.125元/kWh,发电项目自投产之日起,15年内享受补贴电价。

## (二)地方政府大力推动煤层气产业发展

随着国家再次加大煤层气扶持力度,地方煤炭大省纷纷出台煤层气勘探开发鼓励政策,"十三五"

期间，从资金支持、下游配套管网建设和煤层气利用等方面落实扶持政策，推动煤层气产业发展。

山西着力打造煤层气产业链。继2015年提出"煤层气20条"之后，2016年省政府发布的《山西省国民经济和社会发展第十三个五年规划纲要》，明确"十三五"大力发展煤层气产业，力争到2020年总产能达到400亿$m^3$。重点建设沁水和河东两大煤层气产业基地，建设河曲—保德、临县—兴县、永和—大宁—吉县、沁南、沁北、三交—柳林6大煤层气勘探开发基地，构建晋城矿区、阳泉矿区、潞安矿区、西山矿区和离柳矿区5大瓦斯抽采利用园区，建设太原、晋城两大煤层气装备制造基地，发展大同、运城两大煤层气特色应用基地，形成勘探、抽采、输送、压缩、液化、化工、发电、汽车用气、居民用气等一整套产业链，把煤层气发展成为全省战略性支柱产业。2016年山西省煤层气地方财政补贴由0.05元/$m^3$提高到0.1元/$m^3$，同时，国土资源部将煤层气矿权审批权限下放到山西省，有望彻底解决以往因矿权重叠而带来的系列问题。

贵州煤层气项目获国家专项基金扶持。贵州省煤层气资源丰富，居全国第二位，大力发展煤层气产业，既符合国家推动能源生产和消费革命的大政方针政策，同时也是贵州省守住发展和生态2条底线、建设生态文明先行示范区的迫切要求。2016年2月，贵州省相关领导赴国家能源局进行了专题汇报，请求国家能源局支持贵州省在"十三五"期间建成松河、织金、遵义3个煤层气勘探开发示范项目，以及建设盘江、织纳和黔北矿区3个煤层气基地。其中，六枝特区煤层气勘探开发综合利用工程、松河煤层气勘探开发示范工程和盘江矿区瓦斯高效利用示范基地等3个项目获得国家专项建设基金扶持，合计11.97亿元。

新疆设立专项基金，保障"十三五"煤层气规划目标实现。"十二五"期间，新疆维吾尔自治区财政出资6.96亿元开展了9个煤层气勘查评价项目，已基本摸清新疆准南煤田、库拜煤田及三塘湖煤田煤层气资源家底，在乌鲁木齐河东矿区及库拜矿区实施的参数井及生产试验井显示出其很好的出气潜力，阜康白杨河煤层气示范工程已经投入试运行。自治区规划目标是在"十三五"末，新增煤层气探明储量1 000亿$m^3$，完成生产井1 661口，地面抽采10亿$m^3$/年。

### （三）煤层气行业趋于成熟

中国煤层气产业正处于转型发展的关键阶段，在管网建设、开采技术、探明储量等条件成熟后，行业将进入高速发展的快车道。

管网设施不断完善，下游市场条件成熟。"十二五"全国规划建设管道13条，总长度2 054km，设计年输气能力120亿$m^3$，实际全国铺建煤层气主管道4300多km，年输气能力180亿$m^3$。山西、陕西等煤炭大省管网设施不断完善，其中山西省已形成纵贯南北和横穿东西的"三纵十一横"煤层气（天然气）输送管网，管道覆盖119个县（市、区），气化人口2 000万。

煤层气勘探开发技术基本成熟。通过国家科技重大专项等科技攻关项目和勘探开发项目的实施，我国开展了以煤层气开发为龙头的全产业链不同领域的重大理论、核心技术和重大装备的研发，经过十几年的摸索和发展，特别是通过借鉴美国煤层气勘探开发取得成功的经验，已初步建立了适合我国煤层气赋存特点的勘探、开发技术体系；勘探开发成本降低到合理水平，煤层气勘探开发设备、软件逐步国产化；LNG、CNG技术不断成熟，煤层气商品化成本降低。

探明储量逐年增长。2006年以来，全国煤层气钻井数量呈指数增长，探明地质储量也快速增长。"十一五"末，全国煤层气探明地质储量2 000多亿$m^3$，"十二五"期间，新增探明地质储量3 504.89亿$m^3$，至2015年底，全国煤层气剩余技术可采储量3 063.41亿$m^3$，为大规模开发提供了物质保障。

## （四）煤层气需求旺盛

我国是能源消费大国，"富煤贫油少气"的现实造就了天然气需求旺盛，在节能减排的压力下，国家能源结构调整的目标是将天然气在一次能源消费中的比重从4%上升到8%~12%。2000年至2015年，我国天然气市场发展迅速，天然气消费量从245亿$m^3$增至1932亿$m^3$，年均增速高达14.8%。

近年来，中国常规天然气产量虽不断创出新高，但远不能满足迅速增长的消费需求，日益增长下的缺口，只能依靠进口天然气填补。"十二五"期间，天然气缺口超过1600亿$m^3$，到2020年，天然气的需求将达到4000亿$m^3$，这将给作为补充替代的煤层气带来巨大的发展机会。

国家"十三五"规划确立的经济新常态为煤层气提供了巨大市场空间。巴黎气候大会取得的历史性成果，对减少煤炭消费、增加天然气利用提出了具体的规划和时间表，加快煤层气产业发展，增加煤层气产量，减少煤层气（煤矿瓦斯）放空，是煤层气产业供给侧结构性改革的重要任务。截至2015年底，全国瓦斯发电装机容量为312万kW，民用用户430万户，加上LNG、CNG汽车等项目，气源严重不足。

## （五）煤矿安全不容忽视

"十一五"和"十二五"期间，煤矿安全生产水平大幅度提高，瓦斯事故数量和瓦斯事故死亡人数大幅度降低，煤层气开发利用取得了巨大成效。2005年，全国共发生煤矿瓦斯事故414起，死亡人数2171人。2010年，全国共发生煤矿瓦斯事故145起，死亡人数为623人。到2014年和2015年，全国发生煤矿瓦斯事故分别减少到47起和45起，死亡人数分别减少到266人和171人。

2011—2013年全国煤矿死亡事故原因统计　　　表2

| 事故原因 | 顶板 | 瓦斯 | 运输 | 机电 | 水火灾害等其他 |
|---|---|---|---|---|---|
| 事故数量（起） | 473 | 250 | 239 | 131 | 68 |
| 占比 | 40.7% | 21.5% | 20.6% | 11.3% | 5.9% |

在我国国有煤矿中，高瓦斯和瓦斯突出矿井约占总矿井数的46%，煤矿安全事故中源于瓦斯的比例约为22%，居第二位，因此加快煤层气的开发利用，有效降低煤层中的甲烷含量，对于保障煤矿的安全生产至关重要。

## （六）煤层气行业未来预测

鉴于以上分析，我们认为"十三五"和"十四五"将是煤层气行业加速发展的10年，如果政策扶持到位，地面开发和井下抽采将实现跨越式飞速发展。

### 1. 开采技术进一步成熟，开发领域将继续扩大

目前开采技术对于高煤阶相对成熟，开发区域也集中在了沁水盆地南北两端和鄂尔多斯盆地东缘，但是中国煤层气资源分布广泛，存在各煤阶煤层中，高中低煤阶各占3成左右，国家将通过科技重大专项等科技攻关项目促进中低煤阶以及构造煤、高应力区域煤层气开采技术的研发和技术转化，富集高产区预测、井下水力割缝、地面负压抽采、煤系地层一体化开发等技术将更加成熟；而开采技术进一步成熟使得开发领域和开发深度继续扩大，新疆、贵州、重庆、陕西等省（自治区）的

含煤盆地都有望建成新的煤层气生产基地。

### 2. 参与企业将大幅增加

煤层气是最早对非公经济开放的产业,"十一五"和"十二五"期间,煤层气地质研究、规划设计、咨询论证、政策研究和物探、钻井、压裂、排采、管道运输、市场开发等环节全面对非公经济开放,部分非公有制企业还获得了煤层气探矿权,预计随着混合所有制改革,非公经济参与开发煤层气的程度肯定还要提高。其次,由于煤炭行业的不景气以及政府对煤炭开采业的限制、分流,部分煤炭企业也将加入到煤层气地面和井下开采的行业中来。另外,由于石油价格下滑,常规石油天然气开采投资削减,油田技术服务队伍将更多地进入到煤层气行业中来。众多企业的参与为降低煤层气开发成本提供了便利。

### 3. 政策扶持力度将进一步加大

目前煤层气生产企业从中央和地方政府最多能拿到的补贴是 0.4 元/$m^3$,这与 0.6 元/$m^3$ 以上的行业预期存在较大差距,与美国按照气价的一半左右进行补贴差距更大。2016 年,国家财政部在降低页岩气补贴的情况下,提高煤层气补贴是一种政策导向,更多的是表明大力扶持发展煤层气产业的决心,预计政府会在"十三五"和"十四五"期间,再次提高煤层气财政补贴额度。美国对煤层气的补贴从 1980 年持续到 2002 年,直到煤层气产业大规模形成之后才结束。我国补贴额度低,煤层气产业大规模形成需要更长的时间,所以国家财政补贴不会很快结束,补贴期限至少会到"十四五"结束,即 2025 年以后。

### 4. 煤层气行业或成为油气改革的试点

"十三五"是中国油气改革的窗口期,为了加快煤层气开发速度,国家会在价格、管理体制、矿权设置等方面进行试点改革。探索煤层气定价机制,制订煤层气气价的保护性政策,或者出台随气价下跌而增加财政补贴的政策,防止因气价下跌而冲销财政补贴对煤层气开发的不利影响;管理体制向纵向一体化改革,借鉴澳大利亚煤层气与燃气发电一体化发展商业模式,总结中国石油、中国石化一体化发展的成功经验,探索煤层气发展体制新模式,鼓励燃气、发电等下游企业进入煤层气开发行业;国土资源部将煤层气矿权审批权限下放到山西省试点成功后,其他煤炭大省也有望拿到煤层气矿权审批权;国土资源部和地方政府也将拿出部分煤层气区块进行公开招标,打破央企垄断,让更多的中小企业参与到煤层气开发中来;煤层气探矿权、采矿权分段设置,很大程度上减缓了煤层气开发速度,今后有可能合并煤层气勘查许可证和采矿许可证,实施一体化的煤层气勘探开发生产许可证制度,以鼓励支持煤层气滚动勘探开发,加快煤层气勘探、开发节奏。试点改革预计会在山西省率先进行。

### 5. 煤层气产量将加速增长

国家能源局颁布的《煤层气勘探开发行动计划》,提出到 2020 年,建成 3 至 4 个煤层气产业化基地,抽采量力争达到 400 亿 $m^3$(其中地面开发 200 亿 $m^3$)。我们预测,"十三五"期间,煤层气产量年增速 10% 左右,"十三五"末,年产量 260 亿~300 亿 $m^3$,其中地面开采 100 亿 $m^3$ 以上,井下抽采 160 亿 $m^3$ 以上。预计"十三五"前几年,煤层气地面产量和井下抽采量出现"双增",之后井下抽采量趋于稳定,"十四五"期间,煤层气地面产量将会超过井下抽采量。

周宝申

# 生物天然气纳入燃气供应体系机制研究

## 一、生物天然气发展现状

### （一）生物天然气纳入燃气供应体系现状

#### 1. 生物天然气的定义与概念

生物天然气主要是指由生物质燃气转化并达到城镇燃气质量标准的天然气。本报告所指生物天然气是利用畜禽粪便、农作物秸秆、生活垃圾和工业有机废水废渣等有机物作为原料，通过厌氧发酵生产出甲烷含量在55%～65%的沼气，并经过净化、提纯后的燃气。

基于生物天然气来源于生物质，其主要用途是作为气态燃料，提供热能。本报告所指的纳入燃气供应体系，主要是指以一定规模、供应给城镇燃气用户使用的部分。

生物天然气是立足于资源而生成的生物燃气，资源一般是农作物、畜禽粪便或者有机废弃物等，主要分布在农业县的县城和村镇。根据其生产特性来看，生物天然气在全国燃气体系当中有一个明确定位，即主要适合于分布式应用，特别适合于县城级以下，主要应用于配网。

#### 2. 我国生物天然气生产潜力巨大

作为世界上最大的农业国家，我国具有丰富的生物质资源。据不完全统计和有关专家估计，我国每年农作物秸秆产量近8亿t，畜禽粪便排放量约30亿t，加之大量城乡生活垃圾、生活污水、农产品加工剩余物和工业有机废水废渣，我国每年生产沼气的潜力可达1 000亿$m^3$，折合生物天然气可达600亿$m^3$以上，超过目前我国每年从国外进口天然气的总量。

经过30多年的发展，我国沼气使用的规模和技术推广的水平，在全世界都占有重要地位。截至2014年底，全国农村户用沼气已经发展到4 180万户，各类沼气工程10.3万处，年生产沼气能力达155亿$m^3$，折合生物天然气约为95亿$m^3$，相当于当年全国传统化石天然气消费量1 930亿$m^3$的5%左右。

#### 3. 促进生物质燃气发展的政策法规

多年来，国家有关部门对沼气的发展给予了高度关注，先后出台了《可再生能源法》《节约能源法》等一系列法律法规，不仅在《可再生能源法》和《节约能源法》中明确要求各级人民政府支持沼气和生物质能的建设与发展，而且自2013年以来将沼气发展纳入国家支持的"六小工程"（节水灌溉、人畜饮水、农村沼气、农村水电、乡村道路、草场围栏）之一，每年投入数十亿元专项支持沼气建设与发展。截止到2014年底，中央已连续12年投资364亿元支持户用沼气、联户沼气工程、大中型沼气工程、村级沼气服务网点建设等，使得此阶段我国沼气建设成为新中国成立以来发展最快的历史阶段。

为推动农村沼气工程向规模发展、综合利用、科学管理、效益拉动的方向转型升级，全面发挥农村沼气工程在提供可再生清洁能源、防治农业面源污染和大气污染、改善农村人居环境、发展现代生态农业、提高农民生活水平等方面的重要作用，促进沼气事业健康持续发展，农业部和国家发改委于2015年特别提出农村沼气转型升级方案，重点支持日产500$m^3$沼气的规模化大型沼气工程和日产1万 m³ 生物天然气（甲烷含量95%以上）工程试点项目。

### 4. 生物质燃气的标准体系

近几年，我国沼气工程迅速发展，由传统的户用沼气池逐渐向大中型沼气工程发展，沼气也从户用燃气逐渐向商业用生物天然气发展。而在发展沼气行业的同时，国标委和国家有关部门也积极推动沼气标准化工作，并初步建立了一个沼气标准体系，已经组织编制和发布了50多项沼气标准。

为了配合农业部和国家发改委组织实施的农村沼气转型升级工作，2015年农业部还组织有关科研单位和生产企业编制《生物天然气》和《沼气提纯技术规范》2项标准，希望为生物天然气的规范化发展提出规范要求和技术指导。这2个标准编制的依据是在已有沼气标准体系的基础上，并参考了我国《天然气》（GB 17820—2012）和《车用压缩天然气》（GB 18047—2000）等相关标准。

### 5. 生物质燃气的市场现状

尽管中央在十多年间已经投资数百亿资金支持各地建设了10万多处的各种类型的沼气工程，但是由于原料市场和终端市场的不可控，以及产品进入市场的壁垒等原因，导致超过半数的沼气工程不能正常运行或收益不高，影响了企业投资的积极性和工程的持续运行能力。一方面，在缺乏明确的入网价格和强制性收购入网政策的情况下，通常电网公司或气网企业都不愿意按照企业生产成本收购入网，还有部分电网公司或燃气公司，担心沼气发电或供气企业占用他们已有的市场份额，以专营资质的名义拒绝这些沼气产品入网，也阻止这些企业进入相关行业，形成严重的市场壁垒，使得许多沼气生产企业的产品无法正常进入市场。另一方面，沼气生产企业在生产沼气的同时，还会产生大量的沼渣、沼液，这本来都是很好的有机肥，不仅可以替代部分化肥和农药减少面源污染，而且还可以使沼气企业获得可观的经济利益。据有关专家计算评估，在沼气工程经济收益中，沼渣沼液约占40%～50%，但是由于绝大多数沼气工程周边并没有足够的土地承载，且许多种植业主不愿意花钱购买沼肥，也使得沼气工程运行企业无法获得预期效益。

## （二）生物天然气纳入燃气供应体系模式分析

由于生物天然气与常规天然气特性相仿，因此其输配技术可借鉴传统燃气供应技术。依托沼气供应技术和传统燃气输配技术的发展，生物天然气纳入燃气供应体系技术已基本成熟。

目前，生物天然气纳入燃气供应体系可分为通过CNG运输、直接接入城市管网和专用区域管网3种方式。

## （三）生物天然气纳入燃气供应体系定价机制分析

### 1. 生物天然气价格组成

生物质能被称为我国第四大能源，其开发利用对于提高能源供应的安全性，实现能源独立意义重大。其中生物天然气的利用是生物质能利用的一个重要分支。

生物天然气的构成一般含高达95%～99%的甲烷、3%以下的二氧化碳以及2%以下的痕量气体。这与天然气的组分中77%～99%的甲烷、25%以下的烷烃（乙烷、丙烷和丁烷）以及二氧化碳和氮气等其他气体非常相似。所以燃气供应体系中的天然气定价机制对其有一定的借鉴意义。目前国家对于生物天然气（沼气、秸秆气）等的市场和利用的各项监管依然缺位，生物天然气的定价也没有形成明确、合理及有益其发展的机制。但是生物天然气的生产和利用如有体系化的发展，必定会受到我国燃气行业大环境的制约，必定要遵从燃气行业价值链的规律和规则安排。

### 2. 生物天然气的生产价格

要制定生物天然气的合理价格。必须首先认识生物天然气的三大属性，及其对生物天然气生产环节定价的影响。

首先，生物天然气如其他燃气一样具有商品属性，而且最终作为竞争性的燃气/能源产品，一定会根据供求关系、其他可替代燃气/能源的价格水平随行就市地定价。从2015年4月1日起国家对于LNG和非常规天然气的价格已经逐步放开。生物天然气要健康发展，最终市场化、商品化的定价是必然趋势。然而我们必须认识到目前阶段是生物天然气作为燃气补充气源的导入期，本质上生物天然气的制备是燃气的生产过程，我们应该按照《价格法》采用成本加合理利润的方式，参照燃气生产的定价方式，根据生物天然气的行业实际平均生产成本，参照常规天然气的生产定价方式为其定价。

其次，在生物天然气生产环节的定价中必须考虑其突出的环保属性。众所周知，与传统化石燃料相比，生物质能属于清洁能源，其燃烧后的二氧化碳排放属于自然界的碳循环，不形成污染。

生物天然气的原料主要来自垃圾填埋气或其他各种厌氧消化产生的沼气。其中，如不进行发电或提纯生产，垃圾填埋气除了有爆、燃的安全隐患外，还会排放甲烷、VOC和硫化氢等多种有害或温室效应气体。而沼气的另一个主要原料是农作物秸秆，据过去多年不完全统计，全国一年秸秆产出约为7亿～9亿t，其中至少有近1/3，也就是说，3亿t秸秆被焚烧掉。秸秆焚烧不但产生PM2.5、PM10，还产生一氧化碳、二氧化碳、氮氧化物、多环芳烃、二噁英等污染物。秸秆焚烧不但污染大气、危害人们身心健康，同时产生大量浓烟，降低能见度，造成交通伤亡事故、机场起降中断事故，每年因焚烧秸秆引发的火灾事故也时有发生，造成生命、财产损失。同时堆放粪肥和秸秆任其腐烂造成的甲烷、VOC和硫化氢排放以及地表水和地下水污染和布鲁氏（brucellosis）杆菌的传播，对环境和卫生也构成了重大威胁。

由于生物天然气进入交易、输送和终端消费环节后，与燃气具有同质性的特点，因而在这些环节区分燃气来源既非常困难又没有必要，完全可以依赖现有的价格制定体系来运作。但是对于生物天然气的生产环节，由于行业发展幼稚期需要扶持，以及环保外溢效益需要鼓励的特点，定价必须由具有统筹能力的行政机构予以规范和制定。同时由于地区的经济发展水平不同，自然环境条件的差异（温度，季节、当地环境的脆弱程度等），不同来源的沼气制备成本的差异，对环境污染治理贡献的不同，以及该地区常规能源价格（尤其是天然气价格）的差异，由掌握大量数据和具备跨部委协调能力的国家发展改革委员会制定类别价格是合适的选择。发改委在制定生物天然气生产环节价格和补贴标准及政策时，可参照风电、光电按地区制定价格的模式考虑按地区、按沼气来源制定价格。在市场净值回推定价的模式下对于生物天然气生产环节的溢价补贴也可以考虑按地区和沼气来源的城市门站溢价水平。并由各省、直辖市和建设兵团，按发改委生物天然气生产环节的定价原则具体执行发放到生物天然气的生产企业。

## （四）生物天然气纳入燃气供应体系标准制定需求

### 1. 生产环节的标准需求

生物天然气系统和其他生物质利用方式一样，是个非常复杂的系统，从原料收集、生产、净化到副产品的利用消纳都必须保证中间环节的通畅，甚至在必要的时候对产业链进行分化。

制定完善生物燃气技术相关的规范和标准，形成生物燃气产业的标准体系，重点制定原料收集、运输和存储规范；完善生物燃气设计、制备工艺和设备标准；制定集中供气、车用、管道、混氢等生物燃气标准；制定沼肥标准；建立生物燃气专业化服务规范。本环节涉及沼气方面的标准较多，国标委和有关部门已在积极推动沼气标准化工作，并组织和编制了50多项沼气标准。

**2. 输配环节的标准需求**

首先需要解决的是产品质量标准。

目前天然气标准体系中，涉及天然气产品特性的标准主要有国际标准如ISO 13686《天然气—质量指标》等。管输天然气产品类国家标准有GB 17820—2012《天然气》、液化天然气产品标准GB/T 19204—2003《液化天然气的一般特性》、通用基础标准GB/T 19205—2003《天然气标准参比条件》以及城镇燃气通用标准GB/T 13611—2006《城镇燃气分类和基本特性》。针对国家标准，其中前2个标准规定天然气和液化天然气最基本的组分和特性要求，通用基础标准规定燃气计量的参比条件要求，《城镇燃气分类和基本特性》标准对供城镇使用的各种燃气进行分类，规定城镇燃气的分类原则、指标计算方法和要求，安全性指标和互换性指标。若要将生物天然气纳入燃气供应体系，必须对生物天然气产品质量进行标准规范，使其满足现有燃气供应质量要求，并在城镇燃气分类中精细明确和定义，使其纳入城镇燃气分类范围。

其次，需建立与生物天然气分析测试及气体流量计量有关的国家或城镇燃气行业标准，亦可单独提出生物质合成天然气的技术指标标准，也可以在现行的国家及行业标准中修订扩展。

生物天然气分析测试标准主要分为2类：一类是生物天然气的组分分析（包括烃类组分和杂质组分），另一类是生物天然气物性参数的测定（包括利用仪器直接测定和利用组分分析数据计算）。生物质天然气的计量主要考虑生物天然气的发热量与流量2个方面，要确保生物天然气进入燃气管网后，保证用户使用权益，同时不损害燃气公司利益，必须保证气体流量计量标准体系的健全。

同时，建立与现有城镇燃气系统计量、调节供气压力、净化、气质检测和加臭的门站、调压站设计、施工及验收的技术规程相协调的标准规范。规定生物天然气纳入燃气管输体系的工艺设计、施工及验收等要求。

**3. 储存过程的标准需求**

建立与现有城镇燃气标准体系储存环节相协调的通用和专用标准。现有燃气供应体系中，涉及城镇燃气储气的标准规范包括：城镇燃气储气工程技术规范，本标准主要适用于城镇燃气系统；压缩天然气储存、运输设施技术规程，本标准主要适用于压力不大于25.0MPa（表压）的城镇压缩天然气工程。

要结合现有城镇燃气储存标准规范，对生物天然气储存设施的设计施工、运行控制工艺、陆上运输方式等各类安全性、可靠性、环保要求，建立合理的标准规范，以使其与原有燃气供应标准规范体系相协调。

**4. 应用环节的标准需求**

建立适用于城镇居民住宅、商业建筑和工业企业内部的生物天然气系统设计、应用标准规范。规定生物天然气用户室内管道的最高压力、管材选择及安装、燃具、阀门、计量等用具的设置；通风、排烟、报警、安全监控等。

同时，应建立适用于新建、扩建、改建的城镇居民住宅、商业建筑、中小型燃气锅炉房、实验室、小型工业企业厂房、车间等用户室内生物天然气管道和相关设备的施工及验收规范。规定室内生物天然气工程的管道、计量表、燃具、商业及工业用气设备的安装及检验标准。

再者，建立生物天然气应用设备性能要求及选用技术规程，对居民住宅中使用的热水器、燃气灶、烤箱、采暖设备等燃气设备的性能要求、技术指标、燃烧工况要求、检测方法、节能环保等方面进行规定，并规定应用设备（热水器、燃气灶、烤箱、采暖器等燃具）选用时应遵守的原则、安全要求、可靠性要求、环境要求等。在此基础之上，还需建立生物天然气燃烧器具安装及验收规程，对居民住宅中使用的热水器、燃气灶、烤箱、采暖设备等燃具的安装和验收进行规定，主要规定燃具通风、排烟、燃具的安装间距及防火、燃具安装、施工验收等。

综上所述，目前国家现行的关于城镇燃气相关的标准、规范，关乎从设计、输配、施工、应用等各个环节，在各个标准的编制及制定过程中，都是基于我国城镇燃气分为人工煤气、天然气和液化石油气等3族来进行再延伸的。生物质合成天然气在热值和沃泊指数上接近于天然气，要纳入城镇燃气供应体系，首先要对其法理地位进行明确。

### （五）生物天然气纳入燃气供应体系政策需求

#### 1. 可操作和强制性法律法规需求

在过去的20余年里，我国已先后出台了《节约能源法》《可再生能源法》《电力法》等法律，并以此为依据出台颁布了一些部门性的政策和规章制度，但是几乎所有的政策，都是以鼓励性和原则性为主，缺乏可操作的具体条款和要求，且这些法律不具备强制性，无法对相关行业、部门或者个人形成强制性的约束，执行力度很差，无法对现在的生物天然气行业形成法律层面纲领性的支撑。同时在国家和部门出台的政策中，很少有明确的政策执行期或有效期，使得企业在决策时无法预期盈利点和成本收益率，导致很多投资性企业变成具有投机性的、追逐国家投资补助的短效企业，不利于本行业的发展和成长。

#### 2. 市场发展的激励政策

稳定原料和拉动市场的激励政策，主要是经济补贴和税收调节政策需求，要切实完善对生物天然气产业的经济补贴和税收减免调节政策。

加强生物天然气纳入燃气供应体系的统筹协调，推动有关部门完善生物天然气入网的相关政策和法规，落实国家投资补贴和税收减免政策，制定促进快速发展生物天然气纳入燃气供应体系的行动计划以及示范工程推广应用的补助政策，降低生物天然气发电上网装机容量门槛，减免生物天然气产品和制造装备的生产和销售税费，免除对外销售增值税，放宽沼肥的市场准入，启动沼肥产品生产与使用的补贴，联合相关部门支持科技补助方式创新，推进制定补贴生物质能源产品、企业和用户的政策。

#### 3. 监管政策需求

要完善监督管理责任，建立中央和地方政府协作联动机制，明确责任分担，避免多头管理。

中央部门做好顶层设计，通过规划制定、资金引导、完善标准和给予政策支持等方面推动生物天然气纳入燃气供应体系的健康发展；以地方政府为主体，培育生物天然气企业，引导企业积极参与城镇燃气供应。建立政府引导和大型生物质能源企业集团参与科技投入机制，形成政府引导下的多渠道投融资机制。多方开拓、吸引和争取民间、社会等资本向生物天然气产业投资，促进生物天然气产业健康发展。保证生物天然气产量，形成可靠气源，应用于城镇燃气供应体系。

#### 4. 碳交易政策需求

要在生物天然气产业探索、试行引导性的碳交易政策，完善我国碳交易平台。

探索碳排放交易等补偿机制，完善国内碳交易市场。虽然我国现阶段尚不具备条件实行强制性碳交易，但生物天然气是低碳产业，且能产生大量碳汇，实行引导性的碳交易政策是可行的。即政府委托银行或企业设立基金会，奖励性收购碳排放信用指标，引导相关企业建立会员制的低碳联盟，在联盟内自愿交易碳排放权。同时，积极与国际碳交易体系衔接，向国际组织和发达国家申请、销售生物燃气的碳信用指标，获得资金和技术帮助。

**5. 技术创新政策需求**

要完善技术创新。在生物天然气生产和应用领域加大技术创新，建立完整的生物天然气产业链和产业配套。重点资助生物天然气进入热电联产项目、大型发电并网项目、城乡一体化项目、车用燃气项目、燃料电池项目、以生物燃气为主的新能源互补发电项目等的技术开发、基础研究和示范实践，为生物天然气纳入燃气供应体系应用于燃气各领域提供强有力的技术保障。加大国家资助力度，提升生物天然气产业的高端技术研发，完善技术创新。围绕技术创新的目标，大量培育创新型企业，重点解决生物转化技术的多样化、高效化和装备技术的精密化、系列化等技术问题。

**6. 行业性组织扶持政策需求**

要重视行业协会、学会和企业联盟等社会性组织的地位和作用，加强和整合全行业的协同创新，强化国际合作与交流。

依托产业技术创新战略联盟、高等院校和科研机构，加强产学研用相结合的协同创新，共同推进规模化关键共性工艺技术突破、商业模式创新、示范工程建设、专业化运营服务和标准规范制定，培养一批生物燃气领域创新创业人才。加强国际合作交流，依托国际学术交流合作项目，建设高层次创新型科技人才培养基地，提升我国生物天然气产业的整体创新发展能力和国际竞争力。

综上所述，要在国家和政府层面，给予生物质天然气城镇燃气化发展更多关注和支持，进一步完善生物质燃气发展和应用的政策环境。建立可操作性和具有强制性的法律法规，明确政策的执行期或有效期，对原料稳定和市场拉动环节给出激励、鼓励政策，开放市场，消除影响生物天然气发展的市场壁垒。通过上述的各种措施，为生物天然气健康、有序、稳定、可持续发展提供各种良好的政策环境。

## 二、生物天然气纳入燃气供应体系存在问题

随着生物质燃气逐渐进入产业化，由生物质燃气发展而来的生物天然气有望成为传统燃气的良好补充，但由于生物天然气纳入燃气供应体系涉及新型能源和传统能源的融合，目前仍在市场定位、政策法规、标准规范等方面存在不足，影响了生物天然气的发展。

### （一）生物天然气在燃气市场中未形成清晰统一的定位

新兴的生物天然气产业，若想要进入传统石化能源长期垄断的燃气供应体系，其关键一步就是要找到最适合的"市场定位"。然而，随着生物天然气产业的发展和我国能源需求的变化，生物天然气在能源领域中发挥的作用变化较大，导致生物天然气在燃气供应体系中的市场定位在不同区域、不同机构和不同决策层面上并没有形成统一的认识，究竟是补充能源还是替代能源，是农村市场为主还是城镇市场为主等，没有清晰的定位。市场定位模糊不仅影响生物天然气纳入燃气供应体系相关政策法规的制定，也导致政府、企业、资本等众多机构进入生物天然气产业的信心不足。

## （二）生物天然气纳入燃气供应体系缺乏相关政策法规

生物天然气作为新兴的可再生能源纳入燃气供应体系的过程需要配套的政策法规支持。目前虽然我国出台了一些鼓励生物天然气纳入燃气供应体系的法律措施，如《中华人民共和国可再生能源法》第十六条规定，利用生物质资源生产的燃气和热力，符合城市燃气管网、热力管网的入网技术标准的，经营燃气管网、热力管网的企业应当接收其入网，但是仍然缺乏法律法规的实施细则、燃气行业对生物天然气的定价机制和针对生物天然气的优惠政策。例如《城镇燃气管理条例》国务院令第583号中并未对生物天然气的使用有明确的规定，生物天然气并未实现类似生物质发电的电价补贴等补贴政策。相较于国内，生物天然气发展较好的国家都实施了完整系统的法规政策，例如，在瑞典实施了对沼气纯化后替代燃料免征石化燃油使用税、免征车辆拥堵税等优惠政策，而在德国，则拥有完善细致的法律政策作为生物天然气并入燃气供应体系的依据。当前我国的现行政策大部分关注的是产业链前端的基础设施等工程建设投资，而缺乏如何让这些工程有效运转，让企业在工程运行中有钱可赚的政策和机制。

## （三）生物天然气产业链各领域支持不足，缺乏统一规划

将生物天然气纳入燃气供应体系涉及燃气供应管理部门、管网加气终端建设部门、传统燃气制造商、生物天然气生产商、燃气运营商等众多交叉领域，只有完善协调机制、统一规划以及多方共同合作，才能使生物天然气与燃气供应体系形成完整的产业链，使其顺利地从供给方达到需求方。

目前，我国实行燃气特许经营权制度，生物天然气生产企业往往需要和当地燃气运营企业合作，才能打通产品到市场的通道，与此同时，生物天然气纳入燃气供应体系还需充分利用业已存在的管网和气站等相关物流和后勤基础设施，生产、销售、保障等环节关系复杂。因而，只有完善的协调机制才能够激发各方潜力，促进多方共同努力，否则极易导致各方争夺利益、致使产业链混乱。

另外，我国规模化生物燃气生产企业依原料分布，多在郊区或乡村，而燃气管网、气站多在人口密度较高地区。因此，将生物天然气纳入燃气供应体系需要对生物燃气生产企业与燃气供应设施进行统一规划和合理布局，才能使生物天然气与传统燃气供应体系成为一体。

## （四）生物天然气纳入燃气供应体系缺乏配套的标准规范

我国燃气供应体系从燃气生产、输配到终端利用拥有相对完善的标准规范，然而截至目前，并没有针对生物天然气准入、技术、产品相关标准规范，生物天然气只能使用《车用压缩天然气》等少数燃气产业现有标准规范，现有标准却并不能满足生物天然气纳入燃气供应体系的要求。生物燃气净化提纯配送、生物天然气纳管、生物天然气加气终端等技术、运营、产品规范的缺失严重阻碍了传统燃气供应体系对生物天然气的融合。

我国已制定的沼气相关标准多针对沼气工程本身，而对后续产品的规范化尚不完善。从市场角度看，监管机构在实行生物天然气商业化应用时需指定一个公开和公正的标准，然后在这个标准的基础上，各潜在的市场主体均能获得均等的交易机会，从而实现各个市场主体的公平准入。因此，我国沼气行业亟须制定相应的生物天然气产品质量标准来促进我国沼气行业的发展。

### （五）燃气行业自身在能源中所占比例偏低

随着我国对清洁能源需求的增加，燃气在一次能源消费中的比例也逐年增长，其中天然气占一次能源消费中的比例达到6%，但与世界平均水平24%相比仍有巨大差距。燃气行业自身的发展壮大将有助于管网等基础设施的建设和燃气市场的开拓，上述两者能够为生物天然气提供更加成熟的应用条件。因此，目前燃气在能源消费中比例偏低的现状，也在一定程度上限制了生物天然气进入燃气供应体系。

## 三、相关政策与建议

为推动我国生物质燃气工程规模发展和综合利用，消化生物质沼气产能，防治农业面源污染及大气污染、改善农村人居环境，提高人民生活水平，受国家能源局委托，中国城市燃气协会于2015年6月承担了"生物天然气纳入燃气供应体系机制"研究项目，并最终提出了将生物天然气纳入燃气供应体系的政策建议和具体方案。

### （一）建立健全国家法律法规，加强政策扶持力度

从行业顶层设计和政策层面，针对现行《节约能源法》《可再生能源法》和《电力法》等，建立、健全相关生物天然气配套法律法规。完善价格形成机制，将生物天然气纳入非常规天然气、可再生能源范畴，享受同样的生产价格补贴和税收优惠政策；针对生物天然气制气原料不同、产品质量要求不同而生产成本不同的特点，制定差别化的价格补贴和税收优惠办法。制订生物天然气消纳补贴、优先上网、碳交易等政策，鼓励燃气、电力企业和用户就近消纳、使用生物天然气及其能源产品。增加废弃物生产者许可证、填埋税、填埋标准等措施提高废弃物处置管理费用。制订促进生物天然气产业发展的投融资政策，鼓励开展PPP示范项目建设，积极拓宽投资渠道，并给出明确的政策执行期限。

### （二）加强部门协同，强化产业监管

生物天然气生产的原料主要来自于农业、城市生活及一些特定工业的有机废弃物，产业链复杂，涉及计划、财税、国土、环保、农业、城建、安检、消防等多个部门，是一个跨行业、跨部门、跨领域的综合性新兴产业，因此，需要多个部门密切配合、协同管理，形成合理有效的监管体系和机制。

明确产业监管主体、职责范围以及市场准入、投资发展和监管方面的法规要求。鉴于生物天然气产业链的特点，建议在国务院对相关职能部门制定"三定方案"的框架下，由国家发改委和国家能源局负责生物天然气中长期发展规划及相关政策制定，由住建部负责生物天然气在城镇地区的输配与应用监管，由农业部负责沼气工程和生物天然气在农村地区的推广应用监管。

### （三）加强产品质量管控，完善相关标准规范

生物天然气的规模化应用，是近年来才出现的。生物天然气纳入城镇燃气供应体系，在标准规范上属于空白区。要在生物天然气的生产、储存、输送和应用环节，明确标准规范的限定，为生物天然气进入城镇燃气系统扫清技术上的障碍。

首先，对生物天然气的质量进行控制，与现有城镇燃气管网体系中的燃气组分和气质相适应。

其次，修订并补充现行的城镇燃气分类标准，将生物天然气纳入分类标准之中，如 10T、12T 类别，给予生物天然气纳入城镇燃气体系的合法身份和地位。

第三，在城镇燃气管网的标准制（修）订时，对相关燃气的定义和气质条款，增补生物天然气类信息，完善城镇燃气标准。

最后，对不能在现行城镇燃气标准体系中体现的内容，可以申请制订新的生物天然气的国家或行业标准。

## （四）推动公平开放，放宽市场准入

公平开放城镇燃气输配管网，探索通过生物天然气登记、管网准入、优先接入、供给配额等多种制度手段，支持、鼓励企业将生物天然气作为气体燃料，用于城镇燃气输配应用、电厂发电、采暖供热和车用燃料等环节。

建议尽快制定和完善严格的生物天然气生产、输配、应用量平衡核查检验制度。建立健全生物天然气收支循环、入网出网、输送结算合同机制。各地应因地制宜，通过就近消纳等方式，鼓励企业分布式利用生物天然气，保障生物天然气的稳定市场份额。

# 中国油气管网设施发展现状与前景

近年来,随着中国油气生产、进口和消费的增长,原油、成品油、天然气管道干线和支线建设不断推进,与管道配套的相关设施(包括:码头、装卸设施、LNG接收站、储油与储气设施等)持续发展。截至2015年,中国油气干线总里程10.6万km。原油、成品油、天然气三大管网基本形成,13座LNG接收站投运,形成4.48亿桶原油储备能力,地下储气库总工作气能力177亿$m^3$,4大油气进口通道初步构建。与此同时,中国政府要求油气管网设施公平开放,相继出台了一系列指导性文件。为使正在参与和计划参与中国油气市场"产、运、储、销、用"业务链的公司、企业对油气储运业务的现状与前景有一个清晰的了解,很有必要对这一行业进行系统的阐述。

## 一、中国原油管道现状与前景

中国原油管道骨干网络基本成型,随着国内油田产量稳定和进口管道打通,大规模的原油管道建设基本停止。

### (一)中国原油管道建设现状

#### 1. 长度与布局

1959年新疆克拉玛依独山子原油管道的建成,标志着中国无长输管道历史的结束,原油管道经历了多年的建设,骨干网络基本成型,已在东北、西北、华北、华东、华中地区形成了区域性的原油输送管网,建设完成西北中哈、东北中俄、西南中缅3条进口原油管道;东部海上进口原油登陆输送已基本实现管道化。截止2015年底,中国原油管道总长度已达2.6万km。

中国原油管道主要由中石油和中石化2家公司运行管理。中石油所属管道集中在我国西北(简称西部)地区和东北华北(简称东部)地区,约1.9万km。中石化所属管道集中在华东地区,约0.7万km(表1、表2)。

中国原油管网系统　　　　　　　　　　　　　　　　　　　表1

| | |
|---|---|
| 东北原油管网 | 漠—大管道、庆—铁(林源—铁岭)双线、铁—大(铁岭—小松岚)管道、新—大(新港—大连石油七厂)管道、铁—秦(铁岭—秦皇岛)管道、铁—抚(铁岭—抚顺)管道、中—朝(丹东—新义州)管道 |
| 华北原油管网 | 秦—京(秦皇岛—北京)管道、任—京(任丘—北京)管道、津—京(天津—北京燕山)管道、沧—河(沧州—河北河间)管道、河—石(河间—石家庄)管道、塘—燕(天津南疆油库—北京燕山)管道及塘—燕复线等 |
| 华东、华中原油管网 | 东—临(山东东营—临邑)管道、鲁—宁(山东临邑—江苏仪征)管道、临—濮(山东临邑—河南濮阳)管道、东—黄(东营—黄岛)管道、仪—金(仪征—上海金山)管道、甬—沪—宁原油管道、甬—沪—宁管道等。 |
| 西部原油管网 | 阿—独(新疆阿拉山口—独山子)管道、轮—库—鄯(新疆轮南—库尔勒—鄯善)原油管道、鄯—兰(鄯善—兰州)原油管道、乌—鄯(乌鲁木齐王家沟油库—鄯善)原油管道等 |

我国主要原油管道一览表  表2

| 项目名称 | 竣工时间 | 管道长度（公里） | 实际输送能力（万吨/年） | 隶属公司 |
|---|---|---|---|---|
| 一、东北地区 | | | | |
| 大庆—铁岭老线 | 1971 | 516 | 2000 | 中石油 |
| 辽宁铁岭—抚顺 | 1971 | 44 | 2000 | 中石油 |
| 辽宁铁岭—秦皇岛 | 1973 | 454 | 2000 | 中石油 |
| 大庆—铁岭复线 | 1974 | 524 | 2000 | 中石油 |
| 辽宁铁岭—大连 | 1975 | 459 | 2000 | 中石油 |
| 大庆—哈炼 | 1999 | 183 | 300 | 中石油 |
| 辽河曙光—锦西 | 2003 | 113 | 550 | 中石油 |
| 吉林油田—吉林石化 | 2005 | 160 | 600 | 中石油 |
| 漠河—大庆 | 2010 | 965 | 1500 | 中石油 |
| 大庆—铁岭三线 | 2012年 | 576 | 2700 | 中石油 |
| 二、西北地区 | | | | |
| 克拉玛依—独山子石化 | 1959 | 147 | 85 | 中石油 |
| 宁夏惠安堡—宁夏石空 | 1978 | 270 | 400 | 中石油 |
| 新疆轮南镇—库尔勒老线 | 1992 | 192 | 300 | 中石油 |
| 新疆库车县—轮台县 | 1994 | 94 | 100 | 中石油 |
| 新疆且末县—轮台县 | 1996 | 302 | 350 | 中石油 |
| 新疆轮南镇—库尔勒复线 | 1996 | 162 | 600 | 中石油 |
| 新疆库尔勒—鄯善 | 1997 | 476 | 500 | 中石油 |
| 克拉玛依—乌鲁木齐 | 1998 | 293 | 400 | 中石油 |
| 彩石克线 | 1999 | 443 | 310 | 中石油 |
| 宁夏石空—银川 | 2000 | 114 | 120 | 中石油 |
| 陕西延安—咸阳 | 2001 | 463 | 400 | 中石油 |
| 东营—黄岛老线 | 1974 | 251 | 650 | 中石化 |
| 陕西靖边—宁夏盐池县 | 2003 | 216 | 350 | 中石油 |
| 青海花土沟—格尔木 | 2004 | 439 | 300 | 中石油 |
| 新疆阿拉山口—独山子 | 2006 | 246 | 2000 | 中石油 |
| 甘肃庆阳—咸阳 | 2006 | 260 | 300 | 中石油 |
| 乌鲁木齐—兰州 | 2007 | 1858 | 2000 | 中石油 |
| 陕西吴起县—甘肃西峰 | 2008 | 197 | 280 | 中石油 |
| 定边县姬塬—白豹 | 2008 | 104 | 130 | 中石油 |
| 宁夏石空—兰州 | 2010 | 325 | 500 | 中石油 |
| 惠安堡—银川 | 2010 | 132 | 500 | 中石油 |

续表

| 项目名称 | 竣工时间 | 管道长度（公里） | 实际输送能力（万吨/年） | 隶属公司 |
| --- | --- | --- | --- | --- |
| 独山子—乌鲁木齐 | 2012 | 233 | 1000 | 中石油 |
| 长庆油田—呼和浩特 | 2012 | 578 | 500 | 中石油 |
| 王家沟—乌鲁木齐 | 2012 | 57 | 450 | 中石油 |
| 三、华北地区 | | | | |
| 秦皇岛—北京 | 1974 | 352 | 750 | 中石油 |
| 任丘—北京 | 1976 | 114 | 600 | 中石油 |
| 东营—辛店老线 | 1977 | 78 | 410 | 中石化 |
| 阿尔善—赛汉塔拉 | 1989 | 361 | 100 | 中石油 |
| 临邑—沧州 | 1978 | 185 | 400 | 中石化 |
| 东营—临邑老线 | 1978 | 171 | 1000 | 中石化 |
| 临邑—仪征 | 1978 | 665 | 1800 | 中石化 |
| 河南魏岗—湖北荆门 | 1978 | 224 | 350 | 中石化 |
| 临邑—濮阳 | 1979 | 242 | 200 | 中石化 |
| 湛江—茂名 | 1979 | 155 | 1000 | 中石化 |
| 东营—黄岛新线 | 1986 | 295 | 1200 | 中石化 |
| 东营—辛店新线 | 1988 | 75 | 875 | 中石化 |
| 临邑—济南老线 | 1990 | 70 | 330 | 中石化 |
| 四、华东地区 | | | | |
| 濮阳—洛阳 | 1992 | 285 | 500 | 中石化 |
| 河间—石家庄 | 1993 | 151 | 230 | 中石化 |
| 洪湖—荆门 | 1995 | 210 | 350 | 中石化 |
| 塘沽—大港 | 1998 | 44 | 500 | 中石化 |
| 任丘—保定 | 1998 | 84 | 50 | 中石化 |
| 东营—临邑新线 | 1998 | 157 | 1800 | 中石化 |
| 沧州—河间 | 1999 | 82 | 400 | 中石化 |
| 仪征—石埠桥 | 2002 | 26 | 400 | 中石化 |
| 塔河油田—库车县 | 2003 | 109 | 500 | 中石化 |
| 沧州—天津 | 2003 | 86 | 400 | 中石化 |
| 宁波—南京（甬沪宁） | 2004 | 771 | 4300 | 中石化 |
| 塘沽—燕山老线 | 2005 | 221 | 200 | 中石化 |
| 仪征—长岭 | 2005 | 973 | 3000 | 中石化 |
| 临邑—济南新线 | 2006 | 72 | 350 | 中石化 |
| 日照—东明 | 2013 | 462 | 1000 | 中石油 |

续表

| 项目名称 | 竣工时间 | 管道长度（公里） | 实际输送能力（万吨/年） | 隶属公司 |
| --- | --- | --- | --- | --- |
| 岱山—镇海 | 2006 | 90 | 2300 | 中石化 |
| 青岛黄岛—潍坊 | 2013 | 176 | 1500 | 中化弘润 |
| 塘沽—燕山复线 | 2007 | 228 | 2000 | 中石化 |
| 烟台—淄博 | 2014 | 425 | 1800 | 烟台港 |
| 仪征—九江 | 在建 | 560 | 2000 | 中石化 |
| 五、华中、华南地区 | | | | |
| 曹妃甸—天津 | 2008 | 190 | 2000 | 中石化 |
| 河间—石家庄（新线） | 2009 | 148 | 800 | 中石化 |
| 日照–仪征 | 2011 | 390 | 2000 | 中石化 |
| 湛江—北海 | 2011 | 198 | 1000 | 中石化 |
| 六、西南地区 | | | | |
| 瑞丽—重庆 | 2015 | 1631 | 2200 | 中石油 |
| 兰州—成都 | 2013 | 882 | 1000 | 中石油 |

### 2. 技术状况

20世纪70年代以来，随着原油长输管道建设，管道技术不断发展，主要表现在：改造及新建管道采用密闭输油工艺；高凝高黏含蜡原油输送、低输量运行的加热及加剂综合处理工艺达到世界领先水平；降凝剂、减阻剂性能达到国外同类产品水平；管输综合能耗逐年下降；大落差地段输油成功；管道用管等级达X65以上；自行设计、制造的长输管道输油用高效泵效率可达84%；原油直接式加热炉效率达91%；90年代后新建管道均采用SCADA（数据采集与监控）系统，自动化控制系统与管道同步投产。

## （二）原油管道建设存在的问题

### 1. 部分原油管道处于低输量运行

目前，西部原油管道和东北部分原油管道输量较低。西部原油管道低输量的主要原因是西部炼油厂加工能力加大，并且大量原油仍通过铁路运输。东北原油管道铁岭—秦皇岛段和秦皇岛—北京段管道输量均较低，主要原因是东北炼油厂加工能力增加，向华北地区运输量减少。

### 2. 老管道安全隐患严重

现有原油管道多数为20世纪70年代至90年代建成，运行期限基本上超过20年，其中，东北原油管网已连续运行40年，进入易发生事故的风险期，管道螺旋焊缝缺陷和腐蚀等风险因素较多，安全生产形势严峻。

### 3. 部分管道技术水平与国外差距较大

与国外相比，国内加热炉的自动化程度不高，主要部件如换热器、炉管等的耐腐蚀性差，热煤炉系统自动控制和调节系统的实际使用水平偏低，余热回收装置普遍存在腐蚀、积灰、传热效率不高的问题。国内输油泵运行效率比国外先进水平低10%~20%，有相当数量的泵在部分负荷下工作，工作流量远低于额定流量，而工作压力远高于额定压力。传统上采用阀门节流虽然在实际使用中很有效，但造成大量的能源浪费，是一种不经济的运行方式。

### （三）原油管道发展展望

#### 1. 管道和炼油厂连接线的建设将同步迈进

未来，中国原油管道建设将继续以国内外 2 种资源为基础，以炼油企业需求为目标，疏通油田外输瓶颈，合理确定原油流向，实现资源的优化配置和配送；综合考虑国内外多种油源的品质差异，满足原油输送需要。

#### 2. 陆路进口原油和沿海港口进口配套管道将进一步完善

2015 年，石油对外依存度已经超过 60%。随着原油进口量的增加，东北、西北、西南和海上 4 大原油进口通道配套管道将进一步完善。与中—哈原油管道增输工程相配套的管道有阿拉山口—独山子原油管道二期、独山子—乌鲁木齐原油管道；与中—俄原油管道增输工程相配套的管道有大庆—铁岭原油管道四线等；与中—缅原油管道增输工程相配套的管道有昆明—重庆原油管道等。陆路进口原油管道的拓宽和配套管道的完善将提高进口原油供应的安全保障，并有利于加强与周边国家的友好合作。

## 二、中国成品油管道发展现状与前景

中国成品油管道起步较晚，但近年来发展较快，成品油管输比例逐年增加。未来一段时期，还要加强成品油管道建设，提高技术水平。

### （一）中国成品油管道发展现状

#### 1. 成品油管道长度与布局

中国第一条长距离成品油管道是 1973 年开工建设、1977 年建成的格—拉（青海格尔木—西藏拉萨）管道。截至 2015 年底，中国已建成成品油管道 2.1 万 km，成品油管道与东北成品油下海南运航线，初步构成"西油东运、北油南下"的资源流向格局。就公司而言，中石油成品油资源与全国主要消费市场重合度较低，目前更注重战略性的成品油长输干网建设，仍在加紧建设中的锦郑管线，就是连接东北成品油资源与华中成品油消费市场的骨干长输管线。中石化成品油资源与全国主要消费市场重合度相对较高，成品油管道建设更注重成品油消费市场区域管网建设，在广东、江西、云南、江苏、浙江和湖南等地不断加强和完善区域管网建设（表3、表4）。

中国主要成品油长输管道　　　　表3

| 序号 | 管道名称 | 管径（mm） | 长度（km） | 设计输量（$10^4$ t/a） | 建成时间（a） |
|---|---|---|---|---|---|
| 一 | 建成管道 | | | | |
| （一） | 中国石油 | | | | |
| 1 | 西部成品油管道 | 559 | 1 858 | 1 000 | 2006 |
| 2 | 兰成渝成品油管道 | 508/459/323 | 1 425 | 700 | 2002 |

续表

| 序号 | 管道名称 | 管径（mm） | 长度（km） | 设计输量（$10^4$ t/a） | 建成时间（a） |
|---|---|---|---|---|---|
| 3 | 兰郑长成品油管道 | 610/660/508 | 3 111 | 1 500 | 2009 |
| 4 | 港枣成品油管道 | 355/219 | 615 | 300 | 2007 |
| 5 | 独乌成品油管道 | 426 | 232 | 520 | 2004 |
| 6 | 克乌成品油管道 | 457 | 298 | 400 | 2009 |
| 7 | 钦州—南宁成品油管道 | 457 | 160 | 500 | 2010 |
| 8 | 呼包鄂成品油管道 | 355 | 290 | 350 | 2013 |
| 9 | 宁夏石化成品油外输管道 | 273/219/168 | 373 | 191 | 2013 |
| （二） | 其他公司 | | | | |
| 1 | 鲁皖成品油管道 | 457/168 | 776 | 650 | 2005 |
| 2 | 西南成品油管道 | 508/219 | 1 740 | 1 000 | 2005 |
| 3 | 环北京成品油管道 | 323/273 | 145 | 400 | 2006 |
| 4 | 珠三角成品油管道 | 406/219 | 1 150 | 1 200 | 2005 |
| 5 | 石家庄—太原成品油管道 | 355/273 | 290 | 340 | 2007 |
| 6 | 洛阳—郑州—驻马店成品油管道 | 355/168 | 425 | 390 | 2007 |
| 7 | 金山—闽行成品油管道 | 273 | 55 | 120 | 2004 |
| 8 | 金山—嘉兴—湖州/苏州成品油管道 | 406/323 | 176 | 510 | 2006 |
| 9 | 镇海—杭州成品油管道 | 355/273 | 200 | 270 | 2000 |
| 10 | 九江—南昌—樟树成品油管道 | 355/323 | 240 | 330 | 2008 |
| 11 | 鲁皖二期东线成品油管道 | 457/323 | 1275 | 600 | 2008/2010 |
| 12 | 长岭—株洲成品油管道 | 406/273 | 260 | 600 | 2008 |
| 13 | 闽粤成品油管道（福建段） | 457/323 | 330 | 600 | 2010/2012 |
| 14 | 北海—南宁—百色成品油管道 | 457 | 460 | 800 | 2011 |
| 15 | 江苏成品油管道（南线） | 406/323 | 386 | 300 | 2010 |
| 16 | 甬绍金衢成品油管道 | 208/457 | 402 | 580 | 2013 |
| 17 | 东莞立沙油品储运项目 | 457 | 214 | 400 | 2008 |
| 18 | 济南—邯郸成品油管道 | 457/323 | 480 | 590 | 2009 |
| 19 | 石家庄—邯郸成品油管道 | 323 | 210 | 170 | 2009 |
| 20 | 郑州—汤阴成品油管道 | 355 | 215 | 210 | 2010 |
| 21 | 燕山—首都航煤管道 | 273 | 120 | 120 | 2008 |
| 22 | 昆明—大理成品油管道 | 273 | 317 | 300 | 2009 |
| 23 | 利州—桂林成品油管道 | 457/323 | 180 | 150 | 2010 |
| 24 | 荆门—荆州成品油管道 | 273 | 93 | 150 | 2003 |

续表

| 序号 | 管道名称 | 管径（mm） | 长度（km） | 设计输量（$10^4$t/a） | 建成时间（a） |
|---|---|---|---|---|---|
| 25 | 安庆—合肥成品油管道 | 273 | 172 | 120 | 2008 |
| 二 | 在建管道 | | | | |
| （一） | 中国石油 | | | | |
| 1 | 锦郑成品油管道 | 559/660 | 1 278 | 1 300 | |
| （二） | 其他公司 | | | | |
| 1 | 天津—唐山—秦皇岛成品油管道 | 406/273 | 360 | 380 | |
| 2 | 甬台温成品油管道 | 406/273 | 420 | 420 | |
| 3 | 泽华—汕头—梅州成品油管道 | 323/273 | 502 | 375 | |
| 4 | 南宁—隆安—百色成品油管道 | 457 | 230 | 500 | |
| 5 | 贵阳—桐梓成品油管道 | 355/323 | 291 | 310 | |
| 6 | 重庆—綦江成品油管道 | 323 | 144 | 240 | |
| 7 | 昆明—玉溪—蒙自成品油管道 | 457 | 270 | 500 | |
| 8 | 蒙自—文山成品油管道 | 323 | 290 | 250 | |

我国主要成品油管道一览表　　　　表4

| 项目名称 | 竣工时间 | 管道长度（公里） | 实际输送能力（万吨/年） | 隶属单位 |
|---|---|---|---|---|
| 一、东北地区 | | | | |
| 抚顺—营口鲅鱼圈 | 1994年 | 245 | 240 | 中石油 |
| 辽阳—鲅鱼圈 | 2009年 | 200 | 280 | 中石油 |
| 吉林—长春 | 2014年 | 168 | 245 | 中石油 |
| 二、西北地区 | | | | |
| 格尔木—拉萨 | 1976年 | 1080 | 25 | 军队 |
| 乌鲁木齐—兰州 | 2006年 | 1930 | 1000 | 中石油 |
| 延炼—西安 | 2009年 | 200 | 500 | 延炼 |
| 独山子—乌鲁木齐 | 2008年 | 232 | 520 | 中石油 |
| 乌鲁木齐—王家沟 | 2012年 | 57 | 450 | 中石油 |
| 宁夏石化—巴彦淖尔（宁蒙） | 2013年 | 380 | 191 | 中石油 |
| 呼和浩特—鄂尔多斯 | 2014年 | 307 | 300 | 中石油 |
| 三、西南地区 | | | | |
| 茂名—昆明 | 2005年 | 1740 | 290 | 中石化 |
| 昆明—大理 | 2009年 | 323 | 150 | 中石化 |
| 柳州—桂林 | 2009年 | 190 | 150 | 中石化 |
| 北海—南宁 | 2010年 | 230 | 800 | 中石化 |

续表

| 项目名称 | 竣工时间 | 管道长度（公里） | 实际输送能力（万吨/年） | 隶属单位 |
|---|---|---|---|---|
| 南宁—柳州 | 2011年 | 193 | 300 | 中石油 |
| 南宁—百色 | 2012年 | 230 | 500 | 中石化 |
| 昆明—玉溪 | 在建（2013年） | 97 | 245 | 中石化 |
| 百色—阳圩 | 在建（2013年） | 105 | 750 | 中石化 |
| 玉溪—富宁 | 在建（2013年） | 562 | | 中石化 |
| 四、华北地区 | | | | |
| 石家庄—晋中 | 2011年 | 261 | 340 | 中石化 |
| 北京环城管道 | 2008年 | 183 | 285 | 中石化 |
| 天津—唐山 | 2010年 | 234 | 450 | 中石化 |
| 晋中—太原 | 2013年 | 63 | 340 | 中石化 |
| 五、华东地区 | | | | |
| 镇海石化—杭州 | 2000年 | 200 | 200 | 中石化 |
| 齐鲁石化—安徽宿州 | 2005年 | 776 | 650 | 中石化 |
| 大港石化—枣庄 | 2007年 | 615 | 300 | 中石油 |
| 上海石化—浙江湖州 | 2007年 | 152 | 260 | 中石化 |
| 安庆石化—合肥 | 2007年 | 171 | 120 | 中石化 |
| 九江石化—樟树 | 2008年 | 240 | 330 | 中石化 |
| 鲁皖二期西线 | 2010年 | 905 | 590 | 中石化 |
| 苏南（南京—苏州） | 2010年 | 393 | 400 | 中石化 |
| 鲁皖二期东线 | 2011年 | 375 | 150 | 中石化 |
| 甬绍金衢 | 2013年 | 378 | 760 | 中石化 |
| 莱州—昌邑 | 2013年 | 110 | 1800 | 中国化工 |
| 甬台温 | 在建（2015年） | 430 | 600 | 中石化 |
| 赣州—上饶 | 在建（2014年） | 742 | 430 | 中石化 |
| 南京—徐州 | 在建（2013年） | 618 | | 中石化 |
| 南京—泰州 | | 166 | | 中石化 |
| 六、华中地区 | | | | |
| 洛阳石化—郑州—驻马店 | 2007年 | 425 | 390 | 中石化 |
| 郑州—安阳汤阴 | 2008年 | 215 | 210 | 中石化 |
| 长岭炼化—株洲 | 2008年 | 270 | 600 | 中石化 |
| 武汉—广水 | 2012年 | 184 | 225 | 中石化 |
| 湘潭—娄底 | 2014年 | 116 | 250 | 中石化 |

续表

| 项目名称 | 竣工时间 | 管道长度（公里） | 实际输送能力（万吨/年） | 隶属单位 |
| --- | --- | --- | --- | --- |
| 驻马店—信阳 | 2014年 | 172 | 225 | 中石化 |
| 七、华南地区 | | | | |
| 茂名石化—深圳 | 2006年 | 1150 | 1200 | 中石化 |
| 福建炼化一体化北线（一期） | 2010年 | 154 | 220 | 中石化 |
| 湛江—惠州 | 2010年 | 498 | 375 | 中石化 |
| 福建炼化一体化南线（一期） | 2013年 | 182 | 380 | 中石化 |
| 八、跨区管道 | | | | |
| 兰州—成都—重庆 | 2002年 | 1247 | 700 | 中石油 |
| 兰州—郑州—长沙 | 2009年 | 2738 | 1500 | 中石油 |
| 锦州—郑州 | 在建（2014年） | 1636 | 1300 | 中石油 |

### 2. 技术状况

近年来，中国成品油管道技术发展令人瞩目。

一是混油处理技术。建立了顺序输送成品油管道混油量的常用计算方法；华北成品油管网通过调节管输运行管理环节和站场工艺环节等措施有效控制了批次混油量，增加了管网混油回掺处理能力。针对鲁皖成品油管道不能只靠终点站进行全部混油回掺处理的问题，结合混油管道的运行规律，考虑设施、运行、经济等多方面因素，在管道末段中间站增添混油处理设备，提高了成品油管道混油回掺处理能力。

二是调度计划优化技术。制定调度计划是调度管理的核心任务之一，调度计划需满足上下游需求的同时确保管道的安全、高效。例如，对于新疆成品油管道存在的问题及发展需求，专家利用matlab软件，以线性规划为基础，成功搭建了成品油管输计划自动优化调度模型。

三是运行优化技术。部分专家从能耗的角度出发，结合克乌成品油管道复线的原设计方案和近2年输油工况，对设计泵组能耗和投产运行能耗进行了对比分析，提出了针对不同年输量采取不同泵机组优化的运行方案，为节约运行费用，合理安排检修时间、提高泵组利用率和效率提供了参考。以管道全线动力费用最低为目标函数，专家建立了泵站开泵方案优化过程的数学模型。通过设置合理距离，将调速泵离散化为一系列不同转速的固定转速泵，并编制了相应的计算机程序，实现了泵性能参数的计算，从而确定合理开泵方案。

## （二）中国成品油管道发展中的问题

中国成品油发展中的主要问题在技术层面，一是不能准确检测批次界面，油品管理只认牌号不分厂家；二是混油处理能力还不足，根据GB 50253—2003，"首站、输入站、分输站、末站每种油品或每种牌号油品应设2座以上储罐"，但是，有些成品油管道根据管理要求不设储罐也不设混油处理设施，将前后油品的1%～99%浓度段作为混油接收另行处理，其余作为合格产品输出；三是规模不合适及工艺流程复杂。某些成品油管道可能是预测不准或是技术上没有把握，不接收高质量油品，使管道长期处于低输量或间歇输送状态；四是成品油管道的界面跟踪研究比较滞后，到目前为止，还没有形成通用的技术，有些管道因里程数据不准确、界面检测不准等原因，界面预测时间误差达 40～60min，甚至更多，在现场调研过程中，还出现过批次界面比预测时间提早到达的现象。

### （三）中国成品油管道发展前景

今后一段时期，中国成品油干线管道将逐步实现网络化，管道将成为成品油的主要运输方式。

#### 1. 成品油管道加快建设并进一步完善

成品油管道建设将结合资源流向，综合比较管道、铁路、船运、公路等运输方式的经济运输半径，以优化资源配置、降低运输成本为目标，加快完善成品油管道建设；依托新布局及改扩建炼厂，有效辐射。在全国性成品油管道加速规划建设的同时，将加快完善区域性成品油管道网。

#### 2. 管网仿真技术国产化

现代长输管道向着大型化、管网化以及输送介质多样化发展，输送过程日益复杂。目前中国长输管道设计和运行管理中大都采用的是国外仿真软件，这些软件有些不太适用于中国国情，有些维护费用很高，因此，有必要开发具有自主知识产权和特点的管道仿真软件。

#### 3. 适应市场的需求，与销售密切衔接

成品油管道在设计和建设中应加强对市场变化适应性的研究，成品油管道不仅要适应市场季节的变化，还须考虑其年度的变化及相关地区的经济发展，关注世界成品油市场的变化，根据进口油品的价格和运输情况，与炼油和销售企业一起及时进行输运调配。

## 三、中国天然气管道现状与前景

十多年来，中国天然气长输管道年平均建成近 5000km，西气东输、北气南下、连通海外以及海气登陆的管网格局初步形成。

### （一）中国天然气管道发展现状

#### 1. 天然气管道长度与布局

20 世纪 60 年代，中国建设了第一条输气管道巴渝线，经过 50 余年的建设，天然气管道有了很大发展。截至 2015 年末，中国已建成天然气干线、支干线管道达 6.5 万 km，年输气能力超过 2800 亿 $m^3$。与此同时，地区支线也加速建设。中亚、中缅进口管道运营正常，历经 10 年谈判的中俄东线天然气供气合同最终敲定，中俄西线框架协议也已签署（表5）。

截至 2015 年中国主要天然气管道建设情况　　　　表5

| 管道 | 所属公司 | 起点 | 终点 | 长度(km) | 输气能力（亿 $m^3$/a） | 投运时间(a) |
|---|---|---|---|---|---|---|
| 已建长输管道 | | | | | | |
| 崖港线 | 中海油 | 南海崖 13—1 | 香港、海南 | 778 | 34 | 1996—2006 |
| 陕京线 | 中石油 | 陕西靖边 | 北京 | 911 | 33 | 1997—2009 |
| 涩宁兰线 | 中石油 | 涩北1号 | 兰州 | 930 | 34 | 2001—2009 |

续表

| 管道 | 所属公司 | 起点 | 终点 | 长度（km） | 输气能力（亿 m³/a） | 投运时间（a） |
| --- | --- | --- | --- | --- | --- | --- |
| 涩宁兰复线 | 中石油 | 涩北1号 | 兰州 | 921 | 35.5 | 2009–2011 |
| 忠武线 | 中石油 | 重庆忠县 | 武汉 | 1 364 | 70 | 2004–2012 |
| 西气东输 | 中石油 | 新疆轮南 | 上海 | 3 836 | 170 | 2004–2012 |
| 陕京二线 | 中石油 | 陕西榆林 | 北京 | 983 | 170 | 2005–2007 |
| 安济线 | 中石化 | 河北安平 | 济南 | 250 | 30 | 2005–2009 |
| 长呼线 | 内蒙古天然气股份有限公司 | 长庆靖边 | 呼和浩特 | 286 | 7 | 2009–2001 |
| 永唐秦线 | 中石油 | 河北永清 | 秦皇岛 | 320 | 90 | 2009–2006 |
| 平昌—普光输气管道 | 中石化 | 平昌 | 普光 | 79 | 110 | 2009–2007 |
| 长长吉 | 中石油 | 吉林长岭 | 吉林石化 | 221 | 23 | 2009–2012 |
| 川气东送线 | 中石化 | 四川普光气田 | 上海 | 1 702 | 120 | 2010–2003 |
| 榆济线 | 中石化 | 陕西榆林 | 济南 | 964 | 30 | 2010–2012 |
| 陕京三线 | 中石油 | 陕西榆林 | 北京 | 894 | 150 | 2010–2012 |
| 西二线 | 中石油 | 新疆霍尔果斯 | 广州 | 9 242 | 300 | 2011–2006 |
| 秦沈线 | 中石油 | 秦皇岛 | 沈阳 | 404 | 86 | 2011–2006 |
| 江如线 | 中石油 | 江苏江都 | 江苏如东 | 222 | 100 | 2011–2006 |
| 大沈线 | 中石油 | 大连 | 沈阳 | 423 | 84 | 2011–2009 |
| 长呼复线 | 内蒙古天然气股份有限公司 | 陕西靖边 | 呼和浩特 | 518 | 80 | 2012–2010 |
| 伊霍线 | 中石油 | 新疆伊宁 | 霍尔果斯 | 64 | 300 | 2013–2006 |
| 中缅线 | 中石油 | 云南瑞丽 | 广西贵港 | 1 727 | 100 | 2013–2010 |
| 阜沈线 | 大唐国际 | 阜新 | 沈阳 | 125 | 40 | 2013–2010 |
| 克古线 | 大唐国际 | 内蒙古克什克腾旗 | 北京密云古北口 | 359 | 40 | 2013–2011 |
| 长宁地区页岩气试采干线 | 中石油 | 宁201—H1井集气站 | 双河集输末站 | 95.6 | 15 | 2014–2005 |
| 西三线西段 | 中石油 | 霍尔果斯 | 中卫 | 2 445 | 300 | 2014–2008 |
| 重庆涪陵—王场 | 中石化 | 涪陵白涛 | 石柱王场 | 136.5 | 70 | 2015 |
| 西三线东段 | 中石油 | 江西吉安 | 福州 | 817 | 300 | 2015 |
| 泰青威管道 | 中石油 | 山东泰安市 | 山东威海市 | 1 067 | 86 | 2015 |
| 济南—青岛输气管道二线工程 | 中石化 | 山东济南 | 山东青岛 | 359 | 50 | 2015 |
| 哈沈输气管道 | 中石油 | 长春分输清管站 | 沈阳 | 365 | 90 | 2015 |

续表

| 管道 | 所属公司 | 起点 | 终点 | 长度（km） | 输气能力（亿 m³/a） | 投运时间（a） |
|---|---|---|---|---|---|---|
| 已建联络管道① | | | | | | |
| 靖榆线 | 中石油 | 陕西靖边 | 陕西榆林 | 113 | 155 | 2005—2011 |
| 冀宁线 | 中石油 | 河北安平 | 江苏仪征 | 1474 | 56.3 | 2006—2006 |
| 淮武线 | 中石油 | 河南淮阳 | 武汉 | 444 | 22 | 2006—2012 |
| 兰银线 | 中石油 | 兰州 | 银川 | 460 | 19 | 2007—2006 |
| 中贵线 | 中石油 | 中卫 | 贵阳 | 1613 | 150 | 2013—2010 |

①靖榆线连通陕京一线和二线；冀宁线连通西气东输和陕京线；淮武线连通西气东输和忠武线；兰银线连通西气东输和涩宁兰线。中贵线在中卫与西气东输一线、二线对接，在四川与川渝管网对接，在贵阳与中缅管道对接。

### 2. 油气管道建设与运营管理

目前，中石油、中石化集团对油气管道实行集中管理，且油气管道几乎全部集中在 2 大集团。

中石油油气管道建设与运营由"天然气与管道分公司"负责，该分公司主要负责油气调运、天然气销售、项目建设、资产完整性管理四大核心及其他相关业务。

为适应管道业务发展的要求，中石油于 2007 年初成立管道建设项目经理部，集中设计、施工力量，统筹协调配置各种资源，统一组织管道建设，建成投产之后转交管道运行管理单位。

2012 年初，中石油成立西南管道分公司，并优化调整西部管道、西气东输、管道公司、北京天然气管道等各管道分公司的业务管辖范围，实现管道业务区域化管理。

油气集中调运工作由隶属于"天然气与管道分公司"的北京油气调控中心具体操作，主要职能是对中石油所属长输油气管道实施集中调度指挥、远程监控操作、维修作业协调和管网运行优化。

截至 2015 年底，在北京油气调控中心集中调控运行的长输油气管道总里程 5.2 万 km，已成为世界上调度运行的管线最多、管道运送介质最全、运行环境最复杂的长输油气管道控制中枢之一。其中，天然气管网 3.5 万 km，年输气能力 1 665 亿 m³，它们贯通中亚、塔里木、青海、长庆、西南几大气区和 25 个省市，1 000 多家大型用户，惠及近 5 亿人口；原油管网 8 900 万 km，承担进口原油及国内 13 个油气田的原油外输和 30 多个炼厂的原料供应任务，连接 42 个油库、3 个港口码头和 7 个铁路装车点，年输油能力 1.2 万 t；成品油管网 8 600 万 km，年输油能力近 2 750 万 t，向西北、华东、华中、西南的 40 多个地区供应各种标号的汽、柴油。

### 3. 技术状况

中国天然气管道技术近几年发展很快，表现在 4 个方面：一是数字化管道技术逐渐成熟。数字化管道技术于 2005 年在西气东输冀宁联络线率先使用，在后期的西气东输二线、陕京三线等大型天然气管道建设中推广和完善，大大缩短了管道建设周期，降低了成本，提高了精度，方便了运行管理；二是完整性管理日益完善。已经全面推广实施了管道完整性管理，掌握了管道完整性管理的核心支持技术，建成了管道完整性管理体系和信息化系统，实现了管道数据的集中管理存储和完整性管理业务流程的信息化；三是管线钢等级快速发展。X70 钢级管道在西气东输一线全线推广应用；X80 钢级管道在 2008 年—2012 年建设的西气东输二线全线使用。目前，X90、X100 和 X120 钢级管道亦有初步的研究成果；四是管道自动化控制技术水平不断提高。SCADA 系统已经在骨干管道全面应用，基本实现"有人值守、无人操作、远程控制"的目标。

## （二）中国天然气管道发展中存在的问题

### 1. 天然气管道建设缺乏统一规划和有效的监管

国家在天然气管道建设方面缺乏统一的整体规划，缺乏统一的压力等级和气质标准等技术标准和规范，不利于实现骨干管网的整体优化和互联互通。同时，由于政府监管体制和法律法规建设相对滞后，没有形成对天然气管网投资建设、运营管理和管输价格等方面的一整套监管规则，尚不适应油气管网市场化运行的要求。中央和地方，不同职能部门都在实施监管，存在监管不够协调和专业化监管力量不足等问题。地方管道、城市燃气等监管体制尚待理顺。

### 2. 天然气价格尚未理顺，市场化配置程度仍然较低

工业用户和城镇居民用户气价关系不顺，形成交叉补贴，进口天然气价格倒挂，缺乏有效解决季节性调峰的价格机制等。价格机制不顺对天然气的生产、消费和利用，特别是天然气清洁化替代带来较大的不确定性，使天然气发展面临诸多矛盾。当前中国已经形成长输主干管网、省级管网和城市配送管网等不同层次的天然气管网体系，相互之间的成本收益差别较大，存在不合理的价值关系。

### 3. 天然气干线管道联网后调运难度加大

随着华北地区、四川地区、东北地区、长三角地区等区域性管网逐渐形成，系统内各条干线之间、各区域管网之间、管道和储气设备之间均可实现相互调气，增加了管网运行灵活性和应急保障能力。但干线管网联网后也意味着调运管理难度将逐步加大。

## （三）中国天然气管道发展前景

未来中国将重点建设西气东输三线、四线和五线、中俄天然气管道东线、陕京四线、新粤浙管道、鄂安沧管道等为主的主干管网和地区联络线为主的联络管道，全面建成更加合理完善的全国性管网系统。按照国家规划，2020年中国天然气骨干管道可达15万km。

### 1. 管径进一步增大，压力进一步提高，钢级进一步提升

随着管径的增大和压力的提高，在相同管道钢级条件下，单位管道长度耗钢量将快速增加。在管线的口径和压力确定后，钢级每提高一个等级，可以减少用钢量约10%。为节约钢材和降低制管难度，提升管道钢级将是发展趋势。中国已获得了X100和X120钢级的初步研究成果，宝鸡钢管宝世顺螺旋工厂已成功试制出国内第一根X100钢级直径1 422 mm螺旋埋弧焊管，华油钢管有限公司已成功研制出X120钢级直径1 422 mm螺旋缝埋弧焊管，待技术成熟后可大批量生产应用。

### 2. 天然气管网连通程度更加完善

一是多气源供气格局进一步完善，供气安全将得到极大提高；二是全国性基干管网将继续扩大和完善；三是区域性支干管网的规划建设迅速加强，联络线不断增加。预计未来相关配套的区域性支线管网也将加快建设，最终在全国大部分地区形成成熟的区域性支干管网。此外，各区域管网之间、各主干管道之间的联络线建设也将加快，从而大大提高天然气调配的灵活性和管网供气的安全可靠性。

### 3. 关键设备国产化

目前，中国干线天然气管道所使用的压缩机组和大型球阀等关键设备均为进口，价格高，售后服务难。在西气东输二线开工建设的同时，中国启动了天然气长输管道关键设备国产化的研究。目前，部分设备已通过出厂鉴定。待技术成熟后，它们将在新建干线天然气管道中推广应用。

### 4.天然气管道合资建设成为发展趋势

随着天然气管道的进一步发展，合资建设将是未来天然气管道建设的发展趋势。山东天然气管网建设即采用了中石油与地方政府合资建设的模式。目前在西气东输三线管道建设过程中，首次引入社会资本和民营资本，中国石油天然气股份有限公司持股52%，全国社会保障基金理事会、城市基础设施产业投资基金和宝钢集团持股48%。

## 四、中国 LNG 接收站现状与前景

中国 LNG 接收站经过 10 年的发展已经达到 13 座，未来几年还将有几座投运，接收能力年可达亿 t，结合国产气和进口管道气以及消费需求考虑，已经略显过剩。

### （一）中国 LNG 接收站现状

#### 1.规模与接收能力

2006 年，深圳大鹏 LNG 站投入商业运行，标志着是中国开始大规模进口国外天然气资源。截至 2015 年底，全国累计已投产 LNG 接收站 13 座，累计接收能力达到 4 980 万 t/a（表 6）。

截至 2015 年末中国已投产 LNG 接收站项目　　表 6

| 项目名称 | 所在位置 | 所属公司 | 一期设计能力（$10^4$/a） | 一二期合计设计能力（$10^4$/a） | 一期投产时间 | 二期投产年份（a） |
|---|---|---|---|---|---|---|
| 广东大鹏 LNG | 深圳大鹏湾 | 中海油 | 370 | 680 | 2006—2006 | 2011 |
| 福建莆田 LNG | 莆田湄洲湾 | 中海油 | 260 | 630 | 2008—2004 | 2013 |
| 上海洋山 LNG | 洋山深水港 | 中海油 | 300 | 600 | 2009—2010 | — |
| 江苏如东 LNG | 如东洋口港 | 中石油 | 350 | 650 | 2011—2006 | 2016 |
| 辽宁大连 LNG | 大连大孤山半岛 | 中石油 | 300 | 600 | 2011—2007 | 2015 |
| 浙江宁波 LNG | 宁波白峰镇中宅 | 中海油 | 300 | 600 | 2012—2012 | 2016 |
| 珠海金湾 LNG | 广东珠海高栏港 | 中海油 | 350 | 700 | 2013—2010 | — |
| 河北曹妃甸 LNG | 唐山市唐海县曹妃甸港区 | 中石油 | 350 | 650 | 2013—2012 | — |
| 天津浮式 LNG | 天津港南疆港区 | 中海油 | 220 | 600 | 2013—2012 | 2016 |
| 海南洋浦 LNG | 洋浦经济开发区 | 中海油 | 300 | 600 | 2014—2008 | — |
| 山东青岛 LNG | 青岛胶南董家口 | 中石化 | 300 | 600 | 2014—2011 | — |
| 广西北海 LNG | 北海市铁山港区 | 中石化 | 300 | 500 | 2015—2012 | — |
| 广东粤东 LNG | 粤东揭阳惠来县 | 中海油 | 200 | 200 | 2015—2012 | — |

#### 2.技术状况

中国 LNG 接收站建设初期的设计、采办、施工和投产试运全部由国外总承包商承担，中国无法掌握关键技术。近几年来，以江苏如东 LNG 接收站为起点，中国 LNG 接收站建设技术进步非凡，有如下几个方面：一是能够自主进行 LNG 接收站项目可行性研究、初步设计、施工图设计、工艺计

算及 16 万 m³ LNG 储罐设计;二是成功研发出国产低温 Ni9 钢;三是成功研制出高品质低温泡沫玻璃砖,打破了该生产技术长期由美国公司独家垄断的局面;四是低温不锈钢管材全部国产化;五是外输管道快开盲板成功国产化。

### (二)中国 LNG 接收站建设存在的问题

#### 1. 部分技术仍欠成熟

中国的 LNG 工艺仍然主要依赖于国外的技术,国内在 LNG 的专用设计、施工安装、运行管理等方面仍欠成熟。

#### 2. 接收能力有过剩风险

中国自 2006 年第一次进口 LNG 以来,LNG 接收能力增长约 10 倍以上,但 LNG 接收利用率已经从 2010 年的 76% 降至 2013 年的 52%。而同一时期,韩国和中国台湾地区的利用率超过了 85%。分析认为,未来几年中国非常规天然气和进口管道气还有较大幅度的上升,LNG 接收站的利用率不会显著提高。

#### 3. LNG 接收站购销价格仍然倒挂

按国家规定,进口 LNG 进入管网系统后,需按管道气价格统一销售。2015 年,受国际油价大幅下跌影响,进口 LNG 价格也大幅下跌,但进口成本仍高于调价后的门站销售价格。考虑到气化成本,沿海地区进口 LNG 供气成本高于 2.6 元 /m³,与上海、广东 2.18 元 /m³ 的门站价格相比,每 m³ 亏损额超过 0.42 元。

### (三)中国 LNG 接收站发展前景

#### 1. 2020 年前 LNG 接收能力还有较大增量

截至 2015 年底,中国还有 5 座 LNG 接收站在建,"路条"项目 5 个,还有 2 座处于前期阶段。预计 2020 年前,中国 LNG 接收站接收能力还将增加 4 530 万 t/a,总计接收能力可达每年 1 亿 t(表 7)。

我国在建及规划 LNG 接收站项目　　表 7

| 项目名称 | 所在位置 | 所属公司 | 一期设计能力(万 m³/a) | 一期投产年份(a) | 状态 |
| --- | --- | --- | --- | --- | --- |
| 天津南港 LNG | 滨海新区南港工业区 | 中石化 | 300 | 2016 | 在建 |
| 深圳迭福 LNG | 深圳大鹏湾东北岸迭福片区 | 中海油 | 400 | 2016 | 在建 |
| 启东 LNG | 江苏启东 | 广汇能源 | 60 | 2016 | 在建 |
| 浙江舟山 LNG | 舟山经济开发区 | 新奥 | 300 | 2017 | 在建 |
| 潮州华丰 LNG | 广东潮州潮州 | 潮州华丰 | 300 | 2019 | 在建 |
| 山东烟台 LNG | 烟台芝罘区港西港区 | 中海油 | 300 | 2016 | 路条 |
| 江苏滨海 LNG | 盐城滨海港区 | 中海油 | 260 | 2017 | 路条 |
| 浙江温州 LNG | 温州市洞头县小门岛东北部 | 中石化 | 300 | 2017 | 路条 |
| 福建漳州 LNG | 龙海市隆教乡兴古湾 | 中海油 | 300 | 2017 | 路条 |
| 江苏连云港 LNG | 连云港徐圩港区 | 中石化 | 300 | 2017 | 路条 |
| 广东粤西 LNG | 茂名博贺新港区 | 中海油 | 300 | 2017 | 路条 |

### 2. 积极推动 LNG 装备国产化

推进大型 LNG 装备国产化是降低 LNG 成本的重要途径，也是促进国内装备制造业水平提高的重要机遇，需要国家在政策层面进一步推动。一是应该出台鼓励替代进口的财税政策。对于以国产材料替代进口材料，可以比照给予增值税退税政策；对于国内总承包商独立承担 LNG 项目设计、采购、施工的，可以在营业税或所得税方面给予一定优惠，或者比照鼓励中国企业走出去的政策，给予一定财政支持。二是继续推动 LNG 设备的国产化。针对依靠进口的开架式汽化器、浸没燃烧式汽化器、海水泵、高、低压泵等，应该由接收站运营单位与设计施工单位、设备制造厂家联合攻关。

### 3. 研究 LNG 储备，减轻储气库压力

我国目前地下储气库主要建在华北和西部的枯竭油气藏，长三角和东南沿海油气田较少，含水层难以寻找，建库资源匮乏，而这部分地区还是天然气需求较多的地区，恰好 LNG 接收站都建设在东部沿海地区，完全可以起到储气库的作用。通过 LNG 储备，还可以选择在 LNG 处于低价位时进货，进货时间更具灵活性，可以降低 LNG 采购成本。

## 五、中国原油储备现状与前景

2003 年 5 月，国家发改委石油储备办公室正式运作，标志着中国石油战略储备工作正式启动。石油储备分为国家储备和企业商业石油储备。国家储备由中央政府直接掌握，主要功能是防止因石油供应中断、油价大幅度异常波动等事件影响国内市场正常运行，保证稳定供给。企业储备是在与其生产规模相匹配、正常周转库存的基础上，按有关法规承担社会义务和责任必须具有的储存量，主要功能是稳定市场价格，平抑市场波动。

### （一）中国石油储备现状

截至 2014 年底，中国战略石油储备和商业石油储备 4.48 亿 bbl，建成国家战略石油储备基地 6 个，能力 1.41 亿 bbl，商业石油储备基地 25 个，商业石油储备能力为 3.07 亿 bbl。在建商业石油储备基地 4 个，库容 440 万 $m^3$，合 4 403 万 bbl 储备能力（表 8，表 9）。

2014 年底已建和在建国家战略石油储备工程项目　　　　表 8

| | 基地 | 库容（万 bbl） | 库容（万 $m^3$） | 竣工时间（计划）(a) | 承建公司 |
|---|---|---|---|---|---|
| 一期 | 浙江镇海 | 3 270 | 520 | 2006 | 中石化 |
| | 浙江舟山 | 3 140 | 500 | 2007 | 中化 |
| | 山东黄岛 | 2 010 | 320 | 2008 | 中石化 |
| | 辽宁大连 | 1 890 | 300 | 2008 | 中石油 |
| | 小计 | 10 310 | 1 640 | | |
| 二期 | 甘肃兰州 | 1 890 | 300 | 2011 | 中石油 |
| | 新疆独山子 | 1 890 | 300 | 2011 | 中石油 |
| | 辽宁锦州 | 1 890 | 300 | 在建（2015 年） | 中石油 |
| | 新疆鄯善三期 | 3 900 | 620 | 在建 | 中石油 |

续表

|  | 基地 | 库容（万 bbl） | 库容（万 m³） | 竣工时间（计划）(a) | 承建公司 |
|---|---|---|---|---|---|
| 二期 | 江苏金坛 | 1 570 | 250 | 在建 | 中石油 |
|  | 广东惠州 | 3 140 | 500 | 环评（2013年） | 中海油 |
|  | 天津 | 2 010 | 320 | 在建 | 中石化 |
|  | 广东湛江 | 4 400 | 700 | 规划中 | 中石化 |
|  | 小计 | 20 690 | 3 290 |  |  |
| 三期 | 山东日照 |  |  | 在建 | 中石油 |
|  | 黑龙江大庆 |  |  | 在建 | 中石油 |
|  | 江苏金坛 |  |  | 达成意向 | 中国化工 |
| 建成合计 |  | 14 090 | 2 240 |  |  |

2014年底已建和在建商业石油储备工程项目　　　　表9

| 基地名称 | 库容（$10^4$ bbl） | 库容（$10^4$ m³） | 竣工时间（a） | 隶属公司 |
|---|---|---|---|---|
| 辽宁铁岭 | 314 | 50 | 2008 | 中石油 |
| 浙江镇海岚山 | 2 390 | 380 | 2008 | 中石化 |
| 新疆鄯善一期 | 629 | 100 | 2008 | 中石油 |
| 新疆鄯善二期 | 629 | 100 | 2009 | 中石油 |
| 新疆独山子 | 1 258 | 200 | 2009 | 中石油 |
| 浙江镇海平湖白沙湾 | 1 258 | 200 | 2009 | 中石化 |
| 山东青岛黄岛 | 1 132 | 180 | 2009 | 中石化 |
| 辽宁大连 | 1 572 | 250 | 2010 | 中石油 |
| 黑龙江大庆油田 | 755 | 120 | 2010 | 中石油 |
| 四川成都 | 629 | 100 | 2010 | 中石油 |
| 陕西长庆 | 943 | 150 | 2010 | 中石油 |
| 广西钦州一期 | 2 642 | 420 | 2010 | 中石油 |
| 天津滨海 | 629 | 100 | 2010 | 中石油 |
| 甘肃兰州 | 1 132 | 180 | 2010 | 中石油 |
| 山东日照一期 | 1 006 | 160 | 2011 | 中石化 |
| 河北曹妃甸一期 | 629 | 100 | 2011 | 中石化 |
| 山东黄岛二期 | 629 | 100 | 2011 | 中石化 |
| 广西北海 | 2 013 | 320 | 2011 | 中石化 |
| 浙江册子岛 | 786 | 125 | 201 | 中石化 |

续表

| 基地名称 | 库容（10⁴ bbl） | 库容（10⁴ m³） | 竣工时间（a） | 隶属公司 |
| --- | --- | --- | --- | --- |
| 广东茂名 | 1 179 | 188 | 2011 | 中石化 |
| 河北曹妃甸二期 | 1 384 | 220 | 2012 | 中石化 |
| 山东日照二期 | 1 006 | 160 | 2012 | 中石化 |
| 天津 | 2 013 | 320 | 2013 | 中石化 |
| 山东潍坊 | 2 516 | 400 | 2013 | 中化弘润 |
| 海南洋浦（中石化） | 1 604 | 255 | 2014 | 中石化 |
| 海南洋浦（华信） | 1 635 | 260 | 在建 | 上海华信 |
| 天津实华 | 755 | 120 | 在建（2015年） | 中石化 |
| 江苏连云港 | 1 006 | 160 | 在建（2015年） | 中石化 |
| 山东董家口 | 1 006 | 160 | 在建（2016年） | 中石化 |
| 合计 | 30676 | 4878 | | |

注：1 桶 =0.159m³

## （二）中国石油储备存在的主要问题

### 1. 石油储备保障能力依然不足

根据国家统计局2014年底公布的数据，已建成的国家石油储备一期工程仅相当于大约15 d的原油净进口量，远低于国际能源署建议的90 d标准。即使算上国家发改委《关于加强原油加工企业商业原油运行管理的指导意见》中要求的原油加工企业应保有最低15d加工量的商业库存，也仅仅能保证30 d的供应。

### 2. 民间石油储备整合利用不足，储备安全系数不高

截至2013年底，中国拥有8万余家民营石油企业，总储油能力达到2.3亿t，但由于缺少油源，这些油库基本处于闲置状态，仅有几十万t库容能得到充分利用。同时中国石油储备基地大多布局在沿海及经济发达地区，一旦发生战争，石油储备基地将首当其冲。另外，从建设方式上看，目前已建成的大部分石油储备基地采用地上储油罐，容易成为战争或恐怖袭击的攻击目标。

### 3. 石油储备运行机制不完善

从石油储备基地运行管理方面看，目前管理重点还在基地建设上，国家发改委、财政部等相关部门出台的有关管理办法多集中在石油储备基地项目的招投标、工程管理及资金使用等方面，而未对基地投产后的生产管理和运行方式等做出具体规定，这不利于储备基地生产运行的规范有序。

## （三）中国石油储备发展前景

目前，国际原油价格正处在50美元/桶左右的低位，随着未来全球经济复苏，石油需求将会增加，从而改变目前的供求关系，逐渐抬高国际油价。因此中国应抓住当前有利时机，增加原油采购量，扩大石油储备规模。

### 1. 完善石油储备基地布局，创新储存方式

石油储备的布局应保持一定梯度，并重点在中西部战略纵深地带布局，这样既可以平衡东部发达地区与中西部地区经济发展，又可以避开战略前沿，减小战争可能带来的损失风险。在石油储备基地类型上，要统筹考虑建设成本和战略安全需要，采取多元化储存方式。首先，在沿海地区适当增加地下及半地下覆土储油罐，提高沿海地区石油储备库的隐蔽性和安全性。其次，利用地下盐洞储存石油，此种储存方式具有基建投资少、库容大、占地面积小、防爆、防火、防污染等特点。再次，创新存储技术，例如可对报废矿井进行技术改造用于储油，或者建设海上简易石油储备设施，以节约建设资金和土地资源。

### 2. 建立立体石油储备体系

首先，健全企业义务储备和机构储备，实行石油储备代储制，整合利用民间储备资源，鼓励民营企业积极参与石油储备。其次，加强国内石油勘探，合理有序开发国内油气资源，增加资源储备，同时将成品油储备纳入石油储备体系统筹考虑。再次，加快国内能源企业"走出去"步伐，借助"一带一路"战略的实施，促进国外资源勘探开发，增加海外石油权益产量。最后，探索石油储备和石油期货的联动机制，以持有石油期货头寸的形式替代部分石油产品储备，从而较好地规避石油价格波动风险。

### 3. 完善运行机制，提高石油储备水平

石油储备管理者要通过适时的收储、投放以及对石油储备的科学管理提高石油储备运行效率和资金使用效益。一是建立健全石油储备安全预警监测机制，及时对市场供需、价格走势、进出口情况以及储备库存进行监测、预测和预警，为储备科学决策提供参考依据；二是加强石油储备对外合作机制建设，积极参与国际能源事务，通过互访、举行联合应急演习等方式加强与石油储备大国的交流与合作，汲取国外石油储备发展经验，完备中国石油储备体系；三是加强石油储备基地运营管理。

## 六、中国天然气储备现状与发展前景

经过20多年的发展，地下储气库已经在平衡天然气管网压力和输气量、调节区域平衡供气方面发挥了重要作用。

### （一）地下储气库发展现状

#### 1. 规模与布局

截至2015年，中国已建成储气库（群）11座，设计总工作气能力177亿 $m^3$，形成调峰能力53亿 $m^3$，占全国天然气年消费量的3%。中石油拥有储气库（群）10座。中石化储气库1座（中原文96储气库），2015年形成工作量0.7亿 $m^3$（表10）。

表10　2015年末我国主要地下储气库建设情况

| 储气库 | 所属公司 | 地点 | 类型 | 工作气能力（亿 $m^3$） | 最大注入率（万 $m^3$/d） | 投产时间（a） |
|---|---|---|---|---|---|---|
| 已建储气库 | | | | | | |
| 萨中东2—1（已停用） | 中石油 | 大庆 | 枯竭 | 0.17 | — | 1969 |

续表

| 储气库 | 所属公司 | 地点 | 类型 | 工作气能力（亿 m³） | 最大注入率（万 m³/d） | 投产时间（a） |
|---|---|---|---|---|---|---|
| 喇嘛甸 | 中石油 | 大庆 | 枯竭 | 1.00 | — | 1975 |
| 大张坨 | 中石油 | 大港 | 枯竭 | 6.00 | 320 | 1999年起陆续投产 |
| 板876 | 中石油 | 大港 | 枯竭 | 2.17 | 100 | |
| 板中北 | 中石油 | 大港 | 枯竭 | 10.97 | 300 | |
| 板中南 | 中石油 | 大港 | 枯竭 | 4.70 | 225 | |
| 板808 | 中石油 | 大港 | 枯竭 | 4.17 | 360 | |
| 板828 | 中石油 | 大港 | 枯竭 | 2.57 | 360 | |
| 金坛 | 中石油 | 江苏 | 盐穴 | 1.80 | — | 2007 |
| 京51 | 中石油 | 华北 | 枯竭 | 1.20 | — | |
| 京58 | 中石油 | 华北 | 枯竭 | 3.90 | — | 2010 |
| 永22 | 中石油 | 华北 | 枯竭 | 3.00 | — | |
| 刘庄 | 中石油 | 江苏 | 枯竭 | 2.45 | — | 2011 |
| 文96 | 中石化 | 中原 | 枯竭 | 2.95 | — | 2012—09 |
| 双6 | 中石油 | 辽河 | 枯竭 | 16 | — | 2013—01 |
| 呼图壁 | 中石油 | 新疆 | 枯竭 | 45 | 1 123 | 2013—07 |
| 相国寺 | 中石油 | 重庆 | 枯竭 | 23 | 1 380 | 2013—06 |
| 苏桥储气库群一期 | 中石油 | 华北 | 枯竭 | 23 | 1 300 | 2013—06 |
| 板南 | 中石油 | 大港 | 枯竭 | 5 | 240 | 2013—10 |
| 在建储气库 | | | | | | |
| 云应 | 中石油 | 湖北 | 盐穴 | 6 | — | 2015 |
| 港华金坛 | 港华燃气 | 江苏 | 盐穴 | 2.175 | — | 2016 |
| 开展前期工作储气库 | | | | | | |
| 文23 | 中石化 | 中原 | 枯竭 | 39 | — | — |
| 兴9 | 中石油 | 华北 | 枯竭 | 7.03 | — | — |
| 淮安 | 中石油 | 江苏 | 盐穴 | 6.42 | — | — |
| 长春 | 中石油 | 吉林 | 枯竭 | 5.43 | — | — |

说明：苏桥储气库群一期包括苏1、苏20、苏4、苏49、顾辛庄5座储气库。

## 2. 技术状况

近几年来，以中石油为主的储气库建设运营主体加强科技攻关，依托建库工程，初步形成气藏型储气库配套建库技术系列，包括选址评价技术、地质方案设计技术、建井配套技术、地面工艺技术、运行保障技术。科学编制储气库投产方案，建立运行管理平台，确保储气库安全投运。初步建立了复杂地质条件气藏型储气库第一注采周期运行方案设计模式和技术流程，科学指导建库初期注采运行方案设计。研制开发了中石油统一的气藏型储气库运行管理系统，满足储气库气注采运行数据管理的迫切需求，同时建立相关的数据库管理暂行办法，科学规范指导储气库数据管理平台运行。建章立制，逐步实现储气库建设与运行管理制度化、标准化和规范化。

## （二）LNG 储备现状

2014年，国家首次明确了天然气销售企业的调峰责任，要求在2020年前，拥有不低于其合同销售量10%的工作气量，以满足季节性调峰及供气安全，而城市燃气公司需承担日调峰责任。在政策的推动下，中国LNG储备能力建设继续推进。据不完全统计，截至2015年末，由不同所有制企业投资建成的LNG储备库已达上百座（表11）。

2015年末部分城市LNG储备建设情况　　表11

| 项目名称 | 所在位置 | 所属公司 | 储气能力（万 $m^3$ LNG） | 项目状态 | 投产年份（a） |
|---|---|---|---|---|---|
| 成都LNG应急调峰储备库一期 | 四川成都彭州市 | 成都城建 | 1 | 已建 | 2014 |
| 杨凌液化天然气（LNG）应急储备调峰项目 | 陕西杨凌示范区 | 陕西燃气集团 | 6 | 已建 | 2014 |
| 威海液化天然气（LNG）应急气源储备站 | 山东威海 | 港华燃气 | 0.09 | 已建 | 2014 |
| 杭州滨江LNG应急气源站 | 浙江杭州 | 杭州市燃气集团 | 6.5 | 已建 | 2014 |
| "天然气储备联盟"项目 | 江西丰城 | 江西五家公司投资 | 0.12 | 已建 | 2014 |
| 东部LNG应急气源站 | 浙江杭州 | 杭州市燃气集团 | 1 | 已建 | 2015 |
| 五号沟LNG储备二期扩建 | 上海 | 申能 | 20 | 已建 | 2016 |
| 深圳天然气储备与调峰库项目 | 广东深圳 | 深圳燃气集团 | 8 | 已建 | 2016 |
| 西安液化天然气（LNG）应急储备调峰项目 | 陕西西安 | 陕西液化天然气投资发展有限公司 | 10 | 在建 | 2016 |
| 湖南新能源储备基地 | 湖南衡阳 | 中海油 | 2 | 前期 | 待定 |

## （三）中国地下储气库建设存在的问题

### 1. 储气库投资运营主体少，工作气能力远不能满足调峰需求

2010年前投运的储气库主要由中石油、中石化及北京燃气集团参与投资建设，2010年后国家开始投资战略性的储气库建设。由于大部分储气库设计工作气能力是在2012年后投运，目前储气库工作气能力严重不足。国外经验证明，储气库工作气量占消费量10%～15%才能有效保证供应安全，中国目前只有3%。

### 2. 储气库"垫底气"资金不落实

目前，国家2012年以来投资的储气库进入注气阶段，需要"垫底气"多于100亿 $m^3$，但资金尚未落实。费用不落实导致运营企业经营困难，也使储气库不能按计划达到设计指标。

### 3. 优质储气库资源日益匮乏，建库成本较高，投资巨大

目前，中石油集团在役和在建储气库普遍地质条件复杂，埋深大、储层物性不好。经过多轮库址筛选与评价，建库地质条件越来越差，气藏建库以中低渗气藏为主，部分埋深达到4 500 m，盐穴

建库以陆相盐湖沉积盐层为主，夹层多、品位低，部分埋深近 2 000 m。上述因素导致我国储气库建设成本越来越高。据中石油勘探开发研究院廊坊分院统计，2010 年以前投运的储气库单位工作气投资成本普遍在 2.0 ~ 2.5 元 /m³，其后成本都在 3 元 / m³ 以上。拟建设和新规划的储气库单位投资成本最高达 10 元 / m³，已经超过 LNG 接收站储备的投资成本。

### （四）中国天然气储备发展前景

预计到"十三五"末，中国天然气调峰需求接近 300 亿 m³，储气库建设任务繁重，同时国家推动天然气产业市场化改革，储气库业务将发生深刻变化。

#### 1. 通过多元化主体加快储气库建设

目前影响储气设施"滞后"的主要原因还是投入不足，必须形成多元主体参与的储气投资体制。国家主要应投资战略储气库；天然气生产或管道运输企业应投资建设商业储气库，负责季节调峰；城市燃气公司负责日调峰，投资建设商业储气设施；独立第三方具获利动机也可参与投资建设储气库。

#### 2. 继续加大库址筛选评价及投资力度，稳步推进储气库建设

在重点消费地区和管网枢纽发达地区继续选加大筛选评价力度，尽可能多筛选建库条件适宜的库址目标，优选枯竭气藏，其次强化盐穴和含水层可转变建库的理念，扩大库址筛选范围，在有条件地区开展含水层储气库专项研究和系统先导试验，探索水层储气库建库的相关技术和经验。

#### 3. 国家应出台政策支持大型储气库建设

一是加大对储气设施投资企业融资支持力度。积极支持符合条件的天然气销售企业和城镇天然气经营企业发行企业债券融资，拓宽融资渠道，增加直接融资规模；二是加大储气设施建设用地支持力度。储气设施建设的项目用地可通过行政划拨、有偿出让或租赁等方式取得；三是优化项目核准程序，提高核准效率。地方投资部门要研究制定简化核准工作手续、优化核准工作程序、提高核准工作效率的具体办法，配合住建、国土、环保等部门，优化规划选址、用地、环评、初设等环节的审批程序，缩短办理时限。

## 七、结语

中国油气管网设施已经具备相当的规模。原油、成品油管道主要是提高技术、管理水平，节能降耗，天然气管道要继续加快建设步伐，LNG 接收站要控制建设节奏，石油储备、天然气储备严重不足，要在国家政策支持下加速扩大规模。可以相信，再经过 10 年左右的努力，中国油气管网设施将进一步完善，技术管理水平进一步提高，成为保障国家能源安全的坚强通道。

徐博、陈璐

# 燃气输配网络安全评估系统研究

## 第一章　绪论

### 一、燃气输配网络安全评估的背景与意义

安全评估，也称为安全评价、风险评价，尽管称谓有所不同，其本质和内涵是基本相同的，即以实现工程、系统安全为目的，应用安全系统工程原理和方法，对工程、系统中存在的危险、有害因素进行辨识与分析，判断工程、系统发生事故和职业危害的可能性及其严重程度，从而为制定防范措施和管理决策提供科学依据。

所谓燃气输配网络是指将燃气由气源输送、分配给各类用户的管道设施网络，包括城镇燃气各级管网系统（包括管道、管件及管道附属设备），调压装置（包括调压器、调压柜、调压箱）及各类场站。

随着我国城镇燃气近年来迅速发展，城市燃气管网设施的安全性也越来越受到人们的关注。据不完全统计（依据媒体对燃气泄漏爆炸事故的报道统计），我国2013年因燃气泄漏引发的爆炸事件达220余起，死伤1000余人，经济损失达8.5亿元。

安全生产法对安全生产的总体方针是"安全第一，预防为主，综合治理"，然而我国燃气企业关于地下燃气管网的安全管理的传统方法是"事后式"，即发现泄漏后再来处理。近年来，随着埋地管道防腐层缺陷点检测技术的发展，主动预防式的管网安全管理也越来越受到关注。地下管网安全评估就是主动预防的安全管理技术，防腐层缺陷点检测可以是其具体的技术之一。

要保障燃气管网的安全可靠，必须正确地规划设计、确保施工质量、进行良好的维护保养，恰当地处理废弃管道。对于大型燃气公司而言，管网设施数量巨大，遍布于城市的每个角落。每一步工作量都是巨大的，若无差别地进行设计施工维护保养工作，对于某些管道可能是不足的，而对于某些管道则是浪费。而任何一个公司的人力、物力、财力都是有限的，因此如何能够给燃气管网合理配置资源，是一个非常有意义的事情。

对燃气输配管网进行科学合理的安全评估有以下作用和意义：

1. 对燃气输配系统的不同组成部分，如不同的管段、站场等提供定性或定量的安全指标，并进行安全指标的大小排序，从而确定燃气输配系统的薄弱环节，为燃气输配系统的维护管理提供轻重缓急的顺序，实现管网设施的分级管理，最优地安排人力、物力和财力。

2. 安全评估能找到输配管网系统安全问题的主要因素，从而做到有针对性的预防和维护。

3. 定量的安全评估工作还可以估算天然气泄漏扩散、爆炸、着火的危害影响范围，从而为应急预案的制定、事故情况下的疏散范围制定等提供参考。

4. 安全评估系统与巡线工作结合，可以为巡线人员提供安全检查的参考，从而做到不疏漏任何检

查项目。

5.安全评估系统的建立可以为燃气抢修决策的制定提供参考依据。

## 二、国内外研究现状综述

最早比较系统、完整地对油气管道进行风险评价的是 W Kent Muhlbauer，1992 年美国海湾出版社出版他编著的《Pipeline Risk Management Manual》，这是世界上第一本关于油气管道风险评价的专著。其主要方法是采用评分法。该管道风险评估技术经著名油气储运专家潘家华教授于 1995 年在《油气储运》杂志上介绍后，近年来已逐渐引起科技人员的注意，许多燃气公司和科研机构展开了对燃气管道风险评估技术的研究，目前该书已经更新至第 3 版，并专门开辟章节对城镇配气管道的风险评估进行了介绍。

值得注意的是国外的研究多侧重于长输管道。而长输管道安全关注点与城市燃气管网是有所不同的。

国内许多研究者及一些公司也对城市燃气管网的安全评估问题进行了一些探索和尝试。

深圳燃气集团开发了层次分析法为主的风险评价体系，基本因素分值采用专家打分法，各因素权重采用专家调查法确定，最终利用风险矩阵法得到各管段的风险等级。

广州燃气公司于 2006 年启动安全评估系统研发工作，主要结合管道外防腐层及地面检查参数，采用修正的穆氏法建立了风险指标体系。

北京燃气集团于 2004 年启动了"地下燃气管网评估系统"的研究，北京燃气集团出资 600 万元，北京中腐防蚀工程技术公司、北京科技大学和中国腐蚀与防护学会为此成立项目联合专家组参与该项目建设，现已成功研发了北京埋地燃气管道安全状况评估系统。

重庆大学与新奥燃气集团联合进行了管网风险评估体系及系统的研发工作，开发了定量燃气管道风险评估系统。

另外，西南石油大学、同济大学等高校和一些燃气公司合作开发了一些以模糊综合评价或评分法为主的风险评价体系，他们的原理基本相同，只是在因素选择方面有不同的考虑。

## 三、技术路线

（一）课题研究技术路线

（二）初步安全评估技术路线

（三）高风险评估技术路线

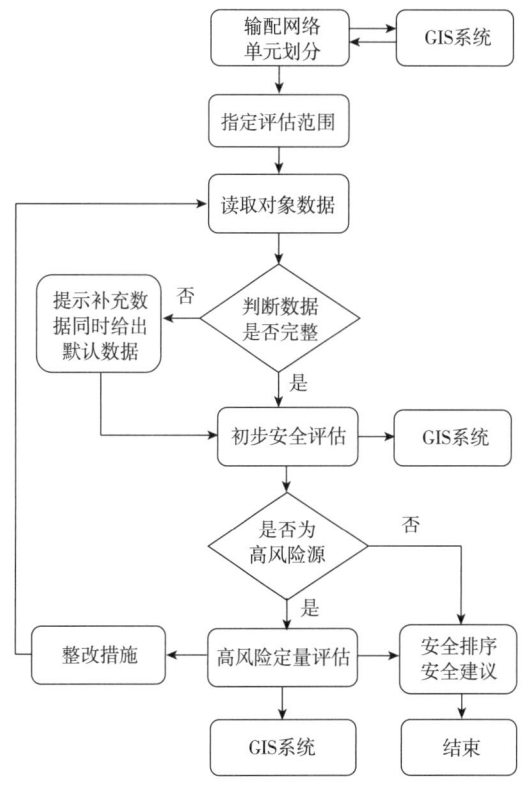

图 1 燃气输配网络安全评估技术路线流程图

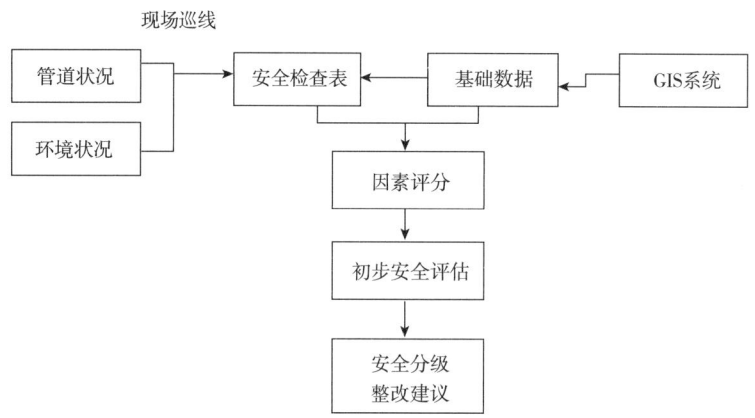

图2 初步安全评估技术路线流程图

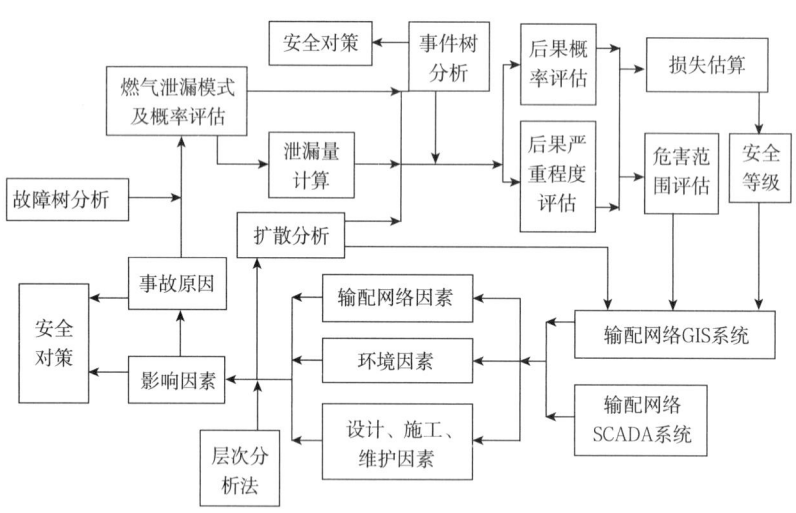

图3 高风险评估技术路线流程图

# 第二章 燃气输配网络有害因素辨识

## 一、燃气输配网络有害因素辨识方法概述

有害因素识别又称风险识别，是安全评估或风险评价的重要环节，只有了解了系统存在哪些有害因素，才能对其安全性进行系统性的评估。有害因素评估的方法非常多，例如安全检查表法、危险与可操作性分析、危险预分析法、故障树分析法、事件树分析法、因果图法等。

燃气泄漏是绝大部分燃气事故的起因，所有导致燃气泄漏的因素，都是燃气输配管网的有害因素，而所有致使燃气泄漏向爆炸、窒息、中毒、火灾等更严重事故发展的因素同样是有害因素。选择燃气泄漏作为故障树或因果图的顶事件，同时作为事件树的初因事件，是一种非常有效的有害因素辨识方法体系。

## 二、燃气泄漏的原因分析

笔者曾对埋地钢质管道、架空钢质管道、埋地 PE 管道、钢制阀门构建了因果图，分别列举如下，所有图中所示的事件均为燃气泄漏的原因，因而都是燃气输配网络系统的有害因素。

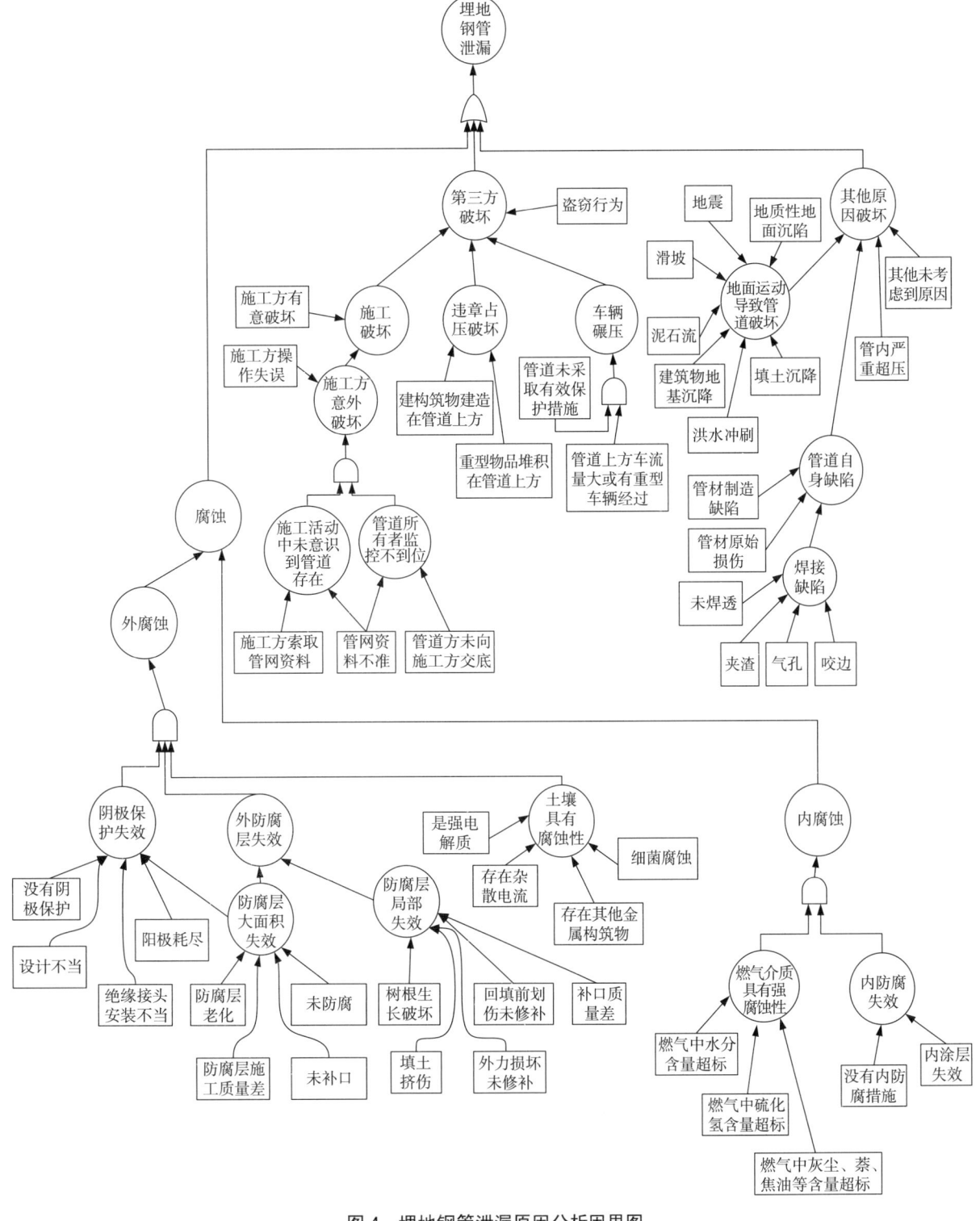

图 4　埋地钢管泄漏原因分析因果图

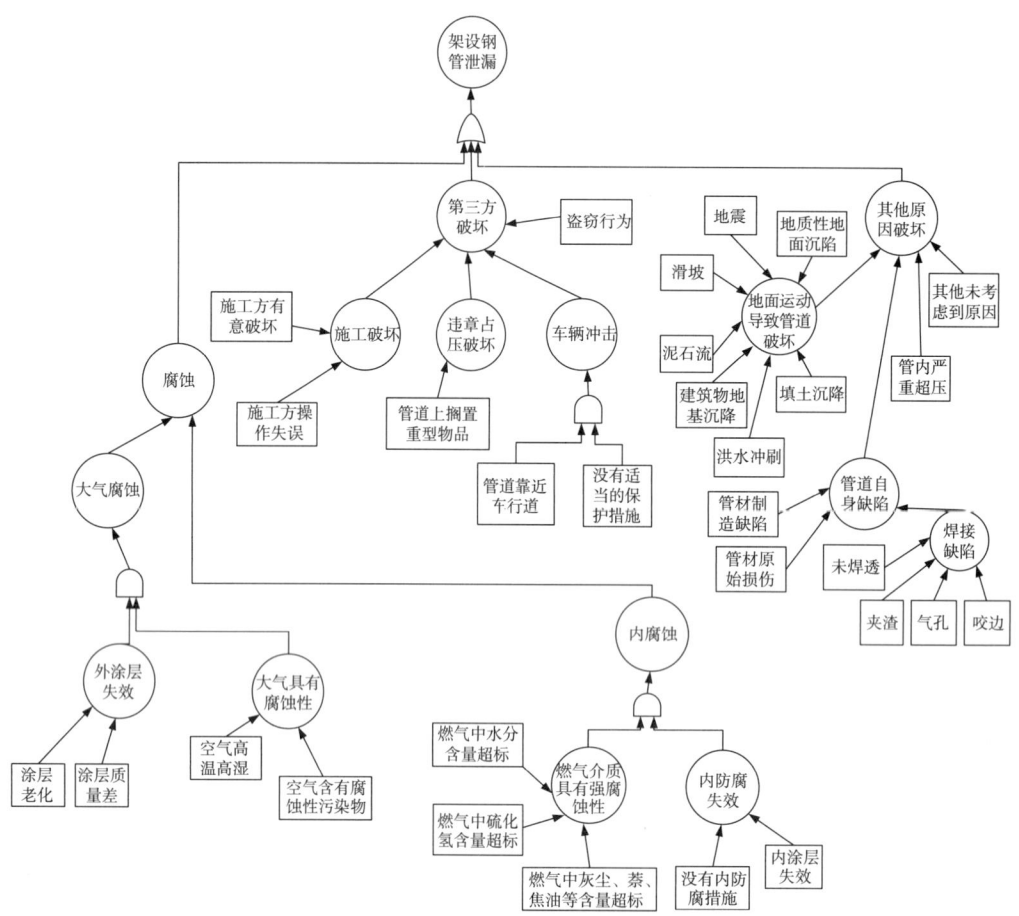

图 5 架设钢管泄漏原因分析因果图

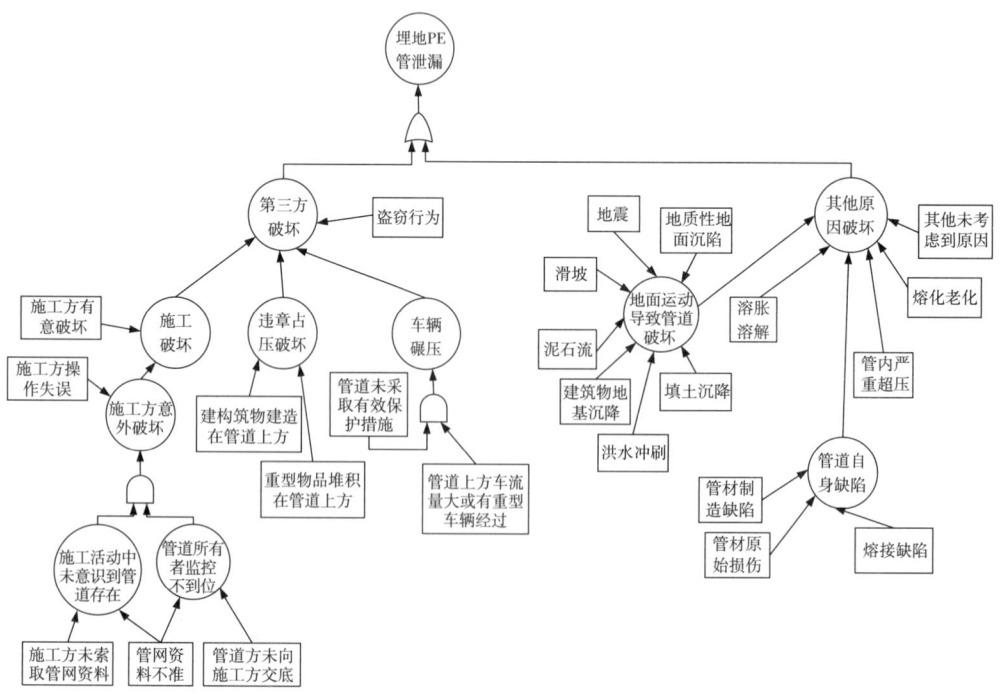

图 6 埋地 PE 管泄漏原因分析因果图

# 第二篇 行业发展概况

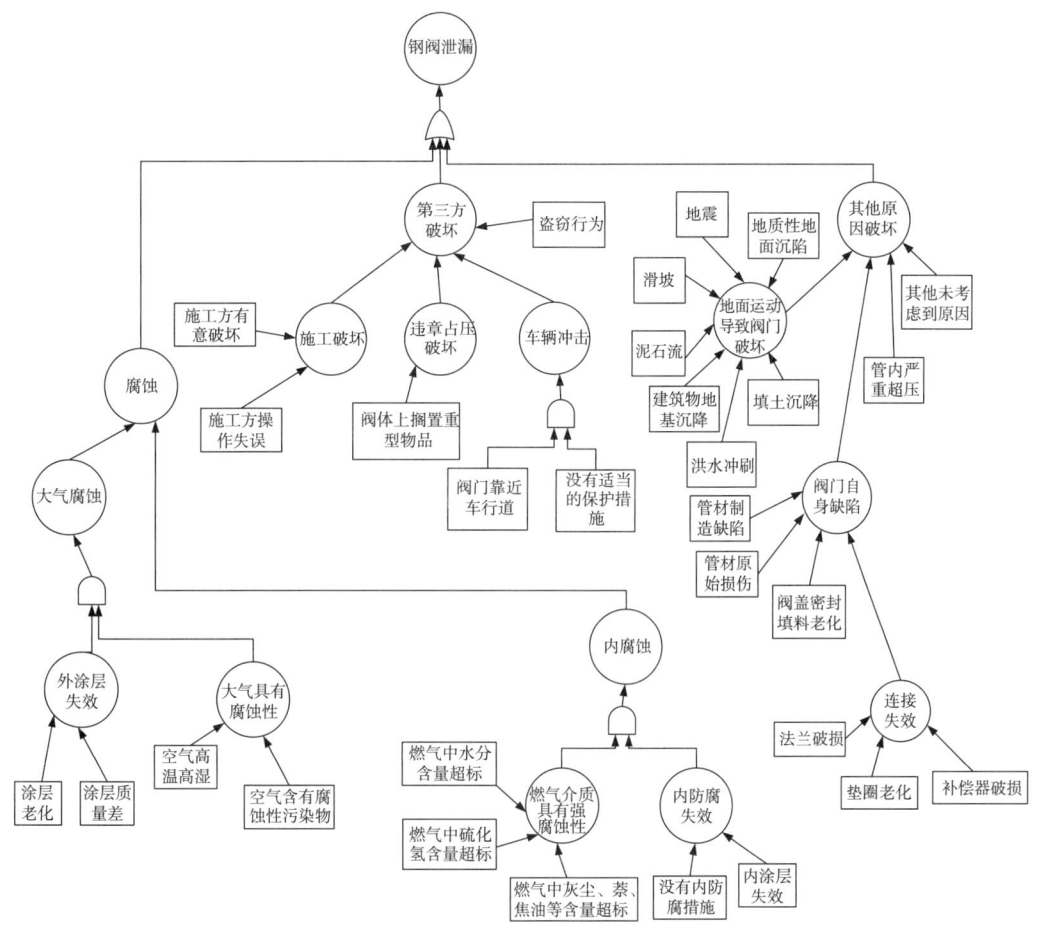

图7 架设钢制阀门泄漏原因分析因果图

## 三、燃气泄漏的后果分析

燃气泄漏在不同的后续事件情况下，所导致的后果是完全不同的。可以采用事件树分析燃气泄漏的后果，如图8所示。若仅仅是燃气泄漏，而不导致更严重的后果，则仅会导致漏气损失，导致"输配差"增大，给燃气企业带来一定的经济损失，通常燃气企业不把泄漏当作严重的事故。而若导致火灾、爆炸、窒息、闪火等事故，则易导致人员伤亡或财物损失。即便是未导致人员伤亡，爆炸、火灾也会造成社会大众恐慌，并对燃气企业产生负面影响。

当燃气泄漏时，泄漏源附近立即出现点火源，则泄漏燃气通常会被点燃，若存在燃气射流，则导致射流火灾，若仅仅是燃气渗漏，则可能导致辐射强度较弱的扩散火焰。点火源的种类见图9。若燃气泄漏一段时间之后，燃气在一定的范围内聚集，再被点燃，则可能出现2种情况：爆炸或闪火。当延迟点燃发生在密闭空间时，由于爆炸产生的高温气体受到限制，压力会显著上升，从而发生爆炸；若延迟点燃发生在开敞空间，则通常发生闪火，而无显著压力上升，通常不会发生爆炸。

即对于天然气管道泄漏而言，受限空间可以看作爆炸发生的一个必要条件。泄漏燃气在受限空间聚集发生的原因见图10。

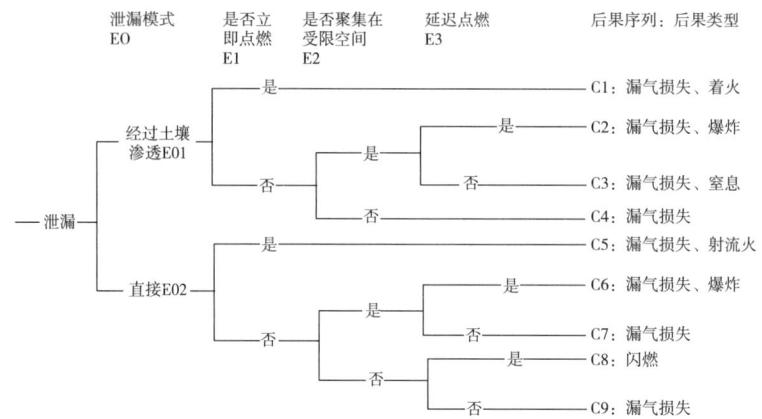

图 8　燃气管道泄漏所导致的后果事件树分析

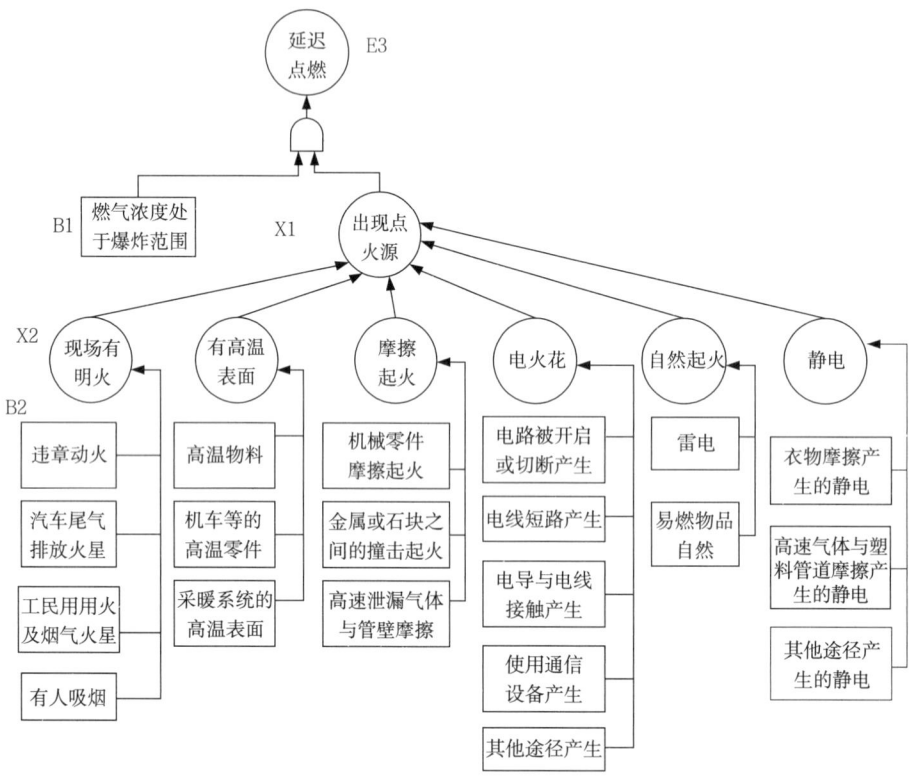

图 9　点火源类型及延迟点燃因果图分析

# 第三章　燃气输配网络单元划分与数据收集

## 一、单元划分原则

燃气输配网络是一个庞大的系统,在对其进行安全评估之前,必须划分成不同的评估单元,划分评估单元的原则如下:

（一）考虑管辖单位和巡线工作分工情况；

（二）不同类别的组件应划为不同的单元；

（三）属性差异较大的同一类组件应划分为不同单元；

（四）应考虑数据收集工作量和安全评估结果的代表性。

## 二、输配网络安全评估单元划分方法

### （一）输配网络划分

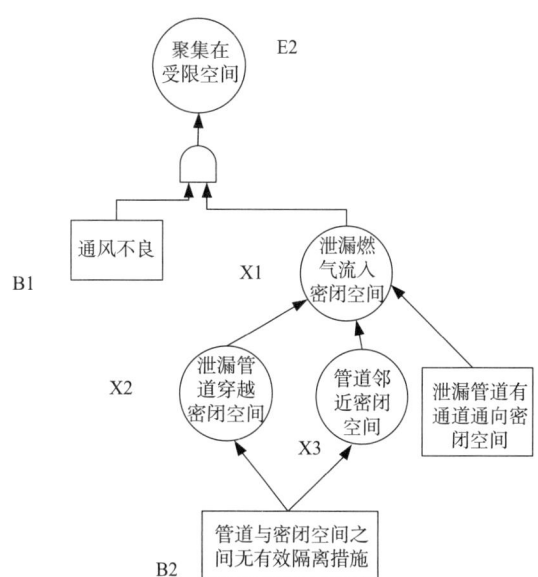

图10 泄漏燃气在受限空间聚集的原因因果图分析

输配网络划分以下类别，2种类别不作为同一个评估单元：

1. 市政燃气管道：包含管道和附属设备（阀门）；每个评估单元为同一人巡线且不超过3 km，包括从市政中压管连接至街边未形成小区的单体建筑调压箱之间的管道。

2. 庭院管网：一个独立的小区作为一个单元。街道边未形成小区的中压配气管道（即市政管道至楼栋调压箱之间）的管道，作为市政中压管道的一部分，不单独分段。

3. 低压管道：一台调压箱下游或一台调压柜下游的低压管道一般应作为一条管段。

4. 调压装置：包括调压箱和调压柜；每个单独的调压箱或调压柜作为一个评估单元。

5. 场站：包括调压计量站和配气站（无人值守）；每个单独的场站作为一个评估单元，不包含有人值守的大型站场。

### （二）燃气管道分段

燃气管道分段应考虑以下因素：

1. 人口密度及建筑物密度：对于相连管段，其所经过的城市区域功能不同、人口密度相差较大的，应划分为不同管段；

2. 压力等级：不同压力等级之间的管道是通过调压器相连的，自然而然分成不同的段，且压力对风险有重大影响；

3. 密闭空间构成：如果某一管段经过密闭空间附近或穿越密闭空间的，应划分出成为单独的管段；

4. 特殊穿越：如果有穿越、跨越铁路、高速公路、干道、河流等的，或与铁路、轻轨、磁悬浮、高压电缆等平行的，应单独划出成管段；

5. 防腐层种类：对于相连钢管，采用不同防腐层种类的应划分为不同管段，若实施了防腐层状况的检测，则可按照防腐层状况级别划分；

6. 管径：管径减小，输气流量降低，其他情况相同时，风险也会降低；

7. 服役年龄：服役年龄相差较大（5年）的管段应划分成不同的管段，根据失效分析可知，服役年龄的综合权重较大，对风险影响大；

8. 埋设方式：埋设与架设的管道，风险大不一样，因此埋设方式不同的连续管段应划分成不同管段；若管段中有很短距离的架空管道，则不单独分段。

9. 地面人类活动：对于正在施工的区域，或管道被建筑物占压等处应单独划分成段；

10. 地表地质活动：对于有滑坡、沉陷、洪水冲击等潜在自然灾害威胁的区域，应单独划分成段。

## 三、评估对象的数据收集

输配网络安全评估工作是基于大量数据的基础上完成的，安全评估结果的准确性也主要依赖于数据的准确性和完备情况。

燃气管道所需要收集的数据包括：基础数据、巡线检验数据、安全管理检查数据。

### （一）基础数据

基础数据包括：管网设施基本属性数据、环境参数和一般性运行数据。这些数据一般不随时间变化，或变化频率很低。

管道基本属性信息和环境状况信息表　　　表1

| 属性名称 | 属性值 | 说明 | P/C | 扣分值 | 重要度 |
|---|---|---|---|---|---|
| 编号/坐标 | | | | | |
| 管道位置 | | 应注明起点位置和终点位置 | | 0 | ☆☆☆ |
| 管材类型 | | 1）钢管；2）PE管 | | 0 | ☆☆☆ |
| 管道外径 | | 含有不同管径时，取最大管径。 | C | 修正系数：<br>DN300以上：-20<br>DN150—250：-10<br>DN100以下：0 | ☆☆☆ |
| 管道壁厚 | | 钢管为mm；PE管为SDR | P | 扣分：<br>满足规范要求：0<br>不满足规范：-20 | ☆☆☆ |
| 运行压力 | | | C | 修正系数：<br>高压：-30<br>次高压：-20<br>中压：-10<br>低压：0 | ☆☆☆ |
| 敷设方式 | | 1）埋地；2）管沟；3）架空 | | | ☆☆☆ |
| 投运时间 | | | P | 每服役1年扣0.5分，系统自动扣 | ☆☆☆ |
| 防腐层类型及等级 | | 仅对埋地钢管 | P | 石油沥青加强级：0<br>石油沥青普通级：-10<br>聚乙烯黏胶带：-10<br>3PE：+5 | ☆☆☆ |
| 阴极保护类型 | | 仅对埋地钢管 | P | 在日常检查中考核 | ☆ |
| 最小埋深 | | 仅对埋地钢管 | P | 符合规范要求：0<br>不符合规范要求：-10 | ☆☆☆ |
| 管道保护措施 | | 1）套管；2）栏杆；若有则填，没有则不填 | P | 埋地管道有套管保护：+5<br>无保护：0 | ☆ |

续表

| 属性名称 | 属性值 | 说明 | P/C | 扣分值 | 重要度 |
|---|---|---|---|---|---|
| 警示标志 | | 1）警示带；2）标志桩/标志牌/标志块；3）示踪带 | P | 有明显的警示标志：+5<br>无标志或不明显：–5 | ☆☆ |
| 与建筑物外墙的最小距离 | | | C | 在日常检查中考核 | ☆☆☆ |
| 附近密闭空间情况 | | 1）地下室；2）地上1层封闭房间；3）地下管沟；4）地下检查井；5）地下通道 | C | 在日常检查中考核，根据密闭空间的大小和形状，扣分范围–10至–30 | ☆☆☆ |
| 与密闭空间的位置关系间距 | | 1）平行无直接通道；2）平行且有直接通道；3）交叉无直接通道；4）交叉且有直接通道；5）穿越 | C | 在日常检查中考核<br>1）–10<br>2）–20<br>3）–5<br>4）–10<br>5）–30 | ☆☆☆ |
| 巡线周期 | | 1）1天1次<br>2）1周2次<br>3）1周1次<br>4）2周1次<br>5）1月1次<br>6）2月1次<br>7）6月1次<br>8）1年1次<br>9）2年1次 | P | 1）1天1次：+10<br>2）1周2次：+5<br>3）1周1次：0<br>4）2周1次：–2<br>5）1月1次：–4<br>6）2月1次：–8<br>7）6月1次：–10<br>8）1年1次：–15<br>9）2年1次：–20 | ☆☆☆ |
| 人口密度情况 | | 1）极大（步行街、医院、学校、政府大楼等人口密集场所）<br>2）大（一般街道）<br>3）中等（住宅小区）<br>4）小（工业区、郊区、绿地等）<br>5）稀疏（农村居住区）<br>6）极小（森林、农田、一般无人停留的地方） | C | 系数<br>1）极大：–30<br>2）大：–20<br>3）中等：–10<br>4）小：0<br>5）稀疏：+5<br>6）极小：+10 | ☆☆☆ |
| 历史抢险次数 | | | P | 1次扣10分，如更换管道则不扣 | ☆☆☆ |
| 其他特殊情况 | | 例如穿越腐殖土 | P | 扣10分 | ☆☆ |

## （二）日常检查数据

巡查检验数据就是每次日常检查结果表，每次检查结果的数据都可能不一样，因此每次检查检验后都应进行更新，并录入系统，进行安全性初步评估。

管道日常安全检查表　　　　表2

| 检查记录编号： | | 检查时间： | | | | 巡线员： | |
|---|---|---|---|---|---|---|---|
| 巡线/检查项目 | 项目编号 | 检查内容 | 异常数量 | | | 扣分（≤最高扣分） | 备注 |
| | | | 0 | 1 | 2 | 3处及以上（填写具体数量） | |
| 管道保护范围内地面状况 | 1 | 土壤塌陷、下沉、滑坡、人工取土等现象 | 0 | 1 | 2 | 3（　） | （≤ *10） | P |

续表

| 检查记录编号： | | 检查时间： | | | | 巡线员： | |
|---|---|---|---|---|---|---|---|
| 巡线/检查项目 | 项目编号 | 检查内容 | \multicolumn{4}{c}{异常数量} | 扣分（≤最高扣分） | 备注 |
| | | | 0 | 1 | 2 | 3处及以上（填写具体数量） | |
| 管道保护范围内地面状况 | 2 | 垃圾、重物堆积、违章建筑物占压或种植深根植物现象 | 0 | 1 | 2 | 3（ ） | （≤*15） | P |
| | 3 | 埋深过浅或裸露在地面 | 0 | 1 | 2 | 3（ ） | （≤*5） | P |
| | 4 | 存在燃气加臭剂异味、燃气泄漏声响、水面冒泡、草木枯萎等疑似泄漏现象 | 0 | 1 | 2 | 3（ ） | （≤20） | P |
| 管道设备泄漏检验 | 5 | 是否采用可燃气体检测仪或水压试验检测泄漏 | \multicolumn{2}{c}{是} | \multicolumn{2}{c}{否} | （≤10） | 是，不扣分；否最高扣10分。P |
| | 6 | 证实存在泄漏的处数 | 0 | 1 | 2 | 3（ ） | （≤100） | P |
| 外单位施工情况（若8为是，则进行9~11项） | 7 | 存在外单位施工干扰 | 0 | 1 | 2 | 3（ ） | （≤10） | P |
| | 8 | 施工手续是否齐全，是否已进行技术交底 | \multicolumn{2}{c}{是} | \multicolumn{2}{c}{否} | （≤10） | P |
| | 9 | 管道防腐层被损伤处数 | 0 | 1 | 2 | 3（ ） | （≤10） | P |
| | 10 | 管体被施工损伤处数 | 0 | 1 | 2 | 3（ ） | （≤20） | P |
| 管道附件检查情况 | 11 | 阀井井盖破损数量 | 0 | 1 | 2 | 3（ ） | （≤10） | P |
| | 12 | 阀井内部坍塌、积水、垃圾堆积等现象的数量 | 0 | 1 | 2 | 3（ ） | （≤10） | P |
| | 13 | 阀门及其所连接的管道是否有锈蚀、裂纹等现象的数量 | 0 | 1 | 2 | 3（ ） | （≤20） | P |
| | 14 | 阀门开关标志不清或无标志现场的数量 | 0 | 1 | 2 | 3（ ） | （≤5） | P |
| | 15 | 阀门卡死或操作不灵活的数量 | 0 | 1 | 2 | 3（ ） | （≤10） | P |
| | 16 | 阀门关闭不严的数量 | 0 | 1 | 2 | 3（ ） | （≤10） | P |
| 阴保系统 | 17 | 阴保系统类型 | 无（-20） | A型 | B型 | C型 | | P |
| 管道与建、构筑物的最小间距复查 | 18 | 管道与建构筑物的距离不满足规范要求的处数 | 0 | 1 | 2 | 3（ ） | （≤15） | C |
| 管道周围的密闭空间复查 | 19 | 管道周边存在密闭空间的数量 | 0 | 1 | 2 | 3（ ） | （≤20） | C |
| 消防隐患情况 | 20 | 管道设备周围堆放、储存易燃、易爆、有毒或有腐蚀性危险品的处数 | 0 | 1 | 2 | 3（ ） | （≤20） | C |
| 重要场所 | 21 | 管道周围存在重要或敏感公共建筑物或场所（如政府大楼、医院、学校、车站、监狱、大型商场、集市、宗教场所等）的数量 | 0 | 1 | 2 | 3（ ） | 扣分系数1.1 | C |
| 其他异常 | 22 | 是否有其他异常现象 | \multicolumn{2}{c}{是} | \multicolumn{2}{c}{否} | （≤20） | P |

注：阴极保护类型：A型为强制电流；B型为牺牲阳极；C型为排流保护。若选项为A、B或C，则需填写阴极保护及杂散电流巡查评估表。

## （三）阴极保护运行数据

阴极保护措施是对管道防腐层破损的有效补充，应建立每一个阴极保护测试桩的基本属性，并由专业人员按照计划抄回运行数据，或由阴极保护测试桩安装自动数据发送装置获取。

阴保测试桩基本属性表　　　　　　　　　　　　　　　　　　　　　表3

| 属性名称 | 属性值 | 说明 | P/C | 修正系数/扣分值 | 重要度 |
|---|---|---|---|---|---|
| 测试桩编号 | | | | | |
| 坐标/物理位置 | | | | | |
| 阴保类型 | | A. 强制电流<br>B. 牺牲阳极<br>C. 排流保护 | | | ☆☆☆ |
| 所属管道编号 | | | | | ☆☆☆ |
| 设计最小保护电位 | | | | | ☆☆☆ |
| 设计最大保护电位 | | | | | |
| 设备型号<br>（强制电流填恒电位仪型号，牺牲阳极填牺牲阳极材料型号） | | | | | ☆☆☆ |

阴极保护系统参数安全检查表　　　　　　　　　　　　　　　　　　表4

| 检查记录编号： | | 检查时间： | | 巡线员： | | | |
|---|---|---|---|---|---|---|---|
| 巡线/检查项目 | 编号 | 检查内容 | 是 | 否 | 不涉及 | 扣分（≤最高扣分） | 备注 |
| 阴极保护情况<br>（总分20分） | 1 | 测试桩数据信号是否正常 | | | | （≤10） | P |
| | 2 | 阴极保护电位不在规定的范围的次数（一般为-0.85~1.2V，CSC，6个月以内检测数据） | 0 | 1 | 2处以上 | （≤10） | P |
| | 3 | 牺牲阳极输出电流值是否满足设计要求 | 0 | -10 | | （≤10） | P |
| | 4 | 与轨道交通线/车站的距离 | | | | 100以内: -10;<br>100~200m: -6;<br>200~500m: -3;<br>500~1 000m: -1 | P |
| | 5 | 是否存在杂散电流干扰 | -20 | 0 | | （≤20） | P |

## （四）专项检验数据

管道专项检测目前阶段主要是指防腐层质量检测队伍所检测的数据，通常每若干年会有一次检测数据。

管道专项检查表　　　　　　　　　　　　　　　　　　　　　　　　表5

| 管道编号： | | 检查时间： | | 检测记录编号： | | | |
|---|---|---|---|---|---|---|---|
| 项目编号 | 检查内容 | | 是 | 否 | 不涉及 | 扣分（≤最高扣分） | 备注 |
| 1 | 防腐层检测周期是否符合国家标准 | | | | | （≤20） | P |

续表

| 管道编号： | | 检查时间： | | 检测记录编号： | | |
|---|---|---|---|---|---|---|
| 项目编号 | 检查内容 | 是 | 否 | 不涉及 | 扣分（≤最高扣分） | 备注 |
| 2 | 防腐层质量等级 | 优、良、中、差、劣 | | | （≤30） | 优：+5；良：0；中：-5；差：-15；劣：-30（P） |
| 3 | 破损点个数 | 很严重数量： | | | （≤40） | 每个扣5分(P) |
| | | 严重数量： | | | | 每个扣2分 |
| | | 一般或轻微数量： | | | | 每个扣1分 |
| 4 | 占压数量 | | | | | 每处扣3分（P，C） |
| 5 | 管体严重腐蚀数量 | | | | | 每处扣5分 P |
| 6 | 漏气点数量 | | | | | 每处扣10分 P |
| 7 | 修复情况 | | | | | 对修复后的扣分点根据修复情况取消或减少扣分 |

# 第四章 燃气输配网络初步安全评估方法

## 一、燃气管道初步安全评估评分方法

本文将安全指数总分定为100分，而各因素之和的总分值远大于100分，在评分时，各因素实行扣分制，当扣分达到100分时，分值为0，不再继续扣分，即认为安全性已经为最差级别。

将燃气管道的基础数据和巡查检验项目（即安全检查表项目）按照其对安全性影响分为2类：一类影响失效可能性（P），另一类影响失效后果严重程度（C），并参考附件关于燃气管道或其他被评对象的评分值对各项因素进行评分，并将所有影响失效的可能性扣分值和影响后果严重程度的扣分值累加。将绝对安全的分值定为100分，绝对不安全定为0分，而某些因素可以导致绝对不安全时，其一项的分值即可定为100分。所有对安全有负面影响的检查结果或属性都会被扣分，而对安全有保障的因素可以加分，所有不符合正常要求的情况均为负值。100分减去总扣分分值即为失效可能性或失效后果严重程度的得分值。

将P值和C值按分值大小划分为5个级别，即"低、较低、中、较高、高"，对应的分值范围为"0～40，40～60，60～80，80～90，

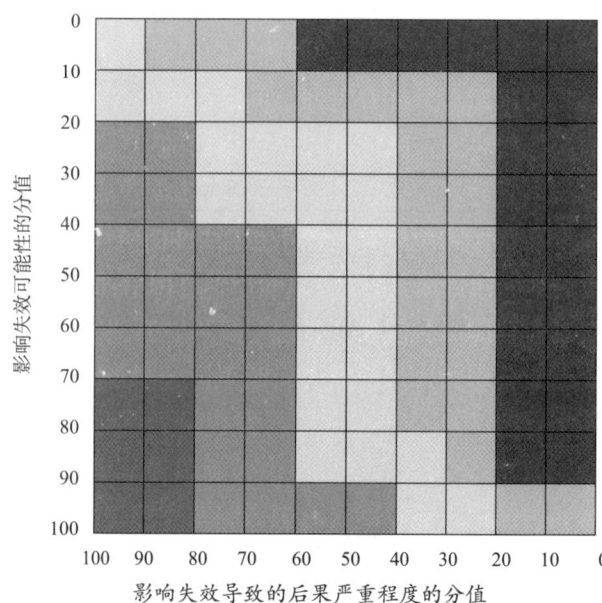

图11 燃气输配网络风险矩阵评判标准

90～100"。

初步评估的安全性等级评判按"风险矩阵法"分为"低、中、较高、高、极高"5个风险等级，划分方法如图11所示。评判过程将由系统自动进行。并可将对应颜色标注在GIS系统中的对应管道上。

根据颜色的不同，从左到右依次为低风险、中风险、较高风险、高风险和及高风险。

笔者已经根据自己的专业经验暂定了所有项目的最大扣分值，最大扣分值设定原则如下：

对于P类因素：任何足以导致管道持续较大流量泄漏的一个项目或几个项目的组合，该项目扣分值该组项目扣分值的和为100分。

对于C类因素：当燃气泄漏时，任何一个项目或几个项目的组合，足以导致数人死亡或巨大经济损失时，该项目扣分值或该组项目扣分值的和为100分。

尽管作者已经根据专业知识建立较为完善的安全检查表，但也无法将所有碰到的不正常情况纳入该表，因此设了一项"其他异常情况"，巡检人员应根据现场情况和专业知识，发现一些低概率的有害情况。

表1至表5的更新周期并不相同，每次管道安全初评估时都应自动选择最近更新的表格纳入计算。评估结果列入表6。

管道安全初评估结果表　　　　　　表6

| 安全初步评估 | 管道编号 | | 安全初评估编号 | |
| --- | --- | --- | --- | --- |
| | 失效可能性扣分值 | | 失效后果严重性扣分值 | |
| | 安全等级 | | 安全排序 | |
| | 安全建议 | | | |

若通过初步评估判定为"高风险"或"极高风险"的管段或设施，应进入下一步"高风险评估"环节。

## 二、调压箱/调压柜/无人调压站安全初步评估

管道之外的燃气供应设施安全初步评估的方法与管道完全相同，但安全检查表项目内容均不同。

# 第五章　高风险管段（或设施）的安全评估

初步安全评估将燃气管网中的某一对象的风险等级划分为"高、较高、中、低"4个等级，等风险等级为"高"时，可对评估对象进一步进行高风险评估。

高风险评估分为2个部分的内容：

第1部分：评估管网设施发生泄漏、火灾、爆炸等危害事件的类型及其概率；

第2部分：评估这些危害事件导致的危害后果严重程度以及有害范围和发生泄漏时的疏散范围。

## 一、危害事件的确定

由于燃气管网危害几乎都来自于泄漏，因此将泄漏作为初因事件，采用事件树法推导在各种环

境条件下，事态进一步的发展情况，第二章（二）节已对此进行了分析，为了分析的方便，这里对因果图进行简化，如下图所示。

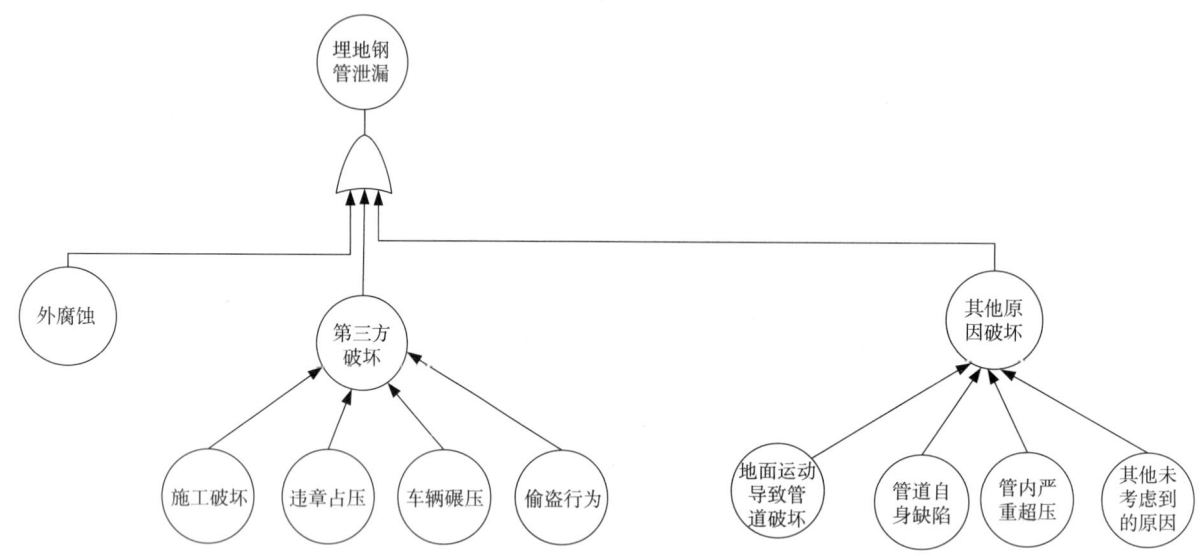

图12　埋地钢管泄漏原因分析简化因果图

泄漏模式按表7确定。

| | 泄漏模式的确定 | 表7 |
|---|---|---|
| 基本部件 | 失效原因（因果图节点事件） | 进入空气中的方式 |
| 埋地钢管 | 腐蚀失效 | 经过土壤渗透 |
| | 施工破坏 | 直接进入空气 |
| | 违章占压 | 经过土壤渗透 |
| | 车辆碾压 | 经过土壤渗透 |
| | 盗窃行为 | 直接进入空气 |
| | 地面运动 | 经过土壤渗透 |
| | 管道自身原因 | 经过土壤渗透 |
| | 其他原因 | 经过土壤渗透 |
| 架设钢管（其他地面装置相同） | 腐蚀失效 | 直接进入空气 |
| | 第三方破坏失效 | 直接进入空气 |
| | 其他原因失效 | 直接进入空气 |
| 钢阀（调压箱、调压柜相同） | 腐蚀失效 | 直接进入空气 |
| | 第三方破坏失效 | 直接进入空气 |
| | 地面运动 | 直接进入空气 |
| | 阀体本身缺陷 | 直接进入空气 |

续表

| 基本部件 | 失效原因（因果图节点事件） | 进入空气中的方式 |
|---|---|---|
| 钢阀（调压箱、调压柜相同） | 垫圈垫片老化 | 直接进入空气 |
| | 补偿器安装不当 | 直接进入空气 |
| | 填料老化 | 直接进入空气 |
| | 其他原因 | 直接进入空气 |

## 二、事件树原因事件概率评估

表7中给出了泄漏燃气进入空气中的方式，以及对应管道设施类型和故障原因。泄漏燃气进入空气中的方式只有2种，要么直接泄漏到空气中，要么泄漏到土壤中，经过土壤渗透再进入空气中。而燃气只有在空气与空气混合或排除空气才会对人和物产生显著危害。

### （一）埋地钢管腐蚀泄漏概率评估方法

对于城市天然气管道，可不考虑内腐蚀问题，腐蚀主要就是外腐蚀，外腐蚀概率就等同于腐蚀概率。

#### 1. 建立系统层次结构

依据系统分析的方法，对系统的因素及其层次进行分析，进而设计系统层次结构的表示模型。

#### 2. 确定某因素的各下级因素对其的影响权重值

通过专家评分对各级影响因素的相对重要性进行分析，构造判断矩阵。

例如，本文通过专家评分法得出图13所示的层次结构的权重值如表13所示。

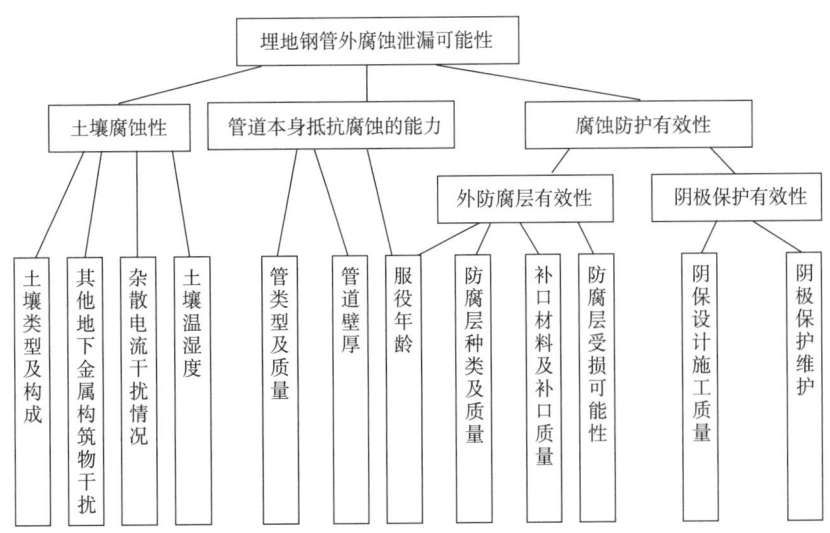

图13　埋地钢管外腐蚀泄漏可能性层次结构

#### 3. 确定底层因素在各种情况下的分值

评估埋地钢管外腐蚀泄漏可能性就是从对它有影响的最底层因素的不同情况的评估来实施的。

埋地钢管外腐蚀层次结构各同组因素的权重　　表8

| 共同的直接上层因素 | 下层因素 | 权重值 |
|---|---|---|
| 埋地钢管腐蚀泄漏可能性 | 土壤腐蚀性 | 0.210 |
|  | 管道本身抵抗腐蚀的能力 | 0.160 |
|  | 外腐蚀防护效果 | 0.630 |
| 土壤腐蚀性 | 土壤类型及构成 | 0.342 |
|  | 交流杂散电流干扰 | 0.123 |
|  | 直流杂散电流干扰 | 0.342 |
|  | 土壤温湿度 | 0.193 |
| 管道本身抵抗腐蚀的能力 | 钢管类型及质量 | 0.312 |
|  | 钢管壁厚 | 0.340 |
|  | 服役年龄 | 0.348 |
| 外腐蚀防护效果 | 外防腐层有效性 | 0.622 |
|  | 阴极保护有效性 | 0.378 |
| 外防腐层有效性 | 防腐层种类及质量 | 0.252 |
|  | 补口材料种类及质量 | 0.183 |
|  | 防腐层受损可能性 | 0.420 |
|  | 服役年龄 | 0.145 |
| 阴极保护有效性 | 设计与施工质量 | 0.576 |
|  | 维护情况 | 0.424 |

埋地钢管外腐蚀层次结构各底层因素在各种具体情况下分值　　表9

| 基本层因素 | 典型情况 | 分值 |
|---|---|---|
| 土壤类型及构成 | 1. 砂土（颗粒直径较大、透气性好） | 8 |
|  | 2. 一般壤土（粉土） | 6 |
|  | 3. 黏土（颗粒直径小，透气性差） | 4 |
|  | 4. 腐殖土（污水渗透、生活垃圾填埋等） | 2 |
|  | 5. 建筑垃圾堆积土（砖块、石灰、泥浆、泥土等混合） | 3 |
|  | 6. 河水冲积土 | 4 |
| 直流杂散电流干扰 | 1. 直流电位梯度小于 0.5 V/m 或管地电位正向偏移小于 20 mV | 9 |
|  | 2. 直流电位梯度为 0.5～2.5 V/m 或管地电位正向偏移为 20～100 mV | 5 |
|  | 3. 直流电位梯度大于 2.5 V/m 或管地电位正向偏移大于 100 mV | 2 |
| 交流杂散电流干扰 | 1. 交流电流密度小于 30 A/m² | 9 |
|  | 2. 交流电流密度为 30～100 A/m² | 5 |
|  | 3. 交流电流密度大于 100 A/m² | 2 |
| 土壤湿度 | 1. 低（地下水位低的地区） | 9 |
|  | 2. 中 | 6 |
|  | 3. 高（地下水位高、水流在附近经过、水池湖泊附近） | 4 |
|  | 4. 干湿交替 | 2 |

续表

| 基本层因素 | 典型情况 | 分值 |
| --- | --- | --- |
| 钢管类型及质量 | 1. 无缝钢管 | 9 |
|  | 2. 有缝钢管 | 7 |
|  | 3. 可能含有杂质的钢管 | 4 |
|  | 4. 管段内含有2种以上不同型号的钢管 | 4 |
| 管道壁厚 | 1. 10 mm 以上 | 10 |
|  | 2. 8～10 mm（含） | 9 |
|  | 3. 6～8 mm（含） | 8 |
|  | 4. 5～6 mm（含） | 7 |
|  | 5. 4～5 mm（含） | 5 |
|  | 6. 3.5（含）～4 mm（含） | 3 |
|  | 7. 小于 3.5 mm | 2 |
| 钢质管道的服役年龄 | 1. 30 年以上 | 1 |
|  | 2. 21～30 年 | 2 |
|  | 3. 15～20 年 | 3 |
|  | 4. 11～14 年 | 4 |
|  | 5. 8～10 年 | 5 |
|  | 6. 6～9 年 | 6 |
|  | 7. 4～5 年 | 8 |
|  | 8. 2～3 年 | 9 |
|  | 9. 1 年以内 | 10 |
| 防腐层的服役年龄 | 1. 30 年以上 | 1 |
|  | 2. 21～30 年 | 2 |
|  | 3. 15～20 年 | 3 |
|  | 4. 11～14 年 | 4 |
|  | 5. 8～10 年 | 5 |
|  | 6. 6～9 年 | 6 |
|  | 7. 4～5 年 | 8 |
|  | 8. 2～3 年 | 9 |
|  | 9. 1 年以内 | 10 |
| 防腐层种类及质量 | 1. 三层 PE | 10 |
|  | 2. 二层 PE | 8 |
|  | 3. 熔结环氧粉末加强级 | 7 |
|  | 4. 熔结环氧粉末普通级 | 5 |
|  | 5. 聚乙烯粘胶带特加强级 | 6 |

续表

| 基本层因素 | 典型情况 | 分值 |
|---|---|---|
| 防腐层种类及质量 | 6. 聚乙烯粘胶带加强级 | 4 |
| | 7. 聚乙烯粘胶带普通级 | 2 |
| | 8. 环氧煤特加强级 | 6 |
| | 9. 环氧煤加强级 | 4 |
| | 10. 环氧煤普通级 | 2 |
| | 11. 石油沥青特加强级 | 8 |
| | 12. 石油沥青加强级 | 6 |
| | 13. 石油沥青普通级 | 4 |
| | 14. 没有外防腐层 | 0 |
| 补口材料及补口质量 | 1. 塑料热缠带补口，施工合乎要求 | 9 |
| | 2. 塑料热缠带补口，施工不完全合乎要求 | 7 |
| | 3. 塑料冷缠带补口，施工合乎要求 | 7 |
| | 4. 塑料冷缠带补口，施工不完全合乎要求 | 5 |
| | 5. 石油沥青补口，施工合乎要求 | 8 |
| | 6. 石油沥青补口，施工不完全合乎要求 | 5 |
| | 7. 环氧煤补口，施工合乎要求 | 6 |
| | 8. 环氧煤补口，施工不完全合乎要求 | 4 |
| | 9. 焊口、三通等处没有补口 | 0 |
| 防腐层受损可能性 | 1. 经仪器检测无破损点 | 10 |
| | 2. 经仪器检测每 km 破损点 1~3 个 | 8 |
| | 3. 经仪器检测每 km 破损点 3~6 个 | 6 |
| | 4. 经仪器检测每 km 破损点 6~10 个 | 4 |
| | 5. 经仪器检测没 km 破损点 10 个以上 | 2 |
| | 6. 未知 | 4 |
| 阴极保护设计与施工质量 | 1. 全段管地电位 -0.85V 以上 | 10 |
| | 2. 部分达到 -0.85V，部分 0.75~0.85V | 7 |
| | 3. 大部分未达 -0.85V | 5 |
| | 4. 没有阴极保护 | 0 |
| 阴保系统的维护频率与质量 | 1. 每月检测维护 1 次，并调整参数在设计范围内 | 10 |
| | 2. 每 2 月检测 1 次，并调整参数在设计范围内 | 9 |
| | 3. 每 3 月检测 1 次，并调整参数在设计范围内 | 8 |
| | 4. 每 6 月检测 1 次，并调整参数在设计范围内 | 7 |
| | 5. 每年检测 1 次，并调整范围在设计范围 | 5 |
| | 6. 2 年及 2 年以上检测 1 次 | 3 |

### 4.确定底层层次结构中顶层事件的分值

根据下层事件的分值和权重,可以计算得到上一级的分值,逐级计算可以得到顶层事件的分值。

最高分为10分,最低分为0分。分值越高,代表越安全;如图4.2所示的层次结构,若分值为10分,则表示不可能发生外腐蚀泄漏事件;而若分值为0分,则表示发生外腐蚀泄漏事件的可能性极大。将分值除以10,则得到可能性值,表示顶事件发生的可能性,可能性值的范围为[0,1]。

### 5.将可能性值转换为概率值

## (二)其余原因事件的概率评估

其余原因事件的概率评估过程与"埋地钢管外腐蚀泄漏"相同,只是具体的层次结构和评估过程中的取值不相同。

### 1.埋地钢管施工破坏泄漏概率评估

只有存在可疑的施工活动时,才需要对施工破坏进行评估。当不存在施工活动时,不进行该项评估。

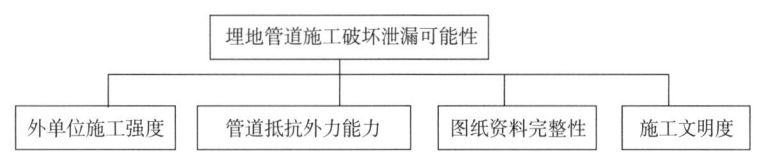

图14 埋地钢管外腐蚀泄漏可能性层次结构

### 2.违章占压

只有存在违章占压时,才需要对违章占压导致管道泄漏的可能性进行评估。

图15 埋地钢管外腐蚀泄漏可能性层次结构

### 3.车辆碾压

只有管道处于可能可以到达的范围时,才需要对车辆碾压导致管道泄漏的可能性进行评估。

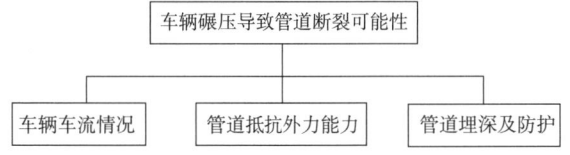

图16 埋地钢管外腐蚀泄漏可能性层次结构

## 三、事件树后续事件及后果事件的概率评估

事件树后续事件概率评估方法与原因事件评估方法相同,过程相同。

### (一)E1:"立即被点燃"的概率评估

## （二）E2 泄漏燃气聚集在受限空间的概率

针对埋地天然气管道泄漏聚集在受限空间的概率，建立如图18所示的简易层次结构：

各因素对埋地管道泄漏到密闭空间的概率影响权重如为：运行压力：0.355，间距：0.355，土壤类型：0.13，受限空间表面的覆盖物：0.16。

其余分析过程与泄漏燃气立即点燃概率分析相同，但 $K_s$ 取 1.3。

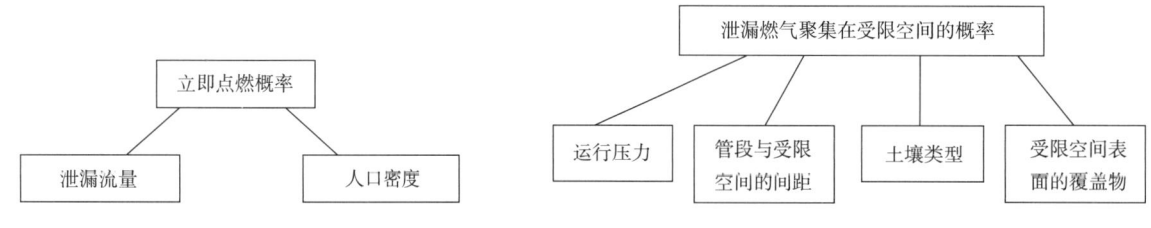

图17 立即点燃层次结构图　　　　图18 埋地管道泄漏燃气聚集在受限空间的层次结构图

## （三）E3 泄漏燃气延迟点燃概率分析

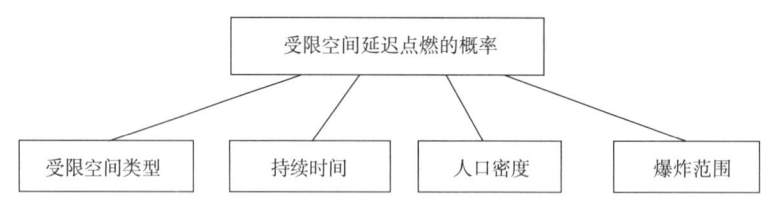

图19 受限空间延迟点燃概率层次结构图

# 四、危害事件的经济损失估算

前面分析了射流火、闪火、受限空间爆炸等危害对人造成死亡、重伤、轻伤以及对财物（主要是建筑物）造成损毁、损坏的半径范围。为了计算这些危害事件所能造成的人员伤亡数目和财产损失数额，还需评估管道所处地理位置周边的人口密度和财产密度；为了统一比较不同人员伤亡数目和财物损失数额的后果大小，还需将人员伤亡数目、财物损失数额都用统一的指标来描述，最直观也是最直接的方法就是用货币化的直接经济损失来统一描述。

任何一个区域的人口密度都是一个随机量，但是对于某个特定的城市，还是可以将管道所经过的区域划分成几个典型的人口密度分布区，以日平均人口密度为计算值，该值可以大致统计计算。

与人口密度相似，也可以将管道所处位置的财产密度划分为几个典型区域，并统计出或者按经验给出一个计算值，财产密度用单位面积上的财产价值表示，财产主要考虑建筑物和设备，应考虑建筑物或设备的重要性和潜在价值。

**人口密度典型区域划分及其计算值** 表 10

| 典型区域 | 人口密度计算值（人/m³） | 定性描述 |
| --- | --- | --- |
| 车站、学校、医院门口道路、公交车站 | 0.5 | 极高 |
| 步行街、繁华街道 | 0.1 | 很高 |
| 一般街道 | 0.05 | 高 |
| 一般道路、居住小区 | 0.01 | 中 |
| 工业区 | 0.001 | 低 |
| 郊外 | 0.0001 | 很低 |
| 荒野 | 0.00001 | 极低 |

**财产密度典型区域划分及其特征值** 表 11

| 典型区域 | 财产密度（万元/m²） | 定性描述 |
| --- | --- | --- |
| 政府办公楼、重要遗产建构筑物、贵重产品生产、销售场所、停车场 | ≥2 | 极高 |
| 酒店、医院，繁华商业区 | 1 | 很高 |
| 一般街道、商业建筑、学校建筑 | 0.5 | 高 |
| 住宅建筑 | 0.1 | 中 |
| 加工工厂建筑 | 0.05 | 低 |
| 郊外 | 0.01 | 较低 |
| 荒野 | 0.0001 | 很低 |

经济损失包括直接经济损失和间接经济损失，由于间接经济损失与直接经济损失一般都成一定的比例，且间接经济损失不确定性很大，有的时候甚至难以界定，因此在危害程度评估时一般都只统计直接经济损失。

**事故直接经济损失统计范畴** 表 12

| | |
| --- | --- |
| 人身伤亡所支出的费用 | 1. 医疗费用（含护理费用） |
| | 2. 丧葬及抚恤费用 |
| | 3. 补助及救急费用 |
| | 4. 歇工工资 |
| 善后处理费用 | 1. 处理事故的事务性费用 |
| | 2. 现场抢救费用 |
| | 3. 清理现场费用 |
| | 4. 事故罚款及赔偿费用 |
| 财产损失价值 | 1. 固定财产损失价值 |
| | 2. 流动财产损失价值 |

燃气事故的经济损失可按国家标准《企业职工工伤亡事故经济损失统计标准》GB 6441—86统计，该标准给出直接经济损失统计范围如表26所示。燃气事故需要统计的直接经济损失一般有4项：

1）与人员伤亡有关的经济损失；2）财产毁坏经济损失；3）管道设备及环境恢复费用；4）漏气经济损失。

单个人员死亡、重伤、轻伤经济损失有关的数据都应采用统计平均值；

除了人员伤亡经济损失外，燃气管道事故更为常见导致的直接经济损失是财产毁坏经济损失、管道设备修复费用和漏气经济损失。

危害事件的经济损失统计步骤如下：

1. 分别求出危害事件导致人员死亡、重伤、轻伤，财物损毁、损坏的半径；
2. 求出人员死亡、重伤、轻伤，财物损毁、损坏的面积；
3. 给出人口密度和财产密度；
4. 计算人员死亡、重伤、轻伤的数目和财产损失额；
5. 评估人员死亡、重伤、轻伤的货币化直接经济损失；
6. 估计管道设备及环境恢复所需的费用；
7. 估计泄漏量，计算漏气经济损失；
8. 计算人员伤亡、财产损失、设备和环境恢复、漏气损失等直接经济损失总和。

# 第六章　燃气输配网络安全评估系统建立及软件编制方案

## 一、安全评估系统与GIS系统

燃气管网设施是一个简单部件构成的巨大系统，经过单元划分后，安全评估的对象数量非常多。对于同一类型的安全评估对象，其方法是完全相同的，但是每一个评估对象所需要收集的数据是不相同的，且数据量巨大，而对于同一对象而言，这些数据重复利用率非常高，即许多数据不会随时间发生改变或发生改变的时间周期非常长。

要管理这么巨大数据必须依靠数据库系统；而要进行这么多对象的安全评估也必须基于软件系统进行。

"燃气输配网络安全评估系统"可加强燃气企业安全管理工作，加大管网设施维护的力度，实施安全管理和管网设施安全巡检的规范化和信息化，实现不同安全状况管网设施的区别管理；该系统能够对巡线员的巡检工作进行管理，允许巡线员录入巡检的结果数据并保存，安全管理人员可根据巡检的情况对管网设施进行初步安全评估；该系统能够对安全管理人员的安全管理工作进行管理和记录，允许安全管理人员录入相关数据，并对安全管理状况进行评估。软件运行后，能够达到以下目标：

1. 能够作为安全管理工具，减少或避免安全管理工作疏漏；
2. 能够作为各类燃气设施的巡线人员日常检查工作的管理工具，减少或避免安全巡检疏漏；
3. 能够作为安全管理、安全检查、事故调查等各类资料的信息化存档工具，能够保持、新增、删除、查询、统计各类巡检、事故及评估记录；
4. 能够对燃气输配管网设施和用户设施进行安全评估，评估结果能够代表该设施的相对安全性，能够对安全状况进行排序，从而找出输配系统的薄弱环节，为预防安全事故和最有效地安排巡检提供决策支持；
5. 事故调查和案例分析记录能为以后的工作指明方向，通过事故的学习"举一反三"，避免类似事故再次发生,保障供气和用气安全。

数据共享与交换示意图如下:

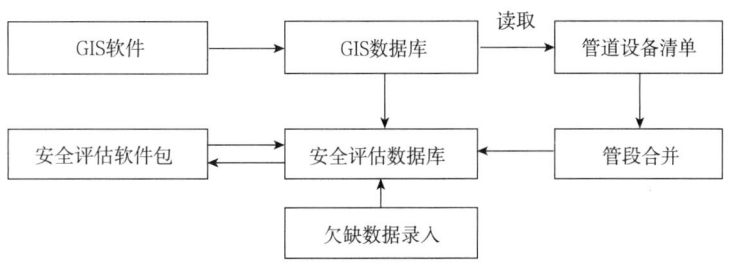

图 20　安全评估系统与 GIS 系统数据共享与交换示意图

## 二、燃气输配网络系统软件架构

"燃气输配网络安全评估系统"架构如图 21 所示,系统分为 3 大模块:一是数据库模块,用于储存各类数据;二是管理模块:用于实现软件本身的管理功能,如用户管理,数据导出等;三是业务模块,是软件主要的功能模块,业务模块包含的内容如图 21 所示,业务模块向相应的业务人员开放使用权限。

"燃气输配网络安全评估系统"主要包括以下内容:

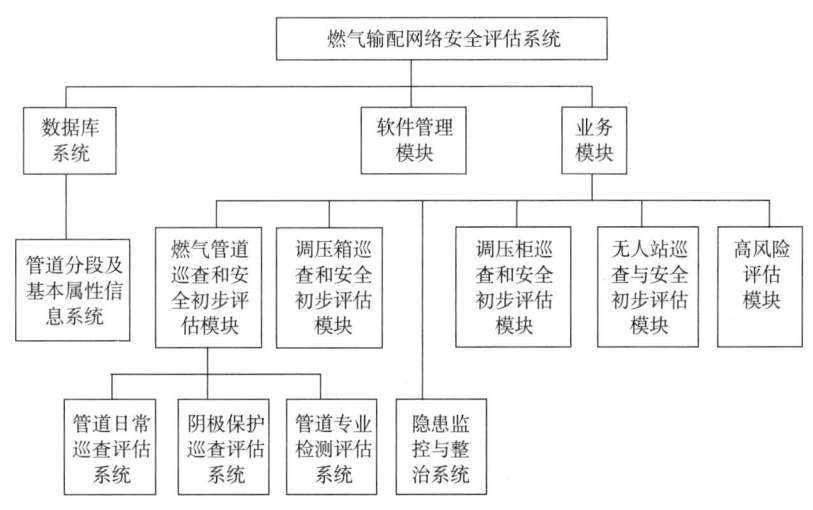

图 21　燃气输配网络安全评估系统架构

## 三、软件系统功能需求设计

### (一)登录、退出

软件提供登录界面,输入正确的账号和密码即可登录,登录系统后可从系统退出。

### （二）用户管理

软件允许添加、删除用户，修改用户密码，给不同用户配置操作权限（主要区别是能否修改评分值和设置安全等级的分值）；

不同模块分别给定登录账户，由软件总管理员创建账户，分配给对应的工作人员。

### （三）导出功能

所有记录表均可导出成 Excel 文件。

### （四）添加、录入、编辑、修改功能

对于任何一种记录表，都允许软件用户添加记录，并能对记录中的数据进行编辑、修改，对于有权限的用户，允许修改其中的评分值、等级分值设置和删除记录。

### （五）统计功能

自动统计功能是安全评估软件的重要功能之一。

软件统计功能包括以下几个方面：

1. 统计任意一段时间内的检查记录数量；
2. 将检查记录与设定的安全检查周期对比，统计按时检查率；
3. 自动统计某一对象（例如某一段管道、调压装置或气站等）的隐患次数；
4. 某一对象在某一个时间节点的安全排序；
5. 某一对象安全等级（或失效可能性分值、失效后果分值）在某一段设定的时间内的变化趋势；
6. 某一时间内的隐患统计及整治率，可分风险等级统计。

### （六）查询功能

查询功能也是安全评估软件的重要功能，查询功能包括以下 4 个方面：

1. 评估对象基本属性的查询，例如根据每一管道的某一特性，查询管道记录；
2. 可根据各种条件（如根据检查时间、巡检人员、某个评估内容的数值等）查询安全评估记录；
3. 可根据单项条件，也可以根据多项条件复合查询；
4. 提供"精确"查询和"模糊"查询2种模式。

### （七）帮助功能

软件提供简要的操作使用手册。

## 四、软件编制设想

### （一）软件组成部分

用户管理模块：管理使用软件角色的权限；

输入输出模块（UI 接口）：输入参数及数据，显示计算结果及报表等；

计算模块：包括各种燃气专业计算办法，通过高效的计算逻辑实现；

GIS 对接模块：实现与 GIS 系统无缝对接的功能。

数据存储模块：存储用户数据、燃气参数、报表数据，采用数据库软件；

### （二）软件编制

软件属于典型数据库程序，主体包含计算程序及数据库 2 个部分。

计算程序开发采用常见的，易维护升级的 vs2010 平台，开发语言采用计算软件中常用的高性能的开发语言 C 语言。

数据库采用关系型数据库，典型的 sql server 2010。

### （三）与 GIS 系统的对接

燃气输配网络安全评估软件编制方案如下：

1. 根据技术方案开发安全评估软件包，选择与 GIS 数据库兼容的数据库系统，建立数据表；

2. 对 GIS 管段数据根据本文第六章的方案进行分类，再对 GIS 系统零散的管段进行合并（或另命名编号对同一评估单元的管网设备进行包含）；

3. 将安全评估表植入巡线 GPS 手持机软件系统；

4. 对巡线人员使用安全评估表进行培训，每一次巡线后，填写该安全检查表；

5. 安全检查表填写完后，安全检查表数据自动传输至主机进行安全评估，初步安全评估工作完成；

6. 初步安全评估结果数据导入 GIS 系统，在 GIS 系统上进行"蓝、绿、黄、橙、红"显示，依次对应安全等级为"高、中、较低、低、极低"，对管段设备进行安全排序；

7. 对于"较低、低和极低"的管段或设备，自动进入"隐患监控与整治系统"，并根据评估过程中的因素分值贡献率，给出主要风险因素，提示整改方案，调整巡线周期；

8）对于安全等级为"低和极低"的管段或设备，提示进入"高风险评估"，高风险评估在主机上完成，分析并录入所需数据；

9. 在主机上进行高风险评估，评估完成后返回评估结果及评估过程中的关键数据（如风险值、危害半径、主要风险因素等）；

10. 将高风险评估结果返回 GIS 系统上进行显示。

# 第七章 总结与展望

## 一、总结

本文在总结国内外燃气管网系统安全评估研究工作以及笔者以往研究的基础上，针对天然气输配管网系统，提出了实用易行的两步法安全评估系统，即管网系统首先初步采用简单易行的基于安全检查表的定性安全评估方法，当初步安全评估结果表明某一评估对象存在重大风险时，再进一步采用较为复杂的定量化的高风险评估方法。初步安全评估方法基于"木桶理论"采用了满分为 100 分的扣分法，高风险评估采用因果图与事件树相结合的方法。

本文的主要研究内容及成果主要有：

1. 采用因果图法、事件书法和层次分析法对对天然气输配网络有害因素进行了识别。

2. 针对天然气输配网络系统，提出了初步安全评估—高风险评估两步实施的安全评估体系。

3. 基于木桶理论，建立了扣分制的初步安全评估方法，并针对管道、调压箱、调压柜、气站建立了较为完善的安全检查表，并对安全检查表项目划分为"影响失效可能性"和"影响失效后果严重程度"两类，采用风险矩阵法对输配管网进行安全等级评定。

4. 采用故障树和事件树相结合的方法建立燃气管道高风险定量评价体系。

5. 分析了爆炸、射流火和闪火的发生条件，并评估了它们的死亡、有害及疏散半径。

6. 详细给出了燃气输配管网系统安全评估系统软件的功能和编制说明。

## 二、展望

关于燃气输配管网系统的安全评估国内外都已经有非常多的研究，建立了各种模型和体系，甚至我国还颁布了《燃气系统运行安全评价标准》（GB/T 50811—2012），但极少有应用较好的方法体系，原因是评分系统和计分系统不合理，或是评估方法过于复杂。要使安全评估系统较好地应用于燃气输配管网系统安全管理实践，还需在以下几个方面开展工作：

1. 开发简单易操作、界面良好的安全评估软件系统。软件系统应尽量减少手动输入，评估单元不宜过多。

2. 进行合理的假设，简化定量安全评估的过程。安全评估本身具有很大的不确定性，其结果一般只作为相对安全性的参考，是一种安全管理的工具，其定量评估结果也绝不是一个准确的绝对值。

3. 安全评估方法体系中的评估项目、分值赋值等应在应用过程中不断修正，安全评估方法需要不断地更新和改进。

重庆燃气集团股份有限公司

中国燃气行业年鉴 2015
CHINA GAS INDUSTRY YEARBOOK

# 第三篇

## 地方燃气发展

# 北京市燃气行业发展综述

近年来,随着中国城镇化进程的加快,城镇燃气事业飞速发展。至 2014 年 12 月北京燃气供应区域覆盖北京各城区和大部分郊区县,天然气的应用范围也从民用炊事发展到工业、采暖、制冷、发电、燃气汽车等诸多领域。

## 一、燃气市场稳步发展

"十二五"期间,随着《北京市 2013～2017 年清洁空气行动计划》的开展,北京市能源结构不断优化,天然气应用领域日益广泛,用气量不断增加,天然气用户总数和用气量位居全国各大城市之首。

2014 年,北京市天然气用气量约 113.2 亿 $m^3$、液化石油气消费量约 53 万 t,天然气在一次能源消费结构中所占比例由于 2010 年的 16.3% 增长到 18%。燃气居民用户达 845 万户,燃气居民气化率达 96.2%,其中天然气居民用户约 567 万户、居民气化率达 64.5%,液化石油气居民用户约 278 万户,居民气化率达 31.7%。

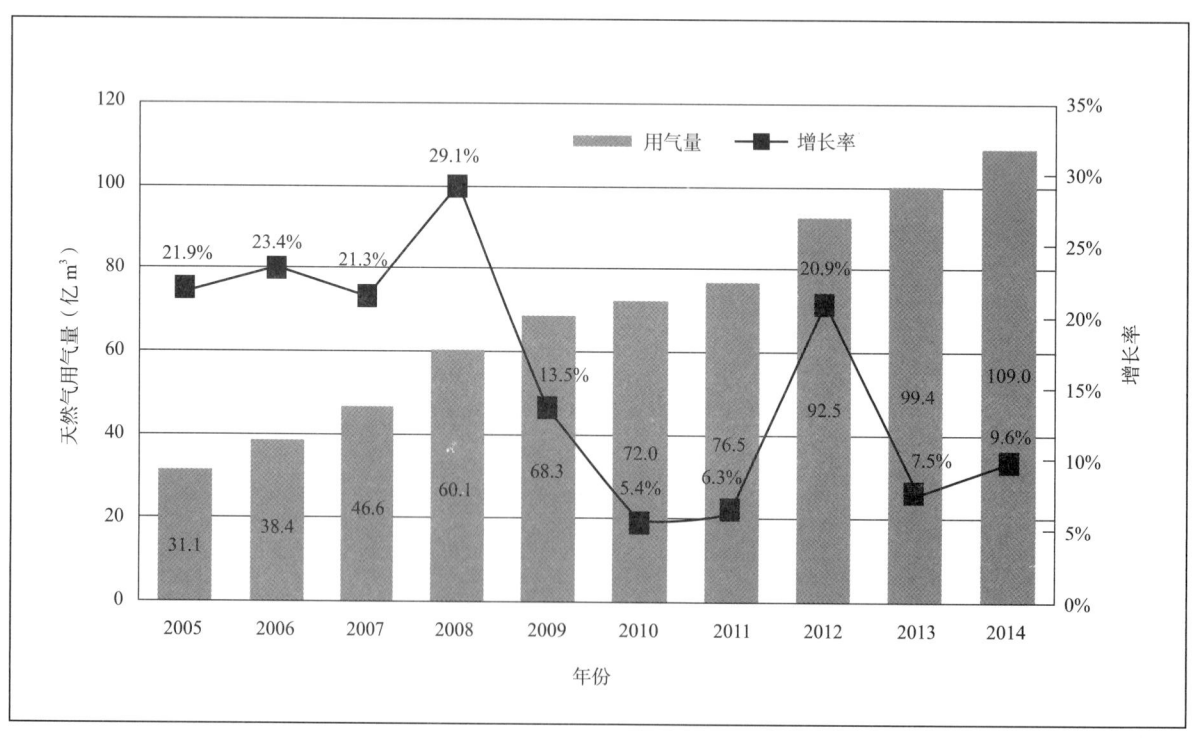

图 1　2005—2014 年天然气用气量发展趋势图

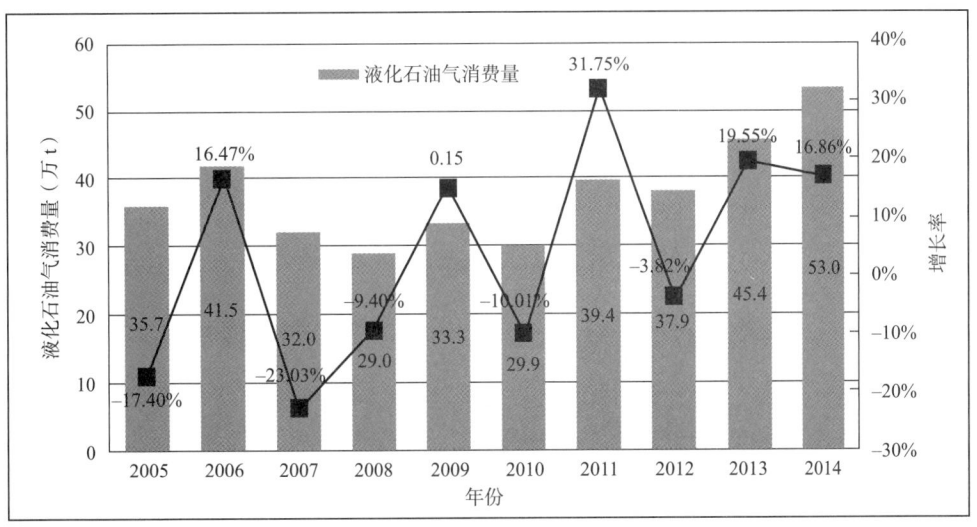

图 2　2005—2014 年液化石油气发展趋势图

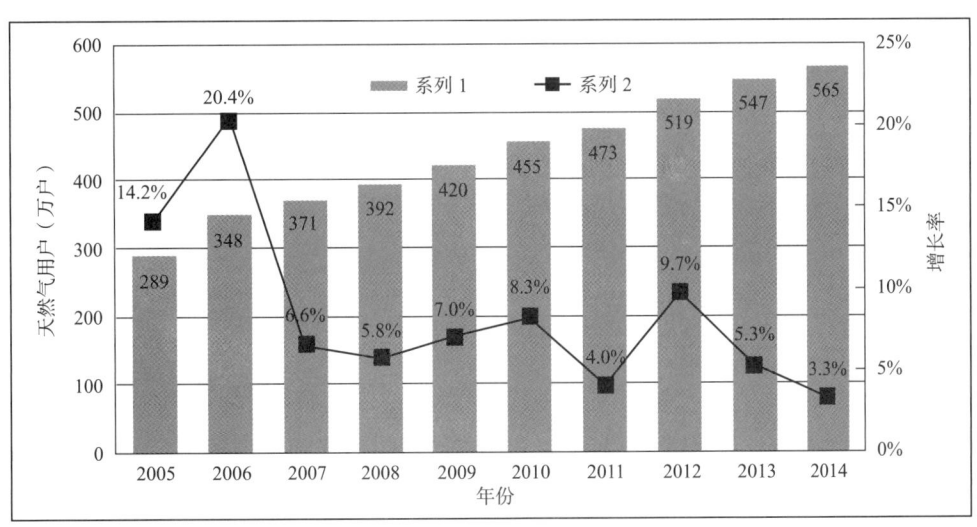

图 3　2005—2014 年天然气居民用户发展趋势图

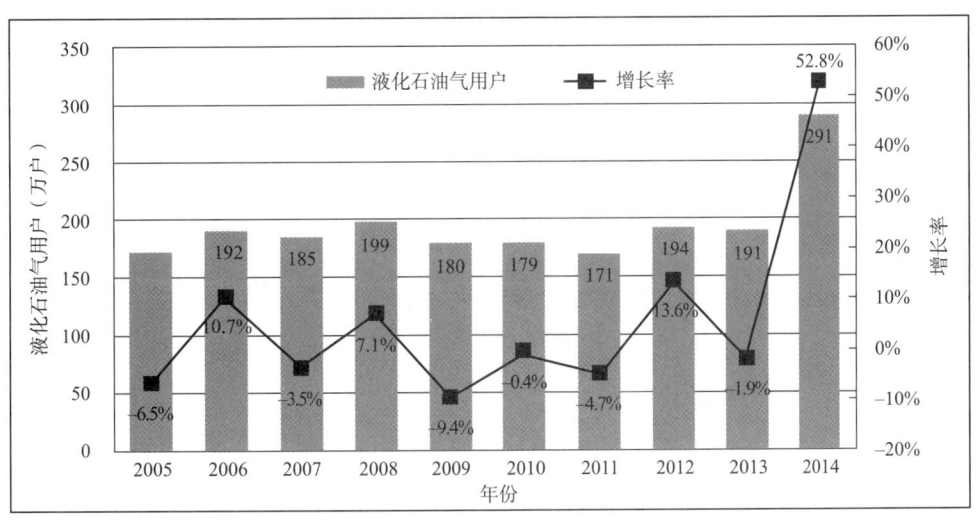

图 4　2005—2014 年液化石油气居民用户发展趋势图

## 二、输配体系初步形成

截至2014年,北京市已建成天然气管线约1.9万km,接收门站8座,调压站1 121座,形成由高压A、高压B、次高压A、中压A、低压五级压力体系组成的天然气输配系统。

"十二五"期间,完成了陕京三线良乡至西沙屯段、大唐煤制天然气管线古北口至北石槽段,配套建设西沙屯、北石槽门站。陕京三线、大唐煤制天然气管线的建成形成了南北供气的局面,优化了上游气源来向。同时,建成西集液化天然气(LNG)应急储配站、小屯和潘家庙液化天然气(LNG)中转站,提升了应急保障能力。

"十二五"期间,完成四大热电中心供气专线一期工程,保障四大热电中心的供气要求;同时,继续对燃气管网进行加密和改造,完善场站设施建设,新增高压B、次高压A及中压管线约855km,配套场站设施29座。除延庆外其他各郊区县均实现了管道天然气供应。

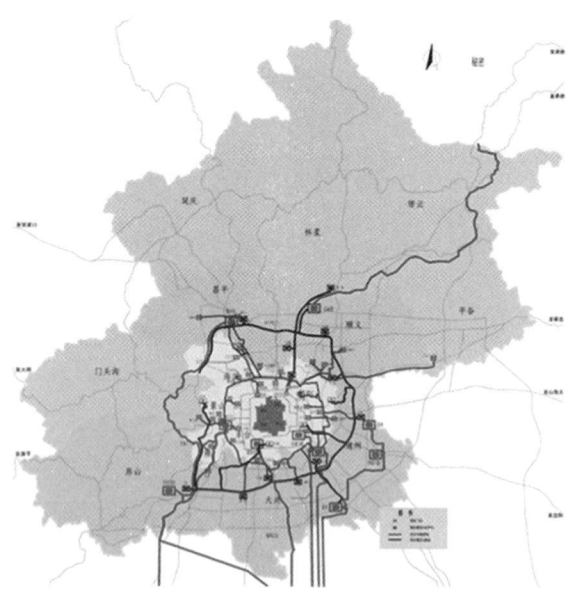

图5 北京市燃气输配系统示意图

## 三、应用领域进一步深化

"十二五"期间,采暖、发电领域展迅猛,2014年采暖用气和发电用气分别为51亿$m^3$和37.9亿$m^3$,在用气结构中所占比例分别为45.6%和33.5%。居民生活用气发展平稳。2014年居民用活用气约13亿$m^3$,由于采暖、发电等领域用气量的增加,居民生活用气在用气结构中所占比例有所下降,约为11.5%。工业用气由于非首都功能的疏解在用气结构中所占比例逐年下降,2014年工业用气约为7.2亿$m^3$,约占6.4%。

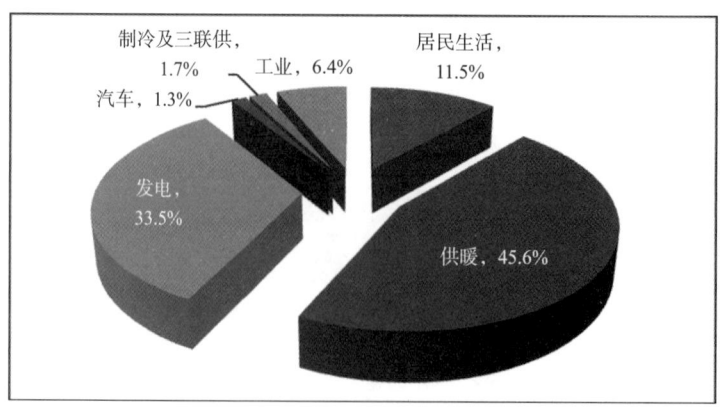

图6 2014年天然气用气结构示意图

截止 2014 年底，全市天然气采暖面积约 5.76 亿 m$^2$，约占全市采暖面积的 72% 左右；现状及在建天然气电厂装机容量共计约 7 445 MW，发电量约 80 亿 kWh，约占本地发电量的 30% 左右。天然气基础能源的地位进一步凸现。

## 四、社会民生进一步改善

"十二五"期间，为落实《北京市 2013～2017 年清洁空气行动计划》，开展了燃煤锅炉房"煤改气"工程、"送气下乡"惠民工程和"天然气进村入户"工程，为推动首都空气质量改善、提高人民生活水平做出了重要贡献。

燃煤锅炉房"煤改气"工程：截止到 2014 年，燃煤锅炉房煤改气工程实现了城六区 185 座燃煤锅炉房清洁能源改造，削减燃煤 200 万 t。

"送气下乡"惠民工程：截止到 2014 年，"送气下乡"惠民工程涉及全市 10 个区县、103 个乡镇，发展用户 50 余万户，累计实现液化天然气供应 1.74 万 t。

"天然气进村入户"工程：2015 年，北京市市政市容管理委员会大力推动"百村天然气进村入户"工程，力争完成 20 个村庄的市政天然气管网和压缩天然气、液化天然气进村入户取暖工程建设。

## 五、管理水平进一步提升

"十二五"时期，北京市市政市容管理委员会开展了"巡检普查、风险评估"、"简政放权"和标准体系建设工作，提高了燃气行业管理精细化的水平，提升了用户安全管理服务水平，推进了行业法律法规标准体系建设。

"安全巡检、风险评估"工作：2011—2013 年开展巡检普查、风险评估工作，共排查老旧小区各类安全隐患 150 936 处，检查餐饮企业等公服用户 32 700 余家，对 2 494 km 老旧管线进行了风险评估。

"简政放权"工作：2013—2015 年将"燃气经营许可"、"燃气设施改动审批"和"燃气燃烧器具安装、维修企业资质许可"等全部燃气行政许可下放到区县。

标准体系建设工作：2011—2015 年制定《燃气供应企业安全生产标准化评价规范》等 3 项地方标准，完成《北京市瓶装液化石油气供应和使用管理办法》、《燃气管网及场站安全保护范围》等 6 项地方标准立项及可行性研究。

# 上海市燃气行业发展综述

## 一、基本情况

### (一) 全年用户数及燃气销售量

2015年末上海市用户数为10 023 244户。其中人工煤气0户,天然气6 607 801户,液化石油气3 394 523户。

2015年三大气种供应及用户一览　　　　　　　　　　表1

|  | 销售量 | 单位 | 用户数 | 单位 | 占比 | 气源 |
|---|---|---|---|---|---|---|
| 人工煤气 | 5 232 | 万 m³ | 0 | 户 | 0.0% | 浦东制气、华润燃气、安亭煤气、崇明大众 |
| 天然气 | 697 287 | 万 m³ | 6 607 801 | 户 | 66.1% | 西气东输、东海天然气、LNG、川气东送、西气东输二线 |
| 液化石油气 | 424 112 | t | 3 394 523 | 户 | 33.9% | 金山石化、高桥石化、金地石化、外省市 |
| 合计 | / | / | 10 002 324 | 户 | / | / |

人工煤气销售情况　　　　　　　　　　表2

(计量单位:万 m³)

| 项目 | 总计 | 燃气集团 | | | 社会企业 | | | |
|---|---|---|---|---|---|---|---|---|
| | | 小计 | 大众 | 市北 | 小计 | 安亭 | 华润 | 崇明 |
| 供应量 | 5 309.2 | 3 665.2 | 745.9 | 2 919.4 | 1 644 | 907.9 | 594.9 | 141.2 |
| 生产量(购入量) | 5 309.2 | 3 665.2 | 745.9 | 2 919.4 | 1 644 | 907.9 | 594.9 | 141.2 |
| 销售量 | 5 231.6 | 3 596.4 | 688.9 | 2 907.6 | 1 635.1 | 907.9 | 594.9 | 132.4 |
| 其中:工业 | 871.4 | 30.1 | 0 | 30.07 | 841.3 | 841.3 | 0 | 0 |
| 家庭 | 1 978.4 | 1 396.0 | 9.5 | 1 386.5 | 582.5 | 0 | 475.1 | 107.4 |
| 营、事、团 | 2 381.7 | 2 170.4 | 679.4 | 1 490.9 | 211.3 | 66.6 | 119.8 | 25 |
| 其他 | 0.03 | 0.03 | 0 | 0.03 | 0 | 0 | 0 | 0 |
| 其中:空调 | 355.2 | 355.2 | 6.5 | 348.7 | / | / | / | / |
| 其中:锅炉 | 777.5 | 777.5 | 562.7 | 214.9 | / | / | / | / |
| 生活用气 | 4 360.1 | 3 566.3 | 688.88 | 2 877.46 | 793.7942 | 66.6 | 594.9 | 132.4 |

## （二）城市管网布局及储存能力

天然气储存能力　　　　　　　　　　　　　　　　　　　　　　　　表3

单位：万 m³

|  | 洋山港 LNG | 五号沟 LNG 备用站 |
|---|---|---|
| 储存状态 | 液态 | 液态 |
| 储存量 | 49.5 | 12 |
| 折算气态 | 29 700 | 7 200 |

天然气管道长度　　　　　　　　　　　　　　　　　　　　　　　　表4

（计量单位：km）

| 管道 | 合计 | 集团 | 松江 | 青浦 | 奉贤 | 南汇 |
|---|---|---|---|---|---|---|
| 供气管道长度 | 28 601.2 | 21 040.5 | 2 878.2 | 1 115.6 | 976.3 | 1 022.2 |

天然气销售情况　　　　　　　　　　　　　　　　　　　　　　　　表5

（计量单位：万 m³）

| 项目 | 总计 | 燃气集团 | 郊区燃气公司 | 非管输公司 |
|---|---|---|---|---|
| 供应量 | 734 776.22 | 706 258.61 | 69 775.57 | 19 047.00 |
| 生产量（购入量） | 721 358.15 | 721 358.15 | 69 775.57 | 19 047.00 |
| 销售量 | 697 287.00 | 676 252.34 | 66 858.61 | 19 301.00 |

天然气用户情况　　　　　　　　　　　　　　　　　　　　　　　　表6

（计量单位：户）

| 项目 | | 总计 | 燃气集团 | 郊区燃气公司 | 非管输公司 |
|---|---|---|---|---|---|
| 期末用户数 | | 6 607 801 | 5 441 347 | 1 166 454 | 52 468 |
| 其中 | 工业 | 1 899 | 1291 | 608 | 72 |
|  | 家庭 | 6 513 219 | 5 354 164 | 1 159 055 | 52 020 |
|  | 营、事、团 | 92 683 | 85 892 | 6791 | 376 |
| 家庭用户发展数 | | 169 397 | 12 8574 | 40 823 | 0 |

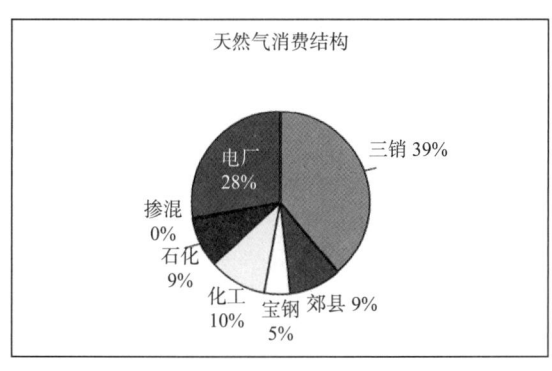

图1　上海天然气消费结构

**管输天然气购入** 表7

(计量单位:万 m³)

| 单位 | 气源 | 购入量 |
|---|---|---|
| 燃气集团 | 东气 | 23 458.09 |
| | 西气 | 19 3481.21 |
| | 5号沟气化量 | 4 282.09 |
| | 洋山LNG气化 | 349 414.13 |
| | 川气 | 7 157.16 |
| | 西二线 | 103 466.72 |
| | 合计 | 681 259.40 |

**液化石油气储配站储存能力** 表8

| 序号 | 企业名称 | 储配站 | 单位储罐容积(m³/只) | | | | | | 储罐总容积(m³) | 折合(t) |
|---|---|---|---|---|---|---|---|---|---|---|
| | | | 1 000 | 400 | 150 | 100 | 50 | 30 | | |
| 1 | 上海液化气经营有限公司 | 闵行储灌场 | 8 | 2 | | 6 | | | 9 400 | 5 264 |
| | | 石洞口储配站 | | | 2 | | 1 | 1 | 380 | 212.8 |
| | | 长兴储配站 | | | | 8 | | | 800 | 448 |
| 2 | 上海青浦煤气管理所 | | 2 | | | 11 | 1 | | 3 150 | 1 764 |
| 3 | 上海松江燃气公司 | | | | | 8 | 2 | | 900 | 504 |
| 4 | 上海奉贤燃气公司 | | | | | 6 | 1 | | 650 | 364 |
| 5 | 上海崇明大众燃气公司 | | | | 2 | 5 | 3 | | 1 450 | 812 |
| 6 | 上海东方能源有限公司 | | | | 2 | 6 | | | 1 400 | 784 |
| 7 | 上海百斯特能源发展有限公司 | 龚路储配站 | | | 4 | 1 | 1 | | 1 750 | 980 |
| | | 汇海储配站 | | | | | 6 | | 300 | 168 |
| 8 | 上海浦东海光燃气有限公司 | | | | | | 2 | 2 | 160 | 89.6 |
| 9 | 喜威(上海)液化石油气有限公司 | | | | | 12 | 2 | | 1 300 | 728 |
| 10 | 上海嘉定燃气有限公司 | | | | | 10 | | | 1 000 | 560 |
| 11 | 上海中信燃气有限公司 | | | | | 4 | 1 | | 450 | 252 |
| 12 | 上海金山燃气有限公司 | | | 4 | | 6 | 1 | | 2 250 | 1 260 |
| 13 | 原上海石化公用事业公司液化所* | | | | | 3 | | | 300 | 168 |
| 14 | 上海南汇液化气公司 | | | | 1 | 6 | 1 | | 1 050 | 588 |
| 15 | 上海恒申燃气发展有限公司 | | | | | 4 | 2 | | 500 | 280 |
| 16 | 上海东海液化气公司 | | | | | 8 | 1 | | 850 | 476 |
| 17 | 上海奉贤交通液化气有限公司 | | | | | 6 | 1 | | 650 | 364 |
| 18 | 上海瀛海燃气有限责任公司 | | | | | | 4 | | 200 | 112 |
| | 合计 | | | | | | | | 28 890 | 16 178.4 |

备注:液化石油气按丙烷:丁烷=1:1比例计算
取密度约为0.56 t/m³
注:上海石化公用事业公司液化所储存设施划归上海液化气经营有限公司管理

液化石油气销售情况

表9

（计量单位：t）

| 项目 | | 总计 | 集团 | 社会 |
|---|---|---|---|---|
| 购入量 | | 420 161.86 | 71 958.66 | 348 203.2 |
| 销售量 | | 424 111.67 | 73 742.89 | 350 368.79 |
| 其中 | 工业 | 45 221.55 | 633.48 | 44 588.07 |
| | 家庭 | 252 346.69 | 38 334.08 | 214 012.61 |
| | 营、事、团 | 126 543.44 | 34 775.33 | 91 768.11 |
| 其中：车用气 | | 53 787.57 | 5 278.3 | 48 509.27 |

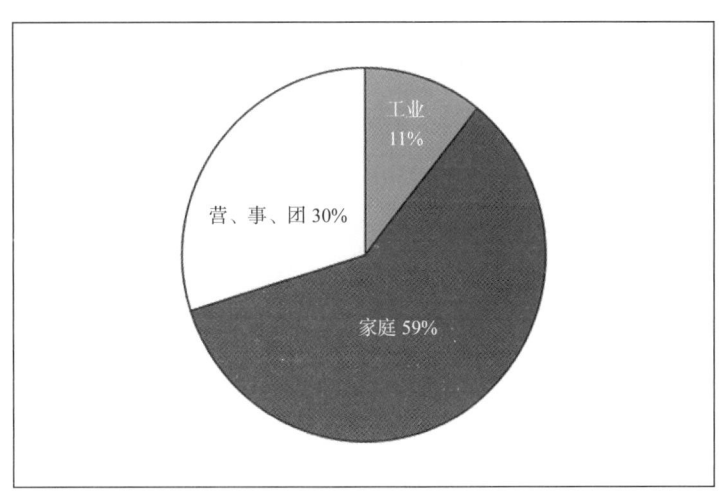

图2　三类用户液化石油气销售比例

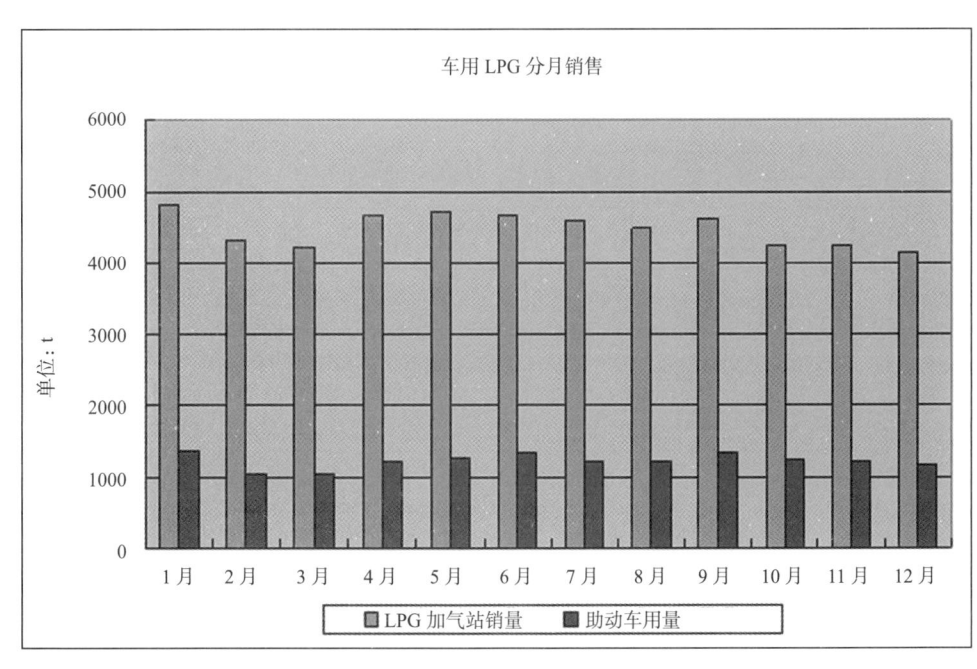

图3　2015年车用液化石油气分月销售量

液化石油气用户情况　　　　　　　　　　　　　　　　　　　　　　　　　　　　　　　　表10

（计量单位：户）

| 项目 | | 总计 | 集团 | 社会 |
|---|---|---|---|---|
| 期末用户数 | | 3 394 523 | 793 145 | 2 601 378 |
| 其中 | 工业 | 4 397 | 106 | 4291 |
| | 家庭 | 3 354 653 | 778 172 | 2 576 481 |
| | 其他 | 37 035 | 14 867 | 22 168 |

车用加气站站点（含液化石油气和天然气）车用加气站分区布点　　　　　　　　　　表11

（计量单位：个）

| 区域 | 总数 | LPG | CNG | LNG | LNG/CNG |
|---|---|---|---|---|---|
| 黄浦区 | | | | | |
| 原卢湾区 | | | | | |
| 徐汇区 | 7 | 7 | | | |
| 长宁区 | 2 | 2 | | | |
| 静安区 | 1 | 1 | | | |
| 普陀区 | 6 | 6 | | | |
| 闸北区 | 6 | 6 | | | |
| 虹口区 | 4 | 4 | | | |
| 杨浦区 | 6 | 5 | 1 | | |
| 浦东新区 | 11 | 5 | 1 | 4 | 1 |
| 闵行区 | 4 | 2 | 2 | | |
| 宝山区 | 8 | 4 | 2 | 2 | |
| 嘉定区 | 3 | 1 | 2 | | |
| 金山区 | 1 | | 1 | | |
| 松江区 | 2 | 1 | 1 | | |
| 青浦区 | 2 | | 2 | | |
| 奉贤区 | 1 | | 1 | | |
| 崇明县 | 1 | | | | 1 |
| 合计 | 65 | 44 | 13 | 6 | 2 |

## （三）燃气设施建设投资额

燃气设施建设投资额　　　　表 12

（计量单位：万元）

| 单位和项目 | 年度投资计划 | 自年初累计完成 | 完成年度计划(%) |
|---|---|---|---|
| 天然气管网公司 | | | |
| 崇明岛天然气管道工程 | 2 000 | 1 845 | 92.25% |
| 五号沟 LNG 站扩建二期工程 | 19 000 | 21 645 | 113.92% |
| 管网公司技改 | 1 243 | 633 | 50.93% |
| 小计 | 22 243 | 24 123 | |
| 大众燃气公司 | | | |
| 大众燃气排管工程 | 16 010 | 17 175 | 107.28% |
| 大众燃气公司技改 | 14 791 | 9 900 | 66.93% |
| 小计 | 30 801 | 27075 | |
| 市北销售公司 | | | |
| 市北燃气排管工程 | 17 200 | 20 225 | 117.59% |
| 市北销售公司技改 | 14 546 | 17 400 | 119.62% |
| 小计 | 31 746 | 37 625 | |
| 浦东销售 | | | |
| 浦东销售排管工程 | 15 986 | 18 431 | 115.29% |
| 浦东销售公司技改 | 5 435 | 5 199 | 95.66% |
| 小计 | 21 421 | 23 630 | |
| 浦东制气公司技改 | 185 | 227 | 122.70% |
| 吴淞制气公司技改 | 542 | 350 | 64.58% |
| 石洞口制气公司技改 | 455 | 200 | 43.96% |
| 液化气经营公司技改 | 1 433 | 704 | 49.1% |

续表

| 单位和项目 | 年度投资计划 | 自年初累计完成 | 完成年度计划(%) |
|---|---|---|---|
| 金山 | | | |
| 金山天然气排管 | 19 872 | 19 872 | 100.0% |
| 松江 | | | |
| 松江燃气有限公司天然气排管工程 | 1 200 | 1 080 | 90.0% |
| 奉贤 | | | |
| 奉贤燃气 2014 年度南桥老区改造 | 521 | 521 | 100.0% |
| 奉贤燃气 2015 年度南桥老区改造 | 4 245 | 3 280 | 77.3% |
| 小计 | 4 766 | 3 801 | |
| 宝山 | | | |
| 宝山华润公司道路排管工程 | 1 876 | 1 876 | 100.0% |
| 崇明 | | | |
| 崇明燃气天然气排管 | 11 181 | 3 515 | 31.4% |

## （四）燃气空调及分布式供能

2015 年竣工的项目情况　　　　　　表 13

| 区县 | 燃气空调 | | 分布式供能 | | 小计（kW） |
|---|---|---|---|---|---|
| | 数量（台） | 总制冷量（kW） | 数量（台） | 装机容量（kW） | |
| 闵行 | / | / | 3 | 13 200 | / |
| 浦东 | 1 | 844 | 7 | 12 330 | / |
| 静安 | 1 | 1 163 | / | / | / |
| 黄浦 | 2 | 3 044 | / | / | / |
| 普陀 | 4 | 4 678 | / | / | / |
| 合计 | 8 | 9 729 | 10 | 25 530 | 35 259 |

2004—2015 年燃气空调及分布式供能推进情况　　　　　　表 14

| 年度 | 燃气空调 | | | 分布式供能 | | | 小计（kW） |
|---|---|---|---|---|---|---|---|
| | 项目数（个） | 数量（台） | 总制冷量（kW） | 项目数（个） | 数量（台） | 装机容量（kW） | |
| 2004 | 25 | 45 | 78 820 | 4 | 5 | 1 082 | 79 902 |
| 2005 | 82 | 180 | 170 876 | 2 | 3 | 730 | 171 606 |

续表

| 年度 | 燃气空调 | | | 分布式供能 | | | 小计（kW） |
|---|---|---|---|---|---|---|---|
| | 项目数（个） | 数量（台） | 总制冷量（kW） | 项目数（个） | 数量（台） | 装机容量（kW） | |
| 2006 | 55 | 180 | 148 845 | 2 | 2 | 1196 | 150 041 |
| 2007 | 53 | 206 | 203 134 | 1 | 1 | 30 | 203 164 |
| 2008 | 29 | 109 | 80 737 | 5 | 10 | 3768 | 84 505 |
| 2009 | 19 | 76 | 118 210 | 0 | 0 | 0 | 118 210 |
| 2010 | 14 | 72 | 171 900 | 3 | 3 | 750 | 172 650 |
| 2011 | 22 | 115 | 72 511 | 5 | 10 | 3 691 | 76 202 |
| 2012 | 16 | 45 | 53 228 | 4 | 7 | 6 640 | 59 868 |
| 2013 | 10 | 26 | 61 438 | 2 | 10 | 11 330 | 72 768 |
| 2014 | 7 | 21 | 47 817 | 2 | 7 | 22 130 | 69 947 |
| 2015 | 6 | 8 | 9 729 | 5 | 10 | 22 059 | 31 788 |
| 合计 | 338 | 1 083 | 1 217 245 | 35 | 68 | 73 406 | 1 290 651 |

注：因补贴申请、审核的流程跨年度，故本年度统计汇编会对上年统计数据做修正发布。

## （五）2015年度燃气行业文明工地

2015年度燃气行业文明工地　　　　　表15

| | 工地名称 | 建设单位 | 施工单位 |
|---|---|---|---|
| 1 | 虹梅南路燃气管线搬迁工程 | 上海大众燃气有限公司 | 上海煤气第二管线工程有限公司 |
| | | | 上海德清建筑安装工程有限公司 |
| 2 | 金海路天然气管道搬迁改造工程 | 上海天然气管网有限公司 | 上海煤气第二管线工程有限公司 |
| | | | 上海志晨建设工程有限公司 |
| 3 | 闵行LNG汽车加气与灌装示范站工程 | 上海液化石油气经营有限公司 | 上海煤气第二管线工程有限公司 |
| | | | 上海丛胜燃气设备工程有限公司 |
| 4 | 亭枫公路天然气排管工程 | 上海金山天然气有限公司 | 上海煤气第一管线工程有限公司 |
| | | | 上海华腾市政建设工程有限公司 |
| 5 | 崇明城桥三沙洪路（人民路-嵊山路）燃气管道排管工程 | 上海燃气崇明有限公司 | 上海煤气第二管线工程有限公司 |
| | | | 上海良怡通信工程有限公司 |
| 6 | 希雅图（上海）新材料科技股份有限公司燃气管预排工程 | 希雅图（上海）新材料科技股份有限公司 | 上海煤气第二管线工程有限公司 |
| | | | 上海丛胜燃气设备工程有限公司 |
| 7 | 新南路（春九路—明华路）铸铁管改造工程 | 上海松江燃气有限公司 | 上海华都经济贸易实业有限公司 |
| 8 | 奉贤区2015年度南桥老居住区天然气改造工程 | 上海奉贤燃气有限公司 | 上海连通实业公司 |
| 9 | 上海奥多摩碳酸钙有限公司燃气管预排工程 | 上海燃气市北销售有限公司 | 上海煤气第二管线工程有限公司 |
| | | | 上海勃利燃气设备有限公司 |

## （六）行业从业人员培训

行业从业人员培训　　表16

| 项目 | 期数 | 人次 |
| --- | --- | --- |
| 燃气器具 | 29 | 1 194 |
| LPG送瓶工或调瓶工 | 15 | 673 |
| LPG站长 | 3 | 104 |
| 合计 | 47 | 1 971 |

## 二、上海燃气发展将面临新常态

我国经济增长出现"新常态"，天然气市场发展相应呈现新形势。"低速增长"成为"十三五"期间我国天然气市场供需两侧发展的新形势。新形势下，从经济角度、资源供给、资源消费方面看，天然气市场都将存在诸多不确定性。本市燃气供需平衡与国际、国内市场联系更为紧密。总体上看，本市燃气资源供应保障能力提高，燃气设施比较完善，能源结构调整、节能减排等政策的实施和城镇化建设的推进，将为大力推广使用天然气提供坚实基础和推动力。

### （一）多元供应格局基本成型，资源和价格不确定性显现

川气东送、进口LNG、如东—海门—崇明岛输气管道及西气东输一线、二线气源入沪，为上海天然气的快速发展提供了资源保障，成为调整能源结构的重要举措。但本市天然气资源几乎全部依赖外部调入，陆上气源主要在西部边远地区，需要长距离管道输送，资源供应安全风险大，目前本市燃气的应急储备能力仍然较为薄弱。"十三五"期间五号沟应急储备二期扩建工程预计2017年完工，为应急储备提供更好的保障。不少省市均将发展天然气作为能源结构调整的抓手，资源竞争势必加剧。另外天然气价格改革的最终目标是全面市场化，预计到2017年底竞争性价格要完全放开，随着天然气价格的放开，政府将进一步加强天然气管网运行的监管，天然气资源和价格不确定性显现。

### （二）市场面临扩容机遇，供需力求平衡

本市提高清洁能源使用比例，推进能源结构调整，加大节能减排工作力度，为天然气发展提供了广阔空间。上海"十三五"规划纲要提出确保供气安全稳定。坚持总量平衡、峰谷平衡和应急保障并重，提升天然气供应保障水平，构建安全、清洁、高效和可持续的现代能源体系。拓展气源、增开通道、扩大总量，到2020年天然气供气能力达到100亿 $m^3$，天然气占一次能源消费的比重提高到12%，加强与长三角地区天然气管网的互联互通，提升天然气应急储备调峰能力。

### （三）城乡统筹协调推进，转型发展进入关键期

本市燃气行业将通过郊区燃气市场培育等一系列举措，推进城乡统筹、协调发展。目前本市城

乡用气发展水平还不均衡，部分郊区输配管网覆盖率较低，服务设施少。液化石油气供应零星分散，供应方式和服务水平有待提高。

中心城区原人工煤气生产企业停产后转型面临压力，分流安置难，目前相关企业正积极推进制气企业的转型。

### （四）普及燃气安全常识，进一步提升管理和服务水平

燃气事故发生率和死亡率与发达国家相比，仍然偏高。本市安全使用燃气知识普及力度需要加大，普及方式需要不断创新。通过智慧燃气的建设，让用户享受到更快捷、更优质的燃气服务。燃气行业将通过管理标准化、规范化、信息化建设等，进一步提升管理和服务水平。

"十三五"期间，发展机遇与挑战并存，压力与动力并存。为此，必须在挑战中抓住机遇，增强忧患意识和创新意识，充分利用国内天然气大发展的良好时机，实现本市燃气行业的可持续发展。

# 山东省燃气行业发展综述

## 一、山东省燃气发展基本情况

### （一）资源及发展情况

山东省燃气气源主要有天然气、液化石油气和人工煤气等，其发展情况如下。

#### 1. 天然气

中石油、中石化和中海油三大公司气源通过长输管线输送至城镇燃气门站。2014年，山东省天然气供应总量86.72亿$m^3$（其中，民用16亿$m^3$，公福用9亿$m^3$，工业用35亿$m^3$，汽车用16亿$m^3$）。其中，中石油53.51亿$m^3$，中石化27.07亿$m^3$，中海油6.14亿$m^3$，省内LNG 9.18亿$m^3$。此外，天然气的供气规模也有较大幅度的增加，2014年全省天然气供气总数共963.44万户，其中民用958.77万户，公福用3.55万户，工业用0.48万户。

#### 2. 液化石油气

主要依靠省内石油炼化企业，年生产能力200万t左右，储气能力93 600万t，供气总量合计80万t，其中，居民家庭50万t，用气户数623.54万户，居民用户583.65万户，公福用户4.38万户。

#### 3. 人工煤气

主要依靠省内焦化和炼钢企业，年产40多亿$m^3$。供气总量合计39 721万$m^3$，其中，居民用户4 402万$m^3$，公福用户28 615万$m^3$。用气户数57 097户，居民用户56 820户，公福用户272户。

### （二）管网布局

山东省按照"统一规划、统一建设、统一接气、统一调配"的原则，有序推进省级长输管网、城市配气管网的建设。现已建成天然气长输高压管道6 800km，初步形成七纵七横的总体格局。城镇燃气管网长度达到5.2万km，中压以上城镇燃气管网长度2.57万km，长输管道天然气已经覆盖全省17个设区市和108个县市。

### （三）液化天然气厂和接收站情况

截至2014年底，山东省已建成LNG液化厂4座，接收站4座。

### （四）汽车加气站情况

2014年底，山东全省共有压缩天然气加气站669座，液化石油气汽车加气站47座，液化天然气加气站100座，液化天然气、压缩天然气和液化石油气汽车分别为17 000辆、414 806辆和12 494辆。其中压缩天然气加气母站48个，设计供气规模102 270.6万$m^3$，供气量70 682.49万$m^3$；压缩天然气加气标准站350个，设计供气规模48 624.528万$m^3$，供气量57 720.560万$m^3$；压缩天然气加气子站 271 个，设计供气规模 79 187.4 万 m³，供气量 64 762.075 万 m³。

### （五）天然气船舶情况

山东省的天然气船舶建设尚处于起步阶段，截止到 2014 年底，全省共有液化天然气船舶 2 艘。山东首批 2 艘内河液化天然气示范船在京杭运河枣庄辖区顺利下水，标志着山东内河船舶正式进入"气化"时代。与传统的燃油船舶相比，液化天然气燃料成本更低、更降耗、更环保。

### （六）天然气储备情况

山东省天然气储配场站主要以压缩天然气和液化天然气为主，山东省已经建设的 LNG 储气站 27 座，储气能力 554.65 万 m³，新建和改建 CNG 储气站 3 座，储气能力 1.055 万 m³。

### （七）本省燃气企业数量

山东省管道燃气经营企业共 236 家，其中国有独资企业 18 家，国有控股企业 56 家，民营企业 101 家，中外合资企业 49 家，外商独资企业 12 家。全省燃气企业总产值 1 405.25 亿元，实现利税 250.80 亿元，其中利润 59.08 亿元。企业职工 46 090 人，中级职称以上技术人员 5 065 人，持证上岗率 35%。

### （八）燃气普及率

全省燃气普及率 96%，城市管道燃气普及率达到 71.9%。

## 二、山东省 2014 年燃气发展成绩

2014 年以来，山东省各级燃气管理部门和有关企业，认真贯彻落实党的十八大、十八届二中、三中、四中全会精神和国家法律法规规定及有关行业技术标准，求真务实，开拓奋进，真抓实干，各项事业取得显著成效。

### （一）狠抓燃气隐患排查整改，燃气隐患治理取得新成效

主要采取了 6 项措施。一是建立了燃气隐患排查整治进展情况旬调度、月通报制度。二是筛选 9 个市的重大安全隐患，提请省安委会进行挂牌督办。三是按照厅党组指示，以厅名义就燃气隐患排查整改工作给济南、青岛等 9 市市长写信，请市政府主要领导对此项工作引起高度重视。四是组织有关专家并邀请山东卫视、大众日报、齐鲁晚报、山东建设报等新闻媒体对济南、淄博等城市灰口铸铁管改造及重大燃气隐患整改情况进行督导和公开曝光。五是建立燃气隐患整改台账，随时掌握和督导各市燃气隐患整改进度。六是进一步加大燃气安全检查监督工作力度。全年共开展 5 次检查活动，抽调有关专家及人员 30 多人，分批、分组对全省燃气安全生产情况及隐患整改情况进行了检查和重点督查。截至 11 月底，共印发各类隐患排查整改情况通报 9 件，各种隐患排查整改调度文件、表格 30 多件，全省累计完成违规穿城高压管线 153.05 km，管道占压 2 510 处，燃气管道井失修等隐患与市政管网违规交叉 3 560 处，场站不达标 1 038 处，阀门 1 389 处，老旧管道 397.69 km，灰口铸铁管改造 1 949.28 km，分别占全部隐患的 93.7%、70.4%、99%、99.7%、

96.4%、78.2%、66%。

### （二）抓规划，重协调，全省天然气事业实现新发展

为应对天然气供应新形势，重点从规划编制、高层协调等方面入手，扎实做好天然气有序发展和气源争取工作，确保了全省天然气稳定供应。一是专项规划编制初见成效。为加快推动天然气等燃气资源的发展利用，充分发挥其在能源结构调整、节能减排、大气污染防治和生态文明社会建设中的重要作用，提请省政府于2月26日批复了《山东省城镇燃气发展规划》，起草印发贯彻实施意见，要求各市切实抓好《规划》的组织实施，加快城镇燃气设施建设，落实燃气安全监管责任，有效促进了全省气源整合和科学布局。根据省政府《推进天然气加气站建设专题会议纪要》（〔2014〕42号）精神，会同省经信委召开了《山东省物流园区LNG加气站建设规划》论证会，并根据与会专家及省直有关部门提出的意见进行了修改。二是积极做好高层交流互访。做好燃气行业主管部门与中石油、中石化的定期互访活动，与两大公司积极进行沟通，并及时调度分析有关情况，为互访工作提供准确翔实的第一手资料。截至11月底，全省天然气供气量已近80亿$m^3$，预计年供气量将达90多亿$m^3$，全省天然气供气量实现较大增长。

### （三）加强引导，不断提升全省燃气行业爱岗敬业、安全生产能力和水平

2014年底，山东省燃气行业职业技能（调压工）竞赛活动在山东省城市建设职业学院成功举办。来自全省16个代表队的32名选手参加了竞赛。竞赛分理论考试和实际操作2个内容，既注重理论的学习，又突出实际操作的实践经验，经过激烈角逐，青岛代表队荣获团体金奖，威海代表队和潍坊代表队荣获团体银奖，淄博代表队、济宁代表队、临沂代表队荣获团体铜奖。其中个人一等奖得主获得由省总工会授予山东省"富民兴鲁劳动奖章"。此类活动，为提高燃气行业职工队伍素质，加强和推进燃气企业高技能人才队伍建设打下了坚实基础。

## 三、山东省燃气发展面临的问题

### （一）燃气供应量低、供需矛盾突出

人均水平低，人均综合消耗天然气量低于全国平均水平；能源结构不合理，天然气在山东省一次能源中所占比例低于全国平均水平；需求缺口大，随着城镇化加快、社会经济快速发展、治理大气污染行动计划的推进，缺口将会进一步加大。

### （二）燃气设施滞后、管道气化率低

现有燃气设施建设标准低，难以承受能源结构调整、节能减排、城镇化带来的天然气供应量大幅增长。目前城镇燃气管网建设速度滞后于城镇化的发展，不能满足人民群众日益增长的用气需求，城镇燃气的推广利用在城乡统筹和区域发展方面尚不平衡。

### （三）缺乏季节调峰设施、调峰能力不足

由于山东省没有大型季节调峰设施，调峰主要依靠上游长输管网，对外依赖性大，缺口大，气

源稳定性差，不利于输气管网系统供气平衡。为解决这一问题必须建设山东省的地下储气库和各城市应急气源和调峰设施。

### （四）城镇燃气在新领域的推广利用受到制约

目前城镇燃气利用规模的增长主要来自于居民用气和工商业用气，在交通运输领域和分布式能源领域的利用规模较小。加气站建设速度较快，但整体加气规模小，加气站运营效率偏低，船用LNG加气业务仍处在前期探索阶段，且存在船舶改造、航运部门审批等技术和监管问题；燃气分布式能源项目存在发电上网并网的核心难题，部分企业建设分布式能源的积极性不足。

## 四、山东省燃气行业发展目标

### （一）发展指导思想

以党的十八大和十八届三中、四中全会精神为指导，紧紧围绕燃气安全稳定这一工作中心，优化能源结构，保障能源供给，促进节能减排，加快转变发展方式，不断提升燃气安全管理水平，着力保障和改善民生，促进燃气行业健康持续发展。

### （二）发展原则

1. 坚持以天然气为主，液化石油气、人工煤气为辅，各种城镇燃气协调发展；
2. 坚持统筹发展、合理布局、适度超前建设城镇燃气设施；
3. 坚持节能减排，高效利用、清洁发展；
4. 坚持安全供气，稳定供应，预防和减少各类燃气事故；
5. 坚持技术创新，积极采用新技术、新工艺和新材料。

### （三）发展规划

1. 用气量。到2015年底，燃气供应量达到190亿 $m^3$，在全省一次能源中所占的比例达到6%左右。其中，天然气供应量达到170亿 $m^3$，液化石油气供应量达到12亿 $m^3$，人工煤气供应量达到8亿 $m^3$。居民用气总量33.93亿 $m^3$，占总量17.87%；商业用气13.57亿 $m^3$，占总量7.15%；工业用气52.20亿 $m^3$，占27.49%，替代783万t标煤；供暖39.7亿 $m^3$，占20.90%；空调3.31亿 $m^3$，占1.74%；车船用气31.29亿 $m^3$，占16.48%，替油254万t。

2. 燃气普及率。到2015年底，实现高压燃气管网覆盖所有市县驻地，城镇居民管道燃气普及率达到75%；50%乡镇驻地和农村新型社区实现管道供气；居民燃气普及率达到97%。

3. 加气站。到2015年底，建成CNG供气站478座，供气2.3亿 $m^3$；建成LNG供气站81座，供气量2亿 $m^3$；建成CNG母站80座，常规与子站533座；建成LNG加气站223座。

4. 分布式能源。到2015年底，分布式能源与发电用气达到10.91亿 $m^3$，占用气总量的5.74%，可发电45亿度，供热1 600 GJ。

5. 天然气储备。到2015年底，应急储配量达到1.5亿 $m^3$，日均0.5亿 $m^3$；设区市建成LNG储配站15座，储气能力3 040万 $m^3$；县（市）建成LNG储配站66座，储气能力1 092万 $m^3$。

## （四）行业管理

1. 坚持燃气安全稳定这一工作中心。燃气行业主管部门要进一步增强抓好供气安全的责任感和使命感，早谋划、早安排、早启动，进一步加强和中石油、中石化等上游企业的协调沟通，着重抓好天然气气源的争取及供气计划的落实；制定冬季供气应急预案，有效应对冬季恶劣天气和供气突发事件，保障供气安全稳定。按照"超前规划、配套建设、科学管理"的总体要求，狠抓规划编制实施，强化制度建设，完善工作机制，落实安全监管措施，确保燃气安全稳定、保障有力。

2. 持续做好燃气安全检查监督。一是开展燃气执法检查。进一步加大依法行政工作力度，按照《山东省燃气管理条例》有关规定，以燃气经营许可为抓手，不断强化措施，切实加强市场监管。部署开展燃气市场专项清理整顿，组织做好供气执法检查工作，对无证违规经营的供气企业坚决进行处罚，对没有气源保障，盲目发展用户的供气企业，将依据《条例》有关规定坚决予以关停，有力推动燃气行业健康、有序发展。二是组织开展燃气安全日常检查。日常检查的组织在管理部门，关键在企业，重点是设施和用户，目的是排查治理隐患和薄弱环节，预防事故的发生。三是突出抓好隐患排查和整改。完善事故和隐患报告制度，督导各地完成燃气安全隐患治理任务，严格落实隐患治理责任制，突出抓好燃气管道占压、燃气灰口铸铁管改造、液化气瓶组气化站清理整顿等隐患治理工作，明确治理时限、治理责任和措施，确保年内完成已发现的各类隐患的整改。

3. 强化燃气安全监管。一是建立天然气应急管理机制。组织做好燃气安全投诉处置，加强燃气安全应急装备建设，组织开展燃气事故抢险抢修应急演练，提升应急抢险能力。针对可能对山东省产生影响和威胁的燃气灾害事故及供气事故，积极呼吁，加快构建燃气供应安全保障体系，建立预警及应急管理机制，确保天然气供应安全。二是做好行业和企业信息化、自动化监控系统建设。加强燃气经营企业信息化系统建设，组织做好SCADA系统、地理信息系统建设。组织建设省级燃气安全监控系统平台，加强对全省燃气安全的自动化监控。三是组织开展城镇燃气安全管理体制调研。组织开展城镇燃气安全管理体制和责任分工调研，起草《关于加强城镇燃气安全监管的意见》。

4. 加快行业人才队伍建设。举办全省燃气行业安全管理执法培训班，组织省批燃气经营许可企业法人、经理年度安全管理技能培训考核。组织举办燃气行业管道燃气泄漏抢险抢修和燃气器具安装维修职业技能大赛，带动行业人才队伍的建设。加快人才队伍培养，依托山东建筑大学和省城建职业学院，组织做好燃气行业职业技术教育等有关工作。

5. 推动燃气行业快速持续发展。燃气主管部门督导各市进一步加快城镇燃气管网和应急调峰设施建设建设，重点推进设市城市应急调峰设施建设，不断提升城市供气能力、应急保障能力和服务水平。力争实现管道燃气普及率增长2个百分点，新增天然气用户100万户，用量20亿$m^3$。

# 湖北省燃气行业发展综述

## 一、湖北省燃气发展基本情况

2015年湖北省城镇燃气行业始终坚持以党的十八大、十八届三中、四中全会精神和省委十届四次全会精神为指导，认真贯彻落实2015年全国住房城乡建设工作会议和城市建设工作座谈会精神，围绕湖北省住房城乡建设工作任务，坚持以人为本，以安全稳定为主线，大力加强城市供气、地下管线等基础设施建设，有力提升了城市市政公用设施综合承载能力，确保湖北省城市供气、地下管线等基础设施安全运行，为湖北省建成支点，走在前列作出了贡献。全年新（改、扩）城镇燃气管道660km，天然气用气量42.5亿$m^3$，液化石油气用气42万t，城市燃气普及率达到96%。

## 二、主要工作内容

### （一）城市地下管线和地下综合管廊建设管理

一是出台了《湖北省人民政府办公厅关于加强城市地下管线建设管理的实施意见》；二是各市、州依据《国务院办公厅关于加强城市地下管线建设管理的指导意见》和《湖北省人民政府办公厅关于加强城市地下管线建设管理的实施意见》，认真组织了城市地下管线普查，并建立了地下管线综合管理信息系统；三是各城市依据《国务院办公厅关于推进城市地下综合管廊建设的指导意见》组织编制了城市地下综合管廊专项规划、五年项目滚动规划和年度建设计划；四是认真组织湖北省地下综合管廊试点申报城市竞争性评审工作，推荐十堰市参加全国地下综合管廊试点城市评审，荣获试点城市，积极指导十堰市按试点方案推进地下综合管廊建设；五是严密组织湖北省各地分管领导和住建、规划部门负责人赴住房城乡建设部干部学院参加海绵城市、地下综合管廊规划建设培训班，并取得了良好效果；六是组织召开湖北省地下综合管廊和海绵城市建设工作座谈会，大力推进湖北省地下综合管廊和海绵城市建设工作。

### （二）城镇燃气行业安全管理

一是依据《国务院安委会关于深入开展油气输送管道隐患整治攻坚战的通知》（安委〔2014〕7号）和省安委会《省安委会关于印发〈湖北省石油天然气管道隐患整治攻坚战实施方案〉的通知》（鄂安〔2015〕8号），省住建厅制定了《关于印发湖北省城镇燃气安全隐患专项整治攻坚战实施方案的通知》，明确了液化石油气、天然气双20条重点整治内容，扎实开展了湖北省城镇燃气安全隐患专项整治攻坚战活动，湖北省共排查整治燃气安全隐患1 869起，确保了燃气行业安全运行；二是各市认真贯彻落实《住房城乡建设部关于印发〈燃气经营许可管理办法〉和〈燃气经营企业从业人员专业培训考核管理办法〉的通知》（建城〔2014〕167号）要求，严格加强了燃气经营许可管理，对不符合规定要求的坚决不予办理，从源头上杜绝了不符合规定要求的燃气经营者进入燃气市场，扰乱燃气市场秩序，制造安全隐患；严格按培训大纲组织实施对燃气行业从业人员进行培训，培训结束后，由省住建厅城建处组织专家从考核题库中随机抽题组织考核，对考核合格者，由省厅统一颁发全国燃气行业认可的《燃气经营企业从业人员专业培训考核合格证书》，落实持证上岗制度；三是广泛深入开展了湖北省城镇燃气行业存在的"报装难、缴费难、乱收费"等问题专项整治活动，及时排查整治了存在的问题，组织专家对湖北省城镇燃气行业安全管理工作和服务保障工作进行了抽查，确保了湖北省城镇燃气行业安全健康运营。

# 湖南省燃气行业发展综述

## 一、湖南省燃气发展基本情况

### （一）资源及发展状况

目前本省的气源种类主要为天然气、液化石油气和焦炉煤气，少量企事业单位使用煤、电、柴油、环保油等资源。在长输管线能达到和交通便利的地区，天然气和液化石油气仍在担负着气化的主角。

### （二）管网布局

目前省内天然气长输管线有 429.5 km，年设计输量 49 亿 $m^3$，管线主要分布于以长、株、潭为中心的东北部地区，向长沙、株洲、湘潭、衡阳、岳阳、常德、益阳、醴陵等 8 个城市供气，城市配气管网约 680 km（省级长输管网、城市配气管网）。

### （三）燃气汽车

汽车加气站 108 个（含液化天然气汽车加气站、压缩天然气汽车加气站、液化石油气汽车加气站）燃气汽车数量 10 万辆。

### （四）天然气储备情况

目前本省已累计完善次高压管网 90 万 $m^3$、LPG 储罐站 155 万 $m^3$、高压球罐 28 万 $m^3$，其他方式储备 60 万 $m^3$。

### （五）湖南省燃气企业数量 122 家

### （六）湖南省用气总量 35 亿 $m^3$

### （七）燃气普及率 80%

## 二、湖南省 2015 年燃气发展成绩

（一）狠抓安全教育，完善法律法规的制定、宣传和普及，特别是各地州市燃气经营单位场站的安全评估、紧急预案评估及启动正在稳步进行。

（二）强化服务意识和服务责任，推行问责制，以提高服务质量。

（三）全面实行阶梯气价，民用户按每年 600 $m^3$ 供应，超过部分每 $m^3$ 售价提高 22%，倡导节

能减排。

（四）适应大数据时代的发展，利用科技手段加强行业管理，推行人工智能 IC 卡表具计量和人工智能远程抄表，同时加强人才培训和技术操作比赛，编制各类岗位技能操作规范书籍计 40 万字。

## 三、湖南省燃气发展面临的问题

（一）迎峰度冬。每到冬季，省内 8 个主要管输天然气城市都面临冬季用气缺口较大的问题，制约了本省经济社会的发展，目前正在采取完善管网，增加储存场站和设备等措施，缓解迎峰度冬问题。

（二）管网辐射面较低，7 个城市的部分地区、部分人口及西部城市未使用管输气。

（三）管输气使用面不宽，主要是居民用气，工业、商业用气占比小，仍以保民生为重点，与企业经济增长不适应。

（四）价格上存在不合理因素，全省至今未实行统一的市场价格体系，如，同是长常线的下游城市，长输管道益阳比常德近，但由于转供，气价相比还贵些。

（五）运行调节管理机制不顺。省经信委与地市经信委分管能源运行（煤电油气运），但天然气运行管理深入不够。

## 四、2016 年发展目标

（一）用气 40 亿 $m^3$。

（二）燃气普及率达 85%。

（三）管网长度 800 km。

（四）进一步加快湖南的天然气利用工作，气化湖南，做好科学规划，加紧建设管网及储配设施，增加调节能力。

（五）在天然气经营上，完善政策，制定合情合理的价格体系，LNG 储配设施建设方面要在土地、融资等政策方面予以支持。

（六）进一步理顺管理机制，增强协调能力。地市经信委要明确职能，强化对煤电油气运，尤其是气的协调与管理。

# 浙江省燃气行业发展综述

## 一、浙江省燃气发展基本情况

截至 2014 年底统计,浙江省现有城市燃气企业 484 家(见表 1),其中管道燃气企业 101 家,瓶装燃气企业 383 家,地下燃气管网 32 733 km,天然气储气能力 584.15 万 m³,液化石油气储气能力 33.60 万 t,天然气汽车加气站 32 座,液化石油气汽车加气站 2 座。2014 年浙江省供应天然气 34.75 亿 m³,供应液化石油气 89.18 万 t,浙江省燃气普及率 99.56%。

浙江省燃气经营许可证发放情况统计表  表 1

统计时间:截至 2015 年 4 月底

| 序号 | 城市名称 | 管道燃气经营许可证(家) | 瓶装燃气综合经营许可证(家) | 瓶装燃气供应经营许可证(家) | 瓶装燃气机动车加气经营许可证(家) |
|---|---|---|---|---|---|
| 1 | 杭州市 | 16 | 42 | 130 | 21 |
| 2 | 宁波市 | 7 | 65 | 126 | 30 |
| 3 | 温州市 | 14 | 38 | 499 | 0 |
| 4 | 嘉兴市 | 14 | 30 | 0 | 10 |
| 5 | 湖州市 | 7 | 19 | 49 | 9 |
| 6 | 绍兴市 | 12 | 48 | 13 | 6 |
| 7 | 金华市 | 8 | 35 | 368 | 1 |
| 8 | 衢州市 | 3 | 19 | 100 | 3 |
| 9 | 舟山市 | 2 | 1 | 109 | 1 |
| 10 | 台州市 | 10 | 57 | 49 | 0 |
| 11 | 丽水市 | 8 | 29 | 131 | 0 |
| | 合计 | 101 | 383 | 1574 | 81 |

## 二、2015 年度主要工作及成效

在做好完善专项规划、加强工程质量管理、强化燃气设施保护等工作的基础上,同时开展了以下几方面工作:

## （一）开展设施普查

联合省经信委、通信管理局、新闻出版广电局、安监局、能源局印发了《转发住房城乡建设部等部门关于开展城市地下管线普查工作的通知》，要求各市全面查清城市范围内的地下管线现状，获取准确的管线数据，掌握地下管线的基础信息，建立综合管理信息系统，特别要求根据普查情况，对地下管线现状进行研判，存在事故隐患的，要明确责任单位限期消除，对于存在安全隐患的废弃管线要及时处置，消灭危险源。

## （二）实施市场准入

根据《浙江省燃气管理条例》，实施了燃气经营许可制度，对管道燃气实施了特许经营制度。制定了《浙江省瓶装燃气经营许可证管理办法》和《浙江省瓶装燃气经营单位和个人安全事故责任承担能力标准的规定》。

## （三）制定考核标准

制定了《浙江省城镇燃气管理考核标准（试行）》，指导和规范浙江省城市燃气管理工作的安全检查，并强化督查考核评价。

## （四）部署专项整治

定期组织开展安全专项整治，结合小液化气整治、"11·22"青岛东黄油气管线爆炸、"8·1"台湾高雄市爆炸、"8·2"昆山工厂爆炸等，及时下发了《关于立即组织开展浙江省城镇燃气安全检查的通知》，并对国家安委会、建设部、省安委会等工作要求及时进行了转发，认真汲取事故教训，组织开展专项排查整治。

## （五）落实隐患消除

要求对排查出的隐患点及时采取措施，迅速排除，彻底解决，建立检查整改责任制，坚持边查边改。对逾期未整改或整改不到位的追究相关责任；对于外部因素造成的安全隐患，要求主动协调并落实有关部门责任，限时解决。各市地行业主管部门及时向相关企业开具《责令整改通知书》，组织整改，确保隐患及时消除。截至2014年底，专项整治累计发现较大安全隐患523个，整改消除448个。

## （六）提高职工素质

举办浙江省燃气行业职业技能大赛，设立了"浙江省技术能手"、"浙江省建设行业技术能手"、"浙江省青年岗位能手"等荣誉称号，并按照政策给参赛选手颁发高级工和技师国家职业资格证书。保障燃气安全，提供人才支持。

近年来浙江省城市燃气安全管理工作成效明显：

一是安全生产督查机制进一步完善。各地各级燃气主管部门对燃气安全管理工作逐步高度重视，层层签订安全生产责任状，加强检查和指导，切实履行起监管职责。

二是安全生产责任主体进一步明确。各地行业主管部门都基本与辖区内的燃气经营单位签订了相关的安全生产目标管理责任书。

三是安全生产管理工作进一步落实。管道燃气企业和储配站制度健全，场站设备设施保养较好，安全管理台账记录较全。各燃气经营企业均已制定应急预案，建立了管道巡检队伍，提高对突发事件的应对能力。

四是安全生产宣传工作进一步加强。各级燃气行业主管部门和燃气企业牢固树立以人为本的安全发展理念，高度重视燃气安全宣传工作。各地均开展了形式多样的安全生产宣传教育活动。通过进农村、进社区、进广场等方式向群众分发燃气安全宣传小册子、讲授燃气安全知识；开展燃气安全宣传进校园活动，在中小学张贴燃气安全宣传海报等活动，努力提高社会安全用气意识。

## 三、本地区燃气发展面临的问题

### （一）管道燃气隐患依然存在，治理难度大

一是燃气管道占压现象严重。各市地都存在燃气管道被建筑物占压、与其他市政管道违规交叉的情况，据前期排查浙江省110家管道燃气经营企业及近3万km城镇燃气管道，第三方占压有138处，与其他市政管道安全间距不足的有50处；隐患排查尚不全面，清理整改不彻底，同时燃气管道存在有难以发现隐患的隐蔽工程，部分埋地钢管防腐层完好程度无法精确掌握，燃气管道设置的警示标志有缺失的现象。另外，随着不开挖定向钻技术的普及，燃气企业在未探明地下管道设施等建构筑物情况下，盲目开钻，极易破坏排水、电力等管道，易埋下严重安全隐患。

二是燃气管道覆盖面窄、输送能力不足、安全可靠性较弱。现有管道仅覆盖部分城区与乡镇，近年来随着用气量快速增长，现有管道输送能力已不能满足市场发展需求。现状管道大多呈枝状布置，尚未形成环网，并缺少应急调峰设施，无法实现互联互供，供气的安全可靠性较差，管网巡线工配置不足，监管手段落后。

三是地下管网信息化管理不到位，市政燃气管道竣工验收备案缺失较多。因测量费用高、质监站不愿受理造成施工许可证无法办理、道路管理方不愿签章等原因，影响燃气企业及时存档和备案，使2009年后大面积市政燃气管网档案资料缺失。

四是建设程序执行情况不平衡。部分燃气管道未能按规定办理施工许可证，新建管道燃气工程施工图审查等建设程序缺失。个别燃气场站的硬件设施不符合城镇燃气设计规范要求，消防通道不畅通、灌装台排风不畅，门卫与灌装台消防间距不足。

五是监管基础力量不足。必要岗位的专职人员配备不足，管线安全技术管理力量、日常巡查力量薄弱，无法保障日常巡查工作有序开展。对管道燃气运行的巡查、巡检队伍的建设和培训不够重视。

六是设施日常维护不到位。燃气管道工程施工力量薄弱，施工不规范，由于燃气管道多为隐蔽工程，不能对地下管线进行全面排查，用户端压力和含臭检测不到位，对一些残破管道不能及时整改。应规范施工，在管道敷设时需用砂土或素土铺垫和回填；应加强检测力度，建立完善定期检查制度，细化分工，分区块、区域检查；应做好管道保护工作，在管道上方设立标识牌等。

### （二）瓶装燃气市场有待进一步规范

一是市场混乱。无证商贩的不法行为充斥市场，主要表现为：无证经营泛滥、私设瓶库、跨区域经营、不良商贩通过低价收购过期瓶报废瓶进行灌装、将钢瓶液化气倒灌、缺斤短两、冒用正规公

司充装塑封套、非法充装气掺入二甲醚等劣质气体等，对消费者欺诈行为和安全隐患。

二是管理多头，协调困难。液化石油气行业的建设和管理涉及发改委、住建规划及燃气办、公安消防、运管、工商、物价、安监、质监、城管等部门，虽然各部门职责明确，但各管一段，纵向不到底，横向不到边。上述部门由多个政府领导分管，造成实际工作中沟通协调困难，加之有的市、区两级管理分层脱节，特别是作为社会管理实施主体的属地乡镇、街道及社区，并未纳入到液化石油气管理责任主体之中，未能形成有效的信息互通、日常执法联动、案件移交、违法行为抄告等机制。

三是有法难依，执法不严。国家质检总局《气瓶充装站安全技术条件》取消了原有关充装液化石油气重量标准的规定，只规定充装重量严禁超过液化气钢瓶的额定容量的上限，没有规定下限，不良商贩就钻空子缺斤短两,坑害消费者。修订后的《液化气管理条例》,取消了没收钢瓶的处罚条款，提高了罚金的额度（原罚3万元,现为5~20万元），在执法过程中,如按照高额罚金,往往执行不了，造成象征性处罚，使得违法成本更为低廉。加之政府监管部门的力量不足，执法队伍又分散于各个部门，难以形成合力，难以适应市场监管需求。实际执法过程中，对违法企业和人员的违法行为追究和处罚的手段不够、力度不大，尺度不一。

## 四、下步工作计划

### （一）城镇燃气管道安全管理方面

一是完成燃气管线普查。落实各市地按照《浙江省城市地下管线普查实施方案》、《城市地下管线普查工作指导手册》等,完成浙江省城市地下管线尤其是城镇燃气管线普查,掌握地下管线的种类、数量、功能属性、材质、管径、平面位置、埋设方式、埋深、高程、走向、连接方式、权属单位、建设时间、管线特征、沿线地形以及相关场站等基本情况，并就地下管线结构性隐患和危险源进行全面调查。特别要查清重大事故隐患，包括隐患地点、隐患类别、隐患部位、隐患描述、责任单位、责任人、是否有安全标识、是否有整改措施等。设区市普查工作于2014年底完成，县级城市于2015年底完成。

二是着力整改安全隐患。汲取安全事故教训，坚决克服麻痹侥幸思想，落实好安全隐患整治消除工作。目前各市地2015年城镇燃气安全隐患自查自改工作已基本完成，要求各市地对排查出的隐患登记造册，按照有案可查、有地可找、整改可核的要求，做到数量清、情况明。特别是历次检查出现的老问题、困难问题，以及群众有投诉举报的问题，要排出责任表、时间表、进度表，及时采取措施，重点关注，彻底解决。对于外部因素造成的安全隐患，做到主动协调并落实有关部门责任，限时解决。

三是严格落实安全生产责任。要求各地将安全责任"层层落实、一层抓一层"，做到组织领导、责任人员、整改措施、整改资金和应急预案等"五落实"，强化风险意识。同时，进一步强化企业主体责任，落实企业主要负责人为第一安全管理责任人，每一次隐患排查和整改实行"谁检查、谁签字、谁负责"，做到排查整治不打折扣、不留死角、不走过场。

四是健全完善应急体系建设。要求各市地燃气主管部门督促燃气企业配置必要的抢险人员、工具、物资，提升燃气设施巡查、泄漏检测和事故预警手段，针对性地制定燃气事故预案，定期组织演练、演习，切实提高燃气事故应急能力。

五是加强基础防控能力建设。落实各地切实增强风险意识，转变事后补救为事前控制，拒绝亡羊补牢，做到未雨绸缪。各市地燃气行业主管部门督促燃气企业健全燃气工程质量控制体系，完善燃气工程图审、监理、质监、验收等建设程序，并充分应用在线自助监控技术和信息化管理系统，加强燃气储存、管道防腐、防雷等设施关键部位、重要环节的实时监控。

六是强化安全管理技术培训。要求各地加强燃气从业人员的管理，定期组织开展专业技能培训，严格落实持证上岗，强化岗位操作能力。同时，加强燃气安全宣传，继续开展形式多样的安全生产宣传教育活动，努力提高浙江省尤其是城乡居民安全用气意识。

### （二）瓶装液化燃气市场规范治理方面

一是完善规划和法规，严格执法。在编制浙江省"十三五"规划中应制定液化石油气包括天然气的专项规划，合理布局充装站和供应站点，优先提供用地指标，优先建设，确保落地。从浙江实际出发，修改完善相关法律法规，增加可操作性；做到依法监管、违法必究。

二是建立沟通协调机制，形成监管合力。建议各级政府成立液化石油气监管协调小组，由政府常务领导任组长，协调有关职能部门和地方政府，加强各部门、各地区间的通力协作，形成合力，把液化石油气安全使用纳入平安社区建设的考核内容。

三是规范市场管理。大力打击、取缔无证经营，杜绝过期伪劣钢瓶，严禁掺假和缺斤短两，无证车辆运送。通过政府职能机构搭建实时监管平台，运用科学手段加强气源、运输、气瓶质量、储存安全、经营销售、使用等环节一条龙监管，坚决打击违法犯罪行为。

四是发挥媒体舆论作用。充分利用新闻媒体加强安全用气和有关打击非法经营液化气的报道，加大反面典型事例的曝光力度，发挥舆论监管作用。

# 山西省燃气行业发展综述

山西是我国主要的煤炭生产基地、焦炭生产基地和煤层气资源开发利用程度最高的地区之一，也是国家陕京一、二、三线、西气东输、榆济线等天然气主干管线过境地区。

目前，山西省"四气"产业发展较快，初步构建起了上、中、下游完整的产业链。主要表现在：发展环境进一步优化，政策效应逐步显现；以煤层气、天然气为主要气源的多样化供气格局初步形成；全省输气主干管网和市县输配管网进一步完善。2014年，山西省新增燃气管网1 300余km，总里程达7 003 km，其中，途经山西省的国家干线总里程1 620 km，省内干、直线5 383 km，覆盖11个设区市、96个县（含县级市）。天然气利用量30亿$m^3$，煤层气利用量40亿$m^3$，气化人口1 200多万，气化率达32%，远高于全国平均水平。

## 一、燃气资源状况

### （一）天然气

目前山西省过境天然气管线有5条，包括陕京一线、陕京二线、陕京三线、榆济线和西气东输管线，设计年输气能力423亿$m^3$。根据协议，山西省天然气可用气量，2015年为60亿$m^3$。

### （二）煤层气

山西省煤层气资源丰富，全省2 000 m以内浅煤层气资源约为10万亿$m^3$，占全国的三分之一，主要集中于沁水煤田和河东煤田。其中，沁水煤田6.85万亿$m^3$，河东煤田2.84万亿$m^3$，占全省煤层气资源总量的93.4%。目前，沁水、河东等煤田已登记煤层气区块面积28 303$km^2$，通过钻井勘探，获得国家批准煤层气探明储量750亿$m^3$，可采储量395亿$m^3$。

### （三）焦炉煤气

目前，基本形成4个千万t级焦化集聚区，产能分别为1 546万t、1 126万t、933万t、1 038万t，以及其他14个500万t级焦化集聚区。到2015年，全省规划建设10个焦炉煤气制天然气、LNG项目，总资产规模约10亿$m^3$/a。

### （四）煤制天然气

目前山西省煤制天然气尚未形成产能，中石油与同煤集团建设的40亿$m^3$/a煤制天然气项目，国新能源建设的500万t/a煤制天然气项目，中煤平朔的劣质煤综合利用产1.1亿$m^3$LNG项目正在规划建设中。

## 二、管网建设情况

目前,山西已基本形成国家天然气主干管网、省级主干管网和省级支线管网、城市管网4级输气管网系统。到2014年底,山西省管线总里程7 003 km,其中国家级干线1 620 km,省内支线5 383 km,覆盖11个设区市、96个县市,气化人口1 200万人。

省级干线管网由"三纵六横"("三纵十一横"则包括5条国家级管线)主干管线及支线构成。

### (一)三纵

中纵:大同 - 运城输气管道
西纵:乡宁 - 临县 - 保德输气管道
东纵:晋城 - 阳泉输气管道

### (二)六横

1. 右玉 - 山阴 - 浑源中海油煤制天然气管线
2. 沁水 - 侯马 - 河津长输管线
3. 洪洞 - 安泽 - 长治长输管线
4. 离石 - 太原 - 阳泉长输管线
5. 保德 - 神池 - 原平长输管线
6. 长治 - 临汾长输管线

## 三、山西省燃气企业数量及天然气储备情况

目前山西省在册管道气经营企业共有106家。市区企业25家,县级企业81家。其中:央企1家,国企35家,股份制7家,民企25家,其他38家。大型企业主要有太原煤气化煤气公司、国新能源、国化能源和山西燃气产业集团4家。

## 四、燃气普及率及用气总量

目前全省城镇管道燃气55.4%的气化率,与"十二五"规划78.5%的气化率相比差距较大,而且市、县发展不均衡,中小城镇输配管线覆盖程度偏低。

对山西省11个地级市上报的调查资料进行统计得到,太原、朔州、阳泉、晋城、运城市所属县城气化率较高,气化率最低的是忻州各县。全省96个县市大都使用或部分使用天然气(煤层气)。

**2014年全省各县(市、区)天然气(煤层气)气化率(%)**

| | | | | | | | | |
|---|---|---|---|---|---|---|---|---|
| 清徐县 | 91 | 定襄县 | 77.6 | 长治县 | 23 | 安泽县 | | |
| 阳曲县 | 98 | 五台县 | 80.7 | 蒲县 | | 襄垣县 | 41(煤气) | |
| 娄烦县 | | 代县 | 92.5 | 襄汾县 | | 屯留县 | 30 | |

续表

| | | | | | | | |
|---|---|---|---|---|---|---|---|
| 古交市 | 91 | 繁峙县 | 80.8 | 古县 | | 平顺县 | 7 |
| 黎城县 | 25 | | | | | | |
| 新荣区 | 20 | 静乐县 | 96 | 乡宁县 | 煤气 | 壶关县 | |
| 阳高县 | 29 | 神池县 | 0 | 汾西县 | | 长子县 | 25 |
| 天镇县 | 37 | 五寨县 | 90 | 霍州市 | 煤气 | 武乡县 | 50 |
| 广陵县 | 25 | 岢岚县 | 4.8 | 洪洞县 | | 沁县 | 10 |
| 灵丘县 | 42 | 河曲县 | 44 | 永和县 | | 沁源县 | |
| 浑源县 | 21 | 保德县 | 41 | 浮山县 | | 潞城市 | 58 |
| 左云县 | 22 | 偏关县 | 22 | 翼城县 | | | |
| 大同县 | 36 | 原平市 | 97 | 曲沃县 | | 河津市 | 95 |
| 吉县 | | 永济市 | 94 | | | | |
| 平鲁区 | 82 | 文水县 | 50 | 大宁县 | | 临猗县 | 80 |
| 山阴县 | | 交城县 | 50 | 隰县 | | 新绛县 | 76 |
| 应县 | 81 | 兴县 | 10 | 万荣县 | 70 | | |
| 右玉县 | 54 | 临县 | 68 | 沁水县 | 95 | 芮城县 | 80 |
| 怀仁县 | 75 | 柳林县 | 80 | 陵川县 | 84 | 夏县 | 55 |
| 石楼县 | | 阳城县 | 88 | | | 稷山县 | 70 |
| 太谷县 | 26 | 岚县 | 12 | 高平市 | 30 | 闻喜县 | 52 |
| 祁县 | 12 | 方山县 | | 绛县 | 87 | | |
| 平遥县 | 17 | 中阳县 | 22 | 平定县 | 83 | 平陆县 | 73 |
| 介休市 | 31 | 交口县 | 15 | 盂县 | 74 | 垣曲县 | 63 |
| 灵石县 | 19 | 孝义市 | 89 | 左权县 | | 汾阳市 | 88 |
| 和顺县 | 9 | 昔阳县 | 29 | | | | |

# 陕西省燃气行业发展综述

## 一、陕西省燃气发展基本情况

### （一）资源及发展状况

陕西省共 11 市 2 区（新增计划单列市韩城市、西咸新区、杨凌示范区）、82 个县（市）。

#### 1. 资源情况

陕西省具有储量丰富的天然气和煤层气等非常规天然气资源，是我国天然气的主要产区之一，同时也是西气东输、陕京线、榆济线等国家级输气管道途经的主要省份，具有得天独厚的资源优势。另外，陕西现已没有人工煤气，页岩气尚在前期调研。

陕西省天然气产业以"本省资源为主、过境资源为辅"为工作原则，按照"巩固老资源、落实新资源、开发多资源"的工作思路，全省燃气产业力争形成以中国石油长庆气田作为主供气源，西气东输一、二、三线和中贵联络线、中国石化大牛地气田作为补充气源，川东北气田、镇巴气田、延长集团气田作为大力发展燃气产业、加快天然气利用进程，提升利用规模的保障气源，煤层气和煤制天然气作为保障安全供气、应急调峰和综合性利用气源的多点、多气源供给格局，为全省燃气产业的持续、稳定、健康发展提供根本性的保障。

综上所述，陕西省天然气资源落实，近期供气量可达 60 亿 $m^3/a$，远期供气量可达 90 亿 $m^3/a$。

#### 2. 开发利用情况

截止 2015 年底，陕西省 11 市 2 区 82 个县（市），现已全部实现天然气通气点火。其中，24 个县为 CNG 供气，其余均为天然气/煤层气长输管线供气。

2015 年全省城镇天然气消费 43.2 亿 $m^3$，天然气城镇气化率 70%，全省已建成城镇天然气输配管网 1.4 万余 km（含煤层气管线）；全省天然气居民用户 467 万户，餐饮业 5.6 万户，采暖燃气锅炉 1.32 万台，工业用户 888 户；建设 CNG、LNG 加气站共 450 座，其中 CNG 加气站 271 座、LNG 加气站 179 座。全省现有液化石油气贮灌站 200 座，除了 3 个县没有液化石油气贮灌站，其余市县完全满足城乡居民需求。

### （二）管网布局

#### 1. 省级长输管网

目前陕西省内长输管道主要分为过境长输管道和省内自建长输管道两大类。

（1）省内过境长输管道基本情况

陕西省境内已建过境长输管道包括：陕京一线、陕京二线、陕京三线、陕京四线、西气东输一线、西气东输二线、西气东输三线、榆济线、长呼线、陕宁线和中国新疆煤制天然气外输管道工程共 11 条，在陕西境内的线路总里程约 1 750 km。

（2）省内自建长输管道基本情况

陕西省内自建长输管道包括：已经建成的靖西一线、靖西二线、咸宝线、关中环线（泾阳—眉县段）、西渭线、宝汉线、西商线、汉安线，线路总里程为 1 899 km。

（3）省内自建支线管道基本情况

随着人们对天然气资源的认识和开发利用程度不断提高，天然气在陕西省的工业和化工生产、城市燃气、汽车燃料等方面均得到了广泛应用，一些边远地区和距离干线管网较远的地区也有了一定的用气需求，因此也带动了支线管道的建设步伐。省内主要支线管道包括榆林地区的榆川管线等，以及关中地区的义和—阎良—富平专线、临潼—蓝田专线、虢镇-凤翔专线等，管径以 DN200 为主。支线管道的总里程在 133 km 以上。

2. 城市配气管网

城市（镇）气化工程已经累计建成高中压燃气输配管网 1.4 万余 km。

## （三）液化天然气厂、液化天然气接收站情况

陕西省的液化天然气厂均建在陕西北部的气田附近，现已建成投产的如表1所示：

天然气液化工厂统计一览表　　表1

| 区域 | 公司名称 | 工厂地址 | 生产能力 | 投产时间 | 原料气 | 备注 |
|---|---|---|---|---|---|---|
| 榆林 | 靖边县西蓝天然气液化有限责任公司 | 榆林市靖边县张家畔镇 | 50 万 $Nm^3/d$ | 2011.7 | 天然气 | BV |
| | 陕西靖边星源实业有限公司 | 榆林市靖边县能源化工综合利用产业园 | 150 万 $Nm^3/d$ | 2013.11 | 天然气 | BV |
| | 榆林市榆阳区圆恒能源有限公司 | 榆林市榆阳区麻黄梁工业集中区 | 100 万 $Nm^3/d$ | 2014.1 | | BV |
| | 榆林华辰清洁能源有限公司 | 榆林市榆阳区芹河乡长海则村 | 50 万 $Nm^3/d$ | 2014.12 | | 俄罗斯 |
| | 陕西众源绿能天然气有限公司 | 榆林市定边县盐场堡镇贾圈村 | 100+200 | 2011.12/2014.1 | | 绿能高科 |
| | 陕西绿源天然气有限公司子洲工厂 | 榆林市子洲县苗家坪工业园区 | 100 万 $Nm^3/d$ | 2013.3 | | 绿能高科 |
| | 陕西绿源天然气有限公司米脂工厂 | 榆林市米脂县东山梁工业园区 | 100 万 $Nm^3/d$ | 2015.5 | | 绿能高科 |
| 延安 | 陕西华油天然气有限公司LNG工厂 | 延安市安塞县化子坪镇 | 200 万 $Nm^3/d$ | 2012.9 | | |
| | 陕西延长石油天然气有限公司甘谷驿工厂 | 延安市宝塔区甘谷驿 | 100 万 $Nm^3/d$ | 2012.5 | | 绿能高科 |
| | 陕西延长石油天然气有限公司南泥湾工厂 | 延安市南泥湾 | 50 万 $Nm^3/d$ | 2012.5 | | 绿能高科 |
| | 陕西延长石油天然气有限公司文安驿工厂 | 延安市延川县文安驿 | 100 万 $Nm^3/d$ | 2015.12 | | 绿能高科 |
| 渭南 | 陕西龙门煤化工有限责任公司 | 陕西省韩城市下峪口龙门煤化工业园 | 24 万 t/a | 2013.12 | 焦炉煤气 | 哈深冷 |
| | 陕西泓澄新能源有限公司 | 陕西省渭南市澄城县韦庄镇农业园区 | 10 万 $Nm^3/d$ | 2014.2 | 煤层气 | |
| | 陕西海燕焦化集团LNG工厂 | 陕西省渭南市韩城经开区 | 10 万 t/a | 2016.1 | 焦炉煤气 | |
| 咸阳 | 陕西液化天然气投资发展有限公司 | 杨凌示范区 | 200 万 $Nm^3/d$ | 2015.11 | | |

注：陕西省内现无液化天然气接收站。

## （四）汽车加气站情况

目前共建设 CNG、LNG 加气站 450 座，其中 CNG 加气站 271 座、LNG 加气站 179 座。

## （五）分布式能源情况

目前陕西省开展分布式能源项目较多，但多数处于前期论证阶段。

### 1. 国际港务区分布式能源项目概况

陕西燃气集团投资西安国际港务区分布式能源项目拟建站址位于西安市国际港务区新北路以北、杏渭路以东的区域。

本期工程拟选择设置 2 套轻型燃机（2×32 MW）+2 台 40 t/h 的双压余热锅炉 +2×13 MW 的蒸汽轮机联合循环机组，提供冷热电三联产输出，总装机容量为 90 MW。本项目年用气量约 1.01 亿 $m^3$/a，工程计划于 2016 年 6 月开工建设。

### 2. 航天产业基地分布式能源项目

由陕西燃气集团参股的西安新航燃气能源有限公司将采用分布式能源系统，为基地一期东长安街以南核心区域提供电力、供热、制冷。

该分布式能源项目选址在南临航创路、西侧紧临神舟六路处，占地约 4.34 万 $m^2$，拟安装 3 套 30 MW 级燃气轮机冷热电联供机组，采用高效的燃气—蒸汽联合循环发电，实现热、电、冷三联供，项目年用气量约 0.96 亿 $m^3$/a。在满足用户多种形式用能的同时，达到最大化能源利用效率，传统能源利用率约为 40% 左右，而分布式能源系统的能源利用率至少高于 70%。同时，兼顾天然气和电力需求消峰填谷，不仅能有效地降低能源消耗，而且在基地内可以营造良好的投资条件，工程计划于 2016 年开工建设。

## （六）天然气储备情况

目前，陕西的西安、延安、铜川、咸阳、宝鸡、渭南等市建有天然气球罐储气站用于储备调峰，西安、安康、汉中、韩城等市建有 LNG 储罐站用于储备调峰，陕西燃气集团在杨凌市建有液化天然气（LNG）应急储备调峰厂用于有效解决陕西省冬季天然气调峰和输气管网的事故应急问题。

天然气高压球罐储气设施统计表　　表 2

| 城市 | 西安 | 咸阳 | 延安 | 渭南 | 铜川 | 宝鸡 |
| --- | --- | --- | --- | --- | --- | --- |
| 单台球罐容积（万 /$Nm^3$） | 1 | 0.5 | 0.1 | 0.2 | 0.1 | 0.4 |
| 台数（台） | 4 | 3 | 2 | 2 | 4 | 4 |
| 合计 | 4 | 1.5 | 0.2 | 0.4 | 0.4 | 1.6 |

天然气 LNG 储罐储气设施统计表　　表 3

| 城市 | 西安 | 安康 | 汉中 | 韩城 | 杨凌（省燃集团） |
| --- | --- | --- | --- | --- | --- |
| 储罐容积（水容积 $m^3$） | 3500 | 100 | 100 | 300 | 60000 |

### （七）本省用气总量

2015年全省城镇天然气消费43.2亿 $m^3$，陕西省天然气消费占一次能源消费比例为8.7%，这一数字高出全国平均水平（约4.5%）。

### （八）燃气普及率

2015年末全省天然气城镇平均气化率约为72%，气化人口约为1 500万人。其中市级城市约为85%、县区级城市约为50%、重点乡镇约为40%。

## 二、陕西省2015年燃气发展成绩

### （一）安全

随着城镇燃气事业的快速发展，供气安全和安全供气受到各级政府以及全社会的广泛关注。

为了保证供气安全，陕西省已建设靖西三线，提高供气能力，保障供气安全。同时，韩城市的煤层气开发，已能满足韩城市的城市气化，正在建设长输管线向渭南、西安输送煤层气。彬县、长武煤田也在逐步提高煤层气的开采能力，届时陕西省天然气供气安全将会进一步得到提高。

陕西城镇燃气快速发展同时，安全用气形势严峻。陕西省委、省政府非常重视燃气安全，2015年在认真学习贯彻新《安全生产法》的基础上，行业主管部门十分重视行业安全管理工作，通过日常排查提高认识，清除隐患，使陕西安全用气状况得到好转。

### （二）服务

陕西省城市燃气热力协会第六届理事会已于2015年3月顺利完成了换届工作，选举并产生了新的理事会领导成员和组织机构。一年来，新一届理事会认真贯彻党和国家的方针、政策，坚持"为会员单位服务、为政府服务"的宗旨，依据协会章程积极履行行业协会的职能，充分发挥行业协会的作用，完善健全行业协会的组织，为陕西城镇燃气热力行业的更好更快发展，做了很多有益的工作。同时，也为广大的会员单位做了一些实事、好事。

2015年，在第五届理事会以往工作成绩的基础上，第六届理事会自成立之初就毫不懈怠、砥砺前行，在全国经济形势下行压力较大、市场供需复杂多变的大背景下，高举"引领和服务"的发展方向，站在全行业统筹发展的高度，开动"政策引领"、"基础研究"、"管理服务"、"组织建设"这4部发动机，多头并举、真抓实干、精耕细作，取得了继往开来、再创佳绩的新局面。

### （三）价格

陕西省自2016年1月1日起，对全省管道天然气直达的城镇居民生活用气实行阶梯气价制度，划分为3档，气价实行超额累进加价。

第1档气量：独立采暖居民用户年用气量为2 000 $m^3$及以下，非独立采暖居民用户年用气量为480 $m^3$及以下，用气价格仍按现行气价执行。

第2档气量：独立采暖居民用户年用气量为2 000～3 000 $m^3$之间，非独立采暖居民用户年用气量为 480～660 m³ 之间，用气价格执行现行气价的 1.2 倍。

第 3 档气量：独立采暖居民用户年用气量为 3 000 m³ 以上，非独立采暖居民用户年用气量为 660 m³ 以上，用气价格执行现行气价的 1.5 倍。

### （四）科技

1. 组织完成了《陕西省城镇燃气发展"十三五"规划研究》、《陕西省液化天然气（LNG）汽车加气站布局的调研》等 2 个课题的调研工作。

2. 扶持企业进行科技创新，引导新技术、新产品、新工艺进行推广和应用。

2015 年 4 月，组织省内有关单位举办了"管道燃气自闭阀标准与应用培训班"；2015 年 12 月，组织国内有关专家召开"陕西大唐智能仪表有限公司瓶装液化石油气安全自闭调压器企业标准专家评审会"。

### （五）行业管理

1. 完成了行业主管部门交给的各项工作，认真学习贯彻新《安全生产法》，协助行业主管部门抓好行业安全管理工作，平均每年在各设区市均抽查几家企业。

2. 2015 年 5 月，组织部分会员单位代表本行业参加陕西省物价局组织的"陕西省居民阶梯气价听证会"，发出了行业的专业化建议与呼声。

3. 在 2015 年 6～7 月，先后组织宣贯了《燃气服务导则》、《汽车加油加气站设计与施工规范》、《城镇燃气室内工程施工与质量验收规范》、《城镇燃气输配工程施工与质量验收规范》和《建设工程归档整理文件规范》等行业性标准规范，为陕西省燃气工程的建设管理和档案管理培养了一批人员，规范了各地参差不齐的做法，积累了经验。

4. 为提升协会形象，加强对外宣传，创立了协会网站，开通了行业管理的信息化平台，与《陕西燃气与热力》刊物一起组成了发布行业信息、政策、新闻的多媒体网络。

### （六）人才培训

1. 2015 年 6 月至 7 月，先期组织省内会员单位进行了《燃气安装维修工》、《燃气调压工》的培训，然后选拔选手参加 2015 年 9 月在济南举办的"燃气杯"第三届全国燃气行业职业技能竞赛。

最终，陕西省西安秦华公司、宝鸡中燃公司的参赛选手荣获了 2 个"三等奖"，4 位选手荣获了"全国燃气行业职业技能竞赛荣誉"称号，4 人荣获"最佳裁判员奖"、"优秀裁判员奖"，陕西省获得了"优秀组织奖"，共同为陕西省燃气行业增光添彩。

2. 正常组织和举办各类技能培训班、标准规范宣贯班、经验交流学习班，确保"传经送宝"渠道畅通。

3. 2015 年 9 月，顺利完成燃气热力行业专业技术人员职称评定年度上报工作，有力地解决陕西省燃热行业专业技术人员缺乏，相关人员专业技术职称难以解决的问题。

### （七）煤改气实施进展情况

根据省委省政府《陕西省能源行业加强大气污染防治工作实施方案》，陕西制定了 3 年的煤改气燃气锅炉扶持发展计划，至 2017 年关中地区新增"煤改气"工程用气有望达到 10 亿 m³。

2013 年，陕西关中地区共拆除燃煤锅炉 1 366 台；2014 年，拆除燃煤锅炉 2 347 台；2015 年燃煤消费总量减少300万t，其中西安减少55万t。积极推进燃煤锅炉、煤炭经营场所、蜂窝煤用户、蜂窝煤生产和销售厂点实现"三个清零"，开展电厂燃煤机组超低排放试点。

国家环保部对陕西省2015年上半年主要污染物总量减排情况进行了核查，初步核算陕西省化学需氧量排放量较上年同期下降2.81%（目标2%）、氨氮下降2.51%（目标2.0%）、二氧化硫下降4.33%（目标1.5%）、氮氧化物下降9.68%（目标6.0%），实现时间、任务双过半的目标。

## 三、陕西省燃气发展面临的问题

### （一）加气站

目前，城镇CNG加气站运行良好。LNG加气站早期经营良好，但由于用户主要是拉运煤炭的载重车辆，而最近受国家环保政策调控煤炭销售市场萎缩和LNG无序定价，煤炭运输量大大减少，LNG市场需求随之锐减。

建议尽快出台LNG汽车的"油气挂钩"定价指导意见，合理定价，促进发展。

### （二）气价

陕西冬夏季供气峰谷差十分突出，调峰设备、技术完全能满足城镇调峰需求。但是，根据不同调峰措施，政府应尽快落实调峰气的价格政策，保护燃气经营企业合理利润，促进燃气经营企业积极提高解决调峰的能力。

### （三）从业人员资格培训

对"三类人员"、"一线操作工（8个工种）"的职业培训，有资格的培训机构还未建设到位，教材、师资、认证等关键问题还未得到解决落实。

## 四、2016年发展目标

### （一）用气量

根据《陕西省城镇燃气发展"十三五"规划》要求，预计2016年全省的天然气需求量为48亿$m^3$。

### （二）燃气普及率

2016年，城市（含县级市）气化率平均达到95%，县城城区的气化率达到80%。

### （三）管网长度

2016年共规划建设省级天然气干支管线约725 km。

### （四）加气站

2016年预计建设约60座。

## （五）分布式能源

"十三五"期间按照规划要求，在西安、西咸新区、渭南、铜川、延安、榆林等地区建设分布式能源项目，推动分布式能源试点工作。到 2020 年分布式能源推广至全省主要地级城市，总规模达到 1 500 MW。

## （六）液化天然气厂

由于天然气市场使用、天然气价格的影响对已立项的几个天然气液化厂不再建设。

## （七）天然气储备

到 2020 年，全省规划各城市调峰储气量约为 33 亿 $Nm^3$，折算为 LNG 储备量为 531 万 $m^3$。

# 四川省燃气行业发展综述

四川省总面积 48.5 万 km²，人口 8 041.8 万人（2010 年第 6 次人口普查数据）。截至 2014 年末，四川省辖 18 个地级市、3 个自治州，183 个县级行政区划单位（49 个市辖区、15 个县级市、119 个县）。

## 一、四川省燃气行业基本情况

### （一）资源状况

四川省天然气资源十分丰富，是国内主要的含油气盆地之一，也是全国较早使用天然气的地区之一。截至 2014 年末，四川盆地探明天然气资源储量达到 10 万多亿 m³ 以上，可采资源量达到 6 万多亿 m³ 以上。四川页岩气的储量达 27 万亿 m³，占全国页岩气储量近 1/4，是全国所有省份中储量最多的省份。

截至 2014 年底，中石油西南公司累获天然气探明储量 2.01 万亿 m³，三级储量 3.85 万亿 m³，形成了良性循环的资源序列。在四川盆地形成了重庆、蜀南、川中、川西北、川东北 5 个油气生产区，已开发气田 110 个，含气构造 35 个。2014 年中石油西南油气田公司天然气产量 138.9 亿 m³，销售量 188.4 亿 m³，其中四川省销售量 118.9 亿 m³。四川省城市燃气行业 2014 年用气量为 61.9 亿 m³，其中居民用气 34.34 亿 m³。

### （二）管网布局

中石油西南油气田公司在川渝地区已初步建成"三横、三纵、三环、一库"和"高低压分输、输配分离"的管网格局，沟通了西气东输、陕京、川渝、中缅四大管网系统，实现川渝管网与全国管网连接，与塔里木、长庆、川渝三大气区资源能够灵活调配，形成"川气自用、外气补充、内外互通、战略储配"格局，川渝地区天然气供应保障能力极大提升。在输气管线建设过程中途经乡镇时，均预留了可接气的分输阀室。2014 年，输送能力达到 300 亿 m³/a。

### （三）气源种类

四川省城镇燃气的主要气源为天然气。已有 17 个市接入长输管线天然气。焦炉煤气是攀枝花市的主要气源，由攀枝花钢铁公司供应。阿坝州、凉山州多数县的燃气气源为 LPG，少数县为 LNG；甘孜州各县均为 LPG。四川省城镇天然气消费量占城市燃气消费总量（折合天然气，未计入焦炉煤气，下同）的 96%，液化石油气占 4%。在家庭用量中，天然气占 93%，液化石油气占 7%。天然气在四川省城镇燃气中占据主要地位，成为居民炊事和热水的重要能源。

四川省县级以上城市建成区燃气利用统计表（截止2014年末）

| 城市 | 所辖县级行政区 | 主要气源 | | | 县级行政区总数（个） |
|---|---|---|---|---|---|
| | | 管道天然气 | 焦炉煤气 | 液化石油气 | |
| 成都市 | 9区4市6县 | 9区4市6县 | | | 19 |
| 自贡市 | 4区2县 | 4区2县 | | | 6 |
| 攀枝花市 | 3区2县 | 3区 | | 2县 | 5 |
| 泸州市 | 3区4县 | 3区4县 | | | 7 |
| 德阳市 | 1区3市2县 | 1区3市2县 | | | 6 |
| 绵阳市 | 2区1市6县 | 2区1市6县 | | | 9 |
| 广元市 | 3区4县 | 3区4县 | | | 7 |
| 遂宁市 | 2区3县 | 2区3县 | | | 5 |
| 内江市 | 2区3县 | 2区3县 | | | 5 |
| 乐山市 | 4区1市6县 | 4区1市6县 | | | 11 |
| 南充市 | 3区1市5县 | 3区1市5县 | | | 9 |
| 眉山市 | 2区4县 | 2区4县 | | | 6 |
| 宜宾市 | 2区8县 | 2区8县 | | | 10 |
| 广安市 | 2区1市3县 | 2区1市3县 | | | 6 |
| 达州市 | 2区1市4县 | 2区1市4县 | | | 7 |
| 雅安市 | 2区6县 | 2区3县 | | 3县 | 8 |
| 巴中市 | 2区3县 | 2区3县 | | | 5 |
| 资阳市 | 1区1市2县 | 1区1市2县 | | | 4 |
| 阿坝州 | 13县 | 5县 | | 8县 | 13 |
| 甘孜州 | 1市17县 | | | 1市17县 | 18 |
| 凉山州 | 1市16县 | 1县 | | 1市15县 | 17 |
| 合计 | 15市49区119县 | 133 | 3 | 47 | 183 |

## （四）城镇燃气经营企业总量

截至2014年4月，四川省燃气经营企业1 033个，其中管道燃气企业540个，占总量的52.3%；压缩天然气企业231个，占总量的22.4%；液化石油气企业249个（不含液化石油气销售点、门市部），占总量的24.1%，液化天然气企业11个，占总量的1.06%；新型燃气企业（二甲醚等）2个，占总数量的0.19%。

## （五）燃气普及率

四川省17个地级城市的城区、133个县（市）的城区和城区近郊的乡镇，均普及了管道天然气；1个地级市城区和3个县级区的城区普及了焦炉煤气；其余3个州的州府所在地城区和47个县的城区均使用了液化石油气、液化天然气或压缩天然气。合计 18 个地级市、3 个少数民族自治州、15 个县级市、49 个县级区、119 个县。

### (六) LPG 发展状况

截至 2015 年 6 月底，四川省已累计建成覆盖 21 个市、州，183 个县（区、市）的液化石油气供应站共约 350 座，是四川省城镇居民和商业用户使用燃气的重要补充。既从根本上解决了由于地形限制，尚无管输天然气地区的群众生活、商业用气的问题，提高了四川省城镇燃气普及率，又在一定程度上缓解了天然气气源紧缺的供需矛盾问题。

### (七) CNG 发展状况

截至 2015 年 6 月底，四川省累计建成覆盖 20 个市、州，100 多个县区的压缩天然气（CNG）加气站 420 多座，累计推广应用 CNG 汽车 32 万多辆，车用天然气年消费超过 11 亿 $m^3$，推广应用数量和规模居全国第一，经济社会效益显著。

### (八) LNG 发展状况

积极推进续航能力更强、安全性能更高的 LNG 汽车。截至 2015 年 6 月底，四川省的 LNG 汽车数量已达 2 300 辆，超过"十二五"推广目标的 25%。2014 年新建的 LNG 加气站 11 座，已有 6 个县采用 LNG 经气化后，通过管输供应给用户。一些企业已在有条件的市、州，开展 LNG 加气站的建设和 LNG 汽车的推广工作。至 2015 年底，将有 32 座 LNG 加气站和 2 座 LNG 船舶加注码头（泸州、宜宾）建成或投产。液化天然气将是四川省城市燃气调峰和应急的主要来源。

### (九) 燃气管网改造、投资情况

四川省计划 2013 年至 2015 年改扩建燃气管网 4 600 多 km，项目总投资 28.8 亿元。其中 2013 年开工 1 300 多 km，投资 8.8 亿元；2014 年开工 1 700 多 km，投资 10.4 亿元；2015 年开工 1 600 多 km，投资 9.6 亿元。

## 二、四川省城镇燃气行业 2014 年发展情况

### (一) 深入学习贯彻党的十八届三中、四中全会精神和中共四川省委十一届四次、五次全会精神

2014 年，四川省燃气行业深入贯彻落实党的十八届三中、四中全会和中共四川省委十一届四次、五次全会精神，主动适应经济发展新常态，紧紧围绕"持续、稳定、安全"供气的工作主线，扎实做好安全生产的基础性工作；按照燃气规范、标准和经营许可的有关规定，积极开展培训教育；通过多种形式开展活动，不断提高行业自律管理和服务水平，促进了四川省燃气事业的持续健康发展。

### (二) 燃气安全生产工作持续加强

四川省燃气行业认真吸取青岛市 2013 年"11.22"中石化输油管道爆燃事故和泸州市"12.26"

天然气爆燃事故的教训，按照国家住房和城乡建设部、省住房和城乡建设厅关于进一步加强城镇燃气安全管理工作的要求，以"管网和用户"为重点，结合运用先进科技，全面开展燃气（包括天然气、人工煤气、压缩天然气、液化石油气、液化天然气）输送管线、门站、设施设备的大排查、大整治，抓紧老旧管网和设备的改造更新，扎实做好隐患治理等工作。

四川省燃气企业认真落实以"一岗双责"为核心的安全生产责任制，按照"全覆盖、零容忍、严管理、重实效"的要求，采取加大资金投入，治理安全隐患；运用先进设备，定期巡查检测；完善企业标准，推进达标升级；开展宣传教育，普及安全知识；加强应急演练，提升救援能力；交叉检查评比，相互促进提高等措施，全方位强化安全生产管理，有效防止安全事故和涉恐事件的发生，保障了燃气设施正常运行。

### （三）法规修订和政策宣贯工作顺利推进

一是按照四川省住房城乡建设厅的要求，省燃气协会向燃气企业广泛征求对《四川省燃气管理条例》的修改意见，并召开燃气企业负责人座谈会、协会常务理事会等会议，逐条进行讨论，提出了具体的修改意见和建议。

二是配合省发展改革委宣传贯彻四川省《关于建立健全居民生活用气阶梯价格制度的意见》（川发改价格〔2014〕755号），请省发展改革委相关处室负责人在燃气企业负责人会议期间，专题讲解阶梯价格制度的实施要求、各档用气指导气量和计价周期等具体内容，讨论推进工作中的具体措施。多数燃气企业开展了一系列的调研工作，初步形成了实施阶梯气价的具体方案。

三是按照省住房城乡建设厅的要求，省燃气协会对四川省燃气经营企业办理许可的情况开展调研，提交了《关于四川省燃气经营企业办理经营许可的情况汇报与建议》。对住房和城乡建设部《燃气经营许可管理办法》（征求意见稿）、《燃气经营企业从业人员专业培训考核管理办法》（征求意见稿）进行了认真学习讨论，提出了具体的修订意见。

四是在成都、遂宁、江油市等地区，抽样选取了26家压缩天然气加气站，进行了经营成本调研，并指导部分压缩天然气经营企业，就代收代征税务缴纳事宜，向物价部门报告并协调相关工作。

### （四）燃气管理和职业技能培训教育不断深入

采取省上集中与片区组织相结合的形式，开展燃气行业职工管理技能、职业技能和专业知识培训。

一是在成都举办燃气经营企业管理人员岗位培训班8期，共有1 131人参加，其中1 107人取得省住房城乡建设厅颁发的《建设企事业单位专业管理人员岗位培训合格证书》。

二是在成都举办燃气经营企业工人培训班12期，共有1 429人参加，其中1 403人取得省住房城乡建设厅、省劳动社会保障厅联合颁发的《职业资格证书》。

三是在西昌、内江、宜宾、德阳市先后举办了液化石油气销售人员培训班，共有976人参加培训，975人经考试合格，取得上岗证书。

四是新编或修编了《城镇燃气输配技术》、《城镇燃气调压技术》、《城镇液化石油气安全管理》、《压缩天然气加气站技能操作知识》、《城镇燃气法律法规文件汇编（上下册）》等14本培训教材，为今后培训教育工作打下了良好的基础。

五是积极配合国家和省级有关部门，完成了行业协会商会的收费、职业资格（岗位培训）合格证清理规范工作。

### （五）标准修订和科技推广工作有了长足进步

一是根据省住房城乡建设厅的要求，组织专家对《燃气用衬塑（PE）、衬不锈钢铝合金管道工程技术规程》（DB 51/T5034-2012）、《燃气管道环压连接技术规程》（DB 51/T5035-2012）实施情况开展了调研和复审。

二是组织专家对《燃气用非定尺不锈钢波纹管民用室内暗设工程技术规程》，进行了认真的讨论，提出了具体的修改意见，为上报审议奠定了基础。

三是举办了"2014年四川省燃气技术与设备展览会"。召开了燃气"四新"技术交流会。组织省内燃气企业到北京，参加第17届中国国际燃气、供热技术与设备展览会，促进了四川燃气企业与国内、外燃气行业的交流。

### （六）全行业精神文明建设不断深化

按照中共中央办公厅印发《关于培育和践行社会主义核心价值观的意见》的要求，组织全行业深入开展群众性精神文明创建活动，倡导"富强、民主、文明、和谐"的价值目标。积极参加当地文明城市、文明村镇的创建活动，弘扬"自由、平等、公正、法治"的价值取向。以《燃气服务导则》（GB/T 28885-2012）为主要内容，积极推进文明企业、文明班组、服务明星的创建活动，践行"爱国、敬业、诚信、友善"的价值准则。

各燃气经营企业把培育和践行社会主义核心价值观，深化精神文明建设，融入企业安全生产、经营管理等各项活动中。以窗口形象展示、文明服务常识竞赛、现场服务考评等形式，开展燃气行业窗口优质服务竞赛活动。经参评企业层层评选，协会理事长扩大会研究决定，并向社会公示，有20名燃气行业一线职工被评为2014年"四川省燃气行业服务明星"。

## 三、四川省城镇燃气行业工作计划

### （一）深入学习贯彻落实党的十八届三中、四中、五中全会精神，依法加强行业自律

四川省燃气行业要深入贯彻落实党的十八届三中、四中五中全会精神，按照中共四川省委《关于贯彻落实党的十八届四中全会精神全面深入推进依法治省的决定》，依法加强安全生产，着力推进涉气价格改革工作。积极参与"城市基础设施建设年行动"，加快城镇燃气老旧管网的普查和改造，防范安全事故。依法加强行业自律管理，进一步提升经营质量和服务水平。

按照国家和省上有关社会团体组织管理的法规和政策规定，主动适应经济发展新常态和燃气行业发展新要求，进一步加强四川省燃气协会的组织、制度、业务建设和队伍建设。深入贯彻落实中央"八项规定"等一系列反腐倡廉、勤俭节约的政策规定，依法办会、勤俭办会、廉洁办会，更好地为会员单位服务，为政府部门服务。

加强协会秘书处专职工作人员对党的方针政策、燃气法律法规和标准规范的学习，开展治理庸懒散浮拖问题整改工作"回头看"活动，不断提高政策理论和燃气专业知识水平，增强服务工作的前瞻性、针对性和实效性。

## （二）依法加强安全生产

按照新修订的《安全生产法》和《城镇燃气管理条例》等法律法规的规定，继续加强安全生产工作。进一步强化落实党政同责、一岗双责、齐抓共管的安全生产责任制。认真落实经营单位主要负责人、安全生产管理机构和安全生产管理人员的安全生产职责，并明确各岗位责任人员的安全生产责任范围和考核标准等内容。同时，建立健全相应的检查考核机制，加强对安全生产责任制落实情况的监督考核，开展交叉检查，确保安全生产责任制落实到岗、落实到人、落实到燃气经营服务中的每一个环节。要加强对从业人员的安全生产教育，掌握本职工作所需要的安全知识，了解工作岗位可能存在的危险因素、防范措施及事故应急措施，提高安全生产的技能。

紧密联系企业经营生产的实际，认真分析研判燃气安全生产状况，继续强化管理措施、技术措施，防患于未然。积极推进安全生产标准化建设，健全隐患排查治理、预防控制、源头管理等技术标准体系，以及突发事件监测和应急体系，提高对燃气泄漏、事故灾难等突发事件的预防预警和应急处置能力。

各燃气企业要结合自身实际，依法与用户签订供气用气合同，定期对燃气设施进行安全检查，及时发现和治理安全隐患。要继续采取燃气安全进社区、进用户，以及分发安全用气说明手册或张贴挂图等多种形式，广泛宣传燃气安全常识，指导用户安全用气、节约用气，避免燃气事故的发生。

## （三）依法推进燃气设施建设和改造

按照国务院办公厅《关于加强城市地下管线建设管理的指导意见》（国办发〔2014〕27号）和住房和城乡建设部等部门《关于开展城市地下管线普查工作的通知》（建城〔2014〕179号）等文件的要求，全面普查城镇范围内燃气管网现状，获取准确的燃气管线以及相关场站等信息。全面摸清存在的结构性隐患和危险源，特别是要查清重大事故隐患，包括：隐患地点、隐患部位、责任单位，是否有安全标识，是否采取整改措施等。建立健全相关台账和数据库，为推进管网的更换和升级改造奠定基础。

根据四川省人民政府关于在2015年开展"城市基础设施建设年行动"的部署，积极推进燃气管网、场站等设施的规划、建设和改造。要认真总结分析2014年城镇燃气老旧管网改造的情况和经验，继续加大改造力度，严防燃气泄漏和事故的发生。在燃气管网和场站等设施的建设和改造中，要依法履行基本建设程序，严格落实施工图设计文件审查、施工许可、工程质量安全监督与监理、竣工测量以及档案移交等制度。要全面落实燃气项目施工安全管理制度，明确相关责任人，确保施工作业安全。

## （四）积极推进涉气价格改革和法规的修订工作

按照国家和省上有关燃气价格改革的要求，积极配合政府有关部门，指导燃气企业做好改革中的相关配套工作。各燃气企业要按照省发改委《关于建立居民生活用气阶梯价格制度的意见》（川发改价格〔2014〕755号），抓紧制定或完善本地区居民生活用气阶梯价格实施方案，并按规定程序进行论证、听证后，稳步实施。2015年四川省所有管道燃气通气城镇，都要实行居民生活用气阶梯价格制度。

贯彻执行国家发展改革委《关于理顺非居民用天然气价格的通知》（发改价格〔2015〕351号），进一步加强燃气经营和服务。及时关注国家和省上关于涉气工程安装施工、维修检查费用等方面的改革，配合政府有关部门，深入开展调查研究，多方论证，提出科学合理的意见或建议。同时，积极做好上述价格或费用改革的配套准备工作。同时，召开相关会议进行座谈交流，确保改革的顺利推进。

配合省政府行业主管部门，认真做好《四川省燃气管理条例》的修订和条例释义的编写工作，以及《四川省城镇地下管线管理办法》等法规政策的出台和宣贯工作,依法规范燃气行业的经营管理。

## (五)努力推动燃气行业的科技进步

继续举办或参加省内、全国燃气行业的技术交流、专题研讨等活动,推广应用新技术、新材料、新设备、新工艺,并跟踪了解在推广应用中出现的新情况、新问题,组织燃气行业专家有针对性地研究解决。同时,将组织召开燃气行业"四新"技术应用现场经验交流会。

配合省政府行业主管部门,积极做好新型燃气(二甲醚)的推广应用试点工作。认真执行《城镇燃气用二甲醚》(CJ/T 259—2007)和《耐二甲醚橡胶密封材料》(HG/T 4622—2014)等标准规范,确保新型燃气应用中的安全。

充分发挥四川省城镇燃气行业专家库专家的作用,积极推进科技创新和成果的应用。适时召开燃气行业专家座谈会,研究讨论燃气安全生产、应急管理、设施建设和管网改造等工作。

协助和指导各燃气企业,继续做好燃气专业技术人员职称资格网上的申请、评审工作。请各燃气企业按照省住房城乡建设厅的相关要求,认真组织符合条件的人员积极申报。

参加由中国城市燃气协会、中国就业培训指导中心等单位联合举办的"燃气杯"全国燃气行业职业技能竞赛,组织省内燃气企业选拔优秀技能人才,组成四川代表队参加竞赛,力争取得优异成绩。

## (六)深入推进法律进企业和精神文明建设

认真落实省委关于深入推进依法治省的决定,积极推进法律进企业。建立健全燃气企业从业人员尊法学法用法的制度,以及信用自律制度和信用风险防范机制。结合实际,制定企业普法工作计划,多种形式加强法制宣传和教育培训,强化职工的规则意识、契约精神,培育社会公德、职业道德、家庭美德、个人品德。

要把推进法律进企业与培育和践行社会主义核心价值观结合起来,深化精神文明建设。继续开展"树行业形象、展燃气风采"为主题的创建活动,以"五比五赛"(即"比安全、赛保障,比技能、赛管理,比创新、赛效率,比服务、赛礼仪,比文明、赛形象")活动为载体,推进企业精神文明建设和企业文化建设,促进行业安全运行,提高文明服务水平。

广泛宣传2014年"四川省燃气行业服务明星"的先进事迹,开展服务明星演讲、交流、学习等活动。以先进典型的示范作用,激励和教育职工树立爱岗敬业、诚实守信、办事公道、服务群众的良好职业情操。

## (七)积极开展从业人员的培训教育

各燃气经营企业要按照住房和城乡建设部关于印发《燃气经营许可管理办法》和《燃气经营企业从业人员专业培训考核管理办法》的通知(建城〔2014〕167号),以及省住房城乡建设厅的要求,开展燃气企业管理人员和管道工、调压工、输送工、燃气具安装维修工、汽车加气站操作工、液化石油气灌瓶工和罐区运行工,以及液化石油气销售人员岗位职业资格的培训。培训的班期和人员,按照省住房城乡建设厅的要求组织实施。

开展燃气行业相关技术标准、规范培训,安排2至3期,共400人。开展燃气法律法规和政策规定培训,安排2期,共300人。开展办公室工作与公文写作、人力资源管理与开发等相关人员培训,安排2至3期,共300人。

# 贵州省燃气行业发展综述

## 一、贵州燃气发展基本情况

### （一）中缅、中贵管道天然气入黔

中缅、中贵管道天然气主干线，由中国石油天然气股份有限公司实施建设。2条管道在贵阳连接后贯通贵州全境。"中缅"天然气管道的建设和向国内供气，标志着我国东北、西北、西南、海上四大油气战略通道建设的完成；"中贵"天然气管道即中卫—贵阳联络线工程，是中缅与西气东输的联络线。

中缅天然气管道起于缅甸西部海岸兰里岛皎漂，经云南、贵州、广西3省、区，全长2 806 km，其中，中缅天然气管道途经贵州省5个市（州）14个县（市、区），在贵州境内全长512 km。中缅油气管道境外和境内段分别于2010年6月3日和9月10日正式开工建设，中缅天然气管道贵州段于2013年10月建成，设计压力10 MPa，管径1 016 mm，管道输气能力120亿 $m^3/a$。

中贵天然气管道北起宁夏回族自治区中卫首站，经甘肃、陕西、四川、重庆，至贵州省贵阳末站，全长约1 613 km，其中，中贵天然气管道在贵州境内全长356 km。中贵天然气管道于2011年3月15日开工建设，中贵天然气管道贵州段于2013年11月建成，设计压力10 MPa，管径1 016 mm，管道输气能力150亿 $m^3/a$。

2014年1月27日上午10点08分，随着贵阳市白云区麦架镇新村的贵州燃气集团贵阳管道天然气引入工程北门站的供气阀门缓缓开启，标志中缅、中贵管道天然气工程正式向贵阳供气，这也标志着贵州从此结束了没有长输管道天然气的历史，标志着贵州从此进入了"天然气时代"。同时，贵阳、安顺、都匀、遵义4个城市率先在全省用上管道天然气。

### （二）省内城际天然气管道

为贯彻落实贵州省政府与中石油达成的《战略合作框架协议》共识，进一步深化双方在管道天然气业务领域的合作，2012年9月28日，中国石油天然气股份有限公司与贵州燃气集团股份有限公司合资组建成立了"中石油贵州天然气管网有限公司"。该公司作为中国石油天然气入黔的承接主体，负责建设、运营贵州省支线管道，与中缅、中贵天然气管道统一对接。首批建设项目（燕楼—孟关支线以及安顺、都匀、麦架、燕楼分输站）已按计划与中缅、中贵线同步建成通气。

同时，贵州燃气集团股份有限公司为做好全省天然气的推广普及工作，在中缅、中贵天然气管道沿线城市建设接气工程外，还建设部分省内天然气支线。建设了遵义至仁怀天然气支线管道、仁怀至习水天然气支线、贵阳环城高压环西线、遵义至高坪天然气支线管道。

贵州省天然气管道建设统计表　　　　　　表1

| 序号 | 管道名称 | 管径（mm） | 长度（km） | 输气量（亿 m³/a） | 实施情况 |
|---|---|---|---|---|---|
| 1 | 贵阳环城高压环西线 | 700 | 60 | / | 2013建成 |
| 2 | 遵义至仁怀天然气支线管道 | 300 | 120 | 4.9 | 2014建成 |
| 3 | 燕楼到孟关天然气支线管道 | 250 | 26 | 4.9 | 2014建成 |
| 4 | 仁怀至习水天然气支线 | 400 | 42 | 2.2 | 2015建成 |
| 5 | 遵义至高坪天然气支线管道 | 200 | 21 | 3.5 | 2015建成 |
| 合计 | / | / | 269 | / | / |

## （三）贵州非常规天然气开采和生产情况

### 1. 煤层气

贵州省含煤面积约7万 km²，占全省面积的40%左右，煤炭和煤层气资源都位列我国南方各省之首。煤炭资源总量2419亿 t，以高变质程度的无烟煤及焦煤为主，共生煤层气（煤矿瓦斯）含量高，主要分布在六盘水、毕节、遵义市和黔西南州；煤层气资源总量3.15万亿 m³，可采资源量1.38万亿 m³，占资源总量的44%。

到目前为止，贵州省煤层气勘探开发进程尚处在试采阶段，国内主流煤层气开采技术对贵州省的复杂地质条件适应性还需要进一步研究，大多数试采井排采效果具有一定的差异性。为此，开展不同地质条件下的煤层气勘探开采技术模式研究，形成一批不同技术模式的煤层气勘探开发示范工程，以带、推动贵州煤层气勘探开发进程。

### 2. 页岩气

贵州是一个"富煤、无油、少气"的地区，而贵州页岩气资源十分丰富，目前在全国已跃居第三位，勘探开发潜力巨大，地质资源量13.54万亿 m³，可采资源量达1.95万亿 m³。

国土资源部将黔北作为页岩气综合勘查试验区。试验区处于金沙—遵义—湄潭—思南—印江一线以北至贵州省界所圈闭范围，占地约3.6万 km²。黔北页岩气综合勘查试验区范围内的页岩气地质资源量3.88万亿 m³，厚度较大，分布广泛，有望在2020年前建成年产达10亿 m³ 的页岩气勘查开发基地。

第二轮页岩气招标中贵州省共出让了贵州凤冈一、凤冈二、凤冈三、绥阳和岑巩5个区块。中煤地质工程总公司等单位自取得探矿权以来，5个区块相继开展了不同程度的页岩气勘查开发工作。

近年来，贵州非常规油气勘探开发步伐加快，中石化习水丁页2HF井已于2013年12月底压裂成功，目前日产气量5万 m³。

但贵州省页岩气勘探开发目前存在着矿权、资金、技术、个别企业持观望态度等方面问题。页岩气勘探单口井成本较高，页岩气开发还未实现规模化生产。贵州省页岩气勘探开发进程尚处在试采阶段，还需要做大量的技术、研究等方面的工作。

### 3. 城市沼气

贵州省城市沼气刚刚开始起步，目前主要在贵阳市、遵义市建设有城市沼气厂。

（1）贵阳市城市沼气。贵阳市高雁填埋场沼气综合利用项目采用BOO特许经营模式，由贵阳市十方能源投资有限公司建设经营。自2012年6月开始筹建，2013年3月试投产；4月进行二期扩建，

6月二期扩建完成；2013年10月项目验收，投入使用。生产出来的沼气输送至贵州燃气集团股份有限公司储配站，并进入贵阳天然气管道。

该项目建设了沼气精制系统及相应附属配套设施，将垃圾场内产生的沼气输送到沼气精制系统，依次进行脱水、去硫化氢、脱二氧化碳、增压，分解为浓度高达97%~99%的甲烷，成为可供车用燃料、民用的天然气。年处理垃圾填埋气900万~1440万 $m^3$，形成年提纯天然气330万~560万 $m^3$ 生产能力。目前日生产2万 $m^3$ 沼气。

（2）遵义市城市沼气。遵义市是2012年确定的餐厨废弃物资源化利用和无害化处理的全国第二批试点城市。由遵义市城市管理局负责该项目，建设地址位于遵义县南白镇和平村垃圾填埋场东侧，项目于2014年5月开工，2015年3月建成。餐厨垃圾资源化利用项目是一项民生工程，资源利用效率高，社会效益十分显著，一是斩断地沟油源头，二是减少了环境污染。

该项目采用水热改性—中温厌氧消化工艺。此工艺通过机械分选将大块物除去，餐厨垃圾破碎后经高温水解，通过油水分离将粗油提取作工业原油，剩余的餐厨垃圾物输入厌氧消化罐，经厌氧消化反应后产生沼气，再通过提纯车间脱硫、除湿提纯，压缩后制成CNG（天然气）。

该项目设计日处理餐厨垃圾120 t，日产沼气9 000 $m^3$，提纯天然气4 000 $m^3$，年产量约130万 $m^3$ 左右，年产粗油1 300 t，项目产出的天然气并入城市燃气管网销售给燃气公司，粗油销售给重庆餐厨厂提炼生物柴油。

### （四）贵州二甲醚生产情况

目前，贵州二甲醚由贵州天福化工有限责任公司生产。工厂坐落于贵州省福泉市，成立于2005年9月，2010年12月投入运行。建设年产30万t合成氨、20万t甲醇、15万t二甲醚、10万t硫酸铵。目前，二甲醚实际产量8万t，生产出的二甲醚除在省内供应5万t外，主要向广西、广东等周边省份供应。

贵州天福化工有限责任公司于2007年在瓮福生活区建成省内第一个二甲醚小区供气管网，采取瓶组供气强制气化的方式，进行管网集中供气，目前运行稳定。

### （五）贵州城市管道燃气供应情况

目前，贵州省已建成中型以上LNG储配36座，储存规模1 700万 $m^3$ 以上。

管道天然气供气城市包括贵阳、六盘水、遵义等25座（含以LNG供应站为气源的县、市城区）。中缅天然气管道和中贵天然气管道在贵阳花溪区联通，长输管道供气区域已覆盖贵阳、安顺、都匀、遵义、仁怀、习水、惠水、修文、龙里等城市。

贵州省城镇燃气（含工业用户用气量）折合天然气达102 400万 $m^3$。

2015年城镇燃气用气量表　　　　　　　表2

单位：万 $m^3$

|   | 气源 | 燃气消费气量 | 折天然气 |
| --- | --- | --- | --- |
| 一、管输天然气 | | | |
| 1 | 中缅、中贵管道天然气 | 30 000 | 30 000 |
| 2 | 赤天化（工业用气为主） | 35 400 | 35 400 |
| | 小计 | | 65 400 |

续表

| 气 源 | | 燃气消费气量 | 折天然气 |
|---|---|---|---|
| 二、补充气源 | | | |
| 1 | 焦炉煤气 | 9 400 | 4 700 |
| 2 | 煤层气 | 12 300 | 12 300 |
| 3 | LNG 气源 | 12 000 | 20 000 |
| 合 计 | | | 102 400 |

### （六）贵州天然气汽车与加气站情况

贵州天然气加气站主要由贵州燃气集团股份有限公司、中石油昆仑燃气、中石化贵州公司等单位进行建设运营。现在贵州全省共计有32座天然气加气站，1座焦炉煤气加气站（位于六盘水市区）。

贵州燃气集团股份有限公司在全省拥有1 000万 $m^3$ LNG的储备，100万 $m^3$/d 的供应能力，为供应LNG汽车用气提供保障。贵州燃气集团已在全省23个城市经建立燃气企业并建设加气站。

贵州省各城市公交公司的公共汽车主要采用LNG公交车、电气（LNG）混合动力公交车，部分使用纯电力公交车；城市出租车部分采用CNG双燃料出租车。省内约7 000多辆公交车、出租车使用天然气。

目前，贵阳市有2 600辆LNG公交车在运行，是全国乃至世界上使用液化天然气（LNG）数量较多的城市之一。

贵州LNG重卡正进入试点运行中，贵阳市和遵义市从2013年开始陆续投入250台城市天然气货运配送车辆（如2013年贵州穗黔物流公司引进50台LNG汽车，2015年贵州铝厂引进70台LNG汽车），为城市提供运输服务，从试点运行看，取得了一定的社会效益。

### （七）贵州其他气源供应情况

#### 1. 液化石油气供应现状

贵州省没有液化石油气生产企业，液化石油气（LPG）依靠外省石化企业供应和进口供应。

液化石油气在贵州省内采用瓶装形式供应。由于瓶装供应形式灵活、方便，并以其投资小，见效快的优点成为我省目前大多数城市、乡镇的主要燃气气源，得到快速发展。

贵州省液化石油气储气能力12 551 t，年供应量15万t左右，居民用气户84.2万户，用气人口419.2万人。

#### 2. 二甲醚供应现状

目前，贵州省采用纯二甲醚供应，二甲醚产能充足，已作为城镇燃气补充气源。贵州省内已建成二甲醚充装站24座，县市二甲醚经销商35家，遍布在全省的22个县。

由于国家缺乏二甲醚应用的相关规范，限制了二甲醚的市场发展，贵州省二甲醚的应用市场较小。为此，贵州省相关部门为支持本省二甲醚发展，颁布了推广二甲醚应用的相关政策和规范，进一步推进二甲醚的市场推广应用。

贵州省二甲醚主要作为民用燃气瓶装使用，部分用于餐饮行业（如贵州白云监狱、遵义医学院新校区、福泉职中、石阡温泉等400多家单位和餐饮企业）。

## 二、贵州 2015 年燃气发展成绩

### （一）加强城市燃气行业管理

贵州省住建厅不断加强行业管理，出台规范城市燃气经营许可证实施办法、城市燃气安全管理通知、《贵州省住房城乡建设系统 2015 年"安全生产月"活动方案》等文件，开展城市燃气安全检查，并要求燃气企业进行燃气隐患排查等工作。

省住建厅还加强城镇燃气规划管理，组织规划设计单位编制《贵州省城镇燃气"十三五"发展规划》，同时为促进贵州本省二甲醚资源开发，组织有关单位编制了《贵州省城镇燃气用二甲醚应用技术标准》。

### （二）做好城市燃气安全隐患整治攻坚，强化城市燃气安全管理

为切实做好城市燃气管道安全隐患整治攻坚工作，集中力量打好城市燃气管道隐患整治攻坚战；全面、系统、彻底排查隐患和薄弱环节，落实整改责任和措施，及时排除各类安全隐患；有效增强安全隐患意识，推进安全隐患管理程序化、标准化建设，提高安全管理水平；进一步强化安全隐患监管责任，建立健全安全隐患责任制，省住建厅出台了《贵州省城市燃气管道安全隐患整治攻坚实施方案》（黔建城通〔2015〕189号）、《贵州省住房和城乡建设厅关于深入开展安全隐患大排查大整治专项行动的通知》（黔建建通〔2015〕228号），要求到 2015 年 6 月底前，完成现有城市燃气管道安全隐患排查和建档工作，并对隐患进行分类分级；2015 年 9 月底前，全面完成重大隐患和燃气管道密闭空间隐患的整治工作；2015 年底，隐患整改率达到 50% 以上。

### （三）多形式建设天然气设施，培育天然气市场

由于贵州过去没有长输管道天然气，为发展贵州天然气事业，从 2006 年开始贵州燃气集团股份有限公司积极引进省外液化天然气（LNG）、压缩天然气（CNG）培育市场。2006 年贵州燃气集团首先从重庆引进压缩天然气（CNG），在遵义建设天然气压缩（CNG）加气站与储配站，并购进 4 台 CNG 气瓶转运车运输 CNG。2009 年贵州燃气集团又从四川达州、鄂尔多斯引进液化天然气（LNG）进贵州，将其作为城市天然气发展的过渡气源，先后在全省投资 10 多个亿修建了 25 座液化天然气储配站（总储量约 1 100 万 $m^3$）向全省供气。

目前，贵州省未通长输管道天然气的部分县市燃气公司，也开始建设液化天然气储配站。液化天然气（LNG）现已作为当地的重要过渡气源，同时也是城市的应急气源。

### （四）迎接中缅天然气，加快天然气设施建设

为迎接中缅、中贵管道天然气的到来，以贵州燃气集团股份有限公司为主，按照城市管道与国家级管网"同步建设、同步对接、同步供气"的目标要求，在中缅、中贵天然气管道沿线城市（贵阳、遵义、安顺、都匀）建设接气工程，上承管道天然气主干线、下接城市供气管网，向各类终端用户输送天然气。

根据省政府要求，首批开通了贵阳、遵义、安顺、都匀的管道天然气。贵州燃气集团股份有限公司

在以上城市地区建设的接气工程共有门站、高中压调压站 21 座、高压管道 176 km、中压管道 83.5 km。

### （五）做好城市燃气服务，提高用户满意率

为做好城市燃气服务，保障为用户安全稳定供应天然气，贵州燃气股份有限公司作为省内最大的城市天然气供应企业，积极与上游天然气供应对接、联系，保障充足的天然气供应，确保完成了全省天然气供应"不停气、不限气、安全平稳供气"的目标。同时，贵州燃气客户服务厅遍布贵阳、遵义、安顺、都匀、六盘水、毕节、凯里等主要城市，服务站点分布在不同区域，方便用户就近办理，为用户提供燃气业务咨询、缴费、投诉建议等服务。为了能让用户有更多选择和便利，还与工商银行、建设银行、中国银行等多家银行签订了代收燃气费协议，用户可通过手机银行、支付宝、微信等方式进行缴费，全省 3 000 多个网点向用户提供便利、高效的服务。

### （六）加快城市燃气地下管道改造步伐，保障城市燃气管道运营安全

为掌握地下燃气管网情况，贵州燃气集团股份有限公司组织开展燃气管道安全隐患排查工作，已完成现有城市燃气管道安全隐患排查和建档工作，并对隐患进行分类分级。并从 2011 年开始进行地下燃气管道改造工作，到 2015 年贵阳市改造城市地下中低压燃气管道 60 多 km，保障了城市管网安全运行。同时，在安全责任、隐患治理、监测预警、监督管理、应急救援五大安全体系的基础上，贵州燃气集团还推行质量、安全、环境、健康一体化管理（QHSE），将安全重心下移到基层班组，资源力量倾向生产一线，为安全生产提供强有力保障。

### （七）推进"煤改气"工作，改善城市大气环境

贵州燃气集团股份有限公司充分发挥天然气的环保作用，助力全省"煤改气"工程。在其经营的城市，对主要工业园、企业锅炉进行"煤改气"工程建设，2015 年，贵州燃气集团共完成 38 个锅炉、142t 锅炉改造，锅炉改造率达 99%。"煤改气"工作每年就可替代燃煤 1 032 万 t，减少二氧化硫排放量 49 万 t，减少二氧化碳排放量 727 万 t，减少烟尘排放 80 万 t，减少炉灰量 148 万 t。通过持续推进"以气代煤"和"以气代油"工程，加速了"气化贵州"进程。

### （八）加快管道天然气置换步伐，提高天然气的利用率

过去，贵州省只有贵阳市、六盘水市、清镇市使用焦炉煤气。随着管道天然气的到来，贵阳市从 2012 年 6 月开始进行管道天然气置换（2014 年前采用液化天然气置换焦炉煤气），到 2014 年 9 月 7 日完成贵阳市居民用户 65 万户、商业用户 1 200 多户和工业用户的天然气置换，历时 2 年半完成了贵阳市全市的天然气置换工作，贵阳市全面进入天然气时代，实现天然气一张网供气。

2015 年，贵州燃气股份有限公司完成对六盘水燃气公司的股改，并于 2015 年建设、投运六盘水液化天然气储配供应站，同时采用液化天然气对六盘水市焦炉煤气进行置换，当年完成 4 万户的天然气置换。清镇华润燃气公司从 2015 年 4 月开始到 5 月一个月时间，全面完成清镇市天然气置换工作，完成近 4 万户的天然气置换。

### （九）开展技术研究与交流，促进城市燃气发展

随着中缅、中贵管道天然气进入贵州，为促进天然气在贵州省的快速发展，2015 年 11 月 27 日，

由贵州省住房和城乡建设厅、贵州省科学技术协会主办，贵州省燃气协会、贵州燃气集团股份有限公司承办的"贵州省天然气产业发展论坛"在贵阳举行，省内外专家应邀在会上就贵州天然气的发展及建设做了精辟的专题发言，会议取得了圆满成功，并形成了《贵州省天然气产业发展论坛专家建议》。

同时，根据《关于下达贵州省城镇燃气用二甲醚应用技术标准编制任务的通知》（黔建城通〔2014〕390号）的要求，贵州省城乡规划设计研究院会同贵州燃气热力设计有限责任公司、贵州天福化工有限公司、贵州四维燃气燃具有限公司、贵州省燃气协会等单位共同编制完成了《贵州省城镇燃气用二甲醚应用技术标准》（DBJ 52/T067-2015），并于2015年颁布实施。

### （十）做好人才培训，提高技术水平

为深入贯彻落实省委、省政府提出的城镇化带动战略和人才强省战略，培养造就一支适应住房城乡建设行业发展的高素质、专业化、复合型人才队伍，促进贵州山地特色新型城镇化，加快把建筑业培育成重要支柱产业的步伐，贵州省住建厅出台了《贵州省住房城乡建设行业人才发展规划（2015—2020年）》。

此外，贵州省燃气协会与贵州省建设工会、贵州省职业技能鉴定中心共同举办贵州省第三届"燃协杯"职业技能竞赛活动，决出了燃气调压工、燃气安装维修工前3名选手。并由他们代表贵州省参加全国第三届"燃协杯"职业技能竞赛。省内参赛的前3名选手分别获得省人力资源厅特批的燃气调压工和燃气具安装维修工高级工职业资格；第一名选手被授予"贵州省技术能手"和贵州省"金牌工人奖"；竞赛总成绩第4～10名的选手，按照程序向贵州省人力资源和社会保障部门申请在原有职业资格的基础上晋升一级职业资格。

### （十一）探索瓶装液化石油气管理的自律模式

为做好瓶装液化气的管理，保障用户安全，提高用户服务，遵义市率先对瓶装液化气市场进行整合。按"统筹规划、合理布局、便民服务"的原则，遵义市城管局积极推进中心城区6家充装企业和108家经营网点的整合工作，将过去的6个充装站整合为2个，108个瓶装燃气经营网点减少为10个。同时，遵义市城管局协调国土、规划等部门，在中心城区重新选址建设符合规范的10个液化石油气配送中心，全面负责遵义市中心城区瓶装液化气配送工作。目前，该项工作已通过规划审查，近期开工建设，2016年投入使用。

目前，省内各州、市纷纷到遵义调研，借鉴"遵义模式"，探索实施瓶装液化气市场自律行为。

### （十二）燃气协会加强行业自律，充分发挥与政府、企业的沟通纽带作用

为解决瓶装液化气市场存在的诸多问题，探索瓶装液化气市场自律行为。贵州省燃气协会提出了《贵州省液化石油气经营企业自律公约》和《自律实施办法》，并由协会液化石油气专业委员会向瓶装液化气经营企业提出倡议，希望各级政府燃气管理部门监督实施。自律公约的出台，协会多次与各地政府燃气管理部门和企业沟通，推动各地瓶装液化气自律的实施。

协会积极开展课题调研。随着天然气进入贵州，省外各种燃气公司或非燃气企业纷纷踏入贵州管道天然气市场，协会以遵义市的绥阳、湄潭、凤冈等城市燃气特许经营权与管道燃气的经营现状及存在的问题为出发点，进行调研，提出：省内应强化燃气特许经营权授予条件，加强燃气特许经营权的企业授予与管理，不合格企业的退出机制等，形成《遵义市城市管道燃气发展调研报告》。同时，

由于部分城市存在液化石油气市场违反规划无序建设、无证违法经营液化石油气等问题，协会组织专家对全省液化石油气市场进行了初步调研，形成了《贵州省液化石油气市场调研报告》。

2015年贵州省燃气协会成功进入《2016年承接政府购买服务资格全省性社会组织目录》（黔民函（2015）343文），并获得贵州省科学技术协会颁发的"2015年度省级学会目标考核及创新奖"及"2015年度省级学会目标考核优秀学会"的表彰。

## 三、贵州省燃气发展面临的问题

### （一）非常规天然气开采问题

近年来虽然页岩气、煤层气开采技术有了突破，但尚未形成符合贵州复杂地质特点的页岩气、煤层气勘探开发关键技术，核心技术的自主创新能力不足，商业化开采还需时日。

### （二）燃气设施建设滞后

省内城际天然气管道建设刚刚起步，燃气管网的建设费用高，投资回收期长，且城市燃气用气量不大，致使管道燃气建设推进缓慢。

由于部分地方存在特许经营权授予程序不规范，退出机制不健全，导致部分城市燃气管网和设施建设投入不足、建设滞后等问题。

加气站建设滞后表现在天然气汽车各地政府重视不够，无具体优惠、鼓励政策，LNG加气站点少，布局不合理等问题上。贵州省"十二五"期间仅建设了32座加气站，只达到规划的1/10，致使加气站建设未达到规划要求。

### （三）城市燃气市场开发不足

长输管道天然气入黔时间较短，下游燃气市场有效需求量小，市场开发力度不够、意识不强，燃气宣传不到位。同时，与可替代能源相比，无价格优势，导致燃气销量低。

城市燃气的消费多以民用为主，工商业的燃气使用比率不高，燃气消费与全国、世界的平均水平差距较大，能源结构不合理。

### （四）城市燃气的进入门槛低

城市燃气产业等基础设施的建设、运营和管理的资质要求不严，准入门槛较低，管理不规范，行业相关管理法律法规还不够健全。

### （五）应急气源有待完善

目前天然气管道等基础设施建设规划滞后，运营和管理没有严格的资质要求，加之各地政府部门对应急气源的理解不足，对应急气源的建设、运营、管理等主体认识不到位，应急气源的实施有待完善。

### （六）城市燃气还存在一些安全问题

城市燃气的安全事故不时发生，一方面体现在客户端，特别是液化石油气用户端，另一方面主要是对燃气设施的第三方破坏。燃气具有易燃、易爆的特性，燃气企业应保证在存储和运输过程中的安全，加强燃气安全宣传，用户正确安全使用燃气，从而避免造成人员伤亡、经济损失、环境污染等。

## 四、贵州省城镇燃气"十三五"规划发展

### （一）发展目标

为促进贵州工业化、城镇化，带动主战略，调整能源结构，提高能源利用率，促进环境改善，实施"气化贵州"战略，县县通天然气，乡镇供气全覆盖。

提高城镇燃气消费量，以天然气为主，液化石油气、二甲醚为辅发展城市燃气。当前天然气消费量占全省能源消费总量的1.1%，到2020年城市天然气消费量所占比重力争达到4%，城镇燃气气化普及率达85%，气化人口达1560万人。

### （二）提高长输管道天然气供应保障能力

中缅线、中贵管道天然气已于2013年底向贵阳市供气。按照2006年中石油与贵州省签订天然气买卖协议，2020年天然气供应将达到30亿$m^3$。

争取中石化规划建设的桂渝天然气管道工程建设与供应，该项目属于国家级管网联络线，管线起于川东南南川，经四川、重庆、贵州、广西4省。

### （三）加快非常规天然气开发

目前，贵州省内已登记的页岩气探矿权区块共有18个，总面积达到4.96万$km^2$。所有区块基本均已进入勘探阶段，部分区块已经完成勘探，进入实验井开采阶段。预测2020年贵州省内页岩气年产能将达20亿$m^3$，规划建设黔北页岩气开发基地和黔东北页岩气开发基地。

贵州煤层气资源量居全国第4。2013年，贵州煤田地质局与盘江煤电公司合作，在六盘水松河区块实施抽采井组，实现了稳定产量。预测2020年贵州省内煤层气年产能将达20亿$m^3$。

### （四）大力发展城镇燃气用户

加快天然气在城镇管道燃气和工业燃料的应用进程，大力发展居民用户、工商业用户，积极推进天然气采暖和空调用气，大力推进车船用天然气，稳妥推进天然气分布式能源发展，迅速提高全省天然气利用量，优化能源结构，促进节能减排。

参照当前天然气价格水平、定价机制及现行国家政策进行预测，到2020年全省燃气总需求量为46.83亿$m^3$。

### （五）加快省内天然气主干网建设

2016年完成六枝到水城省级天然气管网工程建设。"十三五"期间，力争建设完成8条省干支线1410 km（正安至习水、遵义至铜仁、瓮安至织金、独山至望谟、普安至兴义、六枝至威宁、遵义至毕节、都匀至铜仁）、9个城市环网800 km、县级联络线26条1630 km。

2020年贵州省城镇燃气用气量预测表  表3

单位：亿 m³/a

| 序号 | 城市 | 居民用气量 | 公建用气量 | 工业用气量 | 汽车用气量 | 分布式能源用气量 | 其他用气量 | 合计 |
|---|---|---|---|---|---|---|---|---|
| 1 | 贵阳 | 2.53 | 1.16 | 3.2 | 1.46 | 0.8 | 0.48 | 9.63 |
| 2 | 贵安 | / | / | / | / | / | / | / |
| 3 | 遵义 | 2.15 | 1.11 | 3.06 | 1.28 | 0.8 | 0.44 | 8.84 |
| 4 | 安顺 | 0.81 | 0.46 | 1.36 | 0.58 | 0.4 | 0.19 | 3.8 |
| 5 | 黔西南 | 0.79 | 0.34 | 1.08 | 0.57 | 0.2 | 0.16 | 3.14 |
| 6 | 黔南州 | 0.99 | 0.42 | 1.22 | 0.73 | 0.2 | 0.19 | 3.75 |
| 7 | 黔东南 | 0.99 | 0.37 | 1.14 | 0.68 | 0.2 | 0.18 | 3.56 |
| 8 | 毕节 | 1.86 | 0.78 | 2.26 | 1.19 | 0.2 | 0.33 | 6.63 |
| 9 | 六盘水 | 0.93 | 0.48 | 1.4 | 0.70 | 0.4 | 0.21 | 4.12 |
| 10 | 铜仁 | 0.90 | 0.35 | 1.09 | 0.65 | 0.2 | 0.17 | 3.36 |
| 11 | 合计 | 11.95 | 5.47 | 15.82 | 7.84 | 3.4 | 2.35 | 46.83 |

## （六）适时启动天然气液化工厂或压缩天然气加气母站的建设

根据省内非常规天然气（煤层气、页岩气）的开采情况，建设非常规天然气液化工厂或压缩天然气加气母站。根据各地天然气的实际需求以及省级天然气利用规划，合理布局，适时建设管道天然气液化工厂或压缩天然气加气母站。2016年，建成贵阳压缩天然气加气母站；"十三五"期间，建设一批非常规天然气（煤层气、页岩气）液化工厂或压缩天然气加气母站，并根据各地用气需求及气源的情况，适时启动管道天然气液化工厂或压缩天然气加气母站的建设。

## （七）加快城市应急储备设施建设

充分利用省内外液化天然气资源，进一步整合、建设城市液化天然气应急储备设施。到2020年底，各城市按照国家规定由各级政府逐步建立天然气应急储备设施，满足供气区域用气应急储备需要。同时，鼓励企业参与天然气应急储备设施建设。

## （八）完善城市燃气供应调峰设施

所有城市天然气管网运营企业按国家规定完善天然气供应调峰设施，满足供气区域内小时用气调峰需要，适时启动城市天然气高压环网工程。同时，鼓励大型企业用户建立自有储备设施，配合燃气供应调峰。

## （九）进一步提高液化气储备和保障能力

充分利用我省二甲醚资源优势，在省内推广使用二甲醚。充分利用天福化工现有二甲醚储配库，并作为二甲醚应急储备设施。

加快液化石油气储存设施整合和应急储备设施建设。对现有液化石油气及二甲醚储配站进行改建、迁建、整合，提高液化石油气、二甲醚保障供应能力。2016年完成中石油昆仑燃气贵阳液化气储配库建设，并作为应急储备设施。到2020年，形成完善的液化石油气、二甲醚储存和应急储备设施建设。

### （十）扩大液化石油气的供应范围

进一步发挥液化石油气、二甲醚作为城镇燃气的补充作用。在管道天然气到达的区域，发挥液化石油气、二甲醚作为城镇燃气的补充，加大力度供应给流动餐饮用户或管道燃气不能覆盖地区的各类用户。加快推进乡镇燃气普及工作，推进集中区域配气，合理布局液化石油气、二甲醚供气点。天然气供应不到的乡镇，大力推广液化石油气、二甲醚，乡镇供气全覆盖；有条件的乡村，推广居民及公共服务设施使用液化石油气、二甲醚。

# 海南省燃气行业发展综述

## 一、海南省燃气发展基本情况

至2015年底，海南省城镇燃气普及率达94%。城镇液化石油气供气量近9万t。城镇天然气供气量约3.9亿$m^3$，其中管道天然气供气量约1.7亿$m^3$（居民用户用气量占26%，工商用户用气量占74%）、车用天然气供气量约2.2亿$m^3$；天然气用户约53万户，其中居民用户约51万户、工商用户约2 800户。新建城镇天然气管道264.69 km，累计建成天然气管道3 139.9 km。全年新建燃气汽车加气站5座，累计建成投产加气站31座。截至目前，海南省有海口、三亚、文昌、琼海、儋州、万宁、东方、陵水、澄迈、洋浦、临高等11个市县和地区已通上管道天然气；海口、澄迈、文昌、琼海、万宁、三亚、东方、儋州、临高等9个市县建设有汽车加气站；液化石油气站88家。

## 二、海南省燃气工作开展情况

（一）组织专家及相关人员配合主管部门完成了《海南省船用液化天然气加注站布点规划》编制工作。

（二）协会安全技术部组织专家组，多次配合各级燃气行政主管部门在重大节日或重大会议前开展燃气行业安全管理专项整治或专项检查工作。

（三）积极开展行业培训工作，提高各岗位人员的从业素质。2015年协会共举办培训班5期，培训各岗位人员约350人次，其中85%以上的学员通过考试，获得了上岗证书或资格证书。

（四）创建协会网站，拓展协会功能及加强会员之间的联系，为会员单位查询燃气信息、会员之间相互交流搭建了较为便捷的平台。

（五）承担《海口市燃气管理条例》修订编制工作，已完成条例修订征求意见稿和调研报告，正在报市市容委立项和人大审议。

（六）参加全国职业技能大赛，获得了竞赛优秀组织奖，3名裁判员获得了最佳裁判员、优秀裁判员称号。

（七）购置了一批燃气行业的标准、规范，供各会员企业查阅和学习。

（八）为减轻液化石油气经营企业的负担，配合省物价部门进行了调价调研工作。

## 三、海南省燃气行业发展面临的问题

### （一）候鸟型城市入住率低，小区定期入户安检工作面临困难

海南省是全国旅游型地产发达的省份之一，吸引全国各地尤其是北方人士在海南置业购房作为

自己冬季的养老居所，形成大批的候鸟型居民，他们在每年 10 月后陆续上岛，第二年春季后开始陆续返回。因此，三亚、琼海、万宁、陵水、文昌等候鸟型城市以其极低的入住率和极高的入住季节性给燃气公司安全和服务方面的管理带来极大的挑战。

通过对燃气公司系统内燃气公司安检数据的研究，一般公司其安检一次入户率（成功入户/到访户数）在 50% ~ 60% 左右，二次及多次后累计入户率就可以超过 80%，3 年入户率一般要求接近 100%，也就是要求每户至少 3 年内要成功入户安检一次，而近 2 年燃气公司连续在候鸟来岛高峰时段组织多轮安检，其总的安检入户率仍然不能达到 30%，很多小区低于 8%，其特殊性可见一斑。低入住率导致大量的到访不遇，员工花费大量的时间用于无效的敲门、等待，使常规定期安检因集中安排产生的效率极低。

### （二）国际市场油价低迷，影响天然气行业发展

随着国际市场原油价格持续低迷，天然气价格居高不下，对海南省的燃气发展起到非常大的阻碍作用，特别是车用 LNG，海南省 LNG 主要有中海油洋浦 LNG 接收站和中石油马村 LNG 接收站供应。由于此前签订的进口价格过高，为了维持生存，出厂定价高，导致车主运营成本增加，因此，车主近 2 年对天然气车辆无人问津，阻碍了天然气车辆推广。

### （三）政府支持力度不够

海南省 2009 年、2011 年、2012 年上过 3 批 LNG 公交车，随着国际市场油价下跌，LNG 价格持续高位，政府一直在推广纯电动及油电混合车辆。随着油价回升，天然气价格下降，希望能够做通政府工作，支持纯天然气或者气电混合公交车发展。

# 吉林省燃气行业发展综述

## 一、基本情况

### （一）气源保障情况

目前，吉林省城市供气以天然气为主，以液化石油气为辅助，以人工煤气为补充。吉林省天然气地质资源量约为 3.1 万亿 $m^3$，占全国 5.49%；探明天然气地质储量 1 516 亿 $m^3$，占全国 2.05%。还有储量丰富的页岩气和煤层气可供开发利用。吉林省近期天然气气源主要来自省内，其中，英台（松南）气田日生产能力 600 万 $m^3$；长岭双坨子、农安伏龙泉、四平八屋等气块，日生产能力 100 万 $m^3$。液化石油气主要由吉林石化公司、松原石化公司、新大石化公司生产。人工煤气主要由长春燃气公司、通化市通钢生产。

### （二）燃气企业情况

全省共有燃气企业 551 家，管道燃气 52 个、液化气储配站 281 个、液化石油气瓶组供气站 15 个、汽车加气站 242 个（LPG/64 个、CNG/171 个、LNG/7 个）、天然气压缩母站（CNG）28 个、液化天然气母站（LNG）8 个。

### （三）城镇用气情况

2014 年吉林省使用天然气 22.7 亿 $m^3$、液化石油气 29.14 万 t、人工煤气 1.71 亿 $m^3$，平均日用气量（全口径）495 万 $m^3$，气化人口 1 074.6 万人，燃气普及率 88.28%（用气人口与全省城镇人口之比），在全国排名第 23 位，低于全国平均水平 4 个百分点，低于辽宁省 7 个百分点，高于黑龙江省 7 个百分点。

### （四）管道燃气情况

全省 50 个城市（县城），有 37 个城市建成区域管道燃气，其中，11 个城市（长春、双阳、农安、吉林、四平、公主岭、松原、前郭、长岭、双辽、大安）利用长输管道供给天然气，26 个采用 CNG 供天然气，2 个城市（通化及长春部分居民）使用人工煤气。13 个县市（蛟河、舒兰、桦甸、永吉、安图、洮南、伊通、辉南、东辽、东丰、江源、临江、靖宇）尚未通管道燃气，居民仍使液化石油气罐，仍有液化石油气瓶组供气站 16 家。

### （五）管道管网建设情况

目前，吉林省供城市天然气长输管道 8 条，总长度约 436 km，输气能力 3 832 万 $m^3/d$，门站 12 座。城市管道燃气管网 7 105.3 km，其中天然气管网 53 125.5 km，人工煤气管网 1 722.8 km。使用管道燃气人口 513 万人（含使用人工煤气人口 146 万人），占城镇人口的 35%，老旧腐蚀严重的管道长度约 1 348.8 km。

## 二、面临主要问题

### （一）规划编制方面

一是部分规划工程进展较慢。"气化吉林"近期目标提出，到 2015 年实现县县通天然气，县及县以上城市天然气城市管道覆盖率达到 100%。目前，全省仍有 13 个县（市）没通管道燃气，城市政府已与供气企业签订管道燃气特许经营协议，部分城市相关配套工程也已启动建设，但进展较慢。二是部分城市专项规划缺失。全省尚有 8 个城市（敦化、公主岭、通化县、集安、东辽、松原、前郭、乾安）未按要求编制燃气专项规划，行业发展呈现一定盲目性。

### （二）管道管网建设方面

一是长输管线连通城市少。使用长输管道天然气的只有 11 个（长春、双阳、农安、吉林、四平、公主岭、松原、前郭、长岭、双辽、大安）。二是城市管道燃气气化率低。37 个城市建成管道燃气，但大多仅开发了中心城区。全省仍有 65% 的城镇居民以使用液化气罐和其他能源为主。

### （三）供气安全方面

一是城市燃气管网老化严重。吉林省现有城市燃气老旧管网 1 318.8 km（其中长春市 485 km、吉林市 95 km、四平市 420 km、通化市 170 km、延吉市 90 km、柳河 58.8 km），部分城市中压燃气管网及早期投入运营的低压管网已接近或超过设计使用年限。二是建构筑物违章占压燃气管线、燃气管线与其他市政管网交叉或并行安全距离不够问题比较突出。2014 年统计，全省建构筑物违章占压燃气管线、燃气管线与其他市政管网交叉或并行安全距离不够的有 908 处；二是野蛮施工破坏燃气管道屡有发生。随着城市建设步伐加快，城市道路、通信电缆、电力电网及旧城改造施工频繁，城市地下隐埋工程未履行会签程序，燃气管道及设施被挖断及损伤现象时常发生；个别施工单位破坏燃气管道后隐瞒不报，重新掩埋，留下了巨大安全隐患。三是瓶装燃气存在违章充装问题。个别液化石油气充装企业受利益驱使，擅自充装超期未检钢瓶。无证擅自设点、违章存放钢瓶、利用槽车或钢瓶转充液化气和掺混二甲醚等，造成很多安全隐患。

### （四）用气安全方面

一是居民用气安全隐患多。有的居民用户在安装、使用燃气器具时擅自拆改燃气设施，装修时将灶前阀包在吊顶、橱柜或墙内；有的不使用专用材料连接管，两端不安卡箍固定，使用后不关闭灶前阀，燃气泄漏后缺少报警、切断等保护装置。二是餐饮企业用气安全隐患大。个别餐饮企业安全意识淡薄、安全投入不到位，营业场所现场防火、防爆、防泄漏等安全设施不完善，从业人员缺乏燃气使用安全知识和安全操作技能。

## 三、下步工作

（一）继续开展燃气安全隐患排查治理工作。针对 8·12 天津滨海新区特大爆炸事件，下发了《吉林省住房和城乡建设厅关于开展燃气安全隐患专项排查整治工作的通知》（吉建城〔2015〕71号），从2015年8月20日起，在全省组织开展为期100d的燃气安全隐患专项排查整治行，指导各地开展燃气安全隐患排查整治。

（二）继续抓好燃气专项规划与项目建设。指导未编制规划的13个城市完成规划，完成省道国道1、2公路汽车加气站规划，研究制定吉林省及城镇燃气调峰、应急储备设施建设的政策性文件。

（三）加强燃气管道更新改造和监管。一是要建立完善燃气管道安全评估管理体制，管理上改变以检漏、抢修为主的被动工作方式，实行主动"跟踪检测、风险评估、计划检修"，建立以预防为主的综合管理体制，并按风险等级制定改造计划、控制措施和事故应急方案。二是要拓宽资金渠道，加快管网更新改造步伐。利用5年时间，结合国家城镇燃气老旧管网改造项目，对全省现状老旧管网共计5 201.085 km（15年以上老旧管网4 219.7 km）进行改造，总投资780 162.8万元。其中需改建老旧管网3 187.684 km，需扩建老旧管网1 184.476 km，需改扩建老旧管网828.925 km。优先改造老化、腐蚀严重、安全隐患较大的管网，并将占压、安全距离不符合要求的管网全部列入改造范畴。2015年计划改造现状陈旧管网700 km，对违章建（构）筑物908处进行更新改造，努力争取国家改造资金和省政府奖补资金。三是要加大监管确保运营安全。对不能即时更换的风险管网，全部采用监控和钻孔检测手段，增加专业巡线检测，明确管道监护人员，配备高精度检漏仪，做好监护与抢修工作。同时，加强燃气设施保护范围内施工管理，防止盲目、野蛮施工等外力破坏燃气管道，保障管网供气安全。

众木成「森·普」被天下

四川森普管材股份有限公司
SICHUAN SENPU PIPE CO.,LTD.
地址/ADD:四川德阳高新技术产业园区
Deyang New&High-Tech. Industry Zone
电话/Tel:0838-2801958 2803197
传真/Fax:0838-2801862
邮编/Post:618000
E-mail:senpu@senpu.com
Http://www.senpu.com

森普进出口贸易有限公司
SENPU IMPORT AND EXPORT TRADE CO.,LTD.
地址/ADD:四川德阳高新技术产业园区
Deyang New&High-Tech. Industry Zone
电话/Tel:0838-6169172
传真/Fax:0838-6169128
邮编/Post:618000
Http://www.senpu.com

天津森普管材有限公司
TIANJIN SENPU PIPE CO.,LTD.
地址/Add:天津市大港区安达工业园通达街362号
No. 362Tongda Street,west Area Dagang Economy
Development Zone, Tianjin, China
电话/Tel:022-63212731 63312558
传真/Fax:022-63312558
邮编/Post:300270
Http://www.senpu.com

森普建筑工程有限公司
SENPU ENGINEERING CO.LTD.
地址/ADD:四川德阳高新技术产业园区
Deyang New&High-Tech. Industry Zone
电话/Tel:0838-2802926
传真/Fax:0838-2802926
邮编/Post:618000
Http://www.senpu.com

# ABOUT US
## 公司简介 ///

西安华通新能源股份有限公司成立于1999年7月9日，2000年11月16日整体改制设立为股份有限公司，注册资本为2.47亿元。公司以天然气节能、环保等洁净能源技术的研究、开发、推广、利用为主业，始终致力于国家中小城市民用和工商业用天然气项目的投资、建设、经营和管理；集天然气加气站的投资、建设、经营及管理为一体。

公司是陕西省首家进入中小城镇天然气供应的股份制企业，始终致力于中小城市的天然气及新能源供应的发展。目前在全国8个省(区)拥有7家子公司，13家分公司，投资建设城市燃气、CNG加气站、LNG加注站、CNG母站、LNG加工厂、调峰储备站等135个项目，目前已有31个项目通气点火，104个项目在建。计划2016年通气点火项目达50个左右，2017年通气点火项目达到80个左右。

根据目前的发展需求，公司在进行了多方论证后，对在国内A股市场挂牌上市充满信心，同时公司上市事宜也获得了陕西省政府、西安市政府和西安高新区管委会的大力支持，已于2013年12月在陕西省证监局进行了A股上市辅导备案。目前已于2015年9月21日正式在新三板挂牌交易，代码：833403。

*西安华通新能源股份有限公司将成为您最值得信任的合作伙伴！*

HUA TONG
NEW ENERGY

TEL:
029-87861513

# 文化 企业文化
**2015 奔腾 BENTENG**

完善设施　　科技倡导　　绿色无碳　　服务百姓

团队协作　　爱岗敬业　　开拓创新　　求实进取

安全环保　　优质高效　　创新服务　　客户为尊

▲陕西省天然气调度指挥大楼

★陕西省天然气调控指挥中心

# 厚德兴企·用心工作·携手并进·共创幸福

### 企业简介

陕西燃气集团有限公司（以下简称"燃气集团"）是经陕西省政府批准，由陕西省国资委出资设立的省属国有独资有限责任公司，于2011年11月3日正式挂牌运营，注册资本金20.213366亿元。燃气集团以核心业务、产品、技术、资本为纽带，通过业务统筹、资源整合、板块孵化及资本运作，实施关联型多元化发展，着力构建以勘探开发、燃气储运、城市燃气、燃气综合利用为核心，以工程技术与装备制造、产业投（融）资为支撑的6大业务板块，基本形成了资源供应充足、管网设施齐全、储运功能完善、板块业务清晰、生产调度灵活、运营管理规范、机制运转高效的产业架构。现拥有二级企业9家，分（子）公司50家，机关设9处2室1中心，在册员工2654人（副高级及以上职称人员113人），平均年龄约33岁。2015年，实现营业收入超过70亿元，利税近11亿元，资产总额达132.29亿元。

### 业务介绍

燃气集团业务范围包括：天然气（煤层气、页岩气、水溶气等非常规天然气）勘探开发、储运与销售；输气管网规划、建设、运营与管理；燃气化工、道路气化、分布式能源及液化（压缩）天然气等项目的建设、运营与管理；涉气产业装备的研发、制造与销售；工程项目的勘察、设计、施工、监理、检测、技术咨询与项目管理服务；国有资产及其资本收益管理；产业投（融）资。

地址：中国陕西省西安经济技术开发区A1区开元路2号　　邮编：710016
电话：+86-29-86119266　　传真：+86-29-86119111　　网址：www.shanxiranqi.com

## 【追求无止境】

我们将一如既往创新产品，优质服务；只有专注，才能精致；只有专一，才能专业；只有专业，才能卓越；伴着卓越梦想，我们追求无止境！

天信仪表集团是中国燃气计量行业的龙头企业，是"国家863计划项目"、"国家重点新产品项目"、"国家火炬计划项目"和"国家创新基金项目"的承担者。自1995年创建以来，凭借灵活的经营机制和持续的自主创新，取得了快速的发展，集团主营业务有：燃气计量仪表、工业计量仪表、液体计量仪表、燃气调压设备、自动化控制系统、软件开发、金融投资。现有气体罗茨（腰轮）流量计、气体涡轮流量计、气体旋进流量计、CPU卡工业气体流量计、气（液）体超声流量计、体积修正仪、数据采集器、流量控制器、流量计算机、气体流量标准装置、宽量程气体计量装置、远程数据采集系统等十二大系列产品。其中包含与美国GE公司（德莱赛）合作生产的G型气体罗茨流量计与C型气体涡轮流量计；与德国西克公司合作生产的TUSM型气体超声流量计；还有自主研发的气体腰轮流量计和气体涡轮流量计获得欧盟NMI认证；TBQM型气体涡轮流量计和FC-I型流量计算机通过中石油油气管道国产化设备项目的验收，同时被国家能源局、中机联和中石油天然气集团评价为"其技术指标达到国外同类产品先进水平"。产品广泛应用于城市天然气、石油、石化、轻工、冶金、电力、煤炭等行业。

集团谨奉"为用户提供天然气应用整体解决方案"的经营理念，始终坚持以用户利益为己任的制造和服务原则，打造满足用户动态需求的运营管理体系，一如既往地为用户不断创新，努力实现天信品牌的国际化。

◆燃气调压装置
（由天信集团下属公司上海天信能源设备有限公司制造生产）

◆LTH型手推式校准仪

◆G 型气体罗茨流量计
（与美国 GE 公司（德莱赛）合作生产）

◆TBQM 型气体涡轮流量计
（自主研发并通过欧盟 NMI 认证）

◆TYL 型气体腰轮流量计
（自主研发并通过欧盟 NMI 认证）

◆TBQZII 型智能气体涡轮流量计

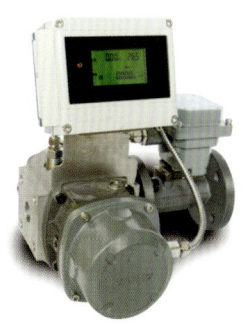
◆TEP 型预付费气体腰轮流量计
（小口径（不大于 DN25）新型预付费计量仪表）

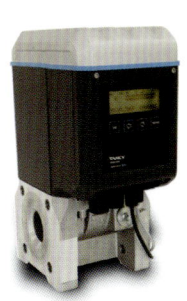
◆TUSM 型气体超声流量计
（与德国西克公司合作生产）

◆CPU 卡工业气体流量计
（基表分别为：气体罗茨流量计、气体涡轮流量计、气体腰轮流量计）

◆LWM 型气体涡轮流量计
（为煤层气计量应用而设计）

天信仪表集团有限公司
TANCY INSTRUMENT GROUP CO.,LTD.

地址：浙江省苍南县灵溪镇通福路3468号　销售热线：0577-68856655　68856699
客服热线：400-926-9922　Http://www.tancy.com　Email:tancy@tancy.com

上海市副市长蒋卓庆（中）、申能集团董事长王坚（右）、燃气集团董事长王者洪（左）出席上海实现全天然气化仪式

上海燃气150周年纪念暨中国2015城市燃气发展论坛

1865年上海第一家煤气厂　　上海外滩第一批煤气灯　　窗口服务　　上海燃气962777服务热线

# 150周年庆

## 百年燃气 智创未来

  一个半世纪前，伴随着工业革命的钟声和上海开埠，上海城市燃气应运而生。今天，上海燃气已经成为安全、方便、低碳的城市生态机体的重要组成部分。

  150年来，上海燃气事业从无到有，从煤气灯到煤气灶，从逐渐兴起到城市全气化，从服务生活到工业应用，从人工煤气到天然气……历经了一条悠久绵长、经久不衰的蓬勃发展之路。她展现了一代又一代燃气人的奋斗历程，彰显了推动创新进步的不懈追求，践行了城市让生活更美好的发展主题，也见证了上海这座城市的历史演变。

  上海燃气（集团）有限公司组建于2003年12月，注册资金42亿元，为申能（集团）有限公司全资子公司。经过十多年的努力，上海燃气目前已构建形成东海天然气、西气东输一线和二线、洋山LNG、川气东送、江苏-崇明管道天然气，以及五号沟LNG等"6+1"多气源供应格局，2万多公里的天然气管网遍布全市，962777燃气服务热线和150多个对外服务站点为客户提供全天候服务，年供应天然气72亿立方米，服务燃气用户超过650万户，应急供应保障能力达到15天。同时完成了350万户人工煤气用户的天然气转换，于2015年6月，实现上海管道燃气全天然气化。

  走过150年的上海燃气，正迎着改革创新的浪潮努力打造多气源、一张网、多元销售的"X+1+X"升级版，加快建设智慧燃气，开放共享，融合创新，变革转型，成为一家保障有力、服务优质、专业高效的具有互联网精神的新型清洁能源服务商，推动清洁能源更好地服务城市发展、服务生态文明、服务市民社会。

【微信公众号】

【苹果/安卓APP】

上海天然气主干管网运行调度

建设中的上海五号沟LNG站扩建二期工程

上海洋山LNG接收站

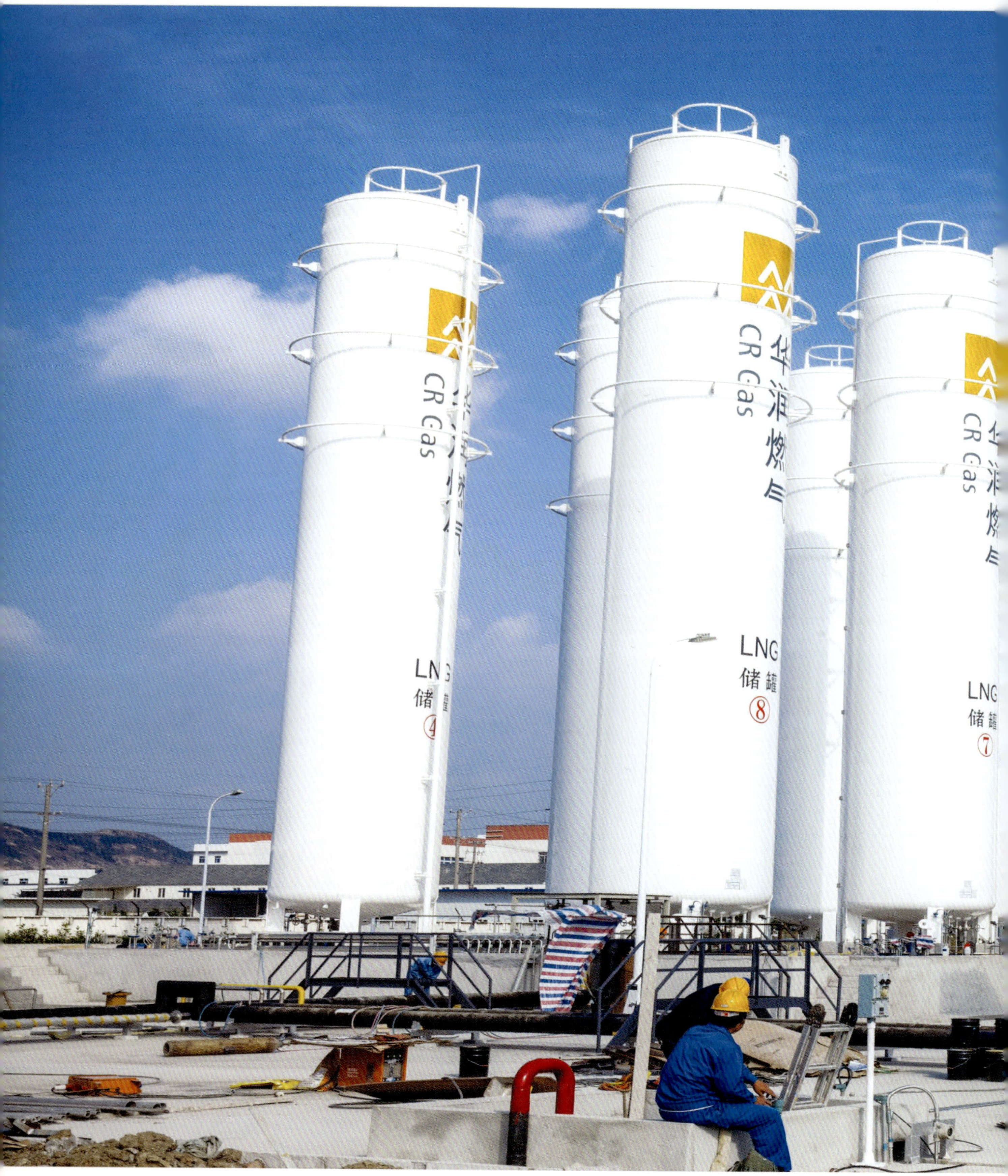

华润燃气控股有限公司
China Resources Gas Group Limited

与您携手 改变生活

http://www.crcgas.com
深圳市深南东路5001号华润大厦19楼
电话：(0755) 8266 8008　　传真：(0755) 8269 1109

# 广州燃气集团有限公司
## Guangzhou Gas Group Co., Ltd.

**注重认真　追求卓越　和谐发展**

广州燃气集团有限公司（以下简称"广州燃气集团"）是广州发展集团股份有限公司的全资下属公司。其前身是广州市煤气工程筹建处，成立于1975年。1983年，正式更名为广州市煤气公司。2009年1月16日，广州市煤气公司成建制划归广州发展集团后，改制组建为广州燃气集团有限公司，并于2009年7月2日正式挂牌。2012年7月，广州燃气集团作为优质资产注入上市公司广州发展，成功实现资产上市。

企业经营范围主要涉及燃气管网及设施的建设和管理，燃气项目的投资、经营、设计、施工、监理和技术咨询，安装、维修、检测燃气用具，（燃气的）批发和零售，天然气加气。

目前，广州燃气集团总部设12个职能部室；以地理区域为划分边界设立东、西、南三大区域分公司，负责区域内一体化业务运营；组建高压运行分公司，负责高压管道的工程建设和高压管网运行管理；设立调度与服务两大业务中心；6个全资子公司、1个控股子公司和4个参股公司；共设有12个营业厅（点）。

近年来，广州燃气集团被授予"广东省广州亚运会、亚残运会先进集体"、"守合同重信用企业"、"广东省厂务公开民主管理先进单位"、广东省直通车服务重点企业、"全国工人先锋号"单位、全国"安康杯"竞赛优胜企业等荣誉称号。

广州燃气集团作为广州市城市燃气高压管网建设和购销唯一主体，统筹全市高压管网建设和上游气源购销。近年来，广州燃气集团紧紧抓住"天然气入穗"的黄金契机，全面推进广州市天然气利用工程建设。其中：一期工程截止到2014年12月共建成高压管线125.07公里、3个接收门站及4座高中压调压站，主要接收广东大鹏进口LNG气，正式揭开了广州天然气时代的序幕，为广州"全市一张网"格局奠定良好基础。二期工程暨广州亚运村项目燃气配套工程，截止到2014年12月共建成高压输气管道26.04公里，建设亚运场站1座、高中压调压站1座、线路阀室1座，确保了2010年亚运会、亚残运会的供气保障任务圆满完成。三期工程暨"广州西气东输项目"，共建成高压输气管道23.33公里，建设门站4座，接收国家"西气东输"二线气，使广州成为广东省第一个使用上"西气"的城市，并与广东大鹏进口LNG气形成双气源供应保障系统，全面提升了广州天然气供应保障综合实力。四期工程预计2018年投产，将投资69.7亿元，建设高压、次高压输气管道约165公里、配套建设中压管道约900公里、新建门站1座、调压站3座，线路阀室13座，以实现高中压管网基本覆盖全广州，"全市一张网"的格局清晰呈现，为广州市推行管道燃气三年发展计划提供坚实后盾。此外，广州燃气集团还将投资建设"广州LNG应急调峰气源站项目"，保障广州地区天然气稳定供应。

www.gzgas.com

　　自2009年整体划归广州发展集团以来，燃气集团保持了快速发展势头，尤其是2012年随广州发展集团整体上市后，供气规模、用户规模得到快速发展，内部管理、服务水平得到大幅提升。

　　截至2014年12月，广州燃气集团拥有固定资产50.58亿元；用户142.5万户（其中非居民用户6000多户）；天然气年销售11.22亿立方；燃气输配管网超过4000公里；供气范围遍及广州中心城区和周边南沙、增城全部区域及花都、萝岗、番禺部分区域；在岗职工人数约2050人，拥有燃气、管理等各类专业技术人才600余人。

　　广州燃气集团严格按照"安全第一、预防为主、综合治理"的安全生产方针，建立了高标准的安健环管理体系、地下管网安全综合评价及风险预警体系，维修、抢险队伍与110联动，综合抢险水平处于同行先进水平，抢险及时率始终保持100%。同时，广州燃气集团还开通了"96833"24小时客户服务热线电话，适时推出银行划扣、电子账单、"网上营业厅"等便民服务，实现了用户足不出户即可办理燃气管道业务，形成了集团网站、营业厅、呼叫中心三位一体的服务系统，为客户提供高质量、高效率的服务。

　　展望未来，广州燃气集团将秉承"注重认真、追求卓越、和谐发展"的企业核心价值观，加大天然气利用工程的投资建设力度，扩大燃气管网建设规模，努力提高天然气气化率和气源安全供应能力，切实保障广州城市发展对清洁燃气的需求，不断提升服务市民的水平和质量，让市民切实享受到天然气产业的发展成果，为推进广州新型城市化发展做出更大的贡献！

# 成都城市燃气有限责任公司
## Chengdu City Gas Company Limited

**企业简介**

成都城市燃气有限责任公司始建于1967年3月,前身为成都市煤气总公司,是国内大中城市中最早从事城镇燃气供应的公司之一。2005年3月成为中外合资企业,目前公司四方股东分别为成都城建投资管理集团有限责任公司、华润燃气投资(中国)有限公司、港华燃气投资有限公司及成都城市燃气有限责任公司工会。公司现有员工1900余人,其中高级职称人员36人,具有研究生学历人员49人,本科学历人员528人。公司下属3个分公司、17个参控股公司。公司总资产近43亿元,日供气能力达1130万立方米,年销售天然气近13亿立方米,管理居民客户270余万户。经过近五十年的发展,公司综合实力居国内同行业领先地位。

**业务介绍**

公司业务涵盖城市燃气供应,燃气工程规划、设计、施工安装,燃气输配、应用、管理,燃气智能化系统研发、设备制造,燃气专用设备、压力容器、计量装置检测,燃气具及设备销售等。

公司全面实施中心城区输气管网规划,管网规模不断扩大,布局日趋合理,已形成较为完善的以城市内环、一、二、三环路的环状管网和向周边郊县辐射的放射性干管为主体,以中低压配气网络为辅的输供气管网体系,范围覆盖成都平原中心区,特许经营区域超过900平方公里,管道长度约6300余公里,储气站3座,配气站14座,调压设施12000座。随着绕城高速路高压输储气管线工程、第三储配站改扩建工程及高新西区门站建设等多个项目的相继启动,一个拥有东西南北四路气源通道,具有强大输送和辐射能力的燃气输配新格局即将形成。

客服人员在流动便民服务车前为市民讲解

"廉洁文化进企业,便民服务进社区"活动

燃气场站安全员进行阀门例行检查

成都燃气共产党员服务队

## 安全用气 · 和谐生活

## 以情输送温暖·用心点燃幸福

公司拥有一支城镇燃气管理经验丰富、专业技术能力较高、训练有素的员工队伍，坚持"以情输送温暖、用心点燃幸福"的服务理念，竭诚为广大客户提供方便、快捷、优质的服务。公司设立供气服务热线"962777"，将服务网点和抢险应急驻点分布全市，建立完善的客户服务、抢险应急、巡检维护体系，以及SCADA、GIS、CIS、GPS、3I智能燃气事故应急平台等信息系统，为安全平稳供气提供可靠保障。

### 企业荣誉

公司先后荣获"全国安全文化建设示范企业"、"省级安全文化建设示范企业"、"市级安全文化建设示范企业"、"四川省二级安全生产标准化达标企业"、"全国'安康杯'竞赛优胜单位"、"安全生产先进集体"、"成都市模范单位"、"成都企业100强"等称号，成都燃气也是全国第二家荣获"全国安全文化建设示范企业"的燃气企业。

### 企业文化

公司努力践行"诚实守信、业绩导向、客户至上、感恩回报"的价值观，积极营造"简单、坦诚、阳光"的组织氛围。全体员工不断开拓进取，为造福民众，建设绿色环保、可持续发展的燃气事业；为实现"让社会满意、政府满意、客户满意、员工满意、股东满意"这一使命，"成为国内最受尊重的燃气运营服务商"而奋力迈进！

地　址：成都市武侯区少陵路19号　　邮编：610041　　网址：www.cdgas.com
电　话：028-85069723　　传真：028-87776326　　E-mail：chengdugas@crcgas.com

# 武汉市燃气热力集团有限公司
## WUHAN GAS & HEAT GROUP CO.,LTD.

网址：www.whgas.cn
地址：武汉市江汉区台北路225号
电话：027-85781637

企业使命：

## 服务社会大众
## 提高生活品质

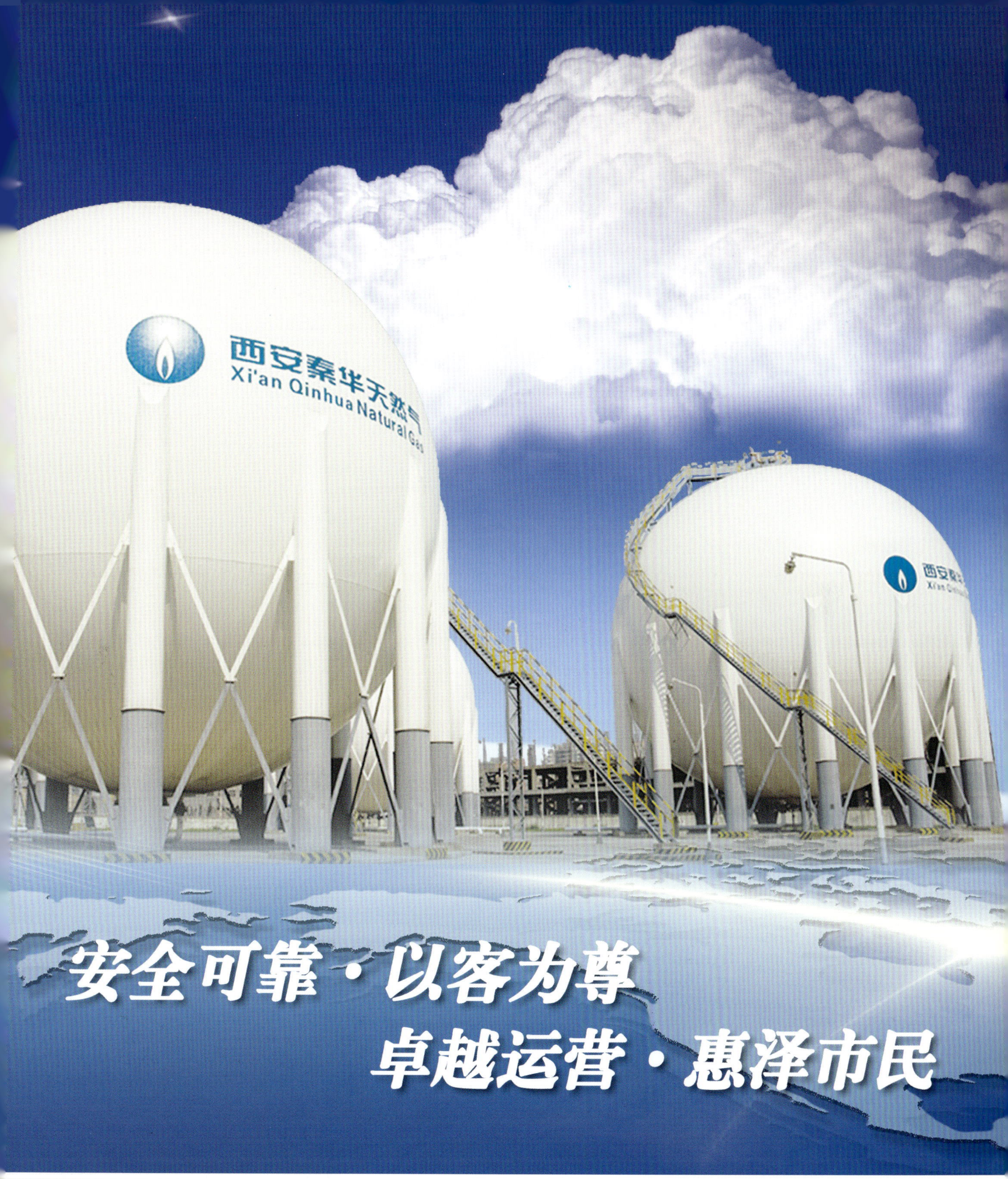
西安秦华天然气
Xi'an Qinhua Natural Gas
安全可靠·以客为尊
卓越运营·惠泽市民

西安秦华天然气
Xi'an Qinhua Natural Gas

西安秦华天然气

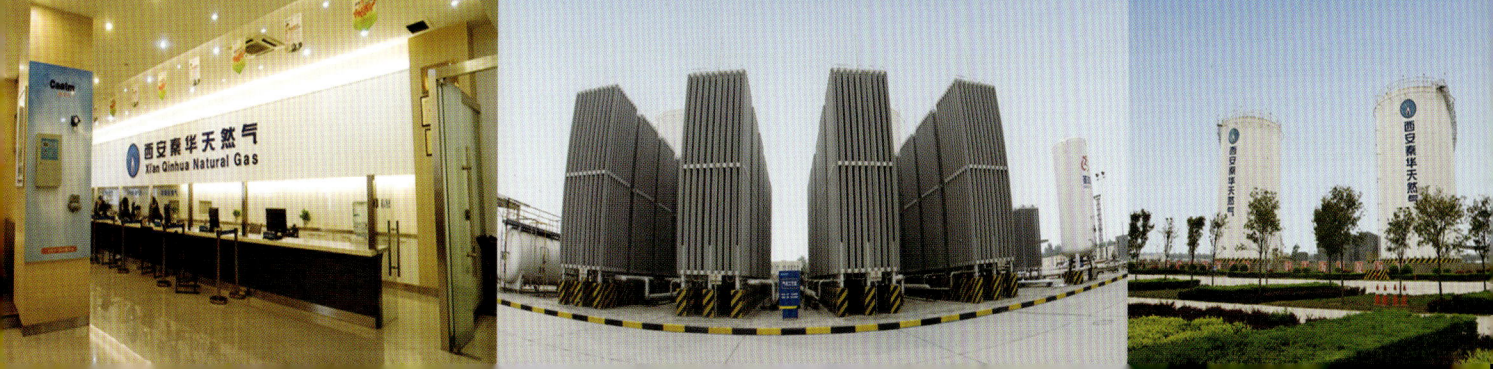

# 贵州燃气(集团)有限责任公司
## GUIZHOU GAS (GROUP) COMPANY LTD.

# 公司概况

贵州燃气（集团）股份有限公司是贵州省最大的城市燃气经营企业，以燃气输配供应与销售服务为核心业务，向集中供暖、分布式能源管理等领域延伸拓展，立足于优势资源整合和全省市场发展，打造产业多元发展的大型综合性燃气集团，推动贵州燃气事业快速稳定发展。

贵州燃气起步于20世纪80年代，在时任贵州省委书记胡锦涛同志的亲笔批示和关怀下，1988年贵阳市煤气工程指挥部成立；1993年成立贵阳市煤气公司；2003年改制为贵阳燃气有限责任公司；2005年更名为贵州燃气（集团）有限责任公司，并组建贵州燃气集团；2016年整体变更为贵州燃气集团股份有限公司。经过多年的努力和发展，已在全省8个地区23个市区县经营城市燃气业务，服务全省居民用户120多万户，工商业用户6000户，公交、出租车辆4000台，开通供气及已签订协议的工业园区30多个。

截至2015年末，贵州燃气集团总资产达59亿元，员工3100人，拥有全资、控股子公司28家，参股企业6家，年销售燃气5亿立方米。入选"中国能源企业500强"，在贵州百强企业排名第50位，蝉联"中国工业行业履行社会责任五星级企业"荣誉称号。贵州燃气集团致力于燃气推广普及，依托中缅、中贵天然气，为全省经济社会发展和环境改善提供清洁、安全、经济的能源保障。

致力一流品质服务
共建卓越能源集团

# 佛山市燃气集团股份有限公司
## FOSHAN GAS GROUP CO., LTD.

### 【基本情况】

在上级领导和社会各界悉心关怀和大力支持下，通过领导班子和全体员工二十年的共同奋斗，佛山燃气集团已发展成为广东省乃至华南地区地级市中最具实力的城市燃气经营企业。公司属下有10几家全资或控股企业，并投资参股广东大鹏、深圳大鹏、珠海LNG等上游企业。2015年末，公司资产总额43亿元。2015年，公司销售燃气80余万吨，销售收入40余亿元。

二十年来，公司经营规模快速壮大，经营范围由禅城区局部逐渐延伸至三水、高明、顺德，并积极向佛山周边城市拓展发展空间。公司的资产结构不断优化，由全资国有企业变身为国有相对控股、中外合资、员工持股的股份制企业。公司充分汇聚各方股东优势，充分调动各种积极因素，企业治理水平稳步提升。

### 【业务介绍】

全力构建清洁能源大动脉，提高全市天然气利用水平，让市民享受更多碧水蓝天，享受更加美好的生活，一直是佛燃人的责任、追求和事业。

公司经营范围涵盖天然气高压管网建设运营及中游分销、管道天然气终端销售服务、汽车加气、瓶装液化气销售服务，以及燃气工程设计、施工等业务，经营的主要产品为液化天然气（LNG）、压缩天然气（CNG）等。

截至2015年底，公司累计投资近30亿元，公司在佛山市辖区内及其他业务区域内已建成并投入使用的城市燃气管道包括高压管网、次高压管网及市政管网长度合计约1,610公里，各类场站16座，汽车加气站8座。目前，天然气场站和管网设施的供应能力超过20亿立方米/年。

近年来，佛山燃气集团借力政府调整产业结构、推进节能减排的政策推动，抓住煤制气、重油窑炉及燃煤锅炉改造的机会，拓展了一批陶瓷、金属加工等大型工业用户。同时，公司还积极拓展居民、车用天然气市场。公司目前供应居民用户50余万户、工商企业用户2600多户、公交车用户460多台、出租车用户3500多辆。管道天然气已覆盖全市约40%的居民，处于全省领先水平。天然气在优化全市能源结构、改善大气环境质量、促进产业转型升级方面扮演着越来越重要的角色。

### 【安全技术】

佛山燃气集团历来重视安全生产，安全管理体系严谨高效，成立二十年来一直保持重大安全责任事故为零的良好记录。

公司抢险、抢修队伍装备、管理均处于同行业领先水平，全天候提供应急抢险、抢修服务，深受广大市民信任。

公司积极推进信息化建设，近年来陆续开发了燃气管网资源管理系统（GIS）、燃气管网监测系统（SCADA）、GPS巡检系统、燃气应急抢险指挥系统等先进的信息化管理系统。

公司积极推广运用行业新技术、新装备，拥有"不停输带压开孔技术"、"大型桥梁燃气管道施工技术""室内暗藏燃气铜管技术"等多项创新技术成果，以及燃气泄漏检测车、激光甲烷检测仪等先进装备。

**【企业荣誉】**

佛山燃气集团是英国燃气专业学会的公司会员、中国城市燃气协会常务理事单位、中国能源学会第二届常务理事单位、广东油气商会副会长单位、广东省燃气协会第五届副会长单位、广东省燃气协会第五届管道气部主任单位和第五届科学技术委员会副主任单位、广东省价格协会燃气价格分会会长单位、佛山市燃气行业协会会长单位、佛山市安全生产管理协会副会长单位。

公司曾获中华全国总工会及国家安全生产监督管理总局授予的全国"安康杯"竞赛优秀组织奖、原国家建设部授予的"全国城市环境治理优秀工程"奖、广东环保先进单位推介活动特别贡献奖等荣誉。由公司主承建的"佛山市燃气管网资源管理系统"荣获2010年中国地理信息优秀工程金奖。公司客户服务中心于2011年4月荣获中华全国总工会授予的"工人先锋号"称号,于2015年荣获中华全国妇女联合会授予的"全国巾帼文明岗"称号。

**【企业文化】**

佛山燃气集团以"汇聚清洁能源,共创美好明天"为使命,以"创建城市燃气行业的中国典范"为愿景。

公司奉行"正心聚气,承安共生"的核心价值观,坚持"系统化、专业化、品牌化"的经营理念以及"合规合情,重行重效"的管理理念,将通过进一步整合资源,充分发挥人才、管理、技术、安全、服务及信息化等方面的优势,为客户、社会、员工和股东持续创造价值。

地址:广东省佛山市禅城区季华五路25号　电话:0757-83367905　传真:0757-83368528
邮编:528000　网址:http://www.fsgas.com　E-mail:fsgas@fsgas.com

# 长春燃气股份有限公司
## Changchun Gas Co.,Ltd

**企业使命：**

为客户供应安全可靠的能源，

提供亲切、专业和高效率的服务，

同时致力保护及改善环境。

长春燃气调度指挥中心

获得首届百名"长春工匠"称号的一线员工

春燃气应急调峰气源厂　　长春燃气天然气置换现场　　长春卓越精工管件有限公司

# 诚信、进取、卓越、和谐

长沙市燃气实业有限公司始建于1987年，前身为长沙市燃气总公司，属国有中一型企业。公司经过20余年发展，先后顺利完成了管道燃气建设、天然气入湘、引资合营、企业改制等一系列重要工作，逐步建立成为一家拥有完善法人治理结构的现代国有控股企业。2005年4月，公司正式更名为长沙市燃气实业有限公司。

伴随着国家"西气东输"工程的开发进程和"气化湖南"的产业发展契机，长沙燃气作为湖南省燃气行业的龙头企业，进入快速发展的"黄金期"。逐步形成了以燃气经营为核心业务，涉足工程建设、地产开发、物业管理等多元化的产业格局。旗下共拥有全资、控股、参股等13家子公司。

随着天然气利用工程的发展，老百姓得到了实惠，空气质量得到了改善，城市品位得到了提升。长沙燃气在不断发展壮大过程中，得到政府和社会各界好评，先后获得"全国五一劳动奖状""全国青年文明号""利税过亿企业""文明单位""综合治理先进单位"等多项荣誉，涌现出多位获得"全国劳模""部级劳模""市级劳模"等荣誉称号的优秀员工。

远帆卓越之程，任重而道远。随着国家关于"大力推进生态文明建设"的战略决策，长沙燃气将秉承"诚信、进取、卓越、和谐"的企业价值观，坚持健康可持续的发展之路，立足燃气，上下延伸，多元增长，借助不断延伸的产业链和战略协同优势，推进企业转型升级，以永恒的追求和创新精神，为实现企业成为"清洁能源服务的引领者"的愿景而不懈努力。为推广利用清洁能源、改善城市居住环境、提高人民生活品质作出应有的贡献。

长沙市燃气实业有限公司
Changsha Gas Industry Co., LTD.

# 成都凯能天然气有限责任公司
## Chengdu Kaineng Nrturrl Gas Co.,LTD.

### 企业简介
成都凯能天然气有限责任公司位于成都市温江区公平温泉大道一段158号，于2000年9月正式成立，现注册资金2 007万元；公司供气区域为成都市温江区现行行政管辖区城内，城南路以东，公金路以西，江安河以北，成温邛高速路以南的约两平方公里的区域及成温邛公路以东北面包括公平、永宁、万春、和盛、寿安等镇辖区，占温江区行政区域的三分之二；有中石油、中石化两条供气气源，日供气能力达50万立方米；截止目前，共敷设天然气主干管道约142公里，在用用户7万多户。公司立足于培养员工综合素质，以其科学的安装技术，精良的员工队伍，优质的服务赢得了广大用户的信赖。

### 业务介绍
集天然气工程安装、供应于一体的综合性经济实体

### 企业荣誉
是中国城市燃气协会理事单位、四川省城市燃气协会会员单位；是成都市温江区人民政府特许经营燃气企业；是中国改革开放三十年成都市"突出贡献企业"。

### 企业文化
企业远景：
    创和谐   强企业

企业使命：
    为社会创造价值  为用户创造满意

企业文化理念：
    认同价值   创造价值   共享价值

廉洁文化理念：
    修身正己   厚德践行   廉洁从业   勤勉兴企

公司形象：务真求实挖潜力    诚信经营重服务
          团结一致保安全   齐心协力创和谐

员工形象：诚实守信   遵章守纪
          精诚团结   顾全大局

经营理念：
## 为社会创造价值·为用户创造满意

## 珍惜·担当·致远

**卓越运营
惠泽市民**

公司服务大厅是公司与客户交流的平台和界面，是公司对外推介品牌形象、提供服务与产品的窗口。

◎ 地址：成都市温江区公平温泉大道一段158号
◎ 邮编：611134
◎ 电话：028-82651088
◎ 传真：028-82650227
◎ http://www.kngas.cn
◎ E-mail：352272315@qq.com

# 长丰能源
## CHANGFENG ENERGY

董事局主席兼首席执行官 林华俊先生

LNG储罐

三亚长丰海洋天然气供气有限公司，创办于1995年，是海南省第一家投资建设和经营管理城市公用基础建设的民营企业，也是三亚市第一家由三亚市委、市政府大力扶持起来的境外上市公司。公司于2008年2月在加拿大多伦多联交所(TSXV)上市，公司上市名称为长丰能源有限公司Changfeng Energy Inc.(Changfeng)，公司代码(CFY)。董事局主席兼首席执行官为原公司董事长兼总经理林华俊先生。

公司具备城市燃气企业甲级资质，系中国城市燃气协会会员单位、海南省燃气协会常务理事单位、海南省工业经济联合会副会长单位。公司相继荣获"海南省安全生产先进单位"、"三亚市安全生产先进单位""海南省节能减排十大功勋企业"、"最具社会责任感企业"、"海南省自主创新型企业十大楷模"等荣誉。

企业精神
　　踏实·拼搏·责任

企业理念
　　诚信·共赢·开创

**三亚长丰海洋天然气供气有限公司与您共创美好明天**

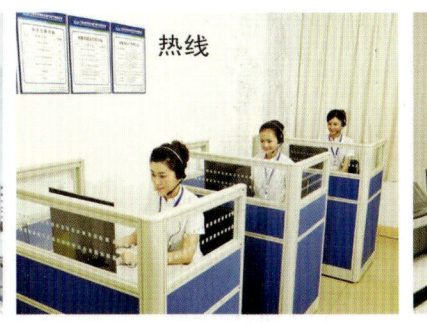

热线
燃气工程师
抢险抢修摩托车队
LNG储罐

公司目前主要经营板块是燃气管道的连接、天然气销售，以及天然气供应，客户包括工商客户和居民客户。公司投资建设的三亚市民用天然气输配管网工程于1995年开工，2003年6月建成并实现市区主管网通气。该工程是海南省、三亚市重点工程，也是三亚市委、市政府为民办实事好事的重要项目。工程按满足三亚市区70万人口日常生活、公共福利设施及部分工业用气需要设计，包括南山—市区输配干线、市内管网、首站、门站、三亚市第一气源站，调压站等，设计年最大供气能力5.37亿立方米，气源主要来自崖13-1气田、福山油田。目前公司主要负责三亚市民用天然气输配管网工程的运营和管理。

截至2015年6月，三亚地区现已建成的长输管线为38.2公里，街区管线299.32公里，庭院管线493.25公里，项目建成的燃气管网逾830.77公里。

2009年6月，三亚门站LNG气化站建成投产，2010年12月三亚市第一气源站建成，设计供气能力10万立方米。截至2015年2月份，公司供气居民用户107515户，工商用户810家。

三亚长丰海洋天然气供气有限公司现已与国内多个城市签定城市供气项目和汽车加气项目。公司在各级党委、政府的关怀、指导下，立足于城市燃气项目，将计划通过与中国的能源巨头合作，依托产业优势和资源优势，努力实现产业多元化，力争成为中国一流、国际知名的综合性能源投资开发和生产企业。

长
丰
能
源

长丰能源
CHANGFENG ENERGY

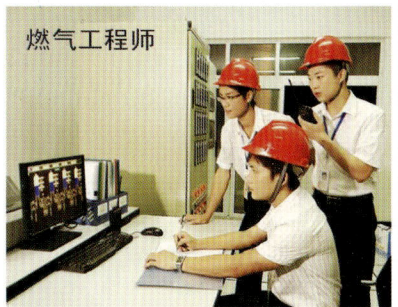

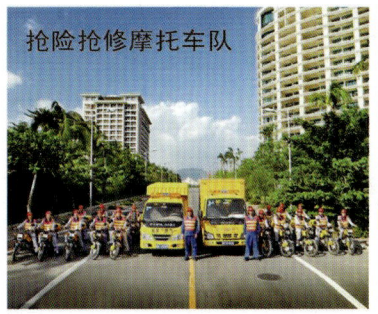

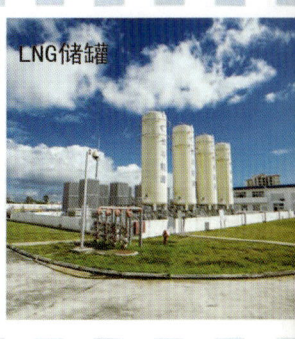

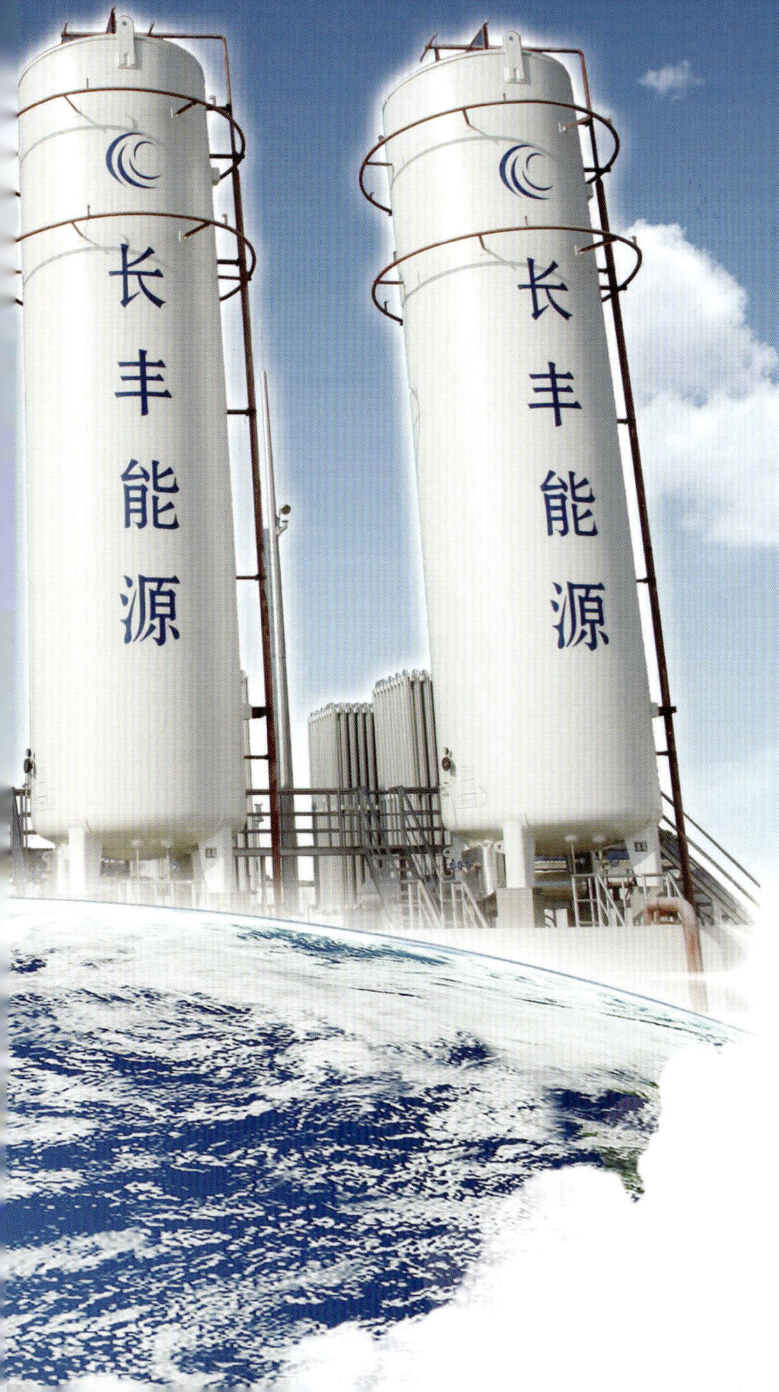

**三亚长丰海洋天然气供气有限公司**

地址：三亚市凤凰路222号

邮编：572000

电话：0898-88236777

传真：0898-88252249

《无线远传膜式燃气表》行业标准主编单位
深交所上市企业　博士后科研工作站
股票代码：300259　更多详情请访问 www.suntront.com

# 互联网+燃气表
# 助推中国城镇快速实施
# 阶梯气价

阶梯气价方案1：远传、物联网燃气表，自动抄表、控制，远程阶梯气价收费。
阶梯气价方案2：IC卡阶梯气价燃气表，可多级气价设置，按阶梯自动结算。
阶梯气价方案3：物联网智能眼终端，普通表加装物联网智能眼终端，实现远传抄表功能，改造简便，成本低廉。

## 400 余项专利技术和软件著作权
Patent Technology & Software Copyright

新天智能燃气表管理系统可实现手机APP支付、实时信息查询、多级阶梯价格设置、远程预付费、远程阶梯气价调整、在线远程运行监控、数据分析、能源管理等功能。

新天科技股份有限公司
地址：郑州国家级高新技术产业开发区红松路252号　欢迎垂询：0371-56160852　56160853　网址：www.suntront.com

图片仅供参考，产品以实物为准。

# Suntront Tech

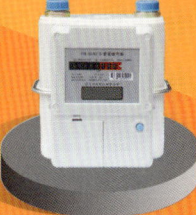 物联网燃气表

 阶梯气价燃气表

 无线远传燃气表

 非接触IC卡燃气表

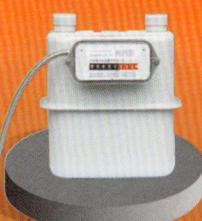 有线直读燃气表

 物联网智能眼终端

"互联网+"燃气表

APP移动互联抄表系统

## 部分专利技术 Patent technology

无线智能燃气表ZL2011 3034 8285.5
燃气表ZL2010 3069 2883.X
膜式智能燃气表ZL2009 3011 8406.X
一种直读表系统ZL2009 2008 9343.4
一种具有电源检测功能的无线远传燃气表ZL2010 2012 0573.5
无线智能燃气表控制器结构ZL2011 2037 0596.6
一种基于磁唤醒方式的无线抄表系统ZL2009 2008 9971.2
一种基于磁唤醒方式的无线抄表控制系统ZL2009 2009 1541.4
一种基于射频卡技术的预付费燃气计量控制器ZL2010 2010 1117.6
下行M-BUS、上行RF无线采集器ZL2010 2010 1079.4
一种高效的网络自动路由的无线抄表方法ZL2009 1022 7754.X

一种智能供电、充电电路ZL2010 2017 2581.4
无线流量检测及数据传输装置ZL2011 3021 5426.6
USB抄表器ZL2011 3029 4937.1
一种无线流量监测及数据传输装置ZL2011 2023 8926.6
一种应用于智能表的双电池供电装置ZL2011 2041 2048.5
燃气表（IC卡智能）ZL2014 3036 0132.6
双电源供电智能燃气表ZL2014 3000 3011.6
智能燃气表ZL2013 3008 4214.8
直读阀控远传燃气表ZL2012 2063 4709.3
远传燃气表ZL2012 3051 8736.X

Leading Professional Manufacturers of Smart Meters in China

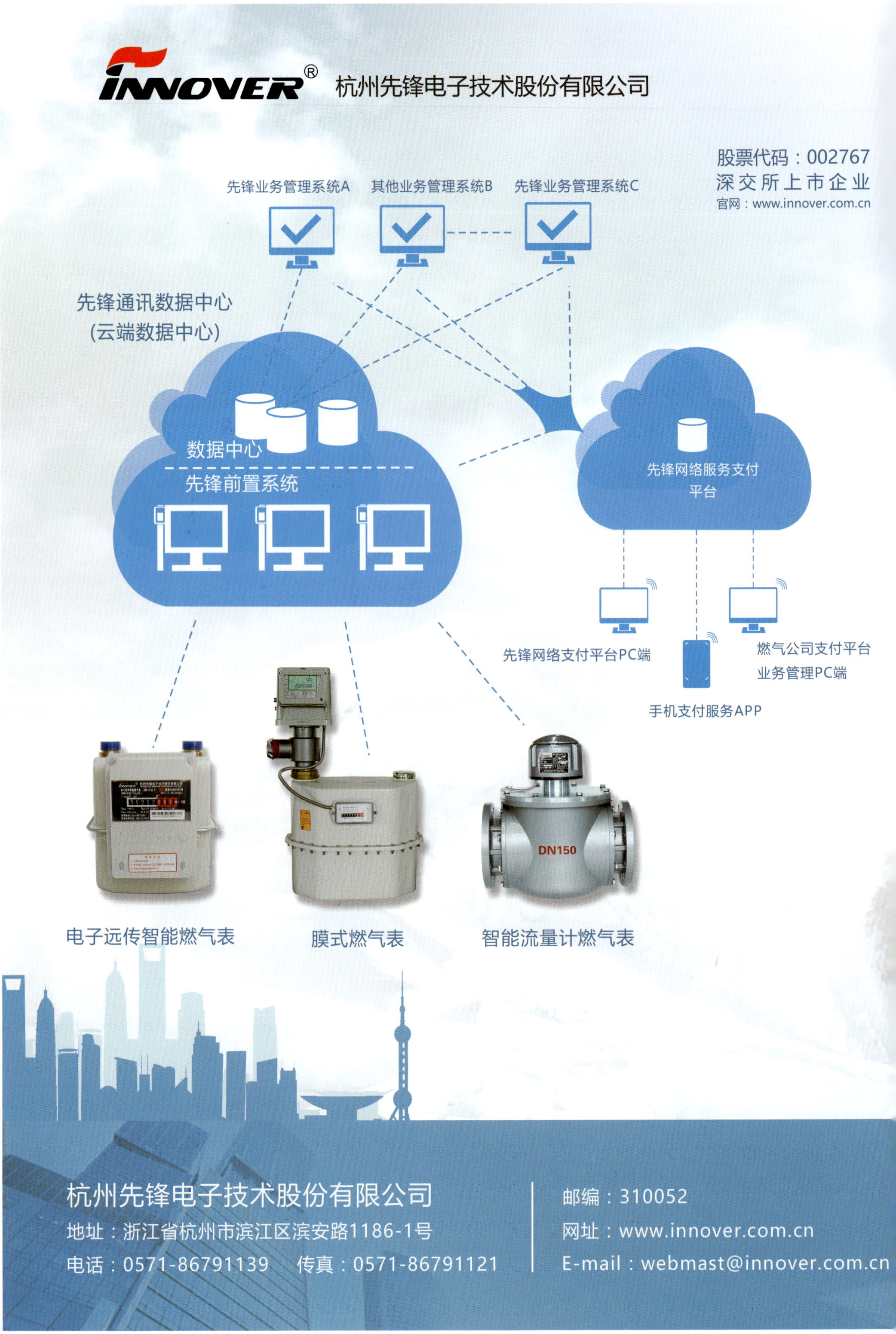
INNOVER®
杭州先锋电子技术股份有限公司
股票代码：002767
深交所上市企业
官网：www.innover.com.cn
先锋业务管理系统A
其他业务管理系统B
先锋业务管理系统C
先锋通讯数据中心
(云端数据中心)
数据中心
先锋前置系统
先锋网络服务支付平台
先锋网络支付平台PC端
燃气公司支付平台
业务管理PC端
手机支付服务APP
DN150
电子远传智能燃气表
膜式燃气表
智能流量计燃气表
杭州先锋电子技术股份有限公司
地址：浙江省杭州市滨江区滨安路1186-1号
电话：0571-86791139　传真：0571-86791121
邮编：310052
网址：www.innover.com.cn
E-mail：webmast@innover.com.cn

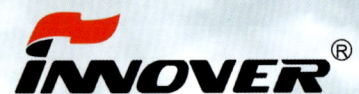

开拓先锋卓越品质

# 智慧连接生活
PIONEER ELECTRONICS, CONNECTING LIFE WISDOM

开拓先锋、卓越品质,未来,先锋电子将继续立足技术创新运用先进的互联网技术,构筑面向未来的智能燃气系统在"智慧城市"和"生态和谐化"这个舞台上,谱写城市智能仪表行业新的篇章。

## 先锋·云·智慧

- 表具状态查询
- 账单推送
- 燃气充值缴费
- 表具维修管理
- 《》随手即付,专业燃气维修,一键快捷

锋云慧

下载Android版

下载iPhone版

App Store　应用宝　豌豆荚　360手机助手　　🔍 锋云慧

# 江苏科信燃气设备有限公司
## JIANGSU COSHIN GAS EQUIPMENT CO.,LTD.

脚踏实地
"智"造华夏精品
敦行燃气行业

科信牌A/149系列弹簧负载式调压器的结构和功能极适合流量突然改变或由电磁阀控制气体开关的民用或工业用炉/燃烧器。

本系列调压器可用于天然气、人工煤气、丙烷、空气和其他过滤后且不含高量苯的气体。

# 国际化的质量
## 专业化的服务

## 科信牌A/149系列调压器

- 平衡阀
- 零流量时完全密封
- 选用超高和(或)超低压切断阀
- 出口压力调节范围广泛
- 压力调节精确

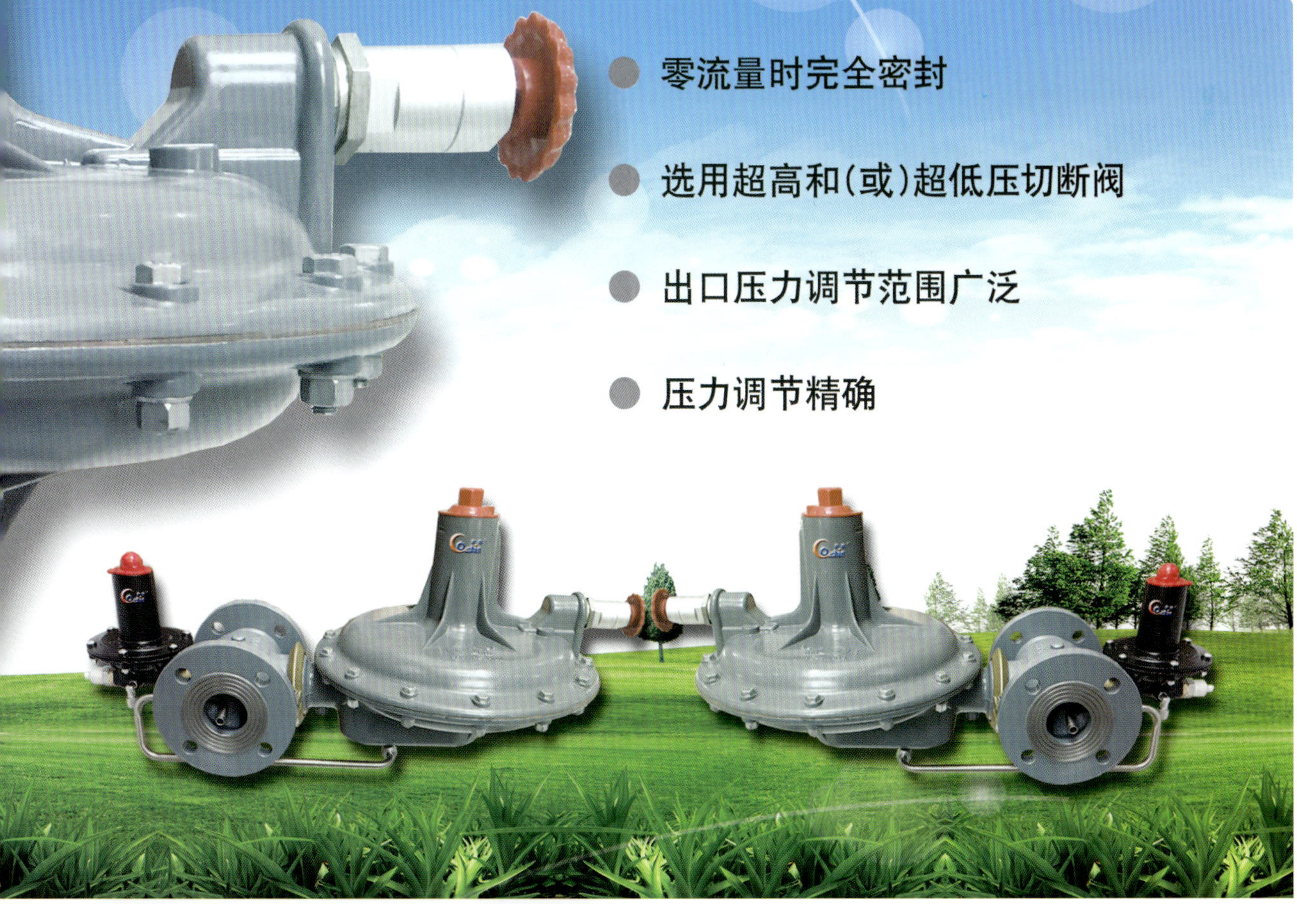

地址：江苏省常州市武进区广电东路128号
电话：0519-88811088  88815288-8008
传真：0519-88812568
网址：http://www.coshin.com
邮箱：master@coshin.com

# 贵州森瑞新材料股份有限公司

## ▍企业简介
### COMPANY PROFILE

贵州森瑞新材料股份有限公司成立于2003年，位于贵阳市乌当区经济技术开发区，占地面积400000余平方米，公司注册资金20 750万元。是贵州省规模最大的专业从事新型塑料管道研发、制造、销售的新型环保科技企业，拥有位于贵阳乌当、武汉黄陂的生产基地。

公司坚持科技兴企、坚持规模化、专业化发展战略，通过不断进行技术改造，提升技术装备水平，扩大传统市政、建筑用塑料管道市场规模；通过不断创新开发工业用特种塑料管道新产品，提升专业化水平，推进技术进步。经过多年发展，公司拥有100余条国际、国内最先进的塑料管道生产线，先进完善的检测手段，具备了年产15万吨市政、建筑用给水、排水、燃气、穿线等塑料管生产能力，产品覆盖了国家标准或行业标准所列全部规格。被广泛应用于给水、排水、排污、燃气、农业、水利、电力、矿山和通信等领域。已成为贵州省规模最大、品种最齐全的塑料管道龙头企业之一。

公司先后通过了"ISO9001:2008质量管理体系认证"、"ISO14001:2004环境管理体系认证"、"ISO10012:2003测量管理体系认证"、"OHSAS18001职业健康安全管理体系认证"、"压力管道元件认证"、"矿用产品安全标志认证"和"中国环境标志产品认证"等。被国家科技部批准为"国家火炬计划项目"、"国家高新技术企业"、国家级"守合同重信用企业"、"省级企业技术中心"、"技术改进先进单位"。从成立至今一直被省工商局评定为"守合同、重信用"单位并荣获"先进纳税企业"、"财政贡献突出企业"、"贵州质量诚信5A级品牌企业"、"管理体系认证优秀企业"。同时是"国家质检总局授权的'聚乙烯（PE）管道焊工考试委员会'单位、"中国质量诚信企业协会副会长单位和理事单位"，"住房和城乡建设部科技发展促进中心《建设科技》理事单位"，"贵州省名牌产品"、创新型领军企业等诸多荣誉。

贵州森瑞新材料股份有限公司，股票简称：森瑞新材，股票代码：831456。在全国中小企业股份转让系统挂牌时间为2014年12月10日。为进一步提高公司的资金实力，加快公司发展，公司2015年进行了二次股票定向发行，共增加股份50 000 000股，共募集资金155 000 000元。也于2015年5月29日，将公司股票由协议转让方式变更为做市转让方式，为我公司股票提供做市报价服务的做市商为：招商证券股份有限公司、恒泰证券股份有限公司、太平洋证券股份有限公司、东莞证券股份有限公司、国海证券股份有限公司、国泰君安证券股份有限公司、广州证券股份有限公司、九州证券股份有限公司等8家做市商。

公司坚持"以质量求生存、以服务求发展、以诚信求双赢"的经营理念，发扬"诚信、务实、学习、创新"的企业文化，及"让城市更美丽，让生活更美好"、"保护家乡环境，共建美好家园"的环保理念，立足于科技研发，为广大用户提供快捷、优质的管道工程系统。真诚感谢广大用户和社会各界对公司一如既往的支持和信赖，我们将竭诚为用户提供更优质的产品和更满意的服务，欢迎社会各界莅临指导。

# PE 安全燃气管
## PE pipes for gas supply

## 产品特点

- 柔韧性好，抗冲击能力优良。管道受外界冲击变形而不影响管道运行，并可恢复。柔性管道可实现"管和土共同作用"，有效保证管道安全
- 耐腐蚀性优异。管道不受外界酸碱盐等腐蚀，内壁无结垢，保证输气畅通
- 采用热熔对接或电熔连接，形成同质连接体系，连接安全可靠
- 重量轻，便于运输与装卸，同时降低施工劳动强度，有效缩短工期和减少施工费用
- 使用寿命长，正常使用寿命为50年

## 产品主要应用领域

燃气用埋地聚乙烯（PE）管道适用于工作温度在-20~40℃，长期最大工作压力不大于0.7MPa的燃气输送用管道系统。

## 产品简介

PE安全燃气管道采用燃气专用聚乙烯混配料生产，性能符合GB 15558.1-2003,GB15558.2-2005标准的要求，管道具有柔韧性好、耐腐蚀性强、质轻、抗冲击性能优良等特点，管道采用热熔对接与电熔对接等连接方式，安全可靠，施工成本低，在实际应用中发展迅速。大力推广燃气安全管道，符合国家建设部、国家经贸委发展化学建材的指导方针，符合人们生产水平提高的发展需要

## 品质保证

### 原料 RAW MATERIALS

**优质原料+严格质检**

原材料是决定管道品质的首要因素。

森瑞管业原料供应商为国际知名的PE原料制造商，如北欧化工、道达尔、以及上海石化等化工行业巨头。原料进入工厂后，须经过系列严格的科学检测，确保各项性能优越。优质纯正的专用料，从基因上决定管道的卓越性能与环保品质，保障管道输配系统的稳定和安全。卓越性能与环保品质，保障您的安全用水与健康生活。

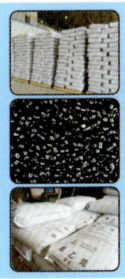

### 生产 PRODUCTION

**德国设备+清湛工艺**

引进国际先进设备，自动化程度高，质量控制精确，确保产品的卓越品质。
引进全套德国巴顿菲尔—辛辛那提（battenfeld-cincinnati）管材挤出生产线
"C5闭环控制系统"——可自动监控并调整管材各项生产数据
"集中供料系统"——确保原料供应高效稳定
"分子筛干燥系统"——确保原料充分干燥
"重力计量系统"——可精确自动控制管材米重，防止壁厚波动
"螺旋式模头"——具有塑化效率高等特点
"超声波壁厚测量控制系统"——精确控制管材壁厚
"激光打印系统"——可精确计量打印管材标识，确保标识清晰、美观、永久

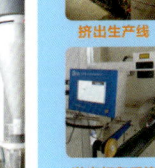

### 质检 QUALITY LNSPECTION

**高标准严要求，360°深入细节**

森瑞管业建立了完善的质量管理体系，通过"自检、互检、专检"层层检验，严把质量关。

每批产品出厂前均由专业质检员按内控标准进行检测，从产品外观、尺寸、理化性能、包装等各方面确保产品质量可靠、系统运行安全。

完善的质量保证体系，先进的检测手段，严格的检测制度，保证了公司产品卓尔不群的品质。

---

贵州森瑞新材料股份有限公司
电话：0851-88237983
传真：0851-88237989
网址：www.gzsenrui.com
地址：贵州省贵阳市乌当经济开发区

# 天津亚丽安报警设备有限公司
## （原天津市东丽警报器厂）

QJ-T-08型点型可燃气体探测器　　QJ-T-04Z型点型可燃气体探测器　　QJ-T型点型可燃气体探测器　　QJ-T型有毒探测器　　QJ-T-08型点型可燃气体探测器（加声光报警器）

QJ-T-99F型可燃气体报警控制器　　QJ-T-99F型可燃有毒气体报警控制器　　QJ-D-99F型隔爆型可燃气体报警控制器　　QJ-D-99F型可燃有毒气体报警控制器　　QJ-D-99F型可燃气体报警控制器

    天津亚丽安报警设备有限公司（原天津市东丽警报器厂）建于1984年，是国内生产可燃气体报警设备较早的厂家之一。随着多年的发展，生产技术不断改进，产品规格越来越多，生产规模越来越大。目前产品已形成系列化。产品广泛应用于石油化工、制药、仓储、石油液化气等企事业单位。

    近年来，我公司在广东、江苏、四川、陕西、河北唐山、哈尔滨、江西等省市地区设立了销售分支机构，加强了与有关设计院（所），消防工程公司等单位的横向联合，使产品集生产、安装、服务于一体。产品以性能稳定、优质服务、价格合理，深得用户的好评。产品先后通过国家消防电子产品质量监督检验中心及国家防爆电气产品质量监督检验测试中心的检测及产品型式认可。

**典型用户有：** 天津市裕华化工仓库，中油公司908油库，可口可乐天津分公司，华明油库，天津义聚永酒业有限公司，天津科迈化工有限公司，中瑞药业有限公司，中纺新材料科技有限公司，德威化工有限公司，唐山钢铁公司焦化制气厂，瑞丰钢铁公司，NGK电子公司，呼市大正金属焊割气有限公司，爱信齿轮有限公司，韩进涂料有限公司，捷安特车业、杭州民生药业、广州汇能燃气科技、杨子药业、贵州贵港甘化股份有限公司等。

**办厂宗旨：** "质量第一，用户至上"，以质量求生存，以优质服务求信誉，以合理价格赢得市场，既追求企业经济效益，更注重社会效益。

企业地处天津市区与滨海新区之间，南邻东丽开发区，北靠滨海国际机场，地理环境优越交通便利，竭诚欢迎广大用户光临指导洽谈业务。

诚功阀门——一个让人熟悉的名字，阀门行业的佼佼者，现在它已今非昔比，成为集设计、质量控制、技术研发、销售服务于一体的开发型企业。下设四大专业：通用阀门，燃气阀门、水利控制阀、自控阀。产品性能均达到国内先进水平，并按美国ANSI与PAI，日本JIS与JPI，法国NF，英国BS，德国DIN等标准，实现"以国代进"及出口创汇。无论从技术、管理、还是销售，都走在行业前列，以专业技术，塑阀门精品，以人格魅力构筑市场诚信体系。以创新管理降低成本，和客户共享利益。

我们将持续以不求最好，只求更好的精神向广大顾客提供优质的产品和满意的服务。

获得荣誉/标准认证：

合作企业：

**江苏诚功阀门科技有限公司**
JIANGSU CHENGGONG VALVE TECHNOLOGY CO.,LTD.

地址：江苏省常州市新北区赤水路2号（汉江西路与叶汤路交叉口）
Add：NO.2 Chishui Road,Xinbei District,Changzhou,Jiangsu Province
电话/Tel：+86-519-85160798
传真/Fax：+86-519-85153599
www.cz-valve.com　邮箱/E-mail：cgfmcsh@163.com

终身技术支持
LIFETIME TECHNICAL SUPPORT

# 辽宁思凯科技股份有限公司
## LiaoNing SC Technology Corp

## 安全型物联网超声波燃气表

我公司的安全型物联网超声波燃气表是一款基于超声波计量原理的新一代燃气计量器具，采用最新思凯结构化电子平台，具有计量精度高、耐久性好、防窃气、有安全检测、可扩展等优点，可以实现 CPU 卡、短距无线通信、GPRS/CDMA 通信等众多功能。此外，还可通过物联网以无线方式调整燃气价格，实现阶梯价格，表内自动计费。思凯的安全型物联网超声波燃气表是第一种实现真正意义上的安全远程控制无机械运动部件的全电子民用智能燃气表。

| 产品型号 | SCU-GL-G1.6/G2.5/G4 |
|---|---|
| 流量范围 | 0.016～6 m³/h |

| 产品型号 | SCU-GL-G6 |
|---|---|
| 流量范围 | 0.016～10 m³/h |

| 产品型号 | SCU-GL-G10/G16/G25 |
|---|---|
| 流量范围 | 0.04～40 m³/h |

地址：辽宁省丹东市江湾工业区C区黄海大街14号　　邮编：118008
电话：0415-3144734 / 3123254 / 6270118　　传真：0415-3144109
E-mail：support@chnsce.com　　网址：http://www.chnsce.com

# 物联网　大数据
## 移动支付方便缴　阶梯价格轻松调

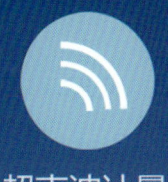

**超声波计量**

依据超声波计量的基本原理，该表具备防拆卸、防倒装、防计数器破坏、防打孔、防磁干扰、计量精度高（大中流精度0.5%以内，小流精度1%以内）及温度补偿等功能。

**安全功能**

判断燃气表在使用中出现的异常流量及持续时间，针对突发过流、脱管、胶管断裂或老化而导致的各类流量异常现象实现瞬间自动关闭，提高燃气表使用过程中的安全性能。

**物联网**

整个通讯环境依托公共数据通讯网（GPRS/CDMA）构建。每块表直接作为一级终端存在，没有分支；表与表之间无任何关联，每块表都作为个体在网络中存在，单一表具通讯损坏对整个网络通讯没有任何影响。

**程调价**　**灵活定制**　**阶梯气价**　**空中充值**

# 成都千嘉科技有限公司
### CHENGDU QIANJIA TECHNOLOGY CO.,LTD

*致力于公用事业智能化与信息化建设*

## 全国最大的远传抄表系统
## 公用事业领域信息化系统 **提供商**

　　成都千嘉科技有限公司成立于2001年，系成都燃气控股的国家高新技术企业，是全国最大的远传抄表系统生产企业及公用事业领域信息化系统提供商。

　　千嘉经过十余年发展，现已成长为行业技术领先、质量领先、规模领先、效益领先的远传抄表产品领军企业、住建部《住宅远传抄表系统》两项行业标准的主要编制单位、国家火炬计划重点高新技术企业、四川省知识产权试点企业。

　　科学技术是第一生产力，千嘉非常重视科技创新及创新载体建设，目前已建成：千嘉博士后创新实践基地、四川省企业技术中心、四川省燃气智能化工程技术研究中心、现代城市公用事业智能化高精传感装置四川省工程实验室、院士（专家）工作站，同时拥有全国唯一一家以物联网技术在燃气行业的应用为研究领域的千嘉物联网技术研究院，吸引和培养了大批高素质人才。

　　作为一家拥有完全自主知识产权的高新技术企业，我们将依托"千嘉物联网技术研究院"的综合优势，努力成为公用事业智能化系统的最佳供应商，为社会各界、千家万户提供最优良的服务！

- 民用远传抄表产品
- 流量计产品
- 工商业远程监控/预付费产品
- 信息化解决方案及产品

---

地　址：四川·成都双流西南航空港空港一路一段536号
电　话：028-85874488　　　028-85874040
传　真：028-85874339
邮　编：610211
网　址：www.cdqj.com

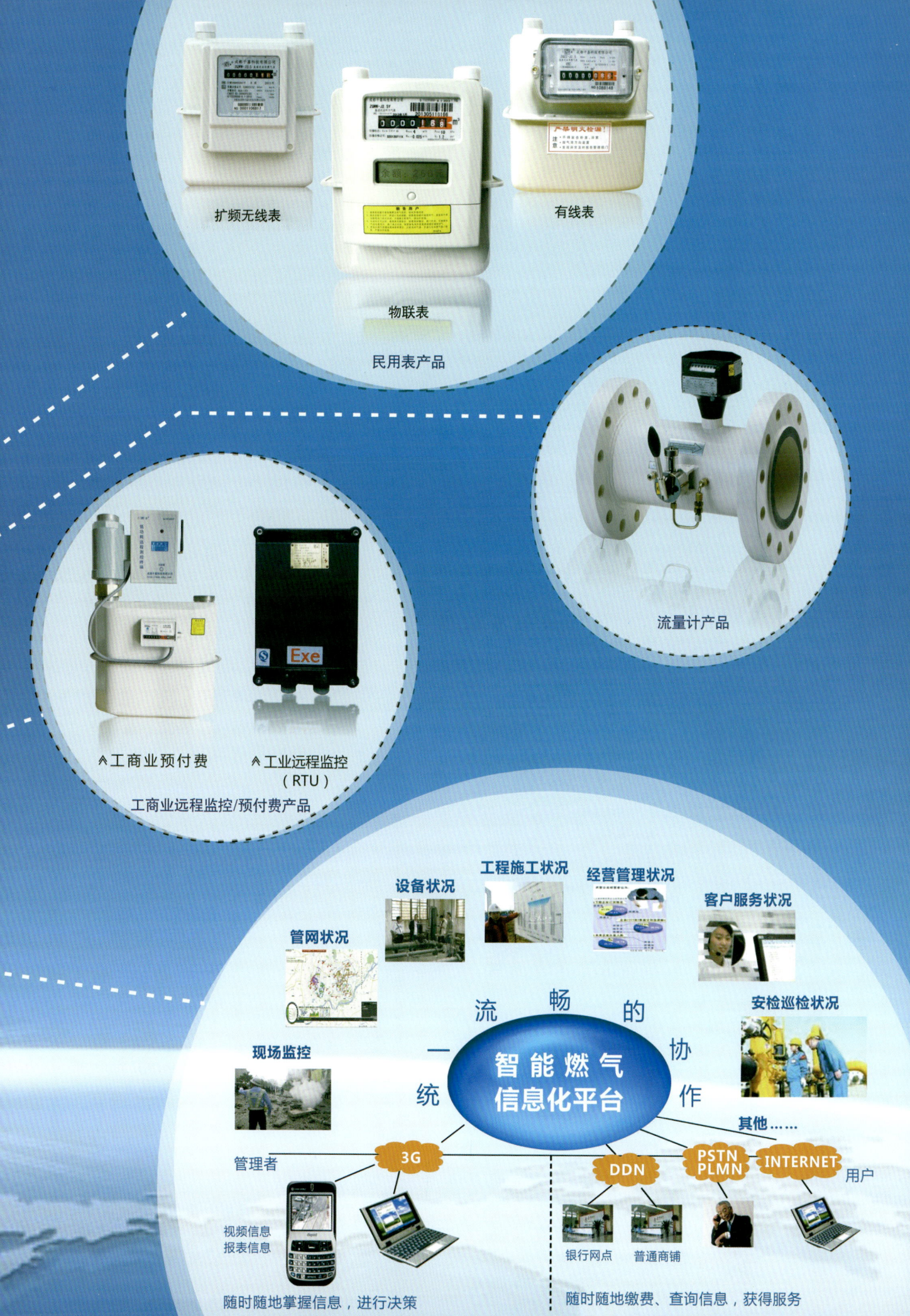

行政大楼

接待大厅

产品展示区

总经理/高级经济师　孙新儿

　　浙江新大塑料管件有限公司成立于2001年，是一家专业从事生产燃气及供给水用聚乙烯（PE）电熔连接、热熔对接、PE球阀、钢塑转换及热熔承插、PPR管件及钢丝网管件等工贸一体化的国际现代化企业。公司位于浙江省余姚市拥有7000年原始文化遗址的河姆渡镇，注册资金13 080万元，现有园区占地面积近18万 $m^2$，生产厂房面积15万 $m^2$，员工300多人，专业技术人员30余人，工程师7名，高级工程师2名；专用注塑机近百台，拥有国内特大型注塑机30万克；新型高科技机械手20多台、自动化电熔生产设备8台；新大公司目前为国内规格较多、较齐全的PE管件生产企业，年生产能力可达13000余 t（约1 000万件以上）；同时公司在全国各地国各地设有办事处，并出口亚洲、欧洲、北美等地区。

　　公司检测手段齐全，拥有各种先进检测设备，确保了产品从原材料到成品各个环节的过程质量控制，公司所生产的电熔管件经国家化学建材测试中心测试，各项性能指标均符合GB/T 13663.2/EN 12201标准，并通过ISO 9001-2008国际质量体系认证、ISO 14001环境管理体系认证、OHSMS 18001职业健康安全管理体系认证、NOVA认证公司CE认证、韩国标准协会KS（M3804-3塑料管件）认证。公司产品通过国家化学建筑材料测试中心检测，获得"国家级检测报告"证书，国家技术监督总局颁发的"压力管道元件生产许可证"、"卫生许可证"，中国工业防腐蚀技术协会"中国聚乙烯（PE）管件专业生产基地"，"燃气管件出口企业第一名"等荣誉；同时企业荣获中国管理科学研究院授予的"中国著名品牌"、"全国防腐蚀行业二十强企业"、"非金属压力管道企业二十强"、"宁波市知名商标"、"宁波名牌产品""宁波市专利示范企业"、"宁波市企业工程技术中心"、"宁波市信用管理示范企业"、"宁波市安全生产标准化三级企业"、"浙江省工商企业信用A级守合同重信用"单位等荣誉称号。

　　"一流的质量、一流的信誉、一流的服务"是新大公司的经营方针，"质量第一、信誉至上、诚信服务"是新大公司的经营原则，"全方位为客户服务"是新大公司经营宗旨，欢迎国内外客户来我司参观指导、交流与合作，为共同推进塑料管道工业水平做出贡献。

热熔管件机器人生产线
Robot Production Line for Hot Melt Pipe

热熔管件自动化生产机组
Automatic Production Unit for Hot Melt Pipe

管件注塑区
Fittings Injection Area

卓越
品质源自新大

地址：浙江省余姚市河姆渡镇北路88号
电话：0574-62951760　62951895
传真：0574-62951085
网址：www.xdpipe.com
网址：xdpipe.en.alibaba.com
邮箱：xindapipe@xdpipe.com
邮编：315414

浙江新大塑料管件有限公司
ZHEJIANG XINDA PLASTIC PIPE CO.,LTD.

新大公司 微信公众号

新大公司 二维码

康泰建材，生态未来

# A1级 抗冲 抗震 耐压 防腐 安全环保
## 安全燃气管道工程系统整体解决方案

康泰PE安全燃气管道系列产品精选北欧化工进口专用料，采用全球领先的德国巴顿菲尔绿色燃气管道生产线制造而成。产品不仅具有出色的长期耐压强度，而且拥有极好的抗慢速应力开裂增长性能、抗快速应力传播性能和优良的抗地震性能，是国家燃气配送网络建设的优质管道之一。

**电熔异径直接**

**电熔90度弯头**

**电熔等径三通**

## 公司简介

康泰塑胶科技集团有限公司创立于1999年，坐落于美丽的中国·崇州，是一家集专业研发、制造、销售为一体的大型塑胶建材集团企业。集团先后组建了成都康泰、浙江康泰、辽宁康泰、河南康翔、辽宁康翔、成都不锈钢管业等10家成员企业。公司拥有具备国际先进水平的全自动电脑数控挤出、注塑、燃气专用巴顿菲尔、塑钢门窗装配等专用生产设备1000余台（套），员工4700余名，集团总资产近20亿元，年产能80万吨以上，是建设部发布的中国具有较大规模的化学建材生产基地之一。主营产品涵盖民建、市政工程用管、精品家装、型材门窗，品种规格达5000多种。康泰集团始终坚持市场机制，秉持"科技、质量、价值、共赢"的市场竞争理念，在全国成立了30余家销售分公司，形成了覆盖全国的营销网络，长期与全国地产50强、中国移动等大型企业保持稳定的战略伙伴合作关系，产品品质和服务深受客户信赖。

康泰集团是中国塑胶建材行业十大品牌企业，是中国塑料加工工业协会副理事长单位。康泰塑胶集团始终致力于"成为生态建材行业领导者企业"的愿景，以"康泰建材、生态未来"为品牌定位，倡导"生态、关爱、科技"的品牌内涵，全面构建康泰实现品牌化、规范化、规模化的现代化集团企业，为缔造绿色品质生活贡献力量！

# 河北鑫星调压器有限公司

## 助推燃气事业 共创碧水蓝天

欢迎浏览公司网站
http://www.xxtyq.com

24小时服务热线：
400-101-1230

公司产品品种规格齐全，主要有：各种不同类型的高、中、低压调压器（箱，柜，站），安全切断阀、超压放散阀、高效过滤器，调压计量装置，CNG门站等系列产品。同时还可根据用户实际需要，为其设计制造各种不同介质的调压，计量装置。

**安全**源于**鑫星** 美好的**绿色**生活从**鑫星**开始

抢购热线：0318-8385111 / 8386111 / 8387111  传真：0318-8269890
地址：河北省枣强县东环路68号  E-mail：zqtyq@126.com

# Adler HI-TEC 埃德尔®

**管网医院 智慧运营**
——产管寻线 诊断疗伤 监控预警 保障运营！

"十二五""水专项"课题承担单位

24小时热线：4006504040
www.adler.com.cn

扫一扫 了解详情！

## 燃气泄漏激光电动在线监测系统

➤ 拥有自主知识产权的交互式在线监测系统，具有数据同步传输与多车管理功能

➤ 单一波长激光检测，免标定

➤ 采用25 L/min大流量外置泵，检测面积广

➤ 具备前置泵吸和地毯式两种采样方式，检测手段更全面

➤ 单次巡检距离大于130 km

➤ 工业级嵌入式触摸屏操作方式，操作简便

➤ 北斗与GPS双模定位系统，定位更加精准

➤ 可与GIS等系统无缝对接

➤ 检测装置一体化，易于拆卸、维护及保管

### 公司简介：

北京埃德尔由德国留学归国人员创办于1995年，经过20年的发展，埃德尔一直致力于引进开发先进技术和产品，提高国内公用事业水平，目前已形成了专业多元化的发展格局，为我国智慧城市电力、石油化工、供水、排水、燃气、供热、煤矿、铁路等各行业用户，提供先进的管网安全探测、监测、检测与控制系统设备及完善的一体化系统解决方案，并建立了包含技术服务、客户服务、维修服务、工程服务及仪器应用咨询服务、24 h服务热线在内的五位一体服务体系，尽最大努力为用户排忧解难。

**北京埃德尔燃气产品系列：**
城市智慧燃气系统解决方案
气体分析系列
气体检测系列
管线防腐检测系列
管线探测系列
辅助工具（路面钻孔机、防爆型轴流式通风机等）

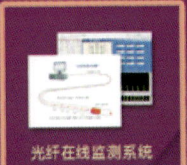
光纤在线监测系统

阀井在线监测系统 VP-OM

通用燃气检测与分析仪 GMS4000

车载式激光甲烷遥测系统 SELMA

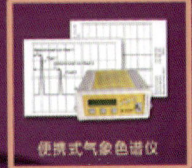
便携式气体色谱仪

遥距激光甲烷检测仪 FDL-7

**联系电话:**(010)51581255/56/57　　**传真：**（010）51581267

**总部地址：**北京市海淀区中关村南大街甲6号铸诚大厦B座22层（100086）

# SHANCHENG 燃气云整体解决方案

涵盖工程安装、无线抄表、用气催收、工程维护等内容的燃气信息化系列产品，并借助云技术，将上述系统充分融合，形成"一站式"服务，使燃气信息化真正做到面对设备、面对管理、面对服务、面对维护。

该系统使燃气数据统一封装，充分解决随着应用系统增加，"数据碎片化"日益严重的问题，可根据用户需求深度定制。

## 主要特点：

※ **设备信息化**：通过电子技术，让以前的产品，如燃气表、燃气调压器等燃气设备具备数字交互能力，完成系统的远程可控与记录分析；

※ **管理信息化**：将收费、抄表、工程、物资管理、办公等进行充分的业务整合完成基于业务的办公系统；

※ **服务信息化**：运用云技术，完成公司对外服务功能，如用户报装报修、报警、查询、自主缴费、催费、用气情况提示等；

※ **维护信息化**：通过信息化手段，解决随着燃气信息化设备几何级增长，对这些设备本身进行的管理与维护。

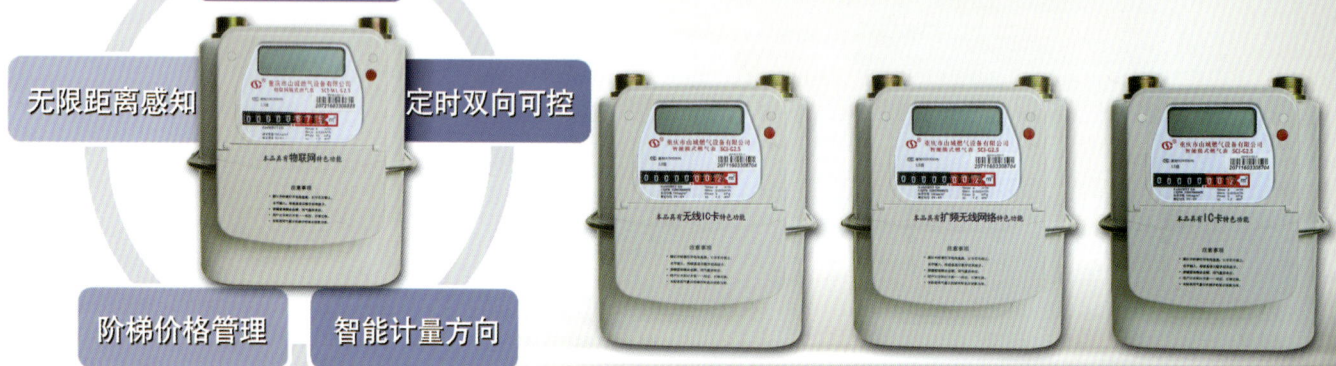

物联网燃气表　　　　无线IC卡燃气表　扩频无线网络燃气表　IC卡燃气表

# SHANCHENG 重庆市山城燃气设备有限公司

**重庆　　　　沈阳　　　　北京　　　　西安**

地址：重庆市江北区石马河南石路22号　　　邮编：400021
电话：(023) 88518893　　　　　　　　　　传真：(023) 88518858
邮箱：sales@scgas.cn　　　　　　　　　　网址：www.scgas.cn

# 无线远传，实时监控，远程监控整体解决方案

双显腰轮流量计

智能腰轮流量计

机械腰轮流量计

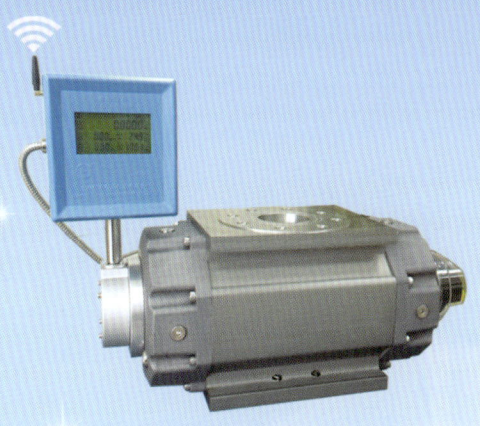
无线远传腰轮流量计

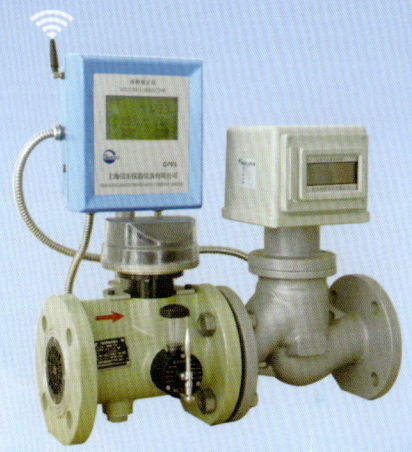
CPU卡涡轮流量计一体表

机械涡轮流量计

智能涡轮流量计

双显涡轮流量计

## Sinoto® 上海信东仪器仪表有限公司

地址：上海市松江区九亭镇九亭经济开发区伴亭路480号　邮编：201615
电话：021-57632202　57633871　传真：021-57632025　57633872
网址：www.sinoto.com.cn　邮箱：shanghai@sinoto.com.cn

**港华投资有限公司**
地址：广东广州市经济技术开发区东区东鹏大道54号东座
电话：86-20-82228037　传真：86-20-82253838　邮编：518026
港华燃气官网：www.towngas.com.cn　港华紫荆官网：www.ganghuazijing.com

呵护宝宝柔嫩肌肤

# 港华紫荆燃气干衣机

干衣快捷　洁净柔顺

燃气干衣机　BG-R0601

# 东星® 浙江省著名商标

## 城市燃气远程通讯整体解决方案

**无线远传 实时监控 远程调价**
**领先技术 专业品质 卓越服务**

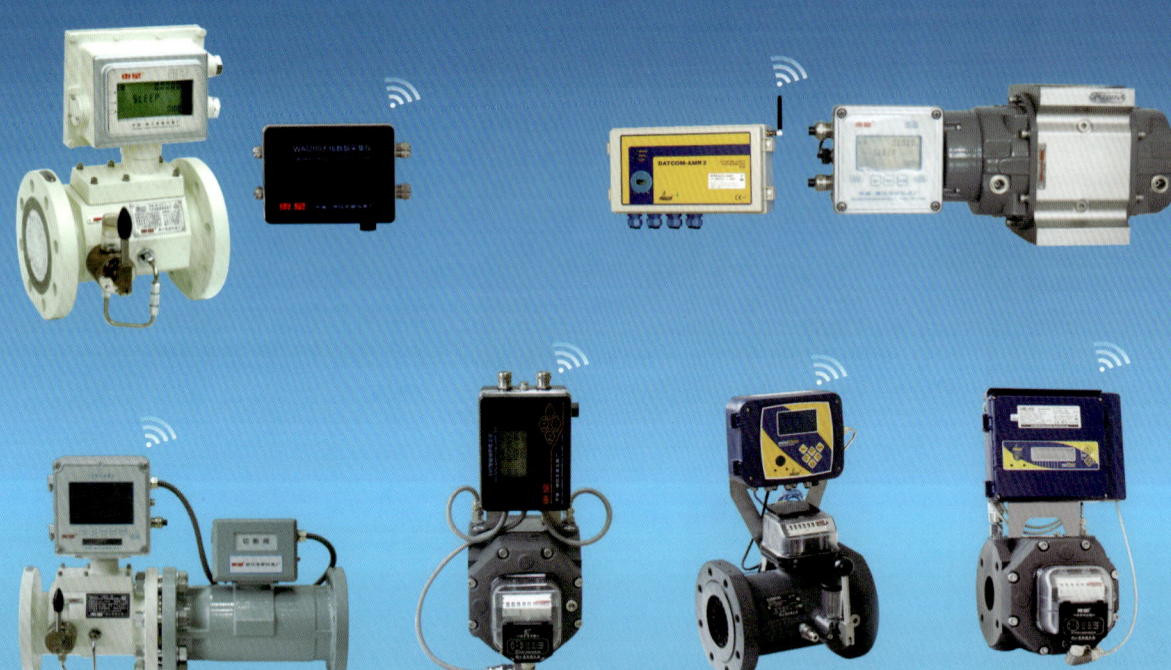

INTERNET连接，GPRS/CDNA无线远传，微功率无线远传

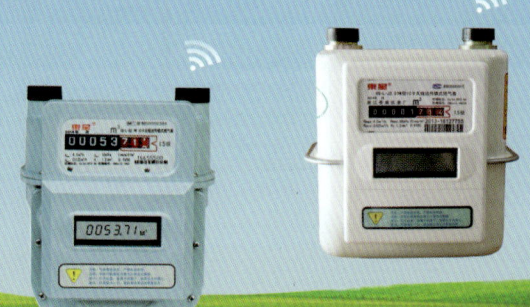

### 浙江苍南仪表集团有限公司
ZHEJIANG CANGNAN INSTRUMENT GROUP CO., LTD.

地址：浙江省苍南县灵溪镇工业示范园区　邮编：325800
销售热线：4001118885　0577-64839211　传真：64839395
服务热线：4001118882　0577-64839645　传真：64839642
E-mail：cnybc@zjcnyb.com
http://www.zjcnyb.com

中国燃气行业年鉴 2015
CHINA GAS INDUSTRY YEARBOOK

# 第四篇
## 数据统计

## 2010年—2014年全国城市燃气情况（摘自《中国城乡建设统计年鉴》，住房和城乡建设部编）

| 年份 | 人工煤气 | | | | 天然气 | | | | | 液化石油气 | | | | 燃气普及率 % |
|---|---|---|---|---|---|---|---|---|---|---|---|---|---|---|
| | 供气总量 ×10⁸m³ | 家庭用量 ×10⁸m³ | 用气人口 ×10⁴人 | 管道长度 ×10⁴km | 供气总量 ×10⁸m³ | 家庭用量 ×10⁸m³ | 用气人口 ×10⁴人 | 管道长度 ×10⁴km | 供气总量 ×10⁷kg | 家庭用量 ×10⁷kg | 用气人口 ×10⁴人 | 管道长度 ×10⁴km | | |
| 2010 | 279.9380 | 26.8763 | 2802 | 3.8877 | 487.5808 | 117.1596 | 17021 | 25.6429 | 1268.0054 | 633.8523 | 16503 | 1.3374 | 92.04 |
| 2011 | 84.7256 | 23.8876 | 2676 | 3.7100 | 678.7997 | 130.1190 | 19028 | 29.8972 | 1165.8326 | 632.9164 | 16094 | 1.2893 | 92.4 |
| 2012 | 76.9686 | 21.5069 | 2442.28 | 3.3538 | 795.0377 | 155.8311 | 21207.53 | 34.2751 | 1114.8032 | 608.1312 | 15682.86 | 1.2651 | 93.2 |
| 2013 | 62.7989 | 16.7886 | 1942.99 | 3.0467 | 900.9904 | 185.4107 | 23783.44 | 38.8473 | 1109.7298 | 613.0639 | 15101.95 | 1.3437 | 94.25 |
| 2014 | 55.9512 | 14.5772 | 1757 | 2.9042 | 964.3804 | 196.8898 | 25976.37 | 43.4619 | 1082.7256 | 586.0891 | 14377.41 | 1.0985 | |

注：自2006年起，燃气普及率指标按城区人口和城区暂住人口合计为分母，括号中的数据为与往年同口径数据。

## 2010年—2014年全国县城燃气情况

| 年份 | 人工煤气 | | | | 天然气 | | | | | 液化石油气 | | | | 县城人口总数 ×10⁸人 |
|---|---|---|---|---|---|---|---|---|---|---|---|---|---|---|
| | 供气总量 ×10⁸m³ | 家庭用量 ×10⁸m³ | 用气人口 ×10⁴人 | 管道长度 ×10⁴km | 供气总量 ×10⁸m³ | 家庭用量 ×10⁸m³ | 用气人口 ×10⁴人 | 管道长度 ×10⁴km | 供气总量 ×10⁷kg | 家庭用量 ×10⁷kg | 用气人口 ×10⁴人 | 管道长度 ×10⁴km | | |
| 2010 | 4.06 | 1.03 | 69.97 | 0.152 | 39.98 | 17.09 | 1835 | 4.2156 | 218.5 | 174.97 | 7098 | 0.3053 | 1.3874 |
| 2011 | 9.51 | 1.14 | 66.53 | 0.1458 | 53.87 | 22.83 | 2414 | 52450 | 242.17 | 205.23 | 7058 | 0.2594 | 1.29 |
| 2012 | 8.5676 | 1.0786 | 53.58 | 0.1255 | 70.1447 | 28.1132 | 2925.63 | 6.6697 | 256.9446 | 212.1338 | 7241.03 | 0.2773 | |
| 2013 | 7.6505 | 2.2399 | 63.15 | 0.1345 | 81.5787 | 31.5479 | 3554.88 | 7.7122 | 241.0692 | 196.8878 | 7207.77 | 0.2236 | 1.37 |
| 2014 | 8.4854 | 2.1185 | 56.05 | 0.1542 | 92.6472 | 34.4986 | 4161.09 | 8.8813 | 235.2669 | 198.3177 | 7239.77 | 0.2538 | |

## 2014年全国分省城市人工煤气数据统计

| 地区名称 | 生产能力（×10⁴m³/d） | 储气能力（×10⁴m³） | 供气管道长度（km） | 自制气量（×10⁴m³） | 供气总量（×10⁴m³） | 销售气量（×10⁴m³） | 居民家庭（×10⁴m³） | 燃气损失量（×10⁴m³） | 用气户数（户） | 家庭用户（户） | 用气人口（×10⁴人） |
|---|---|---|---|---|---|---|---|---|---|---|---|
| 2013年 | 2 284.15 | 899.90 | 30 467.25 | 424 343.81 | 627 988.77 | 600 232.31 | 167 885.53 | 27 756.46 | 6 644 310 | 6 575 701 | 1 942.99 |
| 全国 | 2 102.07 | 838.08 | 29 042.94 | 382 980.41 | 559 512.69 | 534 735.81 | 145 772.67 | 24 776.88 | 6 016 209 | 5 956 990 | 1 757.01 |
| 河北 | 88.10 | 67.30 | 3145.33 | 12 202.90 | 56 762.93 | 51 431.45 | 13 671.05 | 5 331.48 | 532 099 | 529 614 | 172.66 |
| 山西 | 10.00 | 119.40 | 3 951.99 | | 46 851.24 | 41 753.38 | 6 234.29 | 5 097.86 | 236 894 | 226 954 | 85.24 |
| 内蒙古 | 164.00 | 15.00 | 507.00 | 3 370.00 | 3 500.00 | 2 990.00 | 2 944.00 | 510.00 | 138 721 | 138 685 | 41.20 |
| 辽宁 | 338.00 | 126.80 | 5 835.07 | 48 690.34 | 63 604.28 | 58 758.82 | 40 841.45 | 4 845.46 | 2 149 712 | 2 131 483 | 591.30 |
| 吉林 | 88.12 | 28.60 | 1 881.22 | 9 506.86 | 12 827.40 | 11 939.00 | 9 200.38 | 888.40 | 389 445 | 380 301 | 117.19 |
| 黑龙江 | 122.80 | 34.30 | 783.18 | 17 370.00 | 7783.00 | 7 456.00 | 3 710.70 | 327.00 | 304 879 | 301 254 | 94.19 |
| 上海 | 146.60 | 140.00 | 2 109.08 | 25 012.70 | 31 379.40 | 30 059.00 | 13 502.20 | 1 320.40 | 141 245 | 138 243 | 34.98 |
| 江苏 | 38.00 | 22.60 | 270.00 | 945.00 | 612.00 | 612.00 | 470.00 | | 30 751 | 30 230 | 9.00 |
| 浙江 | 1.80 | 1.88 | 112.21 | 650.00 | 478.00 | 478.00 | 454.00 | | 14915 | 14 765 | 4.30 |
| 福建 | 8.00 | 5.00 | 321.00 | 1 560.00 | 2977.00 | 2 967.00 | 2 510.00 | 10.00 | 64 000 | 63 845 | 21.37 |
| 江西 | 67.00 | 38.00 | 1 058.51 | 15 611.00 | 30 991.06 | 30 006.95 | 4 358.38 | 984.11 | 76 388 | 75 642 | 18.41 |
| 山东 | 11.59 | 14.60 | 360.55 | | 9 438.00 | 8 890.00 | 3 200.00 | 548.00 | 69 317 | 67 260 | 18.47 |
| 河南 | 327.66 | 39.20 | 573.10 | 61 202.00 | 59 436.00 | 59 254.00 | 2 590.00 | 182.00 | 87 741 | 87 098 | 28.76 |
| 湖南 | | 5.00 | 439.56 | | 2 765.44 | 2 568.88 | 2 205.53 | 196.56 | 78 780 | 78 195 | 31.95 |
| 广西 | 10.60 | 18.20 | 463.38 | 3 695.60 | 4 739.30 | 4 696.20 | 3 951.51 | 43.10 | 135 508 | 135 095 | 47.36 |
| 四川 | 511.00 | 35.00 | 601.12 | 165 003.10 | 165 113.07 | 164 337.28 | 5 898.83 | 775.79 | 158 161 | 157 355 | 50.31 |
| 贵州 | 102.00 | 56.50 | 2 954.25 | | 16 034.30 | 16 014.00 | 8 461.00 | 20.30 | 469 939 | 465 678 | 127.50 |
| 云南 | 10.00 | 46.70 | 3 163.51 | | 40 721.95 | 37 102.92 | 18 211.15 | 3 619.03 | 830 223 | 828 175 | 239.09 |
| 甘肃 | 10.80 | 17.00 | 399.58 | 1 735.91 | 1 675.91 | 1 598.52 | 1 538.52 | 77.39 | 74 368 | 74 018 | 15.49 |
| 宁夏 | | 5.00 | 42.00 | | 70.41 | 70.41 | 67.68 | | 8123 | 8 100 | 3.24 |
| 新疆 | 46.00 | 2.00 | 71.30 | 16 425.00 | 1 752.00 | 1 752.00 | 1 752.00 | | 25 000 | 25 000 | 5.00 |

## 2014年全国分省城市天然气数据统计

| 地区名称 | 储气能力 (×10⁴m³) | 供气管道长度 (km) | 供气总量 (×10⁴m³) | 销售气量 (×10⁴m³) | 居民家庭 (×10⁴m³) | 集中供热 (×10⁴m³) | 燃气汽车 (×10⁴m³) | 燃气损失量 (×10⁴m³) | 用气户数 (户) | 家庭用户 (户) | 用气人口 (万人) | 天然气汽车加气站 (座) |
|---|---|---|---|---|---|---|---|---|---|---|---|---|
| 2013年 | 54 557.97 | 388 472.98 | 90 099 03.92 | 87 919 82.74 | 1 854 106.94 | 442 899.85 | 869 917.13 | 217 921.18 | 85 117 133 | 82 256 161 | 23 783.44 | 2 499 |
| 全国 | 55 345.67 | 434 619.61 | 9 643 804.08 | 9 365 223.40 | 1 968 898.42 | 960 836.15 | 984 060.50 | 278 580.68 | 95 595 987 | 92 660 702 | 25 976.37 | 2 604 |
| 北京 | 72.00 | 20 574.00 | 1 136 874.00 | 1 088 999.00 | 126 503.00 | 344 419.00 | 8 901.00 | 47 875.00 | 5 732 992 | 5 678 096 | 1424.55 | 23 |
| 天津 | 115.71 | 16 107.90 | 300 999.60 | 294 472.90 | 38 530.08 | 23 329.09 | 13 750.30 | 6 526.70 | 3 408 677 | 3 367 442 | 771.55 | 35 |
| 河北 | 382.22 | 12 759.75 | 257 439.29 | 250 009.15 | 60 120.70 | 16 175.60 | 34 697.94 | 7 430.14 | 3 584 144 | 2 965 557 | 1 028.40 | 101 |
| 山西 | 215.97 | 6 520.31 | 177 638.29 | 165 043.09 | 44 543.47 | 1 801.72 | 19 368.28 | 12 595.20 | 2 478 709 | 2 393 756 | 826.45 | 51 |
| 内蒙古 | 196.85 | 6 713.27 | 110 922.09 | 109 137.94 | 18 819.70 | 15 794.87 | 28 995.45 | 1 784.15 | 1 406 649 | 1 375 704 | 504.70 | 82 |
| 辽宁 | 754.54 | 13 468.39 | 126 813.67 | 119 118.83 | 42 102.05 | 5 091.80 | 14 305.26 | 7 694.84 | 3 795 311 | 3 766 470 | 995.71 | 45 |
| 吉林 | 192.13 | 6 330.36 | 115 403.63 | 112 426.70 | 27 779.31 | 1 290.20 | 25 226.19 | 2 976.93 | 1 995 829 | 1 905 905 | 538.63 | 76 |
| 黑龙江 | 229.50 | 7 261.32 | 116 623.36 | 112 659.82 | 27 244.07 | 5 544.51 | 30 227.17 | 3 963.54 | 2 827 143 | 2 793 382 | 725.67 | 80 |
| 上海 | 36 935.00 | 26 057.35 | 696 093.16 | 663 870.99 | 124 404.18 | | 6 721.20 | 32 222.17 | 6 220 526 | 6 140 027 | 1 553.92 | 15 |
| 江苏 | 2 870.39 | 55 593.82 | 842 070.65 | 820 793.46 | 147 899.44 | | 68 585.52 | 21 277.19 | 8 269 748 | 8 141 099 | 2 124.96 | 207 |
| 浙江 | 415.31 | 25 647.45 | 328 120.99 | 287 528.72 | 51 935.34 | 3 836.73 | 18 637.42 | 40 592.27 | 3 126 913 | 3 025 714 | 937.23 | 30 |
| 安徽 | 18 52.41 | 17 154.68 | 219 683.72 | 211 766.89 | 70 415.02 | 1 679.28 | 38 412.93 | 7 916.83 | 3 862 900 | 3 806 349 | 1 083.08 | 147 |
| 福建 | 391.57 | 7 499.21 | 132 311.64 | 131 263.30 | 10 209.12 | 13 741.07 | 19 160.86 | 1 048.34 | 1 133 889 | 1 119 517 | 375.19 | 41 |
| 江西 | 508.11 | 8 313.66 | 69 115.00 | 66 429.10 | 23 074.45 | | 4 284.27 | 2 685.90 | 1 403 114 | 1 386 519 | 473.65 | 22 |
| 山东 | 1 183.18 | 40 616.38 | 627 532.24 | 606 696.87 | 148 115.99 | 16 418.68 | 124 410.42 | 20 835.37 | 8 100 038 | 7 919 115 | 2 280.13 | 361 |
| 河南 | 479.59 | 17 412.24 | 305 240.17 | 296 798.97 | 96 765.82 | 6 612.70 | 56 406.83 | 8 441.20 | 4 503 830 | 4 379 698 | 1 448.85 | 118 |
| 湖北 | 359.40 | 20 892.70 | 309 438.31 | 307 951.40 | 68 654.37 | 92.00 | 52 365.81 | 1 486.91 | 3 676 128 | 3 602 062 | 1 174.89 | 143 |
| 湖南 | 2 017.73 | 11 740.59 | 217 161.81 | 211 947.11 | 73 713.96 | 1 085.50 | 31 851.99 | 5 214.70 | 2 517 619 | 2 474 453 | 761.23 | 61 |
| 广东 | 3 682.23 | 25 541.18 | 1 291 347.46 | 1 284 816.27 | 145 694.82 | 11 999.19 | 39 055.31 | 6 531.19 | 5 342 228 | 5 091 436 | 1 618.67 | 103 |

续表

| 地区名称 | 储气能力(×10⁴m³) | 供气管道长度(km) | 供气总量(×10⁴m³) | 销售气量(×10⁴m³) | 居民家庭(×10⁴m³) | 集中供热(×10⁴m³) | 燃气汽车(×10⁴m³) | 燃气损失量(×10⁴m³) | 用气户数(户) | 家庭用户(户) | 用气人口(万人) | 天然气汽车加气站(座) |
|---|---|---|---|---|---|---|---|---|---|---|---|---|
| 广西 | 414.16 | 3 377.42 | 28 510.45 | 28 199.29 | 12 546.67 |  | 3702.15 | 311.16 | 792 807 | 787 275 | 266.44 | 17 |
| 海南 | 68.44 | 2201.14 | 27 634.82 | 27 308.22 | 11 778.39 |  | 11 139.80 | 326.60 | 417 460 | 413 573 | 127.86 | 31 |
| 重庆 | 133.10 | 17 972.90 | 321 485.47 | 311 748.54 | 114 723.82 |  | 46 447.02 | 9 736.93 | 4 301 196 | 4 032 021 | 1 070.92 | 81 |
| 四川 | 207.00 | 31 382.35 | 610 049.60 | 593 870.41 | 203 655.85 | 2 955.00 | 73 889.58 | 16 179.19 | 7 348 651 | 7 055 337 | 1 595.19 | 168 |
| 贵州 | 234.57 | 964.82 | 29 010.69 | 28 852.97 | 11 056.89 | 43.50 | 5 069.48 | 157.72 | 473 079 | 433 122 | 138.00 | 17 |
| 云南 | 186.60 | 1 221.53 | 4 435.28 | 4 367.70 | 1 124.95 |  | 1 239.78 | 67.58 | 150 046 | 144 265 | 113.72 | 11 |
| 西藏 | 67.48 | 1 350.00 | 15.75 | 15.75 | 15.75 |  |  |  | 26 500 | 26 500 | 8.21 |  |
| 陕西 | 455.84 | 10 526.83 | 285 839.13 | 279 032.73 | 89 682.70 | 79 926.68 | 33 353.14 | 6 806.40 | 3 463 400 | 3 298 419 | 766.94 | 112 |
| 甘肃 | 272.73 | 2 087.16 | 159 230.29 | 159 035.41 | 30 764.96 | 57 096.73 | 27 398.55 | 194.88 | 1 176 169 | 1 156 911 | 297.95 | 65 |
| 青海 | 70.50 | 1 061.30 | 129 793.15 | 126 971.58 | 18 506.77 | 66 141.97 | 29 064.87 | 2 821.57 | 404 039 | 402 644 | 126.68 | 21 |
| 宁夏 | 13.30 | 4 122.62 | 218 699.53 | 218 333.43 | 36 968.29 | 60 691.00 | 28 072.6 | 366.10 | 840 838 | 821 556 | 188.26 | 73 |
| 新疆 | 368.11 | 12 146.98 | 448 270.84 | 445 756.86 | 91 548.49 | 225 069.33 | 89 319.38 | 2 513.98 | 2 815 415 | 2 756 778 | 628.74 | 267 |

2014年全国分省城市液化石油气数据统计

| 地区名称 | 储气能力(t) | 供气管道长度(km) | 供气总量(t) | 销售气量(×10⁴m³) | 居民家庭(×10⁴m³) | 燃气汽车(×10⁴m³) | 燃气损失量(×10⁴m³) | 用气户数(户) | 家庭用户(户) | 用气人口(万人) | 液化石油气汽车加气站(座) |
|---|---|---|---|---|---|---|---|---|---|---|---|
| 2013年 | 1 694 339.57 | 13 436.86 | 11 097 297.91 | 11 050 727.44 | 6 130 638.92 | 617 486.04 | 46 570.47 | 50 856 984 | 44 947 118 | 15 101.95 | 356 |
| 全国 | 1 611 529.91 | 10 985.85 | 10 827 256 | 10 789 016 | 5 860 891 | 633 097 | 38 240 | 49 960 320 | 45 133 892 | 14 377.41 | 359 |
| 北京 | 36 034.00 | 414.00 | 546 293 | 531 556 | 234 779 |  | 14737 | 2 817 399 | 2 781 637 | 434.45 | 1 |
| 天津 | 6 910.80 | 183.57 | 43 153 | 43 153.81 | 21737 | 100 |  | 68 598 | 65 271 | 14.94 |  |
| 河北 | 19 198.10 | 271.49 | 161 922.56 | 161 603.11 | 97071 |  | 319 | 875 938 | 813 790 | 334.19 | 2 |
| 山西 | 5 870.00 | 275.00 | 69 557.4 | 69 257 | 50733 |  | 300 | 401 551 | 362 341 | 126.90 |  |

续表

| 地区名称 | 储气能力(t) | 供气管道长度(km) | 供气总量(t) | 销售气量(×10⁴m³) | 居民家庭(×10⁴m³) | 燃气汽车(×10⁴m³) | 燃气损失量(×10⁴m³) | 用气户数(户) | 家庭用户(户) | 用气人口(万人) | 液化石油气汽车加气站(座) |
|---|---|---|---|---|---|---|---|---|---|---|---|
| 内蒙古 | 10 158.00 | 73.26 | 63 069.43 | 62 194.57 | 57 505 | 3258 | 875 | 813 310 | 699 511 | 260.14 | 13 |
| 辽宁 | 50 400.00 | 679.11 | 492 406.1 | 491 806.9 | 224 603.9 | 36 344 | 599 | 2 314 405 | 2 043 717 | 601.12 | 42 |
| 吉林 | 20 486.45 | 83.94 | 184 552.75 | 183 085.75 | 109 049.25 | 9 338.6 | 1467 | 1 250 524 | 1 139 322 | 406.50 | 28 |
| 黑龙江 | 16 412.00 | 28.37 | 214 429.2 | 213 812.04 | 122 766.57 | 21 434.6 | 617 | 1 206 928 | 1 110 145 | 368.70 | 45 |
| 上海 | 21 130.00 | 516.23 | 418 013.03 | 418 061.97 | 252 164.99 | 48 862.44 | −49 | 3 346 765 | 3 306 365 | 836.78 | 44 |
| 江苏 | 106 889.00 | 719.96 | 651 778.92 | 649 793.72 | 390 403.41 | 11 787 | 1 985.2 | 3 287 273 | 3 027 326 | 828.91 | 10 |
| 浙江 | 318 714.74 | 3 329.55 | 701 812 | 700 728.42 | 478 585.21 | 6 080 | 1 083.7 | 4 673 703 | 4 134 028 | 1 082.64 | 2 |
| 安徽 | 39 097.00 | 270.22 | 752 627.07 | 751 184.04 | 123 246.12 |  | 1 443.03 | 1 017 824 | 948 300 | 303.58 |  |
| 福建 | 24 040.03 | 215.51 | 298 251.91 | 297 585.12 | 171 537.31 | 3 064.33 | 667 | 2 134 989 | 1 841 138 | 724.35 | 2 |
| 江西 | 17 722.50 | 111.62 | 237 315.56 | 234 631.75 | 194 581.84 |  | 2 683.81 | 1 231 926 | 1 128 815 | 448.16 |  |
| 山东 | 54 919.18 | 560.36 | 395 520.63 | 394 857.31 | 243 953.7 | 27 863.59 | 663 | 2 476 085 | 2 288 407 | 724.62 | 24 |
| 河南 | 11 964.00 | 16.70 | 223 532.08 | 222 079.33 | 186 580.45 | 7 815 | 1 452.75 | 1 541 708 | 1 376 639 | 533.21 | 12 |
| 湖北 | 35 405.00 | 264.78 | 350 091.92 | 349 494.26 | 175 407.34 | 27 000 | 598 | 1 765 196 | 1 382 616 | 605.60 | 9 |
| 湖南 | 23 651.00 | 19.00 | 189 229.7 | 188 166.2 | 149 766 | 6 440 | 1 063.5 | 1 658 715 | 1 476 432 | 536.99 | 9 |
| 广东 | 552 874.35 | 2 338.14 | 3 682 581.83 | 3 678 945.85 | 1 810 697.64 | 398 875.97 | 3 635.98 | 11 107 716 | 10 055 951 | 3 315.12 | 73 |
| 广西 | 65 549.67 | 11.67 | 267 631.72 | 266 598.13 | 223 605.45 |  | 1 033.59 | 1 928 397 | 1 864 150 | 607.79 |  |
| 海南 | 6 388.05 | 17.96 | 89 418.88 | 89 398.01 | 78 708.5 | 9 058 | 21 | 577 731 | 316 095 | 127.00 | 10 |
| 重庆 | 8 244.60 |  | 95 672.4 | 95 480.4 | 37 173.4 |  | 192 | 287 418 | 206 569 | 101.34 |  |
| 四川 | 18 916.00 | 148.32 | 175 130.89 | 173 908.29 | 102 940.4 | 1510 | 1 222.6 | 517 205 | 439 001 | 146.33 | 1 |
| 贵州 | 9 357.58 | 125.39 | 76 042.53 | 75 665.62 | 71 044.9 | 1 | 377 | 636 446 | 521 985 | 217.10 | 1 |
| 云南 | 15 068.86 | 230.39 | 211 203.19 | 211 116.92 | 80 992.52 | 2 835.93 | 86 | 938 597 | 825 070 | 284.68 | 2 |

续表

| 地区名称 | 储气能力(t) | 供气管道长度(km) | 供气总量(t) | 销售气量(×10⁴m³) | 居民家庭(×10⁴m³) | 燃气汽车(×10⁴m³) | 燃气损失量(×10⁴m³) | 用气户数(户) | 家庭用户(户) | 用气人口(万人) | 液化石油汽车加气站(座) |
|---|---|---|---|---|---|---|---|---|---|---|---|
| 西藏 | 688.60 | 0.50 | 62 481.48 | 62 021.28 | 36 321.28 | 9 237.65 | 460 | 64 971 | 61 206 | 30.15 | 23 |
| 陕西 | 7 100.00 | | 28 634.86 | 28 258.84 | 17 058 | | 376 | 163 888 | 151 904 | 71.15 | |
| 甘肃 | 95 937.80 | | 59 662.1 | 59 438 | 52 469 | 50 | 224 | 345 700 | 324 513 | 164.40 | 2 |
| 青海 | 2 155.00 | | 6 249.53 | 6 236.98 | 6 226.98 | | 13 | 60 453 | 60 152 | 20.37 | |
| 宁夏 | 4 377.00 | | 19 885.13 | 19 868.43 | 9 853.62 | | 17 | 199 375 | 191 192 | 52.49 | |
| 新疆 | 5 870.00 | 80.81 | 59 104.53 | 59 028.18 | 49 329.02 | 2 141.5 | 76 | 249 586 | 190 304 | 67.71 | 4 |

## 2014年全国分省县城人工煤气数据统计

| 地区名称 | 生产能力(×10⁴m³/d) | 储气能力(×10⁴m³) | 供气管道长度(km) | 自制气量(×10⁴m³) | 供气总量(×10⁴m³) | 销售气量(×10⁴m³) | 居民家庭(×10⁴m³) | 燃气损失量(×10⁴m³) | 用气户数(户) | 家庭用户(户) | 用气人口(万人) |
|---|---|---|---|---|---|---|---|---|---|---|---|
| 2013年 | 614.72 | 599.31 | 1 344.97 | 123 319.00 | 76 505.51 | 75 012.31 | 22 399.21 | 1 493.2 | 190 500 | 180 875 | 63.15 |
| 全国 | 537.11 | 91.30 | 1 542.16 | 129 433.00 | 84 854.94 | 83 377.57 | 21 185.86 | 1 477.37 | 200 308 | 167 612 | 56.05 |
| 河北 | | 7.00 | 138.50 | 1 450.00 | 6 123.24 | 6 067.44 | 2 830.34 | 55.80 | 41 570 | 41 496 | 14.55 |
| 山西 | 49.40 | 64.80 | 857.39 | 1.00 | 8 532.72 | 7 980.22 | 3 872.36 | 552.50 | 101 200 | 94 173 | 32.55 |
| 黑龙江 | 1.00 | 10.00 | 38.60 | | 468.47 | 468.00 | 41.00 | 0.47 | 3 345 | 3 331 | 1.01 |
| 江西 | | | 23.00 | | 8.00 | 8.00 | 8.00 | | 48 | | 0.78 |
| 山东 | 410.00 | 4.00 | 36.75 | 120 795.00 | 52 492.00 | 52 340.00 | | 152.00 | 2 230 | 2 230 | 5.40 |
| 四川 | 37.60 | 4.50 | 397.50 | | 3 753.00 | 3 113.00 | 1 233.00 | 640.00 | 41 164 | 16 137 | 0.89 |
| 甘肃 | 38.40 | | 29.10 | 6 980.00 | 13 270.00 | 13 200.00 | 13 200.00 | 70.00 | 7 012 | 7 012 | 0.89 |
| 新疆生产建设兵团 | 0.71 | 1.00 | 21.32 | 207.00 | 207.51 | 200.91 | 1.16 | 6.60 | 3 739 | 3 233 | 0.87 |

## 2014年全国分省县城天然气数据统计

| 地区名称 | 储气能力（×10⁴m³） | 供气管道长度（km） | 供气总量（×10⁴m³） | 销售气量（×10⁴m³） | 居民家庭（×10⁴m³） | 集中供热（×10⁴m³） | 燃气汽车（×10⁴m³） | 燃气损失量（×10⁴m³） | 用气户数（户） | 家庭用户（户） | 用气人口（万人） | 天然气汽车加气站（座） |
|---|---|---|---|---|---|---|---|---|---|---|---|---|
| 2013年 | 5 470.90 | 77 122.22 | 815 787.26 | 797 460.31 | 315 497.10 | 23 944.53 | 129 892.32 | 18 326.95 | 11 382 805 | 10 583 580 | 3 554.88 | 679 |
| 全国 | 6 492.35 | 88 813.85 | 926 472.26 | 907 929.18 | 344 986.38 | 46 701.42 | 190 450.11 | 18 543.08 | 13 761 188 | 12 850 349 | 4 161.09 | 899 |
| 天津 | | 187.61 | 2 396.00 | 2 395.00 | 637.00 | | | 1.00 | 14 022 | 13 983 | 3.20 | 1 |
| 河北 | 748.87 | 5 523.46 | 54 388.48 | 53 518.35 | 27 339.92 | 1 980.37 | 7 044.98 | 870.13 | 988 260 | 958 972 | 344.35 | 79 |
| 山西 | 170.30 | 4 933.60 | 55 006.42 | 53 838.71 | 22 211.35 | 4 889.55 | 8 094.97 | 1 167.71 | 587 903 | 553 330 | 244.94 | 28 |
| 内蒙古 | 227.79 | 1 463.44 | 19 894.35 | 19 632.78 | 4 893.32 | 1 982.00 | 11 523.38 | 261.57 | 338 875 | 299 203 | 102.05 | 45 |
| 辽宁 | 75.08 | 1 102.10 | 9 754.99 | 9 586.07 | 2033.81 | 40.03 | 1 108.04 | 168.92 | 235 487 | 233 128 | 73.36 | 18 |
| 吉林 | 76.59 | 648.14 | 4 190.21 | 4 133.36 | 2 117.60 | | 1 321.83 | 56.85 | 338 564 | 107 867 | 35.59 | 10 |
| 黑龙江 | 194.80 | 449.70 | 2 446.48 | 2 430.15 | 1 381.40 | | 697.78 | 16.33 | 62 297 | 62 149 | 17.47 | 5 |
| 江苏 | 215.36 | 5 068.88 | 26 866.66 | 26 451.16 | 10 140.28 | 32.00 | 6 017.29 | 415.50 | 610 057 | 571 251 | 220.17 | 35 |
| 浙江 | 168.84 | 3 147.88 | 19 333.72 | 19 222.35 | 2 700.22 | 586.20 | 435.83 | 111.37 | 193 573 | 187 854 | 80.92 | 2 |
| 安徽 | 328.86 | 6 405.90 | 41 441.83 | 40 863.68 | 14 366.32 | 57.19 | 10 994.75 | 578.15 | 730 808 | 717 181 | 236.80 | 50 |
| 福建 | 359.43 | 796.48 | 14 725.69 | 14 622.83 | 814.28 | | 7.12 | 102.86 | 75 589 | 71 610 | 28.97 | 3 |
| 江西 | 771.45 | 2 478.58 | 12 441.55 | 12 207.10 | 5 119.56 | 0.19 | 360.00 | 234.45 | 320 678 | 318 071 | 88.13 | 1 |
| 山东 | 366.74 | 9 050.15 | 132 204.41 | 130 543.68 | 28 331.24 | 3 629.72 | 24 291.65 | 1660.73 | 1 413 574 | 1 341 584 | 499.72 | 133 |
| 河南 | 358.48 | 4 451.06 | 42 012.06 | 41 272.58 | 14 004.69 | 101.81 | 9 302.21 | 739.48 | 614 267 | 577 371 | 226.52 | 60 |
| 湖北 | 83.94 | 3 468.44 | 14 151.20 | 13 665.57 | 7 428.65 | 243.74 | 1 698.87 | 485.63 | 385 106 | 374 800 | 172.41 | 16 |
| 湖南 | 238.20 | 4 249.31 | 30 014.98 | 29 590.47 | 9 627.97 | 7 812.94 | 1 739.23 | 424.51 | 507 092 | 474 843 | 158.87 | 16 |
| 广东 | 94.64 | 363.59 | 1 806.13 | 1796.81 | 918.99 | | | 9.32 | 40 456 | 38 829 | 19.60 | |
| 广西 | 250.45 | 436.16 | 722.33 | 713.18 | 551.88 | | | 9.15 | 33 938 | 33 513 | 13.64 | |
| 海南 | 80.00 | 240.00 | 11 000.00 | 11 000.00 | 55.00 | | | | 5 500 | 5 200 | 2.72 | |
| 重庆 | 50.52 | 5 365.03 | 37 426.77 | 36 325.67 | 21 490.51 | | 4 371.66 | 1 101.10 | 719 976 | 676 875 | 205.70 | 13 |

续表

| 地区名称 | 储气能力 ($\times 10^4 m^3$) | 供气管道长度 (km) | 供气总量 ($\times 10^4 m^3$) | 销售气量 ($\times 10^4 m^3$) | 居民家庭 ($\times 10^4 m^3$) | 集中供热 ($\times 10^4 m^3$) | 燃气汽车 ($\times 10^4 m^3$) | 燃气损失量 ($\times 10^4 m^3$) | 用气户数 (户) | 家庭用户 (户) | 用气人口 (万人) | 天然气汽车加气站(座) |
|---|---|---|---|---|---|---|---|---|---|---|---|---|
| 四川 | 210.63 | 18 290.46 | 177 975.90 | 172 006.36 | 99 328.80 | | 19 391.19 | 5 969.54 | 3 216 263 | 3 084 733 | 741.60 | 63 |
| 贵州 | 165.54 | 435.52 | 2 300.01 | 2 293.63 | 1 516.60 | 7.27 | 352.18 | 6.38 | 59 019 | 56 263 | 17.00 | 9 |
| 云南 | 124.39 | 788.90 | 2 467.77 | 2 157.48 | 1 088.51 | | 89.10 | 310.29 | 56 427 | 47 821 | 26.15 | 6 |
| 陕西 | 346.69 | 4 096.71 | 67 348.64 | 66 275.38 | 26 875.62 | 5 841.84 | 17 486.78 | 1 073.26 | 743 040 | 713 917 | 264.68 | 75 |
| 甘肃 | 166.09 | 365.54 | 11 576.74 | 11 519.71 | 1 820.69 | 2 171.02 | 6 915.46 | 57.03 | 73 709 | 66 055 | 25.98 | 25 |
| 青海 | 86.21 | 495.94 | 21 715.33 | 21 568.02 | 10 522.48 | 8 516.41 | 2 123.12 | 147.31 | 350 714 | 340 356 | 23.82 | 15 |
| 宁夏 | 93.81 | 666.71 | 22 719.38 | 22 332.15 | 5 773.09 | 1 059.00 | 6 034.56 | 387.23 | 167 105 | 164 601 | 27.78 | 17 |
| 新疆 | 358.55 | 2 995.26 | 78 041.57 | 75 900.68 | 17 742.18 | 7 537.54 | 43 685.85 | 2 140.89 | 641 964 | 542 108 | 193.88 | 119 |
| 新疆生产建设兵团 | 80.10 | 849.30 | 10 102.66 | 10 066.27 | 4 154.42 | 212.60 | 5 362.28 | 36.39 | 236 925 | 216 881 | 65.07 | 55 |

## 2014年全国分省县城液化石油气数据统计

| 地区名称 | 储气能力 (t) | 供气管道长度 (km) | 供气总量 (t) | 销售气量 ($\times 10^4 m^3$) | 居民家庭 ($\times 10^4 m^3$) | 燃气汽车 ($\times 10^4 m^3$) | 燃气损失量 ($\times 10^4 m^3$) | 用气户数 (户) | 家庭用户 (户) | 用气人口 (万人) | 液化石油气汽车加气站(座) |
|---|---|---|---|---|---|---|---|---|---|---|---|
| 2013年 | 313 837.18 | 2 236.41 | 2 410 691.73 | 2 393 601.09 | 1 968 877.90 | 10 499.74 | 17 090.64 | 18 381 238 | 16 609 631 | 7 207.77 | 84 |
| 全国 | 333 870.92 | 2 538.01 | 2 352 669.04 | 2 335 798.20 | 1 983 177.53 | 17 034.92 | 16 870.84 | 18 397 987 | 16 786 222 | 7 239.33 | 100 |
| 天津 | 1 398.80 | | 23 902.50 | 23 902.50 | 22 175.50 | | | 167 800 | 167 780 | 38.21 | |
| 河北 | 16 306.96 | 135.14 | 143 293.43 | 142 675.52 | 129 156.01 | 3 707.00 | 617.91 | 1 365 744 | 1 281 626 | 572.83 | 5 |
| 山西 | 10 414.00 | 69.59 | 37 077.41 | 36 664.95 | 33 528.03 | | 412.46 | 351 987 | 324 583 | 165.89 | |
| 内蒙古 | 7 005.07 | 33.55 | 50 250.26 | 49 297.95 | 45 192.45 | 546.00 | 952.31 | 828 768 | 778 177 | 308.09 | 7 |
| 辽宁 | 6 851.00 | 30.05 | 37 203.70 | 37 102.90 | 31 654.00 | 1 702.10 | 100.80 | 382 512 | 328 299 | 124.53 | 5 |
| 吉林 | 2 251.36 | 57.12 | 25 386.00 | 25 328.00 | 22 259.00 | 1 482.00 | 58.00 | 319 007 | 239 362 | 110.51 | 6 |
| 黑龙江 | 6 207.50 | 1.50 | 46 221.96 | 46152.10 | 41 722.20 | 1 380.40 | 69.86 | 517 480 | 428 136 | 167.16 | 13 |

续表

| 地区名称 | 储气能力（t） | 供气管道长度（km） | 供气总量（t） | 销售气量（×10⁴m³） | 居民家庭（×10⁴m³） | 燃气汽车（×10⁴m³） | 燃气损失量（×10⁴m³） | 用气户数（户） | 家庭用户（户） | 用气人口（万人） | 液化石油气汽车加气站（座） |
|---|---|---|---|---|---|---|---|---|---|---|---|
| 江苏 | 19 633.50 | 23.77 | 120 571.69 | 119 632.39 | 98 847.39 | | 939.30 | 837 518 | 781 371 | 315.79 | |
| 浙江 | 17 256.00 | 608.11 | 189 988.60 | 189 606.83 | 143 681.17 | | 381.77 | 1 067 793 | 928 960 | 340.55 | |
| 安徽 | 19 184.00 | 59.94 | 153 335.10 | 151 614.8 | 139 170.23 | | 1 720.30 | 1 384 902 | 1 292 336 | 459.95 | |
| 福建 | 11 491.60 | 316.45 | 121 223.57 | 121 017.38 | 104 325.48 | 60.00.00 | 206.19 | 966 577 | 929 743 | 354.72 | 1 |
| 江西 | 19 348.72 | 60.63 | 188 855.15 | 187 336.26 | 157 466.14 | | 1 518.89 | 1 386 380 | 1 255 340 | 629.63 | |
| 山东 | 31 818.80 | 101.86 | 140 168.27 | 139 692.44 | 94 689.30 | 425.00 | 475.83 | 1 022 060 | 908 330 | 390.48 | 5 |
| 河南 | 12 744.55 | 1.55 | 115 832.02 | 114 263.45 | 101 648.57 | 1 746.00 | 1 568.57 | 991 991 | 949 061 | 368.54 | 6 |
| 湖北 | 11 715.48 | 40.15 | 61 533.31 | 60 803.55 | 56 545.70 | | 729.76 | 657 719 | 567 719 | 248.50 | |
| 湖南 | 32 396.20 | | 204 324.89 | 203 109.36 | 170 666.00 | 640.00 | 1 215.53 | 1 518 538 | 1 458 930 | 580.32 | 11 |
| 广东 | 26 560.03 | 132.80 | 173 197.43 | 172 726.43 | 158 285.50 | | 471.00 | 988 396 | 941 169 | 362.06 | |
| 广西 | 9 794.59 | 115.63 | 141 365.12 | 139 473.38 | 127 236.14 | | 1 891.74 | 972 075 | 937 167 | 420.50 | 1 |
| 海南 | 1 239.00 | 0.16 | 15 184.53 | 15 183.06 | 13 409.06 | 129.00 | 1.47 | 125 410 | 118 162 | 65.20 | |
| 重庆 | 3 348.00 | | 26 591.06 | 26 417.00 | 19 973.00 | | 174.06 | 217 143 | 164 749 | 64.14 | |
| 四川 | 11 617.49 | 214.35 | 39 609.63 | 39 134.78 | 32 316.22 | 1 727.10 | 474.85 | 248 800 | 218 358 | 110.68 | 3 |
| 贵州 | 3 193.95 | 4.00 | 37 604.60 | 37 502.99 | 35 129.79 | | 101.61 | 380 390 | 319 875 | 202.13 | |
| 云南 | 17 084.02 | 57.20 | 67 817.86 | 67 171.00 | 48 774.47 | | 646.86 | 522 429 | 457 328 | 269.99 | |
| 西藏 | 1 386.92 | 249.10 | 63 267.25 | 62851.94 | 42 492.51 | 133.80 | 415.31 | 26 221 | 20 494 | 18.00 | 3 |
| 陕西 | 13 143.70 | 4.00 | 49 504.92 | 48 777.90 | 43 808.98 | 145.00 | 727.02 | 479 070 | 380 963 | 200.49 | 2 |
| 甘肃 | 3 889.83 | 35.00 | 23 481.65 | 23 083.37 | 21 220.76 | 109.52 | 398.28 | 279 820 | 250 473 | 167.05 | 7 |
| 青海 | 766.00 | | 2 446.10 | 2 395.30 | 1 854.51 | 20.00 | 50.80.00 | 21 271 | 18 853 | 27.59 | 1 |
| 宁夏 | 3 157.36 | 5.59.00 | 11 160.15 | 11 119.80 | 9 517.80 | | 40.35 | 84 320 | 73 372 | 35.54 | |
| 新疆 | 9 034.10 | 1.41.00 | 29 022.75 | 28 874.30 | 23 886.50 | 2 938.50 | 148.45 | 198 788 | 179 956 | 92.39 | 18 |
| 新疆生产建设兵团 | 3 632.39 | 179.36 | 13 248.13 | 12 886.57 | 12 545.12 | 143.50 | 361.56 | 87 204 | 85 550 | 27.87 | 6 |

## 2015年全国分省城市人工煤气数据统计

| 地区名称 | 生产能力 (×10⁴m³/d) | 储气能力 (×10⁴m³) | 供气管道长度 (km) | 自制气量 (×10⁴m³) | 供气总量 (×10⁴m³) | 销售气量 (×10⁴m³) | 居民家庭 (×10⁴m³) | 燃气损失量 (×10⁴m³) | 用气户数 (户) | 家庭用户 (户) | 用气人口 (万人) |
|---|---|---|---|---|---|---|---|---|---|---|---|
| 2014年 | 2 102.07 | 838.08 | 29 042.94 | 382 980.41 | 559 512.69 | 534 735.81 | 145 772.67 | 24 776.88 | 6 016 209 | 5 956 990 | 1 757.01 |
| 全国 | 1 519.08 | 552.31 | 21 291.58 | 341 262.68 | 471 378.01 | 453 841.93 | 108 305.68 | 17 536.08 | 4 661 664 | 4 611 544 | 1 321.73 |
| 河北 | 88.10 | 67.30 | 3 179.54 | 8 588.25 | 53 538.26 | 48 398.50 | 12 271.94 | 5 139.76 | 541 451 | 539 065 | 159.39 |
| 山西 | 10.00 | 111.23 | 3 424.95 | | 39 450.37 | 37 258.91 | 4 839.95 | 2191.46 | 127 929 | 126 718 | 66.23 |
| 内蒙古 | | 15.00 | 500.00 | | 3 090.00 | 3 000.00 | 2 240.00 | 90.00 | 139 192 | 138 794 | 39.40 |
| 辽宁 | 317.00 | 107.40 | 5 427.91 | 45 850.91 | 57 394.21 | 54 466.99 | 37 879.33 | 2927.22 | 2 041 625 | 2 007 054 | 530.87 |
| 吉林 | 8.12 | 8.60 | 341.22 | 9 862.52 | 7 944.79 | 8 064.08 | 6 055.42 | -119.29 | 130 000 | 129 494 | 41.00 |
| 黑龙江 | 115.00 | 26.30 | 514.41 | 15 550.00 | 7 202.15 | 6 907.95 | 3 602.40 | 294.20 | 192 533 | 189 964 | 57.27 |
| 上海 | | | | | 5 309.20 | 5 231.60 | 1 978.40 | 77.60 | | | |
| 浙江 | 1.80 | 1.88 | 112.21 | 650.00 | 488.00 | 488.00 | 454.00 | | 14 915 | 14 765 | 4.30 |
| 福建 | 8.00 | 5.00 | 334.50 | 2 713.00 | 3 000.00 | 2 993.00 | 2 305.00 | 7.00 | 64 500 | 64 345 | 21.38 |
| 江西 | 49.00 | 38.00 | 1 068.50 | 15 018.00 | 25 097.28 | 22 415.54 | 1 224.54 | 2 681.74 | 56 893 | 56 106 | 14.78 |
| 山东 | | | 9.00 | | 58.99 | 58.99 | | | 371 | | |
| 河南 | 327.66 | 34.20 | 533.13 | 56 176.00 | 53 100.00 | 53 019.00 | 1 553.00 | 81.00 | 47 973 | 47 300 | 15.04 |
| 湖南 | | 5.00 | 440.78 | | 2 766.74 | 2 573.88 | 2 212.06 | 192.86 | 80 000 | 79 050 | 33.42 |
| 广西 | 10.60 | 18.20 | 463.38 | 3 695.50 | 4 438.58 | 4 398.48 | 3 671.08 | 40.10 | 125 508 | 125 057 | 42.73 |
| 四川 | 511.00 | 35.00 | 612.61 | 164 983.50 | 165 604.34 | 164 416.17 | 6 014.62 | 1 188.17 | 174 507 | 173 517 | 51.85 |
| 贵州 | 6.00 | 13.50 | 770.95 | | 5 539.74 | 4 891.00 | 2 820.00 | 648.74 | 109 536 | 107 836 | 31.00 |
| 云南 | 10.00 | 46.70 | 3 098.41 | | 33 959.20 | 31 937.84 | 15 921.94 | 2 021.36 | 713 879 | 711 869 | 193.06 |
| 甘肃 | 10.80 | 17.00 | 399.58 | 1 750.00 | 1 644.16 | 1 570.00 | 1 510.00 | 74.16 | 75 852 | 75 610 | 15.01 |
| 新疆 | 46.00 | 2.00 | 60.50 | 16 425.00 | 1 752.00 | 1 752.00 | 1 752.00 | | 25 000 | 25 000 | 5.00 |

## 2015年全国分省城市天然气数据统计

| 地区名称 | 储气能力（×10⁴m³） | 供气管道长度（km） | 供气总量（×10⁴m³） | 销售气量（×10⁴m³） | 居民家庭（×10⁴m³） | 集中供热（×10⁴m³） | 燃气汽车（×10⁴m³） | 燃气损失量（×10⁴m³） | 用气户数（户） | 家庭用户（户） | 用气人口（万人） | 天然气汽加气站（座） |
|---|---|---|---|---|---|---|---|---|---|---|---|---|
| 2014年 | 55 396.67 | 434 571.47 | 9 643 782.86 | 9 365 202.25 | 1 968 878.42 | 960 836.15 | 984 060.50 | 278 580.61 | 95 593 311 | 92 658 036 | 25 972.94 | 2604 |
| 全国 | 57 933.09 | 498 087.02 | 10 407 906.20 | 10 184 061.13 | 2 080 060.91 | 1 063 149.30 | 1 084 356.81 | 223 845.07 | 107 756 061 | 105 081 345 | 28 561.47 | 3031 |
| 北京 | 81.28.00 | 21 817.69 | 1 444 924.26 | 1 427 807.50 | 137 198.55 | 396 284.02 | 11 829.91 | 17 116.76 | 5 949 434 | 5 887 642 | 1 445.82 | 23 |
| 天津 | 792.47 | 19 356.02 | 306 629.99 | 297 416.28 | 36 694.79 | 55 156.02 | 12 222.83 | 9 213.71 | 3 711 560 | 3 674 178 | 847.38 | 43 |
| 河北 | 397.58 | 17 665.04 | 314 236.94 | 306 375.14 | 67 491.89 | 35 898.03 | 63 607.07 | 7 861.80 | 4 532 305 | 4 484 594 | 1 213.98 | 151 |
| 山西 | 202.34 | 11 416.83 | 247 396.56 | 234 337.91 | 46 230.37 | 2 546.55 | 13 386.70 | 13 058.65 | 2 894 632 | 2 794 383 | 897.20 | 51 |
| 内蒙古 | 249.15 | 8 147.78 | 133 207.34 | 131 232.45 | 22 595.34 | 27 853.00 | 31 734.97 | 1 974.89 | 1 714 287 | 1 590 363 | 536.41 | 80 |
| 辽宁 | 740.33 | 15 017.75 | 170 434.31 | 164 769.38 | 44 229.48 | 1 656.46 | 18 177.17 | 5 664.93 | 4 287 619 | 4 262 949 | 1 067.97 | 67 |
| 吉林 | 792.26 | 8 414.03 | 111 432.31 | 108 363.18 | 33 220.18 | 1 293.39 | 22 328.39 | 3 069.13 | 2 336 434 | 2 285 966 | 676.79 | 88 |
| 黑龙江 | 337.13 | 7 738.94 | 113 245.44 | 109 023.39 | 27 086.42 | 5 376.00 | 31 613.46 | 4 222.05 | 2 928 808 | 2 901 255 | 746.85 | 93 |
| 上海 | 36 935.00 | 28 601.18 | 734 776.22 | 697 287.00 | 135 038.37 |  | 5 963.18 | 37 489.22 | 6 607 801 | 6 513 219 | 1 594.18 | 23 |
| 江苏 | 3 035.09 | 61 125.37 | 969 799.09 | 951 997.48 | 173 195.82 |  | 76 101.33 | 17 801.61 | 9 081 417 | 8 936 225 | 2 345.7 | 236 |
| 浙江 | 561.48 | 28 519.65 | 319 276.49 | 315 965.01 | 57 651.24 | 2 873.00 | 35 800.39 | 3 311.48 | 3 622 349 | 3 534 129 | 1 004.56 | 81 |
| 安徽 | 1 818.70 | 19 684.09 | 234 584.99 | 228 695.81 | 71 772.93 | 1 540.00 | 39 846.93 | 5 889.18 | 4 322 508 | 4 262 949 | 1 183.62 | 164 |
| 福建 | 408.27 | 7 928.98 | 148 807.42 | 148 134.32 | 11 466.85 |  | 22 856.50 | 673.10 | 1 302 300 | 1 295 508 | 438.16 | 51 |
| 江西 | 624.76 | 9 429.75 | 73 570.14 | 71 117.46 | 22 195.70 | 17.62.00 | 5 406.93 | 2 452.68 | 1 602 663 | 1 592 762 | 503.36 | 25 |
| 山东 | 1 193.50 | 44 092.57 | 633 917.47 | 610 393.69 | 161 691.54 | 47 776.01 | 130 582.52 | 23 523.78 | 8 902 607 | 8 769 105 | 2 454.21 | 420 |
| 河南 | 497.49 | 19 732.29 | 332 808.06 | 324 349.28 | 109 378.43 | 9 317.06 | 55 294.24 | 8 458.78 | 5 084 417 | 4 939 374 | 1 590.52 | 130 |
| 湖北 | 434.34 | 22 502.54 | 330 397.04 | 323 610.83 | 72 600.61 | 1 492.00 | 51 692.11 | 6 786.21 | 4 028 224 | 3 886 537 | 1 282.51 | 157 |
| 湖南 | 1 999.38 | 12 534.88 | 215 488.42 | 211 815.30 | 61 734.40 | 1 025.00 | 28 282.77 | 3 673.12 | 3 001 977 | 2 837 238 | 851.85 | 75 |
| 广东 | 3 775.91 | 27 656.35 | 1 232 937.64 | 1 223 287.82 | 110 220.79 | 15 743.39 | 53 206.50 | 9 649.82 | 6 092 923 | 5 822 821 | 1 885.40 | 118 |

续表

| 地区名称 | 储气能力（×10⁴m³） | 供气管道长度（km） | 供气总量（×10⁴m³） | 销售气量（×10⁴m³） | 居民家庭（×10⁴m³） | 集中供热（×10⁴m³） | 燃气汽车（×10⁴m³） | 燃气损失量（×10⁴m³） | 用气户数（户） | 家庭用户（户） | 用气人口（万人） | 天然气汽车加气站（座） |
|---|---|---|---|---|---|---|---|---|---|---|---|---|
| 广西 | 491.86 | 4 219.64 | 38 788.79 | 38 485.09 | 15 726.08 | | 7 836.40 | 303.70 | 1 093 872 | 1 082 960 | 347.52 | 33 |
| 海南 | 80.06 | 2 471.48 | 29 004.16 | 28 993.79 | 12 008.00 | | 11 838.15 | 10.37 | 476 550 | 450 747 | 148.66 | 34 |
| 重庆 | 182.65 | 20 051.24 | 349 377.81 | 336 130.11 | 131 561.61 | 4 014.78 | 42 229.33 | 13 247.7 | 4 983 397 | 4 728 290 | 1 180.56 | 88 |
| 四川 | 228.43 | 39 839.20 | 627 975.71 | 614 262.03 | 228 633.18 | 3 456.09 | 84 335.63 | 13 713.68 | 8 346 092 | 7 971 082 | 1 702.89 | 174 |
| 贵州 | 549.34 | 3 549.41 | 32 906.33 | 32 718.72 | 13 869.95 | | 5 386.82 | 187.61 | 936 982 | 923 294 | 247.98 | 15 |
| 云南 | 190.70 | 1 817.04 | 7 345.45 | 7 144.81 | 2 634.45 | | 1 361.69 | 200.64 | 471 224 | 463 266 | 169.20 | 18 |
| 西藏 | 100.00 | 1 677.00 | 1 346.05 | 1 278.75 | 449.76 | 773.41 | | 67.30 | 64 972 | 64 826 | 23.99 | |
| 陕西 | 482.19 | 12 234.07 | 311 286.44 | 303 070.64 | 99 801.24 | 88 577.84 | 32 977.21 | 8 215.80 | 3 666 224 | 3 535 151 | 811.98 | 119 |
| 甘肃 | 286.93 | 2 308.99 | 161 907.39 | 161 645.91 | 29 897.46 | 61 073.80 | 27 077.96 | 261.48 | 1 338 579 | 1 292 893 | 371.64 | 74 |
| 青海 | 70.50 | 1 234.22 | 133 021.99 | 130 132.82 | 20 517.60 | 69 212.91 | 31 911.00 | 2 889.17 | 471 912 | 467 639 | 138.67 | 25 |
| 宁夏 | 22.02 | 4 470.16 | 199 278.62 | 198 941.72 | 30 670.63 | 26 001.44 | 29 512.72 | 336.90 | 886 140 | 876 500 | 204.08 | 77 |
| 新疆 | 371.95 | 12 832.84 | 447 797.33 | 445 277.51 | 92 597.25 | 204 191.48 | 99 956.00 | 2 519.82 | 3 015 852 | 2 957 382 | 647.83 | 298 |

## 2015年全国分省城市液化石油气数据统计

| 地区名称 | 储气能力（t） | 供气管道长度（km） | 供气总量（t） | 销售气量（×10⁴m³） | 居民家庭（×10⁴m³） | 燃气汽车（×10⁴m³） | 燃气损失量（×10⁴m³） | 用气户数（户） | 家庭用户（户） | 用气人口（万人） | 液化石油气汽车加气站（座） |
|---|---|---|---|---|---|---|---|---|---|---|---|
| 2014年 | 1 611 659.41 | 10 985.85 | 10 828 490.26 | 10 790 250.23 | 5 862 124.86 | 633 097.45 | 38 240.03 | 49 969 416 | 45 142 988 | 14 378.41 | 359 |
| 全国 | 1 617 816.24 | 9 009.34 | 10 392 168.92 | 10 315 423.18 | 5 871 062.3 | 573 732.88 | 76 745.74 | 48 927 534 | 44 315 791 | 13 955.06 | 401 |
| 北京 | 37 057.50 | 459.67 | 576 305.56 | 523 391.42 | 189 188.34 | | 52 914.14 | 2 999 094 | 2 969 023 | 431.88 | 1 |
| 天津 | 4 957.47 | | 50 494.38 | 50 494.38 | 28 844.04 | | | 126 494 | 123 632 | 27.86 | |
| 河北 | 18 709.10 | 271.86 | 166 370.14 | 165 731.83 | 92 279.16 | 132 | 638 | 1 083 616 | 1 023 415 | 299.55 | 5 |
| 山西 | 5 876.32 | 382.05 | 66 167.57 | 65 532 | 53 545 | | 636 | 378 756 | 353 581 | 118.83 | |

续表

| 地区名称 | 储气能力（t） | 供气管道长度（km） | 供气总量（t） | 销售气量（×10⁴m³） | 居民家庭（×10⁴m³） | 燃气汽车（×10⁴m³） | 燃气损失量（×10⁴m³） | 用气户数（户） | 家庭用户（户） | 用气人口（万人） | 液化石油气汽车加气站（座） |
|---|---|---|---|---|---|---|---|---|---|---|---|
| 内蒙古 | 8 305.00 | 83.52 | 57 950.05 | 57 114.35 | 537 55.19 | 2203 | 836 | 766 301 | 700 935 | 247.94 | 10 |
| 辽宁 | 45 521.00 | 665.62 | 468 889.37 | 468 468.2 | 209 762.08 | 35 054 | 421 | 2 155 275 | 1 901 356 | 558.89 | 45 |
| 吉林 | 19 724.45 | 82.98 | 157 751.75 | 157 246.75 | 91 247.5 | 7 129.1 | 505 | 1 126 177 | 102 3015 | 365.21 | 28 |
| 黑龙江 | 16 264.20 | 28.37 | 210 491.83 | 209 778.26 | 122 758.92 | 19 837.4 | 714 | 1 274 299 | 1 157 080 | 424.90 | 44 |
| 上海 | 21 130.00 | 516.23 | 424 111.67 | 424 111.67 | 252 346.69 | 53 787.57 |  | 3 394 523 | 3 354 653 | 821.09 | 44 |
| 江苏 | 99 908.00 | 520.38 | 593 576.92 | 591 151.68 | 358 044.61 | 9 727 | 2 425.24 | 2 648 166 | 2 415 984 | 714.55 | 11 |
| 浙江 | 325 119.17 | 2 847.18 | 695 946.9 | 694 860.05 | 476 731.84 | 8 127.14 | 1 086.85 | 4 461 871 | 3 957 372 | 1 157.29 | 4 |
| 安徽 | 31 894.26 | 264.97 | 736 312.24 | 735 521.21 | 104 258.93 |  | 791 | 874 710 | 812 807 | 269.16 |  |
| 福建 | 25 181.76 | 204.91 | 286 906.36 | 286 350.7 | 187 892.49 | 51 | 556 | 1 911 284 | 1 758 681 | 704.63 | 1 |
| 江西 | 18 194.50 | 101.11 | 228 911.97 | 226 119.3 | 192 294 |  | 2 792.67 | 1 270 370 | 1 171 268 | 478.19 |  |
| 山东 | 53 014.28 | 367.22 | 366 749.95 | 366 064.67 | 227 863.27 | 27 283 | 685 | 1 907 440 | 1 742 605 | 656.65 | 35 |
| 河南 | 12 044.00 | 11.70 | 217 381.87 | 215 896.32 | 179 751.68 | 7 621 | 1 485.55 | 1 498 511 | 1 340 071 | 527.43 | 12 |
| 湖北 | 35 701.00 | 297.68 | 352 112.22 | 350 069.17 | 167 235.83 | 25 000 | 2 043.05 | 1 650 460 | 1 296 037 | 580.93 | 9 |
| 湖南 | 23 178.00 |  | 241 528.67 | 240 674.1 | 189 518.6 | 20 254.5 | 855 | 1 638 710 | 1 500 849 | 493.94 | 52 |
| 广东 | 543 787.00 | 1158.84 | 3 340 352.77 | 3 337 415.54 | 1 922 874.43 | 337 432.07 | 2 937.23 | 11 717 598 | 10 483 449 | 3140.19 | 44 |
| 广西 | 66 704.67 |  | 262 312.99 | 261 365.55 | 212 107.99 |  | 947 | 1 941 220 | 1 866 497 | 596.10 |  |
| 海南 | 7 141.23 | 1.00 | 82 189.14 | 82 127.16 | 73 992 | 5 058 | 62 | 543 908 | 282 651 | 136.79 | 10 |
| 重庆 | 7 363.00 |  | 76 434.5 | 76 047 | 32 805.13 |  | 388 | 309 181 | 220 700 | 95.05 |  |
| 四川 | 21 437.60 | 434.77 | 173 651.97 | 172 456.22 | 98 066.68 | 1 568 | 195.75 | 512 950 | 448 184 | 140.39 | 1 |
| 贵州 | 9 477.08 | 124.08 | 88 669.59 | 88 202.53 | 80 663.21 |  | 467 | 686 432 | 585 287 | 260.70 |  |
| 云南 | 18 925.05 | 109.44 | 210 095.04 | 210 007.8 | 75 036.3 |  | 87 | 1 002 386 | 887 374 | 322.44 |  |

续表

| 地区名称 | 储气能力(t) | 供气管道长度(km) | 销售气量(×10⁴m³) | 居民家庭(×10⁴m³) | 燃气汽车(×10⁴m³) | 燃气损失量(×10⁴m³) | 用气户数(户) | 家庭用户(户) | 用气人口(万人) | 液化石油气车加气站(座) |
|---|---|---|---|---|---|---|---|---|---|---|
| 西藏 | 26 341.00 | 0.50 | 66 100.3 | 39 600.3 | 9 882.65 | 560 | 67 397 | 62 648 | 36.56 | 38 |
| 陕西 | 7 671.00 | 0.35 | 28 550.58 | 17 565 | | 245 | 195 227 | 181 723 | 70.82 | |
| 甘肃 | 96 254.00 | | 85 096.5 | 77 984.5 | 54 | 231 | 328 354 | 314 382 | 158.55 | 2 |
| 青海 | 2 584.00 | | 6 339.49 | 6 329.49 | | 13 | 58 531 | 58 228 | 20.57 | |
| 宁夏 | 3 322.60 | 0.30 | 13 184.02 | 10 039.33 | 1 440 | 9 | 187 841 | 171 702 | 42.99 | 2 |
| 新疆 | 5 028.00 | 74.61 | 59 954.43 | 46 679.77 | 2 092 | 220 | 210 452 | 150 602 | 54.99 | 3 |

## 2015年全国分省县城人工煤气数据统计

| 地区名称 | 生产能力(×10⁴m³/d) | 储气能力(×10⁴m³) | 供气管道长度(km) | 自制气量(×10⁴m³) | 供气总量(×10⁴m³) | 销售气量(×10⁴m³) | 居民家庭(×10⁴m³) | 燃气损失量(×10⁴m³) | 用气户数(户) | 家庭用户(户) | 用气人口(万人) |
|---|---|---|---|---|---|---|---|---|---|---|---|
| 2014年 | 537.11 | 91.30 | 1 542.16 | 129 433.00 | 84 854.94 | 83 377.57 | 21 185.86 | 1 477.37 | 200 308 | 167 612 | 56.05 |
| 全国 | 491.81 | 92.80 | 1 375.66 | 111 963.47 | 82 133.16 | 81 139.39 | 22 851.06 | 993.77 | 300 734 | 178 843 | 55.50 |
| 河北 | | 7.00 | 143.25 | | 6 108.01 | 6 051.21 | 2851.02 | 56.80 | 44 470 | 44 396 | 15.14 |
| 山西 | 49.20 | 64.30 | 897.13 | 1 450.00 | 9 121.95 | 8 871.45 | 5 477.71 | 250.50 | 328 354 | 103 916 | 32.17 |
| 黑龙江 | 1.00 | 10.00 | 38.60 | 1.00 | 468.47 | 468.00 | 41.00 | 0.47 | 3679 | 3 664 | 1.10 |
| 江西 | | 4.00 | 23.00 | | 8.00 | 8.00 | 8.00 | | 2230 | 2 230 | 0.78 |
| 山东 | 410.00 | 4.50 | 37.75 | 107 812.46 | 50 751.00 | 50 685.00 | 1 243.00 | 66.00 | 50 | | |
| 四川 | 13.60 | 3.00 | 179.50 | | 2 374.00 | 1 824.00 | 41.00 | 550.00 | 16 125 | 16 121 | 4.98 |
| 西藏 | 0.01 | | 0.03 | 0.01 | 1.50 | 1.50 | 0.10 | | 575 | 531 | 0.17 |
| 甘肃 | 18.00 | | 29.10 | 2 700.00 | 13 280.00 | 13 210.00 | 13 210.00 | 70.00 | 7012 | 7 012 | 0.89 |
| 新疆生产建设兵团 | | | 27.30 | | 20.23 | 20.23 | 20.23 | | 973 | 973 | 0.27 |

## 2015年全国分省县城天然气数据统计

| 地区名称 | 储气能力 (×10⁴m³) | 供气管道长度 (km) | 供气总量 (×10⁴m³) | 销售气量 (×10⁴m³) | 居民家庭 (×10⁴m³) | 集中供热 (×10⁴m³) | 燃气汽车 (×10⁴m³) | 燃气损失量 (×10⁴m³) | 用气户数 (户) | 用气人口 (万人) | 家庭用户 (户) | 天然气汽车加气站 (座) |
|---|---|---|---|---|---|---|---|---|---|---|---|---|
| 2014年 | 6 495.35 | 88 861.99 | 926 493.48 | 907 950.33 | 345 006.38 | 46 701.42 | 190 450.11 | 18 543.15 | 13 763 864 | 12 853 015 | 4 164.52 | 899 |
| 全国 | 6 561.46 | 106 465.70 | 1 026 423.66 | 1 007 123.31 | 379 724.38 | 68 514.59 | 223 997.18 | 19 300.35 | 15 699 447 | 14 500 087 | 4 715.09 | 1 102 |
| 河北 | 674.16 | 6 201.13 | 57 469.13 | 56 830.50 | 27 571.92 | 4 563.57 | 6 601.47 | 638.63 | 1 087 725 | 1 053 492 | 380.25 | 94 |
| 山西 | 171.83 | 5 250.76 | 61 749.21 | 60 268.90 | 22 621.92 | 8 307.76 | 9 708.49 | 1 480.31 | 734 078 | 700 752 | 283.25 | 37 |
| 内蒙古 | 199.72 | 1 927.86 | 23 260.44 | 22 986.59 | 5 408.60 | 1 225.27 | 13 110.33 | 273.85 | 364 538 | 340 067 | 119.11 | 69 |
| 辽宁 | 73.02 | 1 300.61 | 11 553.72 | 11 440.91 | 2 646.75 | 48.50 | 1 422.90 | 112.81 | 260 333 | 255 866 | 82.12 | 22 |
| 吉林 | 73.09 | 696.28 | 4 287.46 | 4 233.11 | 2 162.55 |  | 1 355.88 | 54.35 | 343 500 | 110 408 | 39.44 | 11 |
| 黑龙江 | 57.95 | 569.56 | 3 087.61 | 3 062.62 | 1 457.42 | 38.80 | 1 505.80 | 24.99 | 75 035 | 74 108 | 18.68 | 12 |
| 江苏 | 277.84 | 5 306.10 | 30 347.55 | 29 951.88 | 11 532.89 | 92.00 | 4 340.49 | 395.67 | 683 692 | 634 219 | 258.37 | 41 |
| 浙江 | 194.65 | 3 861.83 | 22 764.50 | 22 551.72 | 2 850.69 | 44.80 | 921.11 | 212.78 | 259 887 | 253 695 | 100.62 | 5 |
| 安徽 | 335.34 | 81 17.49 | 51 923.56 | 51 227.01 | 18 626.68 | 130.00 | 13 759.09 | 696.55 | 977 293 | 925 478 | 294.15 | 52 |
| 福建 | 476.96 | 1 091.14 | 17 630.41 | 17 447.79 | 1 447.12 | 24.00 | 186.86 | 182.62 | 153 953 | 147 038 | 39.96 | 4 |
| 江西 | 538.10 | 2 855.42 | 14 492.11 | 14 274.88 | 6 152.16 | 333.65 | 380.00 | 217.23 | 376 529 | 370 936 | 109.43 | 1 |
| 山东 | 142.35 | 10 577.34 | 136 805.31 | 135 422.41 | 30 873.90 | 4 267.74 | 28 563.28 | 1 382.90 | 1 587 791 | 1 530 151 | 566.15 | 165 |
| 河南 | 349.48 | 5 136.68 | 49 490.53 | 48 675.84 | 17 583.74 | 240.91 | 10 773.61 | 814.69 | 852 737 | 798 600 | 306.79 | 76 |
| 湖北 | 116.19 | 3 792.56 | 13 661.25 | 13 232.19 | 8 379.72 | 275.68 | 1 966.07 | 429.06 | 414 408 | 403 933 | 150.27 | 20 |
| 湖南 | 264.49 | 4 947.20 | 34 064.02 | 33 676.46 | 12 583.60 | 7 264.69 | 2 385.68 | 387.56 | 607 617 | 594 720 | 200.53 | 13 |
| 广东 | 139.85 | 790.26 | 2 834.32 | 2 816.73 | 1 156.41 |  |  | 17.59 | 70 485 | 67 877 | 24.47 |  |
| 广西 | 246.41 | 551.27 | 740.86 | 731.86 | 542.14 |  | 0.32 | 9.00 | 37 353 | 37 159 | 13.48 | 1 |
| 海南 | 80.00 | 250.00 | 12 100.00 | 12 100.00 | 56.00 |  |  |  | 6000 | 5 700 | 2.45 |  |
| 重庆 | 56.95 | 4 262.69 | 29 342.08 | 28 414.19 | 18 608.19 | 831.00 | 4 677.51 | 927.89 | 606 037 | 574 714 | 174.07 | 13 |
| 四川 | 207.31 | 21 272.44 | 186 998.53 | 180 801.63 | 106 853.53 |  | 19 719.89 | 6 196.90 | 3 627 146 | 3 468 431 | 809.59 | 65 |
| 贵州 | 375.80 | 968.09 | 6 754.01 | 6 619.67 | 4 639.88 |  | 1 456.55 | 134.34 | 138 752 | 131 075 | 40.08 | 14 |

续表

| 地区名称 | 储气能力（×10⁴m³） | 供气管道长度（km） | 供气总量（×10⁴m³） | 销售气量（×10⁴m³） | 居民家庭（×10⁴m³） | 集中供热（×10⁴m³） | 燃气汽车（×10⁴m³） | 燃气损失量（×10⁴m³） | 用气户数（户） | 用气人口（万人） | 家庭用户（户） | 天然气汽车加气站（座） |
|---|---|---|---|---|---|---|---|---|---|---|---|---|
| 云南 | 141.71 | 1 053.37 | 2 547.29 | 2 529.79 | 1 010.82 | | 276.94 | 17.50 | 61 054 | 58 472 | 29.05 | 7 |
| 西藏 | 10.00 | | 56.00 | 52.00 | 52.00 | | | 4.00 | 536 | 536 | 0.30 | |
| 陕西 | 312.10 | 4 618.73 | 74 198.77 | 73 130.73 | 24 120.83 | 14 135.52 | 19 325.57 | 1 068.04 | 850 058 | 718 251 | 271.01 | 91 |
| 甘肃 | 222.69 | 483.53 | 23 128.61 | 23 088.15 | 2 416.64 | 6 310.02 | 14 129.74 | 40.46 | 94 869 | 86 928 | 35.57 | 30 |
| 青海 | 89.21 | 474.28 | 20 017.33 | 19 935.60 | 4 360.81 | 8 631.08 | 6413.27 | 81.73 | 208 074 | 79 348 | 25.25 | 18 |
| 宁夏 | 99.03 | 844.72 | 27 005.21 | 26 570.62 | 6 176.60 | 1 600.31 | 9 457.47 | 434.59 | 179 018 | 174 505 | 33.37 | 27 |
| 新疆 | 501.51 | 3410.22 | 87 146.66 | 84 719.02 | 25 097.06 | 9 856.28 | 45 103.16 | 2 427.64 | 735 968 | 626 615 | 217.93 | 148 |
| 新疆生产建设兵团 | 133.72 | 5 854.14 | 20 967.18 | 20 330.51 | 12 733.81 | 293.01 | 6 455.70 | 636.67 | 304 981 | 277 013 | 89.35 | 66 |

### 2015年全国分省县城液化石油气数据统计

| 地区名称 | 储气能力（t） | 供气管道长度（km） | 供气总量（t） | 销售气量（×10⁴m³） | 居民家庭（×10⁴m³） | 燃气汽车（×10⁴m³） | 燃气损失量（×10⁴m³） | 用气户数（户） | 家庭用户（户） | 用气人口（万人） | 液化石油气汽车加气站（座） |
|---|---|---|---|---|---|---|---|---|---|---|---|
| 2014年 | 333 931.42 | 2 538.01 | 2 353 243.04 | 2 336 372.20 | 1 983 751.53 | 17 034.92 | 16 870.84 | 18 400 201 | 16 788 436 | 7 242.33 | 100 |
| 全国 | 327 282.12 | 2 068.18 | 2 300 091.89 | 2 283 882.95 | 1 929 867.65 | 22 147.90 | 16 208.94 | 18 189 577 | 16 720 242 | 7 081.01 | 129 |
| 天津 | 798.00 | | 14 291.72 | 14 291.72 | 13 961.08 | | | 67 300 | 66 375 | 15.86 | |
| 河北 | 16 091.13 | 188.84 | 133 417.42 | 132 887.57 | 119 146.57 | 4 116.00 | 529.85 | 1 281 192 | 1 230 823 | 533.40 | 6 |
| 山西 | 7 469.00 | 59.59 | 34 863.84 | 34 275.77 | 31 438.77 | | 588.07 | 340 810 | 325 940 | 160.80 | |
| 内蒙古 | 7 417.57 | 38.75 | 53 494.50 | 52 563.36 | 49 674.93 | 674.00 | 931.14 | 835 586 | 796 278 | 311.84 | 9 |
| 辽宁 | 5 611.00 | 189.78 | 34 117.18 | 34 018.18 | 27 460.18 | 1 681.30 | 99.00 | 361 891 | 307 376 | 112.90 | 5 |
| 吉林 | 2 136.36 | 60.22 | 24 068.65 | 24 011.00 | 21 877.00 | 1 002.00 | 57.65 | 288 094 | 232 360 | 101.19 | 5 |
| 黑龙江 | 6 207.51 | 1.50 | 46 356.09 | 46 285.82 | 41 993.81 | 1 452.00 | 70.27 | 525 089 | 437 946 | 171.16 | 13 |
| 江苏 | 19 321.50 | 6.57 | 120 064.00 | 119 081.34 | 97 391.90 | 256.00 | 982.66 | 824 613 | 757 096 | 276.72 | 1 |
| 浙江 | 17 514.30 | 607.66 | 204 400.78 | 204 018.81 | 154 155.65 | | 381.97 | 1 128 521 | 988 290 | 318.47 | |

续表

| 地区名称 | 储气能力(t) | 供气管道长度(km) | 供气总量(t) | 销售气量(×10⁴m³) | 居民家庭(×10⁴m³) | 燃气汽车(×10⁴m³) | 燃气损失量(×10⁴m³) | 用气户数(户) | 家庭用户(户) | 用气人口(万人) | 液化石油气汽车加气站(座) |
|---|---|---|---|---|---|---|---|---|---|---|---|
| 安徽 | 21 253.77 | 44.14 | 149 937.25 | 149 017.80 | 136 156.87 | | 919.45 | 1 353 841 | 1 273 926 | 456.75 | |
| 福建 | 11 585.60 | 246.70 | 119 184.56 | 119 026.60 | 100 216.80 | 62.00 | 157.96 | 920 416 | 892 564 | 340.44 | 1 |
| 江西 | 19 340.22 | 61.44 | 183 248.40 | 181 841.88 | 153 769.04 | | 1 406.52 | 1 341 255 | 1 215 522 | 613.30 | |
| 山东 | 30 432.60 | 69.06 | 138 010.72 | 137 639.73 | 89 977.64 | 203.00 | 370.99 | 919 335 | 819 452 | 366.24 | 6 |
| 河南 | 12 958.55 | 1.55 | 119 839.73 | 118 249.77 | 103 418.81 | 3 692.00 | 1 589.96 | 1 030 303 | 981 092 | 374.98 | 7 |
| 湖北 | 11 342.48 | 40.15 | 60 590.82 | 59 501.32 | 55 968.96 | 100.00 | 1 089.50 | 649 754 | 572 146 | 239.55 | 1 |
| 湖南 | 34 308.10 | 153.52 | 214 881.96 | 213 452.90 | 179 872.24 | 641.00 | 1 429.06 | 1 511 607 | 1 437 528 | 589.01 | 11 |
| 广东 | 20 847.50 | 142.47 | 168 624.37 | 168 187.35 | 151 835.33 | | 437.02 | 949 594 | 870 986 | 372.14 | |
| 广西 | 10 729.69 | | 134 222.91 | 132 600.03 | 123 658.60 | | 1 622.88 | 1 055 536 | 1 023 220 | 417.37 | 1 |
| 海南 | 1 152.00 | | 15 982.19 | 15 944.70 | 14 121.60 | 131.00 | 37.49 | 126 183 | 118 705 | 66.51 | |
| 重庆 | 3 114.00 | | 23 685.00 | 23 512.00 | 17 875.00 | | 173.00 | 189 165 | 147 292 | 58.12 | 1 |
| 四川 | 11 182.27 | 11.30 | 42 153.62 | 41 675.79 | 33 250.81 | 2 017.88 | 477.83 | 290 757 | 246 789 | 110.20 | 4 |
| 贵州 | 4 050.95 | 29.50 | 49 773.56 | 49 478.34 | 47 189.44 | 149.95 | 295.22 | 467 658 | 417 817 | 266.48 | |
| 云南 | 18 324.90 | 59.00 | 67 486.03 | 66 879.31 | 46 945.92 | 45.00 | 606.72 | 543 452 | 478 990 | 261.64 | 15 |
| 西藏 | 951.70 | 29.71 | 13 176.23 | 12 922.24 | 2 671.35 | | 253.99 | 24 894 | 20 395 | 15.06 | |
| 陕西 | 12 004.40 | 3.55 | 49 045.09 | 48 533.65 | 44 774.90 | 132.42 | 511.44 | 482 343 | 451 782 | 185.16 | 1 |
| 甘肃 | 4 355.83 | | 23 516.42 | 23 086.72 | 21 310.87 | | 429.70 | 288 216 | 257 031 | 175.77 | 10 |
| 青海 | 1 590.00 | | 3 268.52 | 3 227.10 | 2 757.83 | 21.00 | 41.42 | 37 149 | 25 400 | 29.54 | 1 |
| 宁夏 | 5 099.00 | 5.77 | 12 213.05 | 12 170.20 | 11 149.00 | | 42.85 | 91 309 | 84 764 | 35.36 | |
| 新疆 | 6 428.80 | 1.41 | 31 576.83 | 31 276.66 | 22 260.25 | 5 488.00 | 300.17 | 203 966 | 184 314 | 83.92 | 25 |
| 新疆生产建设兵团 | 3 663.39 | 16.00 | 14 600.45 | 14 225.29 | 13 586.50 | 283.35 | 375.16 | 59 748 | 58 043 | 21.13 | 7 |

中国燃气行业年鉴 2015
CHINA GAS INDUSTRY YEARBOOK

# 第五篇

## 政策、法规、文件

# 中共中央国务院关于推进价格机制改革的若干意见

（2015 年 10 月 12 日）

价格机制是市场机制的核心，市场决定价格是市场在资源配置中起决定性作用的关键。改革开放以来，作为经济体制改革的重要组成部分，价格改革持续推进、不断深化，放开了绝大多数竞争性商品价格，对建立健全社会主义市场经济体制、促进经济社会持续健康发展发挥了重要作用。特别是近年来，价格改革步伐大大加快，一大批商品和服务价格陆续放开，成品油、天然气、铁路运输等领域价格市场化程度显著提高。同时也要看到，一些重点领域和关键环节价格改革还需深化，政府定价制度需要进一步健全，市场价格行为有待进一步规范。为推动价格改革向纵深发展，加快完善主要由市场决定价格机制，现提出以下意见。

## 一、总体要求

（一）指导思想。全面贯彻党的十八大和十八届二中、三中、四中全会精神，按照党中央、国务院决策部署，主动适应和引领经济发展新常态，紧紧围绕使市场在资源配置中起决定性作用和更好发挥政府作用，全面深化价格改革，完善重点领域价格形成机制，健全政府定价制度，加强市场价格监管和反垄断执法，为经济社会发展营造良好价格环境。

（二）基本原则

——坚持市场决定。正确处理政府和市场关系，凡是能由市场形成价格的都交给市场，政府不进行不当干预。推进水、石油、天然气、电力、交通运输等领域价格改革，放开竞争性环节价格，充分发挥市场决定价格作用。

——坚持放管结合。进一步增强法治、公平、责任意识，强化事中事后监管，优化价格服务。政府定价领域，必须严格规范政府定价行为，坚决管细管好管到位；经营者自主定价领域，要通过健全规则、加强执法，维护市场秩序，保障和促进公平竞争，推进现代市场体系建设。

——坚持改革创新。在价格形成机制、调控体系、监管方式上探索创新，尊重基层和群众的首创精神，推动价格管理由直接定价向规范价格行为、营造良好价格环境、服务宏观调控转变。充分发挥价格杠杆作用，促进经济转型升级和提质增效。

——坚持稳慎推进。价格改革要与财政税收、收入分配、行业管理体制等改革相协调，合理区分基本与非基本需求，统筹兼顾行业上下游、企业发展和民生保障、经济效率和社会公平、经济发展和环境保护等关系，把握好时机、节奏和力度，切实防范各类风险，确保平稳有序。

（三）主要目标。到 2017 年，竞争性领域和环节价格基本放开，政府定价范围主要限定在重要公用事业、公益性服务、网络型自然垄断环节。到2020年，市场决定价格机制基本完善，科学、规范、透明的价格监管制度和反垄断执法体系基本建立，价格调控机制基本健全。

## 二、深化重点领域价格改革，充分发挥市场决定价格作用

紧紧围绕使市场在资源配置中起决定性作用，加快价格改革步伐，深入推进简政放权、放管结合、优化服务，尊重企业自主定价权、消费者自由选择权，促进商品和要素自由流动、公平交易。

（四）完善农产品价格形成机制。统筹利用国际国内2个市场，注重发挥市场形成价格作用，农产品价格主要由市场决定。按照"突出重点、有保有放"原则，立足我国国情，对不同品种实行差别化支持政策，调整改进"黄箱"支持政策，逐步扩大"绿箱"支持政策实施规模和范围，保护农民生产积极性，促进农业生产可持续发展，确保谷物基本自给、口粮绝对安全。继续执行并完善稻谷、小麦最低收购价政策，改革完善玉米收储制度，继续实施棉花、大豆目标价格改革试点，完善补贴发放办法。加强农产品成本调查和价格监测，加快建立全球农业数据调查分析系统，为政府制定农产品价格、农业补贴等政策提供重要支撑。

（五）加快推进能源价格市场化。按照"管住中间、放开两头"总体思路，推进电力、天然气等能源价格改革，促进市场主体多元化竞争，稳妥处理和逐步减少交叉补贴，还原能源商品属性。择机放开成品油价格，尽快全面理顺天然气价格，加快放开天然气气源和销售价格，有序放开上网电价和公益性以外的销售电价，建立主要由市场决定能源价格的机制。把输配电价与发售电价在形成机制上分开，单独核定输配电价，分步实现公益性以外的发售电价由市场形成。按照"准许成本加合理收益"原则，合理制定电网、天然气管网输配价格。扩大输配电价改革试点范围，逐步覆盖到各省级电网，科学核定电网企业准许收入和分电压等级输配电价，改变对电网企业的监管模式，逐步形成规则明晰、水平合理、监管有力、科学透明的独立输配电价体系。在放开竞争性环节电价之前，完善煤电价格联动机制和标杆电价体系，使电力价格更好反映市场需求和成本变化。

（六）完善环境服务价格政策。统筹运用环保税收、收费及相关服务价格政策，加大经济杠杆调节力度，逐步使企业排放各类污染物承担的支出高于主动治理成本，提高企业主动治污减排的积极性。按照"污染付费、公平负担、补偿成本、合理盈利"原则，合理提高污水处理收费标准，城镇污水处理收费标准不应低于污水处理和污泥处理处置成本，探索建立政府向污水处理企业拨付的处理服务费用与污水处理效果挂钩调整机制，对污水处理资源化利用实行鼓励性价格政策。积极推进排污权有偿使用和交易试点工作，完善排污权交易价格体系，运用市场手段引导企业主动治污减排。

（七）理顺医疗服务价格。围绕深化医药卫生体制改革目标，按照"总量控制、结构调整、有升有降、逐步到位"原则，积极稳妥推进医疗服务价格改革，合理调整医疗服务价格，同步强化价格、医保等相关政策衔接，确保医疗机构发展可持续、医保基金可承受、群众负担不增加。建立以成本和收入结构变化为基础的价格动态调整机制，到2020年基本理顺医疗服务比价关系。落实非公立医疗机构医疗服务市场调节价政策。公立医疗机构医疗服务项目价格实行分类管理，对市场竞争比较充分、个性化需求比较强的医疗服务项目价格实行市场调节价，其中医保基金支付的服务项目由医保经办机构与医疗机构谈判合理确定支付标准。进一步完善药品采购机制，发挥医保控费作用，药品实际交易价格主要由市场竞争形成。

（八）健全交通运输价格机制。逐步放开铁路运输竞争性领域价格，扩大由经营者自主定价的范围；完善铁路货运与公路挂钩的价格动态调整机制，简化运价结构；构建以列车运行速度和等级为基础、体

现服务质量差异的旅客运输票价体系。逐步扩大道路客运、民航国内航线客运、港口经营等领域由经营者自主定价的范围，适时放开竞争性领域价格，完善价格收费规则。放开邮政竞争性业务资费，理顺邮政业务资费结构和水平。实行有利于促进停车设施建设、有利于缓解城市交通拥堵、有效促进公共交通优先发展与公共道路资源利用的停车收费政策。进一步完善出租汽车运价形成机制，发挥运价调节出租汽车运输市场供求关系的杠杆作用，建立健全出租汽车运价动态调整机制以及运价与燃料价格联动办法。

（九）创新公用事业和公益性服务价格管理。清晰界定政府、企业和用户的权利义务，区分基本和非基本需求，建立健全公用事业和公益性服务财政投入与价格调整相协调机制，促进政府和社会资本合作，保证行业可持续发展，满足多元化需求。全面实行居民用水用电用气阶梯价格制度，推行供热按用热量计价收费制度，并根据实际情况进一步完善。教育、文化、养老、殡葬等公益性服务要结合政府购买服务改革进程，实行分类管理。对义务教育阶段公办学校学生免收学杂费，公办幼儿园、高中（含中职）、高等学校学费作为行政事业性收费管理；营利性民办学校收费实行自主定价，非营利性民办学校收费政策由省级政府按照市场化方向根据当地实际情况确定。政府投资兴办的养老服务机构依法对"三无"老人免费；对其他特殊困难老人提供养老服务，其床位费、护理费实行政府定价管理，其他养老服务价格由经营者自主定价。分类推进旅游景区门票及相关服务价格改革。推动公用事业和公益性服务经营者加大信息公开力度，接受社会监督，保障社会公众知情权、监督权。

## 三、建立健全政府定价制度，使权力在阳光下运行

对于极少数保留的政府定价项目，要推进定价项目清单化，规范定价程序，加强成本监审，推进成本公开，坚决管细管好管到位，最大限度减少自由裁量权，推进政府定价公开透明。

（十）推进政府定价项目清单化。中央和地方要在加快推进价格改革的基础上，于2016年以前制定发布新的政府定价目录，将政府定价范围主要限定在重要公用事业、公益性服务、网络型自然垄断环节。凡是政府定价项目，一律纳入政府定价目录管理。目录内的定价项目要逐项明确定价内容和定价部门，确保目录之外无定价权，政府定价纳入权力和责任清单。定期评估价格改革成效和市场竞争程度，适时调整具体定价项目。

（十一）规范政府定价程序。对纳入政府定价目录的项目，要制定具体的管理办法、定价机制、成本监审规则，进一步规范定价程序。鼓励和支持第三方提出定调价方案建议、参与价格听证。完善政府定价过程中的公众参与、合法性审查、专家论证等制度，保证工作程序明晰、规范、公开、透明，主动接受社会监督，有效约束政府定价行为。

（十二）加强成本监审和成本信息公开。坚持成本监审原则，将成本监审作为政府制定和调整价格的重要程序，不断完善成本监审机制。对按规定实行成本监审的，要逐步建立健全成本公开制度。公用事业和公益性服务的经营者应当按照政府定价机构的规定公开成本，政府定价机构在制定和调整价格前应当公开成本监审结论。

## 四、加强市场价格监管和反垄断执法，逐步确立竞争政策的基础性地位

清理和废除妨碍全国统一市场和公平竞争的各种规定和做法，严禁和惩处各类违法实行优惠政策行为，建立公平、开放、透明的市场价格监管规则，大力推进市场价格监管和反垄断执法，反对

垄断和不正当竞争。加快建立竞争政策与产业、投资等政策的协调机制，实施公平竞争审查制度，促进统一开放、竞争有序的市场体系建设。

（十三）健全市场价格行为规则。在经营者自主定价领域，对经济社会影响重大特别是与民生紧密相关的商品和服务，要依法制定价格行为规则和监管办法；对存在市场竞争不充分、交易双方地位不对等、市场信息不对称等问题的领域，要研究制定相应议价规则、价格行为规范和指南，完善明码标价、收费公示等制度规定，合理引导经营者价格行为。

（十四）推进宽带网络提速降费。规范电信资费行为，推进宽带网络提速降费，为"互联网＋"发展提供有力支撑。指导、推动电信企业简化资费结构，切实提高宽带上网等业务的性价比，并为城乡低收入群体提供更加优惠的资费方案。督促电信企业合理制定互联网接入服务资费标准和计费办法，促进电信网间互联互通。严禁利用不正当定价行为阻碍电信服务竞争，扰乱市场秩序。加强资费行为监管，清理宽带网络建设环节中存在的进场费、协调费、分摊费等不合理费用，严厉打击价格违法行为。

（十五）加强市场价格监管。建立健全机构权威、法律完备、机制完善、执行有力的市场价格监管工作体系，有效预防、及时制止和依法查处各类价格违法行为。坚持日常监管和专项检查相结合，加强民生领域价格监管，着力解决群众反映的突出问题，保护消费者权益。加大监督检查力度，对政府已放开的商品和服务价格，要确保经营者依法享有自主定价权。

（十六）强化反垄断执法。密切关注竞争动态，对涉嫌垄断行为及时启动反垄断调查，着力查处达成实施垄断协议、滥用市场支配地位和滥用行政权力排除限制竞争等垄断行为，依法公布处理决定，维护公平竞争的市场环境。建立健全垄断案件线索收集机制，拓宽案件来源。研究制定反垄断相关指南，完善市场竞争规则。促进经营者加强反垄断合规建设。

（十七）完善价格社会监督体系。充分发挥全国四级联网的12358价格举报管理信息系统作用，鼓励消费者和经营者共同参与价格监督。加强举报数据分析，定期发布分析报告，警示经营者，提醒消费者。建立健全街道、社区、乡镇、村居民价格监督员队伍，完善价格社会监督网络。依托社会信用体系，加快推进价格诚信建设，构建经营者价格信用档案，开展价格诚信单位创建活动，设立价格失信者"黑名单"，对构成价格违法的失信行为予以联合惩戒。鼓励和支持新闻媒体积极参与价格社会监督，完善舆论监督和引导机制。

## 五、充分发挥价格杠杆作用，更好服务宏观调控

在全面深化改革、强化价格监管的同时，加强和改善宏观调控，保持价格总水平基本稳定；充分发挥价格杠杆作用，促进节能环保和结构调整，推动经济转型升级。

（十八）加强价格总水平调控。加强价格与财政、货币、投资、产业、进出口、物资储备等政策手段的协调配合，合理运用法律手段、经济手段和必要的行政手段，形成政策合力，努力保持价格总水平处于合理区间。加强通缩、通胀预警，制定和完善相应防范治理预案。健全价格监测预警机制和应急处置体系，构建大宗商品价格指数体系，健全重要商品储备制度，提升价格总水平调控能力。

（十九）健全生产领域节能环保价格政策。建立有利于节能减排的价格体系，逐步使能源价格充分反映环境治理成本。继续实施并适时调整脱硫、脱硝、除尘等环保电价政策。鼓励各地根据产业发展实际和结构调整需要，结合电力、水等领域体制改革进程，研究完善对"两高一剩"（高耗能、高污染、产能过剩）行业落后工艺、设备和产品生产的差别电价、水价等价格措施，对电解铝、水

泥等行业实行基于单位能耗超定额加价的电价政策，加快淘汰落后产能，促进产业结构转型升级。

（二十）完善资源有偿使用制度和生态补偿制度。加快自然资源及其产品价格和财税制度改革，全面反映市场供求、资源稀缺程度、生态环境损害成本和修复效益。完善涉及水土保持、矿山、草原植被、森林植被、海洋倾倒等资源环境收费基金或有偿使用收费政策。推进水资源费改革，研究征收水资源税，推动在地下水超采地区先行先试。采取综合措施逐步理顺水资源价格，深入推进农业水价综合改革，促进水资源保护和节约使用。

（二十一）创新促进区域发展的价格政策。对具有区域特征的政府和社会资本合作项目，已具备竞争条件的，尽快放开价格管理；仍需要实行价格管理的，探索将定价权限下放到地方，提高价格调整灵活性，调动社会投资积极性。加快制定完善适应自由贸易试验区发展的价格政策，能够下放到区内自主实施的尽快下放，促进各类市场主体公平竞争。

## 六、保障措施

价格工作涉及面广、政策性强、社会关注度高，牵一发而动全身。必须加强组织落实，科学制定方案，完善配套措施，做好舆论引导，为加快完善主要由市场决定价格机制提供有力保障。

（二十二）加强组织落实。各地区各有关部门要充分认识加快完善主要由市场决定价格机制的重要性、紧迫性和艰巨性，统一思想、形成合力，以敢啃"硬骨头"精神打好攻坚战。要深入调研、科学论证，广泛听取各方面意见，突出重点、分类推进、细化工作方案，及时总结评估，稳步有序推进，务求取得实效。影响重大、暂不具备全面推开条件的，可先行开展试点，发挥示范引领作用，积累可复制、可推广的经验。要以抓铁有痕、踏石留印的作风，狠抓落实，明确时间表、路线图、责任状，定期督查、强化问责，全力打通政策出台的"最先一公里"、政策实施的"中梗阻"与政策落地的"最后一公里"，确保各项措施落地生根。

（二十三）健全价格法制。紧密结合价格改革、调控和监管工作实际，加快修订价格法等相关法律法规，完善以价格法、反垄断法为核心的价格法律法规，及时制定或修订政府定价行为规则以及成本监审、价格监测、价格听证、规范市场价格行为等规章制度，全面推进依法治价。

（二十四）强化能力建设。在减少政府定价事项的同时，注重做好价格监测预警、成本调查监审、价格调控、市场价格监管和反垄断执法、价格公共服务等工作，并同步加强队伍建设，充实和加强工作力量，夯实工作基础。大力推进价格信息化建设，为增强价格调控监管服务能力提供有力支撑。鼓励高等学校和科研机构建立价格与反垄断研究机构，加强国际交流合作，培养专门人才。整合反垄断执法主体和力量，相对集中执法权。

（二十五）兜住民生底线。牢固树立底线思维，始终把保障和改善民生作为工作的出发点和落脚点。推行涉及民生的价格政策特别是重大价格改革政策时，要充分考虑社会承受能力，特别是政策对低收入群体生活的可能影响，做好风险评估，完善配套措施。落实和完善社会救助、保障标准与物价上涨挂钩的联动机制，完善社会救助制度特别是对特困人群的救助措施，保障困难群众基本生活不受影响。加强民生领域价格监管，做好价格争议纠纷调解处理，维护群众合法价格权益。

（二十六）做好舆论引导。加大对全面深化价格改革、规范政府定价、强化市场价格监管与反垄断执法等方面的宣传报道力度，加强新闻发布，准确阐述价格政策，讲好"价格改革故事"，及时引导舆论，回应社会关切，传递有利于加快完善主要由市场决定价格机制、推动经济转型升级的好声音和正能量，积极营造良好舆论氛围。

# 中共中央、国务院关于深化国有企业改革的指导意见

（2015 年 8 月 24 日）

国有企业属于全民所有，是推进国家现代化、保障人民共同利益的重要力量，是我们党和国家事业发展的重要物质基础和政治基础。改革开放以来，国有企业改革发展不断取得重大进展，总体上已经同市场经济相融合，运行质量和效益明显提升，在国际国内市场竞争中涌现出一批具有核心竞争力的骨干企业，为推动经济社会发展、保障和改善民生、开拓国际市场、增强我国综合实力作出了重大贡献，国有企业经营管理者队伍总体上是好的，广大职工付出了不懈努力，成就是突出的。但也要看到，国有企业仍然存在一些亟待解决的突出矛盾和问题，一些企业市场主体地位尚未真正确立，现代企业制度还不健全，国有资产监管体制有待完善，国有资本运行效率需进一步提高；一些企业管理混乱，内部人控制、利益输送、国有资产流失等问题突出，企业办社会职能和历史遗留问题还未完全解决；一些企业党组织管党治党责任不落实、作用被弱化。面向未来，国有企业面临日益激烈的国际竞争和转型升级的巨大挑战。在推动我国经济保持中高速增长和迈向中高端水平、完善和发展中国特色社会主义制度、实现中华民族伟大复兴中国梦的进程中，国有企业肩负着重大历史使命和责任。要认真贯彻落实党中央、国务院战略决策，按照"四个全面"战略布局的要求，以经济建设为中心，坚持问题导向，继续推进国有企业改革，切实破除体制机制障碍，坚定不移做强做优做大国有企业。为此，提出以下意见。

## 一、总体要求

（一）指导思想

高举中国特色社会主义伟大旗帜，认真贯彻落实党的十八大和十八届三中、四中全会精神，深入学习贯彻习近平总书记系列重要讲话精神，坚持和完善基本经济制度，坚持社会主义市场经济改革方向，适应市场化、现代化、国际化新形势，以解放和发展社会生产力为标准，以提高国有资本效率、增强国有企业活力为中心，完善产权清晰、权责明确、政企分开、管理科学的现代企业制度，完善国有资产监管体制，防止国有资产流失，全面推进依法治企，加强和改进党对国有企业的领导，做强做优做大国有企业，不断增强国有经济活力、控制力、影响力、抗风险能力，主动适应和引领经济发展新常态，为促进经济社会持续健康发展、实现中华民族伟大复兴中国梦作出积极贡献。

（二）基本原则

——坚持和完善基本经济制度。这是深化国有企业改革必须把握的根本要求。必须毫不动摇巩

固和发展公有制经济，毫不动摇鼓励、支持、引导非公有制经济发展。坚持公有制主体地位，发挥国有经济主导作用，积极促进国有资本、集体资本、非公有资本等交叉持股、相互融合，推动各种所有制资本取长补短、相互促进、共同发展。

——坚持社会主义市场经济改革方向。这是深化国有企业改革必须遵循的基本规律。国有企业改革要遵循市场经济规律和企业发展规律，坚持政企分开、政资分开、所有权与经营权分离，坚持权利、义务、责任相统一，坚持激励机制和约束机制相结合，促使国有企业真正成为依法自主经营、自负盈亏、自担风险、自我约束、自我发展的独立市场主体。社会主义市场经济条件下的国有企业，要成为自觉履行社会责任的表率。

——坚持增强活力和强化监管相结合。这是深化国有企业改革必须把握的重要关系。增强活力是搞好国有企业的本质要求，加强监管是搞好国有企业的重要保障，要切实做到两者的有机统一。继续推进简政放权，依法落实企业法人财产权和经营自主权，进一步激发企业活力、创造力和市场竞争力。进一步完善国有企业监管制度，切实防止国有资产流失，确保国有资产保值增值。

——坚持党对国有企业的领导。这是深化国有企业改革必须坚守的政治方向、政治原则。要贯彻全面从严治党方针，充分发挥企业党组织政治核心作用，加强企业领导班子建设，创新基层党建工作，深入开展党风廉政建设，坚持全心全意依靠工人阶级，维护职工合法权益，为国有企业改革发展提供坚强有力的政治保证、组织保证和人才支撑。

——坚持积极稳妥统筹推进。这是深化国有企业改革必须采用的科学方法。要正确处理推进改革和坚持法治的关系，正确处理改革发展稳定关系，正确处理搞好顶层设计和尊重基层首创精神的关系，突出问题导向，坚持分类推进，把握好改革的次序、节奏、力度，确保改革扎实推进、务求实效。

（三）主要目标

到2020年，在国有企业改革重要领域和关键环节取得决定性成果，形成更加符合我国基本经济制度和社会主义市场经济发展要求的国有资产管理体制、现代企业制度、市场化经营机制，国有资本布局结构更趋合理，造就一大批德才兼备、善于经营、充满活力的优秀企业家，培育一大批具有创新能力和国际竞争力的国有骨干企业，国有经济活力、控制力、影响力、抗风险能力明显增强。

——国有企业公司制改革基本完成，发展混合所有制经济取得积极进展，法人治理结构更加健全，优胜劣汰、经营自主灵活、内部管理人员能上能下、员工能进能出、收入能增能减的市场化机制更加完善。

——国有资产监管制度更加成熟，相关法律法规更加健全，监管手段和方式不断优化，监管的科学性、针对性、有效性进一步提高，经营性国有资产实现集中统一监管，国有资产保值增值责任全面落实。

——国有资本配置效率显著提高，国有经济布局结构不断优化、主导作用有效发挥，国有企业在提升自主创新能力、保护资源环境、加快转型升级、履行社会责任中的引领和表率作用充分发挥。

——企业党的建设全面加强，反腐倡廉制度体系、工作体系更加完善，国有企业党组织在公司治理中的法定地位更加巩固，政治核心作用充分发挥。

## 二、分类推进国有企业改革

（四）划分国有企业不同类别。根据国有资本的战略定位和发展目标，结合不同国有企业在经济社会发展中的作用、现状和发展需要,将国有企业分为商业类和公益类。通过界定功能、划分类别,实行分类改革、分类发展、分类监管、分类定责、分类考核,提高改革的针对性、监管的有效性、考核评价的科学性,推动国有企业同市场经济深入融合,促进国有企业经济效益和社会效益有机统一。按照谁出资谁分类的原则,由履行出资人职责的机构负责制定所出资企业的功能界定和分类方案,报本级政府批准。各地区可结合实际,划分并动态调整本地区国有企业功能类别。

（五）推进商业类国有企业改革。商业类国有企业按照市场化要求实行商业化运作,以增强国有经济活力、放大国有资本功能、实现国有资产保值增值为主要目标,依法独立自主开展生产经营活动,实现优胜劣汰、有序进退。

主业处于充分竞争行业和领域的商业类国有企业,原则上都要实行公司制股份制改革,积极引入其他国有资本或各类非国有资本实现股权多元化,国有资本可以绝对控股、相对控股,也可以参股,并着力推进整体上市。对这些国有企业,重点考核经营业绩指标、国有资产保值增值和市场竞争能力。

主业处于关系国家安全、国民经济命脉的重要行业和关键领域、主要承担重大专项任务的商业类国有企业,要保持国有资本控股地位,支持非国有资本参股。对自然垄断行业,实行以政企分开、政资分开、特许经营、政府监管为主要内容的改革,根据不同行业特点实行网运分开、放开竞争性业务,促进公共资源配置市场化;对需要实行国有全资的企业,也要积极引入其他国有资本实行股权多元化;对特殊业务和竞争性业务实行业务板块有效分离,独立运作、独立核算。对这些国有企业,在考核经营业绩指标和国有资产保值增值情况的同时,加强对服务国家战略、保障国家安全和国民经济运行、发展前瞻性战略性产业以及完成特殊任务的考核。

（六）推进公益类国有企业改革。公益类国有企业以保障民生、服务社会、提供公共产品和服务为主要目标,引入市场机制,提高公共服务效率和能力。这类企业可以采取国有独资形式,具备条件的也可以推行投资主体多元化,还可以通过购买服务、特许经营、委托代理等方式,鼓励非国有企业参与经营。对公益类国有企业,重点考核成本控制、产品服务质量、营运效率和保障能力,根据企业不同特点有区别地考核经营业绩指标和国有资产保值增值情况,考核中要引入社会评价。

## 三、完善现代企业制度

（七）推进公司制股份制改革。加大集团层面公司制改革力度,积极引入各类投资者实现股权多元化,大力推动国有企业改制上市,创造条件实现集团公司整体上市。根据不同企业的功能定位,逐步调整国有股权比例,形成股权结构多元、股东行为规范、内部约束有效、运行高效灵活的经营机制。允许将部分国有资本转化为优先股,在少数特定领域探索建立国家特殊管理股制度。

（八）健全公司法人治理结构。重点是推进董事会建设,建立健全权责对等、运转协调、有效制衡的决策执行监督机制,规范董事长、总经理行权行为,充分发挥董事会的决策作用、监事会的监督作用、经理层的经营管理作用、党组织的政治核心作用,切实解决一些企业董事会形同虚设、"一把手"说了算的问题,实现规范的公司治理。要切实落实和维护董事会依法行使重大决策、选人用人、薪酬分配等权利,保障经理层经营自主权,法无授权任何政府部门和机构不得干预。加强董事会内部的制衡约束,国有独资、全资公司的董事会和监事会均应有职工代表,董事会外部董事应占多数,落实一人一票表决制度,董事对董事会决议承担责任。改进董事会和董事评价办法,强化对董事的考核评价和管理,对重大决策失误负有直接责任的要及时调整或解聘,并依法追究责任。进一步加强外部董事队伍建设，拓宽来源渠道。

（九）建立国有企业领导人员分层分类管理制度。坚持党管干部原则与董事会依法产生、董事会依法选择经营管理者、经营管理者依法行使用人权相结合，不断创新有效实现形式。上级党组织和国有资产监管机构按照管理权限加强对国有企业领导人员的管理，广开推荐渠道，依规考察提名，严格履行选用程序。根据不同企业类别和层级，实行选任制、委任制、聘任制等不同选人用人方式。推行职业经理人制度，实行内部培养和外部引进相结合，畅通现有经营管理者与职业经理人身份转换通道，董事会按市场化方式选聘和管理职业经理人，合理增加市场化选聘比例，加快建立退出机制。推行企业经理层成员任期制和契约化管理，明确责任、权利、义务，严格任期管理和目标考核。

（十）实行与社会主义市场经济相适应的企业薪酬分配制度。企业内部的薪酬分配权是企业的法定权利，由企业依法依规自主决定，完善既有激励又有约束、既讲效率又讲公平、既符合企业一般规律又体现国有企业特点的分配机制。建立健全与劳动力市场基本适应、与企业经济效益和劳动生产率挂钩的工资决定和正常增长机制。推进全员绩效考核，以业绩为导向，科学评价不同岗位员工的贡献，合理拉开收入分配差距，切实做到收入能增能减和奖惩分明，充分调动广大职工积极性。对国有企业领导人员实行与选任方式相匹配、与企业功能性质相适应、与经营业绩相挂钩的差异化薪酬分配办法。对党中央、国务院和地方党委、政府及其部门任命的国有企业领导人员，合理确定基本年薪、绩效年薪和任期激励收入。对市场化选聘的职业经理人实行市场化薪酬分配机制，可以采取多种方式探索完善中长期激励机制。健全与激励机制相对称的经济责任审计、信息披露、延期支付、追索扣回等约束机制。严格规范履职待遇、业务支出，严禁将公款用于个人支出。

（十一）深化企业内部用人制度改革。建立健全企业各类管理人员公开招聘、竞争上岗等制度，对特殊管理人员可以通过委托人才中介机构推荐等方式，拓宽选人用人视野和渠道。建立分级分类的企业员工市场化公开招聘制度，切实做到信息公开、过程公开、结果公开。构建和谐劳动关系，依法规范企业各类用工管理，建立健全以合同管理为核心、以岗位管理为基础的市场化用工制度，真正形成企业各类管理人员能上能下、员工能进能出的合理流动机制。

## 四、完善国有资产管理体制

（十二）以管资本为主推进国有资产监管机构职能转变。国有资产监管机构要准确把握依法履行出资人职责的定位，科学界定国有资产出资人监管的边界，建立监管权力清单和责任清单，实现以管企业为主向以管资本为主的转变。该管的要科学管理、决不缺位，重点管好国有资本布局、规范资本运作、提高资本回报、维护资本安全；不该管的要依法放权、决不越位，将依法应由企业自主经营决策的事项归位于企业，将延伸到子企业的管理事项原则上归位于一级企业，将配合承担的公共管理职能归位于相关政府部门和单位。大力推进依法监管，着力创新监管方式和手段，改变行政化管理方式，改进考核体系和办法，提高监管的科学性、有效性。

（十三）以管资本为主改革国有资本授权经营体制。改组组建国有资本投资、运营公司，探索有效的运营模式，通过开展投资融资、产业培育、资本整合，推动产业集聚和转型升级，优化国有资本布局结构；通过股权运作、价值管理、有序进退，促进国有资本合理流动，实现保值增值。科学界定国有资本所有权和经营权的边界，国有资产监管机构依法对国有资本投资、运营公司和其他直接监管的企业履行出资人职责，并授权国有资本投资、运营公司对授权范围内的国有资本履行出资人职责。国有资本投资、运营公司作为国有资本市场化运作的专业平台，依法自主开展国有资本运作，对所出资企业行使股东职责，按照责权对应原则切实承担起国有资产保值增值责任。开展政府直接授权国有资本投资、运营公司履行出资人职责的试点。

（十四）以管资本为主推动国有资本合理流动优化配置。坚持以市场为导向、以企业为主体，有进有退、有所为有所不为，优化国有资本布局结构，增强国有经济整体功能和效率。紧紧围绕服务国家战略，落实国家产业政策和重点产业布局调整总体要求，优化国有资本重点投资方向和领域，推动国有资本向关系国家安全、国民经济命脉和国计民生的重要行业和关键领域、重点基础设施集中，向前瞻性战略性产业集中，向具有核心竞争力的优势企业集中。发挥国有资本投资、运营公司的作用，清理退出一批、重组整合一批、创新发展一批国有企业。建立健全优胜劣汰市场化退出机制，充分发挥失业救济和再就业培训等的作用，解决好职工安置问题，切实保障退出企业依法实现关闭或破产，加快处置低效无效资产，淘汰落后产能。支持企业依法合规通过证券交易、产权交易等资本市场，以市场公允价格处置企业资产，实现国有资本形态转换，变现的国有资本用于更需要的领域和行业。推动国有企业加快管理创新、商业模式创新，合理限定法人层级，有效压缩管理层级。发挥国有企业在实施创新驱动发展战略和制造强国战略中的骨干和表率作用，强化企业在技术创新中的主体地位，重视培养科研人才和高技能人才。支持国有企业开展国际化经营，鼓励国有企业之间以及与其他所有制企业以资本为纽带，强强联合、优势互补，加快培育一批具有世界一流水平的跨国公司。

（十五）以管资本为主推进经营性国有资产集中统一监管。稳步将党政机关、事业单位所属企业的国有资本纳入经营性国有资产集中统一监管体系，具备条件的进入国有资本投资、运营公司。加强国有资产基础管理，按照统一制度规范、统一工作体系的原则，抓紧制定企业国有资产基础管理条例。建立覆盖全部国有企业、分级管理的国有资本经营预算管理制度，提高国有资本收益上缴公共财政比例，2020年提高到30%，更多用于保障和改善民生。划转部分国有资本充实社会保障基金。

## 五、发展混合所有制经济

（十六）推进国有企业混合所有制改革。以促进国有企业转换经营机制，放大国有资本功能，提高国有资本配置和运行效率，实现各种所有制资本取长补短、相互促进、共同发展为目标，稳妥推动国有企业发展混合所有制经济。对通过实行股份制、上市等途径已经实行混合所有制的国有企业，要着力在完善现代企业制度、提高资本运行效率上下功夫；对于适宜继续推进混合所有制改革的国有企业，要充分发挥市场机制作用，坚持因地施策、因业施策、因企施策，宜独则独、宜控则控、宜参则参，不搞拉郎配，不搞全覆盖，不设时间表，成熟一个推进一个。改革要依法依规、严格程序、公开公正，切实保护混合所有制企业各类出资人的产权权益，杜绝国有资产流失。

（十七）引入非国有资本参与国有企业改革。鼓励非国有资本投资主体通过出资入股、收购股权、认购可转债、股权置换等多种方式，参与国有企业改制重组或国有控股上市公司增资扩股以及企业经营管理。实行同股同权，切实维护各类股东合法权益。在石油、天然气、电力、铁路、电信、资源开发、公用事业等领域，向非国有资本推出符合产业政策、有利于转型升级的项目。依照外商投资产业指导目录和相关安全审查规定，完善外资安全审查工作机制。开展多类型政府和社会资本合作试点，逐步推广政府和社会资本合作模式。

（十八）鼓励国有资本以多种方式入股非国有企业。充分发挥国有资本投资、运营公司的资本运作平台作用，通过市场化方式，以公共服务、高新技术、生态环保、战略性产业为重点领域，对发展潜力大、成长性强的非国有企业进行股权投资。鼓励国有企业通过投资入股、联合投资、重组等多种方式，与非国有企业进行股权融合、战略合作、资源整合。

（十九）探索实行混合所有制企业员工持股。坚持试点先行，在取得经验基础上稳妥有序推进，通过实行员工持股建立激励约束长效机制。优先支持人才资本和技术要素贡献占比较高的转制科研院所、高新技术企业、科技服务型企业开展员工持股试点，支持对企业经营业绩和持续发展有直接或较大影响的科研人员、经营管理人员和业务骨干等持股。员工持股主要采取增资扩股、出资新设等方式。完善相关政策，健全审核程序，规范操作流程，严格资产评估，建立健全股权流转和退出机制，确保员工持股公开透明，严禁暗箱操作，防止利益输送。

## 六、强化监督防止国有资产流失

（二十）强化企业内部监督。完善企业内部监督体系，明确监事会、审计、纪检监察、巡视以及法律、财务等部门的监督职责，完善监督制度，增强制度执行力。强化对权力集中、资金密集、资源富集、资产聚集的部门和岗位的监督，实行分事行权、分岗设权、分级授权，定期轮岗，强化内部流程控制，防止权力滥用。建立审计部门向董事会负责的工作机制。落实企业内部监事会对董事、经理和其他高级管理人员的监督。进一步发挥企业总法律顾问在经营管理中的法律审核把关作用，推进企业依法经营、合规管理。集团公司要依法依规、尽职尽责加强对子企业的管理和监督。大力推进厂务公开，健全以职工代表大会为基本形式的企业民主管理制度，加强企业职工民主监督。

（二十一）建立健全高效协同的外部监督机制。强化出资人监督，加快国有企业行为规范法律法规制度建设，加强对企业关键业务、改革重点领域、国有资本运营重要环节以及境外国有资产的监督，规范操作流程，强化专业检查，开展总会计师由履行出资人职责机构委派的试点。加强和改进外派监事会制度，明确职责定位，强化与有关专业监督机构的协作，加强当期和事中监督，强化监督成果运用，建立健全核查、移交和整改机制。健全国有资本审计监督体系和制度，实行企业国有资产审计监督全覆盖，建立对企业国有资本的经常性审计制度。加强纪检监察监督和巡视工作，强化对企业领导人员廉洁从业、行使权力等的监督，加大大案要案查处力度，狠抓对存在问题的整改落实。整合出资人监管、外派监事会监督和审计、纪检监察、巡视等监督力量，建立监督工作会商机制，加强统筹，创新方式，共享资源，减少重复检查，提高监督效能。建立健全监督意见反馈整改机制，形成监督工作的闭环。

（二十二）实施信息公开加强社会监督。完善国有资产和国有企业信息公开制度，设立统一的信息公开网络平台，依法依规、及时准确披露国有资本整体运营和监管、国有企业公司治理以及管理架构、经营情况、财务状况、关联交易、企业负责人薪酬等信息，建设阳光国企。认真处理人民群众关于国有资产流失等问题的来信、来访和检举，及时回应社会关切。充分发挥媒体舆论监督作用，有效保障社会公众对企业国有资产运营的知情权和监督权。

（二十三）严格责任追究。建立健全国有企业重大决策失误和失职、渎职责任追究倒查机制，建立和完善重大决策评估、决策事项履职记录、决策过错认定标准等配套制度，严厉查处侵吞、贪污、输送、挥霍国有资产和逃废金融债务的行为。建立健全企业国有资产的监督问责机制，对企业重大违法违纪问题敷衍不追、隐匿不报、查处不力的，严格追究有关人员失职渎职责任，视不同情形给予纪律处分或行政处分，构成犯罪的，由司法机关依法追究刑事责任。

## 七、加强和改进党对国有企业的领导

（二十四）充分发挥国有企业党组织政治核心作用。把加强党的领导和完善公司治理统一起来，将党建工作总体要求纳入国有企业章程，明确国有企业党组织在公司法人治理结构中的法定地位，创新国有企业党组织发挥政治核心作用的途径和方式。在国有企业改革中坚持党的建设同步谋划、党的组织及工作机构同步设置、党组织负责人及党务工作人员同步配备、党的工作同步开展，保证党组织工作机构健全、党务工作者队伍稳定、党组织和党员作用得到有效发挥。坚持和完善双向进入、交叉任职的领导体制，符合条件的党组织领导班子成员可以通过法定程序进入董事会、监事会、经理层，董事会、监事会、经理层成员中符合条件的党员可以依照有关规定和程序进入党组织领导班子；经理层成员与党组织领导班子成员适度交叉任职；董事长、总经理原则上分设，党组织书记、董事长一般由一人担任。

国有企业党组织要切实承担好、落实好从严管党治党责任。坚持从严治党、思想建党、制度治党，增强管党治党意识，建立健全党建工作责任制，聚精会神抓好党建工作，做到守土有责、守土负责、守土尽责。党组织书记要切实履行党建工作第一责任人职责，党组织班子其他成员要切实履行"一岗双责"，结合业务分工抓好党建工作。中央企业党组织书记同时担任企业其他主要领导职务的，应当设立1名专职抓企业党建工作的副书记。加强国有企业基层党组织建设和党员队伍建设，强化国有企业基层党建工作的基础保障，充分发挥基层党组织战斗堡垒作用、共产党员先锋模范作用。加强企业党组织对群众工作的领导，发挥好工会、共青团等群团组织的作用，深入细致做好职工群众的思想政治工作。把建立党的组织、开展党的工作，作为国有企业推进混合所有制改革的必要前提，根据不同类型混合所有制企业特点，科学确定党组织的设置方式、职责定位、管理模式。

（二十五）进一步加强国有企业领导班子建设和人才队伍建设。根据企业改革发展需要，明确选人用人标准和程序，创新选人用人方式。强化党组织在企业领导人员选拔任用、培养教育、管理监督中的责任，支持董事会依法选择经营管理者、经营管理者依法行使用人权，坚决防止和整治选人用人中的不正之风。加强对国有企业领导人员尤其是主要领导人员的日常监督管理和综合考核评价，及时调整不胜任、不称职的领导人员，切实解决企业领导人员能上不能下的问题。以强化忠诚意识、拓展世界眼光、提高战略思维、增强创新精神、锻造优秀品行为重点，加强企业家队伍建设，充分发挥企业家作用。大力实施人才强企战略，加快建立健全国有企业集聚人才的体制机制。

（二十六）切实落实国有企业反腐倡廉"两个责任"。国有企业党组织要切实履行好主体责任，纪检机构要履行好监督责任。加强党性教育、法治教育、警示教育，引导国有企业领导人员坚定理想信念，自觉践行"三严三实"要求，正确履职行权。建立切实可行的责任追究制度，与企业考核等挂钩，实行"一案双查"。推动国有企业纪律检查工作双重领导体制具体化、程序化、制度化，强化上级纪委对下级纪委的领导。加强和改进国有企业巡视工作，强化对权力运行的监督和制约。坚持运用法治思维和法治方式反腐败，完善反腐倡廉制度体系，严格落实反"四风"规定，努力构筑企业领导人员不敢腐、不能腐、不想腐的有效机制。

## 八、为国有企业改革创造良好环境条件

（二十七）完善相关法律法规和配套政策。加强国有企业相关法律法规立改废释工作，确保重大改革于法有据。切实转变政府职能，减少审批、优化制度、简化手续、提高效率。完善公共服务体系，推进政府购买服务，加快建立稳定可靠、补偿合理、公开透明的企业公共服务支出补偿机制。完善和落实国有企业重组整合涉及的资产评估增值、土地变更登记和国有资产无偿划转等方面税收优惠政策。完善国有企业退出的相关政策，依法妥善处理劳动关系调整、社会保险关系接续等问题。

（二十八）加快剥离企业办社会职能和解决历史遗留问题。完善相关政策，建立政府和国有企业合理分担成本的机制，多渠道筹措资金，采取分离移交、重组改制、关闭撤销等方式，剥离国有企业职工家属区"三供一业"和所办医院、学校、社区等公共服务机构，继续推进厂办大集体改革，对国有企业退休人员实施社会化管理，妥善解决国有企业历史遗留问题，为国有企业公平参与市场竞争创造条件。

（二十九）形成鼓励改革创新的氛围。坚持解放思想、实事求是，鼓励探索、实践、创新。全面准确评价国有企业，大力宣传中央关于全面深化国有企业改革的方针政策，宣传改革的典型案例和经验，营造有利于国有企业改革的良好舆论环境。

（三十）加强对国有企业改革的组织领导。各级党委和政府要统一思想，以高度的政治责任感和历史使命感，切实履行对深化国有企业改革的领导责任。要根据本指导意见，结合实际制定实施意见，加强统筹协调、明确责任分工、细化目标任务、强化督促落实，确保深化国有企业改革顺利推进，取得实效。金融、文化等国有企业的改革，中央另有规定的依其规定执行。

# 国务院关于国有企业发展混合所有制经济的意见

国发 [2015]54 号

各省、自治区、直辖市人民政府，国务院各部委、各直属机构：

发展混合所有制经济，是深化国有企业改革的重要举措。为贯彻党的十八大和十八届三中、四中全会精神，按照"四个全面"战略布局要求，落实党中央、国务院决策部署，推进国有企业混合所有制改革，促进各种所有制经济共同发展，现提出以下意见。

## 一、总体要求

（一）改革出发点和落脚点。国有资本、集体资本、非公有资本等交叉持股、相互融合的混合所有制经济，是基本经济制度的重要实现形式。多年来，一批国有企业通过改制发展成为混合所有制企业，但治理机制和监管体制还需要进一步完善；还有许多国有企业为转换经营机制、提高运行效率，正在积极探索混合所有制改革。当前，应对日益激烈的国际竞争和挑战，推动我国经济保持中高速增长、迈向中高端水平，需要通过深化国有企业混合所有制改革，推动完善现代企业制度，健全企业法人治理结构；提高国有资本配置和运行效率，优化国有经济布局，增强国有经济活力、控制力、影响力和抗风险能力，主动适应和引领经济发展新常态；促进国有企业转换经营机制，放大国有资本功能，实现国有资产保值增值，实现各种所有制资本取长补短、相互促进、共同发展，夯实社会主义基本经济制度的微观基础。在国有企业混合所有制改革中，要坚决防止因监管不到位、改革不彻底导致国有资产流失。

（二）基本原则

——政府引导，市场运作。尊重市场经济规律和企业发展规律，以企业为主体，充分发挥市场机制作用，把引资本与转机制结合起来，把产权多元化与完善企业法人治理结构结合起来，探索国有企业混合所有制改革的有效途径。

——完善制度，保护产权。以保护产权、维护契约、统一市场、平等交换、公平竞争、有效监管为基本导向，切实保护混合所有制企业各类出资人的产权权益，调动各类资本参与发展混合所有制经济的积极性。

——严格程序，规范操作。坚持依法依规，进一步健全国有资产交易规则，科学评估国有资产价值，完善市场定价机制，切实做到规则公开、过程公开、结果公开。强化交易主体和交易过程监管，防止暗箱操作、低价贱卖、利益输送、化公为私、逃废债务，杜绝国有资产流失。

——宜改则改，稳妥推进。对通过实行股份制、上市等途径已经实行混合所有制的国有企业，要着力在完善现代企业制度、提高资本运行效率上下功夫；对适宜继续推进混合所有制改革的国有企业，要充分发挥市场机制作用，坚持因地施策、因业施策、因企施策，宜独则独、宜控则控、宜参则参，不搞拉郎配，不搞全覆盖，不设时间表，一企一策，成熟一个推进一个，确保改革规范有序进行。尊重基层创新实践，形成一批可复制、可推广的成功做法。

## 二、分类推进国有企业混合所有制改革

（三）稳妥推进主业处于充分竞争行业和领域的商业类国有企业混合所有制改革。按照市场化、国际化要求，以增强国有经济活力、放大国有资本功能、实现国有资产保值增值为主要目标，以提高经济效益和创新商业模式为导向，充分运用整体上市等方式，积极引入其他国有资本或各类非国有资本实现股权多元化。坚持以资本为纽带完善混合所有制企业治理结构和管理方式，国有资本出资人和各类非国有资本出资人以股东身份履行权利和职责，使混合所有制企业成为真正的市场主体。

（四）有效探索主业处于重要行业和关键领域的商业类国有企业混合所有制改革。对主业处于关系国家安全、国民经济命脉的重要行业和关键领域、主要承担重大专项任务的商业类国有企业，要保持国有资本控股地位，支持非国有资本参股。对自然垄断行业，实行以政企分开、政资分开、特许经营、政府监管为主要内容的改革，根据不同行业特点实行网运分开、放开竞争性业务，促进公共资源配置市场化，同时加强分类依法监管，规范营利模式。

——重要通信基础设施、枢纽型交通基础设施、重要江河流域控制性水利水电航电枢纽、跨流域调水工程等领域，实行国有独资或控股，允许符合条件的非国有企业依法通过特许经营、政府购买服务等方式参与建设和运营。

——重要水资源、森林资源、战略性矿产资源等开发利用，实行国有独资或绝对控股，在强化环境、质量、安全监管的基础上，允许非国有资本进入，依法依规有序参与开发经营。

——江河主干渠道、石油天然气主干管网、电网等，根据不同行业领域特点实行网运分开、主辅分离，除对自然垄断环节的管网实行国有独资或绝对控股外，放开竞争性业务，允许非国有资本平等进入。

——核电、重要公共技术平台、气象测绘水文等基础数据采集利用等领域，实行国有独资或绝对控股，支持非国有企业投资参股以及参与特许经营和政府采购。粮食、石油、天然气等战略物资国家储备领域保持国有独资或控股。

——国防军工等特殊产业，从事战略武器装备科研生产、关系国家战略安全和涉及国家核心机密的核心军工能力领域，实行国有独资或绝对控股。其他军工领域，分类逐步放宽市场准入，建立竞争性采购体制机制，支持非国有企业参与武器装备科研生产、维修服务和竞争性采购。

——对其他服务国家战略目标、重要前瞻性战略性产业、生态环境保护、共用技术平台等重要行业和关键领域，加大国有资本投资力度，发挥国有资本引导和带动作用。

（五）引导公益类国有企业规范开展混合所有制改革。在水电气热、公共交通、公共设施等提供公共产品和服务的行业和领域，根据不同业务特点，加强分类指导，推进具备条件的企业实现投资主体多元化。通过购买服务、特许经营、委托代理等方式，鼓励非国有企业参与经营。政府要加强对价格水平、成本控制、服务质量、安全标准、信息披露、营运效率、保障能力等方面的监管，根据企业不同特点有区别地考核其经营业绩指标和国有资产保值增值情况，考核中要引入社会评价。

## 三、分层推进国有企业混合所有制改革

（六）引导在子公司层面有序推进混合所有制改革。对国有企业集团公司二级及以下企业，以研发创新、生产服务等实体企业为重点，引入非国有资本，加快技术创新、管理创新、商业模式创新，合理限定法人层级，有效压缩管理层级。明确股东的法律地位和股东在资本收益、企业重大决策、选择管理者等方面的权利，股东依法按出资比例和公司章程规定行权履职。

（七）探索在集团公司层面推进混合所有制改革。在国家有明确规定的特定领域，坚持国有资本控股，形成合理的治理结构和市场化经营机制；在其他领域，鼓励通过整体上市、并购重组、发行可转债等方式，逐步调整国有股权比例，积极引入各类投资者，形成股权结构多元、股东行为规范、内部约束有效、运行高效灵活的经营机制。

（八）鼓励地方从实际出发推进混合所有制改革。各地区要认真贯彻落实中央要求，区分不同情况，制定完善改革方案和相关配套措施，指导国有企业稳妥开展混合所有制改革，确保改革依法合规、有序推进。

## 四、鼓励各类资本参与国有企业混合所有制改革

（九）鼓励非公有资本参与国有企业混合所有制改革。非公有资本投资主体可通过出资入股、收购股权、认购可转债、股权置换等多种方式，参与国有企业改制重组或国有控股上市公司增资扩股以及企业经营管理。非公有资本投资主体可以货币出资，或以实物、股权、土地使用权等法律法规允许的方式出资。企业国有产权或国有股权转让时，除国家另有规定外，一般不在意向受让人资质条件中对民间投资主体单独设置附加条件。

（十）支持集体资本参与国有企业混合所有制改革。明晰集体资产产权，发展股权多元化、经营产业化、管理规范化的经济实体。允许经确权认定的集体资本、资产和其他生产要素作价入股，参与国有企业混合所有制改革。研究制定股份合作经济（企业）管理办法。

（十一）有序吸收外资参与国有企业混合所有制改革。引入外资参与国有企业改制重组、合资合作，鼓励通过海外并购、投融资合作、离岸金融等方式，充分利用国际市场、技术、人才等资源和要素，发展混合所有制经济，深度参与国际竞争和全球产业分工，提高资源全球化配置能力。按照扩大开放与加强监管同步的要求，依照外商投资产业指导目录和相关安全审查规定，完善外资安全审查工作机制，切实加强风险防范。

（十二）推广政府和社会资本合作（PPP）模式。优化政府投资方式，通过投资补助、基金注资、担保补贴、贷款贴息等，优先支持引入社会资本的项目。以项目运营绩效评价结果为依据，适时对价格和补贴进行调整。组合引入保险资金、社保基金等长期投资者参与国家重点工程投资。鼓励社会资本投资或参股基础设施、公用事业、公共服务等领域项目，使投资者在平等竞争中获取合理收益。加强信息公开和项目储备，建立综合信息服务平台。

（十三）鼓励国有资本以多种方式入股非国有企业。在公共服务、高新技术、生态环境保护和战略性产业等重点领域，以市场选择为前提，以资本为纽带，充分发挥国有资本投资、运营公司的资本运作平台作用，对发展潜力大、成长性强的非国有企业进行股权投资。鼓励国有企业通过投资入股、

联合投资、并购重组等多种方式，与非国有企业进行股权融合、战略合作、资源整合，发展混合所有制经济。支持国有资本与非国有资本共同设立股权投资基金，参与企业改制重组。

（十四）探索完善优先股和国家特殊管理股方式。国有资本参股非国有企业或国有企业引入非国有资本时，允许将部分国有资本转化为优先股。在少数特定领域探索建立国家特殊管理股制度，依照相关法律法规和公司章程规定，行使特定事项否决权，保证国有资本在特定领域的控制力。

（十五）探索实行混合所有制企业员工持股。坚持激励和约束相结合的原则，通过试点稳妥推进员工持股。员工持股主要采取增资扩股、出资新设等方式，优先支持人才资本和技术要素贡献占比较高的转制科研院所、高新技术企业和科技服务型企业开展试点，支持对企业经营业绩和持续发展有直接或较大影响的科研人员、经营管理人员和业务骨干等持股。完善相关政策，健全审核程序，规范操作流程，严格资产评估，建立健全股权流转和退出机制，确保员工持股公开透明，严禁暗箱操作，防止利益输送。混合所有制企业实行员工持股，要按照混合所有制企业实行员工持股试点的有关工作要求组织实施。

## 五、建立健全混合所有制企业治理机制

（十六）进一步确立和落实企业市场主体地位。政府不得干预企业自主经营，股东不得干预企业日常运营，确保企业治理规范、激励约束机制到位。落实董事会对经理层成员等高级经营管理人员选聘、业绩考核和薪酬管理等职权，维护企业真正的市场主体地位。

（十七）健全混合所有制企业法人治理结构。混合所有制企业要建立健全现代企业制度，明晰产权，同股同权，依法保护各类股东权益。规范企业股东（大）会、董事会、经理层、监事会和党组织的权责关系，按章程行权，对资本监管，靠市场选人，依规则运行，形成定位清晰、权责对等、运转协调、制衡有效的法人治理结构。

（十八）推行混合所有制企业职业经理人制度。按照现代企业制度要求，建立市场导向的选人用人和激励约束机制，通过市场化方式选聘职业经理人依法负责企业经营管理，畅通现有经营管理者与职业经理人的身份转换通道。职业经理人实行任期制和契约化管理，按照市场化原则决定薪酬，可以采取多种方式探索中长期激励机制。严格职业经理人任期管理和绩效考核，加快建立退出机制。

## 六、建立依法合规的操作规则

（十九）严格规范操作流程和审批程序。在组建和注册混合所有制企业时，要依据相关法律法规，规范国有资产授权经营和产权交易等行为，健全清产核资、评估定价、转让交易、登记确权等国有产权流转程序。国有企业产权和股权转让、增资扩股、上市公司增发等，应在产权、股权、证券市场公开披露信息，公开择优确定投资人，达成交易意向后应及时公示交易对象、交易价格、关联交易等信息，防止利益输送。国有企业实施混合所有制改革前，应依据本意见制定方案，报同级国有资产监管机构批准；重要国有企业改制后国有资本不再控股的，报同级人民政府批准。国有资产监管机构要按照本意见要求，明确国有企业混合所有制改革的操作流程。方案审批时，应加强对社会资本质量、合作方诚信与操守、债权债务关系等内容的审核。要充分保障企业职工对国有企业混合所有制改革的知情权和参与权，涉及职工切身利益的要做好评估工作，职工安置方案要经过职工代表

大会或者职工大会审议通过。

（二十）健全国有资产定价机制。按照公开公平公正原则，完善国有资产交易方式，严格规范国有资产登记、转让、清算、退出等程序和交易行为。通过产权、股权、证券市场发现和合理确定资产价格，发挥专业化中介机构作用，借助多种市场化定价手段，完善资产定价机制，实施信息公开，加强社会监督，防止出现内部人控制、利益输送造成国有资产流失。

（二十一）切实加强监管。政府有关部门要加强对国有企业混合所有制改革的监管，完善国有产权交易规则和监管制度。国有资产监管机构对改革中出现的违法转让和侵吞国有资产、化公为私、利益输送、暗箱操作、逃废债务等行为，要依法严肃处理。审计部门要依法履行审计监督职能，加强对改制企业原国有企业法定代表人的离任审计。充分发挥第三方机构在清产核资、财务审计、资产定价、股权托管等方面的作用。加强企业职工内部监督。进一步做好信息公开，自觉接受社会监督。

## 七、营造国有企业混合所有制改革的良好环境

（二十二）加强产权保护。健全严格的产权占有、使用、收益、处分等完整保护制度，依法保护混合所有制企业各类出资人的产权和知识产权权益。在立法、司法和行政执法过程中，坚持对各种所有制经济产权和合法利益给予同等法律保护。

（二十三）健全多层次资本市场。加快建立规则统一、交易规范的场外市场，促进非上市股份公司股权交易，完善股权、债权、物权、知识产权及信托、融资租赁、产业投资基金等产品交易机制。建立规范的区域性股权市场，为企业提供融资服务，促进资产证券化和资本流动，健全股权登记、托管、做市商等第三方服务体系。以具备条件的区域性股权、产权市场为载体，探索建立统一结算制度，完善股权公开转让和报价机制。制定场外市场交易规则和规范监管制度，明确监管主体，实行属地化、专业化监管。

（二十四）完善支持国有企业混合所有制改革的政策。进一步简政放权，最大限度取消涉及企业依法自主经营的行政许可审批事项。凡是市场主体基于自愿的投资经营和民事行为，只要不属于法律法规禁止进入的领域，且不危害国家安全、社会公共利益和第三方合法权益，不得限制进入。完善工商登记、财税管理、土地管理、金融服务等政策。依法妥善解决混合所有制改革涉及的国有企业职工劳动关系调整、社会保险关系接续等问题，确保企业职工队伍稳定。加快剥离国有企业办社会职能，妥善解决历史遗留问题。完善统计制度，加强监测分析。

（二十五）加快建立健全法律法规制度。健全混合所有制经济相关法律法规和规章，加大法律法规立、改、废、释工作力度，确保改革于法有据。根据改革需要抓紧对合同法、物权法、公司法、企业国有资产法、企业破产法中有关法律制度进行研究，依照法定程序及时提请修改。推动加快制定有关产权保护、市场准入和退出、交易规则、公平竞争等方面法律法规。

## 八、组织实施

（二十六）建立工作协调机制。国有企业混合所有制改革涉及面广、政策性强、社会关注度高。各地区、各有关部门和单位要高度重视，精心组织，严守规范，明确责任。各级政府及相关职能部门要加强对国有企业混合所有制改革的组织领导，做好把关定向、配套落实、审核批准、纠偏提醒

等工作。各级国有资产监管机构要及时跟踪改革进展，加强改革协调，评估改革成效，推广改革经验，重大问题及时向同级人民政府报告。各级工商联要充分发挥广泛联系非公有制企业的组织优势，参与做好沟通政企、凝聚共识、决策咨询、政策评估、典型宣传等方面工作。

（二十七）加强混合所有制企业党建工作。坚持党的建设与企业改革同步谋划、同步开展，根据企业组织形式变化，同步设置或调整党的组织，理顺党组织隶属关系，同步选配好党组织负责人，健全党的工作机构，配强党务工作者队伍，保障党组织工作经费，有效开展党的工作，发挥好党组织政治核心作用和党员先锋模范作用。

（二十八）开展不同领域混合所有制改革试点示范。结合电力、石油、天然气、铁路、民航、电信、军工等领域改革，开展放开竞争性业务、推进混合所有制改革试点示范。在基础设施和公共服务领域选择有代表性的政府投融资项目，开展多种形式的政府和社会资本合作试点，加快形成可复制、可推广的模式和经验。

（二十九）营造良好的舆论氛围。以坚持"两个毫不动摇"（毫不动摇巩固和发展公有制经济，毫不动摇鼓励、支持、引导非公有制经济发展）为导向，加强国有企业混合所有制改革舆论宣传，做好政策解读，阐释目标方向和重要意义，宣传成功经验，正确引导舆论，回应社会关切，使广大人民群众了解和支持改革。

各级政府要加强对国有企业混合所有制改革的领导，根据本意见，结合实际推动改革。金融、文化等国有企业的改革，中央另有规定的依其规定执行。

# 国务院关于实行市场准入负面清单制度的意见

国发 [2015] 55 号

各省、自治区、直辖市人民政府，国务院各部委、各直属机构：

按照《中共中央关于全面深化改革若干重大问题的决定》要求和国务院决策部署，现就实行市场准入负面清单制度提出以下意见。

## 一、重大意义

### （一）市场准入负面清单制度的定位

市场准入负面清单制度，是指国务院以清单方式明确列出在中华人民共和国境内禁止和限制投资经营的行业、领域、业务等，各级政府依法采取相应管理措施的一系列制度安排。市场准入负面清单以外的行业、领域、业务等，各类市场主体皆可依法平等进入。

### （二）实行市场准入负面清单制度是发挥市场在资源配置中的决定性作用的重要基础

通过实行市场准入负面清单制度，赋予市场主体更多的主动权，有利于落实市场主体自主权和激发市场活力，有利于形成各类市场主体依法平等使用生产要素、公开公平公正参与竞争的市场环境，有利于形成统一开放、竞争有序的现代市场体系，将为发挥市场在资源配置中的决定性作用提供更大空间。

### （三）实行市场准入负面清单制度是更好发挥政府作用的内在要求

通过实行市场准入负面清单制度，明确政府发挥作用的职责边界，有利于进一步深化行政审批制度改革，大幅收缩政府审批范围、创新政府监管方式，促进投资贸易便利化，不断提高行政管理的效率和效能，有利于促进政府运用法治思维和法治方式加强市场监管，推进市场监管制度化、规范化、程序化，从根本上促进政府职能转变。

### （四）实行市场准入负面清单制度是构建开放型经济新体制的必要措施

实施市场准入负面清单和外商投资负面清单制度，有利于加快建立与国际通行规则接轨的现代市场体系，有利于营造法治化的营商环境，促进国际国内要素有序自由流动、资源高效配置、市场深度融合，不断提升我国国际竞争力，是以开放促改革、建设更高水平市场经济体制的有效途径。

## 二、总体要求和适用条件

### （五）总体要求

坚持社会主义市场经济改革方向，把发挥市场在资源配置中的决定性作用与更好发挥政府作用统一起来，把转变政府职能与创新管理方式结合起来，把激发市场活力与加强市场监管统筹起来，放宽和规范市场准入，精简和优化行政审批，强化和创新市场监管，加快构建市场开放公平、规范有序，企业自主决策、平等竞争，政府权责清晰、监管有力的市场准入管理新体制。

各地区各部门要认真落实市场准入负面清单制度。对各类市场主体基于自愿的投资经营行为，凡涉及市场准入的领域和环节，都要建立和实行负面清单制度；条件成熟时，将采取目录式管理的现行市场准入事项统一纳入市场准入负面清单。

### （六）类别

市场准入负面清单包括禁止准入类和限制准入类，适用于各类市场主体基于自愿的初始投资、扩大投资、并购投资等投资经营行为及其他市场进入行为。对禁止准入事项，市场主体不得进入，行政机关不予审批、核准，不得办理有关手续；对限制准入事项，或由市场主体提出申请，行政机关依法依规作出是否予以准入的决定，或由市场主体依照政府规定的准入条件和准入方式合规进入；对市场准入负面清单以外的行业、领域、业务等，各类市场主体皆可依法平等进入。

### （七）适用条件

对各类市场主体涉及以下领域的投资经营行为及其他市场进入行为，依照法律、行政法规和国务院决定的有关规定，可以采取禁止进入或限制市场主体资质、股权比例、经营范围、经营业态、商业模式、空间布局、国土空间开发保护等管理措施；涉及人民生命财产安全、政治安全、国土安全、军事安全、经济安全、金融安全、文化安全、社会安全、科技安全、信息安全、生态安全、资源安全、核安全和新型领域安全等国家安全的有关行业、领域、业务等；涉及全国重大生产力布局、战略性资源开发和重大公共利益的有关行业、领域、业务等；依法可以设定行政许可且涉及市场主体投资经营行为的有关行业、领域、业务等；法律、行政法规和国务院决定规定的其他情形。

### （八）负面清单的主要类型和适用对象

负面清单主要包括市场准入负面清单和外商投资负面清单。市场准入负面清单是适用于境内外投资者的一致性管理措施，是对各类市场主体市场准入管理的统一要求；外商投资负面清单适用于境外投资者在华投资经营行为，是针对外商投资准入的特别管理措施。制定外商投资负面清单要与投资议题对外谈判统筹考虑，有关工作另行规定。我国签署的双多边协议（协定）另有规定的，按照相关协议（协定）的规定执行。

## 三、制定、实施和调整程序

### （九）制定原则

法治原则。制定市场准入负面清单要全面落实依法治国的基本方略。法律、行政法规和国务院决定未作规定但确需纳入市场准入负面清单的新设事项，应在科学评估的基础上，依照法定程序提请制定或修订法律、行政法规或国务院决定。涉及全国经济社会发展的重大事项以及专业性较强的事项，要履行公众参与、专家论证、风险评估、合法性审查和集体讨论决定等决策程序。

安全原则。制定和实施市场准入负面清单，必须坚持总体国家安全观，遵循维护国家安全的法律法规和国家关于各领域安全的制度体系。要以保障经济安全为重点，维护国家基本经济制度和社会主义市场经济秩序，健全预防和化解经济安全风险的制度机制，保障关系国民经济命脉的重要行业和关键领域、重点产业、重大基础设施和重大建设项目以及其他重大经济利益安全。

渐进原则。制定和实施市场准入负面清单，要立足国情、循序渐进、整体规划、分步实施，取得可复制、可推广的经验后全面推开。对市场上出现的新技术、新产品、新业态、新商业模式等，要本着鼓励创新、降低创业门槛的原则，加强制度供给，寓监管于服务，不急于纳入市场准入负面清单管理。

必要原则。列入市场准入负面清单的事项应当尽量简化、确属必要。不能把法律、行政法规和国务院决定中的禁止类、限制类事项简单纳入市场准入负面清单。不能把现行禁止、限制市场主体投资经营的行业、领域、业务等简单照搬至市场准入负面清单。不能把非市场准入事项和准入后监管措施，混同于市场准入管理措施。不能把对市场主体普遍采取的注册登记、信息收集、用地审批等措施纳入市场准入负面清单。不能机械套用市场准入负面清单的适用条件，把不适于实行负面清单管理的事项纳入市场准入负面清单。

公开原则。市场准入负面清单的制定和调整要体现公开公平公正的原则，形成稳定、透明、可预期的制度安排，保障公众的知情权和参与权。除依法应当保密的外，制定和调整市场准入负面清单的事项、依据和结果都要向社会公开，方便公众查阅。

### （十）制定程序

市场准入负面清单由国务院统一制定发布；地方政府需进行调整的，由省级人民政府报国务院批准。凡负有市场准入管理职责的部门和单位，都要全面梳理禁止和限制市场主体投资经营的行业、领域、业务等，按照《国民经济行业分类》的统一分类标准（需适用于《国民经济行业分类》多个门类的，以及《国民经济行业分类》未列明的新业态，另作说明），提出本部门、本单位市场准入负面清单草案；发展改革委、商务部牵头汇总、审查形成统一的市场准入负面清单，报国务院批准后实施。

对依据法律、行政法规和国务院决定设定的市场准入管理措施，要进行合法性审查，并按照发挥市场在资源配置中的决定性作用的要求进行合理性、可行性和可控性评估。依据部门规章、规范性文件等设定的市场准入管理措施，确需纳入市场准入负面清单的，应依照法定程序制定或修订法律、行政法规，或依照本意见明确的程序，经认真论证后报国务院决定。

制定市场准入负面清单要充分考虑地区发展的差异性，增强操作性、针对性。允许省级人民政府在全国统一的市场准入负面清单基础上，根据本地区资源要素禀赋、主体功能定位、产业比较优势、生产协作关系、物流营销网络、生态环境影响等因素，提出调整市场准入负面清单的建议，报国务院批准后实施。未经国务院授权，各地区各部门不得自行发布市场准入负面清单，不得擅自增减市场准入负面清单条目。

制定市场准入负面清单时，有关部门要健全公众参与、专家论证和政府决定相结合的决策机制，充分听取各地区各部门意见，组织专家进行必要性和可行性论证，并向社会公开征求意见。涉及国家安全的，应事先报经中央国家安全委员会审查。

### （十一）实施步骤

按照先行先试、逐步推开的原则，从2015年12月1日至2017年12月31日，在部分地区试行市场准入负面清单制度，积累经验、逐步完善，探索形成全国统一的市场准入负面清单及相应的体制机制，从2018年起正式实行全国统一的市场准入负面清单制度。发展改革委、商务部牵头提出市场准入负面清单草案和拟开展试点的地区，报经党中央、国务院批准后，组织开展试点工作。试点地区省级人民政府根据市场准入负面清单草案，提出拟试行市场准入负面清单制度的方案，报国务院批准后实施。涉及暂停有关法律、行政法规或其相关条款实施的，按法定程序办理。

试点地区省级人民政府要按照《关于开展市场准入负面清单制度改革试点的工作方案》（见附件）的要求，加强组织领导和统筹协调，完善流程管理、预警预报、信息反馈、动态绩效考核等工作机制，确保改革取得实质性进展。有关部门要加强与试点地区的工作对接，将优化市场准入管理的改革措施放到试点地区先行先试。发展改革委、商务部等部门要加强指导和督促检查，及时发现、解决改革过程中的各种问题，重大事项及时报告国务院。

### （十二）调整程序

市场准入负面清单制度实施后，要按照简政放权、放管结合、优化服务的原则，根据改革总体进展、经济结构调整、法律法规修订等情况，适时调整市场准入负面清单。经国务院授权，发展改革委、商务部要牵头建立跨部门的议事协调机制，负责市场准入负面清单制度实施的日常工作，并组织开展第三方评估。涉及重大条目调整和增加市场准入管理措施的，报国务院批准。依据法律、行政法规和国务院决定的有关规定调整市场准入管理措施，或涉及技术性、表述性等非实质性内容调整和减少市场准入管理措施的，由相关部门提出调整建议，经议事协调机制审查确定后，报国务院备案。涉及国家安全的，应事先报经中央国家安全委员会审查。

## 四、确认方式及与现行制度的衔接

### （十三）做好市场准入负面清单与行政审批事项清单的衔接

制定市场准入负面清单要与行政审批事项清单相衔接，行政审批事项清单中对市场主体投资经营的行业、领域、业务等限制性措施，原则上都要纳入市场准入负面清单。对未列入《国务院各部门行政审批事项汇总清单》、已经取消的涉及市场准入的事项，不得纳入市场准入负面清单，其余经审查合格的市场准入负面清单事项，在市场准入负面清单中逐条列出。今后，国务院决定取消、新设或调整行政审批事项的，市场准入负面清单直接与之衔接。

### （十四）做好市场准入负面清单与《产业结构调整指导目录》的衔接

对《产业结构调整指导目录》中的淘汰类项目和限制类新建项目，根据《国务院关于发布实施〈促进产业结构调整暂行规定〉的决定》（国发〔2005〕40号）关于"对淘汰类项目，禁止投资"、"对属于限制类的新建项目，禁止投资"的要求，在禁止准入类清单中直接引用，不再逐条列出。有关部门要适应产业结构调整和新产品、新技术层出不穷、千变万化的新形势，及时修订《产业结构调整指导目录》。今后，《产业结构调整指导目录》作出修订的，市场准入负面清单直接与之衔接。

### （十五）做好市场准入负面清单与《政府核准的投资项目目录》的衔接

对《政府核准的投资项目目录》明确实行核准制的项目（专门针对外商投资和境外投资的除外，另行规定），在限制准入类清单中直接引用，不再逐条列出。有关部门要按照全面深化改革的总体部署，加快研究制定深化投融资体制改革的决定、政府核准和备案投资项目管理条例，适时调整《政府核准的投资项目目录》。今后，国务院决定修订《政府核准的投资项目目录》的，市场准入负面清单与修订后的《政府核准的投资项目目录》直接衔接。

### （十六）做好市场准入负面清单与依据法律、行政法规、国务院决定设定的市场准入管理事项的衔接

对依据法律、行政法规和国务院决定设定的市场准入管理措施，经审查后分类纳入禁止准入类清单和限制准入类清单。有关部门要根据法律、行政法规制修订和国务院文件清理等情况，及时对市场准入负面清单作出相应调整。其中，法律、行政法规、国务院决定没有明确规定为前置条件的，一律不再作为前置审批；法律、行政法规、国务院决定明确规定为前置条件的，除确有必要保留外，都要通过修改法律、行政法规、国务院决定，不再作为前置审批。

## 五、保障措施

### （十七）建立健全与市场准入负面清单制度相适应的准入机制

对市场准入负面清单以外的行业、领域、业务等，各类市场主体皆可依法平等进入，政府不再审批。对应该放给企业的权力要松开手、放到位，做到市场准入负面清单以外的事项由市场主体依法自主决定。要坚持放管结合，有关部门要统筹考虑国家安全、生态环境、群众利益、安全生产等方面的因素，完善综合考量指标体系，落实企业首负责任，依法加强监管，建立安全审查监管追责机制，形成政府监管、企业自治、行业自律、社会监督的新格局。对属于市场准入负面清单的事项，可以区分不同情况探索实行承诺式准入等方式，进一步强化落实告知性备案、准入信息公示等配套措施。承诺式准入，是指各类市场主体承诺履行法定义务、承担社会责任、践行社会诚信并向有关部门提交书面承诺书后，即可准入；告知性备案，是指各类市场主体投资经营行为发生后，即向有关部门履行告知性备案义务；准入信息公示，是指各类市场主体要依法履行《企业信息公示暂行条例》规定的义务。

### （十八）完善与市场准入负面清单制度相适应的审批体制

对限制准入事项，各级政府及其有关部门要根据审批权限，规范审批权责和标准，按照《国务院关于规范国务院部门行政审批行为改进行政审批有关工作的通知》（国发〔2015〕6号）和《国务院办公厅关于印发精简审批事项规范中介服务实行企业投资项目网上并联核准制度工作方案的通知》（国办发〔2014〕59号）要求，精简前置审批，实现审批流程优化、程序规范、公开透明、权责清晰。其中，涉及国家安全、安全生产等环节的前置性审批，要依法规范和加强。鼓励各地区在省、市、县三级政府推行市场准入事项（限制类）行政审批清单，明确审批事项名称、设定依据、适用范围、实施主体、办理条件、申请材料清单及要求、办理程序及时限等。要加快建立"统一规范、并联运行，信息共享、高效便捷，阳光操作、全程监督"的网上联合审批监管平台，实现所有审批事项"一网告知、一网受理、一网办结、一网监管"。

### （十九）建立健全与市场准入负面清单制度相适应的监管机制

各地区各部门要按照各司其职、依法监管的原则，加强对市场主体投资经营行为的事中事后监管。要按照简政放权、依法监管、公正透明、权责一致、社会共治原则，转变监管理念，创新监管方式，提升监管效能，优化对准入后市场行为的监管，确保市场准入负面清单以外的事项放得开、管得住。有关部门要强化发展战略、发展规划、产业政策和标准规范等的制定、调整和管理，严格依法设定"红线"，加强事中事后监管。鼓励各地区在省、市、县三级政府推行监管清单，明确监管事项、监管依据、监管主体、监管权限、监管内容、监管方法、监管程序和处罚措施，构建法律约束、行政监督、行业规范、公众参与和企业诚信自律有机结合的监管格局。推动行业协会商会建立健全行业经营自律规范、自律公约和职业道德准则，建立健全与市场准入负面清单制度相适应的行业自律机制。

### （二十）建立健全与市场准入负面清单制度相适应的社会信用体系和激励惩戒机制

要健全社会信用体系，完善企业信用信息公示系统，将市场主体信用记录纳入"信用中国"网站和全国统一的信用信息共享交换平台，作为各类市场主体从事生产、投资、流通、消费等经济活动的重要依据。推动建立市场主体准入前信用承诺制，要求其向社会作出公开承诺，若违法失信经营将自愿接受惩戒和限制。信用承诺纳入市场主体信用记录。健全守信激励和失信惩戒机制，根据市场主体信用状况实行分类、动态管理，对守信主体予以支持和激励，对失信主体在投融资、土地供应、招投标、财政性资金安排等方面依法依规予以限制。将严重违反市场竞争原则、扰乱市场经济秩序和侵犯消费者、劳动者、其他经营者合法权益的市场主体列入"黑名单"，对严重违法失信者依法实行市场禁入。

### （二十一）建立健全与市场准入负面清单制度相适应的信息公示制度和信息共享制度

要依托企业信用信息公示系统，完善企业年报及即时信息公示、公示信息抽查、经营异常名录和严重违法企业名单等制度。企业从事生产经营活动过程中形成的信息，以及政府部门在履行职责过程中产生的能够反映企业状况的信息，要按照《企业信息公示暂行条例》等有关规定及时公示。对不按时公示或隐瞒情况、弄虚作假的企业采取信用约束措施，在政府采购、工程招投标、国有土地出让等方面依法予以限制或禁入。各地区各部门要按照国家总体要求，推动本行政区域和本领域的信用信息系统建设，并通过全国统一的信用信息共享交换平台实现信息互联共享。

### （二十二）完善与市场准入负面清单制度相应的法律法规体系

实行市场准入负面清单制度，要坚持改"旧法"与立"新法"并重。有关部门要依照法定程序全面清理涉及市场准入、投资经营的法律、法规、规章、规范性文件以及各类行政审批，应当修改、废止的及时加以修改、废止或提出修改、废止的建议。对未纳入市场准入负面清单的事项，要及时废止或修改设定依据。涉及突破现行法律的，由国务院提请全国人大或其常委会修改或者暂停实施相关法律后，再向社会公布；涉及突破现行行政法规的，由国务院修改或者暂停实施相关行政法规后，再向社会公布。同时，要加快与市场准入负面清单制度相适应的相关立法，确保市场准入管理措施职权法定、事中事后监管有法可依。

## 六、加快相关体制改革和制度建设

### （二十三）建立与市场准入负面清单制度相适应的投资体制

企业投资项目，除关系国家安全和生态安全、涉及全国重大生产力布局、战略性资源开发和重大公共利益等项目外，一律由企业依法依规自主决策，政府不再审批。发展改革委要按照国务院要求，改革企业投资项目核准制，适时按程序修订和发布实施《政府核准的投资项目目录》，最大限度地缩小企业投资项目的核准范围，实现项目核准网上并联办理。要加强规划、国土资源、环保、技术、安全监管等部门的联动和监管，通过环境保护、资源节约、技术、安全标准等实行准入控制。外商投资企业投资建设固定资产投资项目，按照国民待遇原则与内资企业适用相同的核准或备案程序。

### （二十四）建立与市场准入负面清单制度相适应的商事登记制度

要深化商事制度改革，加快实施"三证合一"、"一照一码"，推行法人和其他组织统一社会信用代码制度。要精简前置性审批事项，削减资质认定事项，凡是市场主体基于自愿的投资经营行为，只要不属于法律、行政法规和国务院决定禁止和限制的领域，不得限制进入。要清理现有涉及市场准入的管理措施，没有法律、行政法规和国务院决定依据的，一律取消。

### （二十五）建立与市场准入负面清单制度相适应的外商投资管理体制

有关部门要按照准入前国民待遇加负面清单管理模式，抓紧制定外商投资负面清单。按照规范化、便利化的要求，逐步简化外商投资领域的许可手续，探索实行一站式审批，减少许可环节。根据维护国家安全的需要，抓紧完善规范严格的外商投资安全审查制度。外商投资涉及国家安全的，按照国家安全审查制度和有关办法进行安全审查。加强事中事后监管，建立外商投资信息报告制度和外商投资信息公示制度，形成政府部门间信息共享、协同监管，社会公众参与监督的外商投资全程监管体系。

### (二十六)营造与市场准入负面清单制度相适应的公平交易平等竞争的市场环境

有关部门要按要求清理和废除制约市场在资源配置中发挥决定性作用、妨碍全国统一市场和公平竞争的各种规定和做法,严禁和惩处各类违法实行优惠政策行为,反对地方保护,反对垄断和不正当竞争,防止相关政策妨碍全国统一市场和公平竞争。完善产权界定、运营、保护的一系列体制机制,依法保护物权、债权、股权和知识产权等各类财产权。坚持权利平等、机会平等、规则平等,废除对非公有制经济各种形式的不合理规定,消除各种隐性壁垒,制定保障各类市场主体依法平等进入自然垄断、特许经营领域的具体办法。

各地区各部门要从推进国家治理体系和治理能力现代化的高度,充分认识实行市场准入负面清单制度的重要性和紧迫性,做好市场准入负面清单的制定和实施工作,加快推进相关改革和配套制度建设,及时发现并解决苗头性、倾向性、潜在性问题,确保这项改革取得实效。

附件:关于开展市场准入负面清单制度改革试点的工作方案

国务院
2015 年 10 月 2 日

## 附件

# 关于开展市场准入负面清单制度
# 改革试点的工作方案

**第一条** 按照《中共中央关于全面深化改革若干重大问题的决定》关于"实行统一的市场准入制度，在制定负面清单基础上，各类市场主体可依法平等进入清单之外领域"和《国务院关于促进市场公平竞争维护市场正常秩序的若干意见》（国发 [2014]20 号）关于"改革市场准入制度"的要求，国务院决定选择部分地区开展市场准入负面清单制度试点。为正确、有序、协调地推进这项改革，现制定本方案。

**第二条** 市场准入负面清单制度，是指国务院以清单方式明确列出在中华人民共和国境内禁止和限制投资经营的行业、领域、业务等，各级政府依法采取相应管理措施的一系列制度安排。市场准入负面清单以外的行业、领域、业务等，各类市场主体皆可依法平等进入。

**第三条** 本方案适用于国务院批准的开展市场准入负面清单制度改革试点的地区。未纳入试点的地区，仍然实行现行管理模式。

**第四条** 试点应当遵循简政放权、依法监管、公正透明、权责一致、社会共治的原则，处理好政府和市场的关系，使市场在资源配置中起决定性作用和更好发挥政府作用。制定市场准入负面清单，应当遵循法治、安全、渐进、必要、公开的原则。

试点地区要把制度创新作为核心任务，把形成可复制、可推广的制度性经验作为基本要求。

**第五条** 试点地区省级人民政府根据发展改革委、商务部牵头汇总、审查形成的市场准入负面清单草案（试行版），提出拟试行市场准入负面清单制度的方案，报国务院批准后实施。

试点地区在探索市场准入负面清单的制定、实施和调整程序的同时，要不断深化相关改革，建立健全与市场准入负面清单制度相适应的准入机制、审批机制、监管机制、社会信用体系和激励惩戒机制、信息公示制度和信息共享制度、投资体制、商事登记制度、外商投资管理体制，营造公平交易平等竞争的市场环境，对完善与市场准入负面清单制度相应的法律法规体系提出建议。

试点期间，各类市场主体不得投资经营禁止准入类清单所列的行业、领域、业务等；各类市场主体投资经营限制准入类清单所列的行业、领域、业务等，按照法律、行政法规和国务院决定的有关规定，经过审批或其他方式的行政确认后方可进入。负面清单以外的行业、领域、业务等，各类市场主体皆可依法平等进入，政府不再审批。要坚持放管结合，有关部门要统筹考虑国家安全、生态环境、群众利益、安全生产等方面的因素，完善综合考量指标体系，落实企业首负责任，依法加强监管，建立安全审查监管追责机制，形成政府监管、企业自治、行业自律、社会监督的新格局。对属于市场准入负面清单的事项，可以区分不同情况探索实行承诺式准入等方式，进一步强化落实告知性备案、准入信息公示等配套措施。

试点期间，试点地区省级人民政府要根据改革进展情况和各类市场主体反映的突出问题，提出调整市场准入负面清单的建议，报国务院批准后实施。

**第六条** 试点期间，试点地区省级人民政府可以根据实行市场准入负面清单制度的需要，经国务院授权或同意后，暂时调整《产业结构调整指导目录》、《政府核准的投资项目目录》等有关规定。涉及暂停有关法律、行政法规或其相关条款实施的，按法定程序办理。

**第七条** 试点地区省级人民政府要加强组织领导和统筹安排，建立流程管理、预警预报、信息反馈、动态绩效考核等工作机制，完善配套政策措施，确保改革取得实质性进展。

**第八条** 发展改革委、商务部牵头负责市场准入负面清单制度改革试点的指导、协调、督促、评估等工作，重大情况和重要问题及时报告国务院。有关部门要加强与试点地区的工作对接，将优化市场准入管理的改革措施放到试点地区先行先试。

**第九条** 试点地区要及时总结经验，善于发现苗头性、倾向性、潜在性问题，及时纠正偏差、完善政策，扎实推进工作，确保按期完成改革任务。

试点地区省级人民政府应当定期向国务院提交改革试点情况报告。中期评估报告应在改革试点满一年之日起一个月内提交；总结报告应在改革试点期满之日起两个月内提交。

试点期间，发展改革委、商务部要牵头组织开展第三方评估，对改革执行情况、实施效果、取得的经验、存在的问题、影响因素等进行客观调查和综合评价，提出完善和改进的意见。试点地区在中期评估、总结评估时，应当优先采用第三方评估方式。

**第十条** 本方案由发展改革委、商务部负责解释。

**第十一条** 本方案自2015年12月1日起施行，有效期至2017年12月31日。

# 国务院关于印发2015年推进简政放权放管结合转变政府职能工作方案的通知

国发 [2015] 29 号

各省、自治区、直辖市人民政府，国务院各部委、各直属机构：

国务院批准《2015年推进简政放权放管结合转变政府职能工作方案》，现予印发，请认真贯彻落实。

国务院
2015 年 5 月 12 日

党的十八大和十八届二中、三中、四中全会对全面深化改革、加快转变政府职能作出了部署，提出了要求。两年多来，国务院把简政放权作为全面深化改革的"先手棋"和转变政府职能的"当头炮"，采取了一系列重大改革措施，有效释放了市场活力，激发了社会创造力，扩大了就业，促进了对外开放，推动了政府管理创新，取得了积极成效。2015年是全面深化改革的关键之年，是全面推进依法治国的开局之年，也是稳增长调结构的紧要之年，简政放权、放管结合和转变政府职能的任务更加紧迫、更加艰巨。为把这项改革向纵深推进，在重要领域和关键环节继续取得突破性进展，促进经济社会持续平稳健康发展，制定本方案。

## 一、总体要求

### （一）指导思想

全面贯彻党的十八大和十八届二中、三中、四中全会精神，按照"四个全面"战略布局，落实中央经济工作会议部署和《政府工作报告》确定的任务要求，紧扣打造"双引擎"、实现"双中高"，主动适应和引领经济发展新常态，协同推进简政放权、放管结合、优化服务，坚持民意为先、问题导向，重点围绕阻碍创新发展的"堵点"、影响干事创业的"痛点"和市场监管的"盲点"，拿出硬措施，打出组合拳，在放权上求实效，在监管上求创新，在服务上求提升，在深化行政管理体制改革、建设法治政府、创新政府、廉洁政府和服务型政府方面迈出坚实步伐，促进政府治理能力现代化。

### （二）工作目标

2015年，推进简政放权、放管结合和转变政府职能工作，要适应改革发展新形势、新任务，从重数量向提高含金量转变,从"给群众端菜"向"让群众点菜"转变,从分头分层级推进向纵横联动、协同并进转变,从减少审批向放权、监管、服务并重转变,统筹推进行政审批、投资审批、职业资格、收费管理、商事制度、教科文卫体等领域改革,着力解决跨领域、跨部门、跨层级的重大问题。继续取消含金量高的行政审批事项,彻底取消非行政许可审批类别,大力简化投资审批,实现"三证合一"、"一照一码",全面清理并取消一批收费项目和资质资格认定,出台一批规范行政权力运行、提高行政审批效率的制度和措施,推出一批创新监管、改进服务的举措,为企业松绑减负,为创业创新清障搭台,为稳增长、促改革、调结构、惠民生提供有力支撑,培育经济社会发展新动力。

## 二、主要任务

### （一）深入推进行政审批改革

全面清理中央指定地方实施的行政审批事项,公布清单、锁定底数,今年取消200项以上。全面清理和取消国务院部门非行政许可审批事项,不再保留"非行政许可审批"这一审批类别。继续取消和下放国务院部门行政审批事项,进一步提高简政放权的含金量。基本完成省级政府工作部门、依法承担行政职能事业单位权力清单的公布工作。研究建立国务院部门权力清单和责任清单制度,开展编制权力清单和责任清单的试点工作。严格落实规范行政审批行为的有关法规、文件要求,国务院部门所有行政审批事项都要逐项公开审批流程,压缩并明确审批时限,约束自由裁量权,以标准化促进规范化。研究提出指导规范国务院部门证照管理的工作方案,对增加企业负担的证照进行清理规范。清理规范国务院部门行政审批中介服务,公布保留的国务院部门行政审批中介服务事项清单,破除垄断,规范收费,加强监管。对国务院已取消下放的行政审批事项,要严肃纪律、严格执行,彻底放、放到位,及时纠正明放暗留、变相审批、弄虚作假等行为。

### （二）深入推进投资审批改革

按照《政府核准的投资项目目录（2014年本）》,进一步取消下放投资审批权限。制定并公开企业投资项目核准及强制性中介服务事项目录清单,简化投资项目报建手续,大幅减少申报材料,压缩前置审批环节并公开审批时限。制订《政府核准和备案投资项目管理条例》。推进落实企业投资项目网上并联核准制度,加快建设信息共享、覆盖全国的投资项目在线审批监管平台。创新投资管理方式,抓紧建立协同监管机制,推动国务院有关部门主动协同放权、落实限时办结制度,督促地方抓紧制定细化、可操作的工作方案和配套措施。打破信息孤岛,加快信息资源开放共享,推动有关部门间横向联通,促进中央与地方纵向贯通,实现"制度+技术"的有效监管。

### （三）深入推进职业资格改革

进一步清理和取消职业资格许可认定,年内基本完成减少职业资格许可认定任务。指导督促地方做好取消本地区职业资格许可认定工作。研究建立国家职业资格目录清单管理制度,加强对新设职业资格的管理。研究制订职业资格设置管理和职业技能开发有关规定。加强对职业资格实施的监管,完善职业资格考试和鉴定制度,着力解决"挂证"、"助考"、"考培挂钩"等问题。制定行业组织承接水平评价类职业资格具体认定工作管理办法，推进水平评价类职业资格具体认定工作由行业协会等组织承担。加快完成国家职业分类大典修订工作，编制国家职业资格规划，形成与我国经济社会发展和人才队伍建设相适应的职业资格框架体系。

### （四）深入推进收费清理改革

坚决取缔违规设立的收费基金项目，凡没有法律法规依据、越权设立的，一律取消；凡擅自提高征收标准、扩大征收范围的，一律停止执行。清理规范按规定权限设立的收费基金，取消政府提供普遍公共服务或体现一般性管理职能的行政事业性收费；取消政策效应不明显、不适应市场经济发展需要的政府性基金；对收费超过服务成本，以及有较大收支结余的政府性基金，降低征收标准；整合重复设置的收费基金；依法将具有税收性质的收费基金并入相应的税种。清理规范具有强制垄断性的经营服务性收费，凡没有法定依据的行政审批中介服务项目及收费一律取消；不得将政府职责范围内的事项交由事业单位或中介组织承担并收费。整顿规范行业协会商会收费，坚决制止强制企业入会并收取会费，以及强制企业付费参加各类会议、培训、展览、评比表彰和强制赞助捐赠等行为；严禁行业协会商会依靠代行政府职能擅自设立收费项目。清理规范后保留的行政事业性收费、政府性基金和实行政府定价的经营服务性收费，实行收费目录清单管理，公布全国性、中央部门和单位及省级收费目录清单。开展收费监督检查，查处乱收费行为。

### （五）深入推进商事制度改革

推进工商营业执照、组织机构代码证、税务登记证"三证合一"，年内出台推进"三证合一"登记制度改革的意见，实现"一照一码"。全面清理涉及注册资本登记制度改革的部门规章和规范性文件。制定落实"先照后证"改革严格执行工商登记前置审批事项的意见。公开决定保留的前置审批事项目录。加快推进与"先照后证"改革相配套的管理规定修订工作。总结自由贸易试验区外商投资企业备案管理工作经验，加快在全国推进外商投资审批体制改革，进一步简化外商投资企业设立程序。建设小微企业名录，建立支持小微企业发展的信息互联互通机制，实现政策集中公示、扶持申请导航、享受扶持信息公示等。推进企业信用信息公示"全国一张网"建设。加快推进"信用中国"网站和统一的信用信息共享交换平台建设。继续创新优化登记方式，研究制定进一步放宽新注册企业场所登记条件限制的指导意见，指导督促地方制定出台、修改完善住所（经营场所）管理规定。组织开展企业名称登记管理改革试点。修订《企业经营范围登记管理规定》。简化和完善注销流程，开展个体工商户、未开业企业、无债权债务企业简易注销登记试点。制定进一步推进电子营业执照试点工作的意见，建设全国统一的电子营业执照系统。研究制定全国企业登记全程电子化实施方案。

### （六）深入推进教科文卫体领域相关改革。

适应互联网、大数据等技术日新月异的趋势，围绕打造大众创业、万众创新和增加公共产品、公共服务"双引擎"，研究推进教科文卫体领域创新管理和服务的意见，尤其是对新技术、新业态、新模式，既解决"门槛过高"问题，又解决"无路可走"问题，主动开拓为企业和群众服务的新形式、新途径，营造良好的创业创新环境。落实好教科文卫体领域取消下放的行政审批事项，逐项检查中途截留、变相审批、随意新设、明减暗增等落实不到位的行为并加以整改。研究加强对教科文卫体领域取消下放行政审批事项的事中事后监管措施，逐项检查事中事后监管措施是否及时跟上、有力有效，是否存在监管漏洞和衔接缝隙，对发现的问题逐项整改。对教科文卫体领域现有行政审批事项进行全面梳理，再取消下放一批行政审批事项，协调研究解决工作中的重点难点问题。

### （七）深入推进监管方式创新，着力优化政府服务

按照简政放权、依法监管、公正透明、权责一致、社会共治原则，根据各地区各部门探索实践，积极借鉴国外成熟做法，转变监管理念，创新监管方式，提升监管效能，为各类市场主体营造公平竞争发展环境，使市场和社会既充满活力又规范有序。研究制订"先照后证"改革后加强事中事后监管的意见，开展加强对市场主体服务和监管的试点工作。抓紧建立统一的综合监管平台，推进综合执法。推进社会信用体系建设，建立信息披露和诚信档案制度、失信联合惩戒机制和黑名单制度。指导各地实施企业经营异常名录、严重违法企业名单等相关制度，构建跨部门执法联动响应及失信约束机制。积极运用大数据、云计算、物联网等信息化手段，探索实行"互联网＋监管"新模式。推行随机抽查、告知承诺、举报奖励等办法，畅通群众投诉举报渠道，充分调动社会监督力量，落实企业首负责任，形成政府监管、企业自治、行业自律、社会监督的新格局。

以创业创新需求为导向，切实提高公共服务的针对性和实效性，为大众创业、万众创新提供全方位的服务，为人民群众提供公平、可及的服务。搭建为市场主体服务的公共平台，形成集聚效应，实现服务便利化、集约化、高效化。发展知识产权代理、法律、咨询、培训等服务，构建全链条的知识产权服务体系。提供有效管用的信息和数据，为市场主体创业创新和开拓市场提供信息服务。开展法律咨询服务，积极履行政府法律援助责任。加强就业指导和职业教育，做好大学生创业就业服务。制订完善人才政策，营造引智聚才的良好环境，为市场主体提供人力资源服务。创新公共服务提供方式，引入市场机制，凡是企业和社会组织有积极性、适合承担的，通过委托、承包、采购等方式尽可能发挥社会力量作用；确需政府参与的，也要更多采取政府和社会力量合作方式。政府要履行好保基本的兜底责任，切实保障困难群众的基本生活，消除影响群众干事创业的后顾之忧。

### （八）进一步强化改革保障机制

地方各级政府要抓紧建立简政放权放管结合职能转变工作推进机制。要按照国务院总体部署和要求，守土有责、守土尽责，强化责任、积极跟进，搞好衔接、上下联动。要树立问题导向，积极探索，主动作为，明确改革重点，推出有力措施，切实解决本地区企业和群众反映强烈的问题，增强改革的针对性和有效性。

国务院推进职能转变协调小组（以下简称协调小组）要切实发挥统筹指导和督促落实作用。要加强改革进展、典型做法、意见建议的沟通交流。针对改革中的重点难点问题和前瞻性、长远性问题，进行深入调研，提出对策建议。对出台的重大改革措施，组织开展第三方评估。加大督查力度，对重大改革措施的落实情况进行专项督促检查。抓住典型案例，推动解决社会反映强烈的问题。配合各项改革，做好法律法规起草、修订、审核、清理等工作。对简政放权、放管结合和转变政府职能事项进行专家评估，客观公正地提出意见建议。从建设法治政府、创新政府、廉洁政府和服务型政府的高度，加强理论研究，发挥决策咨询作用。

## 三、工作要求

### （一）加强组织领导

各地区、各部门主要负责同志和协调小组各专题组、功能组组长要高度重视，勇于担当，切实担负起推进本地区本领域简政放权、放管结合、转变政府职能改革的重任。要切实提高推进改革的效率，根据本方案要求，及时组织制定工作方案并限期出台改革文件，明确时间表、路线图和成果形式，将任务逐项分解到位、落实到人。对主动作为的要激励，对落实不力的要问责，以抓铁有痕、踏石留印的作风，务求有进展、有突破、有实效。

### （二）加强统筹协调

各地区、各部门和协调小组各专题组、功能组要牢固树立大局意识和全局观念，密切协作、协调联动、相互借鉴，勇于探索创新，敢于率先突破。各地区、各部门负责推动解决属于本地区本领域的问题；协调小组各专题组要发挥牵头作用，协调解决好跨部门跨领域的问题；协调小组办公室和各功能组要加强沟通协调和支持保障，形成工作合力，确保各项改革整体推进。

### （三）加强地方指导

国务院各部门和协调小组各专题组、功能组要注重对地方改革的跟踪指导，搭建经验交流推广的平台。及时研究解决"接、放、管"和服务中的重点难点问题，为地方推进改革扫除障碍。加强对地方政府简政放权、放管结合、职能转变工作的考核，完善考评机制，切实推动基层政府职能转变，着力解决"最后一公里"问题。

### （四）加强舆论引导

要及时发布权威改革信息，回应社会关切，引导社会预期。加强改革举措的解读宣传，凝聚改革共识，形成推动改革的良好舆论氛围。

# 国务院关于积极推进"互联网+"行动的指导意见

国发 [2015] 40 号

各省、自治区、直辖市人民政府，国务院各部委、各直属机构：

"互联网+"是把互联网的创新成果与经济社会各领域深度融合，推动技术进步、效率提升和组织变革，提升实体经济创新力和生产力，形成更广泛的以互联网为基础设施和创新要素的经济社会发展新形态。在全球新一轮科技革命和产业变革中，互联网与各领域的融合发展具有广阔前景和无限潜力，已成为不可阻挡的时代潮流，正对各国经济社会发展产生着战略性和全局性的影响。积极发挥我国互联网已经形成的比较优势，把握机遇，增强信心，加快推进"互联网+"发展，有利于重塑创新体系、激发创新活力、培育新兴业态和创新公共服务模式，对打造大众创业、万众创新和增加公共产品、公共服务"双引擎"，主动适应和引领经济发展新常态，形成经济发展新动能，实现中国经济提质增效升级具有重要意义。

近年来，我国在互联网技术、产业、应用以及跨界融合等方面取得了积极进展，已具备加快推进"互联网+"发展的坚实基础，但也存在传统企业运用互联网的意识和能力不足、互联网企业对传统产业理解不够深入、新业态发展面临体制机制障碍、跨界融合型人才严重匮乏等问题，亟待加以解决。为加快推动互联网与各领域深入融合和创新发展，充分发挥"互联网+"对稳增长、促改革、调结构、惠民生、防风险的重要作用，现就积极推进"互联网+"行动提出以下意见。

## 一、行动要求

### （一）总体思路

顺应世界"互联网+"发展趋势，充分发挥我国互联网的规模优势和应用优势，推动互联网由消费领域向生产领域拓展，加速提升产业发展水平，增强各行业创新能力，构筑经济社会发展新优势和新动能。坚持改革创新和市场需求导向，突出企业的主体作用，大力拓展互联网与经济社会各领域融合的广度和深度。着力深化体制机制改革，释放发展潜力和活力；着力做优存量，推动经济提质增效和转型升级；着力做大增量，培育新兴业态，打造新的增长点；着力创新政府服务模式，夯实网络发展基础，营造安全网络环境，提升公共服务水平。

### （二）基本原则

坚持开放共享。营造开放包容的发展环境，将互联网作为生产生活要素共享的重要平台，最大限度优化资源配置，加快形成以开放、共享为特征的经济社会运行新模式。

坚持融合创新。鼓励传统产业树立互联网思维，积极与"互联网+"相结合。推动互联网向经济社会各领域加速渗透，以融合促创新，最大程度汇聚各类市场要素的创新力量，推动融合性新兴产业成为经济发展新动力和新支柱。

坚持变革转型。充分发挥互联网在促进产业升级以及信息化和工业化深度融合中的平台作用，引导要素资源向实体经济集聚，推动生产方式和发展模式变革。创新网络化公共服务模式，大幅提升公共服务能力。

坚持引领跨越。巩固提升我国互联网发展优势，加强重点领域前瞻性布局，以互联网融合创新为突破口，培育壮大新兴产业，引领新一轮科技革命和产业变革，实现跨越式发展。

坚持安全有序。完善互联网融合标准规范和法律法规，增强安全意识，强化安全管理和防护，保障网络安全。建立科学有效的市场监管方式，促进市场有序发展，保护公平竞争，防止形成行业垄断和市场壁垒。

### （三）发展目标

到2018年，互联网与经济社会各领域的融合发展进一步深化，基于互联网的新业态成为新的经济增长动力，互联网支撑大众创业、万众创新的作用进一步增强，互联网成为提供公共服务的重要手段，网络经济与实体经济协同互动的发展格局基本形成。

——经济发展进一步提质增效。互联网在促进制造业、农业、能源、环保等产业转型升级方面取得积极成效，劳动生产率进一步提高。基于互联网的新兴业态不断涌现，电子商务、互联网金融快速发展，对经济提质增效的促进作用更加凸显。

——社会服务进一步便捷普惠。健康医疗、教育、交通等民生领域互联网应用更加丰富，公共服务更加多元，线上线下结合更加紧密。社会服务资源配置不断优化，公众享受到更加公平、高效、优质、便捷的服务。

——基础支撑进一步夯实提升。网络设施和产业基础得到有效巩固加强，应用支撑和安全保障能力明显增强。固定宽带网络、新一代移动通信网和下一代互联网加快发展，物联网、云计算等新型基础设施更加完备。人工智能等技术及其产业化能力显著增强。

——发展环境进一步开放包容。全社会对互联网融合创新的认识不断深入，互联网融合发展面临的体制机制障碍有效破除，公共数据资源开放取得实质性进展，相关标准规范、信用体系和法律法规逐步完善。

到2025年，网络化、智能化、服务化、协同化的"互联网+"产业生态体系基本完善，"互联网+"新经济形态初步形成，"互联网+"成为经济社会创新发展的重要驱动力量。

## 二、重点行动

### （一）"互联网+"创业创新

充分发挥互联网的创新驱动作用，以促进创业创新为重点，推动各类要素资源聚集、开放和共享，大力发展众创空间、开放式创新等，引导和推动全社会形成大众创业、万众创新的浓厚氛围，打造经济发展新引擎。（发展改革委、科技部、工业和信息化部、人力资源社会保障部、商务部等负责，

列第一位者为牵头部门,下同)

1. 强化创业创新支撑。鼓励大型互联网企业和基础电信企业利用技术优势和产业整合能力,向小微企业和创业团队开放平台入口、数据信息、计算能力等资源,提供研发工具、经营管理和市场营销等方面的支持和服务,提高小微企业信息化应用水平,培育和孵化具有良好商业模式的创业企业。充分利用互联网基础条件,完善小微企业公共服务平台网络,集聚创业创新资源,为小微企业提供找得着、用得起、有保障的服务。

2. 积极发展众创空间。充分发挥互联网开放创新优势,调动全社会力量,支持创新工场、创客空间、社会实验室、智慧小企业创业基地等新型众创空间发展。充分利用国家自主创新示范区、科技企业孵化器、大学科技园、商贸企业集聚区、小微企业创业示范基地等现有条件,通过市场化方式构建一批创新与创业相结合、线上与线下相结合、孵化与投资相结合的众创空间,为创业者提供低成本、便利化、全要素的工作空间、网络空间、社交空间和资源共享空间。实施新兴产业"双创"行动,建立一批新兴产业"双创"示范基地,加快发展"互联网+"创业网络体系。

3. 发展开放式创新。鼓励各类创新主体充分利用互联网,把握市场需求导向,加强创新资源共享与合作,促进前沿技术和创新成果及时转化,构建开放式创新体系。推动各类创业创新扶持政策与互联网开放平台联动协作,为创业团队和个人开发者提供绿色通道服务。加快发展创业服务业,积极推广众包、用户参与设计、云设计等新型研发组织模式,引导建立社会各界交流合作的平台,推动跨区域、跨领域的技术成果转移和协同创新。

### (二)"互联网+"协同制造

推动互联网与制造业融合,提升制造业数字化、网络化、智能化水平,加强产业链协作,发展基于互联网的协同制造新模式。在重点领域推进智能制造、大规模个性化定制、网络化协同制造和服务型制造,打造一批网络化协同制造公共服务平台,加快形成制造业网络化产业生态体系。(工业和信息化部、发展改革委、科技部共同牵头)

1. 大力发展智能制造。以智能工厂为发展方向,开展智能制造试点示范,加快推动云计算、物联网、智能工业机器人、增材制造等技术在生产过程中的应用,推进生产装备智能化升级、工艺流程改造和基础数据共享。着力在工控系统、智能感知元器件、工业云平台、操作系统和工业软件等核心环节取得突破,加强工业大数据的开发与利用,有效支撑制造业智能化转型,构建开放、共享、协作的智能制造产业生态。

2. 发展大规模个性化定制。支持企业利用互联网采集并对接用户个性化需求,推进设计研发、生产制造和供应链管理等关键环节的柔性化改造,开展基于个性化产品的服务模式和商业模式创新。鼓励互联网企业整合市场信息,挖掘细分市场需求与发展趋势,为制造企业开展个性化定制提供决策支撑。

3. 提升网络化协同制造水平。鼓励制造业骨干企业通过互联网与产业链各环节紧密协同,促进生产、质量控制和运营管理系统全面互联,推行众包设计研发和网络化制造等新模式。鼓励有实力的互联网企业构建网络化协同制造公共服务平台,面向细分行业提供云制造服务,促进创新资源、生产能力、市场需求的集聚与对接,提升服务中小微企业能力,加快全社会多元化制造资源的有效协同,提高产业链资源整合能力。

4. 加速制造业服务化转型。鼓励制造企业利用物联网、云计算、大数据等技术,整合产品全生命周期数据，形成面向生产组织全过程的决策服务信息，为产品优化升级提供数据支撑。鼓励企业基于互联网开展故障预警、远程维护、质量诊断、远程过程优化等在线增值服务，拓展产品价值空间，实现从制造向"制造+服务"的转型升级。

### （三）"互联网+"现代农业

利用互联网提升农业生产、经营、管理和服务水平，培育一批网络化、智能化、精细化的现代"种养加"生态农业新模式，形成示范带动效应，加快完善新型农业生产经营体系，培育多样化农业互联网管理服务模式，逐步建立农副产品、农资质量安全追溯体系，促进农业现代化水平明显提升。（农业部、发展改革委、科技部、商务部、质检总局、食品药品监管总局、林业局等负责）

1. 构建新型农业生产经营体系。鼓励互联网企业建立农业服务平台，支撑专业大户、家庭农场、农民合作社、农业产业化龙头企业等新型农业生产经营主体，加强产销衔接，实现农业生产由生产导向向消费导向转变。提高农业生产经营的科技化、组织化和精细化水平，推进农业生产流通销售方式变革和农业发展方式转变，提升农业生产效率和增值空间。规范用好农村土地流转公共服务平台，提升土地流转透明度，保障农民权益。

2. 发展精准化生产方式。推广成熟可复制的农业物联网应用模式。在基础较好的领域和地区，普及基于环境感知、实时监测、自动控制的网络化农业环境监测系统。在大宗农产品规模生产区域，构建天地一体的农业物联网测控体系，实施智能节水灌溉、测土配方施肥、农机定位耕种等精准化作业。在畜禽标准化规模养殖基地和水产健康养殖示范基地，推动饲料精准投放、疾病自动诊断、废弃物自动回收等智能设备的应用普及和互联互通。

3. 提升网络化服务水平。深入推进信息进村入户试点，鼓励通过移动互联网为农民提供政策、市场、科技、保险等生产生活信息服务。支持互联网企业与农业生产经营主体合作，综合利用大数据、云计算等技术，建立农业信息监测体系，为灾害预警、耕地质量监测、重大动植物疫情防控、市场波动预测、经营科学决策等提供服务。

4. 完善农副产品质量安全追溯体系。充分利用现有互联网资源，构建农副产品质量安全追溯公共服务平台，推进制度标准建设，建立产地准出与市场准入衔接机制。支持新型农业生产经营主体利用互联网技术，对生产经营过程进行精细化信息化管理，加快推动移动互联网、物联网、二维码、无线射频识别等信息技术在生产加工和流通销售各环节的推广应用，强化上下游追溯体系对接和信息互通共享，不断扩大追溯体系覆盖面，实现农副产品"从农田到餐桌"全过程可追溯，保障"舌尖上的安全"。

### （四）"互联网+"智慧能源

通过互联网促进能源系统扁平化，推进能源生产与消费模式革命，提高能源利用效率，推动节能减排。加强分布式能源网络建设，提高可再生能源占比，促进能源利用结构优化。加快发电设施、用电设施和电网智能化改造，提高电力系统的安全性、稳定性和可靠性。（能源局、发展改革委、工业和信息化部等负责）

1. 推进能源生产智能化。建立能源生产运行的监测、管理和调度信息公共服务网络，加强能源产业链上下游企业的信息对接和生产消费智能化，支撑电厂和电网协调运行，促进非化石能源与化石能源协同发电。鼓励能源企业运用大数据技术对设备状态、电能负载等数据进行分析挖掘与预测，开展精准调度、故障判断和预测性维护，提高能源利用效率和安全稳定运行水平。

2. 建设分布式能源网络。建设以太阳能、风能等可再生能源为主体的多能源协调互补的能源互联网。突破分布式发电、储能、智能微网、主动配电网等关键技术，构建智能化电力运行监测、管理技术平台，使电力设备和用电终端基于互联网进行双向通信和智能调控，实现分布式电源的及时有效接入，逐步建成开放共享的能源网络。

3. 探索能源消费新模式。开展绿色电力交易服务区域试点，推进以智能电网为配送平台，以电子商务为交易平台，融合储能设施、物联网、智能用电设施等硬件以及碳交易、互联网金融等衍生服务于一体的绿色能源网络发展，实现绿色电力的点到点交易及实时配送和补贴结算。进一步加强能源生产和消费协调匹配，推进电动汽车、港口岸电等电能替代技术的应用，推广电力需求侧管理，提高能源利用效率。基于分布式能源网络，发展用户端智能化用能、能源共享经济和能源自由交易，促进能源消费生态体系建设。

4. 发展基于电网的通信设施和新型业务。推进电力光纤到户工程，完善能源互联网信息通信系统。统筹部署电网和通信网深度融合的网络基础设施，实现同缆传输、共建共享，避免重复建设。鼓励依托智能电网发展家庭能效管理等新型业务。

## （五）"互联网+"普惠金融

促进互联网金融健康发展，全面提升互联网金融服务能力和普惠水平，鼓励互联网与银行、证券、保险、基金的融合创新，为大众提供丰富、安全、便捷的金融产品和服务，更好满足不同层次实体经济的投融资需求，培育一批具有行业影响力的互联网金融创新型企业。（人民银行、银监会、证监会、保监会、发展改革委、工业和信息化部、网信办等负责）

1. 探索推进互联网金融云服务平台建设。探索互联网企业构建互联网金融云服务平台。在保证技术成熟和业务安全的基础上，支持金融企业与云计算技术提供商合作开展金融公共云服务，提供多样化、个性化、精准化的金融产品。支持银行、证券、保险企业稳妥实施系统架构转型，鼓励探索利用云服务平台开展金融核心业务，提供基于金融云服务平台的信用、认证、接口等公共服务。

2. 鼓励金融机构利用互联网拓宽服务覆盖面。鼓励各金融机构利用云计算、移动互联网、大数据等技术手段，加快金融产品和服务创新，在更广泛地区提供便利的存贷款、支付结算、信用中介平台等金融服务，拓宽普惠金融服务范围，为实体经济发展提供有效支撑。支持金融机构和互联网企业依法合规开展网络借贷、网络证券、网络保险、互联网基金销售等业务。扩大专业互联网保险公司试点，充分发挥保险业在防范互联网金融风险中的作用。推动金融集成电路卡（IC卡）全面应用，提升电子现金的使用率和便捷性。发挥移动金融安全可信公共服务平台（MTPS）的作用，积极推动商业银行开展移动金融创新应用，促进移动金融在电子商务、公共服务等领域的规模应用。支持银行业金融机构借助互联网技术发展消费信贷业务，支持金融租赁公司利用互联网技术开展金融租赁业务。

3. 积极拓展互联网金融服务创新的深度和广度。鼓励互联网企业依法合规提供创新金融产品和服务，更好满足中小微企业、创新型企业和个人的投融资需求。规范发展网络借贷和互联网消费信贷业务，探索互联网金融服务创新。积极引导风险投资基金、私募股权投资基金和产业投资基金投资于互联网金融企业。利用大数据发展市场化个人征信业务，加快网络征信和信用评价体系建设。加强互联网金融消费权益保护和投资者保护，建立多元化金融消费纠纷解决机制。改进和完善互网金融监管，提高金融服务安全性，有效防范互联网金融风险及其外溢效应。

## （六）"互联网+"益民服务

充分发挥互联网的高效、便捷优势，提高资源利用效率，降低服务消费成本。大力发展以互联网为载体、线上线下互动的新兴消费，加快发展基于互联网的医疗、健康、养老、教育、旅游、社会保障等新兴服务，创新政府服务模式，提升政府科学决策能力和管理水平。（发展改革委、教育部、工业和信息化部、民政部、人力资源社会保障部、商务部、卫生计生委、质检总局、食品药品监管总局、林业局、旅游局、网信办、信访局等负责）

1. 创新政府网络化管理和服务。加快互联网与政府公共服务体系的深度融合，推动公共数据资源开放，促进公共服务创新供给和服务资源整合，构建面向公众的一体化在线公共服务体系。积极探索公众参与的网络化社会管理服务新模式，充分利用互联网、移动互联网应用平台等，加快推进政务新媒体发展建设，加强政府与公众的沟通交流，提高政府公共管理、公共服务和公共政策制定的响应速度，提升政府科学决策能力和社会治理水平，促进政府职能转变和简政放权。深入推进网上信访，提高信访工作质量、效率和公信力。鼓励政府和互联网企业合作建立信用信息共享平台，探索开展一批社会治理互联网应用试点，打通政府部门、企事业单位之间的数据壁垒，利用大数据分析手段，提升各级政府的社会治理能力。加强对"互联网+"行动的宣传，提高公众参与度。

2. 发展便民服务新业态。发展体验经济，支持实体零售商综合利用网上商店、移动支付、智能试衣等新技术，打造体验式购物模式。发展社区经济，在餐饮、娱乐、家政等领域培育线上线下结合的社区服务新模式。发展共享经济，规范发展网络约租车，积极推广在线租房等新业态，着力破除准入门槛高、服务规范难、个人征信缺失等瓶颈制约。发展基于互联网的文化、媒体和旅游等服务，培育形式多样的新型业态。积极推广基于移动互联网入口的城市服务，开展网上社保办理、个人社保权益查询、跨地区医保结算等互联网应用，让老百姓足不出户享受便捷高效的服务。

3. 推广在线医疗卫生新模式。发展基于互联网的医疗卫生服务，支持第三方机构构建医学影像、健康档案、检验报告、电子病历等医疗信息共享服务平台，逐步建立跨医院的医疗数据共享交换标准体系。积极利用移动互联网提供在线预约诊疗、候诊提醒、划价缴费、诊疗报告查询、药品配送等便捷服务。引导医疗机构面向中小城市和农村地区开展基层检查、上级诊断等远程医疗服务。鼓励互联网企业与医疗机构合作建立医疗网络信息平台，加强区域医疗卫生服务资源整合，充分利用互联网、大数据等手段，提高重大疾病和突发公共卫生事件防控能力。积极探索互联网延伸医嘱、电子处方等网络医疗健康服务应用。鼓励有资质的医学检验机构、医疗服务机构联合互联网企业，发展基因检测、疾病预防等健康服务模式。

4. 促进智慧健康养老产业发展。支持智能健康产品创新和应用，推广全面量化健康生活新方式。鼓励健康服务机构利用云计算、大数据等技术搭建公共信息平台，提供长期跟踪、预测预警的个性化健康管理服务。发展第三方在线健康市场调查、咨询评价、预防管理等应用服务，提升规范化和专业化运营水平。依托现有互联网资源和社会力量，以社区为基础，搭建养老信息服务网络平台，提供护理看护、健康管理、康复照料等居家养老服务。鼓励养老服务机构应用基于移动互联网的便携式体检、紧急呼叫监控等设备，提高养老服务水平。

5. 探索新型教育服务供给方式。鼓励互联网企业与社会教育机构根据市场需求开发数字教育资源，提供网络化教育服务。鼓励学校利用数字教育资源及教育服务平台，逐步探索网络化教育新模式，扩大优质教育资源覆盖面，促进教育公平。鼓励学校通过与互联网企业合作等方式，对接线上线下教育资源，探索基础教育、职业教育等教育公共服务提供新方式。推动开展学历教育在线课程资源共享，推广大规模在线开放课程等网络学习模式，探索建立网络学习学分认定与学分转换等制度，加快推动高等教育服务模式变革。

### （七）"互联网+"高效物流

加快建设跨行业、跨区域的物流信息服务平台，提高物流供需信息对接和使用效率。鼓励大数据、云计算在物流领域的应用，建设智能仓储体系，优化物流运作流程，提升物流仓储的自动化、智能化水平和运转效率，降低物流成本。（发展改革委、商务部、交通运输部、网信办等负责）

1. 构建物流信息共享互通体系。发挥互联网信息集聚优势，聚合各类物流信息资源，鼓励骨干物流企业和第三方机构搭建面向社会的物流信息服务平台，整合仓储、运输和配送信息，开展物流全程监测、预警，提高物流安全、环保和诚信水平，统筹优化社会物流资源配置。构建互通省际、下达市县、兼顾乡村的物流信息互联网络，建立各类可开放数据的对接机制，加快完善物流信息交换开放标准体系，在更广范围促进物流信息充分共享与互联互通。

2. 建设深度感知智能仓储系统。在各级仓储单元积极推广应用二维码、无线射频识别等物联网感知技术和大数据技术，实现仓储设施与货物的实时跟踪、网络化管理以及库存信息的高度共享，提高货物调度效率。鼓励应用智能化物流装备提升仓储、运输、分拣、包装等作业效率，提高各类复杂订单的出货处理能力，缓解货物囤积停滞瓶颈制约，提升仓储运管水平和效率。

3. 完善智能物流配送调配体系。加快推进货运车联网与物流园区、仓储设施、配送网点等信息互联，促进人员、货源、车源等信息高效匹配，有效降低货车空驶率，提高配送效率。鼓励发展社区自提柜、冷链储藏柜、代收服务点等新型社区化配送模式，结合构建物流信息互联网络，加快推进县到村的物流配送网络和村级配送网点建设，解决物流配送"最后一公里"问题。

### （八）"互联网+"电子商务

巩固和增强我国电子商务发展领先优势，大力发展农村电商、行业电商和跨境电商，进一步扩大电子商务发展空间。电子商务与其他产业的融合不断深化，网络化生产、流通、消费更加普及，标准规范、公共服务等支撑环境基本完善。（发展改革委、商务部、工业和信息化部、交通运输部、农业部、海关总署、税务总局、质检总局、网信办等负责）

1. 积极发展农村电子商务。开展电子商务进农村综合示范，支持新型农业经营主体和农产品、农资批发市场对接电商平台，积极发展以销定产模式。完善农村电子商务配送及综合服务网络，着力解决农副产品标准化、物流标准化、冷链仓储建设等关键问题，发展农产品个性化定制服务。开展生鲜农产品和农业生产资料电子商务试点，促进农业大宗商品电子商务发展。

2. 大力发展行业电子商务。鼓励能源、化工、钢铁、电子、轻纺、医药等行业企业，积极利用电子商务平台优化采购、分销体系，提升企业经营效率。推动各类专业市场线上转型，引导传统商贸流通企业与电子商务企业整合资源，积极向供应链协同平台转型。鼓励生产制造企业面向个性化、定制化消费需求深化电子商务应用，支持设备制造企业利用电子商务平台开展融资租赁服务，鼓励中小微企业扩大电子商务应用。按照市场化、专业化方向，大力推广电子招标投标。

3. 推动电子商务应用创新。鼓励企业利用电子商务平台的大数据资源，提升企业精准营销能力，激发市场消费需求。建立电子商务产品质量追溯机制，建设电子商务售后服务质量检测云平台，完善互联网质量信息公共服务体系，解决消费者维权难、退货难、产品责任追溯难等问题。加强互联网食品药品市场监测监管体系建设，积极探索处方药电子商务销售和监管模式创新。鼓励企业利用移动社交、新媒体等新渠道，发展社交电商、"粉丝"经济等网络营销新模式。

4. 加强电子商务国际合作。鼓励各类跨境电子商务服务商发展，完善跨境物流体系，拓展全球经贸合作。推进跨境电子商务通关、检验检疫、结汇等关键环节单一窗口综合服务体系建设。创新跨境权益保障机制，利用合格评定手段，推进国际互认。创新跨境电子商务管理，促进信息网络畅通、跨境物流便捷、支付及结汇无障碍、税收规范便利、市场及贸易规则互认互通。

## （九）"互联网＋"便捷交通

加快互联网与交通运输领域的深度融合，通过基础设施、运输工具、运行信息等互联网化，推进基于互联网平台的便捷化交通运输服务发展，显著提高交通运输资源利用效率和管理精细化水平，全面提升交通运输行业服务品质和科学治理能力。（发展改革委、交通运输部共同牵头）

1. 提升交通运输服务品质。推动交通运输主管部门和企业将服务性数据资源向社会开放，鼓励互联网平台为社会公众提供实时交通运行状态查询、出行路线规划、网上购票、智能停车等服务，推进基于互联网平台的多种出行方式信息服务对接和一站式服务。加快完善汽车健康档案、维修诊断和服务质量信息服务平台建设。

2. 推进交通运输资源在线集成。利用物联网、移动互联网等技术，进一步加强对公路、铁路、民航、港口等交通运输网络关键设施运行状态与通行信息的采集。推动跨地域、跨类型交通运输信息互联互通，推广船联网、车联网等智能化技术应用，形成更加完善的交通运输感知体系，提高基础设施、运输工具、运行信息等要素资源的在线化水平，全面支撑故障预警、运行维护以及调度智能化。

3. 增强交通运输科学治理能力。强化交通运输信息共享，利用大数据平台挖掘分析人口迁徙规律、公众出行需求、枢纽客流规模、车辆船舶行驶特征等，为优化交通运输设施规划与建设、安全运行控制、交通运输管理决策提供支撑。利用互联网加强对交通运输违章违规行为的智能化监管，不断提高交通运输治理能力。

## （十）"互联网＋"绿色生态

推动互联网与生态文明建设深度融合，完善污染物监测及信息发布系统，形成覆盖主要生态要素的资源环境承载能力动态监测网络，实现生态环境数据互联互通和开放共享。充分发挥互联网在逆向物流回收体系中的平台作用，促进再生资源交易利用便捷化、互动化、透明化，促进生产生活方式绿色化（发展改革委、环境保护部、商务部、林业局等负责）

1. 加强资源环境动态监测。针对能源、矿产资源、水、大气、森林、草原、湿地、海洋等各类生态要素，充分利用多维地理信息系统、智慧地图等技术，结合互联网大数据分析，优化监测站点布局，扩大动态监控范围，构建资源环境承载能力立体监控系统。依托现有互联网、云计算平台，逐步实现各级政府资源环境动态监测信息互联共享。加强重点用能单位能耗在线监测和大数据分析。

2. 大力发展智慧环保。利用智能监测设备和移动互联网，完善污染物排放在线监测系统，增加监测污染物种类，扩大监测范围，形成全天候、多层次的智能多源感知体系。建立环境信息数据共享机制，统一数据交换标准，推进区域污染物排放、空气环境质量、水环境质量等信息公开，通过互联网实现面向公众的在线查询和定制推送。加强对企业环保信用数据的采集整理，将企业环保信用记录纳入全国统一的信用信息共享交换平台。完善环境预警和风险监测信息网络，提升重金属、危险废物、危险化学品等重点风险防范水平和应急处理能力。

3. 完善废旧资源回收利用体系。利用物联网、大数据开展信息采集、数据分析、流向监测，优化逆向物流网点布局。支持利用电子标签、二维码等物联网技术跟踪电子废物流向，鼓励互联网企业参与搭建城市废弃物回收平台，创新再生资源回收模式。加快推进汽车保险信息系统、"以旧换再"管理系统和报废车管理系统的标准化、规范化和互联互通，加强废旧汽车及零部件的回收利用信息管理，为互联网企业开展业务创新和便民服务提供数据支撑。

4. 建立废弃物在线交易系统。鼓励互联网企业积极参与各类产业园区废弃物信息平台建设，推动现有骨干再生资源交易市场向线上线下结合转型升级，逐步形成行业性、区域性、全国性的产业废弃物和再生资源在线交易系统，完善线上信用评价和供应链融资体系，开展在线竞价，发布价格交易指数，提高稳定供给能力，增强主要再生资源品种的定价权。

### （十一）"互联网+"人工智能

依托互联网平台提供人工智能公共创新服务，加快人工智能核心技术突破，促进人工智能在智能家居、智能终端、智能汽车、机器人等领域的推广应用，培育若干引领全球人工智能发展的骨干企业和创新团队，形成创新活跃、开放合作、协同发展的产业生态。（发展改革委、科技部、工业和信息化部、网信办等负责）

1. 培育发展人工智能新兴产业。建设支撑超大规模深度学习的新型计算集群，构建包括语音、图像、视频、地图等数据的海量训练资源库，加强人工智能基础资源和公共服务等创新平台建设。进一步推进计算机视觉、智能语音处理、生物特征识别、自然语言理解、智能决策控制以及新型人机交互等关键技术的研发和产业化，推动人工智能在智能产品、工业制造等领域规模商用，为产业智能化升级夯实基础。

2. 推进重点领域智能产品创新。鼓励传统家居企业与互联网企业开展集成创新，不断提升家居产品的智能化水平和服务能力，创造新的消费市场空间。推动汽车企业与互联网企业设立跨界交叉的创新平台，加快智能辅助驾驶、复杂环境感知、车载智能设备等技术产品的研发与应用。支持安防企业与互联网企业开展合作,发展和推广图像精准识别等大数据分析技术,提升安防产品的智能化服务水平。

3. 提升终端产品智能化水平。着力做大高端移动智能终端产品和服务的市场规模，提高移动智能终端核心技术研发及产业化能力。鼓励企业积极开展差异化细分市场需求分析，大力丰富可穿戴设备的应用服务，提升用户体验。推动互联网技术以及智能感知、模式识别、智能分析、智能控制等智能技术在机器人领域的深入应用，大力提升机器人产品在传感、交互、控制等方面的性能和智能化水平，提高核心竞争力。

## 三、保障支撑

### （一）夯实发展基础

1. 巩固网络基础。加快实施"宽带中国"战略，组织实施国家新一代信息基础设施建设工程，推进宽带网络光纤化改造,加快提升移动通信网络服务能力,促进网间互联互通,大幅提高网络访问速率,有效降低网络资费,完善电信普遍服务补偿机制,支持农村及偏远地区宽带建设和运行维护,使互联网下沉为各行业、各领域、各区域都能使用,人、机、物泛在互联的基础设施。增强北斗卫星全球服务能力,构建天地一体化互联网络。加快下一代互联网商用部署,加强互联网协议第6版(IPv6)地址管理、标识管理与解析,构建未来网络创新试验平台。研究工业互联网网络架构体系,构建开放式国家创新试验验证平台。(发展改革委、工业和信息化部、财政部、国资委、网信办等负责)

2. 强化应用基础。适应重点行业融合创新发展需求,完善无线传感网、行业云及大数据平台等新型应用基础设施。实施云计算工程,大力提升公共云服务能力,引导行业信息化应用向云计算平台迁移,加快内容分发网络建设,优化数据中心布局。加强物联网网络架构研究,组织开展国家物联网重大应用示范,鼓励具备条件的企业建设跨行业物联网运营和支撑平台。(发展改革委、工业和信息化部等负责)

3. 做实产业基础。着力突破核心芯片、高端服务器、高端存储设备、数据库和中间件等产业薄弱环节的技术瓶颈,加快推进云操作系统、工业控制实时操作系统、智能终端操作系统的研发和应用。大力发展云计算、大数据等解决方案以及高端传感器、工控系统、人机交互等软硬件基础产品。运用互联网理念,构建以骨干企业为核心、产学研用高效整合的技术产业集群,打造国际先进、自主可控的产业体系。(工业和信息化部、发展改革委、科技部、网信办等负责)

4. 保障安全基础。制定国家信息领域核心技术设备发展时间表和路线图,提升互联网安全管理、态势感知和风险防范能力,加强信息网络基础设施安全防护和用户个人信息保护。实施国家信息安全专项,开展网络安全应用示范,提高"互联网+"安全核心技术和产品水平。按照信息安全等级保护等制度和网络安全国家标准的要求,加强"互联网+"关键领域重要信息系统的安全保障。建设完善网络安全监测评估、监督管理、标准认证和创新能力体系。重视融合带来的安全风险,完善网络数据共享、利用等的安全管理和技术措施,探索建立以行政评议和第三方评估为基础的数据安全流动认证体系,完善数据跨境流动管理制度,确保数据安全。(网信办、发展改革委、科技部、工业和信息化部、公安部、安全部、质检总局等负责)

## (二)强化创新驱动

1. 加强创新能力建设。鼓励构建以企业为主导,产学研用合作的"互联网+"产业创新网络或产业技术创新联盟。支持以龙头企业为主体,建设跨界交叉领域的创新平台,并逐步形成创新网络。鼓励国家创新平台向企业特别是中小企业在线开放,加大国家重大科研基础设施和大型科研仪器等网络化开放力度。(发展改革委、科技部、工业和信息化部、网信办等负责)

2. 加快制定融合标准。按照共性先立、急用先行的原则,引导工业互联网、智能电网、智慧城市等领域基础共性标准、关键技术标准的研制及推广。加快与互联网融合应用的工控系统、智能专用装备、智能仪表、智能家居、车联网等细分领域的标准化工作。不断完善"互联网+"融合标准体系,同步推进国际国内标准化工作,增强在国际标准化组织(ISO)、国际电工委员会(IEC)和国际电信联盟(ITU)等国际组织中的话语权。(质检总局、工业和信息化部、网信办、能源局等负责)

3. 强化知识产权战略。加强融合领域关键环节专利导航,引导企业加强知识产权战略储备与布局。加快推进专利基础信息资源开放共享,支持在线知识产权服务平台建设,鼓励服务模式创新,提升知识产权服务附加值,支持中小微企业知识产权创造和运用。加强网络知识产权和专利执法维权工作,严厉打击各种网络侵权假冒行为。增强全社会对网络知识产权的保护意识,推动建立"互联网+"知识产权保护联盟,加大对新业态、新模式等创新成果的保护力度。(知识产权局牵头)

4. 大力发展开源社区。鼓励企业自主研发和国家科技计划(专项、基金等)支持形成的软件成果通过互联网向社会开源。引导教育机构、社会团体、企业或个人发起开源项目,积极参加国际开源项目,支持组建开源社区和开源基金会。鼓励企业依托互联网开源模式构建新型生态,促进互联网开源社区与标准规范、知识产权等机构的对接与合作。(科技部、工业和信息化部、质检总局、知识产权局等负责)

### (三)营造宽松环境

1. 构建开放包容环境。贯彻落实《中共中央国务院关于深化体制机制改革加快实施创新驱动发展战略的若干意见》,放宽融合性产品和服务的市场准入限制,制定实施各行业互联网准入负面清单,允许各类主体依法平等进入未纳入负面清单管理的领域。破除行业壁垒,推动各行业、各领域在技术、标准、监管等方面充分对接,最大限度减少事前准入限制,加强事中事后监管。继续深化电信体制改革,有序开放电信市场,加快民营资本进入基础电信业务。加快深化商事制度改革,推进投资贸易便利化。(发展改革委、网信办、教育部、科技部、工业和信息化部、民政部、商务部、卫生计生委、工商总局、质检总局等负责)

2. 完善信用支撑体系。加快社会征信体系建设,推进各类信用信息平台无缝对接,打破信息孤岛。加强信用记录、风险预警、违法失信行为等信息资源在线披露和共享,为经营者提供信用信息查询、企业网上身份认证等服务。充分利用互联网积累的信用数据,对现有征信体系和评测体系进行补充和完善,为经济调节、市场监管、社会管理和公共服务提供有力支撑。(发展改革委、人民银行、工商总局、质检总局、网信办等负责)

3. 推动数据资源开放。研究出台国家大数据战略,显著提升国家大数据掌控能力。建立国家政府信息开放统一平台和基础数据资源库,开展公共数据开放利用改革试点,出台政府机构数据开放管理规定。按照重要性和敏感程度分级分类,推进政府和公共信息资源开放共享,支持公众和小微企业充分挖掘信息资源的商业价值,促进互联网应用创新。(发展改革委、工业和信息化部、国务院办公厅、网信办等负责)

4. 加强法律法规建设。针对互联网与各行业融合发展的新特点,加快"互联网+"相关立法工作,研究调整完善不适应"互联网+"发展和管理的现行法规及政策规定。落实加强网络信息保护和信息公开有关规定,加快推动制定网络安全、电子商务、个人信息保护、互联网信息服务管理等法律法规。完善反垄断法配套规则,进一步加大反垄断法执行力度,严格查处信息领域企业垄断行为,营造互联网公平竞争环境。(法制办、网信办、发展改革委、工业和信息化部、公安部、安全部、商务部、工商总局等负责)

### (四)拓展海外合作

1. 鼓励企业抱团出海。结合"一带一路"等国家重大战略,支持和鼓励具有竞争优势的互联网企业联合制造、金融、信息通信等领域企业率先走出去,通过海外并购、联合经营、设立分支机构等方式,相互借力,共同开拓国际市场,推进国际产能合作,构建跨境产业链体系,增强全球竞争力。(发展改革委、外交部、工业和信息化部、商务部、网信办等负责)

2. 发展全球市场应用。鼓励"互联网+"企业整合国内外资源,面向全球提供工业云、供应链管理、大数据分析等网络服务,培育具有全球影响力的"互联网+"应用平台。鼓励互联网企业积极拓展海外用户,推出适合不同市场文化的产品和服务。(商务部、发展改革委、工业和信息化部、网信办等负责)

3. 增强走出去服务能力。充分发挥政府、产业联盟、行业协会及相关中介机构作用,形成支持"互联网+"企业走出去的合力。鼓励中介机构为企业拓展海外市场提供信息咨询、法律援助、税务中介等服务。支持行业协会、产业联盟与企业共同推广中国技术和中国标准,以技术标准走出去带动产品和服务在海外推广应用。(商务部、外交部、发展改革委、工业和信息化部、税务总局、质检总局、网信办等负责)

### (五)加强智力建设

1. 加强应用能力培训。鼓励地方各级政府采用购买服务的方式,向社会提供互联网知识技能培训,支持相关研究机构和专家开展"互联网+"基础知识和应用培训。鼓励传统企业与互联网企业建立信息咨询、人才交流等合作机制,促进双方深入交流合作。加强制造业、农业等领域人才特别是企业高层管理人员的互联网技能培训,鼓励互联网人才与传统行业人才双向流动。(科技部、工业和信息化部、人力资源社会保障部、网信办等负责)

2. 加快复合型人才培养。面向"互联网+"融合发展需求,鼓励高校根据发展需要和学校办学能力设置相关专业,注重将国内外前沿研究成果尽快引入相关专业教学中。鼓励各类学校聘请互联网领域高级人才作为兼职教师,加强"互联网+"领域实验教学。(教育部、发展改革委、科技部、工业和信息化部、人力资源社会保障部、网信办等负责)

3. 鼓励联合培养培训。实施产学合作专业综合改革项目,鼓励校企、院企合作办学,推进"互联网+"专业技术人才培训。深化互联网领域产教融合,依托高校、科研机构、企业的智力资源和研究平台,建立一批联合实训基地。建立企业技术中心和院校对接机制,鼓励企业在院校建立"互联网+"研发机构和实验中心。(教育部、发展改革委、科技部、工业和信息化部、人力资源社会保障部、网信办等负责)

4. 利用全球智力资源。充分利用现有人才引进计划和鼓励企业设立海外研发中心等多种方式,引进和培养一批"互联网+"领域高端人才。完善移民、签证等制度,形成有利于吸引人才的分配、激励和保障机制,为引进海外人才提供有利条件。支持通过任务外包、产业合作、学术交流等方式,充分利用全球互联网人才资源。吸引互联网领域领军人才、特殊人才、紧缺人才在我国创业创新和从事教学科研等活动。(人力资源社会保障部、发展改革委、教育部、科技部、网信办等负责)

### (六)加强引导支持

1. 实施重大工程包。选择重点领域,加大中央预算内资金投入力度,引导更多社会资本进入,分步骤组织实施"互联网+"重大工程,重点促进以移动互联网、云计算、大数据、物联网为代表的新一代信息技术与制造、能源、服务、农业等领域的融合创新,发展壮大新兴业态,打造新的产业增长点。(发展改革委牵头)

2. 加大财税支持。充分发挥国家科技计划作用,积极投向符合条件的"互联网+"融合创新关键技术研发及应用示范。统筹利用现有财政专项资金,支持"互联网+"相关平台建设和应用示范等。

加大政府部门采购云计算服务的力度，探索基于云计算的政务信息化建设运营新机制。鼓励地方政府创新风险补偿机制，探索"互联网+"发展的新模式。（财政部、税务总局、发展改革委、科技部、网信办等负责）

3. 完善融资服务。积极发挥天使投资、风险投资基金等对"互联网+"的投资引领作用。开展股权众筹等互联网金融创新试点，支持小微企业发展。支持国家出资设立的有关基金投向"互联网+"，鼓励社会资本加大对相关创新型企业的投资。积极发展知识产权质押融资、信用保险保单融资增信等服务，鼓励通过债券融资方式支持"互联网+"发展，支持符合条件的"互联网+"企业发行公司债券。开展产融结合创新试点，探索股权和债权相结合的融资服务。降低创新型、成长型互联网企业的上市准入门槛，结合证券法修订和股票发行注册制改革，支持处于特定成长阶段、发展前景好但尚未盈利的互联网企业在创业板上市。推动银行业金融机构创新信贷产品与金融服务，加大贷款投放力度。鼓励开发性金融机构为"互联网+"重点项目建设提供有效融资支持。（人民银行、发展改革委、银监会、证监会、保监会、网信办、开发银行等负责）

### （七）做好组织实施

1. 加强组织领导。建立"互联网+"行动实施部际联席会议制度，统筹协调解决重大问题，切实推动行动的贯彻落实。联席会议设办公室，负责具体工作的组织推进。建立跨领域、跨行业的"互联网+"行动专家咨询委员会，为政府决策提供重要支撑。（发展改革委牵头）

2. 开展试点示范。鼓励开展"互联网+"试点示范，推进"互联网+"区域化、链条化发展。支持全面创新改革试验区、中关村等国家自主创新示范区、国家现代农业示范区先行先试，积极开展"互联网+"创新政策试点，破除新兴产业行业准入、数据开放、市场监管等方面政策障碍，研究适应新兴业态特点的税收、保险政策，打造"互联网+"生态体系。（各部门、各地方政府负责）

3. 有序推进实施。各地区、各部门要主动作为，完善服务，加强引导，以动态发展的眼光看待"互联网+"，在实践中大胆探索拓展，相互借鉴"互联网+"融合应用成功经验，促进"互联网+"新业态、新经济发展。有关部门要加强统筹规划，提高服务和管理能力。各地区要结合实际，研究制定适合本地的"互联网+"行动落实方案，因地制宜，合理定位，科学组织实施，杜绝盲目建设和重复投资，务实有序推进"互联网+"行动。（各部门、各地方政府负责）

国务院<br>
2015年7月1日

# 国务院办公厅关于推进城市地下综合管廊建设的指导意见

国办发 [2015] 61 号

各省、自治区、直辖市人民政府，国务院各部委、各直属机构：

地下综合管廊是指在城市地下用于集中敷设电力、通信、广播电视、给水、排水、热力、燃气等市政管线的公共隧道。我国正处在城镇化快速发展时期，地下基础设施建设滞后。推进城市地下综合管廊建设，统筹各类市政管线规划、建设和管理，解决反复开挖路面、架空线网密集、管线事故频发等问题，有利于保障城市安全、完善城市功能、美化城市景观、促进城市集约高效和转型发展，有利于提高城市综合承载能力和城镇化发展质量，有利于增加公共产品有效投资、拉动社会资本投入、打造经济发展新动力。为切实做好城市地下综合管廊建设工作，经国务院同意，现提出以下意见：

## 一、总体要求

（一）指导思想。全面贯彻落实党的十八大和十八届二中、三中、四中全会精神，按照《国务院关于加强城市基础设施建设的意见》（国发〔2013〕36号）和《国务院办公厅关于加强城市地下管线建设管理的指导意见》（国办发〔2014〕27号）有关部署，适应新型城镇化和现代化城市建设的要求，把地下综合管廊建设作为履行政府职能、完善城市基础设施的重要内容，在继续做好试点工程的基础上，总结国内外先进经验和有效做法，逐步提高城市道路配建地下综合管廊的比例，全面推动地下综合管廊建设。

（二）工作目标。到2020年，建成一批具有国际先进水平的地下综合管廊并投入运营，反复开挖地面的"马路拉链"问题明显改善，管线安全水平和防灾抗灾能力明显提升，逐步消除主要街道蜘蛛网式架空线，城市地面景观明显好转。

（三）基本原则

——坚持立足实际，加强顶层设计，积极有序推进，切实提高建设和管理水平。

——坚持规划先行，明确质量标准，完善技术规范，满足基本公共服务功能。

——坚持政府主导，加大政策支持，发挥市场作用，吸引社会资本广泛参与。

## 二、统筹规划

（四）编制专项规划。各城市人民政府要按照"先规划、后建设"的原则，在地下管线普查的基础上，统筹各类管线实际发展需要，组织编制地下综合管廊建设规划，规划期限原则上应与城市总体规划相一致。结合地下空间开发利用、各类地下管线、道路交通等专项建设规划，合理确定地下综合管廊建设布局、管线种类、断面形式、平面位置、竖向控制等，明确建设规模和时序，综合考虑城市发展远景，预留和控制有关地下空间。建立建设项目储备制度，明确五年项目滚动规划和年度建设计划，积极、稳妥、有序推进地下综合管廊建设。

（五）完善标准规范。根据城市发展需要抓紧制定和完善地下综合管廊建设和抗震防灾等方面的国家标准。地下综合管廊工程结构设计应考虑各类管线接入、引出支线的需求，满足抗震、人防和综合防灾等需要。地下综合管廊断面应满足所在区域所有管线入廊的需要，符合入廊管线敷设、增容、运行和维护检修的空间要求，并配建行车和行人检修通道，合理设置出入口，便于维修和更换管道。地下综合管廊应配套建设消防、供电、照明、通风、给排水、视频、标识、安全与报警、智能管理等附属设施，提高智能化监控管理水平，确保管廊安全运行。要满足各类管线独立运行维护和安全管理需要，避免产生相互干扰。

## 三、有序建设

（六）划定建设区域。从2015年起，城市新区、各类园区、成片开发区域的新建道路要根据功能需求，同步建设地下综合管廊；老城区要结合旧城更新、道路改造、河道治理、地下空间开发等，因地制宜、统筹安排地下综合管廊建设。在交通流量较大、地下管线密集的城市道路、轨道交通、地下综合体等地段，城市高强度开发区、重要公共空间、主要道路交叉口、道路与铁路或河流的交叉处，以及道路宽度难以单独敷设多种管线的路段，要优先建设地下综合管廊。加快既有地面城市电网、通信网络等架空线入地工程。

（七）明确实施主体。鼓励由企业投资建设和运营管理地下综合管廊。创新投融资模式，推广运用政府和社会资本合作（PPP）模式，通过特许经营、投资补贴、贷款贴息等形式，鼓励社会资本组建项目公司参与城市地下综合管廊建设和运营管理，优化合同管理，确保项目合理稳定回报。优先鼓励入廊管线单位共同组建或与社会资本合作组建股份制公司，或在城市人民政府指导下组成地下综合管廊业主委员会，公开招标选择建设和运营管理单位。积极培育大型专业化地下综合管廊建设和运营管理企业，支持企业跨地区开展业务，提供系统、规范的服务。

（八）确保质量安全。严格履行法定的项目建设程序，规范招投标行为，落实工程建设各方质量安全主体责任，切实把加强质量安全监管贯穿于规划、建设、运营全过程，建设单位要按规定及时报送工程档案。建立地下综合管廊工程质量终身责任永久性标牌制度，接受社会监督。根据地下综合管廊结构类型、受力条件、使用要求和所处环境等因素，考虑耐久性、可靠性和经济性，科学选择工程材料，主要材料宜采用高性能混凝土和高强钢筋。推进地下综合管廊主体结构构件标准化，积极推广应用预制拼装技术，提高工程质量和安全水平，同时有效带动工业构件生产、施工设备制造等相关产业发展。

## 四、严格管理

（九）明确入廊要求。城市规划区范围内的各类管线原则上应敷设于地下空间。已建设地下综合管廊的区域，该区域内的所有管线必须入廊。在地下综合管廊以外的位置新建管线的，规划部门不予许可审批，建设部门不予施工许可审批，市政道路部门不予掘路许可审批。既有管线应根据实际情况逐步有序迁移至地下综合管廊。各行业主管部门和有关企业要积极配合城市人民政府做好各自管线入廊工作。

（十）实行有偿使用。入廊管线单位应向地下综合管廊建设运营单位交纳入廊费和日常维护费，具体收费标准要统筹考虑建设和运营、成本和收益的关系，由地下综合管廊建设运营单位与入廊管线单位根据市场化原则共同协商确定。入廊费主要根据地下综合管廊本体及附属设施建设成本，以及各入廊管线单独敷设和更新改造成本确定。日常维护费主要根据地下综合管廊本体及附属设施维修、更新等维护成本，以及管线占用地下综合管廊空间比例、对附属设施使用强度等因素合理确定。公益性文化企业的有线电视网入廊，有关收费标准可适当给予优惠。由发展改革委会同住房城乡建设部制定指导意见，引导规范供需双方协商确定地下综合管廊收费标准，形成合理的收费机制。在地下综合管廊运营初期不能通过收费弥补成本的，地方人民政府视情给予必要的财政补贴。

（十一）提高管理水平。城市人民政府要制定地下综合管廊具体管理办法，加强工作指导与监督。地下综合管廊运营单位要完善管理制度，与入廊管线单位签订协议，明确入廊管线种类、时间、费用和责权利等内容，确保地下综合管廊正常运行。地下综合管廊本体及附属设施管理由地下综合管廊建设运营单位负责，入廊管线的设施维护及日常管理由各管线单位负责。管廊建设运营单位与入廊管线单位要分工明确，各司其职，相互配合，做好突发事件处置和应急管理等工作。

## 五、支持政策

（十二）加大政府投入。中央财政要发挥"四两拨千斤"的作用，积极引导地下综合管廊建设，通过现有渠道统筹安排资金予以支持。地方各级人民政府要进一步加大地下综合管廊建设资金投入。省级人民政府要加强地下综合管廊建设资金的统筹，城市人民政府要在年度预算和建设计划中优先安排地下综合管廊项目，并纳入地方政府采购范围。有条件的城市人民政府可对地下综合管廊项目给予贷款贴息。

（十三）完善融资支持。将地下综合管廊建设作为国家重点支持的民生工程，充分发挥开发性金融作用，鼓励相关金融机构积极加大对地下综合管廊建设的信贷支持力度。鼓励银行业金融机构在风险可控、商业可持续的前提下，为地下综合管廊项目提供中长期信贷支持，积极开展特许经营权、收费权和购买服务协议预期收益等担保创新类贷款业务，加大对地下综合管廊项目的支持力度。将地下综合管廊建设列入专项金融债支持范围予以长期投资。支持符合条件的地下综合管廊建设运营企业发行企业债券和项目收益票据，专项用于地下综合管廊建设项目。

城市人民政府是地下综合管廊建设管理工作的责任主体，要加强组织领导，明确主管部门，建立协调机制，扎实推进具体工作；要将地下综合管廊建设纳入政府绩效考核体系，建立有效的督查制度，定期对地下综合管廊建设工作进行督促检查。住房城乡建设部要会同有关部门建立推进地下综合管廊建设工作协调机制，组织设立地下综合管廊专家委员会；抓好地下综合管廊试点工作，尽快形成一批可复制、可推广的示范项目，经验成熟后有效推开，并加强对全国地下综合管廊建设管理工作的指导和监督检查。各管线行业主管部门、管理单位等要各司其职，密切配合，共同有序推动地下综合管廊建设。中央企业、省属企业要配合城市人民政府做好所属管线入地入廊工作。

国务院办公厅<br>
2015 年 8 月 3 日

# 国务院关于大力发展电子商务加快培育经济新动力的意见

国发 [2015] 24 号

各省、自治区、直辖市人民政府，国务院各部委、各直属机构：

近年来我国电子商务发展迅猛，不仅创造了新的消费需求，引发了新的投资热潮，开辟了就业增收新渠道，为大众创业、万众创新提供了新空间，而且电子商务正加速与制造业融合，推动服务业转型升级，催生新兴业态，成为提供公共产品、公共服务的新力量，成为经济发展新的原动力。与此同时，电子商务发展面临管理方式不适应、诚信体系不健全、市场秩序不规范等问题，亟需采取措施予以解决。当前，我国已进入全面建成小康社会的决定性阶段，为减少束缚电子商务发展的机制体制障碍，进一步发挥电子商务在培育经济新动力，打造"双引擎"、实现"双目标"等方面的重要作用，现提出以下意见：

## 一、指导思想、基本原则和主要目标

（一）指导思想。全面贯彻党的十八大和十八届二中、三中、四中全会精神，按照党中央、国务院决策部署，坚持依靠改革推动科学发展，主动适应和引领经济发展新常态，着力解决电子商务发展中的深层次矛盾和重大问题，大力推进政策创新、管理创新和服务创新，加快建立开放、规范、诚信、安全的电子商务发展环境，进一步激发电子商务创新动力、创造潜力、创业活力，加速推动经济结构战略性调整，实现经济提质增效升级。

（二）基本原则。一是积极推动。主动作为、支持发展。积极协调解决电子商务发展中的各种矛盾与问题。在政府资源开放、网络安全保障、投融资支持、基础设施和诚信体系建设等方面加大服务力度。推进电子商务企业税费合理化，减轻企业负担。进一步释放电子商务发展潜力，提升电子商务创新发展水平。二是逐步规范。简政放权、放管结合。法无禁止的市场主体即可为，法未授权的政府部门不能为，最大限度减少对电子商务市场的行政干预。在放宽市场准入的同时，要在发展中逐步规范市场秩序，营造公平竞争的创业发展环境，进一步激发社会创业活力，拓宽电子商务创新发展领域。三是加强引导。把握趋势、因势利导。加强对电子商务发展中前瞻性、苗头性、倾向性问题的研究，及时在商业模式创新、关键技术研发、国际市场开拓等方面加大对企业的支持引导力度，引领电子商务向打造"双引擎"、实现"双目标"发展，进一步增强企业的创新动力，加速电子商务创新发展步伐。

（三）主要目标。到 2020 年，统一开放、竞争有序、诚信守法、安全可靠的电子商务大市场基本建成。电子商务与其他产业深度融合，成为促进创业、稳定就业、改善民生服务的重要平台，对工业化、信息化、城镇化、农业现代化同步发展起到关键性作用。

## 二、营造宽松发展环境

（四）降低准入门槛。全面清理电子商务领域现有前置审批事项，无法律法规依据的一律取消，严禁违法设定行政许可、增加行政许可条件和程序。（国务院审改办，有关部门按职责分工分别负责）进一步简化注册资本登记，深入推进电子商务领域由"先证后照"改为"先照后证"改革。（工商总局、中央编办）落实《注册资本登记制度改革方案》，放宽电子商务市场主体住所（经营场所）登记条件，完善相关管理措施。（省级人民政府）推进对快递企业设立非法人快递末端网点实施备案制管理。（邮政局）简化境内电子商务企业海外上市审批流程，鼓励电子商务领域的跨境人民币直接投资。（发展改革委、商务部、外汇局、证监会、人民银行）放开外商投资电子商务业务的外方持股比例限制。（工业和信息化部、发展改革委、商务部）探索建立能源、铁路、公共事业等行业电子商务服务的市场化机制。（有关部门按职责分工分别负责）

（五）合理降税减负。从事电子商务活动的企业，经认定为高新技术企业的，依法享受高新技术企业相关优惠政策，小微企业依法享受税收优惠政策。（科技部、财政部、税务总局）加快推进"营改增"，逐步将旅游电子商务、生活服务类电子商务等相关行业纳入"营改增"范围。（财政部、税务总局）

（六）加大金融服务支持。建立健全适应电子商务发展的多元化、多渠道投融资机制。（有关部门按职责分工分别负责）研究鼓励符合条件的互联网企业在境内上市等相关政策。（证监会）支持商业银行、担保存货管理机构及电子商务企业开展无形资产、动产质押等多种形式的融资服务。鼓励商业银行、商业保理机构、电子商务企业开展供应链金融、商业保理服务，进一步拓展电子商务企业融资渠道。（人民银行、商务部）引导和推动创业投资基金，加大对电子商务初创企业的支持。（发展改革委）

（七）维护公平竞争。规范电子商务市场竞争行为，促进建立开放、公平、健康的电子商务市场竞争秩序。研究制定电子商务产品质量监督管理办法，探索建立风险监测、网上抽查、源头追溯、属地查处的电子商务产品质量监督机制，完善部门间、区域间监管信息共享和职能衔接机制。依法打击网络虚假宣传、生产销售假冒伪劣产品、违反国家出口管制法规政策跨境销售两用品和技术、不正当竞争等违法行为，组织开展电子商务产品质量提升行动，促进合法、诚信经营。（工商总局、质检总局、公安部、商务部按职责分工分别负责）重点查处达成垄断协议和滥用市场支配地位的问题，通过经营者集中反垄断审查，防止排除、限制市场竞争的行为。（发展改革委、工商总局、商务部）加强电子商务领域知识产权保护，研究进一步加大网络商业方法领域发明专利保护力度。（工业和信息化部、商务部、海关总署、工商总局、新闻出版广电总局、知识产权局等部门按职责分工分别负责）进一步加大政府利用电子商务平台进行采购的力度。（财政部）各级政府部门不得通过行政命令指定为电子商务提供公共服务的供应商，不得滥用行政权力排除、限制电子商务的竞争。（有关部门按职责分工分别负责）

## 三、促进就业创业

（八）鼓励电子商务领域就业创业。把发展电子商务促进就业纳入各地就业发展规划和电子商务发展整体规划。建立电子商务就业和社会保障指标统计制度。经工商登记注册的网络商户从业人员，同等享受各项就业创业扶持政策。未进行工商登记注册的网络商户从业人员，可认定为灵活就业人员，享受灵活就业人员扶持政策，其中在网络平台实名注册、稳定经营且信誉良好的网络商户创业者，可按规定享受小额担保贷款及贴息政策。支持中小微企业应用电子商务、拓展业务领域，鼓励有条件的地区建设电子商务创业园区，指导各类创业孵化基地为电子商务创业人员提供场地支持和创业孵化服务。加强电子商务企业用工服务，完善电子商务人才供求信息对接机制。（人力资源社会保障部、工业和信息化部、商务部、统计局，地方各级人民政府）

（九）加强人才培养培训。支持学校、企业及社会组织合作办学，探索实训式电子商务人才培养与培训机制。推进国家电子商务专业技术人才知识更新工程，指导各类培训机构增加电子商务技能培训项目，支持电子商务企业开展岗前培训、技能提升培训和高技能人才培训，加快培养电子商务领域的高素质专门人才和技术技能人才。参加职业培训和职业技能鉴定的人员，以及组织职工培训的电子商务企业，可按规定享受职业培训补贴和职业技能鉴定补贴政策。鼓励有条件的职业院校、社会培训机构和电子商务企业开展网络创业培训。（人力资源社会保障部、商务部、教育部、财政部）

（十）保障从业人员劳动权益。规范电子商务企业特别是网络商户劳动用工，经工商登记注册取得营业执照的，应与招用的劳动者依法签订劳动合同；未进行工商登记注册的，也可参照劳动合同法相关规定与劳动者签订民事协议，明确双方的权利、责任和义务。按规定将网络从业人员纳入各项社会保险，对未进行工商登记注册的网络商户，其从业人员可按灵活就业人员参保缴费办法参加社会保险。符合条件的就业困难人员和高校毕业生，可享受灵活就业人员社会保险补贴政策。长期雇用5人及以上的网络商户，可在工商注册地进行社会保险登记，参加企业职工的各项社会保险。满足统筹地区社会保险优惠政策条件的网络商户，可享受社会保险优惠政策。（人力资源社会保障部）

## 四、推动转型升级

（十一）创新服务民生方式。积极拓展信息消费新渠道，创新移动电子商务应用，支持面向城乡居民社区提供日常消费、家政服务、远程缴费、健康医疗等商业和综合服务的电子商务平台发展。加快推动传统媒体与新兴媒体深度融合，提升文化企业网络服务能力，支持文化产品电子商务平台发展，规范网络文化市场。支持教育、会展、咨询、广告、餐饮、娱乐等服务企业深化电子商务应用。（有关部门按职责分工分别负责）鼓励支持旅游景点、酒店等开展线上营销，规范发展在线旅游预订市场，推动旅游在线服务模式创新。（旅游局、工商总局）加快建立全国12315互联网平台，完善网上交易在线投诉及售后维权机制，研究制定7天无理由退货实施细则，促进网络购物消费健康快速发展。（工商总局）

（十二）推动传统商贸流通企业发展电子商务。鼓励有条件的大型零售企业开办网上商城，积极利用移动互联网、地理位置服务、大数据等信息技术提升流通效率和服务质量。支持中小零售企业与电子商务平台优势互补，加强服务资源整合，促进线上交易与线下交易融合互动。（商务部）推动各类专业市场建设网上市场，通过线上线下融合，加速向网络化市场转型，研究完善能源、化工、钢铁、林业等行业电子商务平台规范发展的相关措施。（有关部门按职责分工分别负责）制定完善互联网食品药品经营监督管理办法，规范食品、保健食品、药品、化妆品、医疗器械网络经营行为，加强互联网食品药品市场监测监管体系建设，推动医药电子商务发展。（食品药品监管总局、卫生计

生委、商务部）

（十三）积极发展农村电子商务。加强互联网与农业农村融合发展，引入产业链、价值链、供应链等现代管理理念和方式，研究制定促进农村电子商务发展的意见，出台支持政策措施。（商务部、农业部）加强鲜活农产品标准体系、动植物检疫体系、安全追溯体系、质量保障与安全监管体系建设，大力发展农产品冷链基础设施。（质检总局、发展改革委、商务部、农业部、食品药品监管总局）开展电子商务进农村综合示范，推动信息进村入户，利用"万村千乡"市场网络改善农村地区电子商务服务环境。（商务部、农业部）建设地理标志产品技术标准体系和产品质量保证体系，支持利用电子商务平台宣传和销售地理标志产品，鼓励电子商务平台服务"一村一品"，促进品牌农产品走出去。鼓励农业生产资料企业发展电子商务。（农业部、质检总局、工商总局）支持林业电子商务发展，逐步建立林产品交易诚信体系、林产品和林权交易服务体系。（林业局）

（十四）创新工业生产组织方式。支持生产制造企业深化物联网、云计算、大数据、三维（3D）设计及打印等信息技术在生产制造各环节的应用，建立与客户电子商务系统对接的网络制造管理系统，提高加工订单的响应速度及柔性制造能力；面向网络消费者个性化需求，建立网络化经营管理模式，发展"以销定产"及"个性化定制"生产方式。（工业和信息化部、科技部、商务部）鼓励电子商务企业大力开展品牌经营，优化配置研发、设计、生产、物流等优势资源，满足网络消费者需求。（商务部、工商总局、质检总局）鼓励创意服务，探索建立生产性创新服务平台，面向初创企业及创意群体提供设计、测试、生产、融资、运营等创新创业服务。（工业和信息化部、科技部）

（十五）推广金融服务新工具。建设完善移动金融安全可信公共服务平台，制定相关应用服务的政策措施，推动金融机构、电信运营商、银行卡清算机构、支付机构、电子商务企业等加强合作，实现移动金融在电子商务领域的规模化应用；推广应用具有硬件数字证书、采用国家密码行政主管部门规定算法的移动智能终端，保障移动电子商务交易的安全性和真实性；制定在线支付标准规范和制度，提升电子商务在线支付的安全性，满足电子商务交易及公共服务领域金融服务需求；鼓励商业银行与电子商务企业开展多元化金融服务合作，提升电子商务服务质量和效率。（人民银行、密码局、国家标准委）

（十六）规范网络化金融服务新产品。鼓励证券、保险、公募基金等企业和机构依法进行网络化创新，完善互联网保险产品审核和信息披露制度，探索建立适应互联网证券、保险、公募基金产品销售等互联网金融活动的新型监管方式。（人民银行、证监会、保监会）规范保险业电子商务平台建设，研究制定电子商务涉及的信用保证保险的相关扶持政策，鼓励发展小微企业信贷信用保险、个人消费履约保证保险等新业务，扩大信用保险保单融资范围。完善在线旅游服务企业投保办法。（保监会、银监会、旅游局按职责分工分别负责）

## 五、完善物流基础设施

（十七）支持物流配送终端及智慧物流平台建设。推动跨地区跨行业的智慧物流信息平台建设，鼓励在法律规定范围内发展共同配送等物流配送组织新模式。（交通运输部、商务部、邮政局、发展改革委）支持物流（快递）配送站、智能快件箱等物流设施建设，鼓励社区物业、村级信息服务站（点）、便利店等提供快件派送服务。支持快递服务网络向农村地区延伸。（地方各级人民政府，商务部、邮政局、农业部按职责分工分别负责）推进电子商务与物流快递协同发展。（财政部、商务部、邮政局）鼓励学校、快递企业、第三方主体因地制宜加强合作，通过设置智能快件箱或快件收发室、委托校园邮政局所代为投递、建立共同配送站点等方式，促进快递进校园。（地方各级人民政府、邮政局、商务部、教育部）根据执法需求，研究推动被监管人员生活物资电子商务和智能配送。（司法部）有条件的城市应将配套建设物流（快递）配送站、智能终端设施纳入城市社区发展规划，鼓励电子商务企业和物流（快递）企业对网络购物商品包装物进行回收和循环利用。（有关部门按职责分工分别负责）

（十八）规范物流配送车辆管理。各地区要按照有关规定，推动城市配送车辆的标准化、专业化发展；制定并实施城市配送用汽车、电动三轮车等车辆管理办法，强化城市配送运力需求管理，保障配送车辆的便利通行；鼓励采用清洁能源车辆开展物流（快递）配送业务，支持充电、加气等设施建设；合理规划物流（快递）配送车辆通行路线和货物装卸搬运地点。对物流（快递）配送车辆采取通行证管理的城市，应明确管理部门、公开准入条件、引入社会监督。（地方各级人民政府）

（十九）合理布局物流仓储设施。完善仓储建设标准体系，鼓励现代化仓储设施建设，加强偏远地区仓储设施建设。（住房城乡建设部、公安部、发展改革委、商务部、林业局）各地区要在城乡规划中合理规划布局物流仓储用地，在土地利用总体规划和年度供地计划中合理安排仓储建设用地，引导社会资本进行仓储设施投资建设或再利用，严禁擅自改变物流仓储用地性质。（地方各级人民政府）鼓励物流（快递）企业发展"仓配一体化"服务。（商务部、邮政局）

## 六、提升对外开放水平

（二十）加强电子商务国际合作。积极发起或参与多双边或区域关于电子商务规则的谈判和交流合作，研究建立我国与国际认可组织的互认机制，依托我国认证认可制度和体系，完善电子商务企业和商品的合格评定机制，提升国际组织和机构对我国电子商务企业和商品认证结果的认可程度，力争国际电子商务规制制定的主动权和跨境电子商务发展的话语权。（商务部、质检总局）

（二十一）提升跨境电子商务通关效率。积极推进跨境电子商务通关、检验检疫、结汇、缴进口税等关键环节"单一窗口"综合服务体系建设，简化与完善跨境电子商务货物返修与退运通关流程，提高通关效率。（海关总署、财政部、税务总局、质检总局、外汇局）探索建立跨境电子商务货物负面清单、风险监测制度，完善跨境电子商务货物通关与检验检疫监管模式，建立跨境电子商务及相关物流企业诚信分类管理制度，防止疫病疫情传入、外来有害生物入侵和物种资源流失。（海关总署、质检总局按职责分工分别负责）大力支持中国（杭州）跨境电子商务综合试验区先行先试，尽快形成可复制、可推广的经验，加快在全国范围推广。（商务部、发展改革委）

（二十二）推动电子商务走出去。抓紧研究制定促进跨境电子商务发展的指导意见。（商务部、发展改革委、海关总署、工业和信息化部、财政部、人民银行、税务总局、工商总局、质检总局、外汇局）鼓励国家政策性银行在业务范围内加大对电子商务企业境外投资并购的贷款支持，研究制定针对电子商务企业境外上市的规范管理政策。（人民银行、证监会、商务部、发展改革委、工业和信息化部）简化电子商务企业境外直接投资外汇登记手续，拓宽其境外直接投资外汇登记及变更登记业务办理渠道。（外汇局）支持电子商务企业建立海外营销渠道，创立自有品牌。各驻外机构应加大对电子商务企业走出去的服务力度。进一步开放面向港澳台地区的电子商务市场，推动设立海峡两岸电子商务经济合作实验区。鼓励发展面向"一带一路"沿线国家的电子商务合作，扩大跨境电

子商务综合试点，建立政府、企业、专家等各个层面的对话机制，发起和主导电子商务多边合作。（有关部门按职责分工分别负责）

## 七、构筑安全保障防线

（二十三）保障电子商务网络安全。电子商务企业要按照国家信息安全等级保护管理规范和技术标准相关要求，采用安全可控的信息设备和网络安全产品，建设完善网络安全防护体系、数据资源安全管理体系和网络安全应急处置体系，鼓励电子商务企业获得信息安全管理体系认证，提高自身信息安全管理水平。鼓励电子商务企业加强与网络安全专业服务机构、相关管理部门的合作，共享网络安全威胁预警信息，消除网络安全隐患，共同防范网络攻击破坏、窃取公民个人信息等违法犯罪活动。（公安部、国家认监委、工业和信息化部、密码局）

（二十四）确保电子商务交易安全。研究制定电子商务交易安全管理制度，明确电子商务交易各方的安全责任和义务。（工商总局、工业和信息化部、公安部）建立电子认证信任体系，促进电子认证机构数字证书交叉互认和数字证书应用的互联互通，推广数字证书在电子商务交易领域的应用。建立电子合同等电子交易凭证的规范管理机制，确保网络交易各方的合法权益。加强电子商务交易各方信息保护，保障电子商务消费者个人信息安全。（工业和信息化部、工商总局、密码局等有关部门按职责分工分别负责）

（二十五）预防和打击电子商务领域违法犯罪。电子商务企业要切实履行违禁品信息巡查清理、交易记录及日志留存、违法犯罪线索报告等责任和义务，加强对销售管制商品网络商户的资格审查和对异常交易、非法交易的监控，防范电子商务在线支付给违法犯罪活动提供洗钱等便利，并为打击网络违法犯罪提供技术支持。加强电子商务企业与相关管理部门的协作配合，建立跨机构合作机制，加大对制售假冒伪劣商品、网络盗窃、网络诈骗、网上非法交易等违法犯罪活动的打击力度。（公安部、工商总局、人民银行、银监会、工业和信息化部、商务部等有关部门按职责分工分别负责）

## 八、健全支撑体系

（二十六）健全法规标准体系。加快推进电子商务立法进程，研究制定或适时修订相关法规，明确电子票据、电子合同、电子检验检疫报告和证书、各类电子交易凭证等的法律效力，作为处理相关业务的合法凭证。（有关部门按职责分工分别负责）制定适合电子商务特点的投诉管理制度，制定基于统一产品编码的电子商务交易产品质量信息发布规范，建立电子商务纠纷解决和产品质量担保责任机制。（工商总局、质检总局等部门按职责分工分别负责）逐步推行电子发票和电子会计档案，完善相关技术标准和规章制度。（税务总局、财政部、档案局、国家标准委）建立完善电子商务统计制度，扩大电子商务统计的覆盖面，增强统计的及时性、真实性。（统计局、商务部）统一线上线下的商品编码标识，完善电子商务标准规范体系，研究电子商务基础性关键标准，积极主导和参与制定电子商务国际标准。（国家标准委、商务部）

（二十七）加强信用体系建设。建立健全电子商务信用信息管理制度，推动电子商务企业信用信息公开。推进人口、法人、商标和产品质量等信息资源向电子商务企业和信用服务机构开放，逐步降低查询及利用成本。（工商总局、商务部、公安部、质检总局等部门按职责分工分别负责）促进电子商务信用信息与社会其他领域相关信息的交换共享，推动电子商务信用评价，建立健全电子商务领域失信行为联合惩戒机制。（发展改革委、人民银行、工商总局、质检总局、商务部）推动电子商务领域应用网络身份证，完善网店实名制，鼓励发展社会化的电子商务网站可信认证服务。（公安部、工商总局、质检总局）发展电子商务可信交易保障公共服务，完善电子商务信用服务保障制度，推动信用调查、信用评估、信用担保等第三方信用服务和产品在电子商务中的推广应用。（工商总局、质检总局）

（二十八）强化科技与教育支撑。开展电子商务基础理论、发展规律研究。加强电子商务领域云计算、大数据、物联网、智能交易等核心关键技术研究开发。实施网络定制服务、网络平台服务、网络交易服务、网络贸易服务、网络交易保障服务技术研发与应用示范工程。强化产学研结合的企业技术中心、工程技术中心、重点实验室建设。鼓励企业组建产学研协同创新联盟。探索建立电子商务学科体系，引导高等院校加强电子商务学科建设和人才培养，为电子商务发展提供更多的高层次复合型专门人才。（科技部、教育部、发展改革委、商务部）建立预防网络诈骗、保障交易安全、保护个人信息等相关知识的宣传与服务机制。（公安部、工商总局、质检总局）

（二十九）协调推动区域电子商务发展。各地区要把电子商务列入经济与社会发展规划，按照国家有关区域发展规划和对外经贸合作战略，立足城市产业发展特点和优势，引导各类电子商务业态和功能聚集，推动电子商务产业统筹协调、错位发展。推动国家电子商务示范城市、示范基地建设。（有关地方人民政府）依托国家电子商务示范城市，加快开展电子商务法规政策创新和试点示范工作，为国家制定电子商务相关法规和政策提供实践依据。加强对中西部和东北地区电子商务示范城市的支持与指导。（发展改革委、财政部、商务部、人民银行、海关总署、税务总局、工商总局、质检总局等部门按照职责分工分别负责）

各地区、各部门要认真落实本意见提出的各项任务，于2015年底前研究出台具体政策。发展改革委、中央网信办、商务部、工业和信息化部、财政部、人力资源社会保障部、人民银行、海关总署、税务总局、工商总局、质检总局等部门要完善电子商务跨部门协调工作机制，研究重大问题，加强指导和服务。有关社会机构要充分发挥自身监督作用，推动行业自律和服务创新。相关部门、社团组织及企业要解放思想，转变观念，密切协作，开拓创新，共同推动建立规范有序、社会共治、辐射全球的电子商务大市场，促进经济平稳健康发展。

国务院

2015年5月4日

# 国家发展改革委关于理顺非居民用天然气价格的通知

发改价格 [2015] 351 号

各省、自治区、直辖市、新疆生产建设兵团发展改革委、物价局，中国石油天然气集团公司、中国石油化工集团公司：

按照2015年实现存量气与增量气价格并轨的既定目标，结合国内天然气市场形势和可替代能源价格变化情况，决定理顺非居民用气价格，试点放开直供用户用气价格。现就有关事项通知如下：

## 一、实现存量气和增量气价格并轨

根据2014年下半年以来燃料油和液化石油气等可替代能源价格变化情况，按照现行天然气价格机制，增量气最高门站价格每千立方米降低440元，存量气最高门站价格每千$m^3$提高40元（广东、广西、海南、重庆、四川按与全国衔接的原则安排），实现价格并轨，理顺非居民用天然气价格。并轨后的各省份天然气最高门站价格见附表。

## 二、试点放开直供用户用气门站价格

放开天然气直供用户（化肥企业除外）用气门站价格，由供需双方协商定价，进行市场化改革试点。直供用户，是指直接向上游天然气供应商购买天然气，用于生产或消费、不再对外转售的用户。

鉴于化肥市场持续低迷，化肥用气价格改革分步实施，再给企业一定过渡期。化肥用气不区分存量气和增量气，价格在现行存量气价格基础上适当提高，提价幅度最高不超过每千$m^3$ 200元。同时提高化肥用气保障水平，对承担冬季调峰责任的化肥企业实行可中断气价政策，用气价格折让幅度不得低于每千$m^3$ 200元。

## 三、居民用气门站价格暂不作调整

居民生活、学校教学和学生生活、养老福利机构等用气（不包括集中供热用气）门站价格暂不作调整。方案实施后新增用气城市居民用气门站价格按该省（区、市）并轨后门站价格政策执行。

## 四、实施时间

上述方案自 2015 年 4 月 1 日起实施。

## 五、工作要求

非居民用气价格并轨及直供用户价格放开试点改革,是深化资源性产品价格改革的重大举措,涉及面广,社会关注度高,各地区、各有关部门和天然气生产经营企业要高度重视、通力合作,共同做好相关工作。

(一)精心组织方案实施。各地区、各有关部门要统一思想,加强组织领导、精心部署,认真排查可能出现的问题,把风险消除在萌芽状态;要加强市场监测分析和预警,建立应急预案,完善应急措施,确保方案平稳出台。天然气生产经营企业要主动配合地方发展改革(价格)部门,加强与用气企业的沟通和协商,争取用户的理解和支持。

(二)切实保障天然气市场平稳运行。有关部门和天然气生产经营企业要加强生产组织和供需衔接,保障市场平稳运行。各地要强化需求侧管理,在安排非居民用气销售价格时,从紧核定省内管道运输价格和配气价格,积极推行季节性差价、可中断气价政策,尽快建立健全居民生活用气阶梯价格制度。天然气生产经营企业要与用气企业平等协商确定具体结算价格,对承担调峰义务的企业,要推行可中断气价,体现价格折让;对西部个别省份以及确有困难的供热企业等,给予适当价格优惠;严格执行价格政策,不得通过减少居民和化肥生产用气量等方式变相提高居民和化肥生产用气价格。

(三)确保出租车等用气行业稳定。各地区、各有关部门要高度重视价格并轨对出租车等用气行业可能产生的影响,密切关注行业动态,采取综合措施,及时消除不稳定因素,维护出租车等用气行业稳定。对城市公交和农村道路客运,继续按现行补贴政策执行。

(四)加强价格监督检查。各地要加强价格放开后企业价格行为监管,加大天然气价格特别是居民和化肥生产用气价格的检查和巡查力度,依法查处擅自提高或变相提高门站价格,转供过程中截留、挪用居民和化肥生产用气量或变相加价,以及加气站搭车涨价、哄抬气价等违法违规行为,切实维护天然气市场价格秩序。

(五)营造良好舆论氛围。各地要加强舆论宣传引导,有针对性地宣传解释存量气与增量气价格并轨、直供用户用气价格放开试点的重要意义,及时回应社会关切,争取社会各方理解和支持,营造良好舆论环境,确保方案平稳实施。

## 附件

**各省(区、市)天然气最高门站价格表**

单位:元/千m³(含增值税)

| 省份 | 最高门站价格 | 省份 | 最高门站价格 |
| --- | --- | --- | --- |
| 北京 | 2 700 | 湖北 | 2 660 |
| 天津 | 2 700 | 湖南 | 2 660 |

续表

| 省份 | 最高门站价格 | 省份 | 最高门站价格 |
| --- | --- | --- | --- |
| 河北 | 2 680 | 广东 | 2 880 |
| 山西 | 2 610 | 广西 | 2 710 |
| 内蒙古 | 2 040 | 海南 | 2 340 |
| 辽宁 | 2 680 | 重庆 | 2 340 |
| 吉林 | 2 460 | 四川 | 2 350 |
| 黑龙江 | 2 460 | 贵州 | 2 410 |
| 上海 | 2 880 | 云南 | 2 410 |
| 江苏 | 2 860 | 陕西 | 2 040 |
| 浙江 | 2 870 | 甘肃 | 2 130 |
| 安徽 | 2 790 | 宁夏 | 2 210 |
| 江西 | 2 660 | 青海 | 1 970 |
| 山东 | 2 680 | 新疆 | 1 850 |
| 河南 | 2 710 | | |

# 国家发展改革委关于降低非居民用天然气门站价格并进一步推进价格市场化改革的通知

发改价格 [2015]2688 号

各省、自治区、直辖市、新疆生产建设兵团发展改革委、物价局,中国石油天然气集团公司、中国石油化工集团公司:

根据《中共中央 国务院关于推进价格机制改革的若干意见》(中发 [2015]28 号)精神和国务院关于深化资源性产品价格改革的总体要求,经国务院批准,决定降低非居民用天然气门站价格,并进一步推进价格市场化改革。现就有关事项通知如下

## 一、降低非居民用气门站价格

非居民用气最高门站价格每千立方米降低 700 元。其中,化肥用气继续维持现行优惠政策,价格水平不变。

## 二、提高天然气价格市场化程度

将非居民用气由最高门站价格管理改为基准门站价格管理。降低后的最高门站价格水平作为基准门站价格,供需双方可以基准门站价格为基础,在上浮 20%、下浮不限的范围内协商确定具体门站价格。方案实施时门站价格暂不上浮,自 2016 年 11 月 20 日起允许上浮。各省(区、市)非居民用天然气基准门站价格见附表。

## 三、实施时间

上述方案自 2015 年 11 月 20 日起实施。

## 四、工作要求

天然气价格改革涉及面广,社会高度关注,各地区、各有关部门和天然气生产经营企业要高度重视、通力合作,共同做好相关工作。

(一)精心组织方案实施。各地区、各有关部门要加强组织领导、精心部署,加强市场监测分析

和预警，建立应急预案，完善应急措施，确保调价方案平稳实施。天然气生产经营企业主动配合地方发展改革（价格）部门，加强沟通和协商，认真做好相关工作。

（二）合理安排天然气销售价格。各地要抓紧工作，尽快疏导非居民用气销售价格，释放降价红利；可根据当地实际，在完善监管规则的基础上，先行先试放开非居民用气销售价格；要抓紧建立居民阶梯气价制度，确保年内出台。2013年7月天然气价格改革方案实施后新增通气城市居民用气门站价格，按不高于当地非居民用气基准门站价格执行；居民用气销售价格，要按照与改革方向相衔接的原则统筹妥善安排。

（三）着力做好天然气公开交易工作。非居民用气应加快进入上海石油天然气交易中心，由供需双方在价格政策允许的范围内公开交易形成具体价格，力争用2~3年时间全面实现非居民用气的公开透明交易。天然气生产和进口企业要放眼长远，认真做好天然气公开交易工作；交易中心会员要向交易中心共享非居民用气的场内和场外交易数量和价格等信息；交易中心要规范管理、专业运作、透明交易，不断探索发现价格的新模式、新方法、新手段，尽早发现并确立公允的天然气价格，定期向社会发布，为推进价格全面市场化奠定坚实基础。

（四）切实维护天然气市场稳定。有关部门和天然气生产经营企业要加强生产组织和供需衔接，保障市场平稳运行。天然气生产经营企业要认真落实非居民用气降价政策。各级价格主管部门要加大价格检查和巡查力度，依法查处通过改变计价方式、增设环节、强制服务等方式提高或变相提高价格以及串通价格等违法违规行为，切实维护天然气市场秩序。

（五）加强宣传引导。各地要加强宣传解读，引导社会舆论正确理解降低非居民用气价格和进一步推进市场改革的重要意义，及时回应社会关切，营造良好舆论氛围。

# 国家发展改革委关于切实加强需求侧管理确保民生用气的通知

发改电 [2015]819 号

各省、自治区、直辖市发展改革委、经信委，中石油集团、中石化集团、中海油总公司：

今年入冬以来，天然气供需总体平稳。但受连续强冷空气和雨雪天气影响，近期北方地区天然气用量大幅增加，供应压力加大，局部供需矛盾开始显现。隆冬用气高峰即将来临，为确保平稳度冬，特别是2016年"两节"期间民生需求，现就有关事项通知如下：

一、认真落实"压工保民"措施。中石油、中石化、中海油等生产企业，要在保持主力气田及输配气管道安全平稳运行的同时，率先压减油气田自用和系统内工业企业用气，努力增加外供资源量。各省区市要按照《2015年度保证民生用气责任书》要求，根据资源落实情况做好供需平衡，用气需求明显超过供应能力时，首先压减工业用气，确保民生重点需求。

二、及时启动有序用气方案。供需矛盾突出的省区市须以城市为单位，细化完善并严格执行不同供应水平下的有序用气方案和应急预案，明确保供、限供顺序，始终将居民生活、公共交通用气放在首位，务必保证家庭炊事、生活热水等重点用气需求。

三、科学削减高峰时段用量。利用天然气集中供暖的地区要优化供热调度，必要时采取低温运行措施，尽量控制室温，节约用气。"两节"放假期间，要控制写字楼、商场等公共建筑室温，削减高峰时段用气量。

四、积极利用价格杠杆引导节约用气。各地要充分利用价格杠杆加强需求侧管理，积极研究推行季节性差价、可中断气价等价格政策，引导用户削峰填谷，控制季节性峰谷差。建立健全居民生活用气阶梯价格制度，引导居民节约用气。

请各地方及相关企业按照上述要求，认真做好相关工作，如出现供应短缺可能影响居民生活及公交车、出租车加气等重大情况时，请及时向国家发展改革委反映。

国家发展改革委
2015年12月22日

# 国家安全生产监督管理总局令

## 第 84 号

《油气罐区防火防爆十条规定》已经 2015 年 7 月 30 日国家安全生产监督管理总局局长办公会议审议通过,现予公布,自公布之日起施行。

局长 杨栋梁

2015 年 8 月 4 日

# 油气罐区防火防爆十条规定

一、严禁油气储罐超温、超压、超液位操作和随意变更储存介质。

二、严禁在油气罐区手动切水、切罐、装卸车时作业人员离开现场。

三、严禁关闭在用油气储罐安全阀切断阀和在泄压排放系统加盲板。

四、严禁停用油气罐区温度、压力、液位、可燃及有毒气体报警和联锁系统。

五、严禁未进行气体检测和办理作业许可证,在油气罐区动火或进入受限空间作业。

六、严禁内浮顶储罐运行中浮盘落底。

七、严禁向油气储罐或与储罐连接管道中直接添加性质不明或能发生剧烈反应的物质。

八、严禁在油气罐区使用非防爆照明、电气设施、工器具和电子器材。

九、严禁培训不合格人员和无相关资质承包商进入油气罐区作业,未经许可机动车辆及外来人员不得进入罐区。

十、严禁油气罐区设备设施不完好或带病运行。

# 国家发展改革委 国家能源局关于实行保证民生用气责任制的通知

发改运行 [2015]59 号

各省、自治区、直辖市发展改革委（经信委）、能源局：

近年来，国内天然气供应能力不断提高，进口规模持续扩大，但由于消费需求快速增长、需求侧管理薄弱、储气调峰能力不足等原因，高峰时段供需紧张情况时有发生，部分地区居民生活等民生用气甚至受到影响。为贯彻落实《国务院办公厅转发发展改革委关于建立保障天然气稳定供应长效机制若干意见的通知》（国办发 [2014]16 号）"责任要落实、监管要到位"的要求，国家发展改革委、国家能源局会同有关方面建立保障民生用气责任制，明确任务分工和责任追究机制，切实保证民生用气需求。

## 一、逐级明确责任分工

为明确职责分工，切实落实主体责任，国家发展改革委、国家能源局与各省（区、市）发展改革委、经信委、能源局等天然气供应保障主管部门，签订《保障民生用气责任书》。省（区、市）天然气供应保障主管部门应依据管理权限，将保障民生用气的责任逐级分解落实并签订责任书。

（一）国家发展改革委、国家能源局：负责组织制定并实施全国天然气发展规划，提出年度供需平衡计划，做好供需平衡及日常运行协调监管工作；督促中石油、中石化、中海油等供气企业在保证安全的前提下努力增加资源供应，按计划或合同平稳供气；及时协调解决天然气供需矛盾。

（二）地方人民政府及其天然气供应保障主管部门：地方各级人民政府要把保障民生用气供应作为改善民生的重要任务，加强组织领导，落实主体责任。各省（区、市）发展改革委、经信委、能源局等天然气供应保障主管部门，要综合考虑民生改善和环境保护等因素，编制本行政区域天然气利用规划，建立有序用气机制，切实做到"先规划、先合同、后发展"；依据本地用气特点，规划建设储气设施；全面掌握本地天然气供需情况，制定应急预案，明确保供次序，及时协调解决影响平稳供气的问题，确保不出现停限供居民用气现象；因特殊原因可能影响居民用气时，须及时报告国家发展改革委、国家能源局。

（三）天然气销售企业和城镇燃气经营企业：严格落实国办发 [2014]16 号文件、《天然气利用政策》、《天然气基础设施建设与运营管理办法》以及当地政府制定的天然气利用规划等有关规定和要求，根据资源落实情况，有序发展下游用户；根据国家有关规定或合同约定，建立与调峰需求相适应的调峰储备设施；结合供气区域实际编制应急预案和有序用气方案，并向当地天然气供应保障主管部门及时准确报告供需情况;出现供气紧张状况时,按照主管部门要求,执行"压非保民"(压非民生用气、保民生用气)措施,确保民生用气需求。

## 二、建立责任追究机制

为保障各项责任目标的实现,确保民生用气需求不受影响,对贯彻执行有关规定不力及责任落实不到位的单位和个人,将追究相应责任。

(一)有下列情形之一的,国家发展改革委、国家能源局责令其限期改正:
1. 没有落实气源实施"煤改气"、发展大工业用户的;
2. 没有与上游供气企业或下游用户签订供气合同的;
3. 没有制定天然气利用规划导致供需失衡的;
4. 没有制定保障民生用气应急预案的。

(二)有下列情形之一的,国家发展改革委、国家能源局进行内部通报批评:
1. 违反《天然气利用政策》,发展限制类用气项目的;
2. 没有严格落实国家天然气价格政策的;
3. 应急储气能力不足本行政区域3天需求量的;
4. 非因不可抗力因素,停限供居民生活用气1万户或12小时以上的。

(三)有下列情形之一的,国家发展改革委、国家能源局进行全国通报批评:
1. 因上述情形被责令整改2次以上,或内部通报1次以上仍未采取有效措施的;
2. 违反《天然气利用政策》,发展禁止类用气项目的;
3. 非因不可抗力因素,停限供居民生活用气10万户或24小时以上的;
4. 居民用气因特殊原因受较大影响而没有及时上报的。

(四)有下列情形之一的,国家发展改革委、国家能源局建议有关部门依法给予行政处分或追究法律责任:
1. 拒不执行《天然气利用政策》、天然气价格政策等法律法规及政策规定的;
2. 停限供居民生活、公共交通等民生用气引发社会秩序混乱等严重后果的;
3. 没有制定应急预案或应对不力导致重大事故或公私财产损失的;
4. 其他失职、渎职行为。

各省(区、市)天然气供应保障主管部门可依据相关规定参照制定本行政区域责任追究办法。

## 三、健全配套政策措施

(一)保供责任与资源配置挂钩。将资源供应与建设储气设施、实施有序用气等保障民生用气责任落实情况挂钩,进行增量资源平衡时,优先增供储气能力与用气规模相适应、民生用气保障得力的地区。通过发行企业债券等政策措施,支持峰谷差超过3:1、民生用气比例超过40%(包括居民生活、学校教学和学生生活、养老福利机构用气等)的城市加快建设储气设施。

(二)保供责任与价格政策结合。鼓励各地特别是用气峰谷差较大的地区,在终端消费环节推行非居民用气季节性差价、可中断气价等差别性价格政策,促进移峰填谷和节约用气,引导合理消费,缓解供需矛盾。供气企业应在国家价格政策框架内，对签订可中断供气合同并积极履行合同义务，承担保障民生用气责任的企业给予适当价格优惠。

（三）保供责任纳入信用体系。各地要研究建立天然气利用领域信用体系，通过供气合同备案等措施，采集供需双方信用记录，将承担保供责任情况纳入其中，构建良好市场环境。对不签订供气合同或拒不履行合同义务的，列入不良记录；对积极签订合同并认真履行合同义务的，给予政策优惠，同时作为良好信誉载入信用档案。天然气利用领域信用记录将纳入国家统一的信用信息共享交换平台，供有关部门查询使用，严重违法失信行为信息依法向社会公开。

请各省（区、市）天然气供应保障主管部门，于2015年1月30日前，将主管领导签字盖章的《2015年度保证民生用气责任书》（一式3份）反馈2份至国家发展改革委经济运行调节局、能源局油气司。

国家发展改革委<br>
国家能源局<br>
2015年1月13日

# 国家能源局关于推进简政放权放管结合优化服务的实施意见

各司，各派出机构，各直属事业单位：

为深入贯彻党中央国务院的决策部署，全面落实全国推进简政放权放管结合职能转变工作电视电话会议精神，全面落实国务院《2015年推进简政放权放管结合转变政府职能工作方案》（国发[2015]29号），将我局简政放权放管结合优化服务工作向纵深推进，现提出以下意见。

## 一、指导思想和总体要求

### （一）指导思想

全面贯彻党的十八大和十八届二中、三中、四中全会精神，按照"四个全面"的战略布局，落实中央经济工作会议部署和《政府工作报告》确定的任务要求，认识和适应经济发展新常态，协同推进简政放权、放管结合、优化服务，坚持民意为先、问题导向，重点围绕阻碍能源创新发展的"堵点"，影响能源创业的"痛点"和市场监管的"盲点"，在放权上求实效，在监管上求创新，在服务上求提升，在深化行政审批制度改革，建设法治机关、创新机关、廉洁机关和服务型机关方面迈出坚实步伐，促进能源治理能力现代化，推进能源"四个革命、一个合作"，实现能源行业持续健康发展。

### （二）总体要求

推进简政放权放管结合职能转变工作，要适应能源改革发展新形势、新任务，从重数量向提高含金量转变，从"给群众端菜"向"让群众点菜"转变，从分头分层级推进向纵横联动、协同并进转变，从减少审批向放权、监管、服务并重转变。继续取消含金量高的行政审批事项，彻底取消非行政许可审批类别，大力简化投资审批，出台规范行政权力运行、提高行政审批效率的制度和措施，推出创新监管、改进服务的举措，切实实现政府职能转变。

## 二、重点任务

### （一）继续推进简政放权

严格按照李克强总理在全国推进简政放权放管结合职能转变工作电视电话会议上提出的5个"再砍掉一批"要求，紧紧围绕使市场在资源配置中起决定作用和更好发挥政府作用，继续加大简政放权力度，提高取消和下放行政审批事项的含金量，进一步简化能源项目审批程序，加快能源项目审批进度，坚决清除阻碍能源发展的"堵点"和"痛点"，不留尾巴、不留死角、不搞变通，切实取得经得起检验的成效。

一是再砍掉一批行政审批事项。按照国务院统一部署，再取消和下放一批行政审批事项，进一步提高简政放权的含金量。全面落实《国务院关于取消非行政许可审批事项的决定》（国发[2015]27号）确定的取消和调整的非行政许可审批事项，不再保留这一审批类别。完成中央指定地方实施的能源行政审批事项清理工作。做好非行政许可审批事项取消后的工作衔接，对调整为政府内部审批的事项，不得面向公民、法人和其他社会组织实施审批。

二是再砍掉一批投资审批事项。进一步减少国家层面能源项目核准，抓紧研究提出一批拟取消或下放的能源投资核准项目，研究将列入国家规划的部分能源项目审批核准权限下放地方。协调推进部门同步下放审批核准权限。

三是完成中介服务清理规范工作。按照《国务院办公厅关于清理规范国务院部门行政审批中介服务的通知》（国办发[2015]31号），完成我局行政审批涉及的中介服务事项清理工作。除有法定依据的中介服务事项外，审批部门不得以任何形式要求申请人委托中介服务。放宽中介服务机构准入条件，破除中介服务垄断，切断中介服务利益关联，规范中介服务收费。各单位要按照要求完成中介服务清理工作，提出清理规范意见。对清理规范后保留为行政审批受理条件的中介服务事项，实行清单管理，明确项目名称、设置依据、服务时限、收费依据及收费标准等。

四是继续减少审批环节。进一步规范行政审批行为，逐项公开审批流程。进一步压缩并明确审批时限，约束自由裁量权，以标准化促进规范化。进一步简化、整合投资项目报建手续，抓紧解决"最先一公里"和"最后一公里"存在的问题。进一步清理整合前置审批，减少前置审批事项，除少数重特大项目保留环评作为前置审批外，企业投资项目核准原则上只保留选址意见书、用地（用海）预审意见两项前置。推动落实前置审批同步下放，探索开展并联审批。

### （二）创新能源管理

按照《国家能源局关于创新能源监督管理机制的指导意见》（国能法改[2014]390号）要求，积极推进规划、政策、规则、监管四位一体的能源管理新机制，根据国家能源战略、国家能源总体规划等有关部署，抓紧制定完善涉及取消下放审批事项的有关发展规划、产业政策、总量控制目标、技术政策、准入标准、项目布局原则等。要扎实落实国务院取消下放行政审批事项同步加强监管的有关部署，按照《国家能源局关于对取消和下放能源审批事项加强后续监管的指导意见》（国能法改[2015]188号）要求，确保放权放得下、接得住、落得实、管得好。加强能源监管能力建设，加快推进能源监管信息平台建设，着力解决监管服务的"盲点"，提高监管效能。

一是抓紧制定能源中长期战略规划和能源发展"十三五"规划。按照国家发改委的统一部署，按时编制完成2030年能源生产和消费革命战略，研究制订好重点区域、典型省区和城市能源生产消费革命行动计划。按照计划组织开展好"十三五"能源规划以及煤炭、电力、油气、核电、可再生能源、科技等14个配套专项规划的编制工作，统筹做好总体能源规划与专项能源规划、区域能源规划与省级能源规划之间的衔接平衡。要进一步明确能源总体规划和各专项规划的功能定位，增强能源规划的导向性、科学性和可操作性，使能源规划真正成为能源项目审批、核准、备案的重要依据。

二是抓紧制订政策、标准。各部门要对取消下放的审批事项涉及的法律法规、规章规范性文件和能源标准进行清理，做好立改废工作。要突出能源政策的针对性、有效性和可操作性，加强能源政策、标准实施的监督管理工作。

三是抓紧规范行政审批行为。严格实行行政审批事项清单管理，将保留的行政审批事项及其前置条件和中介服务，以清单方式一律对外公开，非经规定程序，任何部门不得在清单之外增设和变相增设行政审批事项。全面实行"一个窗口"受理，促进权力在阳光下运行，建立受理单制度，实行办理时限承诺制度。实行审批岗位责任制，实现审批工作程序和办事流程制度化。建立审批效率内部通报制度、审批质量定期检查制度和申请人评议制度，并将检查、考评结果纳入年度绩效考核，对不负责、不落实、乱作为、不作为的行为，坚决实行问责。

四是建立协同监管机制推动监管方式创新。建立国家能源局专业司、监管司与派出机构、省级能源主管部门之间上下联动、横向协同、相互配合的监管机制。依托在线审批监管平台加强后续监管，实现在线监测，动态监管。依法依规处理违规行为。充分发挥12398能源监管投诉热线作用，依法处理投诉举报事项。积极探索实践，转变监管理念，运用大数据、云计算、"互联网+"等现代信息技术手段，创新监管方式，提升监管效能。要加强简政放权专项监管，建立完善简政放权事中事后监管工作体系和工作机制，研究建立能源审批听证制度、项目决策后评估机制和项目"异常目录"和企业"黑名单"制度等，依法纠正各类违法行为。

五是加快建立"三个清单"。划定政府与市场、企业、社会的权责边界。积极探索负面清单模式，加快制定能源局的权力清单、责任清单，用刚性的制度管权限权，接受社会监督。派出机构要按照中办、国办的要求，完成部门权力清单和责任清单制定和公布工作。

### （三）进一步优化服务

要紧紧围绕打造服务型能源局的目标，以经济社会发展和人民群众期盼为导向，充分发挥现有的服务地方、服务企业机制作用，转变观念、主动服务，将为群众"端菜"变为请群众"点菜"，切实提高能源局的服务能力。

一是加强完善服务地方工作机制。按照《国家能源局关于建立对口服务联系能源资源大省工作机制的通知》（国能综合[2013]号）和《国家能源局对口服务地方能源工作联络员制度实施方案的通知》（国能综合[2014]138号），及时向地方通报国家能源战略、规划、政策等有关情况，了解掌握各项政策措施在地方的落实情况，协助地方做好重大能源规划的制定衔接和改革方案、监管举措等工作在地方的落实。充分听取地方对能源工作的意见，深入了解地方的新要求和新企盼，统筹研究解决制约地方能源发展的瓶颈问题和地方反映强烈的突出问题，主动为地方分忧解难，推动地方经济社会科学发展。要注重对地方行政审批改革工作的跟踪指导和培训，帮助地方完善制度、提升能力。

二是加强完善服务能源企业工作机制。充分发挥我局已经建立的煤炭、电力、油气、核电、新能源、科技、国际合作7项服务能源企业科学发展协调工作机制的作用，通过现场调研、工作研讨、座谈会等多种形式，及时了解和掌握各项政策在能源企业的落实情况，充分听取能源企业对能源工作的意见，推动解决能源企业困难和问题，研究提出支持能源企业发展需要采取的产业政策等。要以创业创新需求为导向，建立和完善能源企业"走出去"协调机制，搭建为能源企业和各类市场主体服务的公共平台。

三是加大能源信息服务力度。按照国务院要求，通过国家能源局门户网站，采用新闻发布、报刊、广播、电视等便于公众知晓的方式公开政府信息，充分发挥政府信息对能源行业的服务作用。建立健全能源形势分析预测预警工作机制，及时研究能源行业的苗头性、倾向性、潜在性问题，提出前瞻性和针对性强的政策建议。充分利用国家能源局统计制度，做好能源行业数据统计和发布工作，利用国家能源局门户网站等多种渠道和方式发布国内外能源信息和数据，为地方科学研判行业运行态势提供参考，为企业管理决策提供数据支撑，为市场主体创业创新和开拓市场提供数据信息服务。

四是打造服务型机关。拓宽渠道，采取灵活多样的手段，定期开展意见征集工作。充分发挥政务服务大厅功能，改进服务方式，完善办事指南，明确审批依据、标准、条件、程序、时限，并在政务服务大厅和局门户网站公布。利用现代信息网络技术，探索实现行政审批事项申报、受理、审查、反馈、决定和查询告知等全过程、全环节网上办理。加强机关作风建设，为群众提供更加人性化、更富人情味的服务，态度要好、手续要少、速度要快，实现服务承诺制、首问负责制，完善机关内部管理，增强机关工作人员的责任意识和服务意识。

## 三、加强领导确保各项改革举措落到实处

### （一）提高认识

推进简政放权放管结合职能转变向纵深发展是国务院今年的一项重大任务，是贯彻落实能源"四个革命、一个合作"战略布局，认识和适应经济发展新常态的必然要求，是促进机关定位转型，提升履职尽责能力的必由之路，要深化认识，正确看待能源局在简政放权放管结合优化服务中的成效与不足，切实把思想和行动统一到党中央国务院决策部署上来，进一步增强紧迫感和责任感。

### （二）加强领导

各单位主要负责同志要高度重视，不折不扣地贯彻落实国务院关于行政审批制度改革的精神，以更大的勇气和智慧，加快推进简政放权，提高能源管理效能，增强依法全面履职能力。法改司要加强谋划，统筹推进行全局行政审批改革工作；各业务司要抓紧做好行政审批项目的取消下放和中介服务的规范清理工作，及时制订相关规划、政策、规则、标准，做好后续监管工作。综合司要统筹好机关转型和提升服务工作。各单位要根据本意见要求，及时组织制定工作方案，明确时间表、路线图。勇于担当，切实担负起推进本单位简政放权放管结合职能转变的重任。

### （三）狠抓落实

各单位要切实负起责任，实行一把手责任制，将任务逐项分解到位，落实到人，要把简政放权、放管结合、优化服务情况纳入考核体系，并完善考评机制。要敢于啃硬骨头，抓住关键和要害，拿出硬措施，打好攻坚战，实现更大突破。确保简政放权放管结合职能转变各项工作得到有效落实。

# 国家能源局关于推进新能源微电网示范项目建设的指导意见

各省（区、市）发展改革委（能源局）、新疆生产建设兵团发展改革委，国家电网公司、南方电网公司，各主要发电投资企业，中国电建集团、中国能建集团、水电水利规划设计总院，中科院：

可再生能源发展"十二五"规划把新能源微电网作为可再生能源和分布式能源发展机制创新的重要方向。近年来，有关研究机构和企业开展新能源微电网技术研究和应用探索，具备了建设新能源微电网示范工程的工作基础。为加快推进新能源微电网示范工程建设，探索适应新能源发展的微电网技术及运营管理体制，现提出以下指导意见：

## 一、充分认识新能源微电网建设的重要意义

新能源微电网代表了未来能源发展趋势，是贯彻落实习近平总书记关于能源生产和消费革命的重要措施，是推进能源发展及经营管理方式变革的重要载体，是"互联网+"在能源领域的创新性应用，对推进节能减排和实现能源可持续发展具有重要意义。同时，新能源微电网是电网配售侧向社会主体放开的一种具体方式，符合电力体制改革的方向，可为新能源创造巨大发展空间。各方面应充分认识推进新能源微电网建设的重要意义，积极组织推进新能源微电网示范项目建设，为新能源微电网的发展创造良好环境并在积累经验基础上积极推广。

## 二、示范项目建设目的和原则

新能源微电网示范项目建设的目的是探索建立容纳高比例波动性可再生能源电力的发输（配）储用一体化的局域电力系统，探索电力能源服务的新型商业运营模式和新业态，推动更加具有活力的电力市场化创新发展，形成完善的新能源微电网技术体系和管理体制。

新能源微电网示范项目的建设要坚持以下原则：

（一）因地制宜，创新机制。结合当地实际和新能源发展情况选择合理区域建设联网型微电网，在投资经营管理方面进行创新；在电网未覆盖的偏远地区、海岛等，优先选择新能源微电网方式，探索独立供电技术和经营管理新模式。

（二）多能互补，自成一体。将各类分布式能源、储电蓄热（冷）及高效用能技术相结合，通过智能电网及综合能量管理系统，形成以可再生能源为主的高效一体化分布式能源系统。

（三）技术先进、经济合理。集成分布式能源及智能一体化电力能源控制技术，形成先进高效的能源技术体系；与公共电网建立双向互动关系，灵活参与电力市场交易，使新能源微电网在一定的政策支持下具有经济合理性。

（四）典型示范、易于推广。首先抓好典型示范项目建设，因地制宜探索各类分布式能源和智能电网技术应用，创新管理体制和商业模式；整合各类政策，形成具有本地特点且易于复制的典型模式，在示范的基础上逐步推广。

## 三、建设内容及有关要求

新能源微电网是基于局部配电网建设的，风、光、天然气等各类分布式能源多能互补，具备较高新能源电力接入比例，可通过能量存储和优化配置实现本地能源生产与用能负荷基本平衡，可根据需要与公共电网灵活互动且相对独立运行的智慧型能源综合利用局域网。新能源微电网项目可依托已有配电网建设，也可结合新建配电网建设；可以是单个新能源微电网，也可以是某一区域内多个新能源微电网构成的微电网群。鼓励在新能源微电网建设中，按照能源互联网的理念，采用先进的互联网及信息技术，实现能源生产和使用的智能化匹配及协同运行，以新业态方式参与电力市场，形成高效清洁的能源利用新载体。

### （一）联网型新能源微电网

联网型新能源微电网应重点建设：利用风、光、天然气、地热等可再生能源及其他清洁能源的分布式能源站；基于智能配电网的综合能量管理系统，实现冷热电负荷的动态平衡及与大电网的灵活互动；在用户侧应用能量管理系统，指导用户避开用电高峰，优先使用本地可再生能源或大电网低谷电力，并鼓励新能源微电网接入本地区电力需求侧管理平台；具备足够容量和反应速度的储能系统，包括储电、蓄热（冷）等。联网型新能源微电网优先选择在分布式可再生能源渗透率较高或具备多能互补条件的地区建设。

联网型新能源微电网示范项目技术要求：1. 最高电压等级不超过110千伏，与公共电网友好互动，有利于削减电网峰谷差，减轻电网调峰负担；2. 并网点的交换功率和时段要具备可控性，微电网内的供电可靠性和电能质量要能满足用户需求。微电网内可再生能源装机功率与峰值负荷功率的比值原则上要达到50%以上，按照需要配置一定容量的储能装置；在具备天然气资源的条件下，可应用天然气分布式能源系统作为微电网快速调节电源。3. 具备孤岛运行能力，保障本地全部负荷或重要负荷在一段时间内连续供电，并在电网故障时作为应急电源使用。

### （二）独立型新能源微电网

独立型（或弱联型）新能源微电网应重点建设：利用风、光、天然气、地热等可再生能源及其他清洁能源的分布式能源站；应急用柴油或天然气发电装置；基于智能配电网的综合能量管理系统，实现冷热电负荷的动态平衡；技术经济性合理的储能系统，包括储电、蓄热（冷）等。独立型（或弱联型）新能源微电网主要用于电网未覆盖的偏远地区、海岛等以及仅靠小水电供电的地区，也可以是对送电到乡或无电地区电力建设已经建成但供电能力不足的村级独立光伏电站的改造。

独立型新能源微电网示范项目技术要求：1. 通过交流总线供电，适合多种可再生能源发电系统的接入，易于扩容，容易实现与公共电网或相邻其他交流总线微电网联网；2. 可再生能源装机功率与峰值负荷功率的比值原则上要达到50%以上，柴油机应作为冷备用，其发电量占总电量需求的20%以下（对于冬夏季负荷差异大的海岛，该指标可以放宽到40%）；在有条件并技术经济合理的情况下，可采用（LNG或CNG为燃料的）天然气分布式能源。3.供电可靠性要不低于同类地区配电网供电可靠性水平。

## 四、组织实施

（一）示范项目申报。各省（区、市）能源主管部门负责组织项目单位编制示范项目可行性研究报告（编制大纲见附件2），并联合相关部门开展项目初审和申报工作。示范项目要落实建设用地、天然气用量等条件，与县级及以上电网企业就电网接入和并网运行达成初步意见。

（二）示范项目确认。国家能源局组织专家对各地区上报的示范项目申请报告进行审核。对通过审核的项目，国家能源局联合相关部门发文确认。2015年启动的新能源微电网示范项目，原则上每个省（区、市）申报1~2个。

（三）示范项目建设。各省（区、市）能源主管部门牵头组织示范项目建设。项目建成后，项目单位应及时向省级能源主管部门提出竣工验收申请，省级能源主管部门会同国家能源局派出机构验收通过后，组织编制项目验收报告，并上报国家能源局。

（四）国家能源局派出机构负责对示范项目建设和建成后的运行情况进行监管。省级能源主管部门会同国家能源局派出机构对示范项目进行后评估，将评估报告上报国家能源局，对后期运行不符合示范项目技术要求的，应责令项目单位限期整改。

（五）关于新能源微电网的相关配套政策，国家能源局将结合项目具体技术经济性会同国务院有关部门研究制定具体支持政策，鼓励各地区结合本地实际制定支持新能源微电网建设和运营的政策措施。

国家能源局<br>
2015年7月13日

# 关于调整天然气加气站用地性质的建议复文摘要

2015-09-10

  根据现行的《土地利用现状分类》(GB/T 21010—2007)标准，以及加气站的商业、服务性质，其用地属于商服用地中的批发零售用地。工业用地主要是指工业生产及直接为工业生产服务的附属设施用地。根据加气站点用地性质，不宜纳入其中。另外，现行标准没有对"公福用地"进行定义。

  为支持燃气汽车发展，进一步健全其燃气供应网络，对于天然气储备库、输气设施等项目，符合《划拨用地目录》的，经批准可以划拨方式供应。

# 关于推进煤层气开采行业健康发展的提案复文摘要

2015-09-10

## 一、关于明确安全监管责任主体，完善煤层气开发利用安全管理标准与制度的建议

2010年2月，国家安监总局办公厅印发了《关于明确煤层气抽采企业安全监管监察工作职能的通知》（安监总厅[2010]22号），明确煤层气抽采企业按煤矿企业实施安全监管监察，各地煤矿安全监管部门负责煤层气抽采企业的安全监管工作，各级煤矿安全监察机构负责煤层气抽采企业的安全监察工作。

煤炭安监局办公室印发《关于加强煤层气开采企业安全生产工作的通知》（煤安监司办〔2010〕16号），要求地方各级煤矿安全监管部门和驻各地煤矿安全监察机构做好相关职责衔接工作，按照"国家监察、地方监管、企业负责"的原则，驻各地煤矿安全监察机构将煤层气开采企业安全监察纳入执法计划。

加快推进煤层气开发利用安全管理规章标准完善，相继出台了《煤层气地面开采安全规程（试行）》（国家安全生产监督管理总局令第46号）和《煤层气地面开采防火防爆安全规程》（AQ1081-2010），制定了《煤矿低浓度瓦斯管道输送安全保障系统设计规范》（AQ1076-2009）等煤矿低浓度瓦斯输送和利用10项技术标准，规范并推动了煤层气的开发利用。

## 二、关于建立健全煤炭开采和煤层气抽采生产协调机制的建议

煤炭和煤层气都是重要能源资源，二者赋存于同一空间，但勘查开采技术方法不同，煤炭主要采用露天或巷道掘进方式开采，煤层气则主要采用类似天然气的钻井开采方式，需要面上铺开，整体规模化开发，才能实现产业化发展。我国法律规定分别设置矿业权，符合国际通行做法。

为了促进煤层气煤炭两个产业的协调发展，2006年国办印发《关于加快煤层气（煤矿瓦斯）抽采利用的若干意见》（国办发〔2006〕47号），明确"先抽后采"的原则。为落实国办文件精神，我部2007年印发《关于加强煤炭和煤层气资源综合勘查开采管理的通知》（国土资发〔2007〕96号），建立煤炭煤层气综合勘查开采制度，鼓励煤炭矿业权人在本矿区范围综合勘查、评价煤层气资源，具备规模化地面开发条件的，先采气、后采煤。2013年国办印发《关于进一步加快煤层气（煤矿瓦斯）抽采利用的意见》（国办发〔2013〕93号），进一步明确煤层气和煤炭勘查开发时序，对煤炭5年后

开始建井开采的区域，坚持"先采气、后采煤"，做好采气采煤施工衔接。

按照国务院办公厅和国土资源部文件精神，我们鼓励不具备煤层气地面开发能力的煤炭企业，与专业公司合作开采煤层气资源，合理衔接采气采煤的关系，并有效解决历史上形成的煤层气煤炭矿业权重叠问题。按照这一工作思路，各类企业已经逐步形成了煤层气企业与多家中小煤炭企业合作的"三交模式"、煤炭企业反哺煤层气开发的"潞安模式"和煤炭企业综合勘查开发煤炭煤层气的"晋煤模式"等，总结摸索出了煤层气与煤炭企业互利共赢的合作模式，初步展现了"气煤整体开发"的发展方向。

## 三、关于提高国家对煤层气开发的补贴标准，建议开征煤层气资源税的建议

国家出台了一系列煤层气勘查开采的鼓励措施。一是对煤层气开采企业给予补贴，对企业开采出售或自用作民用燃气、化工原料等的煤层气（上网发电用气除外），按折纯后每立方米0.2元给予补贴。二是对煤层气给予税费优惠政策。财政部、国家税务总局印发《关于加快煤层气抽采有关税收政策问题的通知》（财税[2007]16号），规定对煤层气抽采企业的增值税一般纳税人抽采销售煤层气实行增值税先征后退政策。

对于开征煤层气资源税的建议，财政部将结合国家能源战略和十八届三中全会改革要求，促进理顺煤层气价格，届时根据煤层气开发及经营情况，综合考虑国家行业发展政策及企业、地方的实际情况予以统筹考虑。

## 四、关于严格控制煤层气开采规模，加快推进煤层气开采技术的突破的建议

煤层气虽然经过近20年的发展，但由于技术等原因，发展速度较慢，2014年煤层气产量37亿$m^3$，仅为常规天然气产量的3%，仍处于产业发展初期阶段。国家高度重视煤层气勘查开采技术攻关，设立大型油气田及煤层气开发科技重大专项，开展低阶煤、深部煤层气示范工程建设，突破低透气性煤层气瓦斯抽采等关键技术。

# 国土资源部关于做好矿业权设置方案审批或备案核准取消后相关工作的通知

国土资规 [2015]2 号

各省、自治区、直辖市国土资源主管部门，中国地质调查局及部其他直属单位，部机关各司局：

为贯彻落实《国务院关于取消非行政许可审批事项的决定》（国发 [2015]27 号）文件精神，深化矿产资源管理改革，减少审批事项，突出和加强矿产资源规划的宏观管控能力，进一步推进矿产资源勘查开发布局优化调整，现就取消矿业权设置方案审批或备案核准后的有关事项通知如下：

## 一、取消矿业权设置方案审批或备案核准制度

严格执行《国务院关于取消非行政许可审批事项的决定》（国发 [2015]27 号），部、省两级停止矿业权设置方案的审批或备案核准，与之对应的地方各级国土资源主管部门承担的初审、复审、审核等一并取消。

## 二、矿业权设置方案相关内容纳入矿产资源规划统一管理

将矿业权设置方案与矿产资源规划中的勘查开采规划区块有机融合，统一为"矿业权设置区划"，作为规划的重要组成部分，在总体规划或专项规划中设"矿业权设置区划"专门篇章，对矿产资源勘查开发布局进行细化安排，编制实施管理按照《矿产资源规划编制实施办法》（部令第 55 号）的规定执行。已上图入库的矿业权设置方案继续有效，直接纳入第二轮矿产资源规划。在第三轮矿产资源规划审批发布之前，确需增加或调整矿业权设置区划的，依据《国土资源部办公厅关于贯彻落实〈矿产资源规划编制实施办法〉严格规划管理的通知》（国土资厅发 [2013]24 号），按照勘查开采规划区块调整的要求对第二轮矿产资源规划进行调整。其中涉及国家规划矿区、对国民经济具有重要价值矿区（以下简称"两矿区"）的，由省级国土资源主管部门提出调整意见报部，经报备系统数据检查通过后直接上图入库；"两矿区"以外的，由省级国土资源主管部门提出意见，或由相关地市级、县级国土资源主管部门提出调整意见、报省级国土资源主管部门同意后，由省级国土资源主管部门统一通过报备系统上图入库。本《通知》下发之日前，已上报部、省待审批或备案的矿业权设置方案，经报备系统数据检查通过后直接上图入库。

## 三、进一步深化和完善矿业权设置区划工作

第三轮矿产资源规划要充分利用和吸纳矿业权设置方案已有成果，切实做好矿业权设置区划工作，进一步细化勘查开采的空间布局安排。对于《关于进一步规范矿业权出让管理的通知》（国土资发[2006]12号）中"矿产勘查开采分类目录"规定的第一类矿产，以及按规定调整为第一类的矿产，应依据勘查工作程度进行矿业权设置区划，原则上不要求划定勘查规划区块，达到详查以上（含详查）勘查程度的，应划定开采规划区块。对于第二类矿产，以及按规定调整为第二类的矿产，要依据资源赋存状况、地质构造条件和勘查程度等，划定勘查、开采规划区块。其中，地热、矿泉水等流体矿产开采规划区块划分勘查程度要求，由各省（区、市）根据实际情况确定。对于第三类矿产，以及按规定调整为第三类的矿产，可直接划定集中区、备选区等，明确区内矿业权投放总量控制、最低开采规模、矿山地质环境保护与恢复治理措施等准入要求；对确需进行详细安排的市县，可根据实际情况和管理需要，在规划中划定开采规划区块。勘查风险分类调整，由省级国土资源主管部门结合本地实际，综合考虑矿床类型、勘查深度和地质工作程度等因素，经专家论证、集体决策、社会公示后予以实施，调整内容上传至矿业权统一配号系统，纳入信息化监管。

矿业权设置区划工作由省级国土资源主管部门统一部署和组织开展，其中"两矿区"规划矿种的矿业权设置区划由省级国土资源主管部门负责划定，在省级矿产资源总体规划中落实。其他矿业权设置区划，由省级国土资源主管部门组织推进，根据实际情况在市级或县级规划中落实具体的矿业权设置区划内容。各地在矿业权设置区划工作中，应优先保证国家紧缺矿产和重要矿产勘查开采。有关编制要求参照《省级矿产资源规划编制技术规程》和《市县级矿产资源总体规划编制指导意见》（国土资厅发[2015]9号）。

## 四、规范矿产资源勘查开发项目的规划审核

有关国土资源主管部门应依据矿产资源规划，切实做好矿产资源勘查开发项目的规划审核。重点审核是否符合禁止、限制等规划分区管理要求，是否与规划矿种方向一致（砂石黏土类矿产只需矿种大类符合即可），是否符合矿业权设置区划要求。矿业权设置区划中明确划定勘查开采规划区块的，原则上一个区块一个主体。砂石黏土类矿产开采，不得位于规划划定的禁止开采区范围内，且需符合本地区矿业权总量控制、最低开采规模和矿山地质环境保护等准入条件要求。此外，以下几种情形视同符合矿业权设置区划要求：

（一）财政全额出资勘查的探矿权；

（二）已设探矿权转采矿权，且拟设采矿权矿区范围未超出已设探矿权勘查范围的项目；

（三）扩大勘查开采面积不超过原面积25%的矿业权；

（四）已设采矿权深部勘查需设置探矿权且为同一主体的；

（五）经省级人民政府批准的矿产资源开发整合项目。

第三轮矿产资源规划发布实施前，以第二轮矿产资源规划和已上图入库的矿业权设置区划为依据进行审核。

## 五、强化矿业权设置区划编制实施的监督检查

各省（区、市）要高度重视和加强矿业权设置区划编制实施工作，确保矿产资源勘查开发布局合理。部将强化对勘查开发项目规划审核情况的信息化监管，重点监管是否按要求编制矿产资源规划，拟配号项目是否符合规划审核要求，并对相关审核记录存查，作为后续监管工作依据。部将定期组织省级国土资源主管部门开展矿产资源规划中矿业权设置区划实施情况的检查，确保应编尽编、科学编制、编批一致，并将有关情况进行通报。

本通知自发布之日起，废止《关于印发〈煤炭国家规划矿区矿业权设置方案编制要求〉的通知》（国土资厅发[2006]26号）、《关于煤炭国家规划矿区矿业权设置方案修编有关规定的通知》（国土资厅发[2010]42号）、《国土资源部关于进一步完善矿业权管理促进整装勘查的通知》（国土资发[2011]55号），本通知印发实施前印发的文件中管理要求与本通知不一致的，以本通知为准。各省（区、市）国土资源主管部门要按照本通知规定，对相关文件进行全面清理。

2015年8月18日

# 住房城乡建设部关于发布行业产品标准《燃气取暖器》的公告

现批准《燃气取暖器》为城镇建设行业产品标准，编号为 CJ/T 113-2015，自 2015 年 7 月 1 日起实施。原《家用燃气取暖器》CJ/T 113-2000 同时废止。

本标准由我部标准定额研究所组织中国标准出版社出版发行。

文号：

中华人民共和国住房和城乡建设部公告第 711 号

中华人民共和国住房和城乡建设部
2015 年 1 月 20 日

# 住房城乡建设部关于发布行业产品标准《燃气热水器及采暖炉用热交换器》的公告

现批准《燃气热水器及采暖炉用热交换器》为城镇建设行业产品标准，编号为 CJ/T469-2015，自 2015 年 7 月 1 日起实施。

本标准由我部标准定额研究所组织中国标准出版社出版发行。

文号：

中华人民共和国住房和城乡建设部公告第 709 号

中华人民共和国住房和城乡建设部
2015 年 1 月 20 日

# 住房城乡建设部关于发布国家标准《输气管道工程设计规范》的公告

现批准《输气管道工程设计规范》为国家标准,编号为 GB50251-2015,自 2015 年 10 月 1 日起实施。其中,第 3.2.9、3.4.3、3.4.4、4.2.4、6.3.4、7.2.1(4)、7.2.2(6)条(款)为强制性条文,必须严格执行。原国家标准《输气管道工程设计规范》GB 50251-2003 同时废止。

本规范由我部标准定额研究所组织中国计划出版社出版发行。

文号:

中华人民共和国住房和城乡建设部公告第 734 号

中华人民共和国住房和城乡建设部
2015 年 2 月 2 日

# 住房城乡建设部关于发布行业产品标准《燃气燃烧器具实验室技术通则》的公告

现批准《燃气燃烧器具实验室技术通则》为城镇建设行业产品标准,编号为 CJ/T 479-2015,自 2015 年 9 月 1 日起实施。原《燃气燃烧器具实验室 技术通则》CJ/T 3075.1-1998 和《燃气燃烧器具实验室 试验装置和仪器》CJ/T 3075.2-1998 同时废止。

本标准由我部标准定额研究所组织中国标准出版社出版发行。

文号:

中华人民共和国住房和城乡建设部公告第 757 号

中华人民共和国住房和城乡建设部
2015 年 3 月 4 日

# 住房城乡建设部关于发布行业产品标准《超声波燃气表》的公告

现批准《超声波燃气表》为城镇建设行业产品标准,编号为 CJ/T 477-2015,自 2015 年 9 月 1 日起实施。

本标准由我部标准定额研究所组织中国标准出版社出版发行

文号:

中华人民共和国住房和城乡建设部公告第 756 号

中华人民共和国住房和城乡建设部
2015 年 3 月 4 日

# 住房城乡建设部关于发布国家标准《城镇燃气规划规范》的公告

现批准《城镇燃气规划规范》为国家标准,编号为 GB/T 51098-2015,自 2015 年 11 月 1 日起实施。
本规范由我部标准定额研究所组织中国建筑工业出版社出版发行。

文号:

中华人民共和国住房和城乡建设部公告第 774 号

中华人民共和国住房和城乡建设部
2015 年 3 月 8 日

# 住房城乡建设部关于发布国家标准《钢铁企业煤气储存和输配系统设计规范》的公告

现批准《钢铁企业煤气储存和输配系统设计规范》为国家标准，编号为 GB51128-2015，自 2016 年 5 月 1 日起实施。其中，第 3.3.2、3.4.1（5）、3.4.2、5.1.7、5.4.2（4）、8.1.11、8.2.6、8.2.10、8.4.1（6、7）、8.4.2（3）、8.4.3（3）、8.4.7、8.4.10、9.6.1 条（款）为强制性条文，必须严格执行。

本规范由我部标准定额研究所组织中国计划出版社出版发行。

文号：

中华人民共和国住房和城乡建设部公告第 894 号

中华人民共和国住房和城乡建设部<br>
2015 年 8 月 27 日

# 住房城乡建设部关于发布国家标准《转炉煤气净化及回收工程技术规范》的公告

现批准《转炉煤气净化及回收工程技术规范》为国家标准，编号为 GB 51135-2015，自 2016 年 6 月 1 日起实施。其中，第 5.3.2（1）、7.2.8 条（款）为强制性条文，必须严格执行。

本规范由我部标准定额研究所组织中国计划出版社出版发行。

文号：

中华人民共和国住房和城乡建设部公告第 931 号

中华人民共和国住房和城乡建设部<br>
2015 年 9 月 30 日

# 住房城乡建设部关于发布国家标准《液化天然气接收站工程设计规范》的公告

现批准《液化天然气接收站工程设计规范》为国家标准，编号为 GB 51156-2015，自 2016 年 6 月 1 日起实施。其中，第 4.1.33、5.9.3、12.1.10、12.1.12、12.1.14 条为强制性条文，必须严格执行。

本规范由我部标准定额研究所组织中国计划出版社出版发行。

文号：

中华人民共和国住房和城乡建设部公告第 951 号

中华人民共和国住房和城乡建设部
2015 年 11 月 12 日

# 住房城乡建设部关于发布国家标准《油气输送管道跨越工程施工规范》的公告

现批准《油气输送管道跨越工程施工规范》为国家标准，编号为 GB 50460-2015，自 2016 年 6 月 1 日起实施。其中，第 5.1.1、7.2.2 条为强制性条文，必须严格执行。原国家标准《油气输送管道跨越工程施工规范》GB 50460-2008 同时废止。

本规范由我部标准定额研究所组织中国计划出版社出版发行。

文号：

中华人民共和国住房和城乡建设部公告第 950 号

中华人民共和国住房和城乡建设部
2015 年 11 月 12 日

# 住房城乡建设部关于发布国家标准《油田油气集输设计规范》的公告

现批准《油田油气集输设计规范》为国家标准，编号为 GB 50350-2015，自 2016 年 8 月 1 日起实施。其中，第 4.3.11、4.5.12、10.2.2、11.2.7、11.7.6、11.8.9 条为强制性条文，必须严格执行。原国家标准《油气集输设计规范》GB50350-2005 同时废止。

本规范由我部标准定额研究所组织中国计划出版社出版发行。

文号：

中华人民共和国住房和城乡建设部公告第 1007 号

中华人民共和国住房和城乡建设部
2015 年 12 月 3 日

# 住房城乡建设部关于发布国家标准《液化石油气供应工程设计规范》的公告

现批准《液化石油气供应工程设计规范》为国家标准，编号为 GB 51142-2015，自 2016 年 8 月 1 日起实施。其中，第 3.0.13、5.2.3、5.2.4、7.0.5 条为强制性条文，必须严格执行。国家标准《城镇燃气设计规范》GB 50028-2006 中第 8 章内容同时废止。

本规范由我部标准定额研究所组织中国建筑工业出版社出版发行。

文号：

中华人民共和国住房和城乡建设部公告第 992 号

中华人民共和国住房和城乡建设部
2015 年 12 月 3 日

# 住房城乡建设部关于发布国家标准《气田集输设计规范》的公告

现批准《气田集输设计规范》为国家标准，编号为 GB 50349-2015，自 2016 年 8 月 1 日起实施。其中，第 4.7.1、4.7.2、4.7.12、9.1.6、10.2.2 条为强制性条文，必须严格执行。

本规范由我部标准定额研究所组织中国计划出版社出版发行。

文号：

中华人民共和国住房和城乡建设部公告第 988 号

中华人民共和国住房和城乡建设部
2015 年 12 月 3 日

# 关于国有企业功能界定与分类的指导意见

**国资委 财政部 发展改革委**

国有企业功能界定与分类是新形势下深化国有企业改革的重要内容，是因企施策推进改革的基本前提，对推动完善国有企业法人治理结构、优化国有资本布局、加强国有资产监管具有重要作用。为贯彻落实党的十八大和十八届二中、三中、四中、五中全会精神以及国务院决策部署，根据《中共中央国务院关于深化国有企业改革的指导意见》（中发[2015]22号）有关要求，准确界定不同国有企业功能，有针对性地推进国有企业改革，经国务院同意，现提出以下意见。

## 一、划分类别

立足国有资本的战略定位和发展目标，结合不同国有企业在经济社会发展中的作用、现状和需要，根据主营业务和核心业务范围，将国有企业界定为商业类和公益类。

商业类国有企业以增强国有经济活力、放大国有资本功能、实现国有资产保值增值为主要目标，按照市场化要求实行商业化运作，依法独立自主开展生产经营活动，实现优胜劣汰、有序进退。其中，主业处于关系国家安全、国民经济命脉的重要行业和关键领域、主要承担重大专项任务的商业类国有企业，要以保障国家安全和国民经济运行为目标，重点发展前瞻性战略性产业，实现经济效益、社会效益与安全效益的有机统一。

公益类国有企业以保障民生、服务社会、提供公共产品和服务为主要目标，必要的产品或服务价格可以由政府调控；要积极引入市场机制，不断提高公共服务效率和能力。

商业类国有企业和公益类国有企业作为独立的市场主体，经营机制必须适应市场经济要求；作为社会主义市场经济条件下的国有企业，必须自觉服务国家战略，主动履行社会责任。

## 二、分类施策

### （一）分类推进改革

商业类国有企业要按照市场决定资源配置的要求，加大公司制股份制改革力度，加快完善现代企业制度，成为充满生机活力的市场主体。其中，主业处于充分竞争行业和领域的商业类国有企业，原则上都要实行公司制股份制改革，积极引入其他资本实现股权多元化，国有资本可以绝对控股、相对控股或参股，加大改制上市力度，着力推进整体上市。主业处于关系国家安全、国民经济命脉的重要行业和关键领域、主要承担重大专项任务的商业类国有企业，要保持国有资本控股地位，支持非国有资本参股。处于自然垄断行业的商业类国有企业，要以"政企分开、政资分开、特许经营、政府监管"为原则积极推进改革，根据不同行业特点实行网运分开、放开竞争性业务，促进公共资源配置市场化。对需要实行国有全资的企业，要积极引入其他国有资本实行股权多元化。

公益类国有企业可以采取国有独资形式，具备条件的也可以推行投资主体多元化，还可以通过购买服务、特许经营、委托代理等方式，鼓励非国有企业参与经营。

### （二）分类促进发展

商业类国有企业要优化资源配置，加大重组整合力度和研发投入，加快科技和管理创新步伐，持续推动转型升级，培育一批具有创新能力和国际竞争力的国有骨干企业。其中，对主业处于充分竞争行业和领域的商业类国有企业，要支持和鼓励发展有竞争优势的产业，优化国有资本投向，推动国有产权流转，及时处置低效、无效及不良资产，提高市场竞争能力。对主业处于关系国家安全、国民经济命脉的重要行业和关键领域、主要承担重大专项任务的商业类国有企业，要合理确定主业范围，根据不同行业特点，加大国有资本投入，在服务国家宏观调控、保障国家安全和国民经济运行、完成特殊任务等方面发挥更大作用。

公益类国有企业要根据承担的任务和社会发展要求，加大国有资本投入，提高公共服务的质量和效率。严格限定主业范围，加强主业管理，重点在提供公共产品和服务方面作出更大贡献。

### （三）分类实施监管

对商业类国有企业要坚持以管资本为主加强国有资产监管，重点管好国有资本布局、提高国有资本回报、规范国有资本运作、维护国有资本安全。建立健全监督体制机制，依法依规实施信息公开，严格责任追究，在改革发展中防止国有资产流失。其中，对主业处于充分竞争行业和领域的商业类国有企业，重点加强对集团公司层面的监管，落实和维护董事会依法行使重大决策、选人用人、薪酬分配等权利，保障经理层经营自主权，积极推行职业经理人制度。对主业处于关系国家安全、国民经济命脉的重要行业和关键领域、主要承担重大专项任务的商业类国有企业，重点加强对国有资本布局的监管，引导企业突出主业，更好地服务国家重大战略和宏观调控政策。

对公益类国有企业，要把提供公共产品、公共服务的质量和效率作为重要监管内容，加大信息公开力度，接受社会监督。

### （四）分类定责考核

对商业类国有企业，要根据企业功能定位、发展目标和责任使命，兼顾行业特点和企业经营性质，明确不同企业的经济效益和社会效益指标要求，制定差异化考核标准，建立年度考核和任期考核相结合、结果考核与过程评价相统一、考核结果与奖惩措施相挂钩的考核制度。其中，对主业处于充分竞争行业和领域的商业类国有企业，重点考核经营业绩指标、国有资产保值增值和市场竞争能力。对主业处于关系国家安全、国民经济命脉的重要行业和关键领域、主要承担重大专项任务的商业类国有企业，要合理确定经营业绩和国有资产保值增值指标的考核权重，加强对服务国家战略、保障国家安全和国民经济运行、发展前瞻性战略性产业以及完成特殊任务情况的考核。

对公益类国有企业，重点考核成本控制、产品质量、服务水平、营运效率和保障能力，根据企业不同特点有区别地考核经营业绩和国有资产保值增值情况，考核中要引入社会评价。

有关方面在研究制定国有企业业绩考核、领导人员管理、工资收入分配制度改革等具体方案时，要根据国有企业功能界定与分类，提出有针对性、差异化的政策措施。

## 三、组织实施

按照谁出资谁分类的原则，履行出资人职责机构负责制定所出资企业的功能界定与分类方案，报本级人民政府批准；履行出资人职责机构直接监管的企业，根据需要对所出资企业进行功能界定和分类。根据经济社会发展和国家战略需要，结合企业不同发展阶段承担的任务和发挥的作用，在保持相对稳定的基础上，适时对国有企业功能定位和类别进行动态调整。

各地要结合实际合理界定本地国有企业功能类别，实施分类改革、发展和监管。金融、文化等国有企业的分类改革，中央另有规定的依其规定执行。

# 企业所得税优惠政策事项办理办法

**第一条** 为落实国务院简政放权、放管结合、优化服务要求，规范企业所得税优惠政策事项（以下简称优惠事项）办理，根据《中华人民共和国企业所得税法》及其实施条例（以下简称企业所得税法）、《中华人民共和国税收征收管理法》及其实施细则（以下简称税收征管法）《国家税务总局关于发布〈税收减免管理办法〉的公告》（国家税务总局公告2015年第43号）制定本办法。

**第二条** 本办法所称税收优惠，是指企业所得税法规定的优惠事项，以及税法授权国务院和民族自治地方制定的优惠事项。包括免税收入、减计收入、加计扣除、加速折旧、所得减免、抵扣应纳税所得额、减低税率、税额抵免、民族自治地方分享部分减免等。

本办法所称企业，是指企业所得税法规定的居民企业。

**第三条** 企业应当自行判断其是否符合税收优惠政策规定的条件。凡享受企业所得税优惠的，应当按照本办法规定向税务机关履行备案手续，妥善保管留存备查资料。留存备查资料参见《企业所得税优惠事项备案管理目录》（以下简称《目录》，见附件1）。

税务总局编制并根据需要适时更新《目录》。

**第四条** 本办法所称备案，是指企业向税务机关报送《企业所得税优惠事项备案表》（以下简称《备案表》，见附件2），并按照本办法规定提交相关资料的行为。

**第五条** 本办法所称留存备查资料，是指与企业享受优惠事项有关的合同（协议）、证书、文件、会计账册等资料。具体按照《目录》列示优惠事项对应的留存备查资料执行。

省、自治区、直辖市和计划单列市国家税务局、地方税务局（以下简称省税务机关）对《目录》列示的部分优惠事项，可以根据本地区的实际情况，联合补充规定其他留存备查资料。

**第六条** 企业对报送的备案资料、留存备查资料的真实性、合法性承担法律责任。

**第七条** 企业应当不迟于年度汇算清缴纳税申报时备案。

**第八条** 企业享受定期减免税，在享受优惠起始年度备案。在减免税起止时间内，企业享受优惠政策条件无变化的，不再履行备案手续。企业享受其他优惠事项，应当每年履行备案手续。

企业同时享受多项税收优惠，或者某项税收优惠需要分不同项目核算的，应当分别备案。主要包括：研发费用加计扣除、所得减免项目，以及购置用于环境保护、节能节水、安全生产等专用设备投资抵免税额等优惠事项。

定期减免税事项，按照《目录》优惠事项"政策概述"中列示的"定期减免税"执行。

**第九条** 定期减免税优惠事项备案后有效年度内，企业减免税条件发生变化的，按照以下情况处理：

（一）仍然符合优惠事项规定，但备案内容需要变更的，企业在变化之日起15日内，向税务机关办理变更备案手续。

（二）不再符合税法有关规定的，企业应当主动停止享受税收优惠。

**第十条** 企业应当真实、完整填报《备案表》，对需要附送相关纸质资料的，应当一并报送。税务机关对纸质资料进行形式审核后原件退还企业，复印件税务机关留存。

企业享受小型微利企业所得税优惠政策、固定资产加速折旧（含一次性扣除）政策，通过填写纳税申报表相关栏次履行备案手续。

**第十一条** 企业可以到税务机关备案，也可以采取网络方式备案。按照本办法规定需要附送相关纸质资料的企业，应当到税务机关备案。

备案实施方式，由省税务机关确定。

**第十二条** 税务机关受理备案时，审核《备案表》内容填写是否完整，附送资料是否齐全。具体按照以下情况处理：

（一）《备案表》符合规定形式，填报内容完整，附送资料齐全的，税务机关应当受理，在《备案表》中标注受理意见，注明日期，加盖专用印章。

（二）《备案表》不符合规定形式，或者填报内容不完整，或者附送资料不齐全的，税务机关应当一次性告知企业补充更正。企业对《备案表》及附送资料补充更正后符合规定的，税务机关应及时受理备案。

对于到税务机关备案的，税务机关应当场告知受理意见。对于网络方式备案的，税务机关收到电子备案信息起2个工作日内告知受理意见。

**第十三条** 对于不符合税收优惠政策条件的优惠事项，企业已经申报享受税收优惠的，应当予以调整。

**第十四条** 跨地区（省、自治区、直辖市和计划单列市）经营汇总纳税企业（以下简称汇总纳税企业）的优惠事项，按以下情况办理：

（一）分支机构享受所得减免、研发费用加计扣除、安置残疾人员、促进就业、部分区域性税收优惠（西部大开发、经济特区、上海浦东新区、深圳前海、广东横琴、福建平潭），以及购置环境保护、节能节水、安全生产等专用设备投资抵免税额优惠，由二级分支机构向其主管税务机关备案。其他优惠事项由总机构统一备案。

（二）总机构应当汇总所属二级分支机构已备案优惠事项，填写《汇总纳税企业分支机构已备案优惠事项清单》（见附件3），随同企业所得税年度纳税申报表一并报送其主管税务机关。

同一省、自治区、直辖市和计划单列市内跨地区经营的汇总纳税企业优惠事项的备案管理，由省税务机关确定。

**第十五条** 企业应当按照税务机关要求限期提供留存备查资料，以证明其符合税收优惠政策条件。

企业不能提供留存备查资料，或者留存备查资料与实际生产经营情况、财务核算、相关技术领域、产业、目录、资格证书等不符，不能证明企业符合税收优惠政策条件的，税务机关追缴其已享受的减免税，并按照税收征管法规定处理。

企业留存备查资料的保存期限为享受优惠事项后10年。税法规定与会计处理存在差异的优惠事项，保存期限为该优惠事项有效期结束后10年。

**第十六条** 企业已经享受税收优惠但未按照规定备案的，企业发现后，应当及时补办备案手续，同时提交《目录》列示优惠事项对应的留存备查资料。税务机关发现后，应当责令企业限期备案，并提交《目录》列示优惠事项对应的留存备查资料。

**第十七条** 税务机关应当严格按照本办法规定管理优惠事项，严禁擅自改变税收优惠管理方式，不得以任何理由变相实施行政审批。同时，要全方位做好对企业税收优惠备案的服务工作。

**第十八条** 税务机关发现企业预缴申报享受某项税收优惠存在疑点的，应当进行风险提示。必要时，可以要求企业提前履行备案手续或者进行核查。

**第十九条** 税务机关应当采取税收风险管理、稽查、纳税评估等后续管理方式，对企业享受税收优惠情况进行核查。

**第二十条** 税务机关后续管理中，发现企业已享受的税收优惠不符合税法规定条件的，应当责令其停止享受优惠，追缴税款及滞纳金。属于弄虚作假的，按照税收征管法有关规定处理。

**第二十一条** 本办法施行前已经履行审批、审核或者备案程序的定期减免税，不再重新备案。

**第二十二条** 本办法适用于2015年及以后年度企业所得税优惠政策事项办理工作。

# 能源行业加强大气污染防治工作方案

为贯彻落实《大气污染防治行动计划》和《京津冀及周边地区落实大气污染防治行动计划实施细则》(简称《大气十条》和《实施细则》),指导能源行业承担源头治理和清洁能源保障供应的责任,特制定《能源行业加强大气污染防治工作方案》。

## 一、能源行业大气污染防治工作总体要求

### (一)指导思想

全面深入贯彻落实党的十八大和十八届二中、三中全会精神,以邓小平理论、"三个代表"重要思想、科学发展观为指导,按照"远近结合、标本兼治、综合施策、限期完成"的原则,加快重点污染源治理,加强能源消费总量控制,着力保障清洁能源供应,推动转变能源发展方式,显著降低能源生产和使用对大气环境的负面影响,促进能源行业与生态环境的协调可持续发展,为全国空气质量改善目标的实现提供坚强保障。

### (二)总体目标

近期目标:2015年,非化石能源消费比重提高到11.4%,天然气(不包含煤制气)消费比重达到7%以上;京津冀、长三角、珠三角区域重点城市供应国Ⅴ标准车用汽、柴油。

中期目标:2017年,非化石能源消费比重提高到13%,天然气(不包含煤制气)消费比重提高到9%以上,煤炭消费比重降至65%以下;全国范围内供应国Ⅴ标准车用汽柴油。逐步提高京津冀、长三角、珠三角区域和山东省接受外输电比例,力争实现煤炭消费总量负增长。

远期目标:能源消费结构调整和总量控制取得明显成效,能源生产和利用方式转变不断深入,以较低的能源增速支撑全面建成小康社会的需要,能源开发利用与生态环境保护的矛盾得到有效缓解,形成清洁、高效、多元的能源供应体系,实现绿色、低碳和可持续发展。

## 二、加快治理重点污染源

### (三)加大火电、石化和燃煤锅炉污染治理力度

任务:采用先进高效除尘、脱硫、脱硝技术,实施在役机组综合升级改造;提高石化行业清洁生产水平,催化裂化装置安装脱硫设施,加强挥发性有机物排放控制和管理;加油站、储油库、油罐车、原油成品油码头进行油气回收治理,燃煤锅炉进行脱硫除尘改造,加强运行监管。

目标:确保按期达标排放,大气污染防治重点控制区火电、石化企业及燃煤锅炉项目按照相关要

求执行大气污染物特别排放限值。

措施：继续完善"上大压小"措施。重点做好东北、华北地区小火电淘汰工作，争取 2014 年关停 200 万 kW。

加强污染治理设施建设与改造。所有燃煤电厂全部安装脱硫设施，除循环流化床锅炉以外的燃煤机组均应安装脱硝设施，现有燃煤机组进行除尘升级改造，按照国家有关规定执行脱硫、脱硝、除尘电价；所有石化企业催化裂化装置安装脱硫设施，全面推行 LDAR（泄漏检测与修复）技术改造，加强生产、储存和输送过程挥发性有机物泄漏的监测和监管；每小时 20 蒸吨及以上的燃煤锅炉要实施脱硫，燃煤锅炉现有除尘设施实施升级改造；火电、石化企业和燃煤锅炉要加强环保设施运行维护，确保环保设施正常运行；排放不达标的火电机组要进行限期整改，整改后仍不达标的，电网企业不得调度其发电。

2014 年底，加油站、储油库、油罐车完成油气回收治理，2015 年底，京津冀及周边地区、长三角、珠三角区域完成石化行业有机废气综合治理。2017 年底前，北京市、天津市、河北省和山东省现有炼化企业的燃煤设施，基本完成天然气替代或由周边电厂供汽供电。在气源有保障的条件下，长三角城市群、珠三角区域基本完成炼化企业燃煤设施的天然气替代改造。京津冀、长三角、珠三角区域以及辽宁中部、山东、武汉及其周边、长株潭、成渝、海峡西岸、山西中北部、陕西关中、甘宁、乌鲁木齐城市群等"三区十群"范围内，除列入成品油质量升级行动计划的项目外，不再安排新的炼油项目。

### （四）加强分散燃煤治理

任务：全面推进民用清洁燃煤供应和燃煤设施清洁改造，逐步减少京津冀地区民用散煤利用量。

目标：2017 年底前，北京市、天津市和河北省基本建立以县（区）为单位的全密闭配煤中心、覆盖所有乡镇村的清洁煤供应网络，洁净煤使用率达到 90% 以上。

措施：建设区域煤炭优质化配送中心。根据区域煤炭资源特点和煤炭用户对煤炭的质量需求，合理规划建设全密闭煤炭优质化加工和配送中心，通过选煤、配煤、型煤、低阶煤提质等先进的煤炭优质化加工技术，提高、优化煤炭质量，逐步形成分区域优质化清洁化供应煤炭产品的布局。

制定严格的民用煤炭产品质量地方标准。加快制定优质散煤、低排放型煤等民用煤炭产品质量的地方标准，对硫分、灰分、挥发分、排放指标等进行更严格的限制，不符合标准的煤炭不允许销售和使用。推行优质洁净、低排放煤炭产品的替代机制，全面取消劣质散煤的销售和使用。

强化煤炭产品质量监管。煤炭经营企业必须根据相关标准进行产品质量标识，无标识的煤炭产品不能销售和使用。质量监督部门对煤炭产品进行定期检查和不定期抽查。达不到相关标准的煤炭不允许销售和使用。煤炭生产、加工、经营等企业必须生产和出售符合标准的煤炭产品。

加强对煤炭供应、储存、配送、使用等环节的环保监督。各种煤堆、料堆实现全密闭储存或建设防风抑尘设施。加快运煤列车及装卸设施的全封闭改造，减少运输过程中的原煤损耗和煤尘污染。在储存、装卸、运输过程中应采取有效防尘措施，控制扬尘污染。严查劣质煤销售和使用，加强对煤炭加工、存储地环保设施的执法检查。建立煤炭管理信息系统，对煤炭供应、储存、配送、使用等环节实现动态监管。

推广先进民用炉具。制定先进民用炉具标准，加大宣传力度，对先进炉具消费者实行补贴，调动购买和使用先进炉具的积极性，提高民用燃煤资源利用效率，减少污染排放。

## 三、加强能源消费总量控制

### （五）控制能源消费过快增长

任务：适应稳增长、转方式、调结构的要求，在保障经济社会发展合理用能需求的前提下，控制能源消费过快增长，推行"一挂双控"（与经济增长挂钩，能源消费总量和单位国内生产总值能耗双控制）措施。做好能源统计与预测预警，加强能源需求侧管理，引导全社会科学用能。

目标：控制能源消费过快增长的政策措施、保障体系和社会氛围基本形成，重点行业单位产品能耗指标接近世界先进水平的比例大幅提高，能源资源开发、转化和利用效率明显提高。

措施：按照控制能源消费总量工作方案要求，做好各地区分解目标的落实工作，有序推进能源消费总量考核工作。组织开展全国能源统计普查，加快建设重点用能单位能耗在线监测系统，完善能源消费监测预警机制，跟踪监测并及时调控各地区和高耗能行业能源消费、煤炭消费和用电量等指标。总结推广电力需求侧管理经验，适时启动能源需求侧管理试点。

2015年在京津冀、长三角和珠三角的10个地级市启动能源需求侧管理试点工作，2017年京津冀、长三角和珠三角全部地级以上城市开展能源需求侧管理试点。

### （六）逐步降低煤炭消费比重

任务：结合能源消费总量控制的要求，制定国家煤炭消费总量中长期控制目标，制定耗煤项目煤炭减量替代管理办法，实行目标责任管理。调整能源消费结构，压减无污染物治理设施的分散或直接燃煤，降低煤炭消费比重。

目标：到2017年，煤炭占一次能源消费总量的比重降低到65%以下，京津冀、长三角、珠三角等区域力争实现煤炭消费总量负增长；北京市、天津市、河北省和山东省净削减煤炭消费量分别为1300万吨、1000万吨、4000万吨和2000万吨。

措施：提高燃煤锅炉、窑炉污染物排放标准，全面整治无污染物治理设施和不能实现达标排放的燃煤锅炉、窑炉。加快推进集中供热、天然气分布式能源等工程建设，在供热供气管网不能覆盖的地区，改用电、新能源或洁净煤，推广应用高效节能环保型锅炉。在化工、造纸、印染、制革、制药等产业聚集区，通过集中建设热电联产和分布式能源逐步淘汰分散燃煤锅炉。到2017年，除必要保留的以外，地级及以上城市建成区基本淘汰每小时10蒸吨及以下的燃煤锅炉；天津市、河北省地级及以上城市建成区基本淘汰每小时35蒸吨及以下燃煤锅炉；北京市建成区取消所有燃煤锅炉。北京市、天津市、河北省、山西省和山东省地级及以上城市建成区原则上不得新建燃煤锅炉；其他地级及以上城市建成区禁止新建每小时20蒸吨以下的燃煤锅炉；其他地区原则上不再新建每小时10蒸吨以下的燃煤锅炉。

京津冀、长三角、珠三角等区域新建项目禁止配套建设自备燃煤电站。耗煤项目要实行煤炭减量替代。除热电联产外，禁止审批新建燃煤发电项目；现有多台燃煤机组装机容量合计达到30万kW以上的，可按照煤炭等量替代的原则建设为大容量燃煤机组。到2017年底，天津市燃煤机组装机容量控制在1400万kW以内，河北省全部淘汰10万kW以下非热电联产燃煤机组，启动淘汰20万kW以下的非热电联产燃煤机组。

## 四、保障清洁能源供应

### （七）加大向重点区域送电规模

任务：在具备水资源、环境容量和生态承载力的煤炭富集地区建设大型煤电基地，加快重点输电通道建设，加大向重点区域送电规模，缓解人口稠密地区大气污染防治压力。

目标：到2015年底，向京津冀鲁地区新增送电规模200万kW。到2017年底，向京津冀鲁、长三角、珠三角等三区域新增送电规模6 800万kW，其中京津冀鲁地区4 100万kW，长三角地区2 200万kW，珠三角地区500万kW。

措施：在新疆、内蒙古、山西、宁夏等煤炭资源富集地区，按照最先进的节能环保标准，建设大型燃煤电站（群）。在资源环境可承载的前提下，推进鄂尔多斯、锡林郭勒盟、晋北、晋中、晋东、陕北、宁东、哈密、准东等9个以电力外送为主的千万千瓦级现代化大型煤电基地建设。

采用安全、高效、经济先进输电技术，推进鄂尔多斯盆地、山西、锡林郭勒盟能源基地向华北、华东地区以及西南能源基地向华东和广东省的输电通道建设，规划建设蒙西—天津南、锡林郭勒盟—山东等12条电力外输通道，进一步扩大北电南送、西电东送规模。

华北电网部分，重点建设蒙西至天津南、内蒙古锡林郭勒盟经北京、天津至山东、陕北榆横至山东、内蒙古上海庙至山东输电通道，加强华北地区500kV电网网架，扩大山西、陕西送电京津唐能力，进行绥中电厂改接；华东电网部分，重点建设安徽淮南经江苏至上海、宁夏宁东至浙江、内蒙古锡林郭勒盟至江苏泰州和山西晋东至江苏输电通道；南方电网部分，重点建设滇西北至广东输电通道。

### （八）推进油品质量升级

任务：督促炼油企业升级改造，拓展煤制油、生物燃料等新的清洁油品来源，加快推进清洁油品供应，有效减少大气污染物排放。

目标：2015年底前，京津冀、长三角、珠三角等区域内重点城市供应符合国Ⅴ标准的车用汽、柴油；2017年底前，全国供应符合国Ⅴ标准的车用汽、柴油。

措施：制定出台成品油质量升级行动计划，大力推进国内已有炼厂升级改造，根据市场需求加快新项目建设，理顺成品油价格，确保按时供应国Ⅴ标准车用汽、柴油。加强相关部门间的配合，对成品油生产流通领域进行全过程监管，规范成品油市场秩序，严厉打击非法生产、销售不合格油品行为。

拓展新的成品油来源，发挥煤制油和生物燃料超低硫的优势，推进陕西榆林、内蒙古鄂尔多斯、山西长治等煤炭液化项目以及浙江舟山、江苏镇江、广东湛江等生物燃料项目建设，为京津冀及周边地区、长三角、珠三角等区域提供优于国Ⅴ标准的清洁油品。

2015年底前，燕山、天津、大港石化等炼厂完成升级改造，华北石化完成改扩建，向京津冀地区供应国Ⅴ标准汽柴油2 300万t以上；高桥、上海、大连、金陵石化完成升级改造，镇海、扬子等炼厂完成改扩建，向长三角地区供应国Ⅴ标准汽柴油4 100万t以上；广州、惠州、茂名等炼厂完成升级改造，同时加快湛江、揭阳以及惠州二期等炼油项目建设，向珠三角地区供应国Ⅴ标准汽柴油2 200万t以上。加快河北曹妃甸，洛阳石化、荆门石化以及克拉玛依石化改扩建等炼油项目建设，以满足清洁油品消费增长需要，2017年底，全国范围内供应国Ⅴ标准车用汽、柴油。

## （九）增加天然气供应

任务：增加常规天然气生产，加快开发煤层气、页岩气等非常规天然气，推进煤制气产业科学有序发展；加快主干天然气管网等基础设施建设；加快储气和城市调峰设施建设；加强需求侧管理，优先保障民用气、供暖用气和民用、采暖的"煤改气"，有序推进替代工业、商业用途的燃煤锅炉、自备电站用煤。

目标：2015年，全国天然气供应能力达到2 500亿 $m^3$。2017年，全国天然气供应能力达到3 300亿 $m^3$。

措施：着力增强气源保障能力。提高塔里木、鄂尔多斯、四川盆地等主产区产量，加快开发海上天然气；突破煤层气、页岩气等非常规油气规模开采利用技术装备瓶颈，在坚持最严格的环保标准和水资源有保障的前提下，推进煤制气示范工程建设；加强国际能源合作，积极引进天然气资源。到2015年，国内常规气（含致密气）、页岩气、煤层气、煤制气和进口管道气供应能力分别达到1 385亿、65亿、100亿、90亿和450亿 $m^3$，长期LNG合同进口达到2 500万t；到2017年，国内常规气（含致密气）、页岩气、煤层气、煤制气和进口管道气供应能力分别达到1 650亿、100亿、170亿、320亿和650亿 $m^3$，长期LNG合同进口达到3 400万t。

加快配套管网建设。建设陕京四线、蒙西煤制气管道、永清-泰州联络线、青宁管道等干支线管网以及唐山、天津、青岛等3个LNG接收站。建成中亚C线、D线及西气东输三、四、五线等主干管道，将进口中亚天然气和新疆、青海等增产天然气输送至长三角和东南沿海地区；通过中缅天然气管道逐步扩大缅甸天然气进口，供应西南地区；建设新疆煤制气管道，将西部煤制气输往华中、长三角、珠三角等地区。"十二五"期间，全国新增干线管输能力1 500亿 $m^3$，覆盖京津冀、长三角、珠三角等区域。

完善京津冀鲁、东北等地区的现有储气库，新建适当规模的地下储气库。长三角、珠三角地区建设以LNG储罐为主，地下储气库和中小储罐为辅的调峰系统。充分调动和发挥地方和企业积极性，采用集中与分布相结合的方式，加快储气能力建设。

加强天然气需求侧管理，引导用户合理、高效用气。新增天然气优先保障民用，有序推进"煤改气"项目建设，优先加快实施保民生、保重点的民用煤改气项目。鼓励发展天然气分布式能源等高效利用项目，在气源落实的情况下，循序渐进替代分散燃煤。限制发展天然气化工项目。加强燃气发电项目管理，在气源落实的前提下，有序发展天然气调峰电站。

## （十）安全高效推进核电建设

任务：贯彻落实核电安全规划和核电中长期发展规划，在确保安全的前提下，高效推进核电建设。

目标：2015年运行核电装机达到4 000万kW、在建1 800万kW，年发电量超过2 000亿kWh；力争2017年底运行核电装机达到5 000万kW、在建3 000kWh，年发电量超过2 800亿kWh。

措施：加强核电安全管理工作，按照最高安全要求建设核电项目。加大在建核电项目全过程管理，保障建设质量，在确保安全的前提下，尽早建成红沿河2-4号、宁德2-4号、福清1-4号、阳江1-4号、方家山1-2号、三门1-2号、海阳1-2号、台山1-2号、昌江1-2号、防城港1-2号等项目。新建项目从核电中长期发展规划中择优选取，近期重点安排在靠近珠三角、长三角、环渤海电力负荷中心的区域。

### （十一）有效利用可再生能源

任务：在做好生态环境保护和移民安置的前提下，积极开发水电，有序发展风电，加快发展太阳能发电，积极推进生物质能、地热能和海洋能开发利用；提高机组利用效率，优先调度新能源电力，减少弃电。

目标：2015年，全国水、风、光电装机容量分别达到2.9、1.0和0.35亿kW，生物质能利用规模5 000万t标煤；2017年，水、风、光电装机容量分别达到3.3、1.5和0.7亿kW，生物质能利用规模7 000万t标煤。

措施：建设金沙江、澜沧江、雅砻江、大渡河和雅鲁藏布江中游等重点流域水电基地，西部地区水电装机达到2亿kW，对中东部地区水能资源实施扩机增容和升级改造，装机容量达到9 000万kW。

有序推进甘肃、内蒙古、新疆、冀北、吉林、黑龙江、山东、江苏等风电基地建设，同步推进配套电网建设，解决弃风限电问题，大力推动内陆分散式风电开发。促进内蒙古、山西、河北等地风电在京津唐电网的消纳，京津唐电网风电上网电量所占比重2015年提高到10%，2017年提高到15%。

积极扩大国内光伏发电应用，优先在京津冀、长三角、珠三角等经济发达、电力需求大、大气污染严重的地区建设分布式光伏发电；稳步推进青海、新疆、甘肃等太阳能资源丰富、荒漠化土地闲置的西部地区光伏电站建设。到2015年，分布式光伏发电装机达到2 000万kW，光伏电站装机达到1 500万kW。

促进生物质发电调整转型，重点推动生物质热电联产、醇电联产综合利用，加快生物质能供热应用，继续推动非粮燃料乙醇试点、生物柴油和航空涡轮生物燃料产业化示范。2017年，实现生物质发电装机1 100万kW；生物液体燃料产能达到500万t；生物沼气利用量达到220亿$m^3$；生物质固体成型燃料利用量超过1 500万t。

积极推广浅层地温能开发利用，重点在京津冀鲁等建筑利用条件优越、建筑用能需求旺盛的地区推广地温能供暖和制冷应用。鼓励开展中深层地热能的梯级利用，大力推广"政府主导、政企合作、技术进步、环境友好、造福百姓"的雄县模式，建立中深层地热能供暖与发电等多种形式的综合利用模式。到2015年，全国地热供暖面积达到5亿$m^3$，地热能年利用量达到2 000万t标准煤。

督促电网企业加快电力输送通道建设，按照有利于促进节能减排的原则，确保可再生能源发电的全额保障性收购，在更大范围内消化可再生能源。完善调峰调频备用补偿政策，推进大用户直供电，鼓励就地消纳清洁能源，缓解弃风、弃水突出矛盾，提高新能源利用效率。

## 五、转变能源发展方式

### （十二）推动煤炭高效清洁转化

任务：加强煤炭质量管理，稳步推进煤炭深加工产业发展升级示范，加快先进发电技术装备攻关及产业化应用，促进煤炭资源高效清洁转化。

目标：2017年，原煤入选率达到70%以上，煤制气产量达到320亿 $m^3$、煤制油产量达到1 000万 t，煤炭深加工示范项目综合能效达到50%左右。

措施：鼓励在小型煤矿集中矿区建设群矿选煤厂，大中型煤矿配套建设选煤厂，提高煤炭洗选率。完善煤炭产品质量和利用技术装备标准，制定煤炭质量管理办法，限制高硫分高灰分煤炭的开采和异地利用，禁止进口高灰分、高硫分的劣质煤炭，限制高硫石油焦的进口，提高炼焦精煤、高炉喷吹用煤产品质量和利用效率。

在满足最严格的环保要求和保障水资源供应的前提下，稳步推进煤炭深加工产业高标准、高水平发展。坚持"示范先行"，进一步提升和完善自主技术，加强不同技术间的耦合集成，逐步实现"分质分级、能化结合、集成联产"的新型煤炭利用方式。坚持科学合理布局，重点建设鄂尔多斯盆地煤制清洁燃料基地、蒙东褐煤加工转化基地以及新疆煤制气基地，增强我国清洁燃料保障能力。

加快先进发电技术装备攻关及产业化应用，加强天津IGCC示范项目的运行管理，推进泰州百万千瓦超超临界二次再热高效燃煤发电示范项目建设，在试验示范基础上推广应用达到燃气机组排放标准的燃煤电厂大气污染物超低排放技术，加快700度超超临界高效发电核心技术和关键材料的研发，2018年前启动相关示范电站项目建设。天津市、河北省、山西省、内蒙古自治区、山东省和长三角、珠三角等区域要将煤炭更多地用于燃烧效率高且污染治理措施到位的燃煤电厂。

### （十三）促进可再生能源就地消纳

任务：有序承接能源密集型、资源加工型产业转移，在条件适宜的地区推广可再生能源供暖，促进可再生能源的就地消纳。

目标：形成较为完善的促进可再生能源就地消纳的政策体系。2017年底前，每年新增生物质能供热面积350万 $m^2$，每年新增生物质能工业供热利用量150万 t 标煤。

措施：结合资源特点和区域用能需求，大力推广与建筑结合的光伏发电、太阳能热利用，提高分散利用规模；加快在工业区和中小城镇推广应用生物质能供热，就近生产和消费，替代燃煤锅炉；探索风电就地消纳的新模式，提高风电设备利用效率，压减燃煤消耗总量。优先在新能源示范城市、绿色能源示范县中推广生物质热电联产、生物质成型燃料、地热、太阳能热利用、热泵等新型供暖方式，建设200个新能源供热城镇。

在符合主体功能定位的前提下，实施差别化的能源、价格和产业政策，在能源资源地形成成本洼地，科学有序承接电解铝、多晶硅、钢铁、冶金、建筑陶瓷等能源密集型、资源加工型产业转移，严格落实产能过剩行业宏观调控政策，防止落后产能异地迁建，促进可再生能源就地消纳并转化为经济优势。

结合新型城镇化建设，选择部分可再生能源资源丰富、城市生态环保要求高、经济条件相对较好的城市，采取统一规划、规范设计的方式，积极推动各类新能源和可再生能源技术在城市区域供电、供热、供气、交通和建筑中的应用，到2015年建成100个新能源示范城市，可再生能源占城市能源消费比例达到6%。

### （十四）推广分布式供能方式

任务：以城市、工业园区等能源消费中心为重点，加快天然气分布式能源和分布式光伏发电建设，开展新能源微电网示范，以自主运行为主的方式解决特定区域用电需求。

目标：2015年，力争建成1 000个天然气分布式能源项目、30个新能源微电网示范工程、分布式光伏发电装机达到2 000万 kW 以上。2017年，天然气分布式能源达到3 000万 kW，分布式光伏发电装机达到3 500万 kW 以上。

措施：出台分布式发电及余热余压余气发电并网指导意见，允许分布式能源企业作为独立电力（热力）供应商向区域内供电（热、冷），鼓励各类投资者建设分布式能源项目。2015年底前，重点在北京、天津、山东、河北、上海、江苏、浙江、广东等地区安排天然气分布式能源示范项目，2017年底前，全国推广使用天然气分布式能源系统。推进"新城镇、新能源、新生活"计划，在江苏、浙江、河北等地选择中小城镇开展以 LNG 为基础的分布式能源试点。

按照"自发自用、多余上网、电网平衡"原则，大力发展分布式光伏发电，积极开拓接入低压配电网的就地利用的分散式风电，完善调峰、调频、备用等系统辅助服务补偿机制，完善可再生能源分布式发电补贴政策。

### （十五）加快储能技术研发应用

任务：以车用动力为重点，加快智能电网及先进储能关键技术、材料和装备的研究和系统集成，加速创新成果转化，改善风电、太阳能等间歇式能源出力特性。

目标：掌握大规模间歇式电源并网技术，突破10兆瓦级空气储能、兆瓦级超导储能等关键技术，2015年形成能为50万辆电动汽车供电的配套充电设施，2017年为更大规模的电动汽车市场提供充电基础设施保障。

措施：研究制定储能技术和政策发展路线图，开展先进储能技术自主创新能力建设及示范试点，明确技术实现路径和阶段目标，从宏观政策、电价机制、技术标准、应用支持等方面保障和促进储能技术发展。以智能电网为应用方向，开展先进储能技术自主创新能力建设及示范试点。加快电动汽车供充电产业链相关技术标准的研究、制定和发布，加大充电设施等电动汽车基础设施建设力度。

## 六、健全协调管理机制

### （十六）建立联防联控的长效机制

建立国家能源局、发展改革委、环境保护部、有关地方政府及重点能源企业共同参与的工作协调机制。北京、天津、河北、山东、山西、内蒙古、上海、江苏、浙江、广东十个省（区、市）能源主管部门以及重点能源企业要建立相应的组织机构，由相关领导同志担任负责人。

地方政府负责落实本行政区域内能源和煤炭消费总量控制、新建燃煤项目煤量替代、民用天然气供应安全、天然气城市调峰设施建设、天然气需求侧管理、"煤改气"、新能源供热、分布式能源发展、小火电淘汰以及本方案确定的其他任务，加强火电厂、石化企业、燃煤锅炉污染物排放及成品油质量等方面的监管，协助相关能源企业落实大气污染防治重大能源保障项目的用地、用水等配套条件。

中国石油、中国石化、中海油等企业负责落实油品质量升级、天然气保供增供、石化污染物治理等任务。华能、大唐、华电、国电、中电投、神华等企业负责落实小火电淘汰，火电污染物治理等任务，推进西部富煤地区外送电基地建设。中核、中广核、中电投等企业负责推进东部沿海地区核电项目建设。国网、南网等电网企业负责加快输电通道建设，全额保障性收购可再生能源电力，无歧视接入分布式能源，配合做好大用户直供、输配分开等改革试点工作。

### （十七）制定分省区能源保障方案

北京、天津、河北、山东、山西、内蒙古、上海、江苏、浙江、广东省（区、市）能源主管部门应按照《大气十条》《实施细则》以及本方案的要求，结合本地区大气污染防治工作的实际需要，于2014年5月底前编制完成本行政区域能源保障方案，与国家能源局衔接后，适时发布。

### （十八）完善工作制度

国家能源局会同相关省区能源主管部门和重点能源企业于每年初制定年度工作计划并组织实施，年末对完成情况进行总结。相关省区能源主管部门和重点能源企业每月至少向国家能源局报送一次工作信息，及时反映最新进展、主要成果、重大问题、重要经验等内容。

国家能源局与相关能源企业就大气污染防治重大能源保障项目签订任务书，并实行目标管理。项目单位每季度至少向国家能源局报告一次进展情况，及时反映和解决存在的问题，确保项目按计划建成投产。

### （十九）加强考核监督

加强对相关省区能源主管部门和重点能源企业的任务完成情况进行考核，并将结果公布。对于考核结果优良的地方和企业，在产业布局、资金支持、项目安排等方面给予优先考虑。对于考核中存在严重问题、重点项目推进不力的地方和企业，将严格问责。

## 七、完善相关配套措施

### （二十）强化规划政策引导

结合国务院大气污染防治工作总体部署和要求，统筹推进调整能源结构、转变发展方式等各项工作，加强宏观规划指导，加快煤炭深加工、炼油、电网建设、生物质能供热等相关规划和政策的出台，严格依法做好规划环评工作，促进大气环境质量改善。抓紧制定并发布《能源消费总量控制考核办法》《商品煤质量管理暂行办法》《燃煤发电机组环保电价及环保设施运行监管办法》《关于严格控制重点区域燃煤发电项目规划建设有关要求的通知》《煤炭消费减量替代管理办法》《关于稳步推进煤制天然气产业化示范的指导意见》《成品油质量升级行动计划》《加快电网建设落实大气污染防治行动计划实施方案》《生物质能供热实施方案》等配套政策。

### （二十一）加大能源科技投入

依托重大能源项目建设，加大煤炭清洁高效利用、先进发电、分布式能源、节能减排与污染控制等重点领域的创新投入，重点支持煤炭洗选加工、煤气化、合成燃料、整体煤气化联合循环（IGCC）、先进燃烧等大气污染防治关键技术的研发和产业化。

## （二十二）明确总量控制责任

地方各级人民政府是本行政区域控制能源消费总量和煤炭消费总量工作的责任主体。将能源消费总量和煤炭消费总量纳入国民经济社会发展评价体系，建立各地区和高耗能行业监测预警体系。

## （二十三）推进重点领域改革

以实施大用户直接购电和售电侧改革为突破口，稳步推进调度交易机制和电价形成机制改革，保障可再生能源和分布式能源优先并网，探索建立可再生能源电力配额及交易制度和新增水电跨省区交易机制。稳步推进天然气管网体制改革，促进管网公平接入和公平开放。明确政府与企业油气储备及应急义务和责任。完善煤炭与煤层气协调开发机制。推进页岩气投资主体多元化，加强对页岩气勘探开发活动的监督管理。

## （二十四）进一步强化监管措施

开展电力企业大气污染防治专项监管，加大火电项目环保设施建设和运行监管力度，促进燃煤机组烟气在线监测准确、真实。环保设施未按规定投运或排放不达标的，依法不予颁发或吊销电力业务许可证。加大节能发电调度、可再生能源并网发电和全额保障性收购的监管力度，推进跨省区电能交易、发电权交易、大用户直供等灵活电能交易，减少弃风、弃水、弃光。开展油气管网设施公平开放监管，提高管网设施运营效率，促进油气市场有序发展。开展能源消费总量控制监管。加强能源价格监管。加强能源监管体系建设，建立能源监管统计、监测、预警及考核机制，畅通投诉举报渠道，依法受理投诉举报案件，依法查处违法违规行为。

## （二十五）完善能源价格机制

建立健全反映资源紧缺程度、市场供需形势以及生态环境等外部成本的能源价格体系，推进并完善峰谷电价政策，在具备条件的地区实行季节电价、高可靠性电价、可中断负荷电价等电价政策，加大差别电价、惩罚性电价政策执行力度，逐步扩大以能耗为基础的阶梯电价制度实施范围。进一步建立和完善市场化价格机制，深化天然气价格改革，推行天然气季节差价、阶梯气价、可中断气价等差别性气价政策。

## （二十六）研究财金支持政策

加大对可再生能源、分布式能源和非常规能源发展的财政税收金融支持力度，研究落实先进生物燃料、清洁供暖设施等补贴政策与标准。中央预算内投资重点对农村电网改造升级、无电地区电力建设、能源科技自主创新等领域给予必要支持。

# 能源发展战略行动计划（2014—2020年）

能源是现代化的基础和动力。能源供应和安全事关我国现代化建设全局。新世纪以来，我国能源发展成就显著，供应能力稳步增长，能源结构不断优化，节能减排取得成效，科技进步迈出新步伐，国际合作取得新突破，建成世界最大的能源供应体系，有效保障了经济社会持续发展。

当前，世界政治、经济格局深刻调整，能源供求关系深刻变化。我国能源资源约束日益加剧，生态环境问题突出，调整结构、提高能效和保障能源安全的压力进一步加大，能源发展面临一系列新问题新挑战。同时，我国可再生能源、非常规油气和深海油气资源开发潜力很大，能源科技创新取得新突破，能源国际合作不断深化，能源发展面临着难得的机遇。

从现在到2020年，是我国全面建成小康社会的关键时期，是能源发展转型的重要战略机遇期。为贯彻落实党的十八大精神，推动能源生产和消费革命，打造中国能源升级版，必须加强全局谋划，明确今后一段时期我国能源发展的总体方略和行动纲领，推动能源创新发展、安全发展、科学发展，特制定本行动计划。

## 一、总体战略

### （一）指导思想

高举中国特色社会主义伟大旗帜，以邓小平理论、"三个代表"重要思想、科学发展观为指导，深入贯彻党的十八大和十八届二中、三中全会精神，全面落实党中央、国务院的各项决策部署，以开源、节流、减排为重点，确保能源安全供应，转变能源发展方式，调整优化能源结构，创新能源体制机制，着力提高能源效率，严格控制能源消费过快增长，着力发展清洁能源，推进能源绿色发展，着力推动科技进步，切实提高能源产业核心竞争力，打造中国能源升级版，为实现中华民族伟大复兴的中国梦提供安全可靠的能源保障。

### （二）战略方针与目标

坚持"节约、清洁、安全"的战略方针，加快构建清洁、高效、安全、可持续的现代能源体系。重点实施四大战略：

1. 节约优先战略。把节约优先贯穿于经济社会及能源发展的全过程，集约高效开发能源，科学合理使用能源，大力提高能源效率，加快调整和优化经济结构，推进重点领域和关键环节节能，合理控制能源消费总量，以较少的能源消费支撑经济社会较快发展。

到2020年，一次能源消费总量控制在48亿t标准煤左右，煤炭消费总量控制在42亿t左右。

2. 立足国内战略。坚持立足国内，将国内供应作为保障能源安全的主渠道，牢牢掌握能源安全主动权。发挥国内资源、技术、装备和人才优势，加强国内能源资源勘探开发，完善能源替代和储备应急体系，着力增强能源供应能力。加强国际合作，提高优质能源保障水平，加快推进油气战略进口通道建设，在开放格局中维护能源安全。

到2020年，基本形成比较完善的能源安全保障体系。国内一次能源生产总量达到42亿t标准煤，能源自给能力保持在85%左右，石油储采比提高到14~15，能源储备应急体系基本建成。

3.绿色低碳战略。着力优化能源结构，把发展清洁低碳能源作为调整能源结构的主攻方向。坚持发展非化石能源与化石能源高效清洁利用并举，逐步降低煤炭消费比重，提高天然气消费比重，大幅增加风电、太阳能、地热能等可再生能源和核电消费比重，形成与我国国情相适应、科学合理的能源消费结构，大幅减少能源消费排放，促进生态文明建设。

到2020年，非化石能源占一次能源消费比重达到15%，天然气比重达到10%以上，煤炭消费比重控制在62%以内。

4.创新驱动战略。深化能源体制改革，加快重点领域和关键环节改革步伐，完善能源科学发展体制机制，充分发挥市场在能源资源配置中的决定性作用。树立科技决定能源未来、科技创造未来能源的理念，坚持追赶与跨越并重，加强能源科技创新体系建设，依托重大工程推进科技自主创新，建设能源科技强国，能源科技总体接近世界先进水平。

到2020年，基本形成统一开放竞争有序的现代能源市场体系。

## 二、主要任务

### （一）增强能源自主保障能力

立足国内，加强能源供应能力建设，不断提高自主控制能源对外依存度的能力。

**1.推进煤炭清洁高效开发利用**

按照安全、绿色、集约、高效的原则，加快发展煤炭清洁开发利用技术，不断提高煤炭清洁高效开发利用水平。

清洁高效发展煤电。转变煤炭使用方式，着力提高煤炭集中高效发电比例。提高煤电机组准入标准，新建燃煤发电机组供电煤耗低于每kWh300g标准煤，污染物排放接近燃气机组排放水平。

推进煤电大基地大通道建设。依据区域水资源分布特点和生态环境承载能力，严格煤矿环保和安全准入标准，推广充填、保水等绿色开采技术，重点建设晋北、晋中、晋东、神东、陕北、黄陇、宁东、鲁西、两淮、云贵、冀中、河南、内蒙古东部、新疆等14个亿t级大型煤炭基地。到2020年，基地产量占全国的95%。采用最先进节能节水环保发电技术，重点建设锡林郭勒、鄂尔多斯、晋北、晋中、晋东、陕北、哈密、准东、宁东等9个千万千瓦级大型煤电基地。发展远距离大容量输电技术，扩大西电东送规模，实施北电南送工程。加强煤炭铁路运输通道建设，重点建设内蒙古西部至华中地区的铁路煤运通道，完善西煤东运通道。到2020年，全国煤炭铁路运输能力达到30亿t。

提高煤炭清洁利用水平。制定和实施煤炭清洁高效利用规划，积极推进煤炭分级分质梯级利用，加大煤炭洗选比重，鼓励煤矸石等低热值煤和劣质煤就地清洁转化利用。建立健全煤炭质量管理体系，加强对煤炭开发、加工转化和使用过程的监督管理。加强进口煤炭质量监管。大幅减少煤炭分散直接燃烧，鼓励农村地区使用洁净煤和型煤。

## 2. 稳步提高国内石油产量

坚持陆上和海上并重,巩固老油田,开发新油田,突破海上油田,大力支持低品位资源开发,建设大庆、辽河、新疆、塔里木、胜利、长庆、渤海、南海、延长等9个千万吨级大油田。

稳定东部老油田产量。以松辽盆地、渤海湾盆地为重点,深化精细勘探开发,积极发展先进采油技术,努力增储挖潜,提高原油采收率,保持产量基本稳定。

实现西部增储上产。以塔里木盆地、鄂尔多斯盆地、准噶尔盆地、柴达木盆地为重点,加大油气资源勘探开发力度,推广应用先进技术,努力探明更多优质储量,提高石油产量。加大羌塘盆地等新区油气地质调查研究和勘探开发技术攻关力度,拓展新的储量和产量增长区域。

加快海洋石油开发。按照以近养远、远近结合,自主开发与对外合作并举的方针,加强渤海、东海和南海等海域近海油气勘探开发,加强南海深水油气勘探开发形势跟踪分析,积极推进深海对外招标和合作,尽快突破深海采油技术和装备自主制造能力,大力提升海洋油气产量。

大力支持低品位资源开发。开展低品位资源开发示范工程建设,鼓励难动用储量和濒临枯竭油田的开发及市场化转让,支持采用技术服务、工程总承包等方式开发低品位资源。

## 3. 大力发展天然气

按照陆地与海域并举、常规与非常规并重的原则,加快常规天然气增储上产,尽快突破非常规天然气发展瓶颈,促进天然气储量产量快速增长。

加快常规天然气勘探开发。以四川盆地、鄂尔多斯盆地、塔里木盆地和南海为重点,加强西部低品位、东部深层、海域深水三大领域科技攻关,加大勘探开发力度,力争获得大突破、大发现,努力建设8个年产量百亿立方米级以上的大型天然气生产基地。到2020年,累计新增常规天然气探明地质储量5.5万亿 $m^3$,年产常规天然气1 850亿 $m^3$。

重点突破页岩气和煤层气开发。加强页岩气地质调查研究,加快"工厂化"、"成套化"技术研发和应用,探索形成先进适用的页岩气勘探开发技术模式和商业模式,培育自主创新和装备制造能力。着力提高四川长宁-威远、重庆涪陵、云南昭通、陕西延安等国家级示范区储量和产量规模,同时争取在湘鄂、云贵和苏皖等地区实现突破。到2020年,页岩气产量力争超过300亿 $m^3$。以沁水盆地、鄂尔多斯盆地东缘为重点,加大支持力度,加快煤层气勘探开采步伐。到2020年,煤层气产量力争达到300亿 $m^3$。

积极推进天然气水合物资源勘查与评价。加大天然气水合物勘探开发技术攻关力度,培育具有自主知识产权的核心技术,积极推进试采工程。

## 4. 积极发展能源替代

坚持煤基替代、生物质替代和交通替代并举的方针,科学发展石油替代。到2020年,形成石油替代能力4 000万 t以上。

稳妥实施煤制油、煤制气示范工程。按照清洁高效、量水而行、科学布局、突出示范、自主创新的原则,以新疆、内蒙古、陕西、山西等地为重点,稳妥推进煤制油、煤制气技术研发和产业化升级示范工程,掌握核心技术,严格控制能耗、水耗和污染物排放,形成适度规模的煤基燃料替代能力。

积极发展交通燃油替代。加强先进生物质能技术攻关和示范,重点发展新一代非粮燃料乙醇和生物柴油,超前部署微藻制油技术研发和示范。加快发展纯电动汽车、混合动力汽车和船舶、天然气汽车和船舶,扩大交通燃油替代规模。

#### 5.加强储备应急能力建设

完善能源储备制度,建立国家储备与企业储备相结合、战略储备与生产运行储备并举的储备体系,建立健全国家能源应急保障体系,提高能源安全保障能力。

扩大石油储备规模。建成国家石油储备二期工程,启动三期工程,鼓励民间资本参与储备建设,建立企业义务储备,鼓励发展商业储备。

提高天然气储备能力。加快天然气储气库建设,鼓励发展企业商业储备,支持天然气生产企业参与调峰,提高储气规模和应急调峰能力。

建立煤炭稀缺品种资源储备。鼓励优质、稀缺煤炭资源进口,支持企业在缺煤地区和煤炭集散地建设中转储运设施,完善煤炭应急储备体系。

完善能源应急体系。加强能源安全信息化保障和决策支持能力建设,逐步建立重点能源品种和能源通道应急指挥和综合管理系统,提升预测预警和防范应对水平。

### (二)推进能源消费革命

调整优化经济结构,转变能源消费理念,强化工业、交通、建筑节能和需求侧管理,重视生活节能,严格控制能源消费总量过快增长,切实扭转粗放用能方式,不断提高能源使用效率。

#### 1.严格控制能源消费过快增长

按照差别化原则,结合区域和行业用能特点,严格控制能源消费过快增长,切实转变能源开发和利用方式。

推行"一挂双控"措施。将能源消费与经济增长挂钩,对高耗能产业和产能过剩行业实行能源消费总量控制强约束,其他产业按先进能效标准实行强约束,现有产能的能效要限期达标,新增产能必须符合国内先进能效标准。

推行区域差别化能源政策。在能源资源丰富的西部地区,根据水资源和生态环境承载能力,在节水节能环保、技术先进的前提下,合理加大能源开发力度,增强跨区调出能力。合理控制中部地区能源开发强度。大力优化东部地区能源结构,鼓励发展有竞争力的新能源和可再生能源。

控制煤炭消费总量。制定国家煤炭消费总量中长期控制目标,实施煤炭消费减量替代,降低煤炭消费比重。

#### 2.着力实施能效提升计划

坚持节能优先,以工业、建筑和交通领域为重点,创新发展方式,形成节能型生产和消费模式。

实施煤电升级改造行动计划。实施老旧煤电机组节能减排升级改造工程,现役60万kW(风冷机组除外)及以上机组力争5年内供电煤耗降至每kWh300g标准煤左右。

实施工业节能行动计划。严格限制高耗能产业和过剩产业扩张,加快淘汰落后产能,实施十大重点节能工程,深入开展万家企业节能低碳行动。实施电机、内燃机、锅炉等重点用能设备能效提升计划,推进工业企业余热余压利用。深入推进工业领域需求侧管理,积极发展高效锅炉和高效电机,推进终端用能产品能效提升和重点用能行业能效水平对标达标。认真开展新建项目环境影响评价和节能评估审查。

实施绿色建筑行动计划。加强建筑用能规划,实施建筑能效提升工程,尽快推行75%的居住建筑节能设计标准,加快绿色建筑建设和既有建筑改造,推行公共建筑能耗限额和绿色建筑评级与标识制度,大力推广节能电器和绿色照明,积极推进新能源城市建设。大力发展低碳生态城市和绿色生态城区，到2020年，城镇绿色建筑占新建建筑的比例达到50%。加快推进供热计量改革，新建建筑和经供热计量改造的既有建筑实行供热计量收费。

实行绿色交通行动计划。完善综合交通运输体系规划，加快推进综合交通运输体系建设。积极推进清洁能源汽车和船舶产业化步伐，提高车用燃油经济性标准和环保标准。加快发展轨道交通和水运等资源节约型、环境友好型运输方式，推进主要城市群内城际铁路建设。大力发展城市公共交通，加强城市步行和自行车交通系统建设，提高公共出行和非机动出行比例。

### 3. 推动城乡用能方式变革

按照城乡发展一体化和新型城镇化的总体要求，坚持集中与分散供能相结合，因地制宜建设城乡供能设施，推进城乡用能方式转变，提高城乡用能水平和效率。

实施新城镇、新能源、新生活行动计划。科学编制城镇规划，优化城镇空间布局，推动信息化、低碳化与城镇化的深度融合，建设低碳智能城镇。制定城镇综合能源规划，大力发展分布式能源，科学发展热电联产，鼓励有条件的地区发展热电冷联供，发展风能、太阳能、生物质能、地热能供暖。

加快农村用能方式变革。抓紧研究制定长效政策措施，推进绿色能源县、乡、村建设，大力发展农村小水电，加强水电新农村电气化县和小水电代燃料生态保护工程建设，因地制宜发展农村可再生能源，推动非商品能源的清洁高效利用，加强农村节能工作。

开展全民节能行动。实施全民节能行动计划，加强宣传教育，普及节能知识，推广节能新技术、新产品，大力提倡绿色生活方式，引导居民科学合理用能，使节约用能成为全社会的自觉行动。

## （三）优化能源结构

积极发展天然气、核电、可再生能源等清洁能源，降低煤炭消费比重，推动能源结构持续优化。

### 1. 降低煤炭消费比重

加快清洁能源供应，控制重点地区、重点领域煤炭消费总量，推进减量替代，压减煤炭消费，到2020年，全国煤炭消费比重降至62%以内。

削减京津冀鲁、长三角和珠三角等区域煤炭消费总量。加大高耗能产业落后产能淘汰力度，扩大外来电、天然气及非化石能源供应规模，耗煤项目实现煤炭减量替代。到2020年，京津冀鲁四省市煤炭消费比2012年净削减1亿吨，长三角和珠三角地区煤炭消费总量负增长。

控制重点用煤领域煤炭消费。以经济发达地区和大中城市为重点，有序推进重点用煤领域"煤改气"工程，加强余热、余压利用，加快淘汰分散燃煤小锅炉，到2017年，基本完成重点地区燃煤锅炉、工业窑炉等天然气替代改造任务。结合城中村、城乡接合部、棚户区改造，扩大城市无煤区范围，逐步由城市建成区扩展到近郊，大幅减少城市煤炭分散使用。

### 2. 提高天然气消费比重

坚持增加供应与提高能效相结合，加强供气设施建设，扩大天然气进口，有序拓展天然气城镇燃气应用。到2020年，天然气在一次能源消费中的比重提高到10%以上。

实施气化城市民生工程。新增天然气应优先保障居民生活和替代分散燃煤，组织实施城镇居民用能清洁化计划，到2020年，城镇居民基本用上天然气。

稳步发展天然气交通运输。结合国家天然气发展规划布局，制定天然气交通发展中长期规划，加快天然气加气站设施建设，以城市出租车、公交车为重点，积极有序发展液化天然气汽车和压缩天然气汽车，稳妥发展天然气家庭轿车、城际客车、重型卡车和轮船。

适度发展天然气发电。在京津冀鲁、长三角、珠三角等大气污染重点防控区，有序发展天然气调峰电站，结合热负荷需求适度发展燃气—蒸汽联合循环热电联产。

加快天然气管网和储气设施建设。按照西气东输、北气南下、海气登陆的供气格局，加快天然气管道及储气设施建设，形成进口通道、主要生产区和消费区相连接的全国天然气主干管网。到2020年，天然气主干管道里程达到12万km以上。

扩大天然气进口规模。加大液化天然气和管道天然气进口力度。

### 3. 安全发展核电

在采用国际最高安全标准、确保安全的前提下，适时在东部沿海地区启动新的核电项目建设，研究论证内陆核电建设。坚持引进消化吸收再创新，重点推进AP1000、CAP1400、高温气冷堆、快堆及后处理技术攻关。加快国内自主技术工程验证，重点建设大型先进压水堆、高温气冷堆重大专项示范工程。积极推进核电基础理论研究、核安全技术研究开发设计和工程建设，完善核燃料循环体系。积极推进核电"走出去"。加强核电科普和核安全知识宣传。到2020年，核电装机容量达到5 800万kW，在建容量达到3 000万kW以上。

### 4. 大力发展可再生能源

按照输出与就地消纳利用并重、集中式与分布式发展并举的原则，加快发展可再生能源。到2020年，非化石能源占一次能源消费比重达到15%。

积极开发水电。在做好生态环境保护和移民安置的前提下，以西南地区金沙江、雅砻江、大渡河、澜沧江等河流为重点，积极有序推进大型水电基地建设。因地制宜发展中小型电站，开展抽水蓄能电站规划和建设，加强水资源综合利用。到2020年，力争常规水电装机达到3.5亿kW左右。

大力发展风电。重点规划建设酒泉、内蒙古西部、内蒙古东部、冀北、吉林、黑龙江、山东、哈密、江苏等9个大型现代风电基地以及配套送出工程。以南方和中东部地区为重点，大力发展分散式风电，稳步发展海上风电。到2020年，风电装机达到2亿kW，风电与煤电上网电价相当。

加快发展太阳能发电。有序推进光伏基地建设，同步做好就地消纳利用和集中送出通道建设。加快建设分布式光伏发电应用示范区，稳步实施太阳能热发电示范工程。加强太阳能发电并网服务。鼓励大型公共建筑及公用设施、工业园区等建设屋顶分布式光伏发电。到2020年，光伏装机达到1亿kW左右，光伏发电与电网销售电价相当。

积极发展地热能、生物质能和海洋能。坚持统筹兼顾、因地制宜、多元发展的方针，有序开展地热能、海洋能资源普查，制定生物质能和地热能开发利用规划，积极推动地热能、生物质和海洋能清洁高效利用，推广生物质能和地热供热，开展地热发电和海洋能发电示范工程。到2020年，地热能利用规模达到5 000万t标准煤。

提高可再生能源利用水平。加强电源与电网统筹规划，科学安排调峰、调频、储能配套能力，切实解决弃风、弃水、弃光问题。

## （四）拓展能源国际合作

统筹利用国内国际两种资源、两个市场，坚持投资与贸易并举、陆海通道并举，加快制定利用海外能源资源中长期规划，着力拓展进口通道，着力建设丝绸之路经济带、21世纪海上丝绸之路、孟中印缅经济走廊和中巴经济走廊，积极支持能源技术、装备和工程队伍"走出去"。

加强俄罗斯中亚、中东、非洲、美洲和亚太五大重点能源合作区域建设，深化国际能源双边多边合作，建立区域性能源交易市场。积极参与全球能源治理。加强统筹协调，支持企业"走出去"。

### （五）推进能源科技创新

按照创新机制、夯实基础、超前部署、重点跨越的原则，加强科技自主创新，鼓励引进消化吸收再创新，打造能源科技创新升级版，建设能源科技强国。

#### 1. 明确能源科技创新战略方向和重点

抓住能源绿色、低碳、智能发展的战略方向，围绕保障安全、优化结构和节能减排等长期目标，确立非常规油气及深海油气勘探开发、煤炭清洁高效利用、分布式能源、智能电网、新一代核电、先进可再生能源、节能节水、储能、基础材料等9个重点创新领域，明确页岩气、煤层气、页岩油、深海油气、煤炭深加工、高参数节能环保燃煤发电、整体煤气化联合循环发电、燃气轮机、现代电网、先进核电、光伏、太阳能热发电、风电、生物燃料、地热能利用、海洋能发电、天然气水合物、大容量储能、氢能与燃料电池、能源基础材料等20个重点创新方向，相应开展页岩气、煤层气、深水油气开发等重大示范工程。

#### 2. 抓好科技重大专项

加快实施大型油气田及煤层气开发国家科技重大专项。加强大型先进压水堆及高温气冷堆核电站国家科技重大专项。加强技术攻关，力争页岩气、深海油气、天然气水合物、新一代核电等核心技术取得重大突破。

#### 3. 依托重大工程带动自主创新

依托海洋油气和非常规油气勘探开发、煤炭高效清洁利用、先进核电、可再生能源开发、智能电网等重大能源工程，加快科技成果转化，加快能源装备制造创新平台建设，支持先进能源技术装备"走出去"，形成有国际竞争力的能源装备工业体系。

#### 4. 加快能源科技创新体系建设

制定国家能源科技创新及能源装备发展战略。建立以企业为主体、市场为导向、政产学研用相结合的创新体系。鼓励建立多元化的能源科技风险投资基金。加强能源人才队伍建设，鼓励引进高端人才，培育一批能源科技领军人才。

## 三、保障措施

### （一）深化能源体制改革

坚持社会主义市场经济改革方向，使市场在资源配置中起决定性作用和更好发挥政府作用，深化能源体制改革，为建立现代能源体系、保障国家能源安全营造良好的制度环境。

完善现代能源市场体系。建立统一开放、竞争有序的现代能源市场体系。深入推进政企分开，分离自然垄断业务和竞争性业务，放开竞争性领域和环节。实行统一的市场准入制度，在制定负面清单基础上，鼓励和引导各类市场主体依法平等进入负面清单以外的领域，推动能源投资主体多元化。深化国有能源企业改革，完善激励和考核机制，提高企业竞争力。鼓励利用期货市场套期保值，推进原油期货市场建设。

推进能源价格改革。推进石油、天然气、电力等领域价格改革，有序放开竞争性环节价格，天然气井口价格及销售价格、上网电价和销售电价由市场形成，输配电价和油气管输价格由政府定价。

深化重点领域和关键环节改革。重点推进电网、油气管网建设运营体制改革，明确电网和油气管网功能定位，逐步建立公平接入、供需导向、可靠灵活的电力和油气输送网络。加快电力体制改革步伐，推动供求双方直接交易，构建竞争性电力交易市场。

健全能源法律法规。加快推动能源法制定和电力法、煤炭法修订工作。积极推进海洋石油天然气管道保护、核电管理、能源储备等行政法规制定或修订工作。

进一步转变政府职能，健全能源监管体系。加强能源发展战略、规划、政策、标准等制定和实施，加快简政放权，继续取消和下放行政审批事项。强化能源监管，健全监管组织体系和法规体系，创新监管方式，提高监管效能，维护公平公正的市场秩序，为能源产业健康发展创造良好环境。

### （二）健全和完善能源政策

完善能源税费政策。加快资源税费改革，积极推进清费立税，逐步扩大资源税从价计征范围。研究调整能源消费税征税环节和税率，将部分高耗能、高污染产品纳入征收范围。完善节能减排税收政策，建立和完善生态补偿机制，加快推进环境保护税立法工作，探索建立绿色税收体系。

完善能源投资和产业政策。在充分发挥市场作用的基础上，扩大地质勘探基金规模，重点支持和引导非常规油气及深海油气资源开发和国际合作，完善政府对基础性、战略性、前沿性科学研究和共性技术研究及重大装备的支持机制。完善调峰调频备用补偿政策，实施可再生能源电力配额制和全额保障性收购政策及配套措施。鼓励银行业金融机构按照风险可控、商业可持续的原则，加大对节能提效、能源资源综合利用和清洁能源项目的支持。研究制定推动绿色信贷发展的激励政策。

完善能源消费政策。实行差别化能源价格政策。加强能源需求侧管理，推行合同能源管理，培育节能服务机构和能源服务公司，实施能源审计制度。健全固定资产投资项目节能评估审查制度，落实能效"领跑者"制度。

### （三）做好组织实施

加强组织领导。充分发挥国家能源委员会的领导作用，加强对能源重大战略问题的研究和审议，指导推动本行动计划的实施。能源局要切实履行国家能源委员会办公室职责，组织协调各部门制定实施细则。

细化任务落实。国务院有关部门、各省（区、市）和重点能源企业要将贯彻落实本行动计划列入本部门、本地区、本企业的重要议事日程，做好各类规划计划与本行动计划的衔接。国家能源委员会办公室要制定实施方案，分解落实目标任务，明确进度安排和协调机制，精心组织实施。

加强督促检查。国家能源委员会办公室要密切跟踪工作进展，掌握目标任务完成情况，督促各项措施落到实处、见到实效。在实施过程中，要定期组织开展评估检查和考核评价，重大情况及时报告国务院。

# 2016年能源工作指导意见

2016年是"十三五"规划的第一年，认识、适应和引领能源发展新常态，做好全年能源工作，进一步加快能源结构调整、推进发展动力转换，实现"十三五"能源发展起好步开好局，具有十分重要的意义。

## 一、指导思想和主要目标

深入贯彻党的十八大、十八届三中、四中、五中全会和习近平总书记系列重要讲话精神，落实中央经济工作会议总体部署，遵循"四个革命、一个合作"战略思想，坚持"创新、协调、绿色、开放、共享"发展理念，以提高发展质量和效益为中心，以推进供给侧结构性改革为主线，着力调整存量做优增量，着力培育能源生产消费新模式新业态，着力提高能源普遍服务水平，努力构建清洁低碳、安全高效的现代能源体系，促进经济社会发展行稳致远。

（一）能源消费。2016年，能源消费总量43.4亿t标准煤左右，非化石能源消费比重提高到13%左右，天然气消费比重提高到6.3%左右，煤炭消费比重下降到63%以下。

（二）能源供应。2016年，能源生产总量36亿t标准煤左右，煤炭产量36.5亿t左右，原油产量2亿t左右，天然气产量1440亿$m^3$左右。

（三）能源效率。2016年，单位国内生产总值能耗同比下降3.4%以上，燃煤电厂每kWh供电煤耗314g标准煤，同比减少1g。

## 二、推进科技和体制创新，培育创新发展新动力

（四）推进能源科技创新

推广应用先进适用技术装备。实施能源装备制造创新2025行动计划，研究建立先进技术装备创新推广协作机制。示范应用超超临界机组二次再热、大容量超超临界循环流化床锅炉、柔性直流输电、煤矿智能化开采、大型管道电驱压缩机组、深海和非常规油气勘探开发等先进技术装备。

推进重点关键技术攻关。围绕能源安全供应保障、清洁能源发展和化石能源清洁高效利用三大重点领域，集中攻关核电关键设备、燃气轮机、智能电网、大容量储能、燃料电池、天然气长输管线燃驱压缩机组等装备及关键材料的自主研发应用。加快全钒液流储能电池、海上浮式核动力平台、光热发电、智慧矿山、煤层气、生物质能等领域技术定型。

加强革命性技术研究论证。聚焦战略性前沿技术，进一步加大研究论证力度，推进能源互联网、先进核能、煤炭分质梯级利用、能源新材料等领域的技术革命。

强化科技创新基础。加强能源行业标准化工作，推进三代压水堆先进核电技术标准体系建设，加快页岩气、煤层气、电动汽车充电基础设施、油品质量、分布式能源、智能电网等行业标准制修订。

研究组建太阳能发电等标准化技术委员会。培育具有国际影响力的能源技术研发中心、重点实验室等创新平台。

（五）加快能源体制创新

落实电力体制改革措施。推进输配电价改革，加强成本监审，有序扩大试点范围。推进南方、京津冀等区域电力市场和贵州、云南、山西等省电力市场建设综合改革试点。按照相对独立原则，组建京津冀、南方、贵州、云南、山西等电力交易机构。推进跨省跨区电能交易市场化改革，制订实施市场基本规则和监管办法。推进放开发用电计划，优先保障民生购电和清洁能源发电。推进放开售电业务和增量配电投资业务，在广东、重庆等地开展售电侧专项改革试点。加强和规范燃煤自备电厂监督管理。

深化石油天然气体制改革。推动出台《关于深化石油天然气体制改革的若干意见》，拟订配套措施，研究开展油气改革综合试点。有序放开石油勘查、开采、进口、加工准入。推动油气管道网运分开，促进油气管网设施公平开放。推动完善油气价格机制，促进天然气价格市场化。

深化审批制度改革。研究编制国家能源局权力、责任清单，完善权力监督、制约和协调机制。按照国务院统一部署，继续取消、下放审批事项，规范审批行为。改进服务方式，逐步推行网上审批。研究建立行政审批听证和项目决策后评估制度，完善责任追究机制。

加强能源法制建设。加快《电力法》修订和《能源法》《核电管理条例》《国家石油储备条例》立法。研究推进《石油天然气法》《能源监管条例》《海洋石油天然气管道保护条例》立法和《煤炭法》修订。完善电力监管法规、标准。

深化能源市场监管。针对重点地区、典型问题，着力加强重点专项监管和问题监管，促进能源市场健康持续发展。加强简政放权事中事后监管，促进审批事项有机下放承接。加强市场秩序监管，着力规范电力市场准入秩序、电力调度交易与市场秩序。加强电网、油气管网公平开放和成本监管，促进信息公开和公平接入。加强煤电规划建设和成品油质量升级监管，推进工作有序开展。抓好供电监管，提升人民群众用电满意度。加强能源领域行政执法，发挥12398能源监管热线作用，保障各类市场主体合法权益。加强能源行业信用体系建设。加强能源监管信息化建设。

加强电力安全监管。强化安全发展观念，落实以企业为主体的电力安全生产责任制。完善电力安全生产法规体系，创新安全生产监管执法机制。加强源头监管和治理，坚持完善重大隐患挂牌督办、电力事故（事件）警示通报和约谈访谈制度。做好电网、发电、工程施工、网络与信息安全、可靠性等专业安全监管。建立安全生产不良记录和"黑名单"机制。加强电力应急管理，推进电力企业应急能力建设。做好国家重要活动和重点时期保电工作。

## 三、提高能源系统效率，构建协调发展新格局

（六）切实加强战略规划引领

发布实施能源发展"十三五"规划。编制完成能源发展"十三五"规划，以及能源科技创新、电力、核电、煤炭、石油、天然气、可再生能源等专项规划。做好国家级与省级能源总体规划衔接，争取2016年6月底前，两级规划全部按程序报批发布实施。

研究编制区域中长期发展规划。落实国家区域发展战略，编制实施《京津冀能源协同发展专项规划》和《丝绸之路经济带能源发展规划》。促进区域能源协调发展，研究长江经济带能源发展思路

和重点区域能源中长期发展规划。

研究能源长远发展战略。建立重大战略问题研究协商机制，组织开展战略性重大专题研究。研究分析能源发展战略需求，推进能源生产消费革命重大示范工程。

（七）加快调整产业结构

化解煤炭行业过剩产能。严格控制新增产能，从2016年起，3年内原则上停止审批新建煤矿项目、新增产能的技术改造项目和产能核增项目，确需新建煤矿的，一律实行减量置换。加快淘汰落后产能，继续淘汰9万吨/年及以下煤矿，支持有条件的地区淘汰30万吨/年以下煤矿，逐步淘汰其他落后煤矿，全年力争关闭落后煤矿1000处以上，合计产能6000万吨。严格煤矿基本建设程序，严禁未批先建。严控现有产能产量，严禁超能力生产。鼓励煤电化、煤电铝一体化发展，支持企业兼并重组。完善煤矿关闭退出机制，研究设立相关专项基金。

控制煤电产能规模。合理引导投资建设预期，研究建立煤电建设风险预警机制，定期发布分省煤电规划建设风险预警提示。严控煤电新增规模，在大气污染防治重点地区和电力装机明显冗余地区，原则上不再安排新增煤电规划建设规模，取消、缓核和缓建一批已纳入规划或核准（在建）煤电项目。加大淘汰落后机组力度。严厉查处违规建设行为。

加快炼油产业转型升级。以成品油质量升级为抓手，实施新一轮炼油技术升级改造，形成一批先进产能，淘汰一批落后产能。鼓励多元化发展，积极开展产品深加工和柔性加工，鼓励有条件的企业从主要生产成品油调整为侧重生产化工产品。推进炼油产能走出去，打造具有国际竞争能力的炼油企业集团。

提高油气自主保障能力。推进国家油气重大工程，实施大型油气田及煤层气开发重大专项，研究老油田稳产、老油区稳定以及致密气、海洋油气勘探开发扶持政策。支持非常规油气产能建设和储气设施建设。加快煤层气产业化基地和煤矿瓦斯规模化抽采利用矿区建设。完善国家石油储备体系，加快石油储备基地建设，完善动用轮换机制，提高国家石油储备保障能力。

（八）合理优化空间布局

实施区域差别化能源开发政策。在水资源可支撑和生态环境能承载的前提下，加大西部地区能源开发力度，稳步增强跨区调出能力。合理控制中部地区能源开发强度和节奏，保持持续发展动力。压减东部地区重点区域煤炭消费总量，重点发展核电、沿海风电、太阳能和海上油气开发利用。

优化跨区能源输送通道建设。加快跨省区输电工程特别是水电、风电外送通道建设，提高清洁能源利用比重。加快跨省区油气长输管道建设，促进主干管道互联互通。加快重点地区和气化率较低地区油气管道建设。推进页岩气、煤层气等非常规天然气配套外输管道建设。加强电力输送通道与煤炭输送通道的统筹协调。

促进能源与高耗能产业协调发展。落实《国务院关于中西部地区承接产业转移的指导意见》，支持西部地区实施高耗能产业布局优化工程，提高能源就地消纳比例。支持东中部地区加快高耗能产业转移，实施清洁能源提速工程，降低对远距离能源输送的依赖。

（九）加强系统集成优化

着力提升电网调峰能力。鼓励发展天然气调峰电站，适度加快规划内抽水蓄能电站建设。推进西南地区流域龙头水电站建设，提升燃煤电厂调峰能力。稳步推进热电联产机组参与调峰，鼓励发展背压式热电联产。出台节能低碳发电调度办法，优先调度可再生能源发电，合理调整燃煤机组调峰秩序。研究出台政策措施，推动储能技术突破，促进规模化参与调峰应用。完善跨省跨区电力辅助服务补偿机制，进一步挖掘调峰潜力。

积极发展分布式能源。放开用户侧分布式电源建设，鼓励多元主体投资建设分布式能源。研究制订接入电网技术标准规范，推动分布式能源接入各电压等级配电网和终端用能系统。创新分布式能源运营模式，鼓励发展融合储能技术和信息技术的先进微电网。完善各类资源综合利用机组财政支持政策。

积极发展智能电网。研究建立适应基本国情的智能电网技术路线、发展模式和实现路径。示范应用微电网、储能及柔性直流输电工程。加强需求侧管理，推广应用供需互动用电系统。探索智能电网运营商业新模式，建立清洁、安全、便捷、有序的互动用电平台，适应分布式能源、电动汽车等多元化接入需求。

促进可再生能源就地消纳利用。建设配套调峰电站，提高电网接入消纳能力。开展风电供暖、制氢等示范工程建设。探索风电、光伏就地消纳利用商业新模式。统筹解决弃风、弃光、弃水等行业发展突出问题。探索试点可再生能源开发利用目标管理机制。

## 四、加快清洁化低碳化进程，建设绿色发展新生态

（十）大力发展非化石能源

积极发展水电。加快推进西南水电基地重大项目建设，推动白鹤滩、叶巴滩、卡拉等重点水电项目核准开工，积极推进怒江水电开发。做好雅鲁藏布江下游水电开发前期研究论证与规划。

稳步发展风电。推动"三北"地区风电健康发展，鼓励东中部和南部地区风电加快发展。推进准东、锡林郭勒盟、晋北、张家口三期新能源发电基地规划建设，提高新能源发电外送电量比重。研究解决制约海上风电发展的技术瓶颈和体制障碍，促进海上风电健康持续发展。

安全发展核电。继续推进AP1000依托项目建设，抓紧开工大型先进压水堆CAP1400示范工程，适时启动后续沿海AP1000新项目建设。加快推进小堆示范工程。协调各方力量，确保高温气冷堆、华龙一号等示范工程顺利建设。保护和论证一批条件优越的核电厂址，稳妥推进新项目前期工作。加强核电安全质量管理，确保在运在建机组安全可控。

大力发展太阳能。扩大光伏发电"领跑者"基地建设规模。继续推进太阳能热发电示范项目建设，探索太阳能热发电新技术和新模式。统筹做好太阳能发电项目与配套电网建设衔接。

积极开发利用生物质能、地热能等新能源。加快生物天然气开发利用，推进50个生物天然气示范县建设。推动建立燃料乙醇扶持政策动态调整机制，扩大燃料乙醇生产消费。推动地热能规模化开发利用。在京津冀等北方城镇地区推广中深层地热能集中供暖。在长江中下游地区推广地源热泵供暖制冷应用。推进西藏高温地热发电项目建设和中低温地热发电试验。

推动区域能源转型示范。在浙江、四川、宁夏、青海和内蒙古等地区，建设清洁能源战略转型示范省（区）。推进新能源示范城市、绿色能源示范县和新能源示范园区建设，探索建立一批基本依靠清洁能源供能的示范区。推进可再生能源与新城镇、新农村建设融合发展。

（十一）积极推进天然气高效利用

研究修订《天然气利用政策》。完善交通领域天然气利用技术标准，加强加注站规划建设，积极发展以天然气为燃料的交通工具。鼓励发展天然气调峰发电和冷电热三联供。扩大天然气利用替代，在京津冀、长三角、珠三角等区域，因地制宜替代散烧煤炭，有序发展天然气工业锅炉（窑炉）。推

进液化天然气冷能资源综合利用,适度发展天然气工业供热。促进天然气发电与新能源发电融合发展。

（十二）继续实施专项升级改造

实施煤电超低排放和节能改造。"十三五"期间,全国计划实施超低排放改造约4.2亿kW,节能改造约3.4亿kW,预计总投资约1 500亿元。2016年,启动一批超低排放改造示范项目和节能改造示范项目。修订煤电机组能效标准和最低限值标准。开展煤电节能改造示范项目评估,推广应用先进成熟技术。

加快成品油质量升级改造。2016年,东部11省（市）全面供应国五标准车用汽、柴油。扎实做好2017年全国全面供应国五标准车用汽、柴油准备工作。推进普通柴油升级项目。编制出台车用汽、柴油国六标准。

（十三）鼓励发展新型消费业态

全面推进电动汽车充电设施建设。按照"桩站先行、适度超前"原则,用好财政支持政策,积极完善相关配套措施,保障工程建设顺利进行。加强与建筑、市政等公共设施的统筹衔接,研究编制充电设施工程技术标准规范。鼓励大众创业、万众创新,积极发展充电设施分享经济。2016年,计划建设充电站2000多座、分散式公共充电桩10万个,私人专用充电桩86万个,各类充电设施总投资300亿元。

启动实施"互联网+"智慧能源行动。促进能源和信息深度融合,探索推广新技术、新模式和新业态,推动建设智慧城市和智慧小镇,助力提升城乡居民生活品质。推动建设智能化生产消费基础设施。加强多能协同综合能源网络建设。推动能源与通信基础设施深度融合。营造开放共享的能源互联网生态体系。发展储能和电动汽车应用新模式。发展智慧用能新模式。培育绿色能源灵活交易市场模式。发展能源大数据服务应用。推动能源互联网关键技术攻关。建设国际领先的能源互联网标准体系。

推广实施电能替代。在居民采暖、工农业生产、交通运输等领域,因地制宜发展电采暖、电锅炉（窑炉）、电蓄能调峰等项目,有序替代散烧煤炭和燃油。研究建立电能替代示范区。到2020年,计划替代散烧煤炭和燃油消费折合标准煤约1.3亿t。

（十四）切实加强煤炭清洁绿色开发利用

限制开发高硫、高灰、高砷、高氟煤炭资源。推广充填开采、保水开采、煤与瓦斯共采等绿色开采技术。加强煤矿粉尘综合治理。完善矿区生态环境补偿机制。提高原煤洗选加工比重。在钢铁、建筑等领域推广高效清洁燃煤锅炉（窑炉）技术。适度发展煤制燃料和低阶煤分级分质加工转化利用。加强煤矸石、矿井水、煤矿瓦斯等资源综合利用。

（十五）持续抓好大气污染防治相关能源保障工作

深入落实国务院大气污染防治行动计划,尽快建成12条跨区输电通道,保障重点地区清洁能源供应。积极参与京津冀及周边地区、长三角等区域大气污染防治协作机制。继续加大京津冀地区散煤清洁化治理工作力度,确保完成年度考核任务。鼓励其他民用劣质燃煤地区结合本地实际,借鉴实施京津冀散煤清洁化治理模式,切实降低散煤燃烧污染。

## 五、加强能源国际合作，拓展开放发展新空间

（十六）加快推动重大能源装备"走出去"

深入实施"一带一路"能源合作和中巴经济走廊能源合作,进一步完善能源装备出口服务机制,

依托工程建设推动能源装备出口。积极推进核电"走出去",扩大火电机组、水电机组等常规大型成套设备出口,拓展风电、光伏发电等新能源装备出口,鼓励炼化装备、运营、设计企业"抱团出海"。稳妥投资海外输配电项目。鼓励以企业为主体,发展电力装备服务出口。

(十七)积极拓展海外油气合作

巩固重点国家和资源地区油气产能合作,积极参与国际油气基础设施建设,促进与"一带一路"沿线国家油气管网互联互通。推进中俄东线天然气管道建设,确保按计划建成。务实推动中俄西线天然气合作项目。稳妥推进天然气进口。加强与资源国炼化合作,多元保障石油资源进口。

(十八)积极参与国际能源治理

加快建设上海国际能源交易中心。加强东北亚、上海合作组织能源合作,推动建立区域能源市场。推动核电等中国能源标准国际化。办好G20峰会能源系列会议,确保取得预期成果和实效。加强与国际能源署、国际可再生能源署、国际能源宪章等国际能源组织合作,提高中国参与国际能源治理的话语权和影响力。

## 六、实施能源民生工程,增进共享发展新福祉

(十九)全方位支持贫困地区能源资源开发利用

围绕全面建成小康社会总目标,贯彻落实中央扶贫开发工作会议精神,坚持精准扶贫、精准脱贫,采取非常规举措,着力加快贫困地区能源开发建设,着力提高当地能源普遍服务水平,促进贫困地区经济发展和民生改善,为打赢脱贫攻坚战、确保贫困地区与全国同步建成小康社会提供坚强的能源保障。

(二十)着力加强贫困地区能源开发建设

落实《国家能源局关于加快贫困地区能源开发建设推进脱贫攻坚的实施意见》,加大贫困地区能源项目支持和资金投入力度,新建能源开发项目和输送通道,优先向革命老区、民族地区、边疆地区和连片特困地区布局。扎实推进农村贫困地区农网改造升级、农村动力电全覆盖、光伏扶贫三大能源扶贫工程。统筹出台扶贫开发优惠产业政策,调整完善水电利益共享等能源资源开发收益分配政策,研究建立特殊地区电力普遍服务补偿机制,让更多的贫困地区和贫困群众从能源资源开发中受益。

(二十一)启动实施新一轮农村电网改造升级

组织编制三年滚动实施计划,建立项目储备库,预计总投资约3 000亿元。尽快启动第一批升级改造项目,预计投资约420亿元,其中中央预算内投资85亿元。2年内实现农村稳定可靠供电服务。组织编制小城镇、中心村农网改造升级和机井通电实施方案(2016—2017年),预计投资约1500亿元,到2017年中心村全部完成农网改造,平原地区机井通电全覆盖。

(二十二)全面实施城镇配电网建设改造

计划用五年左右时间,全面加快城镇配电网建设改造,促进经济发展和民生改善。到2020年,中心城市(区)智能化建设和应用水平大幅提高,供电可靠率达到99.99%,用户年均停电时间不超过1小时,供电质量达到国际先进水平;城镇地区供电能力及供电安全水平显著提升,供电可靠率接近99.9%,用户年均停电时间不超过10小时,保障地区经济社会快速发展。

# 各地鼓励锅炉煤改气政策

## 北京市

### 1. 北京市

为鼓励燃煤锅炉清洁能源改造，北京市财政局、市环保局提高了补助标准。2002年制定的《北京市锅炉改造补助资金管理办法》规定，20蒸吨以下燃煤锅炉每蒸吨补助5.5万元、20蒸吨以上的补助10万元，在此基础上，2014年进一步加大力度，将郊区县燃煤锅炉补助标准统一增加到每蒸吨13万元。另一方面，市发展改革委出台《关于调整燃煤锅炉房清洁能源改造市政府固定资产投资政策的通知》（京发改[2014]1576号），扩大了燃煤锅炉清洁能源改造固定资产支持范围，对20蒸吨以上燃煤锅炉按照原规模改造工程建设投资30%比例安排补助资金。这些政策措施，有力推进了燃煤锅炉"煤改气"任务的落实。

## 天津市

### 2. 天津市

为加快以细颗粒物（PM2.5）为重点的大气污染治理，切实改善环境空气质量，依照国家《大气污染防治行动计划》（国发[2013]37号）、《京津冀及周边地区落实大气污染防治行动计划实施细则》（环发[2013]104号），结合天津市实际，制定《天津市清新空气行动方案》，实施补贴等优惠政策。鼓励出租车每年更换高效尾气净化装置，鼓励使用原装生产双燃料出租汽车。配合国家开展缩短公交车、出租车强制报废年限的研究。大力推广节能和新能源汽车，实施新能源汽车财政补贴。到2017年底，投入运营6 000辆新能源和清洁能源公交车（其中纯电动公交车2 000辆），配套建设16座充换电站，每年新增的公交车中新能源和清洁能源车的比例达到60%。到2015年底，投入运营1 000辆清洁能源长途班线客车和通勤客车。在农村地区积极推广农用电动车。

## 河北省

### 3. 邢台市

为推广使用天然气，河北将设立天然气利用专项基金，对天然气利用、燃煤锅炉煤改气给予适当的财政补贴和政策支持。根据《邢台市城区原煤散烧治理实施方案》，按照"改造政府补贴、不足用户补齐"的原则，对实施"煤改气"的燃煤用户购买燃气壁挂炉进行补贴，每户补贴3 000元。

### 4. 邯郸市

邯郸市煤改气工程指挥部办公室答复，为进一步改善城市环境空气质量和居民生活条件，邯郸市政府决定对主城区及周边外扩 5km 区域内燃煤用户实施"煤改气"工程。2016 年 10 月底前，对主城区及周边外扩 5km 区域内 309 个村庄（社区）、130 053 户全部完成"煤改气"工程。按照"改造政府补贴、不足用户补齐"的原则，对实施"煤改气"的燃煤用户购买燃气壁挂炉进行补贴，每户补贴 3 000 元，其中 300 元由区（县）财政承担；燃气管网初装费（2 600 元）、灶具、暖气片等费用由用户承担。对于低保用户，由区（县）政府负责，在以上补贴政策的基础上，再予以照顾。

## 山东省

### 5. 滕州市

为实现燃煤锅炉改造工作的顺利推进，出台了一系列补贴政策和奖励办法：对 2014 年 12 月 31 日前完成改造的燃煤锅炉，验收合格后按 5 万元/蒸吨给予奖补；自 2015 年 1 月 1 日起，完成改造的燃煤锅炉，验收合格后，按 3 万元/蒸吨给予奖补；2015 年 12 月 31 日后，取消奖补政策并全面拆除城市建成区内 40t/h 以下燃煤锅炉；对在实施燃煤锅炉改造过程中不进行改造也不继续使用的锅炉，将在其自行拆除并经过验收后，按 1 万元/蒸吨进行奖补。

### 6. 枣庄市

财政以奖代补支持燃煤锅炉"煤改气"改造：2013 年 12 月 1 日—2014 年 12 月 31 日，完成燃煤锅炉改造的市属行政、事业单位，按 15 万元/蒸吨给予补助。对各区（市）、高新区按 5 万元/蒸吨给予奖补。自 2015 年 1 月 1 日起，对各区（市）、高新区完成改造并经过验收的燃煤锅炉，按 3 万元/蒸吨进行奖补。2015 年 12 月 31 日后，取消奖补政策并全面拆除城市建成区 40t/h 以下燃煤锅炉。对在实施燃煤锅炉改造过程中不进行改造也不继续使用的锅炉，将在其自行拆除并经过验收后，按 1 万元/蒸吨进行奖补。

### 7. 济南市

按"煤改气"计划，2013—2015 年拟对济南市区范围内 35 蒸吨以下燃煤锅炉实施"煤改气"，预计改造燃煤锅炉 198 台，计 2 812 蒸吨，每年可有效减少燃煤消耗 107 万 t。济南市财政将对"煤改气"企业改造费用和运行成本分别实行财政补贴，据初步测算，2013—2015 年财政补贴总资金将达 12 亿元。

## 河南省

### 8. 三门峡市

环保局制定了《市区燃煤锅炉（设施）大气污染整治优惠政策》，对主动淘汰拆除锅炉设施的单位给予资金补助。补助办法规定，对市区内所有餐饮、洗浴行业的燃煤锅炉以及其他生产性燃煤锅炉，位于集中供热覆盖区之外而且 2013 年 11 月 15 日采暖期前集中供热管网不能到达的燃煤采暖锅炉，凡是具有环保手续并采用清洁能源按要求整治到位的，根据燃煤锅炉容量给予环保补助资金，燃煤大灶每台补助 3 000 元；0.5t/h 以下（含 0.5t/h）燃煤锅炉每台补助 2.5 万元；0.5t/h 以上、1t/h 以下（含 1t/h）燃煤锅炉每台补助 3.5 万元；2t/h 燃煤锅炉每台补助 5.5 万元；4t/h 燃煤锅炉每台补助10万元；6t/h燃煤锅炉每台补助15万元。2013年5月31日前整治到位的，按照补助标准的100%发放补助资金；2013年6月30日前整治到位的，按照补助标准的80%发放补助资金；2013年7月1日起，不再安排补助资金，同时将组织有关部门依法强制拆除燃煤锅炉（设施）。位于集中供热覆盖区内和2013年11月15日采暖期前集中供热管网能够到达的燃煤采暖锅炉应无条件拆除，改用集中供热，原则上不予安排补助资金。

## 江苏省

### 9. 江苏省

2014年江苏省财政厅和省经信委联合出台《江苏省新能源汽车推广应用省级财政补贴实施细则》，省财政对纳入全国新一轮新能源汽车推广应用范围的扬州等6市，在2013—2015年间推广应用新能源汽车及充换电设施建设的费用将给予补贴。其中，纯电动客车每辆补助20万元。2014年南通市对市区4蒸吨及以下燃煤锅炉进行淘汰改造，市财政对4蒸吨及以下燃煤锅炉淘汰的给予3万元/蒸吨的奖励。

## 安徽省

### 10. 亳州市

建立城市建成区锅炉淘汰、改造补助机制，将在2014年年底前，完成建城区10t/h及以下的生活燃煤小锅炉淘汰、改造任务；2015年底前，完成建城区10t/h及以下的工业燃煤小锅炉淘汰、改造任务。对在规定时间内完成淘汰、改造并经验收合格的，核发《大气污染物排放许可证》，并给予财政补助。补助标准为：10t/h及以下的，每台补助3万元；1t/h以上的，每增加1蒸吨，增加2万元财政补助。

### 11. 巢湖市

巢湖市积极鼓励小锅炉业主主动拆除。并及时兑现到位奖励资金，对0.03蒸吨以下一台锅炉给予5 000元补助；0.03蒸吨以上至1蒸吨以下的，给予1.5万元补助；1蒸吨以上的给予2.5万元补助。

## 浙江省

### 12. 温州市

政府根据"煤改气"企业燃煤锅炉容量大小，给予一次性财政补贴，主要用于补贴企业在"煤改气"工程所投入的设计费、改造费和设备购置费。即以1t/h燃煤锅炉为标准，其财政补贴金额为8.2万元/（台·11t/h），其他容量锅炉可以按该测试方法等比例计算。节能技术设备财政补贴按节能技术装备的投资总额给予8%～15%的补贴。对符合进行改造的燃煤锅炉企业，温州市燃气有限公司应按该企业红线内因敷设地下管网而产生的建设费用给予10%的减免。对以煤炭为主要能源的企业，且燃煤锅炉容量1t/h及以上的企业给予税收优惠政策，税收优惠额度原则上不超过企业因改用天然气作为能源而增加的成本额度的30%，税收优惠期限为5年。对1t/h以下的燃煤锅炉企业不予实施该项政策。温州市政府可为企业提供等额于因改用天然气后每年增加的成本额的贷款，并提供该额度下的银行利息 10% 的财政贴息。温州市燃气有限公司应根据企业实际，对符合改造条件，并在规定期限内实行改造的燃煤锅炉企业给予优惠，具体为：自温州市天然气接通后，3 年内实施改造的企业，按工业供气价格 10% 的优惠；第 4 年至第 5 年实施改造的企业，天然气价格按工业供气价格给予 5% 的优惠；超过 5 年实施改造的企业，天然气价格不再给予优惠。若温州市届时对工业企业实行阶梯气价，可按其对应阶梯价格在规定的期限内的相应优惠。自温州市天然气接通后，新建或搬迁项目，环评批复中明确要求采用天然气的企业，其天然气价格不得享受价格优惠。

### 13. 绍兴市

对于"煤改气"，绍兴市有明确的政策支持，在设备方面，补助金额将根据改造时间来确定，2012 年底全部完成改造的，每台定型机补助 12 万元；2013 年 6 月底前全部完成改造的，每台定型机补助 8 万元；2013 年底前全部完成改造的，每台定型机补助 4 万元。2014 年以后完成改造的，将视资金积余情况而定，但补助额度将不超过 4 万元。此外，在天然气价格上，也有优惠。凡纳入绍兴市印染企业"煤改气"计划、签订目标责任书并按期完成改造任务的企业，即日起至 2015 年 6 月 30 日，享受天然气价格下浮 20% 的优惠。

## 福建省

### 14. 闽清县

设立专项资金加大对建陶企业"煤改气"改造力度及对已完成煤改气建陶企业奖补力度，同时拟对燃煤的建陶企业实施差别电价，2014、2015、2016 年燃煤企业的生产用电电度电价分别在正常电度电价基础上加 0.3、0.6、0.9 元 /kWh。

## 湖北省

### 15. 荆州市

为鼓励需"煤改气"企事业单位按时淘汰燃煤锅炉，2013 年荆州市采取了补贴政策：将按燃煤锅炉小时蒸发量给予奖励，奖励标准为 3 万元 / 蒸吨。此外，将燃煤锅炉改为燃气锅炉的，取得荆州市城市天然气特许经营权的公司也将对用户实行用气价格折让补贴，补贴标准为 8 万元 / 蒸吨，折让期限至补贴费用折让完毕为止。将燃煤锅炉改为工业蒸气集中供热的，集中供热单位对用户实行用气价格折让补贴和开口费优惠，补贴标准为 8 万元 / 蒸吨，折让期限至补贴费用折让完毕为止。开口费由 3.5 万元 / 蒸吨优惠为 1.5 万元 / 蒸吨。

### 16. 宜城市

市政府出台《宜城市燃煤锅炉煤改气专项整治工作实施方案》，计划从 2014 年起用 3 年时间逐步完成燃煤锅炉"煤改气"工作。按照计划，城区天然气管道覆盖范围内的服务行业、机关企事业单位等使用燃煤的锅炉、餐饮炉灶、茶水炉，要在 2015 年底前完成"煤改气"任务；城区及经济开发区范围内的企业 10 蒸吨 /h 以下燃煤锅炉，要在 2016 年底前完成"煤改气"改造任务。对率先按期完成锅炉改造的单位，市财政将按照"以奖代补"的方式给予补助。

## 湖南省

### 17. 邵阳市

非居民用户改用天然气的，由市燃气公司优惠管道燃气庭院管网设施建设费30%；并由财政按锅炉1万元/蒸吨、炉窑1万元/台、餐饮服务业600元/灶头的标准给予补助。对要求改用天然气的普通居民用户，市燃气公司按每户1 800元收取开户费；低保、残疾人、五保户按每户1 300元收取开户费。

## 江西省

### 18. 新余市

新余市从市节能减排财政综合示范项目经费中专门拨出资金用于锅炉整治改造，改成天然气的补助5万元/蒸吨。2015年12月，城区4t以下燃煤锅炉全部改造完成，补助资金513.69万元。

中国燃气行业年鉴 2015
CHINA GAS INDUSTRY YEARBOOK

# 第六篇

## 专论

# 中国燃气行业法律体系的现状、问题及完善建议

近年来，我国燃气事业快速发展，促进了燃气法律体系的建设，使燃气行业逐步走上法制化的轨道。本文试图对中国燃气行业法律体系的现状做一梳理，分析目前存在的问题，并就如何完善给出进一步的建议。

## 一、中国燃气行业法律体系的现状

燃气法律体系是以燃气管理条例（含国务院《城镇燃气管理条例》和各地方燃气管理条例）为核心，是有关燃气管理、燃气生产、燃气供应与使用、燃气设施保护等方面规范性文件所组成的不同层次、不同等级、不同方面的有机结合体。

按照法律制定部门和法律效力的不同，燃气法律体系可分为7个层次：燃气法律、燃气行政法规、燃气部门规章、燃气地方性法规和规章、燃气标准、司法解释及其他规范性文件。

### （一）燃气法律

法律是由全国人大及常委会制定的，效力仅次于宪法，一般以"中华人民共和国主席令"的形式颁布实施。很多重要的法律如《民法通则》《物权法》《合同法》中都涉及了与燃气相关联的内容，例如《物权法》第七十二条规定："建筑区划内的其他公共场所、公用设施和物业服务用房，属于业主共有。"从这一条上理解，红线内燃气管道与设施共用部分的产权归属应为业主共有。

目前，专项的燃气法和天然气法尚空缺，涉及燃气的相关法律还有《石油天然气管道保护法》《安全生产法》《建筑法》《消防法》《计量法》《环境保护法》《土地管理法》《行政许可法》《行政处罚法》《反垄断法》《消费者权益保护法》《刑法》等。

### （二）燃气行政法规

行政法规是由国务院制定，一般以"条例"、"办法"、"实施细则"、"规定"等形式出现。其效力次于宪法和法律、高于地方法规和行政规章。一般以"国务院令"的形式颁布实施。

燃气行业最重要的行政法规——《城镇燃气管理条例》自2011年3月1日起施行。这是国家层面颁布的第一部关于城镇燃气管理的行政法规（之前的《城市燃气管理办法》《城市燃气安全管理规定》仅为部门规章），其针对燃气发展规划与应急保障、燃气经营与服务、燃气使用、燃气设施保护、燃气安全事故预防与处理以及法律责任等方面作了详细规定。

此外，国务院发布的《价格管理条例》《特种设备安全监察条例》《建设工程质量管理条例》《建设工程安全生产管理条例》《生产安全事故报告和调查处理条例》等与燃气行业关系较为密切。

### (三)燃气行政规章

行政规章指国务院各部委制定和发布的规范性文件。行政规章的名称一般称"规定"、"办法",但不得称"条例"。燃气行政规章主要涉及以下3个方面:

1. 关于燃气设施建设与运营管理。主要包括:《天然气基础设施建设与运营管理办法》(发展改革委令第8号)、《油气管网设施公平开放监管办法(试行)》(国能监管[2014]84号)、《关于加快推进储气设施建设的指导意见》(发改运行[2014]603号)、《城市地下管线工程档案管理办法》(建设部令第136号)、《燃气燃烧器具安装维修管理规定》(建设部令第73号);

2. 关于特许经营和行业准入。主要包括:《市政公用事业特许经营管理办法》(建设部令第126号)、《基础设施和公用事业特许经营管理办法》(发展改革委等六部委令第25号)、《燃气经营许可管理办法》(建城[2014]167号)、《燃气经营企业从业人员专业培训考核管理办法》(建城[2014]167号);

3. 关于价格管理和反垄断行为。主要包括:《政府制定价格听证办法》(发展改革委令第2号)、《政府制定价格行为规则》(发展改革委令第44号)、《政府制定价格成本监审办法》(发展改革委令第42号)、《关于加强政府定价成本监审工作的意见》(发改价格[2016]1329号)、《关于建立健全居民生活用气阶梯价格制度的指导意见》(发改价格[2014]467号)以及《反价格垄断规定》(发展改革委令第7号)《工商行政管理机关禁止滥用市场支配地位行为的规定》(国家工商总局令第54号)、《工商行政机关查处垄断协议、滥用市场支配地位案件程序规定》(国家工商总局令第42号)。

### (四)地方性法规和地方性规章

地方性法规,即地方立法机关制定或认可的规范性法律文件,其效力低于宪法、法律和行政法规,一般称作"条例"、"实施细则"、"办法"、"决议"、"决定"等;地方性规章是指由各省级人民政府和省会城市以及国务院批准的较大市的人民政府制定和发布的规范性文件。地方性法规和地方性规章仅在本行政区域内有效。按照涉及内容的不同,燃气地方性法规和地方性规章可分为:

1. 各地燃气管理条例和燃气管理办法。这是我国燃气法律体系中最具活力的部分。除西藏、新疆等个别省市外,绝大多数的省、自治区、直辖市都制定了燃气管理条例,大多数的省会城市以及部分较大的地级城市制定了燃气管理条例或办法。

2. 各地的特许经营和行业准入。部分地区建立了公用事业特许经营管理办法,将水、气、公交、垃圾处理等一起纳入办法管理。例如:《北京市城市基础设施特许经营条例》《河北省市政公用事业特许经营管理办法》《湖南省市政公用事业特许经营条例》等;有的地区则专门针对燃气行业立法,例如:《上海市管道燃气特许经营授权和监督管理程序》《吉林省城镇管道燃气特许经营管理办法》《江苏省管道燃气特许经营管理办法》等;此外,还有部分地区对燃气经营许可进行了细化,例如辽宁省就出台了《辽宁省燃气经营许可管理办法》。

3. 燃气价格管理办法。截至2016年6月底,全国共有9个省市针对燃气(天然气)价格管理制定了具体办法,分别是:河北、安徽、福建、江苏、江西、山东、浙江、广东、湖南。这些办法对价格管理、计价办法、成本监审等均作了明确规定。

4. 管道设施保护方面。针对城镇建设带来燃气管道设施屡遭破坏的问题,各地相继出台了管道设施保护的法规,例如:《上海市燃气管道设施保护办法》《深圳市燃气管道设施保护办法》《江苏省城镇燃气管道安全保护暂行办法》《杭州市燃气设施安全保护管理办法》《青岛市燃气设施安全保护管理办法》等。

### （五）司法解释

司法解释是指国家司法机关在适用法律、法规的过程中，对如何具体应用法律、法规的问题所做的解释。同时，司法解释也是我国燃气法律体系的重要渊源。

2013年3月8日，《最高人民法院、最高人民检察院关于办理盗窃刑事案件适用法律若干问题的解释》发布，规定"盗窃电力、燃气、自来水等财物，盗窃数量能够查实的，按照查实的数量计算盗窃数额；盗窃数量无法查实的，以盗窃前六个月月均正常用量减去盗窃后计量仪表显示的月均用量推算盗窃数额；盗窃前正常使用不足六个月的，按照正常使用期间的月均用量减去盗窃后计量仪表显示的月均用量推算盗窃数额"。

此外，各地也先后出台了由公、检、法、司多部门联合制定的《关于办理盗窃燃气及相关案件法律适用的若干规定》，用于指导办理盗窃燃气及相关案件的处理，已经出台的省市分别有：上海市、黑龙江省、天津市、郑州市、平顶山市等。

### （六）燃气标准

燃气标准是燃气法律体系中的一个特殊的部分。就我国来说，燃气方面的标准，按实施的范围，有国家标准、行业标准和地方标准之分；按是否强制执行，有强制性标准和推荐性标准之分。比较重要的标准有《城镇燃气设施运行、维护和抢修安全技术规程》《城镇燃气技术规范》《城镇燃气设计规范》等。

### （七）其他规范性文件

燃气法律体系中的其他规范性文件主要是指国务院部委的通知、指示、批复等文件。例如《全国城镇燃气发展"十二五"规划》《关于发展天然气分布式能源的指导意见》《能源行业加强大气污染防治工作方案》等。

## 二、存在的问题与不足

### （一）缺乏行业基础性大法

在我国燃气行业法律体系中，缺乏一个最基本的、统一且涵盖行业各领域的《燃气法》或《天然气法》，这就导致我国燃气领域综合性、全局性、战略性问题长期依靠各部门的行政协调，缺乏法律层面的有效调整；已有的燃气法律法规之间缺少统筹，存在彼此重叠、标准不一或互相牵制的情况，可操作性和执行效率受到制约。这一基础法律的缺失，导致了行业发展缺少了最基础的法律保障，具体体现在：

1. 产业链缺少协同发展。上游勘探与开发，中游管输系统及配套基础设施，下游城市管网输配系统和供气设施建设，都是产业链不可缺少的环节，相互之间具有高度的关联性，本该属于利益共同体。但在基础法律缺失的情况下，各方片面追求单方利益，在一定程度上阻碍了行业发展。

2. 部分领域存在法律空白。特别是中游规范管网输配经营行为的法律严重缺失，管道建设、市场准入等方面都没有相应的法律规范，由此导致设施盲目建设、地方市场割据、局部地区恶性竞争等现象频繁出现。

3. 监管机制不够完善。首先是产业管理沿用传统管理方式，呈现多头管理的特征；其次是上下游的监管力度不一，对上游实质上限制准入，对中游监管不到位，对下游又过度监管；再次，政策制定机构和监管机构高度重合，监管机构缺乏独立性。

### （二）燃气特许经营乱象丛生

目前，燃气行业特许经营的法律依据主要是《市政公用事业特许经营管理办法》和《基础设施和公用事业特许经营管理办法》。但这两部办法还是存在一定的不足：一是均属于部门规章，法律位阶不高，在和地方性法规不一致时容易产生矛盾；二是其对于实践中的许多问题没有明确规定；三是办法虽然对燃气特许经营权的取得程序、方式做了规定，但在实际执行当中，各地方政府的自由裁量权过大。

为此，在城市燃气领域，因特许经营权引发的侵权纠纷不断。在实践中，出现燃气特许经营争议的情况主要集中在以下几个方面：

1. 管道气公司之间的特许经营争议。这其中的情形包括：1. 行政区域的变更导致"一女二嫁"侵权事实的发生；2. 上级政府干预下级政府的签订特许经营协议行为，不认可其签订的协议；3. 政府默许、纵容第三方进入实施侵权；4. 政府不一定取消先进入公司的特许经营权，但后进入者可以申请撤销在先的特许经营权。

2. 上游或中游企业与管道气公司之间的纠纷。上游企业利用气源优势直接供应大用户，虽然符合国家提倡的降低企业用气成本导向，但显然侵犯了管道气公司的特许经营权。

3. 自建LNG气化站（俗称"点供"）和管道气公司之间的矛盾。自建LNG气化站采用槽车运输LNG的方式，在用户处建储气罐、气化站后将LNG气化给用户供气，这种供气方式与管道供气方式的碰撞值得关注。

### （三）各地法规过于偏重燃气经营者责任

近年来，有关燃气的法律法规和标准规范进入了编制、修订的高峰期。考虑到燃气的易燃易爆特性和用户端安全事故频发，在这些编制和修订过程中出现了一个倾向，就是以强化燃气企业的义务和责任来防范用户端的用气安全风险。

以新修订的《淄博市燃气管理条例》（2014年8月1日起施行）为例，其第十七条规定：燃气经营企业应当每月至少对单位燃气用户燃气设施和用气情况进行一次入户安全检查。而国家《城镇燃气管理条例》第十七条规定"燃气经营者应当向燃气用户持续、稳定、安全供应符合国家质量标准的燃气，指导燃气用户安全用气、节约用气，并对燃气设施定期进行安全检查"，其并没有规定"定期的频次"，均由各省（直辖市、自治区）、市的燃气管理条例来规定。

淄博市的规定较之前每6个月检查一次的频次大幅增加，从而大大加重了燃气经营者的责任。虽然政府规定安检频次的目的是以燃气企业的专业能力来尽可能避免用户端的燃气安全事故，但实际上，这样反而助长了用户的惰性。有数据表明，由于使用行为不当导致的用户端燃气安全事故占到很大的比重。其他各地如上海、厦门等新修订的燃气条例都有类似的倾向。

### （四）LNG行业法规缺乏、技术标准滞后

在燃气行业中，LNG是一个灵活、高效的利用方式，近年来获得了高速发展，尤其在交通、工业应用方面展现了诱人的前景。但目前燃气行业已有的法规标准大多是指管道气或瓶装气的范畴，

作为液态的LNG由于物理特性的不同,很难全部适用这些法规标准。同时,由于LNG行业的应用技术标准缺失或滞后,行业的法规监管相对缺乏,实践中无"法"(标准)可依,这已经在一定程度上影响了LNG行业的发展。

以工业用户使用LNG供应为例,这种方式业内俗称"点供"。由于LNG和管道气之间显著的价格差及工商业用户降低用气成本的强烈诉求,各地的工业用气大户纷纷停用管道气改用LNG。由于其侵犯了管道气公司的利益,常被管道气公司投诉,要求政府部门查处。政府部门常以不合规存在安全隐患为由对点供公司进行整顿。

事实上,点供在技术和安全上并没有什么缺陷,只不过缺少了正式、完整的行政审批手续。但在实际操作中,点供行政审批手续非常复杂,并且由于缺乏明确的法律依据导致路径不甚清晰;另外,由于点供的安全、技术标准相对缺乏,无法判断点供的安全与否。在此背景下,政府相关部门要求关闭点供设施,改用管道气也就顺理成章了。

### (五)价格改革和成本监审法规需进一步完善

价格作为行业中最为敏感的问题,历来备受关注。政府虽然在法规方面已经有了不少价格方面的规范性文件,但是在近年来的天然气价格改革调整中,仍然体现了极大的随意性。

对于城市燃气而言,目前有些企业跟地方物价部门的关系较好,企业回报较高;有些地方政府压着不许调价,企业亏损严重;而且也存在消费者负担不合理成本的现象;同时,在近期供给侧降气价的统一行动中,对于如何降、降多少的问题,由于缺乏法律依据的支撑,各省的方案呈现五花八门的格局。

这其中更主要的原因在于成本监审还不够完善。根据国外天然气市场化程度较高的国家的经验,监管的内容主要就是"管成本"。目前,天然气产业较发达的国家和地区普遍采用成本加成、最高价格帽以及准许成本加收益等燃气定价方式,在这些定价方式的基础上,政府严格核定企业各类成本。在我国,成本监审的工作起步不久,法律的依据还不够充分,监管的经验还有待积累。

## 三、进一步完善的建议

### (一)加快制定全国性的《天然气法》

目前,我国亟须制定全国性的天然气法律框架和体系,该框架和体系将为推进我国天然气行业发展的政策和战略提供清晰的法律表述,为产业参与者明确其权利义务,并为天然气行业的运作和监管设定基本原则。

《天然气法》的基本理念应该包括:在天然气行业一切可以引入市场竞争的领域应放松政府管制,充分发挥市场的调节作用。对于产业链中具有自然垄断的天然气长距离运输、区域管网和地方输配气等管网,通过立法,构建以公正、公平、公开为原则的经济监管框架,用政府的经济监管代替市场,在获取规模及范围经济效益的同时,确保天然气市场的公平和高效运行。

### (二)推进燃气特许经营的法律完善

目前规范管道燃气特许经营权的文件,除了国家层面的两部办法外,各地有一些地方性燃气法规和市政公用事业特许经营管理法规或规章及规范性文件等,并没有法律或行政法规的规范,建议提高该等法规的效力等级。

据悉，《基础设施和公用事业特许经营法》已经在起草之中，希望该法规的出台能够减少目前层出不穷的特许经营乱象的发生，在此基础上，由国务院相关主管部门根据行政法规出台专门的燃气特许经营部门规章也应提上议程。

此外，应明确政府违法违约成本，对于铤而走险、重复授予特许经营权以寻求利益的，必须明确追究主管部门及其负责人的民事、行政甚至刑事责任等相关法律责任，做到责任到人。各级政府应当明确本级政府之内究竟由哪个行政主管部门负责监管下级政府的特许专营权发放，并建立相应的责任追究制度。

### （三）在各地的燃气管理条例中注重责任的平衡

建议各地立法部门或是政府部门在制定或修订燃气相关的法律法规和标准规范时，要以"谁受益、谁负责"的基本原则，遵守上位法的规定，兼顾平衡原则，不应单方面强调提高一方责任义务。否则只会增加另一方的惰性，反而增加事故风险。

对于用户不具备燃气问题辨别和处置能力的，燃气管理条例中应该明确，由用户委托专业机构或人员来实施，并支付相关的费用；政府部门应加大宣传和监管力度，逐步消除用户的免费思维惯性；此外，政府部门应加大燃气泄漏报警装置、燃气具等厂商或销售商的监管，督促其履行服务义务、规范服务行为，及时为用户提供服务和消除隐患；建议政府部门开展持证的个人或物业管理单位提供相关服务的试点，激发社会或社区服务活力。

### （四）对LNG行业引起重视并完善相应的法规

LNG点供方式的存在，客观上对管道气产生了"鲶鱼效应"，促进了企业用能方式的多元化和用气成本的下降，尤其是近年来，随着LNG的价格一路走低，这种效应愈发明显。此外，LNG在车船动力应用方面，体现出了诱人的前景。

目前，需要加强LNG产业的法规整改文件。一是制定完善相应的技术标准，使安全问题有标准可以参照；二是细化简化行政审批手续，促进产业发展；三是给予LNG明确的法律地位。在此基础上，政府部门再进一步加强LNG行业的管理。

### （五）完善价格管理和成本规制的法律，实现依法治价

1. 明确行业的定性和定位。长期以来，由于城市燃气行业被定位是公益事业，虽然近年来已经强调较少，但到底是一般商品属性还是公用属性，仍需要在法律上予以明确。

2. 健全成本监审的制度体系。从中央层面，主要是加快制定天然气管道运输成本监审办法，各地对城市燃气这种纳入成本监审范围、行业特点明显的重要商品，要制定成本监审办法，已经制定出台的要根据形势变化进行完善。

3. 依法进行燃气价格管理。除了已经出台的9个省市燃气价格管理办法外，其他地区也应该制定明确的燃气价格管理办法。国家层面对此要有统一的指导原则，对价格管理、计价公式、管理权限进行明确的规定。

陈新松

# 城镇燃气分类和基本特性的研究与探讨

根据我国燃气现状和国际相关标准发展趋势，对 GB/T 13611—2006《城镇燃气分类和基本特性》标准的关键内容和资料性附录进行探讨，并对其中的燃气类别和特性指标控制参数进行了研究，提出了一些想法和建议，供修订时参考。建议将我国燃气划分为 6 大类，二甲醚纯气、液化气混空气、沼气单列归类；并采用燃气华白数、热值国际通用指标，对燃气进行分类和特性鉴别。同时实验研究认为，燃气互换性与燃气具燃烧方式有关；建议以 $CH_4$、$H_2$、$N_2$ 三组分，配制人工煤气；以甲烷为主，采用甲烷、氮气、（商品）丙烷或丁烷，配制天然气。

关键词：城镇燃气；燃气分类；基本特性；燃气标准

## 一、分类标准

参照美国、俄罗斯、欧盟等国家和地区关于燃气分类的定义和标准，结合我国燃气现状和未来发展趋势，对我国城镇燃气分类进行研究。

我国 GB/T 13611—2006《城镇燃气分类和基本特性》对于规范城镇燃气的生产、输配、计量、应用等各个环节，对于应用设备的制造与检测等起了重要的作用。鉴于目前我国城镇燃气气源变化较大，应该对之进行修订，根据我国城镇燃气的气源情况和应用要求，根据"气质变化大的要限定，气质变化不大的可不限定"的原则，建议修订如下：

（一）针对城镇燃气，以燃气的华白数 $W$、热值 $H$、相对密度 $d$ 等国际通用参数，进行类别划分和参数限定。

（二）城镇燃气分为 6 大类：

1. 人工煤气，包括 3R、4R、5R、6R、7R。

2. 天然气，包括 3T、4T、10T、12T、13T。

3. 液化石油气，包括 19Y、20Y、22Y。

4. 液化气混空气，包括液化气混空气、轻烃混空气。

5. 二甲醚。

6. 沼气，即原 6T 天然气。

（三）如果上述燃气组分需要掺混使用时，凡掺混组分之间的性能变化很小的参数可不限定，性能变化大的参数必须进行限定。

城镇燃气的类别及特性指标、城镇燃气的试验气，应分别符合表 1、表 2 的规定。

城镇燃气的类别及特性指标（15℃，101.325kPa，干） 表1

| 序号 | 类别 | | 高华白数 $W_s$/(MJ/m³) | | 高热值 $H_s$/(MJ/m³) | |
|---|---|---|---|---|---|---|
| | | | 标准 | 范围 | 标准 | 范围 |
| 1 | 人工煤气 R | 3R 水煤气改制 | 13.71 | 12.63～14.66 | 9.44 | 9.16～10.37 |
| | | 4R 两段炉气 | 17.77 | 16.38～19.03 | 10.78 | 10.37～11.98 |
| | | 5R 混合煤气 | 21.57 | 19.81～23.17 | 13.71 | 13.45～15.25 |
| | | 6R 直立炉气 | 25.79 | 23.85～27.95 | 15.33 | 15.33～17.25 |
| | | 7R 焦炉气 | 31.00 | 28.57～33.12 | 17.46 | 17.07～19.59 |
| 2 | 天然气 T | 3T 矿井气 | 13.30 | 12.24～14.37 | 12.28 | 10.18～13.19 |
| | | 4T 矿井气 | 17.16 | 15.77～18.56 | 15.49 | 12.67～16.62 |
| | | 10T 干井气 | 41.52 | 39.06～44.84 | 32.49 | 30.98～36.92 |
| | | 12T 干井气 | 50.73 | 45.66～54.77 | 37.78 | 31.87～37.78 |
| | | 13T 油田伴生气、LNG | 53.86 | 51.36～55.67 | 43.57 | 38.94～47.04 |
| 3 | 液化石油气 Y | 19Y 商品丙烷 | 76.84 | 72.86～76.84 | 95.65 | 88.52～95.65 |
| | | 22Y 商品丁烷 | 87.54 | 81.83～87.53 | 126.21 | 88.52～126.21 |
| | | 20Y 商品丙-丁烷混合气 | 79.65 | 72.86～87.53 | 103.29 | 88.52～126.21 |
| 4 | 液化气混空气 YK | 12 YK 液化石油气-空气 | 50.74 | 45.75～57.44 | 59.91 | 50.79～73.20 |
| 5 | 二甲醚 E | 12 E 二甲醚气 | 47.45 | 48.86～51.23 | 59.87 | 48.87～64.52 |
| 6 | 沼气 Z | 6Z 沼气 | 23.34 | 21.75～25.02 | 20.18 | 18.13～21.42 |

注：1. 3T、4T 为矿井气，6Z 为沼气，其燃烧特性接近天然气；
2. 10T、12T 天然气包括常规油气田的天然气，煤层气、页岩气等非常规天然气，煤制天然气；
3. 22Y 高华白数 $W_s$ 的下限值 81.83 MJ/m³，为体积分数（%）$C_3H_8$=55，$C_4H_{10}$=45 时的计算值。

城镇燃气的试验气（15℃，101.325kPa，干） 表2

| 类别 | | 试验气 | 体积分数/% | 相对密度 d | 热值/(MJ/m³) | | 华白数/(MJ/m³) | | 理论干烟气中 $CO_2$ 体积分数/% |
|---|---|---|---|---|---|---|---|---|---|
| | | | | | $H_i$ | $H_s$ | $W_i$ | $W_s$ | |
| 人工煤气 | 3R | 0 | $CH_4$=8.7，$H_2$=50.9，$N_2$=40.4 | 0.474 | 8.16 | 9.44 | 11.85 | 13.71 | 4.14 |
| | | 1 | $CH_4$=12.7，$H_2$=46.1，$N_2$=41.2 | 0.501 | 9.03 | 10.37 | 12.76 | 14.66 | 5.38 |
| | | 2 | $CH_4$=6.6，$H_2$=55.1，$N_2$=38.3 | 0.445 | 7.87 | 9.16 | 11.80 | 13.72 | 3.33 |
| | | 3 | $CH_4$=16.1，$H_2$=31.7，$N_2$=52.2 | 0.616 | 8.72 | 9.92 | 11.10 | 12.63 | 6.47 |
| | 4R | 0 | $CH_4$=8.4，$H_2$=62.9，$N_2$=28.7 | 0.368 | 9.28 | 10.78 | 15.31 | 17.77 | 3.84 |
| | | 1 | $CH_4$=13.3，$H_2$=57.5，$N_2$=29.2 | 0.396 | 10.40 | 11.98 | 16.52 | 19.03 | 5.31 |
| | | 2 | $CH_4$=5.9，$H_2$=67.3，$N_2$=26.8 | 0.339 | 8.88 | 10.37 | 15.26 | 17.82 | 2.90 |
| | | 3 | $CH_4$=18.1，$H_2$=41.3，$N_2$=40.6 | 0.522 | 10.38 | 11.83 | 14.37 | 16.38 | 6.64 |
| | 5R | 0 | $CH_4$=19，$H_2$=54，$N_2$=27 | 0.404 | 11.98 | 13.71 | 18.85 | 21.57 | 6.54 |
| | | 1 | $CH_4$=25，$H_2$=48，$N_2$=27 | 0.433 | 13.41 | 15.25 | 20.37 | 23.17 | 7.57 |

续表

| 类别 | 试验气 | 体积分数 /% | 相对密度 $d$ | 热值 / ($MJ/m^3$) | | 华白数 / ($MJ/m^3$) | | 理论干烟气中 $CO_2$ 体积分数 /% |
|---|---|---|---|---|---|---|---|---|
| | | | | $H_i$ | $H_s$ | $W_i$ | $W_s$ | |
| 人工煤气 | 5R | 2 | $CH_4$=18，$H_2$=55，$N_2$=27 | 0.399 | 11.74 | 13.45 | 18.58 | 21.29 | 6.34 |
| | | 3 | $CH_4$=29，$H_2$=32，$N_2$=39 | 0.560 | 13.13 | 14.83 | 17.55 | 19.81 | 8.38 |
| | 6R | 0 | $CH_4$=22，$H_2$=58，$N_2$=20 | 0.356 | 13.41 | 15.33 | 22.48 | 25.70 | 6.95 |
| | | 1 | $CH_4$=29，$H_2$=52，$N_2$=19 | 0.381 | 15.18 | 17.25 | 24.60 | 27.95 | 7.97 |
| | | 2 | $CH_4$=22，$H_2$=59，$N_2$=19 | 0.347 | 13.51 | 15.45 | 22.94 | 26.23 | 6.93 |
| | | 3 | $CH_4$=34，$H_2$=35，$N_2$=31 | 0.513 | 15.14 | 17.08 | 21.14 | 23.85 | 8.80 |
| | 7R | 0 | $CH_4$=27，$H_2$=60，$N_2$=13 | 0.317 | 15.31 | 17.46 | 27.19 | 31.00 | 7.59 |
| | | 1 | $CH_4$=34，$H_2$=54，$N_2$=12 | 0.342 | 17.08 | 19.38 | 29.20 | 33.12 | 8.43 |
| | | 2 | $CH_4$=25，$H_2$=63，$N_2$=12 | 0.299 | 14.94 | 17.07 | 27.34 | 31.23 | 7.28 |
| | | 3 | $CH_4$=40，$H_2$=37，$N_2$=23 | 0.470 | 17.39 | 19.59 | 25.36 | 28.57 | 9.23 |
| 天然气 | 3T | 0 | $CH_4$=32.5，air=67.5 | 0.853 | 11.06 | 12.28 | 11.97 | 13.30 | 11.74 |
| | | 1 | $CH_4$=34.9，air=65.1 | 0.842 | 11.87 | 13.19 | 12.94 | 14.37 | 11.74 |
| | | 2 | $CH_4$=16.0，$H_2$=34.2，$N_2$=49.8 | 0.594 | 8.94 | 10.18 | 11.59 | 13.21 | 6.39 |
| | | 3 | $CH_4$=30.1，air=69.9 | 0.863 | 10.24 | 11.37 | 11.02 | 12.24 | 11.74 |
| | 4T | 0 | $CH_4$=41，air=59 | 0.815 | 13.95 | 15.49 | 15.45 | 17.16 | 11.74 |
| | | 1 | $CH_4$=44，air=56 | 0.802 | 14.97 | 16.62 | 16.69 | 18.54 | 11.74 |
| | | 2 | $CH_4$=22，$H_2$=36，$N_2$=42 | 0.553 | 11.16 | 12.67 | 15.01 | 17.03 | 7.40 |
| | | 3 | $CH_4$=38，air=62 | 0.828 | 12.93 | 14.36 | 14.20 | 15.77 | 11.74 |
| | 10T | 0, 2 | $CH_4$=86，$N_2$=14 | 0.613 | 29.25 | 32.49 | 37.38 | 41.52 | 11.52 |
| | | 1 | $CH_4$=80，$C_3H_8$=7，$N_2$=13 | 0.678 | 33.37 | 36.92 | 40.53 | 44.84 | 11.92 |
| | | 3 | $CH_4$=82，$N_2$=18 | 0.629 | 27.89 | 30.98 | 35.17 | 39.06 | 11.44 |
| | 12T | 0 | $CH_4$=100 | 0.555 | 34.02 | 37.78 | 45.67 | 50.72 | 11.74 |
| | | 1 | $CH_4$=87，$C_3H_8$=13 | 0.684 | 41.03 | 45.30 | 49.61 | 54.77 | 12.30 |
| | | 2 | $CH_4$=77，$H_2$=23 | 0.443 | 28.54 | 31.87 | 42.87 | 47.88 | 11.01 |
| | | 3 | $CH_4$=92.5，$N_2$=7.5 | 0.586 | 31.46 | 34.95 | 41.11 | 45.66 | 11.63 |
| | 13T | 0 | $CH_4$=90，$C_3H_8$=10 | 0.654 | 39.41 | 43.57 | 48.73 | 53.86 | 12.19 |
| | | 1 | $CH_4$=84，$C_3H_8$=16 | 0.714 | 42.65 | 47.04 | 50.48 | 55.67 | 12.40 |
| | | 2 | $CH_4$=23，$H_2$=49，$C_3H_8$=28 | 0.596 | 37.47 | 41.40 | 48.55 | 53.64 | 11.91 |
| | | 3 | $CH_4$=98，$C_3H_8$=2 | 0.575 | 35.10 | 38.94 | 46.29 | 51.36 | 11.84 |

续表

| 类别 | 试验气 | 体积分数 /% | 相对密度 $d$ | 热值 /(MJ/m³) $H_i$ | 热值 /(MJ/m³) $H_s$ | 华白数 /(MJ/m³) $W_i$ | 华白数 /(MJ/m³) $W_s$ | 理论干烟气中 $CO_2$ 体积分数 /% |
|---|---|---|---|---|---|---|---|---|
| 液化石油气 | 19Y | 0, 1, 3 $C_3H_8=100$ | 1.550 | 88.00 | 95.65 | 70.69 | 76.84 | 13.76 |
| | | 2, 3 $C_3H_6=100$ | 1.476 | 82.78 | 88.52 | 68.14 | 72.86 | 15.06 |
| | 22Y | 0, 1 $C_4H_{10}=100$ | 2.079 | 116.48 | 126.21 | 80.79 | 87.54 | 14.06 |
| | | 2 $C_3H_6=100$ | 1.476 | 82.78 | 88.52 | 68.14 | 72.86 | 15.06 |
| | | 3 $C_3H_8=100$ | 1.550 | 88.00 | 95.65 | 70.69 | 76.84 | 13.76 |
| | 20Y | 0 $C_3H_8=75$，$C_4H_{10}=25$ | 1.682 | 95.12 | 103.29 | 73.34 | 79.64 | 13.85 |
| | | 1 $C_4H_{10}=100$ | 2.079 | 116.48 | 126.21 | 80.79 | 87.53 | 14.06 |
| | | 2 $C_3H_6=100$ | 1.476 | 82.78 | 88.52 | 68.14 | 72.86 | 15.06 |
| | | 3 $C_3H_8=100$ | 1.550 | 88.00 | 95.65 | 70.69 | 76.84 | 13.76 |
| 液混气 | 12YK | 0 LPG=58，Air=42 | 1.394 | 55.17 | 59.91 | 46.73 | 50.74 | 13.85 |
| | | 1 $C_4H_{10}=58$，Air=42 | 1.624 | 67.56 | 73.20 | 53.01 | 57.44 | 14.06 |
| | | 2 LPG=48，Air=42，$H_2=10$ | 1.233 | 46.68 | 50.79 | 42.04 | 45.75 | 13.63 |
| | | 3 $C_3H_8=58$，Air=42 | 1.317 | 51.04 | 55.48 | 44.47 | 48.34 | 13.76 |
| 二甲醚 | 12E | 0 $CH_3OCH_3=100$ | 1.592 | 55.46 | 59.87 | 43.96 | 47.45 | 15.05 |
| | | 1 $CH_3OCH_3=87$，$C_3H_8=13$ | 1.587 | 59.69 | 64.52 | 47.39 | 51.23 | 14.80 |
| | | 2 $CH_3OCH_3=77$，$H_2=23$ | 1.242 | 45.05 | 48.88 | 40.43 | 43.86 | 14.44 |
| | | 3 $CH_3OCH_3=92.5$，$N_2=7.5$ | 1.545 | 51.30 | 55.38 | 41.27 | 44.55 | 14.96 |
| 沼气 | 6Z | 0 $CH_4=53.4$，$N_2=46.6$ | 0.747 | 18.16 | 20.18 | 21.02 | 23.34 | 10.65 |
| | | 1 $CH_4=56.7$，$N_2=43.3$ | 0.733 | 19.29 | 21.42 | 22.52 | 25.02 | 10.77 |
| | | 2 $CH_4=41.3$，$H_2=20.9$，$N_2=37.8$ | 0.609 | 16.18 | 18.13 | 20.73 | 23.23 | 9.63 |
| | | 3 $CH_4=50.2$，$N_2=49.8$ | 0.760 | 17.08 | 18.97 | 19.59 | 21.75 | 10.51 |

注：1. 相对密度 $d$、热值 $H$ 和华白数 $W$ 按本标准表 A.1 的规定值计算确定。

2. 空气（air）的体积分数：$O_2=21\%$，$N_2=79\%$。

3. 试验气：0-基准气，1-黄焰和不完全燃烧界限气，2-回火界限气，3-脱火界限气。

4. YK-0，2 中所用 LPG 为 20Y-0 气组分。

## 二、标准修订要解决的几个关键问题

标准修订要解决的几个关键性问题，主要包括 3 部分：

### 1. 燃气互换性与燃气具气质适应性

（1）对于大气式燃烧方式，采用控制燃气的华白数 $W$、燃烧势 $CP$（也可称为燃烧内焰指数）、黄焰指数 $I_j$（也可称为烃类组分指数），来进行燃气的配气和互换性研究。

（2）对于完全预混燃烧方式，采用控制燃气的华白数 $W$、热值 $H$ 等 2 个参数，进行燃气的配气和互换性研究。

（3）要研究黄焰指数公式，是采用美国 AGA 的，还是法国德尔布的，哪一个适用性更好。

### 2. 试验用配气

以 $CH_4$、$H_2$、$N_2$ 三组分，配制人工煤气。

对于常规天然气，以甲烷为主，取消氢气组分，采用甲烷、氮气、（商品）丙烷或丁烷进行配制；对于标准中规定的回火界限气，采用甲烷、氢气、（商品）丙烷或丁烷等进行配制。在燃具生产、实验和测试为主的活动时，不宜使用液化气混空气作为天然气类燃具的测试气源。

### 3. 点燃式发动机燃料的燃烧特性

（见 GB 18047—2000《车用压缩天然气》）

对于点燃式发动机燃料的燃烧方式，如燃气发动机，采用燃气的华白数 $W$、甲烷值 $MN$ 来表述燃烧特性。

针对以上 3 个问题，阐述如下。

## （一）燃气互换性与燃气具气质适应性

根据燃气用具的燃烧方式不同，主要是大气式燃烧方式及完全预混燃烧方式的燃气具，可采用不同的燃烧特性指数，对其燃烧工况、燃烧性能及烟气排放等指标进行分析研究。

目前已经进行的燃气互换性方面的研究工作包括：针对大气式、完全预混 2 种不同燃烧方式的燃气具，采用不同燃气燃烧特性参数组合，进行基于燃烧工况及性能等效的试验配气。实验采用实际燃气及常规三组分配气，分别进行燃气具燃烧性能研究，确定燃气具气质适应性。

### 1. 大气式燃烧方式燃气具

针对大气式燃烧方式的燃气具，如家用燃气灶具、家用燃气热水器等，采用控制燃气的华白数 $W$、燃烧势 $CP$、黄焰指数 $I_j$ 3 个指数，进行等效配气和实验测试。已经完成的实验工作包括，采用华白数 $W$、燃烧势 $CP$ 2 个指数及华白数 $W$、燃烧势 $CP$、黄焰指数 $I_j$ 3 个指数，分别对燃气具的热负荷、燃烧工况、烟气排放指标进行了燃气互换性的研究，确定采用控制燃气的华白数 $W$、燃烧势 $CP$、黄焰指数 $I_j$ 3 个指数比控制华白数 $W$、燃烧势 $CP$ 2 个指数进行配气更接近于基准气的性质，这部分的研究已在前几年的学会论文中谈及（见 2008 年，燃气应用学会年会论文《燃气配气的问题探讨》），此处不再赘述。

为此，项目组补充进行了燃气互换性指数的对比实验。具体思路是，进行 3 组实验：

（1）基于华白数 $W_s$、燃烧势 $CP$ 两个指数配制试验气，替代基准气，分别对人工煤气灶、天然气灶、液化气灶、大气式热水器的燃烧工况、性能、烟气排放、热负荷、热效率等指标进行综合测试，得出各种对比数据。

（2）基于华白数 $W_s$、燃烧势 $CP$、黄焰指数 $I_j$ 3 个指数，配制试验气，进行上述①步骤的实验，做基准气和配制试验气的对比测试。

（3）基于燃气的华白数 $W_s$、热值 $H$ 两个指数，对基准气仍进行等效互换的实验配气，对①步骤中的大气式燃气具进行同样测试，得出各种对比数据。

根据实验结果，得出实验结论：对于大气式燃气具，采用控制燃气华白数 $W_s$、燃烧势 $CP$、黄焰指数 $I_j$ 3 个关键指标，基于等效互换的原理，配制试验气时，其测试结果更接近于基准气。

### 2. 完全预混燃烧方式的燃气具

以冷凝式壁挂炉为代表的完全预混燃烧方式的燃气具，其燃烧性质与大气式燃气具不同，采用的互换性控制参数也不相同，基于大气式燃烧方式得出的互换性控制指标，不一定能够用于控制该类燃具的燃烧。此处的理论计算和分析,在 2012 年燃气应用年会的论文中已经论述,详细内容可见《燃气互换性与实验配气问题探讨》一文。

在随后的近一年时间,我们选取了燃气－空气等压、燃气恒压调节方式的完全预混燃烧的冷凝式壁挂炉,以 12T 天然气为基准气,采用常规的丁烷、氢气、氮气三组分原料气,选取控制燃气的 ①华白数 $W_s$、热值 $H_i$,②华白数 $W_s$、燃烧势 $CP$,③华白数 $W_s$、理论空气需要量 $V_0$,④理论空气需要量 $V_0$、燃气火焰传播速度 $S_n$,⑤热值 $H_i$、燃气火焰传播速度 $S_n$ 等 5 种参数组合,进行了等效互换的实验配气和气质适应性的测试。其实验过程和数据可见 2013 年燃气应用学会年会论文《完全预混燃气具的气质适应性研究》一文。

实验结论得知:对于完全预混燃烧方式的燃气具,采用控制燃气的华白数 $W$、热值 $H$ 2 个关键指标,基于等效互换的原理,配制试验气时,其结果更接近于基准气。

由此我们可以选择:进行燃气互换性和燃气具的气质适应性研究,针对对于大气式燃气具,采用控制燃气的华白数 $W$、燃烧势 $CP$、黄焰指数 $I_j$(也可叫烃类组分指数)3 个关键指标,来进行燃气的配气和互换性研究。而对于完全预混式燃气具,采用控制燃气的华白数 $W$、热值 $H$ 2 个关键指标进行燃气的配气和互换性研究。

### 3. 关键的燃气互换性参数及公式

由上面的实验和研究分析,我们选取了燃气的几个关键指标,如燃气的华白数 $W$、燃烧势 $CP$、黄焰指数 $I_j$、热值 $H$、相对密度 $d$,进行燃气分类、燃气互换性和燃气具气质适应性研究,其参数定义和指数公式表示方式,需要明确。根据近几年的调查和反馈,行业内针对燃气华白数 $W$、燃气热值 $H$、燃气相对密度 $d$ 3 个指数定义及公式表达,已经无有异议。现主要针对燃气的华白数、燃烧势及黄焰指数公式,进行说明。

(1)燃气华白数 $W$

已知燃具的热负荷可以由下式计算:

$$Q = 0.25 \times n\pi d^2 v H_s \tag{1}$$

式中:$Q$——燃具的热负荷,kW;
$n$——燃具的燃气喷嘴数;
$d$——燃气喷嘴直径,m;
$v$——燃气从喷嘴流出的速度,m/s;
$H_s$——燃气的高热值,kJ/m³。

由流体力学可知,燃气从喷嘴流出的速度与燃气流过的速度和喷嘴前后的压差有关,燃气流出的速度可用下式计算:

$$v = \sqrt{\frac{2\Delta p}{\rho_g}} \tag{2}$$

式中:$v$——气流速度,m/s;
$\Delta p$——燃气从喷嘴流出前后的压差,Pa;
$\rho_g$——燃气的密度,kg/m³。

将式(2)代入式(1)得:

$$Q = 0.25 \times n\pi d^2 \sqrt{\frac{2\Delta p}{\rho_g}} H_s = 0.25 \times n\pi d^2 \sqrt{\frac{2\Delta p}{\rho_a}} \times \frac{H_s}{\sqrt{\rho_g/\rho_a}}$$

式中：$\rho_g$——燃气密度，$kJ/m^3$；

$\rho_a$——空气密度，$kJ/m^3$。

意大利人华白（Wobbe）提出将 $\frac{H_s}{\sqrt{\rho_g/\rho_a}}$ 作为一个特征数，则得到

$$W = \frac{H_s}{\sqrt{\rho_g/\rho_a}} = \frac{H_s}{\sqrt{d_g}} \tag{3}$$

式中：$W$——华白数，$kJ/m^3$；

$d_g$——燃气相对密度（空气相对密度为1）。

则热负荷可用下式计算：

$$Q = 0.25 \times n\pi d^2 \sqrt{\frac{2\Delta p}{\rho_g}} \times W \tag{4}$$

由式（3）可知，华白数是取决于燃气性质的参数。由式（4）可知，对于一台燃气具而言，喷嘴数、喷嘴直径、空气的密度以及喷嘴前后压差保持不变，如果需要更换燃气时，只要燃气的华白数不变，燃气具的热负荷就能保持不变。

当置换气与基准气的成分相差不太大时，用 $W$ 值可满足要求。当相差很多时，要考虑燃气成分变化引起气流黏度改变的影响，同时还要考虑到燃气中含氧气过高时的影响。另外，燃具的喷嘴形状并非锐孔会对华白数产生影响。由于考虑黏度非常麻烦，故法国德尔布提出用系数校正。同时由于实际燃气组分的变化，燃气性质会发生改变。考虑到燃气中的各个气体成分，对（3）式进行修正，得到校正华白数 $W'$：

$$W' = KW = K_1 K_2 \frac{H_s}{\sqrt{d_g}} \tag{5}$$

式中：$K_1$——考虑燃气中 $H_2$、$C_mH_n$（$CH_4$ 除外）及 CO 体积分数影响的修正系数；

第一族人工煤气的校正系数 $K_1$，与燃气中的 $H_2$、$C_mH_n$ 和 $CO_2$ 的体积百分含量有关；

第二族天然气的校正系数 $K_1$，与燃气中除 $CH_4$ 以外与 $C_mH_n$ 的高热值有关。

$K_2$——考虑燃气中 $O_2$ 成分体积分数影响的修正系数。

第一族人工煤气的校正系数 $K_2$，与燃气中的含氧量有关；

第二族天然气的校正系数 $K_2$，与燃气中的 CO、$O_2$ 和 $CO_2$ 的含量有关。

（2）燃气燃烧势 CP

燃气燃烧势定义及公式表述最早见于法国 P. 德尔布博士的讲义——《燃气火焰的稳定与燃气互换性》，该书为同济大学燃气教研室，根据法国燃气协会主席 P. 德尔布博士讲学内容整理，由同济大学科技情报站于1981年11月印刷成册。燃烧势 CP 最完整的表述见于同济大学姜正侯老师编著的《燃气工程技术手册》一书，其中"法国燃气互换性判定方法"一节，分第一族、第

二族对燃气的互换性进行了阐述，采用校正华白数 $W'$、燃烧势 $CP$ 作为判定的两个指数，并以在 $W'$-$CP$ 坐标系上的曲线图来表示燃气允许互换的范围。

1）德尔布燃烧势公式

德尔布提出的燃烧势公式可以表述为：

$$CP = u \frac{H_2 + 0.3CH_4 + 0.7CO + v\sum aC_nH_m}{\sqrt{d}} \quad (6)$$

式中：$a$——相应于每种碳氢化合物的系数；

$u$——修正系数；

第一族人工煤气的系数 $u$，与含氧量及含氢量有关的系数；

第二族天然气的系数 $u$，仅与含氧量有关。

$v$——修正系数；

第一族人工煤气的系数 $a$，与含氢量有关的系数；

第二族天然气的系数 $a$，取决于校正华白数 $W'$ 值。

2）国标燃烧势 $CP$ 公式

虽然德尔布通过制作的控制燃烧器，考虑到组分、黏度等因素的影响，进行了校正华白数和燃烧势公式的确定。但由于德尔布给出的燃烧势公式，需要进行修正系数 $u$、$v$、$a$ 等的确定，过程复杂繁琐，使用很不方便；为此国家标准 GB/T 13611—1992《城镇燃气分类》及 GB/T 13611—2006《城镇燃气分类和基本特性》就采用了简化的燃烧势公式，同时考虑了燃气中含氧量对该指数的影响。为企业和燃气公司能够方便快捷地进行相关燃烧特性指数的计算提供了理论支持。该公式为：

$$CP = K \times \frac{1.0H_2 + 0.6(C_mH_n + CO) + 0.3CH_4}{\sqrt{d}} \quad (7)$$

$$K = 1 + 0.0054 \times O_2^2 \quad (8)$$

式中各符号表示意义同式（6）。

3）上述指数对比分析

目前，国际上通常将燃气的华白数作为燃气互换性研究和判断的第一类关键参数，如美国的 NGC+ 互换性工作组于 2005 年 2 月 28 日出版发布的白皮书——《White Paper on Natural Gas Interchangeability and Non-Combustion End Use》，欧洲天然气能源交易合理化协会（EASEE-gas）于 2005 年 2 月 3 日批准发布的《Common Business Practice》等指导性文件和资料，并给出了华白数的基准值和波动范围，以指导本国或本地区的天然气贸易、应用的实践。

燃烧势指数由法国的德尔布提出，我国引入并修改采用。按照德尔布提出的以校正华白数、燃烧势指数公式，与我国标准 GB/T 13611—2006 采用的华白数及简化德尔布公式，对标准中的试验气进行对比计算分析，其结果见表 3。

2 种不同指数表达公式时的数值偏差对比　　　　表3

| 类别 | 实验气 | 体积分数 /% | 校正高华白数 - 高华白数偏差 | 校正低华白数 - 低华白数偏差 | 德尔布燃烧势 - 简化燃烧势偏差 | 备注 |
|---|---|---|---|---|---|---|
| 人工煤气 | 3R | 0 | $CH_4$=8.7，$H_2$=50.9，$N_2$=40.4 | -5.12% | -5.13% | 0.00% | |
| | | 1 | $CH_4$=12.7，$H_2$=46.1，$N_2$=41.2 | -4.90% | -4.90% | 0.00% | |
| | | 2 | $CH_4$=6.6，$H_2$=55.1，$N_2$=38.3 | -5.33% | -5.33% | 0.00% | |
| | | 3 | $CH_4$=16.1，$H_2$=31.7，$N_2$=52.2 | -4.00% | -4.00% | 0.00% | |
| | 4R | 0 | $CH_4$=8.4，$H_2$=62.9，$N_2$=28.7 | -5.88% | -5.88% | 0.00% | |
| | | 1 | $CH_4$=13.3，$H_2$=57.5，$N_2$=29.2 | -5.47% | -5.47% | 0.00% | |
| | | 2 | $CH_4$=5.9，$H_2$=67.3，$N_2$=26.8 | -6.39% | -6.39% | 0.00% | |
| | | 3 | $CH_4$=18.1，$H_2$=41.3，$N_2$=40.6 | -4.66% | -4.66% | 0.00% | |
| | 5R | 0 | $CH_4$=19，$H_2$=54，$N_2$=27 | -5.27% | -5.27% | 0.00% | |
| | | 1 | $CH_4$=25，$H_2$=48，$N_2$=27 | -4.99% | -4.99% | 0.00% | |
| | | 2 | $CH_4$=18，$H_2$=55，$N_2$=27 | -5.33% | -5.33% | 0.00% | |
| | | 3 | $CH_4$=29，$H_2$=32，$N_2$=39 | -4.03% | -4.03% | 0.00% | |
| | 6R | 0 | $CH_4$=22，$H_2$=58，$N_2$=20 | -5.50% | -5.50% | 0.00% | |
| | | 1 | $CH_4$=29，$H_2$=52，$N_2$=19 | -5.18% | -5.18% | 0.00% | |
| | | 2 | $CH_4$=22，$H_2$=59，$N_2$=19 | -5.57% | -5.57% | 0.00% | |
| | | 3 | $CH_4$=34，$H_2$=35，$N_2$=31 | -4.26% | -4.26% | 0.00% | |
| | 7R | 0 | $CH_4$=27，$H_2$=60，$N_2$=13 | -5.64% | -5.67% | 0.00% | |
| | | 1 | $CH_4$=34，$H_2$=54，$N_2$=12 | -5.27% | -5.27% | 0.00% | |
| | | 2 | $CH_4$=25，$H_2$=63，$N_2$=12 | -5.89% | -5.89% | 0.00% | |
| | | 3 | $CH_4$=40，$H_2$=37，$N_2$=23 | -4.40% | -4.40% | 0.00% | |
| 天然气 | 3T | 0 | $CH_4$=32.5，air=67.5 | -29.11% | -29.11% | 16.60% | 燃烧势修正采用人工煤气类 |
| | | 1 | $CH_4$=34.9，air=65.1 | -26.00% | -26.00% | 19.63% | 燃烧势修正采用人工煤气类 |
| | | 2 | $CH_4$=16，$H_2$=34.2，$N_2$=49.8 | 0.07% | 0.07% | 0.00% | 燃烧势修正采用人工煤气类 |
| | | 3 | $CH_4$=30.1，air=69.9 | -35.45% | -35.44% | 13.46% | 燃烧势修正采用人工煤气类 |
| | 4T | 0 | $CH_4$=41，air=59 | -19.90% | -19.91% | 26.84% | 燃烧势修正采用人工煤气类 |
| | | 1 | $CH_4$=44，air=56 | -17.25% | -17.25% | 25.03% | 燃烧势修正采用人工煤气类 |
| | | 2 | $CH_4$=22，$H_2$=36，$N_2$=42 | 0.07% | 0.07% | 0.00% | 燃烧势修正采用人工煤气类 |
| | | 3 | $CH_4$=38，air=62 | -22.80% | -22.80% | 23.38% | 燃烧势修正采用人工煤气类 |

续表

| 类别 | 实验气 | | 体积分数 /% | 校正高华白数-高华白数偏差 | 校正低华白数-低华白数偏差 | 德尔布燃烧势-简化燃烧势偏差 | 备注 |
|---|---|---|---|---|---|---|---|
| 天然气 | 6T | 0 | $CH_4=53.4$，$N_2=46.6$ | 0.07% | 0.07% | 0.00% | 燃烧势修正采用人工煤气类 |
| | | 1 | $CH_4=56.7$，$N_2=43.3$ | 0.07% | 0.07% | 0.00% | 燃烧势修正采用人工煤气类 |
| | | 2 | $CH_4=41.3$，$H_2=20.9$，$N_2=37.8$ | 0.07% | 0.07% | 0.00% | 燃烧势修正采用人工煤气类 |
| | | 3 | $CH_4=50.2$，$N_2=49.8$ | 0.07% | 0.07% | 0.00% | 燃烧势修正采用人工煤气 |
| | 10T | 0，2 | $CH_4=86$，$N_2=14$ | 0.07% | 0.07% | -0.30% | 采用天然气类系、指数 |
| | | 1 | $CH_4=80$，$C_3H_8=7$，$N_2=13$ | 1.14% | 1.14% | 7.88% | 采用天然气类 |
| | | 3 | $CH_4=82$，$N_2=18$ | 0.07% | 0.07% | -0.30% | 采用天然气类 |
| | 12T | 0 | $CH_4=100$ | 0.07% | 0.07% | -0.30% | 采用天然气类 |
| | | 1 | $CH_4=87$，$C_3H_8=13$ | 1.88% | 1.88% | 1.89% | 采用天然气类 |
| | | 2 | $CH_4=77$，$H_2=23$ | 0.07% | 0.07% | -0.30% | 采用天然气类 |
| | | 3 | $CH_4=92.5$，$N_2=7.5$ | 0.07% | 0.07% | -0.30% | 采用天然气类 |

对比分析发现：

① 对于人工煤气

由于其主要组分为 $CH_4$、$H_2$、$N_2$，其校正华白数和华白数的偏差在 5% 左右,数值在 -4.0% ~ -6.39% 之间；而燃烧势参数,没有偏差,即国标的燃烧势公式和德尔布的复杂燃烧势公式其计算结果一致。

② 对于天然气

3T、4T 为矿井气,其气质组分不能满足德尔布提出的参照第二族天然气时的 $u$、$v$、$a$ 系数的范围,燃烧势的部分修正系数查表时需采用人工煤气类表格,其偏差较大；由于矿井气中氧气组分的存在,使校正华白数的系数 $K_2$ 普遍小于 1，而降低了校正华白数值,使其与华白数相比处于负偏差,其高校正华白数偏差一般为 0.07% ~ 29.11%，其燃烧势偏差为 0 ~ 26.84%。

6T 天然气为沼气,一般为 $CH_4$、$H_2$、$CO$、$N_2$ 或 $CO_2$ 组分混合物,热值较低,故参照人工煤气的燃烧势系数图表,可得高校正华白数与华白数的偏差为 0.07%，燃烧势采用两个公式无计算偏差。

对于 10T 及 12T 天然气,气质组分符合德尔布的系数要求,其指数变化较小,高校正华白数与华白数偏差为 0.07% ~ 1.88%，燃烧势偏差为 -0.3% ~ 1.9%，其影响可以忽略。

③ 小结

综上,为了避免查表麻烦、难以普及与计算复杂化,建议采用国际通用的华白数指数公式和以前国标提出的简化的燃烧势公式进行燃气的互换性判断和燃气具气质适应性研究。

4）"燃烧内焰指数"引用可行性

由于 GB/T 13611—2006《城镇燃气分类和基本特性》中提及的燃烧势公式,来源于最初德尔布燃烧势的概念和表述,但是又与之不同,为区别起见,我们可以称之为"燃烧内焰指数"。

在我们课题组的研究中,针对大气式燃气灶具,我们进行了如华白数 $W_s$-热值 $H_s$、华白数 $W_s$-相对密度 $d$、华白数 $W_s$-火焰传播速度 $S_n$、华白数 $W_s$-燃烧势 $CP$ 等不同燃烧特性参数组合的气质适应性研究,通过可追溯的实验,以系统配制的极限脱火气、极限回火气和CO超标界限气,对燃气具进行相应燃烧工况测试,经测试结果分析,实验提出了以燃气的华白数 $W$、燃烧势(或燃烧内焰指数)$CP$ 来反映和评价燃气具的气质适应域。具体内容可参考2011年中国土木工程学会燃气分会应用专业委员会年会论文——《燃气具气质适应域的实验确定》一文。

(3)黄焰指数公式

目前针对燃气黄焰指数的公式,一共有3个,美国AGA提出的黄焰指数 $I_Y$、韦弗提出的黄焰指数 $J_Y$,及法国德尔布博士提出的黄焰指数 $I_j$。其具体表述形式如下:

1)AGA黄焰指数 $I_Y$

美国燃气协会(AGA)针对热值大于 $29.88MJ/m^3$(800Btu/scf)燃气互换性进行了研究,提出了离焰、回火和黄焰3个互换性指数表达式。以后的研究发现,上述互换性指数对热值低于 $29.88MJ/m^3$ 的燃气也有一定的适用性。黄焰指数 $I_Y$ 公式为:

$$I_Y = \frac{f_s a_a}{f_a a_s} \frac{\alpha'_{y,a}}{\alpha'_{y,s}} \quad (9)$$

其中:

$$f = 1000 \frac{\sqrt{d}}{H_S} \quad (10)$$

$$a = \frac{105 V_0}{H_S} \quad (11)$$

$$\alpha'_y = \frac{T_1 r_1 + T_2 r_2 + \cdots}{V_0 + 7(I) - 26.3(O_2)} \quad (12)$$

式中:$f$——一次空气因数;

$a$——燃气完全燃烧每释放105kJ(100Btu)热量所消耗的理论空气量;

$\alpha'_y$——某热负荷下的黄焰极限一次空气系数;

下标a,s——分别表示基准气和置换气;

$d$——燃气相对密度;

$H_S$——燃气的高热值,$kJ/m^3$;

$V_0$——燃气完全燃烧所需理论空气量,$m^3/m^3$;

$T_1$、$T_2$、……——燃气中各单一气体为消除黄焰所需的最小空气量;

$r_1$、$r_2$、……——各单一气体的体积组分;

$I$——燃气中氮和二氧化碳的体积组分;

$O_2$——燃气中氧气的体积组分。

2)韦弗黄焰指数 $J_Y$

韦弗指数是表征燃气置换时燃烧不正常现象相对倾向性的近似表达式,部分由理论推导而成,部分由以前的实验研究得来。考虑了热负荷、空气引射量、回火、脱火、CO生成和黄焰等6个指数。其中,黄焰指数 $J_Y$ 公式为:

$$J_Y = J_A + \frac{N_s - N_a}{110} - 1 \quad (13)$$

空气引射指数 $J_A$ 公式为：

$$J_A = \frac{V_{0s}}{V_{0a}} \sqrt{\frac{d_a}{d_s}} \quad (14)$$

式（13）中：$N$——每 100 个燃气分子中燃烧时易析出的碳原子数，假设每个饱和烃分子有一个碳原子。当 $J_Y=0$ 时，表示两种燃气的黄焰倾向无差别。

3）德尔布黄焰指数公式

德尔布提出了黄焰指数，以说明出现黄焰，与壁面接触时会积碳的燃烧现象。表达式如下：

第一族人工煤气的黄焰指数公式为：

$$I_j = (1 - 0.314 \frac{O_2}{H_s}) \frac{\sum jA}{\sqrt{d}} \quad (15)$$

第二族天然气的黄焰指数公式为：

$$I_j = (1 - 0.4187) \frac{O_2}{H_s} \frac{\sum jA}{\sqrt{d}} \quad (16)$$

式中：$j$——燃气中碳氢化合物的系数，$CH_4$ 为 1；$C_2H_6$ 为 2.85；$C_3H_8$ 为 4.8；$C_4H_{10}$ 为 6.8；$C_5H_{12}$ 为 8.8；

$A$——燃气中的碳氢化合物的体积分数，%；

$d$——燃气相对密度；

$O_2$——燃气中的氧气体积分数，%；

$H_S$——燃气的高热值，$MJ/m^3$。

针对液化石油气族燃气，由于液化气中不含氧气组分，其黄焰指数可直接用下式表示：

$$I_j = \frac{\sum jA}{\sqrt{d}} \quad (17)$$

4）"烃类组分指数"引用可行性

考虑到公式的统一性和通用性，可以将人工煤气、天然气、液化石油气这三族燃气的黄焰指数公式进行统一，如采用公式（17）表达式，并将该指数定义为烃类组分指数，以说明燃气中含有甲烷等碳氢化合物时对燃气具燃烧性能所造成的影响。

其中，其他一些烃类组分的系数 $j$ 分别为：$C_2H_2$ 为 2.40；$C_2H_4$ 为 2.65；$C_3H_6$ 为 4.80；$C_4H_8$ 为 6.80；$C_6H_6$ 为 20。

（二）试验用配气

采用 $CH_4$、$H_2$、$N_2$ 三组分，可以配制人工煤气；对于常规天然气，以甲烷为主，取消氢气组分，采用甲烷、氮气、（商品）丙烷或丁烷进行配制；对于标准中规定的天然气回火界限气，采用甲烷、氢气、（商品）丙烷或丁烷等进行配制。在燃具生产、实验和测试为主的活动时，不宜使用液化气混空气作为天然气类燃具的测试气源。

**1. 配气方法**

《燃气检测技术手册》（2011 年版）第八章"城镇燃气互换性、分类及配气"中给出了以 $CH_4$、

$H_2$、$N_2$、$C_3H_8$（或 $C_4H_{10}$）等单一气体组分为原料气，按照某些燃烧参数相等规则配制试验气的方法。主要是：

（1）以 $CH_4$、$H_2$ 及 $N_2$ 为配气源

配制人工煤气类低热值燃气时，如果以 $CH_4$、$H_2$ 及 $N_2$ 配气时，试验气的华白数为：

$$W = \frac{H_{s,CH_4}CH_4 + H_{s,H_2}H_2}{\sqrt{d_{N_2} + (d_{CH_4} - d_{N_2})CH_4 + (d_{H_2} - d_{N_2})H_2}} = W_0 \tag{18}$$

试验气的燃烧势为：

$$CP = \frac{100 \times (H_2 + 0.3CH_4)}{\sqrt{d_{N_2} + (d_{CH_4} - d_{N_2})CH_4 + (d_{H_2} - d_{N_2})H_2}} = CP_0 \tag{19}$$

其氮气组分为：

$$N_2 = 1 - (CH_4 + H_2) \tag{20}$$

式中：$CH_4$、$H_2$、及 $N_2$——分别为试验中 $CH_4$、$H_2$ 及 $N_2$ 成分的体积分数，%；

$H_{s,CH_4}$、$H_{s,H_2}$——分别为 $CH_4$ 及 $H_2$ 的高热值，$MJ/m^3$；

$d_{CH_4}$、$d_{H_2}$ 及 $d_{N_2}$——分别为 $CH_4$、$H_2$ 及 $N_2$ 的相对密度。

设 $W_0$ 与 $CP_0$ 分别为准备替代的基准气源的华白数与燃烧势，解联立方程（18）、（19）及（20），可求得试验气中 $CH_4$、$H_2$ 及 $N_2$ 的体积分数。

（2）以 $C_3H_8$、$H_2$ 及 $N_2$ 为配气源

计算方法同上；如果选用其他气源代替 $C_3H_8$ 时，均可根据以上介绍的公式进行类似推算。

**2. 人工煤气类配气**

人工煤气分为 3R、4R、5R、6R、7R，共 5 类，为 $CH_4$、$H_2$、$N_2$ 三组分的混合气。以 $C_3H_8$、air 二组分或 $C_3H_8$、$H_2$、$N_2$ 三组分的试验配气，会产生黄焰现象。为消除黄焰、结炭等现象对燃烧试验气的影响，配制的试验气需尽量接近原有基准气组分和性质，为此，对于人工煤气，建议采用 $CH_4$、$H_2$、$N_2$ 进行组分配气，将有利于试验气的组分和性质接近基准气的要求，使燃烧性能和工况测试数据更加科学、准确。

**3. 天然气类配气**

天然气类试验气的配制，目前一般用（商品）$C_3H_8$（或 $C_4H_{10}$）、$H_2$、$N_2$ 三组分或液化石油气混空气进行掺混，虽然保证了试验气的关键燃烧特性参数如华白数 $W$、燃烧势 $CP$ 相等，但是其他的特性参数如黄焰、结炭等指数不一定相等，由此的测试结果不能完全替代基准气，而带来了实验的误差，其测试结论就不能令人信服。故而我们提出在燃具生产、实验和测试为主的活动时，不宜使用液化气混空气作为天然气类燃具的测试气源。

虽然我们在研究燃气互换性及燃具气质适应性上，仍采用控制燃气的华白数、热值、燃烧势、黄焰指数等参数，也对燃气具的燃烧方式进行了划定，针对不同燃烧方式，采用了不同的指数组合。但是对于严格的试验用配气，进行明确的配气原料气限制是必要的。为此，建议在进行第二族天然气的试验气配制时，其原料气以甲烷为主（如 ≥ 80%），采用甲烷、氮气、（商品）丙烷或丁烷，以配制常规天然气，使配制的试验气性质尽可能的接近原天然气基准气性质，对于天然气的回火界限气，

仍采用增加氢气的方式。

### （三）点燃式发动机燃料的燃烧特性

对于点燃式发动机燃料的燃烧方式，如燃气发动机，采用燃气的华白数 $W$、甲烷值 $MN$ 来表述其特性，比较符合该类燃烧方式的设备。

燃气甲烷值和辛烷值的定义和表达式见于 GB 18047—2000《车用压缩天然气》。

#### 1. 燃气甲烷值 $MN$

甲烷值是表示点燃式发动机燃料抗爆性的一个约定数值。一种燃气的甲烷值就是用 ASTM 的辛烷值评定方法，在规定条件下的标准发动机试验中，将该燃气与标准燃气混合物的爆震倾向进行比较而测定的。当被测燃气的抗爆性能与按一定比例混合的甲烷和氢气标准混合气的抗爆性能相同时，该标准燃气中甲烷的体积分数值就是该燃气的甲烷值。美国燃气技术研究院（GRI）用 ASTM 的辛烷值评定方法测量了天然气的马达法辛烷值（$MON$）。测量结果表明，纯甲烷的 $MON$ 在 140 左右，大多数天然气的 $MON$ 在 115~130 之间。丙烷含量高（17%~25%）的调峰气的 $MON$ 为 96~97。GRI 通过研究分别推导出与实验数据非常吻合的、组成或氢碳比与辛烷值的关联式，可适用于大多数常规天然气。

#### 2. 燃气甲烷值 $MN$ 与辛烷值 $MON$ 的关系式

燃气甲烷值 $MN$ 与辛烷值 $MON$ 关联式如下：

（1）天然气组成与辛烷值的线性关联式

$$MON = 137.78CH_4 + 29.948C_2H_6 - 18.193C_3H_8 - 167.062C_4H_{10} + 181.233CO_2 + 26.994N_2 \tag{21}$$

式中：$MON$——燃气的马达法辛烷值；

$CH_4$、$C_2H_6$——燃气中各相应组分的体积分数；

（2）天然气氢碳比与辛烷值关联式

$$MON = -406.14 + 508.04R - 173.55R^2 + 20.17R^3 \tag{22}$$

式中：$R$——燃气中氢原子与碳原子数的比值。

（3）天然气甲烷值与辛烷值的关联式

$$MN = 1.445MON - 103.42 \tag{23}$$

$$MON = 0.679MN + 72.3 \tag{24}$$

注意：公式（23）与公式（24）不是完全线性的，因此，这 2 个关联式相互间并不是完全可逆的。

## 三、结论和建议

### （一）城镇燃气分类

以燃气的华白数 $W$、热值 $H$、相对密度 $d$ 等国际通用参数，将我国城镇燃气分为 6 大类：人工煤气 R；天然气 T；液化石油气 Y；液化气混空气 YA；二甲醚 E；沼气 Z。

### （二）燃气互换性与燃气具气质适应性

1. 对于大气式燃烧方式，采用燃气的华白数 $W$、燃烧势 $CP$（也可称为燃烧内焰指数）、黄焰指数 $I_j$（也可称为烃类组分指数），来进行燃气的配气和互换性研究。
2. 对于完全预混燃烧方式，采用燃气的华白数 $W$、热值 $H$ 进行燃气的配气和互换性研究。
3. 采用法国德尔布提出的黄焰指数公式，提出烃类组分指数，进行燃气燃烧火焰的分析。

### （三）试验用配气

1. 以 $CH_4$、$H_2$、$N_2$ 三组分，配制人工煤气。
2. 以甲烷为主，采用甲烷、氮气、（商品）丙烷或丁烷，配制常规天然气；对回火界限气，仍采用氢气组分。
3. 在燃具生产、实验和测试为主的活动时，不宜使用液化气混空气作为天然气类燃具的测试气源。

### （四）点燃式发动机燃料的燃烧特性

对于点燃式发动机燃料的燃烧方式，如燃气发动机，采用燃气的华白数 $W$、甲烷值 $MN$ 来表述其燃烧特性、燃气互换及设备气质适应性。

## 参考文献：

[1] 中华人民共和国国家质量监督检验检疫总局，中国国家标准化管理委员会.GB/T13611—2006，城镇燃气分类和基本特性[S].北京：中国标准出版社，2007-03-01.

[2] NGC+ Interchangeability Work Group. White Paper on Natural Gas Interchangeability and Non-Combustion End Use[R]. NGC+ Interchangeability Work Group，February 28，2005，2-15.

[3] Elmer R. Weaver. Formulas and Graphs for Representing the Interchangeability of Fuel Gases.Journal of Research of the National Bureau of Standards，46（3），1951，213-245.

[4] American Gas Association.Interchangeability of Other Fuel Gases with Natural Gas.American Gas Association Research Bulletin No. 36，1946，2～35.

[5] Marcogaz（Technical Association of the European Gas Industry）.Towards a Harmonised EU Specification on Gas Quality: Maragaz Contribution.the 23$^{rd}$ World Gas Conference，5-9 2006，Amstardam，N.L，1～9.

[6] European Committee for Standardization.EN 437, Test gases-Test pressures-Appliance Categories. May 2003.

[7] 李猷嘉.正确处理天然气质量中的燃气互换性问题[J].城市燃气，2008（03）：6～10

[8] 李猷嘉.正确处理天然气质量中的燃气互换性问题[J].城市燃气，2008（04）：3～11

[9] 金志刚，杜英.燃气互换域发展沿革-初论燃烧势的物理背景[J].城市煤气，1997，（7）：3～12

[10] 金志刚，王启.燃气检测技术手册[M].北京：中国建筑工业出版社，2011，04，200-233.

[11] 姜正侯.燃气工程技术手册[M].上海：同济大学出版社，1993.5，1016-1039.

[12] 浦镕修. 煤气互换性综述 [J]. 城市煤气，1980（06）: 49-65.

[13] 德尔布讲义, 同济大学燃气教研室整理. 燃气火焰的稳定与燃气互换性 [J].1982,（5）:52-60;（6）: 44-53.

[14] 哈尔滨建筑工程学院, 北京建筑工程学院, 同济大学, 重庆建筑工程学院编. 燃气燃烧与应用 [M]（第二版）. 北京: 中国建筑工业出版社，1988.

[15] 王启，高文学，赵自军，等. 中国燃气互换性研究进展 [J]. 煤气与热力，2013，33（02），B14-B20.

王启、高文学、高勇

# 国际天然气产业发展趋势研究报告

## 一、国际天然气产业发展背景

在从全球范围来看，天然气在能源系统中的地位日益显著。在大多数的经济体中，天然气的绝对数量和在能源结构中的占比都保持着持续增长。全球天然气增长的主要动力来自于市场的开放、对其他能源的替代，以及对非常规天然气资源的获取，对于环境质量的要求和对于能源安全的需求则进一步加剧了这个趋势。

在全球能源市场上，天然气的重要性日益提升。无论是从绝对量的还是从能源结构占比的角度分析，对于天然气的需求都呈现持续上涨的趋势。1980年，天然气占全球一次能源消耗的19%，到2010年，它的比例上升到23%。在过去的20年间，天然气消费量以平均每年2.6%的速度递增，高于每年2%的能源需求总量的增长。而且，在未来至2030年，天然气消费量预计以每年2%的速度持续增加。虽然目前天然气的需求大多来自发达国家，但未来几年发展中国家将是推动天然气需求增长的主力军，特别是来自发电领域。事实上，大量的需求将来自亚洲，特别是中国。

天然气需求的上涨主要是受对其他燃料，譬如石油和煤炭的替代需求的推动。此外，持续增长的能源强度，推动了所有燃料需求增长的同时，也加速了天然气消费的增加。能源密度的降低，或者说能量的投入输出比例的降低，在一定程度上减少了能源需求的压力。

非常规天然气资源获取难度的降低也进一步刺激了天然气需求的增长。随着美国近年来页岩气的成功开发，全球天然气未来的供应将有很大部分来自非常规资源。2030年，页岩气和煤层气将占北美天然气产量的一半以上。根据美国能源部的推测，中国拥有全球最大的页岩气技术可采资源量，接近美国的2倍。然而，成本、气田的地理分布，以及采收的能力为开发这些储量带来了一定的阻力。

天然气全球贸易，尤其是LNG贸易的繁荣也为天然气需求的持续增长提供了助力。全球的LNG贸易量在2003—2013年间翻了1倍，并预期在未来持续增长，推动全球一体化天然气市场的发展。部分得益于美国和其他地区非常规气产量的增加，LNG出口国在未来几年将更趋多样化，进而发展成一个连接各种需求中心的供应网络。因为对管道没有依赖，LNG船运呈现了更大的灵活性——LNG可以根据价格，迅速地由船运抵达最具优势的市场。能源安全的优势和套利机会更增加了LNG船运较之于管道天然气的竞争优势。

天然气的价格体系渐渐脱离与油价挂钩的合同模式，特别是在亚洲以外地区。虽然传统的天然气合约都和油价挂钩，然而这些燃料所代表的经济基础已经发生偏离。以石油为基础的燃料主要用于交通，而发电和取暖的需求在减少，但天然气用于发电和取暖正在增加。此外，天然气交易中心的形成——主要是欧洲和美国——已经促使合同与价格透明、并时刻可获取的天然气价格挂钩，例如Henry Hub和NBP。

全球天然气消费的绝对量及其在能源结构中的份额均保持增长。增长主要是受经济活动、能源强度和能源替代3大因素的推动。其中，对于石油、煤炭等能源的替代需求是主要推动力。尽管近年来天然气价格持续走高，相对其他能源并无较大优势，但对于需求并没有明显的抑制作用。

随着全球消费量的增长，天然气消费地区与天然气供应地区之间的分化日益加剧。经济合作与发展组织（OECD）亚洲成员国 45 和欧洲成为主要的天然气进口地区，原属苏联的部分国家、中东地区及北非则为主要的天然气出口地区。在这些地区，天然气生产与消费之间的差距随时间增长将被持续拉开，需要通过增加贸易量来实现供需平衡。

随着天然气供应枢纽的崛起，天然气价格正逐步与石油价格脱钩。在美国和欧洲，由于天然气市场发展成熟，供应枢纽已有足够的流动性，天然气按本身价值定价而非与石油价格挂钩。然而，亚洲天然气贸易枢纽在近期发展起来的可能性并不大，市场仍由少数大买家和卖家把持，市场流动性较低。受地区性供需失衡、运输成本和贸易限制的影响，天然气价格将有可能继续出现区域间分化，而非遵循全球统一价格水平浮动。

## 二、全球天然气市场概览

天然气在全球能源结构中所占份额与日俱增。1980 年，天然气消费量为 57 EJ（艾焦耳），占全球一次能源总消费量 300 EJ 的 19%。2010 年，天然气消费量为 124 EJ，占全球一次能源总消费量 525 EJ 的 23%。在全球能源消费量飞速上涨期间，天然气在一次能源总消费量中所占份额也步步抬升。究其原因，是因为天然气需求增长率高于总能源需求增长率——自 1980 年以来，天然气年均增长率为 2.6%，而总能源年均增长率仅为 2.0%。

天然气对石油产品和煤炭的替代，致使其在全球和地区性能源结构中所占份额上升。各地区每年消费一定比例的石油产品、天然气和煤炭，以满足其一次能源需求中的化石燃料需求，而相关比例会随着时间改变。如在中东地区、北非和原属苏联的部分国家，天然气主要用于替代石油，而在北美国和欧洲则用以取代煤炭。一般来说，全球的趋势是天然气消费量在油的使用场所，对煤炭的平行运动。天然气正在逐步挤占石油消费的地位，在北美和欧洲则正在挤占煤炭消费的地位。

展望未来，全球能源需求持续增长，天然气的增长速度则将远高于其他化石能源。国际能源机构（IEA）指出，人口迅速增长以及日益繁荣和改善的电力供应是这一趋势的推动力。近年来，天然气需求增长比其他化石燃料的速度还高，预期从 2012 年到 2040 年的 20 年间，天然气年均增长率为 2%。

预计至 2040 年，天然气需求的增长将广泛分布于各地区，其中尤以亚洲和美洲的增长为主。在此期间，无论是天然气需求和生产，亚洲区的增长将为首位。而天然气在中国的需求年增长率将达 5.2%，占了亚洲地区的天然气消费量增长中的 56%。其他新兴经济体的天然气需求也将强势增长，印度的消费量增长率达到 4.6%，巴西也达 4.0%。但非经合组织成员国家的增长将比较慢，年增长率在 1% 左右。

发电用气将成为推动天然气消费量增长的主角，占了 2012—2040 年间，全球天然气消费量增长中的 36%。另外，因石油化工业的推动，天然气在工业领域的增长也非常显著，年增长率达 1.9%。虽然天然气在交通领域的年增长率高达 3.3%，但其在 2040 年的整体消费量份额还小，只占了 9%。

同一期间，非常规天然气（如页岩气）在供应结构中所占份额将有所提升。全球天然气资源广泛分布于各地区，以现在生产速度来计算，已证实的储备也足以应付未来 60 年的开采。尽管美国在页岩气发展取得非常好的成绩，其他地区的页岩气开发速度仍有很多不确定因素。直至现时为止，几乎没有美国以外的地方能成功开发页岩气。除此之外，波兰，瑞典和乌克兰的成果也低于预期，而阿尔及利亚，法国，南非的开发则受到公众阻力。

## 三、需求驱动因素

在诸多因素的推动下，全球天然气需求近年来不断上涨，预计未来仍将保持持续上升的势头。其中，"经济活动"、"能源强度"和"天然气替代"是驱动天然气需求增长的3个主要因素，且"天然气替代"所起到的作用最为重要。而一直维持在高位的天然气价格并未给需求带来预期中的抑制作用。

随着经济活动的增多，能源需求亦水涨船高，进而将促使天然气需求量按其在总能源结构中所占份额，上升至相应水平。通过观察各国经验，可以发现上升最为明显的是居民用户和公用事业行业。究其原因，在于受居民收入增长的刺激，家庭供暖需求和公共服务需求有所提升，需要消费更多的天然气来满足需求。此外，制造业所需的天然气也出现了一定程度的上涨，这主要是受工业产品产量增加所带来的需求的影响。

在指定的经济活动水平下，能源需求将随经济活动能源强度的下降而减小，天然气需求将按其在总能源结构中所占份额，减少至相应水平。能源强度的下降与产业结构的调整有密切关系，几大天然气消费国的经验都显示，当一国服务业的比重上升或开始从重工业向轻工业转型，其能源强度都会出现明显的下降趋势。

当某一行业选择以天然气替代石油和煤炭时，其天然气消费需求将会有明显的上升。全球趋势分析表明，用天然气替代石油或煤炭是推动天然气需求上升的最主要的原因。在所研究的大多数市场中，1982年至2012年间之天然气需求增长，以天然气作为替代能源与因经济活动增多所导致的变化相当，有时甚至更高。对主要天然气消费行业的研究也表明，因替代燃料而导致的天然气消费增长占总消费增长的很大比重。

随着国家发展程度的提高、服务业所占比重的上升、城市化程度的深入和对空气污染控制要求的提高，以天然气替代石油、煤炭的倾向将越来越明显。澳大利亚、欧洲和美国已将其能源结构中的大部分从煤炭转向了天然气，而中国也正在考虑采取类似举措，还有多个国家从石油转用了天然气。此类变化与服务业在各国经济中所占份额的增加有明显关系，增长既是来自于服务业的直接需求，也是受到了办公场所取暖需求的间接推动。为了推进城市化和改善空气质量所颁布的法规也起到了一定作用，天然气的清洁性使其成了替代能源的首选。

此外，国内天然气资源的可用性同样也是推动能源转型的一大驱动因素。对一国而言，国内的天然气资源保有往往是成本最低廉的天然气来源。有分析显示，无论储备多少，均对天然气份额有所影响，部分原因是因为没有天然气储备的国家，通常也不会备有支持天然气进口的基础设施与制度。此外，贸易开放程度更高的国家，拥有进口基础设施与制度的可能性更大，因此天然气在其能源结构中占大比例的可能性也更高。

中国目前正处于快速发展期，其城市化程度和对空气质量的关注度均不断提升，而且正在开发国内天然气储备。这些先决条件和天然气比重高的市场相符。然而，中国如想推动天然气需求大幅上升，必须促使其能源需求从煤炭向天然气转换。然而从其他国家经验来说，这比从石油向天然气转换更难，目前基本上只在欧洲得以实现。所以，中国还需要通过一系列制度设计来构建一个更有利于推进能源转型的环境。

国际经验表明，天然气需求对价格变动并不敏感，天然气价格的上涨并不导致天然气消费需求的减少。从1987年到2000年，全球天然气价格稳定保持在较低水平，经合组织成员国的天然气需求速增。自2000年起天然气价格开始上涨，但经合组织成员国的消费需求对价格的变化却不敏感，大部分国家天然气需求持稳，小部分国家出现增长。

中国市场的表现与国际经验一致。从1990年开始，中国天然气消费就保持着较高增速。进入2000年以后，天然气价格开始上涨，中国天然气消费并未受到明显影响，依旧保持着较高增速。

燃料间价格竞争对天然气需求的影响似乎也非常有限。从1987年到2000年，天然气价格一直是电价和煤价的相对恒定分数，而天然气需求却大幅增长。进入2000年以后，尽管天然气价格大幅上涨，全球天然气需求却未见大幅回落。在2000年至2012年间，经合组织成员国居民用户与工业天然气需求只减少了8%。

燃料间价格竞争之所以对天然气需求影响小，很重要的一个原因在于天然气较高的用户黏性。天然气需求一旦站稳了脚跟，就拥有了应对多变经济环境的适应能力，在居民用户方面尤其是如此。一旦用上了天然气，天然气的品质就容易留住消费者们转向其他燃料的脚步。作为一种较为洁净的燃料，天然气的发热可控而且放热容易。与其他燃料相比，比如煤炭，天然气的特征可能意味着一旦基础设施就位，居民用户与工业用户们对其价格的顾虑就会减少。

总的来说，天然气的非价格特征似乎是需求背后比较重要的驱动因素，因此中国的高天然气价格可能不会抑制天然气需求，但中国的能源价格受到管制，这意味着中国的情况可能与其他国家有所不同。在多数情况下，天然气主要消费国家已实行了能源价格市场化，其价格会随供需关系的变化而更改。而在中国，部分能源价格受到管制，对供需变化缺乏反应。需求和价格在其他国家呈现的相互作用，换到中国可能又会是另一番情景。

## 四、供需不平衡

全球天然气资源生产地区正逐步与需求地区脱离。供需失衡引发了全球天然气贸易热潮，涌现出大量国际管道天然气和液化天然气项目。

### （一）全球资源

非常规气在整体天然气供应中的份额正在逐渐变大。据国际能源署估算，全球常规天然气技术可采总储量已达465万亿$m^3$，而非常规气为342万亿$m^3$。在1994至2013年间，全球已探明的天然气可采储量增加了56%，而预计还会继续增加。尽管非常规气的产量在增加，但常规气仍将占据天然气总产量的绝大部分。

根据当前估算，全球天然气剩余已探明可采储量约186万亿$m^3$。在过去30年间，天然气已探明可采储量每年增加3万~4万亿$m^3$，储采比始终稳定在60年左右。这些储量大多分布在3个国家：俄罗斯18%，伊朗17%，卡塔尔13%。土库曼斯坦亦在全球已探明可采储量中占显著份额。

就需求方面而言，2013年的全球天然气消费量，包括LNG部分，比2012年增长了1.1%，同期全球天然气贸易量则增加了2.3%；相比之下，同期全球原油贸易量只增加了1.7%。排名前10位的天然气消费国总计消耗了2万亿$m^3$，占全球总消耗量的61%。这10大消费国占全球总量的比例分别为：美国22%、俄罗斯12%、伊朗5%、中国5%、日本4%、加拿大3%、沙特3%、德国3%、墨西哥3%

和英国2%。

美国是最大的天然气消费国，2013年的总消费量达到7 370亿 $m^3$。最大的消费产业为发电，占33%（而这一比例10年前为25%）；其次是工业用气，占2013年总量的31%（工业用气的比例从2008年以来就被发电行业所超越）。其他用气行业为民用21%、商业14%。下个十年中，随着一系列特别是墨西哥湾沿岸LNG项目的建成，美国的天然气产量预计将进一步增加，并会出口LNG到欧洲和亚洲。

在英国，天然气消费在最近10年间波动较大，而在此之前数十年间一直保持着稳定快速增长，主要的增长驱动因素为居民用气和天然气发电。从1990年至2003年，英国发电用气量所占总用气量份额从不到1%增至38%，但到2013年又降到了27%。

日本在2011年福岛核事故之前是世界上最大的LNG进口国。日本政府对福岛核事故的处理，特别是关闭日本所有核电厂的决定把LNG消费量进一步拉高。当曾经占日本发电量31%的核电全部停止后，日本的LNG进口从6 900万t增至8 200万t。虽然日本核电预计会恢复，但因国内的反对声音持续和新标准问题，导致恢复的时间表还很不确定。

世界第二大的天然气消费国俄罗斯近年的消费量也很不稳定。2008年的全球金融危机导致用量急剧下降，之后又强力反弹，然后在2012年和2013年又重新疲软，也反映了同期俄罗斯经济增长缓慢。在欧洲，德国2012年和2013年的天然气消费继续增长，而同时欧盟整体的消费量却在下降。中东地区最大的消费国伊朗近年消费量增长缓慢。最后，在中国，自2000年以来天然气消费快速增长，使其快速跻身全球10大消费国的行列。

印度虽还不在全球天然气消费大户之列，其政策同样拉动了天然气消费量大幅增长，尤其是在发电行业。1995年—2005年间全国消费量达到370亿 $m^3$，占到全球的1.3%。然而，价格管制、国内产量下降、LNG设施开放等问题近年一直干扰着天然气市场。这些问题如解决，印度的天然气消费量将恢复增长。

就供应方面而言，2013年全球天然气产量为3.5万亿 $m^3$，比2012年增加1.1%。1970年至2013年间，全球产量增加了近3.5倍。2013年中，最大的天然气生产国和占全球总产量的比例分别为：美国20%、俄罗斯18%、伊朗5%、卡塔尔5%、加拿大5%、中国5%、挪威3%、沙特3%、阿尔及利亚3%、印尼2%和马来西亚2%。但从天然气管道出口和LNG出口总量来看，俄罗斯是最大出口国，占全球贸易量22%，并主要通过管道出口，排名第2的是卡塔尔，占全球12%，主要通过LNG出口，第3名是挪威，主要通过管道气出口。占全球比例为10%。

美国目前已成为全球最大的天然气生产国，而且随着一些LNG设施的建成，预计其产量将进一步增加。美国页岩气生产的成功将使美国从天然气净进口国转变成为净出口国。随着2016年Cheneire's Sabin Pass设施的投产，美国将开始LNG出口。到2020年，预计美国将拥有4 000万t LNG的生产能力。尽管目前还有更多的LNG项目在计划中，但是应不会全部完成。

世界第二大天然气生产国俄罗斯则早已大规模进行管道气和LNG的出口业务。2013年，俄罗斯生产了6 050亿 $m^3$ 天然气，通过管道出口到欧洲的有2 110亿 $m^3$，主要进口接收国为：德国400亿 $m^3$、土耳其260亿 $m^3$、意大利250亿 $m^3$。另外，俄罗斯还出口了1 400万t LNG，主要到日本。预计随着中俄天然气管道投入运作和新的LNG设施投产，预计俄罗斯2020年前天然气产量和出口量将进一步增长。

从挪威、荷兰和阿尔及利亚通过管道出口到其他欧洲国家的量也很显著。荷兰的气来自格罗宁根（Groninggen）区块，是东北欧最大，也是世界级大气田。荷兰2013年通过管道出口了530亿 $m^3$，但是政府降低了2014年的产量限额，因为该气田的开采曾引发了区域内的地震。

卡塔尔是2013年世界最大的LNG出口国，出口了超过7 800万t LNG。世界最大的非伴生气田就处于伊拉克伊朗边境，其中卡塔尔部分——北区的可采储量为900万亿 $ft^3$，伊朗部分——南区则为500万 $ft^3$。自20世纪90年代初北区开采作业以来，卡塔尔的天然气产量从1991年的63亿 $m^3$ 增加到2013年的1 580亿 $m^3$，其中大部分都用于了出口。卡塔尔建设LNG设施针对主要市场：亚洲、欧洲和北美，但随着北美页岩气生产爆发和亚洲需求增长，导致2013年出口亚洲的量占到70%。中东伊朗的天然气产量同期也显著增加，但几乎全部产量都用于了国内消费。

澳大利亚预计会很快成为重要的天然气生产国和出口国。尽管澳洲2013年的产量比2012年下降了1%，但一系列LNG设施在今后几年将陆续建成，并使澳大利亚拥有年8 800万t LNG的生产能力，超过卡塔尔成为全球最大LNG出口国。但是LNG质量问题目前还存在不确定性，因为澳洲的一些LNG项目将是世界上第一批用煤层气生产的LNG。

尽管2013年产量并不显著，赤道几内亚在2014年将随着PNG LNG项目投产开始LNG生产。这个项目年生产能力为690万t LNG，而且正在评估进一步扩大产能的计划。加拿大本已是天然气生产大国，但其出口目前只限于通过管道到美国，而其计划则是通过LNG拓宽出口。加拿大西岸目前有一系列LNG项目在计划中，目的是利用该地区丰富的非常规气资源并开发日本、韩国、中国等重要进口国市场。

凭借地区内丰富的资源量，坦桑尼亚和莫桑比克是另外2个可能成为主要LNG出口国的国家。但对它们来说，天然气是崭新的工业，真正到投产运营也许会需要更长时间。另外对它们来说，实际上也对所有需要融资的新天然气项目来说，非常需要高质量的买方做出以足以给资源地区和气田开发商合理回报的购买价格和长期采购承诺。

## （二）地区失衡

从全球来看，供应和需求不均匀地分布。苏联、中东和北非地区是全世界最大的天然气出口国/地区；经合组织亚洲成员国（日本和韩国）、中国和欧洲则是最大的进口国/地区。在其他地区，生产与消费基本达到平衡，但非洲部分地区例外——目前出口量虽小，却在增长。

随着全球天然气消费量的增长和地区性供需失衡，进出口贸易量也在增长。从1990年到2013年，全球天然气消费量增长了约70%，但各地区供应和需求的增长率差距较大。天然气出口国扩大了出口量，进口国亦增加了进口量。1990年到2013年间新增的消费量中约有20%是通过地区间进出口贸易的方式实现的。

近年来大量常规天然气资源及大量非常规天然气资源的发现，支持着产量增长。自20世纪80年代末起新发现了大量的常规天然气资源，尤其是在中东和北非地区，使这2个地区一跃而为天然气生产巨头。与此同时，就连储量未见大幅增长的地区的产量也在抬升，这表明各国更倾向国内资源而非进口来满足需求。

包括致密气、页岩气和煤层气在内的非常规天然气储量虽然大部分尚未探明，但有可能资源规模庞大。自2002年起，美国的非常规天然气开采从根本上改变了该国的天然气市场。虽然非常规天然气产量在其他地区仍然极少，但存在打乱地区格局的巨大潜力。非常规天然气储量主要分布于无大量常规天然气资源的国家。如果能够对这些非常规天然气储量进行商业开采，天然气生产地区和消费地区之间的区际失衡状态将有可能得到缓和。这样的变化将减少对苏联、中东和北非地区天然气的需求。

### (三) 天然气贸易

管道天然气贸易方面，自1993年以来，国际管道天然气交易量几乎翻了一番，但管道网络的连通性未见显著提升。1993年区际管道天然气交易量为4.7万亿 $m^3$；其中86%由原苏联地区各国出口，94%进口至欧洲。当时的天然气管网有限，大部分天然气输出来自原苏联地区各国、中东和北非地区。到2013年，管道天然气年交易量为8.5万亿 $m^3$，其中原苏联地区各国出口所占份额下滑至75%，欧洲进口所占份额下滑至65%；同年中国进口所占份额为11%，全部来自原苏联地区各国。尽管从1993年到2013年有小幅变化，区际天然气管网依然较为有限，特别是在全球的储量形式、产量和需求方面变化的背景下。

LNG贸易方面，自1993年以来，LNG贸易量翻了3倍还多，其设施的连通性也显著提升。1993年，国际LNG贸易量达2.7万亿 $m^3$，其中64%由亚洲地区出口，70%进口至经合组织亚洲成员国，25%进口至欧洲。虽然1993年网络还很有限，贸易主要集中于日本和亚洲其他地区之间以及非洲和欧洲之间，到2013年网络设施已大量扩张。2013年，国际LNG贸易量达9.1万亿 $m^3$；其中，57%由中东和北非地区出口，而经合组织亚洲成员国作为主要进口国占56%，其次是欧洲进口15%，中国进口9%。在中国和经合组织成员国之外，亚洲其他国家的LNG贸易形态趋向复杂化，进口和出口皆有，占国际LNG净贸易量的10%，而这一比例在1993年是64%。

LNG市场的连通程度开始促使形成全球性天然气市场。2013年，LNG贸易设施网络密集度加大，许多地区之间相互连通。LNG交货的灵活性意味着可以利用LNG探寻诸多地区间的套利机会，使各个市场连成一片。不过，LNG贸易目前由中东和北非地区的少数参与方把持，某些路线的交易量仍较低。另外还存在对出口的法律限制-比如美国，以及基础设施能力的局限性。此外，LNG价格高居不下，因此，区际价格差异方能刺激贸易。面对这些问题，尽管目前地区性市场之间的连通性已较过去大有改善，但连通的程度尚不足以支撑全球性市场的形成。

LNG能力扩张迅猛，预计未来扩张还会持续。2013年出口所需的天然气液化能力比2003年高出2.25倍，而进口所需的再气化能力是2003年的2倍。计划至2023年液化能力将再增长3倍，再气化能力增长2倍。届时，全球液化能力将达约40万亿 $m^3/a$，再气化能力达约60万亿 $m^3/a$。(再气化能力大于液化能力，这是因为再气化能力分布范围更广并且各国的进口和再气化能力建设是以满足高峰需求为目标，而出口量往往更平稳，同样贸易量所需要的能力更低。)

然而，LNG成本波动性大，未来应不会显著下降。总的来看，液化工厂成本在过去10年间上涨了50%，而且有些项目，主要是在澳大利亚的项目，成本至少是正常水平的2倍。成本上涨的原因是商品价格上涨，比如钢铁，以及劳动力成本上涨。这种高成本模式有可能持续。即便商品价格下跌，液化成本仍有可能高居不下，这是因为技术突破的范围有限，而且近期新添加的大量高成本设施已把成本锁定在高水平。此外，只有与长距离陆上管道相比，比如从中东到日本，LNG才具备竞争力。

从这些问题可看出LNG的经济局限性。这些局限性可能会制约投资，或者需要用长期合同来管理风险，而且可能意味着LNG仍将是一种昂贵的燃料，在供不应求的市场上被作为一种边际供应能源。

### （四）非常规天然气资源

已探明非常规天然气储量占全球技术可采储量的 3/4 左右。国际能源署在 2012 年的一份报告中估计，全球已探明技术可采天然气储量达 420 万亿 m³，可用非常规技术开采的储量达 331 万亿 m³。在非常规资源中，有 208 万亿 m³ 为页岩气，76 万亿 m³ 为致密气，47 万亿 m³ 为煤层气。在另一份报告中，据美国能源部评估，全球页岩气可采储量为 7 299 万亿 m³，其中中国所占份额最大，其次分别是阿根廷、阿尔及利亚、美国和加拿大。

非常规天然气已然改变了北美天然气市场。仅在美国，页岩气产量预计将从 2012 年的 9.7 万亿 ft³ 增加到 2040 年的 19.8 万亿 ft³，将页岩气在全国天然气总供应量中的比例从 40% 提升到 53%。天然气供应的增加将为美国生产企业带来更多的竞争优势，并引发了一系列的针对出口的 LNG 项目。

北美洲在非常规天然气开采方面取得的成功，对其他国家而言是一个激励。据国际能源署估计，全球非常规天然气总产量在 2020 年将达到 9 280 万亿 m³，包括 4 540 亿 m³ 页岩气、1 480 亿 m³ 煤层气和 2 940 亿 m³ 致密气。

尽管情况乐观，但关于非常规资源最快何时能在美国以外地区实现商业生产，特别是在目前产量极少或者完全没有的国家，仍有大量不确定因素。虽然估计中国的非常规资源总量达 32 万亿 m³，中国政府近来却降低了其近期开发这些资源的预期。目前遇到的问题包括：这些资源散布于超过 500 个地形复杂的盆地区块、开发成本问题、基础设施不足、水处理、缺少国际公司介入的渠道、并最终因参与企业太少所导致的缺少创新等一系列问题。另外一个例子是，拥有约 23 万亿 m³ 非常规资源的阿根廷的自然条件较好，但却受制于资金和其他非技术风险。

## 五、天然气价格

天然气价格和定价机制随时间而变化。与油价挂钩的长期合同曾一度占据支配地位，但如今各市场中的定价形式多种多样，各地区的价格也不一样。一份来自国际天然气联盟（IGU）的 2014 年报告显示，全球批发量中 43% 是基于竞争性天然气定价，即气对气定价（gas-on-gas pricing），19% 是与油价挂钩。跟过去与油价挂钩合同的合同期往往较长相比，如今的合同期也趋向多样化。目前定价更多的是基于天然气供应方之间的竞争以及基于枢纽或现货市场的定价。

在能源价格管制程度较高的中国，天然气定价机制与国际价格机制有诸多差异，对于不同的气源、不同的用途的天然气实施不同的定价方式。但是，中国的天然气定价正处在改革的进程中，并且逐渐向国家天然气定价规则靠拢。

### （一）目前定价规则

在大部分国际贸易依靠天然气管道或者 LNG 运输完成的背景下，全球天然气市场的发展受到按地理因素细分的限制。地理局限性和高运输成本，即国际长距离管道的建设以及 LNG 的运输和储存成本限制了不同地区间的贸易，使天然气市场演化出多种独特的地区性特征，尤其是在定价方面。

过去，亨利枢纽价格被公认为美国市场的基准，世界各地有许多天然气液化项目开始以基于这些价格向美国出口为目标。人们曾一度以为美国将成为长期 LNG 进口国，开发者们愿意基于亨利枢纽价格为其出口计划定价，这主要是因为亨利枢纽价格被普遍认为反映了美国的供需基本面。大量进口 LNG 和再气化接收站修建项目在美国被提上了议程。在定价主要与石油指数挂钩的市场，天然气价格也会对供需变化有所反应，只是敏感度不如竞争性定价。石油的供需情况令此定价机制变得更复杂。

未来，随着美国开始以主要与亨利枢纽价格挂钩的价格出口 LNG，天然气价格，特别是出口至亚太地区市场的 LNG 价格，可能会变得不稳定。通过把天然气液化并在国际市场上进行贸易，各家公司期待着从美国的天然气生产热潮中捞金。目前已公布了许多项目，但并非所有项目最后都能完成。

一般而言，美国 LNG 出口定价由 2 个部分组成：一是与亨利枢纽价格挂钩，代表原料气和相关燃料成本；二是年度固定成分，代表液化设施投资。从目前公开的购销协议的条款来看，"亨利枢纽"这个成分通常是亨利枢纽价格的 115%；其中第二个成分是基于一个固定美元金额，约 15% 的部分与美国通货膨胀率挂钩。买家通过购买美国出口的 LNG 实现供应多元化，但这也会有风险。通过合约目的地的多样化，可以调整货物运输路线到最有利的市场，基于这一点，美国的 LNG 出口有助于构建一个有利的多元化能源供应网络。不过，美国 LNG 供应的竞争力有可能不及与石油价格挂钩的供应，这取决于诸多因素，其中包括全球石油价格和亨利枢纽天然气价格的走势。

跟同石油价格挂钩的亚洲天然气合同相比，美国 LNG 出口有着不一样的风险预测。许多美国 LNG 出口购销协议包含有设施使用协议的部分，意思是买家负责购买要进行液化处理的天然气，而液化设施使用率越低，单价就会越高，因为买家是持续支付固定费用成分，只有极端情况除外。在近期石油价格下跌、长期石油价格趋势不确定和近来亨利枢纽价格屡创新低的背景下，美国 LNG 供应和同石油价格挂钩的供应的相对风险也被凸显。

随着天然气定价机制越来越偏向于竞争性定价，形成全球统一价格是不可能的。区际天然气贸易量的增长，以及在交易枢纽或现货市场上的天然气销售量的上升，促使在原先的各国市场的基础上形成了地区性市场，比如欧洲。

即使贸易和竞争性定价能够促使形成一个全球性天然气市场，地区性价格仍可能继续存在，区际价格差异甚至可能超过运输成本。究其原因，是因为天然气的地区性需求和供应常常处于失衡状态：消费大户并非生产大户，结果便是订立长期合同以减少能源安全问题和市场力量的潜在集中倾向。同样，形成全球统一价格也是不可能的，因为全球贸易能力的灵活度可能不够，不足以满足随时间变化的贸易需求。最后，非常规天然气经济可采潜力仍然未知，但是如果能够以低成本释放这部分潜力，如美国页岩气生产，则所生产的数量更有可能影响供应周边地区的价格，而不是其他地区的价格。

### （二）天然气价格与石油价格之间的关联

过去，无论是管道天然气还是液化天然气，都是基于接收市场中的竞争燃料予以定价，以签订长期合同的形式供应。比如，从荷兰格罗宁根气田出口的天然气，其价格调整与 3 种主要燃料的市场价格或者日本液化天然气进口价格挂钩。日本液化天然气进口价格是基于日本原油进口报关价格，后者是通常在各个合同中确定的石油价格的综合。

多年以来，天然气合同一直与石油价格挂钩；当石油价格变化时，天然气价格也按一个预定公式发生相应变化。天然气价格与石油价格之间一直有着极高的关联性。这种关联性从 2008 年开始逐渐淡化，尤以亨利枢纽价格与石油价格分离为典型代表。这种分离，部分是因为美国经济衰退和其国内非常规天然气供应的大爆发，后者意味着该国不再需要大量液化天然气进口。在欧洲，经济低迷同样导致天然气需求萎缩，供应饱和，并且天然气越来越多地通过天然气枢纽购买而不与石油价格挂钩。

近来，从乌克兰境内通过的俄罗斯天然气供应被打乱的可能性，加剧了市场波动性，但在向欧洲的供应量减少时，价格有所回升。有趣的是，供应的下降主要与欧洲的进口相关，而不是俄国管道天然气的供应。亚太地区强烈的液化天然气需求催生了套利机会，向欧洲买家交付的液化天然气被买家重新装运并销售到亚太地区。面对天然气指数价格低或需求低或者这两者双低的形势，欧洲买家选择以更高价格出售给亚太地区买家，以此获利。随着石油价格和欧洲天然气枢纽价格下滑，套利机会不复存在。

天然气价格和石油价格能否挂钩，根本的经济理由是石油价值背后的经济驱动因素与天然气价值背后的经济驱动因素是否相似。当石油与天然气互为替代品时，比如当双双被用于发电时，这一条理由往往是成立的，两者的价值变化率相同。然而，现在石油主要被用于交通运输，而天然气不是。市场赋予这两种燃料的价值常常受不同力量推动，使得与石油挂钩的价格无法再准确反映天然气价值。鉴于天然气和石油在用途和生产成本方面均出现了较大差别，价格挂钩背后的基本经济理由不可能再度成立。

中燃协企业管理工作委员会

# 深圳燃气引入市场营销的实践与探索

天然气在城市燃气行业具有巨大的增长空间，燃气公司想要赢得市场并获得持久的增长，必须摒弃落后的观念和工作方式，引入成熟的市场营销经验，结合自身的实际，不断探索出一条燃气行业的市场营销新机制。

## 一、加大天然气的开发和利用是大势所趋

根据BP公司发布的"2013年世界各国一次能源消费结构"，天然气在世界一次能源消费中的占比是23.7%，而中国的这一数据是5.1%，可以看出，中国的天然气终端消费市场依然具有巨大的增长空间。

近年，大气污染日益严重，政府越来越重视对环境的保护，全国多个城市都制定了自身的大气环境提升计划，政府发展低碳经济的愿望十分迫切，而天然气作为绿色能源的环保性得到了前所未有的重视。此外，时常见诸报端的液化石油气钢瓶爆炸事件，也让社会大众对使用燃料的安全性格外关注，天然气相对于柴油、液化石油气等能源的安全性也逐步得到了社会大众的认可。

对于客户来说，使用安全、绿色、高效、经济的天然气将为其带来多方面的附加价值；对于燃气公司，在现有的管网条件下开发新用户的边际成本非常低；而对于政府，促进天然气的使用可以有力地推动低碳经济的发展。此外深圳燃气经历了多年的发展，目前主城区的管网覆盖率高，天然气气源供应充足、稳定，已经具备了大规模开发工商用户的条件，正是这些原因促使了深圳市的天然气工商用户近年呈现出快速发展的势头，如何高效地开发并维持工商用户市场成了摆在燃气公司面前的一个重要课题。

## 二、传统的市场开发及其存在的问题

### （一）观念陈旧

由于燃气行业自然垄断的特殊属性，政府一度对这个行业的管控力度较大，燃气管网的建设、用户的开发受行政干预较多，这也使得大多数燃气公司摆脱不了自身隶属于建筑行业的思维模式，从而导致燃气公司的行为模式更重视计划性，而较少从客户的价值及市场的需求来考虑问题。

### （二）组织机构设置落后

近年来燃气公司逐步认识到市场开发的重要性，开始设置专门开发工商用户的部门，但大多只是把原本肢解于不同部门的业务进行了重新调整和归集，虽然提高了工作效率但并未从根本上引入

市场营销职能,市场开发部门的职能和定位仍旧存在缺失,其工作重点仍放在工程建设,使得企业对市场整体的预测及管控不足,对满足客户的需求和供气后的客户服务关注不够。

### (三) 工作方式不灵活

国内城镇燃气行业起步较晚,历史欠账较多,所以在燃气公司发展的初期大多都把工作重点放在管网建设上面,工作的计划性比较强,这样的工作方式在特定的历史时期收到了较好的效果,但现阶段燃气公司的工作重心不再只有管网建设,市场开发的重要性日益凸显,面对瞬息万变的市场,燃气公司也不能墨守成规,需要主动去适应市场,以更加灵活的方式开展工作。

## 三、市场开发的全新模式

### (一) 转变观念

为了适应新的形势,燃气公司必须抛弃自己"隶属于建筑行业"的观念,而代之以"隶属于能源服务业"的经营思想,以市场化的眼光看待公司的发展,将市场在燃气公司资源配置中应有的作用发挥出来。正是基于这样的信念,深圳燃气提出了"成就绿色品质生活"的企业使命,和"最专业的城市清洁能源运营商"的企业愿景,旨在通过公司的努力为用户提供优质的产品和专业的服务,最大化地为客户、合作伙伴以及社会创造价值,让公司的营销步入集企业责任与社会责任为一体的高级阶段。

### (二) 重新安排业务组合

深圳燃气目前的主要业务可按照客户性质分为居民用户、传统工商用户、燃气空调用户、分布式三联供系统用户以及燃气汽车,按照波士顿咨询集团法这几种业务的评价见图1。

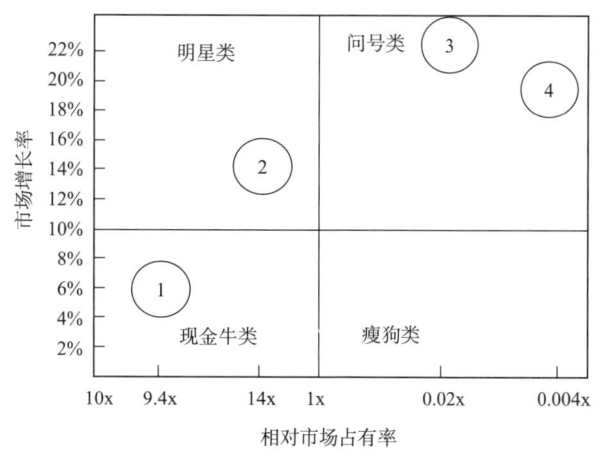

图1 燃气公司主营业务分类

图1中,市场增长率以10%为分界线,10%以上为高增长,10%以下为低增长。相对市场占有率以1倍最大竞争者为分界线,1.0以上为高相对市场占有率,1.0以下为低相对市场占有率。圆圈1

代表居民用户，圆圈2代表传统工商用户，圆圈3代表燃气空调及分布式三联供系统用户，圆圈4代表燃气汽车，圆圈的大小代表各种业务的销售额。

从图1中可以看出，燃气空调、分布式三联供以及燃气汽车业务的基数很小，所以市场增长率很高，但相对于电力空调、燃油汽车所占的市场份额，这3项业务的相对市场占有率很低，所以这3项业务归属于问号类业务，它们的发展与政策及企业的推动力度关系紧密，能否在市场上取得成功还是个问题，如果想提高其相对市场占有率，必须投入大量的资源，如果不合算就应该精简或淘汰。

图2　市场营销与其他业务的关系

问号类业务如果经营成功就会转入明星类。例如传统工商用户，此类业务是高市场增长率和高市场占有率的业务单元，此类业务增长迅速，而且面临其他能源的竞争，需要投入大量的资源，随着增长速度降低，这类业务会转入现金牛类。居民用户属于现金牛类，此类用户是低市场增长率和高市场占有率的业务单元，相对成熟，需要的资源投入较少，但能够源源不断地给企业的发展带来现金。

由于居民用户的自然垄断属性，燃气公司不用过多介入居民用户的市场开发，只要能够保证居民用户供气后的安全与服务投入即可。所以，中短期内燃气公司应该重点发展传统工商用户市场，同时也不能忽视传统工商业用户增长放缓后，燃气公司将面临没有后继业务的窘境。为此，燃气公司的业务单元必须作出与现有市场状况相适应的调整，需增设专门对口的市场营销职能，主要负责传统工商用户的开发以及空调、三联供等非传统业务的早期推广介入。

不同的燃气公司对市场营销职能的机构设置不同，但目的都应该相同，就是让市场营销职能成为连接市场需求与企业反应的桥梁，要想有效的满足客户需求，就必须将市场营销置于企业的中心位置，使之能够整合各种资源并快速响应市场。

在理清了市场营销职能与其他相关业务的关系后，还需要明确市场营销自身的业务内容，大多数燃气公司在进行职能划分时，简单地把市场营销等同于销售，其实销售业务只是市场营销职能的一部分，市场营销职能除了涵盖销售业务外，还应包含市场营销业务。市场营销业务与销售业务的区别见表1。

市场营销业务与销售业务的区别　　　　　　　　　　　　　　　　　　　　　　　　　　表1

| 市场营销业务 | 销售业务 |
| --- | --- |
| 依赖于营销调研确定目标市场并进行市场细分 | 依赖街头经验了解不同个性的买主 |
| 时间用于计划工作上 | 时间用于面对面的促销上 |
| 从长远考虑 | 从短期考虑 |
| 目的在于获得市场份额并赚取利润 | 目的在于促进销售 |

从表1可以看出，只有同时兼顾市场营销业务与销售业务，才能全方位地掌控市场，形成一套丰富、立体的行为模式，正是基于这样的认识并结合公司的实际，深圳燃气的市场营销按构成模式见图3。

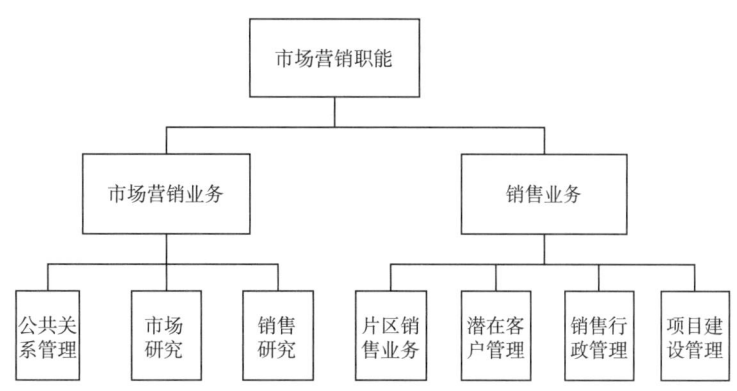

图 3  市场营销职能的具体组成

## （三）市场营销业务关键点

### 1. 市场调研与需求预测

燃气行业面临着液化石油气、电力、柴油、生物质等行业的竞争，要想更好地满足市场需求，赢得竞争优势，必须从研究市场出发，开展市场调研，收集营销信息，进行需求预测，据此制定市场营销战略。

市场调研获取的信息分为二手数据和原始数据，二手数据是经过编排、加工处理的数据，原始数据是企业首次亲自收集的数据。对于燃气行业二手数据的主要来源渠道有：企业信息系统收集的信息、房地产开发商提供信息、外委施工单位提供信息、分类信息网站的餐饮用户信息，政府质量技术监督局的锅炉备案清单、各种餐饮协会会员信息、主要竞争者客户信息等。二手数据相对容易取得，但原始数据更能贴近企业的需求。燃气行业原始数据的收集主要依靠调查法，由于行业的专业性，一般都采用人员直接访问的方式获取客户信息。

深圳燃气每年至少安排一次人员访问式的市场调研，调研人员全部采用公司销售人员，根据调研人员数量将辖区分为若干对应的责任片区，集中时间完成调研，调研的主要信息包括客户名称、用气地址、用气性质、目前使用能源现状、预计装表容量、预计年用气量、距离市政管线距离、客户改造意向等。调研完成后指派另外一组调研人员对调研结果进行抽查，并对调研结果进行评判。这种方式虽然花费的成本较高，但可以准确知晓客户状况，避免销售人员刻意压低调查结果的可能，同时又不会出现由于不熟悉燃气行业要求的第三方调研机构调研结果实用性不强的结果。

获取市场调研信息后，根据现场调研情况结合以往的经验，对用户用气量做出评估，对技术方案可行性进行初步评判，剔除技术方案无法实现的用户，从而给出不同类别用户的市场需求，据此指导后续的管网建设、营销组合制定，人员配备等工作。

### 2. 市场细分

传统工商用户市场是一个生产者市场，而非消费者市场，客户购买燃气的目的是进行再生产，购买者的行为比较理性，采购过程相对复杂，对产品或服务的要求也比较高，为了更好地了解不同购买者的需求，为不同的购买者制定不同的营销组合，须对市场进行细分。深圳燃气结合自身的营销经验和深圳市场的特点将传统工商业用户市场细分为图 4。

图 4 中不同的细分市场用户特性不同，中小型商业用户更在意初始投资，综合体用户受开发商影响较大，连锁商业用户想获取规模优惠，工业用户更关注燃气价格，熔炉用户较多考虑停气风险，公服用户则对安全用气要求较高。针对不同细分市场燃气公司应该从技术方案、投资模式、气价模式、用气押金、后续服务等方面制定差异化的市场营销组合来满足市场需求。例如对于资金不足的中小型商业用户，可在投资模式上给予支持，对于连锁商业用户可以考虑给予用气押金方面的优惠，对于工业用户可以制定阶梯的气价模式，而对于熔炉用户设计时应引入双路气源。

通过市场细分，燃气公司不仅可以制定不同的市场营销组合来提高市场占有率，还可以发现新的市场机会，并决策是否进入该市场，例如图 4 中城中村商业用户市场，该市场受现有建设手续及管网覆盖的限制，目前仍是一片燃气公司未涉足的领域。

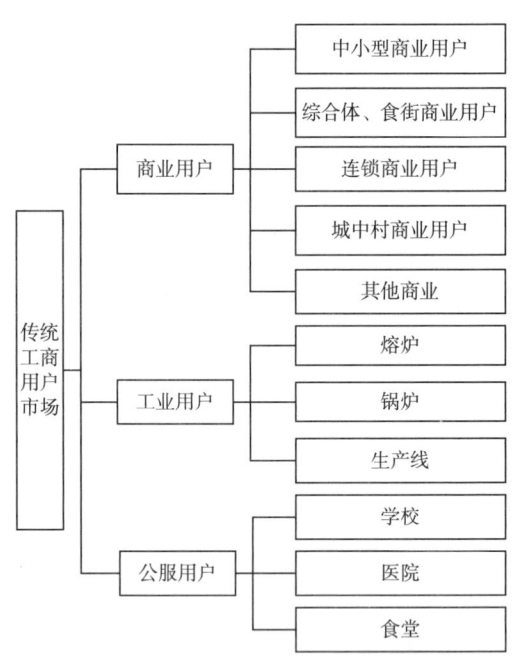

图 4　传统工商用户市场细分图

### 3. 市场营销环境分析

市场营销环境包括影响燃气企业与客户建立关系的各种因素，对燃气公司影响较大的几种因素见图 5。

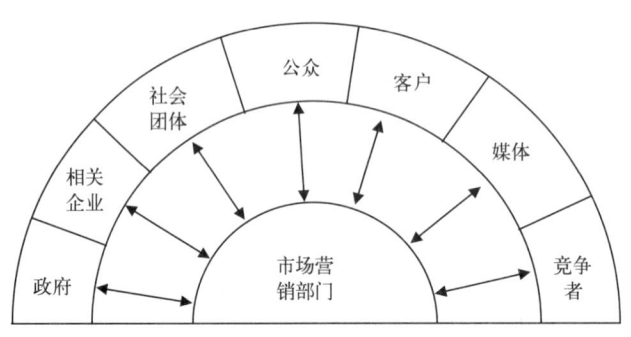

图 5　市场营销环境

市场环境发展趋势基本上分为两大类：一类是环境威胁，另一类是市场营销机会。环境威胁是一种不利的发展趋势所形成的挑战，如果不采取果断的行动，这种不利趋势将损害企业的市场地位。市场营销机会是指对企业营销管理富有吸引力且具有竞争优势的领域或动向。燃气公司需要有专门的人负责环境变化信息的收集，并甄别出收集到的环境信息的类别。

目前深圳燃气面临的主要环境威胁有：
（1）政府产业政策的调整，导致部分高耗能产业迁出深圳；
（2）材料及人工费上涨，导致工程造价升高；
（3）管网建设手续日益复杂，主城区开挖施工困难；
（4）国际原油、LPG 价格下跌；

（5）上游供气企业通过直接建设储气罐方式进入城市燃气公司的下游大型工业用户市场；

（6）竞争者的促销力度加大，例如空气源热泵厂家以合同能源方式开发用户，对燃气热水用户市场带来冲击；

（7）电力行业对明火煮食的挑战。

面临的市场营销机会有：

（1）潜在的中小型商业用户的存量及增量空间较大；

（2）天然气价格并轨，天然气预期采购价格降低，对燃气终端市场开发形成利好；

（3）政府有关部门对环保执法力度加强；

（4）政府有关部门对使用清洁能源改造补贴政策的实施；

（5）政府有关部门对违规使用液化石油气的执法力度加强；

（6）政协、人大会议针对环境问题的提案增多；

（7）社会大众节能、环保、安全意识的提高；

（8）全国范围内使用液化石油气的安全事故频发；

（9）柴油、液化气等能源价格波动较大；

（10）深圳燃气"绿色、安全、优质、高效"的品牌形象深入人心。

对于环境威胁公司，应该着手制定反抗或减轻这种威胁的手段，而对于识别出的市场机会，则需要维持好这种市场机会并发掘开发更大的机会。

## （四）销售业务关键点

### 1. 销售人员考核管理

销售人员是公司销售任务能否完成的关键，但销售工作的特性，使得销售人员的管理比较困难，为了有效地管控销售人员的行为，又不挫伤其工作的积极性，深圳燃气针对销售人员的考核管理作出了如下安排：

（1）同时下达年度新增气量及新供气项目数 2 项指标，从新增用户用气量及实际工作量 2 个方面对销售人员的工作进行评判；

（2）进行指标分解，不仅下达全年总任务指标，还按人将指标分解到每月；

（3）强化销售人员激励，根据任务完成情况，阶梯递增发放效益奖；

（4）对销售人员开展绩效考核，将考核结果与效益奖挂钩；

（5）引入末位淘汰制，对完成不了任务的销售人员实施转岗；

（6）加强培训，不断强化销售人员专业及业务能力；

（7）转变以结果为导向的单一管理方式，不仅看重结果，而且注意过程管控，将销售关键环节固化、模块化，制定规定动作和语言，将销售过程标准化，并对销售过程实施监管。

### 2. 潜在客户管理

对于市场调研发现的潜在用户，需根据用户潜在用气量及拓展成功的可能性将其进行分类、分级，并据此制定销售计划，潜在客户的分类分级见图 6。

图 6 中，纵坐标为用户的潜在用气量，按照年用气量 10t 和 20t 分为 3 个档次，横坐标为拓展成功的可能性，根据销售人员现场访问获取的信息，分为大、中、小 3 个等级，所有潜在用户都被划分成了 A、B、C、D 4 个大类，每一个大类又被分成了几个小的等级，于是潜在用户的价值排序就

确定了：A > B1 > B2 > B3 > B4 > C1 > C2 > D。

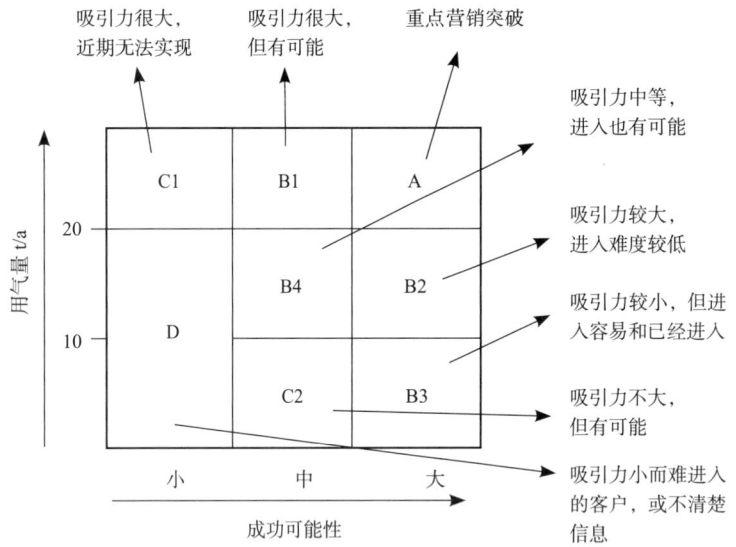

图6　潜在用户分类分级图

销售人员对于不同类别的用户，应采取不同的行动计划，A类用户是燃气公司重点销售对象，需要密切跟踪，确保此类用户不流失；B类用户是数量最多的群体，要保持频繁接触，尽量争取此类用户；对于C类用户，应该保持一定的接触频率，等待环境或用户意愿发生变化，从而进入此类用户；对于D类用户，只要保证与用户的联系渠道畅通即可。

总之，公司应该根据用户价值的大小，从拜访频率、拓展进度跟踪、上级支持、工作督办以及附加价值等方面制定销售人员的行动计划。

### 3.促销

促销是指企业应用各种短期诱因，鼓励客户购买的活动。燃气公司常见的促销手段有以下几种：

（1）燃气公司进行工程投资。对于一些优质的大型客户，由燃气公司进行工程投资，免费让客户使用，通过销售气量来回收工程款；另外对于一些商铺共用的物业红线内的公共燃气管道，燃气公司可进行整体投资，从而降低末端商户的改造成本；

（2）燃气工程设备租赁。对于一些无力支付工程款的小型用户，可以由燃气公司投资工程费用，在向客户收取气费的同时向客户收取一定数额的工程设备租赁费用；

（3）工程款分期支付。燃气公司出资建设工程，客户分期向燃气公司支付工程款；

（4）对于用气量大的用户，可根据用户用气情况制定有针对性阶梯递减的气价，鼓励用户多用气；

（5）对于连锁用户或信誉较好的用户，可采取减免用气押金的方式来进行促销；

（6）广告促销，在报纸、电视等媒体上定期投放形象广告，将成功使用天然气的案例做详尽宣传，有针对性开展营销活动，还可以联合开发商、工业园区管委会等机构开展一些燃料节能减排等方面的知识讲座。

### 4.分销

燃气公司应该建立多渠道的分销体系，利用多种渠道满足不同客户的需求，扩大市场份额。深圳燃气结合自身的实际情况建立了3种分销渠道：

（1）燃气公司利用自己的客户营销体系，通过销售人员对市场的整体把握，对目标客户实施一对一的销售，项目的洽谈、签约、施工、接驳、供气全过程由燃气公司负责，这是目前燃气公司普遍采用的分销方式；

（2）得益于燃气工程市场的开放性，由具有燃气工程施工资质的施工单位自行开发洽谈项目，在项目施工验收合格后移交给燃气公司进行接驳供气，这种方式可以利用工程施工单位的力量来扩大市场份额，是对燃气公司自身销售体系的有力补充；

（3）与各地产开发商、成片商业区管理单位、工业园区、村委会等第三方管理机构达成开发协议，一次性拓展区域内的工商业客户，这种方式对于比较集中的用户拓展能取到较好的效果。

### 5. 项目建设管理

销售人员与潜在用户达成用气意向后，及时向用户供应燃气就变得非常紧迫，但燃气公司项目建设管理与销售业务的脱节，部门间责任不清、工作推诿，办事流程繁琐等原因，导致工商用户项目的建设周期长，开发效率低，用户体验差，严重时还可能导致已签约的项目流失。项目建设管理是市场开发的最后一步，为避免功亏一篑，燃气公司在项目建设管理方面必须做出如下调整：

（1）在公司内部将销售业务与项目建设管理进行有机结合、无缝对接；

（2）为客户提供一条龙服务，用户达成用气意向到供气点火其间所有手续用户无需主动过问；

（3）销售人员服务延伸至供气点火；

（4）简化内部办事流程，改善客户体验；

（5）争取政府给予工商用户燃气项目建设的政策支持，例如深圳市建设局批复的在已有建筑上安装燃气管道的简化手续；

（6）做好工程项目进度控制，加快燃气工程建设周期；

（7）为重点项目开辟绿色通道。

## 四、结论

燃气行业的蓬勃发展给燃气公司带来机遇的同时也带来了挑战，为了适应市场，燃气公司必须做好转变，一是转变观念，从燃气行业"隶属于建筑行业"的观念转变为"隶属于能源服务业"，二是工作方式的转变，从只重视销售业务转变为营销业务和销售业务并重。做好了这2点燃气公司才能够通过不断满足市场的需求来扩大市场份额，但在开发新客户的同时，还必须重视已有客户的关系维护和潜力挖掘，只有这样才能最终实现燃气公司利益、客户利益与社会利益的最大化。

## 参考文献：

[1] 郭国庆，孙尚传，崔迅．市场营销学（2版）[M]．北京：中国人民大学出版社，2014．

[2] 郝雨风．大客户开发、销售与管理[M]．北京：中国经济出版社，2009．

[3] 虞琴．燃气市场拓展与项目管理相结合的一站式管理[J]．煤气与热力，2010，30（10）：B24-B26

[4] 杨海翔．工商业客户关系维护的探讨[J]．城市燃气，2011，441（11）：39-43

杨海翔

# 天然气管网压力能利用技术发展趋势与展望

## 一、前言

天然气长输管线往往以高压方式输送至城市门站,如"西气东输"和"陕-京二线"等输气压力都达到10MPa,然后经城镇门站和调压场站降压工艺与用气终端匹配。我国管道天然气在调压过程中白白损失大量的压力能,该能量相当于年发电量数百亿kWh级别。传统的降压方式不仅浪费掉蕴含的压力能,还由于急剧降温对管道及设备运行安全构成威胁,采用特定的新工艺和装置进行压力能回收利用,是目前燃气行业的节能新技术,具有消除设备安全隐患、经济节能等优点。该项技术应用到天然气管网中不仅可以解决无电调压场站箱缺电问题,加速城镇燃气智能化建设,还能替代或减少办公场所的市政用电和促进周边冷产业链发展,为企业节能降耗开辟新的能源途径,为节能减排、保护环境做出贡献。

同时,《全国城镇燃气发展"十二五"规划》期间,余热、余压利用工程是我国重点推进的十项节能工程之一,鼓励节能、高效、环保的燃气新技术、新工艺、新产品的开发与研制,为该技术的实施提供了重要契机。

## 二、国内外压力能利用技术研究进展

日本东京电力公司采用高压天然气管网压力能直接膨胀发电利用技术,建设了一座发电能力为7 700 kW的示范站,利用压差发电回收管道压力能已实现产业化。国外开发了高压天然气管网压力能制冷的天然气液化工艺流程。该工艺将来自高压天然气管网的天然气经过透平膨胀机做功驱动液化工艺的电压缩系统压缩机运转,达到节能降耗的目的。

在国内,城镇天然气管网压力能发电技术研究最早始于20世纪60—70年代,采用大型膨胀机回收石炭系气藏的压力能。龙庆晏及其研究人员利用4.0MPa的进口压力,2.0MPa的出口压力,日处理7万~10万 $m^3$ 气流量设计的特制发电机发出电流15A、电压230V、功率3.5kW的电能,其效果相当于当时一台TQ-4-1/230型汽油发电机的供电能力,该技术受一些因素影响未得到推广,但无疑是综合利用气田压力能的途径之一。国内又有研究者提出了一种回收天然气管网压力能的新型燃气-蒸气联合循环系统,主要通过燃气轮机、进气冷却、提高凝汽器真空和排烟余热4个部分来回收天然气能量、提高循环效率和能源的利用率。但该应用需以燃烧天然气为代价,降低了能源综合利用效率。

国内研究学者不断研究不同发电规模的工艺理论,使发电技术更能迎合实际需要。华南理工大学的徐文东教授在城镇天然气管网压力能发电技术上进行了科研攻关和技术攻关,在发电规模和发电性能上均有所突破。徐文东教授研发获得的利用管网压力能发电与制冰和小型天然气管网压力能发电工艺2项专利。同时,国内首个天然气管网压力能利用与发电制冰示范站——留仙洞天然气压力能发电制冰示范站调试成功，该项目由深圳燃气集团与华南理工大学合作，天然气进口压力 4.0MPa，出口压力 1.6MPa，发电功率 200kW，项目总投资 1 000 万左右，年均收益 208 万元。

针对一些无电调压站用电难的问题，北京燃气集团开发了压力能小型（2 ~ 5 kW）、微型（100 ~ 500 W）发电节能新工艺，首次使用了马达作为膨胀设备。该技术通过连轴方式，形成新型马达＋连轴＋发电机的模式，填补了 5 kW 以下的中小功率范围的空白。流体马达发电机组等熵效率在 0.4 左右，机械效率为约 0.7，两者的效率都较低，但是在设计流量（150 Nm³/h）下可发电 2 ~ 3 kW，满足调压站的用电需求，下一步可开展发电上网/并网的工作。该项目是华南理工大学与北京燃气集团合作完成的。

国内外对天然气压力能利用的研究较多，主要集中在天然气压力能用于发电的技术方法较多，或仅仅建设了中试基地，并没有得到普及应用，主要原因如下：

1. 在短期内，国家电力政策难以实质允许将发出来的电直接上网，制约着管网压力能的节能项目开展，需要进一步开发切实可行的新工艺和下游用电方式满足现有的实际需要。

2. 在设备选型、实现设备国产化方面面临很大的困难，采用国外的设备使得一次性投资很大，回收期较长，且关键技术受他人制约，需在开发新工艺的同时，充分集合我国现有设备最新研究成果，共同研究这一问题。

3. 缺少企业目前所需的新工艺研发。目前的工艺研发很少涉及天然气公司内部消耗的电力节能，开发新的工艺很少，在企业自身所需和国家大力发展节能减排政策的基础，大力开展天然气管网压力能用于发电节能技术研究是十分紧迫和具有重要现实意义的事情，具有战略高度。

总体而言，尽管压力能利用方面的理论研究较多，但实际工程应用现状并不乐观。为了落实国家余压余热合理利用的政策，建立多级制压力能示范项目，推动城镇燃气智能管网建设，解决缺电、少电问题，为节能环保贡献力量，推动该节能技术的快速推广。

## 三、天然气压力能利用潜能分析

天然气管网的压力远高于用户终端所需的压力，天然气在降压过程中蕴藏着大量的压力能，因此，该过程中存在着巨大的能量损失。如果能回收天然气管网压力能，将能够有效地提高能源利用率，提高管网的运行经济性。

为了科学、准确地分析天然气管网中可利用的压力能，采用热力学㶲分析法进行分析评价。将天然气管网看成一个开口系统，利用㶲分析法计算推导出天然气压力比㶲 $e_{x,p}$ 的计算公式为：

$$e_{x,p} = T_0 R \ln \frac{p_0}{p} \tag{1}$$

式中，$e_{x,p}$——天然气比压力㶲，kJ/kg；

$T_0$——环境温度，K；

$R$——气体常数，kJ/(kg·K)；

$p_0$——环境绝对压力，MPa；

$p$——天然气管网的绝对压力，MPa。

高压天然气经膨胀机降压，可将压力㶲转换成机械功和冷㶲加以回收利用。高压天然气在膨胀机中膨胀产生机械功的计算式为：

$$W = \rho \times c_p \times T \times [1-(\frac{p_2}{p_1})^{\frac{k-1}{k}}]\eta_T \eta_g \qquad (2)$$

式中，$W$——机械功，kJ/kg；
　　　$\rho$——天然气密度（kg/m³）；
　　　$c_p$——天然气质量等压比热容，kJ/（kg·K）；
　　　$T$——天然气入口温度，K；
　　　$p_1$——膨胀机进口绝对压力，MPa；
　　　$p_2$——膨胀机出口绝对压力，MPa；
　　　$k$——天然气绝热指数，取 1.309；
　　　$\eta_T$——等熵膨胀效率；
　　　$\eta_g$——发电机效率。

天然气膨胀后冷㶲可由式（3）计算出：

$$e_{x,T} = c_p(T_0-T) - c_p T_0 \ln\frac{T_0}{T} \qquad (3)$$

式中，$e_{x,T}$——天然气比冷㶲，kJ/kg；
　　　$T$——膨胀后天然气温度，K；
　　　$T_0$——基准态温度，一般取 298.15K。

计算中取环境压力为 0.1MPa，环境温度为 25℃（298.15K），膨胀机以透平膨胀机为例（$\eta_T$ 按 0.8，$\eta_g$ 按 0.9 来计）。若管道中天然气压力为 10MPa，经膨胀机降压至不同终端用户压力时，天然气可利用的压力㶲、膨胀设备产生的机械功和冷㶲如图 1 所示。

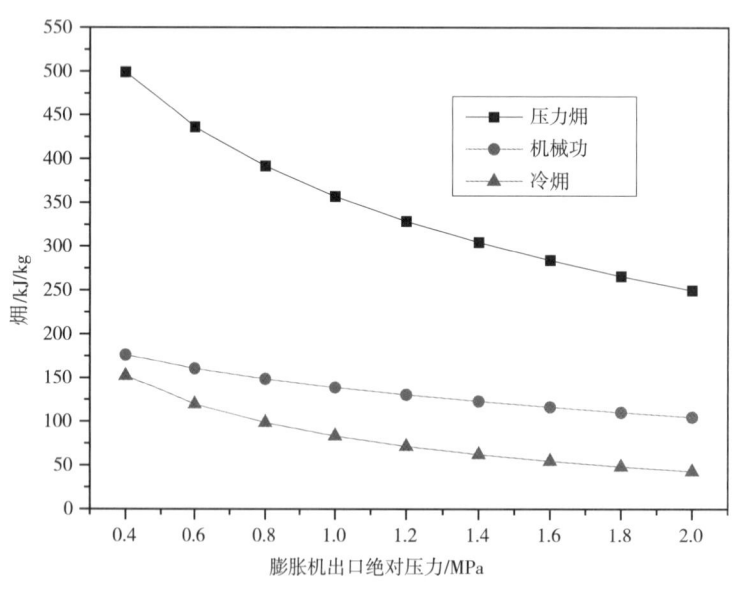

图 1　天然气可利用的压力㶲与直接膨胀产生的机械能和冷㶲关系

由图 1 可得，压力为 10 MPa 的天然气，出口为 0.4MPa 时，可以利用的压力㶲约 500 kJ/kg，机械功约 175 kJ/kg，冷㶲约 150 kJ/kg。从总体来看，膨胀机出口压力或下游压力需求越低可回收的机械功和冷㶲越多，且压力㶲经膨胀机膨胀后转换的机械功大于冷㶲。

以北京市燃气集团工况为例进行分析，北京燃气集团高压分公司管辖内的调压站达 99 个，根据不同的运行工况，城镇压力分为 7 个等级压力级制，对应的压力如表 1。

| | 压力级制分类 | | | | | | 表 1 |
|---|---|---|---|---|---|---|---|
| 设计压力级制 | 高压 A | 高压 B | 次高 A | 次高 B | 中压 A | 中压 B | 低压 |
| 压力 MPa 进口压力 | 4 | 2.5 | 1.6 | 0.8 | 0.4 | 0.2 | |
| 压力 MPa 出口压力 | 2.5 | 1.6 | 0.8 | 0.4 | 0.2 | 0.01 | 0.01 |

北京市天然气管网压力能潜力（以电力形式核算）估算主要分为 3 部分：设计工况压力能模拟计算（期望值）、瞬时压力能模拟计算、典型调压站实地调研计算。2015 年北京燃气供应量达到了 138.49 亿 $m^3$，根据运行工况，若将该部分压力能回收用于发电，每个所部可发的电力分布图如图 2 所示。根据压力流量工况核算，结果如图 3 所示：北京燃气集团高压分公司调压站压力能利用潜力期望值可达 16 亿 kWh/a，实际可利用的瞬时工况压力值为 12.29 亿 kWh/a，实地调研可利用值为 1.85 亿 kWh/a。

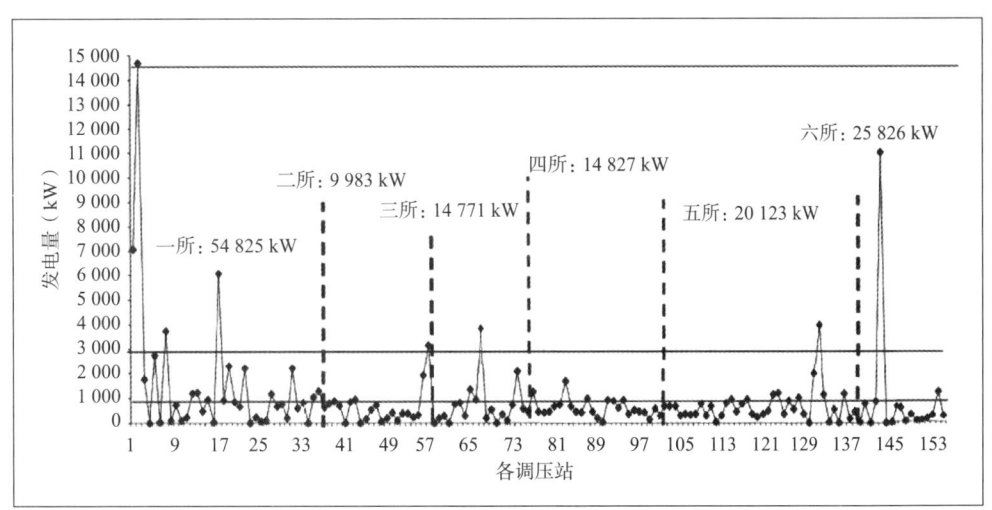

图 2　实际工况下北京燃气 99 个调压站发电量图

## 四、天然气管网压力能利用技术及应用前景

### （一）天然气管网大型压力能利用技术

天然气大型压力能利用技术中天然气降压前后压力差较大，发电功率为 100～1000kW，发出电力可供场站大型耗电设备，例如，CNG 加压站加压工艺终端用户，在 CNG 加压站的能源供应和使用情况存在以下问题：1. 压缩天然气生产量受供电系统缺口制约，影响 CNG 站的设计生产能力；2. 电力能源消耗以及碳排放量均高于一般能耗企业，不符合国家节能减排的要求。大型压力能利用技术可以有效地解决以上问题，同时，发出的电力可以实现上网 / 并网，一方面与终端用户无缝衔接，另一方面与原有电力系统较好地匹配。

天然气在膨胀发电过程中是一个降压降温的过程，压力将用于驱动发电机发电，降压过程实现了天然气的调压功能；同时，过程中产生的急剧低温易造成管道、阀门及其他设备发生冻堵、冻胀及脆化等问题，因此，需要将低温天然气回温后再输送至下游管网。若周边冷产业链比较发达，例如，制冰、冷库、空分、液化及工艺设备冷却系统等，则可以考虑综合利用该部分冷能，提高能源利用率；若周边冷产业链发展薄弱，可以考虑空温式换热将低温天然气升温。

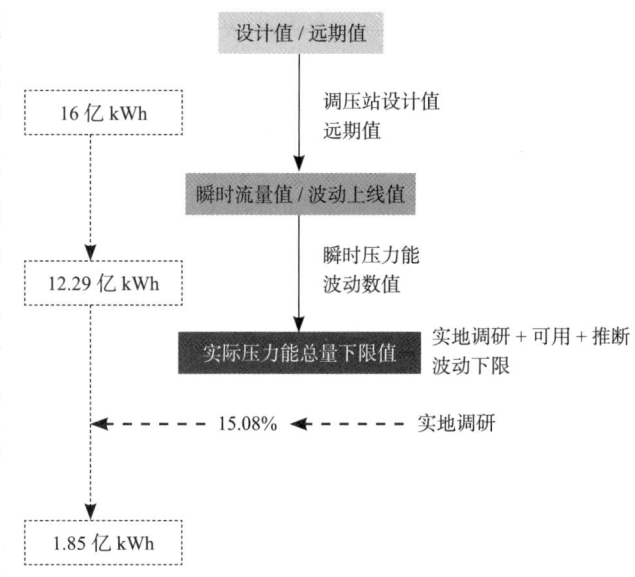

图3 北京地区天然气压力能发电潜能计算结果

大型压力能综合利用技术适用于以下工况：

1. 调压站压差较大，一般适用于高压（1.6～4.0 MPa）、次高压（0.4～1.6 MPa）压力级制的调压工况，膨胀比3.0以上；

2. 场站或周边有大型用电设备，或电力上网/并网便捷；

3. 周边冷产业链发达。

大型压力能综合利用技术中压力回收设备一般采用透平膨胀机，其特点是转速高（一般每分钟上万转）、体积小、重量轻、易损件少、维修工作量小等，但该种膨胀机出口带液，因此，透平式膨胀机必须解决带液叶轮的一系列困难问题，适宜于大流量和高中压力的流体。冷能回收装置主要设备有换热器、压缩机、泵及用冷终端用户装置（制冰机、冷库等）。

## （二）天然气管网中型压力能利用技术

天然气中型压力能利用技术中发电功率一般为10～100 kW，发出电力一方面供场站内自身监控、照明及远传等，另一方面可供场站周边锅炉、空调、办公楼用电、路灯、充电桩等终端用户。发出电力可以实现直流交流间逆变转化和电力上网/并网。

在中型压力能利用技术中，天然气在膨胀过程中产生的冷能，可根据实际情况，设计相应的回温装置或直接空温换热。相对于大型压力能综合利用技术，该技术过程中压力差稍小，温降也较小，因此，冷能仅考虑用于场站工艺降温或办公空调等。

中型压力能综合利用技术适用于以下工况：

1. 调压站压差适中，一般适用于次高压（0.4～1.6 MPa）压力级制，膨胀比2.0～3.5之间；

2. 场站或周边有大型用电设备。该型号综合利用技术可以进行调压站技术改造，结合现有场站周边特点，对现有用电设备进行用电革新，比如取代现有燃气锅炉，该项目的数量估计数十个，根本上减少燃气和煤的损耗；同时也可开展为提高燃气耐寒性能的压力能燃气升温项目，从根本上解决因燃气低温而发生的管道破裂等情况。

中型压力能综合利用技术中压力回收设备一般采用螺杆膨胀机，由于螺杆膨胀机间隙密封，从而具有透平膨胀机和活塞膨胀机均不具有的独特优点，即对进气为含有液滴的湿蒸汽有良好的适应性。当进气为湿蒸汽时，液滴有助于密封。螺杆膨胀机可作为全流膨胀机使用，即工作介质的进气口状态不仅可为干蒸汽，也可为二相流体或全液体。在螺杆膨胀机中，高压介质直接作用在转子齿面上，因而有近似于直流电机启动时的转矩特性，即能进行重负荷启动。螺杆膨胀机转速较低，一般约为同容量透平膨胀机的1/10左右，因而可不通过减速装置而直接驱动发电机或其他低速耗能机械，且轴封效果好，寿命长。冷能回收装置主要设备有换热器、压缩机、泵及用冷终端用户装置（制冰机、冷库等）。

### （三）天然气管网小型压力能利用技术

部分天然气调压站地处偏远地带或城市孤岛区域，因牵拉市电不便或增容费用高昂，处于无电状态，致使场站监控等无法正常工作，增加了场站安全隐患。该类型调压站一般需电 2 ~ 3 kW。天然气小型压力能利用技术一般是采用中压调压压力级制，额定发电功率一般为 5 ~ 10 kW，产生电力主要供给场站照明、防爆风机、伴热、远传自控及办公照明等。

在小型压力能利用技术中，天然气在膨胀过程中压降和温降均较小，电力供场站自身所用，低温燃气经过简单的回温装置和管道与大地换热即可达到规范要求的管道输送温度。

小型压力能综合利用技术适用于以下工况：

1. 调压站压差不大，压力差在 0.3 ~ 1.0 MPa；
2. 场站自身用电困难。

小型压力能利用技术中膨胀设备一般采用马达，通过连轴方式，形成新型马达+连轴+发电机的模式，填补了 5 kW 以下的中小功率范围的空白。新型马达具有无油结构、低转速、高扭矩、低能耗、低成本、寿命长、易维护、体积小、重量轻等多项技术优势，最大特点实现全流体（气体/液体/油/含杂质的混合流体）/全压力（0.02 ~ 10 MPa）/全功率（1 ~ 1000 kW）。

### （四）天然气管网微型压力能利用技术

大多数的天然气调压箱（柜）处于无电状态，造成无法进行全面监控，是燃气智能化发展的"瓶颈"，因此，急需新的方式根本性地解决这一难题。调压箱（柜）存在用电量小的特点，自身需电仅几百瓦，可以将天然气管网微型压力能利用技术植入至传统调压箱（柜）中，利用自身的压力差发电来解决自身电力所需。

应用微型压力能利用技术，可开发天然气智能调压发电箱（柜）和管道内置发电装置2种型号装置，适合采用转速低的马达作为压力能回收核心部件。其中，管道内置发电装置是利用管道中流动动能或压力带动小叶片，驱动小马达发出电力，发出的电力供给管道上需电量不大的设备（几十瓦至几百瓦）。

微型压力能综合利用技术适用于以下工况：

1. 无电调压箱；
2. 需电量较小、安装位置较小的管道或工况环境等。

调压箱（柜）缺电状况非常普遍，造成了调压过程中的信号无法上传到调度中心，无法在第一时间进行调压箱（柜）的故障处理。将压力能发电技术植入调压箱内，仅需对于原有调压系统技术改造增加约 10% 的资金投入，即可满足调压箱自身供电需求，传统调压箱与智能调压箱对比如表2所示。在传统调压箱中植入压力能发电机组，将会促进智能管网的建设，是今后的一个重要趋势。

传统调压箱与智能调压发电箱对比表　　　　　　表2

| | 传统调压箱 | 智能调压发电箱 | 备注 |
|---|---|---|---|
| 体积/m³ | A | A | 不同型号调压箱A值不同 |
| 造价/元 | B | 1.1B | 不同型号调压箱B值不同 |
| 装置功能 | 调压 | 调压+发电 | |

## 五、压力能利用技术效益分析（以北京市燃气集团为例）

新型天然气压力能利用技术应用，不仅可以解决天然气生产运营中无电调压场站/调压箱用电难题，节省昂贵的市电费用和省去复杂的审批手续，而且可以为周边冷产业链提供所需冷能，增加技术应用范围。新型天然气压力能利用技术具有灵活、可控、投资较小等优点。该技术是一项节能新技术，符合国家节能减排政策，给实际生产带来一定的经济效益、社会效益和管理效益等。

### （一）管理效益

#### 1. 解决场站无电难题，实现场站监控覆盖率

压力能利用技术的实施给无电场站提供了电力支持，解决了燃气场站因无电造成的无法进行数据采集、监控及远传等问题，提高场站监控覆盖率，及早发现燃气泄漏及运行异常现象，为场站安全运营提供了保障。

#### 2. 提高精细化管理水平

因无电力，场站的电控仪器、数据采集、远传监控等都无法实现，以上工作需要人工完成，严重影响了调度中心对瞬时工况运行情况的把握。该创新成果的实施给场站提供了电力，解决了以上普遍难题，实现了运行工况与调度中心无缝衔接，使得调度中心可以看到每个工况下实时的运行状态，提高了燃气精细化管理水平。

#### 3. 无人值守，大大减少人力投入

天然气压力能发电装置实现智能控制，可与北京市燃气集团调度中心SCADA、GIS系统关联，实现无人值守（降低人力投入）、高覆盖率监控，提高运行维护效率，及时发现问题，预防事故发生，从而保障燃气管网的安全稳定运行。

#### 4. 促进"燃气智能管网"和"燃气+互联网"的发展

随着城市燃气发展进入黄金时期，燃气用户持续增长，管网规模迅速扩张，使得燃气企业面临传统技术和管理方式难以解决的新课题。因此，北京燃气集团在行业内率先提出了"燃气智能管网"的概念，但燃气智能管网要求实时得到生产运行信息，因此必须实现生产运营精细化、数字化。但部分场站处于偏远地区或城市孤岛区域运行，处于无电状态，严重限制了"燃气+互联网"的发展，延缓了"智能燃气网"的实现进程。压力能发电技术的应用，解决了场站无电现状，为燃气智能管网的建设奠定坚实的必要基础。

## （二）经济效益

**1. 自给自足，减少高昂的电力增容费和安装费**

天然气场站一般处于偏远地区或城市孤岛区域运行，牵拉市电需要高昂的增容费和设备安装费用；压力能利用项目安设于场站或调压站，仅利用场站自身存在的天然气压力能进行发电。微小型压力能发电项目仅需要前期设备的少量投入，即可实现自给自足，区域供电。

**2. 节能降耗，增加经济收入**

压力能利用项目的实施节约了 1 000 万左右的电力增容费和安装费用；小型压力能发电技术（以发电规格 5 kW 为例）的实施仅需 100 ~ 200 万的一次性固定投资，即可每年节电 43 800kWh，电价按照 0.85 元 /kWh 来计，合人民币 37 230 元。

若开发大型的天然气管网压力能发电项目，将具有更可观的经济效益：以日处理 50 万 $m^3$ 的门站为例，压力从 4.0 MPa 降至 0.4 MPa，压力能损失约 3 561 kWh，若将过程中压力能充分利用，电力部分产生直接经济效益 2 652 万元；过程中产生冷能功率约 926 kW，若用冷能用于制冰（COP=2），则可节电 463 kWh，年节电经济效益达 604 万元，则电力总的年经济效益达 3 256 万元。

经粗略计算，如果在北京市范围内按照上述计划全面推广燃气管网压力能发电节能技术，需投资设备及安装费用 10.2 亿元，年总发电量可达 2.84 亿 kWh，每年可节省电费 4.25 亿元，扣除设备折旧费（按使用年限 20 年计算）0.51 亿元 /a、设备维护运行费（按设备总值的 10% 计算）1.02 亿元 /a，即全年净收益为 2.72 亿元，约 3.8 年可收回全部投资，经济效益十分显著。

## （三）社会效益

**1. 充分利用蕴含的能量，解决企业急需电力难题，营造企业安全生产环境**

天然气是一种优质、清洁的能源。天然气管网业务不断增大，在对天然气调压输送的过程中蕴含着巨大的压力能。回收高压天然气蕴含的压力能发电解决了天然气场站内用电难题，便于场站数据采集与监控远传，使得及早监控和采取措施，将安全隐患扼杀于萌芽状态。压力能发电项目的实施不仅拓展了天然气产业的多元化发展，而且保证了城市能源的可靠供应，提高天然气利用率，对于保障城市能源供应、提高供气运行管理水平、集约利用城市资源、改善投资环境、调整城市能源结构和保证经济可持续发展具有重要意义。

**2. 压力能回收利用项目，节能降耗，减少碳排放和 PM2.5**

天然气工程本身是节能工程。利用天然气作为城市能源，在提高居民生活和工业生产上的热能有效利用方面具有重要的意义。随着能耗的不断增长，集团即将成为北京市能耗重点单位，同时将面临政府能耗审计部门的严格检查和强制性的节能减排，为此节能减排工作已经受到领导高度重视，列入集团公司的重点工作。

就北京市燃气集团而言，如果按照上述计划全面推广天然气管网压力能发电节能技术，年总发电量可达 2.84 亿 kWh，可折算为标煤约 35 500t。该项目的实施将减少碳排放，减少温室效应，降低 PM2.5 和雾霾恶劣天气的出现，为首都蓝天做出巨大贡献。

**3. 天然气管网压力能利用新工艺皆是科技创新项目，具有重要示范意义**

在保证供气稳定的前提下回收了天然气蕴含的能量，并且工艺流程简单易操作，带来可观的经济效益，响应了国家关于节能减排、余压余热回收的号召，社会可行性高。可在全国范围内推广，具有很强的社会效益和企业示范作用；可申请国家技术创新奖项，提高公司知名度；若该项目在全国范围内推广，具有很强的社会效益和企业示范作用。

## 六、结语

天然气压力能利用技术的应用可以创造良好的经济效益和社会效益，提高精细化管理水平。该技术将有利于开展天然气节能减排工作，提高燃气管网智能化水平，解决企业共性问题，带动行业的健康可持续发展，树立行业科技创新典范。与此同时，天然气管网压力能利用技术是一项节能环保、余压余热回收利用工程，国家在政策层面是给予支持和鼓励的。总之，天然气管网压力能利用技术在天然气运营生产过程和促进冷产业发展方面有着较强的实用和推广价值。

李夏喜、张辉、王一君

# 能源互联网与燃气 + 互联网

## 一、"互联网 +" 的背景与本质

所谓"互联网 +"就是指以互联网为主的一整套信息技术（包括移动互联网、云计算、大数据技术等）在经济、社会生活各部门的扩散、应用过程。互联网作为一种通用目的技术和 100 年前的电力技术，200 年前的蒸汽机技术一样，将对人类经济社会产生巨大、深远而广泛的影响。

"互联网 +"的本质是传统产业的在线化、数据化。无论网络零售、在线批发、跨境电商还是快的打车，所做的工作都是努力实现交易的在线化。只有商品、人和交易行为迁移到互联网上，才能实现"在线化"；只有"在线"才能形成"活的"数据，随时被调用和挖掘。在线化的数据流动性最强，不会像以往一样仅仅封闭在某个部门或企业内部。在线数据随时可以在产业上下游、协作主体之间以最低的成本流动和交换。

"互联网 +"的前提是互联网作为一种基础设施的广泛应用。英国演化经济学家卡萝塔·佩蕾丝认为，每一次大的技术革命都形成了与其相适应的技术—经济范式。这个过程会经历 2 个阶段：第一阶段是新兴产业的兴起和新基础设施的广泛应用；第二个阶段是各行各业应用的蓬勃发展和收获。中国迄今已经有 6.5 亿网民，5 亿的智能手机用户，通信网络的进步，互联网、智能手机、智能芯片在企业、人群和物体中的广泛应用，为"互联网 +"奠定了坚实的基础。

"互联网 +"的过程也是传统产业转型升级的过程。在企业价值链层面上，表现为环节的互联网化：从消费者在线开始，到广告营销、零售、到批发和分销，再到生产制造、一直追溯到上游的能源和原材料生产。从产业层面看，表现为产业的互联网化：从广告传媒业、零售业到批发市场，再到能源生产和输送。

## 二、能源互联网的理解

党的十八大提出要进行能源革命，即从能源的消费供给技术和体制都要进行革命，再到中央提出"互联网 +"行动。应该说，在其他领域"互联网 +"已经获得很大成功，能源行业"互联网 +"是否可以再创奇迹？商业模式和技术固然重要，但是最为关键的还是思维。能源互联应该借鉴互联网成功经验，首先从思维、精神、文化来进行创新，根本依赖于能源体制革命，交易机制和价格形成机制的创新。

目前在英国，天然气销售市场已经实现完全放开，市场有不同的主体，天然气既可以单独销售，也可以和电力一起销售，在零售领域甚至可以在超市、银行进行销售。普通用户可以自由选择供应商，在网上输入家庭住址、消费习惯，马上可以生成不同的天然气供应商、销售商，根据需要随时更改。东京燃气也推出类似的解决方案，给用户进行选择的套餐服务，这些案例都为我国能源互联网的商业模式和机制改革提供了信心和经验。

对于中国的能源产业来说，我们需要借鉴信息互联网的成功经验，借鉴国外天然气市场改革的经验，提出 B2B、B2C、C2C 等不同类型的商业化模式，并交由市场做决定。政府的职责是出台政策法规，提供良好的生态环境，吸引更多的参与者进入能源产业，共同打造新的基于互联网的商业模式。

## 三、"互联网+"对城市燃气行业的影响

作为传统市政公用行业典型代表之一的城市燃气，给予公众的印象往往是提供燃气产品（自身不生产产品）、销售燃气器具和提供查表、维修以及设施维护服务。在市政公用事业的行业壁垒逐渐降低，行业垄断面临被打破的今天，随着互联网渗透到社会各行各业，在以下3个方面，将给燃气行业带来影响。

### （一）服务领域

未来，城市燃气服务领域中最应该关注的就是用户的需求和体验。其实，"互联网+"兴起的原因很多，非常值得关注的是消费群体更替与互联网发展形成的互动。新一代的消费者习惯是随时随地无需见面的网上办事、交易、评价，而微信、支付宝这些平台正不遗余力地推动跨行业、跨领域的全方位接口导入。需求拉动服务，服务引导需求，"互联网"+兴起的核心基础就在于此。当前社会消费主体已经逐步转向80后、90后，乃至即将步入成年的00后，即对电子产品和网络应用的适应度远高于在信息技术普及前成长的群体。

目前，城市燃气行业多数仍在沿用过去的"坐商"方式，提供有限的主动服务，更多的是被动式服务，这些服务的效果可想而知。而互联网的进入，将极大改变城市燃气行业的服务现状，甚至会形成创新性的颠覆。借助互联网，可以将城市燃气既有的线下的服务业务放到线上，还可以拓展新型线上业务，通过建立 APP 的方式，提供包括当地新闻和交通、国内外天然气价格信息、节能小贴士、照片抄表、电子账单、用气分析等内容，甚至还可以逐渐延伸到家庭能源管理系统 HEMS 和工商业节能方案等方面。当然，应该引起我们注意的是应当逐渐减少建设营业厅、收费站等实体设施的投资，而是把钱更多地花在服务器扩容、APP 研发、线上推广、自助终端配置上。

### （二）管理领域

互联网将给燃气企业以及其他能源企业提供新的管理手段，实现价值创造。因为燃气大数据的接入、实时交互，将会使燃气的生产和消费的效率大幅提升。而且，燃气企业还可以以自己掌握的大量家庭能耗数据为基础，整合行为科学理论、房龄信息、周边天气等，运用自己的软件系统进行用能分析，建立家庭耗能档案，并通过综合分析提出节能建议。

同时，互联网还会促使2个市场的发育，一个是资产交易市场，很多燃气企业、发电企业，甚至提供能源服务的企业，都可以借助互联网的数据和平台的支持，交易他们的资产和能源产品；另外一个市场就是燃气本身的交易市场，互联网平台的建立将会极大地促进国家正在推进的上海天然气交易中心的建设，不难想象，进口液化天然气、管道气以及国产常规、非常规天然气在不远的将来都可以在互联网上进行交易。

### （三）智能领域

管网方面，燃气企业通过管道设施为用户提供产品，管网不仅是燃气输送和优化资源配置的载体，燃气管网更关系到千家万户的安全，而现阶段，城市燃气行业的管道运营和调度大部分仍然在沿用传统的方式，管道安全隐患频频出现，生产运行、应急作业、资产管理等都存在各自独立的系统，数据缺乏共享，流程彼此分割，不利于对异常、事故、作业等管理过程进行闭环的跟踪和管理。智能管网将管网的物理运行与商业运作紧密结合，在保障管网安全、高效运行的同时，将管网输配利润最大化，实现企业降低成本增加效益。

在线支付方面，智能移动终端的普及和信息安全技术的发展，将使在线支付高度便利化和虚拟化，不再依托于储值卡、专用账户或POS机，与通过手机随时随地操作的支付相比，城市燃气传统的账单缴费、网点代收、专户扣款在便利性上的劣势不言而喻。

## 四、"燃气＋互联网"关键是要改变思维模式

互联网思维的核心就是用户思维，产品设计、用户体验和口碑传播等，这些都离不开用户的参与。能源互联网打破了传统能源行业的信息不对称，使得信息更加透明化，能源消费者获得更大的话语权。

对于燃气行业来说，管网输配技术、分布式能源技术、智能燃气表技术、远程调控技术和物联网等基础技术已经趋于成熟。然而，技术仅仅是建设"燃气＋互联网"的必要硬件。在"互联网＋"时代，比硬件更重要的是软件，燃气企业的思维模式要基于互联网实践进行重新构建。燃气行业要走"互联网＋"的道路，关键在于走好思维转换这一步。

能源互联网给全社会带来的深远影响主要来自于思维方式的变革。其核心是"连接"，能源消费者与能源供应企业之间、管网企业与能源消费者之间、配套服务企业与能源消费者之间都是连接的。能源企业的商业模式、研发模式、服务模式等，都必须以互联网的特征来进行重构。因此，从这个意义上来讲，燃气互联网不是简单的"燃气＋互联网"，不是仅仅把互联网作为工具。重构燃气企业的思维模式是最重要的，因为思维决定了行动和方向。未来，燃气企业实施"互联网＋"，必须要在以下6个思维模式上有所变革。

### （一）用户思维

用户思维是能源互联网的核心。其他行业早就开始以用户为中心重构企业战略，但是燃气企业习惯了"坐商"方式，即使在竞争激烈的燃气市场，以用户为中心也往往被异化成以价格为中心。而真正的用户思维，要求燃气企业在价值链各个环节中真正"以用户为中心"去考虑问题，企业的商业价值必须要建立在用户价值之上。例如，燃气企业为用户提供高质量的交钥匙项目已经不够，还要考虑大部分用户的非燃气需求以及用户的使用习惯等，为用户提供更多个性化的服务，让用户能够放心用气、省心管理，这样才算成功做到用户思维。

### （二）极致思维

极致思维就是把产品、服务以及用户体验都做到极致，不要忽视任何一个消费者，不要忽视任何一项不起眼的需求。极致思维重在把握用户的微小需求，并尽可能提供超越用户预期的服务。我

们不能用传统思路的二八定律（即很少量的重要用户能带来绝大部分的收入和利润）来做"燃气+互联网"，而是要使用"长尾效应"。传统燃气企业往往对大用户（工业、电厂）提供的服务较好，而对一般用户（居民、商业）的服务并不到位。但是，"燃气+互联网"就能把数量庞大的普通用户聚集起来，大量的普通用户都可以在平台上找到他们中意的产品和服务，这样即使单笔销量不大，总数却是一个让人叹为观止的数量。比如在纽交所上市的Opower公司，通过互联网交互平台分析家庭电费账单，帮助家庭用户节省生活中不经意浪费的能源。同工商业的能耗相比，家庭节能省不了多少钱，但Opower公司极致服务肯定会成为吸引家庭用户购买其增值服务的重要手段。

### （三）大数据思维

在互联网和大数据时代，用户所产生的庞大数据量使企业能够深入了解"每一个人"，而不是"目标人群"。因此，数据挖掘和分析能力至关重要，基于大数据分析，燃气企业可以做到对消费者的深入洞察，提供精准的服务和营销，获得科学的管理决策能力，使资产的效能最大化。此外，借助大数据技术，燃气企业可以更有针对性地管理城市门站、调压站甚至管道截门等设备组件，做到精益用能；依赖大数据预测，燃气企业还可以精细管理和调度天然气，实现资源的精益利用。而这些消费数据，除了燃气企业使用以外，还可以向政府、其他企业出售来进行变现。

### （四）平台思维

互联网的平台思维就是开放、共享、共赢的思维。燃气行业最大的平台其实就是网络，由于网络的公共属性所限，导致平台思维反而较弱。将来燃气行业的竞争，一定是平台之间的竞争，甚至是生态圈之争，因为平台模式的精髓就在于打造一个多主体、共赢互利的生态圈。

### （五）流量思维

流量即金钱，流量即入口。互联网企业一般不向用户直接收费，而是使用免费策略争取和锁定用户。免费是一种营销手段，但绝不是一种商业模式，免费战略的核心在于如何将流量变现。"燃气+互联网"应用流量思维可以有3种方式，首先是基础服务免费，增值服务收费；其次是短期服务免费，长期服务收费；最后是用户免费，第三方收费。事实上，国内有些能源企业已经将这3种模式应用于市场。例如，有的风电企业就通过免费的风机建站模拟服务吸引客户，再通过销售运维服务变现；还有的光伏电站运维企业，向电站客户提供免费的数据监测服务，并将数据报告出售给有电站融资和交易需求的银行、保险公司等金融机构变现。

### （六）跨界思维

随着互联网技术的发展，物理与虚拟世界逐渐融合，不同行业之间的边界变得模糊。零售、金融、媒体等行业早已互联网化，而制造业、公用事业、能源等传统行业也正在迅速被互联网融合，能源行业内部的跨界经营并不少见。例如，华电正在从传统的火电企业转化为综合性能源供应和服务型企业，华为也正在从事光伏电站运维业务，新奥燃气和华润燃气正在进入售电领域。未来类似的跨界还会越来越多，燃气企业如果不主动参与融合过程，就很有可能被其他行业的优势企业所整合。不仅如此，燃气企业也不能局限于自己的圈子，有理想的企业家应该勇于跳出燃气行业自身，基于客户或者基于产品实施跨界。

在"新常态"下,要求燃气企业在更高层面上来实现"以用户为中心",不是简单地听消费者需求、解决消费者的问题,更重要的是让消费者也参与到能源生产消费链条的每一个环节中,让消费者能够自主选择所用燃气来源,并且允许消费者不仅消费燃气,还能利用自家的分布式系统生产其他能源,并且销售这些能源,打造一个开放的生态体系,吸引更多的参与者进入能源价值链,就像互联网行业一样,汇集全社会的智慧,只有这样,燃气企业才能和用户共同赢得未来。

吕淼、彭知军

# 中国天然气电子商务市场发展现状与展望

## 一、中国天然气电子商务市场发展现状

中国天然气电子商务市场的发展是随着中国天然气市场化进程不断发展起来的，2010年12月上海石油交易所利用位于上海五号沟码头的上海申能LNG接收站和储库，推出了中国第一个LNG现货竞买交易合同，成为中国第一家市场化的天然气电子交易平台；之后在国家发改委、国家能源局指导，股东单位（中石油、中海油）大力支持下，先后开展了迎峰度冬、调峰度夏等专场活动，对调配资源、开放管道、保障供应进行了有益的尝试和创新。2013年年底，宁波大宗商品交易所以中海油宁波北仑接收站储库为交割点的LNG现货递延交易也正式推出，2014年，由LNG设备厂商富瑞特装投资的云顶科技以"物联网＋电商"为卖点推出LNG在线交易，2015年，随着互联网＋逐渐向细分行业渗透和LNG市场供需形式转换，以LNG为主要交易方式的电商平台呈井喷之势爆发，气头网、液市网、麦安集等数十家电商平台纷纷涌现，以2015年7月1日上海石油天然气交易中心试运营和9月19日好气网上线成为2015年整个天然气电商平台的标志性事件，初步形成了以前者为代表的国家级交易平台和以后者为代表的民营投资现货交易平台2大阵营。

### （一）天然气电子商务平台特点

目前出现的天然气电商平台具有以下特点，并与中国天然气市场的政策环境、市场成熟度、可借鉴的商业模式紧密相关。

1.交易品种选择了市场化程度较高的LNG作为交易品种进行探索和尝试，以公路槽车批发为主要交割方式。

在中国天然气市场结构中，LNG槽车批发是最为市场化的业务，具有供应来源多、用户分布广、价格变动频繁、竞争激烈、管制成本高、没有中间储存环节直接到达终端用户等特点，2015年市场约1 000万t（140亿$m^3$），虽然整体市场规模不大，仅占中国天然气消费7%，但由于准入门槛低、市场管制少、参与主体众多而带来的灵活性和创新性，远超过主流地位的管道气市场。

2.改变了过去以欧美市场为对标的交易所模式，普遍借鉴中国消费互联网成功经验，以交易撮合为主要手段，通过免费服务和补贴吸引用户上线，但是缺乏成熟的盈利方法。

中国天然气行业真正的市场化发展是在1999到2003年期间，随着城市公用事业改革和西气东输一线正式通气开始的，各项政策出台和技术规范的制定基本上是参考欧美市场20世纪50~80年代的发展历程和成熟经验，但无论是天然气覆盖范围还是基础设施建设都离发达国家水平相去甚远，而且中国幅员辽阔，各地区资源禀赋和产业消费结构差异明显，很难通过设立统一交割点和标准合约满足市场的多样化需求，因此现阶段，作为市场高级形态的交易所模式并不适合中国现阶段天然气行业发展水平；相反，通过互联网工具搭建信息平台，建设网上商城，具有覆盖范围广、无时间空间限制，多对多灵活交易等特点，正好契合现阶段市场特点和用户需求，得到较快发展。但目前各类天然气电

商平台发展水平较低，仅具备较为完善的供求信息发布功能，集合完整交易撮合、物流配送、清算支付等电子交易平台还有待完善，并没有体现出比现有面对面交易模式+QQ、微信社交沟通+资讯机构信息订阅组合有更大的优势，被行业内广泛认可和接受的新商业模式还需要被实践检验。

3. 产业互联网的搭建和完善是一个长期而细致的系统性工程，不仅仅是消费互联网的简单复制和概念口号的提出，还需要有对天然气行业的深刻理解和整合多方面资源的能力，天然气电商平台的建立需要创新的眼界和勇气，也需要开放的高度和胸怀。

目前上海石油天然气交易中心集合了三大油、五大燃气公司和新华社主要力量，得到国家发改委和能源局的官方认可，希望在天然气价格改革，争夺天然气定价话语权上发挥作用，责任重大，但限于体制原因，不能及时应对市场变化，决策效率不高；而众多层出不穷的民间天然气电商平台，出于各种商业目的和实力所限，更多以造概念、博眼球为吸引投资的主要手段，跟风明显。

### （二）天然气电子商务平台现状

天然气交易市场是天然气市场化改革，实现市场竞争定价的必然结果，国家天然气相关政策、天然气基础设施完善和第三方公平开放，天然气资源的多元化供应、交易模式的多形态发展以及供求关系由紧到松，都为推进中国天然气市场化改革创造了必要条件。而国家大力推行的"互联网+智慧能源"的行动计划，更是推动互联网由消费领域向生产领域拓展，加速提升产业发展水平，增强各行业创新能力，构筑经济社会发展新优势和新动能的重要举措。它通过将移动互联网、云计算、大数据、物联网等与天然气行业深度融合，促进电子商务、产业互联网和互联网金融（ITFIN）健康发展，引导天然气利用在中国能源生产和消费体系中达到一个新水平，实现《能源发展战略行动计划2014—2020》中提出的"天然气占一次能源消费比重10%以上"的战略目标。中国天然气电子商务的发展也要在这个大背景下，吃透把握国家政策导向，认真分析技术更新潮流，研究引导客户消费行为，稳步推进基础设施建设，大胆引入国际和行业外先进经验和技术，跨界融合，积极创新，合作共赢，才能走出一条符合中国特点的可持续健康发展之路。

## 二、天然气电子商务发展展望

中国天然气电子商务在经济新常态和国家政策的指引下，逐步走上规模化和正规化的轨道，除了寄予厚望的上海石油天然气交易中心将随着《油气体制改革指导意见》正式公布稳步发展，各大主流公司也陆续开展了"互联网+"业务探索，新奥能源、中国燃气、港华燃气陆续推出了针对居民用户的电子商务平台，如"E城E家"、"中燃慧生活"等，中石油、中石化、中海油分别和阿里、腾讯、百度合作计划推出自己的互联网平台，另外"加气宝"、"好运气"等新产品也在2016年纷纷涌现。"好气网"等电商平台也在业务融合、市场开发等方面取得了进展，业务规模不断增长。随着"十三五"规划的全面展开，天然气电子商务需要在以下几个方面做出踏实有效的努力，推动"互联网+智慧燃气"的健康发展。

### （一）加强天然气互联网基础设施建设，建设天然气生产消费的智能化体系、多能协同综合能源网络、与能源系统协同的信息通信基础设施

传统的天然气行业信息化建设经过多年发展，初步建立了以地理信息系统（GIS）、SCADA等技术支撑的管网运营系统，以GPS、北斗为平台的定位和导航系统，以ERP为骨干的企业管理系统，

但是与以全网运行为特征的电力信息化系统水平差距甚远，更不用说与 BAT 为代表的互联网企业更是望尘莫及。"互联网＋智慧燃气"的行动计划将天然气物理基础设施建设和完善与生产消费端的智能化升级紧密结合起来，实现生产、加工与利用的全链条智能化改造，增强供能灵活性、柔性化，实现天然气的高效梯级利用与调峰，建设市场导向的生产计划决策平台与智能化信息管理系统，以互联网手段促进天然气供需高效匹配、运营集约高效。以目前最具可行性的 LNG 产业互联网建设来看，交易平台的建立和有效运行必须依托于"端＋网＋云"的智能化物联网平台做支撑，才能形成数据可靠、传输及时、决策科学的生产运营系统和管理平台。

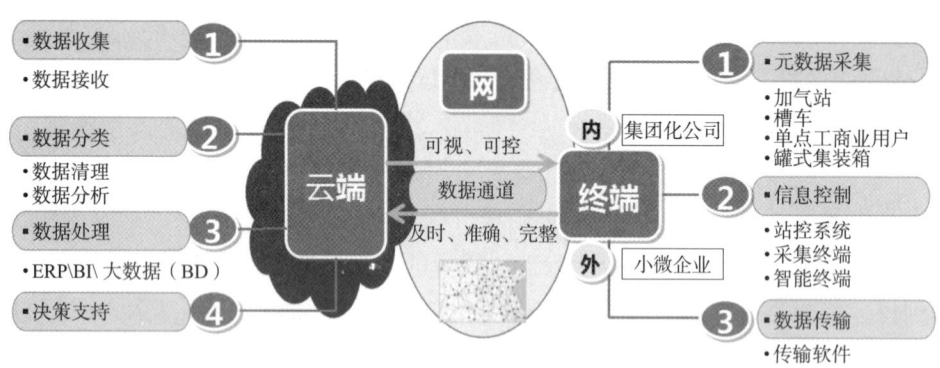

图 1　LNG 产业互联网＝"云端"＋"网"＋"终端"

### （二）构建天然气互联网的开放共享体系，建立多方参与、平等开放、充分竞争的天然气市场交易体系

充分利用互联网领域的快速迭代创新能力，建立面向多种应用和服务场景下能源系统互联互通的开放接口、网络协议和应用支撑平台，支持海量和多种形式的供能与用能设备的快速、便捷接入；培育售电商、综合能源运营商和第三方增值服务供应商等新型市场主体，分层构建天然气的批发交易市场与零售交易市场，基于互联网构建天然气交易电子商务平台，实现随时随地、灵活对等的能源共享与交易，鼓励个人、家庭、分布式能源等小微用户灵活自主地参与天然气交易市场。

### （三）全力发展天然气行业大数据服务应用

建立覆盖天然气生产、流通、消费全链条及气象、经济、交通等其他领域透明高效的大数据集成融合，实现能源大数据的行业管理、政府监管和安全共享，开展面向能源生产、流通、消费等环节的新业务应用与增值服务。依托电商平台设计经验，从领先的燃气行业电商发展视角，为客户提供平台系统整体规划设计咨询服务；整合行业内最优质 IT 建设资源，为客户提供含采购、销售、金融、物流在内的全领域平台系统建设服务；依托完善的机房设施、高品质的网络环境、丰富的带宽资源和运营经验，为客户提供安全、稳定、高效和弹性的平台系统云托管服务。同时开展多样化的天然气行业大数据服务，包括：数据存储、数据挖掘、需求预测、精准营销、价格预测、物流优化等。

在全球新一轮科技革命和产业变革的大背景下，中国天然气行业必须将互联网理念、先进信息技术与本行业深度融合，进一步推动城市燃气行业持续健康发展。

周涛

# 上海石油天然气交易中心的未来发展

2015年1月5日,上海市政府官方网站发布批复,同意组建上海石油天然气交易中心。交易中心正式落户陆家嘴金融贸易区,该交易中心是根据国家发改委与新华社战略合作协议建立的交易平台,注册资本为10亿元人民币,由新华中融投资有限公司、中国石油、中国石化、中海油、新奥燃气、北京燃气等10家企业发起,开展天然气、非常规天然气、液化石油气、石油等能源品种的现货交易,提供相关的交易服务,经营经国家有关部门或市政府批准的其他业务。该交易中心有关工作接受国家发展改革委、国家能源局及商品现货交易市场管理部门的指导和监督。

## 一、战略定位

上海石油天然气交易中心(以下简称"交易中心")是国家发改委与新华社战略合作的重要成果,是国家天然气价格改革背景下的重要战略项目,肩负着配合国家能源价格和体制改革的重任。交易中心作为10家股东共同投资的、以国有资产为主的混合所有制企业,盈利也是公司战略发展的重中之重,要对股东单位的投资负责。应该说,从交易中心建设之初,其主要定位就已经很明晰了。

(一)国家油气市场化改革的窗口。交易中心不仅是市场化改革的推动者,更是改革落地的主要载体。中心要顺应改革进程,不断推出能够符合市场化进程要求的业务支撑平台,协助政府管理部门完成好市场化改革的重任。当下主要任务是落实好发改委2688号通知,力争用2~3年时间逐步引导非居民用气在平台实现全面公开透明交易;引导会员单位共享场内场外交易数量与价格信息,不断探索发现价格的新模式、新方法、新手段;尽早发现并建立公允的天然气价格,定期向社会发布,为推进价格全面市场化奠定坚实基础。

(二)以石油天然气等大宗商品交易服务为核心业务的经济实体。交易中心的核心商业模式是提供"公平、公正、公开"基础上的交易服务,赚取交易佣金。要建立符合市场化规律的业务模式,采取市场化的运作方式,满足股东方投资回报的要求,并实现企业的生存和发展。

(三)具有国际影响力的定价中心。交易中心要成为亚太地区有影响力的石油天然气现货交易平台,中心形成的价格也要成为亚太地区最有影响力的定价基准,并发布权威价格指数与信息,逐步实现对普氏价格的替代。

## 二、战略思路与业务模式

当前国内天然气市场化改革正在如火如荼地展开,而随着天然气价格的下挫和国内需求的放缓,天然气市场整体开始呈现出供大于求的格局,市场平衡正在发生变化。作为以"为天然气上下游提供交易服务"为核心业务的企业,交易中心当前应按照"重点突破LNG业务,高调推出信息服务,静待管道气政策破冰,加强石油品种研究"的发展战略,集中团队力量,直击市场"热点",满足客户真实需求，真正获得可持续发展。基于此，交易中心下一步发展的主要业务模式如下：

## （一）管道气

近期来看，随着天然气价格管制的逐步可能放开，市场迫切需要找到反映供需关系的定价新基准。鉴于管网分离短期内难以实现，交易中心暂不能为用户提供交易、交收、结算的一体化服务。因此，管道气现货交易业务应以扩大交易规模、形成海量交易数据、推动市场透明化为主要目的，以较低的佣金费率吸引市场主体参与交易。

长期来看，对比成熟的国际市场经验，由于天然气的特殊性，管道气现货交易平台的核心目的是解决日平衡问题，用市场化交易的手段来取代政府调控行为。随着管网分离改革的逐步推进，交易中心的管道气交易业务应当逐步向一体化服务转变，这将包括2个阶段：

第一，早期应充分利用成熟的省级独立管网系统，借鉴英国国家平衡点（NBP）的模式，选取市场竞争程度更高的浙江、广东等省份进行"虚拟平衡点"模式试点。

第二，随着主干网络加快独立，可以逐步通过主干网络将各省的"虚拟平衡点"串联起来，参照美国亨利中心（HENRY HUB）的模式，依托庞大的管网运营系统，形成全国性的天然气现货交易支撑平台。随着交易规模的扩大，将形成市场接受度更高的价格，成为国内企业在进口谈判时的定价参考基准之一，真正提升国际市场定价权。

## （二）LNG

与管道气相比，国内LNG市场化程度更高，交易条件更加成熟，应当成为近期交易中心业务发展的重点。

### 1. 推动LNG接收站向第三方开放试点

首先，考虑从国家层面推动现有接收站加快开放，交易中心积极与"三桶油"以协议合作等方式，通过交易中心平台公开拍卖部分窗口期；如果协调困难，交易中心可以利用基础设施社会准入政策，组织会员选择合适的港口，通过众筹融资、知识产权入股等方式，自建独立第三方的LNG接收站。

### 2. 协调能源局实现"三桶油"进口LNG长协的资源互换

随着LNG价格一路走低和市场需求的低迷，"三桶油"此前签署的大量"照付不议"条款的长期合约消化压力巨大。交易中心可协调能源局出面，要求"三桶油"相互开放接收站使用，减少船货压港；同时，设计长约/现货互换交易，允许"三桶油"之间以现货模式购买对方难以消化的长约船货。

## （三）信息服务

新华社"新华丝路"项目为专业化信息服务积累了丰富的经验，结合交易中心天然气交易业务产生的自生交易数据与会员需求，应加快推出主要面向交易中心会员用户的信息服务平台，基于新华社多年信息服务业务的丰富经验，提供交易行情、数据、行业动态、研究报告等信息。这一方面可以丰富会员服务体系，另一方面也可以通过高端信息付费的方式，丰富公司的多元化盈利模式。

更为重要的是，要在这一信息服务体系中高调重点推出权威的中国天然气价格指数，包括管道气价格指数、LNG价格指数、LNG工厂出厂价格指数、LNG接收站出站价格指数等，将中国巨大的天然气消费力转化为对等的国际影响力，帮助我国公平地参与国际天然气市场交易。同时，交易中心的平台作为"新华丝路"撮合平台的一种形式，能引导中国能源企业走出去和高效引入丝路沿线优质资源。

### （四）会员服务

高级会员服务也将是中心未来的重要收入来源之一。对于已经入市的 A 类会员，应尽快组织进行会员活动策划，如为会员组织高水平的圆桌会议，组织参与由发改委、能源局主导的天然气价改、油气体制改革等议题的研讨会等。

## 三、专业管理保障

要实现上述战略布局，离不开专业化的管理。

交易中心的发展未来将经历 2 个阶段——政府向市场化过渡阶段和完全市场化阶段。2 个阶段的管理体系也有着不同的侧重点，在政府向市场化过渡阶段，对于各股东派出到交易中心的员工来讲，首要职责是协调股东资源，扩大交易规模，促进市场化进程，因此绩效考核中财务指标权重可适当下调。在交易手续费较低的情况下，应以促进交易规模和市场占有率为目标，适当采取宽松的支出控制。在本金安全的前提下，各股东不要过分强调投资回报率。而在进入真正的市场化运营阶段，应当考虑引进专业化程度更高的职业经理人负责公司运营，进一步建立规范化的管理体系制度，财务管理应趋于严格。业务层面，降低对政策的依赖，加强与国际交易所的沟通合作，国内投资者走出去，国际投资者走进来。人力层面，建立客户导向的竞争激励体系，给予项目负责人高度自治权，加快向国际化人才体系接轨。

作为天然气产业的"新生事物"，天然气交易中心将采用国际通行的电子交易方式，构建多边交易模式，改变以往天然气上下游传统的双边购销模式，既为卖方提供一个电子化、市场化，公开的能充分发现价格的销售平台，也将为买方提供一个更加透明化、便捷化的资源采购平台。

李少斌

# 智慧燃气发展路线的思考

近年来,各级政府高度关注民生改善,重视能源供应保障和城市安全运行,以及清洁能源供给水平;与此同时,随着城市管理的精细化、智能化水平进一步提高,建设智慧城市对燃气行业的各项工作提出了新标准严要求。在此背景下,燃气企业加大基础设施投入,加强资源保障能力建设,统筹建设智能城市燃气系统是未来发展的大势所趋。

自2012年行业内提出"城市智能燃气"的技术架构等概念以来,各燃气公司以建设"智慧燃气"为目标,纷纷开展理论研究及智能化建设工作。智能燃气网的行业标准也已得到国家批准进入编写阶段,定于2016年底完成《城镇燃气工程智能化技术规范》,这个标准将成为智能燃气网方面纲领性标准,在行业内广泛开展研讨,凝聚行业共识。无可置疑,21世纪先进的燃气概念已经转移到将一系列的数字化计算与通信技术及服务与燃气基础设施集成方向上来。

## 一、相关定义

智慧燃气是以智能管网建设为基础,利用先进的通信、传感、储能、微电子、数据优化管理和智能控制等技术,实现天然气与其他能源之间、各类燃气之间的智能调配、优化替代。利用"互联网+"、大数据分析技术,突破传统服务模式,拓展全新服务渠道,提供系统化综合用能方案,建立智慧服务互动平台,提供最优服务。

智能气网是在城镇燃气物理气网的基础上,通过智能应用,实现可感知、可记忆、可判断、自学习、自适应、自控和可表达的,达到便捷用能服务、安全可靠及能效优化运行的城镇燃气供能系统。

智能管网是利用先进的传感测量、信息通讯和自动控制等技术,从感知、通讯、数据、调控、运营、决策层面,提升物理管网的运营管理水平,最终形成以数字管道为基础的规划建设,以风险预评价体系为基础的运行维护、以需求侧管理和工况调整为基础的智能化生产供应体系。

智能管网是智慧燃气的核心业务模块;智能气网是在智能管网的基础上,向终端应用延伸,融入智能计量、智能服务(互联网+服务)等用气环节,以及向上游方向延伸,融入气源等智能制气环节;智慧燃气是可自适应

| 智慧燃气 ||||||||
|---|---|---|---|---|---|---|---|
| 能源互联网 | 智能气网 ||||| 通讯技术 | 物联网技术 | 信息化技术 |
| | | 气源管理 | 输配管理 | 用户管理 | 计量管理 | …… | | | |
| 调度应急 | 生物质气 | 煤制气 | 输气 | 智能终端 | | | | |
| | 太阳能 | LNG、CNG | 配气 | 移动业务 | — | — | | | |
| | $CH_4$燃料电池 | 可再生能源生产 | 调压 | 电子商务 | | | | |
| | 三联供 | 多气源互换性影响 | — | — | | | | |
| | 电能 | 长输气源 | — | — | | | | |
| | $H_2$ | 应急气源 | | | | | | |

图1 智慧燃气框架图

需求侧的燃气供能系统，是在智能气网的基础上，实现与其他能源的互通，与能源互联网有机结合，提供优质的最低成本的用能服务。

其中调度应急为公共环节，通信技术、物联网技术、信息化技术等属于基础环节。

## 二、智慧燃气发展计划

### （一）成立智能气网专业委员会

成立中国城市燃气协会下属专业工作机构"智能气网专业委员会"。专委会将起到政府主管部门与会员单位之间桥梁纽带的作用，带动各大燃气企业、燃气设备制造商、高校以及专业研究机构间的联系与协作，促进我国天然气管理水平提升，实现"智能气网"和"智慧能源"的发展目标。

专委会由主任委员、常务副主任委员、副主任委员、委员及团体会员（包括常务副主任委员单位、副主任委员单位、委员单位等）组成，常设秘书处，负责日常各项工作的开展。下辖智能管网组、智能服务组、智能计量组、电子商务组、标准规划和认证组、顾问专家组等。

### （二）推出"智慧燃气"框架

由智能气网专业委员举办"智慧燃气未来发展高峰论坛"并结合"城镇燃气智能化技术规范"发布"智能燃气"框架。

该框架涵盖"智慧燃气愿景"、"概念架构体系"、"智慧燃气关键设备研制规划"等，以北京燃气目前现有各智能系统为蓝本，并在此蓝本上有进一步的提高。

### （三）建立"标准群"

建立以"智慧燃气框架"为基础的标准群，该标准群涵盖了智慧燃气涉及的所有区域。

标准群下含智能燃气规划设计标准、智能燃气基础应用标准、智能燃气计量标准、智能燃气运维管理标准、智能燃气分析计算标准、智能燃气终端标准、智能燃气网络数据安全标准等。

### （四）搭建电子商务平台及APP应用

通过建设电子商务平台和开发APP，建立利用互联网开拓信息的渠道，逐步占领网络市场，拓展经营范围并创造新的经济增长点。

通过为用户引入"安全智能表"+保险的方式打造"安心厨房"概念，并且为用户提供可远程监控的厨房设备实现物联网的应用，从而打造"智慧厨房"概念。通过为用户引入"安心厨房"、"智慧厨房"的理念，实现物联网在现实生活中的实际应用，同时，与行业协会、高校合作成立"智燃学院"、"智燃研究院"。

### （五）搭建"智能燃气设备检测中心"

通过与行业协会合作，在城镇燃气智能设备设施标准框架下，共同建立专业的"智能燃气设备检测中心"。该中心为第三方检测中心，为设备出具相应检测报告，并将检验报告交给相关委员会进行产品智能化评定。

### （六）建立以燃气为主的区域能源中心

在工业聚集区建立以燃气为主的区域能源中心。在工业区，某些企业在生产过程中会产出类似蒸汽的能源附加品，这种附加品在之前都被浪费掉了。通过建立以燃气为主的区域能源中心，利用企业产出的附加产品提供给有需求的企业，而且该区域内的企业可将能源互换、协调。此举创新了能源供应机制，并且将该区域的能源供应方、能源供应网、智能监控平台统一管理，实现从源头到终端的能源一体化供应，最终提高燃气的利用效率。

### （七）组建智慧燃气通讯专用网络

智慧燃气通讯专用网络实现用户末端状态、管网运行状态、智能计量的全覆盖，该网络具有价格低廉，可实时、双向、稳定、安全地传输数据。加快研究并且着手组建智慧燃气通讯专用网络。通过"试点"测试通信网络，确定通讯专业网络后可在试点的基础上加快"安心厨房"、"智慧厨房"的推广速度，并可为智能设备生产厂家提供生产标准。

### （八）组建大数据应用机构

利用互联网技术，实现燃气企业各项业务静态数据、动态数据间的互联互通、数据库融合，形成大数据应用机构，对各类数据进行收集、整理、分析、应用。该机构不但要收集数据，更要将数据转化为信息，并且根据分析结果进行商业价值估算。为燃气企业的运营及战略规划提供更佳的参考。

### （九）加快智能计量的实施

智能计量是打造具有精确计量、双向通信、智能体验、需求侧管理、用户体验、远程控制等智能计量体系。智能计量直接关系到企业的经济效益环节，加快实施智能计量，可以保证燃气企业和用户的经济利益。并且将智能计量与户内安全紧密结合，通过给用户提供安全表具的方式，为用户打造安全便捷的用气环境。从而可体现出集团对社会的责任感与使命感。

### （十）加快生物质气的研究

加快生物制气与天然气和太阳能互换的研究项目，打造燃气企业绿色环保的新概念。对在污水和垃圾在处理过程中产生的沼气进行收集、提纯后并入燃气管网等课题着手研究，尽快建立相应的示范项目，通过示范项目的建立体现燃气企业对环境保护的社会责任和市场效应。

## 三、智慧燃气发展计划远景

随着物联网技术快速发展，各项新技术在燃气行业逐步推广和应用，为实现智慧燃气发展将成为现实。

1）基于无线通信NB-IOT技术标准、Laro技术标准逐
步完善和推广应用，将广泛应用于智能抄表、生产工艺数据采集和安全管理数据采集，带来燃气技术数据采集技术革命。

2）北斗技术、无人机技术、VR虚拟现实等技术的应用，能够实现管网精准定位、移动巡检、

管网物探、管网仿真模拟以及应急抢修实现信息化和智能化，提升管网安全运行管理水平和管理效率。

3）移动互联网技术在燃气行业应用，实现客户移动信

息查询、移动缴费、客服服务流程实时跟踪、安全实时提醒以及网上商城等增值服务。拉近燃气企业与客户沟通交流新渠道，有效提升燃气企业客户服务质量、服务水平、服务效率和经济效益，用户体验全新服务体验。

4）未来，智慧燃气作为智慧能源、智慧城市重要组成

部分，将实现燃气生产、贸易、销售、运营管理、需求侧管理全过程智能化管理。通过对大数据分析，为用户提供多层次定制化服务，降低燃气消耗，提高燃气利用率。

中燃协智慧气网专委会

# LPG 行业"互联网+"时代的发展机遇与挑战

自 2011 年西安"11.14"LPG 爆炸事故以来，我国 LPG 重特大火灾爆炸事故年年发生，2013 年 6 月 11 日苏州一液化石油气公司食堂 LPG 爆炸致 12 人死亡事故更是让全行业震惊并蒙羞。由于不好管、责任大，一些政府部门对 LPG 监管避之不及甚至限制发展和使用，2016 年公安部消防总局发布的《关于加强超大城市综合体消防安全工作的指导意见》中明确严禁餐饮场所使用 LPG。我国 LPG 行业究竟问题在哪，应该如何引导 LPG 行业健康发展，我们需要重新审视 LPG 作为清洁能源的战略地位和作用，探索"互联网+"时代 LPG 的发展思路。

## 一、市场发展格局及问题

2015 年，我国 LPG 消费规模创历史新高，达到 3 285 万 t，已成为仅次于美国的全球第二大 LPG 消费市场，进口规模也超过日本，位列世界第一。但是，产业链下游市场问题突出，可以简单概括为 3 个字：散（离散度高）、乱（市场混乱）、差（安全质量无保障），非法经营现象依然严重，来路不明的"黑气"充斥市场，并导致重大安全用气事故频频发生，社会对 LPG 形成不安全、需要被天然气替代的普遍看法。究其原因，既有早年国内市场快速发展所遗留的历史包袱，也有 LPG 行业进入门槛低、缺乏行业自律、恶性竞争等问题，但根本原因还是市场监管制不到位。

按照《城镇燃气管理条例》第十五条第一款第（三）项规定，燃气经营企业应当具备"健全的经营方式"，并规定经营企业应当保证产品质量、为用户定期提供安全检查服务，禁止充装非自有产权钢瓶、禁止向非法经营者提供气源，而实际上，目前大部分经营企业仍然采用以瓶装气批发为主的分销方式，这些企业由于缺乏自己的终端渠道和用户，只有依靠挂靠经营或者无证经营的个体户作为分销渠道；为了谋取更多利益，一些经营企业甚至与个体经营者相互勾结，采用短斤少两、掺假掺杂、过期钢瓶充装等手法欺骗用户。这种分销方式不但省去了销售成本，也省去了为用户提供安全质量服务和保障的义务，以此逃避自己的法律责任。市场上具备液化气充装条件的企业都是已取得经营许可的燃气经营企业，市面上非法销售的"黑气"都来自其中的违规企业，正是这种不规范的经营方式使得产品与服务质量责任难以追溯，一旦发生事故，往往都将事故责任归咎于用户使用不当，最终不了了之，长此以往助长了市场恶性竞争与非法经营活动，造成大量安全事故，导致市场"劣币驱良币"，今天终端市场上的经营主体绝大多数都是小民营和个体企业，行业高离散度进一步加大了政府监管的难度。

全世界没有哪个国家有像中国今天这么多的 LPG 用户安全事故。随着城镇低消费群体及农村居民使用 LPG 日益普及，消费规模越来越大，安全事故还有进一步上升趋势。

长期以来，监管部门以计划经济时期管理有形市场的思维和手段来管理完全市场化的无形市场，无效、无力监管致使一些监管部门大多抱有天然气早日替代 LPG 的不切实际想法和刻意打压、以安全监管替代商业监管的错误做法。

"十二五"期间 LPG 表观消费虽然增长了 36.6%，但主要来自化工需求，作为城镇燃气消费只有 1 537 万 t，仅增长了 0.6%，而传统工业和车用领域只有 276t 和 47 万 t，分别下降了 11.5% 和 12.5%。2016 年 7 月 7 日，BP 发布的 2016《世界能源统计年鉴》显示，LNG 因其供应灵活在全球天然气市场的重要性正在不断提升。同样优质、供应更灵活的 LPG 为何在中国日趋边缘化，值得 LPG 行业认真反思。

## 二、LPG 作为能源的战略定位和作用

### （一）LPG 是优质的一次能源

全球近 2/3 的 LPG 来自石油天然气伴生资源，其余 1/3 也基本来自石油提炼过程中加热分馏所得，无须化学合成。

从井口到供应环节，LPG 产生的二氧化碳排放量比汽油低 37%。汽车使用环节，LPG 汽车的二氧化碳排放量比汽油车低 12%，氮氧化物排放量比汽油车低 68%。

LPG 集使用清洁、安全、可靠、方便、经济、供应灵活、易于储运和消费门槛低等特点于一身，全球 LPG 用途近 2 000 种，广泛应用于世界各地，因此，LPG 也被国际上誉为"21 世纪无处不在的清洁能源"。

迄今为止，LPG 汽车仍然是发达国家保有量最多的清洁能源汽车，全球仅韩国就有 230 万辆，日本 30 万辆，欧洲 700 万辆。韩国车用 LPG 消费量占全国消费量的 49%。日本出租车和室内作业车辆基本上都使用 LPG，各类车型多达 140 余种。LPG 作为汽车燃料，没有 CNG 汽车加气时间长、行驶里程短的问题，也没有 LNG 汽车无法克服的 BOG 排放问题。

### （二）LPG 具有良好的可及性

LPG 作为石油天然气开采和石油加工副产品，只要有石油天然气工业就有 LPG 资源。LPG 是目前国内市场化、国际化程度最高的能源产品，国内外来源丰富，上下游储运发达，竞争主体多元，市场价格透明。

由于全球 LPG 供应增长速度高于需求增长速度，LPG 国际市场价格与国际油价的关联度下降，油气价差拉大，买方具有更多的市场话语权，不像天然气主要依靠长约合同保供，不用担心 LPG 资源保障问题。

### （三）基于国情的发展需要

住建部中国城乡建设综合统计年鉴显示，截至 2014 年底，全国城镇燃气用气总人口达到 5.36 亿，城市燃气普及率达到 94.56%，县城及小城镇燃气普及率也达到了 73.23%，按照华北院测算，天然气用户占比 56.3%，LPG 用户占比 40.4%，人工煤气用户占比 3.4%。这些数字意味着我国 7.49 亿城镇常住人口中使用天然气和人工煤气的居民用户不到 3.2 亿人，普及率只有 42.7%，也意味着全国 13.73 亿总人口中没有使用天然气和人工煤气的人口还有 10 亿人。未来城镇 LPG 用户还有一部分继续转换成天然气用户，但即使全部转换，还有 6 亿以上的乡村居民需要使用清洁能源，他们能源消费升级的首选目标一定是 LPG。这说明我国有待开发的 LPG 市场空间十分巨大。

事实上，任何一个发达国家管道天然气都做不到城镇全覆盖，今天日本的居民用气结构中仍有48%用户使用LPG，管道天然气供应不经济或难以到达的城郊、乡村和山地城市用户主要使用LPG。

随着我国城镇化水平、劳动力价格水平的提高以及人口结构改变，乡镇居民消费LPG的能力和意愿不断增强，我国LPG消费市场重心将进一步向乡镇下移。

未来我国天然气市场价格放开、取消居民与非居民气价交叉补贴后，居民管道气价格将不可避免地上涨，管道配气价格按服务成本法核价以后管道燃气公司开发乡镇市场也难以实现规模效应，解决城郊和农村居民的供气问题更有赖于LPG。

### （四）大国能源安全不可或缺的战略选择

"十二五"期间我们做过一项研究，我国LPG人均消费量17.9 kg，欧洲46.5 kg，日本131 kg，在一次能源消费结构中欧洲占比1.9%，日本占比3%，欧洲规划至2030年提升到3.8%，日本保持为3%。如果中国按一次能源消费占比0.5%、达到欧洲现阶段人均消费水平来预测，2030年我国LPG的消费需求量将达到6 045万t以上，接近增长1倍，若达到日本消费水平，需求量更大。

随着社会经济发展，未来我国石油、天然气和LPG的对外依存度还将进一步增加，如何确保能源供应安全，品种、渠道多元化是大国不可或缺的战略选择，民用生活燃料保供尤为重要。

LPG供应灵活、易于便携的优势和作用在2008年南方冰雪灾害、5.12汶川大地震及恢复重建过程中都得以充分显现。日本3.11大地震期间，LPG成为受灾严重地区唯一可以供应的燃料，不仅用于生活炊事供热，临时避难所发电所使用的燃料也是LPG。日本将LPG列为国家战略储备能源，LPG小型储罐供气设备列为国家应急救援储备物质。

## 三、"互联网+"LPG行业变革与发展

我国LPG行业离散度高，市场不规范，但消费规模和未来增长空间都十分巨大，说明中国LPG市场还有很大的发展机遇，仍然是一片有待开发的商业蓝海。

### （一）发展形势研判

#### 1. 国际LPG价格仍将持续低位运行

从全球石油产能过剩和经济整体低迷情况来看，国际投行和研究机构普遍预测世界油价3~5年内仍将保持低位运行，这对与油价走势正相关的LPG来说市场推广有利。全球天然气产量增加也给市场提供了更多的LPG资源。

#### 2. 国际市场天然气价格走低对国内影响不大

在天然气基础设施公平开放问题和天然气进口长约价高问题没有解决前，国际低价天然气难以实现大规模进口，与LPG竞争的价格优势难以发挥。解决这些问题估计还需时日。

#### 3. 政府多项政策有利于行业转型升级

2016年以来，中央政府进一步加大了绿色发展、城市数字化管理、重要产品追溯体系建设、市场反垄断和发展互联网+高效物流等政策实施力度，这些政策都对LPG行业转型升级提出了要求，也提供了重要契机。

**4. 关键技术基本突破**

从这几年中国城市燃气协会 LPG 委员会及相关成员单位的跟踪、使用情况看，目前全球首创的新一代钢瓶智能角阀在防交叉充装、防破解和外力破坏等方面已经有了很大改进，相关物联网和移动互联应用技术日趋完善，试用企业普遍反映良好，在此基础上进一步开发出网上订气、微信营销、产品真伪查询、配送轨迹查询、云平台等服务功能。

## （二）行业痛点分析

瓶装 LPG 作为城镇燃气的主要供气方式和问题所在，其主要痛点为：

**1. 用户痛点**

消费欺诈，安全没保障。由于瓶装 LPG 以钢瓶为载体计量和消费，用户无法直接辨识钢瓶及瓶内的气质好坏，只有等使用之后才能察觉，即使从正规企业也可能购买到质量把关不严、服务不到位或被做了手脚的"黑气"，一旦发生问题用户往往难以追讨责任。

**2. 企业痛点**

钢瓶非法交叉充装、配送服务成本大幅上涨。非法交叉充装导致企业钢瓶流失、客户流失的同时，也让企业面临品牌冒用和承担事故责任的巨大风险。非法交叉充装问题起源于企业之间恶性竞争，但结果是大家都丢失了终端市场，最终让"黑气"贩子获得生存空间，并长期受制于他人渠道，企业自己的品牌难以树立。

由于人工和物流成本不断增加，企业面临经营成本上升、新能源替代的双重夹击。发达国家 LPG 终端市场价格很高，英国一瓶同样重量的气卖到 400 多元，就是配送服务成本太高的原因。

**3. 监管者痛点**

安全事故不断，监管责任重大。尽管这些年来监管部门一直不敢放松安全工作，但各地重特大安全事故依旧不断，安全形势日趋严峻。

## （三）商业与监管模式创新

管理学大师彼得·德鲁克曾经说过："当今企业之间的竞争，不是产品之间的竞争，而是商业模式之间的竞争"。"互联网+"时代为我们创新商业模式、实现客户价值主张提供了新的思路和技术手段。目前国内外在解决行业痛点，创新商业与监管模式方面已经有了不少好的经验和做法。

**1. 钢瓶管理**

利用钢瓶智能角阀、物联网、移动互联应用等技术，实现从钢瓶定点充装到物流配送、上门服务再到钢瓶回收全过程的闭环管理。

如何管理钢瓶，不少企业想了很多办法，有用塑料封口的，有用钢瓶直阀的，也有用条形码、二维码或普通 RFID 电子标签的，但效果都不太好，只能加强企业内部管理，仍无法防止别人充装钢瓶，目前使用新一代智能角阀的企业普遍反映钢瓶流失率大大减少，有效解决了钢瓶交叉充装问题。

但是，世界上没有破解不了的锁控技术，只是破解难度大小、时间长短而已，要真正做好家居防盗，还需有好的物业保安。使用智能角阀也是如此，企业还需要辅以规范的运营模式和内部管理，确保各个环节的操作记录完整并形成管理信息闭环，这样才能达到内部的送气工不敢做手脚、外面的充装站不能充"黑气"的目标。

2015年考察日本崎酸LPG公司，看到大门前的一座铜像，一个少女怀抱一只LPG钢瓶，公司负责人解释道，是为了让公司每一位员工时刻铭记要像保护自己的孩子一样守住钢瓶。钢瓶是企业品牌的载体，在今天中国特定的市场环境下，钢瓶管理好坏是衡量企业价值和竞争力的重要标志。

### 2. 盈利模式创新

有了质量保证和客户黏度做基础，企业就有条件开展增值业务。未来任何一个充分竞争的行业都不会有商业暴利。从竞争策略上看，利用客户资源、开展增值业务是企业增强客户黏性、提高盈利能力的有效手段；从发展战略上看，是企业延伸价值链、实现经营业务多元化的重要途径。日本Airwater公司是日本一家早年经营LPG终端的上市公司，参观时告诉我们，他们一个客户经理一年可以卖300台彩电，公司目前的主营利润已经不是LPG。

做增值业务依靠传统的电话呼叫和门店销售方式显然不行，必须利用电商模式并依托物流优势，通过O2O服务、网上支付和多渠道入口和引流等互联网技术和营销手段来提升客户体验。

### 3. 服务模式创新

一个正在测试的智能产品——钢瓶智能底座，若能成功上市，将使瓶装LPG经营有了一个"神器"，它能感应钢瓶重量，通过互联网把用户用气量实时传回企业，这样一来钢瓶配送模式就可以由现在的用户呼叫、应急配送改为企业主动管理、计划配送，通过用户使用数据合理安排配送时间，优化仓储布局和配送路径，降低物流服务成本。这个产品还可以改变未来的销售模式，由现在的按瓶卖气改为按净重卖气，同时解决了用户自己换气带来的安全隐患，让用户像使用管道气一样省心省力。

前面提到过日本LPG小型储罐供气设备，它的出现源于日本20世纪90年代物流服务成本上升问题。随着社会老龄化，劳动力资源短缺，年轻人不愿意从事劳动强度大、技术含量低的工作，用工成本急剧上涨。为降低物流成本，在小型储罐供气技术引进前，日本企业开发了200～400 kg的多种规格巨型钢瓶，由于体积太大，充装使用不方便，引发了不少安全事故。为此，日本学习引进欧美技术，1998年4月1日颁布相关使用标准，允许容量10 t以下小型储罐的防火间距很小，居民常用的小型储罐可以比邻没有窗口的建筑物外墙置放，无须设置配备消防喷淋系统、卸车泵房和围墙。这种供气方式设置灵活，建造、物流、运行成本都大大低于LNG点供或普通LPG气化站，因而普及速度很快。目前，日本在用小型供气储罐超过23万台，专用配送槽车1747辆，供气对象既有中小型工商单体用户，也有几十到数百户的小区居民用户。欧美LPG新增用户大都采用小型储罐供气，美国比例高达95%，德国90%，英国76%，法国69%。

如何确保小型储罐供气安全，供气系统除了要按本质安全型设计外，每个储罐都配备有远传远控在线监测系统，企业可以通过互联网传回的储量信息调度槽车配送，这样不仅免去了钢瓶来回运输，也提高了槽车配送效率。

### 4. 监管模式创新

过去社会治安、交通安全一直是政府监管的难题，现在借助互联网技术情况大为改观。2015年底，国务院颁发了《关于加快推进重要产品追溯体系建设的意见》(国办发[2015]95号)，正式将钢瓶纳入与医药、食品同等重要的质量溯源监管产品序列。

2011年我国台湾地区通过一项LPG经营监管法案，要求LPG经营企业必须保存6个月以上、各个流通环节的进销存记录信息，目的也是实现质量责任溯源监管。今天我国在钢瓶管理方面的物联网、互联网应用技术已经成熟，完全可以通过这些现代化的技术实现我国LPG行业监管上的飞跃。

### （四）消除社会偏见，优化营商环境

#### 1. 消除社会偏见

目前国内已经形成 LPG 密度大、泄漏后易聚集、不及天然气安全的普遍看法，这其实是一种误解。是否安全不在于 LPG 本身，完全取决于使用技术和管理。日本 LPG 行业多年来人员伤亡事故率一直低于天然气行业，LPG 企业宣传广告中常以自己比天然气更安全为卖点。我们主要是由于管理不善，LPG 行业供气技术、标准基本上还停留在 20 世纪 60～70 年代水平，消费 LPG 的群体多为管道气难以到达的城中村、城郊和农村用户，容易让人产生产品"老旧"、"低端"和"不安全"的印象。而事实上，发达国家 LPG 用户以居住在郊区的高收入家庭为主，穷人使用廉价天然气、富人使用高价 LPG 的现象十分普遍。

我国车用 LPG 发展多年停滞不前，也存在对车用 LPG 的认识误区，很多人记忆还停留在国内早期改装化油器旧车、使用劣质 LPG、车辆事故不断的年代。目前国内不少企业开始瞄准 LPG 加工生产高清汽油领域，既然 LPG 直接用作汽车清洁燃料技术已非常成熟，大家为何还要舍近求远拿来生产汽油呢？

#### 2. 制订促进 LPG 行业发展的政策和标准

目前城郊低收入家庭烧高价 LPG、市内富余家庭烧便宜天然气已成为国内招致诟病的问题，不符合公共服务均等化原则，也不利于清洁能源的推广，北京为了治理雾霾，对城郊农村 LPG 用户开始实行二级补贴，但我们更希望在政策层面出台促进 LPG 行业健康发展的公共政策，如免费提供市政公共用地，解决瓶装气物流配送成本过高的问题；出台推广使用小储罐供气方式的政策和技术规范，促进新农村清洁能源建设；打破市场封闭、画地为牢的经营管理格局，积极鼓励优秀企业参与市场竞争和整合。

#### 3. 加快行业溯源监管体系建设

利用"互联网+"建立 LPG 产品与服务质量责任追溯监管体系和权威性的产品真伪查询公共服务平台，加快行业监管数字化和社会化，促进市场公平竞争，切实提高市场进入门槛，有效堵住市场"黑气"源头。

熊伟

# 物联网燃气表需重视的几点问题

人类通信的发展已经从人与人的通信扩展到人与物、物与物的通信。物联网就是物与物互联通信的网络。物联网概念的问世打破了之前的传统思维，也推动了各行各业智能产品的发展，尤其是在燃气领域，智能生活、智能燃气已经是燃气系统的发展趋势。本文研究了物联网技术在燃气领域的应用——物联网燃气表及系统，并根据燃气行业特殊性及燃气表的工作特点，探讨性地提出了物联网表在研制及选择过程中应重视的几点问题。

## 一、物联网在燃气领域的应用

目前，我国居民用气采用一户一表制。但是，在我国大部分地区对燃气数据的采集仍采用入户抄表这种比较原始的方式，这种方式投入大量劳动成本的同时还不能保证数据的正确性及可靠性。随着技术的发展，这种人力方式渐渐被新技术所取代，智能燃气表成了发展趋势。近年来，物联网技术的兴起，使得物联网已经在农业、工业、医疗、金融、市政管理、城市安监、交通物流、环保和能源等领域得到了广泛应用。在我国对物联网政策、社会、经济和产业环境的整体推动下，各个行业都积极学习、利用物联网技术，相继推出物联网产品。物联网燃气远传系统就是物联网技术在燃气领域的典型应用。该系统由物联网表、GSM/GPRS公共无线网络、物联网数据中心云平台、燃气公司应用端组成，同时可以利用银行及第三方支付系统等媒介实现收费，图1为系统图。物联网燃气远传系统利用现有的公共无线网络，具有网络简单，无线通信稳定可靠，系统安全性高，应用便捷、抄表速度快、通信及时、部署方便、管理方便等优点，是燃气公司实现燃气信息化管理，提高燃气现代化服务水平，降低营运成本的理想选择，也是燃气管理智能化发展的趋势。

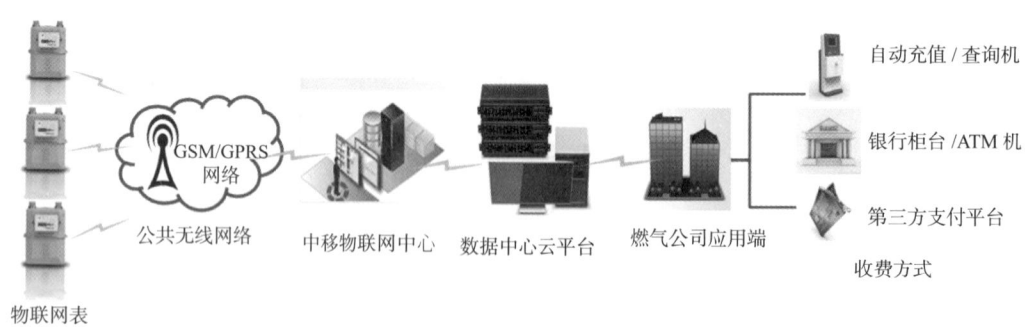

图1　物联网燃气远传系统

## 二、物联网燃气表应重视的几点问题

物联网燃气表是利用手机网络进行通信的新型智能燃气表，在手机网络覆盖的范围内可实现稳定、可靠、安全的无线数据通信，完成抄表、缴费、安监等工作，具有实时与运行费用低、通信网络覆盖面广、成本低、可靠性高、传输效率高等优点。目前许多智能燃气表厂商都积极跟进物联网应用，推出了各种物联网燃气系统方案，市场上的物联网表品牌繁多，系统设计和功能特色各有不同。但是，根据燃气表应用特点，特别是民用燃气表，户内安装，寿命为 8 ~ 10 年，在这期间要确保系统可靠运营，事关民生，如果出现问题，造成社会不良影响面也较广。因此，系统方案及表具选择尤为重要，建议选择时应重点关注以下几个方面。

### 1. 通信方式的选择

物联网表通讯方式有多种，本文讨论侧重于采用手机公共无线网络通信方式的物联网表。手机公共无线通信方式包括 2G 网络的 GSM 短信；GPRS 数据；3G 网络的数据；4G 网络的数据通信等。但由于 3G 和 4G 网络设备的价格偏高，不宜在燃气表上推广，因此目前市面上物联网表大致采用 2G 网络的 2 种数据通信方式：短信息及 GPRS 流量。短信息是 GSM（Global System for Mobile Communications）全球移动通信系统，提供给用户的一种数字业务，是移动通信网络提供的主要电信业务。GPRS 是通用分组无线业务（General Packet Radio Service）的简称，是在 GSM 系统基础上发展起来的分组数据承载和传输业务。

GSM/GPRS 网络是由若干信道组成的，我们可以这样理解，用 1+n 表示移动网络的若干信道，其中的"1"就是信令信道，在每个手机开机注册基站后就会进行分配，是最基础的信道，即短信息进行通信的通道；"n"就是业务通道，承载语音、传真、数据等业务信息，即 GPRS 流量通信采用的通道，这个信道只有在呼叫成功建立后才会分配，待机状态下是没有的，所以 n 也可以为 0。因此，短信息在通信过程中，其收与发的过程同语音、数据等业务互不干扰。短信是利用信令通道的空闲时隙传输的，语音和数据传输则需要专门分配一个完整的业务信道来传输。

从网络要求来看，短信息对网络信号要求较低，而 GPRS 流量传输网络要求较高，例如，在手机信号较低的情况下，发短信是没问题的，但打电话和上网比较困难。短信息依靠的是短信息服务中心（SMSC）的存储和转发机制，所以即使发生拥堵也是在系统内处理时的拥堵，和无线链路无关，只要手机能找到基站，总会有信令通道。而 GPRS 拥堵的本质就是无线链路的拥堵，当一个基站范围内出现大话务量时，就没有空闲的信道分配给 GPRS 了，造成 GPRS 连接不上，或者掉线后无法恢复。

从功耗来看，GPRS 流量模块对电源要求更高，瞬态电流可以达到 2 A 左右，平均工作电流 500 mA 左右，而 GSM 短信模块平均工作电流最大 200 mA。对于燃气表而言，采用合理的通信方式，在满足其数据传输同时，也要将表具的功耗和损耗降到最低，从而延长表具的工作寿命。由于短信模块发射功耗低，仅用普通电池供电即能正常运行，大大提高了表具的工作寿命。

从应用场合来看，GSM 短信模块适用数据量小而又采集间隔大的应用场合，如燃气表数据通信，燃气公司基本是一个月采集 1 ~ 2 次燃气数据，数据量较小，应用短信模块比较适合；而 GPRS 流量模块主要用于单次数据量大，而且采集频率高的场合。其次，短信可提供不同优先级服务（重发频次、储存时间），充分满足不同集团客户需求。

综上，物联网燃气表采用 GSM 短信进行通信更适合燃气行业本身的工作特点及环境。

### 2. 通信服务商选择

随着国内物联网市场步入规模发展时期，三大通信运营商移动、联通、电信均已在物联网终端、专用号段、网络、平台、产品及行业应用等方面务实推进物联网进程，并相继推出物联网业务。综合分析三大通信运营商的业务特点，从发展程度及规模、覆盖率、信号稳定等情况上来看，中国移动由于其信号覆盖最广、信号稳定性最好，更适合作为燃气表通信的媒介。同时，中国移动是国内最早开始物联网探索和布局的运营商，处于联网发展领先地位。2012年，在重庆正式组建了全资子公司"中移物联网有限公司"（前身是物联网基地），建设物联网专用网络和专用平台，统一支撑M2M业务发展。目前，中国移动物联网用户已经超过3 200万，位居三大通信运营商之首。

### 3. 使用寿命

对于智能燃气表而言，其电子控制器件需通过锂电池或干电池进行供电，才能正常工作。这样，燃气表数据的上报对电源的依赖较大。一旦电源故障或是耗尽无法及时更换时，用气数据无法正常上报，会对燃气公司带来较大损失，同时也有巨大的安全隐患。因此物联网燃气表在设计时应加入后备电源，可在电源故障或是电池耗尽且用户无法及时更换的情况下，保证燃气数据定期上报，从而保障燃气公司利益，同时也避免因燃气数据上报不及时带来的燃气安全隐患。

此外，物联网表的手机模块及其他电子元件若长期处于开机状态，功耗太大，电池使用寿命大大缩短，同时许多元件的寿命在不间断地连续工作的情况下也很难保证长达8～10年的正常工作。因此，物联网表的电子部分应使用低功耗元件，同时采用定期唤醒主动上报数据的方式，即每月定期、定时唤醒模块，对燃气数据进行上报，其他时间段处于休眠状态，以此延长电池及各电子元件的使用寿命。

### 4. SIM卡的选择

目前普通手机或通讯模块采用的SIM卡大多为商业级，其工作温度范围只有0～55℃，如果在户外冬季温度太低或者夏季温度太高，都容易出问题，另外SIM卡采用插卡式，其卡座触点也会随使用时间的增长而出现接触不良的情况，这些都会导致SIM卡操作失败，影响通讯。燃气表安装后需要长期使用，特别是居民用表，一般安装到户内后，在整个8～10年寿命期内都需要确保使用的可靠性，因此物联网燃气表内部应该采用工作温度范围更广、可靠度更高的工业级SIM卡芯片，并采用焊接安装方式，延长使用寿命，保障通讯可靠性。

### 5. 应急充值

无论是基于短信数据通信还是基于GPRS数据通信的物联网表，都面临一个问题，即当公共无线通信网络局部信号覆盖故障时，物联网表无法与燃气系统平台通讯。物联网表采用预付费模式，余量用尽，表内阀门会关闭从而停止供气。用户缴费后，如果遇到通讯故障，充值缴费信息不能下传给表端，不能及时开阀通气，会影响其正常使用燃气，从而造成矛盾。因此，物联网表应当设计后备的应急充值通道，以应对解决该问题。

另外，目前物联网表基于成本考虑，大多采用的2G网络，但是，随着新技术的涌现和发展，3G/4G网络应用的普及，2G网络必将会退出通信市场。一些移动网络发达的国家，如日本软银在2010年3月底就关闭了2G网络；芬兰在2010年关闭2G网络；新西兰电信在2012年7月31日关闭了CDMA 2G网络；美国最大的运营商AT&T也早在2012年8月就提出了关闭2G网络的计划，他们计划到2017年1月1日彻底关闭所有2G网络。如果我国的2G网络在10年之内停用，那么，目前生产的采用2G通讯的物联网表就无法正常通讯了，基于这个考虑，目前的物联网表应当设计后备应急充值功能，以免在2G网络停用后造成必须立即换表的困局。

因此，在物联网表设置应急充值功能模块十分必要，可使燃气表在GSM/GPRS网络信号不好或未覆盖到的地区，抑或是2G网络停用之后仍正常进行数据的交互，不影响其使用。

### 6.通信信息保密问题

为了保证传输过程中的数据安全，防止一些别有企图的用户通过手机等终端设备模拟燃气表具终端发送包含业务指令和数据的信息到服务平台中，通讯内容应加密传输，加密技术在此不做扩展。同时，下发的每条有效指令应执行一次后立即失效，避免重复发送、恶意复制等非法操作，干扰整个平台和业务系统的正常运转。

## 三、结束语

目前，物联网是最热门的技术之一，物联网技术已经在农业、工业、医疗、金融、市政管理、城市安监、交通物流、环保和能源等领域得到了广泛应用。随着人们生活水平和生活质量的提高，以及现代化家庭对智能化产品的需求，将促使燃气表朝着安全性、可靠性、智能化方向发展。本文探讨性地提出几点物联网燃气表应重视的问题，为物联网表研制及选择方面提供参考。此外，物联网膜式燃气表因其网络简单、通讯稳定可靠、安全性高、应用便捷，将逐步成为燃气表未来发展的趋势，有着巨大的发展潜力及市场需求。同时，该类表充分应用了信息化、智能化技术，为全面提升我国城市燃气企业的智能化办公及信息化管理水平奠定了基础，也为国家推动物联网产业的发展、完成两化融合做出贡献。

张成艳、魏东

# CJ/T 491-2016"燃气用具连接用橡胶复合软管"关键技术指标的研究确定

## 一、背景

CJ/T 491-2016"燃气用具连接用橡胶复合软管"标准是根据住房和城乡建设部建标 [2013]170 号《关于印发〈2014 年住房和城乡建设部归口工业产品行业标准制订、修订计划〉的通知》(序号 23)的要求首次进行制订,并于 2016 年 6 月 1 日由住房和城乡建设部发布公告(第 1124 号),批准《燃气用具连接用橡胶复合软管》为城镇建设行业产品标准,编号为 CJ/T 491-2016,自 2016 年 12 月 1 日起实施。

随着我国燃气事业的快速发展,安全供气越来越受到政府及社会的广泛关注。燃气用具连接用橡胶软管是居民用户和部分商业用户燃气系统的重要组成部分,对用户的用气安全起着至关重要的作用。据调查统计,在户内安全事故及隐患中,橡胶软管相关安全隐患所占比例接近 40%,其中主要是老化漏气、脱落问题。目前燃气行业中燃具连接用橡胶软管普遍寿命在 2 年左右,实际使用中绝大部分用户并未按照要求定期更换胶管,由此发生大量胶管老化漏气事件。

为了保证产品的质量安全,国家对生产燃具连接用橡胶软管的企业实行生产许可证制度,但是所依据的产品标准 HG 2486-93《家用煤气软管》距今已有 20 多年,橡胶行业以及燃气行业都发生了巨大变化,该标准已不适应安全用气的需要,HG 2486-93 标准对胶管提出了 8 项技术要求,但是未对使用寿命、胶管拔出力提出技术要求;2013 年发布实施的 GB 29993-2013《家用燃气用橡胶和塑料软管及软管组合件技术条件和评价方法》标准也没有解决胶管的寿命、脱落等安全隐患问题,GB 29993-2013 标准虽然对胶管提出了 15 项技术要求,但对拔出力技术指标仍有缺失,且规定胶管使用期不超过 3 年也不能解决实际使用中出现的老化、破裂等安全问题。

因此本标准对胶管的使用寿命、拔出力等技术指标提出要求,这对于规范、提高胶管产品质量,促进行业健康发展,保障用户的用气安全及公共安全都具有重要的意义和作用。

## 二、胶管使用寿命技术指标的确定

### 1. 加速失效指标

国家标准 GB 29550-2013《民用建筑燃气安全技术条件》和行业标准 CJJ 12-2013《家用燃气燃烧器具安装及验收规程》中均提到,燃具连接用软管的设计使用年限不宜低于燃具的判废年限,燃具的判废年限应符合国家标准 GB 17905《家用燃气燃烧器具安全管理规则》的规定(对于使用不同气质、不同类别的燃具,其判废年限为 6~10 年不等)。同时通过分析用户实际更换胶管的行为得知,大部分用户在燃具更新时一并更新胶管,所以,本标准规定胶管使用寿命应不低于燃具的判废年限。

由于胶管使用寿命是一个长期的时间数值，不可能在新产品测试中得到具体参数，因此本标准采用胶管的加速失效参数来表征使用寿命技术指标。

本标准中的橡胶复合软管是指由橡胶共混或橡胶与塑料共混材料制作的软管，属于高分子材料产品，高分子材料质量轻、强度高、抗腐蚀性能好，但是在加工、贮存和使用过程中，由于受到光、热、氧、水、高能辐射、化学以及生物侵蚀等内外因素的综合作用，高分子材料的化学组成和结构会发生一系列变化，物理性能也会相应变坏，如发硬、发黏、变脆、变色、失去强度等，这种现象就是高分子材料的老化。在厨房的使用环境中，胶管的老化过程主要以热老化为主，因此本标准主要考虑热老化对胶管使用寿命的影响，也基于此胶管的加速失效确定为热老化加速失效，通过热老化加速失效数据测试评估在25℃条件下使用时间不应低于GB 17905《家用燃气燃烧器具安全管理规则》中规定的燃气用具判废年限。

### 2. 加速失效测试

为解决胶管的使用寿命评估问题，编制组到广州合成材料研究院、国家化学建筑材料测试中心进行调研，明确了可以按照橡胶行业现行国家标准GB/T 20028《硫化橡胶或热塑性橡胶应用阿累尼乌斯图推算寿命和最高使用温度》对胶管的使用寿命进行评估，其中考虑到胶管的安全性，确定试验终止条件为胶管的力学性能下降到初始值的50%或燃气透过性指标超过规定值。此外，借鉴北京市公用事业科学研究所、北京市燃气集团研究院承担的北京市科委课题《燃气用户户内安全技术研发与应用》中对胶管寿命评估的研究成果；借鉴南京民族塑胶厂（集团）对自己的胶管产品在南京市产品质量监督检验院进行老化试验和寿命评估的成果；借鉴苏州市第四橡胶有限公司对自己的胶管产品与上海交通大学共同研究测试其使用寿命的成果。这些成果都印证了胶管寿命评估方法的可实施性。

### 3. 加速失效测试数据

（1）北京市公用事业科学研究所研制的胶管

在北京市公用事业科学研究所、北京市燃气集团研究院承担的北京市科委课题《燃气用户户内安全技术研发与应用》研究中，将开发的胶管产品按照国家标准GB/T 20028《硫化橡胶或热塑性橡胶应用阿累尼乌斯图推算寿命和最高使用温度》进行了寿命评估，测试参数为软管材料的力学性能和软管的燃气透过性技术指标，当软管的力学性能下降到初始值的50%或燃气透过性指标超过本标准规定值（公称内径9.5 mm的软管燃气透过量不应大于5 mL/h，公称内径13.0 mm的软管燃气透过量不应大于7 mL/h）时，试验终止。

样品在70℃、80℃、90℃、100℃的温度下老化，燃气透过性和拉断伸长率随老化时间的变化曲线见表1、图1。

燃气透过量与老化时间对应表　　　　表1

| 热老化时间，h | 透气量，mL/h | | | |
|---|---|---|---|---|
| | 70℃ | 80℃ | 90℃ | 100℃ |
| 0 | 2.1 | 2.1 | 2.1 | 2.1 |
| 200 | 1.2 | 1.2 | 1.3 | 1.5 |
| 500 | 1.6 | 1.9 | 2.3 | 2.3 |

续表

| 热老化时间,h | 透气量,mL/h | | | |
|---|---|---|---|---|
| | 70℃ | 80℃ | 90℃ | 100℃ |
| 800 | 2.1 | 2.3 | 2.5 | 2.6 |
| 1200 | 2.4 | 2.4 | 2.5 | 胶管发硬,无法检测 |
| 1600 | 2.8 | 2.9 | 3.1 | / |
| 2000 | 2.8 | 2.8 | 2.9 | / |
| 2400 | 2.9 | 2.8 | 胶管发硬,无法检测 | / |
| 2800 | 2.6 | 2.7 | / | / |
| 3000 | 2.8 | 2.8 | / | / |

从表1可以看出,由于胶管老化后测得的燃气透过量均未超过本标准规定值,因此以软管的力学性能下降到初始值的50%作为试验终止的判定条件,并进行寿命的推算。

通过计算可得燃气橡胶软管失效时间的自然对数 $lnt$ 与绝对温度的倒数 $1/T$ 符合如下线性关系:$lnt=10\,308/T-21.732$,回归直线相关系数为0.9981,见图2。

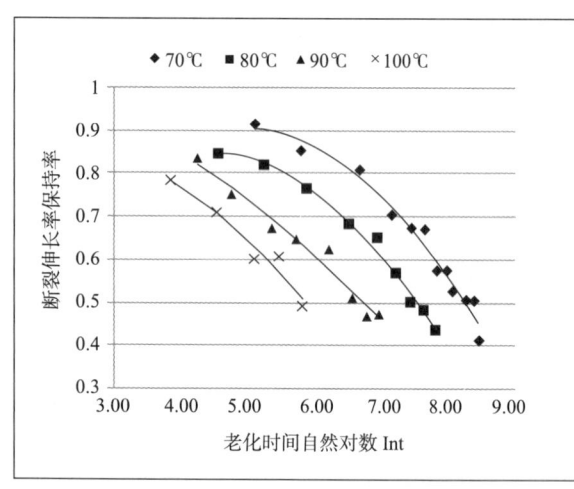

图1 断裂伸长率与老化时间的关系

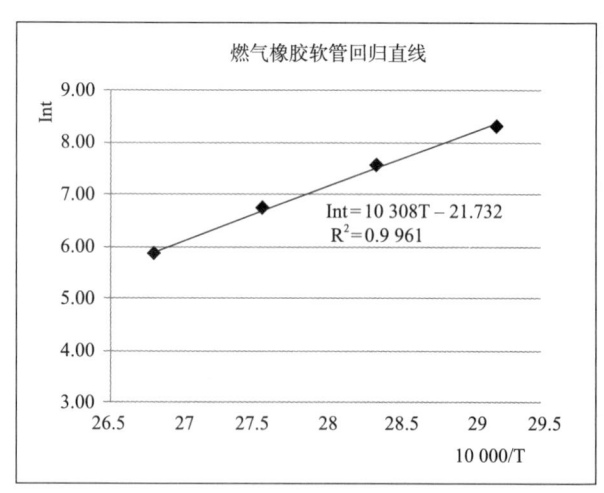

图2 阿累尼乌斯图

由图2回归额直线计算可得25℃(298 K)下的寿命为44年。考虑到燃气橡胶软管的安全使用,安全系数取2,即燃气橡胶软管25℃下的使用寿命为22年。

(2)南京民族塑胶厂(集团)生产的胶管

样品在20℃、70℃、90℃、110℃、120℃的温度下老化,表2为断裂伸长率与老化时间的对应关系,试样热老化时间(h)的对数与绝对温度倒数的关系如图3所示。通过试验数据最终计算得到,样品的使用寿命为22.7年。

断裂伸长率与老化时间对应表　　　　　表2

| 序 | 检验项目 | | 技术要求 | 单位 | 实测结果 | | | |
|---|---|---|---|---|---|---|---|---|
| | | | | | 24h | 48h | 96h | 192h |
| 1 | 断裂伸长率 | 20℃ | —— | % | 361 | —— | —— | —— |
| | | 70℃ | | | 355 | 352 | 345 | 331 |
| | | 90℃ | | | 349 | 345 | 328 | 296 |
| | | 110℃ | | | 297 | 284 | 277 | 267 |
| | | 120℃ | | | 250 | 235 | 220 | 200 |

# 三、胶管脱落技术指标的确定

胶管脱落指的是胶管与燃具或者用户室内支管上的胶管接头连接不牢固，在外力作用下极易导致二者脱开，造成燃气泄漏。通过调研分析户内胶管脱落事故原因表明：导致胶管脱落的因素一方面是外力作用，另一方面是胶管及胶管接头尺寸不规范、不匹配。因此本标准针对胶管脱落问题明确拔出力、胶管及胶管接头尺寸2个指标。

## 1. 拔出力

外力主要为台式灶具移动时施加在软管上的拉力以及人为施加在软管上的拉力。人为施加在胶管上的力一般是清洁灶具时的碰触，此力比较小；台式灶具的重量一般不超过10 kg，按照极限情况分析，灶具移动施加在软管上的力不超过100 N。因此，本标准规定胶管拔出力不应小于100 N。

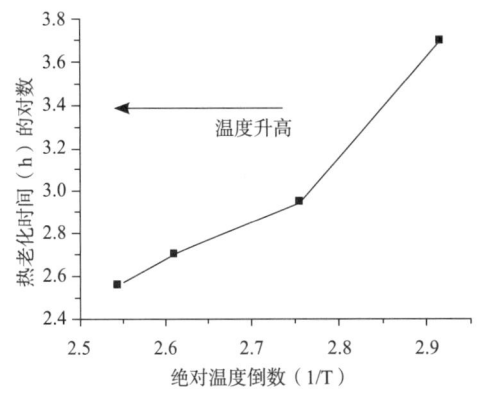

图3　试样热老化时间（h）的对数与绝对温度倒数的关系

针对胶管使用中都是充满2 kPa的燃气，在确定拔出力的测试方法时，编制组通过对比测试胶管内充入2 kPa气压、0 kPa气压时的拔出力数据表明：测试中胶管承压与否对拔出力的结果几乎没有影响，而且试验过程中在胶管内充入气压，需要搭建供气系统，试验程序也更加复杂。因此本标准规定测试拔出力时胶管内不充压。

另外胶管发生脱落及松动漏气大都是在实际使用中发生的，这也是行业非常关注的焦点，对此，编制组对热老化前后胶管的拔出力进行了对比性测试分析（表3）。结果表明不同品牌的胶管老化前后拔出力变化不同，有升有降，无规律性，因此本标准对胶管拔出力测试采用新管。

胶管拔出力测试　　　　　表3

| 厂家 | 拔出力 /N | | |
|---|---|---|---|
| | 老化前 /N | 老化后 /N | 变化率 /% |
| 1 | 104 | 108 | 3.8 |
| 2 | 256 | 201 | −21.5 |

续表

| 厂家 | 拔出力 /N | | |
|---|---|---|---|
| | 老化前 /N | 老化后 /N | 变化率 /% |
| 3 | 128 | 116 | -9.4 |
| 4 | 140 | 173 | 23.6 |

热老化条件为:

老化温度:(70±1)℃;老化箱停留时间:(334~336)h;老化后静置时间:(94~96)h。

### 2. 胶管及胶管接头尺寸

本标准对于胶管的公称内径规定了 9.5 mm 和 13 mm 2 种尺寸,与国家标准 GB 29993-2013《家用燃气用橡胶和塑料软管及软管组合件技术条件和评价方法》相比,区别在于将公称内径 9 mm 和 9.5 mm 2 种规格合并为公称内径 9.5 mm 一种规格。其原因之一是考虑到燃气用具连接用胶管的适用性以及与最新标准的协调性,HG 2486-1993《家用煤气软管》中规定了公称内径 9 mm 的软管,国家标准 GB 29993-2013《家用燃气用橡胶和塑料软管及软管组合件技术条件和评价方法》编制过程中参考了该标准,保留了该规格的软管。但是与软管连接相关的 3 个产品标准中,均没有提到该规格软管:行业标准 CJ/T 180-2014《建筑用手动燃气阀门》明确规定了 2 种胶管接头,分别连接公称内径 9.5 mm 和公称内径 13 mm 的胶管;国家标准 GB 6932-2001《家用燃气快速热水器》中也规定了 2 种规格的胶管接头,但并没有提到与哪种规格的胶管连接;国家标准 GB 16410-2007《家用燃气灶具》中也规定了 2 种胶管接头,分别连接公称内径 9.5 mm 和 13 mm 的胶管。目前,国家标准 GB 6932-2001《家用燃气快速热水器》和 GB 16410-2007《家用燃气灶具》也都在修订中,相关规定与行业标准 CJ/T 180-2014《建筑用手动燃气阀门》一致。因此,本标准对于胶管的公称内径规定了 9.5 mm 和 13 mm 2 种尺寸。

此外,行业标准 CJ/T 180-2014《建筑用手动燃气阀门》和国家标准 GB 6932-2001《家用燃气快速热水器》中规定用于公称内径 9.5 mm 胶管的接头最小直径为 9 mm,国家标准 GB 16410-2007《家用燃气灶具》中规定 Φ9.5 胶管接头最小直径为 9.5 mm,相差 0.5 mm,但接头与胶管连接是过盈配合,因此接头的最大直径是主要影响因素,而在上述 3 个标准中,接头的最大直径是相同的,均为 Φ11.5,故 Φ9 与 Φ9.5 的 2 种接头对胶管连接可靠性方面本质上是没有差异的,Φ9 比 Φ9.5 仅仅在安装胶管时的导向作用(接头更容易插入胶管)稍好而已。

因此,与 9.5 mm 和 13 mm 胶管匹配使用的胶管接头尺寸要求见图 4。

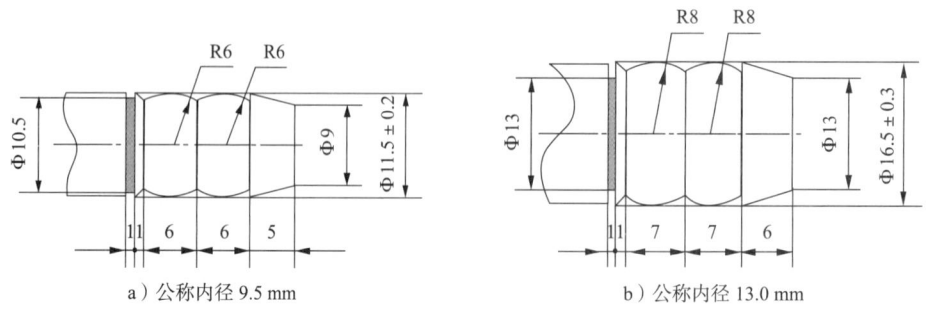

图 4 胶管接头

## 四、结束语

燃气胶管作为燃具与室内燃气支管连接的必备设施,其安全使用不仅关乎用户自家的安全,也可以说是关乎城镇公共安全的事项,CJ/T 491-2016"燃气用具连接用橡胶复合软管"标准中对其使用寿命及其测试方法的规范,以及胶管尺寸与胶管接头尺寸的规范和匹配,将会消减大部分因胶管引起的安全事故及隐患,在此也希望广大燃气用户、燃气从业人员积极宣贯、使用该标准,为提升我国户内燃气安全水平贡献力量。

陈文柳、王凡、李美竹、王佩广、沙宝海

# 燃气公共服务均等化在陕西的探索与实践

增加公共服务供给,提高公共服务均等化水平,是保障和改善民生的重要举措。本文以陕西为例,以燃气公共服务为切入点,通过对陕西燃气公共服务的现状及问题的分析,结合陕西燃气产业发展的实际,提出了"服务均等、普惠气化"的理念和实施路径,为实现省域燃气公共服务均等化目标进行了积极的探索。

党的十八届五中全会提出:"增加公共服务供给,从解决人民最关心最直接最现实的利益问题入手,提高公共服务共建能力和共享水平"。陕西省委十二届八次全会强调,要坚持走以人为本的新型城镇化道路,努力推进城镇群建设和公共服务均等化,并将"人民生活水平和质量进一步提高,基本公共服务实现均等化"作为"十三五"时期发展目标的重要组成部分。因此,推进城乡基本公共服务均等化,是中央的重要决策部署,也是陕西省委、省政府促发展惠民生的战略安排,更是省属国有企业应有的担当和努力方向。

燃气产业是基础公共服务的重要组成部分,尤其是"气化陕西"工程的提出和实施,为燃气公共服务均等化目标的实现及全省治污降霾工作提供了有力支持。

## 一、陕西燃气公共服务均等化的现状与问题

2008年,为使天然气这一清洁能源更好地惠及三秦百姓,陕西省委、省政府在国内率先提出了"气化陕西"工程的规划建设目标,由陕西燃气集团有限公司(以下简称燃气集团)作为主体实施单位。经过几年的努力,目前燃气集团已在全省投资建成了29条天然气输气管道(包括干、支、专、联络线),57座分输站、7座压气站、112座阀室,管网已覆盖全省10市2区(杨凌示范区、西咸新区),总里程超过3 000 km,具备了135亿 $m^3$ 的年输气能力基础,在全省形成了纵贯南北、横跨东西、互联互通的管网供给保障格局。同步规划建设了9座压缩天然气(CNG)加气母站,杨凌、西安2个液化天然气(LNG)应急储备调峰项目(合计日液化处理能力800万 $m^3$),基本形成了管道天然气(NGP)、压缩天然气(CNG)、液化天然气(LNG)为主的多渠道、多产品的供给和服务组合,服务和保障民生的能力不断增强。依托中石油、中石化、延长石油等上游天然气生产企业和管道运营企业,取得了13个资源配置点186亿 $m^3$ 的年资源配置许可,基本形成了"东、西、南、北、中"多点、多气源供给格局。城镇气化率显著提升,全省10市2区107个县(区)、314个镇(乡)实现气化,总气化人口达到1 400万人,市级城市气化率达到85%,县级城市气化率达到50%,乡镇气化率达到33%,全省天然气综合利用水平大大提高。

"气化陕西"工程作为陕西重大民生工程,在推动燃气公共服务均等化的进程中发挥着重要的载体作用。但是,客观上三秦百姓在享受清洁能源服务的机会和质量方面仍有较大的差异。一是区域经济发展水平的差异,经济发展程度越高,就越有实力去吸引投资,提高气化率和改善气化条件;二是地理区位的差异,政治、经济中心区域,交通便捷地区,旅游名镇、重点乡镇以及靠近气源地的

区域，就享有较多的气化机会和更为便利的气化条件；三是燃气运营主体的差异，陕西城市燃气投资运营企业总计40家，国有独资1家，国有控股3家，国有参股1家，其他经济成分35家，这些企业因属性、经营资质、基础管理、安全管理、技术装备、人才队伍等方面的差异，造成经营理念及服务质量、安全保障能力等方面差异较大，直接影响经济活动的社会效果；四是供给方式的差异，工业用户存在高压管网直供和城市燃气企业转供，城市燃气用户存在管道天然气、压缩天然气、液化天然气供给的差别，不同用户因供给方式的不同，直接影响成本费用的支出。这些问题的存在，就使得要真正实现省域内清洁能源使用均等化的目标，还有很长的路要走。

## 二、燃气公共服务均等化在陕西的推进

燃气公共服务均等化，突出的是享受服务机会的均等化，即社会成员在享受燃气公共服务时，不因各种差异而付出更多的机会成本，应具有享受燃气公共服务的同等机会；强调的是享受服务结果的相对均等化，即应综合考虑气化方式、安全管理、服务质量等多种因素，不因区域、城乡之间的差异而付出更多的经济成本，享受到等值、等质的燃气公共服务。这也正是"气化陕西"工程实施推进的最终目标。具体来讲，应"倡树一个理念，推行一种模式，完善一套体制"，引导各种市场主体积极参与，规范市场运行秩序，推动产业健康发展。

### （一）倡树一个理念："普惠气化"

"普惠气化"理念的内涵包含3层意思：一是普遍服务。是向全省所有有气化需求的用户提供合适的、有效的、全方位的气化服务。这种服务是无歧视、无盲区，面向全省所有县区及村镇的服务，这是公共服务均等化最根本的体现，也是公共服务类企业应有的责任。二是普遍参与。是全社会共同参与和支持的过程，不是某一企业垄断市场的过程，而是支持、吸收和联合社会各种资本共同参与的过程，这也是混合所有制经济发展的生动实践。三是普遍受益。是为了实现各级各类用户、燃气产业的投资运营者、燃气产业链各利益相关者普遍受益互惠多赢，最终实现经济、社会和燃气产业的全面发展，这是燃气服务均等化结果的体现，也是终极目标。

### （二）推行一种模式："产业一体化"

实现燃气公共服务均等化，"大而稳"的上游资源保证是前提，"广而安"的中游管网体系是保障，"多而优"的下游产品供给是关键，必须从全产业链的角度去谋划和推进，实施一体化发展。

"产业一体化"从促进省域燃气产业有序、健康、持续发展的大局出发，针对全省燃气产业链发展不均衡的局面，尤其是下游产业存在的资源分散、地域分割、各自为政、步调不一，以及运营主体专业化程度不高的现状，对燃气产业价值链的和谐性、系统性、战略性进行规划。在产业链结构上表现为"X+1+X"。第一个"X"是指集天然气生产与运销企业为一体的多方、多点供应的资源配置格局。"1"是指在全省构建统一规划、主体多元、互联互通的全省天然气一张网体系，以一套管网系统统一对接上游和下游。第二个"X"是指不同投资主体参与、形成多个区域市场，鼓励有效竞争的终端市场发展环境。在发展内涵上体现为"市场化、集约化、平台化、标准化"4个方面。

1.市场化，是机制与导向。"产业一体化"就是要坚持市场在资源配置中的决定性作用，通过并购、重组、交叉持股等多种方式，利用资本纽带建立产业链不同环节企业间的联系，构建有效竞争的市

场结构和市场体系，打破产业链上中下游、企业属性、特许经营等因素所产生的市场壁垒，实现生产要素的合理流动和优化组合，激发产业活力，释放红利。

2.集约化，是延伸与集成。从省域产业发展大局出发，着力整合全省燃气资源，将不同属性、不同业务的燃气运营企业形成定位清晰、分工有序的有机整体，提高行业集中度，避免市场分割和重复建设，实现1+1>2的产业效能最大化，确保有气化需求及已气化的用户享受高质量的服务。

3.平台化，是手段与载体。逐步探索建立陕西特色的"互联网+燃气"发展模式，借助信息化平台在大数据管理、电子商务、互联网金融等方面的优势，推动燃气输送网向现代能源物联网、城市燃气网向智慧燃气物联网转变，实现"全省一张网"内涵的丰富和创新，打造全省燃气产业转型发展升级版。

4.标准化，是规则与保障。按照"五统一、三公平"的思路，建立"统一理念、统一规划、统一标准、统一运营调配、统一监管"的运行制度和规则体系，逐步建成"权利公平、机会公平、规则公平"的燃气公共服务公平保障体系，营造良好的市场环境，维护广大用户的权益。

### （三）完善一套体制："一体多元，两链并举"

#### 1.坚持公有制为主体多种经济成分共同参与

"一体多元"，是明确燃气运营主体各自角色与定位这一核心问题的制度性安排。燃气集团作为公共服务类企业，发挥公有制经济的主体功能，引导多种经济成分共同参与，是推进"气化陕西"工程，实现全省燃气公共服务均等化目标的重要保障。

（1）充分发挥燃气集团"资源的整合者，平台的提供者，标准的维护者，产业的引导者"的作用。跟踪对接好城市发展规划、重点项目建设与产业布局、能源结构调整与治污降霾等政策导向和市场需求，把握发展主动权；积极谋划和构建"覆盖全省，对接全国，接轨国际"的运销模式，逐步建立起一个平台（电子交易平台）、两类业务（燃气贸易、物流服务）、三种方式（管道天然气、压缩天然气、液化天然气）、四级配送（省、市、区县、乡镇）、五大功能（燃气供给、节能和碳排放交易、价格发现、结算与金融服务、数据挖掘与信息咨询、客户服务）的陕西燃气产业一体化、智能化运行体系；积极筹划燃气集团整体上市，通过资产的资本化、证券化，为各类投资主体参与全省燃气产业发展提供渠道；充分发挥技术、管理与人才优势，积极参与制定产业相关产品、技术、服务标准，引导陕西燃气产业向价值链高端的升级。

（2）充分发挥各市场参与主体"资本的投入者，产业的推动者"的作用。鼓励各类投资主体投身于陕西燃气事业中，为全省燃气产业发展注入新的活力。对于竞争力不强，退出成本高的燃气运营主体，按照"资源变资本"的思路，重新认识和发现自身资源优势，借助行业主导企业，通过高位嫁接，实现转型发展，利用资本纽带和工具实现自身资源的价值增值。

（3）充分发挥各级政府"制度的设计者，资本的监管者"的重要作用。通过优化完善行业法规和政策，营造依法、合规、健康的法制和政策环境；通过"X+1+X"的体制构建，实现"中间管制，两头放开"的有效监管；通过深化国资国企改革，优化资本布局、规范资本运作、提高资本回报、维护资本安全，降低监管成本，提高监管效率，使企业提供的公共产品和服务质量符合燃气公共服务均等化的要求。

#### 2.坚持产权链和产业价值链两链并举

"两链并举"，是市场化机制的具体体现。依托产权链和产业价值链2条主线，鼓励各运营主体在全省范围内围绕燃气产业实施纵向和横向一体化，实施投资和经营管理创新。

（1）投资组合。不断优化全省燃气产业投资的规划布局，对产业链不同环节业务进行细分，通过全产业链的投资，实施专业化运营和管理，利用资本纽带建立产业链不同环节企业间"分工协作，错位发展"的关系，形成目标一致的利益共同体。借助资本纽带，用有限的资源撬动更多的社会资本，拓展发展空间，走资本聚集、抱团发展的道路，加快我省燃气产业参与国际投资的步伐。

（2）产品组合。不断丰富燃气产品门类，借助基于互联网的燃气产业运营平台，创新商业模式，将燃气供应、配送和利用从传统集中式转为智能化的分散式，形成产品组合"套餐"，为区域燃气市场提供全方位的个性化服务。借助大数据分析，准确挖掘不同客户的消费习惯和用气规律，形成主动的、精细化、全方位的燃气供应系统解决方案，实现对全省燃气资源的统筹调配，最大限度地满足用户需求。

（3）服务组合。在投资、产品等硬件竞争优势的基础上，提升服务质量，发挥产业链各环节专业化公司间的互补优势，引导上、中、下游各企业在技术服务、安全管理、金融支持、运营保障、工程设计与施工组织、特色文化等方面，聚合资源，打造品牌、形成文化，增强软实力，为用户提供全方位、多渠道、智能化服务的保障。

从总体上看，投资组合是产品组合和服务组合的基础，产品组合和服务组合是投资组合功能的体现，3个组合相互依存又互相推动，成为实施管理创新、推动发展转型、实现提质增效的重要指引。

总之，推动燃气公共服务均等化是实现陕西公共服务均等化目标的重要组成部分，也是推动绿色低碳循环发展产业体系建设的重要举措，这一过程的实现不仅需要在思想层面的解放和创新，发展模式和体制机制方面的完善与改革，更需要政府、企业和社会公众的共同参与和协力推动，进而实现共享发展。

郝晓晨、刘宏波、朱剑

# 从企业责任出发，应对可持续城市建设中的能源挑战

可持续发展是人类共同的经济、社会和环境目标，代表了更为广泛的社会期望。20世纪80年代，在西方经济衰退和全球能源危机的背景下，联合国相关部门正式使用可持续发展这个概念，并成为全球许多国家和地区区域发展的重要战略之一。90年代以来，城市的发展成为不可持续问题的矛盾集中点，也被看作实现可持续发展的未来希望。进入21世纪，全球约有50%的人口生活在城市，人们迎来了一个新的"城市世纪"。2015年，联合国发布"变革我们的世界——2030年可持续发展议程"的文件，标志着人类社会第一次就可持续发展达成共识，具有划时代的意义。

面对全球城市化大发展，推动可持续性城市已成为实现全球发展的关键议题。城市的可持续性指城市维护自身永续生存和繁荣的能力，也指随着城市人口的扩展，城市自身对世界其他部分的影响。可持续城市的真正意义在于，尽管现代城市很难在有限的空间边界内实现自我持续运转，但可以通过城市自身建设来实现更广阔范围的区域可持续发展，以实现城市的可持续性。

能源作为城市发展的动力，在可持续城市建设中起着至关重要的作用，而能源短缺也成为制约和挑战。推进清洁能源和可再生能源应用，是企业社会责任理念赋予企业与可持续发展密不可分的联系。履行企业社会责任，发挥企业的创新和实践能力，应对城市能源挑战，将成为来来城市可持续发展的重要动力。

## 一、可持续城市建设中的能源挑战

《国家新型城镇化规划（2014—2020年）》提出，到2020年，我国常住人口城镇化率达到60%左右。城镇化率的提升，不仅面临城市人口增长带来的能源需求增长，同时更面临城市基础设施和公共事业建设要求的上升而引起的能源消耗扩大。城市化的发展带来的能源需求增长快、资源环境压力大、城市生态环境矛盾突出等对于城市走向绿色低碳化可持续发展道路形成严峻的挑战。

能源转型是世界上大多数城市共同面临的议题。由于经济增长速度放慢及能源消耗减少，我国能源领域将以结构调整为重点。近年来，能耗增长速度低于经济增长速度。尽管替代能源在能源构成中所占比例逐渐增长，煤炭的主导地位仍未改变，煤炭消耗占比仍超全国能耗的60%。"十三五"发展时期，我国能源结构调整将控制煤炭消耗量，稳定石油和天然气的使用，提高清洁能源的利用率以支持能源结构转型。加快能源发展方式转变，发展新能源、清洁能源，改变以煤为主的能源结构，建立"稳定、经济、清洁、安全"的能源保障和现代能源产业体系，不仅对我国城镇化进程有着重要的意义，而且对世界的发展有着深远的影响。

## 二、履行企业社会责任应对能源挑战

在城市化进程中,建设可持续城市不仅是政府的职能所在,更是每一个社会有机体的职责。可以说,积极应对能源挑战,提升城市可持续发展能力,是企业履行社会责任的重要部分。诸多企业已通过履行企业社会责任,把应对能源调整纳入企业发展战略中,如国家电网推进能源开发实施清洁替代、能源消费实施电能替代,伊顿公司通过技术创新推动城市公共交通绿色化,北京汽车不断研发新能源汽车等。

北控集团一直追求负责任的行动,将可持续发展的期望融入企业发展战略、业务布局和日常管理中,不断开放创新,致力于服务城市可持续发展,为现代城市提供一体化综合服务,在服务城市发展中,大力推广以天然气、非常规天然气、液化石油气、光伏发电、垃圾焚烧发电为主的清洁能源开发和应用,开展污水处理、水环境综合治理、固废处理等环境综合整治,倡导和建设绿色、低碳城市。与此同时,集团不断提升社会责任工作的规划力、行动力、倡导力和影响力,通过社会责任报告制度助推企业社会责任工作发展,于2013年发布北京市属国企第一份社会责任报告,2016年8月正式发布第四份社会责任报告,并且连续两年获得中国社会科学院企业社会责任中心专家的五星评级。

## 三、发展清洁能源助推能源转型

国际天然气联盟(IGU)主席大卫·卡罗尔在2016年G20能源部长会议上,向世界发出天然气行业的声音:天然气已经成为可获得、可负担、经济、清洁、可持续供应的能源,担负着重塑全球能源结构、实现能源结构清洁化的重任,将成为未来的主力能源。在中国,天然气仅占全部能源供应的3%,相比之下,世界平均水平约20%,而美国则达到25%。加大天然气的推广应用,为我国的环境改观提供了机遇。据美国能源部的实验室预估,"中国如果到2020年能将天然气用量提高到占能源总需求的10%的话,每年颗粒物排放将减少100万t,二氧化硫排放将减少300万t,碳排放将减少7000万吨"。北控集团所属北京燃气的一项长期观测也印证了这一结论,研究显示"天然气在北京能源结构中的应用比例与北京蓝天指数的趋势高度吻合",表明天然气作为清洁能源对城市环境改善的重要意义。

北控集团大力发展清洁能源,以天然气为主力,同时发展光伏发电、垃圾焚烧发电等可再生能源;进一步创新能源应用,推动清洁供热、分布式能源和车用天然气应用,助推能源结构转型。

天然气是应对气候变化,实现清洁空气的中坚力量,也是促进能源转型必由之路。北控集团所属北京燃气公司供应了北京城镇天然气用量的95%以上,并不断拓展全国业务,2015年,天然气业务覆盖全国300余个城市,购入量达238亿$m^3$,输配管网长度近8万km。"十二五"期间,集团天然气销售量累计达740亿$m^3$,共替代燃煤约11700余万t;北京燃气累计购入天然气487.14亿$m^3$,共替代燃煤约7700余万t,使得天然气在北京市一次能源消费中所占比例从"十一五"末的12%提高到22%。集团创新发展智慧能源,北京燃气高度重视绿色创新,开展跨界合作,在国内率先将北斗精准定位技术应用于燃气生产运营,打造"北斗——燃气生态圈"、智能管网等,不断创新推动清洁能源利用和城市可持续发展。实施燃煤设施清洁能源改造,是集团服务北京市全面控制大气污染的首要举措,累计完成锅炉改造14684蒸t。集团多措并举落实首都能源资源保障,2015年,推动京唐港LNG接收站建设，西集LNG应急储配中心作为北京市首座LNG液化工投产，与近20多个国家的能源企业建立友好合作关系，积极参与国际能源市场贸易，从海外第一次自主采购LNG。在李克强和法国总理瓦尔斯的见证下，北控集团与ENGINE集团签署系列合作协议。北控能源内蒙古鄂尔多斯煤制天然气项目已列入国家煤炭清洁高效转化升级示范项目、煤化工污水分盐零排放环保示范项目，以及京津冀大气污染防治行动计划重点项目。

推广实施液化石油气是实现村镇能源清洁化的重要方式，北控集团积极开展"送气下乡"惠民工程，"十二五"期间，累计实现液化石油气总销售量近80万t，在16个区县共建设村级换瓶点651个，覆盖用户199万户，三级服务网络更加完善。

北控集团不断创新能源应用，自主研发智慧供热系统，发展天然气分布式能源，建设和完善车用气保障系统。2015年，清洁供热签约面积4561万$m^2$，运营供热项目达到28个，清洁供热面积实现1796万$m^2$。天然气分布式能源是重要补充，集团成立集投资、建设、运营于一体的分布式能源运营平台，协助政府推动分布式能源政策出台，并建成投运中石油数据中心、国润新通、清河医院、中关村壹号、金雁饭店等一批分布式能源项目。集团助力首都车用天然气的应用，"十二五"期间，共建成加气站40余座，发展天然气汽车1万余辆。

构建低碳、智能、共享的能源未来，推动世界能源的清洁化发展，满足城市可持续发展对清洁可靠能源的需求，是全社会理应肩负的责任，也是企业不可推卸的社会责任。北控集团从企业责任出发，助推全行业行动起来，共同迎接天然气"黄金时代"的到来。

北控集团研究室

# 第七篇

## 主要上市燃气企业基本情况

## 北京市燃气集团有限责任公司（00392.HK）

作为北京控股有限公司（00392.HK）的全资公司——北京市燃气集团有限责任公司，2015年共销售天然气139.5亿$m^3$，液化石油气销售达到19.5万t，员工数达6 000人。天然气管线长度达到2万km，燃气用户数量达到550万户。完成上游及城市燃气投资项目20余个，经营汽车加气站100座，发展天然气汽车近2万辆。

## 上海燃气（集团）有限公司（600642）

作为申能股份有限公司（600642）的全资子公司——上海燃气（集团）有限公司，2015年共销售天然气74.5亿$m^3$，液化石油气销售达到9万t。天然气管线长度达到2.3万km，燃气用户数量达到600余万户。员工总数达到8 000人，客户满意度达到90%。

## 重庆燃气集团股份有限公司（600917）

截至2015年底，重庆燃气集团股份有限公司天然气销售量达到29.7亿$m^3$，管道燃气用户数量达到402万户，经营44座高速路LNG加气站，管网长度达到8 000 km。2015年参与中石油组建合资公司2家，分别从事重庆地区天然气主支干管线建设运营及潼南区部分区域天然气供应，扩大了管输领域的利润增长点；成功与保靖县政府和合江县政府签署协议，获得湖南省保靖县城市燃气供应项目和四川省合江县LNG综合利用项目。

## 新奥能源控股有限公司（02688.HK）

截至2015年底，新奥能源控股有限公司销售天然气112.8亿$m^3$。天然气管线长度达到29 936 km，燃气用户数量达到1 232万户，员工总数达到28 317名。城市燃气项目总数达到152个，在全国71个城市经营CNG汽车加气站576座。

## 香港中华煤气有限公司（00003.HK）

截至2015年底，香港中华煤气有限公司连同港华燃气在国内25个省市拥有222个项目，燃气销售量达到132亿$m^3$，其中香港地区燃气销售量达到8亿$m^3$，客户数量达到179万户，员工总数达到45 600名，内地燃气销售量达到124亿$m^3$，用户增加至2 000万户。在陕西、山西、河南、山东等地建成投运、在建和筹建加气站合计100座。

## 华润燃气控股有限公司（01193.HK）

截至2015年底，华润燃气控股有限公司销售气量达到149亿$m^3$，用户数量达到2 361万户，天燃气管线长度达到 116 241km，员工总数达到 44 624 名。在全国 22 个省市运营 220 个城市燃气项目和 317 座加气站项目。

## 中国燃气控股有限公司（00384.HK）

截至 2015 年，中国燃气控股有限公司天然气销售量达到 80 亿 $m^3$，液化石油气销售量达到 176 万 t。集团累计在全国 24 个省市、自治区、直辖市取得 237 个城市燃气项目（已接通天然气的城市达到 160 个），12 个天然气长输管道项目，353 座汽车加气站项目，1 个天然气开发项目、2 个煤层气开发项目和 98 个液化石油气分销项目，用户数量达到 1 600 万户，天然气管网长度达到 47 668km。

## 昆仑能源有限公司（00135.HK）

截至 2015 年，昆仑能源有限公司所属中石油北京天然气管道有限公司输气量为 329.33 亿 $m^3$；江苏 LNG 接收站和大连 LNG 接收站天然气气化量合计 39.68 亿 $m^3$，天然气销售量合计 72.56 亿 $m^3$，其中，LNG 销售 29.41 亿 $m^3$。

## 陕西省天然气股份有限公司（002267）

截至 2015 年底，陕西省天然气股份有限公司长输管道输气量 47.5 亿 $m^3$，长输管道总里程接近 3 000 km，公司年输气能力提升至 135 亿 $m^3$，资源供给保障能力得到显著增强。"七纵、两横、一环、两枢纽，以 7 座 CNG 市场组团辐射周边"的天然气供应系统更趋成型。以不同投资主体参与、鼓励有效竞争为前提，先后完成了 7 个市域燃气市场的投资与资产整合，探索形成了企地合作共赢的有效模式，极大地拓展了公司城市燃气业务覆盖区域。

## 深圳市燃气集团股份有限公司（601139）

截至 2015 年底，深圳市燃气集团股份有限公司天然气销售量达到 15.02 亿 $m^3$，液化石油气销售量达到 50.39 万 t，管道燃气用户数量达到 221 万户，管网长度达到 5 300 km。在江西、安徽、广西的 29 个城市（区域）开展管道燃气业务经营。

## 长春燃气股份有限公司（600333）

截至 2015 年底，长春燃气股份有限公司有中石油和中石化两大能源上游供应商，并已签订长期供应合同，东北天然气输气干线业已供气至吉林省。公司新建 10 000 $m^3$LNG 储存能力（600 万 $m^3$ 标态天然气）的调峰应急气源厂也在 2015 年度投运。历经 5 年建设的 128 km 外环高压管网也将在年内完工投运，形成了高压、次高压、中压和低压的 4 级压力输配系统。已获得长春市及其他 8 个城市（区域）的城市管道特许经营权，在经营区域内，能为民工商各类客户提供稳定长期的燃气供应。

## 中裕燃气控股有限公司（03633.HK）

截至2015年底，中裕燃气控股有限公司天然气销售量达到6.3亿 $m^3$。集团累计在全国9个省取得52个城市燃气项目、54座汽车加气站项目，天然气管网长度达到9 067 km，可接驳城市用气人口达到288万户，用户数量达到近196万户，员工总数达到2 380名。

## 中国天伦燃气控股有限公司（01600.HK）

截至2015年底，中国天伦燃气控股有限公司气量销售达到6.2亿 $m^3$，天然气管网长度达到26 167km，集团累计在全国10个省、直辖市取得51个城市燃气项目，用户数量达到近102万户。公司已经逐步由位于河南省的区域性公司，转型为立足河南、布局全国的大型清洁能源企业。

中国燃气行业年鉴 2015
CHINA GAS INDUSTRY YEARBOOK

# 第八篇

## 企业风采

# 百年燃气　智创未来
## ——上海燃气（集团）有限公司

## 一、企业简介

上海燃气（集团）有限公司（以下简称"上海燃气"）组建于2003年12月，注册资金42亿元，为申能（集团）有限公司全资子公司。经过10多年的努力，上海燃气目前已构建形成东海天然气、西气东输一线和二线、进口LNG、川气东送、江苏—崇明管道天然气，以及五号沟LNG等"6+1"多气源供应格局，2万多km的天然气管网遍布全市，962777燃气服务热线和150多个对外服务站点为客户提供全天候服务，年供应天然气72亿$m^3$，服务燃气用户超过650万户，应急供应保障能力达到15d。同时完成了申城350万户人工煤气用户的天然气转换，于2015年6月，实现上海管道燃气全天然气化。

## 二、企业文化

上海燃气，正迎着改革创新的新浪潮努力打造多气源、一张网、多元销售的"X+1+X"升级版，加快建设智慧燃气，开放共享，融合创新，变革转型，成为一家保障有力、服务优质、专业高效的具有互联网精神的新型清洁能源服务商，推动清洁能源更好地服务城市发展、生态文明和市民社会。

# 星星之火　可以燎原
## ——华润燃气控股有限公司

## 一、企业简介

华润燃气控股有限公司（以下简称"华润燃气"）是华润集团下属战略业务单位，2007年1月正式成立。主要在中国内地投资经营与大众生活息息相关的城市燃气业务，包括管道燃气、车船用燃气及燃气器具销售等。目前已在南京、成都、天津、郑州、济南等220多座大中城市投资了燃气企业，销气量达到149亿 $m^3$，居民用户数达到2 361万户，是中国最大的城市燃气运营商之一。

## 二、企业荣誉

2008年10月底华润燃气在香港成功上市，成为华润集团旗下燃气板块的上市平台，现已位列香港恒生综合指数成份股。2012年以来，华润燃气相继被摩根士丹利、香港的恒生指数以及英国富时指数纳入中国指数成份股。从2013年起至2015年，华润燃气每年都获国际著名评级机构穆迪授予Baa1评级及惠誉公司授予BBB+评级，2项投资级评级均为稳定展望，为行业最高评级。

2013年至2015年，华润燃气连续3年获评"普氏全球能源企业250强"，且位列亚洲增长最快燃气企业第1名；2014年至2015年，连续2年在《亚洲周刊》评选的"中国大陆企业香港股市排行榜"中荣获"最绩优企业大奖"及"环保新能源企业大奖"。

## 三、企业文化

华润燃气秉承专业、高效、亲切的服务宗旨，供应安全清洁燃气，努力改善环境质量，提升人们生活品质，坚持海纳百川、包容开放的用人理念，致力于成为综合实力"中国第一、世界一流"的燃气企业。无论是企业规模、盈利能力，还是管理水平、企业文化、社会责任等都要力争成为行业标杆。

### 1. 诚信合规——做得比说得好

几年来，华润燃气从不为了追求业绩的光鲜，而违背诚信这一核心价值观，始终严格恪守商业准则。在并购过程中，认真履行合资承诺，坚持做得比说得好，积极维护股东和员工合法权益，平等对待各类股东，真诚对待合作伙伴。目前，华润燃气并购了200多家企业，涉及员工2万余人，但没有发生一例群体性事件，从而得到了政府和社会各界的一致好评。

### 2. 无边界——打破边界，协同共赢

华润燃气成员企业地域分布广，为破解"地域割据"，整合内部资源，实现资源共享，华润燃气

从 2011 年 3 月起，开始推行虚拟大区管理，着力打造无边界组织。通过 2 年多的探索和实践，华润燃气从无边界组织、无边界管理、无边界文化等 3 个方面，建立了有燃气特色的无边界管理模式。

3. 学标杆——人人学标杆，比学赶帮超

为了全面提升成员企业管理水平，相互学习、取长补短，营造比学赶帮超的氛围，2013 年，总部各个部室经过多次研讨、多方征求意见，制定了成员企业各职能管理的主要工作标准。通过"人人学标杆、人人做标杆"，在公司上下营造了比学赶帮超的良好氛围。

网址：www.crcgas.com

# 天然之气　厚德者兴
## ——陕西燃气集团有限公司

## 一、企业简介

陕西燃气集团有限公司（以下简称"陕西燃气"）是经陕西省政府批准，由陕西省国资委出资设立的省属国有独资有限责任公司，于2011年11月3日正式挂牌运营，注册资本金20.213亿元。陕西燃气以核心业务、产品、技术、资本为纽带，通过业务统筹、资源整合、板块孵化及资本运作，实施关联型多元化发展，着力构建以勘探开发、燃气储运、城市燃气、燃气综合利用为核心，以工程技术与装备制造、产业投（融）资为支撑的6大业务板块，基本形成了资源供应充足、管网设施齐全、储运功能完善、板块业务清晰、生产调度灵活、运营管理规范、机制运转高效的产业架构。现拥有二级企业9家，分（子）公司50家，机关设9处2室1中心，在册员工2654人（副高级及以上职称人员113人），平均年龄约33岁。2015年，实现营业收入超过70亿元，利税近11亿元，资产总额达132.29亿元。

## 二、业务介绍

陕西燃气业务范围包括天然气（煤层气、页岩气、水溶气等非常规天然气）勘探开发，储运与销售；输气管网规划、建设、运营与管理；燃气化工、道路气化、分布式能源及液化（压缩）天然气等项目的建设、运营与管理；涉气产业装备的研发、制造与销售；工程项目的勘察、设计、施工、监理、检测、技术咨询与项目管理服务；国有资产及其资本收益管理；产业投（融）资。

## 三、企业荣誉

陕西燃气先后被推荐当选为"中国石油企业协会"、"中国城市燃气协会"副会长（副理事长）单位；自设立以来，连年被陕西省国资委考评为A级企业；拥有国家级文明单位2家，省级文明标兵单位4家；多次被陕西省国资委评为财务管理工作先进集体；获得2014年最具成长性能源企业50强；2011年，获得中国地理信息产业协会授予的"2011中国GIS优秀工程银奖"；2012年，被中国石油学会石油储运专业委员会授予"管道科技进步奖二等奖"；2013年，被国家体育总局授予"2009—2012年度全国群众体育先进单位"称号；2014年，被中国石油企业协会授予"石油企协三十年先进集体"称号；2015年，在陕西省第二十三届"科技之春"宣传月活动中，作为唯一一家省属企业荣获先进单位，受到表彰；2015年，被陕西省国资委授予"2011—2015年全省国资系统法制宣传教育先进单位"荣誉称号；2015年，获得陕西省省属国有企业优秀文化成果展一等奖。

## 四、企业规划

到 2020 年，完成投资 300 亿元，资产总额达 400 亿元，年主营业务收入达 300 亿元，管道里程达 5 500km，实现陕西省燃气消费 100 亿 $m^3$ 和集团公司燃气运销 100 亿立方米的"两个一百亿"目标。努力打造成为产业链条完整、核心优势突出、运营专业高效的"业内响名，国内知名，国际有名"的大型燃气企业集团。

## 五、企业文化

大力弘扬"为工作拼命，为事业忘我"的企业精神，不断丰富"天然之气，厚德者兴"的企业文化内涵，持续推动"幸福企业"创建工作，结合《创建幸福企业行动纲要》形成了包括员工健康关爱、员工驿站、爱心互助、志愿服务、子女关怀、家属福利、社交情况、图书阅读等幸福企业创建模块；提出"幸福企业+"的理念，开展以"用心去工作，共圆幸福梦"为主题的系列活动，以感知幸福、同创幸福和共享幸福为创建路径，构建涵盖理念、行为、物质、制度等四位一体的"幸福文化"体系，培养和引导员工树立正确的幸福观，努力使每名员工都成为幸福企业的创建者和受益者。

使命：气化陕西，造福三秦

愿景：国内领先、国际知名的综合性清洁能源公司和标志性幸福企业

核心价值观：厚德兴企，用心工作，携手并进，共创幸福

企业精神：为工作拼命，为事业忘我

网址：www.shanxiranqi.com

# 科技创新　开启活力之源
## ——天信仪表集团有限公司

## 一、企业简介

天信仪表集团有限公司（以下简称"天信仪表"），创建于1995年3月，是中国燃气计量行业龙头企业。公司性质为有限责任公司，注册时间2016年2月，注册资本金5 000万元，现有资产总值2.78亿元，职工509名，其中大专以上学历占职工总数的65%，拥有各种中高级职称及技师42人。

## 二、业务介绍

天信仪表的主营业务为仪器仪表、工业自动化仪表、燃气调压设备、燃气成套设备、燃气计量仪表、标准装置、阀门、压力管道附件的制造、销售。

天信仪表的最大优势是技术优势和市场优势。在技术上，公司引领中国仪表行业的发展和创新，先后推出了12大类具有自主知识产权的系列产品，拥有发明专利和实用新型专利19项、著作权8项，还参与了多项国家、行业标准的起草工作。目前集团是国家863计划天然气管网能量计量与管理系统研制高端及特种仪器仪表开发项目的承担者。在市场上，集团在全国各地建立了45个办事处和50多个售后服务网点，构筑了辐射全国快速灵活的销售网络，为产品的安装、调试和使用提供全面的技术支持和24小时全天候快捷服务，其产品市场占有率居行业前列。

天信仪表现有主要产品包括：气体罗茨（腰轮）流量计、气体涡轮流量计、气体旋进流量计、CPU卡工业气体流量计、气（液）体超声流量计、体积修正仪、数据采集器、流量控制器、流量计算机、气体流量标准装置、宽量程气体计量装置、远程数据采集系统等，其中包含与美国GE公司（德莱赛）合作生产的G型气体罗茨流量计与C型气体涡轮流量计；与德国西克公司合作生产的TUSM型气体超声流量计；还有自主研发的气体腰轮流量计和气体涡轮流量计获得欧盟NMI认证；TBQM型气体涡轮流量计和FC-I型流量计算机通过中石油油气管道国产化设备项目的验收，同时被国家能源局、中机联和中石油天然气集团评价为"其技术指标达到国外同类产品先进水平"。产品广泛应用于城市天然气、石油、石化、轻工、冶金、电力、煤炭等行业。

天信仪表构筑了完善的销售网络和技术售后服务系统，在全国各地建立了38个销售子公司（办事处）和售后服务中心，为产品的安装、调试和使用提供全面的技术支持和24小时不间断快捷服务，并实施了完善的售后服务信息系统，实现了用户需求的快速反应和市场信息快速处理。现产品已销售全国各省市自治区，并出口到欧洲、中亚和东南亚等地，在国内天然气计量产品中居全国前列。

## 三、企业荣誉

天信仪表本着"拓展市场空间，促进技术升级，实施国际联盟；做精做强主业，协调发展多元"的发展战略，走技术引进及合资合作相结合的道路，与实力雄厚的国外同行业企业合作，全面提升产品的竞争力和企业运营的竞争力，使公司成为国际上有竞争力的品牌。企业先后被授予"高新技术企业"、"国家安全质量标准化二级企业"、"全国五一劳动奖状"、"浙江省资信、纳税、'重合同守信用'AAA级企业"、"浙江省绿色企业"、"温州市活力和谐企业"、"温州市百佳工业企业"、"苍南县模范工业企业"等荣誉称号。

## 四、企业文化

天信仪表以"面向全球、面向未来，建设国际化企业"为发展导向，确立了"成为天然气应用整体解决方案供应商"的使命，提出了"创国际品牌、树百年企业"的美好愿景，树立了"让员工创造价值、为社会创造财富"的核心价值观，并以振兴民族工业的使命感激励全体员工为企业的共同理想而奋斗。

天信仪表将谨奉"为用户提供天然气应用整体解决方案"的经营理念，始终坚持以用户利益为己任的制造和服务原则，打造满足用户动态需求的运营管理体系，一如既往地为用户不断创新，努力实现天信品牌的国际化。

网址：www.tancy.com

# 立足秦华　走出西安　扬帆远航　共创辉煌
## ——西安秦华天然气有限公司及旗下子公司

## 一、企业简介

西安秦华天然气有限公司（以下简称"西安秦华"）于2006年11月18日正式挂牌成立。由西安城市基础设施建设投资集团有限公司与香港中华煤气有限公司共同组建成立的合资公司，是目前西北地区首家引进外资、改制重组的大型城市燃气企业，公司注册资本为10亿元人民币，公司拥有西安市城六区及国际港务区特许经营权。经营范围包括城市管道天然气、煤气、液化石油气的供应和相关服务；燃气设施的生产、经营、维护、维修、质量控制、技术服务、科研开发、管网测绘、物资贸易。

截至2014年6月底，西安秦华所辖天然气管线累计投运5 591 km，建有调度中心1座、抢险维修中心1座、门站2座、储配站1座、LNG应急气源站1座、高中压调压站16座。天然气居民用户165.8万户，工商用户6 572户，加气站44家，分销商2家。天然气上半年总供气量已达7.19亿$m^3$，日最大供气量为825万$m^3$。广泛涉及民用、工业、商业、餐饮、运输、福利和采暖锅炉等各个领域。天然气供应范围为西安市碑林区、莲湖区、新城区、未央区行政区域范围，以及灞桥区灞河以西、灞河以东陇海铁路以北区域，雁塔区南三环以北区域。

## 二、业务介绍

2010年起，公司开始在西安以外地区发展城市燃气项目，至今已在安康平利、宝鸡千阳、河南卢氏发展了3个城市燃气项目。

2012年12月成立平利秦华天然气有限公司，注册资本2 000万。2013年4月成立千阳秦华天然气有限公司，注册资本3 000万。2014年2月成立卢氏秦华天然气有限公司，注册资本2 500万。燃气特许经营权均为30年。主要从事所属县城行政管辖范围内的天然气销售；天然气管道安装、维修；液化天然气、压缩天然气的供应及运输相关服务；汽车加气站等燃气设施的投资、建设、生产、经营、维护、维修；燃气具及相关设备的销售、维修、服务。

## 三、公司荣誉

2008年，被高新技术产业开发区管委会评为"企业总部二十强"单位；2009年，获得西安市职工经济技术创新活动成果表彰；2010年，荣获省级安全生产"先进企业"称号；2010年至2013年，被陕西省国家税务局和地方税务局授予"A级纳税人"称号；2011年，荣获"最具成长性企业"、"西安市政风行风建设先进单位"称号,培训中心被中国城市燃气协会授予"中燃协西安秦华培训基地"称号;2011年至2012年,获得年度"人民群众满意窗口单位";2013年,荣获"天然气供应保障先进单位"、"全国安康杯竞赛优胜单位"光荣称号。

## 四、企业文化

西安秦华,在安全方面坚持实行总经理月度安全检查制度和户内安全检查制度,开展"企业企业安检服务水平评价"工作,提升安检人员综合素质和安检效率,进一步保障客户用气安全。在人才培训方面,倡导持续学习理念,通过组织各类培训项目搭建学习交流平台,营造积极主动的学习氛围,并坚持所有员工100%持证上岗的原则,大力开展上岗培训及续证审核工作。在服务方面,推行"以客为尊"的服务理念,致力于为客户提供亲切、专业和高效的服务。在做好安全供气的基础上,不断追求更高的服务理念,让客户享受更优质的服务。并依托西安市的管理优势和业务发展平台,吸收香港中华煤气先进的管理经验和机制,全方位提升企业的管理水平和经营实力,目前公司已成为全国较大规模的城市燃气集团公司。

# 以责任书写企业风采  用服务保障城市发展
## ——武汉市燃气热力集团有限公司

## 一、企业简介

武汉市燃气热力集团有限公司（简称"武燃集团"）组建成立于2001年12月，注册资本5.7亿元人民币。经过10余年的发展，武燃集团经营规模不断壮大，经营范围涉足城市燃气、物流、职业教育等多个行业。截至2015年底，武燃集团总资产达85.8亿元，拥有在岗职工4 557人，各类专业技术人才869名，其中中高级技术人才374名。一直以来，武燃集团持续加大城市燃气基础设施建设，加强安全运营管理，不断完善管控体系建设，持续提升保供能力，致力于为市民生活提供专业服务，为城市能源供应保驾护航。

## 二、业务介绍

### 1. 管控推进，管理提升

近年来，武燃集团以完善制度体系、修订《权责手册》、调整组织绩效考核与薪酬体系为重点，共发布执行《武燃集团技术管理制度》《武燃集团国有资产评估管理实施细则》等32项规章制度，修订《武燃集团招投标管理制度》《合同管理制度》等23项制度；梳理了组织绩效考核流程，对组织绩效考核进行了优化，并与薪酬体系相匹配，各项管理制度和体系进一步健全和规范。

### 2. 优质服务，便民利民

近年来，武燃集团持续在建立服务长效机制、简化流程，提升安装、安检、维修保障性服务、开通老小区报装绿色通道的基础上，加快推进便民服务举措，加强与银行、银联、支付宝等的合作，推进短信表应用，进行收费服务方式的调整变革，提升窗口单位服务质量，下一步将全面推出网上充值、银行网点圈存业务，运用"互联网+"模式进一步方便广大用户购气用气。

## 三、企业荣誉

2015年武燃集团获得武汉市优秀企业、湖北省安全生产先进单位、武汉市安全生产红旗单位、创建全国文明城市先进单位、全国安康杯竞赛优胜企业、建设职工优秀政研会等荣誉称号；所属单位高压管网公司获评省级安全文化建设示范企业、蓝焰物流公司获得"国家电子商务示范基地"荣誉称号。

## 四、企业文化

"十二五"期间,武燃集团各项事业实现了快速发展,综合实力进一步增强。展望"十三五",武燃集团确定了"新价值、新结构、新模式、新跨越"的总体战略思路,提出了到"十三五"末期收入规模过 80 亿,资产规模过百亿,实现向清洁能源综合服务商的战略转型的发展目标。相信通过武燃人不懈努力,武燃集团各项事业将会再上新台阶。

网址:www.whgas.cn

# 致力一流品质服务　共建卓越能源集团
## ——贵州燃气集团股份有限公司

## 一、企业简介

贵州燃气起步于20世纪80年代，在时任贵州省委书记胡锦涛同志的亲笔批示和关怀下，1988年贵阳市煤气工程指挥部成立；1993年成立贵阳市煤气公司；2003年改制为贵阳燃气有限责任公司；2005年更名为贵州燃气（集团）有限责任公司（以下简称"贵州燃气"），并组建贵州燃气集团；2016年整体变更为贵州燃气集团股份有限公司。经过多年的努力和发展，已在全省8个地区23个市区县经营城市燃气业务，服务全省居民用户120多万户，工商业用户6 000户，公交、出租车辆4 000台，开通供气及已签订协议的工业园区30多个。

## 二、业务介绍

贵州燃气是贵州省最大的城市燃气经营企业，以燃气输配供应与销售服务为核心业务，向集中供暖、分布式能源管理等领域延伸拓展，立足于优势资源整合和全省市场发展，打造产业多元发展的大型综合性燃气集团，推动贵州燃气事业快速稳定发展。

## 三、企业荣誉

截至2015年末，贵州燃气集团总资产达59亿元，员工3 100人，拥有全资、控股子公司28家，参股企业6家，年销售燃气5亿$m^3$。入选"中国能源企业500强"，在贵州百强企业排名第50位，蝉联"中国工业行业履行社会责任五星级企业"荣誉称号。

## 四、企业文化

贵州燃气集团助力贵州绿色发展"气势足"，致力于燃气推广普及，依托中缅、中贵天然气，为全省经济社会发展和环境改善提供清洁、安全、经济的能源保障。

网址：www.guizhougas.com

# 正心聚气　承安共生
## ——佛山市燃气集团股份有限公司

## 一、企业简介

佛山燃气集团股份有限公司（以下简称"佛山燃气集团"）作为广东省乃至华南地区地级市中最具实力的城市燃气经营企业，拥有 10 几家全资或控股企业，并投资参股广东大鹏、深圳大鹏、珠海 LNG 等上游企业。2015 年，公司销售燃气 80 余万 t，销售收入 40 余亿元，资产总额 43 亿元。

20 年来，佛山燃气集团经营规模快速壮大，经营范围由禅城区局部逐渐延伸至三水、高明、顺德，并积极向佛山周边城市拓展发展空间。公司的资产结构不断优化，由全资国有企业变身为国有相对控股、中外合资、员工持股的股份制企业。公司充分汇聚各方股东优势，充分调动各种积极因素，企业管理水平稳步提升。

## 二、业务介绍

佛山燃气集团经营范围涵盖天然气高压管网建设运营及中游分销、管道天然气终端销售服务、汽车加气、瓶装液化气销售服务，以及燃气工程设计、施工等业务，经营的主要产品为液化天然气（LNG）、压缩天然气（CNG）等。

截至 2015 年底，公司累计投资近 30 亿元，公司在佛山市辖区内及其他业务区域内已建成并投入使用的城市燃气管道包括高压管网、次高压管网及市政管网长度合计约 1 610km，各类场站 16 座，汽车加气站 8 座。目前，天然气场站和管网设施的供应能力超过 20 亿立 $m^3/a$。

近年来，佛山燃气集团借力政府调整产业结构、推进节能减排的政策推动，抓住煤制气、重油窑炉及燃煤锅炉改造的机会，拓展了一批陶瓷、金属加工等大型工业用户。同时，公司还积极拓展居民、车用天然气市场。公司目前供应居民用户 50 余万户、工商企业用户 2 600 多户、公交车用户 460 多台、出租车用户 3 500 多辆。管道天然气已覆盖全市约 40% 的居民，处于全省领先水平。

公司积极推进信息化建设，近年来陆续开发了燃气管网资源管理系统（GIS）、燃气管网监测系统（SCADA）、GPS 巡检系统、燃气应急抢险指挥系统等先进的信息化管理系统；积极推广运用行业新技术、新装备，拥有"不停输带压开孔技术"、"大型桥梁燃气管道施工技术""室内暗藏燃气铜管技术"等多项创新技术成果，以及燃气泄漏检测车、激光甲烷检测仪等先进装备。

## 三、企业荣誉

佛山燃气集团是英国燃气专业学会的公司会员、中国城市燃气协会常务理事单位、中国能源学会第二届常务理事单位、广东油气商会副会长单位、广东省燃气协会第五届副会长单位、广东省燃气协会第五届管道气部主任单位和第五届科学技术委员会副主任单位、广东省价格协会燃气价格分会会长单位、佛山市燃气行业协会会长单位、佛山市安全生产管理协会副会长单位。

公司曾获中华全国总工会及国家安全生产监督管理总局授予的全国"安康杯"竞赛优秀组织奖、原国家建设部授予的"全国城市环境治理优秀工程"奖、广东环保先进单位推介活动特别贡献奖等荣誉。由公司主承建的"佛山市燃气管网资源管理系统"荣获2010年中国地理信息优秀工程金奖。公司客户服务中心于2011年4月荣获中华全国总工会授予的"工人先锋号"称号，于2015年荣获中华全国妇女联合会授予的"全国巾帼文明岗"称号。

## 四、企业文化

佛山燃气集团以"汇聚清洁能源，共创美好明天"为使命，以"创建城市燃气行业的中国典范"为愿景。奉行"正心聚气，承安共生"的核心价值观，坚持"系统化、专业化、品牌化"的经营理念以及"合规合情，重行重效"的管理理念，将通过进一步整合资源，充分发挥人才、管理、技术、安全、服务及信息化等方面的优势，为客户、社会、员工和股东持续创造价值。

网址：www.fsgas.com

# 广州清洁能源的开拓者和实践者
## ——广州燃气集团有限公司

## 一、企业简介

广州燃气集团有限公司是广州发展集团股份有限公司（沪市上市公司，股票代码：600098）旗下3大核心企业集团之一，其前身是成立于1975年的广州市煤气工程筹建处，1983年更名为广州市煤气公司，2009年改制组建为广州燃气集团有限公司。

## 二、业务介绍

企业经营范围主要涉及燃气管网及设施的建设和管理，燃气项目的投资、经营、设计、施工、监理和技术咨询，安装、维修、检测燃气用具，（燃气的）批发和零售，天然气加气。截至2015年12月，广州燃气集团拥有资产56.49亿元；用户153.33万户（其中非居民用户12699多户）；天然气年销售10.16亿 $m^3$；燃气输配管网超过4 174 km；供气范围遍及广州中心城区和周边南沙、增城全部区域及花都、萝岗、番禺部分区域；在岗职工人数约2 050人，拥有燃气、管理等各类专业技术人才600余人。

广州燃气集团严格按照"安全第一、预防为主、综合治理"的安全生产方针，建立了高标准的安健环管理体系、地下管网安全综合评价及风险预警体系，维修、抢险队伍与110联动，综合抢险水平处于同行先进水平，抢险及时率始终保持100%。同时，广州燃气集团还开通了"96833"24小时客户服务热线电话，推出银行划扣、电子账单、"网上营业厅"、支付宝支付、微信业务办理平台等便民服务，实现了用户足不出户即可办理燃气管道业务，形成了集团网站、营业厅、呼叫中心、用户手机终端四位一体的服务系统，为客户提供高质量、高效率的服务。

## 三、企业荣誉

近年来，广州燃气集团被授予"AAAAA级中国质量信用企业"、"全国工人先锋号"单位、全国"安康杯"竞赛优胜企业、"广东省广州亚运会、亚残运会先进集体"、"广东省优秀信用企业"、"守合同重信用企业"、"广东省厂务公开民主管理先进单位"、"广东省直通车服务重点企业"、"广州市天河区促进高端服务业发展突出贡献奖"。

## 四、企业文化

展望未来，广州燃气集团将秉承"注重认真、追求卓越、和谐发展"的企业核心价值观，加大天然气利用工程的投资建设力度，扩大燃气管网建设规模，努力提高天然气气化率和气源安全供应能力，切实保障广州城市发展对清洁燃气的需求，不断提升服务市民的水平和质量，让市民切实享受到天然气产业的发展成果，为推进广州新型城市化发展做出更大的贡献！

网址：www.gzgas.com

# 科技无止境　未来更精彩
## ——新天科技股份有限公司

## 一、企业简介

新天科技股份有限公司（以下简称"新天科技"）是中国智慧能源、智能表及系统行业的先行者，是国内唯一一家智慧能源综合信息化管理的 A 股上市公司，长期排名于《福布斯中国上市公司》100 强企业行列，并获批设立"博士后科研工作站"。公司创建于 2000 年，注册资本 4.667486 亿元，股票简称：新天科技，股票代码：300259。

## 二、业务介绍

新天科技专注产品的设计、研发，加强云计算、大数据等互联网技术在智能燃气表及智慧能源领域的应用，并在该领域取得了丰硕成果：燃气智能支付系统、无线数据传输系统、APP 自动抄表系统及能源管控系统等突出了智能服务的特征，可促进用能单位完善能源计量管理和检测体系，提高用能单位能源计量管理水平，实现能源计量信息化管理质的转变；无线远传燃气表、物联网燃气表、超声波燃气表、光电直读燃气表、NFC 燃气表、蓝牙燃气表、IC 卡燃气表等广泛应用于燃气计量领域，可实现多级阶梯价格设置、远程阶梯气价调整等功能，已成功服务于全国 30 多个省市自治区。

## 三、企业荣誉

新天科技以中国智慧能源、智能表及系统行业先行者的姿态力行创新，已获得国家专利技术和软件著作权 400 余项，并主编《无线远传膜式燃气表》行业标准。

## 四、企业文化

2015 年，新天科技与阿里云、中国移动通信建立战略合作关系。利用大数据服务平台，实现数据共享，帮助能源管理部门提高营业收益率，让能源管控更轻松、更智慧。在过去的 15 年，新天得到了全国各大燃气公司的支持。

今天，新天为新技术、新思想、新生产工具做好了相关技术储备，占地 100 亩，建筑面积 11 万 $m^2$ 的"国际智能能源仪表产业园"投入使用，智能工厂、智能生产、智能仓储将会成为新天从"制造"到"智造"的跨时代转变。

未来，新天科技依然以"自主研发，不断创新"为根本，以技术优势、经验优势、品牌优势、规模优势为基础，高度重视服务质量，打造标准化流程，建设一流的专业化技术支持团队，成为燃气行业一流的系统解决方案供应商，并努力实现"用科技实现能源计量与管理的智能化，促进能源节约，创造轻松生活"的美好愿景。

网址：www.suntront.com

# 先锋电子  智慧连接生活
## ——杭州先锋电子技术股份有限公司

## 一、企业简介

杭州先锋电子技术股份有限公司（以下简称"先锋电子"，股票代码：002767）坐落于浙江省杭州市国家高新技术产业开发区。公司成立于1991年，注册资金1亿元，占地面积2万 $m^2$。公司配有先进的生产和检测设备，拥有训练有素的市场团队、专业的研发队伍和生产人员，是首批通过浙江省科委认证的高新技术企业之一，2002年10月被评为省级重大高新技术产业化发展项目企业。

## 二、业务介绍

先锋电子先后与北京燃气、昆明燃气合资成立了2家合资企业，在兰州、太原建立了合作厂，可有效辐射全国市场。截至2015年底，先锋电子的客户覆盖全国34个省区直辖市，燃气公司客户近650家，涵盖3个直辖市和15个省会城市，在线用户突破1 300万台，其中工商业IC卡智能燃气表全国使用量也已超过10万台，拥有较高的国内市场占有率。

先锋电子坚持"质量第一、服务至上"的服务标准，建立了覆盖全国的服务网络，包括1个售后服务总部，10个售后服务站和1个机动服务组，每个服务站下设30个服务驻点。在每一个驻点都备有常用备品备件及检测维修设备，可快速响应客户的服务需求。

## 三、企业荣誉

秉持"科技标志企业兴衰，质量决定企业存亡"的经营理念，公司每年研发经费投入都超过营业收入的5%。2004年成立了智能化仪表技术研发中心，被认定为"省级高新技术研发中心"、"杭州市市级技术中心"和"杭州市企业高新技术研究开发中心"，于2012年获得"双层自组网无线远传燃气计量收费控制系统的国家火炬计划产业化示范项目"，拥有自主知识产权60余项。目前拥有90余人的研发团队，经过多年行业深耕，在智能燃气计量收费管理平台技术、IC/CPU卡应用技术、低功耗高可靠性计量处理技术、GPRS远程燃气监控技术、微功率无线抄表技术、LoRa扩频技术、智能燃气表集中控制技术、机电阀的微功耗高可靠关断技术等在内的一系列核心技术上，均达到国际先进水平，公司技术实力得到业内的高度认可，能够为城市燃气客户提供"城市燃气智能计量网络收费系统"全方位解决方案及与之配套的终端设备。

## 四、企业文化

先锋电子将继续立足技术创新,运用先进的互联网技术,构筑面向未来的智能燃气系统,在"智慧城市"和"生态和谐化"的舞台上,谱写城市智能仪表行业新的篇章。

网址:www.innover.com.cn

# "智"造华夏精品 敦行燃气行业
## ——江苏科信燃气设备有限公司

## 一、企业简介

江苏科信燃气设备有限公司（原：常州市科信燃气设备有限公司）成立于1999年3月，位于江苏省常州市武进区广电东路128号，是江苏省高新技术产品——节能环保燃气调压箱（器）的产业化项目。公司厂房环境优美，交通便利，是一座专业制造各类燃气调压设备的科研型企业，公司现有专业技术员工150余人，其中高级职称5人，中级职称15人，初级职称10人，专业技师23人，是江苏省高新技术企业。

## 二、业务介绍

江苏科信燃气设备有限公司主要致力于为城市燃气管网的配套建设和发展提供调压设备及研究开发相关产品，本公司率先介绍了塔塔里尼产品在中国市场的推广，并且为国内首家最早组装工厂之一。目前，江苏科信燃气设备有限公司已具有自主开发能力，可根据用户要求设计、生产配备进口或国产调压器的各型调压箱、调压柜及城市大型燃气输送输配设备，主要部件及相关配件品种齐全，重要配件如各型皮膜、阀垫、橡胶圈等均由法国爱浮贝公司提供图纸并加工成型后进口至本公司，本公司可随时满足用户提出的各类要求。"科信"商标为常州市知名商标，科信公司是江苏省重合同守信用AAA企业。主要生产管理人员曾接受欧美等著名国外公司管理、设计及设备维护保养方面的专业培训。

江苏科信燃气设备有限公司的产品现已广泛应用于城市工业、民用用户和燃气输配系统的调压管网中。到目前为止，公司的产品在国内得到了较大规模的使用，并出口至伊朗、孟加拉国、危地马拉、南非、津巴布韦等国家，并有部分产品返销欧美地区。

本公司的主要产品为科信牌系列燃气调压器（FL系列、MBN系列、A系列、B系列），燃气调压箱、调压站，以及调压站（箱）各类的配件，如过滤器、紧急切断阀、安全放散阀、计量系统、加臭系统、遥测遥控系统等。产品覆盖城市门站，配气及分输站、城市小区及工厂用区域调压站、城市小区楼栋调压箱等各领域。

## 三、企业荣誉

公司在成立之初起就一贯重视质量保证系统的建立和完善，2000年12月通过了中国新时代认证中心的ISO 9002质量体系认证，2003年通过了ISO 9001-2000的质量管理体系认证，于2010年通过了 ISO 9001-2008 质量管理体系认证。产品从设计、生产到售后服务都受控于质量保证体系，保证为客户提供质量可靠、稳定的产品。

调压站系列产品均由国家燃气用具质量监督检验中心检测、认可。公司于 2004 年首批获得了全国工业产品许可证办公室颁发的燃气调压器（箱）产品生产制造许可证，于 2005 年获得了国家检验检疫总局颁发的特种设备（压力管道 B）制造许可证，2011 年获得了国家检验检疫总局颁发的特种设备（压力管道元件）A 级制造许可证，2013 年通过了特种设备（压力容器）设计许可证书。

公司于 2008 年至 2011 年连续获得江苏省及常州市科技型企业称号；2010 年获江苏省高新技术企业称号，所生产科信牌调压器获江苏省高新技术产品称号；从 2005 年起至今连续被评为江苏省重合同守信用 AAA 级企业、江苏省及常州市文明单位和质量信得过企业。

网址：www.coshin.com

# 做规模化与专业化的管道行业集成者
## ——贵州森瑞新材料股份有限公司

## 一、企业简介

贵州森瑞新材料股份有限公司成立于2003年，位于贵阳市乌当区经济技术开发区，占地面积40万余$m^2$，公司注册资金20 750万元。是贵州省规模最大的专业从事新型塑料管道研发、制造、销售的新型环保科技企业，拥有位于贵阳乌当、武汉黄陂2处生产基地。股票简称：森瑞新材，股票代码：831456。

## 二、业务介绍

公司坚持科技兴企、坚持规模化、专业化发展战略，通过不断进行技术改造提升技术装备水平，扩大传统市政、建筑用塑料管道市场规模；通过不断创新开发工业用特种塑料管道新产品，提升专业化水平，推进技术进步。经过多年发展，公司拥有100余条国际、国内先进的塑料管道生产线，完善的检测手段，具备了年产15万t市政、建筑用给水、排水、燃气、穿线等塑料管生产能力，产品覆盖了国家标准或行业标准所列全部规格。被广泛应用于给水、排水、排污、燃气、农业、水利、电力、矿山和通信等领域。已成为贵州省规模最大、品种最齐全的塑料管道龙头企业之一。

## 三、企业荣誉

公司先后通过了"ISO9001:2008质量管理体系认证"、"ISO14001:2004环境管理体系认证"、"ISO10012:2003测量管理体系认证"、"OHSAS18001职业健康安全管理体系认证"、"压力管道元件认证"、"矿用产品安全标志认证"和"中国环境标志产品认证"等。被国家科技部批准为"国家火炬计划项目"、"国家高新技术企业"、国家级"守合同重信用企业"、"省级企业技术中心"、"技术改进先进单位"。从成立至今一直被省工商局评定为"守合同、重信用"单位并荣获"先进纳税企业"、"财政贡献突出企业"、"贵州质量诚信5A级品牌企业"、"管理体系认证优秀企业"。同时是"国家质检总局授权的'聚乙烯（PE）管道焊工考试委员会'单位"、"中国质量诚信企业协会副会长单位和理事单位"，"住房和城乡建设部科技发展促进中心《建设科技》理事单位"，"贵州省名牌产品"等诸多荣誉。

## 四、企业文化

公司坚持"以质量求生存、以服务求发展、以诚信求双赢"的经营理念，发扬"诚信、务实、学习、创新"的企业文化，及"让城市更美丽，让生活更美好"、"保护家乡环境，共建美好家园"的环保理念，立足于科技研发，为广大用户提供快捷、优质的管道工程系统。

公司具有年产 15 万 t 产能，在行业内产能规模已基本步入前列，且已在行业经营 10 余年，为省级实验技术中心，拥有国家标准参编技术人才，行业相关技术已具备较高起点水平，立志做中国管道行业规模化与专业化的集大成者，为中国社会经济的生态文明发展做出应有的贡献。

网址：www.gzsenrui.com

# 选择亚丽安　安全每一天
## ——天津亚丽安报警设备有限公司

## 一、企业简介

天津亚丽安报警设备有限公司（原天津市东丽警报器厂）建于1984年，是国内生产可燃气体报警设备较早的厂家之一。随着多年的发展，生产技术不断改进，产品规格越来越多，生产规模越来越大。目前产品已形成系列化。产品广泛应用于石油化工、制药、仓储、液化石油气等企事业单位。企业地处天津市区与滨海新区之间，南邻东丽开发区，北靠滨海国际机场，地理环境优越交通便利。

## 二、业务介绍

近年来，天津亚丽安报警设备有限公司在广东、江苏、四川、陕西、河北唐山、哈尔滨、江西等省市地区设立了销售分支机构，加强了与有关设计院（所）、消防工程公司等单位的横向联合，使产品集生产、安装、服务于一体。产品性能稳定、优质服务、价格合理，深得用户的好评。

公司典型用户有天津市裕华化工仓库、中油公司908油库、可口可乐天津分公司、华明油库、天津义聚永酒业有限公司、天津科迈化工有限公司、中瑞药业有限公司、中纺新材料科技有限公司、德威化工有限公司、唐山钢铁公司焦化制气厂、瑞丰钢铁公司、NGK电子公司、呼市大正金属焊割气有限公司、爱信齿轮有限公司、韩进涂料有限公司、捷安特车业、杭州民生药业、广州汇能燃气科技、杨子药业、贵州贵港甘化股份有限公司等。

## 三、企业荣誉

产品先后通过国家消防电子产品质量监督检验中心及国家防爆电气产品质量监督检验测试中心的检测及产品型式认可。

## 四、企业文化

"质量第一，用户至上"以质量求生存，以优质服务求信誉，以合理价格赢得市场，即追求企业经济效益，更注重社会效益。

网址：www.tjyla.com

# 诚者自成　功成不居
## ——江苏诚功阀门科技有限公司

## 一、企业简介

公司成立于 2004 年，坐落于江苏常州，环境优美、交通便利。公司总占地面积计 4 万 $m^2$，注册资金 10 080 万人民币，员工 106 人。是我国优秀燃气阀门厂家之一，已经发展成为全国生产燃气阀门的骨干企业，实力雄厚，设备齐全，多次为国家重点工程配套使用。产品性能均达到国内先进水平。公司主要生产的燃气阀门有：燃气球阀，燃气截止阀，燃气止回阀，燃气紧急切断阀和燃气节流截止放空阀，低温 LNG 阀门等。主要用于城市燃气，液化石油气，国家西气东输等多种燃气介质管路中。

我公司一贯坚持"一切以用户为中心"的经营方针，一手抓经营，一手抓质量，狠抓生产管理。近几年各项工作均得到迅猛发展。目前拥有加工中心、大型立车、镗床、磨床、等离子堆焊、全自动气体保护焊、水帘环保自动喷漆流水线等生产设备。检测设备方面拥有光谱仪、硬度计、万能试验机、拉伸冲击试验机、全自动阀门液压测试仪、超声波测厚仪等。生产一线员工素质高、责任心强、有力提高了公司产品的优良率。技术力量方面拥有多名阀门经验丰富的工程师，解决多项生产中的技术难题，保证技术在同行业中领先。

## 二、业务介绍

公司主要生产的产品燃气阀门有：燃气球阀，燃气截止阀，燃气止回阀，燃气紧急切断阀和燃气节流截止放空阀，低温 LNG 阀门等。主要用于城市燃气，液化石油气，国家西气东输等多种燃气介质管路中。作为专业的燃气阀门的生产厂家，为华润燃气，港华燃气，新奥燃气，中石油昆仑燃气，中国燃气，中油中泰燃气，新疆燃气等全国各地的燃气公司提供长期的产品和优质的服务。

## 三、企业荣誉

公司先后通过 ISO 9001 国际质量体系认证，ISO 14001 环境管理体系 GB/T 28001 职业健康安全管理体系认证，中国压力管道元件生产许可证—（TS）认证和美国石油协会 API 认证，CE 产品认证，飞奥一级供应商。城市燃气协会会员，江苏阀门协会等。科技项目获得了常州市高新技术产品 4 种，相关阀门专利 23 个，省高品 1 个。

## 四、企业文化

愿景：打造高品质阀门企业的标杆
经营理念：诚者自成，功成不居，一切以用户为中心
质量管理：质量第一，顾客至上，科技创新，持续改进
新品开发：求精 求新 求美 科技创新 持续改进
技术标准：严格贯彻国家规定的产品标准，并高于标准，创新科技，节约成本，保证质量

网址：www.cz-valve.com

# 以市场需求为动力　以科技创新求发展
## ——辽宁思凯科技股份有限公司

## 一、企业简介

辽宁思凯科技股份有限公司（以下简称"思凯公司"）坐落于辽宁省丹东市鸭绿江畔，成立于1995年，员工总数420人，研发人员110余人。是致力于开发公用事业（燃气、水、热）能源计量、监控及智能管理等全系列物联网解决方案的科技公司。

## 二、业务介绍

思凯公司研发中心在规模、人员、设备配备上达到行业领先水平，每年投入研发经费占销售收入的12%。研发中心下设产品研发、软件工程、机械设计、网络信息、研发测试、技术支持6个部门，拥有享受国务院专家津贴待遇1人，教授级高级工程师5人、高级职称人员16人；博士1人、硕士11人、本科92人，大专以上学历人员180人。专业包括计算机应用、自动控制、检测技术、无线电技术、机械制造等。核心骨干人员更是在IC卡应用及无线领域从业20年以上，具有扎实的专业技术功底和产品开发经验，并参加多个行业标准的编写。公司产品包括气、水、热多个行业的计量及计量相关设备，其中燃气行业产品涵盖民用及非民用用户的燃气终端计量，以及城市级数据采集、数据分析、燃气销售管理、表具管理和维修巡检管理等众多领域的管理系统。在北京、上海、吉林等城市所使用的管理系统，完全达到城市应用的要求，可管理100多个营业网点的数据业务，并与多家商业银行实现了实时可靠的数据交换。为阶梯气价、水价提供全套解决方案。

思凯公司的安全型物联网超声波燃气表可通过物联网以无线方式调整燃气价格，实现了阶梯价格，表内自动计费。超声波燃气在防窃用方面，可自动识别气体流动方向等特性，检测到表倒装情况，切断阀门，上传报警。

思凯公司于1999年正式确立超声波燃气表研发项目，并先后与北京大学、大连理工大学、中国科技大进行合作，于2010年成功研发"安全型物联网超声波燃气表"，且已量产。现已在上海、北京、大连、丹东、南京、江西、广东等地正式安装使用。从使用情况来看，所有表具运行稳定、计量准确、完全达到设计要求，运行状态良好，满足了燃气用户需求。

思凯公司产品在线用户700余万户，其中物联网用户260余万户。2005年起为上海提供物联网阶梯气价燃气表的解决方案，并在2014年全面启动了该功能。到目前为止，产品形成以北京、上海为核心向周边城市辐射的市场格局，在国内100多个城市得到应用与推广，主要包括北京、上海、天津、吉林、江苏、浙江、黑龙江、辽宁、河北、山西等地。

## 三、企业荣誉

目前公司围绕核心技术已申报了 10 余项专利，其中发明专利 3 项，核心产品通过了省、市级多项科技成果鉴定，所有产品拥有自主知识产权，技术居国内领先水平。思凯公司是国家高新技术企业与软件企业，已通过 ISO 9001：2008 质量管理体系认证、ISO 14001：2004 环境管理体系认证、GB/T 28001-2011 职业健康安全管理体系认证、计算机系统集成三级资质认证，是国内同行业唯——家通过国际 CMMI（软件能力成熟度）三级认证的企业。

思凯公司关注行业技术发展，参加了《膜式燃气表》GB/T 6968-2011、《IC 卡膜式燃气表》CJ/T 112-2000、《IC 卡冷水水表》CJ/T 133-2001、《热量表》CJ 128-2000、《建设事业 IC 卡应用技术》CJ/T 166-2002、《超声波燃气表》等国家和行业标准的编制及修订，致力于行走在行业技术的前沿。

网址：www.chnsce.com

# 技术创新是龙头　产品质量是基石　客户服务是保障

## ——成都千嘉科技有限公司

## 一、企业简介

成都千嘉科技有限公司（以下简称"千嘉"）成立于2001年，系成都燃气控股的国家高新技术企业，是国内最大的远传抄表系统生产企业及公用事业领域信息化系统提供商。经多年发展，千嘉现已成长为行业技术领先、质量领先、规模领先、效益领先的远传抄表产品领军企业、住建部《住宅远传抄表系统》2项行业标准的主要编制单位、国家火炬计划重点高新技术企业、四川省建设创新型企业培育企业、四川省知识产权试点企业。

## 二、业务介绍

千嘉自成立以来就非常重视科技创新及创新载体的建设，目前已建成的创新载体有：
1. 千嘉物联网技术研究院（四川双流"三中心二平台之一"）
2. 千嘉博士后创新实践基地（博士后工作站）
3. 四川省企业技术中心
4. 四川省燃气智能化工程技术研究中心
5. 现代城市公用事业智能化高精传感装置四川省工程实验室
6. 千嘉科技—中科院微电子所产学研联合实验室
7. 院士（专家）工作站

通过一系列的创新载体建设，千嘉吸引和培养了大批高素质技术人才。目前公司已拥有70余项国家专利，拥有多名"千人计划专家"。

同时，千嘉物联网技术研究院还是全国唯——家以物联网技术在燃气行业的应用为研究领域的物联网技术研究院，其规模在国内燃气行业信息化解决方案供应商中是独一无二的。千嘉物联网技术研究院不但拥有自身的技术沉淀，且背靠国家物联网研究发展中心的百人专家库及中国科学院微电子研究所、中国测试技术研究院等专家团队提供技术支持，并同复旦大学、中国计量学院、西南石油大学等高校建立了长期战略合作，引领着燃气行业物联网技术应用的迅猛发展。

在雄厚的技术实力保障下，千嘉产品始终处于行业领先地位。公司现有民用远传气表、民用远传水表、民用远传抄表系统、流量计、工商业远程监控系统、工商业预付费系统、IT咨询与规划、公用事业业务软件开发、系统集成建设及IT实施服务等十几个系列产品。同时，千嘉将持续在燃气行业的智能化与信息化建设中进行纵深发展，推动更多的燃气公司完善信息化建设，实现燃气行业更节能、更安全、更有效的发展。

技术创新是龙头，产品质量是基石，客户服务是保障。千嘉在重视科技创新的同时，同样致力于打造更加优质的产品，以及建设一支高效快捷、技术精湛的客户服务团队。千嘉拥有国内最先进的智能燃气表自动化生产装配检测线，单班年产量达到 200 万 / 台套。同时，公司在全国 28 个省市设立了分公司、办事处及售后服务点，为客户提供最及时周到的本地化服务。

## 三、企业荣誉

千嘉在行业内率先通过了 ISO 9001+GB/T50430 工程建设施工组织质量管理体系认证、ISO 14001 环境管理体系认证及 OHSAS 18001 职业健康安全管理体系认证。同时，千嘉引入了"华润 3C 领导力素质模型"、"精益管理"、"6S 管理"等先进管理理念，并建设了 BI 系统、ERP 系统等现代化智能化的信息管理系统，实现了数据及信息的实时上传、实时更新，为公司更快更准地满足客户需求提供了更有力的保障。

## 四、企业文化

技术创造价值，服务成就未来。千嘉作为一家拥有完全自主知识产权的高新技术企业，将依托"千嘉物联网技术研究院"的综合优势，凭借客户服务团队完善的售后保障，努力成为公用事业智能化系统的最佳供应商，为社会各界、千家万户提供更优良的服务！

网址：www.cdqj.com

# 管通天下　质领未来
## ——浙江新大塑料管件有限公司

## 一、企业简介

浙江新大塑料管件有限公司（以下简称"浙江新大"）成立于2001年，是一家专业从事生产燃气用聚乙烯（PE）电熔连接、热熔对接、PE球阀及钢塑转换等工贸一体化的国际现代化企业。公司位于浙江省余姚市拥有7 000年原始文化遗址的河姆渡镇，注册资金13080万元，现有园区占地面积近18万 $m^2$，生产厂房面积15万 $m^2$，员工300多人，专业技术人员30余人，工程师7名，高级工程师2名。

## 二、业务介绍

浙江新大专用注塑机近百台，拥有国内特大型注塑机30万g；新型高科技机械手20多台、电熔管件自动化操作8台。目前为国内规格较多、较齐全的PE管件生产企业，年生产能力可达1.3万余t（约1 000万件以上）；同时公司在全国各地设有办事处，并出口东南亚、欧洲、非洲、北美等地区。

## 三、企业荣誉

公司所生产的电熔管件经国家化学建材测试中心测试，各项性能指标均符合GB 15558.2/EN1555标准；并通过ISO 9001-2008国际质量体系认证、ISO 14001环境管理体系认证、OHSMS 18001职业健康安全管理体系认证、NOVA认证公司的CE认证、韩国标准协会KS（M3804-3塑料管件）认证；公司产品通过国家化学建筑材料测试中心检测，获得"国家级检测报告"证书，国家技术监督总局颁发的"压力管道元件生产许可证"，中国工业防腐蚀技术协会"中国聚乙烯（PE）管件专业生产基地"及"燃气管件出口企业第一名"等荣誉；同时企业荣获"中国著名品牌"、"全国防腐蚀行业二十强企业"、"非金属压力管道企业二十强"、"宁波市知名商标"、"宁波名牌产品"、"宁波市专利示范企业"、"宁波市企业工程技术中心"、"宁波市信用管理示范企业"、"宁波市安全生产标准化三级企业"、"浙江省工商企业信用A级守合同重信用"单位等荣誉称号。

## 四、企业文化

"一流的质量、一流的信誉、一流的服务"是新大公司的经营方针，"质量第一、信誉至上、诚信服务"是新大公司的经营原则，"全方位为客户服务"是新大公司经营宗旨，欢迎国内、外客户来我司参观指导、交流与合作，为共同推进塑料管道工业水平而做出贡献。

企业价值观：质量为先　服务至上　以客为尊

企业使命：为社会创造更大的价值　为员工提供更好的发展空间

企业愿景：努力成为卓越品质的创造者和社会快速健康发展的助推器

网址：www.xdpipe.com

# 蓄势发展　行业新星
## ——西安华通新能源股份有限公司

## 一、企业简介

西安华通新能源股份有限公司（以下简称"华通能源"）成立于1999年7月，是陕西省首家进入县级中小城镇天然气开发供应的民营企业。经过17年的创业发展，以及对县级城市天然气能源供应建设管理模式的快速复制，现已形成在国内八省（区）拥有135个燃气项目，截至2015年11月，公司总资产近12亿元，净资产7.8亿元，实现主营业务收入3.5亿元。从"十五"计划开始，到"十二五"计划收官，公司燃气事业得到了长足发展，成为国内燃气行业中的一颗璀璨新星。

## 二、业务介绍

公司目前已建立有13个城区燃气服务中心（4S店），另建有陕西三原、眉县乡镇（企业）服务中心分店2个，目前正在筹建服务中心7个。与上市公司"中能兴科"合作，为城市供暖锅炉由煤改气，节约用气约10%，降低了能耗，提高了经济使用效果。同时积极与社区对接，加强燃气安全专项管理，逐步实施社区燃气安全专干工作，进一步提高用户安全用气。

截至2015年12月，公司计划的5个项目即甘肃临泽、山丹、天祝、漳县以及湖北荆门屈家岭管理区项目均已实现城市燃气和LNG/CNG加气站点火。2016年计划建成的5个城市燃气项目，以及11座LNG/CNG汽车加气站项目，按计划正在加紧建设中，有望为华通能源2016年及以后的发展带来坚实的基础。

## 三、企业荣誉

通过公司十几年的发展，社会影响力不断提升。在各个项目运营公司所在地，积极配合当地政府的监管工作，并主动承担政治责任和社会责任，在当地居民安置房、廉租房建设中，公司主动承担安装优惠、保证质量、按时交付的责任，协助当地政府按期完成"两房"燃气安装建设，同时对贫困户、低保户的用气执行当地最低一档的价格，在项目投资、运营、服务中发挥了重要作用，得到各级政府的充分肯定和大力支持。公司于2015年9月21日在北京新三版市场成功挂牌（公司简称：华通能源；代码：833403），并成为新三板成分指数企业之一，作为影响力新的亮点，我们将不负众望，努力按既定目标不断发展新农村城镇化燃气事业，在"十三五"规划中再创佳绩。

## 四、企业文化

深入贯彻公司董事会发展战略，抢抓新农村城镇化发展机遇和能源调整改革机遇，加快市场用户开发步伐，培育新的盈利增长点。在新项目在建的情况下，对已投运项目加快用户发展和销售气量增长，以区域分、子公司为业务核心，全力拓展，努力实现较大增长。

提升运营管理，确保核心竞争优势。加快城市燃气管网智能化建设，不断提高安全稳定运行水平，提升抵御突发性事件和严重供应瓶颈的能力，通过在线智能预警分析，实现管网调压调量的集约化控制，提高管网资产利用效率。根据公安部门和行业管理的要求，建立管网风险评价体系，做好管道查漏、更换、防腐等管理，切实保证正常有效供应。

完善管理体制，逐步构建集团化管理模式，随着公司业务的开拓和发展，必须加快构建符合企业发展战略、符合管理实际要求的集团化管控模式，进一步完善集团对各经营实体的有效监控，实现管理重心下移和管理分权到位。

网址：www.xavaton.com

# 成为国内一流的清洁能源综合运营商
## ——深圳市燃气集团股份有限公司

## 一、企业简介

深圳市燃气集团股份有限公司（简称"深圳燃气"）是一家以城市管道燃气供应、液化石油气批发、瓶装液化石油气零售和燃气投资为主的大型燃气企业。公司创立于1982年，于2009年12月25日在上海证券交易所正式挂牌上市，股票代码：601139。截至2015年底，深圳燃气拥有总资产152.68亿元，净资产71.28亿元，年销售收入79.67亿元，运营管线超过5 300km，拥有管道气客户220.54万户。

公司坚持"走出去"发展战略，实现了"深圳燃气"品牌在国内多个省区的战略布局。公司拥有29个城市的管道天然气特许经营权，5万t级海港码头，库容16万$m^3$的液化石油气低温常压储罐，年周转能力100万t以上。

## 二、业务介绍

### （一）天然气类业务主要有管道燃气业务、燃气投资业务和车船加气业务

**1. 管道燃气业务**

深圳燃气管道燃气业务发展迅速，管道天然气客户总数已超200万户。在深圳地区拥有高压、次高压管线164.67km、市政中压管线2 372km，基本实现深圳市高压管道全线贯通，形成了"多气源、一张网、互联互通、功能互补"的天然气供应格局。

**2. 燃气投资业务**

深圳燃气坚持"走出去"战略，实现了"深圳燃气"品牌在广东、广西、湖南、江西、江苏、安徽、山东、内蒙古等6省2区的战略布局。公司在异地地区拥有25个城市燃气特许经营权，36家独立法人企业。

**3. 车船加气业务**

深圳燃气深入研究能源行业发展潮流，积极进入车船加气等新领域，全力打造新的利润增长点。目前，深圳燃气已建成投产LNG加气站19座，在建加气站6座，形成了初具规模的LNG加气站网络。2015年1月，宜春深燃公司顺利完成首个船舶油改气项目"赣丰城2666号"改装工程，深圳燃气正式进入船舶"油改气"发展新领域。

## （二）石油气类业务主要有液化石油气批发业务和瓶装液化石油气零售业务

### 1. 液化石油气批发业务

深圳燃气拥有 5 万 t 级海港码头，库容 16 万 $m^3$ 的液化石油气低温常压储罐，年周转能力 100 万 t 以上，进口液化石油气批发业务连续 8 年进口量和销售量位居全国前列，是中国最大的进口液化石油气批发商之一。

### 2. 瓶装液化石油气零售业务

深圳燃气在深圳地区拥有液化石油气储配罐装站 3 座、瓶装气供应站 27 座，便民服务点 64 个，在国内独家经营 12kg 橙色瓶装石油气。

## 三、企业荣誉

荣获"金蜜蜂 2014 优秀企业社会责任报告·成长型企业"；荣获全国"安康杯"十一连冠；荣获"2015 年广东省用户满意服务明星企业"称号；荣获上市公司信息披露工作评价 A 类（最高）结果；荣获第十一届（2015）中国上市公司董事会"金圆桌·最佳董事会奖"。

网址：www.szgas.com.cn

# 成为国内最受尊重的燃气运营服务商
## ——成都城市燃气有限责任公司

## 一、企业简介

成都城市燃气有限责任公司始建于1967年3月,前身为成都市煤气总公司,是国内大中城市中最早从事城镇燃气供应的公司之一。2005年3月成为中外合资企业,目前公司四方股东分别为成都城建投资管理集团有限责任公司、华润燃气投资(中国)有限公司、港华燃气投资有限公司及成都城市燃气有限责任公司工会。公司现有员工1 900余人,其中高级职称人员36人,具有研究生学历人员49人,本科学历人员528人。公司下属3个分公司、17个参控股公司。公司总资产近43亿元,日供气能力达1 130万 $m^3$,年销售天然气近13亿 $m^3$,管理居民客户270余万户。经过近50年的发展,综合实力居国内同行业领先地位。

## 二、业务介绍

公司业务涵盖城市燃气供应,燃气工程规划、设计、施工安装,燃气输配、应用、管理,燃气智能化系统研发、设备制造,燃气专用设备、压力容器、计量装置检测,燃气具及设备销售等。

公司全面实施中心城区输气管网规划,管网规模不断扩大,布局日趋合理,已形成较为完善的以城市内环、一、二、三环路的环状管网和向周边郊县辐射的放射性干管为主体,以中低压配气网络为辅的输供气管网体系,范围覆盖成都平原中心区,特许经营区域超过900 $km^2$,管道长度约6 300余 km,储气站3座,配气站14座,调压设施12 000座。随着绕城高速路高压输储气管线工程、第三储配站改扩建工程及高新西区门站建设等多个项目的相继启动,一个拥有东西南北四路气源通道,具有强大输送和辐射能力的燃气输配新格局即将形成。

公司拥有一支城镇燃气管理经验丰富、专业技术能力较强、训练有素的员工队伍,坚持"以情输送温暖、用心点燃幸福"的服务理念,竭诚为广大客户提供方便、快捷、优质的服务。公司设立供气服务热线"962777",将服务网点和抢险应急驻点分布全市,建立完善的客户服务、抢险应急、巡检维护体系,以及SCADA、GIS、CIS、GPS、3I智能燃气事故应急平台等信息系统,为安全平稳供气提供可靠保障。

## 三、企业荣誉

公司先后荣获"全国安全文化建设示范企业"、"省级安全文化建设示范企业"、"市级安全文化建设示范企业"、"四川省二级安全生产标准化达标企业"、"全国'安康杯'竞赛优胜单位"、"安全生产先进集体"、"成都市模范单位"、"成都企业100强"等称号，成都燃气也是全国第二家荣获"全国安全文化建设示范企业"的燃气企业。

## 四、企业文化

公司努力践行"诚实守信、业绩导向、客户至上、感恩回报"的价值观，积极营造"简单、坦诚、阳光"的组织氛围。全体员工不断开拓进取，为造福民众，建设绿色环保、可持续发展的燃气事业；为实现"让社会满意、政府满意、客户满意、员工满意、股东满意"的使命，向着"成为国内最受尊重的燃气运营服务商"的目标而奋力迈进！

网址：www.cdgas.com

# 用社会责任感经营企业　用人格魅力发展企业
## ——成都凯能天然气有限责任公司

## 一、企业简介

成都凯能天然气有限责任公司（以下简称"成都凯能"）位于成都市温江区，于2000年9月正式成立，现注册资金2 007万元；供气区域为成都市温江区现行行政管辖区域内，城南路以东，公金路以西，江安河以北，成温邛高速路以南的约2km$^2$的区域及成温邛公路以东北面包括公平、永宁、万春、和盛、寿安等镇辖区，占温江区行政区域的2/3；有中石油、中石化2条供气气源，日供气能力达50万 m$^3$；截至目前，共敷设天然气主、干管道约142 km，在用用户7万多户。公司立足于培养员工综合素质，以其科学的安装技术，精良的员工队伍，优质的服务赢得了广大用户的信赖。

## 二、业务介绍

成都凯能是集天然气工程安装、供应于一体的综合性经济实体。

## 三、企业荣誉

成都凯能是中国城市燃气协会理事单位、四川省城市燃气协会会员单位；是成都市温江区人民政府特许经营燃气企业；是中国改革开放三十年成都市"突出贡献企业"。

## 四、企业文化

企业远景：创和谐，强企业
企业使命：为社会创造价值，为用户创造满意
企业文化理念：认同价值，创造价值，共享价值
廉洁文化理念：修身正己，厚德践行；廉洁从业，勤勉兴企
公司形象：务真求实挖潜力，诚信经营重服务；团结一致保安全，齐心协力创和谐
员工形象：诚实守信，遵章守纪；精诚团结，顾全大局

网址：www.kngas.cn

# 和气致祥　服务民生
## ——三亚长丰海洋天然气供气有限公司

## 一、企业简介

三亚长丰海洋天然气供气有限公司，创办于1995年，是海南省第一家投资建设和经营管理城市公用基础建设的民营企业，也是三亚市第一家由三亚市委、市政府大力扶持起来的境外上市公司。公司于2008年2月在加拿大多伦多联交所（TSXV）上市，上市名称为长丰能源有限公司 Changfeng Energy Inc.（Changfeng），公司代码（CFY）。

## 二、业务介绍

公司目前主要经营板块是燃气管道的连接、天然气销售，以及供应天然气，客户包括工商客户和居民客户。公司投资建设的三亚市民用天然气输配管网工程于1995年开工，2003年6月建成并实现市区主管网通气。

目前三亚市民用天然气输配管网工程项目现已建成调压站11座，CNG站2座，LNG站2座，燃气管网逾886.86 km——长输管线38.2 km，街区管线309.61 km，庭院管线539.05 km。随着市区规模的不断扩大，用户用气量也逐年提升，仅2015年全年，公司向三亚全市输送天然气3 565万 $m^3$。截至2015年12月31日，公司已有居民用户122 093户，工商用户833家。

## 三、企业荣誉

公司具备城市燃气企业甲级资质，系中国城市燃气协会会员单位、海南省燃气协会常务理事单位、海南省工业经济联合会副会长单位。公司相继荣获"海南省安全生产先进单位"、"三亚市安全生产先进单位""海南省节能减排十大功勋企业"、"最具社会责任感企业"、"海南省自主创新型企业十大楷模"等荣誉。

## 四、企业文化

公司秉承"和气致祥、厚德积福"的企业精神，奉行"以人为本"的价值观，始终坚持"以人为本、服务社会、安全第一、科学管理"的经营管理方针安全供气、服务民生。

独特的企业个性，深厚的企业文化底蕴和卓尔不凡的精神，推动了长丰生生不息，永续发展。公司现已与国内多个城市签订城市供气项目和汽车加气项目，立足于城市燃气项目，计划通过与中国的能源巨头合作，依托产业优势和资源优势，努力实现产业多元化，力争成为中国一流、国际知名的综合性能源投资开发和生产企业。

# 恪守企业使命　成就百姓品质生活
## ——长春燃气股份有限公司

## 一、企业简介

长春燃气股份有限公司（以下简称"长春燃气"）自1998年资产重组、2000年上市，及引进战略投资者至今，实现了可持续发展，为城市生态文明建设做出了重要贡献。

长春燃气主要产品以燃气业务为主，拥有为城市民用、工商业、车用等终端客户群服务的完整能源供销体系。目前，总资产达到47亿元，拥有22家分子公司、3 000 km市区燃气管网以及128 km长春市天然气外环高压管网、具有600万$m^3$储气能力的应急调峰气源厂，拥有122万燃气客户，直接服务对象超过400万人，是吉林省最大的管道燃气供应企业，城市基础设施建设及政府民生工作的重要实施企业，也是东北区域综合能源利用和发展的引领企业。

## 二、业务介绍

长春燃气在业内率先推出了将安全定位为"经营安全"的企业发展战略，将燃气安全与企业发展战略同步规划、同步实施、同步发展。

建立了本质与主动安全管控体系。其中包括"人巡检、车巡检、GPS跟踪"三结合的无缝闭环式管理模式；借助GIS技术建立起安全可靠、功能强大的燃气管线信息管理平台，实现燃气管网的数字化、网络化管理；通过现代化的SCADA系统，对城市燃气管网进行压力、流量等生产调度平衡，确保安全稳定供气；还有以处于国内领先水平的静、动态2个现代化的应急调度指挥中心为核心的应急能力保障体系。

推行与客户共安全管理模式。在东三省率先推出了安全厨房文化新概念，采取了"六个共安全"，即：室内安检共安全、交接"钥匙"共安全、规范与自定义兼顾共安全、开栓通气共安全、燃气专家共安全、社区联动共安全的系列行动措施基本实现了"企业与客户共安全"的目标。

2015年10月，建设的天然气外环高压管网实现与国家天然气主干网互联互通。使长春市形成了"气贯长春"的供气格局，现在已经具备了承接省内天然气、西气东输、进口"俄气"及大连港天然气等入省、入长的综合输气储备能力。

开创服务"六个到位"：流程督办到位、安全测试到位、炉具检测到位、点火试验到位、用气方法交授到位、使用手册发放到位；入户安检做到"八个一"：一套专业安检流程、一组专业安检工具、一声问候入门、一双鞋套暖心、一次安检无忧、一份意见征求、一次隐患整改指导、一次安全档案记录；接待客户做到"六个必"：有问必答、有求必应、有诉必回、有错必纠、有险必出、有患必除；96660热线服务"五线功能"："一线连万家、一线解烦忧、一线保平安、一线显效能、一线树品牌"的"五线功能"的实现。

## 三、企业文化

长春燃气正以东北区域领先的清洁能源综合利用能力、强大的技术资源整合能力、专业的安全运营能力，在民用、商业、工业、车用、供暖、冷热联供，以及煤改气项目等能源整体解决方案中，把有限的能源释放出最大的价值，推动城市的绿色发展，开启天然气产业化发展的追梦之旅，不断释放能源动力，福泽百姓幸福生活；在气化吉林战略中，助力吉林省经济振兴发展；在国家"一带一路"战略中，成为一道亮丽的天然气"蓝色"风景线。

网址：www.ccrq.com.cn

# 用心做能源　和达致天下
## ——长沙市燃气实业有限公司

## 一、企业简介

长沙市燃气实业有限公司（以下简称"长沙燃气"）始建于1987年，前身为长沙市燃气总公司。经过近30年的发展，长沙燃气先后顺利完成了管道燃气建设、天然气入湘、引资合营、企业改制等一系列重要工作，逐步建立成为一家拥有完善法人治理结构的现代国有控股企业。2005年4月，公司正式更名为长沙市燃气实业有限公司。

## 二、业务介绍

作为湖南省燃气行业的龙头企业，长沙燃气进入快速发展的"黄金期"。2015年，公司实现总产值40亿元，利税总额7亿元，发展势头蒸蒸日上。公司秉承"聚合资源、稳健发展、合作共赢"的市场理念，逐步形成了以燃气经营为核心业务，涉足城市燃气投资、工程建设、地产开发、物业管理、新型建筑材料生产经营、能源服务等多元化的产业格局，业务范围包括湖南长沙、岳阳、常德，及江西弋阳等多个城市，并在船舶加气、PPP城市综合管廊、分布式能源等重点项目上有新进展。

长沙燃气坚持"以湖南为重点，辐射全国"的市场战略，不断寻求合作伙伴，拓展业务范围，打造集团式的长燃品牌。旗下拥有13家子公司：燃气经营与管理版块有7家子公司。其中参股子公司长沙新奥燃气有限公司是长沙市政府唯一特许经营管道燃气的公用事业企业，截止2015年底，在用民用户已达125万户，工商用户8 200多家，销售天然气8.3亿 $m^3$，同比增长了9%。房地产开发版块有全资子公司湖南长燃置业有限公司，其已开发的"长燃·新奥佳园"项目2015年房屋销售16.3万 $m^2$，销售回款4.2亿元；同时积极开展捞刀河仓储、普瑞南地块开发等新项目，为公司持续发展做准备。工程建设版块有全资子公司湖南中安工程有限公司，拥有市政总承包贰级、机电安装工程总承包贰级、钢结构工程专业承包贰级等8项施工资质，施工区域跨越中西部各省市，年施工能力近2亿元。能源服务版块有4家子公司。2016年，长沙燃气定下了"争取5个区域燃气市场"的奋斗目标，并有志于"建成一个项目，改变一座城市"，为打造"旗舰级"的企业集团不断努力。

## 三、企业荣誉

公司秉承"心怀天下、气正山河"的企业使命，"诚信、进取、卓越、和谐"的企业价值观，以心作能源，用心做服务，得到政府及社会各界的一致好评。先后获得"全国五一劳动奖状"、"全国青年文明号"、"利税过亿企业"、"文明单位"、"综合治理先进单位"等多项荣誉，涌现出多位获得"全国劳模"、"部级劳模"、"市级劳模"等荣誉称号的优秀员工。

## 四、企业文化

远帆卓越之程,任重而道远。长沙燃气以开放和谐之姿,推进企业稳健发展,精工实干、奋勇创新,为早日成为"清洁能源服务的引领者"不懈努力;为优质服务民生、发展清洁能源、提高城市品位贡献力量。

# 独辟蹊径觅蓝海　引领时代创新天
## ——香港中华煤气

## 一、企业简介

20世纪初，从500盏煤气街灯和24km地下管网起步的香港中华煤气独辟蹊径，探寻香港公用照明市场之外的"蓝海"——用煤气烹饪。从供应炉具、推广明火煮食到打造一站式厨房，为客户提供高品质的生活方式，百年来，香港中华煤气一直绷紧了"竞争"这根神经，不断挖掘新的创意，在近乎饱和的香港民用市场上，一次又一次地实现"华丽转身"。

## 二、业务介绍

目前，香港80%的管道煤气炉具由香港中华煤气销售和供应，但对于这家"百年企业"而言，危机感和竞争意识从来不是一个遥远的抽象概念。如何在日趋饱和的香港市场中找到新的业务增长点，香港中华煤气似乎已经找到了自己的答案。

踏入21世纪，香港中华煤气的管理层意识到，年轻一代的生活模式已经发生转变，客户的消费水平和消费品位不断提升，早期以方便客户缴交煤气账单、预约检查维修及提供各项查询服务而设的客户中心也需要随之转型。因此，公司增设客户服务热线、互联网及自动缴费系统等多种服务渠道，并将客户中心的角色升级为集售卖煤气炉具、推广明火煮食、提供客户服务3大元素于一体的客服平台。

2001年，香港中华煤气引进一站式消费概念，成立名气廊（Towngas Avenue），打造"餐饮+销售"模式，以实际应用环境展示所有炉具，让客户在享受餐饮服务的同时，也可以选购炉具、烹饪书籍、家居用品等各类优质产品和服务，启发客户的优质家居生活灵感。考虑到现代生活节奏快，许多市民虽然对烹饪的兴趣与日俱增，但由于工作繁忙，不能常常抽空到煤气烹饪中心上课，名气廊率先推出"互动式餐厅"（Interactive Café），客户在用餐之余也可学习烹饪，多渠道推广明火煮食文化。这种经营模式深受客户欢迎，也得到餐饮业界的一些酒店及餐厅效仿，纷纷推出烹饪班以推广煮食文化。

近年来，香港的出生率不断上升，父母也越来越重视对食物安全及培养孩子的自理能力，常会安排孩子参加不同类型的活动。名气廊亦配合推出暑假儿童烹饪课程和亲子烹饪生日派对，让父母与子女共同分享煮食的乐趣。此外，名气廊还开展了全港独有的"团队烹饪工作坊"（Team Building Cooking Workshop），主要举行各种富有趣味、具有启发性的团体训练活动，令外界公司或机构通过煮食及分组互相合作，建立团队精神，加强凝聚力，广受企业欢迎。

百年来，随着外部经济、社会环境的不断变迁，香港中华煤气不断持续调整自身的功能定位，创新模式,通过不断为客户提供更多增值服务,引导客户消费需求。经过深入的研究和探讨,决定开拓意大利高级橱柜品牌的设计服务,并引进法国品牌炉具,为客户提供一站式厨房设计服务(Total Kitchen Solution),打造极具个人品味的优质厨房。

一站式厨房设计服务由专职团队筹划厨房装修的整个过程,包括规划、设计、销售、安装及售后服务,每项细节均由公司负责紧密跟进,节省房地产发展商与多个供应商协调的时间和程序,并为有装修需求的客户排忧解难,把关工程细节,确保厨房整体既实用亦充满时尚感。

在体验消费模式的驱动下,许多房地产发展商愿意采用全新一站式厨房设计服务。2014年至2015年期间,公司橱柜业务在新楼盘的营业额获得5倍增长,香港中华煤气合作房地产发展商由3家增至12家。据问卷调查数据显示,超过60%的受访者表示厨房翻新时考虑使用"Total Kitchen Solution"的设计服务,超过90%的受访者认为公司的品牌优质卓越,更有超过80%的受访者认为公司的产品比其他欧洲品牌更加物超所值。

## 三、企业荣誉

香港中华煤气"一站式厨房"产品先后荣获Reddot Design Award、BIA Award、GOHOME Best Kitchen Design Award等多项大奖,"Total Kitchen Solution"以及"Cook for Love"市场策划项目更同时荣获素有市场推广界"奥斯卡"之称的2015年HKMA/TVB杰出市场策划奖优异奖。

## 四、企业文化

未来,香港中华煤气会继续远赴欧洲,搜罗更多优质的建材,为客户量身打造最合适的厨房设计;研发并推出一系列嵌入式厨房炉具,包括煤气煮食炉、焗炉、洗衣干衣机及冰箱等,打造单一品牌星级厨房;逐步翻新橱柜陈列室,展示全新橱柜设计及陈列炉具。公司将不断努力革新,引领香港民众享受更加优质、健康、舒适的煤气新生活。

中国燃气行业年鉴 2015
CHINA GAS INDUSTRY YEARBOOK

第九篇

大事记

# 2014年8—12月燃气大事记

## 8月

**中位协五届六次常务理事（扩大）会议暨中国位置网服务联盟一届一次理事会议召开。**

8月1日，中国卫星导航定位协会五届六次常务理事（扩大）会议暨中国位置网服务联盟一届一次理事会议在无锡召开，来自卫星导航领域的近200位专家、学者及企事业单位、厂商代表齐聚一堂，共襄行业未来发展蓝图。

**台湾高雄发生燃气爆炸事故，致28人死亡、2人失踪、300人受伤。**

8月1日凌晨，台湾高雄发生燃气爆炸事故，共导致28人死亡、2人失踪、300人受伤。这是继1996年2月2日台湾新北市板桥瓦斯气爆案以来，发生最惨重伤亡的气爆事件。

**中卫至贵阳输气工程天水支线一次性投产成功，甘肃省天水迈入管道天然气时代。**

8月1日，中卫至贵阳输气工程天水支线一次性投产成功，年输气能力达到5亿$m^3$，标志着甘肃昆仑燃气在天水的供气格局正式形成，结束了天水8年使用LNG气源供气的历史。

**海南LNG项目建成后迎来首艘LNG船。**

8月6日上午，海南LNG项目迎来第一艘LNG船，装载约21万$m^3$。该项目总投资65.23亿元，由接收站工程、港口工程及输气管线工程3部分组成。接收站工程建设规模为300万t/a，建设2座16万$m^3$的LNG储罐及配套设施。

**哈纳斯集团与韩国SK集团在银川签署全面合作协议。**

8月6日，哈纳斯集团与韩国SK集团在宁夏银川签署全面合作协议。在天然气市场上、中、下游展开全面合作。哈纳斯集团拥有天然气从上游贸易到中游天然气液化生产、区域储备运输设备建设，乃至下游各类天然气终端消费网络、天然气发电、供热、制冷等全产业链的布局。韩国SK集团所掌握的大量天然气气源，在天然气的中游液化生产及各类终端应用环节也有丰富的经验，与哈纳斯集团全面合作具有深厚的基础和广阔的前景。

**中缅天然气保山支线及门站投产成功。**

8月6日，中缅天然气保山支线向保山中心主城区管网供气。该项目投资约8 000万元，自

2013 年 11 月开工，历时近 9 个月，建成高压管道 7.68 km、中压管道 7.7 km、交接计量站 1 座及设计日供气量 15 万 m³ 燃气门站 1 座，可满足保山中心城区、工贸园区及周边乡镇近远期供气需求。

### 中亚天然气管道 C 线正式向我国输送天然气。

8 月 7 日，中亚天然气管道 C 线正式向我国输送天然气。中亚天然气管线起于土乌边境的格达依姆，经乌兹别克斯坦和哈萨克斯坦，至新疆霍尔果斯口岸入境，与国内的西气东输三线相连。C 线与 A/B 线并行敷设，线路总长 1 830 km，设计年输气能力 250 亿 m³。

### 北斗精准服务网为京津冀提供燃气管线精准定位。

8 月 9 日，中国城市燃气协会与中国卫星导航定位协会在国家测绘地理信息局签署"北斗携手燃气，共铸管网安全"的战略合作协议，共同推动北斗卫星导航系统在城镇燃气行业的深化应用，通过北斗精准服务网提供的精准位置服务全面支持燃气物联网体系的建设，充分提升我国城镇燃气企业的地下管网安全管理水平。

### 中石油塔里木油田天然气日输能力进入"亿时代"。

截至 8 月 9 日 12 时，塔里木油田克轮复线计量橇系统投运整 1 个月，系统和管道运行良好，天然气日输能力突破 1 亿 m³。塔里木油田日输能力进入"亿时代"，已打通天然气外输瓶颈。

### 西气东输北疆 6 支线竣工验收，输送超 128 亿 m³。

截至 8 月 12 日，西气东输二线北疆供气支线 6 个项目累计输送天然气超过 128 亿 m³，设备运行稳定。西二线北疆供气支线和西二线酒泉等河西 5 市供气支线项目是国家重点工程西气东输的配套工程。西二线北疆供气支线管道工程由 3 条支线组成，年设计输气量 66 亿 m³；西二线金昌、张掖、武威、酒泉和嘉峪关 5 市供气管线年设计输气量 10.58 亿 m³。

### 川气东送管道安全平稳运行 2 000 天。

截至 8 月 13 日，中国石化首条长距离、大口径、高压力天然气管道——川气东送管道实现安全平稳运行 2 000 天，累计输气 294.8 亿 m³，实现管输收入 140 亿元。川气东送管道自 2010 年 8 月 31 日全面投入商业运行，西起川东北普光首站，东至上海末站，设计年输气量为 120 亿 m³。

### 《江西省液化天然气（LNG）利用规划（2014—2020 年）》出炉。

8 月 13 日，江西省发改委制定的《江西省液化天然气（LNG）利用规划（2014—2020 年）》出炉。到 2020 年，江西省将建成 LNG 汽车加气站 260 座（包括城市 200 座和高速公路 60 座）。

### 台湾新北市发生天然气爆炸，致 1 死 14 伤。

8 月 15 日，位于台湾新北市新店安康路的一栋住宅楼发生天然气爆炸事故，造成 1 死 14 伤。这是台湾 2014 年发生的第 2 起燃气爆炸事故。

### 江西省天然气管网一期工程余江至景德镇段管线贯通。

8月15日11时16分,江西省天然气管网一期工程余江至景德镇段管线贯通。从景德镇和余江同时出发的两路天然气气流在余干输气站汇合并顺利点火,标志着环鄱阳湖天然气管网通气试投产成功,将大幅提升江西省天然气供应保障能力。

### "中国燃气运营与安全研讨会"在河北省石家庄市召开。

8月21—22日,由《煤气与热力》杂志社有限公司、中国土木工程学会燃气分会LNG专业委员会主办,中国土木工程学会燃气分会支持的"中国燃气运营与安全研讨会"在河北省石家庄市召开。会议共分为3个篇章,分别为"宏观形势分析""业界主流对策""前沿技术及标准"。

### 青海油田首口页岩气井压裂成功。

8月22日,青海油田第一口页岩气井——柴页1井压裂成功。柴页1井在青海省大柴旦境内。该井完钻井深为2 250 m,压裂施工分为2个层段实施。此次施工采用滑溜水与线性胶压裂技术,大排量、大液量、小砂比,采用微裂缝地震监测手段对压裂过程进行监测,通过裂缝的起裂改变地应力场,使得最后形成的裂缝网络更加贯通,提高整个裂缝的渗流能力,最终提高压裂改造体积和产量。

### 西气东输三线西段全线贯通。

8月25日,随着西气东输三线位于甘肃省瓜州县的瓜州站完成最后一道焊口,"西三线"西段全线贯通。

### 洋口港江苏LNG接收站顺利完成整船为第三方接卸天然气任务,保障上海LNG供应。

8月25日,国家油气管网设施公平开放政策实施后,中石油江苏液化天然气有限公司洋口港江苏LNG接收站顺利完成整船为第三方接卸天然气任务,拉开了洋口港保障上海清洁能源供应的序幕。首船第三方LNG共有5.8万t,8月4日到港卸货,由上海申能集团采购,通过槽车全部运至上海。

## 9月

### 国家发改委调整非居民用天然气价格,每立方米提高0.4元。

9月1日起,国家发改委调整非居民用存量天然气门站价格,每立方米上涨0.4元左右。这也是我国自2013年后,第二次调整非居民用天然气价格。

### 国务院副总理张高丽与俄总统普京共同出席中俄东线天然气管道俄境内段开工仪式。

9月1日,中国国务院副总理张高丽和俄罗斯总统普京在俄罗斯"冰城"雅库茨克共同出席中俄天然气管道东线开工仪式。张高丽表示,中俄务实合作是全面的、战略性的、稳定的和持久的。中方愿同俄方一道，在双方需要和互利共赢基础上，推动两国合作向更宽领域、更高层次、更实成果发展。能源领域合作需要石油、天然气、核能、煤炭、电力、新能源等一起发展，东线西线并举，上游下游协调推进。

### 南疆天然气利民工程惠及400万群众。

截至9月1日，投产1年的南疆天然气利民工程通过练内功、抓管理，克服管网巡线范围大等难题，投产至今累计向管网输送天然气10.7亿$m^3$。南疆天然气利民工程是中国石油援疆的"一号工程"，承担为南疆44个县市、农牧团场400多万各族群众供气的任务。这个工程2013年7月30日投入运营，工程日均供气量170万$m^3$，冬季最高峰值达300万$m^3$，相当于往年南疆用气量的2倍。

### 中亚天然气管道已累计向中国输气900亿标方。

截至9月3日，中国首条引进境外天然气资源的跨国能源通道——中亚天然气管道已累计向中国输气900亿$m^3$，日均输气量为8 516万$m^3$。中亚天然气管道是中国第一条引进境外天然气资源的跨国能源大动脉，总投资150亿美元。

### 贵阳进入管道天然气时代。

9月7日，贵州燃气集团经过两年半时间，完成了贵阳市天然气置换工作，结束20年使用人工煤气的历史，比计划提前9个月全面进入管道天然气时代。2012年6月至2014年9月，贵阳市累计置换居民用户65万户、公建用户1 300多户。

### 武汉市政府常务会原则通过《武汉市燃气专项规划（2013—2020）》。

9月10日，武汉市政府常务会原则通过了《武汉市燃气专项规划（2013—2020）》。到2020年，武汉市都市发展区将实现燃气普及率100%。建成20万$m^3$液化天然气储存能力，应急保障时间达到10天。截至2014年9月，武汉市已建成了天然气门站调压站48座、CNG加气站57座、高压管道393.7 km、中低压市政燃气管道5 500 km，基本形成遍布三镇的天然气输配管网。

### 西气东输开展全线安全环保大检查。

9月10日，为期1个月的西气东输全线安全环保大检查落下帷幕。这是西气东输管道正式商业运行以来，人员投入最多、检查力度最大的一次安全环保大检查。此次检查通过全面排查和抽查，实现"两个全面覆盖"：即所有场站、维抢修队（中心）、阀室、管道线路及施工现场等区域全覆盖；基层单位全覆盖，保证无死角、无漏洞。

### 塔里木油田累计生产天然气157.6亿$m^3$。

截至9月10日，塔里木油田累计生产天然气157.6亿$m^3$，外输气量148.5亿$m^3$，9月日产气量比前8个月增加228万$m^3$，实现94.2%产量外输增供的生产格局。塔里木油田2013年首次年产突破200亿$m^3$，年产量与公司外输供气之初的3.51亿相比增加近57倍，年均增加22亿$m^3$，这为塔里木"十二五"稳油增气奠定了基础，更为保障西气东输及南疆五地州生产生活用气提供了充足资源。

### 中国-中亚天然气管道D线塔吉克斯坦境内段举行开工仪式。

9月13日，国家主席习近平和塔吉克斯坦总统拉赫蒙共同出席了中国-中亚天然气管道D线塔吉克斯坦境内段开工仪式。D线管道是中国同中亚国家能源合作的重大工程，气源位于土库曼斯坦，途经乌兹别克斯坦、塔吉克斯坦、吉尔吉斯斯坦进入中国境内。

### 中国制定首个天然气领域国际标准。

9月15日，中国石油西南油气田制定的我国首个天然气领域国际标准《用氧化微库仑法测定总硫含量》，经国际标准化组织天然气技术委员会表决全票通过，正式成为国际标准。

### "海洋石油981"在南海探出首个深水高产大气田。

9月15日，中国海洋石油总公司宣布，"海洋石油981"钻井平台在南海北部发现我国海域自营深水勘探首个高产大气田。此次发现的陵水17-2气田距海南岛150km，其构造位于南海琼东南盆地深水区的陵水凹陷，平均作业水深1 500m，为超深水气田。

### 中缅天然气管道曲靖分输支线一次性投产成功。

9月17日，中缅天然气管道开始向云南省滇东地区曲靖市麒麟区输送天然气，结束了曲靖市使用LNG的历史，对优化当地能源结构、改变城市空气质量、促进工业发展具有重要意义，标志着这条管道曲靖分输支线一次性投产成功。

### 珠海LNG项目喜获项目管理国际大奖。

9月20—21日，在上海召开的PMI（中国）项目管理大会上，珠海LNG项目一期工程获得最高奖项"年度项目大奖"，成为中国LNG行业以及中国海油单一项目第一个获得此项国际殊荣的项目。这一奖项不仅是对珠海LNG开展项目管理工作和"质量效益年"活动的充分肯定，更是为中国LNG行业的项目管理树立了一面旗帜，为推广中国海油中下游项目的项目管理方法起到了巨大的推动促进作用。

### 中亚天然气管道C线已引进中亚天然气3.44亿$m^3$。

截至9月22日，中亚天然气管道C线已引进中亚天然气3.44亿$m^3$。总长1 830 km的C线与A/B线并行铺设，设计年输气能力250亿$m^3$。相当于替代0.33亿t煤炭，每年可减少二氧化碳排放0.35亿t、二氧化硫55万t。

### 中国石油签约首个国际LNG模块化建造项目。

9月25日，中国石油海洋工程有限公司成功签约首个国际化LNG模块化建造项目——俄罗斯亚马尔项目FWP5&MWP4工程。中石油方面称，作为中国石油承建的首个国际LNG模块建造合作项目，这个项目的成功签约将有效推动中国石油海工业务链向国际LNG模块建造业务延伸。

## 10 月

### 沈阳北部大型燃气门站投入运行。

10月1日，沈阳市功能最全、接收和输出路径最多的燃气门站——北部门站投入运行。北部门站设计接收3路气源，除接收来自陕（西）（北）京二线天然气外，还将接收阜新大唐煤制天然气，同时，北部门站还为中石油预留了第二路入沈的大气源接口；输出方面则分别向望花、八棵树罐站，以及法库、康平两县供气。

### 国内最大单体海相整装气藏开始大规模开发。

10月8日，西南油气田公司宣布，安岳气田磨溪区块龙王庙组气藏年产气40亿 $m^3$ 的开发一期工程投运，标志着国内最大单体海相整装气藏开始大规模开发。

### 昆明首个新装天然气用户点火。

10月10日，昆明第一家天然气新装用户在西山区春雨阳光小区4栋点火，用户是"昆明好人"王兰兰的春雨阳光爱心食堂，云南中石油昆仑燃气公司昆明分公司免费为其安装天然气。

### 第四届ECF亚洲页岩气峰会（上海）论坛召开。

10月14日，第四届ECF亚洲页岩气峰会（上海）论坛召开。国家发改委能源研究所能源经济与发展战略研究中心主任张有生在论坛上表示，新常态下，天然气将成为近中期调整能源结构的主力，到2030年，中国天然气需求量将超过5 500亿 $m^3$，大力发展页岩气将是中国的战略选择。

### 湖南省发改委举行民用天然气新阶梯气价听证会。

10月15日，湖南省发改委在长沙市举行《湖南省居民生活用天然气阶梯价格实施办法》听证会，广泛听取各界对该办法的意见和建议。按国家发改委要求，湖南省阶梯气价分为三个阶梯：第一档年用气量360 $m^3$ 以内（含360 $m^3$），第二档为超出360 $m^3$ 不足600 $m^3$ 部分（含600 $m^3$），第三档为超出600 $m^3$ 部分。拟定第一档气价，为现行居民生活用气价格；第二档气价为现行居民生活用气价格的1.2倍；第三档气价为现行居民生活用气价格的1.5倍。

### 中国石油与俄气签署中俄东线天然气管道建设运营技术协议。

10月15日，中国石油天然气集团公司宣布，与俄罗斯天然气工业股份公司签署《关于中俄东线天然气管道建设和运营的技术协议》，为中俄东线天然气管道跨境段和各自境内管道的建设奠定重要的法律基础。

### 呼图壁储气库注气17亿 $m^3$，全力保障北疆冬季供气。

截至10月15日，呼图壁储气库第二注气周期已投用注气井15口，日均注气930万 $m^3$，最高日注气量1079万 $m^3$，累计注气量突破17亿 $m^3$，达17.05亿 $m^3$，为北疆冬季调峰供气、应急调度提供了有力的资源保障。

### 国内首个LNG/再制造产业物联网创新中心落户张家港。

10月16日，IBM领衔打造的液化天然气（LNG）/再制造产业物联网创新中心在江苏省张家港市揭牌。今后该中心将发掘IBM大数据技术优势，推动制造业与现代服务业融合，从而实现全产业链的智慧共赢。此次揭牌的"联合创新中心"是IBM在产业物联网领域的首次实践，也是国内液化天然气（LNG）产业领域的首个产业物联网项目，旨在打造国内液化天然气产业的物联网技术创新与产业模式升级平台。

### 全球首艘浮式LNG发电船命名。

10月18日，德国汉堡举行了全球首艘浮式液化天然气（LNG）发电船"Hummel"号命名仪式。这艘浮动LNG发电船将停靠在汉堡港口附近，为进出港口的船舶提供动力，有助于改善当地的空气质量。Hummel号浮动LNG发电船船长77 m，船宽11 m，由斯洛伐克一家造船厂建造。

### 兰州天然气热价定为5元/月·$m^2$。

10月23日，兰州市人民政府办公厅下发《关于调整我市城市居民天然气集中供热价格的通知》，确定兰州市城关区、七里河区、西固区、安宁区居民天然气集中供热价格由4.20元/月·$m^2$调整为5.00元/月·$m^2$，上调0.80元/月·$m^2$，调整幅度为19%。非居民天然气集中供热价格不变。

### 三部委联合印发特急文件《天然气分布式能源示范项目实施细则》。

10月23日，国家发改委、住房城乡建设部、国家能源局三部委联合印发特急文件《天然气分布式能源示范项目实施细则》，就天然气分布式能源示范项目的申报、评选、实施、验收、后评估，以及激励政策等做了一系列比较全面的规定，旨在完善天然气分布式能源示范项目审核、申报等管理程序，推动天然气分布式能源快速、健康、有序发展。

### 普光气田外输天然气累计达300.01亿$m^3$。

截至10月25日，作为中国石化最大的天然气生产基地和川气东送工程的重要气源地，普光气田外输天然气累计达300.01亿$m^3$，为长江沿线经济带的发展提供了持续不断的清洁能源。

### 陕京四线首个控制性隧道贯通。

10月27日，陕京四线输气管道工程杨树沟隧道顺利贯通。这是陕京四线工程贯通的首个控制性隧道。杨树沟隧道是陕京四线输气管线三个控制性工程之一，另外两个分别为军都山隧道和大杨山隧道。杨树沟隧道位于北京市延庆县，全长451 m，于2014年3月26日开工建设。杨树沟隧道主体为Ⅳ级和Ⅴ级围岩，存在岩石发育破碎带5处，穿越北京S212省道，地质条件复杂，施工难度较大。

### 《煤制合成天然气》国家标准审查会举行。

10月27日，《煤制合成天然气》国标审查会暨煤化品分会二届一次会议在新疆伊犁庆华循环经济工业园举行。《煤制合成天然气》国家标准由中国石油和化学工业联合会提出，由全国煤化工标准化技术委员会煤制化学品分会归口。

## 11 月

### 《浙江省石油天然气管道建设和保护条例》开始施行。

11月1日,《浙江省石油天然气管道建设和保护条例》开始施行。这是《石油天然气管道保护法》颁布实施后的国内第一部省级地方性法规。《条例》对相关职能部门、基层政府、村级组织的职责、责任进行了明确,强化了管道企业的主体责任,建立了事故应急反应和处置机制。

### 北京市规模最大的热电中心——西北热电中心正式建成投产。

11月5日,北京市规模最大的热电中心——西北热电中心正式建成投产。西北热电中心将全面替代高井、石景山燃煤热电厂,为西部地区40万用户和居民供热,同时还将压减550万t燃煤,占全市5年1 300万t压煤总任务的42%,为北京的蓝天做出重要贡献。

### 中国城市燃气协会科学技术委员会2014年年会——住建部3项行业标准宣贯会召开。

11月6日,中国城市燃气协会科学技术委员会2014年年会——住建部3项行业标准宣贯会在重庆五洲大酒店召开,本次会议由中国城市燃气协会科技委副主任委员李颜强主持。会议学习了《城镇燃气管网泄漏检测技术规程》《燃气热泵空调系统技术规程》《城镇燃气埋地钢质管道腐蚀性控制技术规程》等行业标准。

### 中缅天然气管道向中国供气超30亿$m^3$。

截至11月11日8时,中缅天然气管道已累计向中国输送天然气超过30亿$m^3$,达到30.03亿$m^3$。中缅天然气管道起自缅甸西海岸皎漂,从云南瑞丽进入中国,终点为广西贵港,设计年输气量120亿$m^3$。管道干线全长2 520km,缅甸段793km,中国段1 727km。2013年10月20日中缅天然气管道干线正式全线投产,10月25日中缅天然气管道通过中卫至贵阳管线与西气东输二线联网,并向川渝地区正式供气。

### 塔里木东输天然气突破1 400亿$m^3$。

截至11月12日,塔里木油田累计向西气东输管网系统输送天然气突破1 400亿$m^3$,达到1 415.82亿$m^3$,有力地推动了沿线经济发展和民生的改善。2014年已是中石油塔里木油田向西气东输管网系统供气的第10个年头,油田所供天然气惠及下游14个省市80多个城市的3 000余家工业企业和近4亿居民。

### 银川一火锅店煤气罐泄漏引闪爆,10人受伤。

11月13日,银川市一火锅店因煤气罐泄漏引起闪爆,事故造成10人受伤,包括3名女性和7名男性。事故发生后,银川市公安局官方微博第一时间发布了事故的初步认定结果:火锅店因煤气罐泄漏引起闪爆,事发餐厅老板已被警方控制。

### 中亚天然气管道累计输气突破 1 000 亿 m³。

截至 11 月 14 日零时，中亚天然气管道自 2009 年底投产以来已累计输送来自中亚地区的天然气突破 1 000 亿 m³。目前，中亚管道日输气量已超 1 亿 m³，占国内进口气总量的 52.6%。

### 西气东输大铲岛分输压气站安全输气供香港。

截至 11 月 14 日，已有 7.4 亿 m³ 天然气从西气东输大铲岛分输压气站安全平稳输送至东方之珠——香港。大铲岛分输压气站位于广东省深圳市南山区前海湾大铲岛，是我国第一座海岛压气站。全站劈山填海而建，占地面积 8 万 m²，设计年分输能力 60 亿 m³，于 2012 年 12 月 19 日建成投产。大铲岛站所辖海底管道包括广深支干线求雨岭至大铲岛段海底管道和香港支线海底管道。其中，香港支线海底管道长近 20 km。

### 2014 年中国香港第十三届"亚洲西太平洋地区国际燃气技术交流会暨展览会"在香港举行。

11 月 18—20 日，第十三届"亚洲西太平洋地区国际燃气技术交流会暨展览会"（GASEX 2014）在香港国际机场亚洲国际博览馆盛大举行，来自 15 个国家和地区的协会或公司、近百个参展商及 500 多位燃气界精英齐聚香港出席本年度盛会。GASEX 于 1989 年在香港创办，而今届会议的参与人数也是历届之冠。两年一度的亚洲区燃气界盛事 GASEX 交流会暨展览会，本届主题为"优化燃气价值链"，涵盖：拓宽燃气市场领域——全球与区域；常规与非常规燃气——发展与挑战；整全的燃气价值链——优化与机会三个主要部分；大会通过论坛、小组会议和大型展览，为与会者提供一个分享信息和技术的平台。

### 中石化山东 LNG 项目首次接卸进口液化天然气。

11 月 18 日，在青岛董家口港区，满载 LNG 的"科罗尼斯"轮正向码头罐内输气。该船 LNG 申报数量为 14.5 万 m³，货值近 3 亿元，是山东口岸首次接卸进口液化天然气，标志着中石化山东 LNG 项目自 2010 年开工建设以来已经进入重载试运行阶段。

### 我国首艘超大型全冷式液化石油气运输船在上海命名。

11 月 19 日，由我国自行研发、设计、建造的第一艘 8.3 万 m³ 超大型全冷式液化石油气运输船（VLGC），在上海中船长兴造船基地隆重命名，同时命名的还有该船的另外两艘姊妹船，这标志着我国一举打破国外在该船型领域的技术封锁和长期垄断，全面跻身世界高端液化气体运输船设计、建造的先进行列。

### 国务院办公厅发布《关于印发能源发展战略行动计划（2014—2020 年）的通知》。

11 月 19 日，国务院办公厅发布《关于印发能源发展战略行动计划（2014—2020 年）的通知》。通知提出大力发展天然气，到 2020 年，累计新增常规天然气探明地质储量 5.5 万亿 m³，年产常规天然气 1 850 亿 m³。

### 西三线西段干线完成天然气置换。

11月20日,西气东输三线西段中卫站检测到纯天然气,标志着中亚天然气自霍尔果斯首站,历经2 445 km跋涉,抵达中卫站。至此,西三线西段68号阀室—中卫段调试及天然气置换工作顺利完成,为西三线向下游供气奠定坚实基础。

### 江苏内河首艘本安型LNG动力改造船试航。

11月22日,江苏省内河第一艘采用本安型改造方案的液化天然气动力船"苏淮货15688"在京杭运河淮安段下水试航。该船总长59.8 m,载重1 700 t。京杭运河LNG天然气动力船舶改造适用"本安型"和"增安型"两种方案,前者施工方便、布置灵活、成本低、增加或替换的设备少。该船在改造过程中严格按照《气体燃料动力船检验指南》以及交通运输部海事局印发的《LNG燃料动力试点船舶技术要求》和《LNG燃料动力试点船舶关键设备技术要求》的通知(海船检[2012]307号)相关要求执行。

### 甬台温天然气输气管道工程瓯江盾构隧道完成清管试压。

11月23日,由中石化石油工程设计有限公司(SPE)设计的甬台温天然气瓯江盾构隧道输气管道工程,全面完成清管、试压、干燥工作。该工程历时一年零五个月,盾构横穿瓯江江底,最深处约为水面下40 m,穿越地层软硬岩交替,地质条件复杂多变,竖井直径大深度深。

### 海南LNG项目接卸第二船液化天然气,缓解"气荒"局面。

11月23日上午,一艘装载90 505t液化天然气(LNG)的大船顺利停靠在海南液化天然气站线项目码头,这是该项目自8月6日成功接卸首船LNG后,迎来的第二艘LNG船。该船来自马绍尔群岛,名为"乌兰德",此次接卸第二艘LNG船,标志着海南LNG项目已实现LNG船接卸常态化,试运营阶段也呈平稳有序的状态。

### 厦门一川菜馆发生燃气爆炸,致4人死亡3人受伤。

11月25日上午8时27分许,厦门市思明区美湖路29号味味川菜馆发生一起燃气爆炸事故。事故现场死亡3人,受伤4人。受伤人员已送医院救治,其中1人经抢救无效死亡。

### 国务院发布《关于创新重点领域投融资机制鼓励社会投资的指导意见》。

11月26日,国务院发布《关于创新重点领域投融资机制鼓励社会投资的指导意见》,《意见》要求,进一步推进天然气价格改革,2015年实现存量气和增量气价格并轨,逐步放开非居民用天然气气源价格,落实页岩气、煤层气等非常规天然气价格市场化政策。

### 中国石化首个LNG接收站顺利完成首船调试气接卸任务。

11月27日,中国石化首个LNG接收站——山东LNG接收站送走了北美调试气船"Maran Gas Coronis"号。至此,山东LNG接收站历时两周,顺利完成12.6万 m³LNG的调试接卸任务。首船调试气的成功接卸,为全面开启海外商业气的进口接卸工作提供了重要保障。

## 12月

### 珠海市市政和林业局规范燃气安全检查标准。

12月1日,珠海市市政和林业局发布实施《城镇燃气安全检查标准(试行)》和《燃气经营企业安全管理综合考评暂行办法》,切实加强珠海市燃气安全管理,防范生产安全事故的发生。

### 重庆页岩气勘探开发有限责任公司成立。

12月2日,由中石油股份公司、国投重庆页岩气公司、中化石油勘探开发公司和重庆地质矿产研究院共同出资组建的重庆页岩气勘探开发有限责任公司宣告成立。这是继重庆市与中石化合作推进页岩气开发利用之后,央地、央企联手合作推进页岩气勘探开发的又一新举措。

### 中缅天然气管道(国内段)首座压气站投产。

12月8日,贵港压气站压缩机组远程启停及控制测试结束,全面进入压缩机组运行状态,标志着中缅天然气管道(国内段)首座压气站投产运行。贵港压气站投产后,中缅天然气管道(国内段)日输气量增加400万 $m^3$,成为今冬明春西南管道公司保障两广地区天然气供应的重要支撑。贵港压气站位于广西壮族自治区中部,西接中缅天然气管道,东连西气东输二线广南支干线,是连接两大天然气管网的枢纽。

### 陕京三线全线投产,缓解"气荒"。

12月9日上午,随着中石油陕京三线良乡至西沙屯段工程投产,陕京三线全线投入运行。从陕西千里跋涉而来的天然气管道,穿越北京的房山、丰台、门头沟、海淀、昌平区,每天源源不断地将天然气输送到北京城内,每日增气2 000万 $m^3$。

### 贵州省燃气集团启动凝冻灾害危险应急预案。

12月10日,贵州燃气集团公司启动《凝冻灾害危险应急预案》,应对未来几日部分区域可能出现的低温、雨雪、冻雨天气。2014年11月15日至12月9日期间,贵阳市天然气供气量达到1 741万 $m^3$,平均每日68万 $m^3$,日用气最高峰值为83万 $m^3$,与2013年同期相比,总供气量增加317万 $m^3$,同比增加22%,每日平均用气量增加11万 $m^3$。

### 苏里格气田总产量突破千亿立方米。

12月10日,全国年产天然气最大的整装气田——长庆苏里格气田累计产量突破1 000亿 $m^3$。据测算,1 000亿 $m^3$ 天然气相当于替代1.33亿t标准煤,可减少二氧化碳排放1.42亿t、减少二氧化硫排放220万t。截至目前,苏里格气田共建气井7 989口、集气站135座、骨架干线28条,建成天然气处理厂6座,年集输处理能力具备280亿 $m^3$。

### 成都天然气供应总量突破12亿 $m^3$,创历史新高。

截至12月12日,2014年成都市中心城区天然气供应总量已突破12亿 $m^3$。主城区管网运行指标也是历年来最好的一年。在经历了近段时间的降温后，日供气量快速上升，已超过 480 万 $m^3$，接近 2013 年冬季的最高水平。

### 中国燃气获亚行 4.5 亿美元贷款，将建 820 座加气站。

12 月 16 日，中国燃气控股有限公司与亚洲开发银行签署一项最多可达 4.5 亿美元的长期贷款协议，将参考 PPP 模式于 2018 年以前在中国建设并运营 820 座加气站，以推广天然气在交通领域的应用，抑制快速增长的汽车与内河船舶造成的污染物排放现象。

### 珠三角天然气外环管网全线贯通。

12 月 22 日，全长 238 km 的广东省天然气管网有限公司二期工程实现全线完工并具备接气条件，同时与已经完工的、全长 448 km 的广东管网一期工程实现连通，珠三角天然气外环管网至此全面建成。加上业已建成的内环管网，珠三角地区已形成天然气内外环管网多气源供应、安全互补供气的格局。

### 中国石化元坝气田试采项目成功投产。

截至 12 月 23 日，中国石化西南油气分公司元坝气田开井 7 口，天然气日产量 290.3 万 $m^3$，日生产净化气 231 万 $m^3$，累计外销 1 783.06 万 $m^3$，累计生产硫黄 1 879 t，标志着中国石化元坝气田年产 17 亿 $m^3$ 净化气能力的试采项目顺利建成，并成功投产。

### 新奥集团成为国内首家成功利用第三方接收站设施进口 LNG 的民营企业。

12 月 23 日，装载 6 万 t 进口 LNG 的 SONANGOL BENGUELA 号船舶，顺利靠泊江苏南通洋口港，完成中石油江苏如东 LNG 接收站接卸作业，标志着新奥集团成为国内首家成功利用第三方接收站设施进口 LNG 的民营企业。

### 亚洲第一艘 LNG 单燃料动力全回转工作船在镇江船厂顺利下水。

12 月 24 日，由江苏省镇江船厂为中海油建造的亚洲第一艘 LNG 单燃料动力全回转工作船——"海洋石油 525"在镇江船厂顺利下水。该船遵循全球船用清洁动力的发展方向，采用单一 LNG 燃料，相比柴油动力全回转工作船，可实现 100% $SO_x$ 和颗粒物的减排，以及减少 90% $NO_x$ 的排放，节约燃料费用 30% 以上，是真正意义上的绿色环保型高技术船舶，它的成功建造开启了我国全回转工作船领域绿色新能源使用的新篇章。

### 西气东输三线东段九龙江水下钻爆隧道顺利贯通。

12 月 28 日 17 时许，西气东输三线（简称西三线）东段九龙江水下钻爆隧道顺利贯通。至此，经过管道建设者 27 个月的艰苦奋斗，西三线东段 54 座隧道全部贯通，没有发生一起质量安全环保事故，为西三线东段按期建成投产奠定了基础。

### 西南油气田天然气年产量破 33.5 亿 $m^3$。

截至 12 月 28 日，西南油气田年产天然气 33.54 亿 $m^3$（不含元坝海相），生产原油 22 524.6 t，天然气年产量创历史最高纪录。

### 我国海外首个大型 LNG 生产基地柯蒂斯项目试产。

12月29日，中国海洋石油总公司宣布，中国海外首个大型 LNG 生产基地柯蒂斯项目成功试产，第一船6万 t LNG 从澳大利亚跨洋运回天津。海外 LNG 供应基地的建成，为我国获取长期有竞争力的 LNG 资源奠定了坚实基础，为我国天然气安全供应提供了重要保障。柯蒂斯项目是我国首次参与海外 LNG 项目上、中、下游全产业链投资。

### 中国页岩气勘探开发获突破，力争2020年产量超300亿 $m^3$。

12月29日，中国石化发布的我国首个《页岩气开发环境、社会、治理报告》显示，我国页岩气勘探开发获重大突破，中国成为继美国和加拿大之后世界上第3个实现页岩气商业开发的国家。

### 中亚天然气管道公司三驾马车保冬供。

截至12月30日，中亚天然气管道投产以来累计输气量达到1 047亿 $m^3$，惠及我国5亿多人口。2014年冬，C线投运后，中亚天然气管道A线、B线、C线三驾马车一起向国内输气，管输量达到每天1.3亿 $m^3$，同比增长46%。

### 贵州省独山县城镇天然气配套工程通气点火。

12月31日，贵州省独山县城镇天然气配套工程顺利通气点火，独山县城镇居民盼望已久的管道燃气终于进家入户，独山县政府2014年10件民生实事之一的能源供给工程建设任务圆满完成，也标志着独山县正式迈向"气化时代"。

### 中国首座页岩气液化工厂正式进入运营阶段。

12月31日，中国首座页岩气液化工厂正式进入运营阶段，它的成功运营标志着中国页岩气商业化进入新的发展阶段。该液化工厂位于四川省宜宾市筠连县沐爱镇，气源为筠连当地页岩气资源，工厂总占地约100亩。

### 塔里木油田利民工程每日供气约1 300万 $m^3$。

截至12月31日，塔里木油田已累计向南疆五地州输送天然气176亿 $m^3$。现在，每日约有1 300万 $m^3$ 天然气造福南疆。南疆的天然气用户数量正快速增长，仅2014年新增天然气用户就超过5万户，天然气年消费量由最初的1 800万 $m^3$ 增长到2014年的38亿 $m^3$。

### 新疆油田彩石克 D610 输气管道6年输气逾56亿 $m^3$。

截至12月31日，新疆油田彩石克 D610 输气管道投产运行已超过6年，累计输送天然气约56.65亿 $m^3$。作为新疆油田公司能源动脉的重要成员，彩石克 D610 输气管道与克乌 D610 输气管道、彩乌 D610 管道、联络线 D610 管道构成新疆油田全长760多公里的输气干线环网。

# 2015 年燃气大事记

## 1月

**上海燃气集团 2014 年累计供应天然气 68.2 亿 $m^3$。**

截至 2014 年年底，上海燃气集团全年累计供应天然气 68.2 亿 $m^3$，同比增长 0.2%，天然气用户超过 500 万户。目前，上海的天然气气源主要有：通过西气东输一线和西气东输二线输入的新疆、中亚气源；通过川气东送工程引入的普光气源、东海平湖气源及进口液化天然气（LNG），形成"4+1"多气源供应格局，有效保障全市各类用户的用气需求。

**霍尔果斯压气首站 3 条线累积日输量首超 1 亿 $m^3$，达到历史峰值。**

1 月 4 日，"中国能源通道国门第一站"霍尔果斯压气首站监控显示，西二线、西三线日供气量已分别达 7 800 万 $m^3$ 和 2 300 万 $m^3$，伊霍线每天输至西三线的煤制气也增至 340 万 $m^3$。霍尔果斯压气首站 3 条线累积日输量首超 1 亿 $m^3$，达到历史峰值。

**上海市政府同意组建上海石油天然气交易中心。**

1 月 5 日，上海市政府发文同意组建上海石油天然气交易中心。这意味着，由新华社联手多家上下游企业，旨在争取亚洲石油天然气交易定价权的中国版 Henry Hub（亨利枢纽），已进入正式组建阶段。

**中国首制超大型全冷式液化石油气运输船在沪交付。**

1 月 13 日，中国首次自行研发、设计、建造的 2 艘 8.3 万 $m^3$ 超大型全冷式液化石油气运输船在上海长兴岛造船基地签字交付。标志着中国船舶工业已全面跻身世界高端液化气体运输船设计、建造的先进行列。

**中海油国内油气产量连续五年超 5 000 万 t。**

1 月 13 日，中海油宣布 2014 年公司国内油气总产量再次实现 5 000 万 t，这是中海油自 2010 年达 5 000 万 t 后，已经第五年实现稳产。

**广西一大排档发生煤气罐爆炸，致 6 死 19 伤。**

1 月 15 日晚间 10 时许，广西宁明县德华街新宁超市旁一大排档发生煤气罐爆炸。截至 15 日晚 23 时 37 分，爆炸共造成 25 人伤亡，其中 6 人遇难，19 人受伤。

### 进口天然气定价涨三成，税收优惠"缩水"。

1月19日，财政部、海关总署、国家税务总局在其官网发布《关于调整进口天然气税收优惠政策有关问题的通知》，将天然气销售定价标准较之前调高23.4%，这意味着增值税返还金额将"缩水"。

### 合肥天然气日供气量突破210万 $m^3$，创历史新高。

1月27日以来，合肥普降大雪，天然气供应量急剧攀升，最高日供气量达到217万 $m^3$，创历史新高，较1月25日供气量增加近30万 $m^3$。

### 全球首艘CNG船在江苏韩通船舶重工开建。

1月28日，全球首艘CNG（压缩天然气）运输船在江苏韩通船舶重工有限公司点火开建。这艘全球首造CNG运输船由中集海洋工程设计研究院设计，采用天然气为动力，双燃料主机驱动，船长110m，设计航速14节，入美国船级社（ABS）和印尼船级社（BKI）双船级社。

### 西气东输崇明岛支线完成3 500 m长江穿越。

1月29日，中国石油天然气管道局透露，当日凌晨2点36分，该局穿越公司顺利完成西气东输如东—海门—崇明岛输气管道的长江定向钻穿越施工。穿越管道管径610 mm、长度3 500m。

### 南京市燃气行业启用网上在线统计申报系统。

1月，南京市燃气企业报表网上填报系统正式投入使用，成为南京市燃气管理部门首次安装并启用的数据连通系统。系统设立了企业基本信息、当月经营情况、当月发展情况、日常管理信息等四大类共186个统计指标。系统的运行提高了企业数据上报的工作效率，行业统计工作基本实现无纸化，也使南京市燃气管理处在建设创新型、节约型、效能型政府机构的工作中踏上新的台阶。

### 陕京三线天然气管道工程全线建成投产，全长1 066 km。

2015年1月，陕京三线天然气管道工程全线建成投产。该工程全长1 066 km，设计输量300亿 $m^3$/a。项目分三段建设，第一段榆林—永清，第二段永清—良乡，第三段良乡—西沙屯。其中，前两段于2010年12月已相继建成投产，良西段于2013年10月底全线贯通。

## 2月

### 新疆庆华产出第一方优质液化天然气产品。

2月初，新疆庆华能源集团有限公司产出第一方优质液化天然气产品，标志着新疆伊犁哈萨克自治州具备了本土化生产液化天然气产品的能力。

### 新疆油田克拉美丽气田6年累计生产37.3亿 $m^3$。

2月1日，新疆油田克拉美丽气田日产气量达到150万 $m^3$。6年来，克拉美丽气田产量稳步增长，已累计生产天然气 37.3 亿 m³。克拉美丽气田属于典型的复杂火山岩气田，岩相岩性变化快，储层低孔低渗，开发难度大，2008 年 12 月投入开发以来，表现出储量控制程度低、气井产水、产量递减快等特点。

### 西安天然气日用气量过千万立方米，再创新高。

2 月 2 日，西安市天然气日用气量达 1 003 万 m³，比 2014 年同期增加 472 万 m³ 以上，再创历史新高。由于各项准备工作扎实到位，西安市管网整体运行平稳，用户用气正常。

### 中缅油气管道生态文明工程通过国家评审。

2 月 3 日，在水利部组织召开的中缅油气管道工程水土保持生态文明工程专家评审会议上，中缅油气管道（国内段）通过水土保持生态文明工程评审，专家组一致认为"这套做法和成功经验要大力进行宣传，并形成一套技术指南在全国推广"。

### 贵阳市天然气日用量创历史新高，突破 123 万 m³。

2 月 3 日，贵阳市天然气供应量急剧攀升，供气量突破 123 万 m³，创日用气量历史新高。充足的气源以及全市一张网，南北双向供气的格局，让贵阳市今冬供气得到保障。

### 我国一类开放口岸——江苏洋口港迎来第 100 艘超大型 LNG 运输船。

2 月 12 日，"莎格兰"号成功靠泊中石油江苏 LNG 接收站，开始卸载作业。这是我国一类开放口岸——江苏洋口港迎来的第 100 艘超大型 LNG 运输船。洋口港 LNG 接收站是中国沿海第 4 座 LNG 接收站，该项目作为"西气东输"的配套工程和第二气源，为我国加快清洁能源产业发展、建立海上油气通道、保障长三角地区安全平稳供气发挥了重要作用。

### 深圳燃气微信服务号正式上线，用户可足不出户办理业务。

2 月，深圳燃气微信公众服务号已于近期正式上线，管道天然气客户关注"深圳燃气"，瓶装石油气客户关注"深燃石油气"，不仅能看到燃气资讯，足不出户办理相关业务，还可以随时与该公司客服人员互动交流。

### 陕京四线北京军都山隧道全线贯通。

2015 年 2 月，陕京四线北京军都山隧道全线贯通。陕京四线全长 1 274.5km，年输气能力为 250 亿 m³/a。干线起于陕西省榆林市靖边县靖边首站，止于北京高丽营末站。该工程于 2014 年 4 月 2 日获得环保部环评批复，2014 年 8 月获国家发改委正式核准，并于 2014 年 10 月开工建设。

## 3 月

### 新修订的《乌鲁木齐市燃气管理条例》开始实施。

3 月 1 日，新修订的《乌鲁木齐市燃气管理条例》开始实施，民用燃气表使用周期为 10 年。

3月1日以后到期的燃气表，更换费用将由燃气经营企业买单，3月1日之前已到期的燃气表用户需交费更换燃气表。

### 中国石油首个国际LNG模块化建造项目启动。

3月4日，伴随着等离子火焰切割机擦出的电火花，由中国石油海洋工程公司承建的俄罗斯亚马尔项目MWP4&FWP5工程包在山东青岛海工建造基地正式开工。这是海洋工程公司迄今承建的最大模块建造项目，填补了中国石油国际液化天然气（LNG）模块建造项目空白。

### 威海首个液化天然气加气站投运。

3月8日，山东省威海市首个液化天然气加气站正式投运，这个位于文登区的加气站集合液化天然气（LNG）和压缩天然气（CNG）于一体，由威海港华燃气公司投资建设。该加气站正式投入使用后，威海市经过审批并且正在使用的天然气加气站数量达到9个。

### 中国石油大型LNG储罐建造技术取得重大突破。

3月8日，国内首座最大的20万$m^3$ LNG储罐——江苏LNG项目二期工程T-1204储罐一次升顶成功，标志着中国石油大型LNG储罐建造技术取得重大突破。T-1204储罐是江苏LNG二期工程新建储罐，采用落地电伴热式承台，为全容式混凝土储罐，圆筒形外罐直径86.4 m，高44.2 m；圆拱形钢质罐顶总重约1 000 t，顶部中心距罐内地面56m；储罐有效罐容20万$m^3$，是目前国内最大的LNG储罐。

### 深圳"中国水业集团旗下下坪填埋气制取天然气项目"投产。

3月9日，备受瞩目的深圳"中国水业集团旗下下坪填埋气制取天然气项目"投产。该项目将生活垃圾填埋场产生的沼气转化为天然气，减少臭气污染，变废为宝。

### 拉萨市全面完成天然气供暖工程。

3月9日，第十二届全国人大三次会议西藏代表团在人民大会堂举行全体会议时宣布，拉萨市全面完成天然气供暖工程，告别千百年来烧牛粪、柴薪取暖的历史，实现供暖革命。截至2014年年底，拉萨市天然气供暖试点工程已建成燃气主干管网63 km，城市供暖规划片区居民供暖总数达10.52万户，供暖率达到98%，基本实现城区全覆盖。

### 《重庆市液化天然气车辆（船舶）推广实施意见》获通过

3月25日，重庆市政府第84次常务会议召开，会上通过了《重庆市液化天然气车辆（船舶）推广实施意见》。会议认为，重庆在推广示范LNG车船过程中，要改变以往单纯依靠政府财政补贴来推进节能减排工作的做法，通过政府财政补贴和市场化手段相结合的方式，利用碳汇交易市场机制，允许LNG车船减排形成的碳指标拿到碳汇交易市场进行交易，降低使用LNG车船的成本，用市场化手段来更好地促进LNG车船的使用、推广。

## 4月

### 广西燃气加气站发展规划获政府批复同意。

4月初,《广西壮族自治区燃气加气站发展规划》获自治区政府批复同意。至2020年,全区规划新建燃气加气站数量达420座以上。为促进燃气汽车的发展,保障汽车加气站有序规范建设,《规划》明确,自治区将在区辖市中心城区、县级市及县级城区、高速公路、二级路发展天然气汽车加气站。至2020年,新建燃气加气站数量要达到420至549座,计划发展燃气汽车7.86万辆至10万多辆。

### 我国天然气存量气和增量气门站价格正式并轨。

4月1日,我国天然气存量气和增量气门站价格正式并轨,增量气最高门站价格每立方米降低0.44元,存量气最高门站价格每立方米提高0.04元,同时试点放开直供用户用气价格,居民用气门站价格不作调整。

### 《家用燃气灶具能效限定值及能效等级》正式实施。

4月1日,国家质量监督检验检疫总局和中国国家标准化管理委员会联合批准发布《家用燃气灶具能效限定值及能效等级》(GB 30720-2014),该标准分别对大气式灶和红外线灶进行了能效规定,并考虑了多火眼灶具以及大气—红外复合型灶具的能效等级确定。继吸油烟机之后,燃气灶具成为又一类需要"持证上岗"的家用厨房电器。

### 西藏首个有关燃气方面的管理办法——《拉萨市燃气管理办法》正式施行。

4月1日,《拉萨市燃气管理办法》开始施行。该办法是西藏第一个有关燃气方面的管理办法,它是结合拉萨本地实际情况制定的,内容更为细化,操作性更强。

### 全国液化天然气(LNG)产业联盟筹委会成立大会在西安成功举行。

4月12日,全国液化天然气产业联盟筹委会成立大会在西安成功举行。38家会员单位的代表和6个个人会员共计89人出席了大会。

### 烟台新奥燃气公司微信支付系统正式上线。

4月16日,由山东省烟台新奥燃气发展有限公司自主设计开发的微信支付系统正式上线。烟台市燃气用户只需关注新奥燃气微信公众号,几十秒钟即可完成燃气费的支付,十分便利。

### 江苏液化天然气项目一期工程通过国家竣工验收。

4月21日至22日,江苏液化天然气项目一期工程竣工验收会议在如东召开,会议由国家发展和改革委员会委托中国石油天然气股份有限公司组织。经竣工验收委员会严格现场核查,形成《江苏液化天然气项目一期工程竣工验收鉴定书》。至此,历经7年筹备建设、投入运行4年的江苏液化天然气项目一期工程顺利通过国家竣工验收。

### 西江干线首座水上液化天然气加气站建成试加注。

4月22日，交通运输部珠江水系西江干线LNG应用示范项目首座加气站——梧州扶典水上加气站在梧州成功试加注。该项目将引领和推动西江船舶向清洁化、节能化发展，加快西江造船产业升级换代步伐。根据《广西西江黄金水道水上加油加气站布局规划（2012-2030年）》要求，至2030年，广西西江黄金水道水上及临港陆上加油加气合建站将达到31座。

### 2015中国国际LNG峰会在北京隆重召开，首次登陆中国。

4月22日，2015中国国际LNG峰会在北京万达索菲特隆重召开。本届峰会由英国CWC集团同廊坊国际管道会展公司共同主办，是CWC系列能源会议继法国、英国、美国、新加坡、沙特阿拉伯、墨西哥、土耳其、尼日利亚等国家和地区成功举办之后，首次登陆中国。

### 新疆外输天然气突破1 500亿 $m^3$。

截至4月29日，新疆2004年以来通过西气东输管网累计外输天然气1 520亿 $m^3$，向我国东中部15个省区市4亿居民，提供清洁优质天然气。目前，新疆天然气日产能力达到8 600万 $m^3$，居全国第二。

## 5月

### 沈阳市苏家屯区民用燃气价格降三成。

5月起，沈阳市苏家屯区居民用天然气价格由每立方米4.8元下调至每立方米3.3元，实现"同城同价"。

### 我国天然气资源量增长迅速，资源潜力大于石油。

5月6日，国土资源部发布的最新常规油气资源潜力系统评价结果显示，我国天然气资源量增长迅速，地质资源量68万亿 $m^3$，可采资源量40万亿 $m^3$。与2007年相比，分别增加了33万亿 $m^3$、18万亿 $m^3$，增长了94%和82%。评价结果显示，我国天然气资源潜力大于石油。

### 合肥燃气蝉联"全国文明单位"称号。

5月6日，合肥市举行文明创建工作表彰暨深入推进大会。合肥燃气集团继2014年后，再次蝉联"全国文明单位"称号，同时还获评全市"创建全国文明城市先进单位"称号。

### 2015第十六届中国国际天然气汽车、加气站设备展览会暨高峰论坛在京召开。

5月7日，2015第十六届中国国际天然气汽车、加气站设备展览会暨高峰论坛在北京新国展隆重召开。本次展会由亚太天然气汽车协会、中国天然气汽车产业协会、中国天然气汽车专业委员会、中国交通运输协会、中国道路运输协会、危险货物运输工作委员会主办，北京企发展览服务有限公司承办，来自30多个国家和地区的600家企业参展，展出面积为90 000$m^2$。

### 中俄双方签署西线天然气管道对华供气基本条件协议。

5月8日，俄天然气工业公司与中国石油天然气集团公司签署了关于经中俄西线天然气管道对华供气基本条件的协议，就管道过境地点和建设期限、启动供气时间等问题作出规定。虽然双方暂未商定供气商业价格，但上述协议签署使中俄西线天然气管道项目又向前迈进一步。

### 港华燃气董事会主席陈永坚获"2015年燃气行业奖"之"最佳领袖"奖。

5月14日，由英国燃气专业学会（IGEM）、能源及公用事业联盟（EUA）合办的"2015年燃气行业奖"颁奖典礼在英国伦敦举行。香港中华煤气行政总裁、港华燃气董事会主席陈永坚获颁"2015年燃气行业奖"之"最佳领袖"奖，系首位获此殊荣的华人商界精英。

### 北京市启动石油天然气服务企业安全许可工作。

5月19日，北京市安全生产监管局召开石油天然气服务企业安全许可启动会，十余家石油天然气服务企业参加了会议。北京市安全生产监管局就石油天然气服务企业申请许可的条件及标准、许可程序、许可申请及办理范围、申办许可应提交的材料等情况向参会人员进行了讲解，并提出了具体要求。

### 《厦门市经济特区燃气安全监管若干规定（草案）》面向全社会征求意见。

5月19日，《厦门市经济特区燃气安全监管若干规定（草案）》面向全社会征求意见。这项法规的实施必然会对厦门的燃气安全监管工作起到规范和加强的作用。

### 《太原市燃气经营许可管理办法》正式实施。

5月27日，《太原市燃气经营许可管理办法》正式实施。今后，从事各类燃气经营活动的企业都须申请燃气经营许可证，相关责任人必须通过燃气专业培训并考核合格后方能上岗。

### 北京燃气与新奥燃气将开展京津冀一体化发展全面合作。

5月，在北京燃气董事长李雅兰、新奥集团总裁张叶生的共同见证下，北京燃气总经理支晓晔与新奥能源控股有限公司总裁韩继深分别代表双方企业，就双方在京津冀地区开展燃气相关业务发展合作签署《京津冀一体化发展合作意向书》。

## 6月

### 北京燃气集团正式成为IGU准成员。

6月1日，在国际燃气联盟（IGU）2015年巴黎理事会上，经全体成员一致通过，在北京燃气集团董事长李雅兰和国际燃气同行的共同见证下，北京燃气集团正式成为IGU准成员，是继中石油之后第二个成为IGU准成员的中国企业。

### 《四川省燃气管理条例》（修订草案）听证会举行。

6月2日上午，《四川省燃气管理条例》（修订草案）听证会举行，各方代表围绕管道燃气的特许经营、燃气设施的维修费用以及对草案的其他意见和建议等展开激烈讨论。其中，备受市民关注的燃气滞纳金收费不合理问题，再次成为听证会上的焦点。

### 新奥集团荣膺"金蜜蜂·领袖型企业奖"。

6月9日，在2014"金蜜蜂企业社会责任·中国榜"发布典礼上，新奥集团凭借其互联网思维、互联网技术在能源领域的综合利用、新技术的研发及推广应用，荣膺"金蜜蜂·领袖型企业奖"。

### 《中国页岩气资源调查报告（2014）》发布。

6月9日，中国地质调查局召开页岩气资源调查评价座谈会，发布《中国页岩气资源调查报告（2014）》。继重庆涪陵率先实现页岩气商业化开发之后，石油公司在四川南部、贵州北部等页岩气勘查开发示范区加快页岩气产能建设，有望形成多个页岩气商业化开发基地。

### 我国百余座城市燃气管网将用北斗精准服务网"看护"。

6月12日，北斗"百城百联百用"落地新奥暨北斗精准服务网全国百城签约仪式举行，我国百座城市将应用北斗精准服务网提供的精准位置服务开展地下燃气管线的建设、管理和维护。加上之前北斗导航系统在全国9个省12个城市燃气管网的应用，由中国卫星导航定位协会发起的北斗"百城百联百用"行动又迈出关键步伐。

### 《广州市燃气管理办法（修订草案征求意见稿）》正式征求公众意见。

6月16日，《广州市燃气管理办法（修订草案征求意见稿）》正式征求公众意见。《办法》提出，在燃气管道覆盖范围内，不得新建小区气化站、瓶组站，已建成的应当停止使用。新建高层建筑如需使用气体燃料，应当使用管道供气。禁止在已配套管道燃气供应设施的高层建筑使用瓶装液化石油气。

### 中俄东线天然气管道中国境内段在黑龙江省黑河市开工铺设。

6月29日，中俄东线天然气管道中国境内段管道在黑龙江省黑河市正式开工修建，标志着这条连接中俄两国的陆上能源通道全线启动建设。中俄东线天然气管道起自黑龙江黑河市，途经黑龙江、吉林、内蒙古、辽宁、河北、天津、山东、江苏、上海9个省区市，止于上海市，按计划于2018年建成投产，拟新建管道3 170 km，并行利用已建管道1 800 km，设计输量380亿 $m^3/a$，并配套建设地下储气库。中俄东线天然气管道工程是中俄两国进一步加强能源合作，全面深化战略合作伙伴关系的重要举措。

### 西气东输三线厦门天然气利用工程建设正式启动。

6月29日，西气东输三线厦门天然气利用工程开始建设，海沧门站出站高压天然气管道工程破土动工。工程建成投产后，每年可以向厦门输送天然气46 164万 $m^3$，月平均日输气量达144万 $m^3$，可以为全市6个区的居民、工商业、汽车等用户提供环保、优质的清洁能源。

### 陕天然气合资设立延安天然气管道公司。

6月29日,陕天然气与延安能源化工(集团)有限责任公司、延安民营联合投资股份有限公司合资,设立"延安天然气管道有限公司"。新公司注册资金2亿元,其中陕天然气出资1.02亿元,占51%股份;延安能源集团出资6 900万元,占34.5%股份;延民投出资2 900万元,占14.5%股份。

### 四川省首个天然气分布式能源项目并网发电。

6月,四川省首个天然气分布式能源项目——四川能投新都华润雪花啤酒分布式能源项目正式并网发电,顺利实现冷、热、电三联供。能投新都项目是四川省核准的首个天然气分布式能源项目,2014年9月16日正式开工建设,计划年发电量4 300万度,年供蒸汽15万t,年供冷水28万t。

### 上海结束150年人工煤气历史,天然气用户数达到620万户。

截至6月,上海市累计完成了350万户人工煤气用户的天然气转换工作,并发展了200多万户天然气新用户,使全市天然气用户数达到620万户。目前,上海市天然气年供应量已超过70亿$m^3$,占全市一次能源比例达到11%,率先实现国家2020年能源发展战略目标。

## 7月

### 上海石油天然气交易中心正式宣布投入试运行。

7月1日,上海石油天然气交易中心正式宣布投入试运行,这意味着部分管道天然气(PNG)可以以现货的方式进行交易,而"三桶油"亦首次实现了在同一平台进行天然气交易。交易中心的运营架构为"一个中心、二种模式、三个产品",运用挂牌(协商)和竞价两种交易模式,对管道天然气(PNG)、液化天然气(LNG)以及LNG接收站窗口期三个品种进行交易。

### 南昌非居民用气价格再降价,由3.97元/$m^3$降低至3.87元/$m^3$。

7月1日,南昌市非居民用气销售价格每立方米价格下调0.1元,由3.97元/$m^3$降至3.87元/$m^3$。这是南昌市自2015年4月1日起非居民用天然气降价后第二次调低价格,该项降价举措将使全市非居民用户(工业、商业用户)每年再减少用气成本1 100余万元。居民生活用气、学校教学和学生生活用气、养老福利机构用气等销售价格此次不作调整,仍维持3.2元/$m^3$。

### 国内首批煤制天然气加气站开建。

7月3日,内蒙古汇能煤电集团LNG或L-CNG(液化天然气或经过特助装置转化成的压缩天然气)加气站在河北邢台南宫市和威县举行了开工奠基仪式。这是国内首批煤制天然气加气站。本次奠基的项目包括南宫市煤制天然气储备库1座(LNG储备库)、(LNG或L-CNG)加气站1座,威县煤制天然气(LNG或L-CNG)加气站4座。

### 新疆油气上游领域改革启动，6个油气区块勘查开采权招标。

7月7日，国土资源部在官方网站发布六个新疆石油天然气勘查区块招标公告，标志着以新疆为试点的油气资源上游领域改革正式拉开序幕。本次招标有望结束油气上游领域长期以来由国有石油公司专营的局面。

### 福建省首辆激光甲烷检测车投用。

7月9日，福建省首辆激光甲烷检测车在福州投用，提高了燃气泄漏检测的灵敏度和工作效率。这辆检测车今后主要承担福州市区燃气输送主供管上两条供气"生命线"的巡检抢修抢险任务。该检测车还将担负人工巡检无法到达跟前的城市主干道、桥梁和重点区域的燃气泄漏的巡检工作。

### 浙江台州市区天然气高压输配工程北线一期开工。

7月15日，浙江省台州市区天然气高压输配工程北线一期在椒黄路大环线正式开工。是台州市建设天然气高压管网的新能源大动脉，建成后，台州市城区居民可以用上价廉物美的管输天然气。

### 中国石化广西液化天然气项目调控中心开工。

7月16日，中国石化广西液化天然气（LNG）项目调控中心正式开工奠基。中国石化广西天然气调控中心是广西LNG项目的配套建设工程，是中国石化广西天然气管道和LNG接收站的指挥枢纽部位，对广西LNG工程项目顺利投产和正常运营有着举足轻重的作用。

### 陕西成立天然气管线配套产业联盟。

7月21日，陕西省天然气管线配套产业联盟在西安揭牌成立。该产业联盟由陕鼓集团、延长石油集团、陕西天然气股份有限公司等16家单位共同发起成立，集合了陕西省内长输管道配套装备制造企业和勘探、设计、建设、施工企业力量，融合了产、学、研、用、金融等各方优势，有助于培育新能源领域全产业链竞争能力，为陕西经济发展培育新的增长点。

### 《昆明市燃气管理条例》（修订稿）听证会举行。

7月23日，昆明市住房和城乡建设局举行《昆明市燃气管理条例》（修订稿）听证会。省、市人大代表，相关行业负责人和普通居民、律师、专家学者等近30名代表提出了自己的观点，希望将与自身利益息息相关的建议纳入到修订稿中。

### 黑龙江密山口岸首次进口液化石油气。

7月31日，黑龙江密山口岸首批次，重16.76 t，货值0.86万美元的俄罗斯液化石油气顺利进境。此次成功后将陆续通过密山口岸进口俄罗斯液化石油气，这对密山口岸辐射周边鸡西、七台河等地区改善能源结构将发挥重要作用。

## 8月

**广州市地方技术规范《瓶装液化石油气运输汽车技术规范》正式实施。**

8月1日,广州市地方技术规范《瓶装液化石油气运输汽车技术规范》正式实施。《规范》由广州市城市管理委员会提出,广州市振戎燃气连锁经营有限公司和广州市标准化研究院共同起草。《规范》规定了瓶装液化石油气运输车辆的总体要求、车辆参数、车辆配置、标志和随车文件,适用于广州市行政区域内瓶装液化石油气运输车辆设计和在用瓶装液化石油气运输车辆的改装。

**河南省燃气行业高手焦作"比武"。**

8月11日,第三届河南省燃气行业职业技能竞赛暨中国技能大赛选拔赛正式拉开序幕。此次比赛主要是燃气具安装维修工和燃气管道调压工的技能比武,来自全省18个省辖市的19个代表队、104名技术能手一决高下。大赛旨在推进全国燃气行业高技能人才队伍建设,激发全行业技术工人学习技术、钻研业务的热情,提高标准化操作技能和职工业务素质,确保燃气行业健康、有序发展。

**国内首个天然气移动能源岛在苏州吴江投运。**

8月20日上午,由协鑫集团研发并制造、利用液化天然气发电的"移动能源岛"(LNG移动能源站)在苏州市吴江区正式建成。这标志着国内首个LNG移动能源站正式投入运营。

**深圳市住建局家居燃气安全实景模拟体验馆面向市民免费开放。**

8月27日上午,深圳市住房和建设局家居燃气安全实景模拟体验馆在深圳市安全教育基地正式开馆,并于当天起免费向市民开放。家居燃气安全实景模拟体验馆采用国内领先的声、光、电及3D影视技术,真实还原了城市燃气事故案例现场,让市民身临其境感受燃气安全的重要意义,同时通过实物展示、互动体验等生动新颖、寓教于乐的方式,向市民宣传燃气安全使用知识。

**上海燃气集团接入微信,市民可自助拍照抄表。**

8月29日,上海燃气集团宣布,上海燃气微信公众号(微信号:ShangHai-Gas)和其微客服平台正式上线运行,成为微信平台中的又一个便民新入口。市民只需关注上海燃气微信公众号,通过自定义菜单底部的"微客服",即可进行用户注册和天然气账户、液化气账户的绑定,此后诸如燃气抄表、查询、服务信息查询、液化气预约送瓶等传统燃气服务项目,都可以通过微信自助完成。还可足不出户通过微信支付缴纳燃气费用。

## 9月

**兰州天然气价格听证会受国家发改委关注。**

9月7日,国家发改委调研组来兰州,分别召开媒体、听证参加人、兰州市物价局及有关部门三场座谈会,对8月26日召开的"建立居民生活用气阶梯价格制度听证会"进行调查。

### 江苏餐饮业燃气安全示范工程南京宣贯会在"港华"举行。

9月8日下午,江苏省餐饮业燃气安全示范工程南京宣贯会,在南京市中央路214号南京港华燃气有限公司五楼会议室举行。有关部门领导及餐饮单位参会人员一致认为,安全生产事关经济社会发展大局,事关人民群众生命财产安全,是发展之基、民生之本。

### 云南首座压缩天然气加气母站通气投产。

9月15日,随着CNG加气母站技术人员启动压缩机,位于云南省芒市帕底工业园区的高达化工CNG加气母站顺利通气投产。高达化工芒市帕底CNG加气母站是云南省第一座通气投产的压缩天然气加气母站。

### 北京燃气与天能石油洽谈俄罗斯油气合作项目。

9月18日,北京燃气董事长李雅兰会见了天能石油集团公司董事长David Robson一行,双方就俄罗斯油气项目合作进行了充分沟通。双方就俄罗斯的油气资源禀赋情况、在建项目、中俄天然气东线建设进度等方面进行了深入探讨与交流。David Robson表示这是难得的投资机会,双方在合作中将优势互补,实现共赢。

### 全国首家液化天然气O2O平台"好气网"正式上线。

9月19日,全国首家液化天然气(LNG)全产业链电商服务平台——"好气网"宣布正式上线。"好气网"由新奥集团投资建设,致力于打造"商流、物流、信息流、资金流"于一体的互联网电商平台。

### 中国石油西南油气田公司累计产页岩气8.01亿 $m^3$。

截至9月20日,中石油西南油气田公司已经累计产页岩气8.01亿 $m^3$。中国石油西南油气田公司按照"落实资源、评价产能、攻克技术、效益开发"工作方针,顺利推进四川页岩气勘探开发工作。

### 黑龙江省七台河市步入天然气时代。

9月20日上午,随着中国燃气集团七台河中燃公司总经理左贵环与工程总监王甫志按下点火按钮,蓝色的火焰瞬间点燃,七台河市林苑之星小区首批600余户居民顺利通气点火。此次点火成功标志着七台河从此步入天然气时代。

### 《广州市燃气管理办法》修订草案获通过。

9月21日,广州市政府常务会议审议并原则通过了市政府规章《广州市燃气管理办法》修订草案。《办法》明确,瓶装燃气经营企业应当为瓶装燃气用户核发用户供气卡并核实用户信息,凭卡用气,不得向未申请供气卡用户提供瓶装液化气。

### "燃气杯"第三届全国燃气行业职业技能竞赛举行。

9月21日至23日,由中国城市燃气协会联合中国就业培训技术指导中心、中国海员建设工会共同主办的"燃气杯"第三届全国燃气行业职业技能竞赛,在山东济南举行。

### 福建省永春县与新奥集团签署战略合作框架协议。

9月23日,新奥能源股份有限公司与福建省永春县正式签署战略合作框架协议,双方将在清洁能源、煤制天然气、文化健康旅游等领域开展合作,其中,仅煤制气项目一期投资就达60亿元。

### 中石化天然气分公司山东管道两大天然气管道工程全线贯通。

9月23日,随着济青二线工程黄河大堤济阳段最后一道焊口连头作业成功,中石化天然气分公司山东管道两大天然气管道工程全线贯通,为中国石化首座LNG气化大规模外输华北市场奠定了坚实基础,山东乃至整个华北地区又添一道能源安全保障线。

### 中石化管道天然气"气化邯郸"工程一期投运通气新闻发布会召开。

9月24日,中石化管道天然气"气化邯郸"工程一期投运通气新闻发布会召开,邯郸东部肥乡、广平、大名、馆陶、邱县、鸡泽、曲周、永年8县试通气成功,随时可点火用气。该工程的上游气源来自榆林—济源输气管道的天然气,管道工程在邯郸分东西和南北两条线路。

### 重庆燃气积极推动分布式能源建设,助力绿色转型。

9月27日晚,重庆燃气首份《企业社会责任报告》正式发布。在"十三五"期间,公司将坚持"立足重庆、内外并举、燃气为本、多元经营"的发展方针,在做优做强城镇燃气核心产业的同时,大力发展LNG、分布式能源和智慧燃气新兴产业,积极探索拓展产业链相关产业,着力完善气源和输配系统建设,促进企业由规模扩张型向规模扩张型与质量效益型并举转变,努力将公司建成全国一流的城市燃气供应与综合服务商。

### 《宁夏回族自治区燃气管理条例》10年来首次修订。

9月30日,宁夏回族自治区第十一届人大常委会第十九次会议表决通过《宁夏回族自治区燃气管理条例》修订案。这是该《条例》施行10年后的首次修订,新《条例》进一步明确了宁夏燃气用户、经营企业、管理部门等在安全用气方面的权责。

### 北京燃气集团"十三五"天然气规划通过验收。

9月,在北京燃气集团组织召开的专家评审会上,《北京市燃气集团"十三五"时期天然气发展规划》通过验收。

### 厦门新版燃气突发事故应急预案出台,重新划分燃气事故等级。

9月,厦门市出台修订后的《城市燃气突发事故应急预案》。新的应急预案建立了事故处理专项小组,设立了事故应急处理点,划定了救援人员配备,并专门成立了事故专家智囊团。4种新的事故等级,将采取不同的指挥组和救援方式。

# 10月

### 西气东输投产12周年,郑州日需求气量是350万$m^3$。

10月1日,中石油西气东输管道公司自2003年10月1日向中原大地输送天然气至今已整整十二载。河南是第一个用上来自塔里木和鄂尔多斯盆地天然气能源的省份,12年间,郑州管理处为河南31家用户累计分输天然气300多亿立方米,为河南提供的天然气能源占全省的90%以上。每天经过中石油西气东输管道公司郑州分输压气站的天然气有4500万$m^3$,其中整个郑州的需求量是350万$m^3$。

### 芜湖一私人小餐馆发生液化气罐爆炸事故,造成17人死亡。

10月10日,安徽芜湖市镜湖区杨家巷一私人小餐馆发生液化气罐爆炸事故,瞬间引发大火,事故造成17人死亡。初步判定为瓶装液化石油气泄漏遇明火爆炸,导致事故发生。

### 昌图—通辽天然气长输管道全线贯通,结束通辽市没有管输天然气的历史。

10月10日,内蒙古通辽市隆圣峰天然气有限公司昌图—通辽天然气长输管道项目正式通气、全线贯通,结束了通辽市没有管输天然气的历史。管线全长226km,预计未来最大输气量为18亿$m^3$。该项目的建成投产,对促进通辽市能源结构调整、保障全市工业及居民用气供应具有重要意义,并对减少废气排放、推进清洁能源示范城市建设起到积极作用。

### 第5届亚洲页岩气峰会暨第2届亚太非常规油气博览会在上海召开。

10月12日到14日,ECF国际页岩气论坛2015第5届亚洲页岩气峰会暨第2届亚太非常规油气博览会在上海世博展览馆召开。ECF2015页岩气峰会是亚太地区规模最大的页岩气专题会议,由来自30余个国家及地区的政府、机构、企业等超过300名专家高管参加,重点关注2014—2015年度国内外页岩气行业的最新热点,包括中国经济新常态下的页岩气行业发展、最新页岩气行业政策与天然气价格变化、第3次页岩气区块招标的进展、中国自主技术装备与国外技术服务的市场机遇和竞争等,同时举办的分论坛还将涉及油气田化学品、水处理及环保;天然气储运及下游运用;地质勘探、开采;油服、工程与技术设备;海洋工程;法律与金融几大主题。

### 多地放开天然气气源和销售价格,推进阶梯气价。

10月15日,国务院发布《关于推进价格机制改革的若干意见》,再次提出要尽快全面理顺天然气价格,加快放开天然气气源和销售价格,按照"准许成本加合理收益"原则,合理制定天然气管网输配价格。《意见》指出,要"全面实行居民用水用电用气阶梯价格制度"。

### 廊坊市城镇管道天然气居民用气实行阶梯价格。

10月16日,河北省廊坊市城镇管道天然气居民用气实行阶梯价格。居民用气以家庭用户年购气量为计价周期,分为三档,超额累进加价。第一档年购气量300$m^3$(含300$m^3$)以下,第二档年购气量为301~1200$m^3$(含1200$m^3$)之间,第三档年购气量为1201$m^3$以上。第一档气价保持现行价格不变，第二档气价为现行价格的 1.2 倍，第三档气价为现行价格的 1.5 倍。以廊坊市区（含廊坊经济技术开发区）为例，第一档气价为 2.24 元 /m³，第二档气价为 2.69 元 /m³，第三档气价为 3.36 元 /m³。

### 宝鸡市车用压缩天然气价格下调为每立方米 3.89 元。

10 月 19 日，陕西省宝鸡市车用压缩天然气销售价格由现行的 4.34 元 /m³ 调整为 3.89 元 m³，每立方米下调 0.45 元。宝鸡市物价局同时下发《车用压缩天然气价格政策提醒告诫书》指出，此次车用压缩天然气销售价格属于国家指导价格，此价格为最高销售价格，允许燃气企业根据经营情况适当下浮。

### 新疆 5 个油气勘查区块公开招标，打破国有专营。

10 月 20 日，新疆石油天然气勘查区块招标出让项目招标会在北京举行，此次公开出让 5 个区块，吸引包括中石化、新疆能源等 13 家国企、民企参与竞争。这是国土资源部首次允许民营资本和社会资本参与，以新疆为试点的常规油气资源上游领域改革正式破冰。

### 北京阶梯气价方案二获多数票，智能天然气表将免费换。

10 月 21 日下午，北京市居民生活用气阶梯价格听证会在首创股份新大都饭店国际会议中心举行。经过 3 个多小时的听证与探讨后，听证会落下帷幕，与会的 25 名听证会代表一致表示支持阶梯气价政策，其中有 21 人赞同"二档低、三档高"的第二套方案。北京市使用天然气的居民家庭也将面临换表工作。届时燃气集团将逐步免费为市民家庭更换智能天然气表。

### 中国城市燃气协会七届六次理事会在郑州隆重召开。

10 月 27 日，在 2015 年中国国际燃气、供热技术与设备展览会召开之际，中国城市燃气协会七届六次理事会在河南郑州隆重召开。中国城市燃气协会秘书长迟国敬先生做协会七届六次理事会工作报告，赵梅主任做协会七届六次理事会财务报告，中国城市燃气协会理事长王天锡先生做总结。此次会议上，中国城市燃气协会、中国联合网络通信有限公司签约战略合作协议，中国联通推出燃气物联专网，双方将共同致力于基于物联网通信，共同提高燃气行业信息化水平。

### 中国联通燃气物联网平台成功签约，同期"智慧燃气云平台——博燃通"正式发布。

10 月 27 日，在中国城市燃气协会七届六次理事会上，中国城市燃气协会、中国联合网络通信有限公司、北京讯腾智慧科技股份有限公司 3 方签署战略协议，共同推动以中国联通燃气物联网平台为基础的智慧燃气，从多方面为中国城市燃气行业提供更优质的服务。同期，"智慧燃气云平台——博燃通"发布，"智慧燃气云平台——博燃通"应时代需求而生，作为一款为燃气企业生产运营提供全面支撑服务的移动应用产品，将极大提高管网运营安全和效率，助力企业快速进入互联网+燃气新时代。

### 2015 年（第 18 届）中国国际燃气、供热技术与设备展览会在郑州举办。

10 月 28 日，2015 年（第 18 届）中国国际燃气、供热技术与设备展览会在郑州国际会展中心拉开帷幕，本次展览会由中国城市燃气协会主办，汇聚国内外燃气行业 238 家企业参展，致力于搭建国内最权威、最有影响力、最具商业价值和社会价值的燃气行业交互平台。

### 亚洲首艘 LNG 单一燃料拖轮在海南洋浦完成燃料加注。

10 月 29 日，亚洲首艘 LNG 单一燃料动力拖轮"海洋石油 525"在洋浦中海油 LNG 工作码头顺利完成 LNG 燃料加注作业，这是海南辖区水域首次为船舶加注 LNG 燃料，标志着海南已经掌握 TTS（槽车—船）LNG 燃料加注方式。

### 《昆明市燃气专项规划（2014-2020）》向广大市民公示。

10 月 30 日，《昆明市燃气专项规划（2014—2020）》向广大市民公示。新规划大力推广利用天然气，除至 2017 年完成焦炉煤气用户（120 万户）向天然气的全面置换外，还将引导车辆推广使用天然气。在前期以改造专业运输车辆，如公共汽车、出租车、环卫车、驾校车、城市物流车为主，启动加气站的建设，待车用天然气市场发展到一定规模后，再逐步带动发展部分社会车辆。

### 辽宁阜新正式启动天然气置换。

10 月 31 日，辽宁省阜新市正式启动天然气置换工作。置换期限为 2015 年 11 月至 2017 年 12 月。此举将彻底解决原来阜矿集团矿井瓦斯气供不应求、影响城市用气发展的问题。

## 11 月

### 宁夏回族自治区实行新燃气管理条例。

11 月 1 日，宁夏回族自治区实行新燃气管理条例。新条例除对现有燃气管理条例做出修改，还进一步明确了燃气经营者、用户、各部门的安全责任。明确规定，未经管道燃气经营者同意，用户擅自安装、改装、拆除固定燃气设施，造成安全隐患且逾期不改正的，对单位用户处 1 万元以上 5 万元以下罚款，对个人用户处 1 千元以上 5 千元以下罚款。

### 第六届亚太天然气汽车协会国际会议暨展览在成都开幕。

11 月 4 日，由中国汽车技术研究中心、中国气体工业协会和亚太地区天然气汽车协会共同主办的第六届亚太天然气汽车协会国际会议暨展览在成都开幕，与会嘉宾围绕"天然气汽车——清洁运输的现实选择"主题，就天然气汽车整车、发动机、加气站以及相关零部件和压力容器等方面内容进行了交流与研讨。

### 宁波三江片与北仑完成天然气中压并网互供。

11 月 5 日，随着浙江省宁波市高新区天然气高中压调压站出站压力调整并稳定至 0.38 MPa，市区三江片与北仑区天然气中压管网正式实现并网互供，标志宁波天然气中压网络全部无缝拼接并打通，管网稳定性和储存能力进一步增强。

### 安徽淮北市正式进入双气源时代。

11月7日，随着马场天然气门站气量接收撬阀门打开，安徽省淮北市开始接收中石油每年2 000万 $m^3$ 气量，标志着淮北市正式进入双气源时代，成为省内为数不多的双气源城市。

### 2016年1月1日起，北京市居民生活用气阶梯价格制度将正式实施。

11月12日，北京市发改委称，从2016年1月1日起，北京市居民生活用气阶梯价格制度将正式实施，以日历年（每年1月1日至12月31日）为执行周期，居民家庭一般生活用气第一档气量为不超过350$m^3$，壁挂炉采暖用户第一档用气总量不超过1 850$m^3$，气价保持每立方米2.28元不变；第二、三档价格分别为每立方米2.5元、3.9元。此次出台居民阶梯气价后，意味着北京市将全面实现居民用水用电用气阶梯价格制度。

### 陕西燃气集团杨凌液化天然气应急储备调峰项目投产运行。

11月15日，总投资15.19亿元的陕西省重点项目——陕西燃气集团杨凌液化天然气应急储备调峰项目投产运行，填补了多年来陕西省没有液态天然气应急储备调峰设施的空白。

### 深圳燃气和蚂蚁金服正式达成战略合作。

11月19日，深圳市燃气集团股份有限公司和浙江蚂蚁小微金融服务集团有限公司正式达成战略合作，双方将基于移动支付、征信、小额信贷、大数据、云计算技术等应用研究与合作，共同为客户提供移动缴费、智能管理等一系列便利、安全的服务。

### 国内非居民天然气价格下调，迎来年内第二次调整。

11月20日，我国今年内天然气价格二次调整，各省非居民用气最高门站价格每千立方米降低700元，也就是每立方米降低0.7元，并由现行最高门站价格管理改为基准门站价格管理，降低后的门站价格作为基准门站价格，供需双方可在上浮20%、下浮不限的范围内协商确定具体门站价格。方案实施时门站价格暂不上浮，自2016年11月20日起允许上浮。显示出了国家尽快减轻下游企业用气成本负担，稳定经济增长的决心。

### 首届天然气应用与发展大会在邯郸召开。

11月24日，首届天然气应用与发展大会在河北省邯郸市召开，来自全国的60余家天然气行业单位共同探讨新兴天然气应用技术与"油改气"行业发展。截至2014年底，全国已有4 500座压缩天然气（CNG）汽车加气站，CNG汽车460万辆，其中，"油改气"车辆逾300万辆，约占80%。山东、重庆、内蒙古等16个省市自治区已先后对机动车加装天然气装置出台专门政策支持。

### 天伦燃气与蚂蚁金服签订合作协议。

11月25日，河南天伦燃气集团与蚂蚁金服在郑州签订合作协议，亦被视为"民营能源行业互联网+"全新发展之作。双方宣布将在代收、代扣燃气费、电子账单、支付宝服务窗口平台等方面展开密切实际的合作。除了代缴代扣费，支付宝还为天伦燃气用户提供账单订阅和通知功能。燃气消费者对自己的燃气账户可以做到"心知肚明"。

### 北京燃气集团自主采购的首船进口 LNG 在曹妃甸靠港。

11月25日,经过近30天的海上漂泊,北京燃气集团自主采购的首船进口 LNG 在唐山曹妃甸 LNG 接收站靠港,并于11月26日6时19分顺利完成卸货,经由永唐秦管道输送进京。

### 合肥燃气集团日供气量再创历史新高,达到 253.5 万 $m^3$。

11月26日,伴随着第一场冬雪的降临,合肥燃气集团日供气量再创历史新高,达到 253.5 万 $m^3$,比去年同期供气量增加近1倍。

## 12月

### 中国卫星导航定位协会在成都举办北斗精准服务网与《管线测绘技术规程》培训班。

12月5日,中国卫星导航定位协会在成都举办北斗精准服务网与《管线测绘技术规程》培训班。截至2015年,北斗精准服务网已覆盖全国发达地区的主要城市。目前,已在北京燃气、新奥能源、深圳燃气、重庆燃气、西安秦华、海南民生等燃气企业开展深化应用,为智慧燃气建设提供精准的时空基础。

### 北京市石景山区一住户家中发生燃气爆燃,3人受轻伤。

12月7日,北京市石景山区永乐西小区35号楼1单元1楼一住户家中燃气发生爆燃,一二层受损,3人受轻伤。

### 福建省天然气管网有限责任公司挂牌。

12月8日,福建省天然气管网有限责任公司挂牌。福建省天然气管网有限责任公司由中石油天然气股份有限公司和福建省能源集团有限责任公司共同出资设立,股权比例为50%：50%。公司将负责统购统销中石油入闽管道天然气,投资建设并运营管理全省天然气支线管网。

### 徐州市燃气行业协会成立大会召开。

12月10日,江苏省徐州市燃气行业协会成立大会在徐州开元酒店召开。协会是由徐州港华燃气有限公司、华气新能源有限公司、中油节能环保燃气（徐州）有限公司、中国石油化工股份有限公司江苏石油公司、金艳液化气有限公司等,共计29家燃气企业共同发起。经报市建设局、市民政局核准登记,以徐州市燃气企业为主体自愿组成的非营利性行业协会。

### 我国东北最大天然气管道投产。

12月14日至18日,经过现场检查审核,秦皇岛—沈阳天然气管道工程（简称秦沈线）通过中国石油股份公司组织的竣工验收,标志着我国东北地区口径最大、压力最高和距离最长的天然气管道正式投入生产。秦沈线是连接东北天然气管网与华北天然气管网的重要通道。秦沈线通过永唐秦管道把西气东输二线、陕京天然气管道系统连接在一起。

### 广东管网输送天然气突破 100 亿 m³。

12月18日，广东天然气管网有限公司累计输送天然气突破100亿 m³ 大关，累计为广东省减排二氧化碳1800万 t。

### 珠海市管道天然气销售价格及居民用气阶梯价格方案出台。

12月31日，广东省珠海市管道天然气销售价格及居民用气阶梯价格方案出台。根据出台的方案，居民生活用气实行阶梯气价，每年每户 300 m³ 及以下部分为 3.9 元 /m³，301 m³ 至 480m³ 部分 4.68 元 /m³，481m³ 及以上部分为 5.85 元 /m³。

### 《福建省城市管道燃气定价成本监审办法》出台。

12月，《福建省城市管道燃气定价成本监审办法》出台。原《福建省城市管道燃气定价成本监审办法（试行）》同时废止。今后，福建省政府价格主管部门核定城市管道燃气价格时，将以此为依据。

### 广州市燃气用户供气卡及二维码标签发放工作正式实施。

12月，广州市燃气用户供气卡及二维码标签发放工作正式实施。采取用户供气卡的好处是，可以通过执法终端，能够及时发现供应站是否销售非自有产权气瓶，并能够及时执法，保障用户用气安全。二维码标签制度实施以后，各企业已购置了大批的自有产权气瓶，企业对气瓶的管理得到了有效的改善。

### 2015 年昆明 33 万户居民完成天然气置换。

截至12月，2015年昆明居民天然气置换完成33万户（含到访不遇户、新装户）。中缅天然气管道工程是建设国家能源通道的重要举措，也是推动国家西部大开发战略的重点工程。而天然气置换是昆明市委、市政府实施的重大民生工程，能够优化城市能源利用结构、提高城市燃气供应质量、促进节能减排工作。

### 陕南三市天然气年用气量突破 1 亿 m³。

截至12月，陕西省陕南三市（汉中、安康、商洛）年用气量达1.02亿 m³，创下了自通气以来用气量历史新高。陕西省自2010年以来先后建成宝鸡—汉中、西安—商州、汉中—西乡—安康等天然气输送管道，总里程589.5 km，累计投资约15.7亿元，并投资7 000余万元建设了汉中、商洛、安康等 3 座 CNG 加气母站。

中国燃气行业年鉴 2015
CHINA GAS INDUSTRY YEARBOOK

附 录

# 附录一　行业认证

## 编者按：

随着经济发展和行业技术水平的提升，国内各类燃气产品均有长足的发展和进步。但市场对于产品质量的监管不尽人意，选择的途径和手段相对匮乏，低价中标现象突出，形成了劣币驱逐良币的情况，产品的采购方（各级燃气集团）为确保质量，主要采用第二方评价的方式，第二方评价不仅成本高，且由于信息不对称的存在，最终获得的评价结果也有所局限；至于终端用户，更多的只能依靠产品生产企业的广告宣传，对产品的内在品质几乎无从了解。

为提高燃气设施安全性、有效降低事故率、规范燃气行业经营和生产行为，扶优治劣，指导行业良性发展，由中国城市燃气协会协同有国家认监委正式批准资质的认证机构——中国建筑科学研究院共同开展了燃气行业相关产品的自愿性质量认证。

燃气认证标志见图1：

开展燃气产品认证，具有以下作用：

1. 提高源头产品质量，减少事故发生；
2. 促进标准及强制条文的贯彻实施；
3. 规范行业，推动其可持续发展；
4. 提高产品竞争力；
5. 促进产品生产企业技术水平的提高和新产品的开发。
6. 获证后的监督抽查确保产品质量的稳定和持续。

燃气产品认证关注的是产品生产的全过程，其控制要点是有效性、一致性、可追溯性和持续性。

有效性：是指产品性能指标必须要符合国家、行业标准及相应燃气产品认证实施规则的要求；

一致性：是指产品性能应稳定，生产企业要从手段和制度从原材料、设计图纸、工艺规程、生产过程、产品检验等各个环节确保产品性能始终稳定在相同水平上；

可追溯性：是指产品从设计到实现的各个环节链条清晰、组织分工明确、各环节记录清晰、充分。产品可辨识、可追溯，一旦出现问题，可依链条迅速查明原因、提出准确的纠正措施，有效避免类似问题再次发生。

持续性：不因内部或外部的原因而降低产品质量。

目前已启动3个项目：第1类产品："燃气用不锈钢波纹软管"的认证工作。第2类产品：

图1　燃气认证标志

# 附 录

"燃气用埋地聚乙烯（PE）管道系统管材及管件"产品质量认证工作（与中国塑协塑料管道专业委员会合作）。第 3 类产品："燃气服务认证"的认证工作。

现燃气用不锈钢波纹软管已通过认证的厂商有：杭州万全金属软管有限公司；航天晨光股份有限公司上海分公司；杭州联发管业科技有限公司；宁波忻杰燃气用具实业有限公司，认证中心至今保持认证产品的监管，还有 4 家金属软管厂商申报审理中。第 2 类产品燃气用 PE 管材管件已获得认证的厂商有：亚大塑料制品有限公司和浙江伟星新型建材股份有限公司。正在审理的厂商有：浙江高峰控股集团有限公司、宁夏青龙管业股份有限公司正在审理认证中，目前第二批 PE 厂商申报工作正在进行中。第 3 类产品：燃气服务的认证。2015 年 5 月召开了燃气服务认证规则的研讨会，得到燃气企业的大力支持。2016 年 3 月，组织了 3 期燃气服务审查员的培训，148 人取得了国家认证认可委（CCAA）的燃气服务审查员资质证书，并积极开展燃气服务认证工作，现有 5 家燃气企业拟开始试点工作，它们是合肥燃气有限公司、沈阳燃气集团有限公司、宁夏哈纳斯新能源集团有限公司、常州港华燃气公司和焦作中裕燃气有限公司。

燃气产品的认证工作是燃气事业发展的需要，也是确保燃气安全的有效措施，下一步我们将组织燃气企业参与认证工作，逐步拓展新的产品类型，为燃气企业和燃气厂商搭建公平—有效—安全第一—服务至上的共赢平台。

*中国城市燃气协会、中国建筑科学研究院认证中心燃气认证部*

# 中国燃气服务认证规则

CABRCC/TD-88:2016

## 燃气服务认证实施规则

2016年1月12日发布　　　　　　　　　　　　2016年1月12日实施

中国城市燃气协会
中国建筑科学研究院认证中心　发布

# 前言

本服务认证规则按照中国建筑科学研究院认证中心质量体系文件的要求编制，现行版本为第 1 版。

起草单位：中国城市燃气协会和中国建筑科学研究院认证中心。

## 1. 适用范围

本规则规定了认证机构进行燃气服务认证的基本要求和工作程序，适用于认证机构对燃气经营企业向用户提供的供气服务进行的认证活动。

## 2. 认证模式

2.1 燃气服务认证模式为：服务保证能力审查＋服务质量评价＋获证后监督。

2.2 燃气服务认证的基本环节包括：

a. 认证的申请

b. 现场认证审查

c. 认证结果评价与批准

d. 获证后的监督审查

e. 复审查

## 3. 认证流程

3.1 燃气经营企业填写《燃气服务认证申请书》并提交相关材料（见4.2条）；

3.2 认证机构对申请方的申请材料和服务管理文件进行审查；

3.3 签订燃气服务认证合同；

3.4 申请企业缴纳燃气服务认证费用；

3.5 认证机构实施现场审查；

3.6 申请方实施纠正及纠正措施并提供整改资料；

3.7 认证决定

3.8 批准、颁发燃气服务认证证书；

3.9 认证机构公示燃气服务认证结果。

## 4. 认证申请

### 4.1 认证单元划分

4.1.1 认证单元按照燃气经营企业供应城镇燃气种类和供气形式的不同，分为管道燃气供应服务、瓶装燃气供应服务以及交通工具用燃气供应服务等认证单元。

4.1.2 同一燃气经营企业的不同供气服务系统作为不同的认证单元。

### 4.2 向认证机构提交的资料

4.2.1 燃气服务认证申请书（包括申请企业名称、申请企业地址、资产状况、从业人员和主要设施设备的基本配置情况、服务场所的明细和清单等）。

4.2.2 申请企业的法人证明以及其他合法经营资质的证明。

4.2.3 申请企业的服务管理文件。

4.2.4 有关从业人员职业和技能鉴定的资质证明。

## 5. 文件审查

在实施现场审查前，认证机构应对申请方的申请资料和服务管理文件分别进行完整性和符合性审查，确认申请资料符合4.2条要求，确认服务管理文件符合有关法律法规、规范和适应《燃气服务导则》GB/T 28885 规定的服务质量水平的管理要求。

## 6. 现场认证审查

### 6.1 认证审查内容

6.1.1 现场认证审查应安排在有足够用户接受燃气服务的时间内进行。

6.1.2 现场审查的内容为服务保证能力审查和服务质量评价。审查活动覆盖到企业管理层和下属执行层（含供气服务场所。如：安装、维修、安检、热线以及客户服务中心等）。

6.1.3 服务保证能力审查：以一类燃气用户的服务质量保证体系 - 职责和权限 - 文件和记录 - 资源配置 - 仪器、设备、工具 - 沟通 - 监视 - 改进 - 供气质量 - 服务窗口 - 接待服务 - 信息服务 - 供气服务等全过程为基本审查路线，重点为企业服务顶层设计和体系、各环节服务管理程序、系统和文件是否建立健全、服务过程记录是否清晰完整且具有可追溯性、服务承诺是否实现、资源配置是否满足顾客需求和相关标准要求。

6.1.4 服务质量评价：主要为服务过程测评、关键指标测评以及用户满意度测评。服务过程测评或关键指标测评通常为对抽取的服务网点，根据既定的测评项目或指标计算公式进行现场见证评价；用户满意度测评是由认证机构对燃气经营企业定期开展用户满意度测评的情况进行评价。

6.1.5 根据申请方提供的资料，对同一认证单元内的所有服务网点进行抽样审查。抽样总量不应小于30%，抽样内容应覆盖不同的供气服务项目、场所以及区域等。

### 6.2 服务保证能力审查

6.2.1 通用要求

有与燃气供应规模、用户数量相适应的服务体系；

1. 保证持续、稳定、安全和燃气符合质量的供气服务设施；

2. 安全性、透明性、及时性和公平性供气服务的保证措施；

3. 服务环节和质量的监控水平和可追溯性。

6.2.2 服务质量保证体系

6.2.2.1 燃气经营企业应当策划、编制和实施管理文件，并保持持续改进服务的保证能力。

6.2.2.2 燃气经营企业应制定、实施以"提升服务理念、保持优质服务"为核心的管理规范：

a. 识别影响服务质量的关键因素和过程，制定相应的控制文件；

b. 确保得到必要的资源和信息，兑现服务承诺；

c. 监视、测量服务过程，评价影响服务质量的因素和过程，采取纠正和补救措施；

d. 实现"PDCA"良性循环，持续改进服务质量。

6.2.2.3 职责与权限

6.2.2.3.1 燃气经营企业应规定与燃气服务活动有关的各类机构和人员职责及相互关系；

6.2.2.3.2 最高管理者应指定一名管理代表，具体负责服务管理文件的策划、编制和实施及服务保证能力的保持和改进工作；

6.2.2.4 建立文件化的程序，确保认证标志、证书的妥善保管和使用。

6.2.3 服务管理文件和记录

6.2.3.1 服务管理文件内容

6.2.3.1.1 服务方针

最高管理者应在识别和确认相关法律法规、标准和顾客要求的前提下，制定和发布形成文件的企业服务方针，已达到确保燃气服务质量、服务顾客满意的目的。

6.2.3.1.2 服务目标

a. 燃气经营企业应具有确定的服务目标。服务目标应建立在服务规范的基础上，应是可衡量的，并经努力是可实现的。服务目标应形成文件。

b. 对照服务目标，定期考核服务目标实现的情况，记录目标业绩。

c. 对服务目标进行评审，应及时修订服务目标。

d. 对服务目标的考核和评审活动应形成记录。

6.2.3.1.3 服务规范

a. 燃气服务操作规程，该规程应符合《燃气服务导则》的相关要求；

b. 燃气服务和服务承诺的成果和过程的控制、评价、反馈和改进；

c. 对顾客投诉的处置方法及程序；

d. 服务规范应表述清楚，含义准确，没有误导性；

e. 服务规范公布应符合程序，并向员工、顾客和其他相关方有效传达。

6.2.3.1.4 其他服务管理程序和文件

燃气经营企业为确保燃气服务过程的有效运行和控制所需的其他程序和文件。

6.2.3.2 服务管理文件控制

6.2.3.2.1 燃气经营企业应建立并保持文件化程序已对文件要求的文件和资料进行有效控制。这些措施应确保：

a. 发布前服务管理文件应由授权人审批；

b. 若修订，应进行评审，再批准；

c. 文件字迹清晰、易于识别、注明发布日期或修订日期；
d. 确保外来文件得到识别，并控制其分发；
e. 防止作废文件的非预期使用，对需要保留的作废文件应进行适当的标识；
f. 确保在使用处可获得相应文件的有效版本。

6.2.3.2.2 服务记录控制

a. 燃气经营企业应建立并保持燃气服务记录的标识、存储、保管和处理的文件化程序；
b. 燃气服务记录应清晰、完整并按相关规定进行保存。

6.2.4 服务资源配置

6.2.4.1 燃气经营企业服务窗口的场所和设施应满足用户服务需求；

6.2.4.2 服务场所数量和设施满足用户结构和供气规模；

6.2.4.3 燃气服务的通信设施应满足用户规模和供用气规律需要；

6.2.4.4 燃气经营企业服务人员（含投诉处理的接待人员）按照国家规定取得相应的从业资格；

6.2.4.5 燃气经营企业的服务信息系统应满足供用气业务和保护用户信息安全的需求；

6.2.4.6 燃气经营企业维抢修的设施和实施应适应持续稳定供用气的需求。

6.2.5 服务过程控制和检验

6.2.5.1 燃气经营企业应策划并在受控条件下进行燃气服务提供。适用时，受控条件应包括：

a. 获得待燃气服务的相关信息；
b. 必要时，获得作业指导书；
c. 使用适宜的设备设施；
d. 获得和使用监视、测量装置；
e. 实施监视和测量；
f. 燃气服务提供前、中和后的活动实施。

6.2.5.2 燃气经营企业应识别燃气服务过程中的关键工序。应对关键工序的关键步骤进行监控，检查燃气服务人员的操作是否符合规定，对于影响燃气服务质量的操作及时采取纠正/纠正措施，应保存关键工序的检查和纠正/纠正措施记录。

6.2.5.3 燃气经营企业应做好燃气服务质量可追溯性的控制；针对每次/每项燃气供应服务，要能追溯服务过程中所用设备、仪器、工具、时间，记录服务人员、顾客信息等内容，以便出现问题时查找原因。

6.2.6 设备、仪器、工具

6.2.6.1 燃气经营企业应建立燃气服务用设备、仪器、工具的管理制度，确保仪器设备的正常使用。

6.2.6.2 有完善、适用的操作规程。

6.2.6.3 应保存重要设备的使用、维护保养记录。

6.2.7 沟通

6.2.7.1 内部沟通

燃气经营企业内部人员应能得到和掌握与燃气服务管理文件有关的详细信息。

6.2.7.2 外部沟通

燃气经营企业应使顾客和相关方方便得到企业的服务规范和辅助信息，建立与顾客的良好互动关系。

6.2.8 服务质量监督

6.2.8.1 燃气经营企业应就所提供的服务及服务质量向顾客和其他相关方收集信息，并形成相应记录。

6.2.8.2 燃气经营企业应根据收集的信息，对服务管理文件的实施情况、服务承诺兑现情况进行分析、评价，确保增强顾客满意。

6.2.8.3 燃气经营企业应定期进行顾客满意度调查，以寻找和改进的方向和重点。

6.2.8.4 燃气经营企业应提供有利于投诉或提出意见和建议的渠道，主动接受顾客和相关方的监督。

6.2.8.5 燃气经营企业应建立服务全程记录制度。

6.2.9 服务质量改进

6.2.9.1 持续改进

燃气经营企业的服务保证能力能保证服务承诺及时得到兑现，提高客户满意度。

6.2.9.2 纠正措施

燃气经营企业对发现的不合格服务及时纠正，纠正措施应与所发生的不合格的影响程度相适应。保存采取纠正措施的记录。

6.2.9.3 预防措施

燃气经营企业对不合格服务应有识别、预防、改进和监督实施制度。预防措施应与潜在问题的影响程度相适应。应保存采取预防措施的记录。

6.2.10 供气质量

6.2.10.1 燃气经营企业供应的燃气质量应符合国家规定，现场审查必要时组织第三方检测机构检测；

6.2.10.2 燃气经营企业应有燃气质量检测制度；

6.2.10.3 有完整的供气质量记录。

## 6.3 服务质量评价

6.3.1 服务过程测评

依照评价单元组成服务项目的内容、环节、流程、程序和相应体系进行现场测评。

6.3.2 关键指标测评

指标应满足《燃气服务导则》GB/T 28885 的规定。可依据认证单元的社会和现场条件设计测评指标。

6.3.3 用户满意度测评

用户满意度测评表见附录 A。

## 6.4 认证分级

6.4.1 认证分级以服务等级项目测评计分为基础，综合评判。

6.4.2 服务等级项目总体包括服务保证能力和服务质量两部分，服务质量评价分为服务过程测评、关键指标测评以及用户满意度测评。

6.4.3 根据燃气服务所遵循的安全第一、诚信为本、文明规范、用户至上的原则，服务等级项目中的每一评价指标被赋予不同的权重系数。服务保证能力为 0.4；服务过程测评为 0.45；关键指标测评为 0.1；用户满意度为 0.05。

6.4.4 审查测评按最终分数取加权平均值。

6.4.5 燃气服务认证划分为五个等级，用"五角星"符号表示：即五星级、四星级、三星级、二星级以及一星级。最高星级为五星级，用"★★★★★"标识；最低星级为一星级，表示达到一级服务水平，用"★"标识；

服务等级项目的满分为 100 分。燃气经营企业的综合得分≥95 分的，评定为五星级；低于 95 分但大于等于 85 分的评定为四星，低于 85 分大于等于 75 分的评定为三星级；低于 75 分大于等于 65 分的评定为二星级；低于 65 分大于等于 60 分的评定为一星级。

6.4.6 燃气经营企业应建立服务质量内部认证制度，内部测评达到三星级的，可申请本规则规定的服务质量认证。

## 7. 认证结果评价与批准

认证机构应组织认证决定人员对审查组提交的审查材料进行评定，审查材料符合要求后，向申请方颁发燃气服务认证证书、准予使用认证标志和认证标牌。

对经评定不合格的申请方，认证机构应做出不予以认证注册的决定，并将不能注册的原因书面通知申请方。

## 8. 获证后的监督审查

### 8.1 监督审查的频次

燃气经营企业获证后 6 个月可进行一次监督审查。每年监督审查间隔不应超过 12 个月。

### 8.2 监督审查的内容

监督审查的内容为服务保证能力审查+服务质量评价+认证证书、标志和标牌的使用情况。抽样总量不应小于同一认证单元内所有服务网点数量的 15%，抽样内容应覆盖不同的供气服务项目、场所以及区域等。

### 8.3 监督审查的结论

8.3.1 认证机构应根据监督审查结果对于证书持有人获证服务进行评定。评定结果与初次相同或高于初次，认证机构将批准其继续保持认证资格、使用认证标志和标牌。评定结果低于初次，认证机构将对其做出暂停认证资格、认证标志和标牌使用的决定，并对外公告。

8.3.2 认证机构对于做出暂停认证资格、暂停认证标志及标牌使用的证书持有人，要求其在规定的时间内完成纠正措施并经认证机构附加现场审查。附加现场审查的评定结果与初次相同或高于初次，恢复其认证资格，准予使用认证标志和标牌。附加现场审查的评定结果低于初次，认证机构根据本规则认证分级的要求，将撤销认证证书、停止使用认证标志和标牌或做出降低服务等级的处理，并对外公告。如未在规定的时间内完整纠正措施而无法接受认证机构的附加现场审查，认证机构将撤销认证证书、停止使用认证标志和标牌。

## 9. 复评审

证书期满前 6 个月提交复审申请,按照本规则认证要求进行服务质量评价和服务保证能力复审查。

## 10. 认证等级的晋升或降低

认证证书持有人因服务资源变化等原因需对燃气服务认证等级进行晋升或降低,应向认证机构提交书面申请并附相关材料。经认证机构受理后现场审查确定,可以对燃气服务等级进行晋升或降低,并换发认证证书、认证标志和认证标牌。

## 11. 认证证书和认证标牌

### 11.1 认证证书和认证标牌的保持

11.1.1 证书和标牌的有效性
本规则所覆盖燃气服务认证证书和认证标牌的有效期为 3 年。

11.1.2 认证证书内容
认证证书应包括证书名称、获证单位的名称和地址、认证所采用的标准或其他规范性文件、认证等级、认证范围、颁证日期和有效日期、认证注册编号、认证中心名称、认证中心代表签字、认证中心和认证认可机构的标志等内容。

11.1.3 认证标牌
认证标牌上★的数目应与认证证书明确的服务等级对应。

### 11.2 认证证书和认证标牌的暂停和撤销

认证证书和认证标牌的暂停和撤销按《批准、保持、扩大、暂停和撤销认证的条件》(CABRCC/PD 08)的规定执行。

## 12. 认证标志使用的规定

认证证书获证方必须遵守《CABR 服务认证标志管理办法》(CABRCC/PD XX)的规定。

### 12.1 准许使用的标志样式

## 12.2 变形认证标志的使用

本规则覆盖的产品允许使用认证中心规定的变形认证标志。变形认证标志是指对于标志尺寸，获证方可以根据需要等比例放大或缩小认证标志。

## 12.3 加施方式

可以采用认证中心允许的加施方式。

印制认证标志时，必须在认证标志的下方加上该产品的认证证书编号。认证标志可以由认证中心统一印制，也可以由认证证书获证方自行印制。认证证书获证方自行印制认证标志时，应将认证标志的设计方案报认证中心备案。

## 12.4 标志位置

认证标志应加施在服务过程中明显位置上，如企业标识服、工作证以及工作牌等。

# 13. 收费

认证收费按国家有关规定统一收取。

附录 A 用户满意度测评表

| 您评价的燃气经营企业名称 | | | | | | |
|---|---|---|---|---|---|---|
| 评价项目 | 服务质量内容 | 评价（在选择的框内画勾） | | | | |
| | | 非常满意 | 比较满意 | 一般 | 不满意 | 没注意 |
| 服务场地环境 | 引导标识清楚 | | | | | |
| | 设施设备完好、使用方便 | | | | | |
| | 室内温度适宜 | | | | | |
| | 光线明亮 | | | | | |
| | 服务提示声音清晰柔和，音量适中 | | | | | |
| | 环境清洁、整洁、 | | | | | |
| | 等候秩序良好，休息场所适中 | | | | | |
| | 洗手间卫生清洁无异味 | | | | | |
| | 对老年人、残疾人有服务设施 | | | | | |
| | 室内网络信号稳定 | | | | | |
| | | 非常满意 | 比较满意 | 一般 | 不满意 | 没注意 |
| 服务效率 | 提供服务及时 | | | | | |
| | 等候时间（不大于15分钟） | | | | | |
| | 报警处置，到达时间 | | | | | |

续表

| 您评价的燃气经营企业名称 | | | | | | |
|---|---|---|---|---|---|---|
| 评价项目 | 服务质量内容 | 评价（在选择的框内画勾） | | | | |
| | | 非常满意 | 比较满意 | 一般 | 不满意 | 没注意 |
| 服务效率 | 报装、报修业务办理 | | | | | |
| | 柜台服务快捷、不怠慢用户 | | | | | |
| | 缴费程序简单 | | | | | |
| | 申请用气后实行一站式服务 | | | | | |
| | 提供服务迅速、准确、表达清楚 | | | | | |
| | | 非常满意 | 比较满意 | 一般 | 不满意 | 没注意 |
| 服务人员 | 态度友好 | | | | | |
| | 着装整洁、鲜明、好辨识 | | | | | |
| | 语言热情、亲切、文明 | | | | | |
| | 对顾客抱怨的响应及补救主动 | | | | | |
| | 服务内容告知主动、准确 | | | | | |
| 服务项目信息 | 服务收费项目、标准清楚 | | | | | |
| | 安全宣传有吸引力、明确 | | | | | |
| | 有用气条件公示 | | | | | |
| | 用气手续简单 | | | | | |
| | 信息公示牌清楚、显示清晰 | | | | | |
| | 服务流程公示清晰，易操作 | | | | | |
| | 有燃气安全使用须知 | | | | | |
| | | 非常满意 | 比较满意 | 一般 | 不满意 | 没注意 |
| 热线电话服务 | 接电话及时，不超过3声铃响 | | | | | |
| | 热线人员语言礼貌、文明 | | | | | |
| | 解决问题准确、有效率 | | | | | |
| | 告知信息快速、准确 | | | | | |
| | 自助服务设施完好、易操作 | | | | | |
| | 自助人工响应及时 | | | | | |
| | 号码容易记忆 | | | | | |
| 上门服务 | 服务人员文明礼貌 | | | | | |
| | 按照约定时间上门 | | | | | |
| | 提前通知变更时间，并及时预约 | | | | | |
| | 安全检查提示用户安全事项 | | | | | |
| | 维修安装熟练、准备良好 | | | | | |

续表

| 您评价的燃气经营企业名称 | | | | | | |
|---|---|---|---|---|---|---|
| 评价项目 | 服务质量内容 | 评价（在选择的框内画勾） | | | | |
| | | 非常满意 | 比较满意 | 一般 | 不满意 | 没注意 |
| 上门服务 | 服务结束收拾垃圾、打扫场所 | | | | | |
| | 服务规范、不打扰用户 | | | | | |
| | 服务人员着装规范 | | | | | |
| | 服务收费规范 | | | | | |
| | | 非常满意 | 比较满意 | 一般 | 不满意 | 没注意 |
| 供气质量 | 没有随意停气 | | | | | |
| | 临时停气、通气时间通知到位 | | | | | |
| | 按照通知时间准时恢复供气 | | | | | |
| | 三餐炊事时间用气稳定 | | | | | |
| | 燃气泄漏能感觉 | | | | | |
| 您对该燃气企业的整体感觉 | | | | | | |

您的年龄：16岁以下　16～21岁　22～35岁　36～45岁　46～55岁　56～65岁　66岁以上

您的学历简况：初中及以下　高中/中专　大学 大专/高职　研究生以上

您到达服务场地时间 15分钟以内　15～30分钟　30分钟～1小时　大于1小时

您选择该服务场所的原因：交通方便　服务质量好　服务人员　服务环境　总体感觉

你经常接受服务场所的名称：　　　位置：　　　区　　　路（街）

您的建议：

填写人姓名　　　联系电话　　　通讯地址　　　邮编

## 附录B 服务保证能力审查表

| 序号 | 检查条款 | 检查要求 | 检查内容 | 评分标准 | 检查记录 | 得分 |
|---|---|---|---|---|---|---|
| 6.2.2 服务质量保证体系（10分）（一项不合格扣1分、扣分不超过本项总分） | | | | | | |
| 1 | 6.2.2.1 | 燃气经营企业应当策划、编制和实施管理文件，并保持持续改进服务的保证能力。 | 1. 策划、编制和实施服务管理文件；<br>2. 企业总体改进服务质量和服务系统的决策；<br>3. 查阅最高决策层专题服务工作研究记录；<br>4. 查阅全企业服务质量改进活动。 | | | |

续表

| 序号 | 检查条款 | 检查要求 | 检查内容 | 评分标准 | 检查记录 | 得分 |
|---|---|---|---|---|---|---|
| 2 | 6.2.2.2 | 燃气经营企业应制定以"提升服务理念、保持优质服务"为核心的管理规范：<br>1. 识别影响服务质量的关键因素和过程，制定相应的控制文件；<br>2. 确保得到必要的资源和信息，兑现服务承诺；<br>3. 监视、测量服务过程，评价影响服务质量的因素和过程，采取纠正和补救措施；<br>4. 实现"PDCA"良性循环，持续改进服务质量。 | 1. 制定以"提升服务理念、保持优质服务"为核心的管理规范；<br>2. 形成3级（决策层、管理层、执行层）识别影响服务质量的关键因素机制；<br>3. 有实施关键因素控制过程并制符合控制程序文件规定；<br>4. 有兑现服务承诺所需必要的资源和信息记录；<br>5. 对服务过程实施监测和测量；<br>6. 对影响服务质量的因素和过程评价；对其采取纠正和补救措施；<br>7. 质量管理规范，符合"PDCA"的循环要求；<br>8. 查阅相关资料和现场询问服务人员。 | | | |
| | | 6.2.2.3 职责与权限（5分）（一项不合格扣1分、扣分不超过本项总分） | | | | |
| 3 | 6.2.2.3.1 | 燃气经营企业规定与燃气服务活动有关的各类机构和人员职责及相互关系，建立文件化的程序。 | 1. 是否有机构管理燃气服务；<br>2. 是否有与燃气服务活动有关的各类机构和人员的职责和相互关系规定；<br>3. 抽查各类人员的任命授权或岗位批准文件；<br>4. 了解管理者代表是否履行了相应的职责；<br>5. 了解各机构负责人是否知道本机构的服务质量责任和相应工作；<br>6. 询问管理者代表是否了解CABR认证标志的使用管理规定、获证产品的变更控制及一致性控制要求。 | | | |
| 4 | 6.2.2.3.2 | 最高管理者应指定一名管理代表，具体负责服务管理文件的策划、编制和实施及服务保证能力的保持和改进工作。 | | | | |
| 5 | 6.2.2.3.3 | 确保认证标志、证书的妥善保管和使用。 | | | | |
| | | 6.2.3 文件和记录（22分）（一项不合格扣1分、扣分不超过本项总分） | | | | |
| 6 | 6.2.3.1.1<br>服务方针 | 最高管理者应在识别和确认相关法律法规、标准和顾客要求的前提下，制定和发布形成文件的企业服务方针，已达到确保燃气服务质量、服务顾客满意的目的。 | 1. 最高管理者履行服务文件制定发布责任；<br>2. 最高管理者熟悉企业服务方针和服务质量改进工作；<br>3. 最高管理者定期主持供气服务质量管理评价和专项改进研究决策；<br>4. 查看企业制定和发布服务方针程序和文件。 | 至少有：<br>1. 有效传达和落实决策层的优质服务管理规定；<br>2. 企业优质服务管理规章制度；<br>3. 优质服务改进流程；<br>4. 专门针对客户满意度第三方测评结果的服务改进流程；<br>5. 优质服务宣传制度；<br>6. 优质服务"首问负责制"；<br>7. 优质服务"投诉问责制"。 | | |

续表

| 序号 | 检查条款 | 检查要求 | 检查内容 | 评分标准 | 检查记录 | 得分 |
|---|---|---|---|---|---|---|
| 7 | 6.2.3.1.2 服务目标 | 1. 燃气经营企业应具有确定的服务目标。服务目标应建立在服务规范的基础上,应是可衡量的,并经努力是可实现的。服务目标应形成文件;<br>2. 对照服务目标,定期考核服务目标实现的情况,记录目标业绩。必要时,对服务目标进行评审,应及时修订服务目标。对服务目标的考核和评审活动应形成记录。 | 1. 有文件化的服务目标;<br>2. 服务目标可衡量、计量、可实现;<br>3. 有负责质量考核的工作机制;<br>4. 定期考核服务目标:查阅考核工作;<br>5. 适时进行服务评审,查看工作记录;<br>6. 查阅考核评审和改进记录;<br>7. 查阅修订企业服务目标的工作规定;<br>8. 现场询问质量考核和评价人员。 | 至少有:<br>1. 有效传达和落实决策层的优质服务管理规定;<br>2. 企业优质服务管理规章制度;<br>3. 优质服务改进流程;<br>4. 专门针对客户满意度第三方测评结果的服务改进流程;<br>5. 优质服务宣传制度;<br>6. 优质服务"首问负责制";<br>7. 优质服务"投诉问责制"。 | | |
| 8 | 6.2.3.1.3 服务规范 | 服务规范的内容:<br>1. 燃气服务操作规程,该规程应符合《燃气服务导则》的相关要求;<br>2. 燃气服务和服务承诺的成果和过程的控制、评价、反馈和改进;<br>3. 对顾客投诉的处置方法及程序;<br>4. 服务规范应表述清楚,含义准确,没有误导性。<br>5. 服务规范公布应符合程序,并向员工、顾客和其他相关方有效传达。 | 1. 有燃气服务操作规程且该规程符合《燃气服务导则》的相关要求;查阅规范目录;<br>2. 服务规范内容包含对顾客的服务承诺;<br>3. 对供气服务质量的构成和员工服务操作规程有明确规定;<br>4. 对服务过程采用配套器具和器材的合格性及安全性有规定;<br>5. 对服务的透明性、时间性、公平性有明确表述;<br>6. 对服务结果、过程有控制、评价、反馈和改进的全面管理措施;<br>7. 对顾客抱怨和投诉的全过程有控制方法及处理程序;<br>8. 服务规范表述清楚,含义准确,没有误导性、有操作性;<br>9. 服务规范形成文件并向员工、顾客和其他相关方传达;<br>10. 服务规范公布程序符合要求;<br>11. 对照查阅上述文件和记录,询问相应人员熟悉程度。 | | | |
| 9 | 6.2.3.1.4 其他服务管理程序和文件 | 燃气经营企业为确保燃气服务过程的有效运行和控制所需的其他程序和文件。 | | | | |
| 10 | 6.2.3.2.1 服务管理文件控制 | 对文件和资料进行有效控制的文件化规定确保:<br>1. 发布前服务管理文件应由授权人审批;<br>2. 若修订,应进行评审,再批准;<br>3. 文件字迹清晰、易于识别、注明发布日期或修订日期;<br>4. 确保外来文件得到识别,并控制其分发;<br>5. 防止作废文件的非预期使用,对需要保留的作废文件应进行适当的标识;<br>6. 确保在使用处可获得相应文件的有效版本。 | 1. 抽查文件和资料的控制程序;<br>2. 文件的发布和更改由授权人进行审批;<br>3. 文件的更改和修订状态经过识别、评审,授权批准、发布等程序控制;<br>4. 文件字迹清晰、易于识别、注明发布日期或修订日期;<br>5. 有外来文件的文件化管理规定;能得到识别,控制;<br>6. 有文件保存管理规定;作废文件的标识、防止使用、回收、处理等程序适用有效;<br>7. 在使用场所可获得相应的文件的有效版本;<br>8. 询问现场员工对文件管理的熟悉度。 | | | |

附 录

续表

| 序号 | 检查条款 | 检查要求 | 检查内容 | 评分标准 | 检查记录 | 得分 |
|---|---|---|---|---|---|---|
| 11 | 6.2.3.2.2 记录控制 | 燃气经营企业应建立并保持燃气服务记录的标识、存储、保管和处理的文件化程序，燃气服务记录应清晰、完整并有适当的保存期限。 | 1. 有燃气服务记录的标识、储存、保管和处理的文件化程序；<br>2. 燃气服务记录清晰、完整、信息充分；<br>3. 有各类燃气服务记录的保存期限规定；<br>4. 对照抽查落实情况。 | | | |
| | | 6.2.4 资源配置（10分）（一项不合格扣1分、扣分不超过本项总分） | | | | |
| 12 | 6.2.4.1 | 燃气经营企业服务窗口的场所和设施应满足用户服务需求。 | 1. 查看分析服务窗口的场所数量、布局和设施现场；<br>2. 调查用户意见；<br>3. 查看使用管理规定。 | | | |
| 13 | 6.2.4.2 | 服务场所数量和设施满足用户和供气规模。 | 服务场所的数量和设施是否满足用户和供气规模。 | | | |
| 14 | 6.2.4.3 | 燃气服务的通信设施应满足用户规模需要。 | 1. 燃气服务的通信设施数量、服务人员、值守方式满足用户规模需要；<br>2. 有通讯服务信息的保留、处置和监督； | | | |
| 15 | 6.2.4.4 | 燃气经营企业服务人员（含投诉处理的接待人员）按照国家规定取得相应的从业资格。 | 1. 服务人员（含投诉处理的接待人员）按照国家规定取得相应的从业资格；<br>2. 各类人员经过岗位培训；<br>3. 查阅证件，询问现场人员。 | | | |
| 16 | 6.2.4.5 | 燃气经营企业的服务信息系统应满足用户业务和保护用户信息安全的需求。 | 1. 服务信息系统满足用户查询、咨询预约、投诉、缴费等业务的需求；<br>2. 文件化保护用户信息安全的规定；<br>3. 有保护控制措施；现场查看。 | | | |
| 17 | 6.2.4.6 | 燃气经营企业维抢修的设施和实施应适应持续稳定供用气的需求 | 1. 维抢修基地的数量、布局、设施符合企业实际；<br>2. 备品备件管理有序；<br>3. 现场模拟一次抢修响应。 | | | |
| | | 6.2.5 燃气服务过程控制和检验（14分）（一项不合格扣1分、扣分不超过本项总分） | | | | |
| 18 | 6.2.5.1 服务过程控制 | 企业应策划并在受控条件下进行燃气服务提供。适用时，受控条件应包括：<br>1. 获得待燃气服务的相关信息；<br>2. 必要时，获得作业指导书；<br>3. 使用适宜的设备；<br>4. 获得和使用监视和测量装置；<br>5. 实施监视和测量；<br>6. 燃气服务提供前、中和后的活动实施。 | 1. 策划并在受控条件下进行燃气服务提供；<br>2. 有确保获得待燃气服务的相关信息措施；<br>3. 抽查服务作业指导书或服务操作规程；<br>4. 设备数量、品种配置适宜使用；<br>5. 有服务质量监视和测量装置；<br>6. 对一个服务过程查看过程实施监视和测量的实施情况；<br>7. 查阅服务前、中、后的控制机构、方式、记录。 | | | |

续表

| 序号 | 检查条款 | 检查要求 | 检查内容 | 评分标准 | 检查记录 | 得分 |
|---|---|---|---|---|---|---|
| 19 | 6.2.5.2 关键步骤控制 | 企业应识别燃气服务过程中的关键步骤。应对关键步骤进行监控，检查燃气服务人员的操作是否符合规定，对于影响燃气服务质量的操作及时采取纠正/纠正措施，应保存关键工序的检查和纠正/纠正措施记录。 | 1. 有文件化识别燃气服务过程中关键步骤的规定；<br>2. 抽查三层级的识别活动记录；<br>3. 抽查服务过程中的关键步骤进行监控记录；<br>4. 对影响服务质量的操作采取纠正/纠正措施；有质量活动记录；<br>5. 现场询问服务人员的相应技能。 | | | |
| 20 | 6.2.5.3 可追溯性 | 企业应做好燃气服务质量可追溯性的控制；针对每次/每项燃气供应服务，要能追溯服务过程中所用设备、仪器、工具、时间，记录服务人员、顾客信息等内容，以便出现问题时查找原因。 | 1. 有燃气服务质量可追溯性的控制文件化规定；<br>2. 抽查针对每次/每项燃气供应服务过程中，所用设备、仪器、工具、时间，记录服务人员、顾客信息等内容的可追溯性；<br>3. 抽查追溯后的对策。 | | | |

6.2.6 设备、仪器、工具（10分）（一项不合格扣1分、扣分不超过本项总分）

| 序号 | 检查条款 | 检查要求 | 检查内容 | 评分标准 | 检查记录 | 得分 |
|---|---|---|---|---|---|---|
| 21 | 6.2.6.1 | 燃气经营企业应建立燃气服务用设备、仪器、工具的管理制度，确保仪器设备的正常使用。 | 1. 抽查燃气服务用仪器、设备、工具的维护保养制度；<br>2. 抽查定期对燃气服务用仪器、设备、工具保养记录；<br>3. 现场抽查实物完好情况。 | | | |
| 22 | 6.2.6.2 | 有完善、适用的操作规程。 | 1. 是否有完善、适用的仪器设备操作规程；<br>2. 现场询问相关人员1～2人的四懂四会。 | | | |
| 23 | 6.2.6.3 | 应保存重要设备的使用、维护保养记录。 | 1. 抽查重要仪器设备的使用、维护保养记录；<br>2. 抽查设备分类管理规定。 | | | |

6.2.7 沟通（4分）（一项不合格扣1分、扣分不超过本项总分）

| 序号 | 检查条款 | 检查要求 | 检查内容 | 评分标准 | 检查记录 | 得分 |
|---|---|---|---|---|---|---|
| 24 | 6.2.7.1 内部沟通 | 燃气经营企业内部人员应能得到和掌握与燃气服务管理文件有关的详细信息。 | 1. 有内部沟通程序；<br>2. 内部人员有效沟通记录；<br>3. 现场询问得到的燃气服务管理文件的详细信息。 | | | |
| 25 | 6.2.7.2 外部沟通 | 燃气经营企业应使顾客和相关方方便得到企业的服务规范和辅助信息，建立与顾客的良好互动关系。 | 1. 有与顾客和相关方进行沟通的程序；<br>2. 有顾客和相关方沟通的实施活动；<br>3. 调查顾客和相关方得到的服务规范和辅助信息途径和方式。 | | | |

续表

| 序号 | 检查条款 | 检查要求 | 检查内容 | 评分标准 | 检查记录 | 得分 |
|---|---|---|---|---|---|---|
| | | 6.2.8 服务质量监督（10分）（一项不合格扣1分、扣分不超过本项总分） | | | | |
| 26 | 6.2.8.1 | 燃气经营企业应就所提供的服务及服务质量向顾客和其他相关方收集信息，并形成相应记录。 | 1. 定期向顾客、社会组织、管理部门、媒体等收集服务质量信息；<br>2. 查阅形成的记录；<br>3. 专职部门记录顾客投诉，建立完整的投诉档案；<br>4. 及时反馈和处理顾客投诉，有效解决顾客投诉；<br>5. 有专职服务调解人员；<br>6. 有对突发事件进行及时处理、对服务失误进行补救的措施。 | | | |
| 27 | 6.2.8.2 | 燃气经营企业应根据收集的信息，对服务管理文件的实施情况、服务承诺兑现情况进行分析、评价，确保增强顾客满意。 | 1. 结合上条的信息，对服务管理进行分析、评价；<br>2. 评价活动记录和管理措施；<br>3. 对有关方的反馈。 | | | |
| 28 | 6.2.8.3 | 燃气经营企业应定期进行顾客满意度调查，以寻找和改进的方向和重点。 | 1. 定期进行顾客满意度调查；<br>2. 调查结果的评估活动；<br>3. 查阅对应记录。 | | | |
| 29 | 6.2.8.4 | 燃气经营企业应提供有利于投诉或提出意见和建议的渠道，主动接受顾客和相关方的监督。 | 1. 在企业醒目位置公布监督电话和监督途径；<br>2. 有各级组织的用户监督服务质量活动；<br>3. 有社会义务监督机制；<br>4. 抽查相关记录，并追踪反馈。 | | | |
| 30 | 6.2.8.5 | 燃气经营企业应建立服务全程记录制度。 | 1. 对服务管理体系、服务承诺兑现情况以及服务过程进行全方位、系统、定期地监视/测量；<br>2. 查阅相应记录。 | | | |
| | | 6.2.9 改进（9分）（一项不合格扣1分、扣分不超过本项总分） | | | | |
| 31 | 6.2.9.1<br>持续改进 | 燃气经营企业的服务保证能力能保证服务承诺及时得到兑现，提高客户满意度。 | 1. 采取纠正措施不断提高服务保证能力的各级各种记录；<br>2. 定期进行顾客满意度调查；<br>3. 对用户满意度的评估及改进措施。 | | | |
| 32 | 6.2.9.2<br>纠正措施 | 燃气经营企业对发现的不合格服务及时纠正，纠正措施应与所发生的不合格的影响程度相适应。保存采取纠正措施的记录。 | 1. 对于发现的不合格服务及时进行纠正；<br>2. 对纠正或纠正措施的程度与不合格的程度相适应进行评价；<br>3. 抽查保存的相应记录。 | | | |
| 33 | 6.2.9.3<br>预防措施 | 燃气经营企业对不合格服务应有识别，预防、改进和监督实施制度。预防措施应与潜在问题的影响程度相适应。应保存采取预防措施的记录。 | 1. 有识别潜在不合格服务的组织活动；<br>2. 有预防措施的规定；并予以实施；<br>3. 查阅采取的预防措施记录；<br>4. 查阅预防措施与潜在问题的后果评价活动。 | | | |

续表

| 序号 | 检查条款 | 检查要求 | 检查内容 | 评分标准 | 检查记录 | 得分 |
|---|---|---|---|---|---|---|
| | | 6.2.10 供气质量（6分）（一项不合格扣1分、扣分不超过本项总分） | | | | |
| 34 | 6.2.10.1 | 燃气经营企业供应的燃气质量应符合国家规定； | 1. 有燃气气质检测制度；<br>2. 抽查气质检测位置、设施和人员技能；<br>3. 查阅气质检测记录；<br>4. 供应的燃气符合 GB 50494《城镇燃气技术规范》、GB 50028《城镇燃气设计规范》和 GB/T 13611《城镇燃气分类和基本特性》的相关要求。 | | | |
| 35 | 6.2.10.2 | 燃气经营企业应有燃气质量检测制度； | | | | |
| 36 | 6.2.10.3 | 有完整的供气质量记录。 | | | | |

## 附录C 服务质量评价表

### 附录C-1 管道燃气服务质量评价表

| 序号 | | 检查要求 | 检查方式和评分标准 | 得分 |
|---|---|---|---|---|
| \multicolumn{5}{c}{一、供气质量（8分）（一项不合格扣1分，不超过本项总分）} | | | | |
| 1 | 气质 | 1. 天然气质量指标符合现行国家标准规定；<br>2. 加臭量和加臭剂符合现行国家标准；<br>3. 气质自检合格率大于95%； | 1. 抽查加臭管理制度、加臭月报表及操作规程；<br>2. 根据供气量与加臭量的比例检查加臭指标；<br>3. 检查加臭设施是否正常运转；<br>4. 抽查供气调度运行日报，停气记录；计划性停气管理制度；<br>5. 查验停气公示资料，走访用户；<br>6. 根据合同、检测点、检测比例和记录检查压力指标；<br>7. 检查气质管理制度的操作性；落实情况；<br>8. 抽查各类气质检测报告；<br>9. 抽查压力检测报告，随机抽查；<br>10. 查看公示栏。 | |
| 2 | 供气压力 | 1. 持续稳定供气、无任意停气行为；<br>2. 居民用户燃气燃烧器具前压力控制在规定范围；<br>3. 单位用户燃气燃烧器具前压力符合供气合同和设施要求；<br>4. 燃气燃烧器具前压力自检合格率大于98%。 | | |
| 3 | 供气质量管理 | 1. 有气质管理制度和相应操作规程；<br>2. 定期检测气源单位气质，不少于每3个月一次；<br>3. 定期检测本单位供气气质，不少于每月一次；<br>4. 在规定的位置检测燃气燃烧器具前压力，不少于每2月一次；<br>5. 公示气质与最新检测数据一致。 | | |
| \multicolumn{5}{c}{二、服务窗口（6分）（一项不合格扣1分，不超过本项总分）} | | | | |
| 4 | 服务窗口 | 1. 入口处设置引导标识牌，有无障碍通道；室内光线良好；<br>2. 接待、等候分区，有用户休息座位，环境清洁卫生、无与服务无关的物品；<br>3. 卫生间整洁无异味；<br>4. 服务设施应齐全、完好，保持整洁：<br>　a）业务服务柜台高度不应超过1.4m；采用间隔玻璃式柜台的，配有扩音器；<br>　b）服务音响适中、清楚；<br>　c）有服务电话、时钟、日历牌；<br>　d）有处理业务需要的办公用品；<br>　e）有公示栏和安全标识；<br>5. 有特殊人群的服务设施；<br>6. 服务窗口布局满足用户数量、供气规模。 | 1. 查看各类营业网点明细、服务半径区域图及服务内容；<br>2. 现场体验用户有效地得到服务的方便度<br>3. 公示内容符合性、准确性<br>4. 提供便民服务实施细则。<br>5. 营业网点门前标明营业时间；<br>6. 提供遇重大节假日延长营业服务的承诺；<br>7. 查看服务记录：过户、销户、停气、恢复用气办理记录；<br>8. 查看办理补漏安装、改装、拆除记录；<br>9. 查看报修、维修记录；<br>10. 实际操作体验电子服务等。 | |

续表

| 序号 | 检查要求 | 检查方式和评分标准 | 得分 |
|---|---|---|---|
| 5 电子、网络商务 | 1. 电子服务平台等服务窗口应使用户得到相同的服务质量；<br>2. 网站供气业务服务便捷、安全；<br>3. 客服热线供气业务服务便捷、安全；<br>4. 信息服务渠道应保持畅通，方便用户使用。 | 1. 查看各类营业网点明细、服务半径区域图及服务内容；<br>2. 现场体验用户有效地得到服务的方便度<br>3. 公示内容符合性、准确性<br>4. 提供便民服务实施细则。<br>5. 营业网点门前标明营业时间；<br>6. 提供遇重大节假日延长营业服务的承诺；<br>7. 查看服务记录：过户、销户、停气、恢复用气办理记录；<br>8. 查看办理补漏安装、改装、拆除记录；<br>9. 查看报修、维修记录；<br>10. 实际操作体验电子服务等。 | |
| 6 服务内容公示 | 1. 内容<br>a）办理业务的项目、流程、程序、条件、时限、收费标准、免费服务项目和应提交相应的资料；<br>b）服务规范、服务承诺、服务问责、服务投诉和处理等制度；<br>c）用气条件、供气质量的主要参数、燃气销售价格；<br>d）营业站点地址、营业时间；<br>e）安全用气、节约用气知识；<br>f）服务人员岗位工号；<br>g）服务人员电话和监督电话。<br>2. 公示栏醒目、版面清楚、一目了然；<br>3. 公示内容时间分配合理。 | | |

三、接待服务（4分）（一项不合格扣1分，不超过本项总分）

| 序号 | 检查要求 | 检查方式和评分标准 | 得分 |
|---|---|---|---|
| 7 接待管理 | 1. 建立并保持文件化的接待服务管理制度和程序；有首问负责和一站式服务流程；<br>2. 有不属于企业解决问题的处理方式等规定；<br>3. 受理记录完整，记录信息应齐全且具有可追溯性；<br>4. 服务人员熟悉接待规定。<br>5. 服务窗口应按照公示的工作时间准时营业；<br>6. 在营业时间内用户未办理完事项前，不应终止服务。 | 1. 现场查阅管理制度和程序规定；<br>2. 询问服务人员；<br>3. 抽查接待受理记录；<br>4. 现场体验。 | |
| 8 接待 | 1. 对用户应主动接待、热情服务；<br>2. 传统人工电话应做到响铃三声有应答；<br>3. 燃气服务人员接待程序规范：a）问候语；b）报企业名称和工号；c）问清事别，提供相关服务；d）道别语。 | | |

四、安全宣传（8分）（一项不合格扣1分，不超过本项总分）

| 序号 | 检查要求 | 检查方式和评分标准 | 得分 |
|---|---|---|---|
| 9 安全宣传管理 | 1. 有安全宣传计划和经费；<br>2. 有指导用户安全用气、节约用气的管理规定和实施计划；<br>3. 有安全宣传资料的管理规定。 | 1. 走访社区、用户，检验安全用气宣传的效果；<br>2. 查阅宣传年度工作计划和实施方案；<br>3. 活动记录；<br>4. 安全宣传内容的宣传品和录音及影视资料（包括纸质材料、实物宣传品及照片、录音、影视资料等）；<br>5. 查阅第二项的内容对照；<br>6. 抽查接待人员知识。 | |
| 10 宣传 | 1. 向用户发放《燃气安全使用手册》；<br>2. 用气条件、供气合同、燃气安全使用手册中的燃气安全使用条件一致、正确；<br>3. 安全宣传实施和记录；<br>4.《燃气安全使用手册》的内容正确、准确；要求；符合导则的基本要求；<br>5. 宣传方式多样、计划落实。 | | |

续表

| 序号 | 检查要求 | 检查方式和评分标准 | 得分 |
|---|---|---|---|
| 五、服务人员（4分）（一项不合格扣1分，不超过本项总分） ||||
| 11 服务形象 | 1. 着装整洁，举止文明、用语规范、熟悉业务、宜使用普通话；<br>2. 遵守职业道德、有较好的沟通能力及服务技巧；<br>3. 服务人员不应使用伤害用户自尊、人格和埋怨、讽刺、挖苦用户的语言。 | 1. 查阅服务人员管理制度；<br>2. 现场体验；<br>3. 抽查培训记录、培训证件；<br>4. 查看企业对禁止行为规定；<br>5. 查看现场（含企业燃气器具销售）；<br>6. 调查用户。 | |
| 12 人员要求 | 1. 从业资格和岗位培训合格；<br>2. 着装、佩证符合规定要求；<br>3. 工作证牌应具有下列内容：<br>a）企业名称及签章；<br>b）工作证牌编号；<br>c）持证人员的姓名、工号、照片及岗位名称。<br>4. 不得刁难用户，服务不推诿拖延；<br>5. 不得向用户索要财物或接受馈赠；<br>6. 不得强制用户购买本单位生产或经营的产品。 | | |
| 六、信息服务（6分）（一项不合格扣1分，不超过本项总分） ||||
| 13 信息管理 | 1. 有真实、完整的用户服务档案，实现服务的可追溯性；<br>2. 有用户档案管理制度；<br>3. 档案保存良好、查询方便；<br>4. 保护用户信息安全。<br>5. 网站服务信息完整、正确、管理及时。 | 1. 抽查用户服务不同项目档案、记录；<br>2. 抽查一个服务项目全流程完整过程记录；<br>3. 实际体验；<br>4. 抽查制度和实际一致性；<br>5. 现场查看网站服务内容；<br>6. 抽查服务记录；<br>7. 征求有关方面意见；<br>8. 查看监督回访记录。 | |
| 14 信息服务 | 1. 用户信息服务的提供方式多样、完好；<br>2. 系统工作顺畅、方便用户使用；<br>3. 设施配置满足用户规模；<br>4. 系统服务功能完整；<br>5. 服务热线处置后进行电话回访，处置率达到100%；<br>6. 对转办的服务事项按时限办结，回访率达到100%。 | | |
| 七、新增用户（12分）（一项不合格扣1分，不超过本项总分） ||||
| 15 新增用户管理 | 1. 建立并保持文件化的新增用户管理制度和程序；<br>2. 有燃气用户的用气条件、供用气合同的规范式内容规定；用气条件应包括：市政燃气管网覆盖的区域、管道供应能力、用气场所的安全用气条件；<br>3. 新增用户的程序清楚、公示用户申请业务的办事流程、办结时限、办理部门和地点；<br>4. 提供多种方式接收用户申请；<br>5. 实现首问负责和一站式服务。 | 1. 查阅新增用户管理制度；<br>2. 现场查看公示内容；<br>3. 抽查新增用户档案；<br>4. 抽查一项新增用户业务完整流程记录；<br>5. 询问现场服务人员；<br>6. 抽查单位用户合同；对照公示栏。 | |
| 16 合同化管理 | 1. 与各类用户签订合同，并管理规范；<br>2. 供用气合同除应符合国家对于燃气供用气合同的规定外，还应包括以下内容：<br>a）供应燃气的种类、质量和相关数据；<br>b）维护用户信息安全；<br>c）燃气设施安装、维修、更新的责任；<br>d）免费服务的项目、内容；<br>e）燃气费的结算周期和方式。 | | |

续表

| 序号 | 检查要求 | 检查方式和评分标准 | 得分 |
|---|---|---|---|
| 八、供气服务（56分）（一项不合格扣1分，不超过本项总分） | | | |
| 17 供气服务管理程序 | 1. 保持管理程序文件化；<br>2. 该程序下列内容有规定：<br>a）对用户燃气设施予以供气的前提用气条件；<br>b）管道燃气的计量与上门抄表；<br>c）管道燃气的结算；<br>d）对用户改装、拆除、拆迁燃气设施申请的处理；<br>e）对燃气计量存在异议的处理；<br>f）对用户燃气管道设施发生故障的处置；<br>g）停业、歇业前的必要工作；<br>h）对用户转换供应燃气种类的前提条件、准备工作；<br>i）各种供气服务的时间性；<br>j）对特殊情况或残、障、孤、老等特殊人群的服务。 | 1. 查阅供气服务程序和管理文件；<br>2. 对照管理内容；<br>3. 内容符合企业实际；<br>4. 有操作性。 | |
| 18 服务收费（含上门服务收费） | 1. 管道燃气经营企业的缴费通知应包括下列内容：<br>a）企业名称；<br>b）用户编号、户名、地址；<br>c）收费项目；<br>d）燃气的价格和用户应缴纳的燃气费金额；抄表数和用户当期使用的燃气量；<br>e）缴纳燃气费的地址、时间和时段及缴费方式的提示；<br>f）企业的缴费查询电话、服务投诉电话、监督电话或其他联系方式。<br>2. 提供多种方式方便用户缴纳燃气费；<br>3. 应向用户提供合法收费凭证；<br>4. 按照价部门批准的项目和价格收取气费；<br>5. 按燃气计量表计量的数据准确抄表收费或合同协商预收款项。 | 1. 查阅物价部门批准的燃气价格文件；<br>2. 抽查企业执行物价部门燃气价格的规定文件；<br>3. 抽查核实用户票证；<br>4. 提供各类收费凭证样票和存根；<br>5. 收费记录与计量表读数一致；<br>6. 收费数额与用户应付数额一致。<br>7. 查阅收费服务管理规定；<br>8. 收取费用一律开具票据。 | |
| 19 应急时的维持正常服务 | 1. 燃气安全事故应急预案（含供气管道发生泄漏或突发性事件）有保证临时供气和维持正常服务的处置措施；<br>2. 有在自然灾害、极端性气候、社会治安和气源短缺等发生时维持正常供气服务的措施；<br>3. 有满足1、2条要求的设施设备；<br>4. 有满足1、2条的备品备件和相应制度；<br>5. 向用户宣传燃气安全事故应急预案，适时组织用户参加培训或演习。 | 1. 查阅文件内容的可操作性；<br>2. 抽查应急服务记录；<br>3. 现场查看；<br>4. 抽查用户事故应急预案演习记录。 | |
| 20 维修维护抢修 | 1. 管道燃气经营企业应向社会公布24h报险、抢修电话。<br>2. 保修服务及时，接到用户报修之时起，应在规定时间内处理。预约维修应按约定的时间进行。维修及时率达到100%。<br>3. 报警服务及时，接到报险之时起，抢修人员在规定内出发和到达现场处置，泄漏抢修及时率达到100%。<br>4. 管道施工、维修、检修等计划而非突发性原因需降压或暂停供气的服务措施；<br>5. 暂停供气服务的通知措施与有效性。 | 1. 查听热线电话；<br>2. 查阅报修管理规定和服务时限；<br>3. 抽查一次服务全过程记录的符合性；<br>4. 查阅报警响应时间规定和落实情况；<br>5. 现场调查用户反映；<br>6. 通知方式、措施核实。 | |
| 21 用户设施安全检查 | 1. 保持文件化的用户燃气燃烧器具和燃气设施检查程序。<br>2. 检查内容符合《燃气服务导则》5.11.4要求；<br>3. 燃气燃烧器具的安装、更换、改装应符合国家相关标准要求<br>4. 用户的安全检查按照规定实施；<br>5. 保存检查等记录，记录信息应齐全且具有可追溯性。记录应包括客户签字； | 1. 查看安全检查的管理规定；<br>2. 对照核实安检内容；<br>3. 抽查一次安检全过程记录；<br>4. 抽查隐患整改告知书和整改实施记录；<br>5. 提供户内安全检查、宣传计划及实施进度材料； | |

续表

| 序号 | 检查要求 | 检查方式和评分标准 | 得分 |
|---|---|---|---|
| 21 用户设施安全检查 | 6. 安检中发现的单位用户设施隐患按照合同规定整改处置落实；<br>7. 安检书书面告知居民用户燃气设施的安全隐患，督促用户整改；<br>8. 初次使用燃气和新住宅装修后供气设施投用前，实施安检；<br>9. 安检后的处置符合规定（当地或企业规定）；<br>10. 安检有监督反馈措施。 | 6. 抽查单位用户设施检查计划及实施进度；<br>7. 户内安全检查操作规程；<br>8. 抽查安检员填写安检单据，随机入户；<br>9. 用户调查跟踪反馈安检是否正确实施。 | |
| 22 用户隐患整改及跟踪 | 1. 有文件化的用户燃气设施隐患整改及跟踪的工作机制，督促用户整改；<br>2. 对安检不能到位的情况有规定；<br>3. 有能实施的处置措施。 | 1. 查阅相应文件；<br>2. 抽查工作处置记录。 | |
| 23 上门服务 | 1. 有文件化上门服务管理；<br>2. 有文件化上门服务程序和行为规范；<br>3. 上门服务人员应着企业标识服，带工作牌，主动说明来因和出示相关证件；<br>4. 服务完成，应清理现场，并带走作业垃圾；<br>5. 按照约定的时间，及时和准确实施上门服务；<br>6. 不能履约的服务处置符合规定；<br>7. 有对特殊人群的服务规定；<br>8. 有对服务质量的跟踪反馈监督。 | 1. 查看管理文件；<br>2. 对照核实文件内容的可操作性；<br>3. 抽查服务过程的记录；<br>4. 调查用户意见；<br>5. 现场跟踪服务；<br>6. 查监督记录，并实施反馈随访；<br>7. 询问服务人员技能。 | |
| 24 安装改装燃气设施 | 1. 有文件化的安装、改装用户燃气设施规定；<br>2. 有文件化安装、改装用户燃气设施的程序；<br>3. 受理燃气安装、改装工程，实行一站式服务；<br>4. 受理时至少向被服务单位一次性告知：<br>a）申请单位应提供的资料明细；<br>b）办理新装工程的程序；<br>c）新装工程的收费标准；<br>d）新建燃气设施成品保护的规定。<br>5. 按照合同规定时限完成服务；<br>6. 按照规定实施安装、改装后燃气燃烧器具和设施的安全检查；<br>7. 按照规定完善用户档案；<br>8. 对服务过程的跟踪和监督。 | 1. 查看文件对照实际工程；<br>2. 查看受理现场和受理告知文件；<br>3. 抽查一个工程全过程记录；<br>4. 查安检记录；<br>5. 查用户合同和档案；<br>6. 抽查用户反馈意见；<br>7. 查工程的服务跟踪反馈。 | |

### 附录 C-2 瓶装燃气服务质量评价表

| 序号 | 检查要求 | 评分方法与标准 | 得分 |
|---|---|---|---|
| 一、燃气质量（9分）（一项不合格扣1分，扣分不超过本项总分） | | | |
| 1 气质 | 1. 燃气质量指标符合现行国家标准规定；<br>2. 加臭量和加臭剂符合现行国家标准（需要加臭的燃气）；<br>3. 气质自检合格率大于95%； | 1. 抽查加臭管理制度、加臭月报表及操作规程；<br>2. 根据供气量与加臭量的比例检查加臭指标；<br>3. 检查加臭设施是否正常运转。 | |
| 2 供气质量管理 | 1. 质量公示：残液标准、超标补偿时限和方法和国家规定的充装质量标准；与最新检测数据一致<br>2. 有气质管理制度和相应操作规程；<br>3. 定期检测气源单位气质，不少于每3个月一次；<br>4. 定期检测本单位供气气质，不少于每月一次；<br>5. 定期检测加臭质量（需要加臭的燃气）；<br>6. 在规定的位置检测燃气燃烧器具前压力，不少于每2月一次。 | 4. 计划性停气管理制度；<br>5. 走访单位和居民用户；<br>6. 根据合同、检测点、检测比例及记录检查压力指标；<br>7. 检查气质管理制度的操作性；落实情况；<br>8. 抽查各类气质检测报告；<br>9. 抽查压力检测报告，随机抽查；<br>10. 查看公示栏。 | |

续表

| 序号 | 检查要求 | 评分方法与标准 | 得分 |
|---|---|---|---|
| 二、钢瓶管理（8分）（一项不合格扣1分，扣分不超过本项总分） | | | |
| 3 钢瓶信息化 | 1. 供用户使用的为企业自有钢瓶；<br>2. 向用户提供符合国家规定并经法定检测机构检测合格的燃气气瓶；<br>3. 用户能准确及时获得钢瓶供气过程信息。 | 1. 查资产记录；<br>2. 查钢瓶管理制度和相关制度<br>3. 抽查自有钢瓶标识；<br>4. 抽查用户；<br>5. 现场查看钢瓶；<br>6. 抽查钢瓶管理信息；<br>7. 抽查员工钢瓶管理和自有钢瓶管理务实。 | |
| 4 钢瓶质量管理 | 1. 瓶装燃气经营企业文件化钢瓶管理制度；<br>2. 有机构和相应职责；<br>3. 站内钢瓶管理合规；摆放有序；<br>4. 钢瓶外观清洁，漆色完整，配件附件齐全、无明显缺陷。 | | |
| 三、接待服务（4分）（一项不合格扣1分，扣分不超过本项总分） | | | |
| 5 接待管理 | 1. 建立并保持文件化的接待服务管理制度和程序；有首问负责和一站式服务流程；<br>2. 有不属于企业解决问题的处理方式等规定；<br>3. 受理记录完整，记录信息应齐全且具有可追溯性；<br>4. 服务人员熟悉接待规定。<br>5. 服务窗口应按照公示的工作时间准时营业；<br>6. 在营业时间内用户未办理完事项前，不应终止服务。 | 1. 现场查阅管理制度和程序规定；<br>2. 询问服务人员；<br>3. 抽查接待受理记录；<br>4. 现场体验。 | |
| 6 接待 | 1. 对用户应主动接待、热情服务；<br>2. 传统人工电话应做到响铃3声有应答；<br>3. 燃气服务人员接待程序规范：a）问候语；b）报企业名称和工号；c）问清事别，提供相关服务；d）道别语。<br>4. 主动提供检查、捡漏和便民服务。 | | |
| 四、服务窗口（4分）（一项不合格扣1分，扣分不超过本项总分） | | | |
| 7 电子网络商务服务 | 1. 电子服务平台等服务窗口应使用户得到相同的服务质量。<br>2. 网站供气业务服务便捷、安全；<br>3. 客服热线供气业务服务便捷、安全；<br>4. 信息服务渠道应保持畅通，方便用户使用。 | 1. 查看各类营业网点明细、服务半径区域图及服务内容；<br>2. 现场体验用户有效地得到服务的方便度<br>3. 公示内容符合性、准确性<br>4. 提供便民服务实施细则。<br>5. 营业网点门前标明营业时间；<br>6. 提供遇重大节假日延长营业服务的承诺；<br>7. 查看服务记录：重瓶检查、退残、恢复用气办理、钢瓶检修等记录；<br>8. 查看办理送气记录；<br>9. 查看报修、维修记录；<br>10. 实际操作体验电子服务等；<br>11. 现场查验服务设施和便民措施。 | |
| 8 公示内容 | 1. 内容<br>a）办理业务的项目、流程、程序、条件、时限、收费标准、免费服务项目和应提交相应的资料；<br>b）服务规范、服务承诺、服务问责、服务投诉和处理等制度；<br>c）用气条件、供气质量的主要参数、燃气销售价格；<br>d）营业站点地址、营业时间；<br>e）安全用气、节约用气知识；<br>f）服务人员岗位工号；<br>g）服务人员电话和监督电话；<br>h）国家规定的燃气气瓶强制检测、报废时间标准；<br>i）充装质量和退残液标准。<br>2. 公示栏醒目、版面清楚、一目了然；<br>3. 公示内容时间分配合理。 | | |

续表

| 序号 | 检查要求 | 评分方法与标准 | 得分 |
|---|---|---|---|
| 9 窗口环境 | 1. 入口处设置引导标识牌，有无障碍通道；室内光线良好；<br>2. 接待、等候分区，有用户休息座位，环境清洁卫生、无与服务无关的物品；<br>3. 卫生间整洁无异味；<br>4. 服务设施应齐全、完好，保持整洁：<br>a）业务服务柜台高度不应超过 1.4 m；采用间隔玻璃式柜台的，配有扩音器；<br>b）服务音响适中、清楚；<br>c）有服务电话、时钟、日历牌；<br>d）有处理业务需要的办公用品；<br>e）有公示栏和安全标识；<br>5. 有特殊人群的服务设施；<br>6. 服务窗口布局满足用户数量、供气规模。 | 1. 查看各类营业网点明细、服务半径区域图及服务内容；<br>2. 现场体验用户有效地得到服务的方便度<br>3. 公示内容符合性、准确性<br>4. 提供便民服务实施细则。<br>5. 营业网点门前标明营业时间；<br>6. 提供遇重大节假日延长营业服务的承诺；<br>7. 查看服务记录：重瓶检查、退残、恢复用气办理、钢瓶检修等等记录；<br>8. 查看办理送气记录；<br>9. 查看报修、维修记录；<br>10. 实际操作体验电子服务等；<br>11. 现场查验服务设施和便民措施。 | |
| 10 供应站 | 1. 依照燃气专项规划设置瓶装气供应站及送气服务系统；<br>2. 瓶装燃气供应站应符合国家瓶装燃气供应站的安全技术要求；<br>3. 供应站点数量。布局满足供气规模；<br>4. 供用户检验捡漏设施和方便用户措施；<br>5. 向用户提供合法收费凭证。 | | |
| 五、安全宣传（4分）（一项不合格扣1分，扣分不超过本项总分） ||||
| 11 安全宣传管理 | 1. 有安全宣传计划和经费；<br>2. 有指导用户安全用气、节约用气的管理规定和实施计划；<br>3. 有安全宣传资料的管理规定。 | 1. 走访社区、用户，检验安全用气宣传的效果；<br>2. 查阅宣传年度工作计划和实施方案；<br>3. 活动记录；<br>4. 安全宣传内容的宣传品和录音及影视资料（包括纸质材料、实物宣传品及照片、录音、影视资料等）；<br>5. 查阅第二项的内容对照；<br>6. 抽查接待人员知识。 | |
| 12 宣传 | 1. 向用户发放《燃气安全使用手册》；<br>2. 用气条件、供气合同、燃气安全使用手册中的燃气安全使用条件一致、正确；<br>3. 安全宣传实施和记录；<br>4.《燃气安全使用手册》的内容正确、准确；要求；符合导则的基本要求；<br>5. 宣传方式多样、计划落实。 | | |
| 六、服务人员（4分）（一项不合格扣1分，扣分不超过本项总分） ||||
| 13 服务形象 | 1. 着装整洁、举止文明、用语规范、熟悉业务、宜使用普通话；<br>2. 遵守职业道德、有较好的沟通能力及服务技巧；<br>3. 服务人员不应使用伤害用户自尊、人格和埋怨、讽刺、挖苦用户的语言。 | 1. 查阅服务人员管理制度；<br>2. 现场体验；<br>3. 抽查培训记录、培训证件；<br>4. 查看企业对禁止行为规定；<br>5. 查看现场（含企业燃气器具销售）；<br>6. 调查用户。 | |
| 14 人员要求 | 1. 从业资格和岗位培训合格；<br>2. 着装、佩证符合规定要求；<br>3. 工作证牌应具有下列内容：<br>a）企业名称及签章；<br>b）工作证牌编号；<br>c）持证人员的姓名、工号、照片及岗位名称。<br>4. 不得刁难用户，服务不推诿拖延；<br>5. 不得向用户索要财物或接受馈赠；<br>6. 不得强制用户购买本单位生产或经营的产品。 | | |

续表

| 序号 | 检查要求 | 评分方法与标准 | 得分 |
|---|---|---|---|
| 七、信息服务（8分）（一项不合格扣1分，扣分不超过本项总分） ||||
| 15 信息管理 | 1. 有真实、完整的用户服务档案，实现服务的可追溯性；<br>2. 有用户档案管理制度；<br>3. 档案保存良好、查询方便；<br>4. 保护用户信息安全。<br>5. 网站服务信息完整、正确、管理及时。 | 1. 抽查用户服务不同项目档案、记录；<br>2. 抽查一个服务项目全流程完整过程记录；<br>3. 实际体验；<br>4. 抽查制度和实际一致性；<br>5. 现场查看网站服务内容；<br>6. 抽查服务记录；<br>7. 征求有关方面意见；<br>8. 查看监督回访记录。 | |
| 16 信息服务 | 1. 用户信息服务的提供方式多样、完好；<br>2. 系统工作顺畅、方便用户使用；<br>3. 设施配置满足用户规模；<br>4. 系统服务功能完整；<br>5. 服务热线处置后进行电话回访，处置率达到100%；<br>6. 对转办的服务事项按时限办结，回访率达到100%。 | | |
| 八、供气服务（50分）（一项不合格扣1分，扣分不超过本项总分） ||||
| 17 供气服务管理 | 1. 供气服务管理实现文件化的程序。<br>2. 至少下列内容有管理文件：<br>a）撤销或者搬迁瓶装气供应站前的必要工作；<br>b）瓶装燃气的充装质量；<br>c）燃气气瓶；<br>d）瓶装燃气用户设施的安全检查和维修服务；<br>e）瓶装液化石油气的钢瓶、充装质量以及钢瓶内残液量。<br>3. 提供多种方式方便用户缴纳燃气费。 | 1. 查阅供气服务程序和管理文件；<br>2. 对照管理内容；<br>3. 内容符合企业实际；有操作性；<br>4. 查阅物价部门批准的燃气价格文件；<br>5. 抽查企业执行物价部门燃气价格的规定文件；<br>6. 抽查核实用户票证；<br>7. 提供各类收费凭证样票和存根；<br>8. 收费记录与销售一致；<br>9. 收费数额与用户应付费数额一致。<br>10. 查阅收费服务管理规定；<br>11. 收取费用一律开具票据。查听热线电话；<br>12. 查阅报修管理规定和服务时限；<br>13. 抽查一次服务全过程记录的符合性；<br>14. 查阅报警响应时间规定和落实情况；<br>15. 现场调查用户反映。 | |
| 18 瓶装气质量 | 1. 对其销售的瓶装燃气提供合格标识；<br>2. 使用本企业管理钢瓶；<br>3. 有防止损害质量措施；<br>4. 燃气气瓶首次使用前，对其进行抽真空处理，并做好记录；<br>5. 充装质量合格，信息可追溯；<br>6. 销售价格与充装质量一致。 | | |
| 19 上门服务管理 | 1. 瓶装燃气经营企业应建立并保持文件化的上门送气服务管理程序。该程序应对从入门至离开时全过程的行为；<br>2. 有不能按时预约或不能预约履行服务的管理规定；<br>3. 有对残、障、孤、老等特殊服务对象的服务规定并落实；<br>4. 尊重用户隐私；<br>5. 对上门送气服务作业记录、对上门服务质量的跟踪回访及相应记录等做出规定；<br>6. 对用户报修、维修响应及时；达到100%；<br>7. 对用户抢修响应及时，按规定时间到位。 | | |
| 20 服务监督 | 1. 保存经用户签字确认的上门服务作业记录；<br>2. 实施上门服务质量跟踪回访记录且具有可追溯性；<br>3. 投诉管理文化，有全过程管理规定。 | | |
| 21 上门和送气服务 | 1. 送气人员应着企业标识服，带工作牌，主动说明来因和出示相关证件。<br>2. 服务完成，应清理现场，并带走作业垃圾；<br>3. 送气人员在为居民用户安装好燃气气瓶后对安装部位进行泄漏检查和点火调试，直到正常，要求用户签收； | 1. 跟踪一次送气服务；<br>2. 用户调查；<br>3. 抽查上门服务记录；<br>4. 查询服务人员；<br>5. 模拟用户需求。 | |

续表

| 序号 | 检查要求 | 评分方法与标准 | 得分 |
|---|---|---|---|
| 21 上门和送气服务 | 4. 送气人员应轻搬、轻放燃气气瓶，不应有在地上拖动、滚动燃气气瓶的不当行为；<br>5. 上门车辆工具、送瓶车清洁整齐<br>6. 收费规范，提供合法收据。<br>7. 按照约定的时间，及时和准确实施上门服务；<br>8. 不能履约的服务处置符合规定；<br>9. 有对特殊人群的服务规定；<br>10. 有对服务质量的跟踪反馈监督。 | 6. 抽查相关的规定；<br>7. 询问服务人员。 | |
| 九、对用户设施的安全检查（8分）（一项不合格扣一分，扣分不超过本项总分） ||||
| 22 安全检查 | 1. 保持文件化的用户燃气燃烧器具和燃气设施检查程序；<br>2. 对单位用户实施或按照合同实施安全检查；<br>3. 安全检查记录有追溯性；<br>4. 检查内容符合《燃气服务导则》5.11.4要求；<br>5. 燃气燃烧器具的安装、更换、改装应符合国家相关标准要求<br>6. 居民用户的安全检查按照规定实施；<br>7. 保存检查等记录，记录信息应齐全且具有可追溯性。记录应包括客户签字；<br>8. 安检中发现的单位用户设施隐患按照合同规定整改处置落实；<br>9. 安检中书面告知居民用户燃气设施的安全隐患，督促用户整改；<br>10. 安检后的处置符合规定（当地或企业规定）；<br>11. 安检有监督反馈措施。 | 1. 查看安全检查的管理规定；<br>2. 对照核实安检内容；<br>3. 抽查一次安检全过程记录；<br>4. 抽查隐患整改告知书和整改实施记录；<br>5. 提供户内安全检查、宣传计划及实施进度材料；<br>6. 抽查单位用户设施检查计划及实施进度；<br>7. 户内安全检查操作规程；<br>8. 抽查安检员填写安检单据；随机入户；<br>9. 用户调查跟踪反馈安检是否正确实施 | |
| 23 用户隐患整改及跟踪 | 1. 有文件化的用户燃气设施隐患整改及跟踪的工作机制，督促用户整改；<br>2. 对安检不能到位的情况有规定；<br>3. 有能实施的处置措施。 | 1. 查阅相应文件；<br>2. 抽查工作处置记录。 | |

### 附录C-3 交通工具（含LNG/CNG/LPG等气种和车、船等）用燃气加气服务质量评价表

| 序号 | 检查要求 | 评分标准 | 得分 |
|---|---|---|---|
| 一、供气质量（12分）（一项不合格扣1分，不超过本项总分） ||||
| 1 气质 | 1. 各类燃气质量指标符合现行国家标准规定；<br>2. 加臭量和加臭剂符合现行国家标准（需要加臭的）；<br>3. 气质自检合格率大于95%； | 1. 抽查加臭管理制度、加臭月报表及操作规程；<br>2. 根据供气量与加臭量的比例检查加臭指标；<br>3. 检查加臭设施是否正常运转；<br>4. 抽查供气调度运行记录；计划性维修、检测管理制度；<br>5. 检测及记录检查加臭参数指标；<br>6. 检查气质管理制度的操作性；落实情况；<br>7. 抽查各类气质检测报告；<br>8. 抽查计量加气设备检测报告，随机抽查；<br>9. 查看公示栏。 | |
| 2 供气压力 | 1. 持续稳定供气、无任意停气行为；<br>2. 充装压力、时间、温度符合操作规程。 | ^ | |
| 3 供气质量管理 | 1. 有气质管理制度和相应操作规程；<br>2. 定期检测气源单位气质，不少于每3个月一次；<br>3. 定期检测本单位供气气质，不少于每月一次；<br>4. 定期检测加臭质量（需要加臭的）；<br>5. 在规定的位置检测加气压力控制设施，不少于每2月一次；<br>6. 按照规定使用净化设施；<br>7. 公示气质，与最新检测数据一致。 | ^ | |

续表

| 序号 | 检查要求 | 评分标准 | 得分 |
|---|---|---|---|
| 二、服务窗口（8分）（一项不合格扣1分，不超过本项总分） ||||
| 4 电子网络商务服务 | 1. 电子服务平台等服务窗口应使用户得到相同的服务质量。<br>2. 网站供气业务服务便捷、安全；<br>3. 客服热线供气业务服务便捷、安全。<br>4. 信息服务渠道应保持畅通，方便用户使用。 | 1. 查看各类营业网点明细、服务半径区域图及服务内容；<br>2. 现场体验用户有效地得到服务的方便度<br>3. 公示内容符合性、准确性<br>4. 提供便民服务实施细则。<br>5. 营业网点门前标明营业时间；<br>6. 提供遇重大节假日延长营业服务的承诺；<br>7. 查看服务记录；<br>8. 查看计量定检和自检记录；<br>9. 查看报修、维修记录；<br>10. 实际操作体验电子服务等；<br>11. 现场查验服务设施和便民措施；<br>12. 查看高峰时段交通组织水平；<br>13. 现场标识情况。 | |
| 5 公示内容 | 1. 内容<br>a）办理业务的项目、流程、程序、条件、时限、收费标准、免费服务项目和应提交相应的资料；<br>b）服务规范、服务承诺、服务问责、服务投诉和处理等制度；<br>c）用气条件、供气质量的主要参数、燃气销售价格；<br>d）营业站点地址、营业时间；<br>e）安全用气、节约用气知识；<br>f）服务人员岗位工号；<br>g）服务人员电话和监督电话；<br>h）国家规定的燃气气瓶强制检测、报废时间标准；<br>i）充装质量。<br>2. 公示栏醒目、版面清楚、一目了然；<br>3. 公示内容时间分配合理。 | | |
| 6 窗口环境 | 1. 入口处设置引导标识牌，有无障碍通道；室内光线良好；<br>2. 接待、等候分区，有用户休息座位，环境清洁卫生、无与服务无关的物品；<br>3. 卫生间整洁无异味；<br>4. 服务设施应齐全、完好，保持整洁：<br>a）业务服务柜台高度不应超过1.4m；采用间隔玻璃式柜台的，配有扩音器；<br>b）服务音响适中、清楚；<br>c）有服务电话、时钟、日历牌；<br>d）有处理业务需要的办公用品；<br>e）有公示栏和安全标识；<br>f）与服务相适应的其他服务设施和便民措施。<br>5. 有特殊人群的服务设施；<br>6. 服务窗口布局满足用户数量、供气规模。 | | |
| 7 工作场区 | 1. 有符合国家关于计量器具规定；<br>2. 有满足用户服务需求、检定合格的加气机计量装置；<br>3. 用于加气设施进行泄漏检查的设备；<br>4. 各类车辆有明确停车区并有隔离设施与标识；进、出通道应符合要求并明示<br>5. 有安全监控系统；<br>6. 有防撞设施；<br>7. 各类安全警示标识；<br>8. 分区明确，保护措施适当。 | | |

续表

| 序号 | 检查要求 | 评分标准 | 得分 |
|---|---|---|---|
| 三、接待服务（4分）（一项不合格扣1分，不超过本项总分） ||||
| 8 接待管理 | 1. 建立并保持文件化的接待服务管理制度和程序；有首问负责和一站式服务流程；<br>2. 有不属于企业解决问题的处理方式等规定；<br>3. 受理记录完整，记录信息应齐全且具有可追溯性；<br>4. 服务人员熟悉接待规定。<br>5. 服务窗口应按照公示的工作时间准时营业；<br>6. 在营业时间内用户未办理完事项前，不应终止服务；<br>7. 有人员维持进出车辆秩序。 | 1. 现场查阅管理制度和程序规定；<br>2. 询问服务人员；<br>3. 抽查接待受理记录；<br>4. 现场体验。 | |
| 9 接待 | 1. 对用户应主动接待、热情服务；<br>2. 传统人工电话应做到响铃三声有应答；<br>3. 燃气服务人员接待程序规范：a）问候语；b）报企业名称和工号；c）问清事别，提供相关服务；d）道别语。<br>4. 主动提供捡漏和便民服务；<br>5. 坚持唱收唱付。 | | |
| 四、安全宣传（6分）（一项不合格扣1分，不超过本项总分） ||||
| 10 安全宣传管理 | 1. 有安全宣传计划和经费；<br>2. 有指导用户安全用气、节约用气的管理规定和实施计划；<br>3. 有安全宣传资料的管理规定。 | 1. 走访社区、用户，检验安全用气宣传的效果；<br>2. 查阅宣传年度工作计划和实施方案；<br>3. 活动记录；<br>4. 安全宣传内容的宣传品和录音及影视资料（包括纸质材料、实物宣传品及照片、录音、影视资料等）；<br>5. 查阅第二项的内容对照；<br>6. 抽查接待人员知识。 | |
| 11 宣传 | 1. 向用户发放《燃气安全使用手册》；<br>2. 用气条件、供气合同、燃气安全使用手册中的燃气安全使用条件一致、正确；<br>3. 安全宣传实施和记录；<br>4.《燃气安全使用手册》的内容正确、准确；要求：符合导则的基本要求；<br>5. 宣传方式多样、计划落实；<br>6. 对驾驶员（司乘人员）有针对性安全宣传。 | | |
| 五、服务人员（4分）（一项不合格扣1分，不超过本项总分 ||||
| 12 服务形象 | 1. 着装整洁，举止文明、用语规范、熟悉业务，宜使用普通话；<br>2. 遵守职业道德、有较好的沟通能力及服务技巧；<br>3. 服务人员不应使用伤害用户自尊、人格和埋怨、讽刺、挖苦用户的语言。 | 1. 查阅服务人员管理制度；<br>2. 现场体验；<br>3. 抽查培训记录、培训证件；<br>4. 查看企业对禁止行为规定；<br>5. 查看现场（含企业燃气器具销售）；<br>6. 调查用户； | |
| 13 人员要求 | 1. 从业资格和岗位培训合格；<br>2. 着装、佩证符合规定要求；<br>3. 工作证牌应具有下列内容：<br>a）企业名称及签章；<br>b）工作证牌编号；<br>c）持证人员的姓名、工号、照片及岗位名称。<br>4. 不得刁难用户，服务不推诿拖延；<br>5. 不得向用户索要财物或接受馈赠；<br>6. 不得强制用户购买本单位生产或经营的产品。 | | |

续表

| 序号 | 检查要求 | 评分标准 | 得分 |
|---|---|---|---|
| 六、信息服务（8分）（一项不合格扣1分，不超过本项总分 | | | |
| 14 信息管理 | 1. 有真实、完整的用户服务档案，实现服务的可追溯性；<br>2. 有用户档案管理制度；<br>3. 档案保存良好、查询方便；<br>4. 保护用户信息安全；<br>5. 网站服务信息完整、正确、管理及时；<br>6. 与场站周边社区、单位建立联系机制。 | 1. 抽查用户服务不同项目档案、记录；<br>2. 抽查一个服务项目全流程完整过程记录；<br>3. 实际体验；<br>4. 抽查制度和实际一致性；<br>5. 现场查看网站服务内容；<br>6. 抽查服务记录；<br>7. 征求有关方面意见；<br>8. 查看监督回访记录。 | |
| 15 信息服务 | 1. 用户信息服务的提供方式多样、完好：<br>2. 系统工作顺畅、方便用户使用；<br>3. 设施配置满足用户规模；<br>4. 系统服务功能完整；<br>5. 服务热线处置后进行电话回访，处置率达到100%；<br>6. 对转办的服务事项按时限办结，回访率达到100%；<br>7. 对暂停加气服务有及时、清楚、明晰的通知，包括原因、停气时间、恢复加气时间。 | | |
| 七、供气服务（58分）（一项不合格扣1分，不超过本项总分） | | | |
| 16 供气服务管理 | 1. 供气服务管理实现文件化的程序。<br>2. 至少下列内容有管理文件：<br>a）撤销或者搬迁瓶装气供应站前的必要工作；<br>b）充装燃气的充装质量；<br>c）充装（前、中、后）操作规程和控制参数；<br>d）交通工具用户燃气设施的安全检查和维修服务；<br>e）对用户燃气设施（燃气气瓶）告知的管理；<br>f）计量管理；<br>g）加气区交接班安全检查。<br>3. 提供多种方式方便用户缴纳燃气费。 | 1. 查阅供气服务程序和管理文件；<br>2. 对照管理内容；<br>3. 内容符合企业实际；有操作性；<br>4. 查阅物价部门批准的燃气价格文件；<br>5. 抽查企业执行物价部门燃气价格的规定文件；<br>6. 抽查核实用户票证；<br>7. 提供各类收费凭证样票和存根；<br>8. 收费记录与销售一致；<br>9. 收费数额与用户应付费数额一致。<br>10. 查阅收费服务管理规定；<br>11. 收取费用一律开具票据。收听热线电话；<br>12. 查阅报修管理规定和服务时限、加气服务人员24小时值班记录<br>13. 计量器具定期鉴定报告；<br>14. 抽查一次服务全过程记录的符合性；<br>15. 查阅报警响应时间规定和落实情况；<br>16. 现场调查用户反映。 | |
| 17 充装质量 | 1. 对其加入燃气气瓶的充装介质与气瓶规定的充装介质一致；<br>2. 执行充装操作规程，工艺参数正确；<br>3. 有防止损害质量措施；<br>4. 燃气气瓶首次使用前，对其进行抽真空处理，并做好记录；<br>5. 充装质量合格，信息可追溯；<br>6. 销售价格与充装质量一致；<br>7. 充装前的安检落实。 | | |
| 18 充装服务 | 1. 有措施提高充装燃气的信息化管理水平，实现全过程信息的可追溯性；<br>2. 向用户提供合法收费凭证；<br>3. 加气前应问清加气数量,将加气机显示归零并向用户告知；<br>4. 加气前，加气服务人员应按照规定检查气瓶；<br>5. 提示用户气瓶的使用管理情况；<br>6. 不得让用户自己充装；<br>7. 按照规程检查被加气设施；<br>8. 保障供应，提供24小时加气服务。 | | |

续表

| 序号 | 检查要求 | 评分标准 | 得分 |
|---|---|---|---|
| 19 安全检查 | 1. 交接班检查加气设备；<br>2. 多种方式对用户燃气设施检查；<br>3. 对不合规的气瓶不充装；<br>4. 计量检查；<br>5. 工艺参数合规性检查；<br>6. 对用户设施泄漏的处置；<br>7. 安检后的处置符合规定（当地或企业规定）；<br>8. 安检有监督反馈措施。 | 1. 现场询问当值人员的四懂四会；<br>2. 抽查检查记录或运行记录；<br>3. 抽查加气机核实参数；<br>4. 抽查相关制度。 | |
| 20 用户隐患整改及跟踪 | 1. 有文件化的用户燃气设施隐患整改及跟踪的工作机制，督促用户整改；<br>2. 对安检不能到位的情况有规定；<br>3. 有能实施的处置措施。 | 1. 查阅相应文件；<br>2. 抽查工作处置记录。 | |

# 中国燃气用具产品认证规则

CABRCC/TD-10:2014

## 燃气用不锈钢波纹软管产品质量认证规则

2014 年 05 月 01 日发布　　　　　　　　　　2014 年 05 月 20 日实施

中国城市燃气协会

## 1. 适用范围

本规则适用于 CJ/T 197-2010《燃气用具连接用不锈钢波纹软管》标准中规定的公称尺寸 DN ≤ N32、公称压力 PN ≤ 0.01MPa 固定安装的燃气灶具、燃气热水器和燃气表等与燃气管道连接用的软管的产品认证；也适用于 GB/T 26002-2010《燃气输送用不锈钢波纹软管及管件》标准中规定的公称尺寸 DN10 ~ DN50，公称压力 PN 不大于 0.2MPa 的软管及管件的产品认证。

## 2. 认证模式

燃气用不锈钢波纹软管认证模式为：产品检验 + 初始工厂检查 + 获证后监督。

认证的基本环节包括：

a）认证的申请
b）产品检验
c）初始工厂检查
d）认证结果评价与批准
e）获证后的监督检查
f）复评审

## 3. 认证申请

### 3.1 认证单元划分

按照 CJ/T 197-2010、GB/T 26002-2010 中的产品分类、规格和型号的定义，不包括长度尺寸的所有参数相同的型号为同一单元。原则上同一加工场所生产的不同用途、不同类型的产品划分不同的认证单元。

加工场所不同，视为不同的认证单元。

### 3.2 向认证机构提交的资料

3.2.1 申请书（包括营业执照（副本）和组织机构代码证等附件）。

3.2.2 当申请方与生产厂、制造商不一致时，需提交相关授权证明文件，如与生产商的相关合同。

3.2.3 关于品牌使用的声明（如商标注册证明）及有关证明文件。

### 3.3 基本条件

3.3.1 申请单位注册资金至少 500 万元。

3.3.2 申请单位用于生产的场地面积不低于 1 000m$^2$。

## 4. 产品检验

### 4.1 送检样品

申请人按所申请的认证单元向检验机构提交足够完成检验工作的样品。

### 4.2 检验机构

申请人所选择的检验机构须是由中国城市燃气协会指定的、经过 CNAS 认可且具有承检 CJ/T 197-2010《燃气用具连接用不锈钢波纹软管》、GB/T 26002-2010《燃气输送用不锈钢波纹软管及管件》及其他所涉及标准资质的第三方检验机构。

### 4.3 检验依据

燃气用具连接用不锈钢波纹软管按照 CJ/T 197-2010《燃气用具连接用不锈钢波纹软管》、ANSI Z21.24-2006《燃气器具的连接器》、ANSI LC1-2005《使用波纹不锈钢管（CSST）的燃气管道系统》、EN 549：1995《燃气器具、设备密封件和膜片用橡胶材料》、GB/T 16411-2008《家用燃气用具通用试验方法》和 HG/T 3089-2001《燃油用 O 型橡胶圈密封材料》。

燃气输送用不锈钢波纹软管及管件按照 GB/T 26002-2010《燃气输送用不锈钢波纹软管及管件》。

### 4.4 检验项目

4.4.1 型式检验项目

燃气用具连接用不锈钢波纹软管按照 CJ/T 197-2010《燃气用具连接用不锈钢波纹软管》标准 8.3 的型式检验项目进行检验。

燃气输送用不锈钢波纹软管及管件按照 GB/T 26002-2010《燃气输送用不锈钢波纹软管及管件》标准 7.3 的型式检验项目进行检验。

4.4.2 补充检验项目

申证产品除应符合 4.4.1 规定检验项目外，还应通过本条规定的相关检测及技术指标要求。

4.4.2.1 扭曲性试验

燃气用具连接用不锈钢波纹软管扭曲性试验采取 ANSI Z21.24-2006 标准 2.5 条试验方法，扭曲次数为 10 次，要求波纹管无裂纹和泄漏，被覆层无裂纹。

燃气输送用不锈钢波纹软管扭曲性试验采取 ANSI LC1-2005 标准 2.8 条试验方法，扭曲次数为 6 次，要求波纹管无裂纹和泄漏，被覆层无裂纹。

4.4.2.2 橡胶密封圈耐燃气性能、硬度、拉伸性能检验

试验方法参照本认证规则附录 A。

同时要求认证企业的每批橡胶密封圈产品均需保留其供方提供的同批橡胶片（面积 400mm×300mm、厚度 2.0 mm），留待认证机构抽样进行硬度、拉伸性能检验。

4.4.2.3 材料

型式检验及监督检查应对材料化学成分按照 CJ/T 197-2010 表 1 或 GB/T 26002-2010 表 1 进行检验。

#### 4.4.2.4 被覆层的耐溶液性试验

对于非埋地的燃气用不锈钢波纹软管还应进行被覆层的耐溶液性试验，试验方法参照本认证规则附录B。

#### 4.4.2.5 对标识的补充规定

申请认证的燃气用具连接用不锈钢波纹软管产品还应在明显位置标注批号、生产日期及声明使用年限（自生产日期起至少不低于波纹管所连接的燃气器具寿命）。

### 4.5 判定要求

以上规定的型式检验项目和其他检验项目要求全部合格，方可判定产品检验合格。

## 5. 工厂检查

### 5.1 检查内容

工厂检查的内容为工厂质量保证能力检查和产品一致性检查，并应覆盖申请认证的所有产品和加工场所。

工厂检查的基本原则是以产品设计-采购-进货检验-生产-过程检验-最终检验为基本检查路线、突出关键/特殊生产过程和检验环节、对产品进行现场一致性确认，并对工厂的生产设备、检验资源配置以及人员能力情况进行现场确认。

产品检验合格后，方可进行工厂检查。

### 5.2 工厂质量保证能力检查

#### 5.2.1 组织机构与管理职责

5.2.1.1 制造商/生产厂应规定与质量活动有关的各类人员（至少包括质量负责人、技术负责人、采购人员、检验/试验人员、设备管理人员、关键工序操作人员）职责及相互关系应明确规定。

5.2.1.2 质量负责人应是组织管理层中的一名成员，应具有充分的能力胜任本职工作。不论其在其他方面职责如何，应具有以下方面的职责和权限：

a）负责建立满足本文件要求的质量体系，并确保其实施和保持；

b）确保加贴认证标志的产品符合认证标准的要求；

c）建立文件化的程序，确保认证标志的妥善保管和使用；

d）建立文件化的程序，确保不合格品和获证产品变更后未经认证机构确认，不加贴认证标志。

#### 5.2.2 设施环境

5.2.2.1 企业必须具备满足生产需要的固定的工作场所和生产设施。建立并保持适宜产品生产、检验试验、储存等必备的环境。

5.2.2.2 应制定并执行安全、文明生产制度，保证安全、文明生产。

5.2.2.3 危险部位应有安全防护措施，消防应符合规定要求。易燃、易爆物品应进行隔离和重点防护。

#### 5.2.3 生产设备

5.2.3.1 企业必须具有足够适用的生产设备，其性能应满足生产要求，生产设备应能够满足企业生产合格产品和设计生产能力的要求。

5.2.3.2 制造商/生产厂应至少具备二条原管生产线。每条原管生产线应至少包含卷管、焊接、探伤、牵引、波纹成型五项工艺与设备。

5.2.3.3 制造商/生产厂还应具备热处理设备，热处理工序应在制造商/生产厂完成，不允许外包。

5.2.3.4 制造商/生产厂应具备被覆管设备，该设备应至少包括树脂压出机、冷却水槽、牵引机、印字机。

5.2.4 检验设备

5.2.4.1 企业必须具有足够适用的检验仪器设备，其性能应满足产品检验的要求。

5.2.4.2 燃气用具连接用不锈钢波纹软管制造商/生产厂应具备表1规定检验设备。

表1 燃气用具连接用不锈钢波纹软管制造商/生产厂应具备的检验设备

| 序号 | 检验设备名称 | 量程 | 精度 |
|---|---|---|---|
| 软管 | 试压泵及压力表* | 1.6 MPa | 1.6 级 |
| | 气密性试验装置及压力表* | 0.15 MPa | 0.4 级 |
| | 拉伸试验机* | 0～5 kN | 0.1kN |
| | 高温干燥箱 | 0～120℃ | 2℃ |
| | 扭曲试验机* | 满足测试需要详见认证规则 | —— |
| | 柔软性试验装置及测力计* | >108 N | 0.1 N |
| | 弯曲试验机* | 满足测试需要 | —— |
| | 冲击试验装置* | 2 kg 钢球、米尺 | —— |
| | 应力腐蚀试验装置 | 满足测试需要 | —— |
| | 外径千分尺* | 0～50 mm | 0.01 mm |
| | 游标卡尺* | 0～150 mm | 0.02 mm |
| | 钢卷尺* | 0～3000 mm | 1 mm |
| | 被覆层的耐溶液性试验 | 详见认证规则 | —— |
| 接头 | 螺纹量规* | G1/2、G3/4、G1、G1 1/4、M18×1.5、M30×2、M36×2、R3/8、R1/2、R3/4、R1、R1 1/4、R1 1/2、R2 | —— |
| | 冲击试验装置 | >21 E/J | 0.1 E/J |
| | 扭力扳手* | 0～100 N·m | 0.1 N·m |
| | 盐雾试验机 | GB/T 10125 | |
| | 氨熏试验装置 | 满足测试需要 | |
| | 插入式接头拉力试验庄子（装置）* | 500 N | 1 N |
| | 分析天平* | 0～100 g | 0.01 g |
| 被覆层 | 本生灯* | 满足测试需要 | —— |
| | 高低温箱 | -5～70℃ | |

注：表1和表2中检验设备加"*"为必备设备。

### 5.2.4.3 燃气输送用不锈钢波纹软管及管件制造商／生产厂应具备表 2 规定检验设备

**表 2　燃气输送用不锈钢波纹软管及管件制造商／生产厂应具备的检验设备**

| 序号 | 检验设备名称 | 量程 | 精度 |
|---|---|---|---|
| 软管 | 拉伸试验机* | 0 ~ 7kN | 0.1 kN |
| | 扁平性试验装置 | 满足测试需要详见 | —— |
| | 冲击试验装置* | 2 kg 和 4 kg 钢球、米尺 | —— |
| | 弯曲试验机* | 满足测试需要 | —— |
| | 扭曲试验机* | 满足测试需要详见认证规则 | —— |
| | 气密性试验装置及压力表* | 0.3 MPa | 0.4 级 |
| | 试压泵及压力表* | 1.6 Mpa | 1.6 级 |
| | 应力腐蚀试验装置 | 满足测试需要 | —— |
| | 被覆层透气性试验装置* | 满足测试需要 | —— |
| | 喷灯（本生灯）* | 满足测试需要 | —— |
| | 针孔检漏仪 | 满足测试需要 | 2 ℃ |
| | 高低温箱 | −5 ~ 70℃ | 高低温箱 |
| | 外径千分尺* | 0 ~ 50 mm | 0.01 mm |
| | 游标卡尺* | 0 ~ 150 mm | 0.02 mm |
| | 钢卷尺* | 0 ~ 3000 mm | 1 mm |
| 接头 | 螺纹量规* | G1/2、G3/4、G1、G1 1/4、M18×1.5、M30×2、M36×2、R3/8、R1/2、R3/4、R1、R1 1/4、R1 1/2、R2 | —— |
| | 拉伸试验机* | 0 ~ 7kN | 0.1 kN |
| | 冲击试验装置 | 13.5J | 0.1 J |
| | 振动试验机 | 振幅 4 mm，频率 10 Hz | —— |
| | 气密性试验装置及压力表* | 0.3 MPa | 0.4 级 |
| | 试压泵及压力表* | 1.6 MPa | 1.6 级 |
| | 被覆层透气性试验装置* | 满足测试需要 | —— |
| | 盐雾试验机 | GB/T 10125 | —— |
| | 氦熏试验装置 | 满足测试需要 | —— |
| | 应力腐蚀试验装置 | 满足测试需要 | —— |
| | 高温箱 | 550 ℃ | 2℃ |
| | 扭力扳手* | 0 ~ 250 N·m | 0.1 N·m |
| | 配管扭转角度尺 | 30° | 0.5° |
| | 分析天平* | 0 ~ 100 g | 0.01 g |

5.2.4.4 重要设备应定期进行计量校准，并进行校准状态的标识管理。

5.2.5 人员素质

5.2.5.1 企业从事关键生产工序、检验工序和关键岗位工作的人员应经过专业技能和质量管理知识的培训，并经考核合格后上岗。

5.2.5.2 应能明确本岗位的工作职责，技能和知识水平应满足本岗位工作的要求。

5.2.6 检验标准

5.2.6.1 企业应制定和执行产品检验标准或规程。

5.2.6.2 其检验项目、性能要求、判定方法和抽样数量应符合有关规定。

5.2.7 设计和工艺文件

5.2.7.1 企业的设计文件应具有正确性，设计文件的绘制、标注、技术指标、编号、图面质量等符合有关标准和规定要求。

5.2.7.2 设计文件的签署、更改手续正规完备，文件应齐全配套。

5.2.7.3 企业应具备生产所需的各种工艺文件，包括各种操作规程和作业指导书等。

5.2.8 文件和记录

5.2.8.1 制造商/生产厂应建立、保持文件化的认证产品的质量计划或类似文件，以及为确保产品质量的相关过程有效运作和控制需要的文件。质量计划应包括产品设计目标、实现过程、检验及有关资源的规定，以及产品获证后对获证产品的变更（标准、工艺、关键件等）、标志的使用管理等的规定。产品设计标准或规范应是质量计划的一个内容，其要求应不低于有关该产品的认证标准要求。

5.2.8.2 制造商/生产厂应建立并保持文件化的程序以对本文要求的文件和资料进行有效的控制。这些控制应确保：

a）文件的发布和更改应由授权人批准，以确保其适宜性；

b）文件的更改和修订状态得到识别，防止作废文件的非预期使用；

c）确保在使用处可获得相应文件的有效版本。

5.2.8.3 制造商/生产厂应建立并保持质量记录的标识、储存、保管和处理的文件化程序，质量记录应清晰、完整以作为产品符合规定要求的证据。制造商/生产厂至少应保存下述记录：

——供应商的控制记录

——关键原材料的检验/验证记录

——生产过程控制和过程检验记录

——产品定型时的型式试验记录

——例行检验和确认检验记录

——检验设备校准/检定记录

——检验设备运行检查记录

——不合格品的控制记录

——顾客投诉及处理记录

——管理文件审核记录（例如内审和管理评审）

——标志使用情况的记录

质量记录应有适当的保存期限，上述记录的保存时间应不少于3年。

5.2.9 采购

5.2.9.1 应制定影响产品质量的主要原、辅材料、零部件的供方及外协单位的评价规定。

5.2.9.2 应依据规定进行评价，保存供方及外协单位名单和供货、协作记录。

5.2.9.3 应从正式批准的合格供方进行采购或外协加工。

5.2.10 进货检验或验证

5.2.10.1 原辅材料和零部件在使用前应按照其检验/验证标准或采购合同上的规定进行检验或验证。

每批不锈钢，铜材或零件进厂后应进行化学成分复检方可入库并投入使用，材料化学成分的检验记录应存留备查。

橡胶密封件应依据4.4.2.2条进行复检后方可入库并投入使用，复检应由制造商/生产厂自行检验或委托有相关资质的第三方检验机构，检验记录应存留备查。

5.2.10.2 有关检验或验证的内容和方法应符合相应检验或验证标准、文件的规定。

5.2.10.3 记录或报告应保存完整，并应符合规定的要求。

5.2.11 产品标识

原辅材料、零部件、在制品、成品应按其规格型号或批号等方式进行标识管理，分类分区存放，防止混淆。认证产品应有批号或其他标识以便溯源，应能够根据该标识溯源至原材料批次、加工工位和时间及各检验原始记录及相关责任人。

5.2.12 关键工序

关键工序岗位人员应严格执行有关工艺文件的规定，按操作规程、作业指导书等工艺文件进行生产、操作。

5.2.13 包装和存放

5.2.13.1 应制定并执行有关制度或程序，加强对原辅材料、零部件、在制品和成品的管理，防止其在包装和存放过程中被损坏或降低质量。

5.2.13.2 仓库中存放物品的入、出库手续应齐全，账、物应相符，各类物品应标识明显、分类分区存放，不合格品应单独隔离。

5.2.14 产品检验

5.2.14.1 必须对产品进行逐件检验和抽样检验，其检验项目、性能要求、抽样数量和判定方法必须符合有关标准和规定的要求。

5.2.14.2 有关检验记录或报告应保存完整，并应符合规定的要求。

5.2.14.3 原管尺寸及外观应进行首件检验和巡检，巡检频率根据实际生产情况确定，但最低不应低于1次/小时。应做好检验记录并存留备查。

5.2.14.4 所有产品应逐一进行气密性试验，做好检验记录并存留备查。

5.2.15 认证产品的一致性

5.2.15.1 应有制度对批量生产的产品与通过认证的产品的一致性进行控制，以使认证产品持续符合规定的要求。

5.2.15.2 应建立关键原、辅材料等影响产品符合认证规定要求的因素的变更控制措施，认证产品的变更在实施前应向中国城市燃气协会申报并获得批准后方可实施。

5.2.16 内部质量审核和管理评审

5.2.16.1 企业应建立文件化的内部质量审核程序，确保质量体系的有效性，并记录内部审核结果。

5.2.16.2 企业应建立最高管理者参与的有关产品质量年度会议制度或规定（如管理评审程序），年度质量会议（或管理评审）应将内审和其他渠道获得的信息作为输入。对企业的投诉尤其是对产品不符合标准要求的投诉，应保存记录，并作为管理评审的信息输入。

### 5.3 产品一致性检查

工厂检查时，应在生产现场检查所申请认证产品的一致性：

应检查现场生产产品的标识与产品检验报告的一致性；

应检查现场生产产品的结构与产品检验报告的一致性；

应检查现场生产产品的关键原、辅材料与产品检验报告的一致性。

为保证产品一致性，现场工厂检查时对关键材料进行封存，来年监督时，由现场检查员启封核对是否保持一致。具体封存材料清单参照附录C。

### 5.4 工厂检查的时间和结论

产品检验合格后，进行工厂检查。

工厂检查合格但存在轻微缺陷的，工厂应在规定的期限内完成整改。未能按期完成整改的或整改不通过的，按检查不合格处理。

## 6. 认证结果评价与批准

产品检验和初次工厂检查都合格，经评定通过后，向申请人颁发产品认证证书。

产品检验不合格或工厂检查不合格时，不予批准。

## 7. 获证后的监督检查

### 7.1 监督检查的频次

工厂获证后每年度进行一次监督检查。

### 7.2 监督检查的内容

监督检查的内容均是工厂质量保证能力检查＋获证产品一致性检查＋监督抽样检验。其中工厂质量保证能力检查和获证产品一致性检查与初次工厂检查时相同。

### 7.3 监督抽样检验

在监督检查时，当工厂质量保证能力检查和获证产品一致性检查完成且合格后，应对工厂获证产品进行抽样检验。

抽样应从工厂的成品仓库或使用单位中抽取经工厂检验合格的产品。每种获证产品抽取足够检验用的样品。

现场监督检验可在工厂进行，使用工厂的检验仪器设备。

现场监督检验的项目和要求按照 CJ/T 197-2010《燃气用具连接用不锈钢波纹软管》标准的 8.2.2 和 GB/T 26002-2010《燃气输送用不锈钢波纹软管及管件》标准的 7.2.2 进行。

### 7.4 监督检查的结论

只有当每次监督检查的工厂质量保证能力检查、获证产品一致性检查和监督抽样检验的结果都合格时，该次监督检查的结果为合格。

## 8. 复评审

证书期满前 6 个月提交复审申请，按照初次认证要求进行产品检验和工厂检查。

## 9. 认证证书

### 9.1 认证证书的保持

#### 9.1.1 证书的有效性

本规则所覆盖产品的认证证书有效期为 3 年。

#### 9.1.2 认证证书内容

认证证书应包括证书名称、获证单位的名称和地址、认证所采用的标准或其他规范性文件、认证范围、颁证日期和有效日期、认证注册编号、认证中心名称、认证中心代表签字、认证中心和认证认可机构的标志等内容。

#### 9.1.3 认证产品的变更

##### 9.1.3.1 变更的申请

产品获证后，如果企业生产条件、检验手段、生产技术或者工艺发生较大变化的（包括生产地址迁移、生产线重大技术改造等），企业应当及时向认证机构提出变更申请。

##### 9.1.3.2 变更评价和批准

认证中心根据变更的内容和提供的资料进行评价，确认是否需要产品检验或工厂检查，如果需要产品检验或工厂检查，检验合格或工厂检查合格后方能进行变更。

### 9.2 认证证书覆盖产品的扩展

获证方需要增加与已获得认证产品为同一单元内的产品认证范围时，应填报申请书（与已获得认证产品相同的内容可不再重复填写），补充提供检验报告等材料，认证中心应核查扩展产品与原认证产品的一致性，确认原认证结果对扩展产品的有效性，针对差异做补充检验或检查。认证中心确认扩展产品符合要求后，根据具体情况，向认证证书获证方颁发新的认证证书或补充认证证书，或仅作技术备案、维持原证书。产品检验原则上按本规则 4 条要求执行。

### 9.3 认证证书的暂停和撤销

认证证书的暂停和撤销按《批准、保持、扩大、暂停和撤销认证的条件》（CABRCC/PD 08）的规定执行。

## 10. 认证标志使用的规定

认证证书获证方必须遵守《CABR 产品认证证书管理办法》（CABRCC/PD 04）的规定。

### 10.1 准许使用的标志样式

认证标志为：

### 10.2 变形认证标志的使用

本规则覆盖的产品允许使用认证中心规定的变形认证标志。变形认证标志是指对于标志尺寸，获证方可以根据需要等比例放大或缩小认证标志。

### 10.3 加施方式

可以采用认证中心允许的加施方式。

印制认证标志时，必须在认证标志的下方加上该产品的认证证书编号。认证标志可以由认证中心统一印制，也可以由认证证书获证方自行印制。认证证书获证方自行印制认证标志时，应将认证标志的设计方案报认证中心备案。

### 10.4 标志位置

认证标志应加施在被认证产品本体明显位置上和其销售包装、标签或产品说明书上。

## 11. 收费

认证收费按国家有关规定统一收取。

## 附录 A  橡胶密封圈耐燃气性能、橡胶硬度和拉伸性能

### A.1  耐燃气性能

橡胶密封圈耐燃气性能要求为按照 GB/T 16411 规定的试验方法试验后，质量变化率应在 -8% ~ +5% 范围内（依据 EN549）。

### A.2  硬度

按 HG/T 3089-2001 中 5.1 的规定检测并符合表 A1 的技术指标要求。

### A.3  拉伸性能

按 HG/T 3089-2001 中 5.2 的规定检测并符合表 1 的技术指标要求。

表 A1  橡胶硬度和拉伸性能

| 序号 | 项目 | 指标 | | | |
|---|---|---|---|---|---|
| | | F6364 | F7445 | F8435 | F9424 |
| 1 | 硬度，邵尔 A 度 | 60 ± 5 | 70 ± 5 | 80 ± 5 | $88^{+5}_{-4}$ |
| 2 | 拉伸强度，MPa 不小于 | 9 | 10 | 11 | 11 |
| 3 | 拉断伸长率，% 不小于 | 300 | 220 | 150 | 100 |

## 附录 B 非埋地的燃气用不锈钢波纹软管被覆层的耐溶液性试验

非埋地的燃气用不锈钢波纹软管还应进行被覆层的耐溶液性试验，按照表 B1 所示试验条件，浸渍后取出，确认被覆层无裂纹。使用杂酚油时，应浸渍或涂抹后放置 24 小时后再确认。

表 B1 非埋地的燃气用不锈钢波纹软管还应进行被覆层的耐溶液性试验要求

| 序号 | 试验项目 | 试验条件/浸渍液体 | 试验温度（℃） | 浸渍时间（h） |
|---|---|---|---|---|
| 1 | 耐洗涤剂 | 2% 正十二烷基苯磺酸钠水溶液 | 45±5 | 168 |
| 2 | 耐食用油 | 大豆油 | 25±5 | 24 |
| 3 | 耐高温食用油 | 大豆油 | 155±5 | 10（s） |
| 4 | 耐醋 | 4.5% 醋酸水溶液 | 25±5 | 24 |
| 5 | 耐肥皂液 | 2% 十二烷基醇酸钠水溶液 | 40±5 | 24 |
| 6 | 耐氯系漂白剂 | 浓度 0.02% 次亚氯酸钠水溶液 | 40±5 | 168 |
| 7 | 耐防腐剂 | 杂酚油 | 25±5 | 10（s）或涂抹 |

# 中国燃气用具产品认证规则

CABRCC/TD-12:2015

## 燃气用埋地聚乙烯管材、管件产品质量认证规则

2015 年 4 月 2 日发布　　　　　　　　　　　　　　　　2015 年 4 月 2 日实施

中国城市燃气协会
中国塑料加工工业协会塑料管道专业委员会
中国建筑科学研究认证中心

# 前 言

本产品质量认证规则按照中国城市燃气协会、中国塑料加工工业协会塑料管道专业委员会和中国建筑科学研究院认证中心质量体系文件的要求编制，现行版本为第1版。

本产品认证质量认证规则起草单位为中国城市燃气协会、中国塑料加工工业协会塑料管道专业委员会和中国建筑科学研究院认证中心。

## 1. 适用范围

本规则适用于 GB 15558.1-2003《燃气用埋地聚乙烯（PE）管道系统第1部分：管材》、GB15558.2-2005《燃气用埋地聚乙烯（PE）管道系统第2部分：管件》中规定的由 PE80 和 PE100 级的燃气专用混配料为主要原料，制造的黑色、黄色/橙色以及黑色带有黄色/橙色标识色条的燃气管材、管件。管材、管件产品的公称外径为 16 ~ 630 mm。

建议：还是引用最新版本，否则，本规则刚出版即要更新，管材是最重要的引用标准。

## 2. 认证模式

燃气用 PE 管材（件）认证模式（及认证顺序？）为：产品检验（抽样）+ 初始工厂检查 + 获证后监督。认证的基本环节包括：

a）认证的申请

b）产品检验（抽样）

c）初始工厂检查

d）认证结果评价与批准

e）获证后的监督检查

f）复评审

## 3. 认证申请

### 3.1 认证单元划分

认证单元按 GB 15558.1-2003、GB15558.2-2005 中的 PE 级别、尺寸分组、连接方式等进行划分，划分原则详见附录 A。

### 3.2 向认证机构提交的资料

3.2.1 申请书（包括营业执照（副本）和组织机构代码证等附件）；

3.2.2 压力管道元件制造许可证；

3.2.3 关于品牌使用的声明（如商标注册证明）及有关证明文件；

3.2.4 申请认证的管件产品需提交每个申请规格产品的结构示意图（须明确结构形式、结构尺寸和公差要求等）；

3.2.5 申请认证产品满足 3.3.4 要求的产品销售记录证明。

### 3.3 基本条件

3.3.1 申请方注册资金至少 1000 万元；

3.3.2 申请方用于生产的场地面积不低于 1500$m^2$；

3.3.3 生产设备应满足 5.2.3.2 中表 1 的要求；

3.3.4 具有 PE 燃气管材生产经验至少 3 年，管件生产经验至少 5 年，以取得有效期内的制造许可的时间为准。

## 4. 产品检验

### 4.1 抽检样品

申请方应按所申请的认证单元准备符合附录 A 中表 A2 中规定的最低抽样基数的管件、管件样品。

### 4.2 抽样检验机构

抽样检验机构为中国城市燃气协会、中国塑料加工工业协会塑料管道专业委员会和中国建筑科学研究院认证中心指定的第三方检验机构。目前指定的检验机构为国家化学建筑材料测试中心（建工测试部）和国家化学建筑材料测试中心（材料测试部）。

### 4.3 检验依据

GB/T 13021-1991 聚乙烯管材和管件炭黑含量的测定（热失重法）

GB/T 18251-2000 聚烯烃管材、管件和混配料中颜料及炭黑分散的测定方法

GB 15558.1-2003 燃气用埋地聚乙烯（PE）管道系统第 1 部分：管材

GB 15558.2-2005 燃气用埋地聚乙烯（PE）管道系统第 2 部分：管件

TSG D7002-2006 压力管道元件型式试验规则

TSG D2001-2006 压力管道元件制造许可规则

### 4.4 检验项目

4.4.1 型式检验项目

燃气用埋地聚乙烯管材按 GB 15558.1-2003 中 9.5 的型式检验项目进行检验。

燃气用埋地聚乙烯管件按 GB 15558.2-2005 中 11.3 的型式检验项目进行检验。

4.4.2 补充检验项目

申请认证产品除应符合 4.4.1 规定的检验项目外，还应通过本条规定的相关检测及技术指标要求。

4.4.2.1 耐快速裂纹扩展试验

仅适用于管材。

#### 4.4.2.2 炭黑含量（质量分数）

仅适用于黑色混配料生产的管材、管件。按 GB/T 13021-1991 进行，技术要求：2.0% ~ 2.5%。

#### 4.4.2.3 炭黑分散

仅适用于黑色混配料生产的管材、管件。按 GB/T 18251-2000 进行，技术要求：≤ 3 级。

#### 4.4.2.4 颜料分散

仅适用于非黑色混配料生产的管材、管件。按 GB/T 18251-2000 进行，技术要求：≤ 3 级。

#### 4.4.2.5 热稳定性（氧化诱导时间）

适用于管材、管件，试验按 GB/T 19466.6 进行，参数按 200℃进行，技术要求 > 20min，并报告实测 OIT 值。

#### 4.4.3 原材料

生产管材（件）的混配料应符合 GB 15558.1-2003 表 1 中 1 ~ 8 要求。

非聚乙烯部分的原材料应符合 GB 15558.2-2005 中 5.7 的规定。所有材料应符合相应的国家标准或行业标准，系统的各种组件都应考虑系统适用性。申请方应能够提供相应的检测报告。

#### 4.4.4 标志

申请认证的燃气埋地聚乙烯管材（件）标志应符合 GB 15558.1-2003 中 10、GB 15558.2-2005 中的规定。

### 4.5 判定要求

以上规定的型式检验项目和补充检验项目全部合格，方可判定产品检验合格。

是否考虑二次复验判定？不采纳。

## 5. 工厂检查

### 5.1 检查内容

工厂检查的内容为工厂质量保证能力检查和产品一致性检查，并应覆盖申请认证的所有产品和加工场所。

工厂检查的基本原则是以产品设计—采购—进货检验—生产—过程检验—最终检验为基本检查路线、突出关键/特殊生产过程和检验环节、对产品进行现场一致性确认，并对工厂的生产设备、检验资源配置以及人员能力情况进行现场确认。

通常情况下，产品检验合格后，方可进行工厂检查。

### 5.2 工厂质量保证能力检查

#### 5.2.1 组织机构与管理职责

5.2.1.1 制造商/生产厂应规定与质量活动有关的各类人员（至少包括质量负责人、技术负责人、采购人员、检验/试验人员、设备管理人员、关键工序操作人员）职责及相互关系应明确规定。

5.2.1.2 质量负责人应是组织管理层中的一名成员，应具有充分的能力胜任本职工作。不论其在其他方面职责如何，应具有以下方面的职责和权限：

a）负责建立满足本文件要求的质量体系，并确保其实施和保持；

b）确保加贴认证标志的产品符合认证标准的要求；

c）建立文件化的程序，确保认证标志的妥善保管和合规使用；

d）建立文件化的程序，确保不合格品和获证产品变更后未经认证机构确认，不加贴认证标志。

5.2.2 设施环境

5.2.2.1 企业必须具备满足生产需要的固定工作场所和生产设施。建立并保持适宜产品生产、检验试验、储存等必备的环境。

5.2.2.2 应制定并执行安全、文明生产制度，保证安全、文明生产。

5.2.2.3 危险部位应有安全防护措施，消防应符合规定要求。易燃、易爆物品应进行隔离和重点防护。

5.2.2.4 原材料库房和产品库房

原材料库房应当能适应许可产品需要，不得露天堆放，不同牌号原料应当分区按批次存放，要有防止骤冷骤热以及防止原材料落地的措施。

产品库房应当按 GB 15558.1-2003、GB 15558.2-2005 的要求储存产品。

5.2.3 生产设备

5.2.3.1 企业必须具有足够适用的生产设备，其性能应满足生产要求，生产设备应能够满足企业生产合格产品和设计生产能力的要求。

燃气用埋地聚乙烯管材制造一般应当有原料干燥、挤出成型、冷却定型、标识、定长切割、检验、包装等生产工序，其中原料干燥为必需工序。

燃气用埋地聚乙烯管件中的注塑管件制造一般应当有原料干燥、布线、注塑成型、脱模芯、整理（加工）、标识、检验、包装等生产工序，其中原料干燥为必需工序。

上述工序均不得分包。

5.2.3.2 生产线及生产设备应符合表1的规定

表1 生产线及生产设备

| 项目 | 生产线及生产设备 |
| --- | --- |
| 燃气用埋地聚乙烯管材 | 挤出成型机组3套，有集中供料系统，具有真空输送系统或装置，自动分配原料至各生产线的能力或装置；<br>如果只生产黄色或橙色管材的，至少具备二次烘干装置；<br>应配备在线超声波测厚仪。 |
| 燃气用埋地聚乙烯管件（电熔/热熔） | 注塑成型机4台、有确保PE混配料烘干达标的干燥设备、布线机、脱模机等设备满足制造配套要求。 |

燃气用埋地聚乙烯管材（件）的制造应当形成生产线。

5.2.4 检验仪器设备

5.2.4.1 检验仪器设备类型

燃气用埋地聚乙烯管材和管件的制造，应当有分析天平、干燥箱、熔体质量流动速率仪、电子万能试验机、差热分析仪、电阻仪、静液压强度（耐压）试验设备等理化检验设备；应具备进行原料炭黑含量、分散度的检测仪器，具备慢速裂纹测定用切口加工设备等。静液压强度（耐压）试验设备的水箱和夹具的规格应与申请认证的产品配套，并应可以记录时间—压力曲线并存储、输出。

申请认证的产品，均应有理化检验项目相适应的试样制备装置。

5.2.4.2 检验仪器设备量值溯源要求

检验仪器设备应定期进行计量校准，并进行校准状态的标识管理。

**5.2.5 人员素质**

5.2.5.1 企业从事关键生产工序、检验工序和关键岗位工作的人员应经过专业技能和质量管理知识的培训，并经考核合格后上岗。

5.2.5.2 应能明确本岗位的工作职责，技能和知识水平应满足本岗位工作的要求。

**5.2.6 检验标准**

5.2.6.1 企业应制定和执行产品检验标准或规程。

5.2.6.2 其检验项目、性能要求、判定方法和抽样数量应符合企业检验标准或规程规定。

**5.2.7 设计和工艺文件**

5.2.7.1 企业的设计文件应具有正确性，设计文件的绘制、标注、技术指标、编号、图面质量等符合有关标准和规定要求。

5.2.7.2 设计文件的签署、更改手续正规完备，文件应齐全配套。

5.2.7.3 企业应具备生产所需的各种工艺文件，包括各种操作规程和作业指导书等。

**5.2.8 文件和记录**

5.2.8.1 制造商/生产厂应建立、保持文件化的认证产品的质量计划或类似文件，以及为确保产品质量的相关过程有效运作和控制需要的文件。质量计划应包括产品设计目标、实现过程、检验及有关资源的规定，以及产品获证后对获证产品的变更（标准、工艺、关键件等）、标志的使用管理等的规定。产品设计标准或规范应是质量计划的一个内容，其要求应不低于有关该产品的认证标准要求。

5.2.8.2 制造商/生产厂应建立并保持文件化的程序以对本文要求的文件和资料进行有效的控制。这些控制应确保：

a）文件的发布和更改应由授权人批准，以确保其适宜性；

b）文件的更改和修订状态得到识别，防止作废文件的非预期使用；

c）确保在使用处可获得相应文件的有效版本。

5.2.8.3 制造商/生产厂应建立并保持质量记录的标识、储存、保管和处理的文件化程序，质量记录应清晰、完整，以作为产品符合规定要求的证据。制造商/生产厂至少应保存下述记录：

——供应商的控制记录

——关键原材料的检验/验证记录

——生产过程控制和过程检验记录

——产品定型时的型式试验记录

——例行检验和确认检验记录

——检验设备校准/检定记录

——检验设备运行检查记录

——不合格品的控制记录

——顾客投诉及处理记录

——管理文件审核记录（例如内审和管理评审）

——标志使用情况的记录

上述记录应永久保存。

**5.2.9 采购**

5.2.9.1 应制定影响产品质量的主要原、辅材料、零部件的供方及外协单位的评价规定。

5.2.9.2 应依据规定进行评价，保存供方及外协单位名单和供货、协作记录。

5.2.9.3 应从正式批准的合格供方进行采购或外协加工。

5.2.10 进货检验或验证

5.2.10.1 原辅材料在使用前应按照其检验/验证标准或采购合同上的规定进行检验或验证。每批原料进厂后应进行复检，合格后方可入库并投入使用，检验记录应存留备查。

5.2.10.2 有关检验或验证的内容和方法应符合相应检验或验证标准、文件的规定。

5.2.10.3 记录或报告应保存完整，并应符合规定的要求。

5.2.11 产品标识

原辅材料、零部件、在制品、成品应按其规格型号或批号等方式进行标识管理，分类分区存放，防止混淆。认证产品应有批号或其他标识以便溯源，应能够根据该标识溯源至原材料批次、加工工位和时间及各检验原始记录及相关责任人。

5.2.12 关键工序

关键工序岗位人员应严格执行有关工艺文件的规定，按操作规程、作业指导书等工艺文件进行生产、操作。

5.2.13 包装和存放

5.2.13.1 应制定并执行有关制度或程序，加强对原辅材料、零部件、在制品和成品的管理，防止其在包装和存放过程中被损坏或降低质量。

5.2.13.2 仓库中存放物品的入、出库手续应齐全，账、物应相符，各类物品应标识明显、分类分区存放，不合格品应单独隔离。

5.2.14 产品检验

5.2.14.1 必须对产品进行出厂检验、型式检验，其检验项目、性能要求、抽样数量和判定方法必须符合 GB 15558.1-2003、GB 15558.2-2005 标准的要求。

同一混配料、设备和工艺连续生产的同一规格管材作为一批，每批数量不超过 200t。生产期 10d 尚不足 200t，则以 10d 为一批。

同一混配料、设备和工艺连续生产的同一规格管件作为一批，每批数量不超过 3 000 件，同时生产周期不超过 7d。

5.2.14.2 有关检验记录或报告应保存完整，并应符合规定的要求。

5.2.14.3 产品尺寸及外观应进行检验和巡检，巡检频率、项目根据实际生产情况确定，但最低不应低于 2 次/h。应做好检验记录并存留备查。所有 PE 燃气管件应逐一进行外观、尺寸检验，做好检验记录并存留备查。对于电熔管件的电性能中电阻要求，应逐个检验。

5.2.15 认证产品的一致性

5.2.15.1 应有制度对批量生产的产品与通过认证的产品的一致性进行控制，以使认证产品持续符合规定的要求。

5.2.15.2 应建立关键原、辅材料等影响产品符合认证规定要求的因素的变更控制措施，认证产品的变更在实施前应向认证机构申报并按 9.1.3 执行。

5.2.16 内部质量审核和管理评审

5.2.16.1 企业应建立文件化的内部质量审核程序，确保质量体系的有效性，并记录内部审核结果。

5.2.16.2　企业应建立最高管理者参与的有关产品质量年度会议制度或规定（如管理评审程序），年度质量会议（或管理评审）应将内审和其他渠道获得的信息作为输入。对企业的投诉尤其是对产品不符合标准要求的投诉，应保存记录，并作为管理评审的信息输入。

### 5.3　产品一致性检查

工厂检查时，应在生产现场检查所申请认证产品的一致性：

应检查现场生产产品的标识与产品检验报告的一致性；

应检查现场生产产品的结构与产品检验报告的一致性；

应检查现场生产产品的关键原、辅材料与产品检验报告的一致性。

为保证产品一致性，现场工厂检查时对关键材料进行封存，来年监督时，由现场检查员启封核对是否保持一致。具体封存材料清单参照附录 C。

### 5.4　工厂检查的时间和结论

产品检验合格后，进行工厂检查。

工厂检查合格但存在轻微缺陷的，工厂应在规定的期限内完成整改。未能按期完成整改的或整改不通过的，按检查不合格处理。

## 6. 认证结果评价与批准

产品检验和初次工厂检查都合格，经评定通过后，向申请人颁发产品认证证书。

产品检验不合格或工厂检查不合格时，不予批准。

## 7. 获证后的监督检查

### 7.1　监督检查的频次

工厂获证后每年度进行至少一次监督检查，如有需要，可增加监督检查频次及适当的监督形式。

### 7.2　监督检查的内容

监督检查的内容是工厂质量保证能力检查＋获证产品一致性检查＋监督抽样检验。其中工厂质量保证能力检查和获证产品一致性检查与初次工厂检查时相同。

### 7.3　监督检查时需提交的资料

a）获得认证产品在有效期内的型式检验报告。

b）上次评审以来认证产品的主要销售或供货记录。

### 7.4　监督抽样检验

7.4.1　监督检查时的现场见证抽样检验

在监督检查时，当工厂质量保证能力检查和获证产品一致性检查完成且合格后，应对工厂获证产品抽样进行现场见证试验，见证试验的项目和要求按照 GB 15558.1-2003 的 9.4 出厂检验项目（外观、尺寸、断裂伸长率、热稳定性 OIT、熔体质量流动速率试验）和 GB15558.2-2005 标准的 11.2 出厂检验项目（外观、尺寸、热稳定性 OIT、熔体质量流动速率试验）进行。视具体情况进行静液压强度（80℃/165 h）试验。

#### 7.4.2 监督检查时的监督抽样检验

监督抽样应从工厂的成品仓库或使用单位（工程现场）抽取，抽样产品及检验项目由认证工厂检查组根据现场生产情况决定。每种获证产品应抽取足够检验用的样品，抽样数量参考附录 A。

### 7.5 监督检查的结论

只有当每次监督检查的工厂质量保证能力检查、获证产品一致性检查和监督抽样检验的结果都合格时，该次监督检查的结果为合格。

## 8. 复评审

证书期满前 6 个月提交复审申请，按照初次认证要求进行产品检验和工厂检查。

## 9. 认证证书

### 9.1 认证证书的保持

#### 9.1.1 证书的有效性
本规则所覆盖产品的认证证书有效期为 3 年。

#### 9.1.2 认证证书内容
认证证书应包括证书名称、获证单位的名称和地址、认证所采用的标准或其他规范性文件、认证范围、颁证日期和有效日期、认证注册编号、认证中心名称、认证中心代表签字、认证中心和认证认可机构的标志等内容。

#### 9.1.3 认证产品的变更

##### 9.1.3.1 变更的申请
产品获证后，如果企业生产条件、检验手段、生产技术产品获证后，若获证方生产条件、检验条件、关键原材料、生产技术或工艺发生变化的，企业应当及时向认证机构提出变更申请。

##### 9.1.3.2 变更评价和批准
认证中心根据变更的内容和提供的资料进行评价，确认是否需要产品检验或工厂检查，如果需要产品检验或工厂检查，检验合格或工厂检查合格后方能进行变更。

### 9.2 认证证书覆盖产品的扩展

获证方需要增加与已获得认证产品为同一单元内的产品认证范围时，应提交书面的扩项申请，补充提供检验报告等材料，认证中心应核查扩展产品与原认证产品的一致性，确认原认证结果对扩展产品的有效性，针对差异做补充检验或检查。认证中心确认扩展产品符合要求后，根据具体情况，向认证证书获证方颁发新的认证证书或补充认证证书，或仅作技术备案、维持原证书。产品检验原则上按本规则第 4 条要求执行。

### 9.3 认证证书的暂停和撤销

认证证书的暂停和撤销按《批准、保持、扩大、暂停和撤销认证的条件》（CABRCC/PD 08）的规定执行。

## 10. 认证标志使用的规定

认证证书获证方必须遵守《CABR 产品认证证书管理办法》（CABRCC/PD 04）的规定。

### 10.1 准许使用的标志样式

认证标志为：

### 10.2 变形认证标志的使用

本规则覆盖的产品允许使用认证中心规定的变形认证标志。变形认证标志是指对于标志尺寸，获证方可以根据需要等比例放大或缩小认证标志。

### 10.3 加施方式

可以采用认证中心允许的加施方式。

认证标志可以由认证中心统一印制，也可以由认证证书获证方自行印制。认证证书获证方自行印制认证标志时，应将认证标志的设计方案报认证中心备案。

### 10.4 标志位置

认证标志应加施在被认证产品本体明显位置上和其销售包装、标签或产品说明书上。

## 11. 认证结果的使用

认证中心对认证结果有保密的义务，但主管部门或行业协会要求报告相关情况除外。

## 附录 A 燃气用埋地聚乙烯（PE）管材管件产品认证单元的划分

燃气用埋地聚乙烯管材产品认证单元具体划分情况见表 A1，燃气用埋地聚乙烯管件产品认证单元具体划分情况见表 A2，非标系列及 SDR11 系列以外未列入表中的产品暂不纳入燃气产品认证范围。划分原则如下：

a）同一加工场所，使用不同牌号混配料（混配料的型号见表 A3）等关键原料生产的管材（件）划分为不同认证单元；

b）不同尺寸分组的划分为不同认证单元；

c）同一加工场所，生产的不同连接方式管件划分为不同认证单元；

d）加工场所不同的划分为不同的认证单元。

燃气用埋地聚乙烯管材产品认证单元划分　　表 A1

| 单元序号 | 产品名称 | 认证单元 | | 执行标准 | 抽样型式检验报告要求 | 最少抽样数量/最低抽样基数 | 其他说明 |
|---|---|---|---|---|---|---|---|
| 1 | 燃气用埋地聚乙烯管材* | PE80 | SDR11 Dn<75 | 《燃气用埋地聚乙烯（PE）管道系统第1部分：管材》GB15558.1-2003 | 申请认证的最大尺寸或 dn63 产品 型式检验+耐快速裂纹扩展（RCP）试验 | 20 m/100 m | 如申请全尺寸分组产品的认证，耐快速裂纹扩展（RCP）试验可只抽取 Dn<75、250≤Dn≤630 组的样品进行检测；2. RCP 试验抽取的样品最大尺寸为 Dn250。 |
| 2 | | | SDR11 75≤Dn<250 | | 申请认证的最大尺寸或 Dn200 产品 型式检验+耐快速裂纹扩展（RCP）试验 | 20 m/100 m | |
| 3 | | | SDR11 250≤Dn≤630 | | 申请认证的最大尺寸或 Dn630 产品 型式检验+耐快速裂纹扩展（RCP）试验 | 32 m/160 m | |
| 4 | | PE100 | SDR11 Dn<75 | | 申请认证的最大尺寸或 Dn63 产品 型式检验+耐快速裂纹扩展（RCP）试验 | 20 m/100 m | 如申请全尺寸分组产品的认证，耐快速裂纹扩展（RCP）试验可只抽取 Dn<75、250≤Dn≤630 组的样品进行检测；RCP 试验抽取的样品最大尺寸为 Dn250。 |
| 5 | | | SDR11 75≤Dn<250 | | 申请认证的最大尺寸或 Dn200 产品 型式检验+耐快速裂纹扩展（RCP）试验 | 20 m/100 m | |
| 6 | | | SDR11 250≤Dn≤630 | | 申请认证的最大尺寸或 Dn630 产品 型式检验+耐快速裂纹扩展（RCP）试验 | 32 m/160 m | |

## 燃气用埋地聚乙烯管件产品认证单元划分

表 A2

| 单元序号 | 产品名称 | 认证单元 | | 执行标准 | 抽样型式检验报告要求 | 最少抽样数量/最低抽样基数 | 其他说明 |
|---|---|---|---|---|---|---|---|
| 1 | 燃气用埋地聚乙烯管件（热熔对接插口管件） | PE80 | SDR11 Dn < 75 | 《燃气用埋地聚乙烯（PE）管道系统第2部分：管件》GB 15558.2-2005 | 任一直径产品 | 12个/50个 | 抽样产品由认证或检测机构根据申请企业提供的、等径或变径三通、变径、弯头或端帽等管件的结构示意图（须明确结构形式、结构尺寸和公差要求等）等技术文件选取。 |
| 2 | | | SDR11 75 ≤ Dn < 250 | | 任一直径产品 | 12个/50个 | |
| 3 | | | SDR11 250 ≤ Dn ≤ 630 | | 最大直径产品 | 12个/50个 | |
| 4 | | PE100 | SDR11 Dn < 75 | | 任一直径产品 | 12个/50个 | |
| 5 | | | SDR11 75 ≤ Dn < 250 | | 任一直径产品 | 12个/50个 | |
| 6 | | | SDR11 250 ≤ Dn ≤ 630 | | 最大直径产品 | 12个/50个 | |
| 7 | 燃气用埋地聚乙烯管件（电熔连接插口管件） | PE80 | SDR11 Dn < 75 | 《燃气用埋地聚乙烯（PE）管道系统第2部分：管件》GB 15558.2-2005 | 任一直径产品 型式检验+电阻测试 | 12个/50个 | 抽样产品由认证或检测机构根据申请企业提供的、等径或变径三通、变径、弯头或端帽等管件的结构示意图（须明确结构形式、结构尺寸和公差要求等）等技术文件选取。 |
| 8 | | | SDR11 75 ≤ Dn < 250 | | 任一直径产品 型式检验+电阻测试 | 12个/50个 | |
| 9 | | | SDR11 250 ≤ Dn ≤ 630 | | 最大直径产品 型式检验+电阻测试 | 12个/50个 | |
| 10 | | PE100 | SDR11 Dn < 75 | | 任一直径产品 型式检验+电阻测试 | 12个/50个 | |
| 11 | | | SDR11 75 ≤ Dn < 250 | | 任一直径产品 型式检验+电阻测试 | 12个/50个 | |
| 12 | | | SDR11 250 ≤ Dn ≤ 630 | | 最大直径产品 型式检验+电阻测试 | 12个/50个 | |
| 13 | 燃气用埋地聚乙烯管件（电熔承口管件） | PE80 | SDR11 Dn < 75 | 《燃气用埋地聚乙烯（PE）管道系统第2部分：管件》GB 15558.2-2005 | 任一直径产品 型式检验+电阻测试 | 12个/50个 | 抽样产品由认证或检测机构根据申请企业提供的、等径或变径三通、变径、弯头或端帽等管件的结构示意图（须明确结构形式、结构尺寸和公差要求等）等技术文件选取。 |
| 14 | | | SDR11 75 ≤ Dn < 250 | | 任一直径产品 型式检验+电阻测试 | 12个/50个 | |
| 15 | | | SDR11 250 ≤ Dn ≤ 630 | | 最大直径产品 型式检验+电阻测试 | 12个/50个 | |
| 16 | | PE100 | SDR11 Dn < 75 | | 任一直径产品 型式检验+电阻测试 | 12个/50个 | |
| 17 | | | SDR11 75 ≤ Dn < 250 | | 任一直径产品 型式检验+电阻测试 | 12个/50个 | |
| 18 | | | SDR11 250 ≤ Dn ≤ 630 | | 最大直径产品 型式检验+电阻测试 | 12个/50个 | |

| 单元序号 | 产品名称 | 认证单元 | | 执行标准 | 抽样型式检验报告要求 | 最少抽样数量/最低抽样基数 | 其他说明 |
|---|---|---|---|---|---|---|---|
| 19 | 燃气用埋地聚乙烯管件（电熔鞍型管件） | PE80 | SDR11 Dn < 75 | 《燃气用埋地聚乙烯（PE）管道系统第2部分：管件》GB 15558.2-2005 | 任一直径产品型式检验+电阻测试 | 12个/50个 | 抽样产品由认证或检测机构根据申请企业提供的鞍型管件的设计图等技术文件选取。 |
| 20 | | PE80 | SDR11 75 ≤ Dn < 250 | | 任一直径产品型式检验+电阻测试 | 12个/50个 | |
| 21 | | PE80 | SDR11 250 ≤ Dn ≤ 630 | | 最大直径产品型式检验+电阻测试 | 12个/50个 | |
| 22 | | PE100 | SDR11 Dn < 75 | | 任一直径产品型式检验+电阻测试 | 12个/50个 | |
| 23 | | PE100 | SDR11 75 ≤ Dn < 250 | | 任一直径产品型式检验+电阻测试 | 12个/50个 | |
| 24 | | PE100 | SDR11 250 ≤ Dn ≤ 630 | | 最大直径产品型式检验+电阻测试 | 12个/50个 | |

燃气用埋地聚乙烯管材、管件认证产品允许使用的聚乙烯混配料　　　　表 A3

| 生产厂家 | 规格型号/PE80 | 规格型号/PE100 | 产地 |
|---|---|---|---|
| 北欧化工/博禄 | ME3440<br>ME3441<br>HE3470-LS | HE3490-LS<br>HE3492-LS<br>HE3490-LS-H<br>HE3492-LS-H<br>HE3490IM | 瑞典<br>芬兰<br>阿布扎比 |
| 英力士 | TUB171<br>TUB172<br>TUB131N2010 | TUB121N3000<br>TUB125N2025 | 法国<br>比利时 |
| 道达尔石化 | 3802B<br>3802YCF | XS10 Orange YFC<br>XLS12B<br>XRC20B | 比利时 |
| 巴塞尔 | GN5010 T3 | CRP100 Black<br>CRP100 XL<br>CRP100 Orange<br>CRP100 Resist CR | 德国 |
| 沙比克 | / | A6060 R<br>A RELY 5922R-10000<br>A RELY 5924R-10000（Black）<br>P6006 | 德国<br>沙特 |
| 上海石化 | YGH051T<br>YGM091T | YGH041T | |
| 独山子石化 | HD3902BK | TUB121 N3000 | |

## 附录 B 工厂检查现场封存材料清单

为保证产品一致性，现场工厂检查时对关键材料进行封存，来年监督时，由现场检查员启封核对是否保持一致。具体封存材料清单参照表 B1。

现场封存材料清单　　　　　　　　　　　　　　　　　　　表 B1

| 序号 | 文件名称 | 存放地点 |
|---|---|---|
| 1 | 产品图纸 | 受检查方 |
| 2 | 合格供方清单 | 受检查方 |
| 3 | 关键原材料清单 | 受检查方 |
| 4 | 现场试验记录表 | 受检查方/认证中心 |
| 5 | 现场检验原始记录 | 受检查方/认证中心 |
| 6 | 程序文件目录清单 | 受检查方/认证中心 |
| 7 | 质量记录目录清单 | 受检查方/认证中心 |

## 附录 C 工厂检查关键点控制

为降低工厂检查的风险性，分别对以下关键点进行控制，具体参照表 C1。

工厂检查关键点　　　　　　　　　　　　　　　　　　　表 C1

| 序号 | 关键点 |
|---|---|
| 1 | 产品图纸与实际生产产品的一致性。 |
| 2 | 现场关键原材料供方及所使用原材料与向认证机构申报的清单或上一年度封存材料的一致性。 |
| 3 | 关键工序是否有作业指导书，实际操作是否与指导书一致。 |
| 4 | 对于关键原材料是否有明确的技术要求、验收要求，是否具备必要的检测能力并实施检测、保存记录，或按内控文件要求保存原材料供方提供的材质单、检测报告等。 |
| 5 | 出厂检验具备的检测设备，必须具备。 |

# 附录二  行业协会标准、规范

## 中国城市燃气协会标准

CGAS001-2016

## 《宽边管件连接涂覆燃气管道技术规程》
Technical specification for connecting collar fitting with pre-coated gas pipe

2016—02—24 发布　　　　　　　　　　　　　2016-03-01 日实施

中国城市燃气协会　发布

# 前言

为提高城镇燃气用镀锌钢管及其螺纹连接部位的抗腐蚀能力，标准编制组参考有关国内外技术标准，会同国内有关厂商和燃气企业经不断实践和认真总结经验，并在广泛征求意见的基础上，制定本标准。

本标准的主要内容包括：总则、规范性引用文件、术语和定义、涂覆管技术要求、宽边管件技术要求、惰性填料技术要求、标志、标记和包装、装运与储存、产品验收要求、安全、卫生和环境保护、施工安装要求等。本标准的附录 A、附录 B、附录 C、附录 D、附录 E 为规范性附录，附录 F、附录 G、附录 H 为资料性附录。

本标准推荐给工程设计、施工、建设、监理等单位及工程技术人员采用。

本标准由中国城市燃气协会归口管理，由港华投资有限公司（地址：深圳市福田区福中一路1016号地铁大厦10楼，邮政编码：518026）负责解释。在使用过程中如发现需要修改和补充之处，请将意见和资料寄解释单位。

# 1 总则

本规程规定了燃气用宽边管件、双组分环氧涂覆钢管及惰性填料的性能、检验、安装及验收要求。

本规规程适用于燃气地上安装工程。

户外、穿墙、穿楼板和单位用户使用环境恶劣的场所应使用涂覆管道。

宽边管件、双组分环氧涂覆钢管及惰性填料的生产、检验、安装及验收，除应满足本规程外，还应符合国家现行有关标准的规定。

# 2 规范性引用文件

下列文件对于本文件的应用是必不可少的：凡是注日期的引用文件，仅注日期的版本适用于本文件。凡是不注日期的引用文件，其最新版本（包括所有的修改单）适用于本文件。

GB/T 1725　色漆、清漆和塑料 不挥发物含量的测定

GB/T 1728　漆膜、腻子膜干燥时间测定法

GB/T 1771　色漆和清漆 耐中性盐雾性能的测定

GB/T 2102　钢管的验收、包装、标志和质量证明书

GB/T 2828.1　计数抽样检验程序 第1部分：按接收质量限（AQL）检索的逐批检验抽样计划

GB/T 3091　低压流体输送用焊接钢管

GB/T 3287　可锻铸铁管路连接件

GB 6514　涂装作业安全规程 涂漆工艺安全及其通风净化

GB/T 6739　色漆和清漆 铅笔法测定漆膜硬度

GB/T 6750　色漆和清漆 密度的测定 比重瓶法

GB/T 6753.1　色漆、清漆和印刷油墨 研磨细度的测定
GB/T 6753.2　涂料表面干燥试验 小玻璃球法
GB/T 7306.2　55°密封管螺纹 第2部分：圆锥内螺纹与圆锥外螺纹
GB 7692　涂装作业安全规程 涂漆前处理工艺安全及其通风净化
GB/T 9269　涂料黏度的测定 斯托默黏度计法
GB/T 9286　色漆和清漆 漆膜的划格试验
GB/T 9440　可锻铸铁件
GB/T 23987　色漆和清漆 涂层的人工气候老化暴露于荧光紫外线和水
GB 50028　城镇燃气设计规范
GB/T 50087　工业企业噪声控制设计规范
GB 50494　城镇燃气技术规范
GBZ 1　工业企业设计卫生标准
CJJ 94　城镇燃气室内工程施工与质量验收规范
HG/T 3668　富锌底漆
JG/T 25　建筑涂料涂层耐冻融循环性测定法
QB/T 4008　螺纹密封用聚四氟乙烯未烧结带（生料带）
SY/T 0040　管道防腐层抗冲击性试验方法（落锤试验法）

## 3　术语和定义

下列术语和定义适用于本规程。

### 3.1　涂覆层（Pre-coated Layer）

燃气管外表面的环氧树脂等惰性有机聚合物涂层。

### 3.2　涂覆管（Pre-coated Pipe）

以热镀锌钢管为基管，外表面具有环氧树脂涂覆层的燃气管。

### 3.3　宽边管件（Collar Fitting）

螺纹管件加强部分端部具有完全覆盖管道外露螺纹的管道连接件。

### 3.4　惰性填料（Inert Filling Compound）

用于填充宽边管件和连接管道外螺纹之间间隙的惰性物料。

### 3.5　涂覆管道（Pre-coated Pipework）

使用宽边管件、涂覆管和惰性填料形成的用于地上燃气工程的管道。

# 4 涂覆管技术要求

## 4.1 结构

涂覆管道的典型结构见图1，涂覆管结构见图2。

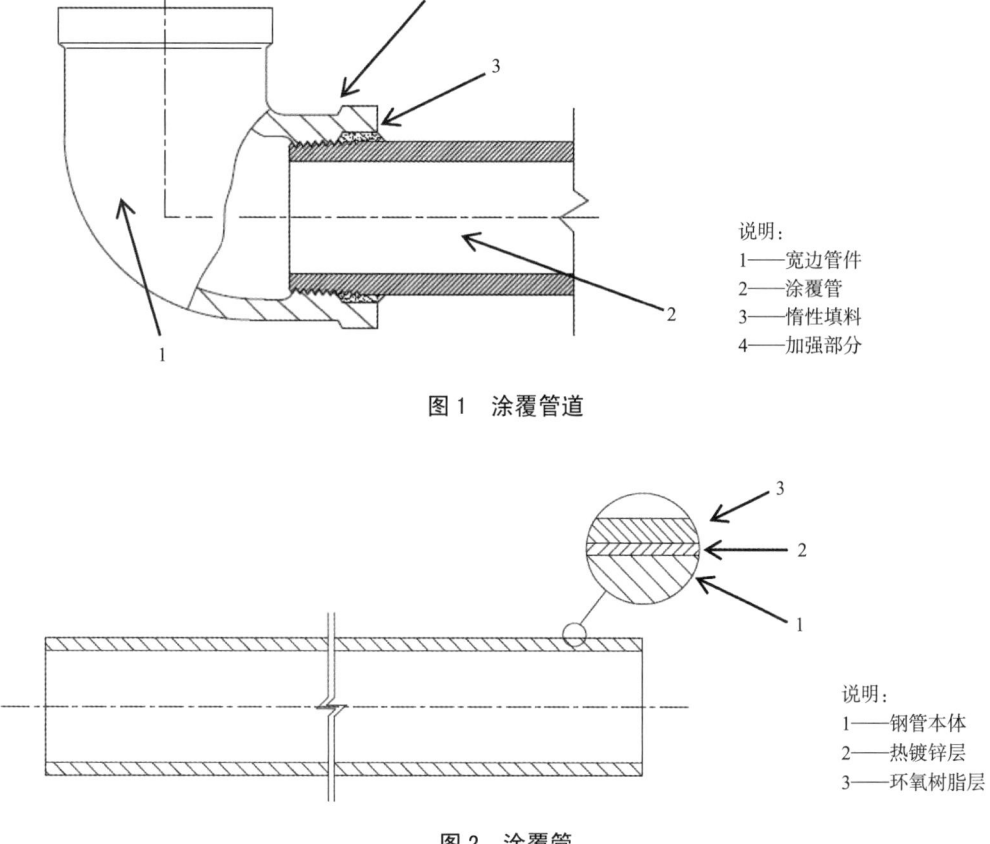

说明：
1——宽边管件
2——涂覆管
3——惰性填料
4——加强部分

图1 涂覆管道

说明：
1——钢管本体
2——热镀锌层
3——环氧树脂层

图2 涂覆管

## 4.2 物料

### 4.2.1 热镀锌钢管

4.2.1.1 热镀锌钢管的生产、检验及交付应符合 GB/T 3091 的规定。

4.2.1.2 生产厂家应提供产品质量出厂检验报告。

### 4.2.2 涂料及涂覆层

4.2.2.1 涂覆层涂料一般为双组份环氧树脂，涂料及涂覆层的技术要求分别见表1和表2，并应符合国家和行业现行有关标准的规定。

4.2.2.2 在处于紫外线环境的使用条件下，应在环氧树脂层上覆盖丙烯酸涂层，丙烯酸涂层的技术要求见附录H。

4.2.2.3 涂料生产厂家须提供产品说明书、质量证明书、检测报告等技术资料,并由具有检验资质的第三方按本规程出具涂料及涂覆层满足表1和表2的检验报告。

环氧树脂涂料技术要求　　　　　　　　　　　　　　　　　　　　　　　　　　　　　表1

| 序号 | 试验项目 | | 质量指标 | 试验方法 |
|---|---|---|---|---|
| 1 | 外观 | | 色泽均匀、无结块 | 目测 |
| 2 | 细度 | 基础漆（μm） | ≤60 | GB/T 6753.1 |
| | | 固化剂（μm） | ≤12 | |
| 3 | 比重 | | 1.3～1.5 | GB/T 6750 |
| 4 | 黏度（ku） | | 130±5 | GB/T 9269 |
| 5 | 不挥发物含量（%） | | ≥60 | GB/T 1725 |
| 6 | 干燥时间（表干，min） | | ≤45 | GB/T 6753.2 |
| 7 | 干燥时间（硬干，h） | | ≤24 | GB/T 1728 |
| 8 | 混合后可使用时限（h） | | ≥6 | HG/T 3668 |
| 9 | 耐温性 | | 10循环 | JG/T 25 |

注：若所需的环氧涂料质量指标与本表不同，采购方与生产厂家可制订高于本表要求的产品。

环氧树脂涂覆层技术要求　　　　　　　　　　　　　　　　　　　　　　　　　　　　表2

| 序号 | 试验项目 | | 质量指标 | 试验方法 |
|---|---|---|---|---|
| 1 | 外观 | | 色泽均匀、无气泡和气孔、无流挂、无龟裂、无露铁、没有波纹状缺陷及凹凸缺口 | 目测 |
| 2 | 厚度（μm） | | 75～120 | 附录B |
| 3 | 铅笔硬度 | | ≥H | GB/T 6739 |
| 4 | 附着力（级） | | ≤1 | GB/T 9286 |
| 5 | 抗冲击（kg·cm） | | ≥70 | SY/T 0040 |
| 6 | 耐酸性测试 | 铅笔硬度 | ≥HB | 附录C<br>GB/T 6739<br>GB/T 9286<br>SY/T 0040 |
| | | 附着力（级） | ≤2 | |
| | | 冲击（kg·cm） | ≥30 | |
| 7 | 盐雾测试（120小时）后外观等级（级） | | 10 | GB/T 1771 |
| 8 | 紫外暴露（400小时） | 膜厚损失（%） | ≤6 | GB/T 23987<br>GB/T 9286 |
| | | 涂膜外观 | 无明显可见变化 | |
| | | 附着力（级） | ≤2 | |

4.2.2.4 有下列情况之一时，涂料生产厂家应按表1和表2规定进行型式检验：
——新产品试生产的定型鉴定时；
——产品主要原材料及用量或生产工艺有重大变更时；

——停产半年以上恢复生产时；

——生产地点发生变化时。

#### 4.2.2.5 涂料质量检验

首次使用的环氧涂料，涂敷前，应按照表1和表2规定的指标进行检验，性能应符合规定的要求。每批次环氧涂料应至少抽检一次，按照表1的1～5项进行测试，其结果应符合规定的要求。

### 4.3 生产

#### 4.3.1 工艺评定试验

正式生产前应制备试件，试件的测试结果应符合表2的1～5项的规定。

#### 4.3.2 表面处理

热镀锌钢管喷涂前，应去除钢管表面的氧化层、油污及其他杂质。经处理后的锌层厚度及均匀性应符合GB/T 3091的规定。

#### 4.3.3 涂料环氧基础漆、固化剂及稀释液的混合

参照附录D进行。已配制涂料的使用时限至少应符合表1第8项的规定，不得超期使用。

#### 4.3.4 固化

涂敷后应按产品说明书确定的温度和时间进行固化处理。

### 4.4 质量检验

4.4.1 涂覆管成品应按表3进行生产过程检验。

涂覆管生产过程检验　　　　　　表3

| 序号 | 检验项目 | 质量指标 | 抽检数量 | 检验方法 |
|---|---|---|---|---|
| 1 | 涂层外观 | 色泽均匀、无气泡和气孔、无流挂、无龟裂、无露铁、没有波纹状缺陷及凹凸缺口 | 逐根 | 目测 |
| 2 | 涂层厚度 | 涂层厚度：75～120μm；热镀锌层厚度按采购方要求 | 每2小时测量一次，每次4根 | 附录B |

4.4.2 涂层外观检验过程中，每100根发现4根或以上不合格品的，应暂停涂敷作业。待对涂敷工艺检查并调整合格后，方可继续生产。

4.4.3 涂层厚度检验过程中，发现不合格品，另抽4根涂覆管进行检验，仍发现有不合格样品的，应停止涂敷作业。待对涂敷工艺检查并调整合格后，方可继续生产。

### 4.5 出厂检验

4.5.1 涂覆管出厂检验批次为：公称直径小于50 mm涂敷管每2 000根为一批，超出部分每多于200根为一批，少于200根并入同一批；公称直径大于等于50 mm的涂敷管每1 000根为一批，超出部分每多于100根为一批，少于100根并入同一批。

4.5.2 出厂检验的项目与每批次抽样数量应按表4的要求执行。

出厂检验的项目与抽样数量　　　　表4

| 序号 | 检验项目 | | 质量指标 | 抽样数量 | 检验方法 |
|---|---|---|---|---|---|
| 1 | 外观 | | 色泽均匀、无气泡和缩孔、无流挂、无龟裂、无露铁、没有波纹状缺陷及凹凸缺口 | 逐根检验 | 目测 |
| 2 | 涂覆层、热镀锌层厚度 | | 涂层厚度：75～120μm、热镀锌层厚度按采购方要求 | 每批随抽3根 | 附录B |
| 3 | 铅笔硬度 | | ≥H | 每批随抽3根 | GB/T 6739 |
| 4 | 附着力（级） | | ≤1 | 每批随抽3根 | GB/T 9286 |
| 5 | 冲击（kg·cm） | | ≥70 | 每批随抽3根 | SY/T 0040 |
| 6 | 耐酸性测试 | 铅笔硬度 | ≥HB | 每批随抽3根 | 附录C |
|   |   | 附着力（级） | ≤2 | 每批随抽3根 | GB/T 6739 GB/T 9286 |
|   |   | 冲击（kg·cm） | ≥30 | 每批随抽3根 | SY/T 0040 |

4.5.3 每一件检验样品有一项检验项目不合格时，再取双倍检验样品复验，仍有一项不合格的，则该批不合格。

4.5.4 重新涂覆

4.5.4.1 被检验的每件涂覆管缺陷面积总和大于管体面积的10%或涂层厚度不合格，该批次应经表面处理后涂覆。表面处理应符合4.3.2的规定。

4.5.4.2 检验中如发现涂层附着力、抗冲击、铅笔硬度指标不合格，应把该批次管子表面处理后涂覆。表面处理应符合4.3.2的规定。

4.5.4.3 重新涂覆须按4.3的规定进行，并按4.4及4.5的规定进行检验。

4.5.5 涂层修补

4.5.5.1 检验中当涂覆管外观缺陷面积总和小于管体面积10%时可进行修补。

4.5.5.2 涂层的修补涂料应采用与管体相同的双组份环氧树脂。修补部位的表面处理应符合4.3.2的规定。补修处覆盖面积边缘应大于缺陷外缘25mm，修补后可用加热器具和设施加速烘干。

4.5.5.3 涂层的修补应由专业操作人员完成。

# 5 宽边管件技术要求

## 5.1 设计

5.1.1 管件材料

宽边管件使用的材料应符合GB/T 9440的要求及行业现行有关标准或订货条件的规定。

5.1.2 分类

宽边管件的产品分类应符合GB/T 3287的要求。

5.1.3 宽边管件尺寸

见附录A。

5.1.4 宽边管件的螺纹

应符合GB/T 7306.2的要求。

5.1.5 宽边管件热镀锌层

应符合 GB/T 3287 的要求。

5.1.6 若要求宽边管件外观颜色与涂覆管一致，可在管件表面增加与涂覆管相同颜色、40μm 厚度以上的聚氨酯漆或环氧漆涂层。

## 5.2 质量确认

5.2.1 宽边管件生产厂家应提供产品质量检验报告和具有检验资质的第三方出具的型式试验报告。报告内容应符合 GB/T3287 的规定。宽边管件的尺寸应符合本规程5.1.3 的规定。

5.2.2 有下列情况之一时应进行型式检验：

——新产品试生产的定型鉴定时；

——产品主要原材料及用量或生产工艺有重大变更时；

——生产地点发生变化时。

## 5.3 出厂检验

产品出厂检验应符合 GB/T 3287 条文 7.1 的要求，尺寸出厂检验应符合表 5 要求。

产品尺寸出厂检验　　　　表 5

| 不合格类型 | 检验项目 | 质量指标 | 检验方法 | 检查水平 | AQL |
|---|---|---|---|---|---|
| C | 产品尺寸 | 符合 GB/T 3287 附录 A 及宽边部位尺寸按本规程5.1.3 | 符合 GB/T 3287 要求 | 一般检验水平Ⅱ | 6.5 |

# 6　惰性填料技术要求

6.1 惰性填料应为细腻、均匀的膏状物，其技术要求应符合表 6 的规定。

惰性填料技术要求　　　　表 6

| 序号 | 试验项目 | 质量指标 | 试验方法（详见附录 E 中如下条文） |
|---|---|---|---|
| 1 | 密封性试验 | 试验后无泄漏 | E.2 |
| 2 | 水浴试验 | 试验后无泄漏 | E.3 |
| 3 | 高低温试验 | 试验后无泄漏 | E.4 |
| 4 | 耐振动试验 | 试验后无泄漏 | E.5 |
| 5 | 干燥试验 | 试验后无泄漏 | E.6 |
| 6 | 耐冷凝物试验 | 试验后无泄漏 | E.7 |
| 7 | 金属腐蚀性试验 | 试验后无腐蚀痕迹、无凹陷或其他腐蚀物 | E.9 |
| 8 | 流挂及气泡试验 | 试验后无流挂及气泡的情况发生 | E.11 |
| 9 | 抗腐蚀性试验 | 试验后无锈蚀 | E.12 |
| 10 | 收缩试验 - 紫外暴露试验 | 对比基准试件的粘结度应为一致；密封边缘无收缩、硬化现象或出现缝隙 | E.13 |

6.2 惰性填料生产厂家应提供产品说明书、质量证明书和具有检验资质的第三方出具的符合表6要求的检验报告。

# 7 标志、标记和包装

## 7.1 涂覆管

7.1.1 外表面应有明确的标志，标志内容至少包括：注册商标、产品规格、执行标准代号、生产批号等。标志应耐久、易识别。可采用模印、喷印等方法制成。每根涂覆管上的标志应不少于2处。

7.1.2 每捆包装上应挂上2个标记或吊牌，标记或吊牌上应至少注明：产品名称、注册商标或供方印记、产品规格、产品标准号、厂名、厂址、数量、生产日期、生产批号、扎号、级别、班别及组批检验代码，并由质检员加盖合格印章。

7.1.3 应按照GB/T 2102的规定，打成正六角形并进行全封闭包装，打包带位置应放置防护垫。管端应带防护塞进行端面保护。

## 7.2 宽边管件

7.2.1 应有清晰明显的商标、尺寸等标志。

7.2.2 包装标记应包括以下内容：

——管件名称；

——产品标记；

——数量；

——生产商名称、厂址；

——出厂日期；

——净重、毛重；

——外形尺寸（箱体包装类）；

——合格证（包括厂名、检验员代号、检验日期等）。

## 7.3 惰性填料

包装标记应包括以下内容：

——品牌/生产商名称、厂址；

——规格；

——数量；

——生产日期；

——保质期标识；

——净重、毛重；

——合格证（包括厂名、检验员代号、检验日期等）。

## 8 装运与储存

### 8.1 涂覆管

8.1.1 运输时应避免雨淋、受潮及化学腐蚀。

8.1.2 装车和运输时应避免碰撞、跌落，不得用钢丝绳直接接触涂覆层表面，不得抛摔，不得与易燃、易爆物混运。

8.1.3 应储存在洁净、通风的库房内，不得放置于曝晒环境下，避免与污浊、带腐蚀性的化学品混贮。露天存放时，应以遮盖物保护。管底高度应离地 200 mm 以上。

### 8.2 宽边管件

8.2.1 装运过程中包装物不得破损，避免雨淋、受潮及化学腐蚀。

8.2.2 应储存于通风良好、干燥的室内，储存处应在离地 200 mm 以上位置。不能与腐蚀性的物品一起储存。

### 8.3 惰性填料

8.3.1 装运过程中包装不得破损，避免雨淋、受潮及化学腐蚀。

8.3.2 应储存于通风良好、干燥的室内，储存处应在离地 200 mm 以上位置。不能与腐蚀性的物品一起储存。

## 9 产品验收要求

### 9.1 涂覆管

9.1.1 验收时，采购方可参照表 4 检验。

9.1.2 验收文件包括：
——符合 4.5.2 要求的质量检验报告；
——出厂合格证；
——修补记录；
——采购方要求的其他有关技术数据。

### 9.2 宽边管件

9.2.1 宽边管件产品验收时，采购方可按表 7 进行抽样试验。

9.2.2 验收文件：
——符合表 5 要求的质量检验报告；
——宽边管件出厂合格证；
——采购方要求的其他有关技术数据。

宽边管件来货验收试验  表7

| 序号 | 检验项目 | | 质量指标 | 检验方法 |
|---|---|---|---|---|
| 1 | 气密性试验 | | GB/T 3287 要求 | GB/T 3287 要求 |
| 2 | 型式尺寸 | | GB/T 3287 附录 A 及宽边部位尺寸按 5.1.3 | GB/T 3287 要求 |
| 3 | 精度 | 尺寸 | GB/T 3287 要求 | GB/T 3287 要求 |
|   |      | 螺纹 |                 |                 |
| 4 | 表面质量 | | 表面锌层应均匀连续，无黑斑、漏铁、锌瘤、锌刺、锌层脱落等缺陷 | 目测 |
| 5 | 锌层厚度 | | 符合 GB/T 3287 及热镀锌层厚度按采购方要求 | 管身上随意选择 10 点用磁性原理测厚仪进行平均值量度 |
| 6 | 防锈 | | 符合 GB/T 3287 要求 | 目测 |
| 7 | 产品标志和标记 | | 本规程 7.2 要求 | 目测 |

### 9.3 惰性填料

惰性填料产品验收时，采购方可按 6.1 的要求检验。

## 10 安全、卫生和环境保护

10.1 建立健康、安全和环境（HSE）管理体系。

10.2 涂敷生产的安全、环境保护符合现行国家标准 GB 7692 的要求。

10.3 喷涂过程产生的噪声符合现行国家标准 GB/T 50087 的有关规定。

10.4 喷涂车间空气中粉尘含量不得超过现行国家标准 GBZ 1 的有关规定。

10.5 喷涂车间空气中的有害物质浓度不得超过现行国家标准 GB 6514 的规定。

10.6 喷涂车间的电气设备应符合国家有关爆炸危险场所电器设备的安全规定。

10.7 喷涂作业中所有机械设施的安全保护措施。

10.8 关键岗位工作人员配备的劳动保护用品。

## 11 施工安装要求

### 11.1 现场装运及贮存

11.1.1 涂覆管在吊装过程中应使用不损坏涂覆层的吊具吊装。在运输过程中，涂覆层损坏的部分，应按 11.2 的要求进行修补。

11.1.2 涂覆管堆放时，其底部宜采用 2 道以上柔性材料支撑。支撑的最小宽度为 200 mm，高度宜高于自然地面 200 mm。

11.1.3 露天堆放无丙烯酸涂层的涂覆管必须采用不透明遮盖物覆盖。

## 11.2 涂覆层的现场修补

11.2.1 修补区域的表面清理应符合 4.3.2 的规定。损伤部位的鳞屑、裂纹及松脱的涂层修补前应清除；灰尘，水分和杂质应用干燥洁净的布或刷子清除干净。

11.2.2 修补物料应采用与管体相同的双组分环氧涂料或符合 HG/T 3668 要求的含环氧成分富锌底漆，并应按产品说明书的方法使用和贮存。

11.2.3 补修处覆盖面积边缘应大于缺陷外缘 25 mm。涂修补后可用加热器具和设施加速烘干。完成后应目视检查修补区域涂料不出现流淌现象，涂覆层应与原管体涂层厚度接近。

11.2.4 修补完成后，待修补涂层表面干固后，方可进行管道安装。

## 11.3 安装要求

11.3.1 切割及螺纹攻制

11.3.1.1 涂覆管的切割和螺纹攻制应采用不破坏涂覆层的夹具（见附录 F）。

11.3.1.2 涂覆层损坏后，应按 11.2 的要求进行修补。

11.3.2 安装

11.3.2.1 涂覆安全、卫生和环境保护连接前应清除螺纹上的油污和杂质。

11.3.2.2 宽边管件与涂覆管连接的密封材料可使用符合 6.1 技术要求的惰性填料或符合 QB/T 4008 规定的生料带。使用时，密封材料不得挤入管道内，生料带不得缠绕至螺纹以外处。不得采用麻丝加白厚漆类作为密封材料。

11.3.2.3 涂覆管道的安装应采用涂覆层施工工具（见附录 G）。

11.3.2.4 管件拧紧后，将惰性填料注入宽边管件与涂覆管之间的空隙并填满。

11.3.2.5 确保填满宽边管件与涂覆管之间的空隙，均匀涂抹至宽边管件管口。管口惰性填料应表面光滑、无气孔。惰性填料固化后不得转动。

11.3.2.6 不得使用涂覆层剥落的涂覆管。

11.3.2.7 水平安装的涂覆管道应保持平直。

## 11.4 施工质量检验

11.4.1 施工完成后，目视检查涂覆管道涂层，表面应无破损，均匀、光滑。螺纹应被宽边管件及惰性填料覆盖，惰性填料无流挂现象。

11.4.2 涂覆层若有破损，应按 11.2 的要求进行修补。

11.4.3 施工过程质量管理和室内燃气管道安装及检验应符合 CJJ 94 的规定。

# 附录 A （规范性附录）宽边管件的尺寸表

A.1 弯头、内外丝弯头、三通和四通型式尺寸应符合图 A.1、表 A.1 的规定。

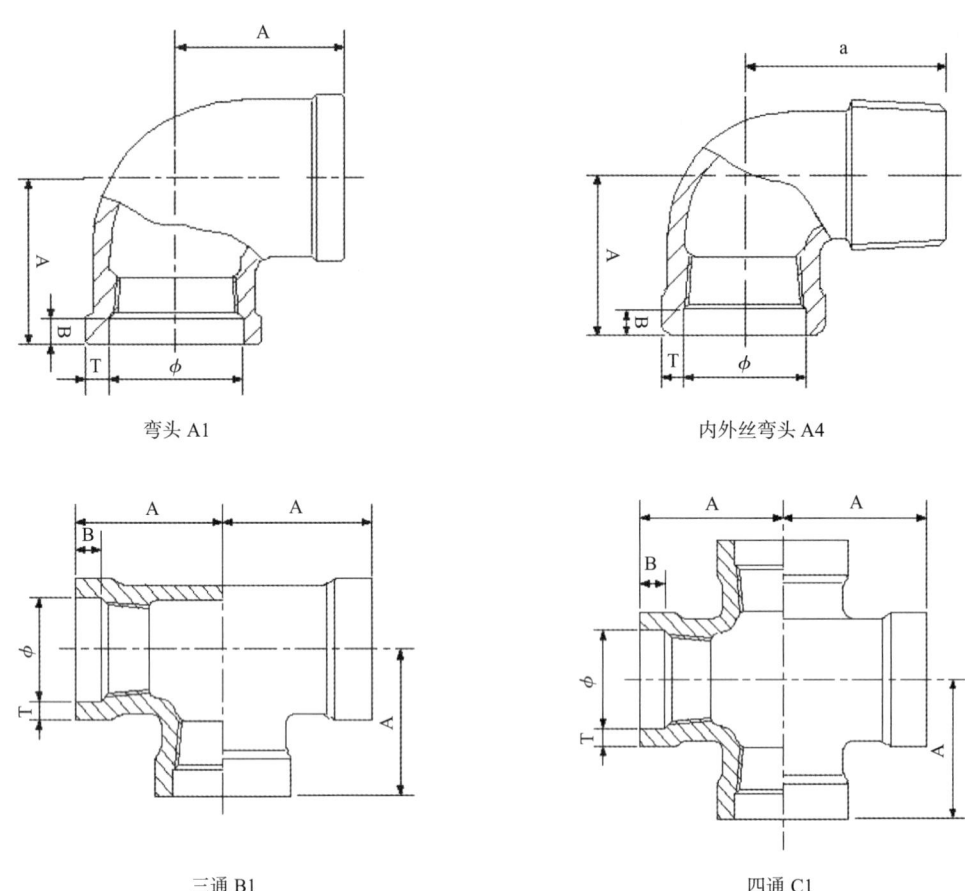

弯头 A1　　　内外丝弯头 A4

三通 B1　　　四通 C1

图 A.1

表 A.1

| 公称尺寸 DN（mm） | | | | 管件规格（吋） | | | | 尺寸（mm） | | | | |
|---|---|---|---|---|---|---|---|---|---|---|---|---|
| | | | | | | | | 公差参照 GB/T 3287 | | 公差 ±0.5 | | |
| A1 | A4 | B1 | C1 | A1 | A4 | B1 | C1 | A | a | B | T | ø |
| 15 | 15 | 15 | 15 | ½ | ½ | ½ | ½ | 35.0 | 37.0 | 7 | 3.3 | 24.0 |
| 20 | 20 | 20 | 20 | ¾ | ¾ | ¾ | ¾ | 41.0 | 43.0 | 8 | 3.3 | 29.5 |
| 25 | 25 | 25 | 25 | 1 | 1 | 1 | 1 | 47.0 | 52.0 | 9 | 3.3 | 36.5 |
| 32 | 32 | 32 | 32 | 1¼ | 1¼ | 1¼ | 1¼ | 55.0 | 60.0 | 10 | 3.5 | 45.0 |
| 40 | 40 | 40 | 40 | 1½ | 1½ | 1½ | 1½ | 60.0 | 65.0 | 10 | 3.6 | 51.0 |
| 50 | 50 | 50 | 50 | 2 | 2 | 2 | 2 | 69.0 | 74.0 | 11 | 4.1 | 63.0 |
| 80 | 80 | 80 | 80 | 3 | 3 | 3 | 3 | 91.0 | 98.0 | 13 | 4.5 | 92.0 |

A.2　异径弯头型式尺寸应符合图 A.2、表 A.2 的规定。

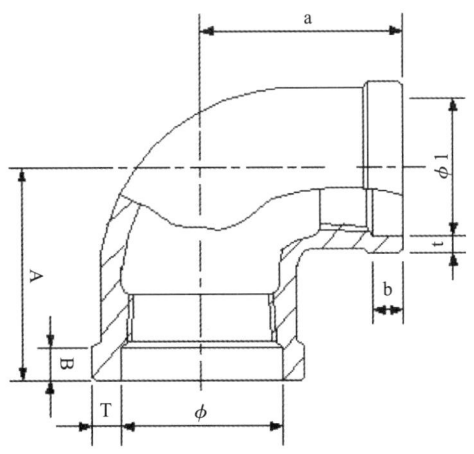

图 A.2 异径弯头 A1

表 A.2

| 公称尺寸 DN (mm) | 管件规格 (吋) | 尺寸(mm) | | | | | | | |
|---|---|---|---|---|---|---|---|---|---|
| | | 公差参照 GB/T 3287 | | 公差 ±0.5 | | | | | |
| A1 | A1 | A | a | B | B | T | t | ø | ø1 |
| 20×15 | ¾ × ½ | 38 | 38 | 8 | 7 | 3.3 | 3.3 | 29.5 | 24.0 |
| 25×15 | 1 × ½ | 41 | 41 | 9 | 7 | 3.3 | 3.3 | 36.5 | 24.0 |
| 25×20 | 1 × ¾ | 44 | 44 | 9 | 8 | 3.3 | 3.3 | 36.5 | 29.5 |
| 32×20 | 1¼ × ¾ | 46 | 49 | 10 | 8 | 3.5 | 3.3 | 45.0 | 29.5 |
| 32×25 | 1¼ × 1 | 50 | 51 | 10 | 9 | 3.5 | 3.3 | 45.0 | 36.5 |
| 40×25 | 1½ × 1 | 52 | 55 | 10 | 9 | 3.6 | 3.3 | 51.0 | 36.5 |
| 40×32 | 1½ × 1¼ | 56 | 58 | 10 | 10 | 3.6 | 3.5 | 51.0 | 45.0 |
| 50×40 | 2 × 1½ | 63 | 66 | 11 | 10 | 4.1 | 3.6 | 63.0 | 51.0 |

A.3 45°弯头型式尺寸应符合图 A.3、表 A.3 的规定。

A.4 中小异径三通型式尺寸应符合图 A.4、表 A.4 的规定。

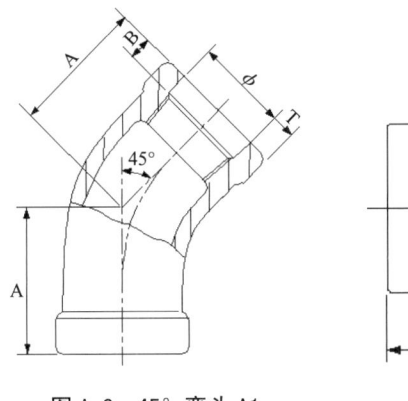 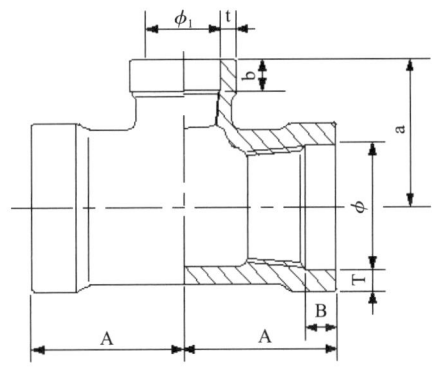

图 A.3 45°弯头 A1　　图 A.4 中小异径三通 B1

表 A.3

| 公称尺寸 DN(mm) | 管件规格（吋） | 尺寸（mm） | | | |
|---|---|---|---|---|---|
| | | 公差参照 GB/T 3287 | 公差 ±0.5 | | |
| A1 | A1 | A | B | T | ø |
| 15 | ½ | 29.0 | 7 | 3.3 | 24.0 |
| 20 | ¾ | 33.0 | 8 | 3.3 | 29.5 |
| 25 | 1 | 37.0 | 9 | 3.3 | 36.5 |
| 32 | 1¼ | 43.0 | 10 | 3.5 | 45.0 |
| 40 | 1½ | 46.0 | 10 | 3.6 | 51.0 |
| 50 | 2 | 54.0 | 11 | 4.1 | 63.0 |

表 A.4

| 公称尺寸 DN（mm） | 管件规格（吋） | 尺寸（mm） | | | | | | | |
|---|---|---|---|---|---|---|---|---|---|
| | | 公差参照 GB/T 3287 | | 公差 ±0.5 | | | | | |
| B1 | B1 | A | a | B | b | T | t | ø | ø1 |
| 20×15 | ¾×½ | 38.0 | 38.0 | 8 | 7 | 3.3 | 3.3 | 29.5 | 24.0 |
| 25×15 | 1×½ | 41.0 | 41.0 | 9 | 7 | 3.3 | 3.3 | 36.5 | 24.0 |
| 25×20 | 1×¾ | 44.0 | 44.0 | 9 | 8 | 3.3 | 3.3 | 36.5 | 29.5 |
| 32×20 | 1¼×¾ | 46.0 | 49.0 | 10 | 8 | 3.5 | 3.3 | 45.0 | 29.5 |
| 32×25 | 1¼×1 | 50.0 | 51.0 | 10 | 9 | 3.5 | 3.3 | 45.0 | 36.5 |
| 40×20 | 1½×¾ | 48.0 | 52.0 | 10 | 8 | 3.6 | 3.3 | 51.0 | 29.5 |
| 50×20 | 2×¾ | 51.0 | 58.0 | 11 | 8 | 4.1 | 3.3 | 63.0 | 29.5 |
| 50×25 | 2×1 | 55.0 | 61.0 | 11 | 9 | 4.1 | 3.3 | 63.0 | 36.5 |
| 80×20 | 3×¾ | 58.0 | 73.0 | 13 | 8 | 4.5 | 3.3 | 92.0 | 29.5 |
| 80×25 | 3×1 | 64.0 | 76.0 | 13 | 9 | 4.5 | 3.3 | 92.0 | 36.5 |
| 80×32 | 3×1¼ | 68.0 | 80.0 | 13 | 10 | 4.5 | 3.5 | 92.0 | 45.0 |

A.5　异径四通型式尺寸应符合图 A.5、表 A.5 的规定。

A.6　外接头型式尺寸应符合图 A.6、表 A.6 的规定。

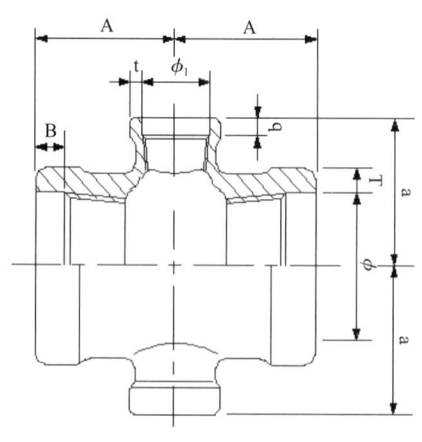

图 A.5　中小异径三通 C1

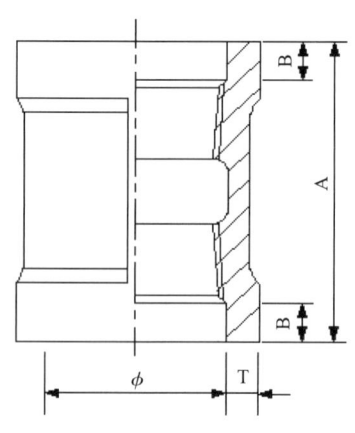

图 A.6　外接头 M2

表 A.5

| 公称尺寸 DN（mm） | 管件规格（吋） | 尺寸（mm） | | | | | | | |
|---|---|---|---|---|---|---|---|---|---|
| | | 公差参照 GB/T 3287 | | 公差 ±0.5 | | | | | |
| C1 | C1 | A | A | B | b | T | t | ø | ø1 |
| 20×15 | ¾ × ½ | 38.0 | 38.0 | 8 | 7 | 3.3 | 3.3 | 29.5 | 24.0 |
| 25×15 | 1 × ½ | 41.0 | 41.0 | 9 | 7 | 3.3 | 3.3 | 36.5 | 24.0 |
| 25×20 | 1 × ¾ | 44.0 | 44.0 | 9 | 8 | 3.3 | 3.3 | 36.5 | 29.5 |
| 32×20 | 1¼ × ¾ | 46.0 | 49.0 | 10 | 8 | 3.5 | 3.3 | 45.0 | 29.5 |
| 32×25 | 1¼ × 1 | 50.0 | 51.0 | 10 | 9 | 3.5 | 3.3 | 45.0 | 36.5 |
| 40×25 | 1½ × 1 | 52.0 | 55.0 | 10 | 9 | 3.6 | 3.3 | 51.0 | 36.5 |
| 50×20 | 2 × ¾ | 51.5 | 58.0 | 11 | 8 | 4.1 | 3.3 | 63.0 | 29.5 |

表 A.6

| 公称尺寸 DN（mm） | 管件规格（吋） | 尺寸（mm） | | | |
|---|---|---|---|---|---|
| | | 公差参照 GB/T 3287 | 公差 ±0.5 | | |
| M2 | M2 | A | B | T | ø |
| 15 | ½ | 50.0 | 7 | 3.3 | 24.0 |
| 20 | ¾ | 55.0 | 8 | 3.3 | 29.5 |
| 25 | 1 | 63.0 | 9 | 3.3 | 36.5 |
| 32 | 1¼ | 70.0 | 10 | 3.5 | 45.0 |
| 40 | 1½ | 75.0 | 10 | 3.6 | 51.0 |
| 50 | 2 | 87.0 | 11 | 4.1 | 63.0 |

A.7　异径外接头型式尺寸应符合图 A.7、表 A.7 的规定。

A.8　内外螺丝型式尺寸应符合图 A.8、表 A.8 的规定。

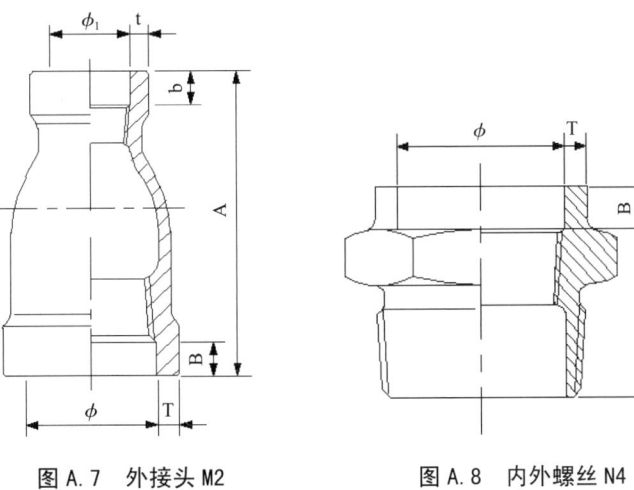

图 A.7　外接头 M2　　　图 A.8　内外螺丝 N4

表 A.7

| 公称尺寸 DN(mm) | 管件规格(吋) | 尺寸(mm) 公差参照 GB/T 3287 | | | | | 公差 ±0.5 | |
|---|---|---|---|---|---|---|---|---|
| M2 | M2 | A | B | b | T | t | ø | Ø1 |
| 20×15 | ¾ × ½ | 54.0 | 8 | 7 | 3.3 | 3.3 | 29.5 | 24.0 |
| 25×15 | 1 × ½ | 61.0 | 9 | 7 | 3.3 | 3.3 | 36.5 | 24.0 |
| 25×20 | 1 × ¾ | 62.0 | 9 | 8 | 3.3 | 3.3 | 36.5 | 29.5 |
| 32×20 | 1¼ × ¾ | 68.0 | 10 | 8 | 3.5 | 3.3 | 45.0 | 29.5 |
| 32×25 | 1¼ × 1 | 69.0 | 10 | 9 | 3.5 | 3.3 | 45.0 | 36.5 |
| 40×25 | 1½ × 1 | 74.0 | 10 | 9 | 3.6 | 3.3 | 51.0 | 36.5 |
| 50×20 | 2 × ¾ | 84.0 | 11 | 8 | 4.1 | 3.3 | 63.0 | 29.5 |

表 A.8

| 公称尺寸 DN(mm) | 管件规格(吋) | 尺寸(mm) 公差参照 GB/T 3287 | | | 公差 ±0.5 |
|---|---|---|---|---|---|
| N4 | N4 | A | B | T | ø |
| 20×15 | ¾ × ½ | 38.0 | 7 | 3.3 | 24.0 |
| 25×15 | 1 × ½ | 42.0 | 7 | 3.3 | 24.0 |
| 25×20 | 1 × ¾ | 42.0 | 8 | 3.3 | 29.5 |
| 32×20 | 1¼ × ¾ | 49.0 | 8 | 3.3 | 29.5 |
| 32×25 | 1¼ × 1 | 50.0 | 9 | 3.3 | 36.5 |
| 40×25 | 1½ × 1 | 50.0 | 9 | 3.3 | 36.5 |
| 40×32 | 1½ × 1¼ | 51.0 | 10 | 3.5 | 45.0 |
| 50×20 | 2 × ¾ | 56.0 | 8 | 3.3 | 29.5 |
| 50×25 | 2 × 1 | 57.0 | 9 | 3.3 | 36.5 |
| 50×32 | 2 × 1¼ | 58.0 | 10 | 3.5 | 45.0 |
| 50×40 | 2 × 1½ | 58.0 | 10 | 3.6 | 51.0 |
| 80×25 | 3 × 1 | 66.0 | 9 | 3.3 | 36.5 |

A.9　内外丝接头型式尺寸应符合图 A.9、表 A.9 的规定。

A.10　内接头型式尺寸应符合图 A.10、表 A.10 的规定。

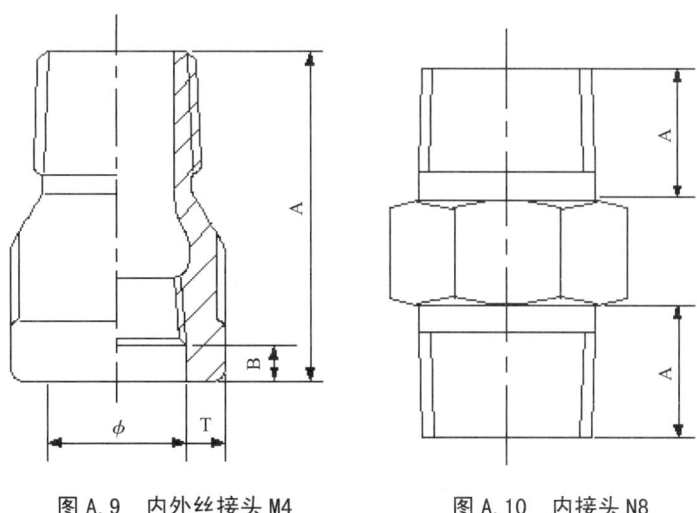

图 A.9　内外丝接头 M4　　　图 A.10　内接头 N8

表 A.9

| 公称尺寸 DN（mm） | 管件规格（吋） | 尺寸（mm） | | | |
|---|---|---|---|---|---|
| | | 公差参照 GB/T 3287 | 公差 ±0.5 | | |
| M4 | M4 | A | B | T | ø |
| 15 | ½ | 50.5 | 7 | 3.3 | 24.0 |
| 20 | ¾ | 58.0 | 8 | 3.3 | 29.5 |
| 25 | 1 | 66.0 | 9 | 3.3 | 36.5 |
| 32 | 1¼ | 72.0 | 10 | 3.5 | 45.0 |

表 A.10

| 公称尺寸 DN（mm） | 管件规格（吋） | 尺寸（mm） |
|---|---|---|
| | | 公差参照 GB/T 3287 |
| N8 | N8 | A |
| 15 | ½ | 24.0 |
| 20 | ¾ | 26.0 |
| 25 | 1 | 29.0 |
| 32 | 1¼ | 33.0 |
| 40 | 2 | 33.0 |
| 50 | 3 | 38.0 |
| 80 | 4 | 45.0 |

A.11　管堵和管帽型式尺寸应符合图 A.11、表 A.11 的规定。

A.12　活接头型式尺寸应符合图 A.12、表 A.12 的规定。

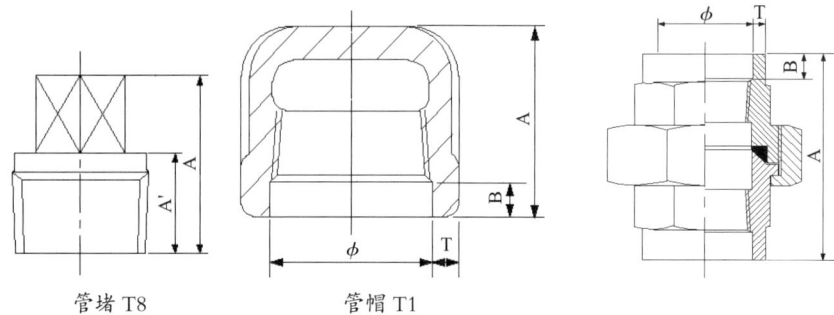

管堵 T8　　　　管帽 T1

图 A.11　　　　　　　图 A.12　接头 U11

表 A.11

| 公称尺寸 DN（mm） | | 管件规格（吋） | | 尺寸（mm） | | | | | |
|---|---|---|---|---|---|---|---|---|---|
| | | | | 公差参照 GB/T 3287 | | | 公差 ±0.5 | | |
| T8 | T1 | T8 | T1 | T8 | T1 | | B | T | ø |
| | | | | A' | A | A | | | |
| 15 | 15 | ½ | ½ | 21.0 | 30.0 | 28 | 7 | 3.3 | 24.0 |
| 20 | 20 | ¾ | ¾ | 24.0 | 34.5 | 33 | 8 | 3.3 | 29.5 |
| 25 | 25 | 1 | 1 | 28.0 | 40.0 | 38 | 9 | 3.3 | 36.5 |
| 32 | 32 | 1¼ | 1¼ | 31.5 | 44.5 | 41 | 10 | 3.5 | 45.0 |
| 40 | 40 | 2 | 2 | 31.5 | 46.5 | 44 | 10 | 3.6 | 51.0 |
| 50 | 50 | 3 | 3 | 36.5 | 51.5 | 49 | 11 | 4.1 | 63.0 |
| 80 | 80 | 4 | 4 | 46.0 | 65.0 | 59 | 13 | 4.5 | 92.0 |

表 A.12

| 公称尺寸 DN（mm） | 管件规格（吋） | 尺寸（mm） | | | |
|---|---|---|---|---|---|
| | | 公差参照 GB/T 3287 | | 公差 ±0.5 | |
| U11 | U11 | A | B | T | ø |
| 15 | ½ | 62.0 | 7 | 3.3 | 24.0 |
| 20 | ¾ | 68.0 | 8 | 3.3 | 29.5 |
| 25 | 1 | 76.0 | 9 | 3.3 | 36.5 |
| 32 | 1¼ | 85.0 | 10 | 3.5 | 45.0 |
| 40 | 1½ | 90.0 | 10 | 3.6 | 51.0 |
| 50 | 2 | 100.0 | 11 | 4.1 | 63.0 |
| 80 | 3 | 121.0 | 13 | 4.5 | 92.0 |

## 附录 B （规范性附录）涂覆层、热镀锌层厚度测量方法

### B.1 设备要求

测厚仪应符合下列要求：

——适用于磁性基材；

——厚度 <100μm，精确度 0.1μm；

——厚度 ≥ 100μm，精确度 1.0μm。

### B.2 试件要求

在一根随机抽样的涂覆管离管端最少 100 mm 处，截取 500 mm 长的试件。

### B.3 测量步骤

B.3.1 校正仪器

B.3.1.1 在"未有热镀锌层"的原钢管表面将读数调零。

B.3.1.2 选用与测量厚度相近的标准片校正仪器。

B.3.2 测量涂覆层及锌层总厚度（Tt）

在试件上选择面积约 1 000 mm$^2$ 的涂覆层，任意选择 5 点进行厚度测量，取平均值。

B.3.3 涂覆层处理

B.3.3.1 用涂料厂提供的脱漆水将测试面积内的涂敷层彻底清除，用清水洗净。

B.3.3.2 竖立试件 1h，令其自然风干，确保干燥。

B.3.4 测量锌层厚度（Tz）

B.3.4.1 选用与锌层厚度相近的标准片校正仪器。

B.3.4.2 在涂覆层已经处理的面积范围内，任意选择 5 点进行厚度测量，取平均值。

B.3.5 计算涂覆层平均厚度（Te）

$$Te = Tt - Tz$$

## 附录 C （规范性附录）涂覆层的耐酸性能要求及试验方法

### C.1 设备要求

C.1.1 6M 浓度盐酸；

C.1.2 符合 GB/T 6739 的铅笔；

C.1.3 符合 GB/T 9286 的附着力试验用划格工具及压敏胶粘带；

C.1.4 符合 SY/T 0040 的抗冲击试验用冲击仪。

## C.2 试件要求

在一根随机抽样的涂覆管离管端最少 100 mm 处，截取 500 mm 长的试件。

## C.3 试验步骤

C.3.1 稀释 12 M（或 37%）盐酸来制备 6M 盐酸。

C.3.2 用已完全被盐酸浸湿的棉花包覆试件的中段部分 3h，覆盖长度约为 300 mm。

C.3.3 为弥补因挥发失去之盐酸及确保棉花保持浸湿，须根据下列不同的环境温度适度添加盐酸：

——温度低于 15 ℃时，每 1.5h 添加一次；

——在环境温 15 ℃至 25 ℃时，每 1h 添加一次；

——在环境温高于 25 ℃时，每 45min 添加一次。

C.3.4 移除棉花，由清水清洗试件，及用干净柔软的布料或棉纸擦干。

C.3.5 竖立试件 1h 令其自然风干。

C.3.6 涂覆层性能试验：

——按 GB/T 6739 进行铅笔硬度试验；

——按 GB/T 9286 进行附着力试验；

——按 SY/T 0040 进行抗冲击性试验。

# 附录 D （规范性附录）环氧基础漆、固化剂及稀释剂混合指引

## D.1 设备

搅拌装置应符合下列要求：

——与涂料接触的部件以不锈钢制造；

——宜采用可调速马达作驱动部件；

——搅拌叶及容器尺寸比例见图 D.1。

## D.2 制备前检查

D.2.1 确认环氧基础漆（主剂）、固化剂及稀释剂未过保质期；

D.2.2 开罐后，目测环氧基础漆、固化剂及稀释状态，确认表面没有结皮、结块、罐底不得有硬性沉淀等。

## D.3 制备步骤

D.3.1 将主剂倒入搅拌缸，以约 500～700 rpm 转速搅拌至均匀光滑状态。

D.3.2 参照产品说明书上的混合配比慢慢加入固化剂。

D.3.3 维持搅拌直至涂料呈现均匀光滑状态，搅拌时间不应该超过 3 min。

D.3.4 待主剂与固化剂完全混合均匀后，按 GB/T 9269 进行黏度测定。

D.3.5 如有需要参考产品说明书的开油比例加入适量的稀释剂，以约 500 rpm 转速搅拌。

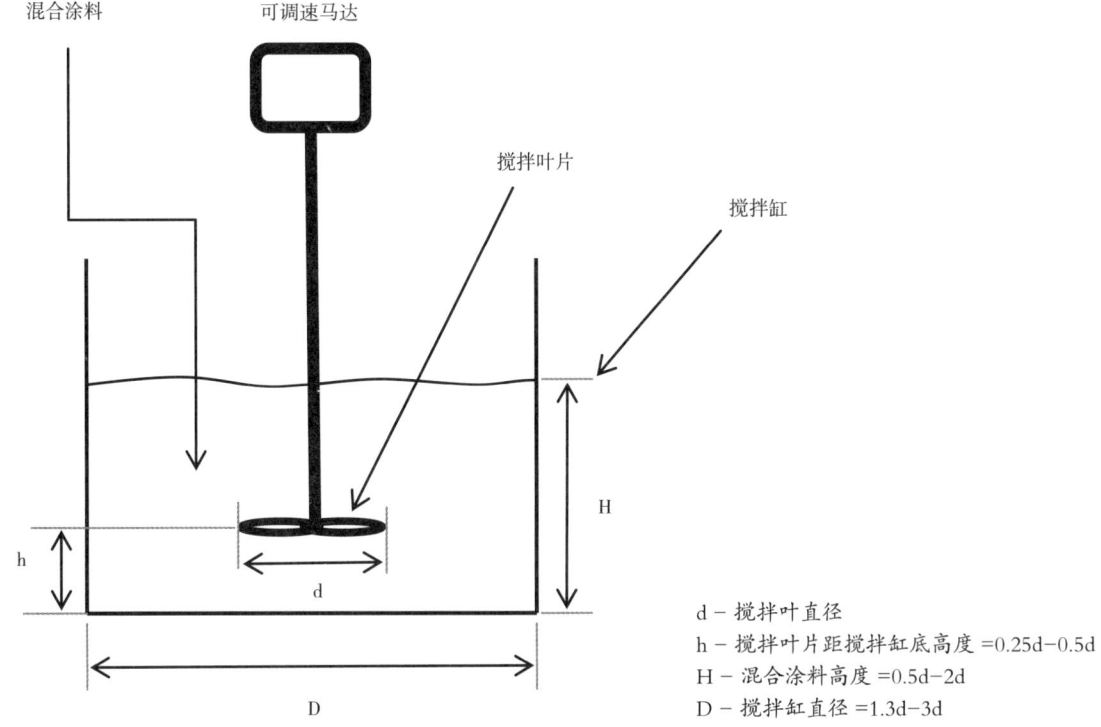

d - 搅拌叶直径
h - 搅拌叶片距搅拌缸底高度 =0.25d-0.5d
H - 混合涂料高度 =0.5d-2d
D - 搅拌缸直径 =1.3d-3d

图 D.1 搅拌叶及容器尺寸比例

D.3.6 重复步骤 D3.4 及 D3.5 直至涂料调整至合适黏度。

D.3.7 按涂料生产厂建议的时间进行静置 10 ~ 15 min，待主剂及固化剂活化、气泡消失后即可喷涂施工。

## 附录 E （规范性附录）惰性填料试验方法

### E.1 测试项目 E.2 至 E.7 试验件制备：

——惰性填料的样品在其原始容器敞开条件下，在 30℃环境中放置 48h；

——试验用的 7 根试验件以 DN25，250mm 长度的热镀锌钢管（符合 GB/T 3091 要求）两端以密封管螺纹与外接头（符合 GB/T 3287 要求）并用预处理后 100ml 的待检惰性填料以 80 Nm 力矩紧固而成。试验件的密封管螺纹符合 GB/T 7306.2《55°密封管螺纹》标准要求。

### E.2 密封性试验

以空气或氮气为试验介质，将 7 根试件通入空气或氮气，升压至 0.1 MPa 或燃气管网 3 倍最高工作压力（取其大者），使试件完全浸没于水槽中，不小于 1h，目测无泄漏。试验时空气或氮气输入口关闭外，其他关口均封闭。

### E.3 水浴试验

试验件完全浸于沸水中加热 6h 后，从水槽中移离及待冷却后，试验件再进行密封性试验（E.2）。

## E.4 高低温试验

试验件冷却至 -10 ℃ ± 1 ℃后加热至 135 ℃ ± 1 ℃为一周期，进行以上温度循环 12 周期后，验件再进行密封性试验（E.2）。

## E.5 耐振动试验

试验件一端施加 4.5 kg 载荷，另一端以专用卡具卡固并以 12 Hz ± 1 Hz 转速旋转 20 000 圈后（见图 E.1），试验件再进行密封性试验（E.2）。

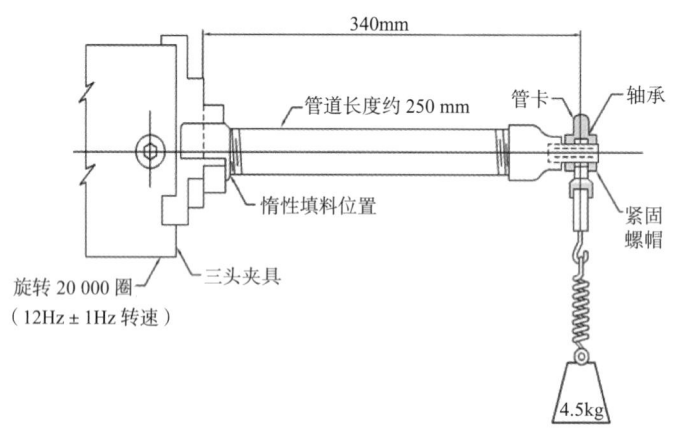

图 E.1 耐振动试验设备

## E.6 干燥试验

试验件内保压 4 kPa 及持续低流量供干燥燃气进行 168h 后，再进行密封性试验（E.2）及耐振动试验（E.5）。

## E.7 耐冷凝物试验

将 2 根试验件分别注入液态正戊烷和液态甲苯，加压至额定工作压力，在 20℃ ± 2℃环境温度下放置 72h 后，彻底清除试验件管内的试验液，再进行密封性试验（E.2）。

## E.8 测试项目 E.9 抛光金属试验件制备：

——金属（包括铜、黄铜、铝和钢）试验件尺寸：长度 75 mm × 宽度 10 mm × 厚度不小于 0.8 mm；
——使用 150 等级的金刚砂粉抛光金属试验件。

## E.9 金属腐蚀性试验

E.9.1 惰性填料的样品预先填入 100 ml 容量的烧杯中，填入高度为烧杯顶余 10 mm 距离，用抹刀使烧杯内的惰性填料表面填平及光滑。

E.9.2 以药棉及三氯乙烯清结金属试验件及晾干。

E.9.3 将已抛光金属试验件从一端起涂覆惰性填料至 50 mm 高度。

E.9.4 将已涂覆惰性填料的抛光金属试验件竖直插入盛满惰性填料样品的烧杯中,深度为50 mm。
E.9.5 在烤箱内保持45 ℃ ±1 ℃的环境中放置48h,试验后将烧杯移离烤箱并取出试验件。
E.9.6 以药棉及甲基化酒精清洁金属试验件并目测结果。

注:E.2 至 E.9 的试验符合澳大利亚标准 AS 4623-2004（Jointing compounds and materials for use in gas pipe joints）试验要求。

### E.10 测试项目 E.11 至 E.12 试验件制备:

——清除试制作验件涂覆管表面及宽边管件的管口表面油污;
——按图 E.2 以密封剂连接涂覆管及宽边管件。

在涂覆管与宽边管件之间的空隙中注入惰性填料,完成后均匀涂抹填料于管口并确保填满。

### E.11 流挂及气泡试验

将制备好的试件垂直放置并持续试验24h后,用目测检查位置1及位置2填料是否有流挂及气泡的情况发生。

### E.12 抗腐蚀性试验

把试验件按 GB/T 1771 进行试验,持续试验时间为400h。试验后清除所有填料,目测已密封位置是否有锈蚀情况发生。

### E.13 收缩试验——紫外暴露试验

把试验件按 GB/T 23987 进行试验,持续试验时间为200h。紫外暴露试验后的试件,对比基准试件的粘结度,及目测密封边缘位是否出现收缩、硬化的现象或出现缝隙。

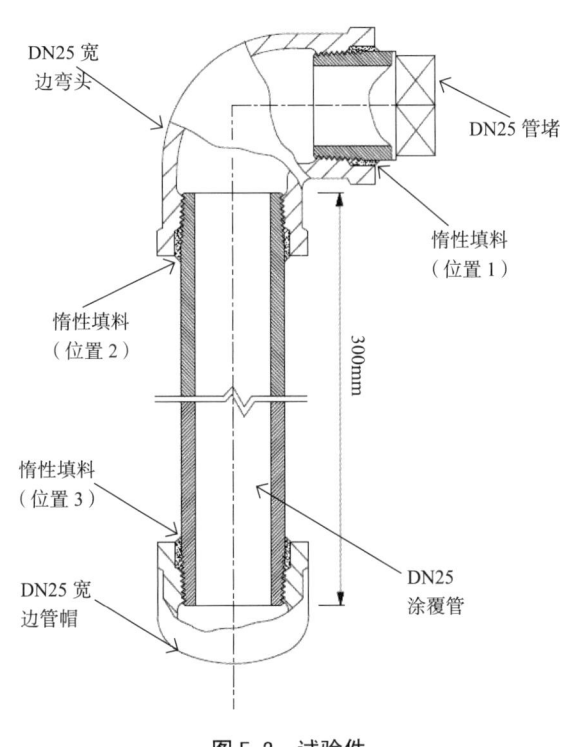

图 E.2 试验件

## 附录 F （资料性附录）不破坏涂覆层的夹具

### F.1 无花夹具

F.1.1 工具设计

通过增加夹具和钢管之间的接触面积,提高摩擦力,使夹具能稳固地将钢管固定在套丝机的旋头上（图F.1）,进行切割及螺纹攻制而不至损害钢管表面的涂层。

可拆式夹头（图F.2）备有不同尺寸,以配合不同尺寸的涂覆管螺纹攻制。而为确保足够压力将钢管固定在夹头,锁紧螺栓所须扭力为110 Nm。

图 F.1　无花夹具　　　　　　　　图 F.2　可拆式夹头

F.1.2　施工工序

安装无花夹具（图 F.3）时施工的要点：

——安装夹头于索头前，须彻底清除所有索头内壁及夹头外壁的碎屑，以免夹具不能紧贴地安装于索头内；

——首先安装夹头的下半部，并将螺栓收紧；

——安装夹头的上半部时，首先将锁紧螺栓收紧，使夹头上半部分紧贴下半部分；

——再将上夹头螺栓收紧，确保夹具上半部分能提供相同空隙平衡地夹紧管道，提供最大摩擦力于管道表面；

——夹头必须定期拆下清洁，并使用刷子或刮刀彻底清除夹具内粘紧的污物。

图 F.3　安装无花夹具

# 附录 G　（资料性附录）涂覆管施工工具

## G.1　带式扭力扳手

### G.1.1　工具设计

安装过程中通过带式扭力扳手的非金属接触式皮带和涂覆钢管之间的接触面提高摩擦力（图

G.1），使带式扭力扳手稳固地扣紧钢管，大大减少对涂覆层造成任何损害。同时，设定标准的安装扭力，扭力计把手能提示施工人员避免使用过大的扭力，破坏涂覆层。

G.1.2 施工工序

操作带式扭力扳手（图 G.2）的要点：

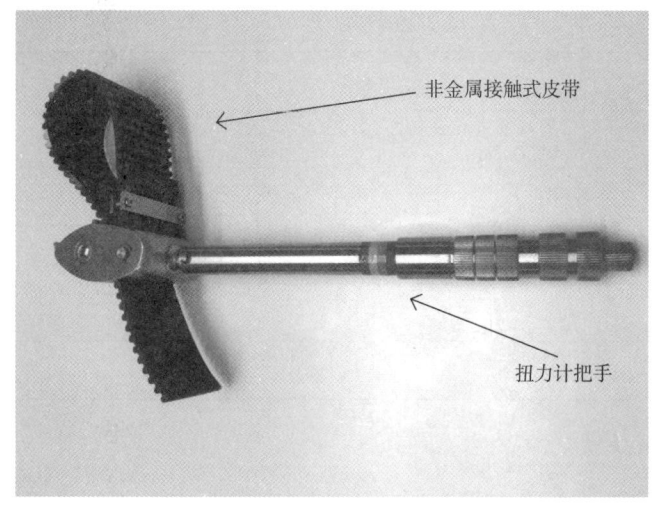

图 G.1 带式扭力扳手

图 G.2 操作带式扭力扳手

—— 将带式扭力扳手的扭力调至该涂覆钢管口径所需的扭力；
—— 使用去油纸巾或喷剂将涂覆钢管表面与皮带接触部位清洁；
—— 将涂覆钢管收紧至带式扭力板手出现"卡"的一声，表示涂覆钢管已收紧至所需扭力。
—— 一般钢管安装口径为 $DN20$ 至 $DN80$，安装所需的扭力范围为 80 Nm 至 200 Nm。

# 附录 H （资料性附录）抗紫外线涂覆层

## H.1 原材料

在双组分环氧树脂层上增加单组分丙烯酸层，能有效提升涂覆管的抗紫外线能力及使用寿命。建议在处于紫外线环境的使用条件下应用。图 H.1 为具抗紫外线的涂覆管典型结构。

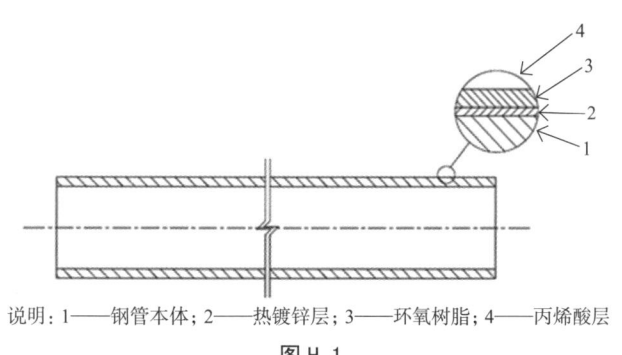

说明：1——钢管本体；2——热镀锌层；3——环氧树脂；4——丙烯酸层

图 H.1

## H.2 组份和质量指标

丙烯酸层质量指标如表 H.1：

表 H.1

| 试验项目 | 检验指标 | |
|---|---|---|
| 丙烯酸涂层厚度（μm） | ≥ 40 | |
| 环氧涂层厚度（μm） | ≥ 75 | |
| 丙烯酸及环氧涂层 | 正常测试 | 耐酸性测试 |
| 附着力试验（级） | ≤ 1 | ≤ 2 |
| 铅笔硬度试验 | ≥ H | ≥ HB |
| 抗冲击试验（kg·cm） | ≥ 70 | ≥ 30 |

注：所有检验指标与现用环氧涂覆管一致。

## H.3 检验方法

H.3.1 抗紫外线的涂覆层及热镀锌层厚度的测量方法中的设备要求、试件要求及测量步骤中的较正仪器与附录 B 相同。

H.3.2 抗紫外线涂覆层的耐酸性能要求及试验方法中的设备要求、试件要求及试验步骤与附录 C 相同。

H.3.3 测量涂层厚度

H.3.3.1 测量"丙烯酸面漆 + 环氧底漆 + 锌层"总厚度（Tt）：

——在试件上选择面积约 1 000 $mm^2$ 的涂层试面，从中随意选择 5 点进行测量，取其平均厚度。

H.3.3.2 测量"环氧底漆 + 锌层"厚度（Tez）：

——将涂覆管浸入丙烯酸漆专用脱漆水中，约 3min 后，采用毛刷轻刷表面，待丙烯酸面漆彻底刷干净后，从脱漆水中取出，然后再用清水洗净。

——竖立试件 1h 令其自然风干，并确保完全干透后测量 Tez。

H.3.3.3 测量锌层厚度（Tz）：

——将已脱丙烯酸面漆的涂覆管以环氧脱漆水浸湿的棉花湿润包裹涂层若 15 分钟，直至环氧层皱皮，然后脱皮，用清水冲洗净；

——竖立试件 1h 令其自然风干，并确保完全干透后测量 Tz；

——计算涂层平均厚度；

——丙烯酸面漆厚度 Ta = Tt–Tez；

——锌层厚度 = Tz。

H.3.4 测试涂层表现

H.3.4.1 按表 H.1 要求，测试丙烯酸涂层的性能表现。

H.3.4.2 使用专用脱漆水把丙烯酸面漆完全脱去。

H.3.4.3 按表 H.1 要求，测试环氧涂层表现。

## H.4 方案

H.4.1 丙烯酸面漆+环氧漆双涂层在钢管生产厂宜以流水作业方式生产。

H.4.2 丙烯酸面漆的试验项目、生产过程质量检验、出厂检验、涂层修补及重涂可参照环氧层涂覆管的有关方案。

H.4.3 工地涂层修补

若发现丙烯酸塗层破损、刮花，应以环氧漆或丙烯酸漆修补，修补前须确保表面清洁。

# 附录三　行业发明专利汇编

专利（patent）从字面上讲，是指专有的利益和权利。专利一词来源于拉丁语 Litterae patentes，意为公开的信件或公共文献。

专利是世界上最大的技术信息源，据世界知识产权组织（World Intellectual Property Organization，WIPO）的有关统计资料表明，全世界每年90%～95%的发明创造成果都可以在专利文献中查到，其中约有70%的发明成果从未在其他非专利文献上发表过，科研工作中经常查阅专利文献，不仅可以提高科研项目的研究起点和水平，而且还可以节约60%左右的研究时间和40%左右的研究经费。

专利的种类在不同的国家有不同规定，在我国专利法中规定有：发明专利、实用新型专利和外观设计专利。我国《专利法》第二条第二款对发明的定义是："发明是指对产品、方法或者其改进所提出的新的技术方案。"其中，产品是指工业上能够制造的各种新制品，包括有一定形状和结构的固体、液体、气体之类的物品。所谓方法是指对原料进行加工，制成各种产品的方法。

由于编者水平有限，加之篇幅受限，此次仅将公开（公告）日为2015年1月1日至12月31日期间，经国家知识产权局授权的与燃气行业相关的发明专利进行整理汇编。时间仓促，难免有不妥、遗漏之处，衷心希望专家、同行和读者不吝赐教，以求得到不断完善，共促行业信息技术交流发展。

| 名称 | 逆火富氧聚能燃气灶的两档四环逆火燃烧组合件 | | |
| --- | --- | --- | --- |
| 申请号 | CN201410537487.7 | 申请日 | 2014.10.13 |
| 公开（公告）号 | CN104266194A | 公开（公告）日 | 2015.01.07 |
| IPC | F23D14/62（2006.01）I；F23D14/58（2006.01）I | | |
| 申请人 | 慈溪市神驹节能科技有限公司 | | |
| 发明人 | 孙凤枝；施央君 | | |
| 当前法律状态 | 授权 | 有效性 | 有权 |
| 摘要 | 本发明涉及一种燃气灶，具体地说是逆火富氧聚能燃气灶的两档四环逆火燃烧组合件，属于燃气灶技术领域。其包括两档四管混合器，两档四管混合器上端连接中枢盘，中枢盘上端中心设有中心火盖，中心火盖外圈设有小火道火盖，小火道火盖外圈设有大火道火盖，大火道火盖外圈设有升降灶膛。两档四管混合器侧面穿过空气管连接固定在空气管内的两档四喷嘴座，两档四喷嘴座上连接四个喷嘴。本发明采用主燃混合燃气和助燃混合燃气双路进气，主燃混合燃气和助燃混合燃气在燃烧时进行互补，主燃火焰滚动旋转燃烧，延长燃烧时间，提高热能利用率；锅具托架能够升降，能够适应多种锅形。 | | |

| 名称 | 一种燃气轮机空气过滤器及其使用方法 | | |
|---|---|---|---|
| 申请号 | CN201410504592.0 | 申请日 | 2014.09.26 |
| 公开（公告）号 | CN104265459A | 公开（公告）日 | 2015.01.07 |
| IPC | F02C7/05（2006.01）I；F02C7/08（2006.01）I；F02C7/057（2006.01）I | | |
| 申请人 | 江苏华强新能源科技有限公司 | | |
| 发明人 | 陈欣；邬文泰 | | |
| 当前法律状态 | 授权 | 有效性 | 有权 |
| 摘要 | 本发明公开了一种燃气轮机空气过滤器，包括过竖直设置的过滤罐，过滤罐为圆柱状，过滤罐下端设有支撑架，过滤罐的底部呈圆锥状，在过滤罐的底部设有排水口，排水口还设有阀门，在过滤罐位于下端的外壁上开设有进气口，进气口与水平设置的第一通气管一端连通，第一通气管的另一端弯曲向上延伸，且与竖直设置的第二通气管连通，第二通气管与空气增压器连接；过滤罐的上端设有进水口，在过滤罐位于上端的外壁上开设有空气出口，空气出口与加热器连通，加热器与燃气轮机进口连通，并提供了该燃气轮机空气过滤器的使用方法，不仅结构简单，操作方便，成本低，使用寿命长，而且通过水过滤掉空气中的盐、灰尘和腐蚀物等，成本低，过滤效果明显。 | | |

| 名称 | 逆火富氧聚能燃气灶上进风内置管道 | | |
|---|---|---|---|
| 申请号 | CN201410537868.5 | 申请日 | 2014.10.13 |
| 公开（公告）号 | CN104266193A | 公开（公告）日 | 2015.01.07 |
| IPC | F23D14/58（2006.01）；IF23D14/62（2006.01）I | | |
| 申请人 | 慈溪市神驹节能科技有限公司 | | |
| 发明人 | 孙凤枝；施央君 | | |
| 当前法律状态 | 授权 | 有效性 | 有权 |
| 摘要 | 本发明涉及一种进气机构，具体地说是一种逆火富氧聚能燃气灶上进风内置管道，属于燃气灶技术领域。其包括进气支架，进气支架一侧设有挡风面板，挡风面板上设有多个圆形的挡风面板进气口，每个进气管上设有混合器接口，每个进气管上相对混合器接口一侧设有分离器安装板。分离器安装板上依次设有第一燃气进气口、第二燃气进气口、第三燃气进气口和第四燃气进气口。本发明设置在燃气灶内，与橱柜内空气完全隔离，空气流通不受橱柜开关门的影响，能够消除事故隐患。 | | |

| 名称 | 低热值燃气辐射管烧嘴及其控制方法 | | |
|---|---|---|---|
| 申请号 | CN201410531647.7 | 申请日 | 2014.10.10 |
| 公开（公告）号 | CN104266189A | 公开（公告）日 | 2015.01.07 |
| IPC | F23D14/12（2006.01）I；F23D14/46（2006.01）I；F23D14/62（2006.01）I；F23D14/58（2006.01）I；F23D14/78（2006.01）I | | |
| 申请人 | 中冶南方（武汉）威仕工业炉有限公司 | | |
| 发明人 | 高阳；徐少春；沈小军 | | |
| 当前法律状态 | 授权 | 有效性 | 有权 |
| 摘要 | 本发明公开了一种低热值燃气辐射管烧嘴，包括燃烧室、空气配风盘、煤气喷头、煤气导管、第一电极导管、点火电极以及固定装置；燃烧室的入口处安装有空气配风盘，燃烧室的出口处将燃烧室的燃烧腔与辐射管连通，空气配风盘上开设有空气进风口，第一电极导管套设于点火电极上，第一电极导管贯穿于固定装置与空气配风盘上，煤气导管贯穿于固定装置与空气配风盘上，煤气喷头安装于煤气导管靠近空气配风盘的一端，固定装置用于将低热值燃气辐射管烧嘴固定于辐射管中，固定装置上开设有助燃口。本发明还提出一种低热值燃气辐射管烧嘴的控制方法。本低热值燃气辐射管烧嘴，提高了烧嘴在应用低热热值煤气的点火稳定性，同时降低了污染物的排放量。 | | |

| 名称 | 富氧无焰燃气燃烧器及其控制方法 | | |
|---|---|---|---|
| 申请号 | CN201410528106.9 | 申请日 | 2014.10.09 |
| 公开（公告）号 | CN104266190A | 公开（公告）日 | 2015.01.07 |
| IPC | F23D14/24（2006.01）I；F23D14/46（2006.01）I | | |
| 申请人 | 中冶南方（武汉）威仕工业炉有限公司 | | |
| 发明人 | 李卫杰；刘豪；周末；段殿勇；涂垚杰 | | |
| 当前法律状态 | 授权 | 有效性 | 有权 |
| 摘要 | 本发明公开了一种富氧无焰燃气燃烧器，该燃烧器包括燃烧器壳体、配风盘、预燃室、氧气喷管以及燃料喷管，加热炉的炉墙上设有贯穿其墙体的通道，燃烧器壳体安装于通道的一侧，通道中的空间形成预燃室，燃烧器壳体上设置有助燃空气通道，燃料喷管穿插于燃烧器壳体上，燃料喷管上设有燃料通道，配风盘上设有空气进风口以及燃料进口，氧气喷管设有氧气通道，氧气喷管安装于加热炉的炉墙上且氧气通道与加热炉的炉膛连通，氧气喷管倾斜设置于加热炉的炉墙上使其喷头端靠近预燃室。本发明提出的富氧无焰燃气燃烧器，将稀释燃烧技术与富氧燃烧技术有机结合，实现炉内无焰燃烧，同时优化了炉内温度分布，降低了NOx的排放。 | | |

| 名称 | 一种适用于重型中低热值燃气轮机的涡轮第一级动叶片 | | |
|---|---|---|---|
| 申请号 | CN201410508621.0 | 申请日 | 2014.09.28 |
| 公开（公告）号 | CN104265375A | 公开（公告）日 | 2015.01.07 |
| IPC | F01D5/14（2006.01）I | | |
| 申请人 | 哈尔滨汽轮机厂有限责任公司 | | |
| 发明人 | 冯永志；席会杰；姜东坡；金子印 | | |
| 当前法律状态 | 授权 | 有效性 | 有权 |
| 摘要 | 一种适用于重型中低热值燃气轮机的涡轮第一级动叶片，本发明为解决目前重型中低热值燃机涡轮第一级动叶空气动力效率低、使用寿命短、影响涡轮安全运行的问题。叶片工作部分的型线为变截面扭叶片，叶片工作部分从靠近根部至顶部的截面的几何数据：位于根部的截面A-A至截面G-G的截面高度为0～190.88 mm，轴向宽度为99.406～126.307 mm，弦长为126.029～134.572 mm，进气角为27.392°～53.649°，安装角为52.625°～72.415°，型线最大厚度为22.633～39.910 mm，出气边厚度为5.236～5.739 mm。本发明用于重型中低热值燃气轮机的涡轮上。 | | |

| 名称 | 一种燃气烘干线 | | |
|---|---|---|---|
| 申请号 | CN201410539002.8 | 申请日 | 2014.10.13 |
| 公开（公告）号 | CN104266467A | 公开（公告）日 | 2015.01.07 |
| IPC | F26B15/10（2006.01）I；F26B23/10（2006.01）I；F26B25/00（2006.01）I | | |
| 申请人 | 苏州艾斯特工业设备有限公司 | | |
| 发明人 | 胡路 | | |
| 当前法律状态 | 授权 | 有效性 | 有权 |
| 摘要 | 本发明公开了一种燃气烘干线，包括，柜体（2），呈方体中空结构，所述柜体内壁和所述柜体外壁中间填充保温层，所述柜体一端设有进料口，所述柜体另一端设有出料口；滚筒，悬挂于所述柜体进料口中部位置，所述滚筒两端架设与所述柜体两端；散热管（4），平行于进料方向设于柜体底部的热风管内，所述柜体内沿进料方向依次设有多个热风管，每一热风管内设有多组散热管，所述热风管上表面为锯齿状结构，样品沿进料方向依次与每一热风管上表面接触；支架（6），支撑所述柜体（2），支架底部设有调平底座，鼓风机设于所述支架（6）上。其中，搅拌风机（1）设于柜体顶部中央位置，所述搅拌风机转轴贯穿所述柜体内壁和所述外壁；所述鼓风机设有进气口和出气口，所述进气口与燃烧室连接，所述出气口与所述散热管（4）连接。 | | |

| 名称 | 一种燃气轮机排气系统 | | |
|---|---|---|---|
| 申请号 | CN201410500334.5 | 申请日 | 2014.09.25 |
| 公开（公告）号 | CN104265382A | 公开（公告）日 | 2015.01.07 |
| IPC | F01D25/30（2006.01）I；F02C7/28（2006.01）I | | |
| 申请人 | 江苏华强新能源科技有限公司 | | |
| 发明人 | 邬文泰；陈欣 | | |
| 当前法律状态 | 授权 | 有效性 | 有权 |
| 摘要 | 本发明公开了一种燃气轮机排气系统，包括壳体、密封件、连接件、支撑和底座，壳体为横置的一端大一端小的圆筒状钢板结构，且由连接件组装连接构成，密封件设于壳体的小端入口内沿处，支撑上端连接横置壳体的下方，且支撑下端连接底座，还包括散热层、隔离层、衬垫和压板，散热层紧贴壳体内壁设置，隔离层连接散热层沿侧壁铺设，隔离层另一侧设置衬垫，衬垫通过压板采用螺栓和螺母连接固定；本产品不但可整体提高热效率，缓解受热面受热不均匀产生的热应力，避免应力集中，提高运行的安全性；同时还能消除以往产品运行中出现的失效情况，并在保证产品质量的前提下，降低产品成本，缩短研制周期。 | | |

| 名称 | 多功能防火燃气安全阀 | | |
|---|---|---|---|
| 申请号 | CN201410543692.4 | 申请日 | 2014.10.15 |
| 公开（公告）号 | CN104265965A | 公开（公告）日 | 2015.01.07 |
| IPC | F16K17/38（2006.01）I；F16K17/34（2006.01）I；F16K31/06（2006.01）I；F16K31/72（2006.01）I | | |
| 申请人 | 常景泓 | | |
| 发明人 | 王国良；常景泓 | | |
| 当前法律状态 | 授权 | 有效性 | 有权 |
| 摘要 | 多功能防火燃气安全阀，用在燃气入户管路上，克服现有的安全阀存在的不足。包括前阀体和后阀体，前阀体内有轴向滑动的磁铁阀芯组件，超流保护器，前阀体外有手动外磁环、后阀体内腔有可弹出的芯管，芯管有与前阀体衔接的导气道，芯管前端与前阀体连接，后伐体外有滑动套筒，套筒与后阀体之间有感温记忆合金，套筒复位压簧，后阀体上有锁定珠或锁定销，在芯管外周面上锁定坑或锁定环槽，套筒内周面上有套筒径向释放锁定珠或锁定销的释放槽或释放环腔，后阀体内腔中有温控导气孔，温控导气孔中封盖座，封盖座后端有封盖，封盖与安装座之间有推压弹簧。本发明的有益效果是：集超压控制、超流控制、超温控制三种功能于一体，高温过后不需要更换安全阀，经济性好。 | | |

| 名称 | 一种可视化管道管件堵塞机构及其堵塞方法 | | |
|---|---|---|---|
| 申请号 | CN201410539349.2 | 申请日 | 2014.10.13 |
| 公开（公告）号 | CN104266030A | 公开（公告）日 | 2015.01.07 |
| IPC | F16L55/10（2006.01）I | | |
| 申请人 | 北京市燃气集团有限责任公司 | | |
| 发明人 | 邢琳琳；张海涛；郭辉阳；罗强；钱迪；王庆余；车子萍；孙宝跃 | | |
| 当前法律状态 | 授权 | 有效性 | 有权 |
| 摘要 | 本发明的可视化管道管件堵塞机构，包括下堵器和堵塞，所述下堵器用于将所述堵塞放置到所述管件上的法兰堵塞座内，所述下堵器包括外壳、安装于所述外壳内的传动杆、用于升降所述传动杆的升降装置、用于分离连接所述堵塞的分离连接装置和与所述外壳固定连接的下堵连箱，所述下堵连箱上安装有用于监视所述堵塞下堵运动的监视装置，所述监视装置包括设置于所述下堵连箱内的摄像头、固定安装所述摄像头的固定座和与所述摄像头相连的监视设备，本发明的可视化管道管件堵塞机构实现了由内向外封堵管道，节省了在堵塞座上打孔的工序和人力，而且在可视的情况下进行堵漏，更安全可靠，避免了气体从螺孔泄漏的危险。 | | |

| 名称 | 一种燃气发生剂药柱限燃层成型工艺 | | |
|---|---|---|---|
| 申请号 | CN201310306577.0 | 申请日 | 2013.07.22 |
| 公开（公告）号 | CN104276910A | 公开（公告）日 | 2015.01.14 |
| IPC | C06B45/18（2006.01）I；C06B21/00（2006.01）I | | |

| 名称 | 燃气无焰纯氧燃烧器 | | |
|---|---|---|---|
| 申请号 | CN201410509152.4 | 申请日 | 2014.09.28 |
| 公开（公告）号 | CN104296142A | 公开（公告）日 | 2015.01.21 |
| IPC | F23D14/24（2006.01）I；F23D14/46（2006.01）I | | |
| 申请人 | 东北大学 | | |
| 发明人 | 王爱华；刘宇；常弘；田赛；芮文明；牛义红；伍定军 | | |
| 当前法律状态 | 授权 | 有效性 | 有权 |
| 摘要 | 一种燃气无焰纯氧燃烧器，属于高效燃烧设备制造技术领域；是涉及一种燃气无焰纯氧燃烧器，用于大型冶金工业炉窑。本发明提供一种燃气无焰纯氧燃烧器，该燃烧器不但达到了纯氧燃烧的目的，而且实现了无焰燃烧，同时不产生氮氧化物的排放，又能在高温纯氧环境下具有较长的使用寿命。本发明采用如下技术方案：一种燃气无焰纯氧燃烧器，包括底座和通气机构，通气机构由一次氧气风管、二次氧气风管、二次氧气稳压腔、燃气风管、燃气稳压腔、旋流器和烟气喷嘴组成。 | | |

| 名称 | 一种燃气活塞式活动导向管开网装置 | | |
|---|---|---|---|
| 申请号 | CN201180044170.4 | 申请日 | 2011.06.30 |
| 公开（公告）号 | CN104303007A | 公开（公告）日 | 2015.01.21 |
| IPC | F41B15/00（2006.01）I；F41B15/10（2006.01）I | | |
| 申请人 | 北京机械设备研究所 | | |
| 发明人 | 刘浩；韩书永；王生捷；邱旭阳；陈爱锋；唐玉龙；迟克刚；王合久；苏成帅 | | |
| 当前法律状态 | 授权 | 有效性 | 有权 |
| 摘要 | 一种燃气活塞式活动导向管开网装置包括捕捉网、牵引头、导向管、点火器、主装药、燃气发生器和活塞。活塞和主装药置于燃气发生器中。活塞顶部与导向管底座上的三角形凸块接触。牵引头置于导向管内，牵引头的另一端系在捕捉网的一角上。工作时，点火器点燃主装药，产生的燃气推动活塞运动，活塞推动导向管运动，燃气进入导向管内，推动牵引头飞出导向管，牵引头带动捕捉网张开。这种燃气活塞式活动导向管开网装置展开速度快，展开捕捉网面积大。 | | |

| 名称 | 逆火富氧聚能燃气灶 | | |
|---|---|---|---|
| 申请号 | CN201410537503.2 | 申请日 | 2014.10.13 |
| 公开（公告）号 | CN104296181A | 公开（公告）日 | 2015.01.21 |
| IPC | F24C3/08（2006.01）I；F23D14/02（2006.01）I；F23D14/64（2006.01）I | | |
| 申请人 | 慈溪市神驹节能科技有限公司 | | |
| 发明人 | 孙凤枝；施央君 | | |
| 当前法律状态 | 授权 | 有效性 | 有权 |
| 摘要 | 本发明涉及一种燃气灶，具体地说是一种逆火富氧聚能燃气灶，属于燃气灶技术领域。其包括2个两档四环逆火燃烧组合件，面板中部设有进气支架，进气支架通过2个空气管分别连接左右2个两档四环逆火燃烧组合件。每个两档四环逆火燃烧组合件上表面通过铰接支柱连接多个锅具活动托架，多个锅具活动托架沿着两档四环逆火燃烧组合件圆周方向均匀分布。两档四环逆火燃烧组合件包括两档四管混合器，两档四管混合器上端连接中枢盘，中枢盘上端中心设有中心火盖，中心火盖外圈设有小火道火盖，小火道火盖外圈设有大火道火盖，大火道火盖外圈设有升降灶膛。本发明采用主燃混合燃气和助燃混合燃气双路进气，主燃混合燃气和助燃混合燃气在燃烧时进行互补，主燃火焰滚动旋转燃烧，延长燃烧时间，提高热能利用率。 | | |

# 附 录

| 名称 | 用于在停机之后燃气涡轮机解锁的装置和方法 | | |
|---|---|---|---|
| 申请号 | CN201380012694.4 | 申请日 | 2013.03.06 |
| 公开（公告）号 | CN104302874A | 公开（公告）日 | 2015.01.21 |
| IPC | F01D25/34（2006.01）I；F02C7/18（2006.01）I；F04D29/58（2006.01）I | | |
| 申请人 | 诺沃皮尼奥内股份有限公司 | | |
| 发明人 | T.贝蒂；A.巴尔达萨雷；F.维蒂；S.莫伊奇；M.拉泽里；R.梅尔洛；D.马库奇 | | |
| 当前法律状态 | 授权 | 有效性 | 有权 |
| 摘要 | 本发明公开了一种航改式燃气涡轮机，包括：进气增压室；压缩机，其具有与进气增压室流体连通的压缩机进气口；燃烧器；高压涡轮机；动力涡轮机。强制空气流发生器布置成与进气增压室流体连通。闸板布置设置在燃烧空气流动路径中，被布置和控制成用以闭合燃烧空气流动路径，以便借助于强制空气流发生器将所述进气增压室加压到足以使得加压空气流过航改式燃气涡轮机的压力。 | | |

| 名称 | 一种具有双向射频无线通信系统的烟灶组合 | | |
|---|---|---|---|
| 申请号 | CN201410535550.3 | 申请日 | 2014.10.11 |
| 公开（公告）号 | CN104296185A | 公开（公告）日 | 2015.01.21 |
| IPC | F24C3/12（2006.01）I；F24C15/20（2006.01）I | | |
| 申请人 | 浙江帅康电气股份有限公司 | | |
| 发明人 | 邹国营；郑高辉 | | |
| 当前法律状态 | 授权 | 有效性 | 有权 |
| 摘要 | 本发明涉及智能厨具领域，特别是一种具有双向射频无线通信系统的烟灶组合；包括：燃气灶具和吸油烟机以及用于所述燃气灶具和所述吸油烟机之间双向通讯的双向射频无线通信系统，所述双向射频无线通信系统包括：设置在所述燃气灶具内的燃气灶具RF信号收发控制单元和设置在所述吸油烟机内的吸油烟机RF信号收发控制单元；针对燃气灶具的不同火力大小，所述吸油烟机响应相对应的风力，同样针对吸油烟机的不同风力大小，所述燃气灶具响应相对应的火力；在实现厨房设备的智能化的基础上，也起到了节约能源，安全方便的作用。 | | |

| 名称 | 一种带有金属锅胆检测功能的新型灶具加热装置 | | |
|---|---|---|---|
| 申请号 | CN201410559242.4 | 申请日 | 2014.10.20 |
| 公开（公告）号 | CN104302029A | 公开（公告）日 | 2015.01.21 |
| IPC | H05B6/06（2006.01）I | | |
| 申请人 | 华帝股份有限公司 | | |
| 发明人 | 潘叶江；胡正军；易洪斌；廖文龙 | | |
| 当前法律状态 | 授权 | 有效性 | 有权 |
| 摘要 | 本发明公开了一种带有金属锅胆检测功能的新型灶具加热装置，包括有灶具座、加热器、用于检测灶具座上是否放置有金属锅胆的受控LC振荡模块以及用于在检测到灶具座上无金属锅胆时控制加热器火力减小的加热控制模块，所述受控LC振荡模块驱动信号输入端上电连接有振荡驱动模块和振幅信号检测端上电连接有用于检测受控LC振荡模块输出电压值是否偏离预设值以便加热控制模块判断灶具座上是否放置有金属锅胆的电压检测模块，所述振荡驱动模块振荡控制信号输入端与加热控制模块振荡控制信号输出端连接，所述电压检测模块电压检测信号输出端与加热控制模块电压检测信号输入端电连接。本发明结构简单易实现，检测准确，安全可靠，实用性好。 | | |

| 名称 | 一种管道管件堵塞机构及其堵塞方法 | | |
|---|---|---|---|
| 申请号 | CN201410539391.4 | 申请日 | 2014.10.13 |
| 公开（公告）号 | CN104295852A | 公开（公告）日 | 2015.01.21 |
| IPC | F16L55/10（2006.01）I | | |
| 申请人 | 北京市燃气集团有限责任公司 | | |
| 发明人 | 李夏喜；吴国荣；陈文利；罗强；晋铁汉；张海云；高岷 | | |
| 当前法律状态 | 授权 | 有效性 | 有权 |
| 摘要 | 本发明的管道管件堵塞机构，包括下堵器和堵塞，下堵器用于将堵塞放置到管件上的法兰堵塞座内，堵塞为封堵堵塞座的堵塞盘，堵塞盘下侧外圆周面上设有用于安装密封圈的密封沟槽，堵塞盘顶部中心位置处设有转盘槽，转盘槽的周向上均设有多个插板槽，转盘槽内设有转盘，转盘上顶面具有内螺孔接头，插板槽内可滑动地安装着插板，转盘与插板通过拨叉相连，拨叉一端与转盘上顶面铰接，另外一端与插板上顶面铰接，转盘通过拨叉带动插板在插板槽内滑动，本发明的管道管件堵塞机构实现了由内向外封堵管道，节省了在堵塞座上打孔的工序和人力，也避免了气体从螺孔泄露的危险，而且从内部封堵更安全可靠。 | | |

| 名称 | 可加热燃气的上吸式生物质气化炉 | | |
|---|---|---|---|
| 申请号 | CN201410260393.X | 申请日 | 2014.06.12 |
| 公开（公告）号 | CN104312631A | 公开（公告）日 | 2015.01.28 |
| IPC | C10J3/20（2006.01）I；C10J3/84（2006.01）I | | |
| 申请人 | 上海艾耐基节能科技有限公司 | | |
| 发明人 | 刘新续 | | |
| 当前法律状态 | 授权 | 有效性 | 有权 |
| 摘要 | 本发明公开了可加热燃气的上吸式生物质气化炉，包括外筒体、中间筒体、内筒体，筒体间形成燃气通道，气化产生的燃气经燃气通道流向燃气出口，中间筒体的下部外侧有传热片，燃气出口在外筒体下部，由于气化时的中间筒体下侧温度较高使得经过的燃气被不断加热，让燃气保持较高的温度，燃气中的焦油始终以气体方式存在，解决了焦油析出的问题；虽然增加料层会降低燃气的初始温度，但由于低温的燃气可以被中间筒体下部加热到较高温度，这样可以使得气化炉的料层加厚，对气化产生的燃气起到更好的过滤作用，减少灰尘的产生。该气化炉可让产生的燃气保持较高的温度同时减少灰尘的产生，能解决目前上吸式生物质气化炉所存在的相应问题。 | | |

| 名称 | 燃气冲天炉 | | |
|---|---|---|---|
| 申请号 | CN201410507675.5 | 申请日 | 2014.09.28 |
| 公开（公告）号 | CN104315838A | 公开（公告）日 | 2015.01.28 |
| IPC | F27B1/08（2006.01）I；F27B1/10（2006.01）I | | |
| 申请人 | 湛守兵 | | |
| 发明人 | 湛守兵 | | |
| 当前法律状态 | 授权 | 有效性 | 有权 |
| 摘要 | 本发明公开了一种燃气冲天炉，包括炉体，在炉体底部设置有用以支撑炉料并可将熔化后的铁液过热、还原的支撑还原球，在支撑还原球的上方装有炉料，在炉体上对应炉料的位置处设置有第一排烧嘴，在炉体上对应放置支撑还原球的位置处设置有第二排烧嘴，第一排烧嘴与第二排烧嘴均分别连接富氧燃气进气管与热风进气管。本发明燃气冲天炉采用第一排烧嘴直接对炉体中的炉料进行加热熔化，熔化后的铁液通过支撑还原球过热及还原，该结构形式可高效地熔化炉料，使铁液温度达到 1500℃-1550℃；另外将支撑还原球堆积在炉体底部，不需要水冷炉栅支撑，消除了现有燃气冲天炉在生产过程中存在的安全隐患。 | | |

| 名称 | 一种燃气涡轮发动机用火焰筒及其加工方法 | | |
|---|---|---|---|
| 申请号 | CN201410589011.8 | 申请日 | 2014.10.28 |
| 公开（公告）号 | CN104315542A | 公开（公告）日 | 2015.01.28 |
| IPC | F23R3/42（2006.01）I | | |
| 申请人 | 常州兰翔机械有限责任公司 | | |
| 发明人 | 袁文科；王豫宁；卢文海 | | |
| 当前法律状态 | 授权 | 有效性 | 有权 |
| 摘要 | 本发明涉及一种燃气涡轮发动机用火焰筒，该火焰筒由涡流板、冷却板以及带二股气流进气窗的安装边焊接而成，所述带二股气流进气窗的安装边是经车削加工而成的一整体件。本发明通过结构改进，把原型件的四件焊接结构改为三件焊接结构，并将冲压成型工艺改为车削加工成型工艺，结构简单，从而简化了加工工艺，利于批量生产加工，大幅度提高了产品合格率。 | | |

| 名称 | 一种燃煤机组与燃气轮机联合发电系统 | | |
|---|---|---|---|
| 申请号 | CN201410539729.6 | 申请日 | 2014.10.14 |
| 公开（公告）号 | CN104314628A | 公开（公告）日 | 2015.01.28 |
| IPC | F01K23/10（2006.01）I；F01K17/02（2006.01）I | | |
| 申请人 | 华电电力科学研究院 | | |
| 发明人 | 谢大幸；常浩；石永锋；郝建刚；徐婷婷；郑健；李飞飞；王健 | | |
| 当前法律状态 | 授权 | 有效性 | 有权 |
| 摘要 | 本发明涉及一种燃煤机组和燃气轮机联合发电系统，属于联合发电领域，包括燃煤机组、燃气轮机、余热锅炉、给水加热器，给水加热器集成在余热锅炉内，燃煤机组高压加热器系统设置出口旁路，高压加热器出口旁路和给水加热器相连，给水加热器另一端和燃煤机组燃煤锅炉相连，燃煤机组轴封加热器出口设置旁路，冷凝水通过旁路进入余热锅炉，受热后形成蒸汽补充到燃煤机组汽轮机中。本发明大大提高了热循环效率，提高了能源的利用率，降低了发电企业的煤耗，实现了节能减排的目的。 | | |

| 名称 | 一种燃气轮机燃料与空气混合比的控制方法及装置 | | |
|---|---|---|---|
| 申请号 | CN201410459760.9 | 申请日 | 2014.09.11 |
| 公开（公告）号 | CN104329173A | 公开（公告）日 | 2015.02.04 |
| IPC | F02C7/22（2006.01）I；F02C9/28（2006.01）I；F02C3/04（2006.01）I | | |
| 申请人 | 中国科学院工程热物理研究所 | | |
| 发明人 | 曾德堂；谭春青；高庆；袁怡祥；陈海生；李枚媛 | | |
| 当前法律状态 | 授权 | 有效性 | 有权 |
| 摘要 | 本发明涉及一种燃气轮机燃料与空气混合比的控制方法及装置，采用燃料与空气混合比来控制燃气轮机点火以及慢车转速以下实时优化燃料与空气混合比配置，主要包括液态燃料质量流量计以及空气体积流量计、压力传感器及温度传感器，燃气轮机从带转到燃烧室点火时刻，燃气轮机控制器根据进口空气流量、压力及温度计算出标况下气体质量流量，检测燃气轮机转速，调整燃料供应量，使得燃料与空气混合当量比等于1启动点火程序；点火成功后，燃气轮机控制器通过实时检测和调整燃料与空气当量比，从而实现燃料与空气混合实时最优的目标。 | | |

| 名称 | 排放管结构和包括排放管结构的燃气涡轮发动机 | | |
|---|---|---|---|
| 申请号 | CN201380030048.0 | 申请日 | 2013.05.21 |
| 公开（公告）号 | CN104334834A | 公开（公告）日 | 2015.02.04 |
| IPC | F01D9/06(2006.01)I;F01D25/18(2006.01)I;F01D25/32(2006.01)I;F01M11/02(2006.01)I;F16L19/02(2006.01)I; F16L41/08（2006.01）I | | |
| 申请人 | 西门子公司 | | |
| 发明人 | T. 米尔恩 | | |
| 当前法律状态 | 授权 | 有效性 | 有权 |
| 摘要 | 本发明涉及用于涡轮机的管结构，其包括：用于引导流体的流体管；和用于将流体管联接至受温度影响的部件的联接元件。所述联接元件被构造成能够通过所述联接元件的第一端部在所述联接元件与所述部件之间提供第一连接部。所述联接元件还通过所述联接元件的第二端部在所述联接元件与所述流体管的第一表面部段之间提供第二连接部。此外，所述联接元件包括套筒部分，所述套筒部分环绕所述流体管的第二表面部段，并与所述流体管（11）的第二表面部段间隔开。此外，本发明还涉及包括这种管结构的流体入口或出口结构或者还涉及包括这种管结构的燃气涡轮发动机。 | | |

| 名称 | 一种丝杠式快速抢修卡具及利用其抢修管道的方法 | | |
|---|---|---|---|
| 申请号 | CN201410598624.8 | 申请日 | 2014.10.30 |
| 公开（公告）号 | CN104329534A | 公开（公告）日 | 2015.02.04 |
| IPC | F16L55/17（2006.01）I | | |
| 申请人 | 北京市燃气集团有限责任公司 | | |
| 发明人 | 高顺利；李夏喜；吴国荣；赵欣；廖如超；石志强；秦臻；晋铁汉 | | |
| 当前法律状态 | 授权 | 有效性 | 有权 |
| 摘要 | 本发明一种丝杠式快速抢修卡具及利用其抢修管道的方法涉及一种卡具，特别是涉及一种用于封堵管道的链条式抱卡及利用其抢修管道的方法。其目的是为了提供一种结构简单、成本低、操作简便、对环境适应性强、安装方便的一种丝杠式快速抢修卡具及其抢修方法。本发明一种丝杠式快速抢修卡具包括螺杆、升降板、链轮、导轨、上横架、下横架和底座，所述上横架、下横架可转动地与螺杆的上、下两端连接，所述螺杆与升降板的中部螺纹连接，升降板通过链轮固定链条的两端。 | | |

| 名称 | 燃气涡轮发动机壁 | | |
|---|---|---|---|
| 申请号 | CN201380031113.1 | 申请日 | 2013.06.13 |
| 公开（公告）号 | CN104364581A | 公开（公告）日 | 2015.02.18 |
| IPC | F23R3/06（2006.01）I | | |
| 申请人 | 通用电气公司 | | |
| 发明人 | S.M. 皮尔森；R.F. 伯格霍尔斯；D.R. 史密斯；F.A. 巴克；S.M. 莫尔特；K.R. 费尔德曼 | | |
| 当前法律状态 | 授权 | 有效性 | 有权 |
| 摘要 | 本发明公开一种燃气涡轮发动机壁。所述壁包括具有至少一个薄膜冷却孔限定于其中的内表面和相对外表面。所述至少一个薄膜冷却孔包括从所述内表面延伸出来的倾斜入口孔和从所述倾斜入口孔的出口端横向叉开的一对通道。所述一对通道具有大体上恒定的宽度并且由脊部分离以形成回飞镖形截面形状。 | | |

| 名称 | 一种自保护带压堵漏装置及利用其抢修管道的方法 | | |
|---|---|---|---|
| 申请号 | CN201410598602.1 | 申请日 | 2014.10.30 |
| 公开（公告）号 | CN104358964A | 公开（公告）日 | 2015.02.18 |
| IPC | F16L55/17（2006.01）I；F16L55/18（2006.01）I | | |
| 申请人 | 北京市燃气集团有限责任公司 | | |
| 发明人 | 李夏喜；霍志刚；韩赞东；邢琳琳；田晓江；罗强；赵欣；陈文利；廖如超 | | |
| 当前法律状态 | 授权 | 有效性 | 有权 |
| 摘要 | 本发明一种自保护带压堵漏装置及利用其抢修管道的方法涉及一种管道堵漏装置，特别是涉及一种用于燃气管道堵漏的堵漏板和卡具和抢修方法。其目的是为了提供一种结构简单、成本低、操作简便、无需停止管道输送、保证箍紧力、适应环境能力强、堵漏密封性强的一种自保护带压堵漏装置。本发明一种自保护带压堵漏装置包括卡具（2）、堵漏板（3）和链条（4），所述卡具（2）在管道（1）上通过链条（4）箍紧堵漏板（3），所述卡具（2）利用丝杠结构勒紧链条（4），所述堵漏板（3）利用球锁结构降低管道（1）泄露处对堵漏板（3）的压力。 | | |

| 名称 | 余气回收工艺 | | |
|---|---|---|---|
| 申请号 | CN201410494485.4 | 申请日 | 2014.09.24 |
| 公开（公告）号 | CN104359001A | 公开（公告）日 | 2015.02.18 |
| IPC | F17C7/00（2006.01）I；F17C13/02（2006.01）I | | |
| 申请人 | 新疆新捷燃气有限责任公司 | | |
| 发明人 | 张德均；许克军；方海平 | | |
| 当前法律状态 | 授权 | 有效性 | 有权 |
| 摘要 | 本发明公开了余气回收工艺，当待卸气拖车所运载的气罐内部压力＞余气接收拖车所运载的气罐内部压力时，待卸气拖车所运载的气罐内的余气利用压力差以不经天然气压缩机的方式被直接充入余气接收拖车所运载的气罐内，对应连接本发明的天然气压缩机进气口连通管和天然气压缩机出气口连通管的天然气压缩机始终处于停止状态；当待卸气拖车所运载的气罐内部压力≤余气接收拖车所运载的气罐内部压力时，待卸气拖车所运载的气罐内的余气则经天然气压缩机压缩后被强制压入余气接收拖车所运载的气罐内。本发明既利于环保，也使环境免受损害，也能节约能源，将原本排放到大气中的天然气进行充分回收并利用，提高经济效益，进一步降低余气回收的人力、物力成本及其耗电量。 | | |

| 名称 | 一种燃气轮机燃烧室中心体开槽旋流喷嘴 | | |
|---|---|---|---|
| 申请号 | CN201410589881.5 | 申请日 | 2014.10.28 |
| 公开（公告）号 | CN104373963A | 公开（公告）日 | 2015.02.25 |
| IPC | F23R3/38（2006.01）I | | |
| 申请人 | 北京华清燃气轮机与煤气化联合循环工程技术有限公司 | | |
| 发明人 | 查筱晨；张龙；张珊珊；刘小龙 | | |
| 当前法律状态 | 授权 | 有效性 | 有权 |
| 摘要 | 本发明涉及燃气轮机技术领域，公开了一种燃气轮机燃烧室中心体开槽旋流喷嘴。该燃气轮机燃烧室中心体开槽旋流喷嘴包括：中心锥体、壳体及多个旋流叶片；所述中心锥体位于所述壳体内，所述中心锥体及所述壳体之间形成有环形的外围空气通道，所述旋流叶片沿所述中心锥体周向设置于所述中心锥体上，在所述中心锥体的外圆周上还布置有多个槽道，所述槽道与所述旋流叶片间隔分布。本发明提供的燃气轮机燃烧室中心体开槽旋流喷嘴中的中心锥体上设置有多个槽道，改变了中心锥体内侧的流动方式，混合气旋流强度减弱，轴向速度增强，匹配喷嘴出口的燃料浓度和速度分布；具有合理有效的组织燃烧和控制污染物排放的优点。 | | |

| 名称 | 一种带补燃型余热锅炉的IGCC电站系统及工作方法 | | |
|---|---|---|---|
| 申请号 | CN201410636139.5 | 申请日 | 2014.11.05 |
| 公开（公告）号 | CN104373164A | 公开（公告）日 | 2015.02.25 |
| IPC | F01K23/10(2006.01)I；F01K11/02(2006.01)I；F01K13/02(2006.01)I；F01D15/08(2006.01)I；F01D15/10(2006.01)I；F02C6/00(2006.01)I | | |
| 申请人 | 中国华能集团清洁能源技术研究院有限公司；中国华能集团公司 | | |
| 发明人 | 穆延非；史绍平；闫姝；陈新明；周贤；方芳 | | |
| 当前法律状态 | 授权 | 有效性 | 有权 |
| 摘要 | 一种带补燃型余热锅炉的IGCC电站系统及工作方法，该系统包括整体煤气化联合循环系统系统原有的空分系统、汽化炉、燃气轮机系统、余热锅炉和蒸汽轮机系统以及新增的安装在余热锅炉的入口处的余热锅炉补燃装置和代替原有驱动空分系统压缩单元的电动机的小汽轮机；当电站启动时，余热锅炉补燃装置启动，为余热锅炉提供热量，产生蒸汽驱动小汽轮机运转，从而使得空分系统不依靠气化炉、燃气轮机系统而启动运行；本发明提出的IGCC电站系统及工作方法相对于原有电动机驱动空分系统压缩单元的IGCC电站系统，不仅能节省大量的初期投资费用，而且能提高电站的供电效率。 | | |

| 名称 | 具有改进部分负载排放性能的燃气涡轮 | | |
|---|---|---|---|
| 申请号 | CN201410387783.3 | 申请日 | 2014.08.08 |
| 公开（公告）号 | CN104373219A | 公开（公告）日 | 2015.02.25 |
| IPC | F02C7/22（2006.01）I；F02C9/26（2006.01）I | | |
| 申请人 | 阿尔斯通技术有限公司 | | |
| 发明人 | T.弗雷拉-普罗维达基斯；G.辛格拉；T.米尤维斯森；S.里帕里；O.玛格丽 | | |
| 当前法律状态 | 授权 | 有效性 | 有权 |
| 摘要 | 本发明涉及具有改进部分负载排放性能的燃气涡轮。在一种用于以顺序燃烧的燃气涡轮的低CO排放部分负载运行的方法中，取决于第二燃烧器的运行喷燃器的温度，控制一排可变的压缩机入口导叶的开启，并且同时运行喷燃器的数量保持最小。这导致燃气涡轮在部分负载下的低CO排放。 | | |

| 名称 | 一种燃气轮机凝汽器复合管板现场校形方法 | | |
|---|---|---|---|
| 申请号 | CN201410384043.4 | 申请日 | 2014.08.07 |
| 公开（公告）号 | CN104384252A | 公开（公告）日 | 2015.03.04 |
| IPC | B21D3/00（2006.01）I | | |
| 申请人 | 东方电气集团东方汽轮机有限公司 | | |
| 发明人 | 陶德；陈达平；熊建坤；张从平；谭小平；伍敏；徐健；刘燕；魏蓉；马勇；戚德高；王尧；张峻铭 | | |
| 当前法律状态 | 授权 | 有效性 | 有权 |
| 摘要 | 本发明公开了一种燃气轮机凝汽器复合管板现场校形的方法，包括步骤：1）在平台上搭建支撑，然后将复合管板放到支撑上；2）在复合管板法兰面上贴上隔离纸，然后将水室平稳地放到复合管板上；3）通过水室的法兰平面直观检查复合管板变形的尺寸及位置；4）将复合管板四个方向的肋板都从变形最大处用火焰切割开；5）从水室法兰中部向两端把紧螺栓，让水室法兰面与复合管板表面贴合并静置；6）焊接复合管板割开的肋板，并避免温度过高；7）对焊缝进行MT检验合格后松开螺栓，取下水室；8）拉线测量校型后复合管板的平面度及水室法兰面的平面度。本发明能很好地利用现场环境和现场设备，达到复合管板校型的目的。 | | |

# 附 录

| 名称 | 套管式内燃机进气机构 | | |
|---|---|---|---|
| 申请号 | CN201410537834.6 | 申请日 | 2014.10.14 |
| 公开（公告）号 | CN104405536A | 公开（公告）日 | 2015.03.11 |
| IPC | F02M21/02（2006.01）I | | |
| 申请人 | 潍坊力创电子科技有限公司 | | |
| 发明人 | 吴龙龙 | | |
| 当前法律状态 | 授权 | 有效性 | 有权 |
| 摘要 | 本发明涉及内燃机进气机构，尤其涉及一种套管式内燃机进气机构。包括空气进气管和燃气分配管，所述燃气分配管设置于所述空气进气管的内腔中，空气进气管的管壁上插装有连通燃气分配管的燃气通道管，所述空气进气管的管壁上安装有阀座，该阀座穿插安装在空气进气管和燃气分配管的管壁上，并且在阀座上设有燃气支管安装孔和安全排气孔；喷射控制阀插装在阀座中，燃气支管安装孔上固定安装有燃气支管。该内燃机进气机构结构紧凑，安装空间小；燃气喷射准确，便于装配和安装；特殊设计的安全排气孔结合密封圈可以避免燃气泄漏到空气进气管的外部，安全性大为提高。 | | |

| 名称 | 一种用于燃气轮机排气系统的烟道的制造工艺 | | |
|---|---|---|---|
| 申请号 | CN201410497722.2 | 申请日 | 2014.09.26 |
| 公开（公告）号 | CN104405456A | 公开（公告）日 | 2015.03.11 |
| IPC | F01D25/30（2006.01）I；C22C38/46（2006.01）I；C22C38/24（2006.01）I | | |
| 申请人 | 江苏华强新能源科技有限公司 | | |
| 发明人 | 陈欣；邬文泰 | | |
| 当前法律状态 | 授权 | 有效性 | 有权 |
| 摘要 | 本发明公开了一种用于燃气轮机排气系统的烟道的制造工艺，选用铬钼低合金钢为坯料，铬钼低合金钢的质量百分比成分为：碳：0.3%～0.32%、硅：0.18%～0.36%、锰：0.50%～0.70%、铬：0.90%～1.10%、钼：0.20%～0.30%、磷：0～0.02%、硫：0～0.025%、氢：0～1.8 ppm、镍：0～0.40%、钒：0～0.03%、铜：0～0.30%、0～0.9%残余元素，其余为Fe；并选用硼改性有机硅树脂耐高温涂料涂覆在烟道的内外表面；本发明所设计的用于燃气轮机排气系统的烟道的制造工艺能够大大提高金属膨胀节大的抗磨损、抗压力、耐高温及耐腐蚀的能力，且操作简便，能够提高烟道的生产效率。 | | |

| 名称 | 一种碎煤熔渣气化煤制清洁燃气的工艺及装置 | | |
|---|---|---|---|
| 申请号 | CN201410763475.6 | 申请日 | 2014.12.11 |
| 公开（公告）号 | CN104403691A | 公开（公告）日 | 2015.03.11 |
| IPC | C10J3/20（2006.01）I；C10J3/30（2006.01）I；C10J3/84（2006.01）I；C10J3/82（2006.01）I | | |
| 申请人 | 赛鼎工程有限公司 | | |
| 发明人 | 韩涛；史郭晓；左永飞；崔晓曦 | | |
| 当前法律状态 | 授权 | 有效性 | 有权 |
| 摘要 | 一种碎煤熔渣气化煤制清洁燃气的工艺是碎煤经过气化后通过气化室中部引出粗煤气装置时抽出体积比5%～60%的粗煤气，经旋风分离器除尘，煤气引出通道装置上的煤气出口引出其余粗煤气经旋风分离器除部分尘和焦油，再经过洗涤冷却器再次除尘，冷却降温后进入废热锅炉回收余热，最后降温粗煤气经气液分离器分离出冷凝液后的粗煤气送到下游工序，洗涤后的冷凝液送去煤气水分离装置回收；本发明具有节能，运行成本低、煤尘带出量少，含焦油煤气水少的优点。 | | |

| 名称 | 用于小型城市调峰的ANG储罐装置及其ANG调峰方法 | | |
|---|---|---|---|
| 申请号 | CN201410566882.8 | 申请日 | 2014.10.22 |
| 公开（公告）号 | CN104406040A | 公开（公告）日 | 2015.03.11 |
| IPC | F17C11/00（2006.01）I；F17D1/04（2006.01）I；F17D3/01（2006.01）I | | |
| 申请人 | 华南理工大学 | | |
| 发明人 | 徐文东；程显弼；阮宝荣；郑境森 | | |
| 当前法律状态 | 授权 | 有效性 | 有权 |
| 摘要 | 本发明公开了用于小型城市调峰的ANG储罐装置及其ANG调峰方法；该装置包括至少2个ANG储罐和至少2个预吸附罐；每一个预吸附罐一端与一个阀门串联连接后并联，并联端连接第一在线色谱检测仪，并通过第一阀门与高压天然气管路连接；每一个预吸附罐的一端还与另一个阀门串联后并联连接，并联端通过电加热器和第三阀门与高压N2管路连接；每一个预吸附罐的另一端分别与一个阀门串联后并接，并接的一端通过阀门与低压天然气管路连接；并接的一端还通过第二在线色谱检测仪和阀门与至少2个ANG储罐的并联端连接；本发明采用循环水管消除天然气的吸附热效应，具有储罐容积小、储气量大、储气压力低、安全性好、操作便利等优点。 | | |

| 名称 | 一种燃气轮机的透平机 | | |
|---|---|---|---|
| 申请号 | CN201310389618.7 | 申请日 | 2013.08.30 |
| 公开（公告）号 | CN104420887A | 公开（公告）日 | 2015.03.18 |
| IPC | F01D1/04（2006.01）I；F01D5/06（2006.01）I；F01D5/14（2006.01）I；F01D9/02（2006.01）I；F01D25/14（2006.01）I；F01D5/08（2006.01）I；F01D5/18（2006.01）I | | |
| 申请人 | 哈尔滨汽轮机厂有限责任公司 | | |
| 发明人 | 张秋鸿；张宏涛；冯永志；石玉文；吕智强；李振中；赵俊明；王思远；王辉；姜东坡；席会杰；张成义；慕粉娟；张文军 | | |
| 当前法律状态 | 授权 | 有效性 | 有权 |
| 摘要 | 本发明公开了一种燃气轮机透平机，所述透平机包括机壳，透平机入口，透平机出口，一个透平转子，四级静叶以及四级动叶。该透平转子包括四个动叶轮盘和三个中间盘，两者沿轴向交替排列，并通过两组拉杆连接为一体。该静叶安装在固定的机壳上，其内部设置有冲击冷却套筒，其表面设有气膜孔，其尾缘设有对流冷却通道。该动叶安装在转子一侧并与转子一起旋转，其中三级为空心结构，其内部设有双蛇形冷却通道和多组人字形肋片。该静叶与动叶在转子的轴线方向交替排列，并在内部形成燃气通道。本发明的透平机在燃气轮机运转时可以实现将高温燃气的热能高效地转化为转子转动的机械能，并通过充分、合理的冷却，保证机械运行的安全性。 | | |

| 名称 | 熔化炉内气氛控制方法 | | |
|---|---|---|---|
| 申请号 | CN201410746419.1 | 申请日 | 2014.12.09 |
| 公开（公告）号 | CN104457285A | 公开（公告）日 | 2015.03.25 |
| IPC | F27D7/06（2006.01）I | | |
| 申请人 | 苏州博能炉窑科技有限公司 | | |
| 发明人 | 何绿泉 | | |
| 当前法律状态 | 授权 | 有效性 | 有权 |
| 摘要 | 本发明公开了一种熔化炉内气氛控制方法，包括以下步骤：S1.根据不同燃气负荷时氧含量分析仪测得的氧含量数据找出最佳氧含量时燃气与助燃风的流量比建立燃气助燃风流量表；S2.根据燃气负荷一定时氧含量分析仪测得的氧含量数据找出最佳氧含量时熔化炉内温度与助燃风流量的比建立温度风量系数表；S3.将燃气与助燃气流量值设定为燃气助燃风流量表中对应的数值，氧含量分析仪测量氧含量数据；S4.根据步骤S3中氧含量数据将助燃风流量调整为温度风量系数表中对应的助燃风流量值。本发明相较于现有技术，不需要依赖员工的经验调节燃气与助燃风流量，控制方便，并且二次调整，保证燃气的燃烧率，达到节能减排的作用。 | | |

| 名称 | 燃烧室冷却 | | |
|---|---|---|---|
| 申请号 | CN201380037779.8 | 申请日 | 2013.06.12 |
| 公开（公告）号 | CN104471316A | 公开（公告）日 | 2015.03.25 |
| IPC | F23R3/00（2006.01）I；F23R3/06（2006.01）I | | |
| 申请人 | 西门子公司 | | |
| 发明人 | O. 戴斯；T. 格里布；M. 哈泽；J. 克莱因菲尔德；B. 普拉德 | | |
| 当前法律状态 | 授权 | 有效性 | 有权 |
| 摘要 | 本发明涉及一种燃气轮机燃烧室，包括具有冷却空气孔的内壁和与内壁隔开一定距离的外壁，其中，外壁同样具有冷却空气孔，并由多个沿燃气轮机燃烧室周向基本上并列设置的壁元件构成，所述壁元件以在一个窄侧的固定支座以及以在相对置窄侧的浮动支座安装在所述内壁上，从而在两个壁之间形成空隙。 | | |

| 名称 | 燃气轮机 | | |
|---|---|---|---|
| 申请号 | CN201410604117.0 | 申请日 | 2014.10.31 |
| 公开（公告）号 | CN104454172A | 公开（公告）日 | 2015.03.25 |
| IPC | F02C7/20（2006.01）I | | |
| 申请人 | 中国南方航空工业（集团）有限公司 | | |
| 发明人 | 吕程程；王丹；罗贤军；陈青；李斐 | | |
| 当前法律状态 | 授权 | 有效性 | 有权 |
| 摘要 | 本发明提供了一种燃气轮机，包括涡轮转子和压气机转子，压气机转子套设在涡轮转子的外侧，燃气轮机还包括：第一调整垫圈和第二调整垫圈，第一调整垫圈和第二调整垫圈均套设在涡轮转子上，且第二调整垫圈与涡轮转子之间存在径向间隙，第二调整垫圈与压气机转子连接；其中，第一调整垫圈上设置有弧形凹面，第二调整垫圈上设置有与弧形凹面相配合的弧形凸面，弧形凸面与弧形凹面相贴合。由于第一调整垫圈上设置有弧形凹面，第二调整垫圈上设置有与弧形凹面相配合的弧形凸面，于是，当涡轮转子与压气机转子之间的轴线发生偏离时，第一调整垫圈和第二调整垫圈之间会发生相对滑动，进而防止应力集中在涡轮转子头部，从而提高了燃气轮机的可靠性。 | | |

| 名称 | 燃气-蒸汽联合循环发电机组余热锅炉高压给水系统 | | |
|---|---|---|---|
| 申请号 | CN201410731028.2 | 申请日 | 2014.12.05 |
| 公开（公告）号 | CN104456524A | 公开（公告）日 | 2015.03.25 |
| IPC | F22D5/00（2006.01）I；F22B35/00（2006.01）I | | |
| 申请人 | 东方电气集团东方汽轮机有限公司 | | |
| 发明人 | 董奎；梁珊珊；仲如浩；杨小军；何瑛；陶健；周洪宇；艾松；方宇 | | |
| 当前法律状态 | 授权 | 有效性 | 有权 |
| 摘要 | 本发明公开一种燃气—蒸汽联合循环发电机组余热锅炉高压给水系统，包括高压给水泵、TCA换热器、锅炉省煤器、锅炉高压汽包，其特征在于，所述高压给水泵有两台，其中一台向TCA换热器供水，另一台向锅炉省煤器供水，构成两条独立的供水支路；所述TCA换热器、锅炉省煤器的出水汇入锅炉高压汽包。本发明将最大限度地降低高压系统给水泵功耗，同时也完全避免了TCA冷却器和高压省煤器互相抢水现象的发生，实现了节能减排和保障设备安全稳定运行的多重功效。 | | |

| 名称 | 一种实现燃气轮机起动过程中燃料实时控制方法及装置 | | |
|---|---|---|---|
| 申请号 | CN201410751451.9 | 申请日 | 2014.12.10 |
| 公开（公告）号 | CN104481704A | 公开（公告）日 | 2015.04.01 |
| IPC | F02C9/28（2006.01）I | | |
| 申请人 | 中国科学院工程热物理研究所 | | |
| 发明人 | 曾德堂；谭春青；高庆；张华良；刘锡阳；董学智；陈海生 | | |
| 当前法律状态 | 授权 | 有效性 | 有权 |
| 摘要 | 本发明为解决现有燃气轮机起动过程中燃料开环控制容易导致超温或悬挂问题，公开了一种实现燃气轮机起动过程中燃料量实时闭环控制的方法及装置，适用于地面燃气轮机、航空发动机以及其他起动过程中对燃料控制要求高的动力装置中，在燃气轮机起动过程中增加了燃料质量流量计、压气机测速传感器、排气端温度传感器。燃气轮机点火成功后，燃气轮机控制器通过燃料质量流量计、速度传感器、温度传感器，实时检测和调整燃料量，从而实现燃气轮机起动过程中的燃料实时闭环控制。 | | |

| 名称 | 一种燃气、柴油及超临界二氧化碳发电船舶动力驱动系统 | | |
|---|---|---|---|
| 申请号 | CN201410741203.6 | 申请日 | 2014.12.05 |
| 公开（公告）号 | CN104481697A | 公开（公告）日 | 2015.04.01 |
| IPC | F02C6/00（2006.01）I；F02C6/18（2006.01）I；F02B63/04（2006.01）I；F01K23/10（2006.01）I；B63H21/17（2006.01）I | | |
| 申请人 | 西安交通大学 | | |
| 发明人 | 谢永慧；陈会勇；张荻 | | |
| 当前法律状态 | 授权 | 有效性 | 有权 |
| 摘要 | 一种燃气、柴油及超临界二氧化碳发电船舶动力驱动系统，其通过燃气轮机发电系统进行发电，为整个船舶提供电能，柴油机组发电系统作为辅助发电系统，燃气轮机的高温排气作为超临界二氧化碳布雷顿循环发电系统的热源，实现超临界二氧化碳布雷顿动力循环，通过二氧化碳透平拖动发电机组产生电能，以上各种发电系统产生的电能，通过电力控制系统分配给螺旋桨动力系统以及船务配电系统。本发明综合了燃气轮机发电系统、柴油机组发电系统、超临界二氧化碳布雷顿循环发电系统、电力控制系统和螺旋桨动力系统，提高了能源利用效率，并提供了稳定的供电电源，同时为燃气轮机动力系统以及超临界二氧化碳布雷顿动力循环在船舶领域的运用提供了新的思路。 | | |

| 名称 | 一种用于客车的双加气口CNG燃气管路系统 | | |
|---|---|---|---|
| 申请号 | CN201410783030.4 | 申请日 | 2014.12.17 |
| 公开（公告）号 | CN104482399A | 公开（公告）日 | 2015.04.01 |
| IPC | F17C5/06（2006.01）I；F17C13/02（2006.01）I；F17C13/04（2006.01）I | | |
| 申请人 | 安徽安凯汽车股份有限公司 | | |
| 发明人 | 任杰；洪洋；赵理想；朱洪雷；殷农民；张立辉 | | |
| 当前法律状态 | 授权 | 有效性 | 有权 |
| 摘要 | 本发明提供一种用于客车的双加气口CNG燃气管路系统，包括2组并联的加气控制阀组件、1组储气罐组件和1组总控制阀组件，2组所述加气控制阀组件一出口通过三通阀一与总控制阀组件连通，2组所述加气控制阀组件另一出口通过三通阀二与储气罐组件连通，所述总控制阀组件与CNG发动机的燃气入口连接。该系统采用双加气口结构，方便用户充装气体，两个加气口可以同时充气，提高加气效率。 | | |

| 名称 | 一种燃气密封结构的多层金属气缸垫 | | |
|---|---|---|---|
| 申请号 | CN201410654952.5 | 申请日 | 2014.11.18 |
| 公开（公告）号 | CN104481723A | 公开（公告）日 | 2015.04.01 |
| IPC | F02F11/00（2006.01）I；B23P15/00（2006.01）I | | |
| 申请人 | 杭州内燃机缸垫有限公司 | | |
| 发明人 | 苗文旱；刘振家；黄效桂；应军；童小敏 | | |
| 当前法律状态 | 授权 | 有效性 | 有权 |
| 摘要 | 一种燃气密封结构的多层金属气缸垫，包括垫体，垫体由上板、调整板和下板依次重叠而成。垫体上设有燃烧室孔、冷却液孔、油孔和螺栓孔。上板和下板之间设有调整板，还包括面压形成片，面压形成片是将环形薄金属片在所述调整板的燃烧室孔处向外翻边，并紧贴地铆压在所述调整板的燃烧室孔外侧，所述调整板的燃烧室孔外侧的铆压处为预先压制好的深度与面压形成片厚度相同的凹槽。该多层金属气缸垫节省合金钢材料，又可以用普通设备制造而不必购买价格昂贵的激光焊接机。结构合理，节省材料，降低成本，提高了生产率，性能可靠，密封效果好，使用寿命长，极大地提高了发动机的可靠性和耐久性。 | | |


| 名称 | 驱动负载的两个燃气涡轮的组合 | | |
|---|---|---|---|
| 申请号 | CN201380030053.1 | 申请日 | 2013.06.06 |
| 公开（公告）号 | CN104520541A | 公开（公告）日 | 2015.04.15 |
| IPC | F01D13/00（2006.01）I；F02C6/02（2006.01）I；F02C7/36（2006.01）I | | |
| 申请人 | 诺沃皮尼奥内股份有限公司 | | |
| 发明人 | G.阿奎斯蒂 | | |
| 当前法律状态 | 授权 | 有效性 | 有权 |
| 摘要 | 描述了一种用于驱动负载的系统，包括具有冷端和热端（23H，123H）的第一燃气涡轮，以及具有冷端（25C；125C）和热端的第二燃气涡轮（25；125）。第一燃气涡轮在其热端（23H；23H）处机械地连接于所述负载（21；120），而所述第二燃气涡轮在其所述冷端处机械地连接于所述负载。 | | |


| 名称 | 一种用于燃气轮机空气净化的多级集成式过滤系统 | | |
|---|---|---|---|
| 申请号 | CN201410697672.2 | 申请日 | 2014.11.28 |
| 公开（公告）号 | CN104511210A | 公开（公告）日 | 2015.04.15 |
| IPC | B01D46/00（2006.01）I；F02C7/055（2006.01）I | | |
| 申请人 | 成都博世德能源科技股份有限公司 | | |
| 发明人 | 党为民；李如荣；史代军；龚学钰 | | |
| 当前法律状态 | 授权 | 有效性 | 有权 |
| 摘要 | 本发明属于燃气轮机技术领域，公开了一种用于燃气轮机空气净化的多级集成式过滤系统，用于解决现有燃气轮的过滤房三级过滤器之间间距较大导致生产制造和维护成本高，同时解决现有中效过滤器存在的过滤效率低的问题。本发明包括过滤房以及设置在过滤房内的粗效过滤器、中效过滤器和高效过滤器，高效过滤器、中效过滤器和粗效过滤器经安装夹具依次连接为可拆分的整体，粗效过滤器与过滤房之间设有检修通道；中效过滤器包括过滤筒体，过滤筒体包括外金属网层和内金属网层，外金属网层和内金属网层组成三面围绕的筒状过滤筒体，外金属网层和内金属网层之间设有过滤层，内金属网层上设有螺旋导流条，螺旋导流条倾斜设置在内金属网层上。 | | |

| 名称 | 车载液化天然气汽化器及安装该汽化器的冷藏运输车 | | |
|---|---|---|---|
| 申请号 | CN201410769039.X | 申请日 | 2014.12.12 |
| 公开（公告）号 | CN104514981A | 公开（公告）日 | 2015.04.15 |
| IPC | F17C7/04（2006.01）I；B60H1/32（2006.01）I | | |
| 申请人 | 江苏华迈燃气设备销售有限公司 | | |
| 发明人 | 陈春华 | | |
| 当前法律状态 | 授权 | 有效性 | 有权 |
| 摘要 | 本发明涉及一种车载液化天然气汽化器及安装该汽化器的冷藏运输车。该汽化器，包括汽化管、换热壳体和吸风机，换热壳体包括左侧、右侧壳体，左、右两侧的直管段分别设置在各自一侧的由换热壳体构成的换热风道内，在左侧、右侧壳体侧面设置出风口，吸风机将吸入的空气吹入换热风道与汽化管进行换热，换热后的冷空气通过换热壳体上的出风口吹出。该汽化器的左、右两侧的直管段以及左侧、右侧壳体分别安装在车厢顶部的左右两侧，并由车厢头部向车厢尾部延伸。本发明的有益效果是：结构、布局合理，车厢内温度均匀性好，避免了能源的浪费，而且最大程度的提高车厢内部空间的利用率。 | | |

| 名称 | 一种具有热变形补偿结构的燃气涡轮发动机整体式涡轮导向器 | | |
|---|---|---|---|
| 申请号 | CN201410666630.2 | 申请日 | 2014.11.20 |
| 公开（公告）号 | CN104533541A | 公开（公告）日 | 2015.04.22 |
| IPC | F01D9/04（2006.01）I | | |
| 申请人 | 中国航空动力机械研究所 | | |
| 发明人 | 陈竞炜；卢聪明；徐鲁兵；李鑫 | | |
| 当前法律状态 | 授权 | 有效性 | 有权 |
| 摘要 | 本发明提供了一种具有热变形补偿结构的燃气涡轮发动机整体式涡轮导向器，所述热变形补偿结构是在导向器所述内环上和/或外环上切开有数个周向切口，周向切口方向基本与所述叶根截面叶型弦长方向一致。本发明创造性地设计了热变形补偿结构，具有所述热变形补偿结构的导向器与分段式涡轮导向器相比，可有效减少高压燃气的内环周向泄漏，有利于保证发动机的性能，同时减少了零件数量；与常规的整体式导向器相比，可有效降低内外环热变形不协调而产生的热应力，从而提高导向器的寿命和可靠性，很好地解决了涡轮导向器内、外环受热变形不匹配及缘板周向封严的技术问题。 | | |

| 名称 | 一种采用低燃值气体燃料的紧凑型燃气轮机装置 | | |
|---|---|---|---|
| 申请号 | CN201410602949.9 | 申请日 | 2014.10.30 |
| 公开（公告）号 | CN104533620A | 公开（公告）日 | 2015.04.22 |
| IPC | F02C3/04（2006.01）I | | |
| 申请人 | 西安交通大学 | | |
| 发明人 | 谢永慧；高科科；张荻 | | |
| 当前法律状态 | 授权 | 有效性 | 有权 |
| 摘要 | 一种采用低燃值气体燃料的紧凑型燃气轮机装置，其中，空气离心压缩机上设有空气进气道和压缩空气出气道，低燃值气体燃料离心压缩机上设有低燃值气体燃料进气道和低燃值气体燃料出气道，压缩空气和低燃值气体燃料分别通过压缩空气出气道和低燃值气体燃料出气道进入燃烧室混合燃烧，燃烧室产生的高温高压气体驱动高压涡轮转动，高压涡轮通过高压部分转轴驱动空气离心压缩机压缩空气，通过功率输出轴驱动发电机或负载做功；从高压涡轮流出的高温高压气体驱动对转涡轮转动，对转涡轮通过低压部分转轴驱动低燃值气体燃料离心压缩机压缩低燃值气体燃料。本发明具有气动效率高、体积小、装置紧凑、耗材少、节约成本等优势，具有极其广阔的市场前景。 | | |

| | | | |
|---|---|---|---|
| 名称 | 一种用于旋压热收口机的自动烤火系统 | | |
| 申请号 | CN201410842893.4 | 申请日 | 2014.12.30 |
| 公开（公告）号 | CN104525764A | 公开（公告）日 | 2015.04.22 |
| IPC | B21D41/04（2006.01）I；B21D22/14（2006.01）I；B21D51/24（2006.01）I；F23Q5/00（2006.01）I | | |
| 申请人 | 沈阳欧施盾新材料科技有限公司 | | |
| 发明人 | 姜将 | | |
| 当前法律状态 | 授权 | 有效性 | 有权 |
| 摘要 | 本发明创造关于一种用于旋压热收口机的自动烤火系统具有设置在收口机上的支撑装置，安装在支撑装置上的烤火枪，与烤火枪连接的烤火控制系统，所述烤火枪包括枪头基座，设置在枪头基座上的喷嘴，位于枪头基座侧边的点火架，置于点火架上的点火电极，与枪头基座连接的燃气管道；所述烤火控制系统包括控制面板，与控制面板线连接的编程控制器PLC，与编程控制器PLC线连接的继电器，分别与继电器线连接的燃气电磁阀和点火器；所述燃气电磁阀分别与位于枪头基座顶部的燃气管道和装有燃气的气瓶管道连接，所述点火器与点火电极线连接。该系统不仅保证技术人员的人身安全，还降低技术人员劳动强度、提高生产率、产品质量和加工精度。 | | |

| | | | |
|---|---|---|---|
| 名称 | 回收余热的IGCC热电联产集中供热系统及方法 | | |
| 申请号 | CN201410432670.0 | 申请日 | 2014.08.29 |
| 公开（公告）号 | CN104533551A | 公开（公告）日 | 2015.04.22 |
| IPC | F01K17/02（2006.01）I；F24D3/18（2006.01）I | | |
| 申请人 | 中国华能集团清洁能源技术研究院有限公司；中国华能集团公司 | | |
| 发明人 | 周贤；许世森；史绍平；王保民；王剑钊 | | |
| 当前法律状态 | 授权 | 有效性 | 有权 |
| 摘要 | 回收余热的IGCC热电联产集中供热系统及方法，该系统包括依次连接的空分装置、气化炉、煤气冷却器、净化装置、燃气轮机、余热锅炉、吸收式热泵及换热器；余热锅炉的排烟出口排空或与烟气冷凝换热器的烟气入口连接，余热锅炉的蒸汽出口与汽轮机的入口连接，汽轮机的排汽出口与凝汽器的进汽入口连接，凝汽器的循环水出口与冷却塔连接，汽轮机的低压抽汽出口分三路、两路或一路降温后，将热网回水加热后送至热网用；本发明还提供集中供热的方法，使清洁高效的IGCC与汽轮机抽汽供热结合，并用汽轮机抽汽驱动吸收式热泵，回收汽轮机排汽余热与烟气余热，利用汽轮机抽汽热量与回收余热进行集中供热；具有清洁，高效，技术成熟，回收余热量大，兼具回收烟气冷凝水的特点。 | | |

| | | | |
|---|---|---|---|
| 名称 | 一种用于燃气轮机的三级空气过滤系统 | | |
| 申请号 | CN201410689095.2 | 申请日 | 2014.11.26 |
| 公开（公告）号 | CN104548774A | 公开（公告）日 | 2015.04.29 |
| IPC | B01D46/00（2006.01）I；F02C7/055（2006.01）I | | |
| 申请人 | 成都博世德能源科技股份有限公司 | | |
| 发明人 | 李如荣；党为民；李雷；龚学钰 | | |
| 当前法律状态 | 授权 | 有效性 | 有权 |
| 摘要 | 本发明属于燃气轮机技术领域，公开了一种用于燃气轮机的三级空气过滤系统，解决现有过滤系统长期使用粗效过滤器导致进气系统压损增加影响燃机效率、人工拆装粗效过滤器的成本高的问题。本发明包括过滤房，过滤房内设有粗效过滤装置、中效过滤器和高效过滤器，粗效过滤装置与中效过滤器之间设置有检修通道，中效过滤器与高效过滤器之间设有检修通道；粗效过滤装置包括连杆和多块上下排列的粗效过滤器，各个粗效过滤器的上端铰接在过滤房内，各个粗效过滤器的另一端均铰接在同一连杆上，位于最下端的粗效过滤器的底面铰接有能够伸缩的气缸或液压缸，气缸或液压缸的另一端铰接在过滤房内。 | | |

| 名称 | 燃气轮机油量调节装置及燃气轮机 | | |
|---|---|---|---|
| 申请号 | CN201410720781.1 | 申请日 | 2014.12.02 |
| 公开（公告）号 | CN104564356A | 公开（公告）日 | 2015.04.29 |
| IPC | F02C9/26（2006.01）I | | |
| 申请人 | 中国南方航空工业（集团）有限公司 | | |
| 发明人 | 王红莲；章瑾锋；高吉新；李朝坤；袁靖；程辉；谢卫红 | | |
| 当前法律状态 | 授权 | 有效性 | 有权 |
| 摘要 | 一种燃气轮机油量调节装置，包括外壳体、活塞、外衬套和计量针，活塞设置于外壳体的内腔内，并将内腔隔开形成供油腔和控制油腔。供油腔内设置有燃油进口、燃油出口和控制油出口，外衬套设置于供油腔内，外衬套的外壁密封贴合供油腔的内壁；外衬套的内壁开设有第一凹槽和第二凹槽，第一凹槽和燃油进口连通，第二凹槽和燃油出口连通。计量针套设于外衬套内，并与外衬套活动连接，计量针设置有成型槽，成型槽连通第一凹槽和第二凹槽，成型槽的径向截面面积从第一凹槽至第二凹槽的方向逐渐增大或减小。计量针为中空管体，计量针的尾端与活塞连接。上述燃气轮机油量调节装置通过改变控制油腔的油压来调节燃油流量，使得供油量更为精确。 | | |

| 名称 | 燃气蒸汽发生器除垢装置 | | |
|---|---|---|---|
| 申请号 | CN201510024562.4 | 申请日 | 2015.01.19 |
| 公开（公告）号 | CN104595882A | 公开（公告）日 | 2015.05.06 |
| IPC | F22B37/54（2006.01）I | | |
| 申请人 | 浙江徐氏厨房设备有限公司 | | |
| 发明人 | 徐委康；徐晓伟 | | |
| 当前法律状态 | 授权 | 有效性 | 有权 |
| 摘要 | 本发明涉及燃气蒸汽发生器除垢装置。本发明提供的燃气蒸汽发生器除垢装置，内腔侧壁上设有用于除去内胆内污垢的超声波发生器，所述壳体上设有用于控制超声波发生器工作的控制装置，所述内胆上还设有用于配合超声波发生器一起去除内胆内污垢的高压水枪，所述枪管上设有可以绕枪管转动且能将高压水流喷洒到内胆侧壁上的喷嘴；通过设置超声波发生器和高压水枪，除垢过程中，超声波发生器产生超声波，将位于内胆侧壁上的水垢打碎，然后由高压水枪喷出的水流迅速冲下，大大提高了蒸汽发生器的除垢效率。 | | |

| 名称 | 柱塞泵组件及具有该柱塞泵组件的燃气轮机 | | |
|---|---|---|---|
| 申请号 | CN201410778484.2 | 申请日 | 2014.12.16 |
| 公开（公告）号 | CN104595039A | 公开（公告）日 | 2015.05.06 |
| IPC | F02C9/54（2006.01）I；F02C7/20（2006.01）I；F04B1/12（2006.01）I | | |
| 申请人 | 中国南方航空工业（集团）有限公司 | | |
| 发明人 | 高吉新；李朝坤；袁靖；罗贤军；章瑾锋；王丹 | | |
| 当前法律状态 | 授权 | 有效性 | 有权 |
| 摘要 | 本发明公开了一种柱塞泵组件及具有该柱塞泵组件的燃气轮机，柱塞泵组件包括壳体、柱塞泵及转速限制器，柱塞泵及转速限制器均设置于壳体内，柱塞与离心飞重均设置于同一传动轴上，转子与该传动轴连接，用于带动传动轴转动。如此，有利于减小柱塞泵与转速限制器在燃气轮机上的占用空间，以便满足燃气轮机结构紧凑的要求，并且在离心飞重的离心力超过限定值时，转速限制器中的燃油通过第一回油路进入柱塞泵中再次利用，一方面燃油调节器中控制油压力下降，减小燃机供油量，从而保证转子转速不超转，另一方面提高了燃油的利用率。 | | |

# 附 录

| 名称 | 一种液化天然气冷量的增益回收利用系统 | | |
|---|---|---|---|
| 申请号 | CN201410842276.4 | 申请日 | 2014.12.30 |
| 公开（公告）号 | CN104595707A | 公开（公告）日 | 2015.05.06 |
| IPC | F17C7/04（2006.01）I；F17C13/02（2006.01）I | | |
| 申请人 | 西安交通大学 | | |
| 发明人 | 谭宏博；孙楠楠；厉彦忠 | | |
| 当前法律状态 | 授权 | 有效性 | 有权 |
| 摘要 | 一种液化天然气冷量的增益回收利用系统，从制冷空间吸收热量用于汽化低温LNG，并在制冷温度与LNG温度间构建动力循环，输出功用于驱动压缩制冷系统，并产生冷量；通过压缩制冷系统中低压低温制冷剂蒸汽的三次液化、三次蒸发，实现LNG冷量的增益输出，这三部分的冷量分别来自于LNG的汽化过程释放冷量；低温天然气再复温过程释放的冷量；LNG与制冷空间温差驱动的动力循环带动的压缩制冷循环输出冷量，本发明适用于LNG消耗规模较小且流量波动、不适宜于动力和冷量综合回收利用的应用场合，仅以冷量作为唯一回收能量的输出形式，具有很强的可行性和较高的效率，有很好的产业化推广的潜力。 | | |

| 名称 | 基于环形电极的稀燃天然气发动机燃烧系统及控制方法 | | |
|---|---|---|---|
| 申请号 | CN201510020201.2 | 申请日 | 2015.01.15 |
| 公开（公告）号 | CN104595021A | 公开（公告）日 | 2015.05.06 |
| IPC | F02B43/10（2006.01）I；F02D43/00（2006.01）I | | |
| 申请人 | 山东大学 | | |
| 发明人 | 李孟涵；刘琨然；丰程岚；李玉东；李军银；张强 | | |
| 当前法律状态 | 授权 | 有效性 | 有权 |
| 摘要 | 本发明公开了基于环形电极的稀燃天然气发动机燃烧系统及控制方法；发动机运转过程中工况发生变化；电子控制单元ECU根据转速传感器的反馈调整节气门的开度，使转速稳定；电子控制单元ECU根据预先标定好的MAP图控制天然气喷射模块的天然气喷射量，并根据排气氧传感器的反馈值进行调整；电子控制单元ECU根据预先标定好的MAP图通过交流电源控制模块控制交流电源的电压和频率大小；电子控制单元ECU根据进气温度、压力传感器，转速传感器以及排气氧传感器反馈出的过量空气系数，通过交流电源控制模块对电场电源的电压和频率大小进行精确控制。本发明拓展天然气发动机的稀燃极限，提高了火焰传播速率，提高了发动机的效率并降低了排放。 | | |

| 名称 | 燃气热电厂低压给水系统及其启停方法 | | |
|---|---|---|---|
| 申请号 | CN201510052561.0 | 申请日 | 2015.02.02 |
| 公开（公告）号 | CN104613461A | 公开（公告）日 | 2015.05.13 |
| IPC | F22D5/00（2006.01）I；F22D5/34（2006.01）I | | |
| 申请人 | 华北电力科学研究院有限责任公司；国家电网公司 | | |
| 发明人 | 任彦；黄葆华；司派友；刘双白；吕炜；左川 | | |
| 当前法律状态 | 授权 | 有效性 | 有权 |
| 摘要 | 一种燃气热电厂低压给水系统及其启停方法，所述的燃气热电厂低压给水系统包括：低压汽包系统及低压省煤器系统，所述的低压汽包系统连接所述低压省煤器系统；所述的低压汽包系统包括：低压汽包、低压汽包给水主路、低压汽包给水旁路、低压蒸发器及低压过热器；所述的低压省煤器系统包括:低压省煤器、第一低压省煤器再循环泵、第二低压省煤器再循环泵、低压省煤器入口主路、低压省煤器出口主路及低压省煤器旁路。通过本发明，可以在燃气热电厂低压给水系统全停状态下，实现低压给水系统的自动启动，在运行状态下实现低压给水系统的自动停止，并且在燃气热电厂低压给水系统部分启动的状态下，实现低压给水系统的自动启动，且不干扰原有的运行状态。 | | |

| 名称 | 燃气热电厂中压给水系统及其启停方法 | | |
|---|---|---|---|
| 申请号 | CN201510052524.X | 申请日 | 2015.02.02 |
| 公开（公告）号 | CN104613460A | 公开（公告）日 | 2015.05.13 |
| IPC | F22D5/00（2006.01）I；F22D5/34（2006.01）I | | |
| 申请人 | 华北电力科学研究院有限责任公司；国家电网公司 | | |
| 发明人 | 任彦；黄葆华；司派友；刘双白；吕炜；左川 | | |
| 当前法律状态 | 授权 | 有效性 | 有权 |
| 摘要 | 一种燃气热电厂中压给水系统及其启停方法，该燃气热电厂中压给水系统包括：中压汽包系统及中压给水泵系统，所述的中压汽包系统连接所述中压给水泵系统；所述的中压汽包系统包括：中压汽包、中压省煤器、中压蒸发器、中压过热器、中压汽包上水主路、中压汽包上水旁路、第一中压再热器及第二中压再热器；所述中压给水泵系统包括：并联的第一中压给水泵支路与第二中压给水泵支路，并联所述第一中压给水泵支路与第二中压给水泵支路的一端连接低压汽包，另一端连接至所述中压省煤器。通过本发明，可以在燃气热电厂中压给水系统全停或部分启动的状态下，实现中压给水系统的自动启动，在运行状态下实现中压给水系统的自动停止，不干扰原有的运行状态。 | | |

| 名称 | 燃气热电厂高压给水系统及其启停方法 | | |
|---|---|---|---|
| 申请号 | CN201510053249.3 | 申请日 | 2015.02.02 |
| 公开（公告）号 | CN104613462A | 公开（公告）日 | 2015.05.13 |
| IPC | F22D5/00（2006.01）I；F22D5/34（2006.01）I | | |
| 申请人 | 华北电力科学研究院有限责任公司；国家电网公司 | | |
| 发明人 | 任彦；黄葆华；司派友；刘双白；吕炜；左川 | | |
| 当前法律状态 | 授权 | 有效性 | 有权 |
| 摘要 | 一种燃气热电厂高压给水系统及其启停方法，该燃气热电厂高压给水系统包括：高压汽包系统及高压给水泵系统；高压汽包系统包括：高压汽包、第一高压省煤器、第二高压省煤器、第三高压省煤器、高压汽包上水主路、高压汽包上水旁路、高压过热器管路、高压蒸发器、第一高压过热器、第二高压过热器及第三高压过热器；高压给水泵系统包括：并联的第一高压给水泵支路与第二高压给水泵支路，所述第一高压给水泵支路与第二高压给水泵支路并联后，一端连接低压汽包，另一端连接至所述高压省煤器。本发明可以在燃气热电厂高压给水系统全停或部分启动的状态下，实现高压给水系统的自动启动，在运行状态下实现高压给水系统的自动停止，不干扰原有的运行状态。 | | |

| 名称 | 一种燃气热电厂二拖一机组凝结水系统及其启停方法 | | |
|---|---|---|---|
| 申请号 | CN201510051999.7 | 申请日 | 2015.02.02 |
| 公开（公告）号 | CN104613463A | 公开（公告）日 | 2015.05.13 |
| IPC | F22D11/06（2006.01）I；F22D5/34（2006.01）I | | |
| 申请人 | 华北电力科学研究院有限责任公司；国家电网公司 | | |
| 发明人 | 任彦；黄葆华；司派友；刘双白；吕炜；左川 | | |
| 当前法律状态 | 授权 | 有效性 | 有权 |
| 摘要 | 本发明提供了一种燃气热电厂二拖一机组凝结水系统及其启停方法，燃气热电厂二拖一机组凝结水系统包括：凝结水前置泵再循环主路、凝结水前置泵再循环旁路、第一凝结水前置泵支路、第二凝结水前置泵支路、第三凝结水前置泵支路、第一凝结水泵支路、第二凝结水泵支路、第三凝结水泵支路、凝结水再循环主路、凝结水再循环旁路、凝结水前置泵再循环管路、凝结水再循环管路、第一凝结水前置泵、第二凝结水前置泵、第三凝结水前置泵、第一凝结水泵、第二凝结水泵、第三凝结水泵、凝汽器、轴封加热器及除铁过滤器。本发明可以在全停状态下，实现凝结水系统的自动启动；在运行状态下，实现凝结水系统的自动停止并且在部分启动的状态下实现凝结水系统的自动启动，且不干扰原有的运行状态。 | | |

# 附 录

| 名称 | 一种燃气热电厂一拖一机组凝结水系统及其启停方法 | | |
|---|---|---|---|
| 申请号 | CN201510052525.4 | 申请日 | 2015.02.02 |
| 公开（公告）号 | CN104613464A | 公开（公告）日 | 2015.05.13 |
| IPC | F22D11/06（2006.01）I；F22D11/00（2006.01）I；F22D5/34（2006.01）I | | |
| 申请人 | 华北电力科学研究院有限责任公司；国家电网公司 | | |
| 发明人 | 任彦；黄葆华；司派友；刘双白；吕炜；左川 | | |
| 当前法律状态 | 授权 | 有效性 | 有权 |
| 摘要 | 本发明提供了一种燃气热电厂一拖一机组凝结水系统及其启停方法，燃气热电厂一拖一机组凝结水系统包括：凝结水前置泵再循环主路、凝结水前置泵再循环旁路、第一凝结水前置泵支路、第二凝结水前置泵支路、第一凝结水泵支路、第二凝结水泵支路、凝结水再循环主路、凝结水再循环旁路、凝结水前置泵再循环管路、凝结水再循环管路、第一凝结水前置泵、第二凝结水前置泵、第一凝结水泵、第二凝结水泵、凝汽器、轴封加热器及除铁过滤器。本发明可以在全停状态下，实现凝结水系统的自动启动；在运行状态下，实现凝结水系统的自动停止并且在部分启动的状态下实现凝结水系统的自动启动，且不干扰原有的运行状态。 | | |

| 名称 | 一种热熔连接管道燃气加热灶 | | |
|---|---|---|---|
| 申请号 | CN201510027029.3 | 申请日 | 2015.01.20 |
| 公开（公告）号 | CN104625295A | 公开（公告）日 | 2015.05.20 |
| IPC | B23K3/04（2006.01）I | | |
| 申请人 | 国家电网公司；国网新源控股有限公司；黑龙江牡丹江抽水蓄能有限公司 | | |
| 发明人 | 宋德强；唐国峰 | | |
| 当前法律状态 | 授权 | 有效性 | 有权 |
| 摘要 | 一种热熔连接管道燃气加热灶涉及加热工具，包括设有混合室和燃气进气阀的燃气加热灶，所述燃气加热灶还设有一个中空的环形均火圈，均火圈于前端均布有若干喷口朝向内侧倾斜设置的燃气喷头，均火圈于内侧设有环形阻焰网挡在燃气喷头的喷口前，均火圈通过若干分流管固定在所述混合室靠近前端的外壁上并通过分流管与混合室连通，混合室的外壁上还设有一个手柄。它具有结构简单、使用方便及加热速度快的优点。 | | |

| 名称 | 燃气热电厂二拖一机组辅助蒸汽系统及其启停控制方法 | | |
|---|---|---|---|
| 申请号 | CN201510082122.4 | 申请日 | 2015.02.15 |
| 公开（公告）号 | CN104654268A | 公开（公告）日 | 2015.05.27 |
| IPC | F22B35/00（2006.01）I | | |
| 申请人 | 华北电力科学研究院有限责任公司；国家电网公司 | | |
| 发明人 | 任彦；黄葆华；司派友；刘双白；吕炜；左川 | | |
| 当前法律状态 | 授权 | 有效性 | 有权 |
| 摘要 | 一种燃气热电厂二拖一机组辅助蒸汽系统及其启停控制方法，该启停控制方法包括：判断进气电动门是否均已关；如果进汽电动门均已关，判断与二拖一辅汽联箱相连接的辅汽联箱是否运行；如果与二拖一辅汽联箱相连接的辅汽联箱未运行，判断启动锅炉的启动是否完成；如果启动锅炉的启动完成，判断是否启动锅炉出口已开且出口调阀开启至预定开度；如果启动锅炉出口已开且出口调阀开启至预定开度，判断启动锅炉至二拖一辅汽电动门是否已开；如果启动锅炉至二拖一辅汽电动门已开，判断是否二拖一辅汽联箱的压力大于预定压力且温度大于预定温度；如果二拖一辅汽联箱的压力大于预定压力且温度大于预定温度，判断启动锅炉出口调阀压力自动是否已投入。 | | |

| 名称 | 带LPG微型燃气罐的发动机驱动的有防滑及气管的扫雪机 | | |
|---|---|---|---|
| 申请号 | CN201410773622.8 | 申请日 | 2014.12.04 |
| 公开（公告）号 | CN104652340A | 公开（公告）日 | 2015.05.27 |
| IPC | E01H5/10（2006.01）I；E01H5/12（2006.01）I | | |
| 申请人 | 宁波大叶园林设备有限公司 | | |
| 发明人 | 苏克；叶晓波；鲁维君；周元辉；周翔；周永平；魏赟 | | |
| 当前法律状态 | 授权 | 有效性 | 有权 |
| 摘要 | 本发明是一种带LPG微型燃气罐的发动机驱动的有防滑及气管的扫雪机即有防滑链及冰齿雪刷搅龙和传热汽槽及前排气管的扫雪机，设传热汽槽在发动机和消声器上降温，并把热气引导到扫雪前方以使冰局部受热易碎而除冰，这是一举两得；还把热废气通过带尖劈消声的前排气管也引导到扫雪前方，改进消声效果，并使原来离操作者太近的废气排放到远处而有利健康，带LPG微型燃气罐便更换各国通用。其综合改进了发烫降温、难降噪音、打滑不前、配重防滑、吸废健康、隔热减震、除冰功能、抛雪功能，开创了新扫雪机。 | | |

| 名称 | 具有斜孔的燃气涡轮发动机预旋流器 | | |
|---|---|---|---|
| 申请号 | CN201380049886.2 | 申请日 | 2013.09.26 |
| 公开（公告）号 | CN104685158A | 公开（公告）日 | 2015.06.03 |
| IPC | F01D5/08（2006.01）I；F02C7/12（2006.01）I | | |
| 申请人 | 索拉透平公司 | | |
| 发明人 | H.徐；M.D.福克斯；S.L.斯塔福德；E.T.拉米雷斯 | | |
| 当前法律状态 | 授权 | 有效性 | 有权 |
| 摘要 | 燃气涡轮发动机预旋流器包括外环和内环。内环包括多个斜孔。每个斜孔沿着在至少一个平面中倾斜的矢量。该矢量的一分量位于垂直于自预旋流器的轴线延伸的径向线的平面上。该角度的所述分量相对于预旋流器的轴向倾斜。 | | |

| 名称 | 页岩气、煤层气、低压天然气V型引擎压缩采输机 | | |
|---|---|---|---|
| 申请号 | CN201510000551.2 | 申请日 | 2015.01.04 |
| 公开（公告）号 | CN104675367A | 公开（公告）日 | 2015.06.03 |
| IPC | E21B43/00（2006.01）I；F04B39/00（2006.01）I；F04B39/12（2006.01）I | | |
| 申请人 | 成都汉普耐特油气设备有限公司；刘雪薇 | | |
| 发明人 | 刘雪薇；刘晓明 | | |
| 当前法律状态 | 授权 | 有效性 | 有权 |
| 摘要 | 本发明提供了一种用于页岩气、煤层气、低压天然气开采的V型引擎压缩采输机组，包括动力部分和压缩部分，所述动力部分包括进气门，排气门，火花塞，排气管，动力活塞，动力连杆；所述压缩部分包括压缩缸头组件，压缩活塞，压缩连杆，所述动力连杆和压缩连杆分别连接到曲轴上，所述动力部分与所述压缩部分呈V字形对称布置。本发明的V型八缸引擎压缩采输机组解决了页岩气、煤层气、低压天然气的开采技术难题，并能有效地降低其开采成本和提高其经济效益；本发明是涉及页岩气开采领域能否解决技术和成本的关键性装备，以及能否可大幅度提高气体的采集量和采收率。 | | |

| 名称 | 工艺气体压缩机 - 燃气轮机系 | | |
|---|---|---|---|
| 申请号 | CN201380056221.4 | 申请日 | 2013.09.25 |
| 公开（公告）号 | CN104769227A | 公开（公告）日 | 2015.07.08 |
| IPC | F01D11/06（2006.01）I; F01D15/08（2006.01）I; F04D29/10（2006.01）I | | |
| 申请人 | 西门子公司 | | |
| 发明人 | 亨克·布勒肯霍斯特 | | |
| 当前法律状态 | 授权 | 有效性 | 有权 |
| 摘要 | 本发明涉及一种工艺气体压缩机—燃气轮机系，其具有工艺气体压缩机和燃气轮机，所述燃气轮机为了驱动工艺气体压缩机而连接在所述工艺气体压缩机的轴上，其中工艺气体压缩机构建用于压缩可燃烧的工艺气体并且为了相对于大气密封工艺气体压缩机内部空间而配设有轴密封件，所述轴密封件能够借助密封气体来密封并且具有至少一个泄漏气体管道，泄漏气体能够借助所述泄漏气体管道从轴密封件导出并且所述泄漏气体管道连接到燃气轮机的空气入口上，使得在工艺气体压缩机 - 燃气轮机系运行时能够将泄漏气体连同空气入口处的进入空气一起导入到燃气轮机中。 | | |

| 名称 | 车用天然气脱水设备及工艺 | | |
|---|---|---|---|
| 申请号 | CN201510122319.6 | 申请日 | 2015.03.19 |
| 公开（公告）号 | CN104762117A | 公开（公告）日 | 2015.07.08 |
| IPC | C10L3/10（2006.01）I | | |
| 申请人 | 长春汽车燃气发展有限公司 | | |
| 发明人 | 金永浩; 李东辉; 李强; 肖建林; 闫晓辉; 陈学武; 李志勇; 韩博 | | |
| 当前法律状态 | 授权 | 有效性 | 有权 |
| 摘要 | 本发明提供了一种车用天然气脱水设备及工艺，该脱水设备由第一吸附装置或第二吸附装置对天然气内水分进行清除，由管路切换装置可分别将第一干燥管路或第二干燥管路与再生管路连成再生回路，再生管路通过其上的加热器对天然气进行加热，高温气体进入冷却器急速降温，气体内的水汽凝结成水，由液气分离器分离并排出，排出水分的气体继续进行加热解吸工作，从而对第一吸附装置或第二吸附装置进行活化再生，再次具备吸附水分能力。通过并联的第一干燥管路和第二干燥管路，并设置再生管路可交替进行第一吸附装置和第二吸附装置的干燥和再生，达到不间断生产，持续地进行天然气的脱水工作，保证天然气的脱水效果。 | | |

| 名称 | 自动报警家用燃气热水器 | | |
|---|---|---|---|
| 申请号 | CN201510141659.3 | 申请日 | 2013.04.17 |
| 公开（公告）号 | CN104792017A | 公开（公告）日 | 2015.07.22 |
| IPC | F24H9/20（2006.01）I 分案原申请: 20131013140692013.04.17 | | |
| 申请人 | 苏海英 | | |
| 发明人 | 不公发明人 | | |
| 当前法律状态 | 授权 | 有效性 | 有权 |
| 摘要 | 本发明涉及一种自动报警家用燃气热水器，包括：家用燃气热水器的主体装置、煤气探测仪、一氧化碳浓度检测装置、红外人体探测传感器和控制器，控制器分别连接煤气探测仪、一氧化碳浓度检测装置、红外人体探测传感器，根据煤气探测仪、一氧化碳浓度检测装置、红外人体探测传感器的检测结果判断是否进行煤气报警，其中控制器和煤气探测仪、一氧化碳浓度检测装置、红外人体探测传感器附属于主体装置上。通过本发明，能够检测到煤气燃烧不充分和室内空气中的燃气浓度，及时将煤气报警信息传递给居住人，以便于居住人采取措施，避免可能煤气爆炸和一氧化碳中毒的安全隐患，保证了人们的人身和财产安全。 | | |

| 名称 | 家用燃气热水器自动报警方法 | | |
|---|---|---|---|
| 申请号 | CN201510134092.7 | 申请日 | 2013.04.17 |
| 公开（公告）号 | CN104792016A | 公开（公告）日 | 2015.07.22 |
| IPC | F24H9/20（2006.01）I 分案原申请：2013101313780 2013.04.17 | | |
| 申请人 | 苏海英 | | |
| 发明人 | 不公告发明人 | | |
| 当前法律状态 | 授权 | 有效性 | 有权 |
| 摘要 | 本发明涉及一种家用燃气热水器自动报警方法，包括：将控制器和煤气探测仪、一氧化碳浓度检测装置、红外人体探测传感器附属于家用燃气热水器的主体装置上，控制器分别连接煤气探测仪、一氧化碳浓度检测装置、红外人体探测传感器，所述控制器根据煤气探测仪、一氧化碳浓度检测装置、红外人体探测传感器的检测结果判断是否进行煤气报警，其中，所述主体装置包括外壳、燃烧器、进水管、出水管、排气烟道和热交换器。通过本发明，能够检测到煤气燃烧不充分和室内空气中的燃气浓度，及时将煤气报警信息传递给居住人，以便于居住人采取措施，避免可能煤气爆炸和一氧化碳中毒的安全隐患，保证了人们的人身和财产安全。 | | |

| 名称 | 一种具有纵向相交肋冷却结构的燃气透平叶片 | | |
|---|---|---|---|
| 申请号 | CN201510198054.8 | 申请日 | 2015.04.23 |
| 公开（公告）号 | CN104791020A | 公开（公告）日 | 2015.07.22 |
| IPC | F01D5/18（2006.01）I; F01D5/30（2006.01）I | | |
| 申请人 | 华能国际电力股份有限公司；西安热工研究院有限公司 | | |
| 发明人 | 于飞龙；肖俊峰；李园园；段静瑶；高松；上官博；南晴 | | |
| 当前法律状态 | 授权 | 有效性 | 有权 |
| 摘要 | 本发明公开了一种具有纵向相交肋冷却结构的燃气透平叶片，包括叶身、叶根平台、内部冷却腔室、强制对流换热肋片及叶顶气膜冷却孔等；所述的纵向相交肋冷却结构包括多个布置在叶片内壁表面等距排列的扰流肋以及与其相交的纵向相交肋片的强化对流换热回路，沿着强化对流换热回路的横向方向至少设置一个纵向相交肋片。本发明的燃气透平叶片采用等距排列的扰流肋片和与之相交的纵向相交肋片的冷却结构，改变冷却通道内部涡系结构，提高叶身传热系数，改善透平冷却叶片换热特性，延长叶片使用寿命。 | | |

| 名称 | 燃气热电厂轴封和真空系统及其启停控制方法 | | |
|---|---|---|---|
| 申请号 | CN201510081284.6 | 申请日 | 2015.02.15 |
| 公开（公告）号 | CN104791022A | 公开（公告）日 | 2015.07.22 |
| IPC | F01D11/00（2006.01）I; F01D21/00（2006.01）I | | |
| 申请人 | 华北电力科学研究院有限责任公司；国家电网公司 | | |
| 发明人 | 任彦；黄葆华；司派友；刘双白；吕炜；左川 | | |
| 当前法律状态 | 授权 | 有效性 | 有权 |
| 摘要 | 本发明提供了一种燃气热电厂轴封和真空系统及其启停控制方法，所述的燃气热电厂轴封和真空系统包括：真空系统及轴封系统；所述真空系统包括：第一真空泵系统、第二真空泵系统及第三真空泵系统；每一真空泵系统均包括：汽水分离器、水环真空泵、板式换热器、抽真空管路、补水管路、换热管路、真空泵入口气动门、真空泵补水电磁阀、真空泵补水旁路手动阀、真空泵补水总门、真空泵滤网进口手动门、真空泵入口滤网及真空泵滤网出口手动门。通过本发明，可以实现轴封和真空系统的自动启动，在运行状态下实现轴封和真空系统的自动停止；在燃气热电厂轴封和真空系统部分启动的状态下，实现轴封和真空系统的自动启动，且不干扰原有的运行状态。 | | |

| 名称 | 燃气轮发电机组液压盘车系统的启停控制方法 | | |
|---|---|---|---|
| 申请号 | CN201510236126.3 | 申请日 | 2015.05.11 |
| 公开（公告）号 | CN104832292A | 公开（公告）日 | 2015.08.12 |
| IPC | F02C9/00（2006.01）I | | |
| 申请人 | 国家电网公司；华北电力科学研究院有限责任公司 | | |
| 发明人 | 任彦；黄葆华；司派友；刘双白；吕炜；左川 | | |
| 当前法律状态 | 授权 | 有效性 | 有权 |
| 摘要 | 本发明提供了一种燃气轮发电机组液压盘车系统的启停控制方法，包括：判断是否盘车脱扣且延时第一预定时间间隔；如果盘车脱扣且延时第一预定时间间隔，比较燃气轮发电机组转子转速与第一预定转速的大小；如果转速大于或等于第一预定转速，判断盘车齿轮转速是否大于第二预定转速；如果盘车齿轮转速大于第二预定转速，判断盘车转速与燃气轮发电机组转子转速的转速差是否小于低限值；如果转速差小于减小低限值，判断转速差是否在高限值与低限值之间；如果转速差在高限值与低限值之间，判断盘车是否啮合；如果盘车啮合，判断是否燃气轮发电机组转子转速大于第一预定转速且指令延时第二预定时间间隔，如果否，发出增大盘车流量电磁阀开度的指令。 | | |

| 名称 | 导流驻涡一体化的级间燃烧室 | | |
|---|---|---|---|
| 申请号 | CN201510278234.7 | 申请日 | 2015.05.27 |
| 公开（公告）号 | CN104847498A | 公开（公告）日 | 2015.08.19 |
| IPC | F02C3/16（2006.01）I | | |
| 申请人 | 厦门大学 | | |
| 发明人 | 黄玥；邢菲；阮灿；刘晨；林志伟；张统一 | | |
| 当前法律状态 | 授权 | 有效性 | 有权 |
| 摘要 | 导流驻涡一体化的级间燃烧室，涉及燃气轮机。设有外壳、前导向叶片、后导向叶片和尾椎；外壳与前导向叶片、后导向叶片和尾椎同中轴线设置且为一体化结构；外壳设有环形凹腔，外壳前部壳壁的同一圆周上间隔均布设置冷却气进孔；前导向叶片各前叶片均设有冷却气流道孔，前导向中空主体与所述套壁之间形成内涵道，套壁与所述外壳之间形成外涵道，在所述凹腔内形成驻涡，为凹腔内燃油与空气掺混并组织稳定燃烧做好准备。燃烧后气流冲击后方的低压涡轮做功，增加热循环功，增大燃气发动机推力。可解决高压涡轮出口气流流速大、湍流脉动高的困难及燃烧稳定及器件冷却保护的技术问题。 | | |

| 名称 | 一种集成提供高压气体的辅助动力装置 | | |
|---|---|---|---|
| 申请号 | CN201510296898.6 | 申请日 | 2015.06.03 |
| 公开（公告）号 | CN104863713A | 公开（公告）日 | 2015.08.26 |
| IPC | F02C6/00（2006.01）I | | |
| 申请人 | 林峰 | | |
| 发明人 | 林峰 | | |
| 当前法律状态 | 授权 | 有效性 | 有权 |
| 摘要 | 本发明涉及燃气轮机领域，特别涉及一种集成提供高压空气的辅助动力装置。本发明提供采用非匹配流量的压气机涡轮串联主机结构，通过两级减速齿轮箱，驱动启发一体电机以及涡旋泵头，为载体提供所需的电能，各种压力的空气以及高于250bar压力的空气。本发明通过压气机提供该装置所有结构需要的空气，通过齿轮箱充分利用燃烧热能，使得整个辅助动力装置具有结构简单、控制调节逻辑简单、可靠性高等特点。 | | |

| 名称 | 一种燃气用预制管件及其制作方法 | | |
|---|---|---|---|
| 申请号 | CN201510387978.2 | 申请日 | 2015.07.06 |
| 公开（公告）号 | CN104930270A | 公开（公告）日 | 2015.09.23 |
| IPC | F16L9/18（2006.01）I | | |
| 申请人 | 长春燃气热力设计研究院有限责任公司 | | |
| 发明人 | 郑重；袁忠山；肖建林；陈学武；孟季斌；赵岩 | | |
| 当前法律状态 | 授权 | 有效性 | 有权 |
| 摘要 | 本发明公开了一种燃气用预制管件，主要用于作为垂直段的管子使用，包括外管、内管和发泡层，所述发泡层填充设置在所述外管和所述内管之间，所述内管包括通过连接件连通的钢管加长型钢塑转换件和聚乙烯管。外管本身是一根管子，那么相当于本发明所提供的燃气用预制管件仅作为一个管件使用，最大程度地降低了燃气泄漏的风险，其次，同时利用大地土壤热容量，以及土壤的热阻和发泡层的热阻共同防护，解决了水蒸气容易结冰的难题，并且，由于采用了聚乙烯管作为外套，利用聚乙烯表面光滑，不亲水基的特性，解决了在冻土冻胀的情况下被拉拔破坏的问题，保证了自身的正常使用。本发明还公开了一种上述燃气用预制管件的制作方法。 | | |